中野武営著作集

Buei Nakano

石井裕晶 編

Hiroaki Ishii

早稲田大学出版部

中野武営像

「内務省准奏任御用掛中野武營」
（『明治十二年明治天皇「人物写真帖」――四五〇〇余名の肖像』宮内庁三の丸尚蔵館編集，平成25年）

「香川県第一区中野武營君」
（『衆議院議員肖像』改進新聞第2354号，明治23年12月10日附録，東京大学明治新聞雑誌文庫蔵）

「新任東京株式取引所理事長中野武營氏」
（『実業之日本』第３巻第２号，明治33年１月，
早稲田大学図書館蔵）

東京株式取引所
（東京株式取引所編輯『東京株式取引所沿革及統計自明治十一年至全四十年』明治41年，早稲田大学図書館蔵）

「東京商業会議所会頭中野武営君」
（『実業評論』第98号，明治40年３月，早稲田大学図書館蔵）

東京商業会議所
（東京府『東京府史』行政篇第３巻，昭和10年，
早稲田大学図書館蔵）

はじめに

本著作集は、明治から大正中期にかけて、政治家、実業家として政財界の中枢で活躍した中野武営（なかの　たけなか（通称　ぶえい））が雑誌などに発表した論考や、中野が関係した政府への建議などのうち主要なものを集成したものである。

初めに中野武営の略歴と主要な事績について概観したい。中野は、嘉永元（一八四八）年、幕末の高松藩士の家に生まれ、高松藩士となった後、高松県（現在の香川県）に出仕し、地租改正事務局や内務省、農商務省の中央官吏となった。しかし、明治十四年の政変で大隈重信が罷免されると、薩長藩閥の専横に反発し、多くの政府の高官に連なり下野した。

そして、大隈の下で河野敏鎌や小野梓らと立憲改進党の創設に加わり、修進社という訴訟鑑定所を創立して代言、仲裁業務などを行ないつつ、政党政治家となって第一回帝国議会から衆議院議員として七回の当選を果たした。政治家でありながら、実業界に入り、関西（かんせい）鉄道社長（現在の東海旅客鉄道の一部）や東京馬車鉄道株式会社（現在の東京都交通局）取締役として会社を再建・軌道に乗せて、力のある経営者としての実績を示すとともに、東京株式取引所（現在の株式会社東京証券取引所）において肝煎・副頭取に就任した後、明治三十三年から十二年にわたり理事長として株式市場の発展に尽くした。

こうした行政、立法、実業界にわたる経験と実績を踏まえ、日露戦争中の明治三十八年に、渋沢栄一の後任の第二代の東京商業会議所会頭（現在の東京商工会議所）に就任し、大正六年まで十二年にわたり会頭に在任し、全国の実業界の指導者として、その存在感を発揮した。

軍部が強く、依然として官尊民卑の風潮が根強く残っていたこの時代において中野は、我が国を軍事ではなく経済を中心とした平和国家として発展させるべきとの確固たる信念を持ち、全国の商工業者の意見を結集し、産業の発展と、経済界の地位の向上に生涯を捧げた。

特に日露戦後は、軍部や官僚勢力、政友会との激しい対決も辞さず、三悪税の廃止や営業税廃減税を政府に迫った。さらに、大正初期の陸軍の二個師団増師に反対するなど、軍事費の削減による財政整理の実施と商工業者への減税を目指した。

日露戦後、日米関係と日中関係が緊張すると、米国の商業会議所の実業家を日本に招聘した後、渋沢栄一を団長とし、自らは副団長とした渡米実業団を組成して米国を訪問し、実業界の相互交流により日米関係の改善に貢献した。さらに中国と実業団の相互交流を目指すなど、政府と連携しつつ、日米・日中間の民間経済外交を実践した。

大正期には、渋沢栄一とともに、明治神宮の造営に加え、理化学研究所をはじめ、東洋製鉄株式会社、日本染料製造株式会社などの国策的な会社や田園都市株式会社などの創立を図った。

その上、明治末期から大正期にかけて、東京商業高等学校辛酉事件や浅野セメント降灰事件、帝国商業銀行の会社更生、日本郵船紛議、早稲田騒動などの錯綜した紛擾が発生すると、その調停や解決に力を発揮した。

出身地の高松では、明治二十一年に、香川県を含む当時の愛媛県会議長在任中、香川県の分離独立を実現したことから「分県の父」と評されており、黎明期の香川県や高松市の発展の基礎を築いた。

また、東京商業会議所会頭の立場から東京の発展に貢献するとともに、晩年は東京市会議員となり、大正七（一九一八）年に没するまで市会議長として東京市政の改革に貢献した。

（経歴概略）


嘉永元（一八四八）年　高松藩勘定奉行中野武憲の長男として誕生。

明治五（一八七二）年　高松県に出仕。

愛媛県、地租改正事務局、山口県、内務省勤務。

明治十四（一八八一）年　農商務省権少書記官。明治十四年の政変で下野。

明治十五（一八八二）年　立憲改進党の創立に参加。修進社を創立し代言や仲裁活動。

明治二十（一八八七）年　東京株式取引所肝煎、愛媛県会議員。

明治二十一（一八八八）年　東京株式取引所副頭取、愛媛県会議長となり香川県再置を実現。

関西鉄道社長。

明治二十二（一八八九）年　香川県会議員。香川新報社創立。

明治二十三（一八九〇）年　第一回衆議院議員選挙で当選。（高松市選出）（〜明治三十五年）。

明治二十四（一八九一）年　東京馬車鉄道取締役、東京商業会議所常議員。

明治三十三（一九〇〇）年　東京株式取引所理事長（〜明治四十四年）。

明治三十八（一九〇五）年　東京商業会議所会頭（〜大正六年）。

明治四十一（一九〇八）年　衆議院議員に当選（東京市選出）（〜明治四十五年）。

明治四十二（一九〇九）年　渡米実業団により訪米。

大正三（一九一四）年　東京市会議長（〜大正七年）。

大正七（一九一八）年　東京市で死去（享年七十歳）。

中野武営という人物

このように中野武営は、官界、政界、実業界、商業会議所、香川県、東京市など幅の広い領域において、近代日本に実績を残している。

それでは、中野とはどういう人物であったのか。

本書で人物像を説明するには紙面が限られているので、ここでは中野と特に昵懇であり、生涯にわたり関わりの深かった大隈重信と渋沢栄一による追憶文を紹介することにより、その一端を紹介したい。

中野は、大隈を党首とする立憲改進党の結党に加わって以来、大隈と同じく進歩党、憲政党、憲政本党に属していた。明治四十年に大隈がいったん政界を引退し在野にいた時も、中野は商業会議所連合会に大隈を招いたり、大隈も中野が東京市から衆議院議員に立候補した時に応援演説をしたりするなどの関係を保った。そして、大正三年に成立した第二次大隈内閣の時期には、中野は渋谷栄一とともに大隈内閣と連携して多くのプロジェクトを実現するとともに、政治的にも大隈を支援した。さらに早稲田大学最大の危機といわれた早稲田騒動の収束にも貢献した。大隈は、中野の葬儀の際に友人代表を務めている。

大隈重信は、中野という人物について次のように述べている。(1)

> 中野氏とは四十年來親しく交際して、其の人格も手腕も能く知つて居るが、一言に約めて云へば、永く實業界に居ても何處か古武士の風格を備へた人であつた。(中略)
>
> 王制維新の際恰も高松藩の最も多事多難の時に青年としての鍛錬を受けたので、一藩剛健の士風を父祖の血に受けると共に、多事多難なる時代に鍛へられたのである。後年官界に在つても、政界に投じても亦實業界に入つても、生涯を終始して高潔なる武士的の氣魄を失はず、鞏固なる意思の力を有する一面溫情掬す可き情味

を蓄へ、自持すること嚴に、他を待つこと頗る寛容、然も不義不正に對しては一歩も假借せざるの操守を保ち、加ふるに高潔なる人物の陥り易き圭角も苛察も無く社交界の紳士として、飽く迄自他の融合調和を忘れなかつた點が、常に先輩知友の推服する所であつたと思ふ。

氏が早く官界を去つたのも當時の長官の不義不正に屈從し得無いで犯顔直言した結果、終に職を辭したのであるが、後政界に周旋しても又毫も此氣慨は失は無かつた。政治家としても大いに成功す可き見込もあつたが、後又實業界に轉ずるやうになつた動機も決して失意せる爲でも、利殖を思ふ爲めでも無く、寧ろ知己の急を救ふ爲に止む無く方針を轉じたやうに思はれる。それは知友の經營した彼の馬車會社が悲境に陷つた時、見るに見かねて其經營の衝に當つて刻苦勵精した、其結果比年ならず社運を挽回して事業經營の凡手で無いことを顯したのが抑も氏の實業方面に活動した手始めで、後又營業不振な關西鐵道に招かれて、其の社業を恢復したこともあり、其の間又松平家の家政を整理して舊主の恩に報ひたことも記憶して居る。

斯くの如くして氏の深切なる心情、強き意志、稀に見る忍耐力、統御支配の才能が多くの人々に認められるやうになつたが、殊に澁澤男爵は最も多く氏の長所を認めた人で、氏の爲には無二の知己であつた。澁澤男は終に氏を挽いて自己の衣鉢を托したのである。這麼風（こんなふう）で氏は入つて商業會議所の會頭として多年實業界の爲めに盡力したのであるが中野氏は全く士は己を知る人の爲めに死すると云ふ氣慨で實業界の指導啓沃に力を盡し、毫も自己の名利を圖るの念が無かつた。故に今日と雖も敢て家貧なりと云ふ譯では無いが、多年實業界に在つて一方の牛耳を執つた人としては敢へて多くの富を蓄へても居ないやうに思ふ。この一事を見ても、氏の人格の高潔なる一斑を推知するに難く無いのである。

一方、渋沢栄一とは、明治二十年に中野が東京株式取引所肝煎に就任し、渋沢栄一とともに取引所条例について対応した頃に知り合ったと考えられる。改進党の戦士であった中野と渋沢は、当初、必ずしもいつも意見が一致していたわけではなかったが、明治二十四年の東京商業会議所設立とともに中野は初代渋沢会頭の下で常議員に就任し、明治三十年に副会頭に就任した。そして、明治三十八年には渋沢の後継の東京商業会議所会頭に就任し、さらに渡米実業団で行動を共にし、その関係を深めることになった。

渋沢が明治三十八年に実業界や商業会議所活動から引退を表明した後も、中野は商業会議所連合会に招いたり、渡米実業団の団長への就任を依頼したり、公益的な問題に取り組む場合などに、渋沢と連携しながら対応した。渋沢栄一は、中野と中野との関係について次のように述べている(2)。

舊己知人の中には四十年五十年の久しきに亘りて交際を持續するものも少くはないので御座います。中野氏と私との交際は明治二十年頃からと考へますするから、まだ三十年の歳月しか經ちませぬが、しかも其交情の深甚なる点に就きましては遥かに前者に優つて居るものがあります。盖しこれは其境遇の同じきと、また其接觸する場合も多く共に事を致した關係でも御座いますが、或点からは性質を異にし嗜好もちがつては居ましたが、また或点は誠に一致した感情の共鳴があつた結果であります。

しかし、有体に申し上げますと其初め氏は私を以て權勢に媚び官僚に阿る所謂御用商人の徒を以て看做されてゐたかも知れませぬ、それと同時に私も亦兎角に人が悪く云ふ或一種の政治家ではないかと誤解してゐたかも知れぬのでありますが明治三十年以後に至りまして商業會議所の關係から親しく相知ることを得まして追々親交を重ぬるにつれて、曩日の誤解は敬服となり、如何も眞摯な名利に恬淡な至誠國を思ふの人であることを看取致しました。

其後明治卅八年に私は病後に依つて東京商業會議所の會頭を辞退致しました。其後任に就ては勿論衆議の然らしむる所で御座いましたけれども永年經營致し來つた所でございますから、私は努めて公平にして且つ氣力ある、所謂巍然たる大丈夫を擧げることを望みましたのであります。此希望は當時の會議所一同の所思と相合しまして乃ち中野氏が私の後繼者と成られたのでございます。

これらの事情から致しまして中野氏と私との交誼は年を追ふて深厚の度を加へ、眞に膠漆も啻ならぬ狀況に立ち至つたのでございます。それから以後私は中野氏と相謀つて實業界の爲めに大は（ママ）に力を盡した心得で御座います。

氏は一言にして評しますれば極めて硬骨の士で、孟子の所謂富貴も淫する能はす、貧賤も移す能はす、威武も屈する能はさる底の大丈夫でありまして、また夫を理想として常に努めて居られた樣に思はれる。如何なる些事を斷するにも善を善とし惡を惡として其間に些の情實や姑息を許されない、一面に於ては思慮周密にして又非常の常識家であるから、其硬骨が只の頑固でなく何時でも相當なる折合の餘地を存して居られた。株式取引所、商業會議所の今日あるは氏に待つこと大なるは勿論、常に一身を以つて社会國家に委ね諸多の公共事業に奔走盡力せられた事は世人の熟知せらる、通りで御座います。

中野についての見方

中野武営は、商業会議所会頭として、その時代の誰もが知るような人物であったが、その後の歴史の中で記憶が薄れていった。

中野は、死ぬまで国家のためにと尽くしたが、名利に恬淡であり、私産も派閥を作ることもなかった。その活動において、渋沢を前面に出しながら仕事を進めたことが多かったことから、後世の目からは、中野の存在が見えにくかったこともあろう。また、大隈が「中野君が政府から煙たがられたり、忌まれたりしたことは非常なもので、実に気迫の旺んな人であった。[3]」と述べたと伝えられているように、時の政府や山県閥、原敬率いる政友会との対立も辞さずに直言をしていたことなどから、後の君伝の対象にはなりにくかったこともあると考えられる。

それればかりでなく、中野が、政治と経済のいずれか一方というよりも、政治と経済の双方に強く関わる領域で独特の本領を発揮した人物であり、政治史の視点からは実業家と見られる一方、経営・経済史の視点からは代表的な実業家としては見られにくく、その実像が結ばれにくい面があったと思われる。

政治家としては、立憲改進党の創設と自由民権運動に参画し、初期議会では財政通として民力休養・政費節減の論陣を張り、日露戦後は商工業者を代表し、減税問題で陸軍や政友会を向こうに回す勢力の一角を担ったが、大臣となったり、弁論により議場で活躍したりしたような政治家ではなく、予算委員会や経済関係法案の委員会などで実務的、専門的な審議の方に力を入れた方であった。

一方、実業家としては、その時代には著名であった関西鉄道や東京馬車鉄道の経営に成功し、東京株式取引所理事長として高い評価を得た上、様々な事業の立ち上げにも関係したが、岩崎弥太郎や渋沢栄一のように現在まで名前が残る多くの企業を創立したような企業家ではなかった。利殖に関心がなく、自ら関わった鉄道事業と取引所の経営を除き、企業の創立についても、国策的な企業や、知人から請われたものに関係するだけであった。

何よりも中野の活動の中心は商業会議所であった。商業会議所は、経済界の意見をとりまとめ、政府や政治に対して政策を提言し、経済界や全国の商工業者の力を結集し、政治的文脈を踏まえながら、その実現を政府や議会に働きかける舞台であった。

単なる企業経営者では政策的な構想力に欠け、単なる政治家では経済の分析力に欠け、単なるエコノミストでは社会を動かす実行力に欠けるきらいがある。

中野は、衆議院議員の中でも財政通であった上、東京株式取引所理事長として景気や金融市場の動向を密接に把握し、東京商業会議所会頭として実体経済の課題を把握できる立場にあった。このため企業経営者でありながら、財政と金融、マクロ経済とミクロ経済の双方についての肌感覚と、経済への深い見識をもっていた。その上、官界や政界における豊富な経験を持ち、経済の問題を政策として翻訳し、政策を企画立案した上で、さらにそれを実現していく実行力を兼ね備えていた。

代表的な日本の経済団体の歴史を見ても、中野ほど政財官界それぞれの領域で深い経験をもった指導者は稀有である。

実際、中野会頭時代の全国商業会議所連合会は政策的な発言を高め、商業会議所連合会の歴史においても、「連合会は結束して政府に肉薄し」「各大臣を始め貴衆両院、各政党政派にも親しくその意見を開陳して大に努力」し、「これ商業会議所連合会が甚だ活躍したる時代なりとす。」と評価されている[4]。政治的環境から、必ずしも提言されたことが全て実現できたわけではないが、長い商業会議所の歴史の中でも、特に大きな発信力をもった時代を画したことは疑いがない。

このように商業会議所などで指導力を発揮していた中野について、『渋沢栄一伝記資料集』の編纂主任でもあり、近代の経済史や経営史の史料を幅広く渉猟・研究した土屋喬雄は、明治維新以降の実業家として、「岩崎弥太郎、安田善次郎、大倉喜八郎を推すであらう。しかし、これらの人々は実業家として企業家として偉大であつたに相違はない」が、指導者としての風格においては、渋沢栄一、五代友厚、中野武営、和田豊治等の人々に及ばないと評している[5]。

商業会議所の活動は、経済と政治の接点にあり、政治史や経済史、あるいは経営史の視点だけでは捉えにくい。それに加えて、戦後、日本史や日本経済史研究において主流を占めたのはマルクス史学であった。中野や商業会議所の活動などの研究においてもマルクス主義のイデオロギーが先行し、政治経済史の実証的な研究が進みにくい状況があったこともあると思われる。

本著作集では、政治の視点だけからは見過ごされてきた経済の論考や、経済の視点だけからは見過ごされてきた政治の論考など、政治と経済の接点の最前線にあった中野の論考の全体を初めて明らかにした。

本書の構成

関東大震災の折、中野武営直筆の日記をはじめ、その他閲歴を語る材料や書類などの一次資料は殆ど消失した。中野の生涯をある程度まとめて伝える資料は、長い間、主として同時代人からの証言に基づいて人物像を描き出した、薄田貞敬による『中野武営翁の七十年』（一九三四年）という伝記だけであった。[6] しかし、同書は多岐にわたる中野の活動の全貌を実証的に明らかにしたものではない。

拙著『中野武営と商業会議所――もう一つの近代日本政治経済史』[7]（二〇〇四年）は、官吏、政治家、実業家として、また、商業会議所、香川県、東京市など幅広い分野で足跡を残した中野の生涯の全貌について、政治経済史の文脈から初めて実証的に明らかにするよう努めたものである。本書では紙面が限られていることから、中野武営の生涯の軌跡については、同書を参考されたい。

本書の第一部の本文編の第一章から第七章までは、中野の論考を原則として発表順に、第八章から第十一章は、主要なテーマ別に収録した。ただし、紙面の都合から中野武営が発表した論考で内容が重複するものは代表的なものだけを選定する一方、同じ論題でも視点が異なるものや、重要と考えられるものについては重複を恐れず掲載した。

また、帝国議会での発言や全国商業会議所連合会の建議、新聞報道などで、編者から見て中野の考え方が特に強く反映されていると判断したものについても厳選して収録した。

本文編では原則として中野の論考をそのまま複写しているが、一部の新聞記事などで判読の難しいものについては、基本的に旧仮名遣いにより原文から翻刻した。現代では不適切な表現が一部あるが、歴史的意義を踏まえてそのままとしている。

そして、各節の冒頭に、収録した論考を理解するために役立つ範囲で解題を加えた。解題の注釈においては、同じ内容でありながら掲載できなかった中野の論考の表題とその出典、参考となる同時代の一次資料の出典を中心に掲載した。解題に記載した発刊日については、雑誌等が発刊された日付を記載しているが、日付に＊をつけたものは実際に発表された日付とした。

なお、中野に関係する研究や、中野が関わった事柄について行われている研究成果もあるが、様々な解釈がありうることから、解題などには編者によるものを除いて紹介していない。

附章には、中野武営関係の書簡を集録した。先述の通り中野の所有していた書類は関東大震災で焼失したことから、本書では編者が入手できた範囲のものだけを掲載した。今後、各方面で、これまで未公開であった書簡が公開されていくことを期待する。

参考資料には、中野武営研究のための資料等の紹介、同時代から現代にいたるまで発表された人物評の文献リスト及び主要年譜を掲載した。

本著作集を世に出すことができたのは、ひとえに出版を快く引き受けられ、大部になるとともに新たに文書が発掘されるたびに編集をし直すなどの手間がかかりながら、全面的に協力を惜しまれなかった早稲田大学出版部のご尽力によるものである。

多分野にわたり、様々な出版物に発表された中野の論考や書簡などの所在を確認し、原典に当たることは容易なことではなかった。主要なものについては収録、紹介したつもりであるが、万全ではないことをご容赦いただきたい。

文書の収集に当たっては早稲田大学図書館をはじめ各地の図書館などに便宜を図っていただいた。また、翻刻に当たっては片岡浩毅氏（主として書簡）と谷田雄一氏にご協力をいただいた。

本著作集の刊行に当たって、ご尽力をいただいた皆様に心から感謝の意を表したい。

本著作集の発刊を機に、中野武営とその時代の経済と政治の関わりや、政策形成過程などについて理解が進むとともに、明治から大正にかけての政治経済史にさらに深い関心が高まれば望外の幸である。

平成二十八年晩秋

石井裕晶

注

（1）大隈重信「噫中野武営君」『日本一』第四巻第十一号、南北社、大正七年十一月。
（2）「故中野武營記念号」『香川新報』大正八年四月十二日。
（3）菊池寛監修『日本英雄伝』第七巻、日本英雄伝編纂所編、昭和十一年八月。
（4）『日本商業会議所之過去及現在』全国商業会議所連合会、大正十三年六月。
（5）土屋喬雄『日本資本主義史上の指導者たち』岩波書店、昭和十四年十一月。
（6）薄田貞敬『中野武營翁の七十年』中野武營伝記編纂会編、昭和九年十一月。
（7）石井裕晶『中野武営と商業会議所――もうひとつの近代日本政治経済史』ミュージアム図書、平成十六年五月。

目次

第一章　官吏から政党政治家へ

一　官吏の時代

中野武営は、嘉永元年（一八四八）に高松藩士の中野次郎兵衛武憲の長男として高松市に生まれた(1)。武憲は、小吏から勘定奉行に登用され、幕末の厳しい時代の藩財政に尽くした人物であった。厳しい父の下で育てられ(2)、剣術や槍術など武士としての本格的な修行を積んだ。藩校の講道館に入り、四書五経などを学び、文武両道の教育を受けた(3)。一八歳の時に、高松藩士となり、明治四年に廃藩置県で設置された高松県の史生として出仕した(4)。その後、高松県は、香川県、名東県となり、愛媛県に出仕中に租税担当の大属となった(5)。

明治七年に内務省地理寮に出仕し、地租改正事務局の設置とともに地租改正御用掛に任じられた。そして、山形県や佐賀県、三潴（福岡）県、長崎県に出張し、地租改正作業に従事した。

1－1「山形県出張復命書」（明治八年十二月二十三日）*は、二十七歳の時、官吏として山形県の地租改正調査に従事した際の報告である。人民は、地租改正法が旧慣の税法に比べて公平であることを会得し、感戴していると報告している。

明治十年一月に西南戦争が勃発すると中野は熊本に派遣され、内務省諜報掛、臨時熊本県官心得を兼任し、松方正義に対して、片山恭平と連名で二月十八日以降の戦況や薩摩側の諜報を**1－2「熊本県戦況報告書」**（明治十年三月九日）として報告した。西南戦争の際、熊本城から出火した原因は今でも不明とされているが、ここでは、二月十九日に「熊本鎮台軍議籠城ニ決シ此日天守ヲ自焼ス」とある。その翌日、品川弥二郎内務大書記官が熊本に到着したことや、戦況の要が伝えられている。

幕末に高松藩は朝敵とされたが、西南戦争への貢献が認められ(6)、中野は明治十年七月、地租改正事務局から長州藩の本拠である山口県で一等属兼任の第三課課長に登用された(7)。そこで、地租及び雑税の徴収を担当し、山口県の地押調査の再調査の上申などの仕事をしている(8)。後に、「山口県庁の改革を行ふ為に、特に山口県官を兼任して、その地に行つてすっかり改革し遂げる迄に二年余りかゝつて、三十歳の暮に東京に帰つて来た」と述べている(9)。

明治十二年十月に内務省山林局御用掛准奏任、明治十四年二月に内務省権少書記官（奏任官）に栄進した。山林局では、明治十四年三月に、初代山林局長の櫻井勉が中心となって設立した林学協会の幹事長に就任している。

明治十四年四月七日に農商務省が設置されると、河野敏鎌が農商務卿、品川弥二郎が農商務少輔に任じられ、九日に中野が農商務省権少書記官に任命された。山林局と書記局を担当し、林政取調委員長、官有財産管理法取調委員、皇城建築御用材掛を兼務した。中野は、河野敏鎌農商務卿の「秘書官のような仕事」をしたと述べている(10)。そこで、「自己の意見を主張して、火花を散らして同僚や、上級の役人と議論をしたもので、そこを河野長官に見抜かれて、その才能を識られた。」という(11)。

山林局は農商務省設立とともに内務省から農商務省に移管され、林制度取調委員長として森林政策の企画立案を行なったとみられる。**1-3「森林法律ノ特設セザルベカラザル所以ヲ論ス」**（明治十四年）では森林保護のための特別立法が必要なことを主張し、**1-4「山林ニ鳥獣猟区ヲ設クル説」**（明治十五年）は、猟区を決めて所有者の鳥獣猟の権利を認めれば鳥獣の収穫が上がり、山林取締りにも効果があるとの提言をしている。後に、中野は衆議院議員として、明治二十九年の森林法の制定の審議に積極的に参加した(12)。

こうした中、明治十四年十月、「明治十四年の政変」が起こり、大隈重信が免官されると、矢野文雄（統計院幹事兼太政官大書記官）、中上川彦次郎（外務省大書記官）、尾崎行雄（統計院権少書記官）、犬養毅（同）、島田三郎（文部省大書記官）、牟田口元学（農商務省大書記官）、前島密（農商務省駅逓総官）らの官吏が薩長藩閥に反発して辞職した。

中野も、農商務省で官有財産管理法取調委員として、会計検査院一等検査官の小野梓とともに、政変のきっかけとなった北海道開拓使払下げ問題に関わる中で、「薩長の専横に憤慨」し、河野敏鎌や小野梓らとともに政府を辞した(13)。三十三歳の時であった。

注

（1） 本節の内容については、拙著『中野武営と商業会議所』の「第一章　生い立ちから農商務省権少書記官へ」を参照。

（2） 次郎兵衛は清廉潔白で倹約家で、「倹約はしなくてはならぬ、凡そ、物は妄りに消費するな、私の家では、家族が井戸水を汲むにも、一杯飲むと、井戸の傍らに笊を備へて豆を一つ入れる、夫れで日に何杯の井戸水を使ったかと計算する、井戸水が無尽蔵な様でも、粗末に滴してはならぬ。」と訓示した伝えられている。薄田貞敬『中野武営翁の七十年』中野武営伝記編纂会、昭和九年十一月（以下、薄田『中野武営翁の七十年』と記す）。

（3） 藩儒の牧野唯助門と吉本和一に四書五経、貞観政要、歴史などを学び、講道館では、一三歳で四書五経の素読を終え、一八歳で十八史略の講義試験を受け及第した。習字は北原棵庵、漢学は山田梅村、詩歌は葛西省斎、和歌は友安十郎、剣術と槍術は宮脇新太郎（佐分利流）、兵学は福島藤太郎（甲州流兵学）、馬術は塩谷興之助（大坪流）、小具足は竹内笹右衛門（竹内流）、弓術は山崎彦輔（竹林派）、砲術は中村武大夫（荻野流）、水泳は大石勝太（水戸水夫流）、柔道は実樹和尚（真揚流）に学んだという（「故中野武営翁記年号」『香川新報』大正八年四月十二日）。また、「藩主は特に君に命して高島流西洋砲術を修めしむ。」という（「中野武営君の伝　東京株式取引所副頭取」『東京商業会議所会員列伝』山寺清二郎編、聚玉館、明治二十五年二月）。

（4） 中野のこの時期の経歴については、『愛媛県石鉄神山官員履歴』「愛媛県行政資料」（愛媛県庁旧蔵、現愛媛県立図書館蔵）に依り、参考資料三の主要年譜に記載した。

（5） 明治四年七月に廃藩置県により、高松藩は高松県になったが、明治四年十一月に、丸亀県と倉敷県の一部と合併し香川県になった。明治六年二月には名東県（徳島県）に合併され、明治八年九月に名東県のうち讃岐の部分が香川県として再度分離された。しかし、再置された第二次香川県は長く続かず、明治九年八月に愛媛県に併合された。

（6） 西南戦争での活躍振りが評価され、「九州地方騒擾の際尽力」により、明治十年十二月には八十円の下賜を得た。

（7） 山口県時代の経歴については、明治十年及び十一年の『官員黜陟録』を参照。山口県では、関口隆吉県令、進十六少書記官に続く職位としての一等属は河野通倫と中野だけであった。中野の山口県時代の業務については、『明治十一年文書発議』や『関口県令事務引継演説書』、『明治十四年三月関口県令更迭ノ際事務引継書類』を参照。従兄弟の小田知周が明治十年七月に山口県の九等属として採用されたことや、中野の課員が頻繁に人事異動していたことがわかる。また、第三課条例を改正し業務の見直しを行なっている。（明治十年『職制章程原稿』庶務掛）。以上の史料は山口県文書館所蔵。

（8）中野が山口県在勤中の明治十一年五月十日に、山口県は宝暦の検知帳に基づいて地価を算出しているので、新法に基づく再調査の実施の申請を行なったが、六月二十二日付けで太政官法制局はこの上申を謝絶している。（明治十一年六月二十一日「地租改正事務局上申山口県地租改正再査之儀」『山口県地租改正再審ニ関スル法制局上申書』早稲田大学図書館蔵）。

（9）「予は二十歳より三十歳まで何を為しつゝありしか」（第十一章一．）参照。

（10）「龍門雑誌社春季総集会に於いて」『龍門雑誌』第一一〇号、明治三十年七月。

（11）薄田『中野武営翁の七十年』。

（12）第九回帝国議会衆議院森林法案委員会（明治二十九年二月六日、十日、十四日、三月十一日、十二日、十三日、十四日、十六日）。同委員会の委員長は自由党から衆議院議員となっていた櫻井勉であった。

（13）「農商務権少書記官中野武営委員被命ノ件」『公文録』明治十四年、第二六七巻。「中野武営君の伝　東京株式取引所副頭取」『東京商業会議所会員列伝』山寺清二郎編、聚玉館、明治二十五年二月。

山形縣出張復命書

山形縣地租改正調査ノ命ヲ奉シ出張以來縣官一同協議戮力シ各地ノ丈量ヲ始メ收穫地價ノ調査等其適否如何ヲ審視シ今日始メテ其業ヲ遂ケ命ヲ復スルヲ得タリ抑該縣ノ管轄スル所ハ村山置賜最上ノ三郡ニ跨リ其地勢タル別紙圖面ノ如ク山野廣漠ニシテ村落多クハ澗流ヲ帯ヒ就中最上川ノ一大川蜿蜒セリ故ニ養田水ニ乏シカラスト雖𠔿常ニ水損流亡ノ害ヲ蒙ルモノ多シ實ニ本年ノ洪水

ノ如キ武營等目撃スル所ナリ然シテ右三郡ノ内ニ就テ見ルニ村山郡ノ中央最上川ニ沿ヒタル地方ハ田野大ニ開ケ人口隨テ多ク全管中ノ上等ニ位セリト雖𪜈其東西ノ山部ニ至テハ人家稀少地質磽确不便亦タ極レリ次ニ置賜郡ノ如キハ地位稍下レリト雖𪜈人民能ク種藝ヲ勉メ其收穫猶見ルヘキモノアリ然シテ最上郡ニ至リテハ三郡中ノ最下ニシテ地質極メテ薄瘠加フルニ人民農事ニ精シカラス肥糞培養ノ術ヲ知ルモノ鮮シ故ニ畑地ノ如キ多クハ切替畑ニ類シ五年乃至七年ニ至レハ棄テ顧ミサルモノヽ如シ蓋シ該縣

ノ地勢タル四境高山連亘シテ行路嶮難僅カニ最上川ノ一水ニヨリテ物産ノ運漕ヲナスモノアリト雖ヒ水勢蛇曲「碁點隼ミカノ瀬」等ノ難處アリテ舟楫ヲ施ス能ハス遙カニ下流ニ至リテ始メテ舟路ヲ得テ酒田港ニ出ツルナリ其他ハ渾テ人馬ノ荷擔ニヨリ山嶮ヲ踰ヘサレハ福島宮城等ニ出ツルヲ得ス故ニ從來五穀ヲ始メ其他ノ物價常ニ普通ノ平準ヲ失ヒ極メテ低價ナルカ故ニ其收利ヲ得ルモノ少シト云フ然シテ今般ノ調査ニ於テ全管ノ平均田方收穫米壹石三斗四升八合壹勺畑方收穫大豆六斗壹升八合八勺宅地收得金三

圓拾八錢八厘ノ反當リヲ得タリ此調査ニ當
リテヤ各村地位ノ厚薄運搬ノ難易ニ應シ多
年ノ實收ヲ審按シテ其適當ヲ求ムルニ付或
ハ舊税ニ倍蓰シ或ハ半減スルモノアリ盖シ
該地方從前私領ニ係ルモノヲ尋ルニ舊藩領
拾一箇ニ分裂シ其他幕領幷ニ社寺領等其間
ニ錯雜シ其甚キハ一村中三四ケ所ニ分領セ
ルモノアリ寛苛輕重實ニ言フヘカラス是改
正法ニヨリテ矯正セサルヘカラサルナリ玆
ニ今般復命スル所ノ本地ノ新租四拾貳萬四
千四百壹圓四拾五錢四厘ノ全額ヲ以舊税ニ
比較スレハ田方ニ於テ壹萬三千四百四圓五

拾五錢三厘ノ減差ヲ生シ畑宅地ニ於テ貳萬貳千七百五拾九圓四錢ノ増額ヲ生セリ斯ノ如田畑ニ増減ノ差異ヲ生スルモノハ他ナシ舊慣ノ税法タル概シテ田方ニ重ク畑方ニ輕シト云フヘキ歟蓋シ該地田方ノ如キハ卑濕深泥ニシテ本作一毛ノ外收穫アルナシ然レ𪜈從前人民單ニ米作ヲ重シ地頭亦タ自ラ其徴收ニ急ナルニ似タリ畑方ノ如キハ山野廣漠人民各自所有ノ分界ナク隨意ニ廣野ヲ開作シ僅カニ菜蔬ヲ得ルヲ以テ足レリトナシ地力ヲ充分ニ培肥セス領主モ措テ問ハサルモノヽ如シ近來縣廳大ニ道路ノ工ヲ起シ勸

農ノ擧アルカ故ニ物價自然ニ平均ヲ得人民
亦隨テ培栽ヲ勉メ桑漆莨藍紅花麻苧等ノ種
藝ヲナシ稍畑方ノ收利ヲ占ムモノニ似タリ
然レハ今般ノ調査ニ於テ從前田租ノ偏重ヲ
減却シ畑税ノ倚輕ヲ增補スルハ實地適當ニ
シテ改正法ノ要スル處ナリ故ニ人民亦舊慣
ノ偏倚ニシテ新法ノ公平ナルヲ會得感戴シ
聊遺憾ノ儀無之ト奉存候間本年ヨリ改正ノ
税額ヲ以テ定納ノ儀該縣申立之通速ニ御許
可有之度依テ別紙新舊税額差引調書并圖面
相副此段上申仕候也圖面ハ略ス

地租改正事務局御用掛

明治八年十二月廿三日

地租改正事務局總裁

大久保利通殿

北條氏邑

中野武營

山形縣管下羽前國新舊税額比較表

地目	舊反別	舊税額金	改正反別	地價	一反平均地價	地券税	税金比較 増	税金比較 減	反別比較 増	反別比較 減
民有地 田	貳萬千百四町八反三畝拾三歩六釐貳毛	三拾貳萬六千百九拾三圓九拾九錢三釐	三萬貳千六百五拾九町壹反五畝七歩	千四拾貳萬六千三百拾四圓六拾六錢七釐	三拾壹圓九拾貳錢五釐	三拾壹萬貳千七百八拾九圓四拾四錢		壹萬三千四百四圓五拾五錢三釐	壹萬千五百五拾四町三反壹畝廿三歩三釐八毛	
畑	壹萬三千五百五拾五町八反廿四歩五釐九毛	八萬八千八百五拾貳圓九拾七錢四釐	壹萬九千貳百七拾九町八反壹畝拾五歩	貳百七拾五萬千貳百五拾九圓七拾錢	拾四圓貳拾七錢	八萬貳千五百三拾七圓七拾九錢壹釐	貳萬貳千七百五拾九圓四錢		九千貳百拾六町八反七畝壹歩四釐壹毛	
宅地			三千四百九拾貳町八反六畝拾壹歩	九拾六萬九千百四拾圓七拾六錢七釐	貳拾七圓七拾四錢六釐	貳萬九千七拾四圓貳拾貳錢三釐				
合計	三萬四千六百六拾町六反四畝八歩貳釐壹毛	四拾壹萬五千四拾六圓九拾六錢七釐	五萬五千四百三拾壹町八反三畝三歩	千四百拾四萬六千七百拾五圓拾三錢四釐	貳拾五圓五拾貳錢壹釐	四拾貳萬四千四百壹圓四拾五錢四釐	九千三百五拾四圓四拾八錢七釐		貳萬七百七拾壹町壹反八畝廿四歩七釐九毛	
未定田			貳百七拾八町八畝拾五歩	貳萬六千貳百六拾九圓廿六錢七釐	九圓四拾四錢六釐	七百八拾八圓七錢八釐	七百八拾八圓七錢八釐		貳百七拾八町八畝拾五歩	
同畑			八百八拾四町六反九畝壹歩	三萬四千八百六拾八圓五拾錢	三圓九拾四錢壹釐	千四拾六圓五錢五釐	千四拾六圓五錢五釐		八百八拾四町六反九畝壹歩	
鹿野畑			貳百六拾五町壹反七歩	七千貳拾四圓九拾六錢七釐	貳圓六拾五錢	貳百拾圓七拾四錢九釐	貳百拾圓七拾四錢九釐		貳百六拾五町壹反七歩	
林	四百四町五反貳畝廿三歩	貳千五百八拾五圓七拾九錢	七千六百八拾壹町三反八畝拾九歩	六萬七千四百九圓四拾六錢六釐	八拾七錢八釐	貳千貳拾貳圓貳拾八錢四釐	百四拾貳圓貳拾四錢三釐		壹萬三千百六拾七町壹畝廿壹歩	
山			五千八百九拾町壹反五畝廿五歩	貳萬三千五百貳拾四圓九拾六錢	三拾九錢九釐	七百五圓七拾四錢九釐				
萱生			七百四拾町六反九畝拾六歩	貳萬六千貳百五拾七圓九拾貳錢五釐	三圓五拾四錢五釐	七百八拾七圓七拾三錢八釐	七百八拾七圓七拾三錢八釐		七百四拾町六反九畝拾六歩	
草生			貳千百六拾貳町七反八畝七歩	壹萬九千五百拾圓拾四錢四釐	九拾錢貳釐	五百八拾五圓三拾錢四釐	五百八拾五圓三拾錢四釐		貳千百六拾貳町七反八畝七歩	
合計	四百四町五反貳畝廿三歩	貳千五百八拾五圓七拾九錢	壹萬七千九百貳町九反歩	貳拾萬四千八百六拾五圓貳拾貳錢九釐	壹圓拾四錢四釐	六千百四拾五圓九拾五錢七釐	三千五百六拾圓拾六錢七釐		壹萬七千四百九拾八町三反七畝七歩	
荒地	五千貳百七拾九町四反六畝九歩四釐壹毛		千五百六拾九町六畝拾歩							三千七百拾町三反九畝廿九歩四釐壹毛
鉱下			百五町九反貳畝廿壹歩						百五町九反貳畝廿壹歩	
合計	五千貳百七拾九町四反六畝九歩四釐壹毛		千六百七拾四町九反九畝壹歩							三千六百四町四反七畝八歩四釐壹毛
總計	四萬三百四拾四町六反三畝拾歩六釐貳毛	四拾壹萬七千六百三拾貳圓七拾五錢七釐	七萬五千九町七反貳畝四歩	千四百三拾五萬千五百八拾圓三拾六錢三釐	拾九圓拾三錢三釐	四拾三萬五百四拾七圓四拾壹錢壹釐	壹萬貳千九百拾四圓六拾五錢四釐		三萬四千六百六拾五町八畝廿三歩三釐八毛	

於肥後国南関熊本県仮庁

謹啓今般薩兵暴挙ノ顛末ハ既ニ已ニ御領知在セラルヘクノ
此ノ萌シタル既ニ一月以来世上ニ嘖々スル所ニシテ下官長崎ニ
在モ自ラ人心洶々タル景況ナレハ佩負ノ事務ニモ自然関係
ヲ生シ充分捗歩スルニ至ラス既ニシテ二月中旬ニ至リ果シテ
暴発熊本管内エ乱入ノ際ニ當リ市川六等出仕熊本ヲ去テ福岡
ニ来リ下官エ該地ニ奉會スヘキヤノ報告ニヨリ下官ハ二月廿三日
福岡ニ至リ同官エ面語ノ末到底目今ノ景況ニテハ佩負ノ事
務手ヲ施スニ他ナク一應此際帰京復命下シ然ルヘキ旨ニ付
翌廿七日将ニ発程ニ臨ミ石井内務権大書記官臨時熊本県

出張ニ付下官モ随行スヘキ旨口達ヲ受ケ素ヨリ倥偬火急ノ場合ナレハ直チニ同官ニ随ヒ昼夜兼行翌廿八日當南関ニ出張假縣廳ヲ開キ両三日臨時ノ事務ニ従事シ罷在候

戦地ノ景況モ時々御承了在セラルヘキナレ氏下官モ聞見ノ概畧御参考マテニ左ニ上申致シ候素ヨリ匆卒聞取ノ際或ハ誤謬アルモ知ルヘカラス冝シク之ヲ諒セラレンコトヲ

薩兵二月下旬ヨリ鹿児島ニ馳集シ弾薬ヲ掠奪シ及ヒ刺客云々ノ口實ヲ設クル仕向及ヒ暴挙ヲ企ツル主眼等ニ至テハ今再タ敢テ贅セストモ御詳悉ナルヘシ

二月十八日薩兵国境ヲ越ヘ熊本ニ乱入スルニ及テ熊本縣官

八代ニ至リ薩兵ノ宿配惣轄ナル河野次郎左衛門ニ面會シ事ノ
子細ヲ尋問スルニ果テ薩兵ノ口實トスル刺客云ニ關シ次第ニ
ヨリ西郷等政府ヘ尋問ノ筋アリ將ニ上京セントス且兵ヲ
率ユルモノハ大將ノ權内ナル趣ヲ答フ然レテ素ヨリ二三ノ縣
官之ヲ支フヘキニ非サレハ直チニ罷リ趨スト云フ
同十九日薩兵ノ專使ト稱シ泉作藏外拾人余熊本縣廳ヘ
西郷等上京ノ為メ兵ヲ率ヒ管内ヲ通過スルコヲ報シ來ル
依テ福岡トカニテ拘留ナリシ由
先是熊本鎮臺軍議籠城ニ決シ此日天守ヲ
自燒ス飛火大延テ内坪井千反畑等ノ坊家ヲ類燒ス茲ニ
於テ縣廳ヲ上益城郡御船町ニ移セリ

同二十日品川内務大書記官東京巡査四百名ヲ引具シ熊本
ニ着シ先ツ巡査ヲシテ城中ニ入ラシム此日臺兵市坊ヲ點々
放火ス
同二十一日賊ノ前軍川尻ニ着ス（此際臺兵ノ作偵兵ト合戦ニ及ヒタル由ナレモ詳ナラス）臺兵増々
火ヲ城下ニ放チ殆ント市坊ヲ燒盡ス此時ニ當テヤ人民狼狽
名状スヘカラス時ニ熊本士族輩数拾人名ヲ縣廳ノ護衛
ニ託シ廳下ニ馳集シ勢甚タ猖獗方ニ機ヲ見テ暴発セン
トスルモノヽ如シ（蓋シ縣廳ノ金ヲ奪ハントスル意気アリシ由）茲ニ於テ[illegible]品川内務大書記
官富岡権令属官数名ト城中ニ入ル（縣官謀テ此危場ヲ避シ城中ニ入ラシメタルト云フ）他ノ
属官等相謀テ更ニ廳ヲ山麻ニ移サレトスルニ士族ノ勢焔

増シ猖獗制スヘカラス終ニ瓦解離散スルニ至レリ

同二十二日、賊ノ先鋒熊本ニ闖入シ、城ノ東南門ニ迫リ、戦フ城兵能ク防禦シ、賊ノ死傷多シト云フ（同廿日ニ交戦アリト雖モ、城兵増塁堅固ニシテ且粮米ハ三四十日ヲ支フヘク弾薬ハ素ヨリ充分ニ準備アリ故ニ賊モ敢テ急迫セス多クハ他ノ要道ニ兵ヲ分チ城兵ハ格別攻撃セザリシ由）此日福岡分営ノ官兵ノ将ニ熊本ニ到ラントシテ木ノ葉ニ来リ（熊本ヨリ五里）此夜植木（熊本ヨリ三里）ニ宿陣ノ筈ニテ午後兵既ニ植木ニ着スル頃偶賊ノ斥候兵植木ニ出ルニ会シ俄然戦機ヲ開ケリ木ノ葉ノ官兵ハ直チニ赴キ援フ、賊兵モ亦多ク熊本ヨリ兵ヲ進メ暫ラクアリ向陥（植木ノ町ニ戦ヒ外レニアリ）互ニ死傷アリ然レ氏元是偶然ノ接戦ニ出テ官兵隊伍ヲ整列スルニ及ス終ニ隊ヲ引シテ此夜木ノ葉ニ退キ陣ス

同廿三日木ノ葉ノ官兵植木ニ向ヒ賊ヲ進撃ス時ニ賊兵ノ一
隊將ニ山鹿ニ赴カントスルモノ植木ノ戰ヲ聞キ間道ヲ回ツテ
官兵ノ後ロヲ襲フ官兵利アラス引テ高瀬南関等ニ
散兵ヲ集ム
同廿四日ハ戰アリシヨシナレ𪜈詳ナラス
同廿五日野津三好ノ両少將四大隊ノ兵ヲ率ヒ南関ニ着陣ス
三好少將ハ直チニ高瀬ニ進ンテ陣シ野津少將ハ山鹿
口ニ向ヒ肥猪村ニ陣ス
同廿六七両日高瀬ノ官軍大ニ木ノ葉ニ劇戰官軍大勝
生捕分捕品等アリ夜ニ入テ交綏官軍ハ高瀬ニ陣ス此

戦ヤ三好少将手腕ニ少傷ヲ負ヘリ野津少将之ニ代ル三好少将ハ前後南関本陣ニ在リテ専ラ軍務ヲ執ル爾来賊ハ田原阪ノ要嶮ニ拠リ塁場三ヶ処ヲ設ケ堅ク守レリ官軍モ他ニ軍略アルアルカ為メ三月二日迄休戦セリ然シテ迄ニ福岡表ヨリ官軍ノ繰出シ既ニ拾四箇大隊ニ至レリ三月三日高瀬ノ官軍木ノ葉ニ進撃シ大ニ賊ヲ駆リ木ノ葉ヲ略取シ田原阪ニ進撃ス蓋シ官軍ノ軍配ヲ案スルニ田原阪ノ賊ヲ掃ヒ植木ヲ攻落セハ山鹿ノ賊ハ後顧シ戦ハスシテ自ラ潰走スヘキカ故ニ専ラ田原阪ニ軍勢ヲ向ケタルナルヘシ然ルニ賊兵ハ間道ヲ回ツテ岩村平山等ノ間ニ出テ山鹿ニ向

フ官軍ノ不意ヲ襲フ官軍苦戦死傷アリ是ニ於テハ賊ハ進テ南関ノ本陣ヲ襲ハントシ既ニ砲声近キニ及ヒタリ茲ニ於テ直チニ援兵ヲ発シ通宵劇戦終ニ賊ヲ払ヒ半山ヲ略取セリ

同四日木ノ葉口ノ官軍田原坂ニ進撃衝ニ賊ヲ退カシム

山鹿口ハ本日休戦ナリ

同五日田原坂ノ官軍奮進鋭隊ヲ以テ安迫追詰賊ノ壘場二ヶ所ヲ落シ分捕アリ山鹿口ハ午後二時ヨリ開戦シタレ圧格別ノ戦争ニハ至ラスシテ午後四時半頃交綏ス

同六日田原坂ハ賊一ツノ壘処ヲ固守シ官軍三方ニ軍配シテ攻撃ノスルモ頗ル要嶮ノ地ニシテ爾来今日迄モ劇戦未タ

落着ニ至ラス山鹿口ハ官軍持重シ台場ヲ築キ二ノ数日
間休戦セリ官軍ハ更ニ別隊ヲシテ吉次越ニ進撃スルモ
未タ植木ニ達スルヲ得ス必竟賊ハ地ノ利ヲ占メ今日ニ至ルマテ
官軍思ノ侭ナラスト云フモ（蓋シ清正熊本ニ城ツクリヤ至テ要害アルカ為ナラン）蓋シ植木ヲ略取セハ
山鹿ハ勿論直チニ熊本城兵ニ通路ヲ開キ城下ノ賊ヲ掃
攘スルハ掌中ヲ指スカ如ク必ス一両日ヲ出スシテ勝報ヲ聞ク
ハ疑フ可キニ非サルナリ
右ハ開戦以来ノ概略ナリ次ニ賊地探偵ノ模様左ノ如シ
賊ノ本営及病院ハ川尻ニアリ西郷茲ニ在リ桐野村田ハ
植木山鹿ノ先鋒ニ在リ（村田ハ戦死桐野ハ手負ニテ山鹿ニ療治中ノ由風説アレ共未タ判然セス）

薩隅ガ為ニ郷ヲ守ルト云フ〇熊本士族ハ分離シテ全ク賊ニ
与ミシタルモノハ兼テ民権党ト自唱スル不平士族連ナリ
其他ハ中立ニシテ勝敗ヲ観望スル由但シ賊ノ死体ヲ験スル
ニ肥後人多シト云フ去ル廿七日ノ戦地ニ生捕シタル賊六人ノ
内二人ハ薩人余ハ肥後人ナリ〇日向ノ国境辺ノ士族モ賊
ニ應シ二大隊計リ熊本ニ来タル由且肥後ノ阿蘇辺ニ
出テ剽掠ヲ働ク風説アリ〇賊ハ金穀既ニ尽キ士民ヲ
使役スルニ債銭ヲ拂ハス啻ニ民財ヲ劫掠スル由ニテ大ニ
民怨ヲ生シタリ〇此節賊営所在ノ地民ハ日ニ官軍ノ進
入アルヲ望ムト云フ先是熊本士族ガ民権党ト唱ヘ右郷

村ニ入テ愚民ヲ煽動シ村吏ヲ敵視セシメ曩ニ既ニ村民一様ノ萌シアリシ際會ナレハ今回ノ賊徒ニ一旦ハ靡従セシ由ナレトモ追テ賊徒ノ劫暴ニ懲リ即今大ニ悔悟ノ模様ナリト○賊ハ銃器至テ乏シキ由肥後人ナドハ銃ヲ持タザル者ノ過半ナリ故ニ戦争ノ際動モスレハ短兵ヲ接ヘ戦セントスル模様アリト云フ分捕品ノ内ニハ鎗刀陣羽織等アリ（神風連ノ残物ナルカ）

右ノ聞閲見込ノ儘上申仕候尤モ追テ尚承上申可仕候也

但シ戦地ノ略図三葉副フ

十年三月九日夜

佐山恭平

中野武営

松方正義殿
　閣下

追啓石井書記官ヱ随行之儀市川六等出仕ヨリ下官ヱ可申達旨依達ノ趣同官ヨリ達シ越参事仕候石井書記官ハ富岡権令籠城中當縣権令心得ヲ以テ事務可取扱旨申ニ其筋ヨリ御達未承知候ハ下官共モ同官當地出張中ハ萬事可仕聞ト下官心得候段兎角此時モ熊本城囲ヲ解キ下官方當闕ハ帰京子細具陳可仕此段申上置候也

○森林法律ノ特設セザルベカラザル所以ヲ論ス

中野武營

西哲ベンサム氏曰ク罰ヲ以テ犯者ニ與フルノ害ハ必ス犯者カ罪悪ニ由テ得ル所ノ利益ニ比スレハ多カランヿヲ要ス又曰ク必ス罰ヲ期スル能ハサル者ハ之ニ准シテ其罰ヲ重クスルヲ要スト蓋シ刑罰ナルモノハ罪悪ヲ働カントスル者ノ常ニ其損益ヲ比較シ其利害ヲ豫算スルノ度量タルカ故ニ犯罪ト刑罰トノ比較一タヒ其權衡ヲ失スルトキハ其弊害ヤ暴水ノ堤防ヲ破潰スルヨリモ甚矣

夫レ森林上ノ犯罪タル其境域殊ニ廣ク隨テ其犯罪ノ狀情千態萬様ナリト雖𪜈其著シキモノハ盜伐侵墾及放火等ナリ而シテ森林ノ罪悪ハ犯シ易クシテ顯レ難キモノトス抑モ山野ノ廣キ人家ヲ距ルノ遠キ深山幽邃ノ地ニ至テハ絶ヘテ人ノ瞠着スルナシ之ヲ他ノ牆壁ヲ越ヘ關鑰ヲ破リ家人ノ睡眠ヲ窺テ竊盜スル者ノ危險ニ比スレハ森林ノ盜犯ヲ爲ス甚タ容易ナリ而シテ其盜材ト雖𪜈一旦之ヲ他ニ搬移セハ容易ニ其盜贓タルヲ知ルニ由ナシ之ヲ他ノ物品ノ如ク所有者ノ一目發摘シ得ラルベキモノニ比スレハ森林ノ盜贓ハ實ニ顯レ難キモノトス然レ𪜈亦狗盜カ人家ニ入テ寶物ヲ探リ其財寶ヲ懷ニシ去ツテ之ヲ行路ニ販賣スルカ如キ輕便ニ比スレハ森林ノ盜犯ハ甚タ不便ナルモノアリ第一大ナル盜伐ヲナサンニハ資本ナカラザルベカラズ第二之ヲ造材シ之ヲ運搬センニハ杣夫ヲ使傭セザルベカラズ其他販路ヲ求ムル手續モ亦容易ニアラズ是等カ爲メニハ日支ヲ費スヿ夥多ナリトス故ニ普通ノ盜犯者ト森林ノ盜犯者トハ其情由ヲ別ニシ其所業ヲ異ニセリ是ヲ以テ普通ノ盜犯者ハ無賴赤貧ノ徒ニ多ク且同謀ノ多キヲ要セスト雖𪜈森林ノ盜犯者ハ之ニ反シ田宅資產ヲ持スルモノニ多ク且夥伴ノ多キヲ要スルモノナリ

夫レ如此普通ノ盜犯ト森林ノ盜犯トハ罪狀ノ別異アルヲ以テ之ヲ防制スルノ用具卽チ法律ニ於テモ亦別異ナカラザルベカラズ

西洋各國就中獨逸佛蘭西ノ如キハ嚴密ナル森林法律ヲ特設シ常律ト並ヒ行ハレテ相牴觸スルヿナシト云ヘリ亦以テ文明國ノ事ヲ處スルニ緻密周到ナルヲ知ルベシ

然リ而シテ本邦未タ森林法ノ設ケナキ故ニ森林犯罪者ト雖𪜈凡一ニ皆之ヲ常律ニ準據セリ今試ニ新律綱領改定律例等ノ中ニ就テ森林犯罪ニ係ル律例ヲ索ムルニ戶婚律ニ棄毀器物稼穡條アリ曰ク

凡人ノ器物ヲ棄毀シ及ヒ樹木稼穡ヲ毀伐スル者ハ贓ニ計ヘ

竊盗ニ準シテ論ス官物ハ一等ヲ加フ若シ官物ヲ遺失シ及誤
毀スル者ハ各三等ヲ減シ並ニ數ヲ照シテ追償ス私物ヲ遺失
誤毀スル者ハ但タ償テ罪ニ坐セス
賊盗律ニ盗田野穀麥條アリ曰ク
凡ソ田野ノ穀麥菜菓及ヒ人ノ看守スルヿ無キ器物ヲ盗ム者
ハ並ニ贓ニ計ヘ竊盗ニ準シテ論ス罪流三等ニ止ル
若シ山野ノ柴草木石ノ類他人已ニ工力ヲ用ヒテ斫伐積聚ス
ルヲ擅ニ取去スル者モ罪亦同シ
右ノ二條アルノミ實ニ此僅々タル律條ヲ以テ萬狀無際ノ犯罪
ヲ處セントス或ハ恐ル其犯者カ惡行ニ由テ得ル所ノ益ト受ク
ル所ノ害トノ權衡ヲ失センヿヲ近時各地方盗伐ノ弊害日一日
ヨリ盛ナル有樣ヲ現出スルモノハ蓋シ刑罰ノ權衡其當ヲ得サ
ルノ由テ淵源スル所ニ非ラサルナカランヤ
今亦試ニ從前法衙ニ於テ森林犯ヲ處斷セシ實例ヲ揭ケン
自己ノ家屋造營ノ爲メ官林ヲ盗伐シ落成ノ後自首スルモノ
ハ其價ヲ追シテ首免ヲ與フ
鄉村社道路修繕其他村用ノ爲ニシテ無願ニテ官林ヲ伐木ス
ト雖ドモ己レニ入レザルモノハ違令重キニ問ヒ贖ヲ聽ス費用
スルモ價ヲ追徵スル限ニアラズ
所用ノ爲メ毀伐スル者若クハ盗伐ニ係ル者贓ヲ估計スルハ
其斫伐スル物ニツキテ定ムベシ
自己山林ノ竹木ヲ伐採スルニ經界ヲ誤テ官林ノ竹木ヲ侵伐
スル者ハ呵責ニ處ス但之ヲ償ハシムルニ他器物ヲ毀損スル
トハ逆ヒ伐採スルニ依テ原價ノ減スルモノニアラズ因テ伐
採スル所ノ竹木現在スレハ其儘官ニ還シ別段金ヲ出サシム
ルニ及ハス
伐木スレハ復生存スルノ理ナシト雖ドモ賠償ヲ得サル者トハ
金貨ヲ以テ再ヒ得難キ物品ヲ云フ樹木ノ如キハ此限ニ非ラ
ストス
圍一尺ノ官木拂下ノ允許ヲ得テ其定價ヲ官納スル後還テ圍
二尺ノ官木ヲ伐採スル者ハ二尺全木ヲ贓ニ計ヘ允許ヲ得ル
一尺ノ價ヲ除去シ剩價ヲ贓ニ計ヘテ罪ヲ科ス
官林ノ竹木ヲ毀伐スル者ハ棄毀器物稼穡律ニヨリ贓ニ計ヘ
竊盗ニ準シテ論シ一等ヲ加フ社寺境內竹木ノ官有ニ係ル者
モ亦同シ其盗ム者ハ常人盗ニ準シテ論ス毀伐シテ己レニ入
ル者モ亦同シ
以上揭クルモノハ司法省日誌ニ載スル處ニシテ從前法官ノ準
擬シテ以テ森林犯罪ヲ處斷セシ實例ナリ
吾輩ハ更ニ又此ニ現時各地方ニ顯ル、森林犯ノ有樣一二ヲ揭

出セン

新律綱領名例律犯罪自首條ニ曰ク

凡罪ヲ犯シ事未タ發覺セズシテ自ラ出首スル者ハ其罪ヲ免ス云々

其本犯人ヲ遣シテ代首セシメ若クハ相容隱スルヿヲ得ル者爲メニ代首シ及ヒ告言スルハ各罪人自首法ノ如ク罪ヲ免ス」

トアルヲ奇貨トシ無智ノ人民ハ廉耻ノ何物タルヲ知ラズ免罪モ無罪ト同様ノ觀ヲナシ自首サヘスレハ罪科ナキモノト誤認シ其犯者カ盗伐ヲ爲スノ始メ豫シメ代首人ヲ設ケ或ハ自首狀ヲ懐ニシテ山林ニ入リ夥伴ヲシテ林外ニ瞭望セシメ偶警官ノ到ルヲ見レハ直ニ代首人ヲ他路ニ馳テ警察署ニ出首セシムルノ黠策ヲ搆ヘ其最モ甚シキハ村内擧テ盗伐ヲ同謀シ犯人ノ代理ヲ輪番ニ設ケ置キ若シ他ヨリ發覺シテ處刑ニ係ルトキハ其代理犯罪人ノ遺族ハ一村ニテ之ヲ扶助シ凍餒ノ憂ナカラシメンヿヲ約スル者アリ而シテ其代理ニ充ツルモノモ多クハ年七十以上ノ老者ヲ用ヒ贖罪律ノ輕典ヲ僥倖ナスモノヽ如シ或ハ又官林ニ火ヲ放ナテ燒木トナシ低價拂下ヲ僥倖スルアリ或ハ公然ト經界ヲ侵シテ官林ヲ伐採シ若シ推糾ヲ受クレハ全ク經界ヲ誤認シテ誤伐セシモノト陳辨シ其罪ヲ遁ルヽモノ少ナカラスト云フ

夫レ如此人情ノ浮薄ニシテ其奸譎ヲ倣ク有様ハ實ニ名狀ス可ラス森林ノ殘害ニ逢フ蓋シ今ノ時ヨリ甚シキハアラズ

ベンサム氏曰ク夫レ人ハ萬一ニ刑罰ヲ免カルヽノ僥倖ヲ期スルニ非ラザレハ敢テ罪ヲ犯サヾルモノナリ又曰凡テ何等ノ罪ヲ犯スモ犯罪者ハ發露スルト隱匿シ遂クルトノ機運ヲ豫算シテ事ヲ爲ス者ナリ故ニ刑罰ヲ脱スルノ道多キ者ニハ權衡シテ平準ヲ取ランカ爲メニ其罰ヲ重クスルヲ緊要トスト吾輩ハ此說ノ能ク人情ヲ看破シ其正鵠ヲ誤ラサルヲ信シ而シテ本邦未ダ森林法律ノ制定ナキヲ以テ刑罰ノ不權衡ヲ免ヌカレザルヨリ常ニ森林犯ノ累多ナルヲ慨嘆シテ措ク能ハザルナリ

（此稿未完）

○森林法律ノ特設セサル可ラサル所以ヲ論ス（前號ノ續）

中野武營

法律家ハ罪惡ヲ以テ病痾ニ比シ法律ヲ以テ藥劑ニ喩ヘリ實ニ近譬ト云フヘキナリ病ヲ治スルニ若シ其藥劑ヲ誤マレハ啻ニ効ナキノミナラス却テ其病ヲシテ重劇ナラシム見ヨ脚氣病ニ疝氣劑ヲ用ヒ頭痛ニ痔痛藥ヲ與ヘハ果シテ如何古語ニ曰ハスヤ病ニ死セスシテ藥ニ死スト今ヤ森林ニハ種々ノ病痾ヲ生セントス宜シク勉メテ之レカ治方ヲ講セサルヘカラス

彼ノ醫師カ病ヲ療スルヲ見ヨ先ツ其病根ノ由テ生スル所ヲ探

リ而シテ患者ノ體軀強弱等ニ應シテ藥劑ヲ投スルニアラスヤ

今此森林ノ罪惡ヲ制センニハ先其性質ヲ論究シ然ル後其治法ヲ講スヘキナリ

今其性質ヲ論究センニ之ヲ左ノ二種ニ區別スルヲ緊要トス

第一　罪犯人ノ地位

第二　從來ノ慣習

第一罪犯人ノ地位

地位トハ其身分ヲ云フ如何ナル身分ノモノガ此森林盜犯ヲ爲スヤヲ論究スルニ在リ

前篇既ニ論セシ如ク森林ノ盜犯ハ他ノ穿偸ノ盜業ト異ナルモノナルヲ以テ必スヤ其罪犯人ノ地位則チ身分ニ於テモ亦異ナラサルヲ得ス

夫レ伐木ノ業タル資本ヲ要シ杣夫ヲ要シ且日支ヲ費スモノナリ先年來山林局ニ於テ木曾谷其他遠州門桁山武州秩父山等ニ於テ伐木ヲナセシ景狀ヲ聞クニ早キモ一年半遲キハ三年以上ノ日支ヲ費セリ且經費收益ヲ計畫スルニ蓋一萬本以上ヲ伐採セサレハ損益相償ハサルモノヽ如シトイヘリ此ノ如キ迂遠ノ事業ナルヲ以テ迚モ尋常普通ノ狗盜輩カ腕力ノ得テ及フ處ニアラサルナリ然ラハ則チ森林ノ盜伐ハ如何ナル身分ノモノガ爲ス業ナリヤト云ヘハ吾輩カ見ル處ハ皆ナ其森林所在ノ人民カナス業ニ外ナラサルヲ知ル亘シ其人民自ラ爲サヽルトモ他人ノ盜業ヲ默許スルカ又ハ他人ヲ誘テ之ヲ爲サシムルモノナリ之ヲ要スルニ所在ノ人民カ關係セサレハ他人ノ手限ニ爲スコトハ能ハサルモノト信ス曾テ竊カニ聞キシコトアリ或ル官林直轄地方ニテ官林ノ盜伐ヲ發擧シ其事實ヲ探究セシニ或材商ト村民ト協議シ表面ニハ村有ノ森林ヲ伐木シテ賣買センコトヲ約シ數千圓ノ前金ヲ村民ニ交附シ村民ハ之ヲ資本トシテ伐木ヲナセリ而シテ材商ト村民トノ約定面ニハ若シ此ノ森林ニ他ヨリ故障ヲ生シ伐木賣買ヲ破約スルノ場合ニイタラハ前金高ノ一倍ヲ賠償セントノ約ヲナセリト蓋シ其材商ハ盜伐ノ情ヲ知ラサルモノヽ如シトイヘトモ或ハ彼ノ山師ナルモノヽ手段ニ出テタルモ計ルヘカラス然ルニ山林巡視ノ官吏ヨリハ右盜伐ノ廉ヲ摘擧シテ地方ノ警察官ニ告訴セシニ當初村民ハ強情ニモ村有林ナリト主張シ官民林經界ノ再調ヲ請求シ漸クニシテ其經界ノ誣ユヘカラサルヲ見テタチマチ彼ノ慣手ヲモツテ官ヲ經界ノ誤認ニ托シ其罪ヲマヌカレントノ黠策ヲカマヘタリ地方廳モ亦其夥伴ノ全村民ニ關シ且ツ伐木ヲ破約セシメハ彼ノ材商ノ契約ニ對シ夥多ノ賠償ヲ要求セラレ一村擧

テ退轉ニモ至ランカトイハユル婦女子ノ仁ニナガレ踟蹰シテ容易ニ手ヲ下サス却テ愛憐ヲ其筋ニ内願セシコトアリト云フ其結局ヲ詳カニセスト雖トモ蓋シ山林盗伐ノ情況ハ滔々皆此類ナルヘシ左レハニヤ舊藩々ニ於テハ能ク其病體ヲ診察シ之ヲ治療スルノ法多クハ村吏村民ヲ警戒セリ今其一二ノ例ヲ掲ケン

舊金澤藩ノ制度ニ據レハ若シ藩林所在ノ村ニシテ盗伐アルヲ知ラス他ヨリ顯ル丶𪜈ハ其村總體ヘ一作一歩ノ地租ヲ増課ス是レヲ過怠免ト云フ

舊田邊藩ノ制度ニ據レハ官林ヘ立入六木盗伐等ノ節其景況ニヨリ重キハ本犯ハ追放叉輕キモ追込ノ上罪科トシテ杭木若干上納セシメ其村山番肝煎及庄屋大庄屋等追込若クハ呵責ノ上夫々杭木上納セシメタリ

舊高野山ニ於テハ村方人民山内ヘ立入リ盗伐ナス𪜈ハ其村追放庄屋ヘ過料五百文年寄ヘ二百文平百姓棟役ニ百文宛過料申付タリ

又該山日雇ノ者盗伐スルトキハ半髮剃落シテ追放シ其札仲間ノ者ヘ人別ニ鳥目百文ツヽ過料申付タリ

舊名古屋藩ノ制度ニ據レハ留山等ニテ盗伐セシ者頭取ハ重追放頭取ニ準スル者ハ中追放同類ハ牢舎三十日盗人村方及地元村方ノ庄屋組頭ハ過料錢三貫文

其他右ニ準シ山林盗犯アル𪜈盗人村方地元村方ノ村吏ハ必ス罰科ニ處セラレタリ

舊水戸藩ノ慣法ニ據レハ大山守以下村役人ニテ盗伐アルヲ心付スシテ屆出サルトキハ大山守幷地元村庄屋ハ閉戸十五日宛組頭ハ叱押込申付タリ

以上掲クル處ハ舊藩々ノ慣例ニシテ今日ヨリ之ヲ見レハ威力權制ノ嫌ナキニアラスト雖𪜈要スルニ村吏村民ヲ警戒スルノ點ニ於テハ森林罪犯ノ由テ生スル源ヲ豫防スルノ原則ヲ誤マラサルモノト云フヘシ但此ニ舊藩々ノ舊規ヲ掲ケハ或ハ今日猶右等ノ法ヲ適用セント欲スル者ナリト思量セラル丶ヿアラン是レ大ニ然ラス只其森林罪犯人ノ地位ハ多ク村民ニアルノ證憑ヲ示スノミ若シ夫レ將來ノ治方ハ篇ヲ逐テ之ヲ詳論セントス

（此稿未完）

○山林ニ鳥獸獵區ヲ設クル説

中野　武營

夫レ山林ノ國家經濟ニ須要タルノ理ハ今更吾輩ノ喋々ヲ竢タスシテ昭カナリ既ニ其須要タルヲ知レハ勉メテ繁殖ノ策ヲ講セサルヘカラス

蓋シ官林ハ政府ノ所有ナルカ故ニ植伐ノ制限ハ勿論其費用ト雖モ官府自ラ法ヲ設ケテ自ラ處スルノ理ナレハ亦タ如何樣ニモ方法ノアルヘキ事ナランナレトモ他ノ民林ニ至テハ強チ法制ヲ設ケテ其繁殖ヲ威迫スルヲ得ス左リトテ政府ヨリ補助金ヲ宛行フ譯ノモノニモアラサレハ之レカ改良繁殖ヲ求ムルハ蓋シ難中ノ難事ト云ハサル可ラス吾輩請フ試ニ其所以ヲ論セン抑モ民林ナルモノハ人民各自之ヲ自由進退スルハ財産所有ノ當然タルカ故ニ其國土保安ニ關スル森林ヲ管制スルノ外叨リニ政權ヲ以テ其所有權ニ干渉スヘキ者ニアラス若シ其植樹ヲ督促シ伐木ヲ制限スルカ如キ法律ヲ設ケハ自然人民ノ所有權ヲシテ薄弱ナラシメ其弊ヤ却テ所有者ノ希望ヲ害シ山林ヲ厭棄スル思念ヲ生スルノ不幸ヲ現出センモ未タ測ルヘカラス左レハニヤ佛國森林法第二條ニ人民ハ此法律ニ特定シタル外各自ノ森林ニツキ所有權ヨリ生スル諸般ノ權利ヲ行フヘシトアリ而シテ其特定シタル制限トハ即チ牧畜ノ制開墾ノ制海軍所用ニ供スル森林等ニ外ナラス若夫レ存伐整理ノ如キハ其撿束ヲ免カレ法律ノ外ニ放置セリ是ニ由テ之ヲ觀レハ法律ヲ以テ民林ノ植栽ヲ督促シ存伐ヲ制限スルカ如キ撿束法ヲ設クルハ施政ノ得策ニアラザルヲ知ルヘキナリ

且夫レ人ノ資金ヲ出シテ其財産ヲ保持セントスルモノ誰カ豫シメ其資金ヨリ生スル利益ノ多少ヲ計畫セザルモノアランヤ試ニ思ヘ樹木生長ノ期タル用材ハ必幾十百年ノ星霜ヲ要シ薪炭林ト雖モ亦タ十年乃至三十年ナラサレハ伐期ニ至ラサルモノナルヲ豈他ノ百穀菓實類ノ半年若クハ一年ニシテ其成菓ヲ得ルカ如キ收利運轉ノ速カナルモノヽ比ナランヤ實ニ算盤上ヨリ論スレハ山林ニ資金ヲ投スルハ殆ント迂濶ニ属セサルヲ得ス故ニ豪農資産ノ餘リアル者ハイザ知ラス目今金融ノ劇シキ時勢ニ方テ如何ニ山林カ國家ニ重要ナリト云ヒ遠永ノ福祉ナリト云ヘハトテ現在算盤ノ合ハサル限ハ容易ニ人民ヲメ資本ヲ山林ニ投入セシムルヲ得ス是レ蓋難中ノ難タル所以也然ラハ則チ民林ハ現狀ノ儘放置スルノ外ナキカ否決シテ然ラス本邦山林ノ衰頽ヲ極ムル其今日ニ在テ之ヲ救治スルモ既ニ遲キヲ憾ム所謂七年ノ病ニ三年ノ艾ヲ求ムルカ如シ之レヲ如何ソ放置シテ可ナランヤ須ラク救護ノ法ヲ設ケテ之ヲ挽回セ

サルヘカラサルナリ然ラハ則如何シテ可ナランカ要之山林ノ收益ヲ增多ナラシメ利ニ由テ之ヲ導キ之ヲ獎メ人民ヲシテ各自山林ヲ愛惜スルノ嗜好心ヲ煥發セシムル方便ヲ求ムルニ外ナキノミ

夫レ山林ニハ主產副產ノ別アリ樹木ヲ主產トシ下草菌蕈藥艸等ヲ副產トス然レ𪜈是等ノ主副產物ハ從前ト雖𪜈皆所有者ノ占領スル所タリ今吾輩ハ此主副產物ノ外ニ一種ノ收益最大ニシテ從前之ヲ所有者ノ領外ニ付シ去リタル者ヲ取リ來テ更ニ所有者ニ與ヘ山林收益ヲ增多ナラシメント欲スルモノアリ何ソヤ則チ鳥獸獵區是レナリ

本邦從來鳥獸獵ノ制アリト雖𪜈獨リ獵者取締ノ一邊ニ傾向シ未タ獵區ノ制ナキニヨリ其鑑札ヲ受クルモノハ禁獵場ノ外官民林ヲ問ハス總テ自由ニ入林スルコトヲ得山林所有者ハ啻ニ其利ヲ他人ニ奪ヒ去ラルヽノミナラス却テ山林ヲ蹂躪シ樹木ヲ損傷セラルヽ不幸ヲ蒙ルノミ殊ニ近來西洋風ノ傳播セシヨリ衣食彼レニ準ヒ鳥獸ノ貴重ナルヲ知リ隨テ獵者其數ヲ增シ深山幽谷ニ至ルマテ驅逐ヲ試ミ山林ヲ蹂躪スルノ有樣ハ一層ノ甚シキヲ加ヘタリ

今ヤ此最大ナル收利ヲシテ所有者ノ專領ニ歸セシメンカ爲メ政府ニ於テ鳥獸獵區ノ制ヲ設ケ鳥獸獵規則ト並行ハレテ所有者ノ獵區權ヲ保護スルアラハ忽チ鳥獸ノ收獲ヲ擧ケ兼テ山林取締ノ便ヲモ興シ啻ニ山林所有者ヲシテ其收益アルヲ知ラシムルノミナラス鳥獸滋殖ノ基ヲモ開キ一擧兩得ノ結果ヲ得ントス」

蓋シ其鳥獸獵區ノ制ヲ設クルノ大要ハ各地方山林ノ地況ニ應シ適宜獵區ノ分界ヲ定メ所有者ニ獵區劵ヲ授與シ（少反別ヲ所持スル者ハ連合シテ一區ヲ設クルモノトス）其獵區內ノ鳥獸ヲ獵獲スルハ專ラ所有者ノ權ニ歸セシメ之テ他人ニ賃貸スルヲ許シ而シテ其收利ヲ得セシムル方法是ナリ

夫レ如此獵區ノ制ヲ設ケテ山林所有者ニ獵區權ヲ與ヘハ人情トシテ其獵獲ノ收利多カランコトヲ望ムハ自然ノ理ナリ既ニ其收利ノ多キヲ望メハ山林ノ繁殖ヲ勉メサルヘカラス原來鳥獸ハ草木ニ據テ栖息スルモノナリ苟モ山林ヲ暴伐シ兀山トナスカ如キアレハ鳥獸栖息セス鳥獸栖息セサレハ隨テ獵區貸借上ニ著シキ影響ヲ起シ其收利ヲ減スルヲ以テ所有者ヲシテ各自ニ山林ヲ愛惜シ樹木ヲ繁殖ナラシメントスルノ嗜好心ヲ煥發スルニ至ラン啻ニ是ノミナラス獵區ノ借受人モ亦タ其獵獲ノ利ヲ失ハンコトヲ恐レ山林中他人ノ濫入ヲ防クニ汲々タルヘシ然ルトキハ特ニ山林監守人ヲ配置セサルモ民林ノ取締亦自ラ

立ヲ一擧兩得ノ効奏スヘキニ庶幾カランカ是レ則ヲ吾輩カ獵區ノ方法ヲ設クルヲ以テ山林殖益ノ一策トスル所以ナリ而メ此法ヤ獨リ民林ニ止マラス官有山林ニモ均シク此法ヲ施ケハ獵區料ノ歳入蓋鮮少ニアラサルヘシ

以上論スル鳥獸獵區ノ事ハ吾輩其山林ニ最モ利益アルヲ信スト雖圧或ハ之カ爲メ他ノ耕地ニ獸害ヲ劇ナラシメ或ハ他ニ亦タ何等ノ障害ヲ惹起サンカノ點ニ至テハ最モ考究セサルヘカラサルヲ以テ今ヤ此問題ヲ與シ敢テ會員諸君ノ高諭ヲ乞フ諸君幸ニ垂示ヲ吝ムナケレハ豈獨リ我輩啓蒙ノ幸ノミナランヤ然リ而シテ物皆一利アレハ一害アリ是レ數ノ免カレカタキモノナリト雖圧苟モ其利ヲシテ其害ニ勝ルモノナラシメハ採テ社會ノ益トナサヽルヘカラス故ニ獵區ノ制タル果シテ山林繁殖上ニ利多クシテ害少シトセハ宜シク法律制定ノ必用ヲ促サヽルヘカラス若シ夫レ獵區法ノ細目ニ至テハ他日考案ヲ草シ更ニ本會ノ討議ヲ請ハントス

二　自由民権運動と香川県の独立

政府を辞した後[1]、中野は、河野敏鎌や北畠親房、牟田口元学らとともに、修進社という訴訟鑑定所を設立して、契約書の文案、紛議の仲裁、民刑事訴訟鑑定などの業務を始めた[2]。そして、明治二十三年の帝国議会の開設に備え、河野敏鎌、牟田口元学、小野梓、高田早苗、犬養毅、尾崎行雄らとともに、大隈を党首とする立憲改進党の結成に加わった[3]。

政府は集会条例を強化するなどして自由民権運動の弾圧を行ない、中野も要注意人物とされた[4]。自由党は明治十七年十月に解散に追い込まれ、立憲改進党においても大隈重信総理、河野敏鎌副総理らが脱党し、解党論が台頭した。こうした中、明治十八年二月十五日、改進党大会が開催され、仮事務員の藤田茂吉、島田三郎、中野らによって起草された規約及び内則についての審議が行なわれた。

1－5「立憲改進党員除名及有一館閉館式ノ状況并談話会ノ景況」（明治十八年二月十七日）*は、改進党大会の後に開催された談話会において、中野が大隈の脱党について、「大隈諸氏ノ脱党ハ徹頭徹尾解スヘカラサル挙動ニシテ（中略）我等ハ折角政党ノ苗ヲ植ヘタルモノナレハ大木トナス迄ハ飽迄モ培養スルノ意旨ナリ」と述べた有名な演説である。この後、立憲改進党は自由党のように解散することなく、中野と沼間守一、島田三郎、角田真平、藤田茂吉、箕浦勝人、尾崎行雄の七人が中心となって、帝国議会の開会まで公然と党活動を続けた。

政党活動に携わりつつ、地元に入り、明治二十年十一月、中野は、補欠選挙で愛媛県会議員に選出された。そして、瀬戸内海沿岸の十州塩田組合の採塩期制限を定めた農商務省の通達の廃止を実現した。

1－6「建議書」（明治二十年十一月十七日）*は、中野が愛媛県会に提案して可決され、小林信近愛媛県会議長（改進党）から山県有朋内務大臣に提出された、十州塩田組合に関する布達の廃止についての建議である。これを受けて、明治二十年十二月二十二日に農商務省が「制限中止の特達」を、同月二十六日に愛媛県が「十州塩田組合ニ関スル布達ノ第二項制限法ハ其実行ヲ中止ス」を発し、生産制限が廃止された[5]。

このような実績もあり、二十一年四月に愛媛県会議長に選出された。そこで、愛媛県の一部となっていた香川県の分県のため、議長でありながら異例にも県会に一度も出席することなく、水面下で中央政府に働きかけをした(6)。そして、「香川県分県ノ件」は、明治二十一年十一月二十日の閣議決定を経て元老院の審議に付され、最終的に十二月三日に分県が決定された(7)。この功績から中野は、香川県の「分県の父」と呼ばれている(8)。

香川県設置後、香川県会議員選挙が行われ、明治二十二年一月に香川県会議員に選出された(9)。

明治二十二年四月十日に、旧藩士の支援をえつつ香川新報社を設立し、『香川新報』(現在の『四国新聞』)を創刊した。創刊号の**1-7「初号発刊の辞」**(明治二十二年四月十日)では、漸次社会を改良進歩させる改進主義を主張し、党派に偏らず公平と平等に報道するとの方針を打ち出している。この方針には創立者の中野の意向が反映されていると考えられる。

香川新報の社長には中野の従兄弟の小田知周が就任した。そして、中野の政界や実業界における活動をこまめに報道する役割も果たした(10)。

注

(1) 本節の内容については、拙著『中野武営と商業会議所』の「第二章香川県の再置と政党政治家としての活躍」を参照。

(2) 修進社では、生島塩田訴訟、東京株式取引所などの係争案件を担当したといわれるが、活動の一端が、**中野武営「貸借事件出訴期限経過ニ付公証効力ノ有無」**『明治協会雑誌』(第二七号、明治十六年十月)にうかがえる。

(3) 立憲改進党は、「東洋議政会」(郵便報知新聞に関係した福沢諭吉門下の矢野文雄、犬養毅、尾崎行雄など)、「嚶鳴社」(東京横浜毎日新聞に関係した沼間守一、島田三郎、肥塚龍など)、「修進社」(河野敏鎌、北畠治房、牟田口元学、中野武営ら)及び「鷗渡会」(小野梓、高田早苗、天野為之、市嶋謙吉らの学者)というグループによって構成され、中野は、実務に長けるとともに、鷗渡会の高田早苗と、党内の仲裁役も果たしたという(薄田『中野武営翁の七十年』)。

(4) 中野は、愛媛県の改進党運動の中心人物として要注意視されていた(山尾庸三「明治十六年愛媛県巡察復命書」我部政男編『地方巡察使復命書 明治十五年・明治十六年』上、三一書房、昭和五十五年)。また、かつて山口県庁に勤務していた中野が、山口県に入り込んで地元で自由民権運動に火をつけようと動いていたことが警戒されている（『井上馨文書』第三十二巻二〇七、国立国会図書館憲政資料室蔵。田村貞雄『山口県民権運動資料集』マツノ書店、昭和五十八年）。『秘政党員名簿』（内務省へ進達ノ分）（明治二十一年愛媛県秘書雑書、愛媛県議会図書室所蔵）には、「文業アリ兼テ槍剣其他武術ニ長ズ」と記載されている。

（5）『海南新聞』明治二十年十一月十九日、十二月二十七日。なお、この後、井上馨が農商務大臣として取引所問題を調整した後、愛媛県会議長の中野を招いて改めて讃州で採塩制限をするよう要請したが、中野はこれを拒否したと伝えられている（『東京朝日新聞』明治二十一年九月二十六日）。讃岐と長州の利害が対立した塩については、最終的に日露戦争の際、戦費調達のために専売制の対象となった。

（6）『海南新聞』（明治二十一年十一月十三日）は、「（讃岐）分県は大隈伯の請負ふ所にして松方伯又之を賛成せり」との報道を伝えている。この時期、井上馨外相の欧化政策や条約改正交渉が批判され、大同団結運動も高まる中で、政府は改進党に接近し大隈重信を外務大臣として入閣させた。（明治二十一年二月から二十二年末）また、中野は、地租改正事務局や内務官僚時代から松方正義とは近かった。その上、この時期中野は、東京株式取引所肝煎・副頭取として、取引所条例の施行をめぐり農商務省と調整を行なっており、政府に対する立場は強かったと考えられる（第二章三、参照）。

（7）「香川県設置ノ件」『明治二十一年会議筆記』元老院会議筆記第六百号議案（明治二十一年十一月二十一日、二十六日、二十七日）。「香川県ヲ置ク」明治二十一年勅令第七十九号、明治二十一年十二月三日。

（8）「中野武営君伝」『帝国衆議院実伝』（関谷男也編、同盟書房、明治二十三年八月）は、「（中野）氏は元来讃岐国高松藩士にして其地方に尽せる最も著しきものを挙げれば前年大に官民間に奔走して香川県の再置を計りたるの一事なり」と伝えている。

（9）香川県再置直後の県会における中野の発言については、香川県議会史編さん委員会編『香川県会史』上巻（香川県議会事務局、平成十一年三月）。

（10）小田知周は、中野とともに山口県官吏、置県後の香川県議会議員となった後、高松市会議員、高松市長（明治二十九年から四十一年）、衆議院議員（明治四十五年から大正四年）、高松商業会議所会頭などを歴任。

立憲改進党員除名及有一館閉館式ノ状況并談話会ノ景況

去ル十五日改進党員井生村楼ニ於テ会議ヲ為セシ末尚ホ談話会ヲ関クベキ旨ノ発議ニ基キ即チ一昨十七日午後一時ヨリ改進党事務所ニ於テ談話会ヲ開ク其景況左ニ

本日相会セシモノ　中野武営　藤田茂吉　沼間守一　肥塚竜　箕浦勝人　尾崎行雄　島田三郎　高梨哲四郎　森田文蔵　青木匡　南挺三　枝元長辰　秋葉濱太郎　荒井泰治　田中正造　石辺大三郎　島田高之　南条吉右衛門　勝山修蔵外二拾三名

島田云　本日談話会ヲ開キタルモ格別地方党員ニ向ヒ御打合ニ及フ程ノ事モ匆レトモ余ハ彼大隈諸氏ノ脱党ノ事ヲ報道セント欲スルナリ

中野云　余ハ在京党員ニ代テ大隈諸氏ノ脱党ノ旨意ヲ述ヘ併セテ我改進党ヲ解クベカラザル理由ヲ論スベシ抑カ昨年中我党ノ勢ヒ漸ク英国上院ノ風ニ傾カントスルノ姿アレハ余ハ之ヲ挽回セント存シ居ル際突然大隈諸氏力脱党ヲ申出タルニ依リ大ニ驚キ其意ヲ問ヒシニ脱党状ニモ記セシ如ク時勢ノ変遷之ニ害アリ法律ノ三事ニ過キス元来時勢ノ変遷トハ何事ソ想フニ今日ノ政府ハ良政ヲ布ク故ニ政党ヲ要セズトノ事ナル乎予テ我党ハ天下ノ輿論民望ニ随ヒ政ヲ布カンコトヲ望ムモノナルニ今日ノ政府ハ先年我党創立ノ頃ヨリモ一層民間ノ権力ヲ殺キ漸次封建政治ト成スノ傾向アリ又法律ノ制限アル在テ党勢ヲ伸張スルコト能ハス故ニ名簿ヲ廃シテ無形ノ政党ト成スト是甚奇怪ノ事ナラスヤ我党ハ公然政治ノ改良ヲ企望スルモノニシテ決シテ隠密ニ国事ヲ謀ルモノニアラザレハ毫モ法律ヲ恐ル、ニ足ラス却テ法律ヲ恐レテ無形ノ政党ト為ストキハ益隠密危険ニ失スルノ疑ヲ免ルベカラズ若シ法律ヲ恐レ無形ノ政党ト更メタリトテ政府カ今日ノ法律ヲ永久ニ確行スルモノニアラズ無形ノ政党トナセバ随テ政府モ亦法律ヲ改メ処置スベシ又之レニ害アリト云ヘハ官吏カ党員ノ営業上ニマテ干渉シ為メニ困難ヲ被ルモノ多シ或ハ近時自由党カ解党シタルニ依リ同党中有為者ナキニモアラス此等ノ者カ我党ニ入党セント欲スルモ改進党ノ名義アレハ世評ヲ厭フテ入党シカタケレハ此等ノ故ヲ以テモ名簿ヲ廃スベシ亦名簿ヲ存スレハ党員中過失者アルトキハ直チニ全党ノ汚名ヲ被ルニ至ルト是レ何等ノ謂ソヤ地方党員カ困苦ヲ被リ之ニ耐ヘ難クハ党則ニ因テ脱党シテ可ナリ然シ人ハ困苦ヲ経テ益志気ヲ固ムルモノニテ今日我党ハ困苦ノ芽出シト云ベキ時ナレハ僅少ノ困苦ヲ恐ル、者ハ脱党スルモ吝ムニ足ラス自由党有為者云々果シテ有為者ナラハ何ソ区々タル名義ニ関セシヤ然ルニ名義ニ泥ム如クナラス何千人加盟スルモ無益ト云フベシ我党ハ多数ノ弱兵ヲ得ンヨリハ寧ロ少数ニテモ強兵ヲ得ンコトヲ望ムモノナリ又党員中過失者アリテ党名ヲ汚ス云々ト云フモ仮令ハ今日政府官吏中職ヲ誤ルモノアレハ之レヲ免職シ毫モ政府ノ名ヲ汚スコトナシ我党員モ之レ同様ニテ我党ノ希望ニ背キ党名ヲ汚スカ如キ行為アルモノハ除名スルノ党則ナリ故ニ之ヲ除名スレハ則チ我党ヲ汚スコトナシ然ルニ今無形ノ結合ト成サン乎只私交上ニ存スルモノナレハ甲ハ乙ト交際スレハ改進主義ノモノナルベシ然ルニ乙ニ不都合ノコトアランニ甲モ通同シタルモノナルベシトノ嫌忌ヲ招クニ至ルベシ其時ハ衆多ノ人ニ向テ一々ハ甲ハ乙ト絶交シタリト報道スルカ到底ナシ得サルコトナルベシ斯ク論シ来レハ大隅諸氏ノ脱党ハ徹頭徹尾解スヘカラサル挙動ニシテ年一年ニ国会開設ノ期ニ迫リ恰モ今日ハ政党ノ苗ヲ培養スル秋ナルニ大隈諸氏ハ苗ヲ抜去ルモノト云ベシ我等ハ折角政党ノ苗ヲ植ヘタルモノナレハ大木トナス迄ハ飽迄モ培養スルノ意旨ナリ必ラス列席諸氏モ御同意ノコトト思ハル亦余ハ河野氏ト倶ニ修進社ニ詰メ毎日面会スルモノナレハ余カ意ヲ極言シタルモ遂ニ納レラレサリキ

田中云　通常人ハ民間ニ在テ民権ヲ唱ヒ政府ニ入ハ官権ニ変スルニ大隈、河野両氏ハ曩ニ廟堂ニ在テハ民権家ノ風アリ今日民間ニ在テハ民権ヲ厭ハル、ノ風アリ実ニ稀ナル英雄ナルモ当今所見ヲ誤リ世上ノ笑ヲ被ラル、ハ余ニ於テ泣血ニ堪ヘザル所ナリ只如何セン一身ノ利害ノ為メニ脱党セラレタルコトヲ

（後略）

建議書

愛媛県会議長小林信近謹テ内務大臣閣下ニ建議ス、抑々此建議ノ主眼ハ明治十八年八月ニ在テ当時ノ県令関新平代理愛媛県大書記官湯川彰ノ名ヲ以テ管内ヘ発布セル甲第百拾三号布達ヲ取消サレンコトヲ要スルニ在リ……(中略)……信近等該布達ヲ按スルニ其目的蓋シ物産ノ取締ヲ要スルニ在ルモノノ如シト雖トモ、其実民業ニ干渉スルノ甚タシキモノニシテ、其弊害ノ及フ所啻ニ製塩者ヲシテ困厄ニ陥ラシムルノミナラス、地方一般ノ疲弊ヲ来タシ土地所有ノ権利ヲ害シ物産生殖ノ富源ヲ妨ケ遂ニ国家経済ノ大計ヲ愆ラシムルモノナリ、之ヲ極言スレハ該布達ハ百害アリテ一利ナキモノト云フヘキナリ、何ヲカ地方ノ疲弊ヲ来タスト云フ、乃チ本県下ノ如キ一帯ノ海浜ニ接スル地方ハ到ル所塩田点在シ其製塩ハ我地方物産中屈指ノモノニシテ、其業ニ従事シ生活スルモノ最モ多ク随テ其産額夥多ナルカ故ニ之ヲ取引センカ為メ船舶相往来シ商估相貿易シ以テ地方ノ繁盛ヲ繋クモノナリ、然ルヲ其製塩ノ季節ヲ制限シ其産額ヲ抑減セハ独リ製塩者ノ営業ヲ害スルノミナラス商估モ之レカ為メニ其利ヲ損シ船舶モ之レカ為メニ其業ヲ失ヒ、其直接間接ニ生スル弊害ハ遂ニ一般人民ノ生計ニ波及シ不景気ノ結果ハ農モ商モ工モ皆其弊ヲ被ムルニ至ル、是レ地方ニ疲弊ヲ来タスモノニアラスシテ何ソヤ、

何ヲカ土地所有ノ権利ヲ害スト云フ凡ソ土地ノ所有者ハ其行為ニ於テ他人ヲ妨害セサル限リハ其土地ヲ利用シ地上地下ヨリ生スル利益ヲ収得スルノ権ヲ有スルハ論ヲ竢ス、我地方ノ塩田所有者ハ風気地質ノ天幸ヲ亨ケ周年其地ヲ利用シテ製塩ノ業ヲ執リ正当ノ料ヲ収ムルニ於テ他ニ何等ノ妨害ヲ与フルヤ、若シ夫レ多額ノ物産ヲ生スルカ為メ塩価ヲ低落セシムルヲ以テ社会ニ妨害ヲ与フト云ハンカ実ニ奇怪ノ説ト云ハサルヘカラス、仮リニ塩価ノ低落ハ製塩者其人ニ利ナラスト云ハンカ、製塩ノ業ハ独リ十州ニ限ルニアラス、他ノ府県下ニ於テモ此業ニ従事スル者尠少ナラサルノミナラス海外万国モ亦夥多ノ産額ヲ出スニアラスヤ、蓋シ物貨ノ有無相流通スルハ経済ノ本理ニシテ其価ノ高低ニ応シテ集散スルハ自然ノ勢ナレハ、十州ノ製塩ヲ感シテ騰貴セシメタル塩価ハ十州製塩者ノ利トナラスシテ将ニ十州外若クハ外国製塩者ノ利ニ帰セントス、然ラハ則チ独リ十州ノ製塩ヲ制限スルモ将タ何ノ効アランヤ、仮リニ姑ラク我地方ノ産額其多寡ニ由リテ塩価ヲ高低シ為メニ他ノ山口県等ノ塩価ニ影響ヲ及ホスモノアリトセンカ、果シテ是等ノ結果ヲ以テ他人ヲ妨害スルモノトナシ土地利用ノ原則ヲ抑制スルノ理由ニ供スルヲ得ヘキカ思ハサルモ亦甚矣、殊ニ我地方ノ塩

田ハ周年ノ営業ニ係ルヲ以テ地租改正法ニ依リ全年ノ収利ヲ算シテ地租ヲ賦シ一方ヨリ其租額ヲ徴収シナカラ却テ一方ヨリ其収利ヲ抑制スルカ如キハ施政上ヨリ観ルモ権利上ヨリ論スルモ其当ヲ得タルモノト云フヲ得ス、是レ土地所有ノ権利ヲ妨害スルモノニアラスシテ何ソヤ、

何ヲカ物産ノ繁殖ヲ妨クト云フ、我地方ノ如キハ風気地質ノ天幸ヲ亨ケ周年製塩ノ業ヲ執リ毫モ妨ケナキ所ニシテ他ノ中国地方或部分ノ塩田トハ其有様ヲ異ニセリ、是レ蓋シ天工ノ然ラシムル所ニシテ人為得テ能ク之レヲ左右スルモノニアラス、其詳細ハ今更ニ之レヲ喋々スルヲ要セス、何トナレハ農商務省地質調査所明治十六年報第二号ニ同所分析係長ヲ、コルセルト氏ノ報告書ヲ同省ニ於テ刊行シ我人民ニ示サレタルモノニ依レハ当局者ハ既ニ之レヲ悉知セラレシモノナルヲ信スレハナリ、夫レ此ノ如ク天工ノ然ラシムル所風気地質ノ別アルニモ拘ハラス、他ノ中国地方ノ塩田ト均シク製塩ノ季節ヲ制限スルモノハ所謂天物ヲ暴殄スルモノニシテ物産生殖ノ富源ヲ妨クルモノニアラスシテ何ソヤ、

蓋シ国家経済ノ大計ヲ愆ルノ理ハ敢テ信近等ノ建議ヲ待テ知ルヘキニアラス、今方ニ輿論ノ囂々スル所ニシテ夙ニ大臣閣下ノ諒知セラルル所タルヲ信スルカ故ニ復タ贅弁ヲ要セス、

以上論スル所ヲ以テ観レハ本県ニ於テ該布達ヲ発シ製塩ノ業ヲ制限スルハ其害アリテ其利ナキコト明ナリ、今ヤ我地方ハ該布達ノ為メニ当業者ハ其業ニ安ンスルヲ得ス、日一日困窮ニ陥リ其弊ヤ一般人民ノ生計ニ波及シ其甚シキニ至リテハ目下糊口ノ途ヲ失ヒ妻子凍餒ニ迫ラントスルモノアリ、所謂小人ノ窮スル所或ハ之レヨリ乱階ヲ生セントス、我々県会議員タル者之レヲ聞キ之レヲ見ルニ忍ヒサルナリ、希クハ大臣閣下此建議ヲ提出スルノ万止ムヲ得サル事実ヲ洞察セラレ、速ニ該布達ヲ解キ以テ地方ノ困弊ヲ救済シ人民ヲシテ営業ノ堵ニ安ンセシメ無辜ノ人民ヲシテ惨境ニ号泣スルモノナカラシメンコトヲ、書意ヲ盡サス千万諒察ヲ垂レ賜ヘ謹テ建議ス、

明治廿年十一月

愛媛県会議長

小　林　信　近

初號發刊の辞

於々我々親愛なる香川人士の爲めに渇望せられたる、我日本政界の爲に必要視せられたる、箇の香川新報は、正さに明治廿二年四月十日の今日を以て、日本社會に現はれ香川人士に接見するに當り、一應其主持する處の主義目的を披露せすんばあらず、蓋し止む能はさるの業なり。客あり若し來つて本紙の目的奈何んを問ふものあらば、余輩は將さに答へて曰はんとす、本紙の目的は實に是れ新聞紙たるの眞面目を有して、之を永久に維持し、新聞紙の効用を實演して、敢て或は怠らさるにあり、又他に期する處なしと、然らは則はち其眞面目を維持し、其効用を實演するとは、果して何等の謂ひなるか、曰く社會公衆の耳目となるなり、曰く社會公衆輿論の代表者たるなり、以是本紙は社會に現はれたる輿論の方針を示すべく、又未た現れさる適正の輿論を喚起するに力むべく、人民の政治思想をして、一般に高尚に發達せしむるに於て、毫も怠らざるべきは勿論、又務めて殖産商業の發達進歩を圖ることを期すべきなり、顧みれは四國は是れ蕞爾たる南海の一孤島にして、我香川は尙且つ掌大の一縣地に過きざるを以て、人或は箇地を爲すに足らすとなすものあらん、然れとも吾人は此蕞爾たる掌大の孤島にありて、能く全大陸を左右すべき勢力を占有するの希望なくんばあらず、蓋し社会は智力の戰場なるが故に、吾人四國人士にして若し智力を養ひ富力を進めば、焉ぞ土地の蕞爾たるを嫌はんや、又焉ぞ大陸の大を恐れんや、余輩は實に此決心と希望とを有して讀者と相見んとす、讀者諸君亦宜しく此意を察し、極めて永く極めて強く、扶けて此目的を棄てずんは、諸君が智力と富力とを養成して、他日夫の活戰場に勝利を制すること、括目見るべきなり、然れとも余輩が以上の議論は、決して彼の地方主義藩閥主義を表白したるにあらさること、大に讀者の注意を乞ふ處たり偖て余輩は是より進んて、本紙が今日以來政治上如何なる主義を以て、運動すべきかを講明せん、抑も本紙の主義たる一言能く之を盡すべく、乃ち改進主義を抱ひて社會に立つものたるに外ならず、去れは決して社會を因循姑息の裏に置かんとするものにあらずと雖とも、又決して急激手段に依つて社會の改進を謀るものにあらず、漸次社會をして改良進歩せしめんとするにあり、夫れ然り本紙は實に改進主義を抱ひて政海に航せんとするものなり、然るに余輩か斷言して茲に至れば、世間或は疑ひを本紙に屬して、將さに云はんとするなるべし、曰く香川新報は夫れ改進黨の機關なるかと、余輩は此疑問に對して大に弁せざる可らざるなり。嗚呼本紙の執る處實に改進主義に相違なし、然とも余輩の眼中元より改進黨なし、否改進黨中の某々ありて如何なる擧動を爲すや、是れ元より余輩の與かり知る處に非ず、夫れ然り己に改進黨の其眼中に存せさると同く、自治黨も亦余輩の腦髓を領有せず、大同團結黨や自由黨や、若くは保守中正黨や、亦元より余輩の胸臆を掠めさるなり故に今余輩の腦髓に對かつて、世の黨派如何を問ふものあるも、余輩の腦髓決して其問を解せさるべきのみ、讀者請ふ、余輩の胸中に某の政黨々派を容れさるを知れ、若し改進黨の運動にして、時に非難すべきものあらんか、本誌は努めて之を攻擊すべし、又或は保守黨自由党の擧動にして、時に同意すべきものあらんか、本紙は之を賛助するに躕躇せさるべし、只夫れ公平と平等と、以て能く余輩の所思を左右すべきのみ、嗚呼余輩の胸膈は潤として覆載と大なり、故に能く天下に友たり、嗚呼余輩の腦髓は細かきこと針頭の如し、故に決して目に一政黨あるを見ず、斷言す公明正大の道理余れ能く之を見、余れ能之を容る、黨派心余れ之れ關せさるなりと、以上に論述し來れる處は實に是れ本紙か將來讀者と相見るの主義目的にして、又今日讀者に誓ふ所以の要点なり、初號の發刊に當り聊か一言を叙す大方の讀者願くは永く健康なれ、本紙も亦永く健康の壽を共にせんとす

三　初期議会

明治二十三年七月に第一回衆議院議員選挙が実施されると、中野は高松市第一区から出馬して明治三十五年の第七回衆議院議員選挙に至るまで連続六回の当選を果たした(1)。

初期議会では、政費節減・民力休養を訴える民党と政府が正面から対決し、財政に強い中野は、議会での中心的論点である政費節減について、改進党を代表して活発な論陣を張った。

第一回帝国議会において中野は、内藤利八とともに**1-8「地租ニ関スル件ニ付質問主意書」**（明治二十四年二月十二日）を提出し、山口県外四県は地租改正条例に基づいて地価が算出されておらず、反別の標準を設けて検定すべきはないかなど、地価修正問題を提起した(2)。

第二回帝国議会では、**1-9「私設鉄道買収法案審査特別委員会ノ報告」**（同年十二月二十三日）を行ない、政府提案の鉄道国有化の理由が薄弱であるとして否決させた。さらに、製鋼所設立費や治水費も削減すべきと主張し、政府提案を否決した(3)。こうして政府は、第二回帝国議会で衆議院を解散せざるを得ないところまで追い込まれた(4)。

1-10「政費節減を論ず」（明治二十五年一月四日）は、衆議院が解散された直後、東京の錦輝館における立憲改進党政談演説会における中野の演説である。この後、品川弥二郎内務大臣による選挙干渉で有名な第二回衆議院議員選挙が行われ、中野も激しい弾圧を受けた(5)。

総選挙後の第三回帝国議会においても監獄法案の委員長として同法案を否決に追い込んだ(6)。さらに、政府が補助をする日本鉄道の経営状況についての質問主意書を提出し(7)、鉄道事業経営としての経験を踏まえて政府の追及を行った。

1-11「党報の発行に就て」（同年十二月）は、政費削減を中心に活発な政党活動を行っていた時代に、中野が寄せた『立憲改進党党報』発刊の辞である。

1-12「歳入歳出の計算に就て」（明治二十六年一月）は、第四回帝国議会に提出された政府予算案の評価である(8)。

初期議会において政府の予算案を衆議院で政党が否決することにより、政府も政党の協力を仰がなければ予算や法律の実現ができないことを自覚しはじめた。中野も、第五回帝国議会では、政府の予算案を削減するばかりではなく、我が国初めての二隻の製鋼艦の予算の復活に尽力するなどの柔軟性も示した(9)。
このように財政通としての実力を発揮し、明治二十七年五月、日清戦争直前の第六回帝国議会で、改進党から初めての予算委員長に就任した(10)。

注

(1) 本節の内容については、拙著『中野武営と商業会議所』の「第二章 香川県の再置と政党政治家としての活躍」を参照。
(2) この質問主意書に対する再質問は、「議員中野武営内藤利八質問地租ニ関スル件」(明治二十四年三月七日、公文雑纂・明治二十四年・第三十二巻・帝国議会第一回・貴族院・衆議院)、「衆議院議員中野武営外一名ヨリ山口外四県地押調査ニ関スル質問書大蔵省へ回送ノ件」(明治二十四年十二月二十三日、公文雑纂・明治二十四年・第三十三巻・議会第二回)。さらに、第三回議会の明治二十五年六月九日においても質問書を提出している。これに対する政府の対応は、「山口県外四県に於て地押調査上延反別に地価を増課せざりし件」(明治大正財政史編纂資料、目賀田家文書、目賀田家文書第四号)、「衆議院議員中野武営外一名ヨリ山口県外四県地押調査ニ関スル質問ニ対シ答弁書ノ件」(明治二十五年六月十日、公文雑纂・明治二十五年・第十八巻・議会)。
(3) **中野武営「製鋼所設立費について」**『香川新報』明治二十五年二月二日、**中野武営「治水費について」**『香川新報』明治二十五年二月六日。
(4) 第二回帝国議会で松方総理大臣が衆議院解散の上奏をした理由としては、衆議院が「新設事業に在ては殊に製鋼所設立の如き軍艦製造の如き治水事業の如き其他監獄費国庫支辨案の如き鉄道買収法案の如き皆国防上及国家経済上欠く可からさるの急務とす然るに議会は挙げて之を排斥」したとあり、これらの審議において中野は改進党で中心的な論陣を張っていた。
(5) 明治二十五年二月二日付で、白根専一内務次官が松方正義総理あてに、中野の選挙弾圧のため機密費の交付を要求している。(松方峰雄ほか編集『松方正義関係文書』第八巻、文書二一二・一〇、大東文化大学東洋研究所、昭和六十二年二月)。
(6) 衆議院府県監獄費及府県監獄建築費国庫支弁ニ関スル法律案審査特別委員会(明治二十五年六月六日、八日)。
(7) 衆議院本会議(明治二十五年六月七日)。「衆議院議員中野武営外一名ヨリ日本鉄道会社ニ関スル質問ニ対シ答弁書ノ件」公文雑纂、明治二十五年、第十八巻。

（8）　同趣旨の論考として、**中野武営「予算査定案の説明」**『立憲改進党々報』第二号、明治二十六年一月。中野は、衆議院予算委員会（明治二十五年十二月十二日（内務省、外務、司法、大蔵）、十三日（総会で海軍省、内務、農商務省、文部省、逓信省）、十四日（総会歳入）、明治二十六年二月十六日（総会）、十八日（総会）、二十日（総会）、衆議院予算委員会（明治二十五年十二月九日、十日）などの論戦に参加している。

（9）「加藤政之助談話速記」広瀬順晧 監修・編集、憲政史編纂会旧蔵『政治談話速記録』第三巻 ゆまに書房、平成十年十一月。

（10）　衆議院の予算委員長は、第一議会では大江卓（自由党）、第二議会では松田正久（自由党）、第三回から第五回議会では河野廣中（自由党）が務めていた。

地租ニ関スル件ニ付質問主意書

明治六年七月地租改正條例を公布せられたる時の上諭に

地租は國の大事人民休戚の係る所なり從前其法一ならず寛苛輕重率ね其平を得ず仍て之を改正せんと欲す乃ち所司の群議を採り地方官の衆論を盡し更に内閣諸臣と辨論裁定し之を公平畫一に歸せしめ地租改正法を頒布す庶幾くは賦に厚薄の弊なく民に勞逸の偏なからしめん主者奉行せよ

右の聖諭は地租改正の趣旨方針を示されたるものにして改租の業に從事せる者の深く奉體し所なり而して明治十八年に至り大藏大臣は各地方に訓示して一般の地押調査を爲しめたり是れ盖し誤謬錯亂あるものを整理して改租の成蹟を鞏固にし地租をして公平畫一に歸せしめんとするの趣意に外ならざるを信ず果して然らば地押調査の結果として反別に廣狭を生じ之を訂正せし以上は地價も亦訂正せざるべからざるは勿論なり之を再言すれば其反別の増加せしものは其増加反別に對して新に賦税し反別減少せしものハ其減少反別に對して其地價も亦減少すべきなり是を以て各地方に於て地押調査の結果に依り増加反別あるものは相當の賦税を爲し爾後年々之を歳入に編入せられたり然るに山口縣外四縣は他の地方と異り其増加反別の夥多なるにも拘はらず一切之れを不問に付したるハ抑も何等の理由の存する有て然るや若し夫れ地押調査の擧は單に土地の廣狭を整理するに止め租額整理の趣意あらざるものとせば地押調査の結果として増加反別に課税せられし地方ハ偏重の賦課を被るものと謂はさるを得ず若し又之に課税するを正當なりとすれば山口縣外四縣は正當の賦課を免れたるものと謂はざるを得ず二者孰れに歸するも賦に厚薄の弊なく民に勞逸の偏なからしめんとの趣旨に戻れるの嫌なき能はず是れ本員等の疑を解する能はざる所なり依て政府の明答を希望す

右議員法第四十八條に依り質問に及び候也

明治廿四年二月十二日

発議者　内　藤　利　八
中　野　武　營
賛成者　三十四人

官報　號外　明治二十四年十二月二十四日　木曜日　内閣官報局

○衆議院第二回通常會議事速記録第二十一號

明治二十四年十二月二十三日（水曜日）午後一時二十分開議

○議長（中島信行君）　少シ御待ナサイ

（中野武營君演壇ニ登ル）

○中野武營君（百二十六番）　私設鐵道買收法案審査特別委員會ノ委員長山田武甫君ハ痛所ガゴザリマス爲ニ、私代リマシテ、委員會ノ經過ト結果トヲ報告致シマス、本月十八日ニ我々委員ハ當選ニ相成ッタル報告ヲ得マシテ、其翌十九日ニ委員會ヲ開キマシタ、委員長理事ヲ互選致シマシテ、委員長ニ山田武甫君、理事ニ小員ガ當選致シマシタ、夫ヨリ二十一日ノ午前及午後ニ兩回會議ヲ開キマシテ、此會議ニハ内務、大藏、陸軍ノ政府委員各々出席セラレマシテ、該法案ニ對スル説明ヲ致シ、又此方ノ質疑ヲ致シマシタコトデゴザリマシタ、其末委員ハ審議ヲ遂ゲマシテ、遂ニ此私設鐵道買收法案ハ不採用即チ否決ヲ致シマシテゴザリマス、夫ヨリ此報告案起草ノ事ヲ委員長理事ニ委託ヲ致シマシテ、其翌二十二日即チ昨日報告案ガ出來マシテ、委員ノ承諾ヲ得マシテ、議長ニ報告致シタ次第デゴザリマス、是ガ委員會ノ經過デゴザリマス、扨其結果ハ前申シマスル通、私設鐵道買收法案ハ審査特別委員會ニ於キマシテ、出席ノ全會一致ヲ以チマシテ、否決ヲ致シマシテゴザリマス、其理由ヲ一應申シ述ベマスデゴザリマセウ、而シテ此問題ハ御承知ノ通、夙ニ經濟社會ニ於キマシテ、囂々致シテ居リマスル案件デゴザイマスカラ、此否決致シマシタル理由ヲ證明致シマスルコトハ、必要ナ事デゴザリマスカラ、暫ク時間ヲ與ヘラレンコトヲ希望致シマス（謹聽々々ト呼ブ者アリ）抑々私設鐵道ハ明治十四年ニ日本鐵道會社ノ創立ヲ政府ガ特許ヲ致シマシテヨリ、續々起リマシタコトデゴザイマス、遂ニ明治二十年五月ニ私設鐵道條例ヲ政府ガ發布ヲ致シマシタ、而シテ此私設鐵道管理ヲシマスル法ヲ定メ、夫ノミナラズ政府ハ或會社ニ對シテハ、利益ノ保證ヲ與ヘ、又某會社ニ對シテハ、起業費ノ保證ヲ與ヘマス等、政府ガ此私設鐵道ノ發達ヲ奬勵致シマシタル事柄ハ、諸君ノ御承知ノ通、實ニ力メラレタルコトデゴザリマス、其結果トシテ私設會社ノ起リマスルコト、續々ト致シテ、遂ニ今日ニ至リマスル迄ニ、十有七ノ多キ會社ガ出來タノデゴザイマス、從來政府ガ私設鐵道ヲ奬勵致シマス――民有鐵道ノ主義ヲ取ッテ居リマスコトハ、唯今申述ベタ實跡ニ就イテ明カナル事デゴザイマスガ、唯是ノミナラズ往年政府ニ於テハ、或ル官線ノ鐵道ヲ民有ニ歸セントスル閣議ガ起リマシテ、其當時世間ニ囂々聞エ渡ッタ事デゴザイマスガ、現ニ北海道ノ炭鑛鐵道ノ如キハ、不相當ナル低價ヲ以テ或ル一ノ私立會社ニ政府ハ拂下ゲタデゴザイマス、此事ハ諸君モ御承知ノ事デゴザイマスガ、僅カ此國會ガ開設セラルヽ一年前ノコトデゴザイマシタ、右樣ニ國會開設前ニ於テハ、政府ハ必死ニ民有鐵道ヲ奬勵シ、正シク政府ノ有ト成ッテ居ルモノデモ、人民ノ手ニ拂下ケル次第デアッタノガ、今日ハ此主義ガ一變シテ、此民有鐵道ヲ許多ナル國債ヲ起シテ、政府ヘ買收セントスル議案ヲ提出セラレタノデアル、此ノ如ク短日月ノ間ニ、此ノ如ク主義豹變セラルヽコトハ、如何ノ事デゴザイマセウカ、此ノ如ク變更セネナラヌ事實ガアッタコトデゴザイマセウカ、即チ現内閣員ハ其當時民有鐵道主義ヲ執ッテ居リナガラ、又今日ハ此主義ヲ變シテ國有鐵道ノ主義ヲ執ラルノデアル、左樣致シテ政府ハ時々ニ此主義ヲ變セラレル度毎ニ、國庫ノ損害ヲ受ケテ居ル有樣ハ、如何デゴザイマセウカ、試ニ例ヲ擧ゲテ申シマセウナラバ、先年政府ガ海運ノ主義ヲ屢々變更セラレタトキニ、海運ヲ競爭サセンガ爲ニ、運輸會社ノ樣ナモノヲ奬勵シテ起サシテ、盛ナル競爭ヲ以テ、此海運ヲ進メヤウトシタガ、又忽チ此主義ヲ變シテ、合併主義ヲ執ッテ、遂ニ日本郵船會社ノ如キモノヲ官有トシテ起シタデアル、サウシテ日本郵船會社ニ夥シイ保助金ヲ與ヘタ、其事柄ハ昨年今年ノ帝國議會ニ提出セラレタ豫算ノ上ニ遺ッテ居ルノデアル、斯樣ニ内閣ハ屢々主義ヲ變セラレテ、サウシテ其責任ハ如何デアルト申セバ、彼モ一時ナリ此モ一時ナリト申ス有樣デ、斯ヤウニ朝ニ改メ、夕ニ變シマスル跡ノ、未ダ今日絶タヌ此場合ニ於テハ、百年ニ對スル鐵道政略ノ如キ、此方案ハ未ダ容易ニ我々ハ信ヲ置クコトハ出來マセヌノデアリマス、況ヤ此案ノ如キハ五千万圓ノ國債ヲ起シテ、數十年ニ亘ル國庫ノ負擔ヲ遺ス事柄デゴザイマス、是我々ガ俄ニ是認スル事ノ出來ヌ所以デゴザリマス、大體我々ガ此法案ニ對シテ信ヲ置カズ、不同意ヲ表シマス次第ハ、唯今申述ベマシタ樣ナ次第デゴザイマスガ、尚ホ進ンデ此法案ニ對シテ、政府ノ理由トシテ居ル所、政府委員ノ辯明セラレマス所ニ就イテ、我々審案致シテ見マスルノニ、其要ハ斯樣ナ事ニ過ギヌノデアル、第一ニハ私設鐵道ハ軍用ニ不便デアル、又私設鐵道ハ收益ガ少ナイ、夫故ニ維持ニ苦シム、遂ニ夫ガ爲ニ鐵道ノ本分ヲ全ウシ難イノデアル、第三ニハ唯今ノ如クニシテ置ケバ、往々鐵道ヲ擴張スル上ニ於テモ、國有線ト私有線トガ挾マッテ、甚ダ不便デアル、然レバ其上ニ鐵道ヲ延長シテ見テモ、其延長シタ利益ハ既成ノ私有鐵道ノ方ニ利益ヲ收メラレテ、其利益ハ會社ノ所得ニ歸シテ、收益ノ少ナイ部分丈ヲ政府ガ背負ハンケレバナラヌ樣ナ不都合ガ出來テ來ル、凡ソ此等ノ理由デ、即チ此法案ノ必要トセラレタ所デゴザリマスガ、抑々斯ノ如キ理由ガ、適當ナルモノデアルカ否ヤト云フコトヲ考ヘテ見マスルノニ、如何ニモ薄弱ナル理由ト考ヘルノデゴザリマス、第一私設鐵道ト申スモノヽ軍用ニ不便デアルト申サレマスケレドモ、此鐵道ハ私設ト雖モ社會公共ノ用ニ供スルヲ目的トシテ、許可セラレテ居ルモノデゴザイマス、故ニ私設條例ト云フモノヲ以テ、嚴重ナル制則ヲ立テラレテ居ルノデゴザリマス、故ニ一朝事アルノ日ニ當ッテハ、徴發令ヲ施行シマシテ、民有タルト官有タルトヲ問ハズ、軍用ノタメニハ十分ナル使用ヲスルコトガ出來ル樣ニナッテ居リマスデゴザリマス、好シ事アラヌ平常ノ時ト雖モ兵隊ヲ發送致シマスル樣ナ場合ニ於テハ、其當該官吏ノ命令ニ從ッテ、如何樣ナ事デモ、鐵道會社ニ於テ命ニ從ッテ便利ヲ與ヘネバナラヌ事ハ、又此條例ニ載セテアルノデゴザリマス、右樣ノ次第デゴザリマス、故ニ私設鐵道ガ軍用ノ上ニ差支ヲ生ズルト云フコトハ、申セマセヌ事デゴザリマス、況ヤ其他ノ箇條ニ依ッテ見マシテモ、總テ此公共ノ便利ヲ圖リ、叉安全ヲ計ルタメニハ、官設鐵道ニ用フル規則ニテモ、總テ私設鐵道ガ用ヒンナラヌゾト云フ事ガアル、叉種々車輛ノ改良等ヲ圖リマス時分ニモ、是亦鐵道局ノ命令ニ依ッテ、夫丈ノ準備ヲ致サンナラヌ事ハ、條例ニ定メテアル所デアル、軍用ト云ヒ其他公共一般ノ便利ノ上ニ於テモ、私有鐵道ガカラト申シテ、勝手次第ナ事ヲ致シテ、公共ノ用ヲ妨グルコトハ決シテ出來ナイ、夫ヲ承知ノ上デ、私設鐵道ハ創業致シテ居ルノデアル、然レバ軍用ニ不便ナリト云フ理由ト申スモノハ、未ダ直ニ是ヲ以テ官有ニセネバナラヌト云フ必要ヲ生ゼヌノデアル、夫カラ私設鐵道ハ收益ガ少ナイカラ維持ニ苦シム、維持ニ苦シム時ハ鐵道ノ働ヲ充分ニスルコトガ出來ナイト云フ理由ニ至リマシテモ亦、同樣デゴザリマス、收益ガ少ナイカラ、政府ガ之ヲ買上ゲテヤランケレバナラヌト云フコトナラシメバ、如何ナ結果ニナルデゴザリマセウカ、固ヨリ此私設鐵道ハ損益ヲ皆負擔シテ、設立シタモノニ相違ナイノデゴザリマス、夫ガ收益ガ少ナイカラ困ルデアルト云フヲ以テ、之ヲ政府ニ買收シテ、救ッテヤルト云フ樣ナ處置ハ、取リモ直サズ一ノ會社ヲ偏愛シテ、サウシテ一般ノ利害ヲ顧ミヌト云フ結果ニナルノデアル、素ヨリ私設鐵道ガ維持ニ苦ミ、困難致シテ居ル有樣ハ、安ゾ獨リ鐵道ノミデハナイノデアル、近頃澤山出來テ居ル會社デ、其事ヲ舉ゲテ申セバ、種々公益トナルベキ目的ヲ以テシテ居ル會社モ澤山アリマセウガ、其維持ニ苦ンデ居ルモノハ、果シテ幾許デアリマセウ、是等ヲ一々國家ガ救護スル責任ヲ負フデゴザリマセウカ、承諾スルデゴザリマセウカ、好シ斯ノ如キ此法案ノ如キ、維持ニ苦ムガタメニ、買ッテヤルト云フコトニ致シマシタナラバ、其維持ニ苦ンデ居ラヌ所ノ利益ノアル會社ハ、決シテ買收セラル、コトヲ望マヌニ相違ナイデアル、維持ニ苦ムノミノ會社ガ買收ヲ承諾シ、維持ニ苦マヌ會社ハ買收ノコトヲ承諾セナンダ曉ニハ、政府ガ望ム所ノ全國ノ鐵道ヲ、一國ノ有ニ歸スルト云フ目的ト云フモノハ、到底出來ナイ事ニナルノデゴザリマス、其次第ハ此鐵道買收方法ハ政府ノ權利ヲ以チ、法律ヲ以テ無利ニ買上ケルコトハシナイノデアル、會社ト相談ノ上、協議ノ上デスルト云フ主義ヲ執ッテ居ルノデゴザリマス、然レバ己ノ勝手ノ惡イ所ノモノハ、承知ハセヌト申ス以上ハ之ヲ强テ買上ゲルト云フコトガ出來ナイノデアル、況ヤ私設鐵道條例ニ明文ガゴザリマシテ、創立後二十五年ヲ過ギタ後ハ、政府ノ都合ニ依ッテ、前五箇年ノ收益ヲ平均シテ、政府デ買上ゲルコトガアルゾト、斯ウ云フコトノ明文ガゴザリマス、併ナガラ其以前ニアッテ此鐵道ヲ政府ガ都合ニ依ッテ買上ゲルト云フコトヲ、承諾センケレバナラヌト云フ事柄ガ少シモナイノデアル、然ラバ此私設鐵道條例ニ明定シテゴザリマス所ノ二十五箇年ノ期限ヲ經過シタ曉デゴザリマセンケレバ、其政府ノ望ム國有鐵道ニ、一般スル所ノ望ヲ果スコトガ出來ナイ、國有ニ統ブル所ノ目的ヲ達スルコトガ出來ナイノデアル、右樣ナ次第デゴザリマス、故ニ第三ノ理由トスル所ノ國有線民有線ガ、或ハ挾マッテ不便デアルト申シマス、其不便デアルタメニ買ハンケレバナラヌト云フ其目的モ、遂ニ目的通達スルコトガ出來ナイ場合ガアル、不承知ヲ言フ鐵道會社ガアッタナラバ、無理ニ買上ゲルト云フコトガ出來ヌ曉ニハ、民有ト國有ガ相挾マルト云フ所ハ、斷ノ免レザル所デアリマス、斯樣ニ此政府ノ理由トスル事柄ノ主タルモノニ就イテ申シテ見マシテモ、此理由トスル所ハ、甚ダ薄弱ニシテ、斯樣ナル事柄ノタメニ、一方ニ大ナル公債ヲ募リマシテ――國債ヲ起シテ、サウシテ今日之ヲ買收シナケレバナラヌト云フ價ハナイノデゴザリマス、顧ミテ此政府ガ要求シテ居リマスル、卽チ原案ヲ提出セラレテ居ル所ノ公債五千万圓ト申スモノハ、此議會ガ成程是丈ノモノヲ募ッテ、鐵道ヲ買收セロト云フコトヲ協贊シテ、一朝之ヲ承諾シタ曉ハ、ドウナルデアリマセウカ、一旦協贊ヲ經タナラバ、政府ハ此公債ヲ以テ鐵道ヲ買收シマスルコトハ、自由ノ權利ニ屬スル、卽チ行政部ノ自由ニ屬スルノデアリマス、然ラバ何ノ會社、此會社――甲線、乙線唯其欲スル所ニ從ッテ、買上ゲルデアリマセウ、叉其買上ゲル所ノ直段ハ如何デアリマセウト申シマスレバ、卽チ其會社ト政府トノ相談次第デ、如何樣ニモ決著ガ出來ルノデアリマス、卽チ其價格ハ此法ニアリマスル通、拂込ヨリ上ニ出ナイデアリマセウケレドモ、其直段ノ定メ方ト申スモノハ、行政官ト會社トノ相談次第、其利益ノ多イ會社ナレバ、拂込ヨリハ上ニ出テモ致方ナイ位ニナッテ居リマス、其曉ニアッテハ、此議會ガ此政府ト會社トノ相談ヲシテ、――協議ヲシテ極メルコトガ、如何ニ不適當ナ事デアリ、不適當ナ事デアルト考ヘテモ、其以上議會ガ判斷權ニ立入ッテ最早左右スルコトガ出來ナイコトニナリマス、果シテ斯ノ如キ次第デゴザリマシタナレバ、豫テ我々ノ遺憾トシ、嘆息ヲシテ居ル通、國會開設前ニアッテ、色々情實的――適宜ノ處分ト申ス事柄ガ、何ゾ圖ラン國會開設ノ後、再ビ現ハル、ニ至ルト申スモノデゴザリマス、夫故ニ議會ハ憲法ガ付與シテアリマスル所ノ財政權ト申スモノヲ、斯カル漠然タル事柄ニ對シ、行政部ニ割與スルコトハ出來マセヌト考ヘルノデゴザリマス、併ナガラ我々ハ絶對的ニ、鐵道ハ一ツモ買上ゲル、左樣ナコトハ將來トモ斯樣ナコトヲサセナイノデアル、又國有鐵道ハ宜シカラヌモノデアルト、絶對的ニ申スノデハナイ、他日此鐵道ヲ擴張スル法案ガ確實ニ出來、又其設計ガ我々ノ信ズル丈ノモノガ出來テ、而シテ或一部ニ就イテ夫ヲ施行スルト云フコトヲ可トスルナレバ、其事柄ニ對シ、之ガ爲ニ此鐵道――民有鐵道ヲ買收シナケレバナラヌト云フ必要ヲ生ズル場合ニ於テハ、政府ハ其時其事ニ就イテ、其物ニ就イテ方法ヲ定メテ、而シテ其買收ノ事柄等モ能ク調理ヲ立テ、サウシテ議會ニ協贊ヲ求メルガ宜シイ、議會ハ其時ニ當ッテ、憲法ガ與ヘル所ノ協贊權ヲ使用シテ、審議熟考ノ上決議スルモ、何モ遲カラスコトデアル、又其道ヲ取ルベキ事柄ハ、誠ニ安心ナル方法デアルト信ズルノデアリマス、然ルヲ此法案ハ少シモ左樣ナ詳細ナル道ヲ立テ居リマセズシテ、申シテ見マスレバ、茲ニ鐵道ガ困リ居ルモノガアル、何レ此先キ鐵道ヲ擴張シナケレバナラヌ時分ニ、差支ガアル故ニ、五千万圓ノ國債ヲ起スコトヲ議會ニ協贊サセ、行政官ハ之ヲ以テ、買上ノ適宜和談ノ事ハ已ニ打チ任セテ置ケト云フ法案デアリマス、我々議員トシテ、此國家ノ財政上ニ對スル事柄ニ憲法ガ與ヘテ居ル所ノ事ガ、何ウデアルト申セバ、御承知ノ通リ、歲費ニ對シテハ、款項ニ對シテ夫々決議スル權利ヲ持ッテ居ルノデアル、況ヤ我々ガ豫算ヲ調査スル上ニ於テ見テモ、實ニ細目ニマテ立入ッテ居ッテ、此細カシイモノマデ、濫費ハアリハセヌカ、不用ノ費ハアリハセヌカトシテ、筆墨ノ樣ナ價マデ、注意シテ財政ヲ整理スル時分デハ、ゴザリマセヌカ、夫ニ何ゾヤ斯ノ如キ漠然タル法案ヲ以テ、五千万圓ノ國債ヲ起スト云フ事柄ハ、其款項ノ筋モ立タヌモノヲ、漫然ト協賛ヲ與ヘテ置クト云フコトハ、我ゝ議員ノ誠ニ議權ヲ輕ズルト云フコトデアル、一方ニ於テ成ル程是ニ直接シテ居ル利害ヲ保ッテ居ル者ハ、今日囂々ト申シテ居ル聲ハ聞エマスケレドモガ、併ナガラ此國債ヲ起スト云フコトヲ、一旦苟メニ容易ニ決シタナラバ、今日默シテ居ル全國人民ガ、皆ナ此責任ヲ負ハナケレバナラヌ、國債ノタメニ負擔ヲ擔ガナケレバナラヌ、他日斯ノ如キ事柄ヲ經過サセタナラバ、今日默シテ居ル人民ハ果シテ何ト申スデゴザリマセウカ、我ゝ代議士ト云フ者ハ、如何ニモ濟マヌコトヽ存ジマス、夫故ニ今日ニ於テ、買收ノ全權ヲ行政府ニ與フル法案ヲ協賛スルコトガ出來ヌト、決議致シタ譯デゴザリマス、是ガ理由ノ要領デアリマス、終リニ臨ンデ一言希望ヲ申上ゲテ置キマスデゴザリマス、御承知ノ通此問題ハ夙ニ經濟社會ニ影響ヲ起シテ居リマスデゴザリマス、實ニ此ノ如キ問題ガ空シク荏苒ト過ギ去ル樣ナコトガゴザリマシテハ、之レガ爲ニ被ル社會ノ利害ハ如何許リデゴザリマセウカ、是等ヲ考ヘルト、議會ノ德義トシテ、一日モ早ク決著ヲ致シテ、社會ニ公然タル議會ノ決議ノアル所ヲ示スコトガ、最モ我ゝノ勉メンナラヌ事デアルト云フ考モアリマスルニ依ッテ、委員會ニ於テモ急キマシテ、夜ヲ日ニ繼キマシテ、此審査ヲ致シタ結果デゴザリマスル、故ニ我ゝノ希望ハ、今日此報告ヲシタ以上ハ、之ヲ速ニ明日ノ議事日程ニ登セラレマシテ、サウシテ諸君モ速ニ此法案ヲシテ、決議ヲ與ヘラレンコトヲ希望致シマスノデコザリマス、是丈ヲ申上ゲテ置キマス

○島田三郎君（五十八番） 唯今ノ報告ニ關係シテ、一言議院ノ決定ヲ請ヒタイコトガゴザリマス

政費節減を論ず

中野武營君

(謹聽)諸君御承知の通り、過日議會の解散に就いて、政府より上奏を致されました、其文中に此問題が最も主要を占めて居る條件と爲つて居ります、其れ故に今日ハ此事を明細に諸君に訴へやうと思ひます、(謹聽々々)私ハ辨論の順序の爲に、第一に明治十四年十月の勅諭に、明治二十三年に至つて國會を開く、夫れ迄ハ在廷の臣僚に假すに時日を以てし、計畫の責に當らしむとありますが、此十年間政府の財政上の事柄に付いて、吾々に滿足すべき丈の計畫が出來たか否やと申すこと(ヒヤ々々)、第二にハ第一期の議會に於て豫算案に對し硬派軟派と分れ、各々執つた所の主義目的ハ如何であつたか、第三に第二期の議會に於て、民黨たる吾々が政費を節減した る所の目的、此三段に分けて申述べますが順序と考へます、(ヒヤ〳〵)、偖明治十四年十月十二日と記臆致します、此日に當て、詔を賜はりましたことハ、諸君も御承知でございませう、只今申述べた通り、二十三年を期して國會を開く、而してそれ迄ハ有司に假すに十年間の日月を以てせられたと云ふことの御主意ハ、如何なるものであるか、此義を解することが一番要用である、若し此義の解釋が違ひますれバ、結果に至つて甚しい違ひを爲すのである、而して其相違は取も直さず、吾々人民が政府を信ずると信せぬといふこととの依て岐る所である、（大喝采）、私共が此聖諭に對して、恭しく御主意のある所を考へて見ますれば、夙に國民が舉つて國會開設を希望するを察し玉ひしも、國會を開くには積年の久しき專制の政をして、之を輿論政治即ち代議の政治に變換すべき計畫を爲さしめねばなりませぬ、偖其計畫とは何であるかと云ふと、國會を開いた曉は、輿論を容れて、而して其輿論の方針に從つて、政治をして行くと云ふ主意の圓滑に行れる丶政府を作らなければありませぬ、若し國會が開けた上で、輿論の向ふ所に從ふことが出來ず、輿論の希望する所を容れぬあらば、國會を開ひても詮がない、ゆゑに其計畫を爲すが肝要である、（ヒヤ〱）、夫故に有司に假すに十年の歳月を以てし、其間に在て政務を整理し、人民の希望する如く、輿論の向ふ所に從ふて圓滑に政務を運轉し得らる丶舞臺を作るべしとの責任を有司に與へ玉ひしならん、既に國會開設の期を定め玉ひ、有司に其計畫の責を付し玉ひたる以上は此上人民に於て、躁急を爭ふてハ相成らぬぞと諭し玉ひたるものと、私は解釋して居る、若し玆に人在り、左の如き解釋をしたらば如何でござりませう、國會といふものは人民の惣代が出て無暗やたらに囂ましいことをいふものである、國會を開いたならば、種々の理屈をいふて政府を困まらせるに相違ない、左れば國會を開くには豫め其用意覺悟をせねばならぬ、故に從來の事跡に於て不都合のことがあるものは、精々其穴を埋め、財產杯ハ夫々早く取片付ねはならぬ、又法律規則なども充分に前から用意して、輿論を防禦する堤防を築いて置かなければならぬ、右等の準備計畫を爲すは、容易に出來ぬことであるから、十年の時間を假し玉へるのであると、斯う解釋をされたならばどうでござりませう、諸君は必す上は聖諭に違ひ、下は人民の希望に反するとて、必すや皷を鳴して之を攻むるでござりませう、此解釋の異なる所が、則ち順逆の別るゝ所であらうと思ひます(大喝采)

然る所が明治十四年以來、政府が計畫をしましたことが、只今私が申述べました第一段の正解の如く出來て居るか、又或人が誤解して居る所の方針に向つて居りはせぬか、之に就ては諸君と倶に判斷せんければならぬことであると考へます、(ヒヤ〱)、先刻田中正造君の演説を承りましたが、段々官有財産の始末の事、其他十四年此かた當路の有司の爲したることに付て、或は疑ひ或は反對致す所の演説をせられましたから、私は繰返へして、左樣に申述べる必要もないのでござります、只今私が申述べやうと考へますものは、玆に一の尤も疑ふべきことがある、夫は何であるといふと、諸君も御承知の通り、憲法と倶に發布せられました所の、彼の會計法と申す法律がある、此會計法なるものは、明治二十二年二月十一日發布になつたものである、而して二十三年四月一日から、此法律を實施せられることに爲つて居る、此會計法は實に吾々が貴重し尊んで居る所の法律である、夫は如何となれば先づ立法部と行政部とが、財政に對する權限又行政官が歲費を取扱ふ上の權限等と主として定められた所の法律である、此の如き法律は固より吾々の尊奉すべきことは申すまでもない、在廷の人は此法律制定の事に與かり、此法律を發布した以上は、謹で此法律に依て事を行ふて行き、事を守るに相違ないと、私は信じて居るのである、所で此會計法が二十三年四月一日より實施にあるると云ふ曉に、如何の事實を現はしたでござりませうか、其場合に各官省の取扱振りは如何の現象を爲したでござりませうか私が竊に承つて居ります所を申せば、四月一日から會計法が行れる、會計法が行はるゝ時は、甚だ面倒になる、取扱も仕惡くあるからして、何でも三月三十一日までに、早く事を始末して置かなければならぬと云ふ事實を現はしたである、夫故に貸附金も今の中に處分してしまつて、利引勘定にてもしてしまつてやれ、或は官有物拂下は早く今の中にして仕まひ、買上げるものは今から約束して仕まゑと云ふ事實は各官省共にあつた樣である、其會計法にはどふ云ふことがあるかと申すと、會計法の第十二條に、國務大臣は其所管に屬する收入を國庫に納むべし、直ちに之を使用することを得ずと云ふ箇條がある、之は其役所で或る物を賣つて、其代金が收つて來ても、直くに其金を使ふことは出來ぬ、必ず大藏省の國庫に一度入れねばならぬと云ふ法律である、又其第二十四條には法律勅令を以て定めたる場合の外政府の工事又は物品を買上げ或は官有財産を拂下ぐるには、必ず之を公衆の競賣に付して取扱ねはあらぬ箇條である是は誠に公明正大ある仕方である、然るに此法律を行ふのが、却て差支へる、或は此法律の通りにするときは甚だ困ると云ふことで、其法律施行以前に劇しく官有財産を賣拂ひ、貸附金の處分を爲すと云ふことであつたならば如何でござりませう、法律を厭ふのでありますか將た避けるのでありませうか、此法律が果して公明正大の良法ならしめば、其公明正大のものを避けて處置すると云ふのは、之に反對のものと云はなければならぬでありませう、此の如く反對の結果を見たるはどう云ふことかと云ふと、先程田中君も段々申された如き次第であります、諸君試に見玉へ、木挽町十丁目に大きな家が建て居る、あれは何つの年の豫算に由て何の經費より出たものでござりませう、又丸の内の地所一面あの通り原野の如き有樣になつて居り升、あれは何年の歳入に入て居るものでござりませう、此の如く一省一省にて適宜に處分して又適宜に使用した類ハまだ〳〵諸方に澤山ある、私ハ謹んで其事物を指して申さんが、諸君が御詮索なされたならば、澤山あることゝ信じます、私の考るにハ此法律ハ政府が必要として社會に示してある限りハ、事實上左程處分を急がぬものハ成るべく順序を設けて、此法律に基き、公明正大に處分をなして天下の者に安心さするが、國民に對する當局者の務めであると思ふ、(喝采)、然るを殊更に之れを取急いで、該法律を避けて處置してしまつたと云ふハ、私共ハ甚だ財政上の始末に於て感服することが出來ない、(ヒヤ〳〵)、夫から又法律規則の事に付て申しますれば、憲法三十七條に、凡て法律ハ帝國議會の協贊を經るを要すと云ふ明文がござりまして、我々の權利義務に係れることは勿論のこと、遵奉すべき法律と云ふものは、一々帝國議會の協贊を經て、始めて輿論が認めて宜しいと云ふものを天下に施くのである、誠に憲法の明文は、我々の感佩して居る處の箇條である、已に此憲法は何時發布になつたかと云ふと二十二年二月十一日に發布して、我々に示されたる憲法である、して見ると國會は二十三年に開かる丶とは極り切つて居ることである、故に成るべく新法律の制定は　國會の開くるを待て、輿論が是認する所を待て　然る後に施してこそ我々の滿足する所である、然る所が實際は如何でござりましたらう、明治二十三年一月から、其年十月即國會が開くる前月迄の間に法律を發布された數は、百〇六號あります（煩文に堪へずと呼ぶ者あり）　此百六號の法律は、國會が既に開かれんとする塲合に臨んで、此の如く澤山出來たのである、又勅令は何程あるかと云へば、十月までに二百六十二號出て居る、而して此法律勅令はどふであるかと云へば、多くは豫算案に關係して居るものである、歳出歳入に關係して居るものが多いのである、我々が第一期の國會に出て丶始めて政府提出の豫算案を手にして見て、實に一驚を喫したのである、夫れはなぜかと申せば、其豫算案に書てある説明に依るも、又政府委員の説明を聞くにも此費目は何であるかと問へば、之れ二十三年何號法律の結果である、之れ勅令何號の歳出であると、一も勅令、二も法律、殆んど豫算案の費目に付て勅令ならざるなく、法律ならざるなく、歳出豫算中、殆ど五分の四、若くは四分、三までハ、勅令又ハ法律と云ふもので、圍ハれて仕まうて僅に殘る一分が漸く自由決議の方に截せてある有樣である、どうでございませう、一驚を喫せざるを得ぬでせう、(ヒヤ〳〵)、抑も人民が十年一日の如く、國會を希望したと云ふものは、即ち政費を節減して、民力の休養を圖りたいと云ふことが、輿望であつたと思ひます、然る所が其の國會が開けた曉に、豫算を見ますと云ふと、只今申す通り、動もすれバ憲法を犯すとか、或ハ既定歳出の大權に關係を持つかと云ふことを以て、究屈なる感じを抱かしめられたるハ、我々が第一の議會に於て驚いたことである、又政費整理の上に就て申しますれバ私ハ何樣政府が鋭意に情實を去り、年一年と政費を減じて、國會の開くる曉にハ、幾分か歳人に餘裕を生じ、是れ丈の餘分が出來たから、之を以て民力休養に充つべしと持出して政府が十年間聖意を奉體したる實を表すならんと期して居つた、(ヒヤ〳〵)、然るに實際ハ之に反して、年一年と歳出が增加して來たのでござります、試に此數年間の政費を見れバ、十九年度の歳出豫算ハ七千四百六十八万九千十四圓にして、二十二年度の豫算ハ、增して七千六百五十九万六千三百十二圓餘となり、國會の開けたる曉、政府が提出したる二十四年度の豫算額ハ、一層增加して八千三百三十二万四千二百五十四圓の多きを要求せられたるのであります、之を以て見れバ、(此時簡單々々の聲起る)

諸君に一寸申します私の演題ハ政費に關係しまして則ち算盤ずくの御話でござりますから

甚た演説が壮快に參りませぬ、算盤を取て申さんければなりませぬから其邊は（謹聽々々）明治十四年の詔の結果が我々の望む所に反して國會が開けた曉に我々が政費を節減し民力を休養しやふとする　を十分果すとが出來ない所謂圓滑なる舞臺が開けなかつたと云ふは甚た我々の遺憾に存する所であります、併ながら我々は之に屈せず一言も口を開かずして止めることは出來ませぬからして決心を致したのである、それに由つて是れから二十四年度則ち第一期議會に於て豫算に節減を加へたる目的を申さなければなりませぬ（謹聽〳〵）元來政府の歳出と申すものは我々の考へる所では人民の力に適はぬのみならず頗る不生産的の費用に多きを費して居りはせぬかと深く感じて居りまする故に歳出の中で最も節減を要さんければならぬものと考へたるは外でない、官吏の俸給及諸給である（ヒヤ〳〵）廿四年度の豫算に由れば官吏の俸給諸官衙の廳費それから旅費修繕費雜給斯樣なものは御承知の通り不生産的の歳出である、此の不生産的の歳出の總額が貳千八百四拾六万七千六百八十七圓八錢あります、さうして歳出の總額は何程かと申せば八千三百三拾貳万四千貳百五十四圓七錢八厘であります　此中から三百万圓と云ふものは皇室費即ち宮内の費用でござりますから是を除き又貳千百三十七万八百七十圓二十五錢一厘と云ふものは國債銷却費である内外國債に關する公債の銷却費であるから之を除き去れば殘る所の歳出は五千八百九十五万三千三百八十三圓八十貳錢三厘となります、此中から只今申す通り貳千八百四拾六万七千六百八拾圓余と云ふ金を官吏の俸給其他四種の費項に支出してある、此割合は殆んど半額になつて居る即ち四割八分貳厘余と云ふものが斯樣なものに費へ　居るのであります、諸君試に地方人民の有樣を顧み玉へ租税を納むるに甚だ差支へ怠納處分を受けて難儀をして居るものは各地方に夥しい有樣であるではござりませぬか之れに反し都會なり其他府縣の首府なりに就て巍々たる立派なる家屋のあるは何かと見れバ官の役所である若し又役所でなけれバ官吏の邸宅である彼の山の手邊を諸君見て御覽ドろ立派な家立派な家屋を云ふは多くは役人の住んで居る所の邸宅であるではござらぬか、一方を顧れバ人民は租税に苦んで居る、之を考ふれバ政費の度は未た日本の民力に比較して其適度を得て居らない、故に我々は是非とも適當の節減を加へざるを得ず又官吏も少しは民力の如何を顧みて辛抱せねバならぬことは當然の事であると考へます（滿場喝采）我々硬派の者は個樣に考へます、故に右等の費額の中から、思ひ切て五百六十二萬圓余の減額を査定して政府へ同意を求めたのである、所が國務大臣は其始めに當つて今日まで節減すべきは節減し除くべきは除きたる所の豫算故一厘一毛も此上減することは出來ないと明言したのみならず豫算議定權の區域を超越したり其分界を誤ッたりなどの非難を付して不同意の覆牒を送り隨分議會の激昂を來しましたが所謂軟派なる者此時より時を得て仲裁めきたる者乃ち政府の覆牒に對する特別委員なる者が出來まして從つて修正案と云ふものが出來たのであります、此修正案は如何なるものかと云へバ御承知の通り特別委員が中々三日や四日に修正し得らる丶者では無いが、現に總金額の上て相談を極め、政府委員が引受けて政府委員の手に於て費目に修正を加へたのが事實であります、さうして其金はどの位減ドたかと申すと、右五項の費目で三百貳拾四萬圓余を減額して居ります、是に政府が同意せられて、昨年の豫算は通過を致したのです、如斯一方に不生産ある所の費用は、我々硬派は成るべく減ド樣とするも政府は吝んで同意しませなかつたのであります

其處で第二期の議會は解散を受けたと云ふ主要を占めて居ることであるから私は詳しく申上げやうと思ひます(謹聽々々)二十五年度の豫算即ち第二期の議會に政府が提出しました所の豫算案の金額は八千三百五十萬二千七百五十九圓二十三錢、其れで其中經常部が六千九百四十三萬千九百七十九圓七十四錢九厘の要求額に對し我々民黨の修正額は六千五百二十一萬三千〇三十圓九十九錢九厘にして此減ドた額はどれ程かと云ふと四百二十一萬八千九百四十八圓七十五錢である、此歩合は六分余の減になつて居る、其れから臨時部は千四百〇七萬七百七十九圓四十八錢一厘と云ふ要求額で之を修正して千七十六萬三百六十五圓三十六錢三厘に減ドた其減額は三百三十一萬〇四百十四圓十一錢八厘にあつて居ります、此歩合が二割三厘五毛程に當つて居ります、之れに特別會計の部にて減したる五十萬七千七百六十三圓二十一錢九厘を加算しまするど歳出總減額高が八百〇三萬七千百二十六圓〇八錢七厘とあるのであります

扨此く減額した譯合はどうかと申しますと只今申した經常部と臨時部を別けて申さんければなりませぬ尤も經常部に於ては第一期に削減を加へた目的通りの主義は我々は執つて動かないのである、依て一例を擧げて申しますれバ經常部の中で俸給諸給丈けが千七百四十三萬三千百○一圓八十八錢四厘（文部省の學校を除く）此内我々は二百十六萬千三百八十九圓三拾四錢貳厘を削減したので有升全體經常部總體の內で四百貳拾壹萬圓余削つた其半分乃ち二百十萬圓程は皆役人の給料を減したに過ぎぬのである蓋し是れ程計り官吏の給料を減じたとて政府が之に依つて機關の運轉が止まる行政の運轉が出來ぬと云ふ憂は更にない事實なんでございます、さうして又臨時部の事業費を減じたと云ふことを政府が口實とせられて居りますが此事業費に付ては段々辯士の述べます箇條がありますから事業の如何は申しませぬ唯金の出處は政府がどう云ふ所から此事業を起さんとして金を出して居るかと云ふことを辯じやうと思ひます（謹聽々々）二十五年度の臨時歳入の中に五百六十三萬五千○八十六圓七十四錢四厘と云ふ金がある此金は何から出て居るかと申すと二十四年度以前の歳入歳出の差の余り金がある此剩余金を此處に入れて臨時歳入としてある、此金ハ何故特更に廿五年度へ是れ丈を入れたかと云ふことを吟味して見ると斯樣になつて居る二十四年起業軍艦製造費の繼續費、二十五年度の分が百九十七萬八千三百十一圓横川輕井澤間の鐵道の金即ち彼の碓氷嶺の鐵道の繼續費、二十五年度の分が金五十萬圓、其から陸軍の軍事費の内にて砲臺建築費の内兵器彈藥費が百十六萬六千九百四圓七十六錢三厘是は何にかと言へは砲臺を建築しまして、大砲を据へ付くる費用、其から綿火藥製造場新設費といふが一つの新事業になつて居る是が十一萬九千六百貳十四圓、其れから大演習費とて來年陸海軍の大演習を陛下が遊ばされるので此金が八萬三千三十一圓九拾貳錢壹厘、其れから連發銃を製造致しまするに二十五年度に要する金が三十二萬六千八十八圓である、其れから海軍の費用と云ふものがまだある、海軍の巡洋艦を作るとて今から六ヶ年掛つて造ると云ふ其二十五年度分の豫算が、二十四萬三千九百四拾四圓と積つてある、其れから海軍製鋼所と新設する是も六ヶ年掛つて全く出來るものと見て二十五年度分丈けが十四萬百九十六圓である、其れから治水費とて九十四萬五千圓、其れから北海道土地調査費が十三萬千九百九拾壹圓六錢斯樣に金を宛てある之を集めて見ますと丁度五百六十三萬某と云ふものを得るのでございます、其金は前年度の剩余金と云ふものを以て此歳入に埋め合せて來たのでございます、其れ故に此金は全く當然の歳入と違ひます、而して前年度の金の段々餘る中に何が一番余計余つて此の如き金が出來たのであるかと云つて見ますと現に二十三年度などは國債銷却の金が全く拂出すことが出來ずして二百九十萬圓余殘つて居るである、どうでございませう國債銷却は國家の義務として借錢を拂ふべきものであるさうして此金が殘つたからと云つて是で新事業をする資本が殖へたと云ふのは私は其當を得ないと考へる

（ヒヤく喝采）
右の如く五百六十三萬某の新事業費の内より減ドたものは何々であるかと云ふに、治水費は全部を減ド、此治水費のことは十二月廿五日の阿部君の演説にて衆議院の速記録に精しく出て居りますから、諸君御承知でありませう、其れから北海道土地調査費全部を減ド（簡單々々）海軍の巡洋艦の起業と止め製鋼所新設を止め連發銃製造場費の内七萬四千七百七十八圓を減ド兵器彈藥費の内六十五萬八千六百六十圓六十錢を減ド横川輕井澤間鉄道費の内千〇三十三圓四十錢を減して都合減ドた高は、二百十九萬五千五百九十九圓六錢である、して其他の事業費三百四十三萬九千四百八十七圓六十八錢四厘は協贊してあるでございます而して歳出総合計で減ドたもの丶數は何程であるかと云ふに、先刻申た通り經常臨時の兩部で七百五十二萬某と、特別合計の部で五十萬七千某を合せて都合八百〇三萬七千百廿六圓〇八錢七厘にある樣でございます、此外に三百萬圓余は政府は始めから豫算の内で餘裕を付てある此餘裕は彼の監獄費を國庫に移すために除けあるのである、故に此有餘金を合しますと惣計一千百有餘萬圓の歳入歳出の差金か出來ることゝ考へます、私は猶充分に陳べたいと思ふのである、精しく取調べも致してありますけれども斯云ふ算露盤のことは余り諸君も御聽きにくいもので御退屈をなされませうから、大抵のことは畧すで御座りますが、今一つ財政の上に就いて諸君方へ注意までに申ます他でもないが此の如く政府に大變金が余つて居る、之を國庫に空しく積んで置くと云ふことは、社會經濟上の不爲めになるのであると――頻りに憂へますが、我々共も、斯の如き剩余金を空しく國庫の内に積んで置ことを善いとはせぬのである、併しながら此金は全く國庫に死物となつて居ると云ふ譯ではないと云ふことを御承知がないと往かぬ、夫は年貢を政府へ納めて參いるには夫々期節が定めてあるが、一方の支出の方では其期節に拘らず出すべきはズン／＼出さなければならぬ取るべき方には期節があつて取ることが出來ぬから其出ると納るとの際政府は之が立換をしなければならぬ、之を名づけて大藏省證劵と云ふ、此大藏省證劵を發行して流通をして居る、其は何うあつて居るかと云ふと明治二十四年度の大藏省證劵最高額い千七百九十一萬三千圓の金額を協賛してあるから是丈の金は政府は流用の證劵を發行して宜しいと云ふものである、夫れから二十五年度に求めたのは六百十五萬三千四百圓である、而して此證劵を發行するときは利息を拂はねバならぬ、現に二十四年度は五十二萬千八百五十余圓二十五年度は九萬千三百四十圓余利子を見積て居る、故に剩余金と云ふものがあつて當分の流通を助くるときは大藏省證劵を發行せずして濟むことである、現に二十四年度には千七百余萬圓の協賛を經て居りながら、剩余金で流用が出來たから大藏省證劵は一枚も發行せずして居る、此事は財政上に就いて要用のことでござりますから一言申して置きます（ヒヤ々々）私は最早論を結ふことに致しましやう我々が刻苦して政費を減ずるは必竟民力の休養に充てたいと思ふ爲めである、若し政府要求の如き豫算で參れば何れの時を待て民力休養と云ふことが出來ませうか、思ふに政費と民力との釣合か甚た不相當であります、之を圖に描いて見たならバ丁度團々珍聞に描いてあるぽんち繪の樣に頭のみ大きくて手足はすばつて居るやうな有樣に成つて居ると思ふ（ヒヤ〳〵）故に頭の方に削減し得らるゝ丈は削減して手足の肉を付けるが宜かろう而して財政の整理が付き人民の富の發達の度に從つて復たそろ〳〵政費を擴張しても宜しからうが今日は財政を整理して行かなければならぬと云ふが私共の考へて御座ります（大喝采）斯く論ドまするど諸君は政府が我々の意見を容れずして此政費を節減することを否みまするのが道理と思ひなさるか、又我々が斯の如く修正し政費を節減して民力の休養をせんが爲めに斯の如き主義を取て居るのか道理のことゝ思ひなさるか、諸君の御判斷にまかすので御座ります（大喝采）

◉黨報の發行に就て

衆議院議員　中野武營

我立憲改進黨が今日の旺盛を致せる所以のものは、抑も何に源因するか、唯黨員諸君が萬艱を排除するの勇氣と、權に諂ひず勢に訹らざるの節義を堅持したるに是れ依る。

第三議會の閉會以降、我黨に加盟する者殆んど潮流の如く、黨勢日に盛運に赴く、此に於てか我黨は益々我黨員間の氣脈を密にし、愈々相互の意見を通融するの必要よ遭ひ、乃ち我黨員の政論を表明すべき反射鏡として、將た又我黨員間の通報機として、玆に黨報發刊の擧に及べり。

想ふに黨報は我黨が積年の辛苦經營に因りて、層々積成したる一大紀念標に等し、黨報の現はるゝは、一方には我黨の名譽を天下に表彰し、一方には又其感應に依りて、益々黨員の勇氣と節義とを牢固ならしむるを得ん歟。

◉歳入歳出の計算に就て

中　野　武　營

政費節減民力休養の聲は今や全國到る所に反響し、從ふて世人の從來最も迂濶なりし歳計豫算に就ても、之を審案究明する者漸く增加し、議院の內外を問はず意を歳計に傾注する、次第に深重を加ふるに至れり、蓋し、一令を布かんと欲する必ず先づ歳計に及ぼすの影響を鑑みざるべからず、一稅を廢せんと欲する亦必ず歳計上の都合を量らざるべからず、政費節減民力休養の大目的を貫徹せんとするの今日、勢ひ意を豫算の事に傾注せざるを得ず、想ふに無責任の快論を弄して以て一時民心を鼓舞するの目的に出んか、妄りに租稅の輕減廢止を主張し、只民力休養の一途を盲議し、事の實行し得ると否とを省顧せざる亦可ならんと雖も、吾人は元と實行し得べからざる無責任の言論に馳するを欲せず、況んや立法府內の言動に於てをや、故に吾人が政費節減民力休養の大目的を貫くが爲めに、下院に諸稅の輕減廢止を企つるや、先づ首として其歳計に及ぼすべき結果の如何を覆案熟慮し、其正さに實行し得べき範圍に於て輕減廢止の企圖を立てんことを期する者なり、吾人豈空論を弄し幻想を夢みる者ならんや、然れども豫算の事は從來世人の最も迂濶に看過し去りたるもの、加之一國歳計の事たる複雜浩澣人をして容易に其核實を捕捉する能はざらしむ、此に於て往々疑を起し或は誤りを傳ふるものなきを保せず、勢止むを得ざるなり。

吾人は常に歳計上剰餘金の堆積して、租稅の輕減之に準ぜざるを遺憾とせり然れども吾人は固より剰餘金の存するを名として、不相當に租稅の輕減を主唱するを欲せず、又歳計の實額を究めず、漫然租稅の輕減實行し易からさるを說くが如きも、吾人の與せざる所、故に今日の要は唯歳計上綿密の調査を遂げ、歳入出の差額幾許なるやを明確ならしむるに在り、既に金額明瞭確實と爲らば、租稅の輕減廢止に就て實行の難易は喋々すること最早無用なり、蓋し歳入の歳出に超過する金額は租稅の輕減を行ふの規矩なり、規矩に外づるゝの輕減は固より行ふべからず、規矩以內の輕減何を以て行ふべからざらん、此理固より明瞭にして必しも多言を要せざるなり、

今明治二十六年度の歳計を審査するに當り、先づ第一着に本年度の歳入出に就て前年度の繰越金の關係を明にせざるべからず。今廿六年度の豫算查定案を視るに其歳入は八千六百三十貳万八千六百五拾貳圓六拾五錢

七厘にして此内前年度の繰越金は三百八十万九千六百四十二圓八拾五錢八厘なりとす、而して此繰越金なるものは別表に掲ぐる十一項の費金に充つるものにして之に對する議會の査定減額は百万二千九十七圓十五錢四厘なり、故に依然前年度繰越金より支出すべき二百八十万七千五百四十五圓七十錢四厘は廿六年度の歳入中に加算すべきを相當とす、然るに往々此繰越金の全部を本年度の歳入中より控除して財源外に置くべきものなりと論ずるものあれども是れ全く繰越金の性質を誤解したるものにして、爲めに歳計上に三百万圓前後の誤算を來すに至る、從つて他の租税輕減の計畫に於て著しき意見の懸隔を生ずるの恐あり、計算の事、小に似て其實は國務の上に巨大の影響を及ぼす、是れ歳計の觀察最も縝密精緻を要する所以なり、請ふ吾人は先づ三百八十餘万圓の繰越金の顛末を説き進んで本年度の歳計に論及するあらん、

前年度繰入金計算

金三百八拾万九千六百四拾貳圓八拾五錢八厘　（歳入第六欵前年度繰入金）

此費目内譯

金七万貳千貳百圓　陸軍省所管歳出臨時部第一欵第四項兵器彈藥費

但兵器彈藥費五拾八万六千七百六拾七圓八拾四錢四厘の内本行の金額前年度剩餘金より繰入

金八万六千四百四圓　仝上第二欵第二項紀淡海峽要塞砲兵營新營費

金六万五千貳拾貳圓　仝上第二欵第三項下ノ關海峽要塞砲兵營新營費

金三拾貳万六千八拾八圓　仝上第三欵連發銃製造費

金八万貳千百九拾圓六拾錢九厘　仝上第四欵棉火藥製造場新設費

金七万七千四百四圓四拾四錢八厘　仝上第五欵千住製絨所工場增築費

金百八拾壹万九千貳圓　海軍省所管歳出臨時部第一欵第一項二十四年度起業軍艦製造費

金九拾八万三千七百四拾七圓　仝上第三項二十六年度起業巡洋艦及報知艦製造費

金四万三千七百四拾圓八拾貳錢　仝上第二欵兵器水雷費

金貳拾四万千五百三拾六圓八拾八錢壹厘　農商務省所管歳出臨時部第二欵コロンブス世界博覽會費

金壹万貳千三百七圓拾錢　仝上第六欵第四回內國勸業博覽會費

金百万貳千九拾七圓拾五錢四厘　查定減額（前年度剩餘金ニ戻入ルヘキモノ）

内譯

金九拾八万三千七百四拾七圓　海軍省所營歳出臨時部第一欵第三項二十六年度起業巡洋艦及報知艦製造費

金四千六百六拾七圓九拾七錢四厘

金六千六百三拾貳圓拾八錢　陸軍省所管歳出臨時部第五欵千住製絨所工場増築費ノ内

金七千五拾圓　農商務省所管歳出臨時部第六欵第四回内國博覽會費ノ内　仝上第二欵コロンブス世界博覽會費ノ内

差引

金貳百八拾万七千五百四拾五圓七拾錢四厘　前年度繰入金ヨリ支出スベキ分

以上の計算に依れは前年度繰入金の内査定案に於て減削を加へたるものは金百万貳千九拾七圓拾五錢四厘にして殘る貳百八拾万七千五百四拾五圓七拾錢四厘は依然歳出部に其費途を存するもの也、故に査定上減削したる金額は前年度の剰餘金に戻入るべきものなれは之を控除して經常の財源外に置くへきは勿論なれとも殘る貳百八拾万圓餘をも併せて控除するは頗る失當の計算と云はざるべからす何となれは臨時歳出の部に於て其費目を存する以上は其費目に充つる所の歳入を除去すへき理なく若し此繰入金の全部を歳入中より控除せんとせは其費目に當る歳出の全部も共に除去せさるへからさる理なれはなり、

或は云ふ二十五年度の繰越金は一時限りのものなるを以て之れを二十六年度に及ほすへからす何となれは二十六年度に至りては其財源のなきを保すへからされはなりと、是蓋し諸費目は臨時繼續費にして其財源は豫算に於て豫め充備しあるを知らさるものなり請ふ其詳細を左に示さん、

明治二十四年度現計書内譯

一金壹億三百八万千三百三拾圓七拾五錢壹厘　收入濟歳入總額

一金八千三百五十五万五千六百四拾四圓四拾壹錢八厘　仕拂命令濟歳出額

差引金千九百五拾貳万五千六百八拾六圓三拾三錢三厘　歳入超過

内

金四百五拾八万千貳百圓六拾九錢九厘　會計法に依り翌年度へ繰越高

再差引金千四百九拾四万四千四百八拾五圓六拾三錢四厘　歳計剰餘高

此拂

金四百九十六万千九十五圓　二十四年度起業軍艦製造費二十五年度より二十八年度迄の總高

金五拾万圓　横川輕井澤間鐵道建設費三十五年度分

金百八拾九万八千八百七圓拾五錢七厘　第三議會決議二十五年度追加豫算の財源と爲したる高

金六十五万圓　兵器彈藥費二十六年度より三十四年度迄の總高

金八万二千百九十圓六十錢九厘　綿火藥製造場新設費二十六年度支出高

金百三十万四千三百五十一圓三拾壹錢六厘　連發銃製造費二十六年度より二十九年度迄の總高

小計金九百三拾九万六千四百四十四圓八錢貳厘

三差引

金五百五十四万八千四拾壹圓五拾五錢貳厘　二十四年度全くの剰餘金

金四百八拾九万五千三百貳拾參圓參拾六錢七厘　二十五年度豫算上の剰餘

合計金千四拾四万三千三百六十四圓九拾壹錢九厘

此拂

金百七十三万八千八百拾貳圓三拾二錢三厘　第四議會廿五年度追加豫算の財源として繰入るべき高

金四万三千七百四十圓八拾貳錢　二十六年度豫算に於て兵器水雷費査定高

金貳拾万五千五百六十四圓四拾六錢　仝上紀淡海峡要塞砲兵營新營費二十六年度より三十年度迄の高

金拾貳万四千四百六十九圓　仝上下ノ關海峡要塞砲兵營新營費二十六年度より二十七年度迄の高

金七万二千七百三拾六圓四拾七錢四厘　仝上千住製絨所工場増築費査定高

金四拾万四千九百八拾貳圓四拾八錢貳厘　仝上第四回内國勸業博覽會費二十六年度より二十八年度迄の査定額

金貳拾三万四千四百八拾六圓八拾八錢壹厘　仝上コロンブス世界博覽會費二十六年度査定高

金貳万四千六百三十五圓壹錢　仝上二十七年度分年額

金三百八十一万千七百五十五圓九拾四錢　仝上明治二十五年度追加豫算

小計金六百六拾六万千百八拾三圓四拾錢

四差引

金三百七十八万二千百八拾壹圓五拾壹錢九厘　用途未定高

以上の計算に依れは、或者か顧慮する所の二十六年度已降に係る財源は、已に前年度の剰餘金を以て充實せるを知るべし、既に以上に於て、前年度繰入金及繼續費の顛末は論了せりと信ず、而して吾人の調査する所を以てすれば、二十六年度歳入歳出の差額に於て、將來民力休養若くは有益なる起業費に充つべき財源は、實に金千四拾壹万三千九拾圓貳拾六錢八厘とす、即ち其計算は左の如し、

歳入金八千六百三拾貳万八千六百五拾貳圓六拾五錢七厘

内金四拾九万七千百九拾七圓拾錢貳厘　査定増
歳出金七千四百九拾壹万三千四百
　六拾五圓貳拾三錢五厘
外金八百八拾四万六千五百壹圓四拾七錢　査定減
差引金千百四拾壹万五千百八拾七圓四拾貳錢貳厘
　歳入剩餘
内金百万貳千九拾七圓拾五錢四厘　前年度剰餘金ヘ繰戻スヘキ分
殘金千四拾壹万三千九拾圓貳拾六錢八厘
内
金三百七拾五万圓　地價修正
金三百六拾五万圓　地租輕減
金百八拾万圓　輸出稅廢止
金貳拾五万圓　棉花輸入稅廢止
金六拾五万貳千三百七拾壹圓五拾錢
　車稅廢止
小計金千拾万貳千三百七拾壹圓五拾錢
猶殘金三拾壹万七百拾八圓七拾六錢八厘
外に歳入豫算査定案に於て、狩獵免許料拾三万貳百五拾圓を刪除せし分も、衆議院决議の如く、從來の銃獵免許稅の依然存するものとせは、
　金八万六千九百四拾七圓（前三ヶ年平均額に依る）
は法律の結果として、自然歳入となるへきものたり、

右等の歳入を假りに前掲の殘金に加ふれは、猶歳入の剩餘は
金三拾九万七千六百六拾五圓七拾六錢八厘
の殘餘を生する計算なり、而して蠶絲直輸出助成金、製絲撿査所設立費、及蠶業傳習所設立費の如きは、其主たる輸出稅を全廢するに於ては、特に國庫の助成を仰かすとも、當業者の協力を以て、逐次其目的を達するに難からさるべし、吾人は夙に輸出稅の全廢を希望するものなるが故に、容易に右等の問題に同意を表すること能はず、而して航路擴張助成金の如きは、建議案提出者の理由とする所に依るも、其財源は日本銀行稅に取らんとするもの丶如し、吾人も該問題に就ては別に見る所あるを以て、今之を計算に加へず、獨り菓子稅の全廢に至りては、以上の計算上に於て、其財源に不足を告くる所ありと雖も、現に政府の提出に係る酒精營業稅法案の果して議院を通過するに於ては、猶若干の歳入を增加すべきものあるのみならず、年々の現計に依れば、歳入の歳出に超過する額は、實に尠少ならず、現に二十三年度は金千五百九拾貳万六千百拾七圓七拾三錢三厘にして、二十四年度に在りては金千四百九拾四万四千四百八拾五圓六拾三錢四厘の剩餘を生し、二十五年度は未た年度中なれとも、其豫算上の剩

餘すら猶四百八拾九万五千三百貳拾三圓三拾六錢七厘なるを以て觀れは、年度の終りに至て、現計に顯るゝ所は、少なくも千五百万圓に下らさるへし、(以上二十三年度以降の剩餘金を以て既に用途を指定せし費目は前段に掲くる現計書內譯に詳かなり、)由是觀之、菓子税の如きも、相當の改良を講するに於ては、敢て財源なきを憂ふるに足らすと信す、

今や議會に於て財政に關する問題續出し、動もすれは世人の惑を生し誤りを傳ふるものなきを保せさるを以て、歲計の實際を明かにするの必要を感じ、敢て不敏を顧みず我か信する所を述ぶと云爾、

第二章　日清戦後経営

一　実業界の意見を政治に

中野は、政府を辞した後、修進社や立憲改進党において活躍していたが、明治二十年代初めから、主として鉄道事業と株式取引所を舞台にして、実業家として歩みを始め、目に見える実績を上げ、実業家としての名声を確たるものにした。その上で、実業界の意見を集約して政策提言を行なう場である東京商業会議所（現在の東京商工会議所）に活動の場を広げていった(1)。

鉄道事業については、明治二十一年に、前島密を継いで関西鉄道株式会社社長（現在東海旅客鉄道株式会社の関西本線などで、大阪と名古屋を連結し、三重県、滋賀県、奈良県を連結。大阪・名古屋間で東海道線と競争したことで有名な私鉄）に就任した(2)。

続いて、薩摩藩出身の種田誠一、谷元道之らが五代友厚の援助を受けて設立した東京馬車鉄道株式会社（後の東京市電、東京都電、現在の東京都交通局）が倒産の危機に陥り、その再建のため、明治二十四年五月に、牟田口元学社長のもとで、取締役に就任した(3)。そして、現場主義を貫きながら、明治二十年代末には東京馬車鉄道を三割以上の配当を上げる会社に再建した(4)。

東京馬車鉄道の動力を馬車から電車に変更させる問題が起こった時、「まず実地を示して東京に鞭打つべし」との考えから、明治二十八年に小田原から箱根湯本までの区間の小田原馬車鉄道を買収し、自ら小田原電気鉄道株式会社社長（現在の箱根登山鉄道株式会社）となった(5)。短いながらもこの区間において馬車から電車への動力変更を実現することによって、これを先例にして東京市の電車鉄道の認可を促進させた(6)。

この他、中野は、京濱電気鉄道株式会社（現在の京浜急行電鉄株式会社）、讃岐鉄道（現在の四国旅客鉄道）、函館水電株式会社（現在の函館市企業局交通部）、朝鮮半島の京釜鉄道株式会社や京仁鉄道、朝鮮軽便鉄道株式会社を含め、数多くの鉄道の創立や経営に関わった。

中野の実業家としてのもう一つの大きな活躍の舞台は、東京株式取引所（現在の株式会社東京証券取引所）であった。明治二十年に、河野敏鎌頭取のもとで東京株式取引所肝煎に就任し、副頭取に昇任した。この間、取引所条例（いわゆる「ブールス条例」）への対応を行なった（第二章三　参照）。

そして、明治二十四年の東京商業会議所の設立時に、東京株式取引所代表者として常議員に就任して以降、商業会議所の活動に積極的に参加しはじめ、明治三十年には渋沢栄一の下で副会頭に就任した。

こうして、政治家でありながら、実業家としての経験を積み、商業会議所での議論を、政策や立法につなげる活動に積極的に取り組むようになった。

2－1「棉花輸入税廃止論」（明治二十六年十二月五日）は、輸入棉花海関税免除法案に対する賛成意見である。東京商業会議所は、大日本綿糸紡績同業組合連合会から「綿糸棉花輸出入税免除ノ儀」の提言を受け、第五回議会で中野は、綿糸輸出関税免除法案を提案した。綿糸輸出関税免除法案は明治二十七年に成立したが、輸入棉花海関税免除法案は農業者と紡績業者の利害対立が先鋭化して継続審議となったものの、明治二十九年に超党派で成立した。

2－2「海運振張ニ付意見書」（明治二十八年八月十七日）は、中野が東京商業会議所で海運振興方策調査委員長としてとりまとめた建議である。これを受けて政府は、翌年の第九回議会に航海奨励法案と造船奨励法案を提出した。中野は衆議院議員として両法案の成立に尽力した(7)。

これは、衆議院議員であった中野が、東京商業会議所の意見を議会につなぎ、政策として実現したもので、初期の東京商業会議所の活動の成功事例に挙げられている。

2－3「国立銀行延期論」（明治二十六年十二月五日）は、国立銀行条例により設立された銀行が営業期満期となった場合、七年間満期の期間を延長し、銀行が自由に業態を変更できるようにするべきと主張したものである。政府案では日本銀行からの無利子貸付などを通じ、一律に私立銀行に転換させることになっていた。中野は、東京商業会議所の営業期満期国立銀行処分問題調査ノ件委員長として意見をとりまとめ、衆議院でも論陣を張った。第八回議会から第九回議会に継続審議となったが、政府案の中で日本銀行の恣意性が弱められるように一部修正され、明治二十九年に成立した(8)。

2－4「中野武営氏の鉄道叢談」（明治二十九年六月十五日）は、鉄道事業者としての中野の評価を伝えるとともに、「競争ほど世に恐ろしきものはなし、また競争ほど世に善きものはなし」と、鉄道経営と政府の財政の双方に通じた立場から、広軌鉄道にすべきこと、需要が多い大都市間では、官設鉄道と私設鉄道が平行する路線になったとしても、お互いに競争することが望ましいことなどを主張している[9]。

日清戦争後、三国干渉による「臥薪嘗胆」の雰囲気の中で、政府は軍事支出を中心に歳出を急増させ、その財源確保のため国税営業税や登録税の創設、葉煙草専売制実施、酒造税の増税を図った。

政府は、明治二十九年に営業税法を成立させ、それまでの地方税を国税とし明治三十年度から施行した。中野は東京商業会議所の営業税制調査会の委員長に任命され、明治二十九年秋に営業税法の修正意見をまとめた。その案が臨時商業会議所連合会で議論され、連合会は、**2‐5「営業税法改正意見」**（同年十一月十九日）*を決議した[10]。この建議を、渋沢栄一と中野が、政府と貴衆両院議長に提出したが、政府はこの修正意見を取り入れることはなかった[11]。

2‐6「藩閥衰へて商閥起らんとす」（明治三十年七月一日）は、国立銀行の処分などから日本銀行が民間銀行への融資を通じて支配力を強化したり、財閥系の金融界の力が強くなりすぎたりすることへの警鐘を鳴らしたものである。

こうして、中野は実業家であるのみならず、政策や政治に通じた立場から、財政、金融、税制、産業政策などについての実業界の意見を政策として実現させ、実業界の地位の向上を図ることに自らの存在意義を見出していった[12]。

2‐7「龍門社春季総集会に於て」（同年七月十五日）は、そのような使命感を表している。自らの政治活動などを振り返りつつ、国家の中心課題はこれまでの人権政権問題から「商業（ママ）を以て国を盛んにする」ことになっており、「実業者が輿論を造り盛んに其力を以て押し立て丶行くより外に仕方がない。」との覚悟を示している。

2‐8「鵙（モズ）主義の財政」（同年八月二十日）は、政府が歳出を急増させる一方で執行が追いつかず、財政単年度主義、省庁の縦割りなどにより歳出に無駄が生ずる予算制度と執行の問題を指摘している。

営業税が施行されると、税の徴収などをめぐり各地で騒擾が起こり、東京商業会議所は中野を営業税法調査委員長に任命し意見をとりまとめ、臨時商業会議所連合会に提出した。激しい議論が行なわれたが、基本的に同趣旨の**2‐9「営業税法廃止ノ意見」**（同年十二月二十四日）*の建議が決議された[13]。

営業税全廃の建議と合わせて東京商業会議所がとりまと

めた2－10「**財政整理意見**」（同年十二月二十四日）＊は、高橋是清横浜商業会議所副会頭の反対で臨時商業会議所連合会では合意に至らなかったものの、政府の財政運営に当たっては、国力に見合った政費とすること、そのために非生産的な軍事費の削減を図ることなどを建議している。

この後、政府は、地租増徴への道筋を作っていった。明治三十一年一月に第三次伊藤内閣が地租増徴のために地租条例中改正法律案を提出したが、衆議院特別委員会で否決された。これについて本会議で、中野は、田口卯吉（無所属）、大三輪長兵衛（山下倶楽部）、竹内綱（自由党）とともに、2－11「**地租条例中改正法律案其他九件ヲ継続委員ニ付託スルノ緊急動議**」（明治三十一年六月七日）＊を提案した。閉会期間に審査を継続し、調査結果を議会に提出するべきとの提案である。しかし、本会議はこの動議を否決し、続いて三日間停会の詔勅が発出されたが、地租増徴案が否決されると、伊藤は衆議院を解散した。

政府による地租増徴案を否決したのを機に自由党及び進歩党の両党が合同し、明治三十一年六月に憲政党が結党され、大隈重信内閣が発足した。大隈内閣は四か月と短命であったが、明治三十一年十月に第三回農商工高等会議を開催した。中野は病欠の渋沢栄一の代理として議長を務め、外資輸入の在り方などについて審議がなされた(14)。

大隈内閣が瓦解した後、第二次山県有朋内閣は、憲政党の星亨と連携して地租増徴を目指し、これを実現した。東京商業会議所も渋沢栄一を中心に地租増徴規制同盟を結成してこれを支持し、山県は、田畑地価修正法と合わせて地租増徴法を成立させた。財政整理を訴えていた中野は、代表的な実業家の一人でありながら地租増徴期成同盟にも参加せず、地租増徴に反対した。

注

（1）本節の内容については、拙著『中野武営と商業会議所』の「第三章　鉄道経営者としての活躍」、「第四章　実業家の政治的結集」及び拙著『制度変革の政治経済過程』の「第二章　営業税の国税化と反対運動」を参照。

（2）明治二十二年四月二十八日に中野社長が定款変更申請をしている（「関西鉄道会社定款中ヲ改正ス」『公文類聚・第十三編・明治二十二年・第四十七巻』）。

（3）「大隈さんはじめ皆の相談で、馬車鉄道会社の社長に牟田口を推す。ついてはあなたは会社の取締役になって牟田口を助けて完きを尽くさせるようにして欲しい。」

と河野敏鎌に言われたことがきっかけになったという（『鷹邨言行録』（安藤保太郎編、大正十二年））。

（4）　薄田『中野武営翁の七十年』は、「中野翁活動の檜舞台はむろん商業会議所であったと言はなければなりません。しかし、人には誰も出世作といふものがあるといふ点から考へると中野翁の最も勢力を打ち込んだ仕事で、その社会人として天下に名を知らるゝように至った登竜門ともいふべきは、寧ろ東京馬車鉄道会社であつたのでせう。」と伝えている。

（5）　京都市電北野線、名古屋電気鉄道、大師電気鉄道に続き全国で四番目の電車鉄道であった。

（6）　東京市内では、東京電車鉄道株式会社（東京馬車鉄道が電化）、東京市街鉄道株式会社、東京電気鉄道の三社が営業していた。しかし、日露戦後、市民の反対で運賃の引き上げが難しくなったことなどから、明治三十九年に三社が合併し東京鉄道株式会社が発足した。最終的に明治四十四年に、東京市がこれを買収した。

（7）　「海運拡張ノ方法調査ノ件　明治二十七年五月二十九日」『東京商業会議所第四回事務報告』。衆議院造船奨励法案委員会（明治二十九年一月十七、二十四、二十五日。衆議院航海奨励法案委員会、明治二十九年一月十七、二十五日）。

（8）　同趣旨の論考として、**中野武営「田尻次官の論に駁す」**『毎日新聞』明治二十八年一月十七日。「営業期満期国立銀行処分問題調査ノ件　明治二十七年七月六日」『東京商業会議所第四回事務報告』。衆議院営業満期国立銀行処分法案委員会（明治二十八年一月二十、二十二、二十四日、明治二十九年一月三十一日、二月一、三日）。

（9）　横浜と八王子の間の鉄道を民営で実施することについて中野は反対している（衆議院本会議、鉄道敷設法中改正法律案第一読会、明治三十年三月八日）。

（10）　明治二十九年十月に東京商業会議所は、財産税（地税、関税、酒税、煙草税）を増税し、営業税や所得税など国民の勤勉に課税する諸税を廃止すべきとする「税法革新ノ義ニ付建議」をとりまとめている（『東京商業会議所月報』第六三号、明治二十九年十一月）。

（11）　『明治二十九年十一月東京ニ於テ開催　臨時商業会議所連合会報告（同）議事録』。

（12）　この時期、第九回議会（民法中修正案委員会）、第十回議会（貨幣法案外四件審査特別委員会、台湾総総督府特別会計法案審査特別委員会）、第十二回議会（商法修正案外二件審査特別委員会）、第十五回議会（所得税法中改正法律案委員会）、第十六回議会（大蔵省証券条例中改正法案委員会、商業会議所法案委員会）など、財

政金融や経済関係の問題を中心に審議に参加した。

（13）『明治三十年十二月東京ニ於テ開催　臨時商業会議所連合会報告（同）議事録』。

（14）農商工高等会議編『農商工高等会議議事速記録下（第三回会議）』原書房、平成三年十月。

棉花輸入税廢止論

中野武營

本邦紡績業は諸般工業中に在て最も有望なる一に屬す之を盛んに擴張して輸入綿糸を杜絶し、尚ほ進んで海外へ輸出せんと欲せば、當業者に綿花の輸入を容易ならしめ、以て成るべく原料を廉價に買入るゝの便宜を與へざるべからず、原料品の輸入を容易ならしめ之を精製品となし、以て工業上の利益を收むるは國家經濟上甚だ得策なりと信す

我國輸入の棉花には關税あり、重量税にして其税率は百斤に付き銀一分(舊通貨)即ち時價四拾錢二厘なり、是れ紡績業の發達を奬勵する所以の道にあらざるなり乞ふ之を論せん

(一)原料品の輸入に課税するは内地工業の發達を抑制するものにして、之が爲めに内、内國の製造力を萎縮せしめ外、外國の製造品に對する巨額の工費を負担するの結果を生ずるものなり、何となれば原料たる棉花にて輸入し來らざれば其製品たる綿糸綿布となりて、輸入し來り到底外國の輸入を杜絶すると能はざればなり

(二)製品を以て輸入するより原料を以て輸入するは大に吾邦の利益にして随て原料品の輸入を容易にして工業上の利益を收むるは國家經濟上最も得策なりとす、

(三)我紡績業者は原料たる棉花を遠く海外に仰ぐが故に船賃、保險料、諸雜費等の費用多し、然るに此上尚ほ輸入税を課するは甚だ苛酷なるを以て之を免除し紡績業者をして其仰ぐ所の棉花を廉價に得せしめざるべからず、

(四)我紡績會社にて紡出する二十手以下の太糸は現今大に増加し前途益々發達するの望みあるを以て今日に於て海外輸出の途を開かざれば將來充分の進歩を促すと能はず、之を海外に輸出せんと欲せば先づ支那朝鮮より有望なるはなし、支那は綿糸を消費すると莫大にして昨年度に於ける印度糸及英國糸の輸入のみにて二千二百五万九千四百九両(一両は壹圓卅八錢八厘)の巨額なり、而して全國の市場に於て我綿糸の競爭者たる英國及印度の綿糸は原料品に關税なきも本邦は實に之れあり、加ふるに又彼等の綿糸には輸出税なしと雖も、我綿糸には之れあり、輸贏を爭ふの困難なるは勿論、且つ業務の發達を阻碍せらるゝと鮮少にあらざるなり

是に由て之を觀れば獨り棉花輸入税を廢せざるべからざるのみならず尚ほ進んで綿糸輸出税をも免除せざるべからずと雖も綿糸輸出税のとは別問題に屬するを以て暫く之を他日に讓りて玆に敢て論せざるべし

以上述ふる所に因て棉花輸入税の廢せざるべからざる理由及之を廢するの國家經濟上に利益あると略ぼ明かなるべし、更に一歩を進めて其利益の點を詳論せんに我邦に輸入する棉花に關税ありとて印度米國及支那の棉花販賣者は其關税丈け廉價に販賣するものにあらず故に我紡績業者は棉花輸入税を負擔せざるべからざるを以て其紡出する所の綿糸は勢ひ高價に賣らざるを得ず、故に今若し之が輸入税を免除する時は其税額丈け廉賣するとを得、從て綿布も亦價格を引下ぐるとを得べし、而して綿糸綿布の消費者は中等以下の人民に多きが故に價格の如何は頗る彼等に痛痒を與ふるものなり、是を以て棉花輸出税廢止は一は彼等に廉價の綿糸綿布を用ゆるの便を與へ、一は紡績業を振興して勞力の需用を增加し從て勞力者に賃銀を得せしめ、加ふるに又紡績業の發達は輸入綿糸を防遏し、進んでは海外に輸出し以て支那朝鮮の市場に於て印度及英國の綿糸と競爭するとを得て之が勞銀を收むるを得べし、而して其勞銀は國富の一助たるが故に棉花輸入税廢止の國家經濟上に補益すると實に莫大なるものなり

未製品を輸入して精製品となす時は之が勞力賃銀は擧げて製造國の利益となるとは敢て喋々を要せざれども玆に明治廿五年度に於ける輸入綿糸の原價中其原料の代價及工費即ち勞力賃銀等を比較するに大凡左の如し

綿糸輸入元價	七百十三万千九百八十圓
内	
原料代價	五百六十万三千七百六圓
勞力賃銀（總ての工費）	二百六万八千二百七十四圓

即ち之を百分比例にすれば原料は七十一にして工費は廿九なり而して緋金巾、綿繻子、綿天鵝絨等に至ては其工費の割合の更に大なると素より辯を待たず、以て勞力賃銀の尠小ならざるを知るべし、蓋し我邦は石炭に富み職工の賃金安く且つ手藝に長ずるを以て工業を盛んにするに適せり、故に內地に產せざるの原料及內地に乏しきの原料は自由に外國より輸入し工業上の利益を收むるとを勉めざるべからず、然るに原料の輸入に課税して精製品の輸入を招くが如きは策の得たるものにあらず今明治廿年以來の綿糸綿布の輸入額を見るに左の如し

綿糸及綿布輸入額

	綿糸輸入高 円	綿布輸入高 円
明治二十年	八、二六五、〇七一	三、五一三、一四九
仝　廿一年	一三、六六二、〇〇四	四、七八八、八五八
仝　廿二年	一二、五九三、四二〇	四、八〇三、四八七
仝　廿三年	一九、九八七、七二二	四、二三一、七〇七
仝　廿四年	五、六七三、〇八三	三、五一四、二〇〇
仝　廿五年	七、一三一、九八〇	四、八三〇、一五八

綿糸の輸入年を追ふて減少するは內地紡績業の發達したる結果にして深く喜ばざるを得ずと雖も、尙進んで此等の輸入を全く杜絕し、且つ外國に輸出することを勉めざるべからず、而して之を爲すには外國棉花の輸入を無稅にし以て紡績業の發達を謀るに在り、外國の例を按ずるに棉花の如き原料品に輸入稅を課するは唯だ西班牙、葡萄牙、露西亞、瑞西、及支那あるのみ。其他英吉利、佛蘭西、獨逸、和蘭、伊太利、墺太利、印度、北米合衆國等は決して之を課せざるなり請ふ左表に之を示さん

各國棉花輸出入關稅一覽表

國名	輸入稅	輸出稅
英吉利	無	無
佛蘭西	仝	仝
獨逸	仝	仝
西班牙	百キロニ付 一分二厘	仝
葡萄牙	百キロニ付 二百卅ライス	百分ノ一
和蘭	無	無
白耳義	仝	仝
伊太利	仝	仝
露西亞	一プートニ付 一「ルーブル」ノ三分八厘	仝
瑞西	每「キンタール」ニ付三十三チーム	仝
墺地利	無	無
北米合衆國	仝	仝
支那	百ケツト(百斤)ニ付(兩ノ三割三百五十カツシ(五分))	五分
埃及	未詳	無
ルーメニーヤ	無	仝
メキシコ	未詳	仝
西典	無	仝
希臘	仝	仝
那耳威	仝	仝
丁抹	仝	仝
英領印度	仝	仝

蓋し歐米各國に於て棉花の輸入に課稅せざる所以のものは是れ原料の輸入を容易ならしめ以て工業の發達を保護せんが爲めにして一國の經濟上尤も其策の得たるものと云ふべきなり然るに之に反對するの論者あり曰く內地の棉作業は近年衰頽に赴くの兆あるにも拘はらず今又棉花輸入稅を免除せば更に一層の慘害を棉作者に被らすものなり故に內地棉作者を保護するが爲めに棉花の輸入稅を廢すべからずと、是れ一を知て未だ其の二を知らざるの淺見者流の說にして有識者よりして之を見れば偶ま以て一笑を博するに過ぎずと雖も此說たる反對者唯一の口實なるが故に聊か其妄を辨せん、內國產棉花は外國產棉花と其性質同じからず隨て其需用の道を異にするものにて內國產棉花の代りに外國棉花を用ゆるものにあらず、即ち我邦の棉花は纖緯短疎にして其質彈力強きを以て十六手前後の太糸を紡出するに適し、米國及印度の棉花は纖緯細長にして其質柔軟なるを以て二十手以上の細糸を紡出するに適せり、

獨り支那棉花に至りては內國產棉と其性質相似たれども、我棉花は支那棉より纖緯柔軟にして光澤あり、且つ染付宜しく其費用一割を減ずるの點に於て優る所あるを以て支那產棉に壓せらるゝとは決して之れなかるべし、且つ從來我國棉花の用途は重もに農民の自家用料即ち手繰糸に供するもの其多分を占め其他は蒲團衣服等の中入に供するものなるが故に今棉花の輸入稅を免除して外國棉花を自由に輸入せしむるも我邦產棉の用途を奪ふとなく隨て我棉作を害するの虞なし、而して近時紡績器械の增加すると共に其業務も大に發達し廿手以上の細糸を紡出すると著しく增加したるを以て其原料は專ら印度及米國產に採らざるべからず、米國及印度棉花の輸入現今に比して一層增加を見るべきなり、今試に五年前の統計を以て昨年度の輸入に比すれば印度は四百斤より三千六百斤に上り、米國は六万斤より九百万斤に上れり、而して支那は千百万斤より三千二百万斤に上れり、今明治廿年以來我邦に輸入せし外國棉花と斤量及價格を見るに左表の如し

棉花輸入額

		斤量（斤）	價格（円）
明治二十年	繰綿	五、五七〇、六一五	七一一、九五二
	生綿	五、〇八二、一一一	二〇二、〇一六
仝　廿一年		一一、八九二、二六七	一、六五二、二四四
		一三、一八三、二〇九	五六九、五二五
仝　廿二年		二三、一六八、〇九四	三、四六四、三二六、〇四〇
		四一、二九五、二七一	二、二一四、五一二、〇〇〇
仝　廿三年		二六、〇八四、三四五	四、一三四、七九五、三三五
		二六、〇五七、四〇七	一、二三〇、三六二、七八〇
仝　廿四年		五〇、一二八、七五〇	六、九九八、五三三、七九〇
		二九、九五五、三六三	一、二〇〇、七一七、四二〇
仝　廿五年		七八、六四七、五七三	一一、〇二六、六三七、四五〇
		三四、七〇〇、六四七	一、二九八、〇一七、三二〇

以て外國棉花の需用年を追ふて增加するを知るべし斯く外國棉花需用の增加するは紡績事業の發達するが爲めにして將來尙ほ益々增加すべし、何となれば社會の進步と共に美麗の衣服を需用し從て細糸の需用を增すべく細糸を紡出するには米國及印度の棉花に依らざるべからざればなり、而して外國棉花の增加すると共に內國棉花の需用も亦增加せり、即ち左表に徵して之を知るべし

紡績會社消費內外棉量比較表

	外國產（斤）	內國產（斤）	合計（斤）
明治二十年	三、五六七、六五三	四、三四八、二一二	七、九一五、八六五
仝　廿一年	四、九九九、六六二	五、九一三、三七〇	一〇、九一三、〇三二
仝　廿二年	一九、四四四、四〇九	六、三四二、〇四二	二五、七八六、四五一
仝　廿三年	三五、〇六六、三七二	五、八三五、九四二	四〇、九〇二、三一四
仝　廿四年	四六、一三一、八六二	七、二〇六、〇九五	五三、三三七、九五七

右に表示するが如く紡績業の發達と共に內國棉花の需用增加する所以のものは獨り太糸を紡出するが爲めに消費せらるゝのみにあらずして細糸の光澤を着くるには日本棉に依らざるべからざると且つ添附の能き特性

とを有するを以て凡そ二割內外を混用するが爲めなり既に其性質を異にし其用途を異にするが故に今棉花輸入税を廢して外國棉花は其税額丈け即ち百斤に付四拾錢低價となるも、之が爲めに日本棉花の需用を減ずることなきや疑を容れず、即ち今日に至る迄其價格は本邦產の棉花、外國棉花に比して高價なりしにも拘はらず其需用の增加せし一事以て之を証するに足れり、今左に明治廿年以來の內外產棉花の平均價格を示さん

內外產棉花繰綿價格比較表　（但百斤平均價格）

年次	內國產棉花	外國產棉花	二者價格ノ差違
明治十八年	一九、二一七円	一六、二五六円	二、九六一円
仝　十九年	一八、二三五	一六、二五七	一、九七八
仝　二十年	一八、七二六	一六、八七五	一、八五一
仝　廿一年	二〇、三九四	一七、九二六	二、四六八
仝　廿二年	二二、四九五	一八、五二六	三、九六九
仝　廿三年	二一、六五八	一八、七一五	二、九四三
仝　廿四年	一九、一九二	一六、九九八	二、一九四

即ち本邦產の繰綿は其需用あるを以て常に外國產より二圓乃至三圓高價なり、今輸入税を免除せば外國棉花は十七圓の價格十六圓六拾錢に低落すべきも之が爲め內國棉花の產額及び價格には格別の影響を及ぼすとなかるべし、現に前年印度孟買棉の市價拾三圓なりし時本邦棉は拾六七圓なりしが現今孟買棉は貳拾圓に騰貴せしに拘はらず本邦棉は依然として十六七圓なるに依りて証すべし、假令一歩を讓りて多少影響ありとするも其の損害は僅々たらんのみ、是れ實に止むを得ざるの結果にして之が爲めに紡績業の發達を抑制するは策の得たるものにあらず、況んや紡績業の發達は千餘萬圓の輸入綿糸を防遏し進んでは海外へ輸出するの望みあるに於てをや

上來述ぶるが如く內國產棉花は外國產棉花に比して高價なるが上に其需用は紡績業の發達と共に增加するに拘はらず、內地棉作業の減少するは如何なる理由なるや、是れ或地方を除くの外は肥料高價にして收益薄きを以て他の有利の作物に變じたるが爲めのみ、即ち米價の騰貴と共に蚕業の發達は彼等をして或は稻田に變じ或は桑園と化して更に其利多き物を作るに至らしめたるものにして一國の經濟上却て利益を增したるものと謂ふべし、現に攝津、河內、尾張、參河の地方に於ては棉作を廢して他の農作に改めたるものあるは外國棉輸入增加の結果にあらずして全く棉作と他の農作との損益比較の結果のみ蓋し資本は薄利の業を去て有利の業に集まるは恰も水の低きに就くが如し區々たる政策の如何ともすべからざるものなり、且つ夫れ或杞憂論者の如く棉花輸入税を免除するが爲めに內地棉作業が絕滅に至るの虞ありとせば是れ素より望みあるの國產

と云ふべからず、然るに前途有望なる紡績業を抑制して之を保護せんとする乎、其利害得失は經濟の理を知らざるものと雖も猶ほ能く之を了解するに難からざるなり、

外國の棉花は果して我内地に適するや否や、即ち内地に於て外國棉花を耕作して紡績工場の需用に充つるとを得るの見込ある乎、今日迄の經驗に依れば斷じて見込なしと謂はざるを得ず、我政府にては明治七年米國の棉種シーアイランド、アップランドを八縣下に於て試作せしめ其後東海道、四國、九州及び山陽道其他の諸縣下に於ても屢耕作を試みたると茲に殆んど二十年に及びたれとも其結果或は萌芽せずして種子朽ち或は萌芽するも開絮せす、開絮するも纖緯疎大にして米國印度の棉花の如くならざる等一として充分なる好果を奏したるを聞かす、試作と云へば肥料の撰擇、風雨虫害の防禦等深く注意を加ふるものなれとも然かも其結果斯くの如し、是れ本邦の位置經緯度の割合左迄不適當なるにあらざるも空氣の變換風雨の多少、地層の組織等に於て自ら不適當なるものあればなり、或論者の如く大凡棉花は温熱二帶の植物なれば我邦と雖も南部大半は之れに適するならんと唱ふるが如きは是れ紙上の空論にして皮想の見たるを免れず、地球上米國及印度と緯度を等しくするもの獨り我邦のみならず歐羅巴の南部、亞細亞の西部も亦然り、然るに棉作業の盛んならざるは何ぞや米國と雖も棉作の盛んなるはミスシッピー、テキサス、ジョルヂヤ、アラバマ、の數州のみにして全土到る所然るにあらず、印度に於ても亦た然りボンベー、マドラス、ベラルース最も盛んにして他は之に若かざるなり、同一の國にして僅々數十里を隔つるが爲めに其適すると適せざるとは夫れ斯の如し況んや遠く山海を隔つるのみならず、風雨地味の相違ある我邦に於てをや、外國棉種の試作を爲すと二十年に及ぶも未だ好成蹟を奏せざるもの豈に夫れ偶然ならんや

假りに一歩を讓り栽培蕃殖の改良を行ひ外國棉種我風土に適するの見込立ち幾十年の星霜を經ば其産額増加するの望みありとせんか、之を奬勵する素より可なりと雖も之が爲めに今日に於て外國棉花の輸入に課税して内地紡績業の發達を妨くるは國家の大計にあらず、若し外棉と競爭し得べき耕作費を以て米國及印度の棉花を産出するとを得るに至らば今日免除する所の輸入税を復課する尚ほ可なり、然れども未だ此の確乎たる前途の志望あらざるに唯だ一種の妄想に依頼して之が發達の望みある工業を抑制し一般人民をして衣服の原

料を高價に買はしめ、尙ほ幾十萬の勞働者をして其職に就くを得せしめざるが如きは抑も何の心ぞや、更らに數步を讓り外國棉種を我國に移植し內地の需用に應ずるヿを得るとするも我邦に於ける棉花の總需用額は現今操綿二千二百万貫目餘にして將來紡績業の發達を豫想して算入すれば少くとも二千六七百万貫目は之を要ずべし、今一反に付實綿平均廿五貫目（實棉百貫目より繰棉卅五貫目を製す）を產するとせば卅万町步以上の棉作地なかるべからず、而して現在の棉作地は明治廿四年度の調査に據るに八万百五十一町一反に過ぎず、故に若し現在需用の棉花を悉く我邦に作らんと欲せば從來農作物の田畑を割いて之に充つるか然らざれば新に土地を開墾せざるべからず、而して其收得する所の利益は他の農作物たる桑、米、麥、等に比して劣る所あるを如何にせん、假令好んで薄利の棉作に從事するものありとするも僅々たる歲月の間に內地の棉花需用總額に應ずるが如きは到底夢想する能はざる所なり、況んや外國棉種の內地に適せざると以上の理由に依りて明白なるに於てをや

既に內國產棉花を以て需用を充たすに足らず外國棉種我內地に適せざると明かなるに於ては何を苦んでか棉花輸入税の廢止に躊躇するヿを爲さん、予輩は其の理のある所を解するに苦まざるを得ざるなり、世上或は國庫の收入を減んずるの點を以て反對するものあり、斯くの如きは深く論ずるに足らずと雖も議論の順序として聊か之を云はん棉花輸入税を廢する時は國庫の收入卅餘万圓を減殺すと雖も之が爲めに將來本邦紡績業發達して外國綿糸の輸入を防遏し尙ほ進んで多量の綿糸を海外に輸出し得るに至るを以て從來輸入綿糸に拂ひたる工費は本邦に收得するのみならず且つ海外に輸出する綿糸の工費をも亦之を占收し得べし、去れば此利得は國庫の損失を償ふて尙ほ餘りあるや疑を容れず即ち昨年の綿糸輸入價格七百十三万千九百八十圓の內原棉の代價五百六万三千七百〇六圓にして工銀二百六万八千二百七十四圓なるが故、若し綿糸の輸入を全く杜絕するとせば只だ原棉の代價五百六万餘圓を拂ふのみにて足れり、即ち國庫に於ては輸入税凡そ三十五六万圓を減ずるも國內に於ては勞力賃銀凡そ二百六万餘圓を收むるヿを得べし、況んや綿糸及綿布の價を廉ならしめ、一般人民をして衣服を廉價に購買せしむるの利益あるに於てをや、之を國家の大計に考へ之を一般人民の利害に省みる時は綿花輸入税の廢止は一日も猶豫すべきにあらざる也、

海運振張ニ付意見書

海運事業ニ三要素アリ曰ク海員、造船業、海運營業即チ是ナリ今海運ノ事業ヲ保護奬勵セントスルニハ齊シク此三要素ヲ補助誘掖シテ其併進ヲ期セサルヘカラス若シ其保護一方ニ偏スルトキハ徒ラニ人民ノ投機心ヲ鼓舞シテ一業ニノミ狂奔スルノ弊ヲ馴致シ一時ハ事業振興ノ假裝ヲ呈スルモ一タヒ其保護ヲ止ムルトキハ忽ニ復タ衰微ヲ來シ其結果ハ適々莫大ノ國費ヲ支消シテ一時ノ快夢ヲ買フニ過キス結局外國人ヲシテ其利益ヲ獨占セシムルニ至ラン例ヘハ今多額ノ保護金ヲ與ヘテ獨リ造船業ヲ奬勵セシカ其事業ハ一時發達シテ多數ノ新造船ヲ見ルコトアルヘシ然レトモ之ニ應シテ良海員ノ數増加スルコトナク又海運營業ノ規摸擴張セサルトキハ其新造ノ船舶ハ外國ノ海運業ニ資スルニ止マリ本邦海運業ニ其効ヲ及ホスコトナカルヘク又單ニ海運營業者ヲ保護セシカ其事業一時發達シテ世界ニ雄飛スルニ至ルモ其海員ハ外國人ニシテ其船舶ハ外國ノ築造ニ係ルニ於テハ本邦海運事業ノ名アルモ其實ナク若シ國家一朝外國ニ事アルノ日ニ當リテハ我船舶ハ殆ント其用ヲ爲スヘカラサルナリ抑モ國家カ海運事業ヲ保護スル所以ノモノハ其ノ目的啻ニ商業ノ發達ヲ幇助スル爲メノミニアラス國家有事ノ日ニ於テ大ニ用フル所アランカ爲ナリ故ニ之ヲ保護奬勵スルニハ要スルニ前記三要素ノ併進ヲ期シ以テ本邦海運事業ヲシテ其獨立發達ノ基礎ヲ確立セシメサルヘカラス今試ニ其方法ヲ示セハ左ノ如シ

第一　海員養成ノ事

海員ノ養成ニ二途アリ其一ハ船長運轉士機關士ノ養成其一ハ水夫火夫ノ養成トス

一船長運轉士機關士ノ養成

(一)商船學校ヲ擴張シ第一着手トシテ現在ニ二倍ノ生徒ヲ養成スルヲ度トシ尚ホ漸ヲ以テ其員數ヲ増加スルノ方針ヲ取ルヘシ

船長運轉士機關士ノ養成ハ現今商船學校ノ任スル所ニシテ其教育ノ方法ハ同校創立以來既ニ殆ント二十年ノ實驗ニヨリ今ヤ漸ク將ニ完備ノ域ニ達セントスルノ際ナレハ此點ニ就テハ別ニ改良ヲ加フルノ必要ヲ見ス只實地練習ノ程度ヲ一層進ムルヲ以テ足レリトスヘシ然レトモ商船學校ノ規摸ニ至リテハ聊カ狹小ニ失スルノ感ナキヲ得ス蓋シ現今同校ニ於テ養フ所ノ生徒ノ數ハ航海科八十餘名機關科八十餘名合セテ百六十餘名ニシテ毎年ノ卒業生兩科ヲ通シテ三十名ニ過キス是現在ノ情況ニ應シ不足ヲ感スル所ナリ現ニ日本郵船株式會社ノ如キ今猶船長運轉士機關士ノ中多數ノ外國人ヲ雇使スルヲ見レハ以テ其不足ノ事實ヲ證スルニ足ルヘシ左レハ今後若シ海運事業ヲ擴張セントスルニハ少クモ現時ニ倍數ノ生徒ヲ養ヒ倍數ノ卒業生ヲ出スヲ必要ナリトス或ハ之ニ滿足セスシテ百名ノ卒業生ヲ出スヲ必要ナリト說ク者アリ然レトモ之ニ應スル練習船ノ設備及卒業生就職ノ未來ヲ考慮スルトキハ斯クノ如ク俄ニ其規摸ヲ擴張スルハ聊カ危險ナキニ非ス左レハ今商船學校ノ規摸ヲ擴張スルニ當リテハ漸進ノ主義ヲ取ルヲ安全ノ策ナリトス是今日ニ於テハ倍數ヲ以テ擴張ノ度合ヲ得タルモノト認ムル所以ナリ

(二)航海科生徒ノ練習船トシテ遠洋航海ニ堪フヘキ風帆船二艘ヲ增置シ此練習船ハ汎ク世界ノ運送業ニ從事セシムヘシ

蓋シ良海員ヲ養生スルハ瀛舩ニ望ムヘカラス必スヤ帆船ニ依テ其心膽ヲ鍛ヒ其技術ヲ練ラサルヘカラス或ハ實地練習生ヲ外國ノ帆船ニ依賴スルノ方便ナキニ非サルヘシト雖モ一艘ニ兩三名ヲ容ルヽニ過キサルヘケレハ百名ノ生徒ヲ盡ク外國船ニ依賴センコト到底期シ得ヘキ所ニアラス現時商船學校ニ一ノ稻穗丸アリト雖モ凡二十名ノ生徒ヲ練習セ

シムルニ足ルノミ故ニ此學校ノ教育ヲ完備セントスルニハ是非適當ナル帆船ヲ增置セサルヲ得ス今充分ヲ望ムトキハ四五艘ヲ備ヘタシト雖モ其經費ト運航ノ始末ヲ考フルトキハ大ニ顧慮スヘキモノアレハ先ツ遠洋航海ニ堪フヘキ帆船二艘以上ヲ備フルヲ以テ相當ナリト信ス而シテ此帆船二艘ヲ新造スルトキハ其費用頗ル多額ヲ要スヘシト雖モ此等ノ練習ハ必スシモ新船ニ限ルニアラサレハ今假ニ古船ヲ購入スルトセハ其費用ハ凡二十萬圓以内ニテ足ルヘシ若シ好機會ニ乘スルトキハ十萬圓ヲ以テモ備ヘ得ルコト敢テ望外ニ非サルナリ又練習船ノ運航ハ敏活ナル商業者ノ手腕ヲ煩ハスヲ要ス若シ單ニ之ヲ練習ニ供スルコト海軍省ノ練習船ノ如クナラシメンカ其年々ノ經費莫大ニシテ一商船學校ニ對シテ或ハ不釣合ノ支出トナルヘシ故ニ之ヲ使用スルニハ世界ノ運遭業ニ供スルヲ以テ其目的トナサヽルヘカラス蓋シ現時帆船ハ常ニ汽船ニ改駕セラルヽノ勢ナレハ利益ヲ得テ其操業ニ當ランコトハ到底望ムヘカラストスルモ今若シ之ヲ實驗アル商業者ニ託スルモノトセハ甚シキ損失ヲ蒙ラスシテ之ヲ維持スルコト亦敢テ難キニ非サルヘシ

(三)政府ハ行政上ノ處理ヲ以テ國民ノ氣風ヲ海事ニ誘ヒ商船學校ヲシテ有力者ノ協力ヲ得セシムルヿヲ勉ムヘシ

本邦ノ如キ海國ニ在リテ一般ニ國民ノ海事思想ヲ涵養スルコトノ必要ナルハ今更ニ呶々ヲ要セサル所ナリ故ニ政府ハ苟モ行政上ノ處理ヲ以テ國民ノ海事思想ヲ皷舞スヘキ方法アラハ其施設ヲ怠ルコトナク以テ國民ノ有力者ヲシテ海事教育ヲ翼賛スルノ觀念ヲ發動セシムルコトヲ必要ナリトス國民ノ氣風一タヒ勃興センカ學校ノ品位自ラ高マリ良海士ノ輩出センコト期シテ待ツヘキナリ

(四)熟練セル水夫火夫ニ學藝ヲ授ケ海員ノ免狀ヲ得セシムヘシ

海士ニ最モ貴フ所ハ技術ノ熟練膽力ノ勁健ニ在リ故ニ商船學校ニ於テ海士ヲ養成スルノ外猶別ニ實地練習ノ功ヲ積ミタル水火夫ニ學藝ヲ授ケ之ヲシテ運轉士機關士タルノ免狀ヲ得セシムルノ道ヲ設クルコトヲ要ス果シテ然ルトキハ適良ノ海士ヲ得ルニ於テ其効果少カラスト信ス

二　水夫火夫ノ養成

(一)國家ハ日本海員掖濟會ニ補助金ヲ與ヘ其事業ノ擴張ヲ助ケ以テ大ニ水夫火夫養成ノ任ニ當ラシムヘシ

一般ノ海員即チ水火夫ノ養成ハ現今日本海員掖濟會ナル協會アリテ熱心ニ從事スル處ナレトモ該協會ハ海事ニ熱心ナル士人ガ限アル私財ヲ擲テ維持スル處ナレハ其資金ハ未タ以テ完全ナル事業ヲ擧クルニ足ラス然レトモ該協會ノ創立ハ十數年以前ニ在リテ事業ヤヽ緒ニ就キ其功績見ルヘキモノアリ今此協會ヲ基礎トシテ朝野士人ノ力ヲ合セテ大ニ其事業ヲ擴張スルノミナラス國家モ亦幾許ノ補助金ヲ與ヘテ之ヲ作興スルトキハ海員奬勵上大ニ其功ヲ收ムルコトアラン蓋シ善良ノ水火夫ヲ養成スルニハ其技術ヲ練ルノミナラス其氣象ヲ高尚ニ導クコト亦極メテ緊要ニシテ之ヲナスハ法律命令ノ能クスル處ニアラス社會先進ノ士之ヲ誘掖奬勵シ之ヲ保護救恤シ茲ニ至リテ始メテ其目的ヲ達スルコトヲ得ヘシ今國家ニシテ該協會ヲ補助シ之ヲシテ海員ノ保護人タラシムルトキハ該協會ハ益々其規模ヲ擴張シ社會一般ノ勢力ヲ借リテ海員ノ技能志尙ヲ誘掖スルコト必然ナリ

(二)國家ハ日本海員掖濟會ニ補助金ヲ與フルノ一條件トシテ該協會ヲシテ熟練セル水夫火夫ニ學藝ヲ授ケ以テ良海士ヲ教育スルノ任ニ當ラシムヘシ

前ニ述フルカ如ク實地ニ熟練セル水火夫ヲ拔擢シテ運轉士機關士タラシムルハ一方ニ於テ膽力勁健ナル良海士ヲ得ルノミナラス一方ニ於テ水火夫ノ志尙ヲ高ムルノ利益アルカ故ニ斯ノ如キ水火夫ヲ誘掖指導シテ海士タルニ必要ナル學藝ヲ受ケシムルコトハ亦極メテ肝要ナリトス然リ而シテ此等水火夫ニ學藝ヲ授クルニハ日本海員掖濟會ヲシテ其任ニ當ラシムルヲ最モ便利ナリト信スルニ付今該協會ニ補助金ヲ與フルトセハ之ヲ以テ其一條件トナスコトヲ要ス

第二　造船業奬勵ノ事

造船業ノ奬勵ハ本邦所用ノ船舶ヲ築造シ得ルニ止ラス大ニ此事業ヲ發達セシメ更ニ進ンテ外國造船業ト併進シ得ルノ基礎

ヲ築クニ在リ左ニ其要ヲ掲ク

(一)國家ハ造船奬勵金ヲ附與シテ造船業ヲ保護シ以テ其發達ヲ希圖スヘシ

本邦ニ於ケル造船及機關構造ノ技術ハ近來著シク發達シ今日ニ於テハ第一等ノ船舶ヲ築造スルコト決シテ難キニアラス然ルニ未タ本邦ノ造船業カ外國ノ造船業ト充分競爭スルヲ得サルモノハ要スルニ彼ノ造船費我ニ比シテ大ニ低廉ナルニ因ラスンハアラス蓋シ本邦ニ於テ總噸數一千噸以上ノ商船ヲ築造シタルハ木造汽船小菅丸鋼製汽船須磨號ノ二艘ニ過キサレハ未タ實際内外造船費ノ比較ヲ得ルニ足ラス假リニ豫算ヲ以テ之ヲ試ミントスルモ英國造船費ニ時々高低アリ又本邦輸入材料ニ爲替相場ノ變化アリテ到底精確ノ比較ヲ得ヘカラサルモ兎ニ角内國造船費ノ英國造船費ニ比シテ高價ナルコトハ實業者ノ爭ハサル所ナリ故ニ若シ此事業ヲ今日ノ儘ニ放擲センカ技師職工ニ其技能アルモ造船業ヲ本邦固有ノ技術トナサンコトハ其機會ノ來ル時節ナカルヘシ是今日國家カ造船奬勵金ヲ附與シ以テ本邦造船業ヲ保護スルノ必要アル所以ナリ

(二)奬勵金ヲ附與スヘキハ總噸數一千噸以上ノ鐵製又ハ鋼製ノ滊船ニ限ルヘシ

總噸數一千噸未滿ノ船舶ハ現ニ本邦造船所中數ケ所ニ於テ築造スル所ニシテ其造船費ハ英國ノ低廉ナルニ及ハサルモ斯ノ如キ船舶ヲ英國ヨリ本邦ヘ回航スルニハ割合ニ多分ノ費用ヲ要シ結局本邦ニ於テ築造スル方便利ニシテ且費用少ナキノ實況アルカ故ニ此種ノ船舶ハ我ニ於テ充分彼ト競爭スルコトヲ得ヘシ又帆船及木造船ハ世界船業ノ大勢衰退ヲ免カレスシテ之ヲ奬勵スルノ必要ヲ見ス獨リ總噸數一千噸以上ノ鐵製又ハ鋼製ノ汽船ニ至リテハ之ヲ本邦ヘ回航スルニ當リ相當ノ運賃ヲ收受スルコトヲ得ルカ故ニ假令充分ノ利益ヲ得サルモ亦大ナル損失ヲ受クルコトナシ故ニ此種ノ船舶ニ至リテハ到底我ニ於テ彼ト競爭スルヲ得ス是奬勵金ノ附與ヲ總噸數一千噸以上ノモノニ限リタル所以ナリ

(三)奬勵金ノ割合ハ總噸數一噸ニ付凡ソ金貳拾圓實馬力一ニ付金六圓ヲ相當トスヘシ

奬勵金ノ割合ハ統計ノ計算ニ基テ算出スルヲ當然トスレトモ精確ナル統計ヲ得ルノ途ナキカ故ニ相當ノ割合ヲ算出スルコトヲ得ス強テ之ヲ求ムルモ要スルニ想像ノ計數ニ止マリ書面ノ體裁ヲ粧フニ過キサレハ寧ロ初ヨリ外國ノ事例ト實業者ノ見込ニ從フテ之ヲ定ムルヲ可ナリトス今本邦ニ於テ總噸數一千噸以上ノ汽船ヲ製造スルニ當リ一噸ニ付金二十圓一馬力ニ付金六圓ノ奬勵金ヲ與フルトキハ格段ナル裝置ヲ要スル船舶ノ外ハ總テ本邦ノ製造ニ歸スルコトハ疑ヲ容レサル所ナリ或ハ外國ニテハ造船奬勵ノ一手段トシテ造船ノ材料ニ向テ海關稅ヲ免除スルコトアリ本邦ニ於テモ之ヲ實施スヘシト說ク者アリ此言不可ナルニアラス然レトモ實際ニ於テ其輸入材料ノ中造船ノ材料ト否ラサルモノトヲ甄別スルハ頗ル難事ニ屬シ若シ一歩ヲ誤ルトキハ之カ爲メ弊竇ヲ開クノ恐アリ故ニ今造船業ヲ奬勵スルニハ單ニ船舶ノ噸數及實馬力ニ應シテ奬勵金ヲ與フルノ簡明ナルニ如カス

(四)奬勵金ノ附與ハ十ケ年ヲ期限トシ滿期ニ至リ其額ヲ改定スヘシ

現今本邦ニ於テハ造船ノ材料甚タ乏シク今鋼製普通貨物船一隻ヲ築造スルトセンニ其全價中凡三分二ハ輸入材料ノ價ニシテ三分一ハ工費ト見積ルヲ得ヘシ然レトモ鋼鐵類ノ製造モ年ヲ經スシテ本邦ニ興ルコトアルヘキニ付奬勵金ノ割合ヲ永年ニ確定スルハ宜ヲ得タルモノニアラス宜シク十ケ年ヲ一期トシ此一期ヲ試ミテ更ニ爾後ノ割合ヲ改定スルヲ可トス

(五)造船材料ノ輸入稅ノ割合增加スルトキハ奬勵金ノ割合モ從テ增加スヘシ

造船材料ノ輸入稅增加スルニ從ヒ造船費モ亦增加スヘキハ自然ノ結果ナリ然リ而シテ前ニ述フル奬勵金ハ畢竟造船費ヲ補フノ趣旨ヲ以テ之ヲ附與スルモノナレハ今造船材料ノ輸入稅增加ノ場合ニ於テハ奬勵金ノ割合モ亦之ニ應シテ增加スヘキコト事理當サニ然ルヘキ所ナリ

(六)軍艦ノ築造ハ官設造船所ノミニ止メス亦之ヲ民設ノ造船所ニモ命シ一般造船者ノ技術ヲ培養スヘシ

軍艦ノ築造ヲ民設造船所ニ命スルコトハ技師職工ノ技術ヲ練熟セシムル爲メ最モ有益ノ擧措ナリトス甲鐵戰鬪艦ノ製造ハ之ヲ現時ノ民設工場ニ試ミ得ルノ限ニアラサルヘシト雖モ巡洋艦海防艦ノ類ニ至リテハ之ヲ試ミルコト決シテ難事ニ非サルヘシ蓋シ其築造費ハ外國ニ託シテ之ヲ築造スルヨリ高價ナルハ避クヘカラサルモ造船事業ヲ獨立セシメントスルニハ國家ハ價ノ高低ニ拘ラスシテ之ヲ本邦人ノ手ニ委ネ本邦人ノ技術ヲ獎勵シ以テ官立以外ノ工場ニ於テモ容易ニ軍艦ヲ築造スルノ能力ヲ培養スルコトヲ要ス

(七)造船規則ヲ定メ此規則ニ適合スル船舶ニ非サレハ獎勵金ヲ與ヘス又日本船トシテ登籍ヲ許サヽルヘシ

船舶ニ獎勵金ヲ附與スルニハ其築造ニ就キ相當ノ條件ヲ定ムルコトヲ要ス若シ否ラスシテ其築造ノ如何ヲ問ハス無條件ニ之ヲ附與スルトキハ粗造ノ船舶增加シテ遂ニ國家ノ不利ヲ來スノ恐アリ是レ決シテ造船獎勵ノ精神ニアラサルナリ故ニ今造船獎勵法ヲ實施スルニ當リテハ別ニ造船規則ヲ設ケテ造船上必要ナル條件ヲ定メ此條件ニ適合セサルモノハ之ニ獎勵金ヲ附與セサルハ勿論日本船トシテ登錄ヲ許サヽルコトトスヘシ

第三　海運營業獎勵保護ノ事

海運ノ營業ヲ獎勵保護スルニ二途アリ其一ハ一般ノ獎勵保護其一ハ航路ノ擴張保護トス

一般ノ獎勵保護

外國航海ニ從事スル船舶ハ其種類ト航海里程トニ準シ獎勵金ヲ附與スヘシ左ニ其要ヲ揭ク

(一)帝國ノ船籍ニ在ル汽船ノ本邦ト外國トノ航海及東經百度ヨリ百五十度迄ニテ赤道以北ノ河海ニ在テハ外國ト外國トノ間ノ航海ヲモ併セテ獎勵金ヲ附與スヘシ

一般ノ獎勵保護ヲ實施スルニ就テハ遠洋ノ航海ヲ主トシ近海ノ航海ハ之ヲ保護スルニ及ハスト說ク者アレトモ抑モ新嘉坡以東支那朝鮮沿岸浦鹽斯德ニ至ル一帶ノ邦土ハ將來我國產ノ販路ヲ開キ國力ヲ伸張スル上ニ於テ最モ屬望スヘキ地域ナルヲ以テ先ツ此間ノ航權ヲ我ニ收メ之ヲ以テ日本船航海ノ領域トナスコトハ實ニ刻下ノ急務ナリトス是特ニ近海ノ航海ニ重キヲ置キ凡東經百度ヨリ百五十度迄赤道以北ノ河海ニ在リテハ外國ト外國トノ航海ヲモ併セテ獎勵金ヲ附與セント欲スル所以ナリ

(二)獎勵金ヲ附與スルモノハ總噸數一千噸以上ノ汽船ニ限ル一千噸未滿ノ汽船ハ之ヲ附與セス又漁船遊船ノ類モ之ヲ附與セス

總噸數一千噸未滿ノ船舶ハ實際ニ於テ殆ント外國ヘ航海スルコトナク偶朝鮮南岸ノ如キ小船ノ航海ニ堪フル場所ナキニ非サルモ國家ハ小船ノ外國通航ヲ獎勵スルノ必要ナク又帆船ノ如キハ世界船業ノ大勢上退步ヲ免カレサルモノナレハ之ヲ獎勵スルモ充分ノ効果ヲ期スルコトヲ得ス是獎勵金ヲ附與スヘキ船舶ヲ一千噸以上ノ滊船ニ限リタル所以ナリ又漁船遊船ノ航海ハ其目的全ク海運以外ニ在ルモノナレハ今海運獎勵ノ範圍内ニ於テ之ヲ保護スルハ決シテ其當ヲ得タルモノニアラス是此等ノ船舶ヲ保護外ニ置キタル所以ナリ

(三)獎勵金ハ船舶ノ大小速力ト航海里程トニ據リテ之ヲ附與スヘシ其割合左ノ如シ

第一等	總噸數三千五百噸以上	速力十五海里以上
	一噸航海千海里ニ付	金六拾五錢
第二等	總噸數二千噸以上	速力十二海里以上
	一噸航海千海里ニ付	金三拾五錢
第三等	總噸數一千噸以上	速力十海里以上
	一噸航海千海里ニ付	金貳拾五錢

船舶ノ大小ヲ定ムルニハ登簿噸數ニ依ラスシテ總噸數ヲ標準トスヘシ

登簿噸數ハ實際船舶ノ大小ヲ示スモノニアラスシテ例ヘハ同形ノ船舶ニテモ速力強大ナルモノハ之カ爲メ機關室ノ廣大ヲ要スルヲ以テ之ヲ速力微弱ナルモノニ比スレハ其登簿噸數却テ少量ナルカ如キコトアリ是船舶ノ大小ヲ定ムルニ當リ總噸數ヲ以テ標準ト爲シタル所以ナリ又總噸數三千五百噸以上速力十五海里以上ノ船舶ハ軍用運送船ニ適スルモノニシテ且ツ其築造費及維持費モ通常ノ商船ニ比シ多分ヲ要スルヲ以テ之ヲ第一等船トシ奬勵金ノ割合ヲ高メテ六十五錢トセリ蓋シ日本ノ近海ヲ航海スル通常ノ商船ニ在リテハ總噸數二千噸未滿速力十二海里未滿ノモノ多分ヲ占メ其以上ノモノハ最モ少シトス是總噸數二千噸未滿速力十二海里未滿ノモノヲ第三等船トシ其以上ノモノヲ第二等船トシ其間奬勵金ノ割合ニ等差ヲ立テタル所以ナリ

（四）前項ニ定ムル奬勵金ノ割合ハ築造ノ初年ヨリ五年マテノモノニハ全額ヲ附與シ爾後一年ヲ經ル毎ニ百分ノ五ツヽヲ減シ築造後二十年ヲ經タルモノニハ全ク之ヲ附與セサルモノトス

外國航海ノ船舶ニ奬勵金ヲ附與スルノ主旨ハ要スルニ其船舶ノ實力ヲ助長スルニ在リテ老朽ノ船舶ニ奬勵金ヲ附與スルカ如キハ固ヨリ海運保護ノ精神ニアラサルナリ是船舶ノ年齡ニ應シ奬勵金ニ等差ヲ附シタル所以ナリ

（五）外國築造ノ滊船ハ本邦ノ船籍ニ登錄ノ後三ケ年ヲ經過セサレハ此奬勵金ヲ附與セス

外國ニテ築造シタル船舶ニ奬勵金ヲ附與スルコトハ本邦ノ海運ヲ保護スルノ精神ニ反スルノ看ナキニアラスト雖トモ現時ノ情態ニ於テ若シ之ヲ保護外ニ置クトキハ或ハ本邦海運ノ發達ヲ阻害スルノ恐アリ故ニ外國築造ノ船舶モ亦保護ノ惠澤ニ均霑セシムルコトヽセリ然レトモ無條件ニ奬勵金ヲ附與スルトキハ或ハ弊害ヲ生スルノ恐アリ是本邦ノ船籍ニ登錄ノ後三ケ年ヲ經過スルニアラサレハ奬勵金ヲ附與セスト定メタル所以ナリ

（六）特約ヲ以テ助成金ヲ受クルノ航路ニ在ル汽船ハ奬勵金ヲ附與セス

政府ト格段ナル契約ヲ結ヒ助成金ヲ受クルノ航路ニ在ル滊船ニ奬勵金ヲ與フルトキハ其保護二重トナルノ恐アリ是斯ノ如キ滊船ニハ奬勵金ヲ附與セスト定メタル所以ナリ

（七）奬勵金ヲ受クル船舶ハ其保護ニ對スル義務トシテ國家有事ノ日ニ政府ノ用ニ供スルノ規定ヲ設ケ其貸船料モ豫メ定メ置クコトヲ要ス

奬勵金ヲ受クル船舶ヲシテ戰時ニ際シ國家ニ責任ヲ盡サシムルコトハ極メテ緊要ナリ故ニ相當ノ規定ヲ設ケ國家有事ノ日ニ於テハ之ヲ政府ノ用ニ供スヘキハ勿論其貸船料ノ如キモ豫メ其額ヲ定メ置クコトヲ要ス

（八）前項ノ義務ノ外何種ノ義務モ之ニ附隨セシムヘカラス

船舶ニ奬勵金ヲ附與スルニ當リ之ニ郵便遞送其他ノ義務ヲ帶ハシムルハ極メテ不得策ナリトス若シ此種ノ義務ヲ帶ハシムルモ之ヲ實行スルコト甚タ難クシテ強テ其義務ヲ果サシメントスルトキハ船主ハ之カ爲メ繁雜ノ手數ヲ要シ結局奬勵金ノ効力ヲ微弱ナラシムルコト蓋シ意想ノ外ナルヘシ故ニ奬勵金ヲ附與スルニハ相互的利益交換ノ念慮ヲ挿マサルコトヲ要ス

（九）奬勵金ノ附與ハ十ケ年ヲ期限トシ滿期ニ至リ其割合ヲ改定スヘシ

此奬勵法ハヤヽ試驗的ニ屬スルモノニシテ永久ニ確定スヘキモノニアラス故ニ其施行期限ヲ十ケ年トシ滿期ニ至リ其成蹟ト時ノ事情トヲ參照シテ之ヲ繼續若クハ改正スヘシ

政府ハ海軍附屬軍用船ノ規則ヲ設ケ海軍省ノ定ムル方式ニ依リ其監督ノ下ニ築造シ戰時巡洋艦ニ代用スヘキ滊船ニ對シ一定ノ助成金ヲ給與スルノ法ヲ定ムヘシ

本邦ノ如キ海國ニ在リテハ巡洋艦ニ代用スヘキ商船ヲ築造シテ之ヲ維

持スルコト最モ望ム所ナリト雖モ一般奬勵法ノ能ク其築造ヲ促スニ足ラサルハ論ヲ待タス是前ノ一般奬勵法中ニ特ニ此種ノ船舶ヲ揭ケサル所以ナリ蓋シ速力十八海里乃至二十海里ニシテ總噸數五六千噸以上ノ商船ヲ築造セシメンニハ特ニ海軍附屬軍用船ノ規則ヲ定メ海軍省ノ指定スル方式ニ依リ其監督ノ下ニ築造シタル船舶ニハ之ニ一定ノ助成金ヲ附與スルト云フカ如キ規定ヲ設ケ以テ其築造ヲ奬勵スルコトヲ要ス

外國通航船ニ對シ稅關ノ收ムル手數料ハ之ヲ全廢スルカ又ハ大ニ其金額ヲ減スヘシ

現行ノ稅關規則ニ據レハ本邦人所有ノ外國通航船カ各開港場ニ於テ貨物ヲ積卸スルトキハ入港手數料十五圓出港手敎料七圓ヲ負擔セサルヲ得ス今若シ假ニ本邦ノ下ノ關ト朝鮮國釜山トノ間ニ小汽船二艘ヲ以テ每日出發ノ定期航海ヲ開クモノトセハ其出入港手數料ハ年額凡ソ八千餘圓トナルヘシ是豈驚クヘキノ負擔ニ非スヤ故ニ斯ノ如キ負擔ハ全ク之ヲ免除スルカ否ラサレハ大ニ之ヲ輕減スルコトヲ要ス

航路ノ擴張保護

大洋ハ世界ノ共有物ニシテ航路ハ外國貿易ノ通路ナリ今若シ共有ノ大洋アルモ我占有ノ航路アラサレハ外國貿易ハ常ニ他人ノ通路ニ依ラザルベカラス今本邦ノ貿易ヲ擴張シ國力ヲ增進セントスルニハ先ツ外國航路ヲ擴張シテ之ヲ我占有ニ歸セシメサルヘカラス然レトモ此事タル莫大ノ國費ヲ要スルノミナラス一タヒ之ヲ開設スルノ後忽ニ之ヲ閉止スルカ如キハ國家ノ躰面ヲ損シ且ツ之カ爲メ將來大ニ貿易ノ發達ヲ阻害スルノ恐アリ故ニ國家カ之ヲ擴張セントスルニハ豫メ愼重ノ考慮ヲ盡シ一旦之ヲ實行スル以上ハ飽ク迄其素望ヲ貫徹スルノ方針ヲ取ラサルヘカラス今本邦ノ現狀ニ應シ其重要ナル航路七線ヲ撰ミ施設ノ大小緩急ヲ陳述ス

天津線路　本邦ヨリ朝鮮及北支那ノ諸港ヲ經テ天津又ハ牛莊ニ達スルモノ

此線路ハ將來一層貿易ヲ開誘スルノ目的ヲ以テ一週間一回ノ定期郵船トシ速ニ開設スルコトヲ要ス

上海線路　本邦ヨリ上海ニ達スルモノ

此線路ハ當分一週間一回ノ郵船ヲ以テ足レリトス

浦鹽斯德線路　本邦ヨリ朝鮮ノ諸港ヲ經テ浦鹽斯德ニ達スルモノ

此線路ハ天津線路ニ齊シキ目的ヲ以テ一週間一回ノ定期郵船トシ速ニ開設スルコトヲ要ス

支那海線路　本邦ヨリ支那南部ノ諸港ヲ經テ東京西貢若クハ暹羅ニ達スルモノ

此線路ハ本邦製造品ノ販路ヲ擴張スルノ目的ヲ以テ凡二週間一回ノ定期郵船ヲ設クヘシ此設備モ亦速ナルコトヲ要ス

歐洲線路　本邦ヨリ沿道ノ諸港ヲ經テ倫敦若クハリバープールニ達スルモノ

此線路ハ本邦ヲ世界商業ノ中央ニ聯絡スルモノニシテ將來最モ緊要ナルモノトス然レトモ其開始ニ當リ資本ヲ要スル莫大ニシテ世界有數ノ大郵船ト並ヒ立テ衡ヲ爭ハントスルニハ之ニ附與スベキ助成金モ亦タ多額ヲ要スベク輕々着手スベキノ線路ニ非ス故ニ先ヅ其楷梯トシテ日本郵船株式會社ノ孟買通航ノ貨物船ヲ定期郵船ニ擴張シ傍ラ定期貨物船ヲ歐洲ニ試航セシメ漸次之ヲ擴充シテ完全ナル定期郵船タラシムルノ方針ヲ取ルベシ

米國線路　本邦ヨリ米國ノ西海岸ニ達スルモノ

此線路ハ速方强大ナル優等ノ大瀛船ヲ以テ一ヶ月一回以上ノ定期郵船トシ世界大道ノ一部ヲ占有スルヲ以テ目的トス故ニ之ニ用フル瀛船モ現時太平洋ヲ航スル數線ノ郵船ヨリ一層優等ナルヲ要ス前文ニ陳述セル巡洋艦ニ代用スヘキ種類ノ瀛船ハ恰モ此線路ニ適當スルモノナリ政府ハ國力振張ノ趣意ヲ以テ時機ヲ見テ此航路開設ノ處置アランコトヲ望ム

濠洲線路　本邦ヨリ沿道諸港ヲ經テ濠洲メルボルン若クハアデレードニ達スルモノ

此線路ハ現今航路ノ存立セサルヲ機トシ速ニ之ヲ本邦ノ占有トスルヲ以テ目的トシ凡一ヶ月一回ノ定期郵船ヲ設クルコトヲ要ス

第四　費用豫算ノ事

前記ノ事項ヲ實施スルモノトシ差向キ之ニ要スル經費ノ概算ヲ左ニ掲ク

海員ノ養成

商船學校練習船二艘買入代　金貳拾萬圓
同校經費年額　金五萬圓
同校練習船費年額　金壹萬圓
日本海員掖濟會補助金年額　金壹萬圓

合計 一時ノ支出　金貳拾萬圓
　　 毎年ノ支出　金七萬圓

造船業ノ奬勵

本邦ニ於テ現時大船ヲ築造シ得ヘキ民設造船所ハ數ケ所ニ過ギス今奬勵金ヲ附與スルカ爲メ造船業ノ起ルコトアリトスルモ十ケ年ノ期限ニ對シ大資本ヲ此業ニ投スル者多カラサルヘク又其技師職工モ急ニ其數ヲ增加シ得ヘキモノニ非サレハ十ケ年間毎年平均一滊船ヲ築造スル造船所四ケ所ヲ得ルニ過キサルヘシ其滊船一艘ノ平均噸數ヲ二千五百噸實馬力貳千五百トスレハ一艘ノ奬勵金六萬五千圓ニシテ四艘合計金貳拾六萬圓ナリトス

海運營業ノ奬勵保護

一般ノ奬勵保護ノ爲メニ要スルモノ

第一等船ハ其平均噸數四千噸トシテ一ケ年五萬海里ヲ航海スルモノトスレハ新船ニシテ奬勵金ノ全額ヲ受領シ年額拾參萬圓トス十二ケ年ヲ經過セル後奬勵金ノ割合四拾貳錢貳厘半ニ下ルトキハ其年額八萬四千五百圓ニ減ス

第二等船ハ其平均噸數二千五百噸トシテ一ケ年四萬海里ヲ航海スルモノトスレハ新船ニシテ奬勵金ノ全額ヲ受領シ年額參萬五千圓トス十二ケ年ヲ經過シ奬勵金ノ割合貳拾貳錢七厘半ニ下ルトキハ年額貳萬貳千七百五拾圓トス

第三等船ハ其平均噸數千五百噸トシ一ケ年參萬五千海里ヲ航海スルモノトスレハ新船ニシテ奬勵金ノ全額ヲ受領シ年額壹萬參千百貳拾五圓トス十二ケ年ヲ經過シテ奬勵金ノ割合拾六錢貳厘半ニ下ルトキハ年額八千五百參拾壹圓ニ減ス

船數ヲ豫算スルハ純然想像ニ屬スルモ試ニ之ヲ計算スヘシ現在海外ニ通航スル滊船ハ日本郵船株式會社ノ命令航路ノ外十艘内外ヲ出テサルヘシ而シテ現今第一等船ノ種類ニ入ルヘキモノナク向後亦格段ナル必要ニ因ルニ非サレハ斯ル大速力ノ船ヲ見ルコトナカルヘシ奬勵法ノ爲ニ滊船ノ外航ヲナスモノ增加スルトナスモ第二等船十五艘第三等船二十五艘ノ上ニ出ツルコトナカルヘシ又其滊船ハ新古相半スルモノニシテ平均十二ケ年ヲ經過セルモノトシテ金額ヲ豫算スレハ

第二等船十五艘　此年額金參拾四萬千貳百五拾圓
第三等船二十五艘　此年額金貳拾壹萬參千貳百七拾五圓
合計　金五拾五萬四千五百貳拾五圓
若シ此ニ第一等船一艘ヲ加フルトキハ　此年額金八萬四千五百圓
再合計　金六拾參萬九千貳拾五圓

定期郵船ノ助成金ハ其約束ノ條件ニ從テ增減スヘク今其條件

ヲ假設シテ豫算ヲ試ミルノ必要ヲ見ズ宜シク當局者ニ於テ利害ヲ精査考究シ必要適當ノ程度ヲ定ムルコトヲ要ス

定期郵船ノ助成金ヲ除キ他ノ費用ヲ總計スレハ

一海員ノ養成｛一時ノ支出　金貳拾萬圓
　　　　　　　每年ノ支出　金七萬圓

一造船業ノ奬勵每年ノ支出　金貳拾六萬圓

一海運營業一般ノ奬勵每年ノ支出　金六拾參萬九千貳拾五圓

合計｛一時ノ支出　金貳拾萬圓
　　　每年ノ支出　金九拾六萬九千貳拾五圓

以上

國立銀行延期論

中野武營

國立銀行滿期後の處分は目下の大問題たり、予は元來堅く延期説を執るものなり、頃日大藏次官田尻氏の銀行意見なる一篇世に出づ、之を讀むに淺薄皮相にして大に正鵠を過てり、今左に其誤謬を辨じて以て延期説の已むべからざる所以を明かにせん

第一、田尻氏は「政府提出繼續案は銀行條例の不備を補ふに止まり、繼續に必要なる議決方法等を規定したるものなり」と云へり、然れども、私立銀行に繼續せしめん爲めに、其性質の異なる國立銀行條例第六十九條にある格段決議の方法を取り來りて之れを補わんとするは所謂木に竹を繼かんとするものにして、實に法理に悖る處置と云はざるべからず、田尻氏は「私立銀行と變體すべきや否やに關する議決方法に付ては條例中何等の規定なき故に云々」といわるれども條例第十二條に「右期限後は更に私立銀行の資格を以て大藏卿の許可を受け其營業を繼續することを得べし」とあるを以てみれば、私立銀行に資格を變ずると否らざるとは固より任意的にして、命令的にあらざれば、國立銀行條例中に是等に關する決議法の規定なきは當然にして豈不備と云ふべきものならんや、田尻氏は「株主中一人にても繼續に不同意なる者あらば解散の不幸を免かれざるべし云々、少數者の意思を以て濫に解散の不幸を釀すことなく、金融機關をして不測の騷擾を免れしめんことを目的と爲すものに外ならず」と云へり、蓋し今の時に方りて強て私立銀行に變體せしめんとせば、勢ひ不同意者の出づるを免れざるべし、然れども株式會社が其目的若くは資格を變せんとする場合に於て、之れに同意すると否らざるとは株主各自の隨意にして、他の制裁を受くべき理なきは法理上當然の事なれば、又奈何ともするに由なし、若し夫れ是等の爲めに金融機關に不測の騷擾を釀さんとの懸念あらば、此危虞なき時期に達する迄、其資格を變せしめざる處置に出るの外なきなり、騷擾の發せんとする源を治めずして、其末を制せんとするは識者の取らざる所なり、

第二、田尻君は「紙幣消却計算は全く一片の豫算に止まり、既に十六年條例改正の際、各國立銀行と日本銀行との間に結ばれたる約定書第六條に、万一公債價格利子の變動等に依り消却元資に不足を生ずるときは、準備金公債を以て之を充足すべしと明記ありて、全く豫期せられたる所の者なるを以て、毫も酌量すべき理由なきものなり」といへり、今にして、當局者が此の如き冷語を放ち紙幣消却計算は全く一片の豫算に止まると言

ず、試に明治十六年の當時、政府が銀行者に示したる國立銀行紙幣消却案を閲するに、一方に於て充分の利益を保護して、其利益を占領せしむると同時に、一方に紙幣發行の特許權を取り揚げたるものなることを信せり、左に政府が示したるものを揭げん、

第一圖（圖表略之）の説明

抑々現在國立銀行の成立たるや、資本金十分の八を以て公債證書を買入れ、之を以て發行紙幣の抵當となし、大藏省に上納し、同額の銀行紙幣を大藏省より受取り、資本金十分の二は通貨にて之が引換準備となして、以て右銀行紙幣を發行するの制なり、今之を圖面某銀行に例すれば、某銀行の資本金十万圓を以て、實價八万圓の公債證書を買入れ、之を發行紙幣の抵當として、大藏省に上納し、此抵當に對し同額八万圓の銀行紙幣を大藏省より受取り、銀行に於ては資本金十万圓の內二割即ち二万圓を通貨にて積置き、之を引換準備として、右銀行紙幣八万圓を發行し、以て其事業を經營するなり、偖て右民間に散布したる銀行紙幣八万圓は、初め銀行より其營業の爲め得意先きに貸出したるものは苟も滯貨若くは浪費等あるに非ざれば、早晩銀行に收入すべきものなり、因て營業年限に至り、悉皆之を某銀行に收入し、再び大藏省に返納すれば大藏省は最初某銀行より上納し置きたる公債證書實額八萬圓（但し公債價格一定と見る）を某銀行に還付するなり、是に於て某銀行營業年限後の資本金を計算すれば、最初より積置きたる準備金二万圓と、今度紙幣に對し還付せらるゝ所の公債證書八万圓と、合せて十万圓、即ち最初創立の資本金の原額に復するなり、（尤も營業利益金の內年々の積立金あるべけれ共今暫く此に算入せず）、

第三圖（同上）の説明

第三圖に説明する方法を以て、某銀行の發行紙幣を消却し、循環止まざるときは到底營業年限に至り、悉皆之を消了するを得べし、果して其紙幣を消了したるときは、日本銀行は最初某銀行の準備金を預り、之を以て買入れたる公債證書（實價二萬圓）を其儘某銀行に還付すべし、又大藏省に於ては日本銀行にて某銀行の發行紙幣を逐年消却して、之を同省に上納するに從ひ、最初某銀行より紙幣抵當として上納し置きたる公債證書（實價八万圓）の內、其消却紙幣に相當する員數を時々某銀行へ下付せらるべきが故に營業年限即ち發行紙幣悉皆消却の期に至れば、抵當公債八万圓は全く某銀行の所得に歸するなり、又最初某銀行より發行したる銀行紙幣八万圓たるや、本と其營業の爲め得意先に貸出したるものなれば、此

八万圓は早晩得意先の勘定より、再び某銀行に復すべきは當然の理なり、然るに其紙幣たるや、流通取引上よりして曾て日本銀行に收入したるとき、同銀行に於て紙幣消却準備を以て、已に之を交換消却したるが故に、他日得意先より其借用金を某銀行に返戻するに至ては、全く通貨となりて某銀行に復入するなり、今此の方法を概言すれば、發行紙幣引換準備金と發行紙幣に對する年二分五厘の預け金との働きを以て、十五年間にて八万圓の發行紙幣を消却して第一準備金を以て買入れたる公債證書二万圓、（實價）第二紙幣抵當公債證書八万圓第三發行紙幣八万圓（但し通貨に換りて）合せて十八万の資本を得るの方案なり、（營業利益の積立金は此に算入せず）之を夫の第一圖に説明する如く十万圓を以て終るものに比するに其利果して如何、

以上に掲ぐる第一圖の説明は、明治十六年條例改正以前の償還法にして、第二圖は條例改正の目的たる消却法なり、夫れ此の如き計算を示して銀行者を滿着し、今日に至りては彼の計算は一片の豫算に止まり、毫も酌量すべき理由なしといふに至りては國家の信義果して何くにか在るや、實に言語同斷と云ふの外なきなり、然れども田尻氏豈良心に耻ざるなからんや、左ればこそ更に語を轉じて「然れども幾分の事情を酌み、繼續法案編成と同時に、元資不足に相當する金額を無利子にて日本銀行より貸付けしむる方法を設けられたる以上は、計算齟齬の點より起れる延期論の根據は全く消滅せりと謂て可なり」といはれたり、我輩は田尻氏にして幾分斂酌むべき事情ありとするならば、何か故に法律上正當の道に由らずして、斯る變則の手段に出づるやを怪まずんばあらず、何をか正當の道といふ、抑も十六年に條例を改正して、營業期を二十ケ年に限りしは、全く紙幣消却の計算に基くものならずや、果して然らば其計算が實際に齟齬せし事實あるに依り、之れを酌量せんとせは、宜しく最初の主義に基き、相當の延期を與へて完了せしむるこそ正當の道なりと信ず、何をか變則といふ、抑各國立銀行は法律上紙幣發行の特許を有したるが故に、其紙幣の消却を了へざる間は、國家に對し義務を負ふものなり、左れば各銀行は發行紙幣の抵當として資本金十分の八を公債證書に換へ、政府に上納し居るものなり、然るに國家に對する義務を變じて日本銀行との私の貸借に換へ政府に上納せし抵當を移して日本銀行に入れしめんとす、抑も契約の性質を變ずるものならずや、殊に法律上の延期を與ふれば、其結果は無利子貸與と同事なるに曲げて日本銀行をして無利子貸與をなさしめんとす、是れ變則の手段と云はずして何ぞや、且や我輩は日本銀行をして全

國の各銀行に對し、斯る債主權を掌握せしむれば、弱肉强食の弊漸く增長せんことを恐るゝものなり、其今日に在りてすら、往々弊に堪へざる有樣を現するにあらずや、試みに彼の繼續案に雷同する一部の銀行者の狀態を視よ、囁嚅逡巡、日本銀行の威權に避易して其言はんと欲する所を言ふ能はず、人をして其心、口と違ふの態を憫笑せしむるにあらずや、嘗て我輩が日本銀行總裁川田氏に對し、銀行問題の談話を試みし時、總裁が斷言せられたることあり、此小一郎が一言を發すれば、數日を待ずして銀行倒るゝもの續出すべしと

我輩は此時日本銀行の勢力、甚大なるに驚くと同時に斯る勢力は抑も誰が授けたりしやと、殆ど感慨禁ずるを能はざりき、然れども中央銀行集權の利弊論は姑らく措き、今や銀行紙幣の始末をなさんが爲めに、强て各銀行をして日本銀行に對し貸借の關係を起さしめ、百餘の國立銀行を驅りて日本銀行の隷從に入るゝ如きは、國家の利益と營業者の自由とに監みて、我輩の忍ぶ能はざる所なり、

第三、田尻氏は延期を目して「實に此說の如んば彼の經濟財政上の一大急務たる紙幣統一の策は行はれ難くして、通貨の混亂を生ずるの患あり」と云れたり、然れども延期すればとて、新たに銀行紙幣を增發せしむるにあらず、國立銀行條例第百十二條は依然と存して年々紙幣の消却を爲さしむる上は、紙幣統一の目的を變ずるものにあらず、要するに營業期限を延長するは紙幣收集の緩急掛酌に過ぎずして、毫も紙幣統一の主義に關せず、又銀行紙幣は其實用上毫も兌換銀券に異なる所なければ、人民に於て其引換を急ぐの要を見ず、即ち國立銀行條例第四十九條に「此條例を遵奉して創立したる銀行より發行する所の紙幣を通貨と引換へんことを請求するものあるときは日本銀行に於て之を引換ふべし」とあるを以て明白なり、又何を苦んで齷齪するを爲さんや、

第四、田尻氏は「努めて不當の干涉を避け、營業をして自由健强ならしめ、各種の特權は成るべく之を制限し、政府の干涉に代ふるに大體輿論の監督を以てすべき方今の時勢と相適合せざるものあり」といへり、然れども干涉といふも物にこそ依れ一概に不當といふを得ず、元來各銀行の株主は、銀行條例を遵奉して、資本を放下せしものなれば、條例中の制裁監督を甘んずるものなり、否寧ろ其制裁監督のある所に信を措きて之に安んずるものなり、試みに看よ從來私立銀行と國立銀行の兩者間に就て、人民は何れに信用を措きしや、一兩年前までは、私立銀行たるものは、一切株式組織たるを許さゞりしにあらずや、近來漸く株式組織の私立銀行開始せるものありと雖ども、完備なるものの極め

て少し、然るを今俄に之を自由に放任せんとす、或は恐る人心の恐怖を來さんことを、是等は寧ろ理想を以て制せんよりは、各地方の情況に就て鑑みれば思ひ半に過ぎんとす、又各種の特權は成るべく之を制限せんとは、我輩同感なれ共、各國立銀行の特權を制して、獨り日本銀行に而已特權を增加するが如きは、果して輿論の是認する所なる乎、

第五、田尻氏は「强て銀行の利益の點より觀察するも、今日の如く巨額の資本を或は紙幣の抵當とし、或は準備金若くは積立金として、一方に淹滯せしめ、又他の一方には預金に對する準備を設けざるべからざるが如きは、其不便損失少なしとせず」と云へり、然れども銀行其者の損益は各自の見る所に存し、一概を以て論ずべからず、故に田尻氏が見る如く、私立銀行となれば利益多しとする銀行者には、自由に私立たるを許すべし、之れに反し國立として繼續せんと利便ありと信ずるものには其延期を與へてこそ各其所を得べけれ、若し法律を以て一樣に之れを律せんとせば、社會は不測の紛擾と損害を蒙むるに至るべし、「試に思へ全國百三十有餘の銀行が、紙幣抵當の公債證書若くは準備金公債證書を一時に處理して、之れを流通資本に變換せんとせば、其影響は果して如何ん、一般の公債は一時に低落せん、是唯銀行者其者の損失而已ならんや金融市場は忽ち恐慌を來すあるべし、況んや軍事公債鐵道公債等多額の募集を要し今後數年間實に經濟社會の困難なる時期に入るべきに於てをや」

第六、田尻氏は各國の事例を引證して幣制統一の急を說けりと雖とも、各國とも銀行の制度に於ては區々にして、一定の義なし、要は其國情と時勢に適すると否とを鑑みるのみ、淺野侯、松浦伯の意見書中にも見ゆる如く、英、獨、伊太利の如きも紙幣を發行する銀行は一國中に數行若くは數十行を許せりといふ、是れ全く其國經濟の都合及其他の事情に依るものなり、我邦に於ても果して一つの中央銀行にのみ集權せしめて、時態に適するや否は一大疑問にして輕々說き去るべきに非ず、我輩は未だ商工業の實力薄弱なる今日に於て、獨り中央銀行のみ强大なるは然るべからず、寧ろ其權を數個の銀行に頒ち、互に相抗制せしむるの社會に大利あるに若かずと信せり、

第六、田尻氏は第六議會に於て政府案が衆議院の協贊を得たると今回京坂地方國立銀行者の同意を得たるとを鐵壁として得意に論ずれども衆議院は現に第八議會に於て更に問題となりて審査中のことなれば他日其結局を見るべし、假令一とたび彼れに多數を制せられしものも再議の結果是れを是認するが如きは其例に乏しからず、第三議會に於て豫算外剩餘金支出事後承認の

問題に對し之れを憲法違背なりとする論者は少數にて敗れしも第四議會に於ては同問題は大多數を以て違憲と決し事後承諾を與へざりしにあらずや、又京阪地方の銀行者が今回同意せしとて何ぞ此問題に輕重を惹かん我輩は日本銀行總裁が舊臘以來京阪地方に漫遊せられしを聞くと同時に只其威勢の斯迄も能く及ぶものなるかを驚嘆するのみ、

上來論する所に依れば田尻氏が政府案を辨護する要點に對し其論據の薄弱なるのみならず繼續案の法理に悖り且其方法の正當の道に由らずして變則の手段に出づる不當の處分法たるを知るべきなり田尻氏は貴族院議員某の意見に對し條項を揭げて論駁する所あれども我輩等が提出案に關係なければ辯論するの要を見ず何となれば其人自ら辯ずる所あるべしと信ずればなり只最後に至り田尻氏は「若夫れ延期論者をして目的を達せしめんと欲せば例へば明治五十年まで國立銀行として必ず營業を爲すべしとの法律を以て命ぜざるべからず若し然らずして延期するを否とを議決するに多數決に依らしめんか内部腐敗紊亂して株主の多數に排斥せられ社會信用なき銀行に向ては尙ほ解散説多數を占むることあるべく所謂延期論者の希望は水泡に歸すべきなり」といわれたり、然れども我輩等が提出せる法案の精神は延期を望むものには延期を與ふるの道を開くに過ぎずして株主の多數が解散を望むものを強て束縛するものにあらず要するに延期なり解散なり繼續なり皆共に自然の成行に任せ敢て法律を以て無理往生せしめざるに在り、然らば田尻氏の此論鋒は我輩等が提出せる延期法案に對しては毫も價直なきものといふべし、

終りに臨んで更に政府案と延期案との比較を概言すれば政府案は法理に悖る撿束法を設けて私立銀行に繼續せしめんとするものなり、而して銀行紙幣消却豫算の齟齬せし事情を酌量するに變則の手段を用ゐ、強て日本銀行と國立銀行との間に私の貸借を起さしめんとするものなり延期案は方今の時勢と銀行紙幣消却の事情に徵し相當延期の道を開き從前の如く政府と國立銀行との間に成立せる權義は其局を終るまで以然法律の上に之れを保有せしめ又一方に於て私立銀行に繼續せんと望むものには其自由を與ふるに在り、蓋し一律の下に拘束して或は國立として營業せざるべからず或は私立として繼續せざるべからずと云へる如き一偏の處分を急施するは法律を以て營業の自由を害するものなればなり、由此觀之兩案何れに公益、正義、眞理の存ずるや、識者を待て知るべきにあらざる也、　（完）

訪問録

中野武營氏の鐵道叢談

鐵道馬車に乘る人は、新橋淺草上野等の東京馬車鐵道停車場に於て、身に紺地の洋服を纒ひ、頭に馬車會社の制帽を戴き、炎暑の日雨雪の夜、線路を徘徊して、馬車の進退を監視する容貌傀偉の人を見るへし、之を東京馬車鐵道會社取締役衆議院議員中野武營氏と爲す、蓋し事業に熱心且親切なる氏の如きは多く見さる所ろ、記者一日氏を訪ひ鐵道の事を談する數刻に及ふ、乃ち氏の所説を採てこゝに收む。

談は廣軌鐵道の事に始まる

廣軌鐵道の百般の點に於て、狹軌鐵道に勝るは、最早一の論すへきものなし、我國に於て之を研究討査するは、之を我國の今日に用ゆるの利害如何と云ふに外ならず。

廣軌鐵道其物は如何に利益多き、如何に運輸の効力多大なるものなるにせよ、我國には既に官設私設を合せて鐵道の延長既に二千三百哩に達す、若し廣軌式を以て全國鐵道を貫通せしめんと欲せは、勢ひ盡く既設鐵道を改造せさるへからす、巨額の費用を以てしても猶ほ之を改造するほとの利益廣軌鐵道に在るや如何の問題は、即ち今日予輩の研究中のものなり、故に予輩はこゝに此問題に就て確然たる意見を述る能はす、思ふに他日大に之を論するの時あらん、然りと雖聊か予の所思と聞く所とを述んに、元來彼の二千三百哩の内一千七百哩の既成私設鐵道は、私設鐵道條例てふ一の法律の下に敷設せしめたるものにして、而も開通の日尚ほ淺きもの多し、今假に之を廣軌に改造するとせんに、政府は其法律に遵て敷設したるものに向て、唯た改造せよと云ふ一片の令を以て、改造せしめ得らるゝものなるや如何、若し一片の命令能く之を爲し得さるものとすれは、如何なる方法を用ゐ又鐵道會社に對し如何なる措置を爲して、適當に其改造を爲し得らるゝやの問題は蓋し猶ほ未决のものならん、此問題にして决せすんは廣軌鐵道未た遽かに語るべからず。

且夫れ技術上の問題に至ても未た决せさるもの少からす、或る技師は廣軌鐵道に改むれは、其運搬力廿四倍を增すへしと言ふと雖、或る技師は僅に五割を增すに過すと言ふ、其是非果して孰れぞ、或る技師は新たに廣軌鐵道を敷設するの工費は、現在鐵道の工費に十分の一を增せは足れるも、現在の鐵道を廣軌に改造するには、現在鐵道工費の十分の三を要す、日本鐵道會社を始め九線鐵道の改造費無慮二千万圓に上ると言ふ、果して之を以て能く改造の工を完成し得るや如何に、又改造の工事は運輸營業を爲しつゝ之を爲すに難からす、歐米に於ても營業中改造を成したるの例に乏しからすと談する者ありと雖、實際爾く都合好く之を成し得るや如何、凡そ問題の確然决定せさるもの甚た少なからさる此の如し、其輕々論斷する能はさるや知るべきのみ。

聞く所に依れは、我國現在の鐵道は、種々の點に於て廣軌式の造設法に等しきものあり、例へは狹軌式に於る曲線は現在のものより急に屈曲せるも差支なきを、さはせずして却て廣軌に用ゆるも差支なきやう、緩なる曲線に造りたるか如き其一例なり、是を以て今俄かに廣軌に改造するとするも、線路は更に改造(土工を云ふ)の必要なく、橋梁も多くは工を施さすして之を襲用するを得べし、但し開き戸の車室の側面に在るものは、之を開くに當て橋梁の幅員に餘るものあるべし、故に車輛を改造して皆な車室の前後より昇降すへく、製作すれは可なり、而も尚ほ之を通する能はさる橋梁は、桁を延はして幅を廣むるに難からす、又改造に當て多少の困難あるは隧道なり、然れとも之れとても隧道兩壁の下部を削り且地盤を少しく掘下ぐれば、別に多くの工を要せすして通するを得へし、又レールと機關車は、鐵道の狹軌と廣軌とに論なく、運搬するものゝ量重大なれは、堅固なるレールと重大なる機關車とを要すれとも、今我鐵道を改造すとすれは、矢張在來のものを以て足れりとすと云ふ、是れ其道に熟達せる技師の談する所なり、故に其工事の技術に於ては甚しき困難なきものゝ如く思はる。

然れとも、現在の鐵道と雖、原と運搬の機能決して少なきものにあらす、今や運輸の便猶ほ甚た不備なりとは云へ、若し之に相當の改良を施し、充分に現在鐵道の運輸力を伸暢せしむるやう、百般の施設を爲したらんには、其運輸力の増すや想ひ半はに過るものあらん、故に現在の鐵道は猶ほ其効力を發伸せしむへき幾何の餘地を存するものにして、此鐵道の効力は最早今日を以て其極度となすと思ふは誤なりとは、亦某技師の所説なるが、思ふに此説は當を得たるものならん。

今や新設鐵道の計畫及其敷設は日に益々多からんとす、若し廣軌に改造することと大に利益あるものならは、一刻も之を速かにせさるべからす、何となれは一日を緩ふすれは夫れたけ改造の部分を増し、隨て困難を増すへけれはなり、故に廣軌の利益如何は最も緊急なる問題にして、予輩か東京商業會議所に於て當今其研究に汲々たるは此故なり。

然るに政府は既設官線鐵道改良の案を立て議會の協贊を經て、當局者は既に其事に從へるを見る、思ふに廣軌論一時熾んなりしにも關せす、政府當局者の現在の儘にて鐵道改良を企てし所以のものは、一方には廣軌鐵道に改造するに當ては、私設會社に相當の助成を與へさるへからされとも、時恰も多事に際して國庫に餘裕なく又技術上の問題に至ても遽かに正確なる判定を得難きものあるの事情あり、一方には既設鐵道に相當の改良を施せは、其運輸の力を伸はし得ること少なきにあらされは、更に或る程度まて其運輸力を増さは、軍事上經濟上未た遽かに其不備を訴ふるに至らさるへしとの念慮ありしに因るならん。

要するに、廣軌式と雖も其國の事情、其時の場合に依て、用ゆへきと用ゆへからさるとあることとなれは、我國の今の場合に於て、又我國將來の商工業に於て、將た又二三千万圓の工費を出しても、既設鐵道を改造するの利益、果して廣軌式にあるや如何の問題は、猶ほ幾多の研究を積むにあらされは、遽かに解釋し難かるべし。

談は市と市を連結する鐵道の事に移る

市と市を連結するの目的に出てたる鐵道計畫少なからす、京濱電車鐵道の如き其一なり、該鐵道の敷設願は鐵道會議に於て、既設鐵道に妨害を及ぼすの嫌ある各鐵道(電氣鐵道にあらす)の出願と一束に否決せられたりき、思ふに其否決の主意は、亦既設鐵道に妨害を及ぼすの嫌ありと云ふに過きさらん。

蓋し競爭ほと世に恐ろしきものはなし、又競爭ほと世に善きものはなし、鐵道營業者中には數百の旅客を集め、誠に不親切なる取扱を以て、一日僅に三四回、之を輸送する者あり、こゝ旅客の不平甚たしと雖、猶ほ且つ之に依るの外あらす、こゝに於てか其鐵道の專横は益々甚しく、可成的發車を減して、收益を多くせんとし、亦旅客の便利を顧るなし、是れ豈に獨占の弊ならさらんや、若し夫れ之に競爭あらば、双方の營業者は勤めて旅客の便益を圖り、亦利を貪るに遑なけん、而て幾多公衆の便益は始めて之を見るを得るなり、競爭を善きものと云ふは即ち此故なり。

之を聞く、歐米には同一線路に競爭の鐵道少なからず、或は長途を駛る鐵道に沿ふて、電氣鐵道の甲の市より乙の市に達するあり、或は半は同一線路を駛る同一の鐵道あり、是等は最初或る既設の鐵道に沿ふて更に鐵道を敷設せんと企つる者ある時は、政府當局者は既設鐵道會社に向つて更に一線若くは二線の鐵道を増設し、其割合に運輸を増さんことを談し、既設鐵道會社之に應せされば、直ちに競爭線敷設を其企業者に許すの方法に依て、起りたるもの多しと、思ふに此法たる誠に其宜しきに適したるものなり、原と競爭線の企圖起るは、即ち既設鐵道の運輸力か實際不足なるに因るに外ならさるか故に、其不足を既設鐵道の手に於て補へるは乃ち可なり、然るに既設鐵道其不足を補ふて、公衆の便益を増すこともせす、又他の企業者をして其不足を補はしむることもせす、而て旅客貨物は獨占鐵道の運輸力不足のために、遲緩なる運輸に委すと云ふに至てば、豈に驚かさるへけんや。

事は止たに京濱の間に限るにあらず、或は阪神の間、或は高崎前橋の間、凡そ人の往來頻繁を極め、既成鐵道の發車能く充分に、其間往來の便を供し能はさる所には、蓋し一種特設鐵道の必要を見るべし、現に歐米に於ては一大鐵道會社が本線の外に特に甲市と乙市との間に鐵道を敷設し、列車の發着を頻繁にして往來に不便利なからしむるもの多し、故に本邦に於ても必らすしも他の鐵道會社を以て之を補ふの必要なし、官設鐵道若し京濱間往來の便のために、特に鐵道を設くるを得ば乃ち可なり、否らされば今後日に頻繁を加ふべき京濱間の旅客、夫れ何を以て快速なる往來を爲すべき。蓋し滊車鐵道をして一小區域の旅客の便を充分ならしめんとするは、稍や無理なる望ならん、何となれば彼の東海道鐵道の如きは主として東海道(若し大に言へは東京以西)の運輸を司ると云ふの目的より、其經濟其運輸を打算し來るものなればこそ、京濱間旅客の往來の如きは、充分其便を供する能はさるものなればなり、若し强て之を東海道鐵道に望まんには、十分每に發車する百人以内乘込の列車にも一々不相應なる大機關車を用ひさるべからず、是れ鐵道經濟の許す所にあらさるべし、こゝに於てか電氣鐵道の如き、京濱の間なれば五分間每に發車し、乘客少なければ一輛の車を以てし、多からんには二輛三輛を連結し、而も一時間三十哩位の速力を以てするものは、世に必要の具として用ひらるゝに至るなり、故に滊車鐵道と電氣鐵道とは、素と其職掌に於て相異るものにして、小區域に於る旅客運搬の如きは、氣車鐵道の短所にして、電氣鐵道の最も長所とする所あるや明けし、既に此利器あり又公衆之を用ひんことを渴望す、而も一法律のために此利器は用ゆる能はざるなり、豈に慨歎の至りならずや、然れども現在の官設鐵道は到底京濱間往來の便を充分に供し能はさるべきを以て、早晩其不便は痛く世の訴ふる所ろとなり、其餘遂に京濱間特設の鐵道を敷設するの時あるを信す。

談亦轉して東京市電氣鐵道に及ぶ

東京市に電氣鐵道を許すと否とを決するの前、先づ決すべき問題は東京市に於る運輸交通の機關には、果して何を以て適當とするやと云ふこと其一なり、其交通機關は市の孰れの部分より孰れの部分に及ぼすへきやと云ふこと其二なり、其營業は市之を爲すを適當とするや、政府之を爲すを適當とするや、之を民業に委して可なるや、將た又民業可なりとせは如何なる方法を以てすへきやと云ふこと其三なり、而て此問題中第一第二は當局者の决せさる所にして、當局者は唯た汲々として技術上の研究にのみ耽れり。

今假に民設電氣鐵道を以て可なりとせん乎、豫め市の將來を考へて施設すへき部分を定め、營業上不利益なる場所は、利益多き場所と組合せて、概ね其區畫を定め、甲の場所に營業せんとする者は、乙の場所にも線路を設けさるへからすと云ふ規定を以て、企業者に之を許すへし、否らされは利益多き場所は、百千の企業者互に相爭ふて營業を望み、不利益なる場所は全く顧る者なくして、依然舊日の不便に甘んせさるへからす、此の如くにして豈に東京市の交通を圓滑ならしむるを得んや、今や東京市電氣鐵道の出願書は堆積山を築けり、而も一も之を決する能はさる所以のもの、固より他に種々なる事由ありと雖、主として前述せる問題の决せざるに因らすんはあらす、之を換言すれは、當局者たるもの東京市の交通に關して未た一の目的無し、故に左する能はす又右する能はさるのみ。

談プラツトフオームの事に移る

數多私設鐵道に於ては、一として旅客見送の人をプラツトフオームに入れさるものなきに拘はらす、獨り官設鐵道の之を許さゝるは眞に不都合千万にして妻子姉妹の旅途に上るを送りて、プラトフオームの入口に拒絕せらるゝか如きは、遺憾極りなかるべし、故に送者は已を得す數錢を投して、次驛までの切符を買ひ、其行を送りて直ちに切符を驛丁に返すに、彼は平氣に之を受く、豈に奇怪千万ならすや。

蓋し其理由を當局者に質さば、新橋の如きは發着頻繁なるが故に一列車の發せんとするに一列車の着するあり、斯る場合に行を送りたる者と、下車したる者と混淆して亦別つべからず、其間不都合を爲す者多きが故に、此防禦策として送者を入れざるなりと答ふるの外、亦他に理由の存するを知らず、當局者若し此理由のために、今日の如き奇怪なる取扱を爲すならんには、其愚噴飯に堪へざるなり、何となれば發着頻繁なる彼の如くんば、何ぞプラツトフオームを增設して、發着の客一時に落合ふを避けざることを爲さゝる、新橋停車場の如きは元來數個のプラツトフオームを有すべき價値を有するなり、若し增設を厭はゞプラツトフオームの中央に區畫を立て片側を發車道とし片側を着車道とするも、亦混雜を避け得べければなり、彼れ已れの爲すべきことを爲さずして、偏へに客を不親切に取扱ふに至つては實に言語に絕へたりと謂つべし。

談終に鐵道熱に入る

鐵道の計畫頗る多し、而も其計畫の疎漏なるもの少なからず、是れ鐵道熱の餘已むべからずと雖、予を以て之を見れば實に怪訝に耐へざるものあり、二百萬圓の資本を以て芝區の土橋より牛込の甲武鐵道に達する二哩許の道に、高架鐵道を敷設せんとする計畫の如き其一なり、此計畫は如何なる成算ありて起りしにや、予は遂に之を發悟する能はざりき、僅々二哩の場所に機關車其他種々なる車輛器具を備ふるは、計算の許さるゝ所ならん、然らば運河の如く、他鐵道の此線を通行するものより、通行料を收めんかと云ふに、其通行や日に僅々數回に止まり、以て其線の經濟を維持する程の收入を得べき筈なし、思ひ來れば其成算果して孰れに在るや終に解する能はざるなり、鐵道計畫の熱度何ぞ夫れこゝに至るや。

營業稅法改正意見

第一　營業稅法ノ缺點

凡ソ稅法ヲ制定スルニ當リテ注意スヘキ第一要義ハ課稅方法ノ簡明ニシテ而カモ公平ヲ失ハサルニアリ苟クモ課稅方法ニシテ煩雜ニ失スルアラン乎獨リ多額ノ徵稅費ヲ要スルノミナラス納稅者ハ爲メニ非常ノ苦痛ヲ感シ其結果竟ニ負擔ノ公平ヲ欠クニ至ルハ免ルヘカラサルノ理數ナリ謹テ明治二十九年法律第三十三號營業稅法ヲ按スルニ課稅方法甚タ煩雜ニシテ加フルニ稅額ノ負擔亦公平ヲ得サルモノアリ請フ嘗ミニ其然ル所以ヲ開陳セン

其一　營業稅法ハ建物賃貸價格ヲ以テ課稅標準ノ一ニ定メラレタリト雖モ建物ノ大小及其賃貸價格ノ多寡ハ甚シク收利ノ大小多寡ニ反シ之ヲ例セハ銀行業保險業等ハ矮小ノ家屋ニ於テ其業ヲ營ムモ莫大ノ利益ヲ收メ得ヘク之ニ反シ製造業販賣業等ハ建物ノ手廣ナルニ似ス收ムル所ノ利益僅少ナルモノアリ何トナレハ其營業ノ狀態ニ異ナル所アレハナリ然ルニ等シク課稅標準トシテ之ニ課スルニ千分ノ四十ノ稅率ヲ以テセントス安ンソ其結果ノ公平ナルヲ得ンヤ況ヤ建物賃貸價格其物ニ至テモ公平ニ之ヲ定ムルハ到底望ムヘカラサル事ナルニ於テオヤ是ノ如キモノヲ以テ課稅ノ標準ト爲スハ課稅上徒ニ煩雜ノ手數ヲ增スニ過キサルナリ

其二　營業稅法ハ又從業者ヲ以テ課稅標準ノ一ニ定メラレタリト雖モ營業ノ種類ニ依リテハ從業者ノ員數一定セスシテ隨時增減スルモノ少カラス是ノ如キモノヲ以テ課稅ノ標準ト爲スハ亦只課稅上煩雜ノ手數ヲ增スニ過キス殊ニ本法ニ於テ名義ノ何タルヲ問ハス營業ニ從事スルモノハ總テ從業者ト定メ商家ノ丁稚製造家ノ徒弟ノ如キニ至ルマテ悉ク從業者トシテ計算スヘキモノトセシ如キハ酷ノ甚シキモノト謂ハサルヘカラス何トナレハ商家ノ丁稚製造家ノ徒弟ノ如キ多クハ將來其業ニ當ランコトヲ欲シテ本業ヲ見習ハンカ爲メニ寄食スルモノナレハ假令其名ハ被傭者ナルモ其實ハ決シテ普通ノ被傭者ト同一視スヘキモノニアラサレハナリ固ヨリ從業者ハ課稅ノ標準タルニ止リ直接其頭上ニ負擔ヲ受クルニ非スト雖モ已ニ課稅ノ標準ト爲ス以上ハ傭主ハ勉メテ其員數ヲ減セントスルハ免カルヘカラサル情勢ニシテ其餘響ノ及フ所啻ニ舊來ノ慣習ヲ破リ子弟ヲシテ發達ノ途ヲ失ハシムルノミナラス延テ商工業ノ振興ヲ妨クル媒介タルカ如キコトナキヲ必セサルナリ

其三　營業稅法ハ又資本金額ヲ以テ課稅標準ノ一ニ定メラレタリト雖モ資本金額ノ多寡ハ必シモ收利ノ多寡ト比例セサルノミナラス一個人カ營業ニ對シテ放下スル運轉資本ノ如キハ到底其額ヲ知ルニ由ナキモノナリ獨リ運轉資本ノ知リ難キニ止ラス固定資本ニ變形シタルモノニ至リテモ家屋ノ規摸其撰ヲ一ニセス器械ノ品種其目ヲ同フセス一々之ヲ打算シテ以テ資本總額ノ幾許ナルヤヲ知ルコト豈容易ノ業ナリトセンヤ是ノ如キモノヲ以テ課稅ノ標準ト爲スハ是亦徒ニ課稅上ノ手數ヲ增スニ過キルナリ

其四　營業稅法ハ物品販賣業ノ賣上金額ヲ卸賣小賣ノ二ニ分チテ其稅率ヲ卸賣ハ萬分ノ五小賣ハ萬分ノ十五ト定メラレタリ卸賣ハ小賣ニ比スレハ概シテ薄利ナルヲ常トスルカ故ニ之ヲ區分シテ稅率ニ等差ヲ設ケシハ一見公平ヲ得タルカ如シト雖モ是只法文上ニ於テ公平ノ迹ヲ示スニ過キス其實際ニ至テハ二者ノ區分甚タ曖昧ニシテ之ヲ識別スルニ由

ナキモノナリ蓋シ單純ニ考フレハ營業者ニ對シ販賣スルモノヲ卸賣ト云ヒ消費者ニ販賣スルモノヲ小賣ト云フカ如クナルモ營業者ニ販賣スル者其量必スシモ多キニ非ス消費者ニ販賣スルモノ其量必スシモ少キニ限ラス而シテ店頭日々ノ顧客ニ就キ其果シテ營業者ナルヤ將タ消費者ナルヤヲ吟味スルカ如キハ到底爲シ能ハサル事タリ然ラハ何ニ緣テ容易ニ卸賣ト小賣トヲ區分シ得ンヤ要スルニ卸賣ト小賣トハ對手ノ營業者ナルト消費者ナルトノ區分ヲ識別スルニ由ナク又其商高ノ多寡ノミヲ以テ區分シ得ヘキニ非サレハ之ヲ法文ニ規定シ得ヘキ程ノ明確ナル限界ヲ睹出ス能ハサル者ナリ夫レ二者ノ區分是ノ如ク曖昧ナルニ拘ラス其稅率ニ於テ一ト三トノ大差アリトセハ實施ノ日ニ至テ幾多ノ紛擾ヲ釀サヽラントスルモ豈得ヘケンヤ其法文上ニ於テ公平ノ迹ヲ示シタルモノ適マ以テ不公平ヲ生スルノ因タラスンハアラサルナリ

以上ハ則チ營業稅法中最モ著シキ缺點ナリト信ス不幸現法ノ如クニシテ實施セラルヽアラハ收稅官ト納稅者トヲシテ煩雜ニ堪ヘサラシムルノミナラス延テ商工業ノ發達ヲ害スルニ至ルヘシ是本稅法ノ改正ヲ必要トスル所以ナリ

第二　營業稅法改正ノ要領

營業稅法ノ改正セサルヘカラサル所以ハ以上開陳スル所ノ如シ然ラハ如何ニ之ヲ改正スヘキ乎要スルニ課稅方法ノ簡明ニシテ而カモ公平ヲ失ハサルヲ以テ歸旨ト爲サヽルヘカラス

其一　一個人ノ營業ニ對シテハ左ノ標準ニ依リ相當ノ課稅ヲ爲ス事

（一）物品販賣業

右ハ賣上金額（卸賣ト小賣トヲ問ハス）ヲ課稅標準ト爲ス事

（二）銀行業

右ハ總益金（諸經費ヲ控除セサルモノ）ヲ課稅標準ト爲ス事

（三）金錢貸附業

右ハ貸附金額ヲ課稅標準ト爲ス事

（四）保險業　物品貸付業　製造業　印刷業　寫眞業　倉庫業　運送業及運河業　棧橋業　船渠業　船舶碇繫場業　貨物陸揚場業　席貸業　料理店業　旅人宿業

右ハ收入金額ヲ課稅標準ト爲ス事（本號ニ列記スル營業ハ其課稅標準同一ナルモ其稅率ニ至リテハ彼此適宜ニ差異ヲ附スルヲ要ス以下各號亦同シ）

（五）土木請負業　勞力請負業

右ハ受負金額ヲ課稅標準ト爲ス事

（六）公ナル周旋業　代辨業　仲立業　仲買業

右ハ報償金額ヲ課稅標準ト爲ス事

前記ノ如ク營業稅法ヲ改正スルニ於テハ啻ニ課稅上煩雜ノ手數ト無益ノ經費トヲ省キ得ヘキノミナラス課稅標準複雜ナラサルカ故ニ其稅額ノ苛重ナラサル限リハ營業者ヲシテ非常ノ苦痛ト煩勞トヲ感セシムルカ如キ患ヒナキヲ得ヘシ

其二　會社組織ヲ以テスル營業ハ其利益金ヲ課稅標準ト爲ス事

本來營業稅ヲ公平ニ賦課セント欲セハ課稅ノ標準ヲ營業所得即チ利益ニ求ムルヨリ善キハナシ只營業利益ナルモノハ容易ニ之ヲ知ルニ由ナク强テ之ヲ知ラント欲スレハ幾多煩雜ナル手數ヲ要スヘキニ依リ已ムヲ得ス他ニ課稅標準ヲ求ムルニ外

ナラス然ルニ會社組織ノ營業ニ在テハ株式會社ハ勿論他ノ合資、合名會社ト雖モ一個人ニ比スレハ其所得ヲ知ルコト頗ル容易ナルモノアリ何ソ故ラニ幾多煩雜ナル手數ヲナシテ結局不公平ノ課税ヲ爲スニ畢ルノ要アランヤ是會社組織ヲ以テスル營業ニ對シテハ課税方法ヲ異ニセントスル所以ナリ

其三　税額ハ相當ノ輕減ヲ爲ス事

政正意見ハ税額ニ就テハ細目ニ渉リテ按ヲ具セスト雖モ其程度ハ全體ニ於テ現法ニ比シ之ヲ輕減スルヲ至當ナリトス聞クカ如クンハ現法ハ一年七百五拾餘萬圓ヲ徴收シ得ヘキ目的ヲ以テ定メラレタリト府縣從來ノ地方税中ヨリ國庫ニ移ルヘキ營業税ハ概算二百九萬圓ナリト云フニ一躍之ヲ増シテ七百五拾餘萬圓ト爲サントス其增加ノ急激ニシテ負擔ノ過重ナルヤ知ルヘキナリ國家前途ノ經營ニ要スル費用ハ國民ノ本分固ヨリ之ヲ負擔セサルヘカラスト雖モ其負擔スル所ハ國民全般ニ通シテ彼此權衡ヲ失フカ如キコトナキヲ要ス戰後多費ヲ要スルノ故ヲ以テ特リ商工業者ヲシテ是ノ如キ非常ノ增税ヲ負擔セシメントスルカ如キハ決シテ權衡ヲ得タリト謂フヘカラサルナリ況ヤ急激ノ變動ハ經濟上最モ忌ムヘキ所ニシテ税源ヲ涸渇セシメサルハ課税上ノ要義ナルオヤ我商工業者ハ徒ニ自己ノ納税額ノ輕減セラレンコトヲ望ム者ニ非サルモ國民ノ本分トシテ負擔スル所ハ著シキ懸隔ナカラシムルコト國家經濟ヲ燮理スル所以ノ本道ナリト信ス故ニ營業税法ヲ前記ノ如ク改正スルニ當リテハ税額ニ相當ノ輕減ヲ爲シ商工業者ヲシテ負擔ノ偏重ヲ感セシムルコトナキヲ希望スルモノナリ

以上ハ則チ營業税法改正ヲ希望スルニ就テノ大體ノ意見ナリ大綱已ニ擧カレハ細目從テ張ルヲ常トス故ニ税法ニ規定セラルヘキ條項等ニ至テハ敢テ茲ニ絮述セス

藩閥衰へて商閥起らんとす

中野武營

夫の一時の風雲に乘し一時の權利を制し以て能く其志を成し、爾來累りに顯達を得て爵は公侯に列し位は人臣を極め、而して猶且つ其黨與の儕輩を朝野の間に散植播種して之を已れの爪牙となし、上下交も〳〵相援引比附して久しく政海の樞權を掌握し以て一世の榮華を擅にしたる所謂藩閥の諸公も今は其年齒漸く高くして既に老耄に傾きたるものあると、其諸公の智識の已に時世に後れて亦當世の機務に應することと能はさるものあると、又盛衰は常に循環して榮枯は恒に變轉する社會の原則とに因り、藩閥の勢運も其形の上に於てこそ其姿を留むるものありと雖も其實体に於ては既に其勢力を亡ひ、今は藩閥諸公か如何に其地位の維持と其勢運の挽回とに努力奔走すと雖も、天下の大勢は既に藩閥を見捨てゝ海內の輿衆は夙に藩閥を倦厭し、諸公か亦昔日の榮華を獨占することと能はさるに至りたるものは是れ實に社會自然の趨勢に原因せるものなりと雖も、而も亦多年我國民か一齊に皷を鳴らして藩閥の獘害を攻擊して之か掃蕩の事を勉めたるの效に歸せすんはあらす。此現象は洵に我國の爲に喜ふへきのことにして亦社會進運の一徵侯として見るを得へし。

政治上に於ける藩閥宿害の漸く衰へんとするの狀は正に此の如し、然るに茲に又國家の一害去らんとして又更に一弊の新に生し來らんとするものを見る。而して此新弊は實に實業界に行はれんとする者にして之を前の政治上に行はるゝ藩閥の宿害に比すれは其害の更に大にして其一國の金融を妨碍して苦痛を輿民に與へ、其一國の經濟を紊乱して弊疾を海內に醸し、而も之か防禦の道に困難なるものあるに至りては遙に政治上に於ける藩閥の害に浮くるものあり。何そや他なし『實業界に於ける商閥の弊』即ち是なり。即ち我國に於ける三四の富豪家及大銀行等か其自己の富力を恃み、其他に財力の勁敵競爭者なきに乘し擅に商略を挾みて商業上の取引を妨碍して金融の運轉を沮害し、私利の壟斷を專にして社會の公益を遏絕し其跋扈の極遂に一國の經濟を紊乱して輿民を窮艱に泣かしめんとするもの即ち是なり。而して政治上に於ける藩閥の害は元と是れ物の上層を流るゝ權力の上より來るものにして之か害の發見と防止に容易なるものありと雖も、實業界に於ける商閥の弊は固と是れ世の上下一体を通して行く金力の上より來るものにして之か弊の發見と防止は甚た難く、又前者は數人に屬する一時の勢力より來るものにして公衆の理論を以て之を攻擊して其滅亡を計るに難からすと雖も、後者は廣く社會に關聯を有つ財力より起るものにして單に公衆の理論のみを以て之を制壓すること能はす。又前者の畧は世に識られ易くして之を永きに用ゆることを得すと雖も、後者の畧は世に知られ難くして恒に之を行ふに難からす。則ち政畧は之を永久に用ゐ難きも商畧は之を常に行ふを得へきなり。此に於て乎此二者弊害の大小廣狭之か弊害防止の難易は日を同しくして論すへからさるものあり。

然るに方今我國朝野の政治家は概ね皆經濟の思想に乏しくして財政の事情に迂、夫の克く中外の狀況を鑑察し一國貧富の程度を詳査して誠に能く一國經濟の大局を整理して國利民福の增進を計るに足るの政治家は果して幾人かある。既往の形迹によれは朝野無識の政治家は交も々々相抱合し、猥りに國力不相當の財政案を立てゝ一國の經濟を紊乱し、民力不相當の國費を賦課して國民の罷弊を長し、今に至りて我國の財政は蕪雜錯叢其何れの日にか其整理を見るに至るを測るへからす。而して當局の者は一方には其遂に財政整理の效を擧くる能はさるに及ひては即ち職務を拋棄して鹿散すると共に、又一方には往々富豪の者と相結托して財利を營み、而して富豪獨り利を占めて輿民皆齊しく弊を被り、大官獨り益して國民皆害を祟り、而して朝野の政治家は之か匡濟の法を講するをなさす獨り巨商富豪の跋扈跳梁に一任して之か處理の道を知らさるに至りては余輩は我國朝野政治家の國家經濟の理に迂にして濟民の事に不親切なるを惜ますんはあらさるなり。

夫れ方今の急務は實業の發達を計りて富國の途を講し、國力の增進を圖りて財政の整理を擧くるにあり。而して實業の發達と財政の整理とは多く一國金融機關の整頓して安全なるものあるに依りて擧る。一國金融機關の整頓安全は即ち一國有數の富豪家及大銀行等か其金力の威を挾みて專ら私利を壟斷するの暴を避け、金融の弘通を滑にして經濟社會の公益を開き、以て富豪者及大銀行の本分を盡すによりて擧る。而して此富豪家及大銀行等をして其自己の正當の本分を盡さしめんには、朝野の政治家は常に此等大資本家の行動に注意し、勉めて彼等をして橫暴の擧に出てしめすして之を正當の軌道に倚らしむるにあり。一國の大資本家に此公義心あり、一國朝野の政治家に此明察力ありて而して後克く一國財政の紊乱を防止して國民經濟の發達を計ることを得へし。

夫れ三井、三菱、日本銀行の此三の者は我國に於ける富豪家及大銀行にして所謂大資本家なるものにして我國金融社會の樞機を握り居る所のものたり。此三者行動の如何は直に其影響を我國金融の弛張に及ほして其關係を我國諸取引の伸縮に及ほし、其結果遂に我國經濟社會の治乱を招き來たすに至らんのみ。此故に此三者にして克く其公義心を持して其大資本家たる正當の本分を盡せは則ち可、若し然らす、此有數の大資本家にして其公義心を抛ちて單に其自已の富力を恃み、他に財力の勁敵競爭者なきに乘し擅に商略を挾みて商業上の取引を妨碍し金融の運轉を沮害するに至れは、我國金融の運轉は忽ち塞りて實業界の恐慌立ところに到り、經濟社會の紊亂は直に起らん、豈戒心せさるへけんや。事此に至りては最早一片の理論も以て既に此横暴を防止するに足らす、區々の姑息策も以て此跋扈を制するに足らす、此に於て乎實業界に於ける商閥の弊は政治上に於ける藩閥の害より更に大なるものあり、何となれは商閥の弊は世の上下一体を通して行く金力の上より來るものにして夫の權力の上より來る藩閥の害に比して其弊害の發見と防止とは更に難きものあれはなり。又商閥の弊は廣く社會に關聯を有つ財力より起るものにして夫の一時の勢力より來る藩閥の害に比して理論を以て之を攻むるに難けれはなり。又商閥の常に用ゆる商略は夫の藩閥の行ふ政略に比して永久にして且つ世に識認せられ難けれはなり、

余は今俄に夫の三井、三菱、日本銀行、等の大資本家か其富力を恃み、他に財力上の勁敵競爭者なきに乘し擅に商略を挾みて商業上の取引金融の運轉を妨害することありとは謂はす、然れとも此有數の大資本家等は時に往々此弊に陷ゐらんとするの傾きあるを以て未た其の甚たしきに至らさるの前に於て之を嚴戒して將來の禍患を防止せんとするに過きす。

蓋し天下諸般のもの其弊害の生するや、多くは是れ皆有識活達の士ありて之か弊の生するの前に於て之を警戒豫防せさるに因る。夫れ一旦事起りて而して繹騷し、物生して後狼狽を極むるは世の最も醜とする所なり。夫の所謂富豪跋扈の弊の若きも、亦今にして有識活眼の士ありて之か弊害の未た甚たしきに至らさるの前に於て豫め之を警戒防止するにあらされば、國家後日の大患洵に測り知るへからさるものあり。而して富豪家跋扈の弊を豫防するの術他なし、金錢の力を以て跋扈するものは金錢の力を以て之に當り、制度の上より來る横暴は又制度を設けて之を防止するにあり。即ち夫の三井、三菱等の富豪

か其富力を恃みて金融界に跋扈をなす時は我亦資本家の團結を謀り、其三井、三菱等と相拮抗競爭し得るの金力を集合して之に當るにあり。叉夫の日本銀行の如く制度の上より勢力を逞くし來るものは叉別に日本銀行の如きものを設けて之れと競爭して其勢力を殺くにあり。若し夫れ然らずして金力を以てするものを防ぐに唯一片の理論を以てし、制度の上より來るものを制するに區々の姑息策を以てせんとするは、未た眞正經國の道に通したるものにあらすして所謂徒に勞して功なきものなり。余故に言ふ、今にして資本家の合同、銀行の合併を爲すは我國金融界に於て最も必要の事にして、叉日本銀行と同一の制度實力を有する銀行の設立も亦我國の經濟界に於ては甚た緊要のものなりと。

龍門雜誌第百十號

論說

○龍門社春季總集會に於て

中野武營君

本日は龍門社の大會に就きまして御招待を蒙りましてございます、私は誠に光榮に存じます、社長首め社員諸君に先つ御禮を申上げます、私は御承知の通り一向演說抔と申すことは平常致しませぬのでございます、又學問もございませず、經驗もないものでございますから、諸君の御聽に入れますやうな考案は少しもございませぬのでございますが、併し罷出て一言何か御話をせよと云ふ社長からの御勸めでございましたに就きまして、不肖を顧みず何か少し申上げて此前座を務めます次第でございます、實業のこと又政治上のこと是等に就ての問題は澤山ございますが、私は左樣な高尙なことを此席で申述べます丈けの量はございませぬのでございます、下手な者が餘り高尙なことを申上げますのは間違を生じます次第でございますから唯だ私の經驗と申すか、身が之れに觸れたことに就ての既往のことを少しく申して見たいと存じます

過日日本經濟會の會に於て大家諸君が二十五年前の此日本の經濟社會の有樣と現今の有樣とに就て昔咄しがあつたと云ふことでございますが、昔咄しは實に面白いもので、此日本經濟會で此度段々大家の話しせられたことは近年愉快なる會であつたと云ふことを承りました、私も斯樣な大家の日本を經營せられたやうな話しとは違ひまして、極く淡泊なことでございますが、聊か顰に倣つて十五年前頃から今日に至りまするまでの政海の有樣、即ち政治社會の沿革と云ふ事に就て概畧を申述べて見たい、即ち自分が其時々目に觸れました所の記憶を玆に列べて申上げて見たいと思ふのである、私は明治十三四年頃は內務省農商務省等に奉職を致して書記官を致して居りました、其當時世にどう云ふことがあつたと申しますと、御承知の北海道官有物拂下と云ふことが一時大變輿論を起したことがございます、其當時福地源一郎君抔が民間に

在つて氣焰を吐いて、此北海道官有物拂下の政府の處分に就て頗る攻擊をせられた、新富座に演說會を催して種々政府の行爲を攻擊しました、隨分此勢力は强い勢力であつたと記憶致して居ります、其當時農商務省には河野敏鎌君が農商務卿をして居られた、私は丁度其時分書記官を致して、今日で申すと恰も秘書官見たやうなことを致して居りました、農商務省に於て其當時どう云う意見を執つたかと申すと、是は如何にも政府の仕方が惡るい、輿論が斯の如く攻擊をするは尤もなことである、さうして此處分は官有物が旣に北海道に於て不用に屬したものならば北海道長官に於て處置すべきものではない、其官有物には種々なものがございますけれども、其物や農商工に關係を有して居るものである、然れば此處置は農商務省の職分に屬せしめ、農商務卿の手に於て處理をさすをにして貰ひたいと云ふことを農商務省に於て評議を致して農商務卿より其筋へ意見を申立てたことがある、所が此際に當て丁度東北に陛下が御巡幸を遊ばされ有栖川宮殿下大隈伯抔が即ち供奉の大臣として此御巡幸の御供をしたのである、是より先き國會開設のことに就きまして輿論が囂々として起りました、夫れに就て大隈伯が一の奏議をしたさうでございます、即ち國會開くべし、明治十八年を待ちて國會を開くが宜い、其方法は斯樣々々にするが宜いと云ふ一の意見を認めて　陛下に奏したと云ふことを承つて居ります、所が恰も一方には北海道官有物拂下で喧ましく、內閣の部內に於て此國會開設の大隈伯の奏議と云ふものに就て隨分議論のあつたことゝ思はれる、夫れからして　陛下が東北を御巡幸遊ばされて東京に還御になりました其日である、未だ　陛下は征衣を脱かさせられず其儘の場合に於て其當時の內閣が大隈伯と共に內閣に立つことは出來ない、大隈伯を御信用遊はして御使ひになるならば外一同の者は御免を蒙る、外一同の閣員を御信用遊ばすならば大隈を御斥けなされと云ふ如き要請をせられたと云ふことを私は承つたのである、此事に就きまして私は頗る感激を致しました、私はそれまでは大隈伯とは一面識もなかつたのである、名は聞いて居りまするけれども未だ面會致したことはございませなんだ、其人の如何に拘らず今日まで　陛下の御信用になつて即ち東北を御巡幸遊ばす供奉の大臣として御召連になつたものが着の當日直ちに之を御斥けなさると云ふが如き大臣を輕々に處置なさるは甚た如何しい、即ち人民に對しての政府の信用如何なものであるか、况や其原因を糺せば北海道官有物拂下に就て其輿論を喚起したのは大隈伯がしたのである、又國會開設の奏議を爲しさうして其功を已れ一人に收めんとするのである、此二點が合して即ち大隈伯を斥けると云ふ薩長聯合の力を以て奏請したので、一人を御用ひなさるか、他の者を御斥けなさるか、どちらか御決着なされと云ふをである、如何にも斯の如きことであつては實に國家のことゝ云ふものは思遣られることである斯の如き腕白斯の如き手段を以て政治をすると云ふ世の中では吾々は其下に着いて奉職をして居つても詰らないと云ふ決心を私は致した、頗る私は是に感激を致しました、是非此薩長の力と云ふものを制せぬければならない、抑へぬければならない、之を抑へるには何を以てするか、輿論の力を以て對抗する外ない、此輿論の力と云ふものを以て此薩長の力を抑へる手段を執るより外に仕方がない、中々官吏社會に身を置いてこれを制すると云ふことは出來ないものである、斯う云ふ覺悟を致した、所が當時の農商務卿即ち河野敏鎌君でありましたが此人の考はどうであるかと云へば、身親任官となつて　陛下の御信任を蒙つて居るものである、故に君達の如く自分の決心自分の潔白を以て身を進退すると云ふことは自分は出來ない、謹んで御沙汰を待つより仕方がない、自ら官を退くのは　陛下の御信任に對して濟まないから謹んで命を待つて居る、必ずや御沙汰のあるとであるだらうと云ふことでありました、所が果して御沙汰がありました、其の御沙汰は現内閣の意に同意をして職を執るか、又は現内閣に同意をすることが出來ないか、どちらか其意見を言へと云ふことであつたさうでございます、其時分河野君の答は抑も自分は　陛下の御信任を受けて此職に在る限りは自分の本分とし誠心誠意存分通り盡せよとあるならば國家の爲めに飽までも盡す心得でございますが、事柄如何に拘らず現内閣に同意をして務めるか否やと云ふ御尋に就ては御答を申すに苦む所である、何か事柄にて就て問題を御示し下すつた以上の御尋ならば、夫れに對して正否を申上げませうが、先つ試みに此度大隈伯を諭旨免官せられた所の迹に就て考へて見れば、如何にも朝廷が國家の重臣を御處置なさる上に於て甚た御輕忽なことゝ考へる、斯様なことでは天下に信を失ふ譯である、何故となれば今日が今日まで供奉の大臣として御巡幸に御召連になつて御還りの其日に、直ちに大臣を何か分らずに御斥けなさつたと云ふことがあつては、實に御信任遊ばしたものやら御信任遊ばさぬものやら本人自らも分らない、將來如何なる人と雖もさう身が一朝夕に故なく進退されると云ふ如き有様であつたならば、如何なる人と雖も將來國家の爲めに身を犧牲にして盡さんとするものは出て來ますまい、又國民としても斯の如き政府を信ずると云ふことは出來ない、信を置くと云ふことは出來ないと云ふ結果が起るでございませう、甚た私は感服仕りませぬ、若し何等不都合なことがあり不始末なことがあるならば、明かに其不始末不都合なことを鳴らすが宜い、明かに迹を示すが宜い、それを天下に示して、今までは御信任遊ばしたものと雖も直ちに御斥けなさるが當然である、斯う云ふことに相成らなければならぬことゝ信ずる、然らずして何等の故なく今日の如き有様と相成るのは甚た其當を得ぬことゝ考へると云ふ意見を有つて居りまする、其他のことに就て何等問題があつて現内閣に同意するか否や問題に依つて申上げることならば申上げませうが、一向問題がなく今の内閣に同意するや否やと云ふことでは御答が出來ないと云ふことを申上げたと云ふ事實でございます、果して其翌日河野農商務卿は旨を諭されて辭表を出し私共も其當時身を退けました次第でございます、偖て其後明治十四年の末から十五年に掛けまして即ち吾々同志寄りまして是非輿論の力と云ふものを培養する機關を拵へなければならぬと云ふことで即ち改進黨と云ふものを組織したのでございます、即ち此處に入らつしやる島田君抔とも其當時私共初めて政友となつた、偖て其以來如何なる有樣を爲したか、實に政府は此政黨を視ること蛇蝎の如く看做したものである、私の同鄕の朋友抔が役人をして居る、其者が一向政治にも何にも關係なく、唯た多年の交りの上からして拙宅に尋ねて參ると、直ちにそれが爲に其人が長官から旨を諭されて、殆と自分等の家は監督人が附いて、始終出入するものでも見撿められると云ふ有樣であつたのでございます、其以來御承知の通り私は聊か實業に身を入れて居りましたが、實業上のことに就きましても吾々を見ることと政府は實に讐敵の如く看做しました、故に私は種々なることに困難を感じたことが澤山ある、迷惑を受けたこともなかならぬでございました、其當時實業社會の懇意な御方から抔は屢々物に觸れ事に觸れ忠告をせられた、お前は宜いが唯た困るのは政黨員の肩書を持つて居るのが一番お前の缺點である、之が爲めに何事もお前の名を以てすればそれが爲めに差支を生ずる、甚た困まることであるから此肩書を取つたらどうかと云ふことを屢々私は諭されたこともございました、併し能く々々考へて見まするると、去らば政府が吾々に妨害を與へ吾々の實業上に妨げをするると云ふけれども、果してどれ程の寸法まで政府は爲し得らるゝものであるか、如何に政府の力と雖も吾々は當然の軌道の上を通つて行くものを如何なる手段を以てどれ程までの妨害を與へ得らるゝものであるか、實は試驗の爲めに此肩書は取らない、此肩書を持ちつゝ政府より妨害を與へるのを身に受けて試驗をして見やうと思ふ、故に此苦痛は苦痛と思つて居らぬと云ふ私の決心で、今日が今日まで實業界に身を置いて居りながら、私は即ち一の政黨員と云ふ肩書を持つて居るのである、偖て政府は左様な譯で及ぶ限り此政黨を撲滅さゝう、政黨の力を殺いてやらうと云ふことを勉めたに相違ないのである、併し固より政府と雖も輿論の力の恐ろしいと云ふことは初めより知つて居るに相違ない、故に此輿論を起さゝぬやうに輿論を起す道具を早く鎮壓して抑へやうとしたので、輿論が恐ろしくないならば措いて問はざる筈である、左ればこそ明治十四年に大隈伯を斥けましたけれども、伯を斥けたと同時に此北海道官有物の拂下に就て輿論の制裁を受けて政府が爲さんとすることをは爲し得ずして止めて仕舞つた、又國會のことを奏議したのを詰らぬと言ひながら直ちにそれと同時に明治二十三年に於て國會を開くと云ふ詔勅を一方に出したのである、輿論の力は防き得られぬものであると云ふことは一方を斥けたと同時に此輿論と云ふものに從つたと云ふことは其實跡を見ても明かである、そこで輿論の恐るべきことは政治家は誰も知つて居ることであるから成るへく輿論の力を殺かなければならぬと云ふことを努めたに外ならない、右様に薩長政府は始終此政黨員を視ること蛇蝎の如く讐敵の如くして居ります、故に最初は鎮壓の手段を執つた、鎮壓の手段として此黨派と此黨派とを離間して鬪はしめ、黨派同士の爭ひを起さして、自ら其勢力の挫けるやうな手段を執つたこともある、又其他種々な手段を執つたが、其以來國會が開けてどう云ふ有様を爲したかと云ふと、國會が開けた初めに人々一人々々の人物を見ると格別恐るゝに足らない奴で、其人をつかまひて見ると學問もない經驗もない與みし易い奴に相違ない、偖て國會が開けて一の團結と云ふものになると中々力が強い、最初山縣内閣又其後の前々内閣は更迭になりましたが他の内閣も此國會と云ふものを抑へることが出來ない、始終反對を受けて何をしやうとしてもすることが出來ない、最初より政黨の成立はさう云ふ趣意から出て居る、他の自由黨にしても吾々と主義綱領の書き方こそ違ふて居れ目的とする所は輿論の力を以て政府の腕白を抑へやうと云ふ主義が大體になつて居ります、故に國會が開けて見ても經濟の問題抔と云ふことは措いて問はないで總て人權問題政權問題と云ふことに就て政府と戰を始めたのである、偖てさう云ふことに就て政黨員中には雄辯な人もあり學者もありま

して政府と論爭をしまする上に於ては中々喧しかつたのである、或は物に觸
れ事に觸れて解散を屢々して見たり、或は選擧に干渉して見たり種々な手段
を以て此兩三年前迄と云ふものは政黨と云ふものを抑へて掛り、政黨と云ふ
ものゝ力を殺いでやらうと云ふ手段のみを政府が執りました、所が到頭其魂
氣が盡きて仕舞つた、到頭其手段で抑へることが出來ないと云ふ有樣になつた、
此兩三年以來は政黨を斥ける政黨を鎭壓さゝうと云ふ考は一變して仕舞ふ
て此政黨と云ふものを味方に取るより仕方がない、味方に取り籠絡しやう、瞞
着して我が手下にしやうと云ふ方の主義を執出した、さうして見ると日本の
政海の有樣は最初始終鎭壓しやうとした手段が一變して之を我が味方にし
なければならぬ、我敵にしては到底やり切れない我が味方にしなければなら
ぬと云ふ政略を取り掛けたのが即ち此兩三年以來のことである、遂に今日に至
つてはどふかと申しますと政黨と云ふものは根からどう云ふ境遇にあるや
ら分らぬやうな有樣である、私は今日と雖も矢張一の黨員で居りますが黨
員其者すら今日の政黨と云ふものはどう云ふ境遇のものであるやらどう云

ふ位置に立つて居るものやら私共黨員乃れ自身が甚だ分らぬのである、と云ふものは最初攻撃を受け鎮壓を受けた時分には敵と云ふものが向ふにあります、故に苦節を守り苦しい所を守つて行くと云ふときには力が凝まり易いものである、所が其敵と云ふものが何處にあるやらないやら分らないことになると、偖て其團結の力が弱くなる、而已ならず最初より此政黨と云ふものは今申すやうな手段からして成立つて居ります故に、輿論と云ふものも人權とか政權とか云ふ如きことで團結したものであるから實業社會のことの如きものは誰も研究も何もして居らない、所が其一段が進んで今日の國會となつて見ると最早人權問題政權問題と云ふことは一向必要ないことになつて、眞の今日大事なことゝ云ふものは種々此經濟上の問題實業上の問題が累々續々と現はれて來る、けれども其組立は前申すやうな組立から出來て居る所から、今日現はれて來る問題に就ては甚た不得手である、殆と其問題に就て研究する遑もなく不完全な結果を見ることが尠なからぬのである、是から考へて見ますると今までの政黨と云ふものは諸君から御覽じますと甚た不都合な不體裁な失體なことも澤山あつたでございませう、又吾々自らと雖も決して是迄の政黨が完全とは申さぬのである、甚た遺憾なことが澤山あるのである、併なから遂に輿論と云ふものゝ力を以て鞏固なる薩長内閣と云ふものが到頭輿論と云ふものに御辭儀をせねばならぬものであると云ふ覺悟をするまでの道が付いたと云ふことは不完全ながらも今日までの政黨と云ふものは隨分私は用を爲したものであると考へる、夫れ故に功罪相償ふて見たならば種々なる弊害が出來て居りませうけれども、又一方に於て今申す輿論の力を以て此薩長の腕白と云ふものを抑切つて、薩長をして輿論と云ふものに從はなければならない、政黨と云ふものに與しませぬければならない、之を離れては城構ひを保つとが出來ないと云ふ覺悟を爲さしめたに相違ないのである、申して見ると今日までの政黨は開拓をする始めであつた、即ち今日まで其地均しをしたに相違ない、決して完全なものが出來て居るとは申しませぬが地均しをしたことは屹度出來たに相違ない偖て此地均しが出來た曉是からどうするか、是は私は實業家に望まなければならぬ問題である、夫れは何故かと申しますと地均しは出來ましたが偖て其建築するものは如何なるものを建築して宜いか、申すまでもない日本は商業國として立つて行かなければならない、日本の國是は商業である、是は輿論の認めて居る所である、此商業を基礎として商業を以て國を盛んにして行く、萬國と對峙する、此國是を有つて居る以上は是から上の建築を今の政黨員今までのやり方の如きをに放任してそれで出來ませうか出來ますまいか、甚た覺束ないのである今日一層總ての樣を換へて掛らなければならない時機が到來致して居ると思ふ、然るに此實業社會の有樣を見まするど斯う云ふ感じを有つて居る、實業家と云ふものは一人々々其人一人つゝの有樣を云ふて見ると智惠もあり財產もあり萬事足りて居るのである、併なから其物をまるめて力を出すと云ふことに至つては甚た缺點があるので、一人つゝ物をすることは巧みであるが、其力を集めて其力と云ふものを一つの働きにして商業の發達進歩を圖つて行くと云ふことは甚た不長所と申して宜いか、實業界に其事が缺けて居ると始終私は考へて居る、是に反して彼の農民の如きものは人一人つゝに就て見ると實に話しも出來ない一丁字も分らない財産も甚た乏しいと云ふ人で、此人一人を見ると頗る侮り易い人間である、併し或問題に就て之が一團結になつて物をすると云ふことに就ては長所がある、うらと言ふと直く一と團結になつて押寄せて行く、此力と云ふものは中々防ぐことが、出來ない、それ故に社會に起る所の問題に就きましては商業者は何時でも後廻しにせれらる、さうして農業者に先んぜられると云ふ有様を今日までなして居ると思ふ、甚たこれは遺憾に考へる、彼の土耳古の有様も其通りであると云ふことである、土耳古の人民は生活の有様又は智識上に於ては、一人々々を別々にして見たならば實に甚た薄弱なものである、併し一國團結して他國に對して爲すと云ふやうな場合に於ては團結した力は強いのである、斯う云ふ有様でございますから、此立憲政體の世の中に立つて何事をして行くにも、一人々々の働きと云ふものは智恵もあり、甚た巧者な考も出るものでございますけれども、其力や甚た弱いものである、大勢の力を集めてすると、一人の思ふた通りには參りませぬから甚た不體裁なことも其中に生することもある、擯斥せらるゝやうなこともありますけれども、併ながら此團結した力と云ふものは實に恐るべきものである、此團結した力を政治家と云ふものは甚た重んずるのである、是より我國が商業國として益々盛大に益々進歩して行かんとするならば、實業家と云ふものが力を合せて行くと云ふことを努めなければならないのである、然らば商業家が無暗に力を合せて無法なことをするかと云ふと決してさうではない、國家と云ふものがある、國家と云ふものゝ生存する道を盡して國家の下に實業と云ふものがあるのであるから、國家と云ふものを中心に立てゝ其下に在つて實業の働きをすると云ふことをして行けば過ちがない、即ち或問題に就て斯の如きことは斯の如くしなければならないものであると云ふ意見が定つて是等のことを公平なり道理なりと見たならばあれは自分の商賣に關係のないことであるから棄てゝ置く、痛痒感せぬから棄てゝ置くと云ふやうな冷淡なことでなく、我商賣でなくても他人の頭に害が落ちて居るならば他人の營業上と雖も其害を切拂ふて行くと云ふことをしなければならない、然るに今日は營業が異なると同時に利害を感じないと云ふ有様である、是では實業社會の輿論と云ふものを造ることが出來ないと思ふ、實業社會の輿論が鞏固でなかつたならば何事も出來はせぬのである、立憲政體の下に立つて物事をするには輿論の力と云ふものがなければ出來るものではない、此輿論を造ると云ふことを實業社會で努めなければ如何なる善い事も決して世の中に行はれぬのである況や實業社會の爲めになると云ふ事柄を他人がして吳れやう筈がない、實業社會の爲めになることは實業者が自ら進んで取るより外はない、如何なる政治家が出ても實業家が傍觀して居つたならば如何なる豪傑が出ても利益の與へやうがない、其利益は他に取られて仕舞ふのである、此龍門社の如きは追々御盛大になつて即ち澁澤君の御力で此實業社會に於て萬端の事に行渡つて居ることでございますが、此以上益々斯様な團體が盛大になつてさうして實業上の問題に就て營業の區別あるに拘らず、全體の實業社會に關係する問題は充分研究を爲し、さうして正當な道理と云ふものを見出し、其の力に依つて而して此道理此道と云ふものを國家に貫いて行はしむると云ふことに就ては輿論と云ふものゝ力を以てしなければならない、此輿論の力を以てすると云ふことはどう云ふことを以てするかと云ふならば即ち斯様な龍門社のやうなものが追々盛になつて參りますと不知不識其輿論と云ふものも造り易く相成るであらうと思ふのである、私は一向詰らない懺悔話しのやうなことを今日は申上げましたが之を約言して申しますと今の政府と云ふものは輿論を最初斥けに掛つたものであるが之を斥けると云ふことは出來得られぬもので、ある輿論には御辭儀をせねばならぬものであると云ふ覺悟を今の政黨がさした、さうして此政黨が將來如何なることをすると云ふと充分論ずべき問題がない、人權政權と云ふ問題は是から先き論ずべき問題ではない、是から先きは今の政黨員には出來ないのである、即ち此開拓が出來た以上は建築をするのは實業家がしなければならない、其建築をするには實業家が輿論を造り盛んに其力を以て押立てゝ行くより外に仕方がない、即ち今の時は最早其時機が到來して居るものである、是迄政黨員が輿論の力を拵へたと云ふことを觀察したならば、是から實業社會の方が御奮發なすつて、我國の國是として置く商業國とする基礎を充分御立て下さるやうに願ひたいと云ふのが

私の希望でございます

太陽

明治三十年八月廿日發行

第參卷 第拾七號

日曜日

八月 一日 八日 十五日 二十二日 二十五日

論説

政治經濟法律文學教育宗教等に關する現代名士の論説を收む、踔厲風發、天馬空を行き若隼風を搏つの概あらん、其論旨に至つては本館必ずしも其責に任ぜず。

鵙主義の財政

衆議院議員 中野武營

余曾て謂へらく、從來我國の政治家が財政上に措畫する所の趣向が往々夫の鵙(モズ)てふ鳥の爲す所に類似するものありと、故に余は之れを目して鵙主義の財政と云んとす、

鵙は小軀勁翼大さ燕雀に侔しき鳥なり、性極めて殘害、能く囀り能く噪く、而して鵙や最も食を饕ほり、其既に餌食の腹に饜きて一物の以て之を喉に下すの餘地なき時に當りても、彼の貪饕なる猶蛙蝦蝗螻の族を見れば忽ち翺りて之を捕へ、而して己れ食はずして之を枯木の枝頭に懸け、翩然として他に飛び去りて復之を顧みず、只憐れ無慘なるは彼の枯木の枝頭に磔懸暴殄されて空しく一片の乾物となりし蛙蝗の族にぞある、兒童之を目して鵙(もず)の磔(はりつけ)と謂ふ、從來我國の政治家が、財政に對する措畫の酷だ此鵙の所業に類似せるは豈嘆ぜざるを得んや、

毎年政府が歳計豫算を編成するに當りてや、各省爭ふて其經費を貪り、競ふて主管事務の擴張を事とし、而も現在の事業を持て餘しながら尚ほ進んで新事業を企て、殆んど饜くことを知らざるものゝ如し、而して其爲す所の跡に就て見れば、前年前々年若くは數年前の歳計豫算に於て決定せられし事業すら當初の計畫通り進行せずして年一年と後年度へ繰越となれるもの頗る多きにあらずや、即ち我國政治家が事業上の經驗に乏

しくして、成功の堅志なきに拘らず、漫に貪りて分限不相應なる各種の經營事業を目論見て競噪を事とするは、夫の鴟の喋喋して食を貪ぼる有樣に似たるものならずや、又我國の政治家が、各種の名義の下に於て百種の事業を計畫し、而して之に要する巨額の經費を人民に誅求しながら、彼所にも事業の仕掛りに支離を生じて未だ竣功せず、此所にも仕事の半途にして之を休止せんとするものある等、事業は更に捗取らずして其貪りたる巨額の事業資金をば空しく積んで銀行の庫裡に徒藏しつゝある有樣は、恰も夫の鴟が蛙蝗の族を枯木の枝頭に懸け曝せるに似たる者ならずや、蛙蝗の乾物すら猶且兒童をして其無慘暴殄を悲ましむ、況んや人民の膏血より生ずる國帑の乾物に於てをや、

始め前内閣が所謂戰後經營なる好名詞の下に於て無闇に財政を膨脹せしめ、遂に其始末を付くること能はず、自ら逃避するに及んで、今の松方内閣は其跡を承けて起れり、左れば現内閣は其組織の初めに於て財政を整理すといふを以て施政方針の一個條に置けるのみならず、次の第十一議會を期して財政整理の効を擧げんとのことを第十議會に於て公約したり、現内閣は政治家の公約を重んぜざるべからざる點より云ふも、又陛下の御信任と國民の屬望とに對答せざるべからざるの點より云ふも、是非とも今期議會の開くる前、即ち豫算編製の時に於て其財政整理の實を擧げざるべからず、若し現内閣にして猶前内閣と同じく鴟主義の財政を取り、一時の權宜を恃み、苟安姑息唯だ當坐の彌縫をのみ力むるものたらしむれば、現内閣は公約の違背者として嚴に政治社會の攻擊を受け、又職務の曠廢者として國民に擯斥せられざるを得ず、今や現内閣は來年度の歳計豫算編製中なりと聞く、現内閣が威信を保つと否とは豫算の整否に依りて決すべく、實に現内閣の運命は豫算の整否に依りて決すべきなり、現内閣たるもの、當期豫算編製上に就ては十分の覺悟なからざるべからず、

蓋し財政整理と稱するものは豈唯一概に政費を減じ事業を縮少するのみの謂ならんや、固より一國の富强を進め國利民福の增進を期すべき必要の事業は、國力の許す限り之を計畫すべきなり、要は唯從前の鴟主義財政の如く事業の好物國帑の乾物を製造して無駄なる租稅を人民より徵收するの弊を洗滌するに在るのみ、然り素より人民が租稅の負擔に苦しむことは論を待たずと雖ども、其租稅が有效の働をなして能く循環融通すれ

ば、一旦國庫に入りたるものも復た再び人民の手に歸りて流通を爲すものなるがゆゑに、甚しき苦痛にはならざるべきも、之に反し夫の賜主義の如きは其一旦國庫に入りたる租税金は、容易に人民の手に復歸せずして、空しく或る官衙又は或る銀行の庫中に徒藏浮遊し、結局民間に不融通を來し、頗る苦痛を感ずるものなり、其有樣は恰も身體の虚弱なる人は、其血液が一旦頭腦に上注したる儘、再び四肢胴體に循環すること極めて遲緩なるが故に、腦は爲めに充血して手足は常に結冷に苦しむと同じきなり、兎も角も、身體の健康を保たんには血液の循環を敏ならしめざるべからず、財政の安固を保つには國帑をして停滯なく循環せしめざるべからず、然るに從來財政上の一大弊疾は、各省が豫算を編製するに方り、所謂法律の結果若くは契約の結果に屬する費目の如きは、假令豫算に不足を生ずるも、追加豫算を以て要求なし易きものとし、豫め金額の見積りに深く注意を置ず、却て他の議會の自由決議に屬する事業費の如きものには、其事業の程度をも圖らず、無闇に餘地を取りて豫算を立つることを常とす、左れば豫算の實施に至りて毎に非常の相違を生じ、其法律の結果に屬する費目の如きは、不遠慮にも多額の追加豫算を以て更に要求しながら、他の事業費に至りては其進行更に遲々として巨額の繰越金を存し、之をして空しく銀行の庫底に浮遊せしむ、實に國庫の不經濟甚しと云はざるべからず、然して從來豫算に不足を生じたる場合には之を以て財政の不整理豫算の粗漏となして稍々之を攻め改むるの道を講ずるものなきに非ざるも之に反して豫算金を豫算通り適實に使ひ切ること能はずして巨多の剩餘を生じたる場合には之を目して財政の不整理ともなさず經濟の粗漏ともせず啻に之を攻めざる而已ならず甚しきは目して當局者勤倹の效果の如く考ふるものあり愚とや云ん迂とや云ん苟も國民の膏血を絞りながら其租税を庫裡の乾物となすが如きは曠職の責遁るべからずして實に國家の不經濟是より甚しきはあらず、人或は云ん、國庫金を銀行に預け置かば、必ずや銀行は之を人民に貸付け流通せしむるに相違なし、左れば強ち乾物とはならざるべしと、余は之れに答へて云ん、果して然らば人民は二重の損失を受くるものと云はざるべからず、何となれば人民は國用に充てられざる租税を上納し、却て又其金を銀行より借りて利息を拂ふといふは、取りも直さず己の所有金を謂れなく他人に強取されながら、而も叩頭して其人より利付の金を借ると同じ筋合なればなり、如此論じ來れば其孰れにするも經濟上辻褄の合はぬ話なり、是れ他なし從來鵙主義に慣致せられたる結果に外ならず、嗚呼鵙主義の財政が國家の經濟を誤まる者亦た詢に甚しき哉、故に余は現内閣に對し將來の歳計豫算に於て從前政府が取れる鵙主義財政の弊害をば斷然革新せられんことを望まざるを得ず、

營業税法廢止ノ意見

我國現行税法其種類少カラスト雖モ之ヲ實施ノ日ニ際シテ所在紛擾ヲ極メシモノ未タ曾テ營業税法ノ如ク甚シキハアラサルナリ試ニ本年一月本法實施以後ノ狀决ヲ查察スルニ各府各縣一トシテ苦情ノ聲ヲ聞カサルナク物論囂々官民乖離其結果殆ソト實業界ノ平和ヲ攪破シタル迹アリ其此ニ至リシ所以ノモノハ畢竟本法ハ根抵ニ於テ不良ノ税法ナルカ上ニ課税標準複雜ニ失シ徵收方法簡明ヲ欠クニ由ラスソハアラス

全國商業會議所ハ本法實施前ニ於テ早ク既ニ今日アルヘキヲ豫想シ明治二十九年十一月特ニ臨時聯合會議ヲ開キ一ノ改正意見ヲ具シテ之ヲ當局ニ建議シ併セテ帝國議會ニ請願セリ其意蓋シ戰後國費ノ多端ナル本法ノ遽カニ廢止ス可ラサルヲ思ヒ中ニ就キ特ニ納税者ヲシテ苦痛ヲ感セシムヘキ點ヲ改正シ以テ實施後ニ生スル弊害ヲ未然ニ防カソト期セシニ在リ然ルニ全國商業會議所ノ徵衷ハ政府當局者ノ諒スル所トナラス今ヤ本法ハ實施セラレ實施ノ結果ハ而カモ豫想以外ノ紛擾ヲ極ムルニ至レルハ遺憾ト謂フヘシ倩ラ本法實施後ノ狀況ニ因テ考覈スレハ向後多少條文ニ改正ヲ加ヘラル丶コトアリトスルモ到底圓滿ノ結果ヲ收ムルニ足ラサルヘキヲ信ス故ニ是ノ如キ不良ノ税法ハ寧ロ今日ニ於テ斷然廢止セラレソコトヲ希望セサルヲ得サルナリ乞フ其理由ヲ左ニ開陳セソ

(一)營業税法ハ不良ノ税法ナル事

凡ソ租税ハ國民ノ勤勉勞働ニ課セスシテ勤勉勞働ノ結果タル富即チ財產ニ課スルヲ可トス何トナレハ勤勉勞働ニ課税スルハ國民ノ勤勉心ヲ抑止スルト同一ナレハナリ然ルニ營業税法ハ賣上金高資本金高報償金高ノ如キモノヲ標準トシテ商工業者ノ勤勉勞働ニ課税スルノ方針ヲ取レリ若シ本法ニシテ永ク實施セラル丶カ如キアラソカ獨リ商工業者ノ勤勉心ヲ抑止スルノミナラス延テ商工業ノ發達ヲ阻碍スヘキナリ是豈不良ノ税法ニ非スヤ

(二)營業税法ハ不公平ノ税法ナル事

營業税法ハ大躰ニ於テ不良ノ税法ナルニ止ラス單ニ税法中ニ包括セラレタル各種營業ニ就テ觀ルモ課税ノ結果均衡ヲ保ツ能ハサルハ論ナク同一營業ニ在テモ亦納税上甚シキ不公平ヲ生スルヲ免レサル税法ナリ蓋シ本税法ハ課税標準ヲ賣上金額、資本金額、請負金額、報償金額、建物賃貸價格、從業者ノ六者ニ取レリト雖モ以上六者ハ課税標準トシテハ最モ不適當ノモノナリ何トナレハ會社組織ヲ以テスル營業ヲ除クハ賣上金額ト云ヒ資本金額ト云ヒ請負金額ト云ヒ報償金額ト云ヒ將タ建物賃貸價格ト云ヒ從業者ト云ヒ共ニ之ヲ確知スルニ由ナキモノ丶ミナレハナリ唯其レ之ヲ確知スルニ由ナシ於是乎當業者ノ申告ト收税官ノ推算トハ一致スル能ハス或ハ帳簿ノ撿查トナリ或ハ不當ノ推測トナリ紛々擾々殆ト底止スル所アル可ラス春來各地物論ノ囂々タルモノ總テ之カ爲メナリ而シテ其結果如何ト云ヘハ同一ノ資產ヲ以テ同一ノ業ヲ營ムモノモ甲乙其地區ヲ異ニスレハ負擔ニ著シキ懸隔ヲ生シ甲乙其收税官ヲ異ニスレハ税額ニ非常ノ差等ヲ見ルニ至リ特ニ甚シキニ至テハ同一地內ニ同一業ヲ營ムルモノニシテ小規摸ノモノ却テ大規摸ノモノヨリモ多額ノ税ヲ納ムルカ如キ奇觀アリ畢竟其是ノ如クナル所以ノモノハ要スルニ本税法ハ確知スルニ由ナキモノヲ以テ課税標準ト爲シ收税官ニ與フルニ認定ヲ逞フスルノ餘地ヲ以テシタルカ爲メノミ抑モ妄リニ營業帳簿ヲ點檢セラレ妄リニ營業時間ヲ浪費セシメラル、ハ商工業者ノ最大苦痛トスル所ナリ然ルニ本税法ノ行ハル、限リハ此最大苦痛ヲ受クタル外ニ極メテ不公平ナル納税義務ヲ負擔セサルヘカラス是決シテ商工業者ノ堪フヘキ所ニ非サルナリ世上或ハ言ヲ爲スモノアリ曰ク本法實施ニ際シテ物論囂々タリシハ事實ナルモ久シカラスシテ鎮靜ニ歸セシハ課税ノ結果公平ヲ得タルカ爲メニ非スヤト是誠ニ誣罔ノ言ナリ囂々タル物論ノ一時鎮靜ニ歸シタルハ課税ノ結果公平ヲ得タルカ爲メニハ[3]非スシテ商工業者カ收税官ニ抗爭スルノ煩ト勞トニ堪ヘス姑ク忍テ之ニ屈從シタルニ由ルノミ故ニ其實蹟ヲ査察スレハ速ニ從屈シタルモノハ認定的重税ヲ課セラレ抗爭シテ屈セサリシモノハ豫定税額ヲ輕減セラル、ニ至リ不公平ノ度ヲシテ愈々甚シカラシメシニ過キサルナリ

(三)營業税法ハ産業ノ發達ヲ阻害スル税法ナル事

殖産興業ヲ奬勵スルハ我政府年來ノ方針ニシテ之カ爲メニハ年々少カラサル奬勵金ヲ支出スルノミナラス或ハ棉花ノ輸入税ヲ廢止シ或ハ棉絲ノ輸出税ヲ廢止シ若クハ生絲ノ輸出奬勵法ヲ設クル等用意頗ル觀ルヘキモノアリト雖トモ營業税法ニシテ實施セラル、以上ハ是等ノ奬勵ハ全ク水泡ニ歸シ産業ノ發達ハ大ニ阻害サレサルヲ得ス試ニ輸入棉花ニ就テ之ヲ言フモ之ヲ積載シ來ル内國瀛船ハ運送業トシテ課

就テ之ヲ言フモ之ヲ積載シ來ル内國瀛船ハ運送業トシテ課
税セラレ之ヲ引取ル開港場ノ商店ハ仲買業トシテ課税セラレ之ヲ販賣スル者之ヲ紡績スル者之ヲ織物トシテ製出スル者亦皆各種業目ノ下ニ於テ各別ニ課税セラル、カ故ニ輸入税ノ免除ハ何等ノ効果ヲモ實際ニ與フル能ハス從テ内地ノ棉絲業ハ到底發達スルニ由ナキナリ獨リ輸入棉花ニ於テ然ルノミナラス生絲ノ輸出ニ就テ之ヲ言フモ蠶紙製造販賣者ヨリ生絲輸出商ニ至ルマテ再轉三轉皆悉ク課税セラル、ヲ以テ多少ノ輸出奬勵金アルモ實際之ヲ奬勵スルニ足ラサルナリ以上ハ只一二ノ事例ヲ擧クシニ過キス若シ仔細ニ之ヲ稽査スルアラハ各種ノ産業皆然ラサルハナカラン故ニ本税法ハ到底産業奬勵ノ方針ト兩立スル能ハサルモノナリ

以上ハ則チ營業税法廢止ノ已ムヘカラサル理由ナリ此ニ一アルモ以テ國税トシテ存立スルヲ許スヘカラス況ンヤ此數者ヲ兼ヌルオヤ是斷然本法ヲ廢止セラレンコトヲ希望スル所以ナリ

財政整理意見

明治二十七八年戰役後ニ於ケル我國ノ政費ハ之ヲ戰役以前ニ比スレハ實ニ急激ノ増加ヲ爲セリ即チ明治二十八年度ニ在テハ歳出ノ合計亡慮八千九百萬圓ナリシモノ明治二十九年度ニ至テ俄然壹億九千萬圓ノ巨額ニ達シ同三十年度ニ及テハ更ラニ増加シテ貳億四千萬圓トナリタリ明治三十一年度ノ歳計ハ其成立ヲ見ルニ至ラスト雖モ帝國議會ヘ提出セラレタル豫算ニ據レハ其額亦貳億參千萬圓ニ垂ントシ歳入ニ於ケル數千萬圓ノ不足ハ増税以テ之カ補充ヲ謀ルノ方針ヲ取レリ抑モ纔ニ一戰ヲ經タル爲メニ我國ノ政費カ何故斯ク急激ノ増加ヲ來シタルカト云ヘハ其主因ハ軍備擴張ノ一事ニ在リ軍備ノ擴張固ヨリ必要ノ事務ナルヘシト雖凡ソ事ニハ本末緩急ノ別アリ戰後經營ノ第一着手ハ先ツ戰役ノ爲ニ消耗セラレタル國力ノ充實ヲ謀ルニ在ルヘク軍備ヲ擴張スルカ如キハ宜シク之ヲ第二ノ問題トセサル可ラサルニ不幸ニシテ我政府ノ施設セラル、所ハ全ク之ヲ顚倒シタルノ跡アリ我國現時ノ實況ヲシテ戰ヒ勝テ國用貲レス參億圓ノ償金ヲ得テ國帑尙窮乏ヲ告クルニ至ラシメタルモノ一ニ此ニ職由セスンハアラス顧フニ方今經濟社會ノ事情日ヲ逐テ益々非ナルノ狀アルニ至リシハ國民自ラ其力ヲ揣ラス戰後一時ニ幾多ノ企業ヲ試ミタルモノ之カ一因タルナキヲ必セサルモ其最大原因如何ト問ヘハ過度ニ政費ヲ膨脹セシメタル餘響ニ外ナラサルナリ世上一種ノ誤解ヲ懷クノ徒軍備擴張ニ要スル經費ノ大部ハ償金ヲ以テ之ニ充ツルヲ見テ直接國力ノ消長ニ關係ナキカ如ク思惟スルモノアリト雖モ是誠ニ大躰ニ通セサル甚シキ謬見タルヲ免レス何トナレハ我國ノ實力ハ戰役ニ依テ毫モ増進セサルノミナラス却テ大ニ消耗セラレタレハナリ現ニ軍事費トシテ支出シタル金額ノミヲ以テスルモ二億餘圓ニ達セルハ何人モ知ル所而シテ間接ニ國民ノ被ムリタル損害ニ至リテハ殆ント勝ケテ算ス可ラサルモノアリ例ヘハ多數ノ壯丁ヲ驅テ一年ノ久シキ海外ニ在ラシメタルカ爲メ一國ノ製産力ヲ減却シタル損害ノ如キ又ハ軍需品ヲ供給センカ爲ニ國民必需ノ製産ヲ曠廢シ其結果遂ニ外品ノ輸入ヲ増加セシメタル損害ノ如キ仔細ニ之ヲ算シ來レハ其額ノ巨大ナル恐ラク意料ノ外ニ出ツルモノアラン然ニ其創痍ヲ癒スルノ策ヲ講セスシテ却テ償金ノ全部ハ舉ケテ之ヲ不製産的軍備擴張ノ經費ニ投スルアラハ國力ノ充實何レノ日ニ於テ期スルヲ得ヘキヤ凡ソ國力ノ發達ニハ自然ノ程度アリ政費ハ固ヨリ國力ノ程度ニ伴ハサル可ラス明治二十九年度ニ於テ一躍倍額以上ノ政費ヲ増加シタルハ業ニ既ニ國家經綸ノ第一着歩ヲ誤リタル者ナリ當時本會議所ハ一篇ノ建議ヲ呈出シ政費ヲ急激ニ増加スルノ不可ナル所以ヲ切言セシニ關ハラス政府ハ毫モ此ニ省セサリシヲ以テ未タ二週年ナラサル今日ニ於テ政費ノ膨脹ハ早ク已ニ豫定以外ニ逸出シ現ニ明治三十年度ニ於テ政府ノ示シタル前途十年間歳計豫定概算書ニ據レハ明治三十一年度ノ如キハ歳入貳億千百餘萬圓歳出貳億六百餘萬圓差引歳入超過五百餘萬圓トナルヘキ筈ナルニ今ヤ却テ歳入ニ於テ數千萬圓ノ不足ヲ告クルノ有様トナリ財政ノ前途將ニ危殆ニ陷ラントスルニ至レリ其此ニ至リシモノハ畢竟政費ヲシテ國力ニ伴ハシメサル結果ニ外ナラス議者或ハ現時ノ歳計總額中其一半ハ臨時費ニ屬スルヲ見テ歳計ノ巨額ナル強チ憂フルニ足ラスト論スルモ經常費ト云ヒ臨時費ト云ヒ其國民ノ負擔タルニ至テハ則チ一ナリ歳計ノ一半ハ臨時費ニ屬スルカ故ニ縱令巨額ニ上ルモ憂フルニ足ラスト云フカ如キハ不通ノ見タルヲ免レス況ンヤ臨時費ニ依テ過大ニ經營セラレタル事業ハ之ヲ維持スルニ於テ直接ニ年々經常費ノ増加ヲ促スコト必然ノ數ナルオヤ苟クモ現時ノ如キ狀勢ヲ以テ推移セハ本會議所ハ我國前途ノ歳計寧ロ増スアルモ減スルナカルヘキヲ恐ルヽナリ今ニシテ大ニ之ヲ整理スルニ非サレハ國家將來ノ不幸或ハ測ラレサルモノアラン依テ左ニ卑見ノ二三ヲ開陳シテ當路ノ反省ヲ乞ハントス

一　政費ハ國力ニ伴ハシムヘキ事

國力ニ伴ハサル過大ノ政費ハ財政ノ基礎ヲ危殆ナラシムルヲ常トス我國今日ノ政費ハ果シテ能ク財政ノ基礎ヲ危殆ナラシムルノ患ナキヲ得ルヤ否ヤ國力ヲ測度スヘキ統計材料ノ不備ナル今日ニ在リテハ精密ナル數字上ノ計算ヲ擧示シテ之ヲ論斷スルコト至難ナリト雖モ本來國力ナルモノハ僅々一二年ノ間ニ於テ俄ニ一ヲ二ト爲スカ如ク急激ニ發達シ得ヘキモノニ非ス明治二十九年度以後ノ國力ハ啻ニ之ヲ其以前ニ比シテ加倍ノ發達ヲ爲シタリト信スル能ハサルノミナラス戰役ノ爲メニ被ムリタル創痍ハ殆ント國家ノ腹心ニ達セルモノアルコト篇首述フル所ノ如シ然ルニ獨リ政費ノミ明治二十九年度ニ於テ俄然從前ノ倍額ニ上ラシメ明治三十年度ニ於テハ更ニ從前ノ三倍ニ近カラシム假リニ從前ノ政費ハ過少ナリトスルモ是ノ如キ急激ノ増加ハ國家ノ進運ヲ阻碍スルヲ免レス況ンヤ從前ノ政費ハ之ヲ國力ニ對比シテ必スシモ過少ナリト謂フ可ラサルオヤ我國現時ノ富力ハ之ヲ統計スルニ由ナキモ一國富力ノ大部ハ不動產ニ歸スルヲ概例トスルカ故ニ我國ノ如キ農業國ニ在テハ富力ノ十中八九ハ土地ニ歸スルモノト看做シ之ヲ推算スルニ現時ノ地價ヲ平均五倍セシモノヲ以テ時價ト看ルモ土地トシテ有スル富力ハ八拾億圓ニ達スル能ハス之ニ建在物及ヒ動產其他ヲ加ヘテ概算スルモ其總計恐ラク一百億圓ニハ出テサルヘシ今試歐ニ米諸國ニ於ケル富力ト政費トノ割合ヲ通觀スレハ概ヲ政費ハ富力ノ百分一乃至百分一半ナルヲ常トシ百分二以上ニ上ルモノハ殆ント稀レナリ而シテ政費ノ最モ少ナキ英吉利（富力ノ一分弱）ハ富強五洲ニ雄視シ政費ノ最モ多キ伊太利（富力ノ二分三厘強）ハ萎靡振ハサルヲ見ルトキハ一國ノ政費ハ富力ノ百分一乃至百分一半ヲ超過セサルヲ以テ適度トスヘク之ヲ超ユルコトアラハ國力衰頽ノ虞ナキ能ハサルヲ知ルヘキナリ果シテ然ラハ我國現時ノ政費ハ甚シク過大ニ失スルヤ明ケシ之ヲ節減シテ國力ニ伴ハシムルニ非スンハ獨リ財政ヲ整理スルニ由ナキノミナラス國運ノ進步ハ得テ望ム可ラサルナリ

一　軍費ノ減省ヲ謀ルヘキ事

政費ヲ節減セント欲セハ宜シク先ツ軍費ノ減省ヲ謀ラサルヘカラス凡ソ戰勝後軍人ノ勢力ヲ得ルニ當リテハ軍職ニ在ルモノ往々職責ノ畛域ヲ踰越シテ政治ニ干涉スルノ弊ヲ生シ其結果遂ニ不製產的軍費ノ増加ヲ致スコト各國

其例ニ乏シカラスト雖モ是決シテ國家ノ慶事ニ非ス我國現時ノ實況果シテ能ク此弊ナシト謂フヲ得ルヤ否ヤ窃ニ疑惑ノ念ナキ能ハサルナリ抑モ一國ノ獨立ヲ完フスルカ爲メニハ軍備ノ必要ナルコト固ヨリ論ヲ待タス然レモ政費ノ國力ニ伴ハサル可ラサルカ如ク軍備モ亦他ノ政費ト均衡ヲ保タシメサル可ラス然ルニ我國現今ノ軍費ハ歲出總額ニ對シテ實ニ百分五十强ノ巨額ヲ占ム試ニ歐米諸國ニ於ケル歲出ト軍費トノ割合ヲ觀ルニ概ヲ少ナキハ百分二十ニ滿タス多キモ百分四十ニ達セサルナリ各國其事情ヲ異ニスルモノアリ一例ヲ以テ律ス可ラサルハ論ナシト雖我國軍費ノ過度ニ失スルノ一事ハ到底之ヲ掩フニ由ナキナリ世上之ヲ回護スルモノ動モスレハ輙チ說ヲ作シテ曰ク我國軍費ノ歲出ニ對スル割合之ヲ歐米諸國ニ比シテ過大ノ觀アルハ畢竟軍備ノ擴張期ニ在ルカ爲メノミ此時期ニシテ過經セハ其割合ハ應ニ大ニ減スヘキナリト其レ或ハ然ラン然レモ軍備ハ元ト不製產的事業タリ一旦過度ニ擴張スレハ維持ニ要スル經費ハ年々寧ロ增スアルモ減スルナカルヘキハ推想ニ難カラサル所ナリ單ニ擴張期ニ在ルノ故ヲ以テ現時ノ軍費ヲ過度ナラスト說クモ誰レカ能ク首肯センヤ顧フニ斯ク我國ノ軍費ヲシテ過度ニ增加セシメタルモノハ職トシテ陸軍ノ擴張過大ニ失シタルニ由レリ四面環海ノ形勢ヲ有スル我國ノ如キニ在テハ力ヲ海防ニ致スコト已ム可ラサル所ナリト雖モ今日ノ如ク過大ニ陸軍ヲ擴張スルハ果シテ其當ヲ得タリト謂フヲ得ヘキカ本會議所固ヨリ軍事ニ知ル所アリト謂ハサルモ大躰ノ得失ヲ商量スルニ於テ亦自カラ卑見ナクンハアラス本會議所ノ見ル所ヲ以テスレハ我國現時ノ軍備ハ宜シク守勢ニ依テ畫策スヘク攻勢ヲ取テ之ヲ畫策スルカ如キハ國力ノ未タ許サヽル所ナルヲ信ス是獨リ本會議所ノ信スル所ナルノミナラス恐クハ當局者モ亦認ムル所ナラン然ルニ徒ニ過度ニ陸軍ヲ擴張スルヿ今日ノ如クンハ之ヲ內ニシテ遂ニ國力ノ疲弊ヲ來スヲ免レス之ヲ外ニシテハ適マ以テ列國ノ猜疑ヲ招クニ過キサルヘシ是豈國家ノ長計ナランヤ況ンヤ陸軍過度ノ擴張ハ直接ニ不製產的軍費ノ增加ヲ甚シカラシムルニ止ラス多數ノ壯丁ヲ一時ニ召集シテ現役ニ服セシムルカ爲メ間接ニ一國ノ製產力ヲ阻遏スルコト極メテ大ナルモノアルニ於テオヤ之ヲ節制シテ現役兵員ヲ減スルアラハ一面ニ於テ幾多ノ軍費ヲ減省スルヲ得ヘク一面ニ於テハ大ニ一國ノ製產力ヲ發達セシメ得ヘキナリ

一　政費ノ分配ヲシテ其宜シキヲ得セシムヘキ事

我國現時ノ財政ヲ整理シテ前途國力ノ發達ヲ謀ラント欲セハ只ニ政費ノ節減ヲ謀ルノミヲ以テ足レリトセス政費ノ分配ヲシテ亦其宜キヲ得セシメサル可ラス蓋現時ニ於ケル我國政費ノ分配ハ甚シク偏頗ニ失スルモノアリ之ヲ例セハ軍費ノ如キハ過大ノ豫算ヲ立テヽ而モ實際ノ事業之ニ伴フ能ハス爲メニ年々幾多ノ繰越金ヲ生スル狀況アルニ反シ國力ノ發達ヲ幇助スヘキ鐵道、郵便若クハ電信、電話ノ如キ事業ニ至テハ常ニ豫算ノ少ナキニ苦ムノ餘リ改善擴張ノ事容易ニ舉行セラレス其結果一國ノ交通機關ヲシテ澁滯遲緩ニ陷ラシムルヲ免レサルノ實情アリ此レ特ニ事例ノ顯著ナルモノヲ擧示スルニ過キスト雖モ政費ノ分配其宜シキヲ得サルノ事實ハ之ヲ類推スルニ於テ餘リアルヘシ故ニ此際大ニ行政ヲ整理シテ政費ノ分配其宜シキヲ得セシメ不製産的ニ消費セラルヘキ政費ハ事情ノ許ス限リ之ヲ節減シ一國ノ進運ヲ助長スルニ足ルヘキ國有事業ニ向テハ十分ニ發達ノ餘地ヲ與ヘンコトヲ期スヘキナリ

一　歳計ヲ簡明ニシテ國帑ノ運用ヲ敏活ナラシムヘキ事

一國ノ歳計ハ最モ直截簡明ヲ旨トシ何人ニモ一目ノ下ニ之ヲ知リ易カラシムヘキニ我國現時ノ歳計ハ極メテ複雜ナルノミナラス其方法宜シキヲ得サルカ爲メ每年度ニ於テ多額ノ剩餘金若クハ繰越金ヲ生セシメ而カモ此等ノ剩餘金若クハ繰越金ハ直チニ翌年度ノ歳入豫算ニ繰入レテ一部ノ財源ニ充ツル能ハス翌年度ニ於ケル歳入豫算ノ不足ハ別ニ財源ヲ求メテ之ヲ補足セサルヲ得サルノ不都合アリ抑モ歳計トハ讀テ字ノ如ク一歳十二ケ月間ニ要スヘキ國費ノ計算ニ外ナラサレハ歳出入ニ大ナル過不足ヲ生セシムルカ如キハ當局其責ヲ盡サヽルノ致ス所ト謂フヘク已ニ生シタル剩餘金若クハ繰越金ヲシテ年月ヲ亘リ空シク國庫ニ停滯セシムルカ如キハ計算方法其宜キヲ得サルモノト謂フヘシ今若シ其方法ヲ改メテ現計々算ノ制ト爲サハ歳計ハ自カラ簡明トナリ國帑ノ運用ハ大ニ敏活ナルヲ得ヘキナリ所謂現計々算トハ十二ケ月間ニ收入シタルモノヲ歳入トシ十二ケ月間ニ支出シタルモノヲ歳出トシテ其年度末ニ決算シ過不足共ニ即時ニ處分スルノ謂ニシテ過剩アレハ以テ公債ヲ買入レ之ヲ償却スヘク不足アレハ公債ヲ賣却シ以テ之ヲ補充スヘシ是ノ如クナレハ國庫ニ幾多ノ過剩金ヲ停滯セシメテ政府ハ却テ歳入補足ノ計ニ窮スルカ如キ失態ヲ免レ得ヘキナリ

是ノ如ク歳計ヲ現計々算ト爲スト同時ニ政府ハ大ニ豫算ニ對スル責任ヲ重ンシ豫算事項ヲ其年度内ニ遂行セサルカ爲メ空シク豫算ノ大部ヲ繰越スカ如キ失態（明治二十九年度ノ豫算ノ如キ之ヲ同年度現計ニ對照スレハ約四千萬圓ノ違算アリ）ナキヲ期スヘク繼續費ノ如キモ當初ニ於テ大躰ノ計畫ヲ示スノ外初年度ニ於テ全躰ノ經費ヲ議決セシムルカ如キコトナク每年度ノ經費ハ必ス每年度ノ帝國議會ニ提議シテ其協賛ヲ求ムヘキナリ

一　國帑ノ取扱手續ヲ簡明ナラシムヘキ事

財政上ニ於ケル信用ノ源ハ明白ニ之ヲ國民ニ開示スルヲ要ス現時ノ如ク中央銀行ヲ外ニシテ中央金庫若クハ預金部ト云ヘルカ如キ銀行類似ノ機關ヲ政府部内ニ存在スルニ於テハ國民ヲシテ幾多ノ疑惑ヲ生セシムルヲ免レサルナリ苟クモ中央銀行ノ設置アル以上ハ國庫ノ出納若クハ貯藏ニ關スル取扱ハ總テ之ニ一任スルヲ可トス而シテ之ヲ一任スル以上ハ其使用ノ方途ニ關シテハ政府ハ一切制限撿束ス可ラス其名ノ國庫金ナルノ故ヲ以テ妄リニ其使途ヲ制限スルカ如キアラハ兌換ノ美制ハ其運用ヲ完フスル能ハスシテ其害殆ント測ル可ラサルモノアラン之ヲ要スルニ中央銀行以外ニ於テ政府部内ニ銀行類似ノ機關ヲ

置クカ如キハ國帑ノ取扱手續ヲ簡明ナラシムル所以ニ非サルナリ

一　外債ヲ募集シテ內國公債償却ノ資ニ充ツヘキ事

我國ノ經濟事情ヲシテ今日ノ如ク困難ニ陷ラシメタル一大病因ハ戰役ノ爲メニ要セシ巨額ノ經費ヲ一時ニ國民ニ負擔セシメテ償金ノ全部ハ擧ケテ之ヲ軍備擴張ノ費途ニ充テタルニ在リ若シ我政府ヲシテ初メヨリ國力ノ回復ヲ謀ルヲ先務トシ償金ノ大部ヲ以テ內國公債ヲ償却スルノ方針ニ出テシメハ現時ノ如ク過度ニ政費ノ膨脹ヲ來サスシテ一國ノ經濟事情ハ斯ク甚シキ困難ニ陷ラサリシヤ明ナリ然レ𪜈遂事ハ之ヲ言フテ益ナシ今ノ計タル時機ノ緩急ヲ計リ貳億圓ヲ限度トシテ外債ヲ募集シ以テ內國公債償却ノ資ニ充ツルヨリ善キハナシ蓋シ戰役ノ爲メ直接ニ軍事費トシテ支出シタル金額ハ未タ精算ヲ見ルニ至ラサルモ其總計貳億餘萬圓ニ上レリト聞ケリ故ニ向後貳億圓ノ外債ヲ募集シテ同額ノ內國公債ヲ償却シ大ニ民間ノ資本ヲ潤澤ナラシムルヲ得ハ其結果ハ恰モ一時ニ負擔セシメラレタル軍事費ヲ二十年乃至三十年ノ年賦ニ分チテ負擔セシメラルヽト同一ノ計算トナリ國民ハ負擔ノ過重ニ苦ムコトナク國債ノ總額亦毫モ增加スルコトナク政府ノ歲計ニ於テ別ニ損スル所ナクシテ一國ノ經濟社會此ニ生氣ヲ回復シ產業ノ發達得テ期スヘキナリ本會議所カ外債募集ヲ以テ今日ノ急務ト爲スモノ豈偶然ナランヤ然レ𪜈之ヲ募集スルニ就テ特ニ再言シ置クヘキ一事ハ假令如何ナル事情アルモ其募集シ得タル金額ヲ以テ軍費其他ノ不製產的政費ニ充ツルカ如キコトナク必ス之ヲ內國公債償却ノ資ニ充ツヘキコト是ナリ苟クモ然ラス漫ニ之ヲ軍備擴張ノ費途ニ供スルカ如キアラハ國力ノ發達ヲ謀ラントシテ募集シタル外債ハ却テ財政紊亂ノ媒介トナッテ畢ルニ至ラン是實ニ嚴ニ戒ムヘキ所タリ若夫內國公債償却ノ方法ニ至テハ公債ヲ買入レ之ヲ償却スルモ可ナリ償却期限ニ達セシモノヨリ償却スル亦不可ナシ公償ノ種類ノ如キハ之ヲ選フノ要ナキナリ世上鬼胎ヲ懷クノ輩往々外債ヲ以テ危險ノ甚シキモノナルカ如ク誤解スルモ是畢竟事理ニ通セサルノ致ス所ニ外ナラス我國力ニシテ充實シ我財政ノ基礎ニシテ鞏固ナルニ至ラハ縱令多額ノ外債ヲ有スルモ何ノ危險カ之アランヤ今日ノ急務ハ國力ノ充實ヲ謀リ財政ノ基礎ヲシテ鞏固ナラシムルニ在リ而シテ外債募集ハ其一手段ニ外ナラサルヲ知ラハ之ヲ決行スルニ於テ毫モ躊躇スルヲ須ヒサルナリ

以上數者併行シテ我國ノ財政正ニ始メテ整理シ得ヘキナリ國防ノ完備ハ本會議所ノ固ヨリ希望スル所ナリト雖𪜈我國ノ現況ニ於テ先ツ必要トスヘキハ第一ニ金ナリ次ニ船ナリ次ニ兵ナリ此三者相待テ完備スルニ非サレハ決シテ軍備ノ完キヲ得タルモノト謂フ可カラス今日軍備擴張セリト稱スルモ却テ縮小ノ實ナキヤ日清戰役ニ際シ六師團餘ノ大兵ヲ海外ニ在陣セシメタルコト半歲而シテ我公債ヲシテ九拾五圓ヲ下ラシメス今日能ク之ヲ成シ得ルヤ否ヤ大ニ疑ヒナキ能ハサルナリ縱令五十萬ノ兵ヲ有スルモ金力ニシテ給セス堅艦巨船ニシテ伴ハスンハ何ソ之ヲ賴ムニ足ランヤ寧ロ其兵ハ二十萬ニ過キサル

モ一呼スレハ幾億圓ノ公債立ロニ國民ノ間ヨリ募集シ得ラルヽノ賴ムヘキニ若カサルヲ信スルナリ而シテ環睹諸國ノ恐ルヽ所亦前者ニ在ラスシテ後者ニ在ルヤ論ナシ是ヲ之レ察セス國力ヲ內ニ充實シ商權ヲ外ニ擴張スルヲ後ニシ自然ノ地形上ニ於テ過大ノ計畫ヲ必要トセサル陸軍ニ向テ今日ノ如ク過度ノ經費ヲ投スルコトアラハ軍備完成ノ日ハ或ハ國力衰頽ノ時ナランコトヲ恐ルヽナリ

之ヲ要スルニ今日ノ急務ハ過度ニ增加シタル政費ヲ節約セシメテ大ニ財政ヲ整理シ以テ國力ノ充實ヲ謀ルニ在リ苟クモ然ラスンハ戰後經營ノ實何ニ緣テカ擧クルヲ得ンヤ

（中野武營君演壇ニ登ル）

○中野武營君（百八十二番）　諸君、本員ハ田口卯吉君、大三輪長兵衛君、竹内綱君、本員ト四人ガ、此處ニ先決問題ヲ提出致シテ、諸君ノ御熟慮ヲ願ヒタイ考デゴザイマス、卽チ其決議案ハ

本院ハ議院法第二十五條ニ依リ特別委員十八名ヲ選定シ議會閉會ノ間左ノ議案ノ審査ヲ繼續セシム

一地租條例中改正法律案政府提出案

而シテチヨット玆デ申譯ヲ致シテ置キマスガ、此外ニマダ是ニ附帶シテ居リマスル案件ガゴザイマスカラ、其法律案モ併テ付託致ス積リデ居リマスノデゴザイマスル、故ニ此決議案ニソレモ併テ載セマスル、卽チ

一宅地組換法案　同上
一明治二十九年法律第二十八號酒造税法中改正法律案　同上
一明治二十九年法律第二十九號自家用酒税法廢止法律案　同上
一明治二十六年法律第十七號酒精營業税法中改正法律案　同上
一明治二十九年法律第三十號混成酒税法中改正法律案　同上
一沖繩縣酒類出港税則中改正法律案　同上
一淸國及韓國ニ於テ製造スル日本酒類輸入海關税賦課ニ關スル法律案　同上
一所得税法改正法律案　同上

本院ハ衆議院規則第六十四條ニ依リ前項ノ特別委員ニ左ノ事件ノ調査ヲ併セテ付託ス

一明治二十九年度以降財政實況ノ調査

以上二項調査ノ結果ハ特別委員ヲシテ次回ノ議會ニ於テ報告セシム

是ガ決議案デゴザリマス、此決議案ヲ提出仕リマシタ理由ヲ申述ベヤウト考ヘマス、此度政府ガ此決議案ニ掲ゲテアル通、増税案ヲ提出セラレマシタ以來、本院ガ此議案ヲ受取ッテ委員ニ付託シ、啻ニ委員ニ付託シテ置イタノミナラズ、三百ノ議員諸君ハ、此案件ニ附イテハ十分ナ御熟慮ヲナサッタコトデアルダラウト信ジマスルガ、如何ニモ此問題ハ重大ナ問題ニ相違ナイデアル、ソレ故ニ十分ノ攻究ヲ要スルコトハ、申スマデモナイ次第デゴザイマスガ、偖テ唯今委員長カラノ御報告ニ依ッテ見マスルモ、此地租條例中改正法律案ヲ否決セラレマシタガ、此委員會ノ意向ト云フモノニ於テモ結果ハ否決ニ外ナラヌコトデゴザリマスケレドモ、是ヲ否決スル意想ニ於テハ、種々ナル御議論ガアッタト云フコトデアル、又本員等モ此委員會ハ如何ニモ重大ナル問題デゴザイマスル故ニ、屢〻委員會ニ罷出テ傍聽ヲ致シタ次第デモアル、諸君ノ此問題ニ附イテ御議論アル所ヲ拜聽スルニ、成ル程絶對的ニ地租ヲ増スベキモノデナイト云フ御論モアリマスデアリマセウガ、又大體ニ於テ今日ノ地租ト云フモノハ絶對的増スベキモノデナイト云フダケノモノデハナクレテ、歳出ガ其適當ヲ得、財政ノ調理ガ足ッテ、而シテ政府ガ責任ヲ負ウテ、總豫算ヲ提出シテ、サウシテ此議會ノ協贊ヲ求メタ結果ニ依レバ、隨分租税ノ増徴ヲ否ム譯ノモノデハナイ、唯如何ニセン其順序ト云フモノガ立ッテ居ラヌ、卽チ出ヅルヲ量ッテ入ルヲ制スルト云フ順序ノモノニモ拘ラズ、未ダ歳出ノ總豫算ニ對シテ協贊ヲ求ムル手續ヲ爲サズシテ、獨リ歳入ノミノ増加ヲ求ムルハ、卽チ憲法ノ上カラ言ッテモ、此議會トシテ斯樣ナ前後辻褄ノ合ハナイモノニ對シテ、協贊ヲ與ヘルコトガ出來ナイト云フ御議論ガ、一番私ハ有力ナル御議論デアルト思ッテ居ル、又或ハ地價修正ニ伴フベキモノデアル、既ニ地價ノ不公平ナルコトハ、政府ニ於テモ認メテ居ル所デアル、今日ノ不公平ナルヲ認メナガラ、此不公平ナ上ニ持ッテ參ッテ、獨リ税率ダケヲ増スト云フガ如キハ、卽チ偏重ノ上ニ偏重ヲ重ヌルト云フモノデアル、ソレ故ニ地價修正ノ業ヲ終ヘザル限ハ、直チニ此案ニ贊同スルコトハ出來ナイト云フ御論モアル、是モ私ハ御尤ノ御論デアルト思フデアル、此本院ガ多年ノ間地價修正ヲ唱ヘテ居ルト云フコトハ、卽チ政府モ能ク認メテ居ラル丶コトデアル、又本院ノ多數ガ、其意向ニナッテ居ルト云フコトモ、輿論ノ知ッテ居ルコトデアル、是等ノ方法ヲモ講ゼズシテ、啻ニ税率ダケ増スト云フ案ヲ出スト云フ、其事ハ從來ノ此衆議院ノ履歴ノ上ヲ顧ミテモ、爲シ得ラレヌコトデアル、其手續ヲ十分講ジテ後スベキモノデアルト思フノデアル、此御論モ私ハ決シテ反對ハセヌノデアル、併ナガラ結局此議會ニ於テ歳出ノ如何ヲ調査シテ地價修正ノ方法ヲ講ズルガ如キハ、到底此短日月ノ間ニシテ爲シ得ラレヌコトデアル、是ガ出來ナイト云フコトハ不思議ニアラズシテ、爲シ能ハヌコトデアルノデアル、然ラバ之ヲ否決センカ、成ル程否決ヲシテ、サウシテ次ノ議會ニ於テ政府宜シクソレ等ヲ講ジテ、案件トシテ出スモ宜カラウ、併ナガラ本員ノ考ヘル所デハ、此案ハ實ニ獨リ政府ニ任セテ、獨リ政府ノ責任トシテ捨置クベキ事柄デハナイト思フノデアル、卽チ歳入ヲ方法ヲ立テテ、今ノ地價修正ノ如キコトモ宜シク其度ヲ得ル途ヲ講ジテ、又税率ノ適當ヲ求ムルト云フガ如キコトモ、獨リ政府ノ責ニ歸シテ置クベキコトデハナイノデアル、又歳出ノ上ニ附イテモ左樣デアル、多年議會ガ財政整理ノ事ニ附イテ囂々トシテ政府ヲ責メテ居リマス、事柄ナンデゴザリマスガ、今ノ伊藤内閣ハ當年一月ニ内閣ヲ組織セラレテ以來、卽チ前年度ノ豫算ニ依ッテ纔ニ今日ノ政務ヲ取ラレテ居リマス内閣デゴザリマスガ故ニ、吾々ハ現今ノ伊藤内閣ガ如何ナル財政計畫ヲ爲シタルヤ否ヤ、少モ見ルコトガ出來ナイノデアル、ソレ故ニ此次ノ會期マデニハ伊藤内閣ハ、此豫算ヲ編成シテ出サレルニハ、相違ゴザリマセヌガ、偖イツモナガラ此議院ニ立ッテ遺憾ニ感ジテ居ルコトハ、何デアルカト申スト云フト、通常會ハ九十日ノ長イ時間ノヤウデゴザリマスケレドモ、此議院ヲ開カレテ早々ノ間ニモノヲ調査スルト云フコトハ、甚ダ困難デアル、啻ニ困難ナルノミナラズ、政府ガ豫算ヲ編成シテ、浩瀚ナル豫算ヲ一度ニ出サル丶、成ル程委員中デモ常任委員ガアッテ、又其中ニ各部ヲ分ッテ各省ニ就イテノ調理モセラル丶コトデアリマスケレドモ、元來議院法ニ於テ十五日間ニ豫算案ハ結了センナラヌ豫算委員會ガ、十五日間ニ結了センナラヌト云フヱライ縛シラレタモノガアルノデゴザリマス、如何ニ會期ハ長シト雖モ、豫算委員會ノ完結スベキ規定ヲ議院法ニ掲ゲラレテ居リマスル以上ハ、實ニ窮屈ナルモノデアル、又實ニ短日月ナモノデアル、其間ニ當ッテ浩瀚ナル豫算ヲ調ベルト云フコトハ、甚ダ無理ナコトデアルト、私ハ始終感ジテ

居ル、而シテモノヽ程度ヲ得テ居ルヤ否ヤト云フコトヲ調ベルニハ、能ク前年度ノ有樣、前々年度ノ經過ノ有樣、其實況ヲ能ク調ベテコソ、其年度ニ求メテ居ル所ノ金高ガ當ヲ得テ居ル不當デアルト云フコトノ判別モ出來ルノデアル、唯タ玆ニ豫算ノ參考書要求書ノ上ニ於テ、前年度ト金高ダケノ比較ヲ示シテ、前年度ヨリハ是ダケ增ス、或ハ是ダケ減ルト云フコトダケノ金高ノ增減ヲ示スガ如キ、簡單ナル材料ヲアテガハレテ、サウシテ是ガ當ヲ得テ居ル、是レガ不當デアルト云フガ如キ事柄ヲ判斷スルト云フコトノ出來ヤウ筈ガナイノデアル、ソレ故ニ吾々ハ常ニ此豫算問題ニ附イテハ遺憾ヲ感ジテ居ル、中シテ見レバ十分ナル調査ハ出來ナイト云フガ、事實デアラウト私ハ思フテ居リマス、是ガ卽チ財政ノ整理ガ出來ナイ所以ナノデアル、當局者ヲシテ財政ノ整理ヲ行ハシメタルト云フモノハ、議院デアル、當局者自ラガ好ンデシヤウ筈ガナイノデアル、此立法部タル議院ガ、當局者ヲシテ是非財政ノ整理ヲ遂ゲシメントスルナラバ、其方法ヲ講ゼンケレバナラヌ、向フガ膳立ヲシテ來タモノヲ見テ、纔ニ十五日ノ間ニシテシマハナケレバナラヌト云フヤウナコトデ、此財政ニ立入リ切込ンデ、眞ニ吾々ガ望ムガ如キ財政ノ功ヲ舉ゲルコトガ出來ヤウ筈ガナイ、是ハ議院ノ罪ニアラズシテ、議院法ニ於テ左樣致シテアルカラ、致方ガナイノデアル、幸ヒナルカナ、此度此案ヲ短期ノ議會ナルニモ拘ハラズ、政府ガ此案ヲ提出シタ、吾々ハ實ニ好イ利器ヲ吾々ニ與ヘテ呉レタト思フノデアル、何トナレバ歲出ガ立タナイ、立タナイ上ニ歲入ハ是ダケ豫メ決定シテ貰ハナケレバナラヌト云フ、簡單ナル理由デ求メラレタガ、歲入ガ足ラヌト云フナラバ、歲入ヲ增シモセウ、併ナガラ歲出ノ實際ハドウデアルト云フコトニ立渉ッテマデ、果シテソレデ歲出ガ當ヲ得テ居ル所ノ財政整理ガ整フモノナラバ、人民ハ決シテ私ハ租稅ヲ出スコトハ躊躇スベキコトハナイ、國民トシテ、日本國民トシテ――租稅ヲ出スコトヲ單ニイヤガルト云フ如キコトハ、私ハアルマイト思フ、唯之ニ對シテ論ズベキハ財政ノ整理ヲ立テズシテ、啻ニ歲入ヲ求メルト云フコトハ、國民ノ承知スルコトガ出來ナイ所以ナンデアル、然ラバ本員等ハ此材料、此利器ト云フモノヲ今玆デ棄テヽ仕舞フ位殘念ナコトハナイト思フノデアル、此材料ヲ私ニ政府ガ扱フテ居ル、而シテ此利器ヲ扱フハ、ソレ故ニ此材料ヲ先ヅ審査スルコトヲ必要トスル、其審査ハ何カト申シマスルト、此地租條例中ノ改正案其モノガ、政府案ニ據ルヨリ外ニハ仕方ノナイモノデアルカナイカ、又傍ラ他價修正ト云フモノヲ之ト伴フテスベキニハ、如何ナル方法ヲ以テスベキモノデアルカ、又宅地ト耕地其他所ノ權衡ヲ見ル上ニ於テ、又宅地ノ組換方法等ニ於テモ此案其モノニ附イテ餘程審査ヲ要シテ修正加除スベキ事柄モ澤山アルダラウト思フノデゴザイマス、十分是カラ此次ノ議會マデニ於テ、調ベルダケノ價値ノアルモノデアル、又是ト同時ニ一方デハ、此歲入ヲ增サントスルナラバ、歲出ノ景況ハ如何ニナッテ居ルカ、之ヲ調査スルコトガ最モ必要デアル、先ヅ既往ニ溯ッテ、其實況ヲ調査ヲシテ、時恰モ本年ノ八月マデヲ期シテ、政府ハ各省ノ豫算ヲ編成ヲスルノデアル、各省ガソレ〳〵自分ノ要求額ヲ調ベテ、サウシテ大藏省ヘ之ヲ出ス、大藏省ハ之ヲ調査シテ、ソレ〳〵權衡ト緩急ヲ計ッタモノデ、始テ是デ豫算ガ極マリマスルガ、丁度此八月ト云フモノ、時期ニ際シテ、此繼續委員ナル者ガ十分ニソコニマデ既往ノモノト現今求メテ居ルモノトノ間ノモノヲ調ベ得ラレルダケ調ベテ置キマシタナラバ、次ノ議會ニ於テノ材料ヲ得ルコトハ、少ナカラナイ、卽チ次ノ議會ニ於テモ矢張豫算委員ハ十五日間カナイトシマシテモ、此繼續委員ガ調ベタ材料ト云フモノハ、澤山得ラレルモノデアラウト思フ、此時ヲ失フテ私ハ何時ニナッタレバ、此財政整理ガ出來ルモノダラウ、又何時ニナッタレバ、眞ニ財政鞏固ナル所ノ歲入ヲ得テ、國家安心ト云フコトニナルダラウカ、此機ヲ失フタラバ、最早私ハ得ベキトキハナイトマデ恐レルノデアル、人或ハ云フ、成ル程調査委員ヲ置イテ之ヲスルモ宜シカラウガ、併ナガラ議員タル所ノ資格ヲ持ッテルモノハ、假令調査委員ヲ置カズトモ、必ズ此次期ノ議會マデノ間ニ、十分心掛ケテ、十分調査シテ、ソレデ次期ノ議會ニ出テ十分ナル意見ヲ述ベ、調査ノ結果ヲ顯スコトモ出來得ラレルコトデハナイカト、カウ言ハレマスケレドモ、如何ニモ其人々ノ精根ヲ盡シテシタ上ニ於テハ、出來得ラレルコトカモ知ラナイ、併ナガラ政府ト云フモノガ、サウ其內輪マデ立入ッテ、萬端ヲ示スト云フコトハ、容易ニ求メラレヌノデアル、是ハ今日マデノ有樣ニ於テ、諸君ノ御承知ナサッテ居ルコトデアルダラウト思フ、然ルニ此繼續委員ト云フモノハ、餘程ノ權能ヲ持ッテ居ル、恰モ(「餘リ長イト贊成ガ減リマス」ト呼フ者アリ)マ少シ御待チ下サイ、議會ガ開ケテ居ルト同樣ニ繼續委員ガ續ケバ、衆議院ナラ衆議院ニ繼續委員ノ室ガ出來テ、十分政府ニ對シテ材料ヲ求メルコトモ、現ニ唯今議會ガ開ケテ居ルトキニ、各部室ニ於テ特別委員ガ政府ニ對シテ質問スルダケノ權能ヲ持ッテ居ルト同ジ權能ガ出來ルダラウト思フ、其途ヲ執ッテ行ッタナラバ、一個人一個人ガ私ニ調ベルトハ違フテ、十分ナ材料ヲ此調査ノ密ナルコトモ求メ得ラレルト思フ、斯樣ナ便利ナモノガ現ニ議院法ニアルノデアル、又衆議院規則ニモ此事ヲ設ケ得ラレル途ガ明ケテアルノデアル、而シテ此繼續委員ナルモノハ抑如何ナルトキニ用フルモノデアルカ、如何ナルトキニ必要ノモノカト申シタナラバ、此度ノ此增稅問題ノ如キ歲出、卽チ財政整理ト云フ問題ノ如キ事柄ニコソ始テ之カ要ル、之ガモウ實ニ適當シタル所ノ事實ニ適フテ居ル、卽チ繼續委員ヲ置イテ、最モ適當ナル財政問題デアルト私ハ信ジマス、ソレ故ニ願クハ此先決問題タル決議案ヲ御贊成ヲ下サッテ、一方ニハ財源ヲ求ムルノ方法ヲ審議シ、一方ニハ財政整理ノ目的ヲ達スル途ヲ講ジマシテ見タナラバ、二ツナカラ私ハ兩得ヲ得ルト存ジマスデ、此問題ニ附イテハ種々ナル御議論アルコトデゴザリマスルカラ、此本問題ニ入リマセヌ前ニ方ッテ、私ハ先決問題トシテ此決議案ヲ提出致シテ、諸君ノ御贊同ヲ求メル所以デゴザリマス

二　日清戦後の経済論

　日清戦争終了後、明治二十八年下期から三十年にかけて、経済界は、企業の設立や活発な民間投資によってブームに沸いた。また、政府は清国からの賠償金を準備金に充て、明治三十年十月から金本位制を実施した[1]。

　しかし、やがて景気の拡大や財政支出の拡大により、貿易収支も逆調傾向になり多額の正貨が流出し、金融も逼迫した。こうした中、外資の導入、株式担保金融を行なう金融機関を設立すべきとの機運が高まった。

　2―12「**実業の基礎の改良**」（明治三十二年二月三日）は、関東区実業大会（東京など関東の一府七県の農業、蚕糸業、茶業、畜産業、水産業、五二の各業団体と、当業者の連合）において、中野が東京商業会議所副会頭として、外資導入や実業教育の重要性を論じたものである。

　2―13「**帝国現時の経済界**（**上**）（**下**）」（同年四月五日、同二十日）では、増税ではなく非生産的な軍事費を削減すべきとの主張を行なっている。海軍の維持は必要だがそのためには陸軍の費用を削減すべきであり、両方が競って軍事費を拡大して、国力以上の歳出をもたらし、財政を悪化させ国力を弱めるとして、「武人政治」を正面から批判した。これはその後の中野の基本的主張になるもので、この時点から有力な経済人が軍事費の拡大を批判していたという点から注目されている[2]。

　2―14「**経済時事談**」（明治三十二年九月）は、政治家や学者が、欧米諸国では戦争の後に恐慌があるという外国の先例を見てここ数年の不況を恐慌と称しているが、それは日本には当てはまらず、誤りであるとしている。恐慌との声が高いので銀行が貸出態度を厳しくしており、金融緩和だけでは事業の興起は難しく、事業者の恐怖心が去らない間は、経済界の回復は難しいとしている。

　2―15「**中野武営氏の土地所有権外人付与談**」（同年十月二十五日）は、条約改正によって内地雑居が許されたことを受けて、外資導入のために外国人への土地所有権を認めるべきとの意見である。東京商業会議所もこの後、外国人の土地所有等を認めるべきとの意見を発表した[3]。

　中野は、外資導入や株式金融の充実、非財閥系の金融強化の必要性を踏まえ、日本興業銀行の成立に尽力した。

金子堅太郎など官民の有力者が日本興業銀行期成同盟会を設立し、第十三回議会には、衆議院に議員立法の日本興業銀行法案が提出された。しかし、政府や貴族院との調整ができず審議未了となった。続いて第十四回議会で政府が貴族院に「日本動産銀行法案」を提出したところ、貴族院は法案名を日本興業銀行法案に改め政府保証の規定を削除した。

　これについて、衆議院の同法案委員長であった中野は、**2-16「日本動産銀行法案委員会委員長報告」**（明治三十三年二月二十日*）の通り、法案の成立を優先し、貴族院の修正を全会一致で受け容れるべきと述べている。衆議院本会議では改めて「但シ外国ニ於ケル債券発行ノ規定ハ別ニ法律ヲ以テ之ヲ定ム」という規定が挿入され、貴族院に戻されたが、貴族院も銀行設立を急ぎ、但し書きをそのままとして法案が成立し、明治三十三年三月に公布された。

　明治三十三年一月に東京株式取引所理事長に就任すると、**2-17「東京株式取引所理事長中野武営氏の談」**（同年七月一日）、**2-18「経済界の矛盾」**（本文及び承前）（同年七月十五日、同八月一日）、**2-19「中野武営氏の外債失敗の影響談」**（同年十一月五日）など、経済全体や株式市場の見通しについて積極的に論評を加え始めた(4)。

　2-20「中野武営氏の興業銀行談」（同年十二月十五日）は、日本興業銀行の設立委員に任命された中野が、設立当初先行きが危ぶまれた同行の見通しについて、楽観的な展望を示したものである。

　2-21「中野武営氏本年の財界談」（明治三十五年一月五日）は、株式取引所理事長として、明治三十五年の経済の見通しを述べている。

　2-22「中野武営氏の商工業奨励策」（同年五月十五日）は、日清戦争後、軍事上において一等国になったが、経済的戦争において大きな勝利をしたわけでなく、経済上の一等国といえないとして、万国博覧会を大戦場と定めて国を挙げて農工商業の振興を図るべきと主張した。中野が万国博覧会の開催意見を述べた嚆矢であった。

　2-23「中野武営氏の商業会議所議員選挙談」（同年十月十五日）は、自らの商業会議所と衆議院の両面で尽力して改正した商業会議所法について、東京など大都市の議員選挙権の納税基準を引き上げたことに対する批判への反論である。

　2-24「本邦に万国大博覧会を開設すべし」（明治三十

六年三月一日）では、軍艦一隻建造するのであればその費用をもって万国博覧会の開催をすべきと主張した。万国博覧会は、自国の工芸品を世界に紹介し販路の拡大をする機会であるばかりでなく、日本という国そのものを世界に広告し外客を誘致する効果もあり、大博覧会を目標に産業の進歩発達が促されると述べている。

注

（1）本節の内容については、拙著『中野武営と商業会議所』の「第四章　実業家の政治的結集」を参照。

（2）この論考に先立ち、「**中野武営氏の軍費縮少論**」『香川新報』（明治三十一年二月二十六日）では、戦時と平時の兵員の組織を減らして一旦急があった時に召集できるようにしておけば、軍事費の削減ができると主張している。

（3）第八回商業会議所連合会（渋沢会長、中野副会長）において、外国人に鉱山を開掘し得る権と、外国人に土地を所有し得る権を許すかという点について、各商業会議所の意見を求めている。そして、東京商業会議所は、「外国人ヲシテ土地所有権及鉱業権ヲ享有セシムルヲ可トスル意見」（東京商業会議所、明治三十三年三月）を発表した。明治三十二年以降、ウエスタン・エレクトリック（日本電気）などの外資系企業が日本に直接投資を始めた。

（4）この時期、地元の高松で、「**中野代議士の経済談要領**」『香川新報』（明治三十三年四月二十九日、五月一〜三、四、五、八、九日）。「**中野代議士の実業談**」『香川新報』明治三十四年十一月二十、二十三、二十六〜三十日）の講演を行なっている。

（5）衆議院商業会議所法案委員会、明治三十五年二月二十二、二十四日。同趣旨の論考として、中野武営「**商業会議所会員選挙権問題に関する私見**」『太陽』第八巻第一〇号、明治三十五年八月五日。

實業の基礎の改良

中野武營君

今日此關東區實業大會に付きまして御招待を被りましたのは甚だ光榮の至でございます、實は東京商業會議所の會頭澁澤榮一氏が本會へ出まして祝辭を申上げたいのでございますし又委員長からも其御希望がございましたが先日來同氏は病氣でございまして遺憾ながら出席を致しますとが出來ませぬ夫故に出席をして何か演說をせよといふ求めでございましたが甚だ演說等は心得ませぬから此處へ出まして申上げるやうな腹稿も無いのでございますが併し夫にも拘らず出席致したのは元來此實業大會といふ御企は實に私共の稱賛して居るのでございます此關東の各縣にある實業會が種々實業上の研究をせられたものを集めて又全國の實業大會の議題となし其研究討議せられたものが現はれて或は帝國議會に出でゝ問題となり法律となるといふやうなことも是まで既に澤山あるやうに考へます、曾て農商高等會議に於ても又此實業大會に於ても段々御研究になつた問題が農商務大臣より諮詢案となつて現はれて討議をしたこともあります、其節にも農商務省の主務者より段々實業會も盛大になつて斯う云ふ種々な問題に付て講究せられた事柄が大に實業上に功を奏して好結果を得て居るといふ事柄を詳しく私共は承つたことがありました即ち今日は夫等の御會であるのに付て私が出まして此大會の實に我邦に公益をなして居るといふことを稱賛せねければならぬと考へたのであります、先づ此實業大會の今日まで段々盛大になつて是より一層盛大になることは疑はざるのでございますが此會に於て種々御研究になりまする問題は今申上げた通りに効果を奏して居る、此以上も我邦に取つては何を主とせねばならぬかと申すと申上げるまでも無い實業界の發達を謀らなければ此國は立つて行くことが出來ないのである、此事を研究するといふことは實に今日急務なことでありまます、夫で私が諸君に訴ねて見やうと思ふ事柄は色々生産上、物産上の事などに付きまして改良を加ね盛大にする等の事に付ては私は甚だ不案內である、夫には先輩諸君又專門の諸君があつて此會に於て段々御演說になることでございませうから私共は釋迦に說法を申上げるまでも無し又心得ぬことを言ふは甚宜しく無いと考ねますからして左樣なことは申上けませぬが大體此實業を發達し盛大にするといふことの上に付て考ねますのに先づ其基礎といふものを强固にして行くといふことを謀らねければならぬと思ふのであります、其基礎といふものは何が基にあるかと云へば此經濟である經濟の事といふものは實業上に餘程研究を要するものであると私は考ねるのでございます此點に付て一、二、疑のあるといふことを申上げて見たいと思ふ、日本が維新以來の進步といふものは長足の進步をしたには相違ない實に驚く程の進步をなして居る又經濟の發達もして居るに相違ございませぬが併ながら之を他の文明國に較べて見ると云ふと實に情ない境遇であるのでありますす實業上の事に付てもまだ〳〵改めたい進めたいことも澤山考ねて居る氣が附いて居る所が奈何せん此一つの經濟といふことの爲になしたいことも出來ず恨を呑んで躊躇して居るといふ有樣と思ふのであります、然らば此經濟の研究といふものは實業上に於て是非せぬければならぬ此經濟の研究して之を輿論として、實業者の意見として大に此經濟の疏通發達といふ道を考へなければならぬと思ふのでございます、先づ日本の有樣は如何であるかと考へて見まするど甚だどうも經濟上に取つては遺憾千萬なとが多いのである先づ之を形に形容をして申しますると頭が大きくて手足が小さい、身體が小さいと云ふ形になつて居る即ち一般の經濟と政府の財政といふものとの釣合が甚だしい不權衡を成して居る不釣合をなして居る、經濟の上から申せば唯々頭が大きくて身體が小さい之を名けて福助形と云ふ物になつて居る、兎に角種々の事柄が此腦へ騰つて仕舞ふ即ち血液といふものが腦に騰りて仕舞つて手足は血冷といふ有樣であります、其頭の重さ、頭の形に連れて手足は右でも左でも倒れんとする有樣であります、此の如き有樣、形といふものは健康體の形であるか立派な形であるかと申せば決して立派な形では無い病氣に喩へて申せば腦充血即ち頭熱足寒といふ有樣である、頭だけ温くて手足は血冷する即ち虚弱な人の症である、此の如く虚弱なる不釣合なる形狀で居つては經濟の宜しきを、得られないので、一例を擧げて申せば日本の維新以來此實業家が種々の計畫をなして實業に資本を投じて今日に至つた即ち資本を集めて會社を拵へるといふことが銀行が初めて出來た時に始りましたやうでございますが其以前は著しいことは無い、明治八九年頃からさう云ふものが出來た、夫から段々發達して今日まで參りました、故に銀行會社の數などは隨分夥しい數になつて居る而して之を政治家などから言はせまするど實に日本の實業といふものは突飛なことをして無暗に社債劵を暴進して今日に至つて而して今日は甚だ行當り、跡へも先へも行けぬといふ如き境遇に至つたのは餘り膨脹が甚しく一時に急進した、分限不相應なことを實業家がするからの事であると言つて警められる、如何にも近來二三の有樣を見まするど種々な事業か勃興致して此有樣は隨分ゑらい運び方、秩序ある進歩と云ふことは申せない少し急進暴進といふ有樣に言はれても致方が無いことに私共も感じまするけれ共併なから其大體を言て見ると誠に微々たるものなんである、此明治七八年頃から種々實業家が資本を寄せて事業をしつゝ來た其結果今日までにどれ位資本を要したかと言つて見ると昨年の末までにあつたことを大藏省の調べられたものに據ると實際拂込んである資本の額は五億一千万圓位のものである、是が長い間に實業家が熱心に種々なことを企てたと言ふて非常な膨脹非常な進み方と言はれたものが唯、五億かそこらのものである、其中の半分ばかりといふものは何かと申せば銀行即ち流通資本に使ふものである進んで居る點も退歩した事もございまするが之を申上けるのもクダ〳〵しうありますから申上けませぬが農業者商業者鉄道者と雖も其點に於て資本を要して居ることは誠に僅々たるものであります、其半分二億五千万かそこらしか無い、是位な有樣で此實業社會が汲々として資本を求めたのに僅か夫位しか無い、さうして一方に於て政府の財政といふものはどういふものであるかと申すと戰後の經營の事として一時に膨脹した結果は少からさる歳出であります、政府の使ふ金は一ヶ年に二億万以上の金を使ふ、經常費臨時費を入れると夥しい金を使ふ政府は一ヶ年に夫位の金を使ふ、實業家は生産物を拵ねる爲に長い間骨を折つて晝夜働いて苦心してやつて居る其資本は僅かに今日までに五億圓かそこらしか無い、長い間に夫丈しか要して居らぬ、其中固定になつて居る殘りが僅かに流通して居といふ者は其半分位である、甚不釣合と申さぬければならぬ道理でございます、夫故に政府の爲す事といふものは忽ち實業上に非常な關係を起す又政府の爲し方の右となり左となることが實業に關係を及ぼして其利害を受けることは甚しい、夫は何故なれば其血液なる物が多く上へ騰がる即ち頭腦へ騰つて居る其頭腦の力といふものが直ちに手足を動かす、重い力でどちらでも傾き得られる寸法になつて居るのでございます是では實業の强固といふことは保つことが出來ない、今言ふたからと言つても出來ませぬが將來經濟の目的といふものはどう云ふ寸法にするかと云へば所謂上より下に能く擴がると云ふ寸法にして置かなければ此基礎は立たぬのであります、之を人の形に形容すると所謂棚の達磨のやうに頭が小さくて裾が張つて居れば如何に私等が振廻してもチャント立てる時には立つ、是がアベコベに上が大きくて裾が縮んで居るから直ぐに覆ねる、動かされる、夫で段々西洋各國の學者達の調べた統計表に據つて見ますると大抵國々の富の寸法から割り出して政府が使ふとの寸法を學者達が調べてあるものがあります、是も細かしいことを申上げますれば長々しいことでありますが大體之を平均して見ると百分の一五位の寸法になつて居る即ち一百億萬の富のものならば其中一億五千萬圓は政府の使ふべき財政になつて居る、日本抔は其統計が分らぬさうてございまして どれ程の富のものであるか日本の富の高と云ふものを十分明確に調べたものは分りませぬから之を學者として何處へ取定められるか私共の考は及ばぬ所でございますけれ共先づ大抵人々の申し居る所では多くとも一百億萬以上はあるまいといふ事で有ります、其富の程度から推して見ると二億萬以上の財政になつて居るのは少しどうも是等の寸法から割出して見ても多い、夫故に我々が政治家に望む所のものは漸次に實業の力といふものを强固にする爲に財政の上のことを今申す通りに福助形を改めて達磨形にして其方針を是非取つて貰はなければ實業の强固を保つことは出來ない併ながら夫は即ち政治家に望む所のものであるが元來此血液の少い所である日本は、……血液か少いから唯、夫丈けの寸法をなされたからと云つて此實業か安全である發達して居る夫で足れりと言はれるかと云へば決して夫は申せぬナカ〳〵今日のやうな有樣で此形を換へた丈位のことでは濟まないのである、まだ一歩進んで此經濟の疏通發達といふものを今少し大にする手段を取らぬければならぬと思ひます夫に付ては種々なる方法を研究せぬければならぬ、或は外資輸入の道を謀らぬければならぬといふ論も世間に澤山あるのでございます、此外資輸入のことも私共絶對的に宜いとか惡いとかといふことで無く其仕方の如何に依つて初めて是非を言ふべき問題にして單に外資輸入が宜いとか惡いとか申すことは出來ないのである、先日農商工高等會議に農商務大臣から此問題に付て即ち外資輸入の利害其方法等といふ問題を以て諮問をせられ段々此會員も研究せられた所のものでございましたが約まる所外資輸入といふことが善しとも惡しとも其方法を見た上で無ければ言はれるもので無いといふことは論を俟たないで約まり大別して申すと外資輸入の仕方は人爲を以て故らに外資を方々へ入れるといふ仕方と夫から自然の結果、自然の流通として日本へ外資が這入つて來るのと斯う二つあります、固より自然に注入して參る者は是は少しも妨けない啻にないのみならず自然に注入せられるやうにする方法を講じなければならぬ、之に反して色々な法立をして故らに日本へあちらの金を取入れてやると云ふ仕方は或一部分は善いことゝ申されるかも知れませぬが事柄に依ると害をなさぬとも申せぬので是は高等會議に於ても此問題には苦んだことでございます、兎も角も我々日本の血液は今日の有樣では足らないので此有樣では迚も事業を起して此實業を盛んにするといふことは到底期し得られぬから何とかして少し流通の道を作ることを謀らぬければならぬので外資輸入の方法に付ては宜しく其道を講じて成立たん事を私共希望する差向き唯今までの所では自然の注入をも防ぎ自然の供資をも遮つて居るといふことがありますからして是は餘程注意して法律上爲されべきものは爲され又一箇人々々々々として改むべき方針は改めて參らぬければならぬと思ふ是が目下の急だらうと思ひます、そんなものを誘導して外國人に權利を持たす、法律に明かに認めて無いものまでも或は當局者當路者として左樣なことを明言して許すことは出來ないとか云ふやうなことで外國人の日本に權利があるといふ事に付ては成るべく權利を遮つて居るやうな事柄が段々あります、だから外國人から見れば甚だ日本人を危險に思ひ劒呑に思ふに相違ないでありますからナカ〳〵彼が資本を日本に投ずる抔といふことは出來ますまいと思ふ夫故に條約改正の結果として供資を謀るといふ以上には何分さう云ふ道を講しおければならぬ、其害のあるものは止めるといふことにし取拂ふといふ事にして實地に能く擧る道を講せぬければなりますまいと思ふでございます、又二は此日本の人に排外主義の傾きが多いと思ふ外國人を甚しく嫌ふ忌む之を排斥する現象が多いのであります、是は是から先き〳〵總て貿易をする上から見ても又金融を謀つてやる上から見ても是が一つの障碍となつて居るには相違ない、果して外人を排斥し擯斥して日本は日本丈で立ち得られるならば私共は十分夫を惡いとは言はぬのである、さうして斯樣な思想であつて各國と相對して貿易をし商賣の爭ひ工業の爭ひをせぬければならぬ世の中となつた以上は即ち工業商業農業といふさう云ふ實業の力を以て彼と爭ふより外仕方が無い決して人嫌ひをするやうなことで爭ひは出來るもので無いのでございます、其場合には排外の精神といふものは甚だ害こそあれ少しも利する所は無いと思ひます、之に依つて見ますると外資輸入をしまする上に付ては種々な方法もございませうけれ共夫等のことを實業者としては研究するといふ道を私共進めて行かぬければならないと考へます。

今一つは此實業を發達させる上に付て日本の人の氣性として政治の如き法律の如き或は兵事の如き事柄は大變に日本の人の氣質に適ふ又人も之を善いことゝし貴ふ氣性があります、夫故に書生などが學科を擇みます上に於きましても法律學文學、斯う云ふやうな事柄に多く目を附けまして學科を擇むのに其方に附くものが多くなつて此外にある所の實業上の關係する學科を擇ふ者は近年は大分傾きが宜くありましたけれ共此年々の大學生抔に付て通算して見まするど如何にも少い、矢張り法律か或は政治部面の方に餘計に附く、夫故に學を終へました人達と云ふものもさう云ふ方へ向いて居る人達の補缺は澤山出來て居りますけれ共此の農業上技術上計算上の事に付ての學科を修めて民間に出て來て實業家に力を添へてやる人といふものは實に少いのである、豪傑も大分出來て居られますけれ共割合を申せば少いのであります、是が實業の發達に於て甚だ差支へて居る所以であらうと思ふ、先づ實業さへ今少し力が發達し基礎が強くなつて居りますれば政治部面の變革變動といふものは當てにせぬでも宜いのであります、チヨット佛蘭西のことを聞いて見ますると御承知の通り小政黨が分立して居ります爲に一年中始終内閣の交迭等があるといふことであります夫れでも政治部面は側から見て騷々しく騷いで居りますやうなけれ共其内部へ這入つて商賣、實業上のことを見て見ると何も騒いで居りはせぬ平氣で安全として進みつゝある少しも實業上に關係は持つて居らない、却つて政治家と言はれるのはエライ尊敬した言葉で無い、あちらでは御前は政治家だと言はれると冷かされたものとしか感せぬ位であります、夫は實業の力が強いのである、日本も是から今の學生は實業上のことを專門に方針を向け、成るべく實業の學科を修める方に向けさして又政府が此教育の事をなして行く上に於て將來は是非さう云ふ方針を取つて貰ふて人々の歸向する所をさう云ふ方に及ぼすやうにせねばならぬ、獨り政府のみならず實業家も主として其事を唱へてさうして青年學生をして其方針を取らしめ他日實業の發達を謀るの基礎を拵へねはならぬと思ひます

色々あれやこれや出鱈目に取合せて申すと際限なく長く相成りますが未だ外に段々御演說をなさる御方もございますやうにございますから餘り長いことを申上げては御妨げになります之を要するに日本の實業をして益々發達せしめんとするならば基礎を強固にする道を取らなければならぬ其基礎を立てまする上に此經濟の權衡、釣合を是非直して行つて實業社會の安全を保つやうにせねばならぬ財政の都合の爲に直に實業家が動かされる覆へされるといふやうな境遇にあつては何時までも實業が十分な發達を爲し得られるもので無いのみならず目下の日本の經濟なるものさへ崩れんとする有様であります、之を此儘捨置いては決してならぬが爲に政治上に關する所の財政は十分に其方針を取つて上を下にし下を上にして均しく行くといふ所の寸法を取り民間の實業家は此上にも血液を

増す方法を講じて行かなければならぬ又假令金があつても夫〳〵道具が揃はなければならぬ學者が實業上に力を盡すやうにしなければ十分なことは出來ない、今日は大分其方針を取りまするが將來是非共日本は實業といふことの力を以て各國と爭はなければならないことは論ない、其中にも殊に工業に適するやうなものを是非盛んにして日本は工業國であるといふ境遇になり他國にも日本は工業國であると言はれるまで進歩を取らぬ限りには今の世に當つて日本を安全に保ちつゝ行くことは決して出來ますまい（拍手喝采）是は御互に務むべきことゝ思ひますから是を申上げて置きます（拍手喝采）

論説

帝國現時の經濟界（上）

中野武營

第一　現時の財政と經濟

凡そ身體の健康なるものは血液の循環其宜しきを得て所謂頭寒足熱なるものなり。頭腦の冷靜は以て事物を思慮すべく手足の温熱は以て活動事に處すべきなり。若し夫れ血液逆上して頭熱足寒の變躰とならんか頭腦は爲めに煩亂し足部は活動する所を得ざらしむ、是れ生物の變態にして虚弱なるものなり。國家の財政及經濟に於ても亦敢て異なるとなし。國家の財政膨脹し民間の富力之に伴はざれば頭熱足寒の患に陷り、國力は虚弱となり、紊亂せさらんとするも得べからざるなり。顧みて我帝國の現狀を見るに蓋し此に類するものあらさるなきか。戰後歳計は急激に膨脹して嘗て八九千萬に過ぎざりしもの今や二億四千餘萬の巨額に達し之を前日に比すれば三四年にして殆んと三倍の激增となれり。而も民間經濟の發達は最近兩三年敢て長足の進歩として目すへきものあるなし。世人は戰後企業の勃興を誇張に吹聽したりしも細かに諸企業の實況を調査すれば其資本は僅に四五億圓に過ぎざるなるべし。之を以て彼の財政急激の膨脹に比す固より同日の論にあらざるなり。之を歐洲の實例に就て觀察するに國費は其國の富力に比し凡そ百分一半に過ぎざるものとす。而して之に超過するものは稱して負擔の大なるものとす。本邦の富力に就ては余輩未た詳密なる統計に接せすと雖も、大躰に於て百億以上に達せさるへしと云ふは敢て失當の計算にあらさるが如し。假りに之を以て謬なきものとなさんか、歐洲列國の平均國費の割合よりすれば我國費は將に一億五千萬圓ならざるべからず。今即ち二億四五千萬の歳出を見る斯の如くにして止まずんば我國家經濟は頭熱足寒にして手足は其活動を自在にする能はさるなり。

世俗に福助なるものあり。頭大軀少手足以て行歩に自由ならず、如何に强固を維持せんとするも基礎偏小にして頭部の巨大を支ふるに足らず、頭部の動搖は全躰に影響し、頭部右すれば躰右し、左すれば又隨て左す。斯の如きものは到底繁遽なる活世界に處する能はざるなり。我財政は常經を離れて膨脹し、之が爲めに常に經濟界に影響す福助的の經濟と云ふ誰か之を否まん。夫れ國家の富强は實力の充實にあり、實力の充實は實業の發達にあり、實業の發達は經濟の基礎を强固にするにあり。然るに我經濟界は其基礎を失へると彼が如し。何を以てか國家の富力を發達せしむるを得ん。

惟ふに頭熱足寒の人は之を醫する血液の逆上を防ぐにあり。國家經濟に於ける亦財政の膨脹を遏止し事業の發達を計るあるのみ、夫れ行政の整理經費の節減は數年來政黨政客の常套語なりしが、毫も其實行を見るに至らずして今や却て議員歳費增加案の可决を見るに至る、桑海の變と云ふと雖とも抑又驚くべきにあらずや。固より凡ての經費は必ずしも削除輕減し得へきものにあらず。社會の進歩文明の發達と共に法律規則は益々緻密を要し、往時の如く粗畧なるを許さず。此等の爲めに要する經費は人文の發達に伴ふ條件として已を得ざるに出づ。唯夫れ軍事費に至ては之を削減する必ずしも不能の事にあらさるべし。然れとも軍備擴張の計畫上今更之が組織を根本的に縮少せんとするも騎虎の勢亦如何ともすべからず。組織に於ては變更する能はずと雖とも內容よりして軍事費其者を減少すべきの餘地は之を求めて得ざるの理あらざるべし。余輩固より軍事に對し局外者たり。言ふ所必ずしも正鵠を得る能はざらん。然りと雖も理の然るべきものは彼此即ち一なり。苟も當局者にして此に注意する所あらんか爲し難きにあらざるなり。惟ふに軍備は一國制度中最大不生產の事にして、之を維持するに巨額の國帑を費ずもの他に其比を見ざるなり。然れ共苟も邦國として世界列國の間に介立し其面目を毀けざらんには護國の備をなすべきと豫め國民の覺悟せざるべからざる所、余輩豈に敢て絕對的に之を否認するものならんや。然も此等不生產的事業を擴張して國力の程度を超過するに至ては余輩斷じて其可を見ざるなり。今や軍備の擴張は世界列國の一流行となり、從來平和是れ主としつゝありし米國すらも軍備の擴張を圖り、平和會議を提唱し之を贊同しつゝある爾餘列國も擴張是れ汲々として一日を緩ふするを恐れつゝあるものゝ如し。此時に際し我帝國の戰勝の餘勢に乘じ遂に巨大の軍備を計畫し完成せんとしたるもの誠に偶然にあらず。廿萬噸の海軍十三師團の陸軍は既に擴張したるもの國家の躰面上永久に之を維持せざるべからず。陸軍には兵器の進步營舍の改築等あり、軍艦は兵器の精銳と速力の迅速を尊ぶものなれば之れが改良修繕等には年々夥多の經費を要するのみならず廿萬噸の軍艦を維持せんには年々新陳代謝の法を計畫し、將來は當然經常費として其欠を補充しつゝ行かざるべからず。如何に之を計量するも少くも二千萬圓を下るとを得ざるべし。然り而して余輩は我國の四面環海の地勢上貿易殖民の發達上一定の海軍の維持せられんとは必要にして避くべからざるを信ずるものなり。妄りに之が縮少を望むものにあらず。左れば一方の海軍に國費を要すとすれば同時に一方に於て陸軍の費用を縮小せざるべからず。然らずして兩々相競ふて之を擴張せんか、何を以て之を維持することを得ん。只恐る內閣は武人政治なり、而も各其專門を異にするが故に兩々相競ふて軍備を擴張し、さなきだに過大に失せる軍事費は更に益過重となるに至らんことを。余輩は民聲を大にし輿論として之を唱道し、政府をして猛省する所あらしめんことを希望するものなり。

（未完）

論説

帝國現時の經濟界（下）

中野武營

第二　現時經濟界の眞相

飜て經濟社會の過去を尋ね現時の狀況を察するに、一昨年以來物價騰貴の始に方り世の所謂經濟家學者等事實の眞相を看誤り徒に空論妄說を逞ふし、頻りに恐慌襲來を唱導したりければ、水禽の立つにも驚愕せんとせる銀行家に更に一層の神經的恐怖心を抱かしめ、徒に金利を引上げ擔保品の價格を引下げて貸澁りの姿勢を取らしめ、遂に諸事業をして益々萎縮せしめたり、當時實業家の困難實に想像するに餘りあり。

然らば何を以て學者論客の唱道し來りし所、我經濟界に於ける事實の眞相を誤りたりとなすや、曰く通貨の膨脹を以て物價騰貴の原因となし、複雜極りなき經濟社會の事々物々殊に戰後益々複雜せる關係をも顧みず、單なる推理にのみ之れ由て貿易の逆勢をも矯め、物價の騰貴をも抑へんとしたると蓋し誤れるの甚しきものなり。余を以て見るに物價騰貴の主たる原因は米價の暴騰に伴ひし結果と云はざるべからず、何となれば我國は物品經濟の時代を去る日尚ほ淺く、賃銀も一般の物價も專ら權衡を米價に取るの風あり、是を以て米價騰貴すれば賃銀も引上げられ一般の商品も騰貴する傾きあればなり。

如斯物價の騰貴にして既に米價に伴ひたりとすれば、此時に方りては勉めて通貨流通の便を謀るこそ適當の施法なるに却て通貨の收縮金利の引上及貸出の擁塞を治療の方針とせられし爲めにさしもに困難を感ぜる經濟界をして愈々增々困難に陷らしめたり是れ恰も貧血症に下劑藥を投ぜられたるに異ならず、病人の身に取りては迷惑の極といふべきなり、又輸入超過の如きも、其の重因に至ては米作の不況と本年一月より改正實施せられたる海關稅を見越したるが爲めなり、是を以て本年に入て頓に其の減少を來せしは蓋し當然の勢にして敢て怪むに足らず、されば此の情勢を觀て直に將來に於けるも亦我外國貿易を順調に歸せりと爲すは大早計といふべし、余は寧ろ之れを以て昨年の反動と云んとす。要するに昨年以來金融の頻りに逼迫し金利益々昂騰したるは、畢竟恐慌來の聲に驚き徒に銀行家の緊縮策を採りたる結果、殆んど經濟社會をして資金融通の道を杜絕するに至らしめしもの蓋し之れが最大原因なり、そは彼の一時商工業者をして殆んど狂せん斗りに恐怖せしめたる經濟界も昨秋の豐熟に伴ひ神經症の鎭靜せしと與に、漸く金融緩慢の聲を聞き中央銀行を始め各銀行をして金利を引下げしむるに至りしを以て知るべきなり、換言すれば資金の敢て海外より流入したるにあらず全く從前の如くにして玆に此の結果を呈したるは是れ銀行家が神經的恐怖心の薄らぎたる所以にあらずして何んぞや。

夫れ斯く迄に一旦病症を看誤られ不適の施療を受けしにも拘らず幸に甚だしき危篤に至らざりしは我國の經濟界の信用と活動とは未だ以て恐慌を來し、商海に大波瀾を惹起するの程度に進步せざる故のみ、即ち我國實業界に信用貸借盛に行はれざる丈け、困難を感ずるの度合薄弱なりしなり、試に我商業界の取引を見よ諸銀行は大小何れの取引も皆對物信用にして見返り品擔保品と稱するものを納めて後貸出割引を行ひ他の對人信用を以て貸出すもの殆んど稀なるにあらずや、故に少しく經濟界の困難に遭遇するも實價を有する抵當物の其手中に存するを以て、敢て異常なる困難を感ぜざるなり。之を泰西の銀行に鑑みよ、多くは對人信用にして抵當物を取らず、寧ろ其人物を信じ其手腕を信じ其技倆を信ずるものなり。故に其取引は機敏にして其行動は活潑なり、之を我經濟界に比すれば其信用の厚薄行動の敏鈍は宵壤も啻ならざるなり。夫れ精神機敏にして活潑ならんか、物に感觸する影響強くして其四躰の一少部分に生ずる傷害も直ちに全身に波及し致命の因となるもの少からず、之に反し精神遲鈍にして不活潑なるものは一部分の傷害は他に波及すること少なし。我が經濟の事情亦た斯の如し戰後に於て恐慌來の聲に驚され醫療を誤られしにも拘らず其影響は實業界の一部に止まり其波及の案外に少なかりしは必竟するに信用取引の薄くして行動の遲鈍なるが爲めのみ。

幸にして今日の銀行社會は漸く其の神經病鎭靜して常態に復せんとせり、雖然日清戰爭以來受けし瘡痍は今尙ほ癒へず、僅に神經のみ是れ鎭靜したるに過ぎざれば未だ以て安心すべき時にあらず、即ち我が經濟界の今日と昔日とは資金の上に於ても事業の上に於ても敢て異なるなければ、金融稍や緩和し金利多少低下せりとて新事業の興起未だ俄に望むべからず今は僅に起業中の事業を繼續し之れを完成するに於て多少の利便を得たるといふに過ぎざるなり、惟ふに此等の事業は既に巨額の資を投じて經營し來りしも多くは固定資本と化したる爲め、其利用の途を得るなくして金融逼迫金利昂騰の爲め未だ其利益を生ずるに及ざるものあり鐵軌機械類の如き一時大に輸入されしもの多くは此運命に遭逢し、例は地中に埋伏したる資金の如く、其價格存するも之を利用する能はざるものあり偶工事を繼續しつゝありし既設會社にありても一時株金徵收の困難なるに際し夥多の社債を起し高き金利を拂ふものあり、是等に對し幸に今少しく融通の道を得、株金の徵收を完からしむれば他日經濟界一部の緩和を得るなるべし、要するに今日は舊事業完成の時機といふに過ぎず。

而して我經濟界の眞正順調に歸し大に事業の振興するの時期は蓋し彼の政府が償金繰替の姑息策を更め事業其他の公債凡そ一億七千萬圓を募り得たる後にあらん、此の時期の至るを待たずして今又俄に起業に熱するときは財政の影響の爲めに何時一部に神經病を惹起し再び不測の困難を見るも亦知るべからず豈に思はざるべけんや。

要するに經濟と財政の兩者は互に相待て始めて其國の發達を爲すものたると、余が前回に述べたるが如ければ、政府は勉めて財政の膨脹を制し、民間は宜らく經濟の程度と場合を鑑みざるべからず、若し夫れ然らずんば遂に兩者共に倒るゝに至らん、所謂頭熱足寒の虛弱躰の常として鎖小なる氣候の變化も非常なる障害となるなり、故に之れが健康を保ち容易に時候の變遷の害を受けざらしめんと欲せば、先づ第一着に民間經濟の土臺を養ひ、頭寒足熱の常躰たらしめずんばあるべからず。嗚呼我が經濟と財政との權衡宜しきを得て此の健康躰に復する夫れ何れの日乎。

（完）

談話

經濟時事談

中野武營君

世に所謂經濟界の回復の時期如何と云ふ問題に對して回復なる文字を以て事業の興起する時代なりと見るときは所謂回復なるもの尚容易に來らざるものと信ず、目下金融は一に緩漫に傾き金利は大に低下して昨年一昨年等に於て三錢五厘以上を現はし事業界をして死地に陷らしめたるもの現今に於ては二錢内外或は其以下に低落せるに事業界頓んと振起せざるは抑も故なきにあらざるなり、蓋し我國に於ては經濟社會の勢力尚微弱にして往々他の爲めに或は誘惑され或は强迫さるゝ如き傾向ありて些細の事に動搖するは吾人の大に遺憾とする所なり、殊に戰役後に於ける我經濟社會の有樣の如きは實に我實業界の幼稚にして甚だ勢力なきが爲め世の政治家幷學者の爲に大動搖を來したるものなりと云ふべく全體の上より見る時は決して差したるとにはあらざりしなり、兩三年來の我が經濟社會を見て人或は是を恐慌なりと云へども、我國に於ては經濟的の組織未だ完全し居るにあらざるを以て未だ歐米に謂ふ所の恐慌の來るべき筈なく設令一歩を讓り恐慌に近き現象ありしとするも其由て來りたる原因は彼此大に異れり、我經濟界が兩三年以來非常なる苦境に陷りたるは經濟界が頓に大異狀を生じたる爲めなりと云ふにあらずして全く政治家幷學者等が經濟社會を强迫し爲めに斯の如き狀況を演じたるものなり、

即ち我經濟界は廿七八年の戰役に依りて一時金融をして常調を失せしめたりと雖も大體の上に於て差して變動を與へたるとなし、然るに當局者は戰爭後遼東半島還付等の爲め一時喪亡したる人心を奮起せしめんとして金利を引下げしめて經濟界を動搖せしむるの端を開き一方には學者等が戰爭後に於ては必す恐慌の襲來するものなりと云ふ外國の先例あるを見て頻に警戒を加へたるを以て漸く緒に就かんとしたる事業も進行せしむるを得ざるに至れり、或は先の金利引下に眩惑し無謀の設計を爲したるものなきにあらざるべきも確實にして見込の充分なる事業にして戰役の爲め一時中止しつゝありたるもの等が漸く時機を得て着手せんとしたる際一方には恐慌來の聲喧しかりしかば銀行は大に警戒し手元金を充分にし

啻に之が貸出を爲さゞるのみか從來貸付け居りたるものは期限の來るや必ず之を取立てたれば以前相當の資金を運轉しつゝありたるものも頓に融通の梗塞を感し設令利子を充分支拂ふも尙貸出を敢てせざる如き有樣となりたれば信用等は殆んど行はるゝをなく唯々銀行に哀願して多少の資金を而も高き步合にて借入るゝの止むを得ざるに至れり、斯の如く學者は頻に恐慌來を唱へ銀行は頻に警戒を加へたるの結果として金融は一に緊縮するの外なく終には全く恐慌の如き有樣となれり、然るに又物價が多少騰貴せるを見て戰後斯の如き現象は常にある所なるにも拘はらず政治家幷學者は物價の騰貴を以て一に貨幣の增加せる爲めなりと爲し學者は頻に通貨の過多を唱へ當局者は實際上に之を收縮せんと力めたるものゝ如し、加ふるに卅年に於て幣制改革の事ありたる爲め物價は一層騰貴し從て金融は愈ゝ逼迫したり、斯の如く我經濟社會は政治家幷學者の爲めに誤まられたるものにして若し歐米諸國の如く資本共通行はれつゝある國々の間には一國に不時の事變ありたる場合等には他國の資本は引上られべきが故に資本欠乏し終に恐慌となるべきも我國に於ては未だ他國の資本の引上られべきものなく又巨大なる資金を外國に取去られたるにもあらず、資金は勿論其他の經濟上の關係と雖ども戰前と戰後と別に大變動ありたるにあらざるは世人の均しく認むる所なるべし、然るに兩三年來の如き苦境ある所以は前述の如く政治家幷當局者の施設と學者の煽動とに依りて微弱なる經濟社會が不幸の地位に陷り斯く非常なる慘劇を演じたるものなれば事業家は辟易し再び手を下さんとするもの殆んど之なきに至れり、加之關稅の增加したる等の爲め輸入諸器械の價騰貴したれば第一鐵道の如き鐵器鐵具を多く要する事業には從前一哩四五萬圓にて出來せるに今日に於ては少くとも十萬圓以上を要するも尙充分の成効を見るを難かるべし、然るに從來地方に於て事業を發起せる者は多少名望と地位とを有せるものなれば前の失敗を再びせざらんと欲し容易に手を下さざるべし、故に單に金融の緩漫なりと云ふ事實のみにては事業の興起は難かるべく世人一般特に事業に從事する者の恐怖心の去らざる間は尙當分經濟界の回復と云ふ時に達するを能はざるべし、

訪問錄

中野武營氏の土地所有權外人附與談

全國商業會議所聯合會東京に於て開會さるゝに先たち東京商業會議所會員井上角五郎氏の發議にて土地所有權を外人に附與するの建議を爲すの件は聯合會議案として提出されたり之に對し木月九日中野無營氏に就て聞き得たる意見下の如し

刀衣生

土地の所有權を外人に與ふるの可否如何の問題に就ては、當局者も其の決定を取るに當時頗る困難せしことゝ想はる、何となれば既に新條約を實施し、內地を開放して外人の雜居に委する曉に於ては、土地所有權をも外人に附與すること、其當を得たるものにして、一方に內地雜居を許しながら、一面に土地を所有せしめさるは、恰も車の片輪を缺けるが如き感なくんばあらず、然るを我國に於て內地雜居を許しながらも、尙ほ土地所有權を外人に與へずんば、左なきだに排外的人種と見られ居たる本邦人は愈々外人より排外的人種なりとの認定を受るは當然にして、外交上の不利少なからず、左れば當局者も成るべくは、土地所有權を外人に附與する事を內地雜居と同時に實行せんことを欲せし者の如くなりしも、奈何せん、當時尙之に對して强硬なる反對を唱ふる輩朝野に少なからずして、强而土地所有權問題までも開放に決せしめんとせば、新條約實施に關し當局者は功を一簣に缺かんも知るべからざるの形勢なりしが故に當局者は右顧左眄、土地所有權は附與せずとの公言の下に、纔かに新條約締結の同意を我國に得たる次第なればなり。

該問題は此の如き來歷なり、此故に該問題が再ひ燃上るべきは、吾等の豫て期せし所にして、早晚其の決定を見ざるべからざる運命なるは、既に業に明かなりしなり、唯だ政府より該問題を提さげて決定を社會に求むる、將た民間に於て其の研究を始むるかば、逆知し難かりしと雖とも、而も政府は當時の言質に對しても、今更土地所有權を附與するの策を執るべしとは言ひ出し難きこと勿論なれば、到底民間議者の手に藉りて、或は建議となり或は請願となり、以て政府を動かさゝるべからざるは、豫じめ想像されたりしに、果然商業會議所聯合會に該問題の提出ありたる、蓋し自然の結果と謂ふべきものならん乎、

惟ふに內外兩國の間に資本共通の關係を滑かにし、又內國產業の發達を望まんには、須らく外人に土地所有權を與ふること必要ならん　資本を投入する產業は固より千狀萬態にして其の事情各異なりと雖とも、結局する處其の利害は土地と密接の關係を有す、故に土地所有權有ると無きとは、資本供給者若しくは事業家の向背を分つ所以なるべし、此の如くなるを以て、大に我國の地步を進め、產業の發達を期せんには此際宜しく該問題を可決し、而して本邦人の頭上に懸る排外的人種の評を一掃し、同時に資本共通の道を開くべきなり、彼の外資輸入が本邦に於て兎角行はれ難き狀ある所以のもの、本邦商工業者の信用低きに因ること勿論なりと雖とも、而も土地所有權を外人に附與せざるの一事は冥々の裡に强大なる原因を作すは吾等の信する所なり。

然りと雖とも、土地所有權を外人に附與するに就而は、世間尙反對論者あらん曾て同問題の議論熾んなりしに際しては、若し土地所有權を外人に附與せば、我國に比して金利大いに低廉なる外國の資本家事業家は大いに我國に來りて土地を買占むるに至らん、其の買占より受る同胞の害は決して尠少ならず、

とまで論ぜし反對論者もありしが、此の如きは誠に杞人の憂と言はさるを得す。

元來土地は急速に金に換へ難き物の中にても、最も多く換へ難き性質を有するものにして、內地の銀行さへも土地の抵當に對しては、貸附けを躊躇するほどにあらずや、然るに外人が如何に低廉なる資本なりとて、何ぞ漫りに異邦の土地を買求むるをせんや唯た外人が土地處有權を得んと欲するは、其地上の權利を確保せんが爲めに外ならず、此の故に土地所有權を外人に附與するの危險を唱ふるは全く杞憂に過ぎざる者と謂ふべくして、今日は須からく土地處有權を附與し、以て內地產業の發達を圖るべきの秋なり。

第七　日本動産銀行法案（政府提出貴族院送付）　第一讀會ノ續（委員長報告）

（中野武營君演壇ニ登ル）

○中野武營君（百九十二番）　動産銀行法案ノ委員會ノ結果ヲ御報告致シマス、本案ハ委員會ニ於キマシテハ必要ト認メマシテ、貴族院送付ノ通可決ヲ致シマシテゴザイマス、此事ニ附キマシテ一應來歷ヲ申述ベタイト考ヘマス、此日本動産銀行ハ昨年ノ會ニ於テ、政府ヨリ提出ニナリマシタ――先ヅ衆議院ヘ提出ニナリマシタ、衆議院ニ於テハ本案中ニ修正ヲ加ヘテ、サウシテ貴族院ヘ送付ニナリマシタ、其衆議院ノ修正ト云フハドウ云フ箇條デアルカト申セバ、日本動産銀行ト云フヲ、日本興業銀行ト名稱ヲ變ヘマスルコトガ一ツト、ソレカラ別ニ箇條ヲ設ケマシテ、即チ十六條十七條十八條ト云フ三箇條ノ條文ヲ加ヘタノデアル、其修正ハ日本興業銀行ニ於テ債券ヲ外國デ發行シマスル場合ノ規程ヲ拵ヘタンデアル、此趣意トスル所ハ政府ニ於テ債券ノ現金及利子ニ對シテ、仕拂ノ保證ヲ爲スコトガ出來ルト云フ事柄ナンデアル、ソレニ附イテノ箇條ガ添ウテ出テ居ルンデゴザイマスル、是ハ諸君ノ御承知ノコトデゴザイマスガ、此修正文ハ貴族院ニ於キマシテ削除セラレマシテ、衆議院ノ修正ハ遂ニ否決ヲシマシテ、ソレデ再ビ貴族院ヨリ衆議院ヘ回付シタノデゴザイマス、所ガ其際最早會期モ切迫致シテ、遂ニ會期ヲ終ッテシマヒマスガタメニ、協議會ト云フモノモ開ケズシテ遂ニ濟ンダンデアル、本年ハ此案ハ貴族院ノ方ヘ先ヘ政府カラ提出ニナリマシテ、貴族院ニ於テハ日本動産銀行ト云フモノヲ日本興業銀行ト云フ名稱ニ改正ヲシテ、即チ前ニ衆議院ガ修正シタル通ノ名稱ニ變ヘマシタコトガ一デゴザイマス、ソレダケガ貴族院ノ決議ノ上ニ現レタノミデ、其他ノ箇條ハ政府案ト對ナンデアル、唯茲ニ御參考ノタメニ申述ベテ置キマスルコトハ、貴族院ノ此案ノ委員會ニ於テ第十四條ニ但書ヲ加ヘタンデアル、其但書ハ「但外國ニ於ケル債券發行ノ規程ハ別ニ法律ヲ以テ之ヲ定ム」斯ウ云フ修正文ヲ加ヘマシタ所ガ此修正文モ貴族院ノ本會ニ於キマシテハ、遂ニ削除ニナリマシテ消滅ヲ致シタンデアル、ソレ故ニ此但書ハ貴族院ノ委員會ニ成立ッタ儘デ、本會ハ通過致サズニ終タンデゴザイマスルカラ、衆議院ハ此案ハ回ッテ居ラヌノデアル、ソコデ委員會ニ於キマシテハ昨年既ニ大體事柄ニ於テハ、衆議院ハ此案ノ必要ヲ見テ通過ヲシテ居ルノデアル、而シテ尚ソレニ加ヘタノハ外國ニ債券ヲ發行スル場合ノ規程ヲ加ヘタノデアリマスカラシテ、其意思ノアル所ハ吾々ハ承知シテ居ル、併シ本年ニ於キマシテ吾々ハ此案ノ儘賛成ヲシテ、別ニソレ等ノ條項ヲ加ヘルコトヲ致サナンダモノハ、ドウ云フ譯カト申シマスト、債券ヲ外國デ發行致ス場合ニ、其債券ニ對シテ政府ガ保證スルト云ヒマスル事柄ハ、隨分重大ナ問題デアルノミナラズ、此興業銀行其モノダケノ事柄ト違ウテ、債券ニ對シテ政府ガ保證トナルト申シマスルコトノ如キハ、他ノ日本ノ勸業或ハ臺灣銀行ト云フヤウナ種類ノ銀行抔ニモ、或ハ必要トシテ一ニ之ヲ與ヘレバ、他ニモ直チニ及ンデ參ル事柄デアル、サウシテ政府ガ保證ニ立ット云フ事柄ハ、隨分重大ナコトデアルカラ、是ハ十分研究ヲ要スベキコトデアル、而シテ貴族院ガ但書ヲ加ヘタ如キモ、別ニ法律ヲ以テ之ヲ定ムト云フ以上ハ、其法律ガ出來タ以上デナケレバ、十分研究ガ出來ナイノデアル、ソレ故ニ今日ノ如ク會期ノ切迫致シテ居ル場合ニ、斯樣ナ條項ヲ入レテ貴族院ト遂ニ議ガ合ハズ、衝突致シテ昨年ノ如キ結果ヲ見ルコトハ甚ダ遺憾デアル、昨年既ニ左樣ナ結果ヲ見タヽメニ、此銀行ノ設立モ遂ニ一年間後ラシテシマウテ居ル今日デゴザイマスカラ、又此上左樣ナ結果ヲ見ルコトハ甚ダ遺憾デアル故ニ、此問題ハ別問題トシテ、先ヅ此必要ナル銀行ヲ早ク設立サスト云フコトガ、經濟上ノ上ニ於テ大變急ヲ要シテ居ルコトデアルト認メタンデゴザイマス、サウ致シマシテ此第十四條ニ貴族院ノ委員會ガ修正ヲ加ヘタ事柄ハ、唯今申述ベタヤウナコトデゴザイマスルガ、若シ斯ノ如キ但書ヲ加ヘルダケナラバ、少モ其用ヲ爲サナイノデアル、別ニ法律ヲ以テ之ヲ定ムト云フコトヲ書イテ置キマシタカラト云ウテ、其法律ガ出テ來ヌ限リハ效用ヲ爲サヌノデアル、少モ實益ヲ生ズルコトハナイ、啻ニ實益ヲ生ジマスルコトガ出來ヌノミナラズ、却テ此但書ヲ加ヘテ置キマスルト云フト、此法律ノ精神ヲ確メル、即チ範圍ヲ狹メルト云フ結果ヲ見ルノデゴザイマス、其譯ハ此原案ノ如キ儘デ置キマスレバ、此債券ト云フモノハ特リ内地ニ限リマセヌ、外國ニ於テモ發行スルコトガ出來ルノデゴザイマス、現ニ日本勸業銀行抔ノ上ニ於テモ募リ得ラルヽ時機サヘアレバ、今ノ法律ノ儘デ以テ、外國デ債券ヲ發行スルコトガ出來マスルコトニナッテ居ルノニ、此但書ヲ加ヘマスルト云フト、單ニ茲ニ書イテアル債券ト云フモノハ、内地デ募ルベキ債券ニ限ッテシマッテ若シ外國デ募ルト云フ場合ハ、別段ノ法律ガ出來ナケレバ募ルコトガ出來ナイコトニ相成リ、却テ法律ノ範圍ヲ狹メルト云フ結果ガ後ニ殘ル、果シテ政府ガ保證ニ立ッテカラニ出來得ラルヽコトナラバ、エライ效用ガアルヤウデゴザイマスガ、是ハ政府ガ絶對的反對ヲ表シテ居ルデゴザイマス、其事ハ別段法律ヲ以テ十分研究ヲ爲シ、審議ノ上デナケレバ極ラヌコトデ、今カラ書イテサウシテ却テ此債券ノ範圍ヲ狹メ、外國デ債券ヲ發行スルコトガ出來ヌモノト云フ法律ニナシテシマウト云フコトハ、此法律ノ上カラ見テ害アッテ少モ益ノナイコトニ相成リマス、ソレ故ニ今年ハ會期モ切迫致シテ居ルシ、ソレ等ノコトモ十分政府ニ保證ニ立タスベキ所ノ必要ト云フコト、又手續ト云フ如キコトハ十分審究スル餘地ガナイ、若シ衆議院ダケガソレヲシマシタ所ガ、貴族院或ハ政府ガ不同意ニ傾クカモ知レマセヌコトデゴザイマスルカラ、昨年ヨリ今年ハ既ニ一年後レテ、此必要ヲ見ナガラ成立タズニ置クハ遺憾デアルニ、今年又其覆轍ヲ履ムコトヲ恐レマス故ニ、貴族院ノ送付ノ通全然同意致シマシテ、全會一致ヲ以テ決シマシタ譯デゴザイマス、右樣ノ次第デゴザイマスカラ、本日一讀會ニ引續イテ二讀會三讀會等モ結了致シマスルヤウ、偏ニ希望ヲ致シマスデゴザイマス

2-17　東京株式取引所理事長中野武営氏の談

(三)　東京株式取引所理事長 中野武營氏の談

今回の清國事變は我財界に如何なる影響を及ぼすべき乎、吾人案ずるに清國事變其のものより生ずる被害は極めて尠なかるべしと信ず、蓋し今回の擾亂の爲めに日清貿易は全部停止せられたりと云ふに非ず、目下の所僅に北清貿易其打擊を被りたるに過ぎず、而かも暫時の間のみ、擾亂鎭定の期遠からざるべきを以て其間被るべき損害は極めて僅少なるべし、若し夫れ不幸にして容易に鎭定せず、爲に北清貿易は其間全く停止せられたりとするも尙ほ南清貿易の存ずるあり、試みに廿七八年日清戰役當時の事實に徵せよ、騷亂は刻下に比し實に優勢なりしも、北清貿易は全く停止せられたるに拘らず、南清貿易は何等の影響を被ることなく、依然繼續せられたるに非ずや、故に今回の事實に焦心苦慮するを要せざるなり、日清貿易に及ぼす影響既に爾く僅少なりとせば內地金融界に及ぼすべき影響の僅少なるべきは論を俟たざる所なり、然りと雖も玆に注意すべきは日本銀行の行動なりとす、蓋し日本銀行にして此際其行動施設を誤まらんか、既に恐怖心を以て充滿せる我財界は爲めに著しく動搖し、其極寒心に堪へざる慘狀を呈するに至るべし、由來我政府當局者が中央銀行に臨むや甚た其所置を失せり、即ち中央銀行を以て自己唯一 機關銀行視し、其資金の大半は悉く自家の便宜に使用し居れり、試みに日本銀行の保證準備發行額 一億二千萬圓の使途を觀よ、內部の事情は他人の端睨を許さすと雖も公然發表せられたる事實のみに徵するも、其十分の七乃至八は悉く政府の爲に使用せられ、民間に放出せらるべき資金は僅に其二分乃至三分に過ぎず、即ち一億二千萬圓の內八千萬圓以上(紙幣消却基金二千萬圓、正金銀行二千萬圓、外債引受二千萬圓、大藏省證券二千萬圓以上)は全く政府の爲に使用せられ、殘餘僅に四千萬圓は民間の需要に供せらるべき額なりとす、保證準備發行額を擴張し之を民間の需要に供せずして政府之を使用す、是れ貧弱衰亡國の爲す所にして第一等國を以て自任する政府の爲すべき所ならんや、而して財界稍や不穩の兆あるや政府及び日本銀行の先づ政府に向て融通する資金を回收するを勉めずして、金利引上げと貸出を謝るの行動に出づ、是れ實に誤謬の甚だしきものにて、吾人の大に其猛省を煩さんと欲する所なり、民間に放出せらるべき資金は爾く僅少なるに、資金の需要增加せるに際すれば更に金利を引上げて貸謝るが如きは、一國の生產力を削減するものにして、其危險にして弊害を生ずる蓋し是に過ぐるものなかるべし、故に斯る際には日本銀行たるものは先づ政府に融通せる資金を回收して、民間に放出せし資金は成るべく回收の度を減ずることを勉めざるべからず、觀よ今回株式の暴落せし原因は清國事變其のものゝ影響を氣構へたるよりは、寧ろ日本銀行が此事變に乘じて金利を引上ぐるに至らんことを恐れたる結果に外ならず、現に日本銀行の金利を變更せざるを聞くや株式は稍や回復し始めたるに非ずや、故に日本銀行たるものは此際愼重なる態度を保持し輕擧盲動を避けざるべからず、要するに外部より來る影響即ち清國事變の我財界に及ぼすべき影響は極めて僅少にして憂ふべきに非ざれども、內部より生ずる影響即ち日本銀行の行動を誤るより生ずる被害は寧ろ多大なるべければ、此際大に愼重なる態度を取らんことを希望して止まざるなり。

講演

經濟界の矛盾（於早稻田經濟會）

中野武營君演說
佃速記事務所員速記

何時も民間の經濟論の八釜敷くなつて來る原因はどう云ふ所から來るかと言へば、差向一つの感覺の起つて來るものは日本銀行の兌換發行に關係する、即ち發行の伸縮と云ふことが何時も原因を爲して居る、其事に就き遡つて研究して見れば他に又原因があるには相違ないけれども、日本銀行の此兌換券の發行に餘力があるとか、或は制限外の發行になつたと云ふやうな事柄が、何時も經濟界に變動を起して參りまする原因となつて來る。それを又學者經濟家と云ふ者はそれ等から判斷を下して色々療治をしなければならぬ、之に付きまして先づ初めは此保證準備の兌換券と云ふものは八千五百萬圓の制限額でしたのが、三千五百萬圓增して一億二千萬圓と云ふ如何にも增額が餘程多うございます、其上に又日本銀行が頻りに制限外を發行したと云ふやうなとから通貨は俄に膨脹した、それから又俄に收縮すると云ふやうな影響を近來萬事に與へて來た、そこで此寸法が伸びると縮まるとに付いて經濟が膨脹し或は收縮した、又民間の起業が大變增したとか衰へたとか云ふて凡ての寸法を是から見て行くやうなことが御座いますけれども、又此兌換券の內輪を割つて見ると餘程私は實際に判斷のしどころが違ふて來はせぬかと思ふ、それは此保證準備の一億二千萬と云ふ金額は多く御座いますけれども、之を內譯して見るとどうなつて行くかと云ふと先づ二千二百萬圓程と云ふものは政府が無利息で借りて居る、それから二千萬圓程と云ふものは正金銀行の外國爲替の資金に二分利で以て貸してあります、それから大藏省券と云ふもので政府が借りまする金がある、此金額はどれ程になりまするか時々に增減は御座いまするが、必ず一千萬圓以上はあるであらうと思ふて居ります、極く最近のものでは御座いませぬけれども此六月四日から六月九日に至る日本銀行兌換券の週報を見ますると保證準備發行額がどうなつて居るかと言へば、公債證書が一千五百萬以上、それから政府證券が二千二百萬、證券が千百萬、商業手形が五千九百萬以上、斯うなつて居る、此中に證券が千百萬以上ございまするが、此證券は果して如何なるものであるか表面上では分りませぬが、私の見て居る所では大藏省證券だらうと思ひます、それから外に日本銀行が倫敦で日本政府の募りました所の外國債に應じたのが二千萬圓、是等は數へ立てますると云ふと七千三百萬以上の者は斯う云ふものに除いて置く、一億二千萬圓の中から七千三百萬圓と云ふものは全く是は除いて仕舞て居る、民間に流通しつゝあるものでは御座いますけれども之を收縮するとは出來得られない寸法のものである、殘り五千萬圓足らずのものでございまするがそれを悉く民間へ流通として貸付けましたとしましても僅に五千萬かない、畢竟私共の考へるのに此兌換券を保證準備と云ふもので、是程の制限のものはどう云ふ事柄から發行さして仕舞ふたかと申せば言ふまでもなく是だけの範圍のもので先づ日本の流通が立て得られるものであると云ふ寸法で拵へたのである、其中多くは今申上げるやうに此內を政府が澤山使ふて居る、それ故に此處に金を一時收縮せむならぬ、回收せむならぬと云ふ場合に當りますと、どう云ふ部分から回收すると云ふと、日本銀行は政府に貸して居る分や又は外債に應じて居る分、或は正金銀行に貸してある金の如きは取立つることが出來無いから、民間へ流通になつて居る分を直接に引上げるより外には仕方がない、それ故に一億二千萬圓の中から一千萬圓回收したとか二千萬圓回收したとかなると、其影響は何處に來るかと云ふと、直に民間で現在流通して居りまするものに強い響きを起します、何故とならば殘らず出して來た所が五千萬圓からのものである、其中を取つて來るのでございますから民間にはエラい差支を起すのでございます、一寸申せば今紡績のことでも日本に於ては紡績業が盛んになつて居りますから原料の綿を仕込む金でも八百萬圓か一千萬圓の金かなければならぬ、又生絲のやうなものも外國へ賣れますまでの間は二千萬圓か三千萬圓の金は握つて居らなければならぬ、僅か紡績と絲と云ふものだけの金を數へて見ても三四千萬の金が要るのである、其他萬般の事業と云ふものにどれ程の金が要りますかナカ〳〵日本の經濟が大きくなつて居りますからして、昔のやうな小さなものでは往かない時に當つて民間への流通が少なくして前に數へ上げた如く政府の方へ使ふものが多いとなつて居る、此兌換券でございますから、實際之を收縮したら物價が安くなるだらうとか或は學理上から推して斯う云ふ資本にしたら斯うなつて來るだらうと云ふ寸法に當篏らぬ、是は餘程兌換券の上に付いても之を料理して行くと云ふ人は、又療治をして行くと云ふ人は餘程內譯の此金がどう云ふ方面へ向ふて出て居るかと云ふことを明かにして處置して呉れませぬと、民間の事業に直に困難を感ずると云ふことになる、日本銀行が貸出しを濫るとか或は貸金を回收するとか云ふことでそんなことを實業家が周章ぬでも宜いことである、困難を感ずる程のことはないがと政治家は思ひますが、それが何んぞ計らん非常に感ずるといふものは外ではございませぬ、總高では僅のやうでございますけれとも內譯をして見ると民間の方へのみ回收するのでありますから其困難は甚しいものでございます、

財政の困難なる國程兌換券の額を增しては其兌換券を政府が使ふと云ふ策を取るものである、現に日本銀行が二千萬圓の外債に應じたなどと云ふことは私は是は宜しからぬことで兌換制度を拵へ又保證準備を擴張した趣意に全く反對に之を爲して居るものであります、斯う云ふことがあつてさうして應ずる所の公債と云ふものは他へ賣却をし得られるならそれは一時のことで濟むのでありますけれども、蓋し此日本銀行が二千萬圓應じた倫敦の公債は大變不評判で直段などが下落を致して居る樣子でございます、と云ふものは日本銀行がアレは一時間に合はせに買ふたものでありまして、アノ二千萬圓は何時か賣放すに相違ないと云ふことは倫敦の市場に於ては見拔いて居る所である、丁度株式市場に於てさう云ふ景況があるものでございます、何某が持つて居る株はアレは家の資產として持つ株ではない、直段さへ好かつたならば何時でも賣出して來る株であると云ふことは皆知つて居る、それだから相場が容易に上りはしない、即ち日本銀行が持つて居りまする倫敦の公債の如きもさう云ふ景況が向ふにあるから賣放さうとした所が直段が下ッて仕舞ひますからナカ〳〵賣れぬ、それ故に苦しむで持つて居るのであらうと思ふ、さうして內地には斯う云ふものに使はれて居る金でございますから內地の流通が少しも付かない、それからして一時工業上入用な金が忙かしいので日本銀行へ借りに行くと今は發行制限外であると云つて居る、それで經濟家などが頻りに心配を起した是が金利を上げた原因をなして居るのである、元を申せば斯う云ふやうな使ひ方から使ひ所の方面が惡いから起つて來て居る病氣だらうと思ふ、それ等の考をせずして金利のことを以て彼是れ療治をせらるゝことは感心しない療治の仕方でありますから大變思はざる所へ苦痛が出て來るのであります、何

事にても此響きが一番多いと思ひます、其外今の兌換券の貸付ける所の方面の寸法が直りませぬ限りは何時も日本の經濟には甚だ苦しいことが起つて來て此良好なる順路に立戻ることは出來まいと思ひます、此處を先きへ洗ひ上げて此方面を直して行くことが經濟を直して行くことには一番大切のことである、

次に金利のことで御座いますが、日本銀行は春來二度程金利を上げまして今は二錢六厘の日歩である、そこで又民間に非常に困難を感ずる、何故に困難を感ずるか、どう云ふ所へ感じが行くかと云ふことを充分見ないと、唯だ株屋がワイ／＼と言ふものであるとのみは言へないのであります、金利を高くするのは宜いの低くするのが宜いのと云ふやうなことは是は極り切つたことではございませぬから、其時に依つて上り下りは自然の譯でありまして決して之を私はそばめる考はないのでございますけれども、併し此金利と云ふものゝ騰ることに付いて日本の經濟社會には外國とは違ふて大いに困難が深いと云ふものはどうしたのであるか、之を能く研究した以上で處置をして呉れませぬと唯だ警戒をする位なことは宜いが、此金利を徒に引上げる時は日本の經濟が立たぬと思ふ、其譯と云ふものは日本銀行の總裁が先日大阪の銀行員の集會の席で演說したことを新聞で見ましたが、矢張り金利を上げると云ふものは正貨の流出を防ぐと云ふ目的、又輸入を防ぎ輸出を殖して行くと云ふ是等の趣意からして金利を上げるより外に仕方がない、其趣意で上げたと云ふことを明言して居る、果してさう云ふことか實際に其目的の通り金利を引上げた結果として出來得られることならば宜しうございますけれども、私共が見る所では其金利を引上げました結果は決してさう云ふ調子にはならぬと思ふ、却つて反對の結果を實際に起される、所謂頓珍漢のものになりはせぬかと思ふ、それと云ふものは今金利を上げる場合に於て一番どう云ふ部分に直に響くかと申すと製造業者に一番關係が早い一番痛みを覺える、それで金利を上げたが爲めに縮むものは何かと言ふと製造業者が縮む、種々な業躰はございますけれども外の業躰と云ふものは金利が高くなつたから手の縮めやうのない部類のものが多いのでございます、例へば運輸業をして居る者があれば縱令金利を高くせられたからと云つて別に手の控へやうがない、又現在工事をして居て資本を其方へ入れつゝ在る者の如きも金利が高くなつたから設計を改めて金を使はぬやうにするたつて出來るものではございませぬ、唯だ其目的を達するのが遲れるだけの話で決して縮めることは出來ない、之に反して製造業者はどうしても仕込みが出來ぬ、それ故に一例を擧げて申せば十萬圓の原料を買ふてそれで製造をする目的で其業を起して居る者がどうしても金利が高くなつて引合はぬ時には澤山製造すればするだけ損と云ふことの算盤になる、是では堪らぬからして先づ一年中の見込みを以て原料の仕込みが出來ぬと云ふ苦痛を感じまするが爲め其方を撤回して五萬圓のものほか仕込まない、さうすると製造した結果はどうなりますかと言へば元來其器械なり職工なりと云ふものが十萬圓の原料を以て仕得られるだけの寸法にしてあるものを五萬圓でやるのでございますから利益が少ない、されぱと云つて職工を直に解散して仕舞ふと云ふことが出來ませぬから兎も角も繋ぎを付けて置かなければならぬと云ふ、又十萬圓に付いてならばそれが製し上つた結果として三萬圓なら三萬圓の利益が得られるものとするならば五萬圓の仕込みをしたら一萬五千圓の利益がある割合に往けば宜いけれども決してさうは往かない、詰りそれだけのものを手控へすると利益は皆無になつて仕舞ふ、皆無なら宜いけれども損をせむなら

ぬと云ふことになる、それが甚だ製造家には困難である、今現に紡績業者幷に栃木縣の織物業と云ふやうな所が一番困難して居ることは事實でございまするが、どうしても手控へをするより外には致し方がないからヂッとして居るだけの話、此製造業者はヂッとして居るだけでは濟まないのである、さうして參りまする以上は是が永く續きますと遂には持切れませぬから職工を減して掛ると云ふことは第二に行はねば到底維持の仕樣がない、さう云ふことになりますると其結果どうなるかと言へば日本の生產物の高は則ち減るべきに相違ない、又其他に金利を上げられたが爲めに手を控へてヂッとして勘辨の出來得られると云ふものは何がございませうか、營業上としては私共澤山ないと思ふ、皆製造業者に多い外の者には格別感ぜぬ、況んや下等社會の人は少しも金利を上げたが爲めに直に影響を及ぼしませぬ、追々製造業者なり其他一段上に居る所の者が困難をした結果第二段の下等社會の者に其結果が及んで往くので此金利を引上げた爲めに直接に其影響と云ふものは下等社會の方に及んで往きませぬ、先づ第一層に居ります者が最初に疲れてそれから一般の勞働者に及んで行くと云ふ順序だ、今の日本の塲合はどうであるかと云ふと其塲合でございます、又各製造業者にしても職工を散らして仕舞ふと云ふまでは中々ようしませぬ、餘程苦しいモウやらうかモウやらうかと云ふ具合になつて居るが未だ此先きどうなるか分らぬからと云つて苦しいのを色々維持して居ると云ふ塲合、此先きになつたら私はどうしても此維持が出來まいと思ふ、

それから經濟が共通して居る國ならば金利を引上げると正貨が自國へ這入つて來るのは自然の道理でございますけれども、御承知の通り共通と云ふことが出來て居りませぬ日本ですから此金利を上げたが爲めに正貨を日本へ入れると云ふ手段にはならぬ、現に何日でありましたか丁度日本銀行が金利を上げてそれから各銀行も金利を上げ預り金の利息を增す爲めにどの新聞を見ても廣告が澤山出て居る、其際中に橫濱の居留地に外國から出て居る銀行は金利を引下げた廣告を併せて出してありました、斯の如く一向共通の實がない日本であります、それ故に正貨流出の數を引止め又正貨を流入する手段の爲めに金利を引上げたものが日本には外國でやる調子の如くさう効能がないと思ふ、是は引締めるより外に仕方がない、さうせぬと貿易上に不權衡を來たして遂に日本の正貨と云ふものがなしになる結果になります、斯う云ふことを極端を以て言ひますれば成程輸出入の不權衡から來たものならば遂にはさうなつて仕舞ふと云ふが如き算盤にはなりますけれども、實際はどうしてさう云ふものではあるまいと思ふ、されば此金利を引上げたならばそれだけのものが防ぎ得られるかと申せば決して防ぎ得られはせぬ、成程外國品を買ふことは出來ますが、出來ますと同時に製造業即ち大に外國貿易に供すべき生產物と云ふものがそれと同時に日本が減つて來て居る、金利の爲めに却て其方が强く衰頽しますから結局輸出入に上に於きましては輸出入が譬へば減りましたにした所が輸入が減つたにした所か日本より輸出の方がそれより割合が多く減つて來る、差引すると輸出入の不平均と云ふことは免れない、却て私は一層不平均を增すだらうとまで思ひます、日本が斯う云ふ國であります故に外國と違ひまして金利のことが近時大變此民業に八釜敷く響いて參りましたのは全躰さう云ふやうな有樣だからです、若し信用が厚くて融通が立つて居りまする國であつたならばそれ程には此金利の爲めに感せぬのでございませうが、如何にせん日本の經濟は如何にも

微弱な國でございますから此金利のことが非常に民間の事業に響く、是は餘程其局に當つて居る人は注意をして日本の全躰と云ふものが斯う云ふ有樣のものだと云ふことを充分看破した上に處置して呉れませぬと日本の經濟と云ふものが誤つて仕舞ふことが出來ます。

（以下次號）

講演

經濟界の矛盾（承前）

中野武營君演說
佃速記事務所員速記

それから先頃松方大藏大臣などは頻りに勤儉貯蓄と云ふことを勤めにやならぬと言つて居られる、又井上伯も其事を言はれて居りますが勤儉貯蓄は惡いことでない、併し勤儉貯蓄を眞に行ふならば私は政府自らが勤めてなすつて貰ひたいことがある、それは色々な事業に付いて政府の制度を立て規則を設けるのに實に贅澤な方法を設けられてある、一例を申すと電氣取締規則と云ふやうなもの、成程技術上から見ますると一番安全に一番立派にするのに越したことはないのでありますが學者達が法を立て規則を編むで行きまするに、此處は斯うする方が完全だ其處はさうした方が安全だと一點張りの見込を立てゝ規則を設けて行くが、其眼中には日本の經濟はどれ程のものであるか少しも置いて呉れずして法を立てる、是が爲めに甚だしい贅澤なる法を立てる、其結果としては外國品などを買ふのも已むを得ない、吾々が實際に取つて無用だと思ふけれども致し方がなく買はなければならぬやうなことがあります、即ち亞米利加などでは大抵の所はモウ裸躰線を使はして一向差支なくやつて居る、又市街のやうな所では針金を布で卷いてありまする、さう云ふ者で決して差支なくやつて居る、それを日本の電氣取締規則では亞米利加で使ひ居る物を持つて來ても是では往かぬ、ゴム線を使へ即ち針金をゴムで卷いたるものでなければ使はせない、斯う云ふ規則であります、デ日本の全躰經濟の寸法と亞米利加の此節のやうな有様では時代が違ふて居る、其國ですら其位の質素なものでやつて然るべきものを、日本では如何にも贅澤な如何にも立派なものを使用せむければ許さぬと云ふ、成程技術上から申して見たならばそれは布巻きよりはゴム巻きの方が安全には相違ありますまい、けれども大抵世帶の都合に依つてしなければならぬ、それは或は事業の爲めとしては其危險が幾分かある爲めに百人に一人怪我するか、千人に一人は怪我する者も出來て來るかも知れませぬ、或はそれから火事を起すと云ふやうなことがあつて千戸の中に一戸燒けるとか、五年に一軒失火があつたとか云ふやうなことが萬が一あるかも知れませぬ、併し經驗上嘗てさう云ふことはあるものではないのです、又元來亞米利加でそれを使用して居る、又日本で現に東京電燈會社、大阪電燈會社などでは彼の規則が出ぬ前でございます故に皆布巻きの線を使ふて居る、それを其後立てた規則に於てはゴム線を使へと云ふことになつて改築を命じてある、それから改築すると云つても夥しい金が掛るから猶豫を願ひたいと願つてもどうしても聽かない、追々に改築が實施せらるゝのである、又電氣取締規則が立つてから以來新規に出來ました所の會社と云ふものはどうしてもゴム線でなければ許さぬ、現に私が檐當して居りまする小田原電氣鐵道會社でもそれでございます、政府の技師が來て撿分しますると云ふと是では往かぬ斯う改めろ、又海濱などで偶ま漁夫が其下を通る位な所でも此處は危險だから裸躰線を使ふならば下へ網を張れと云ふやうなことで實にどうも此贅澤なのには驚くのであります、電氣のことだけを擧げて申して見ても日本にては不似合なる所の贅澤なる装置をさしてそれが爲めに材料と云ふものは皆外國品を取寄せるのであります、デ勤儉貯蓄など云ふものを勸めまするよりも法令規則等を以て頻りに世帶にも不似合なる所の嚴重な規則、贅澤な装置をなさしむることを能く取調べて斯う云ふものを早く直してやり、又手輕にしまするならば事業の上に付いても算盤が取り易くなりまし、又貿易上輸入の額を減らしまする上にも大變な響きを持つ、斯う云ふものが一番多く金高になつて來るものでございます、其他鐵道にしても危險の極點を申せば種々なる危險がありませうけれども、何事も經濟の度合と云ふものを取つてしませぬ限りには一國の發達は出來るものではない、それでも先づ鐵道の工事に付いて見ても例を擧げて申せば澤山ございますが、先づ政府が起業者に向ふて頻りに贅澤なことをし、立派なとをさせて居ることは政府自ら改めるが宜しい、行政官がして居ることは是は行政官の手心で何時でも直すことが出來ます、そふでなくて個人的の勤儉貯蓄をすると云ふことは頓珍漢のことだと思ふ、斯ふ云ふ調子では何度勤儉貯蓄を勸めた所が少しも效能がない、それよりは事業の上に於て政府が贅澤のことをさして居るのを早く改めさすが一番宜いことゝ思ふ。

それから日本の經濟機關即ち銀行のやうなものが私は又其罪になつて居ると思ふ、追々銀行の數が頻りに殖へて參りますが是はどう云ふ徴候か分りませぬが此節は銀行の數が二千百餘り出來て居ると思ひます、其資本總額は四億六千萬以上になつて居ります、併し之を平均すると云ふと一個二十一萬圓餘に當る、斯くの如く銀行の數が澤山ありまするのは面白いことではない、經濟上に於て他日困ることになりは致さぬかと思ひます、と云ふものは此一家の中でも世帶を二つに別け三つに別けて諸方に世帶を立てれば其一家は必ずそれだけの用意準備と云ふものが立たぬければ一家の經濟も立たぬものでございます、銀行もそれで各銀行が個々別々に澤山出來て居りまするど、それだけの準備と云ふものを其銀行々々がして置かなければならぬ、況んや銀行が澤山ありますと共通と云ふものがきゝませぬ、又或は危險な銀行も其中には出來て來ますから甚だ共通が不便になつて來る、さうすると云ふと澤山の銀行がそれ〴〵に金を貯へるです。即ち引出しに遇ふ時分の用意をせにやならぬ、若し是が大きな銀行で數が減つて居りまするとそれから資本を集めて共通と云ふものも出來、銀行の信用が堅固になつて參りますから甲乙の流通も能くきいて來ます。さうすると澤山の金をそんなに諸方に貯へて準備して置くことがなくつても充分な流通のきくものであります、それがどうも日本では澤山銀行が出來て參りますから却て經濟が困難になつて來る、それが一般の經濟に大變響いて參ります、之を又何とか改めべき方法を講じなければならぬことだらうと思ふ。私は海外各國の例は知りませぬけれども何處の國でも盛んなる國程そんなに銀行は澤山あるものではあるまい、盛んなる國程澤山なけりやならぬものが實際はさうでなくて大きなものを拵へて流通の用を爲すと云ふことが事實だらうと思ひます、是と反對に日本は斯くの如き有樣であります、是は一番經濟に困難をしつゝありまする場合にも拘はらず、斯う云ふ機關が斯うなつて來るのは益々困難を釀して參る種子を蒔くものでございます。

それから又一歩進んで申して見ると此經濟界の困難は財政の膨脹から起つて來た結果も少なくはありません、申せば何時もながら豫算の中に大藏省證券と云ふものを入れる、日清戰爭前などには十五萬圓位の豫算になつて居りますけれども、年々國庫の剩餘金が積むでありますから、大抵剩餘金を使ふものと見えて豫算には千五百萬圓位發行されることにしても實際は四五百萬圓位しか發行せずして濟んだ年が多いのであります、所が戰爭後の財政膨脹と來ましたから幾らあつても足りないのです、始終一千萬圓以上の大藏省證券と云ふものを出してそれで日本銀行から金を借りて使ふて居ります、之を約めて言つて見ると財政の餘り膨脹した結果已むを得ずさうなつて來るのでございますから是れ以て今日は致し方がない、先づ根本的から直して行くより仕方がございませぬが、其財政を直して行くと云ふことに付ては別問題として兎も角も日本銀行が兌換券の制度を行ふて居りまする上に付いては、餘程政治家や學者が研究して下すつて宜しき方針に向けさすやうにして下さいませぬと、何時まで經つて見ても日本の經濟が直ることはないと私は考へて居ります。

支那問題に付きましては實業家が初めに大層恐怖しまして其結果が株式市場に現はれて非常に株式の暴落を來たしたのであります。けれども此戰爭はそんなに恐るべき戰爭ではない一つ遣り損つたら日本が償金を取られやせぬかと云ふ懸念は誰れも抱いて居らぬのであります、それにも拘はらずどうして一時ア、恐怖したかと言ひまするど實際は支那の戰爭がどうならうかと云つて恐怖したよりも、此事に付いては政府が金が要る。金が要ると又外から金の借りやうがない、日本銀行から金を借るのであらうさうすると民間に運轉して居る流通資本を回收してそれで其方へ向けるより仕方がない、さうなつて來れば必ず金利を上げるに相違ない、斯う云ふことで支那の戰爭が怖いのではなくして經濟上貧乏の國であるが爲めに、政府が財政に困つて兌換の作用を以て民間の資金を回收して掛る、貸出しをするのに金利を上げて掛るだらうと云ふことが一番氣に懸るのです、所が農商務大臣は痛く株式の下落を心配されましたから、私は言ふのに是はマア一時のことであらうから。あなたは此方の御心配をなさると同時に日本銀行のことを御心配なさらむければならぬ、どうか大藏大臣と御相談なすつて此際に於て果して民間の者が心配をして居る如きの擧動を日本銀行がして居つたら何としたつて止りやうがない、其方に餘裕を取つて此戰爭をなさつて居るならば、決して民間の者がそれが爲めに怖がる筈はない、此事は内閣員として隨分注意なさらむければならぬと私は特に農商務大臣に言つたのであります、農商務大臣も大藏大臣に充分御打合はせをなさつたものと見えて其事に付いては御懸念なさるな、決してさう云ふことはありませぬと云ふことを私に明言せられました。以前日清戰爭の時分に株式の相場が下落したことがある、其時分には郵船株だけを以て申して見ると今度の下落よりは一層甚だしく五十一圓位に下落して居る、其時分には丁度川田小一郎君が日本銀行の總裁で、日本銀行が郵船株は六十圓以上に擔保に取つて居つた。それが爲めにそれ程の下落を來たしましたけれども、恐慌と云ふまでに至らずして喰止めた、今度のことに致しても彼の兌換券の上に付いて今申す作用を間違ふたことをしましたならば、モゥ喰止めやうがありませぬ、何處まで下落して行くか其方の恐怖と云ふものは經濟社會の者が非常に心配して居りました、幸ひに今度は日本銀行の方は金利を上げることをしない、貸出しを濫るなどと云ふことはせずしてやらうと云ふことを内閣などで腹を極めたものと見えまして、今日までさう云ふこともございませぬ、將來とても此分ならさう云ふことは致しますまいと思ひますから是が爲めに人氣が落付いて來た、唯だ戰爭のことに付いて心配して居ると思つて療治をするのは間違ひで、經濟の困難の國であるから經濟の困難の結果から日本銀行へ行く、日本銀行からは實業に必要なる運轉資本を回收して掛ると云ふことが種子になつて恐怖するのである、それさへございませぬければ決して甚だしいとには至らぬと思ふ、要するに日本銀行の兌換券の運用が一番日本の經濟に影響を持つて居りますから、之に注意を下さるが此經濟を安全にして行くとに付いて大切のとだらうと思ひます。(拍手)

(終)

(編者曰く中野氏が彼れ程迄に述べられ農商務大臣も保證されたるに拘らず日本銀行は遂に又々金利を引上げたり噫)

訪問録

中野武營氏の外債失敗の影響談

東京株式取引理事長　中野武營

左記の一篇は中野武營氏の此程記者に語られたる談話の一節なり時節柄其の概要を錄して本欄に收む、文責は固より記者に存せり。

▲外債に關する國民の態度　政府が財政窮乏の結果外債を募らんとせるは決して一朝一夕の事にあらす、殊に今春來米國に於て公債を賣出さんと企て、爾來數閲月或は時に好報を傳へんとしたるあり、爲めに朝野多少色めき渡るの形勢ありしも、今亦た聞く所に依れは脆くも右の計畫は失敗に皈するに至れりと云ふ、人或は政府の公債賣出が成効すると否とは少しも局外者の關すべき所にあらずと云ふものあれども、事實決して然るべからず、其の成否は我財界に非常の影響を及ぼし、事業界に多大の結果を來すべき密接の關係を有するものにして、一般國民が此れに對して深く注意を要する所以のものまた玆に在るなり、試に思へ政府が諸種の事業に要する資金は、遣繰算段に依りて多く中央銀行より融通を得つゝあり爲めに、民間の資金を吸收せられて金融の緊縮を來し、波瀾起り、恐慌來り、我財界は絕へず不安の地位に居るにあらずや、此時に際し政府が斷然事業中止か將た大繰延を決行すれは格別、然らされば外資を募るの外策の施すべきなし、外資入らんか、依て以て事業を遂行し得べく、而かも資を中央銀行の融通に依賴するの要なく、從て民間の金融亦た緩和すべきや瞭として明かなり、今回政府が企てたる公債賣出に向て一般國民の視線一に玆に集注せる所以のもの、畢竟餘所事と思へざればなり、然るに

▲今回の失敗　は如何ん、質に一般國民殊に我が當業者等をして茫然自失せしむるに至れり、政府の遣口の何時もながら不手際なるは嘆ずるに餘りあれども、抑も國の信用を失墜し、我が財界を攪亂せしむるの罪決して恕すべからざるなり、元來公債賣出の計畫世に傳はるや、吾輩は政府の手腕に就て固より其の成効を危みたり、殊に之れを米國に於て企つるに至ては殆んど眞意の在る所を知るに苦めるなり、亞米利加は確かに新進有爲の國盛運今や旭日登天の勢にあり、然れども彼れ果して他に向て放資すべき充分の餘裕ありや否や、よし潤澤なる資本の餘裕ありとするも猶且つ放資するに充分なる筋途を有するや否や、此れ我人共に一大疑問とする所、而かも賢明なる政府當局は何を賴みとして此れに依らんと企てたる乎、且つ公債賣出の事の如き、外交上の關係と異り、國威とか政策とかに依るに非すして、全く算盤上の信用如何に關せり、事一度失敗せん乎、將來の信用に影響を及す事甚だしく、又た取返しのつかざるに至るべし、然るに憐むべし政府當局は此の見易き事理を解せずして、駐在公使の手に依て事を爲さんとし、其の外交上の手腕を以て財政の事を計らんとす、況んや素性怪しき者を介して斡旋の勞を執らしめたりと云ふに至ては、寧ろ滑稽に屬せずや、其の失敗に皈する怪むに足らさるなり、公使如何に外交上の手腕に富むも必すしも財政に明かなりと云ふべかず、我が財政上の事情に暗くして、彼れをして能く事情を疏通せしめ安んじて資を投ずるに至らしめん事到底企て及ふべきにあらざる所なり、所謂餅は餅屋、酒は酒屋に依らざるべからず、日本銀行の如き、正金銀行の如き、或は其他外國と取引を結べる銀行にして海外に信用ある機關に依て事を爲すべきは自然の筋途にあらずや、然るに計玆に出です、全く筋途を踏ます、事理に暗き素人を以て事を運ばんとす、暴も亦た極まれりと云ふべきなり、殊に先年

倫敦に於て募集せる英貨公債は今や多少景氣附かんとせる際、更らに米國に資を求めんとす、公債所持者が此に對する感情の良からさるは勿論、價格の下落亦た免れさるべく、彼等が此に向て苦狀を申込む事或はなしとせず、想ふに此等は今回失敗の原因を爲せるものと見るを得べけん歟。要するに政府今回の遣口は一も二もなく不手際不面目にして慨嘆に堪へさる所、知らす政府は何の辭を以て世に謝せんとする乎。

▲善後策如何　兎に角公債賣出は全く失敗に歸し了りぬ、さて其の善後策は如何にすべきや、然かも政府は猶ほ事業を進行せんとするが如し、而して當局者の説として傳へらるゝ所に依れば、外債に失敗せるも事業費の繰合は優に付き得べき見込ありと云ふ、事實果して然るや否や、財源の鞏固なるものなく、事業は依然之れが遂行をなさんとす、思ふに遣繰算段を續け借金政略に依るの外策なからん、嗚呼此れ眞に亡國の徴なり、國家の前途實に寒心すべきものあるなり、今我が民間事業に需要せられつゝある資金は其數字の詳細を知らすと雖も、恐らくは五六千万圓を出でざるべし、自然の順序より云へば兌換券の増發は民間事業の緩急に應すべきなり、而かも此の大部分は政府の借金政略に利用せられ、從て出れは從て借上けらる、金融の緩和するの期なく、財界を紊亂し、事業界を動亂せしむ、弊の及ぶ所計るべからざるなり、今や米作は豐かに、貿易の趨勢亦た順に赴かんとし、金融大に引緩むべき機運に際し、公債賣出は失敗に皈せり、而して事業は依然遂行せんとす、緩和すべくして之れを事實に見さる所以のもの一に玆にあり、吾輩は政府當局が果して如何なる策に出でんとするやを危ぶむものなり。云々

中野武營氏の興業銀行談

記者此程興業銀行設立委員たる株式取引所理事長中野武營氏を訪ひ其興業銀行に關する、所見を聞くことを得たり、茲に其概要を記して讀者に紹介す。

興業銀行　は今回創立委員會を開き、愈〻其設立準備に着手することとなれり、此の如く設立計畫の進行と共に一方には之れか設立の困難と、其前途の如何とを氣遣ふものあるに至れり、是れ何事に就ても創立の際に於て起るべき疑問なれは、敢て怪むに足らすと雖も、興業銀行の如き此點に就ては左程心配するの要なきことを思ふものなり、今先つ其設立の上より云へは、

興業銀行は特別の補助　を政府より得るの規定あることは世人も知る如くなるか故に、案外人氣を迎ふるに便利なるべきを信す、即ち近年諸銀行の設立せらるゝもの數ふるに暇あらす、是等の諸銀行は普通の營業をなすものにして固より何等の補助あるなし、然るに斯く增設の盛なるを見れは、此補助ある興業銀行の設立あるを聞かは、之れか株主たらんとするものあるは豫め之を知るに難からす、况んや之を管理すべき人々は地方に勃興する小銀行を經營する人々に比して、其力量と信用とは遙かに高きものあるに於てをや、然れは株主を得ることに於ては、今日の經濟界の不況より多少捗取り難きこと或は之れあらんも、世の想像するか如き困難を見ざるべきか、又其營業に關して言ふものを聞くに、運轉資金の甚た少なかるべきを以て、工業者の要求に應するの困難なるべしとなすものあり、然れと余輩を以て之を見るに千万圓の資本金中、四分の一拂込とすれは、其

貸出資金　なるものは差當り約二百五十万圓ある理なり、二百五十万圓を貸出すとは、銀行として決して小なる貸出金に非ざるべし、况んや此資金たる彼の勸業、農工銀行等と異り長期のものにあらざれは、其運轉の迅速なるとも亦以上諸銀行の遲緩なるに比すべくもあらさるに於てをや、故に設立當初の資金は二百五十万圓と見積るも、敢て少なきにあらさるべし、更に又資金の需要起らは、拂込をなすも可なり、尙ほ資金の要途多からは、資本金の增加をはかるも可なり、資金の出所決して之れなきにあらざるなり、若しそれ之を他に求めんと欲せは、彼の債券によるの便法あり、

債券の發行　は勸業銀行の割增債券あるか故に、其應募の如何を危ぶ者あり、是れ一理なきにあらす、然れとも非なり、割增金は債券の募集に應するものは、其種類自ら異なるものあり、毎月幾歩の利息を豫期し、確實の收益を企畫しつゝある人々の如き、他の割增なき諸債劵に應するものもあるべきは、今日勸業債劵行はるゝも、尙ほ他の諸債に應するものあるに徵しても知るべし、是れ余輩の債劵に必すしも望なしと云ふこと能はざる所以なり、若し又外國より資金を得るの必要ある時は、興業銀行條例の規定する所により、

政府保證　の特權を有するか故に、假令今日急に此事行はれすとするも、將來此方法によりて資金流入することとなるべし、加之、人も知るか如く、同銀行は內外人を問はす、株主たるを得るの定めなるを以て、日本の事業に放下せんとする外國資本家は、先つ此規定ある興業銀行に放資することとなるべし此の如く考察し來れは、資本の供給は現在は兎も角、將來は決して其少なきを嘆するか如きことあらざるべしと思はる、資金は此の如きものとして、扨て其

貸出の途　は如何と云ふに、是れ言ふまでもなく、工業の資金として貸出すにあり、而して之を行ふには、主として株劵を擔保とすることあるか故に、恰も現時商業銀行、殊に日本銀行の見返品付貸出と趣を同ふすることとなるべし、是れ即ち一

方には工業銀行の設立と共に、日本銀行の見返品制度に對して相當の方法を講せさるへからすと云ふ所以なり、然れとも此日本銀行に見返品制度を廢止せよと云ふは、今日の如き對人信用の發達せさる日本に於て、果して穩當なる説なりや、或は日本銀行をして割引を以て專務となすへしと云ふヿは、信用發達せさる日本に無理に信用貸をなせと云ふヿにして、事實に於て行はるゝヿなるや、少しく考を要すへき所なり、此の如く述へ來れは、

興業銀行と日本銀行　と其貸出の點に於ては同しく、即ち日本銀行は見返品制度の下に證券擔保貸をなし、興業銀行は純粹に證券抵當貸をなすものなれは、先つ此二銀行の貸出は兩者撰ふ所なしと云ふも可なり、果して然らは茲に起る疑問は、商業銀行と此興業銀行と畫然區別を附するヿを得べきや、否やと云ふヿにあり、無論將來對人信用の發達に伴ひ、日本銀行は對人信用に關する貸出及割引等に從事し、興業銀行亦動産抵當貸により純然たる工業家に貸出すヿとなるに至るには相違なしと雖も、現在日本の狀態にては、表面上は兎も角も事實に於て、當分之れか營業の途を區別するヿ能はざるべきを思ふものなり、然れは今日の所にて興業銀行なるものは、工業會社の株劵を擔保として、可成工業家に貸出し、工業者の便宜を圖ると云ふに過きさるべし、

興業銀行に信託業務　を兼營せしむべしとの議ありと云ふものあり、余輩の竊かに聞く所によれは、興業銀行は日本の工業製造其他の諸事業にして、確實なるものあれは之を保證して外國の資本家に、放資せしめんとの主意にあるものゝ如し、此事固より可なり、只如何に確實なる事業なりとて銀行は之を保證するヿは出來得べきや、鐵道、船舶、器械及物品等に就ては、其良否に關して保證するヿを得べし、然れとも之を經營する事業全躰を保證するヿは、事實に於て如何あるべきか、頗る疑問とする所なり、此の如く

外資輸入の目的により信託業務　を開くと云ふの議あらは是れ興業銀行に於ては無用なり、何となれは、前に述へたるか如く、興業銀行にして外債を募る際には政府の保證を得るヿを定められたる以上は、此方法を利用すると、興業銀行にとりて最も行ひ易く、亦是れにて事足るべければなり、之を要するに興業銀行なるものは、世人の想像するか如く、其設立には困難を見るヿとなかるへく、其資金を得るの途に於ても內地、外國共に差支なかるべし、而して只其營業の點に於て劃然商業銀行と區別して工業にのみ貸出すヿを得るや、否は今日之を明言するを憚ると雖も、將來に於ては自ら其間區別を見るに至るヿならんか、其何れにもせよ、

政府の補助及保證　等の特權を有するヿは、此興業銀行の設立を便にし、且つ將來此銀行の發達を得せしめ、我工業の開發を助くる所以たるヿを信するものなり、然れは今にして興業銀行の設立若くは前途の如何を心配するか如きは無用なり云々、

中野武營氏本年の財界談

記者一日東京株式取引所理事長中野武營氏を訪ひ、本年の金融豫想談を聞くとを得たり、今其概要を錄して讀者に紹介す。

今日に於て本年の經濟界如何を豫想せんとするは、卜者と雖も、其當否を必すべからず、況んや卜者ならざる余輩に於てをや、故に余輩は固より之を豫想し又之を判斷するを得とは言はず、只それ物は自然に趨くべき勢を有す、猶ほ水の低きにつくが如く然り、されは經濟界も亦中途にして之を遮る事情さへなかりせは從來の狀勢より自ら其趨かんとする所を推察するに於て必すしも難しとせざる所なるを信ず、果して然りとせば、余輩は本年の經濟界に於て朦朧なからも、斯く成るべきかと思はるゝふしなきにあらず、即ち本年の經濟界は**昨年の不景氣**なるに比すれば、**案外に良好**なるものあらんことを認むるものなり、何となれは是れ迄經濟界の不況を致したる原因及ひ、將來不況を惹起すべき諸原因は、漸く其勢を收めつゝあれはなり、即ち之を財政貿易及內地の經濟事情に徵するも、今日の儘にて推し行かんには、決して順調を失はさるべし、先つ之を**本年の財政上**より觀察せんに、政府は昨冬議會に提出したる豫算案に徵するも、其事業は可成縮少し、公債を以て盛に行ひ來りたるものを、租稅收入の剩餘に移し以て公債支辨を見合せんとするものゝ如し、然るに此事に關しては各政黨間に於て多少其主張を異にし、本春の議會は果して政府の注文通りに決すべきや否は尙ほ未た疑問に屬すと雖も、兎に角、今日迄我經濟界の窮迫を來したる主原因は、實に財政殊に公債支辨計畫によりて、盛に營みたる政府事業の結果たることは、朝野識者の夙に悟了したる所なれは、大体に於て政府事業膨脹を抑ゆるの方針に、議會の多數は傾くべく、彼の財政策は如何になるとも、必すや我經濟界を攪亂するが如きとを避くるとゝなるべし、果して然らは我經濟界の恢復の曙光を認むるとは疑を容れさるなり、然らば**民間の事業界**は如何と云ふに、先年來の疲弊は尙ほ未た依然として恢復すべくもあらず、故に一般に警戒と沈默とを守り、急遽新事業を企つるが如きものあるまじく、又之を企てたれはとて一般經濟界の機運容易に茲に向ひ居らざるに相違なければ、企業者は成功するとを必すべくもあらず、然れは日の進むと共に多少經濟界色めくとあらんも、此際は從來の事業利益を企圖し、其基礎の安固を畫するの時にして、新事業企畫の盛を見るか如きと是れなかるべきか、更に又**外國貿易**の方面を顧みるに、政府事業の縮少に伴ひて此方面の輸入は減少すべく、民間に於ても內地景氣の多少恢復の兆候あると、北淸の景氣挽回とによりて紡績業者の棉花輸入多少增すべく、內地米作豐稔等の餘響を受け幾分か奢侈品の輸入を一時增進するのとあるべきも、近年の不景氣に失敗したる貿易業者は、此小康を見て直ちに經濟界の恢復期と速了し、法外の輸入を企つるものあるまじければ、其輸入は此上半季は左程多からざるべし、而して輸出に於ては淸國經濟界の常態に復すると共に、日淸貿易は活況を呈し綿糸、綿布、雜貨及海產物の輸出必ずや、例年よりも增加するとなるべし、貿易の趨勢此の如し、若しそれ上半季に於て以上の外製茶、羽二重、下半季に於て生糸等の輸出好景氣ならんには、之れに連れて下半季に於て多少輸入を增進するやも知るべからず、然れと結局は輸入よりは輸出多きを見ることゝなるべきか、之を要するに**本年の經濟界**は大体に於て、大なる景氣を見るとは云はれさるも、昨年の如く次第に萎微不振に傾くべしとも思はれず、即ち兎に角順調に向て進むの趨勢あるべきが如し、然れと是れは中途にして他の變事起り、經濟界の前途を危ふすることなき限りに於てのとなり、若し又變事の起るあらは其大小によりて、經濟界の變動未た豫則すると能はさるや勿論なり云々、

中野武營氏の商工業獎勵策

記者一日株式取引所理事長中野武營氏を訪ひ、其萬國博覽會開催談を聞くことを得たり、世の注意を要すべき問題なるを以て玆に概要を錄すと云爾

我國の名聲　近年世界に高まり、今や最强最富を以て鳴る世界の一等國たる英國と東邦同盟を締結し、而かも環視の列國亦之を怪まざるに至りし所以のもの、抑も何ぞや、是れ我國民の　皇旨を戴して奮勉努力し、以て國權國威の振張を圖りたるに職由せずんばあらず、然りと雖も更に其玆に至りたる主原因を探究すれば、實に

軍事的行動　の結果に外ならざるを知るべし、即ち先には日清甲午の役に於て大勝を得、後には北清騷擾に際して配軍指揮殊に大に優勝なりし事實は、遽かに列國をして敬畏の念を催さしめ、少くとも日本を以て軍事上に於ける一等國たることを默認するに至れり、然りと雖も

世の所謂一等國　なるものは、必すしも軍事上に於て優勢なるものヽみを言ふにあらす、即ち此軍事上の行動を十分ならしむるに足る背後の援助者たる、富も亦世界各國に超絶するの謂なり、試に思へ日本は如何に軍事上に於て一等國たりと稱するも、彼の英國の南阿に於けるか如く、數年の戰爭に平然自若たるを得べきや、忽ちにして財政窮乏、國民困難の聲は勇猛なる軍事的行動をして遂に其力を伸さしむる能はさるに了らんも亦未た知るべからす、是れ豈に眞個に一等國と評すべきものたらんや、而して此富に於て一等國たる能はさる所以のものは何ぞや、是れ實に經濟的戰爭に於て未た大に勝たさるによればなり、

經濟的戰爭　は農工商等凡そ經濟上に關する世界各國との競爭を意味するものにして、恰も軍事的戰爭と又選ふ所あるなし、而して此戰爭は軍事戰爭に比して我國人の更に最も難んする所、故に此戰爭をなすには國內上下擧りて彼の軍事的戰爭の如く、豫め大に必勝の計畫を施設する所なかるべからす、而して其必勝の作戰計畫なるものは、先つ精英なる武器、熟練なる技術、無限なる兵糧は勿論又之れによりて戰場に向ふ勇敢無双なる軍人を養成するにあるなり、即ち此數者を完備せんとせは、其大戰場を定め而して之れに向て進む所なかるべからず、此目的たる戰場とも云ふべきもの、經濟戰爭にありては頗る困難なりと雖も、余輩は之を我國に

萬國博覽會開設　することにありと言はんとす、萬國の商品を一堂に集めて、其精を競ひ其眞を爭ふ、之を衆議判に任すると、審查授賞の方によるとに拘らす、我農工商業者の開催地たる面目より言ふも外國の爲めに一籌を輸せらるヽか如きことあるべからす、此點よりして我農工商業者は奮勵努力する所あるべし、而して此奮勵努力の結果は、來觀外人をして日本物產の愛慕すべきを想はしめ世界の新需要を增加するものそれ幾千なるを知るべからす、果して然らは在來の外國品と競爭して市場の擴張を致すや必せり、而して此萬國博覽會のことたる言ふは即ち易し、其實行に至ては即ち難し、今其難しとする所以のものを觀るに、經費の支出と農商工業者の準備とにあるなり、先つ之を

經費支出の方面　より觀察するに、萬國博覽會と云ふ以上は固より內國博覽會と異なり、各種の設備自ら完全を期せざるを得す、而して又之を各國の事例に徵して遜色なからんことを望まさるべからす、然らは則ち之に要する經費は政府の支出にかヽるものヽみにて少くとも數千万圓を要すべく、之れに伴ひ其開催せらるべき地方に於て諸設備に要するもの亦決して數千万圓を下らさるべし　即ち之を如何に疎雜に見積るも全躰に於て一億万圓を投するの決心なかるべからす、一億

圓の財源今日に於て難きは勿論なりと雖も、我國か曩に軍事的戰爭の爲めに巨費を惜ますして一等國の地位を得たりしの思あらは、此生產的經濟戰爭の爲めに一億圓を投するか如き決して無理の注文と云ふべからず、余輩は之を租稅に俟つ能はすとするも、彼の軍事公債に鑑みて萬國博覽會公債を以てするも其不可なるを見す、既に一億圓の巨資を投し、上下を驚動するの事業企圖せられんか、全國當路の人は言を俟たす國民悉く擧て之れに狂奔準備怠らさると、尙ほ戰爭を眼前に控ゆるか如くなるべし、此の如くにして豈萬國博覽會の成功を見すして止まんや、而して此博覽會の擧余輩近く兩三年の後に於てせよとは言はす、何となれは內國博覽會にして尙ほ且つ五年間位其準備を要するは既に人の知る所、今萬國博覽會を以てす、其準備として或は七年十年の歲月を要せさるべからさるは論なし、此五年若くは七年の間に我農商工業者が萬國博覽會と云へる**戰爭目的**に向て一心に注く所は、實に驚くべき進步を呈するに至るべきは明白なり、人稍もすれは產業の進步發達を呼ひ當局者も亦種々の方法を設けて之か奬勵保護の方針をとれりと雖も、而かも或る格段なる目的なき以上は、其進步發達遲々として容易に見るべからす、是れ博覽會、共進會の必要なる所以にして、我國の如きも之れによりて得たる產業上の發達決して少なからさるを信せすんはあらす。今更に大なる萬國博覽會を以てす其產業の進步に利する所大なるものなくんはあらす、而して今此七年乃至十年の後に於ける、我か**東亞の大勢**を考察するに、露國の西比利亞及滿州の開發は益々步を進むるのみならす、對岸淸韓兩國は漸く世界の注目を惹き、此方面に於ける列國の經濟的經營は次第に進捗すべく、而して我か日本の新進勢は著しきものあるべし、以上の諸事情より東亞方面に外人の見舞ふものゝ又見舞はんとするもの年を逐ふて增加するや必せり、此際に於て萬國大博覽會を此風光明媚なるの我國に開催せんか、外人之を聞て東亞の觀光を兼ねて來るもの蓋し今より豫想するに餘あり、而して此新進の日本及將た開發せられんとする東洋諸國に新顧客を求めんことに渴望しつゝある各國人も亦競ふて其出品を冀望せん、果して然らは我國農商工業の腕前を世界に示すに足る好期にして之によりて我か產物の信用を繫ぎ因て以て世界の經濟戰爭に勝利を博するの端を開き、之を從來に比すれは炳然として其面目を更め畫然として區別あるに至らん、余輩は我國の產業を世界に紹介するに於ても、我產業の進步發達を期する所以に於ても、此經濟戰爭の舞臺たる万國大博覽會を開催し、以て世界の視聽を聳動し、先に恰も軍事的行動に於ける勝利の如く、此經濟的行動に於ても各國に敬畏せられ、經濟上よりも其一等國たるの實を示すに至らこんとを信せんとするものなり云々、

中野武營氏の商業會議所議員撰擧談

記者一日東京株式取引所理事長中野武營氏を訪ひ、商業會議所問題に就て其意見を聽くとを得たり。今其概要を錄して讀者に紹介す。

商業會議所に關する目下の問題は先づ二つあり、即ち其一は有權者の資格に屬する營業税額の大小に關する問題にして、他の一は會員の選擧法は如何なる方法を採用ずべきかの問題なりとす。而して彼の營業税額の大小問題に就ては大阪、神戸、京都及名古屋等の商業會議所は痛く當局の規定する所に不平を唱へ、全國商業會議所聯合會を開催して其意見を發表し以て當局の反省を促さんとするにあるもの丶如し。而して其理由とする所は從來所得税十五圓以上の納税者を以て有權者となしたりしもの、今回の規定により東京は四十圓、大阪及横濱三十圓京都、神戸、名古屋は二十圓以上の營業税納税者たるを要するとなれり、此結果として一方には商工業者意見發表の範圍を縮少すると同時に他方には其有權者の負擔を大ならしむるに至りたるを以て、其負擔を免れんとする私心と、又商工業者の全躰の意見發表の機關にあらずとの二理由よりかゝる八釜敷問題となるに至れるなり、余輩を以て之を見るに元來商業會議所なるものは商工業者有志の會同し、當業者の利害問題を研究し又併せて政府當局の諮問に應ずるの機關にして、固より議會の議員の如く決議權なるものあるにあらず、故に政府との契約を爲し又之を遂行せしむるの權あらざるなり、然れば又自ら商工業全躰の輿論を主張する代表者にもあらず、商業會議所なるものゝ性質此の如し、商業會議所條例なるものを特に規定するの要さへ既に無用なりと云ふべし。故に彼の英、米の諸國の如き實に此商業會議所に關する法律の存するなく、只其地方商工業に從事する有志相會して商業會議所の任務を立派に盡しつゝあり。而して我國は由來毛嫌ひ多き性質にして、互に彼此相親和せず、從て彼の出づる所には我の出づるを好まずと云へるが如きと珍らしからず、若し之を放任せば商業會議所の如きは遂に成立すると能はざるに至らんことを恐る。故に余輩は此點より我國には商業會議所條例の如き特別の規定を設け置くの必要なるを信ず。而かも其眞正の代議權なき以上は主なる有志の會同に止め小商工者全躰を網羅するの必要あるを見ず。然れば余輩は世の言ふが如く今回の新規定に於て其有權者の制限高く又狹きに失するを咎めざるなり。若しそれ低きに失し小商工業者をして却て之れが爲めに、其繁に堪えざらしむるが如きは果して策の得たるものなるや、余輩は政府新規定の制限の高低廣狹如何は未だ遽かに是非すると能はずと雖も、低きに失せるよりは寧ろ高きに過ぐるの弊少なかるべきを思はずんばあらず。

選擧法に就ては世亦種々の議論あり、或は複選法によるべしと云ひ、或は階級選擧によるべしと云ひ、又或るものは階級選擧と複選法とを並用すべしと云へり。而して又た近頃職業別による選擧法を云ふものあり、其言ふ所各一理なきにあらず、而かもよく之を考察し來れば何れも多少の不都合を實際に生ずるとあらん。複選法による時は公平の人を得れば異分子の配合宜敷を得べしと雖も、若し不公平の人を得れば自黨若しくは自派に關係ある人々のみを會員に擧くるの結果となり、頗る不良なる結果を見るに至るべし、而して又其手續の繁雜と手數の多きとは此選擧法の缺點と言はざるべからず。又之を階級選擧によるとせんか今日の市町村に於ける議員の選擧と同じく、其階級より公平に選出するとを得べきも、其性質上階級に關する代議の權を有するものと言ふべからざれば頗る無意味のものとなり、却て實際上其階級區別の爲めに不便と不都合とを生ずるに至るとならん。而して彼の階級と複選とを並用するものに至ては、其の缺點亦以上二者と選ぶ所なからん。又職業によるの方に至ては各種の職業に渉りて其人を擧くるの良法にして一見妙は即ち妙なりと雖も、而かもよく之を考ふれば其職業の種類頗る多く、到底五十人の定員に配する難し、加之或は兼業人ありて、事實に於て各種職業より選出せらるゝとあり、又各種職業を區別するに至りたるの結果無能の人を擧くるの弊ありて、其理想の如くなる能はざるなり。此の如く述べ來れば以上の諸選擧法は未だ善良なりと云ふべからず、故に是迄の如く選擧法は普通選擧によりて若し相當の人物を得る能はざれば從來の如く會議所自身の推選により之を補ふの途あり、尚ほ其人を得ざれば又之を補ふに地方長官の推選を以てするの便あるが故に、決して其人を得ざるを憂ふるとあるべからず。若しそれ普通選擧にして其目的を達するを能はずとせば他の諸選擧法によるも亦目的を達する能はざるは論を俟たざるなり、云々。

論説

本邦に万國大博覽會を開設すべし

東京株式取引所理事長　中野武營

日清戰役、義和團事變に於て、赫々燦然たる武勇を世界に轟かしたる我國は、軍事上に於ては、疑もなく所謂一等國に進み、歐米の列强と比肩するに至れり、然りと雖も國運の隆盛進歩を計らむと欲せば、單に陸海軍に止まらず、一國の文化を維持すべき實力を養生せずんば到底圓滿なる發達は望むべからざるべし。蓋し陸には百万の貔貅、海には數十の艨艟を控ゆるも、之を永遠に支持する軍費の缺乏を告ぐるあらむか戰時に於て活動するが如き一の空想たるに過ぎざるのみならず、尚却て其幾多の兵勇堅艦を擁することは、偶々以て其國財政の紊亂を招き、延て國運の廢頽を來す基たらざるなきを得んや。殷鑑遠からず、伊太利の現狀に顧みば、必ずや思ひ半ばに過ぐるものあらむ。

然り而して曩さに英國は、南阿兩共和國と難を構へ、懸軍万里、二十餘万の陸軍を動員して、殆んど三年の星霜を費し、三十億圓の軍費を投したりと云ふ。想ふに斯る巨額の軍費は、常に富みたる英國民にして始めて負擔すべき所にして、而かも其結果が毫も商工界の資金に影響を與へざりしは、吾人は轉た賞嘆措く克はざるなり。故に英國の南阿兩共和國に戰捷を得たるは、英軍の精英なる固とより與りて力ありたるべしと雖も、其最大部分の勢力は、英國民の金力、換言せば英國の經濟的佐備に歸せざるべからず。依是觀之、我國に於て假令陸海軍は、一方に於て武勇を發揚するも、他方に於て經濟的實力なくむば、其武勇は勢ひ畵餅に歸せざるを得ざるなり。吾人は敢て自國の非を暴露するを好むものにあらずと雖も、吾國現下の經濟的事情は如何、常に資金の缺乏を感じ、搗て加へて經濟上の方面に於て、活動する人物極めて拂底なるに非らずや。之れ吾人の痛憂する所にして經濟的國是に就き屡次論議する所以なり。

夫れ經濟的戰爭は、經濟上に關し、世界各國との競爭を意味するものにして、軍事的戰爭に比して我國人の更に最も難しとする所にして、國内擧つて一大奮勵を爲すの覺悟を要す。然り而して經濟的必勝の作戰計畫は、先つ精英なる武器、熟練なる技術、多額の兵糧及び强敢勇往の軍人を要するは勿論なりと雖も。斯等數者を完備せむが爲め、先づ其大戰場を定め、而して之に向つて進む所なかるべからず、斯の目的たる戰場とも云ふべきもの、吾人は之を我國に万國大博覽會を開設するにありと云はむとす。

抑も万國大博覽會開設のことたる、前年吾人の唱道したる所、當時一般の世人は、未だ十分耳を傾くるものあらざりき。然れども今や愈々吾人の希望を實にするの氣運到來したるは、國勢進歩の證據として、稍々愉快の感なき克はず。現に本年大坂に開會せらるべき博覽會は、內國勸業の趣旨にて、諸般の設備極めて小仕掛なるにも拘はらず、歐米諸國より出品を申込むもの多大にして、一々其希望に應ずる時は、或は會場の全部を供するも尙足らざる程にして、當局者に於ても殆んど其所置に苦むの有樣なりと云ふ。即ち近來我商業貿易の進歩に伴ひ、外國人が其商品を我國に廣告して、販路を擴張するに汲々たる所以なれば、斯かる氣運に乘じて、万國大博覽會を開設せむには、其成功斷じて疑あるべからず。想ふに万國博覽會の開設は、自國の工藝商品を世界に紹介すると共に外國品を眼前に示し、本國人をして其製品に種々の改良進歩を促さしむるの效能あること、今更云ふまでもなし。而して吾人が更に他の方面より望を屬する所は、其機會を利用して、日本國其物を世界に廣告するの一事なり。日本の山水明媚、氣候温和にして、天然の景色に富めるは、外國に其例を見ること稀にして、歐米人の如き東海の仙境、世界の遊園として孰れも其美を稱せざるなく、一度び日本の地を踏むものは、戀々去るに忍びざるべしと云ふ。而るに斯る事實が未だ世界一般に知れ渡らざるは、畢竟廣告法の充分ならざるが爲めに外ならず。日本全國を恰かも一大公園とし、世界の漫遊者を吸集するの第一着手として、万國博覽會の開設は最も策の得たるものなりと云ふべし。現に一昨々年の巴里博覽會は、其設備に四千万圓の經費を要したれども、開會中觀覽の爲め、巴里に集りたる旅客の消費高は、凡そ五億圓にして、其中三億圓は外國人の消費に係はるものなりと云ふ。以て其利益の非常なるを知るべし。近年我國に來遊する外人の數は、次第に增加して、本年の如き昨年の二倍にも達する有樣なりと云ふ。平年の來遊者を先づ五千人とし、博覽會開設の爲めに、其十倍即ち五万人の來遊者ありて、一人平均一千圓宛を消費するものとすれば、總計五千万圓と爲り、更に二倍とするときは、一億万圓となるべし。即ち其金額は全く我國に散布せらるゝものにして、博覽會の經費の如き、之を償ふて尙餘りあるべし。今日一般の歐米人は、避暑、避寒、漫遊旅行等にも、大抵は伊太利、瑞西、若くは地中海沿岸に赴くを常とすれども、南歐地方の山水風景は、多年其目に慣れて、毫も珍しからず、彼の富豪貴族の輩は、殆んど漫遊の場所なきに苦しみつゝある折柄、日本に博覽會の開設ありと聞て、一度び來遊するときは、天然の風景、人事の設備其耳目に觸るゝ所、一として新奇ならざるなく、果して東海の仙境、世界の遊園なる名に負かずとし、歸來之を友人知己にも吹聽して、更に其來遊を促すことゝ爲り、博覽會閉會後も、年々多數の來遊者を生じて、長へに我國の一大利源たるべし。日淸戰爭に引續き、一昨々年の北淸事變は、大に我國の威名を世界に轟かし殊に昨年日英同盟の成立は、實際に日本の地位を進め、世界列强の列に入りたるものにして、其名聲籍々たるに際し、更に萬國大博覽會を開設し、日本は決して一武國にあらずして工藝製造共に、東洋に傑出したる文明國たるの實を示すは、之れ實に其時機を得たるものにして、好機逸すべからず。今より早く其議を定め、四五年の後を期し、萬國博覽會を東京に開設すべし。斯くて愈々開設と一決すれば、先づ會場の計畫、外國政府の賛同を求むる等、其事務は甚だ多端なれども先づ第一に續々渡來する多數の外人を迎ふるに、差支なきの用意なかるべからず。即ち東京は勿論、各地方共に旅舘の新設、交通機關の改良を始め、其他種々遊戯、娯樂の設備等の急設を要す。吾人は今日の時機に際し、我國民に向ひ、商工業の振興を計る急務として、將亦歐米人の來遊を饒多ならしむる爲め、敢て萬國博覽會の開設を促すものなり。

然れども萬國博覽會の規模設備如何は、主として經費の多少に依つて决することなれば、其額は多々益々多きに如かずと雖も、國の地位事情に顧みずして、漫りに設備を廣大にするも、其割合に効果を見るべきにあらず。又外國人の來觀者も、實際に多大なるは勿論なれども、彼の歐米文明の中心たる佛米の博覽會に比して、遙かに及ばざるべきは明白の數なるが故に、先づ第一回は一昨々年開設したる佛國博覽會の經費四千万圓の二分の一、即ち二千万圓内外にて差支なかるべし。而して其經營は佛米の如く、別に博覽會々社を設け、政府と會社と協同して、半官半民の組織と爲すも可なりと雖も、我國の民間には、斯る經驗に乏しきが故に、政府をして事に當らしむるこそ安全なるべし。随つて其經費は、全く國庫の負擔とするか、或は佛國の例に傚ひ、其五分の一を國庫より支出し、五分の一を開設地に於て負擔し、而して他の五分の三は、富籤の法によりて、調達するが如き、是種の臨時費の性質として、租税を以て支辨するよりは、或は却つて得策ならむと信ず。反對論者或は云はん、今や國費多端なるに際し不急の事業に多額の資金を投ずるものなり云々。然ども歐米諸國にては、一個の商人にして、年々百万圓以上の廣告料を支拂ふの例さへあり、吾國に於て二千万圓と云へば、戰鬪艦一隻の建造費と大差なき程の金額を、國の廣告の爲めに費すと覺悟すれば毫も吝むべきにあらず。而て斯の二千万圓も、一時に支出するの要なく、數年間の繼續事業として、年々四五百萬圓を要するに過ぎず。况んや又間接の利益は、別として來觀の外國人が、我國内に散ずる金は幾千万圓に上ること必然なるに於てをや。

夫れ斯の如く既に巨資を投じ、上下を驚動するの事業企圖せられむか、全國當路の人々は謂ふを俟たず、國民悉く擧つて之に狂奔し、其準備に怠らざること、尚は戰爭を眼前に控ゆるが如くなるべし。斯くして豈に万國博覽會の成効を見ずして止むべけんや。而して斯の博覽會開設の擧、必ずしも近く四五年内ならざる可らずとは信せず、蓋し内國博覽會にして、尚且つ三四年の時日を要す、今万國博覽會を以てす、其準備として七年若くは十年の歳月を要せざるべからざるか如し。想ふに此間に於て、我か農商工業者が、万國博覽會と云へる戰爭の目的に向つて、一心を傾注するに於ては、實に驚くべき進歩を呈するに至るべきこと明白なり、人動もすれば産業の進歩發達を叫び、當局者も亦種々の方策を設けて、之が保護奬勵の方針を取ると雖も、而かも或格段なる目的なき以上は、其進歩發達遅々として、容易に見るを得べからず。是れ吾人が万國博覽會の開設を以て、産業の進歩に利せんとする所以なり。

之を要するに、向後七年乃至十年の後に於ける極東の大勢を考究類推するに、露國の西比利亞及び滿州の開發は、益々其歩を進むるのみならず、僅に狭水一碧を隔つる清韓兩國は、漸次世界各國の視線の集得する所と爲り、斯の方面に於ける列國の經濟的經營は、日に月に進捗すべく、而して我が日本の新勢力は隆々として更に著しきものあるべし、斯かる事情の下に於て、極東方面に歐米人の來遊するもの、若くは來遊せむとするもの、年を逐ふて増加するに至るべきや必せり。斯の際に於て、万國大博覽會を此の風光明媚なる我國に開設せむか、歐米人は之を聞いて、極東の觀光を兼ね、我國に來遊するもの、蓋し今より豫想するに餘りあり。而して斯の新進の日本、及び將に開發せられむとする極東諸國に、新顧客を見出さむと渇望しつゝある各國人も、亦競ふて其出品を冀望するに至るべきこと勿論謂ふを竢たず。果して然らば、我國の商工業者は、其腕前を世界に示すに足る好時期にして、之によりて我が産物の信用を繫ぎ、因て以て世界の經濟的戰爭に勝利を博するの端を開かん、爰に於てか吾人が多年切望せる經濟的獨立の實を全ふするに至るべきを信ず。(完)

三　東京株式取引所

明治二十年一月に中野は、東京株式取引所肝煎（理事）に就任した。[1] 東京株式取引所の初代頭取は小松彰であったが、公債価格の暴騰によって得られた売却益を内部留保にすべきとする小松と、配当に回すべきとする株主の渡辺治右衛門らが対立した。明治十九年七月の臨時総会において渡辺らの配当増加の提案は否決されたため、渡辺は修進社に相談し、株式の過半数を買い占めた上で、小松と田口卯吉を解任し河野敏鎌を頭取に、田口に替えて中野を肝煎に選任したという。[2]

着任当初、最大の課題であったのは取引所条例（いわゆる「ブールス条例」）への対応であった。政府は、取引所が株式会社制度であり、かつ、限月取引（先物取引）が行なわれていたことにより投機の悪弊が発生すると考え、明治二十年五月に会員制度を原則とする取引所条例を発布した。これに基づいた取引所の設立に向けて調整が進んだが、施行細則が明らかになるにつれ、取引慣行に合致しないことが明らかになり、取引所関係者がこれに猛反対に回った。その結果、旧法に基づく取引所の営業期限が延長されることになった。中野は、東京株式取引所を代表してこれらの調整に当たった。

中野は、明治二十一年五月に副頭取に就任（同年十二月まで）し、続いて、明治二十四年一月から明治二十五年一月まで、頭取が不在で中野が副頭取として東京株式取引所を代表した。しかし、株式市況の回復ために株主や仲買人が強く要望していた鉄道国有化を、衆議院で公然と反対し否決させ、株主や仲買人から批判を受けたことなどから、翻然と取引所を辞職した。

明治二十五年の第四議会に政府は、会員制度の取引所と株式会社制度の取引所の双方を認める現実的な取引所法案を提出した。中野は取引所からの信頼が厚く、業界に精通した議員として積極的に審議に貢献した。[3]

2-25「貿易伸張策の一として金銀取引所設立を論す」（明治二十九年十二月二十五日）は、明治三十年に貨幣法の成立により金本位制が実施される前に、銀本位制であった日本は、貿易を伸張のために金銀取引所を設けて為替リスクをヘッジできるようにすることが必要であるとの提言をしたものである。

こうした株式取引所に関係する活動の実績もあり、中野は明治三十三年一月、金子堅太郎の後任として東京株式取引所理事長に就任した[4]。

それまでの東京株式取引所では、経営者が頻繁に交代したが、中野は、明治四十四年末まで、十二年の長期にわたり理事長の職責を果たした。理事長在任中、限月復旧問題や大型の株式買占め事件、日露戦争の勃発などによる市場の混乱などが起こり、取引所の経営も波乱万丈であったが、中野は、これらに対応し東京株式取引所の発展の基礎を築いた[5]。

2-26「取引所法改正法律案ニ対スル意見」（明治三十三年）は、中野が理事長に就任直後、衆議院議員の早川龍介（国民協会から政友会に入党）が、明治三十三年二月十日に一つの区域に二つの株式取引所を設立できるよう提出した取引所法の改正法案への反論である。十七日に撤回されたが、株式取引所への威嚇を狙ったと伝えられている[6]。

2-27「盍ぞ商品の標準売買を許さゝる」（明治三十三年三月五日）は、米以外の商品にも標準売買を認めるべきとの論考である[7]。

中野が理事長在任中に最も有名な事件は限月復旧問題である。明治三十五年に政府が限月取引（先物取引）を制限するなどの勅令、いわゆる「取引所打壊令」を発したが、これを撤回させたことであった。

日清戦争後、政府は取引所での投機を規制するよう動きはじめ[8]、農商務省商工局長の木内重四郎が中心となって、明治三十四年六月、先物取引の決済の期間を三ヶ月から二ヶ月に短縮することなどを定めた勅令を発した[9]。東京株式取引所の意見を十分に聞かずに、このような措置を導入した。

全国の取引所はこれに反対し、中野は全国取引所同盟連合会を結成し、商業会議所などとの連携をとりつつ激しく反対運動を展開し、桂首相にも働きかけた。結果として株価の低迷と取引高の沈滞が起こり、金融にも影響が出はじめ、措置の撤回を成功させた。事実上この問題の責任をとって、主務大臣の平田東助農商務大臣や木内次官が辞任に追い込まれる事態に発展した。

2-28「取引所法改正に対する決心」（明治三十五年七月二十五日）は、この時の決意を示したものである。

2-29「株式取引所」（明治四十三年九月）は、明治期の諸産業の発達を紹介した『明治商工史』の中で、大阪の米市場の発祥に遡って取引所の発達の歴史の紹介をしつつ、取引所改善問題などを論じたものである[10]。

2－30「株の鞘取は安全確実なる投資法」（大正五年十月一日）は、一般向けに、限月取引による株の鞘取りは株式投資と異なり、利回りが初めから明白で、これを取引所が保証する、安全な財産運用の方法であると紹介している。

明治四十四年、中野の後任の理事長として郷誠之助が就任した。郷は、その前、中野とともに、取引所や株主への融資を担う帝国商業銀行や日本醤油製造会社の破たん処理に尽力していた[11]。中野没後、東洋製鉄株式会社の社長としても後任となっている。その後、日本工業倶楽部専務理事、東京商工会議所会頭、全国産業団体連合会会長、日本経済連盟会会長に就任し、昭和になってからの財界を代表する指導者となった。

中野は、東京株式取引所を辞した後も、大正五年十二月に第一次世界大戦中、ドイツが講和を提議したとの風評が流れ株価が大暴落した際に、郷とともに日銀に救済資金の融資を求めて市場の混乱を収めるなど、証券市場の安定に尽力した[12]。

注

（1）本節の内容については、拙著『中野武営と商業会議所』の「第五章　東京株式取引所理事長」を参照。

（2）「株式取引所の歴史と中野武営氏」『現代富豪論』山路愛山著、中央書院、大正三年七月。

（3）「取引所法並取引所税法制定及改正議会速記録」『日本証券史資料　戦前編　第一巻』（平成十二年三月）参照。衆議院本会議は、明治二十五年十二月二十一日及び明治二十六年二月十三日から十七日、衆議院取引所法案特別委員会は、明治二十五年十二月十四日から明治二十六年二月十三日まで開催された。明治二十六年二月十四日に衆議院本会議で可決され、二月二十四日に貴族院本会議で可決された。

（4）中野が理事長時代の東京株式取引所の活動についての記録は、『東京株式取引所沿革及統計』（東京株式取引所編、明治四十一年十一月）や『東京株式取引所五十年史』（東京株式取引所編、昭和三年十月）を参照。

（5）東京株式取引所における中野の活動や同時代の論評については、「取引所界の両大関　中野武営と磯野小右衛門」（石尾信太郎編『人物と事業』大日本家業学会、明治三十六年四月）、野城久吉『商機』（民友社、明治四十三年六月）、前掲「株式取引所の歴史と中野武営氏」、

「名理事長中野武営」（根本十郎著『兜町』広陽社、昭和四年）を参照。

(6)『東京朝日新聞』明治三十三年二月十一日、十五日、二十三日。

(7) **中野武営「商品標準売買に就いて」**『立憲改進党党報』（第四七号、明治二十八年八月二十五日）は、これに先立って発表した同趣旨の論考である。

(8) 明治三十一年十月、日本銀行に在籍していた高橋是清は農商工高等会議に「株式取引所制度改正ノ儀ニ付建議案」を提案し、政府が欧米の取引所制度にならって会員組織とし、長期売買を禁止して投機的売買ができないようにすべきとの提案を行なっている。

(9) 明治二十六年勅令第七十四号（取引所ノ資本金、営業保証金、株式、手数料、積立金及売買取引ノ方法ニ関スル規程並仲買人免許料金額ノ件）中改正追加ノ件（明治三十五年六月三日勅令第一五八号）。

中野は、明治三十三年九月から三十四年四月まで、東京株式取引所書記長江口駒之助を欧米に派遣して並行的に調査を行なわせた。江口は、欧米でも投機売買の有害論はあったが有益論に傾いていること、仏独には法律で会員組織とすべきとの制限があるが英米には規制はないことなど、政府に対する反論材料を用意してあった（江口駒之助『欧米取引所調査特別報告』東京株式取引所、明治三十四年十二月）。

(10) この他、**中野武営「取引所税の欠点」**『経済評論』（第一一巻第三号、明治四十四年二月）では、取引所税の課税標準を約定代金ではなく、取引手数料に改めるべきことを提言している。大正三年に取引所税を取引所の手数料への営業税と取引税に区分し、取引税の課税対象は限定するなどの改正を実現している。

(11) 帝国商業銀行は、不良債権問題に経営危機に陥り、明治四十一年二月に郷が取締役会会長に選任され「私財を擲って」再建に取り組んだ。発明家の鈴木藤三郎が醤油の自動生産装置を開発し設立した日本醤油醸造会社が経営危機に陥り、中野と郷誠之助が調停の労をとったが、成功しなかった（拙著『中野武営と商業会議所』の「第十四章（二）日本醤油醸造株式会社と帝国商業銀行の再建問題」参照）。

(12)「株界の恩人中野武営」『東京経済雑誌』第二〇四八号、大正九年三月十日。

貿易伸張策の一として金銀取引所設立を論す

中野武營

海外各地に我國の銀行を設立して、外國爲換の便を圖るも、貿易伸張策の一なり、海外各港に我國船舶の定期航海を爲さしむるも、貿易伸張策の一なり、各國重要の市府に、我國特產品の陳列館を設くる、亦貿易伸張策の一なり、而も予は我國に金銀取引所を設立するの一事か、種々なる貿易伸張策中、最も急要なるものの一たるを確認す、請ふ聊か其の所以を陳へん。

抑も我國の貿易高（輸出入全計）は明治元年の二千六百二十五万圓より、同十四年の六千二百廿五万圓に進み、一躍して昨廿八年に二億六千五百三十七万圓となり、本年は更に三億圓に近き總計を示さんとす、惟ふに此增進たる頗る著大なるには相違なしと雖、是れ職として銀價下落の我貿易工業を奬勵誘促せしに由る、而して我自主的の働作の結果にあらすと云ふも不可なし、されは銀價下落の極度は、既に過きし昔の夢と化し去りたる今日に於ては、我國民たる者極力進取の方策を盡し、行ふへき者は着々之を決行するにあらされは、或は貿易の退歩なからんかを恐る、蓋し政府か農商工會議に諮るに、貿易擴張に資すへき數案を以てしたる所以のものは、偏へに進取の策を講せんとするの意に出てたるならんも、而も議遂に金銀取引所の設立に及はさりしは、予の頗る憾みとする所なり。

我國は銀貨國なり、其貿易の對手とする所のものは、銀貨國あり金貨國ありと雖、金貨國を以て最とす、現時に於ては、金貨國は實に我國に生產の用材原料を給するものにして、亦我國主要の製產物を需要する最好花主なり、此故に予は貿易伸張の方策を我國貿易の對手たる各國に施こすの切要なるを信すると同時に、金貨國に對する方策を施すの特に一層切要なるを念ふ而して予は金貨國に對する貿易伸張策の一として、金銀取引所設立の必要を叫はんと欲す、何となれは我國か墨其古又は清國の如き銀貨國に對する貿易に於ては、金銀比價の動變に依て不測の損益を生することなきも、金貨國に對する貿易に於ては乃ち之れ在り、貿易商は之かために焦慮苦心一方ならす、輸出入品の需要者製產者は、之かために跼蹐逡巡すれはなり。

凡そ現今の貿易商は、金貨國との貿易に於て特に一の危道を踐まさるへからす、金銀比價の變動即ち是なり、例へは若干の鐵釘を英國より輸入するの代價は壹千磅と定り居るも、之を我銀貨にて仕拂ふに當りては何圓に當るや、又生糸を米國に輸出する其代價は一千弗と定まり居るも、之を我銀貨に切換て何圓を取ることゝなるやは、時々の金銀比價に屬して、豫め之を確むる能はす、若し鐵釘注文の際英貨一磅は我九圓に當るとせは、其代價は當時九千圓なれとも、三ヶ月後爲替手形仕拂の際一磅の相場九圓五十錢となれは、注文者は九千五百圓を仕拂はさるへからす、但し其反對に一磅の相場八圓五十錢に下落せは、注文者は八千五百圓を拂ふに過すと雖、損にもあれ益にもあれ、商品賣買の損益以外に於て、此の如き損益を見るは、貿易商に取り至大の迷惑なるか故に、斯る貿易の危險は當さに貿易の伸張を阻害するものなりとす、見よ往年銀紙の差常に甚しく、朝夕の變動測るへからさるに當りてや、橫濱に洋銀取引所を現出したるにあらすや、當時之を設立したる所以のものは、貿易商か銀紙の差のために、危害を蒙ること甚しけれは、之を避除するの必要に驅られたるに由る、而て一洋銀取引所在て貿易始めて衰へさるを得しは、予の深く記臆する所なり。

金銀比價の變動は、啻に貿易商をして危道を践ましむるに止まらす、外國爲替を取扱ふ銀行をして、亦危道を践むの已むを得さるものあらしむ。

抑も現時我國に於て外國爲替賣買を營業とする銀行は、爲替の出合いの都合に由り、或は金貨の所有者となり、或は銀貨の所有者となる、較、仔細に之を説かしめば、我國に於る此種銀行の爲替取引は左の如くなるへし。

銀貨を拂ふて金貨を受取るものは

一、我國にて買ふ爲替、即ち輸出品に對する荷爲替手形の類

二、外國にて賣る爲替、即ち我國輸出品に對する送金手形の類

金貨を拂ふて銀貨を受取るものは

一、外國にて買ふ爲替、即ち我國へ輸入したる物品に對する荷爲替手形の類

二、我國にて賣る爲替、即ち輸入品の代價又は在外邦人の費用等に對する送金手形の類

故に若し輸出品に對する爲替の高、輸入品に對する爲替の高に超過する時は、仕拂ふ銀貨よりも受取る金貨多きを以て、銀行は多額の金貨を所有するに至る、然る時金價若し騰貴せは不測の利益を獲ると雖、反對に下落せは、圖らさる損失を蒙らさるへからす、此塲合と反對に、銀行か銀貨の所有者となる塲合の危險亦之に同し、されは此種の銀行の外國爲替取引に於る危險は、亦彼の貿易商の冒せる危險に均しきは、多辯を要せさるへし。

此時に當て若し金銀取引所の開設ありとせん乎、輸入商は其注文したる鐵釘の代價即ち英貨一千磅を、時の相塲にて（我銀貨九千圓）買附け置き、三ヶ月後の爲替相塲如何に拘はらす、（假令一磅の相塲九圓五十錢に上るも）曩に買置きたる英貨一千磅を以て仕拂を爲すを得へく、又輸出商は米國に輸出したる生糸の代價即ち米貨一千弗を時の相塲にて（我銀貨二千圓）賣附け置き、數月後の爲替相塲如何に係らす、生糸を輸出したる當時の相塲にて銀貨二千圓を受收するを得へし、果して然らは貿易商は物品を賣渡し又は買入れたる當時に於て、現に其代價を確むるを得るを以て、其利益は啻に不測の損害に懸念するの必要なきに止まらす、輸出入品に係る外國と内國の商情を測りて、猶豫なく貿易を續くるを得へし、凡そ狐疑躊躇は最も商業取引の進行を害する者なり、假し金銀取引所に於る外國貨幣の賣買に依り、貿易商をして前途受取るへき若くは仕拂ふへき額に關し、狐疑躊躇する所無からしむるを得は、是れ即ち貿易の進行を滑らかにし、外國取引の增進を來さしむるの一大捷路にあらすや。

外國爲替を營業とする銀行に於ても其利益は亦同し、元來我國に於ては、未た金銀取引所の如き機關の存せさるかため、此種銀行か金貨の所有者となり、又は銀貨の所有者となりたる塲合には、他の方法に依て前段説ける所の危險を避くるの工夫を爲さゝるへからす、故に從來我國に於る此種の銀行は、金貨手形の買持高其賣却高に超ゆる時は、外國にて可成速に銀貨手形の買入を爲し、又我國にて金貨手形の賣却高其買持高より多き時は、銀貨手形の賣却を爲す等、種々の方法を以て金貨と銀貨の所有高を平均することを努む、之かため銀行の費す電信料（實際頗る巨多なりと云ふ）は、暫く之を歡迎するとするも、其冒す所の危險に至ては決して永く之を忍ふへからす、況んや我國の如きは貿易の伸達頗る著大にして、外國爲替の取引は日一日に頻繁を加ふるに於てをや、然れとも假に金銀取引所の存在するものとせは、此種の銀行は自由に金銀を賣買するか故に、巨額の電信料を費すの必要なく、又危險を冐すの塲合尠なきを得ん。

上來論する所の如きを以て、金銀取引所の設立は貿易の伸張

を圖る今日に於て、最も急要の一策たり、世人若し英京倫敦に於て、去廿四年三月より銀塊取引所を設立し、熾んに銀の定期賣買を行ふに至りしは、一に英國の印度支那及我國の如き東洋諸國に對する貿易上の必要に驅られたるものなるを知らは、現時我國に於て金銀取引所を設立するの必要、亦知るに難からさるへし。

取引所法改正法律案ニ對スル意見

中野武營

頃日衆議院議員中ヨリ取引所法改正法律案ヲ同院ニ提出シタリ該案ニ據レハ現行取引所法第二條ノ但書ヲ第一條ニ移シ更ニ第二條ニ左ノ但書ヲ加ヘントスルモノナリ曰ク

但株式ヲ賣買取引スル取引所ニ限リ特ニ一地區二箇所設置スルコトヲ得此場合ニハ同一地區ニ於テ甲取引所ノ賣買取引スル株式ハ同時ニ乙取引所ニ於テ賣買取引スルコトヲ得ス

而シテ其改正案ノ理由書ニ曰ク

現行取引所法ハ明治二十六年ノ制定ニ係リ到底現今商業繁盛ノ時運ニ適セス就中都會ノ地區ニ於テハ株式會社ノ前後勃興スルモノ勝テ數フ可カラス隨テ株式ノ取引市場ニ上ルモノ極メテ繁多ナルモ其株式ヲ賣買取引スル取引所ハ單ニ一地區一箇所ナルカ故ニ其取引時間ニ乏シクシテ立會充分ナラス或ハ終ニ立會ノ暇ナクシテ止ムモノ尠カラス之カ為メ適當ノ公定相場ヲ得難キ事情アリ且取引上ノ弊害百

出底止スル所ナシ因テ本法ヲ改正シテ時運ノ必要ニ適應セシメント
ス

（第一）今日ニシテ斯ノ如キ改正ヲ決行セントスルハ營業上ノ既得權ヲ害スルモノナリ凡ソ株式取引所カ其設立ヲ發起スルヤ明治二十六年農商務省令第十三號取引所法施行規則第一條ニ從ヒ取引所ノ地區ト爲サント欲スル市町村名ヲ申請シ第三條ニ依リ主務大臣地區ヲ定メテ之ヲ告示シ而シテ其營業年限ヲ定メテ特許セヲレタルモノナリ左レハ取引所ノ各株主ハ營業年限ト地區上ノ特權ヲ信シテ之カ株主トナリ世人モ亦普ク之ヲ信シテ其株式ヲ賣買セルモノナリ然ルヲ其年限中ナルニモ拘ラス其特許權ヲ殺キ同一區內ニ同種ノ取引所ヲ設立セシムルカ如キハ既得權ヲ害スルモノニアラスシテ何ソヤ若シ是等ヲモ顧ミス猥リニ法律ヲ改正センカ國家ノ信用何ヲ以テ立ンヤ況ンヤ論者カ立論上事理及ヒ事實ヲ誤ルノ甚シキモノアルニ於テヲヤ請フ之ヲ左ニ陳セン

（第二）抑モ一地區內ニ於テ同種物件ヲ賣買スル取引所ヲ二個所設立セシムルハ取引所ヲ必要トシテ之ヲ設置セシムル本來ノ趣旨ニ背ケリ何

トナレバ各店舗ニ於ケル區々ノ賣買ハ取引上ノ不便少カラスメ需給ノ關係ヲ圓滑ニシ市價ヲ平準ナラシムルハ多數ノ賣買者一場ニ會集シテ取引ヲ爲スニ如クモノナシ是レ集散ノ多額ナル賣買物件ニ就キ公衆ノ爲メ取引所ヲ設置セシムル所以ナリ故ニ市場愈々大ニメ其効用愈々大ナルモノナリ取引所法ノ一地區一取引所ニ限リタル理由ハ蓋シ此ニ存ス是レ獨リ本邦ノミナラズ歐米各國皆然リトス「フホックスウエル」氏曾テ論シテ曰ク單一市場ノ必要ハ經驗上明カナル要項ナリ左レハ五百萬ノ人口ヲ有スル倫敦ニ於テスラ株式取引所ハ唯一箇所ノミ獨リ株式ノミナラズ小麥、羊毛、木材等商品ノ取引所モ亦然ラサルハナシ株式取引所ヲ一市内ニ二以上設置スルハ猶ホ國會議員ヲ二部ニ區分シ同一ノ議案ヲ同時ニ議セシムルカ如シ斯ノ如クシテ何ソ能ク事ノ決定ヲ得ヘケンヤ云々以テ一地區ニ二個ノ取引所ヲ設置スルノ不可ナルヿヲ知ルニ足ル元來株式ノ賣買取引ハ多數ノ需要供給者一所ニ集合シテ賣買スレバコソ初メテ眞正ナル公定相場ヲ生スルナレ然ルニ一地區ニ二箇ノ取引所ヲ設置スルトキハ甲乙何レノ相場ヲ以テ公定相場トスヘキヤ若シ日々

二個以上ノ公定相場アルモノトスレハ為メニ經濟社會ノ秩序ヲ紊スモノト云フヘキナリ是レ事理上決シテ有ル可カラサル事ト信ス

爰ニ一種ノ解釋ヲ附シ改正案ノ第二條但書ニ甲取引所ノ賣買取引スル株式ハ同時ニ乙取引所ニ於テ賣買取引スルコトヲ得ストアルハ甲取引所ニテ既ニ賣買スル株式ハ絶對的ニ乙取引所ニテ賣買スルヲ得セシメス甲乙兩取引所ヲシテ別種ノ株式ヲ賣買セシメントスルノ意トセンカ是レ取引上金融ノ不便ヲ生スルコト頗ル大ナリ何トナレハ一取引所ニテ甲株ヲ賣リ乙株ヲ買取リタル場合ニハ受渡ノ際甲株ノ代金ヲ直チニ乙株ノ代金ニ充テ其差金ヲ出入スルノミニテ計算ヲ結了スルヲ得ルモ若シ甲取引所ニテ賣リ乙取引所ニテ買取リタルモノトセンカ其代金全額ノ受授ヲ了セサルヲ得ス金融ノ圓滑ヲ主トスル株式取引所ニテ此ノ如キ不便ヲ生ゼシムルハ其本旨ヲ害スルモノタリ殊ニ社會ノ有樣ハ有無常ニ交換シテ經濟ヲ為スモノナレハ各種ノ株式ヲ同時ニ一市場ニ於テ賣買スルヲ以テ一般ノ便トスヘキハ敢テ喋々ヲ待テ知ルヘキニアラス然ラハ取引所ヲ增設スルハ毫モ其必要ナクシテ却テ不便ヲ加フルニ

過キザルナリ

（第二）既得權ニ關シ法律上ノ解釋并ニ經濟ニ關シ事理上ノ見解以上陳フル如ク然リ然ラハ事實上ニ關シ現在ノ市場ニ對シ改正ノ必要アリト云ハンカ是レ決シテ然ラス最近ノ調査ニ依レハ全國各種ノ會社ハ農商務、大藏、遞信三省ノ所管ニ屬スル銀行鐵道其他ノ諸會社ヲ合シ總數六千一百十三會社ニシテ其拂込資本金ハ五億三千二百五十二萬二千三百七十七圓トス而メ今日マテ東京株式取引所ニ向テ其株式ノ賣買ヲ申込ミ來リタルモノ九十會社ニシテ其ノ中ニ就キ昨三十二年下半期ニ於テ賣買取引セシモノヲ擧クレハ三十七會社ノ株式ニ過キス蓋シ既設銀行會社數彼ノ如ク多數ナルニ拘ラス取引所ニ於テ實際賣買セル株式此ノ如ク少數ナルヲ見テ實際ニ通セサル者ハ之ヲ以テ直ニ取引所ノ準備未タ多數ノ證券ヲ賣買取引セシムルニ適セサルカ爲メナラント臆斷スルモノアラン然レ𪜈事實ハ決シテ然ラサルナリ東京株式取引所ハ常ニ廣ク門戶ヲ開放シ如何ナル株式ト云フト雖𪜈確實疑フ可カラサルモノハ會社ノ申込ヲ容レテ之ヲ賣買セシムルノミナラス實際上尙ホ一層多數ノ株式ヲ賣買セシムルノ準備綽々トシテ餘裕アリ然ルニ其賣買ヲ申込ムモノ僅カニ九十會社ニ過キサルハ取引所カ自餘ノ株式ヲ賣買セシムルコト能ハサルニ非スシテ當該會社ガ實際上市場ニ於テ其株式ノ賣買ヲ必要トセサルニ因ルナリ且ツヤ既ニ賣買ヲ申込ミタル會社株式ト雖ドモ實際上賣買ノ出來セサルモノ尠カラス是レ畢竟市上ニ其浮動株アラサルヲ以テ適々之ヲ買ハント欲スルモノ賣主ナキカ若クハ其株式ニ信用ナキカ爲メ之ヲ賣ラント欲スル者アルモ買主ナキニ因ルナリ故ニ東京株式取引所ニ於テ日々取引スル株式ハ通例四十種内外ノモノナレハ本場ハ午前九時開場後場ハ午後一時開場シ兩場トモ僅カニ一時間内外ニテ閉場スルヲ常トシ立會時間ニ於テ此上數時間ノ餘裕アリ又市場ノ構域ニ於テモ數年來大ニ改良ヲ施シ最初三十万圓ノ資本ナリシモノヲ六十万圓ニ増加シ後チ又更ニ之ヲ加倍シテ百二十五万圓トシ増大ナル市場ヲ設ケタリ爰ヲ以テ將來經濟社會漸ク膨脹シ日々ノ賣買取引數百千種ニ上ルノ盛運ニ達スルノ時アルモ其準備ハ優ニ餘裕アリト信ス更ニ進ンテ之ヲ歐米諸國ノ例ニ徵センニ其繁華ナル都會ニ於ケル株式

取引所市場ノ開閉ハ概子一日一回ニ限ルモノヽ如シ例ヘハ巴里取引所ハ正午ヨリ午後三時迄ヲ開場ノ時刻トシ伯林取引所ハ正午十二時ヨリ午後二時迄トシ倫敦取引所ハ午前十一時ヨリ午後三時迄トシ紐育取引所ハ午前十時ヨリ午後三時迄トス然ルニ我東京株式取引所ハ從來ノ慣例ヲ追フテ毎日午前午後ノ二回ニ同種物件ノ賣買立會ヲ擧行セリ之ヲ外國ノ事例ニ比スレハ寧ロ充分ノ時間ヲ與ヘタルモノナラズヤ然ルヲ論者カ現在ノ取引所ハ取引時間ニ乏シクシテ立會充分ナラスト云ヒ甚シキハ立會ノ暇ナクシテ止ムモノ尠カラスト云フカ如キハ事實ヲ誤認スルモノニシテ是等ノ事實ハ論ヨリモ證據トシテ實地ヲ一見セラルレハ寔ニ明諒ナルコトナリ

又改正案ノ理由書ニ曰ク取引上ノ弊害百出底止スル所ナシ因テ本法ヲ改正シテ時運ノ必要ニ適應セシメントスト其弊害ナルモノ果シテ如何ナル點ヲ指スヤ之ヲ知ルニ由ナシト雖ドモ漸次改良ノ結果復タ甚シキ弊害ナキヲ信ス凡ソ一利一害ハ數ノ免レサル所ナル故殊ニ取引所ノ如キ効用ノ大ナルモノハ多少弊害ノ附隨スルナキ能ハズ然レドモ弊害百出底

止スル所ナシトハ實ニ針小棒大ノ言タリ且弊害多キ故ニ二個所ヲ設立セシメントス其新ニ起ル者果シテ弊害ナキヲ期スルヲ得ヘキカ抑々事理ニ通セサル口實ト云フノ外ナキナリ

要之一地區ニ二箇ノ株式取引所ヲ設置スルコトハ歐米諸國ニ於テ曾テ其例ヲ見ズ又我邦ニ於テモ曾テアルコトナシ然ルニ論者カ世界ニ未タ曾テ經驗ナキ新例ヲ今俄ニ我邦ニ開カントスルニ至リテハ早計モ亦甚シト云フヘシ況ンヤ現立ノ株式取引所ガ既ニ營業特許ヲ得タル地區內ニ於テ更ニ第二ノ取引所ヲ新設スルノ一事ハ現取引所ノ既得權ヲ侵害スルノ事實アルヲヤ又況ンヤ論者ガ改正ヲ必要トスルノ理由ハ事理ニ悖リ事實ニ違フモノアルニ於テヲヤ改正案ノ不當ナル復タ疑ヲ容レサル所タルヲ信ス

實業之日本 第參巻 第四號

論説

盍ぞ商品の標準賣買を許さゝる

中野武營

全國各地の商品取引所が多年希望する所の標準賣買は、今日に至るも猶ほ未だ許可せられざるを以て、近來に至り之を望むこと愈々甚だしく、而して其許否如何は實業社會の緊要問題たり。余は固と標準賣買の説を贊成するもの、玆に聊か卑見を陳述して當局者の注意を喚起し、併せて大方の識者に質さんと欲す。

抑も此問題の依て起る所以は明治廿六年勅令第七十四號を以て定められたる賣買取引の方法に關する規程中第十三條の三項に「米ニ限リ標準物ヲ以テ賣買契約ヲ爲シ取引所ニ於テ豫メ指定スル同種商品ノ格付ニ從ヒ代品ヲ以テ受渡ヲ爲スノ方法」とありて、標準賣買を行ふは單に米の一品に限り其他の商品に至りては一切標準賣買を許さずして銘柄取引の方法に據らしめたるが故なり、是れ此問題の起る所以なりとす。勅令に於て米と其他の商品と取引上受渡の方法に斯の如く區別を立てたるものは、蓋し米は古來標準賣買の慣習あり、他の商品は之れなきを以ての故なるべしと雖も、既に從來取引所の設けなき商品に對し、新たに取引所設立の必要を認め之を特許したる以上、猶强ひて慣習の有無に依て取引上の方法を二途にするは理に於て妥當ならず。宜しく兩者の利害を極め、標準賣買にして果して害ありとせば、米と雖も斷じて標準賣買を禁ずべきなり。若し又否らざるに於ては何ぞ他の商品に對し標準賣買を禁ずるの要あらんや。

今此問題を論斷するに先ち余は取引所法の由來沿革の概略を敍述するの必要を感ぜり。何となれば取引方法の由來沿革を明かにせば自ら官民思想の異なる所あるを知るべければなり。回顧すれば政府は嘗てブールスの組織を善良なるものとして熱心に之を計畫するや、當時實業家も亦之を熱望し、爲めに明治十九年二十年の交はブールスの説囂々として天下に充滿せり。是を以て政府はブールスの組織に基き明治廿一年取引條例なるものを發布したり。然るに何ぞ圖らん該條例を發布するや先きに熱心にブールス論を唱道せし實業家が却て反對の奇觀を呈せんとは。蓋し該條例は轉賣買戻の自由なる能はずして其責任極めて窮屈なるが爲めなり。現に東京大阪其他の地方に於て實業家の多數が當時ブールスに關する團躰を組織したりしも、此條例の發布に遇ふや忽ち解散せり。當時該條例を遵奉して取引所を設立せしものは、僅に神戸佐賀の二ヶ所に過ぎざりしが、此兩取引所と雖も、實際に於ては條例の精神行はれざりしなり。蓋し政府がブールスの組織を採用せんとするものは、取引所をして實物賣買取引の實を擧げしめ、空相場の弊を矯正せんとの趣意なりしと雖も、實業家は之を以て迂濶の希望と批評せり。抑も商賣の事たる營利を目的とするが故に、損得を外にして商賣てふものは無き筈なり。況んや定期取引の如き相場の變動を豫想して賣買するものに於てをや。換言すれば輸贏を爭ふて利益を博せんとを目的とするに外ならず。故に一旦賣買の約を爲すも相場の高低に依りては再び轉賣買戻を爲し、以て敏捷に其損を避け其利を收めむと望むは商賣の常なり。然るを一旦賣買せしものは其損得を度外に置き、强て實物の取引を果さしめんとするは、商賣人をして損得の念を絶たしめんと望むものなり。斯の如きは如何に法令を布くも、如何に勸誘するも到底行ふべからざることなるべし。是れ蓋し取引所條例の徒法空文に屬して取引所法改正の必要を生ぜし所以なり。

政府は此必要に促され、明治廿六年に至り、帝國議會の協贊を經て取引所法を制定したり。此法たる會員組織（取引所條例の精神を存するもの）と、株式組織（從來の慣習に依るもの）の二種となし、其中に就て實業家の擇む所に從ふて組織せしむるに在り。只勅令に於て米に限り云々せしは僅に政府が舊來の思想を爰に存留せしものと謂ふべし。爾來各地方に起る取引所尠しとせず、其中に於て會員組織の取引所は幾許もなく、皆悉く株式組織となせり。而して主務省が必要を認めて取引所の設立を特許し、其必要を認めて認許を與へたる定款を閲すれば、他の商品と雖も米と同じく定期取引には競爭賣買を許せり。我輩が竊に疑ふ所は政府が舊思想を維持せんと欲して、米の外標準賣買を許さゞる以上は、其取引所の組織及賣買法に於ても、米の外は彼の廿一年の取引所條例の如く之を檢束すべかりしを、然かせずして取引所と同樣の組織及賣買法を許せしこと是れなり。今や各取引所は取引の結果たる物品受渡の際に於て常に紛雜を生じ、其狀見るに忍びざるものあるは、是れ或は政府が既に其源に於て水勢を防ぐ能はずして、之を開放しながら、纔に其末に於て奔流を留めんとするが爲めの結果にあらざるなきを得んや。例へば茄子の實を得んと欲せば茄子の種を播かざる可からざるが如し。茄子の實を得んと欲して胡瓜の種子を播かば誰か其愚に驚かざらんや。之れと同じく銘柄取引を行はんと欲せば、始めより其組織及其賣買法をして該方針に據らしめざる可からず。現行賣買の方法にして銘柄取引の實を得んと欲するは、恰も胡瓜の種子を播て茄子の實を得んと欲するに異ならず。而して銘柄賣買を實行せんと欲せば、先づ轉賣買戻を爲すに當りて、對手者の承諾を經ざる可からず。對手者の承諾を經んと欲せば今日の立會賣買の如く競爭賣買を爲すことは到底爲し能はざるなり。俗に所謂「ザラバ」と云ふの方法によりて、賣主買主互の相談の上物品を賣買し、或は轉賣買戻の約を爲し、之を取引所の帳簿に記載して保證せしむるに在り。要するに賣買上の責任は其賣買双方の間に存せしめ、成るべく轉賣買戻の手續を窮屈にして、其期限の受渡を完了せしむるの道に由らざる可からず。之に反して今日の定期取引は立會競賣買を爲さしめ、而して取引所に於て其賣買上損害賠償の責に任ずるが故に、對手者の如何を問ふを要せず、自由に轉賣買戻を爲し、利益を得たるものは所謂利喰ひを爲して其關係を他に移し、結局目的の齟齬するもの期日に至りて已むを得ず受渡を爲すものなり、是れ寧ろ定期取引の本色と謂ふべし。

政府が實業家に繫ぎし希望は一たび明治廿一年の取引所條例に失敗し、再び廿六年の勅令に蹉跌せること上來敍述する所の如し。此上は再び明治廿一年に立戻り死せる條例を復活せしめんとするも其詮なかるべし。何となれば現行取引所法に於て會員組織の途を開きあるに拘はらず、之れに由らんとするもの無ければなり。左りとて現今の儘進行せんか、市場の紛擾絶へざるのみか延ひて社會に害を及ぼさんとするの危害あるを如何せん。於是乎此問題は實際上愈〻緊急を告ぐる所以なり。

我輩が之を社會の實況に照して利害を考究するに、政府は斷じて標準賣買を許可すべきものと信ずるなり。既に法律に於て定期賣買を許す以上は、之れと同時に一方には勉めて物品の融通を謀るの手段を取らざる可からず。若し取引所を開きながら物品融通の途を梗塞する時は、愈〻益々投機上の惡手段市場に行はれて、底止する利なきに至らんとす、今其事情を述ぶれば我國今日の狀態にては農業品たると工業品たるとを問はず、其産出區々なるが故に、品物に毫も差違なき同一の物を一時に數多揃へんと欲するが如きとは、甚だ困難なるのみならず物品中には時日の經過氣候の變遷により、變質するものありて、受渡の際目的に相違を生じ、困難を極むるとは商品取引上に於て常に見る所なり。例へば爰に肥料三等品を目的として賣買するものありとせんに、賣主は遠隔地方にある品を、確かに三等品に適すべしと信じて買入れ、豫め定期に賣付置き、之を運漕するに當り、航海中寒暖雨雪天候の爲めに變質するとあらんか、受渡に際し檢査人が之を四等品なりと認め、不合格と選定する場合には、賣主は當初の目的を失するや勿論、各取引所は規則に從ひ合格品と差替へしむべく、而して若し一定の日時間に之を渡さゞる時は違約處分を爲さゞるを得ず。偶ま賣主は買主に對し所有の二等品（上品）を三等品と見做し、之が受渡を結了せんと示談を試みるも、買主は素より其敵手なるを以て、毫も寛假せず、二等品は目的とするものに非ずとして之を拒絶し、是非三等品を受取らんと強請すべし、此場合に於ては賣主は之を主張するの理由なく、涙を飮むで適合すべき三等品（割高なるも）を更に他人より購入して之に充てざるを得ず。左れば賣主は目的とせし原品は不合格となりて徒らに手持となり、損毛に損毛を重ぬるの困難に陷るべし。因て定期取引に銘柄等級を目的として賣買せんとするには、假りに一千俵を賣らんとすれば別に三百俵若くは五百俵を豫備するに非ざれば、容易に受渡を完結するを得ざるなり。加之物品不揃ならんとの思惑ある時は、常に商況の攪亂を釀す時にして、所謂買占めの悪手段行はるゝの時なり。故に宜しく物品融通の途を開き、適度の標準格付の範圍を定め、圓滑に物品の授受を完了せしむる途を講ぜざる可からず。

然るに反對論者の説を聞けば、物品に標準賣買を許す時は物品受渡の際、買者は最初の目的を失ひ賣買の効なきに至るべしと云ふにあれども、取引市場に就て物品を買ふ者は、豫め其物品の標準格付を知悉して取引を爲すものなれば、初めより其覺悟あるべき筈なり、何ぞ無効と云ふを得んや。或は又標準賣買を許可せば投機盛んなるに至らんとの憂慮を懷く者ありと雖も、元來商業上に投機心を絶たしめんと欲するは到底望むべきにあらず。若し商賈をして投機心なからしめん乎、何種の商賈も活動する能はずして遂に死物とならんのみ。蓋し投機其物を目して一概に悪しきものと云ふべからず、只だ投機を行ふの手段中に弊害あるを悪むべきのみ。故に其弊害を除くとは本問題の攻究を要する所なるべし。思ふに投機の弊害中最も恐るべきは買占めの一事なりとす。而して買占めの策は常に物品の少なきものに現はるゝものにして、若し物品多數なるものなれば、買占めの弊は初めより起らざるなり。現に東京株式取引所の市場に於ける賣買を一見せば、會社資本の大小は大に取引の安否に關係するの事實を發見すべし、其會社資本の多額にして株數多きものは取引上平穩なれども、資本少額にして株數の少なきものは、往々買占めの手段に罹り、甚だ危險なるものなり。先年凶作に當り東京米穀取引所に於て、買占めの市況を呈し、米價暴騰するや支那米を以て格付の範圍に加へたりしが如きは、是れ投機の悪手段を防止するの策に外ならざるべし。果して然らば他の商品取引所に於ても、之れと同じく品質同一なる物品少なき時は買占めの策行はれ易き、既に買占めの行はれ易き事情ありとせば投機の悪手段茲に發生すべきは必然なりとす。故に投機の悪手段を防がんと欲せば物品受渡の圓滑を計らざる可からず。受渡の圓滑を計らんと欲せば即ち標準賣買を許して物品の融通を與ふるの外、他に途なかるべきなり。故に苟くも定期取引を許す以上は是非共標準賣買を許可せざる可からず。」然れども標準賣買を許すに當ては宜しく其程度を定むること極めて肝要なりとす。例へば織物に就て云はん乎、知多晒の標準に對し、金巾を以て代用するが如きことは、斷じて許す可からず。何となれば等しく是れ木綿なるも、其種類同じからざればなり。要するに標準の範圍は同種の物品中其價格の高下に依て格付けを爲すに在るのみ。即ち知多晒に一等乃至五等の等級あるものとすれば、其中等たる三等品を標準とし、其上下の等差により格付を定め、其範圍に於て代用せしむるに外ならず。斯の如き標準に據て相當の範圍を設けなば、啻に現今存在する所の取引上の紛雑を一掃するのみならず、物品流通の途立ち爲めに製造人産業者共に便益を得、従て社會の利益となるや莫大なり。然るに今日の如く一方には轉賣買戻の自由を許すにも拘はらず、一方には銘柄取引を以て撿束するが如きは、所謂生けず殺さず半死半生の間に彷徨せしむるものにて、其結果社會一般の害毒となるに過ぎざるなり、標準賣買許可の事豈に又已むを得んや。

（完）

取引所法改正に對する決心

東京株式取引所々長　中野武營

吾々同業者は敢て農商務の省令又は當局者の約言等に滿足せしに非ざりしも如何せん政府は威信を損すと云ふ理由を以て頑として延期の希望を容れざるを以て十月一日以後は是非共新法を遵奉せざるべからず其實施期も迫り且つ半季決算期にも相當せしを以て一應聯合會を解散し各自歸所せし次第なりしが新法施行後の有様は果して我々の豫想せし如くにて全國各地の取引所は限月短縮の爲め非常の打撃を被り日々の賣買取引高は著しく減少し株式專業の取引所は收支相償ふを得ず附屬仲買人の困難は殊に甚しく而も是に依りて他に相當の利益を收受ずるを得ば我々當業者の困難の如き爲めに犧牲に供せらるゝも致方なけれども當局者の所謂空賣買抑制の希望の如きは人間の投機心を全滅せざる限りは到底斯の如き手順に依りて達し得らるべきに非ず元來我國株式取引所に於ける定期取引は比較的弊害少なきは萬人の俱瞻する所なるに今や株式市場衰微の結果仲買人は他種取引所仲買人に轉業し又は廢業して現物仲買と稱する名目の下に厭ふべき惡辣業を爲すに至らん處あり其今日に於て未だ多く實際に現はれざるものは畢竟限月復舊に付て望を囑し居ればなり然るを若し荏苒日を經過せば彼等如何に體面を重んとするも到底永久損失に甘じ得べきにあらざれば終には以上の處を事實に見るに至らんこと必然にして今日は最早徒らに猶豫すべき時機にあらざるを以て此度實行委員會を開き運動方法を協議せん筈なるが先づ順序として新法施行後の實况を具申して當局者の反省を促がし不幸にして聽かれずんば他の方法を以て飽迄當初決議の貫徹を圖るべく從來實業家の運動は常に泣寢入りに終ると多くして爲に一般世人に輕視せらるゝの傾きあり或は今回の勅令に依り打撃を受けしは獨り株式取引所のみ全國に於て多數を占むる所の米穀等の如き取引上に於て何等痛痒を感せざることなれば聯合一致の運動は如何あらんかと危むものあるやも知れざれど彼の轉賣買戻方法の如き將又米の格付の如き該勅令の存する限り何等如何なる嚴法を設けむも一に主務大臣の權内にして不安心至極の事たるは同業者の等しく認むる所なれば現狀に安んじて將來の不覺を招くが如き擧に出でんとは萬々これなしと云々　（談話筆記）

第十一章　株式取引所

東京商業會議所頭取
東京株式取引所理事長　中野武營

一　總論

凡そ取引所に數種の別ありと雖も之れを大別すれは商品と有價證券の二種に歸すへし、而して商品と有價證券とは其の性質を異にすると同時に其の取引の目的を異にす、即ち之れを性質の上より論ずれば商品の如きは歳の豐凶に依て原料の生産力に增減あるを以て、自然一方に供給の增減を來たすと共に、一方に需要上の緩急を生ずることなり、又た目的の上より約言すれば商品は專ら甲乙各地の生産品の融通を計り、其の結果自然生産者を奬勵促進することゝなるなり。

有價證券は商品と全然其の性質を異にし、所謂金融物件たる性質を具ふるものなれば、買手の多く現はれたれはとて之れを增發するを許さず、即ち普通商品若くは米穀等の農產物に在りては、需要消費の緩急に依り或る程度迄は其製造を增減するを得ると雖も、公債若くは株式の如きに在りては假令市價の都合上或る種に對する希望者多き塲合を生ずと雖も、制限外斷して之れを發行するを許さゝるなり、又其取引の結果は相互間の金融に止まるのみにして決して消費するものにあらず、要するに商品は其の歳其の時の生産高の增減に依て市價に高低を生じ、有價證券は世界の金利の關係に依て市價を生す、之れを約言すれば商品の取引所は殖産上の機關として目す可く、有價證券の取引所は經濟機關として目すべきなり。

維新以前の如く各藩門戸を鎖したる時代にありては、經濟上に於ける流通の範圍極めて狹隘なりしを以て特に有價證券取引所組織の必要を見ざりしも、廢藩置縣後專ら國內の統一を企畫せられ、經濟の如きも內地東西に於ける共通上の範圍自然に擴大せられ、又た財政の必要上政府若くは自治公共團體に於て公債證書を發行し、他方には事業の經營上資本共同の必要に促され、株式組織の諸會社勃興して株券を發行せられ、玆に吾人の經濟共通の氣運漸く熟し來れるを以て、此等の有價證券を有効に融通せしむ可き經濟上の機關として株式取引所なるものゝ設立を見るに至れり、然れども其初めの頃は普通商業上の取引の如きも多くは內地の區域に止まり、從て市價の土臺たる金利の如きも僅に內地の經濟事情に支配せらるゝに止まりしかど、日本の國勢益〻發展して經濟的國交の密接を重ぬるにつれ、世界の金融金利は常に我か國の經濟界を支配し、我か國の經濟事情亦た廣く歐米諸邦の金融金利に影響する等、所謂世界經濟共通の一員となりしを以て、有價證券賣買の下に一國の金融機關を以て任する我が株式取引所の如き、自ら往時と其の觀を異にせざるを得ざるなり、左に我國株式取引所の沿革一班を叙して大方の參照に供せんとす。

二　取引事業の沿革

本邦株式取引の起源は近く明治維新の後に在り、蓋し公債の發行及び株式會社の組織成りて其債券株式の需給漸く熾んなるに及び、始めて之れを賣買取引する市場の必要起る、故に其以前に在りて株式市場の成立せざりしは當然の事に屬す、然れども米穀及び金銀の賣買取引は遠く數百年の古より行はれ、就中大阪に於ける米穀金銀の賣買取引を以て最古となす、惟ふに今日本邦各地に行はるゝ株式、米穀及び商品取引所の取引方法は、概要古來大阪に行はれたる米穀金銀取引の商習慣に則るものにあらざ

るなし、依て左に大阪米穀取引の起源を畧記して、由來本邦取引事業の發達、實に顯著なるとを示さん

大阪米市場の起源　大阪に於て米市場の始めて成立したるは、遠く天正年間(今を距ること三百三十七年前)に在り、當時の米市場は今日の如く官准の下に成立したるものにあらずして、或は個人の市營に係り、或は米商相互の協約に依りて成立したるものなることは爭ふべからざる事實なり、今二三の記錄に依りて其の起源を案ずるに、今を距る三百三十七年前、即ち天正年間、山城國八幡の郷に源右衛門といへるものあり、彼れ天性非凡にして其の行爲、多く人意の外に出づることあり、後大阪に出でゝ淀屋橋畔に居をトし、商號を淀屋と稱して商業を營めり、然るに彼れ商機を察すること極めて機敏なるを以て、諸般の企畫經營盡く其の圖に中らざるなし、是を以て未だ久しからずして數十萬の富を累ね、遂に淀屋橋畔に貨物庫四十七箇を設くるに至れり、淀屋の『いろは』庫と稱するもの即ち是れなり、此の『いろは』庫には種々の貨物を藏めたれども、其多分は各地の米粟にして、淀屋は毎日自家の門前に市を立てゝ廣く之れを庶人に販賣したりといへり、是れ即ち大阪米市場の濫觴なり、既にして源右衛門の嗣子與右衛門の代に至り、各藩大名の廻米を引受けて廣く之れを販賣することゝなれり、當時之を『藏元』と稱し全國米商中、他に淀屋と比肩するものなかりき、爾後世態漸く變遷して所謂『藏元』と稱するもの淀屋の外に數戸あるに至りたりしかども、米商界の實權は依然淀屋の手裡に在りしものゝ如し、抑〻『藏元』といへるとは承應三年三月廿二日の制令に於て始めて之れを見る、而して同令文中『町人の致す樣なる義は藏元の面々せられ間敷云々』とあるを見れば、藏元とは一種の藏役にして之れを尋常一般の商人と區別して幾分の重きを置きたるものゝ如し、當時手形を以て米を賣買し、又は米市場を公設することを許さゞりしが故、米商等皆淀屋に集まりて米を買ふを常習とせり、然るに其の賣買漸く繁多なるに從ひ、相場の高低を爭ふもの亦次第に增加し、寛文年間京畿其の他の地方に地震風水の天災ありたる頃は米價大に騰貴し、米商等

此の機に乘じて種々の手段を運らし、一攫千金の利を網せんとし、爲めに市民の困苦を招がんとす、是に於て官大に之を憂ひ畢竟賣買米受渡期日の永きに過ぐるより生ずる弊なりと做し、一片の令文を發し從來の受渡期限三十日を短縮して十日と改定し、且つ米の手形賣買は空米相場の弊に陷り易き憂ありとして、爾來一層嚴重に取締を爲し市場を公設し、多數此に集合して米を賣買することは嚴密に之を制禁し、違ふ者は或は死刑或は禁獄の刑に處せられたることあり、亦以て當時刑律の甚だ嚴なるを知るに足る。

堂島米市場　藏元淀屋は米穀賣買の爲めに非常の利益を獲得し、當時富豪殆ど其の右に出づるものなかりしが、元祿年間辰五郎の代に至り幕府の政略上、天下の金權を淀屋の手裡に歸せしむるの得策ならざるを認め、遂に事に託して辰五郎に闕所を命じたり、然れども他の米商等は年來淀屋との關係相離るべからざるを以て辰五郎闕所の後、尙其の屋敷跡に米市を立てゝ頻りに賣買を行ひ、爲めに市街の交通に妨碍を與ふること鮮からざりしかば、官屢々之れを制止すれども遂に行はれず、斯くて時勢漸く變遷するに從ひ米相場所新に起り、同時に三ヶ年を期限とし預り切手にて米を賣買することも亦行はれ、米方年行事などいへる役目も新に設けられ、諸事悉く面目を改めたりしが、元祿十年の頃、米商等相謀りて堂島新開地に米穀賣買の市場を立つるに至れり、是れ即ち今の大阪堂島米穀取引所の起源なり。

堂島の米市場一たび開けてより明治の初年に至る迄の沿革を叙することは、頗る煩雜に涉るを以て今之を省き、此には只其の最も著しき變革を列叙せんに享保年間迄の米市場は單に個人の私營に止りしが、元文丁巳の歳(今を距る百七十三年前)に至りて規律稍や備はり、都て米商をして此の規律の支配する所たらしめたるも、尙未だ缺くる所なき能はず、寛政癸丑の歳(即ち今を距る百十七年前)再び米穀取引に關する法規を改修し、嘉永癸丑の歳(即ち今を距る五十七年前)復た更に之れを改善し以て慶應の末に至る、此の間屢〻規則を改正加除し米市場の名號を變更する等、經營慘憺殆ど至らざる所なきも、隨て改むれば隨て破れ、其の弊害實に甚しきものありて、遂に世人をして米相場を見ること恰も賭博を見るが如き感を懷かしめたるのみならず、明治の初年に於て官其の弊に堪へずして、一時米穀相場所の開設を禁じたることありき。

米穀相場所の續出　米穀相場所の開設を公許したるは、其初め大阪のみに限りしが、享保十四年に至り江戸に於ても亦米穀延賣及び切手賣相場會所設立を許可し、降て天明四年に至り東海東山の米穀大集散場として桑名の米市場起り、其他各地に同種類の市場相踵で開始せらるゝに至れり、惟ふに今日各地に存在せる米穀取引所は各〻其の起源を異にし、之れが沿革の跡、亦相同からずと雖も、其賣買取引の方法は概要古來大阪米相場所に行はれたるものを踏襲するに外ならずして、今日にありては一種の商習慣として容易に更む可からざる勢力を有す、夫れ斯くの如く本邦米穀取引所の起源は、遠く三百年前の昔に在るに拘はらず、株式取引所の創mg僅に三十二年前に在るものは、當時未だ其の必要を認めざりしに由る。

三　株式取引所の發達

社會の事物は概ね實際の必要より起る、豈に特り株式取引所のみ此の事例に背くことを得んや、今や本邦株式取引所の數、通計四、東京株式取引所は實に之れが嚆矢にして、其の創立明治十一年五月に在り、是れより先き明治七年我が政府は初めて株式取引條例を制定し、其の第一條第一節に於て商業の爲めに緊要なりとする地に於て、株式取引所を創立することを許可し、同第二節に於て日本政府より發行したる、或は將來發行すべき公債證書、其の他官許を得て創立したる商業、工業の株式は都て此の條例を遵奉し、株式取引所に於て公に賣買することを得べき旨、公布せられたり、然るに該條例たる素と外國取引所の規則を取捨參酌して定めたるものなるが故、當時の國情に適せざる條項多々之れあり、就中證據金を賣買約定實價の四分の一として、嚴然之れが制限を設けたるが如きは最も實情に適せざるものなり、今試に其の法文を擧示せんに、條例第二十六條第二節に曰く。

證據金ハ約定高ヲ當日ノ相場ニ見合實價ノ二割五分宛（四分ノ一）ヲ賣主買主ノ双方ヨリ差入ルベシ尤モ相場ノ高低ニ應ジ數度ニテモ增證據金ノ追差ヲ支配人ヨリ相達シ常ニ二割五分宛ノ高ヲ減ゼシメサルベシ例ヘバ

某鐵道株手形	百株（一株百圓）
此原價	壹萬圓
約定相場	壹株ニ付九十六圓
此實價	百株ニ付九千六百圓
此證據金	
賣主差入高	貳千四百圓
買主差入高	貳千四百圓

豈に愕くべき制限ならずや、蓋し此の一事は當時の株式取引條例が、未だ完備を得ざる一例として示したるに過ぎず、其の他條文に就て仔細に吟味する時は、幾多の缺點存すること勿論なり、是の故に當時東京府下の紳商中、該條例に遵據して株式取引所を新設せんことを企畫したるものありと雖も、時機未だ熟せざるに尚且つ條例の不備なりしが爲め、竟に成功を告ぐること能はざりき、既にして明治九年八月銀行條例の改正あり、尋で翌十年に及び國立銀行各地に續起し、從て銀行紙幣の發行に對する保證用

として公債證書の需求漸く繁多なるのみならず、一般社會も亦頻りに公債を需求するに至りたるを以て、其の賣買日一日に増加せり、是に於て乎世人始めて有價證券賣買取引の公開市場なきが爲め、實際上大に不便を感ずるに至れり。

斯の如く社會の趨勢は公開の取引市場を要するに至りたるも、他の一方には取引條例の不備なるが爲め、強て其の下に立ちて取引所を設立するも、實際上何等の便益を社會に與ふる能はざる嫌あり、是に於て乎澁澤榮一、同澁澤喜作、福地源一郎、木村正幹、深川亮藏、小松彰、益田孝、小室信夫、三井養之助、同武之助、三野村利助の諸氏相謀りて、一方には取引條例改正の意見を具して當局者の採擇を請ひ、他の一方に向ては取引所設立の時機既に熟せるを察し、同志を募集したるに賛同を表する者多し、斯くて株式取引所創立の議全く調うて、其の創立願書を時の大藏卿大隈重信氏に提出したるは實に明治十年二月二十六日にして、越えて同二十八日始めて創立許可の命に接したり。

東京株式取引所の業務開始　居ること數月明治十一年五月、政府は改正株式取引條例を公布せらる、之れを舊條例に比するに其の條文簡明にして、且つ稍〻實情に適應する所あり、殊に舊條例中の最大缺點ともいふべき賣買證據金の制限の如き、仲買人身元保證金額の如き大に之れを低減し、其他不適當の點は概ね之れを改正增補したり、是れ一には政府自ら時勢の進歩に促されて此の改正を爲したるなるべしと雖も、抑〻亦澁澤等の諸氏が條例改正の意見を具して、當局者の參考に供したる功に由らずんばあらず、此の改正條例の發布と同時に、政府は曩に澁澤氏等が裁可を得んが爲めに提出したる定款及申合規則を却下し、更に新條例に據りて改訂再申すべき旨達せられたるを以て、發起人諸氏は新に定款及申合規則を議定し、設立願書と共に再び之れを進達し、五月十五日を以て愈〻設立免許を得、尋で諸般の設備成るを待ちて、同年六月一日より業務を開始し以て今日に至る。

東京株式取引所開業の日より市場に於て賣買したるは、僅に新舊及び秩祿の三公債に止れり。株式取引條例に據れば官准の商工業會社株券も亦之れを賣買することを許せしも當時會社株券の市場賣買に上るもの一も之れあらざりき、既にして同年七月に至り同取引所株券の賣買を開始し、尋で金祿、起業兩公債幷に兜町及蠣殼町兩米商會所株券をも亦賣買するに至れり。然るに是等會社株券の賣買取引高は甚だ僅少にして、纔に株式市場繁榮の幾分を副ゆるに過ぎず、而して其の賣買取引の盛に行はれたるは公債證券、就中流通最も多額にして需給亦他に超越せる秩祿及び金祿公債の兩證券なりとす、今左に明治十一年六月より十二月に至る七ヶ月間、各種公債及び諸株式賣買總出來高表を掲げて、當時市場の賣買狀勢の一班を示さん。

明治十一年自六月至十二月七ヶ月間各種公債及諸株式賣買高

種目	賣買出來高（公債ハ額面）
舊公債證書	四、七二一、九〇〇圓
新公債證書	一、七七六、三〇〇
秩祿公債證書	一〇、三一八、四〇〇
金祿公債證書	九、六一三、一〇〇
起業公債證書	一三八、六〇〇
第一國立銀行株	一八株
東京株式取引所株	二〇一
兜町米商會所株	六
蠣殼町米商會所株	二八
合計（公債證書／株式）	二六、五五八、三〇〇圓 二五三株

之れを近時の賣買商況に比するに其の勢全然相反するものあり、亦以て當時世間の需求公債の一方に傾きて、株式の需求極めて鮮かりしことを知るに足る。

十二年前後の取引狀況　越えて明治十二年に及び商界の形勢漸く變轉して公債、株式の賣買日に月に増加し、就中金祿公債は他の諸公債の賣買漸次減少するに反して、特り益〻隆盛を致し殊に同年十月金銀貨の賣買を開始したる以來、株式市場は一層繁榮の度を高むるに至れり、然れども概して言ふ時は、上前半期は公債の取引盛にして株式は第二位を占め、同後半期は株式及び金銀貨の取引熾にして公債の取引較〻其の數を減じたり、蓋し公債の價格たる昂低の範圍極めて狹少なるに反し、株式の時に暴騰激低あるが如くならず、故に仲買人等は漸く公債の賣買より、株式又は金銀貨賣買の事たる一時の取引事業に止るも、當時に於ける經濟上重要なる關係なるが故、今簡單に其の事歷と取引の狀況とを叙せんに、東京株式取引所が政府の許可を得て金銀貨の賣買を開始したるは明治十二年十月十四日なり、抑此の取引を生ずるに至りたるものは十年の西南戰役の後を承けて財政の困難を來し不換紙幣を增發せられたる結果、硬貨と紙幣との間に差額を生じたるに因れり、即ち其の開始の當月に於て紙幣に對する金貨の平均價格は一圓三十四錢四厘にして、同十二月には稍〻騰貴して一圓四十錢五厘となり、同銀貨の平均價格は一圓二十三錢四厘にして、十二月に至りては一圓三十三錢二厘に昂進したり、此の如く時に依り昂低あるもの概ね貿易上、輸出入の不權衡に起因せり、蓋し輸入の輸出に超過する時は其の差損を償はんが爲め、我が貨幣海外に流出し、其の流出の額多きに從ひて價格次第に騰貴す、之に反して輸出の輸入に超過する時は其の結果外國貨幣の流入となり、其の流入額多きに從ひて價格亦低落すべし、明治十二年下半期、大藏省關稅局編纂の大日本各港輸出入表を見るに貨物輸出全計千七百三十三萬四千七百十六圓餘、同輸入全計千八百二十五萬六千五百八十二圓餘にして、輸入の輸出に超過すること九十二萬千八百六十六圓餘なり。

又貨幣及金銀地金の輸出總計は五百十三萬五千二百六十四圓餘、同輸入總計百七十一萬六百二十五圓餘にして、輸出の輸入に超過すること三百四十二萬三千六百三十九圓餘なり、亦以て當時金銀貨幣の償、漸く昂騰したることの決して偶然ならざるを知るに足る、當時取引所に於ける其の賣買高を査するに、明治十二年十月より十二月に至る三ヶ月間、金銀貨幣合計二千百十四萬六千八百圓にして、内金貨の賣買高十七萬七千八百圓銀貨の賣買高二千九十六萬九千圓なり、斯の如く銀貨の賣買、金貨より多きは、當時内地の貿易は主として紙幣之れを媒介し、外國貿易は銀貨之れを媒介し、金貨の如きは貿易上二者の如き必要を見ざるを以て、取引市場の需求も亦隨て多からざりしものと知るべし。

銀貨の賣買斯の如く盛況を呈するに從ひ公債株式の賣買漸く減少を來さんとする傾向あるに際し、時の大藏卿は金銀貨の賣買を以て投機空相場に類するものとして一時之れが取引を停止せられたり、（十三年四月十四日）亞で取引條例の改正ありたるを以て、取引所は之れを遵奉して仲買人を甲部（公債株式仲買人）乙部（金銀貨仲買人）の二類に分ち、同五月四日より再び金銀貨の賣買を開始したるに商況舊に依り益〻昌盛を極め、公債株式の賣買高は僅かに金銀貨の下に在りき、既にして五月十九日金銀貨の賣買禁止令出でゝ株式市場の形勢頓に一變し、從來の乙部仲買人中、或は業を公債株式仲買に轉じ、或は全く其の業を廢するものありて、市場の賣買は專ら公債株式の一方に傾き、商勢亦頗る活氣を帶ぶるに至れり、其の後明治十六年八月に至り太政官第二十七號布告を以て金銀貨の定期賣買を許可せられ、同月廿日より更に其の賣買を開始したり。

諸會社續出と取引の旺盛　其れより明治十九年に至る迄數星霜の間株式取引條例の改正追加せられたること數回、爲めに取引事業の發展を助け社會の便益を增進したること勿論なるべしと雖も、而かも此の事業たる、獨り法令の改廢のみに伴うて消長するものに非ずして、時に政界の波瀾、經濟社會の變動、其の他諸種事物の促す所となりて爲めに伸縮することなきを免れず、殊に一時著しく商界の波瀾を招き紛綜錯雜世人をして大に危惧の念を懷かしめたる夫の不換紙幣增發の事の如き、本邦商業の發達を妨碍する所ありたるも、十六年より十八年に至る迄漸次に回收せられ、幣政整頓して同年九月兌換銀行券の發行あり、此に至りて全く銀紙の差なく金銀貨の取引は自ら廢滅に歸し、從つて物價次第に低落の傾きを呈したりしかば、商業界は爲めに面目を一變し從來區々一個人の經營に成りたる事業も今は大に其の規模を擴張し、株式會社を組織して以て業務を經營するものあるに至れり、社會の趨勢斯の如く株式會社續々として興起し、其の株劵の需要漸く繁く、從つて東京株式取引市場に於て其の取引の旺盛を見るに至りたり。

四　取引所の組織沿革

取引所條例改正の影響　斯くて明治十九年九月の交に至り取引所の株式組織を一變して、歐米諸國に行はるゝ會員組織と爲さんとする說、漸く世に傳播せり、是に至りて既設各取引所の株式は爲めに非常の影響を蒙りて其の價格著く低落し、株式市場殆ど恐慌の狀を呈せり、既にして明治二十年五月に至り新定の取引所條例發布せられ、舊條例に遵據して設立したる各取引所は、其の營業滿期に至り廢滅に歸することゝなれり、吁嗟是れ全國取引所に向つて一大打擊を與ふるものにあらざらんや。

是に於て乎時の東京株式取引所頭取河野敏鎌氏は、新定の取引所條例は變革急劇に失し人情に適應せざるものあることを當局者に訴へ、併せて東京株式取引所の營業期限を延長せんことを稟申したり、其の結果時の主務大臣は事情を斟酌して願意の幾分を採納し明治二十二年五月迄滿一ヶ年の營業延期を允許せられたり、然れども新定取引所條例は依然として存在せるを以て、若し其の儘に時日を經過せば東京株式取引所は營業滿期の時に至りて一旦之れを解散し、更に新條例に據りて新組織の取引所を設立せざるべからざる悲運目前に橫はれり、されば一方には明治二十二年五月迄營業延期の許可を受けたるも、他の一方には二十年に於て早く既に新定取引所條例に遵據して新組織の取引所設立の許可を得たるもの東京、大阪其の他通計十箇所の多きに達したり、然るに實際上諸種の支障を生じ、且つ前途の危險を慮りて取引を開始するに至らず、實地開業したるものは僅に神戸及び佐賀の兩取引所のみなりき。

實勢斯の如くなるを以て明治二十一年七月井上侯入りて農商務大臣となるや、取引所問題に就き更に攻究の必要ありとして、東京株式取引所に向つて同二十四年六月迄營業延期を許可し、尋で翌二十二年六月、政府は取引所問題調査上參考の爲め時の商工局次長南貞介氏を海外に派遣して、各國取引所の實況を視察せしむることゝなり、同時に東京の舊新兩株式取引所も亦主務省の訓諭に基き二三の人を英米獨佛等に派出して、主たる取引所の實況を視察せしめ、諸氏が視察を了りて歸朝したるは明治二十三年八月前後なり、而して同年九月に於て東京株式取引所は更に二十七年六月迄の營業延期を許可せられたり。

既にして政府は取引所改善の目的を以て法律の調査に着手せられ、遂に明治二十五年十二月に至り取引所法案を帝國議會に提出し、翌二十六年二月貴衆兩院の協賛を得、同三月三日法律第五號を以て之れを公布せり即ち現行の取引所法是れなり、此の法律一たび發布せらるゝや、多年本邦經濟社會の一大問題たりし難件始めて融解を告げ、取引市場の動搖も亦沈靜するに至りたるは、直接に利害の關係を有する既設株式組織の各取引所は勿論、一般經濟界の爲め寔に欣ぶべき事とす。

現行取引所法概要　此の新法律に據れば都て取引所は土地商業の情況及び賣買取引すべき物件の種類に依り、會員組織又は株式會社組織と爲すことを得べし、而して會員組織の取引所に於ては其の取引所の仲買人及び會員に限り賣買取引を爲すことを許し、株式會社組織の取引所に於ては其の取引所の仲買人に限り賣買取引を爲すことを許すものにして、其の會員組織を擇むと株式會社組織を擇むとは一に當事者の任意に屬するものなり。

此の法律の發布せらるゝや全國既設の各取引所は、該法の規定に遵據して定欵及營業細則等を改正し、更に營業繼續の認可を得以て今日に至る、然れども會員組織の取引所を設立したるもの甚だ少數にして、多くは株式會社組織のものたるのみならず、一たび會員組織に依りたる取引所も亦未だ久しからずして更に之れを改めて、株式會社組織の取引所と爲したるものあり、而して其の今日に存するものと雖も、事業甚だ振はずして纔に存續するに過ぎず、以て會員組織の取引所が本邦の情勢に適せざることを證するに足れり。

組織上の優劣一般　會員組織の取引所と株式會社組織の取引所との間種々異別の點あり、就中其の最も顯著なるものは株式會社組織の取引所は常に仲買人の賣買を監督し、併せて其の賣買契約に對し取引所自ら之れが履行を擔保する點に在り、例へば仲買人に於て自己の賣買約定を履行せざる時、又は取引所の定欵其他の規定に違背することありて之れを違約處分に付する場合に當り、其の對手者即ち被違約者に損害ある時は取引所自ら之れを賠償し、彼等をして其の利益を全うせしむ、畢竟多數の仲買人等が取引市場に於て常に其の對手者の何人たるに拘らず、之れに向つて充分の信用を置き安全に賣買取引することを得る所以のものは實に此の擔保制度あるに由れり。

五　最近取引賣買狀況

今日の株式取引の狀勢を以て之れを既往三十有二年以前即ち株式取引所創立當時の狀況に比する時は其の間の發達進歩實に著きものあり、最近二年間即ち明治四十一年及四十二年に於ける調査に據り東京株式取引所市場に於て賣買せる景況を表示すれば左の如し。

而して最近半期即ち明治四十二年十一月より同四十三年五月に至る六ヶ月間に於ける同取引所の賣買景況一班を示さんに定期取引に在りては鐵道、電氣鐵道、船舶運輸、銀行、鑛業、製造工業等の諸會社株式通計六百參拾參萬七千參百參拾株、直取引に在りては國債及び地方債參千九百八拾八萬貳千五百圓、社債五千圓、會社株式參百五萬貳千七百拾六株の賣買出來せり、亦以て株式取引事業發達の一班を窺ふに足れり、思ふに既往三十有二年間に株式取引事業の斯の如く發達したるものは一は社會民衆の多數が株式取引所の一般經濟界に於ける重要の機關たることを察せずして、徒に株式賣買を一種の賭博と見做し、大に之れを排斥したる舊夢漸く覺め來りたるに由るといふと雖も、畢竟本邦の經濟事情著く發展し各種の機關整備して取引所の機能益〻實際に効力を奏するを得るに由らずんばあらず、只遺憾とすべきは本邦取引市場に於て賣買する有價證券は單に内國のもの丶みに止りて未だ外國の公債株券を

期	種目		發行金額	當市場に於て賣買の分
明治四十一年上半期	國債證券十二種		一、〇六〇、九四一、二三八圓	同上
	地方債證券五種		二七、二五三、九〇〇	七、七四九、一〇〇圓
	社債券九種	債券總數	五、三八八、一六八通	同上
		發行金額	四六、四〇七、五六〇圓	二、七三〇、〇〇〇圓
	株式百二十一種	株式總數	一六、八二六、〇〇九株	一四、八三七、二七二株
		資本金	八五〇、三七四、二〇〇圓	七五一、五八八、六〇〇圓
明治四十一年下半期	國債證券十四種		一、〇六二、九三四、七一三圓	同上
	地方債證券五種		二七、二四八、九〇〇	七、七四九、一〇〇圓
	社債券五種	債券總數	五、五〇四七八六通	同上
		發行金額	四九、〇五七、一九五圓	四、二三〇、〇〇〇圓
	株式百七種	株式總數	一七、一一七、〇〇九株	一五、八四二、二七二株
		資本金	八六四、九二四、二〇〇圓	八〇一、八三八、六〇〇圓
明治四十二年上半期	國債證券十三種		一、二五三、四六一、三八三圓	同上
	地方債證券五種		二七、〇九一、一〇〇	七、六一四、五〇〇圓
	社債券四種	債券總數	五、九一一、八五五通	同上
		發行金額	五三、〇八二、八一五圓	四、一七〇、〇〇〇圓
	株式百六種	株式總數	一四、八一六、〇〇九株	一三、五九七、〇七二株
		資本金	七四九、八七四、二〇〇圓	六八九、五七八、六〇〇圓
明治四十二年下半期	國債證券十三種		一、四一九、一八三、五三三圓	同上
	地方債證券四種		二六、〇三六、一〇〇	七、三五九、五〇〇圓
	社債券九種	債券總數	六、〇〇六、一〇六通	同上
		發行金額	五六、〇〇二、〇八五圓	六、〇七八、〇〇〇圓
	株式九十二種	株式總數	一二、三八八、一三六株	一一、四一六、六三六株
		資本金	六二八、九五六、八〇〇圓	五八〇、八一六、八〇〇圓

賣買するに至らず、又外人の本邦諸有價證券を賣買取引するもの甚だ少きが爲め、取引所繁盛の度未だ歐米に及ばざること遠き一事なり、然れども三十七八年日露戰爭の結果本邦の勢威一段を高め信用一層を進むるに至り、同時に戰勝の餘勢を以て商工業益〻發達し世界各國と經濟共通の機運漸次開くるに至りたるを以て、取引所の事業も亦益〻發達進歩するや必せり、株式取引の前途亦多望なりといふべし。

六　取引所改善問題

以上株式取引所發達の事歴を叙せり、予は最後に於て其改善問題に就き聊か卑見を述ぶべし、抑も本邦の取引所は三百年來間斷なく官民間に研究せられ、實地に改良を加へ來りたるものにして、其方法等に於ては實に驚くべき發達を爲せり、之を歐米の取引所に比するに大體に於ては期せずして其歸を一にす、唯多少形式上相違の點なきに非るも、是等は主として沿革と國情の然らしむる所とす、而して其相違の點たる一長一短にして彼の我に勝るものあり、又我の彼に勝るものあり、其勝るものと雖も遽に採り以て摸倣する能はざるは畢竟國情の相異るに因れり、然れども東西を通して取引所の運用に最も重きを爲すものは實に仲買人に在り、如何に法令に於て金科玉條を羅列するも、若し之を活用する仲買人にして其人を得ざらんか、終に一片の空文たるを免れず、故に取引所改善の主要は實に仲買人に在て存す、此主要なる一點は遺憾ながら歐米に比し遜色なき能はず、然れども是は一國の民度に關する問題にして、獨り取引所仲買人の品位に對してのみ其備はるを求むべきにあらず、要は一般社會の程度に伴ふものなり、夫れ然り唯仲買人なる者は既に重要なる經濟機關の運用者にして、最も深厚なる信用を保つべき職務たるに依り、社會の程度を進むると同時に、仲買人に對しては特に其人を得るの途を講ぜざるべからず、想ふに其方法たる單に法令に依て之を得んと欲するが如きは抑も末なり、世人の之を目し之を遇する上に於て常に名譽ある公商人たることを認めざるべからず、彼の巴里の如き株式取引所仲買人なる者は實に都會第一流の商人を以て目せらる、日本政府が英佛諸國に於て外債を募集せんとするに當り、必先づ株式仲買人の手を藉りてシンヂゲート成立の斡旋を爲さしむるは夙に世人の知る所たり、本邦に於ける現在の仲買人と雖も都鄙を通して一視する能はざるも、東京若くは大阪の株式取引所仲買人の如きは其中有力者頗る多く、概して紳士的の人格たるを失はず、現に本邦に存在する幾十億に上る所の有價證券の融通は實に此等の公商人を待て行るゝ者たるを知らば、其位置の重要なる其實力の多大なることは容易に之を認むるを得へし、若し夫れ今日の經濟界より仲買人を除却せんか、銀行業者の如きも存外其活動力を失ふを免れざるべく、現に伯林取引所の株式部に立て賣買に從事する者は主として銀行員たるに鑑みるも決して想察に難からざるなり、然るに今日本邦に於て世人の株式仲買人に對する感想果して如何、之を既往に比すれば著しく其實力を認め來りたるも、而かも尙ほ之に對する法令中には往々奸曲者を檢束する如き趣旨に出るものあり、民間に在ても未だ甚だ重きを置かざるの狀あり、此の如きは自然有力者をして之に從事するを躊躇せしめ、決して向上發達せしむるの途にあらざるなり、又仲買人たる諸氏に在ても各自高尚なる職業たるに顧み、深く自ら重んじて歐米の同業者に愧るなからんことを期せざるべからず、是取引所の改善に於て最も意を致すべきの要點たるを信ず。

終りに臨み尙ほ一言すべきは既に冒頭に述る如く商品取引所は殖産上の機關に屬し、株式取引所は經濟界の機關に屬する性質たるに依り、其管理上に於ても此區別を明かにし、彼の經濟機關たる銀行業者と共に其管理を統一するを可とす、佛國に在りては商品取引所は商工務大臣の管理に屬し、株式取引所は大藏大臣に屬せしむるもの蓋し右の趣意に外ならず、其性質の異なるものを綜合して强て同一步調を取らしめんとするは、決して其本能を發揮せしむる所以の途にあらずと信ずるなり。

株の鞘取は安全確實なる投資法

東京商業會議所會頭　中野武營

◎銀行は鞘取りをする

中野武營氏

◎銀行では人の金を預かつて、利子を拂つてやる。

◎しかし銀行も營利である。人の金を預かつて、利子を拂つてやつたのでは、細りこそすれ太ることはない。必ずや他に方法を講じて、拂つてやる利子よりも、より多く利子を取れるやうに運轉しなければならぬ。

◎保險會社に於ても亦同樣である。澤山の保險金を集めて、これを寢かして居つたのでは會社が立ち行かない。何等か他に運轉の方法を講ぜねばならぬ。

◎然らば銀行や保險會社は、如何にして利殖の途を講ずるか。

◎いふまでもなく金を他に貸付けて、利子を取るのである。例へば金を四分は預かつて、それを更に五分に運轉して其の差を利するのである。

◎しかし幾十萬圓幾百萬圓を預かつて居る、その巨額の金が、悉く確實に貸付けられるものではない。

◎確實を尊べば尊ぶほど貸付けの範圍が狹くなつて、貸付けられない多くの遊金が出來る。

◎その多くの遊金を名の如く遊ばして居つては、銀行は他に拂ふ利子に追はれなければならぬ。そこで貸付け以外、他に運轉の方法を講じねばならぬ。

◎その方法は何であるかといへば、株式の鞘取である。

◎鞘取りは極めて安全

◎銀行が他の金を預かつて、その金で株式の鞘取をする。ちよつて聞けば如何にも危險である。

◎銀行に預金をする人の中には、株を買つたりするのは危險であるから、例へ利廻りが細くても銀行へ預けた方が確かであると思つて、預ける人が多くある。否な大多數の人は爾うかも知れぬ。

◎然るに其の銀行が株に手を出したのでは、まるで自分が株をやつたと同じことである。或は夫れ以上危險であるかも知れぬ。

◎株は波瀾が多い。いつ何時、銀行は株で損をするかも計られぬ。損をしたが最後、大破綻を生じて預金を引き出されぬ破目に陥るといふ考が、知らぬ人には頭に浮ぶ。

◎併し鞘取は決して危険なものでない。極めて安全確實なものである。極めて立派な投資法である。

◎株の擔保は當限より先物が高い。そこで當限を買つて先物を賣る。

◎當限は今月受渡しをするもの、中物はその翌月受渡しをするもの、先物は翌々月受渡しをするものである。ちよつと考へれば、當限から先物まで三ケ月かゝるやうであるが、當限は今月の末に受渡しをするので、その時から翌々月までゞあるから、期間は六十日である。

◎そこで當限と先物と兩方の値段を比較して見て、その鞘が幾らあるか、安い當限を買つて高い先物を賣り、得る所の利益が手數料その他を引いて、六十日間の日歩幾らに廻るか、それを實際に算盤を採つて計算する。

◎さて實際に算盤を採つて計算して、銀行利子よりも利廻りがよければ、その鞘取をやる。

（鞘取りの方法、及び當限、先物、サヤ等の意味は、素秋生の『株式投資物語』に詳し……記者）

◎大實業家皆鞘取

◎鞘取は、行つた其の日に、買つた値も賣つた値も極つて居るから、決して間違ひはない。

◎また鞘取は株の種類を吟味するにも及ばない。何の株でもよい。たゞ鞘さへ多ければよい。

◎何の商品でも必ず仕入れたものが、高く賣れるとは限らない。中には商品に罅が入つたりローズが出來る。また遂に賣れずにしまふこともある。

◎所が鞘取に至つては、買つた最初から賣る時の値が分つて居る。賣れぬこともなければ、値に變動を來すこともない。利益は最初から算盤に上つてゐる。

◎それに仲買人に對しては取引所が保證してゐる。これほど確かな投資法はない。

◎されば銀行や保險會社ばかりでなく今日、大資産、大實業家と言はれる人は、多く此の鞘取りを行つてゐる。

◎只、この際注意すべきことは、信用ある仲買人を選ぶことである。

◎金のない人に金融なし

◎私は永らく株式取引所の理事長をしてゐた。理事長といへば相場師の親分のやうに思はれる。しかし私は、これまで嘗て一度も、株は一株も半株も賣り買ひしたことがない。相場には一指をも染めたことがない。

◎相場は、買つては賣り賣つては買ひ戻し、その間の差を利するのであるが、あはれ一朝思惑が外れると、取返しのつかない慘憺たる結果に陷る。

◎世間には能く證據金を酷工面して、手一杯に相場を張り、一攫千金を夢見てゐる人があるが、寔に危險なことである。

◎一體、金のない人に金融といふことのあるべき筈はないので、金のある人にして始めて運轉もあれば金融もある。

◎それを金のないものが、直ちに金儲けをしようとするのは間違つてゐる。失敗の素で、殊に一攫千金を夢見る如きは、株は鞘取の如き確實なる方法に據らねばならぬ。

四　香川県と高松市、松平家への貢献

中野は、香川県の分県に貢献したばかりでなく、香川新報社（現在の四国新聞社）を創立したほか、第百十四国立銀行（現在の株式会社百十四銀行。明治三十一年から五年まで監査役、明治四十五年六月から相談役）、高松電灯株式会社（現在の四国電力株式会社）、讃岐鉄道（現在の四国旅客鉄道株式会社。明治三十六年に取締役）、高松電気鉄道株式会社（現在の高松琴平電気鉄道株式会社）、高松商業会議所（現在の高松商工会議所）などの設立、経営、資金調達などに直接、間接的に関わり、黎明期の香川県と高松市の基礎作りに尽力し、その発展に貢献した(1)。

さらに、中野は、高松築港や高松市の上下水道の整備を促進した。中野が高松市で行った**2－31「高松市民と衛生」**（明治三十五年八月二十四日、二十五日及び二十七日）の講演が同市の上下水道整備のきっかけとなったと伝えられている。

讃岐の生島塩田で小作人が、松平家の家令を訴えた訴訟が起こると、中野は、松平家側に立ったという(2)。

また、明治二十四年夏に高松松平家から尾張徳川家に養子となっていた徳川義禮（松平頼聰の次男）を離縁させようというお家騒動が起こった時、中野は、尾張家の相談役であった田中不二麿（文部大輔や司法大臣を経験）や加藤高明（後の外務大臣や総理大臣）を相手にしつつ、義禮を退ける理屈はないと断固としてこれに反対した。中野と加藤それぞれに近い大隈重信が仲裁に入ったが調整できなかった。徳川家の一大事ということで勝海舟が仲裁に入り、勝が中野の説を支持し、最終的に、離縁は阻止された(3)。

中央での地歩が固まるにつれ、中野は旧藩主の松平頼聰の信頼を得てその相談役となり、松平家の家政を確固たるものにすることに貢献した。そして、継嗣で松平家第十二代当主となった松平頼壽の後見役を任された。

早稲田大学の大隈庭園や大隈講堂の敷地は、もともと松平頼聰の所有の高松藩下屋敷であり、頼聰の正室である弥千代（井伊直弼の次女）が滞在したり、頼聰の父の頼恕が隠居したりしていた場所であった(4)。

松平頼壽は人間形成において中野武営から大きな感化を受けた。頼壽は中野に勧められて東京専門学校邦語法律科

に進み、明治三十五年に卒業した。貴族院議員となり、昭和十二年には近衛文麿の後任として貴族院議長となった(5)。

母校の早稲田大学では、評議員会会長（大正四年から十三年）、理事（大正七年から昭和六年）、維持員（大正六年から昭和十九年）、維持員会会長（昭和六年から昭和十九年）を務めた(6)。

中野自身は、立憲改進党結党以来、小野梓や高田早苗ら早稲田大学創立関係者との関わりは深かったが、明治三十一年十月から明治三十六年十二月まで評議員に就任している(7)。また、明治四十一年の大学創立二十五周年記念に理工学部の創立が掲げられ、東京商業会議所会頭であった中野は、渋沢栄一を委員長とする基金管理委員会委員として募金活動に奔走した。

さらに、大正六年の早稲田騒動を受けて、大隈重信は渋沢栄一や中野、豊川良平、森村市左衛門などに混乱の収拾を託した。中野は同年九月二十六日に維持員に、十月に校規改訂調査委員（委員長渋沢栄一）に選任された。中野は副委員長として、騒動の関係者の意向を慎重に踏まえながら、新しい校規の調整に中心的な役割を果たした。そして、大正七年十月三日、大隈重信は新たな校規に基づき中野を終身維持員に任命した。

注

(1) 本節の内容については、拙著『中野武営と商業会議所』の「第二章（四）松平家の顧問として」及び「第四章（七）香川県への貢献」、「第十四章(八) 早稲田騒動」を参照。

(2) 薄田『中野武営翁の七十年』。

(3) 「海舟日記」『勝海舟全集 二十一』勁草書房、一九七三年。薄田『中野武営翁の七十年』。『讀賣新聞』明治二十四年七月十一日。『香川新報』明治二十四年七月十八、十九、二十一、二十二、二十四、八月八、九、十一、二十二、二十五日。島田三郎「中野君は相反したる両面の性格」『商工世界太平洋』第八巻第十一号、明治四十二年五月十五日。

(4) 『稿本 早稲田大学百年史』第一巻中、早稲田大学出版部、昭和五十年三月。

(5) この他、大東文化学院総長、日本銀行監事、日本競馬会初代理事長などを歴任し、本郷中学校（現在の本郷学園）を創立した。（『松平頼壽伝』財団法人松平公益会、昭和三十九年九月）。

(6) 昭和三十年に保守合同による自由民主党の結党を促

したことで有名な三木武吉の父親の古吉は、高松藩士で骨董業を営み、中野武営と懇意であった。武吉が東京に出た時に中野を訪ねると、中野は東京専門学校（早稲田大学の前身）への進学を勧め、高田早苗への紹介状を書いた。こうして武吉は進学し、早稲田大学法学科を卒業し、政治家となった。（『三木武吉』三木会編、昭和三十三年七月）。

（7）『早稲田大学百年史　総索引・年表』早稲田大学史史料編纂所編、早稲田大学出版部、平成九年九月。

高松市民と衛生

左は中野代議士が頃日滞高中記者に語れる處にして其説く處大いに耳を傾くべきものあり殊に時節柄掲げて大に讀者の注意を請はんとす

觀じ來れば高松市に於ける虎列拉病の猖獗は實に恐るべきものあり本月初旬發生以來日々五人七人十人二十人の患者を出し爾かも其等の患者五時間七時間にして相次て死亡すると云ふに至りては實に由々しき大事と云ふべし凡そ吾人の生命財産と云ふ中に生命は第一に置かれて最も貴重のものたり生命盡きて萬事休す苟くも生命の安固を保障し能はさるほど吾人に取つて危險に心元なきはあらす

且夫れ傳染病中最も悪性なる虎列拉病などの流行する場合に於ては生命の危險と云へる觀念よりして直ちに大影響を受くるものは經濟社會なり一般の人は病毒の傳染を恐るゝか爲めに流行地に出入せす流行地の商品を引取るを嫌ふの極甚たしきは交通も取引も絶ゆるに至らさるを得す從つて之か爲め取引、金融等に大關係を生して流行地の市民は非常の損害を蒙ること、となるべし茲に至つて傳染病流行の害は單に生命の得喪のみならす實業上の損害をも併せて蒙むらしむるものなり況んや之か豫防又は撲滅の爲め少からざる公費を消すことを想へは傳染病の害ほど世に恐るべきはあらず

然るに此恐るべき傳染病は近年の學理に於て概ねバクテリヤの繁殖作用によるものなりと決定せられてより水と傳染病との關係は實に密着のものとなり市民の飲料水にして純良ならさる時は一たび發したる悪疫の驅除は實に至難を極めんとす譬は無數の赤痢菌虎列拉菌の類か市民の飲用水中に潜伏し繁殖しつゝあるに心付かすして飲用する間は容易に病毒の撲滅さるべき筈なく日用水と共に知らす吾人の口を通して腹部に入れるバクテリヤの猖獗を極むるありとすれば如何に一方に於て病毒を恐るゝとも殆んと其危險を救ふべからす此ゝ於てか東京の如き大坂の如きは先年來非常の大計畫を立て水道を改良し市民の飲用水を純良にして以て悪疫の傳播を豫防するの策を立てたるが就中大坂の如きは水道改良以來市民の健康上に著しき進歩を見たりと云ふ故に我高松市の如きも出來得べくんば其飲料水道を改良して以て悪疫の流行を根本的に豫防するを必要とすと雖も水道は自から水源と関係したる問題にして且つ其工費を要すること尠からす今日の高松を以て市内全部の水道を完全にせんことは頗る困難なりとす然れとも今若し根本より飲用水道の改良施設を爲すの力なしとすれば攻めては現在の飲用水を絶えす不良にしつゝある處の重要なる障害を除くとは最も急要なるべし他なし下水路の改良是なり・・・・・・

蓋し井水卽ち地下水は其原因を地上水に發するは何人も知る處

にして雨水の降つて地に達するや次第に土中に浸漉して粘土質上の水層に止まり其次第に潴積するに從つて水壓作用に依り再ひ井水として涌き出つるものなることは專門家の說明を待つまでもなく梅雨季節には必す井水を增すに依りて推知すべく井水湧出の順序已に右の如くなると同時に其地上より漉過して地下に達するまでの道中に於て種々の不潔物を通過する時は勢ひ其水質は不良とならさるを得す卽ち成るべく清淨なる土砂を通過し成るべく永き距離を通過して井中に來る水は良水なるべしと雖も附近に散在する泥溝下水の不潔なる水が其底より漉過して直ちに井に入り來るの恐れあるに於ては其井水は到底飮料に適すべくもあらぬ不良水たること論を俟たす卽ち彼の梾雨期節又は霖雨打續きたる場合に於て其道の人の實驗上動もすれば腸胃患者の增加するは地下に於て井水と泥溝の溜水との縁近くなるが爲めなるを知るべし。

惟ふて茲に至れば高松市内の下水が今日の如く不完全を極むるの一事か如何に市民の衛生に大關係あるかを知るに難からす市民は一日も早く此不完全極まる下水を改良し之れに依りて溝渠其物の不潔を治療すると同時に間接に飮用水を改良するの計を立つるに非らされば將來次第各地との交通頻繁となり亞細亞大陸地方よりして病毒を輸入し來るの機會益す多からんとするに當りて市民の蒙むる生命及ひ財産の損害は決して尠からさるべきなり

他の地方より來つて高松の地を履む者が第一着に膽と寒するものは常盤橋の大下水なり其大下水の臭氣鼻を衝きて動もすれば嘔吐を催さんとし頭痛を惹起さんとす其不潔にして惡臭の甚たしき從來久しく之れに慣れたる市民は之を厭ふの感薄かるべしと雖も偶ま此實況を目擊するもの、殆んど堪ゆる處あらず此外市内に通する幾多の下水は一切覆盖を有せす有ゆる不潔物は間斷なく之れに散落するに任せ而して日光を受けて腐敗に腐敗を重ねしむるか故に夏期の午后に至りて之れに副ふ處の道路を通行する時は一種のナマヌルき水蒸氣と共に惡臭鼻を衝き來つて面を向くる能はさるを常とす近來掃除法の施行されてより稍や汚物洒掃の績を見さるに非されとも尚大に寒心すべきものあるは普く人の感する處なるべし

爾かも此下水は舊來斯くの如く不潔なりや如何んと顧みるに今日の發達せる衛生思想より見れは元より完全と云ふべからすとするも舊藩政時代に於ける下水制度は今日の如く決して不取締のものにあらしなり元來高松市街の地勢たる割合低くして下水の疏通意の如くならすと云ふ者あれども先年其筋の測量の結果によれは田町と内町との間に高低十五尺の差ありと云ふによりて察するも決して下水の疏通し得さる道理なく殊に之を舊藩政時代の下水設計に參考するに大体に於て田町より常盤橋に至る新町通りを中心として東西二部に分たれ其二部は又南北二部に分たれ西北部に属する各所の惡水は西方に至りて今の宮脇村地内の用水路に入り東南部に属するものは東方に注きて東濱村木

の内屋敷及ひ出晴に注き西北部と東北部とは北流して内町の大溝渠に注かるゝ事となり居りて各本線の幅員は概ね四五尺とし支線と雖も三尺を下らす且つ各町人家と人家との裏堺卽ち十五間堺には必す支線を通じ其支線の幅員は三尺内外に一定せられたりき而して彼の東南部の最終の落口たる木の内屋敷の溝渠の如きは今橋に水門を設けて海潮の滿干に應じ疏通を自在にするの仕組となし

其他新鹽屋町新通町數ヶ所を初めとして北は内町西は堀溜大的場等皆此設計に成りたりしか故に市街の汚水は決して停滞するの虞なかりしなり

然るに明治以後に及んで此整然たる下水制度は年を追つて乱脈となり各町十五間堺の支線は次第々々に双方より蚕食されて狭少となり又は全く其形を失するに至り甲の屋敷堺までは汚水溝を存しなから乙丙に至つて忽然行留りとなるか如きもの往々發見さるゝことに至り其表通りの溝渠の如きも之れに添える名主家作主等の修繕改築に托して其地形を變更せる等の爲めに一線の本支線にして上下廣狭一定を欠くに至り五尺幅の本線にして途中俄かに三尺となり又數町の下流に至りて五尺となれるもの等を生するに至る殊に著しき一例とすべきは古馬場町の大溝渠の如き何時如何なる場合に變更されしとも知る由なけれど現在の有様を以て舊代に比するに其變狀實に驚くべきものあり其大半を或は埋め或は覆ひて其上に堂々たる家作を爲し居れりと聞ゆる如き又は法泉寺前より廣場に通する道路に添う處の溝渠の如きも概ね家屋の床下に埋められたるを見る等其乱雑荒廢の狀實に名狀すべからさるものあり現に最も酸鼻に堪さる事實として近來聞く處によれば西瓦町邊の地下溝渠中大雨に際して汚水を道路面に噴出するの奇觀を呈することあり而して其原因を探くれは五間の幅員なるべき溝渠の途中に於て何時しか二尺三尺の幅員に縮められ居るか爲めに溷々として流下し來れる汚水は俄かに狭搾に遭ふて強大なる水壓力の爲めに路上に噴水するものなりと云ふ豈に驚くべき現象にあらすや畢竟するに舊藩政時代は比較的整頓し居たるものなるを明治以後百般の文物變革を經るに當り當時政府も人民も衛生思想なかりし爲め何の思慮もなく下水路を廢に就かしめたるの結果は今日の如く市街をして汚水の疏通を不充分ならしむるに至りたるものにして其比較的整頓したる舊藩時代の下水制すらも今日より觀察すれは尚不完全の点多かりしならんに近く三十年間に於て其れをしも尚一層荒廢に就かしめたる跡ありとすれば彌よ強く市民の衛生を迫害して今日の如く傳染病侵入の場合に於て之れが撲滅の爲めに意外の市費を費しつゝ尚三万の市民をして安き心なからしめんとすること元より謂はれなきに非さるなり

本年流行の虎列拉は特に悪症にして其傳染も又速かなりと聞く而て今日迄に高松市に發生したる患者は百三十餘名（去十七日）なりと云ふ察するに今日の勢ひを以てすれば未だ容易に熄滅に歸するを望むべからす予は今此患者に就て其發生地と發生

數との關係を明かにせすと雖も試みに高松市中の下水狀態より觀察して下水か飲料水に及す處の結果を想像する時は不幸にして三瓦町邊より福田町古塲町邊概言すれば下町方面に於て最も多くの患者を發生することなかりしやを疑ふ

記者云ふ發生以來の患者に就て其發生地を調査するに去る廿五日までにして大畧左表の如し

新瓦町	二十一人
西濱町	二十一人
濱ノ丁	十三人
福田町	十一人
西通町	八人
井口町	八人
新材木町	八人
下横町	八人
東濱町	七人
古馬塲町	七人
西通町	六人
鶴屋町	六人
新湊町	六人

以上の各町を重なる發生地として西濱町と稱するは木藏町邊を含み濱ノ丁はオカコ長屋を主要とす新瓦町福田町古馬塲町等亦何れも多數患者を出せる方面なり之を要するに以上各町より井口新材木町及ひ下横町鶴屋町新湊町等飲用水に於て申分ある地方に發生の多きは爭はれさる事實にして此一事は直接間接に下水不良と大關係あるを察するに足る

下水の改良は近き將來に於て高松市民に最も注意すべき問題なることは予の常に感する處なるが今回惡疫侵入に際して折柄帰省中なりしより一層深く之を感じたり下水の改良に就ては已に田町と内町との高低の差十五尺なりと云ひ及ひ舊藩時代の下水設計は大に參考とすべきものありて決して非常の難工事に非す彼の内町の大溝渠の如きも到底今日の有様にて永く放棄し置くべきものにあらさることは多少市民の衛生に注意する人の夙に信する處なれは早晩之を改善せさるべからさる事業なりと雖も元來同溝渠は水下に屬するを以て之れか改良の設計を立つるに當りては只此一局部のみに着眼するを以て足れりとせす先づ大体の設計を立て、而て其設計に則とり適當の施設を爲すを要す而て此大溝渠の改良に就ては無論其道の智識ある者に依て考案を立てさるべからすと雖も若し之を埋むるを得さるものとする時は木なり石なり適當の用材を以て其上部を覆ふて節々内部を掃除し得ること、し其等條件を附して家屋又は其他の敷地として接續地居住者に貸下くること、爲し之れか借地料の如きは修繕又は掃除費用を支辨し得るの金額を程度とせは公私の利益併せて擧けらるべし大坂の如きも幾多の河岸地は先年迄國有にして其使用權は地先の居住者に許可され居たりしを水道改良の資金を得るか爲めに市は之を政府に請ふて市有とし更に前記の人民に貸つくること、なせりと聞く高松市も亦下水道改良と同時に其維持修理の經費を收入するの目的を以て數千坪の貸下地を作ることを得は時に取つての便利なるべし

之を要するに衛生上下水の改良と云へる一事は高松市が早晩企でさるべからさる事業なるか聞く處に依れは大畧二十万圓前後の工事費にて足るべしと云ふ此内國庫の補助も得らるべく又縣の中央都會の衛生設備に關しては縣其物も責任あることなれは無論相當の力を添えさるべからす斯れは三十万圓と仮定するも左までの負擔を要せさるべく殊に數年の繼續工事とするに於ては容易に其目的を達することを得べし不幸にして若し市民が此点に注意することなく現に眼も當てられぬ不完全の下水を此ま丶に放置するに於ては今回の如く悪疫流行に際して不測の市費を要するのみならす非常の不景氣に陷ゐりて一般商家が間接に少からさる損害を受くる等其害擧けて數ふべからす市民にして果して將來大に高松の發達繁昌を期するの思望あらん限りは一日も本問題を忽諸に付することなきを望ますんはあらす

（終）

第三章　日露戦争と戦後経営

一　日露戦争と経済の展望

明治三十七年二月に日露戦争が始まり、黄海開戦（八月）を経て、明治三十八年には旅順開城（一月）、奉天会戦（三月）や日本海海戦（五月）の勝利により、日本の勝利は明白になった。六月に米国政府が介入し、セオドア・ルーズベルト大統領が日露に講和勧告を行なった。ロシアがこれを受諾し、八月からポーツマス講和会議が開催され、九月五日に日露講和条約が締結された[1]。

中野は、日露戦争中、株式市場の動きも踏まえ、戦争の帰趨と戦後の経営策についての考察を行なっている。

3－1「戦争と株式との関係を論じて軍国将来の経済に及ぶ」（本文及び承前）（明治三十七年九月十五日、同十月一日）は、開戦から約半年後の論考である。日露戦争況により変動する株式市場の動きを分析しつつ、ロシア国民特有の謬信迷想が強大なので、列国会議か仲裁によって終結するしかないと見通した。そして、戦後経済は日清戦後に比べて巨額な資金を必要とするので、戦後直ちに「大商戦」の準備をすべきと訴え、万国博覧会の開催などにより外国貿易の振興を図るべきと提唱した。

続いて、**3－2「戦後の経営策」**（同年十二月一日）では、戦後経営の範囲は広いが、富国の策、中でも外国貿易の伸長が最も重要であるとした。富国の策として、金融の緩和、交通機関の完備、特定物品の関税保護、海外及び国内の商品陳列所や万国巡航船による広告、万国博覧会開催、外国人の土地所有権を認めた上での外資輸入の促進を提言している[2]。

3－3「戦局の将来と有価証券売買の前途」（明治三十八年四月一日）では、奉天会戦を経てロシアを満州以外に駆逐し主要な戦争は完了したが、どのように戦争の始末がつくかという一点だけは不明であるとしている。そして、戦局の見通しが市場に読み込まれ、有価証券売買が円滑に行われていることを歓迎している。

3－4「内国博覧会と万国博覧会」（同年八月一日）は、中野が日清戦後から提唱してきた万国博覧会の開催時期について、明治四十年に予定される第六回博覧会については内国博覧会とし、その次に予定される博覧会を万国博覧会にすべきと提言している。

注

（1）本節の内容については、拙著『中野武営と商業会議所』「第六章（一）東京商業会議所会頭就任」を参照。

（2）同趣旨の論考が、「**中野氏の時局談要領**」『香川新報』明治三十七年十月二十一～二十三、二十六、二十七日。

實業世界太平洋

第三巻第六號

明治三十七年九月十五日發行

論説

戰爭と株式との關係を論じて軍國將來の經濟に及ぶ

東京株式取引所理事長　中野武營

一　戰端の開始

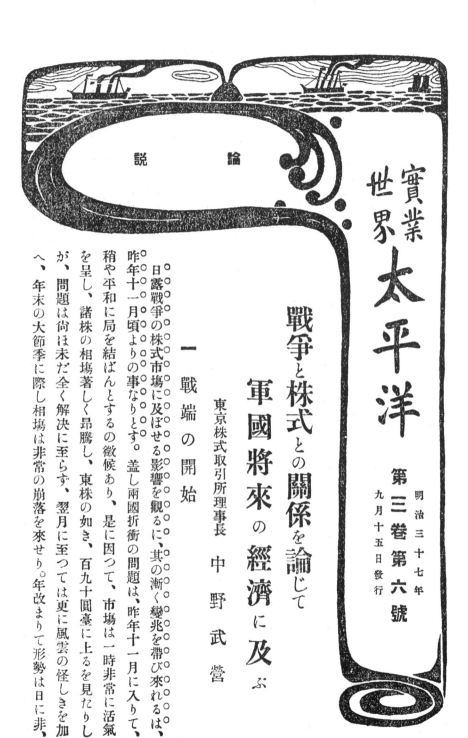

日露戰爭の株式市場に及ぼせる影響を觀るに、其の漸く變兆を帶び來れるは、昨年十一月頃よりの事なりとす。蓋し兩國折衝の問題は、昨年十一月に入りて、稍や平和に局を結ばんとするの徴候あり、是に因つて、市場は一時非常に活氣を呈し、諸株の相場著しく昂騰し、東株の如き、百九十圓臺に上るを見たりしが、問題は尚ほ未だ全く解決に至らず、翌月に至つては更に風雲の怪しきを加へ、年末の大節季に際し相場は非常の崩落を來せり。年改まりて形勢は日に非、

加ふるに政府は防禦海面令及び鐵道軍事供用令等を發布し、國庫債劵募集の議既に熟す、其他周圍の事情、一として平和の望を繋がしむるもの無きに至り、市場は開會後凄絶なる景況を示し、東株の如き、百三十圓臺に低下せるを見、戰爭相場とも云ふべき傾向を呈して納會を告げたりしが、翌二月、時局益々切迫し、五日に至りては某々師團に動員令の下るあり、相場は著しき低落を來し、東株の如き、遂に百二十圓臺に下るの有樣とはなれり。

歳晩より新年にかけたる市場の休會中に、株式の急轉直下せるの狀は、之を時局問題の成行に對照して、今更ながら其の激甚なるに驚かずんば非ず。而して二月五日、平和の望全く絶ゆるに及んで、其の極度に低下したるは、固より餘義なき現象とすべし。然り、二月五日の相場は、之を其の以前と以後との相場に比するに、最も崩落の極度に達せるものなりき。果然、八日に至り仁川に於ける我が海軍の捷報達し、次で旅順港外の勝利傳へらるゝや、市場の人氣大に活躍し、諸株の相場は忽然として昂騰し、東株の如き、二月十二日百八十圓臺の高値を唱へたり。戰端は愈よ開始されぬ。

二　戰局の進行と株式の高低

海戰の第一勝は、斯く市場の人氣をして活躍せしめ、諸株の相場爲に著しき昂騰を來し、賣買出來高の如きも、日々四五萬株の間を往來し、就中十日に於ては、一萬八千百二十株と云ふ取引所創立以來未曾有の多額に上れる程なりしが、折柄奈古浦丸擊沈の事件あり、且陸戰の消息未だ到らずして、戰局の前途容易に判定すべからず、爾來、諸株の相場は高低共に著しからず、大勢は依然氣迷ひの狀態にあり。三月に入りては、我が海軍の旅順攻擊既に六回の多きに達し、國庫債劵應募の景況は豫想外の好況を呈せりと雖も、そは僅に一時人氣を引立たしめたるに過ぎず、會々臨時議會の開會あり、非常特別税法案提出せられ、市場は其の影響を受けて、諸株一體に不味に傾く。尤も下旬に至りて第二次旅順口閉塞の擧あり、且陸軍は定州を占領せりと雖も、尚ほ以て大勢を動かすに由なかりき。四月十四日旅順港口に海戰あり、敵の旗艦外一隻を撃沈し、マカロフ提督溺死すとの報達し、諸株一齊に昂騰せる折柄、同廿六日浦潮の露艦元山を侵して我が商船を撃沈し、次で金州丸の遭難事件あり、爲に諸株の相場は稍や小戻の姿を呈せるが、間も無く陸軍の一部隊鴨綠江を渡れりとの報に接し、相場は再び昂進し來り、殊に五月に入るに及んでは、開會の當日、先づ九連城及び其の附近の高地を占領し、敵追撃中との公報發表せられ、次で五日我が艦隊は旅順口閉塞の目的を以て汽船八隻を港口に沈沒せしめ八日には、第二軍遼東半島に上陸して普蘭店を占領せりとの報に接し、市況益々活氣を帶び、諸株の相場は頓に騰貴し、東株の如き、又もや百九十圓臺に上りたり。時に外債募集の條件頗る我に不利なるの報あり、加ふるに第二回國庫債券募集の説さへ傳へられ人氣稍や挫折せる際、宮古、吉野、初瀬の諸艦及び水雷艇一隻沈沒の報相踵いで到り、相場は日を逐ふて漸く低落の傾きを現せり。但し是等の禍災は戰局の全體に何等の影響を與ふるものに非ざるを以て、相場の變動は左まで甚からざりしとは云へ、同時に他の一面に於ては、爾後金州城、南山及び南關嶺等占領の事ありしと雖も、亦特に氣勢を添うるの材料とはなる能はず、大勢は例の如く氣迷の狀態を持續するに過ぎざりき。

斯の如く戰局の進行と共に、入れ代り立ち替り到來する吉凶諸多の報に應じて、相場の一上一下して定まりなきと——而も大勢は依然として氣迷の範圍を脱する能はざるとは、其後の六月、七月等の諸月に至るも、猶ほ同一なる現象たりし也。即ち六月には、先づ大孤山上陸軍が、第一軍の一部隊と協力して岫巖の敵を撃退し、遂に之を占領したるを初めとし、得利寺の大勝、熊岳城及び分水嶺等占領の報に續いで、東郷艦隊が旅順港外に於て露艦一隻を撃沈し。他の二隻に損傷を加へたりとの快報あり、且旅順背面總攻撃も亦近きにあらんとの氣構にて、戰報の達する毎に、人心皷動。諸株の相場は概して昂騰の傾きを有したりしが、同時に浦潮艦隊の再度玄海灘又は元山に來襲して、我が運送船又は商船を撃沈したる等の悲報あり、加之第二回國庫債劵募集の告示其他外國貿易の又々逆勢を示せること、限外劵の漸く增加せること、若くは大阪なる百三十銀行の破綻等は、一方に於て稍や市場の人心をして萎靡せしめたるもの丶如し。而して七月に至つては、陸軍には摩天嶺の占領及び同方面逆襲軍の撃退、蓋平、橋頭、大石橋及び營口等の戰捷あり、海軍には同月三日旅順港外にて敵艦一隻を撃沈し、次で又鮮生角附近に於て驅逐艦二隻を撃沈したるの報あり、殊に旅順背面の攻撃漸く進捗して、陷落の期將に近からんとすと傳へらるゝと共に、他の一方に於ては、我が海門艦の沈没に續いて、露艦三隻津輕海峽を通過して伊豆海面に出で、內外商船を撃沈若くは捕獲して頻に横暴を逞うするあり、且日本銀行の金利引上と云ひ、其他一般經濟界の狀勢は只管非觀に傾かんとするが如く、强弱共に材料甚だ饒多なりしにも拘らず、而も市場の波瀾は極めて少く、賣買亦活氣に乏しくして、諸株の相場は概して小區域の間を往來するに過ぎざりき。例へば東株の如き、五月以降、常に百七八十圓臺の所を定位とし、其の以上たりしこと稀なると共に、其の以下たりしことも殆と無かりし也。是れ實に昨年十一月頃の相場に復歸せるものと謂ふも大過誤なかるべし。

三　旅順の陷落と株式市場

昨年十一月より本年七月に至る迄、即ち戰端開始の豫備期より戰局の既に進行せる時期に至る迄の株式市場の景況と、相場の高低とは、如上之を直寫したり。而して吾人は更に其後約一ヶ月間の景況を叙し、若くば戰局の全然終了するを待つて然る後其の景況を叙するを須ゐず、其の將來の事、亦大畧之を過去の事實よりして演繹することを得べし。

先づ吾人は、將來の株式市場が、案外大動搖に會することを尠かるべきを言はんと欲す。要するに市場の人氣が著しく活躍し、若くは著しく萎靡し、之に應じて株式の相場が或は狂騰し、或は狂落し、一喜一憂、一上一下、以て殆ど常に其の中心の歸着する所を喪へるが如き觀あるものは、戰端開始の期に於て免るべからざる現象なり、換言すれば、是れ戰局の進行と共に、漸次沈靜に歸すべきものたるべし。昨年十一月より本年四五月に至る間は、實に其の動搖の極まりなかりし時期なり。先づ平和の曙光を望んで、株式の暴騰せるは十一月十九日の頃なり、其望全く絶えて、忽然低落を來したるは一月四日の頃なり、愈よ動員令の下れるにより、更に急轉直下して其の極度に達したるは二月五日なり、電光一閃、飜つて著しく昂騰したるは仁川旅順の捷報達したるの日即ち同月十二日なり。而して其後に至つては、陸軍が初めて目覺ましき戰爭をなせる際、即ち九連城の占領及び第二軍の遼東半島上陸、普蘭店占領の報達したる日（五月八日）に於て、十一月以來の暴騰をなせる外、亦著しき變化の高低共に無かりしとは、既に吾人の叙せる所の如し。其間、決して注目すべき戰鬪なかりしに非ず、注目すべき事件なかりしに非ず、戰局の發展上特筆するに足るべき報道は、却つて續々として到れるを見たり。而も市場が、最早甚だしく其の影響を被らざりし所以の者は、蓋し漸く其の沈靜に歸すべき時期に達せるが故のみ、再び語を換へて言へば、戰局の大勢既にして定まり、何れが是れ勝、何れが是れ敗の別れ目は炳として稍や明なるに至りしが故のみ。或は宮古、吉野、初瀨諸艦の沈沒、或は南山、得利寺、大石橋諸要地に於ける戰捷、乃至浦潮艦隊の來襲等が、思ひの外市場に大動搖を與へ得ざりしもの、亦偶然の結果に非ざりしことを知るべし。

（註）今、之を東株の相場に徴するに、昨年十一月より本年七月に至る九ヶ月間に、其の最高の相場と最低の相場とが、各月如何なる懸隔を有ち來れるやを見るときは、即ち左表の如きものあり。戰爭の影響が如何なる所に伏在するかは、以て其の一斑を窺知するに足らむ。

◎東株先物相場高低比較表一覧

年月	最高	最低	平均
三十六年十一月	一九五・一〇円	一六八・三〇円	一八二・一〇円
同　十二月	一八九・七〇	一五八・八〇	一七九・六〇
三十七年一月	一五四・九〇	一二九・九〇	一四四・五〇
同　二月	一八五・〇〇	一二二・〇〇	一五八・六〇
同　三月	一七四・五〇	一五八・八〇	一六六・六〇
同　四月	一七五・三〇	一五六・四〇	一六三・八〇
同　五月	一九一・八〇	一七六・三〇	一八〇・一〇
同　六月	一八六・三〇	一七八・一〇	一八二・二〇
同　七月	一八三・九五	一七五・七〇	一七九・九〇

夫れ然り、是を以て最近二三ヶ月の市場は「強弱共に材料甚だ饒多なりしにも拘らず、市場の波瀾は極めて少く、賣買亦活氣に乏しくして、諸株の相場は概して小區域の間を往來するに過ぎず」斯くして毎月の納會は告げられたり。想ふに此の狀勢は、また當に其の將來――少くとも此所二三ヶ月間の狀勢として依然持續せらるべきと疑無かるべし。何となれば、時期既に今日に到る、最早戰局の大勢を左右するに足るべき底の出來事にして生ずるに非ずんば、矢張以て市場の大勢を動かすに由なく、而して此の如き出來事は、此所二三ヶ月間にして容易に發現すべしとも思はれざれば也。或は曰く旅順の陷落は如何と。然り、旅順の陷落は、一般社會の人心に在つて頗る重大なる問題たりしが如く、株式市場の人心に在つても、同樣に重大なる問題たりしに似

たり。然れども旅順の陥落すると否とは、未だ戰局の大勢が決せざる時期に在つてこそ極めて重大なれ、旣に戰局の大勢にして定まるに及んでは、聊か其の重大の度を減ぜるものと謂はざるべからず。更に之を適切に言へば、今日に及んで、旅順の陥落は、戰局の大勢にとりて左迄重大なる關係を有するもの非ずと思ふ者多きに至れる也。若し之に反して旅順の陥落は、延いて以て戰局の大勢に何等かの一變化を惹起し來らんとする兆あるが如き塲合は格別、苟も然らざるに於ては、之を過去に於ける幾多の大戰、大捷に比し、畢竟五十歩百歩の相違に過ぎざることを發見すべし。即ち旅順の陥落は、或は空前の勢を以て市塲の人氣を活躍せしめ、同時に相塲をして極度に昻騰せしむるが如きことは無きを保せずと雖も、而も是れ固より一時的の現象にして、大勢の旣に沈靜に歸したる市塲は、竟に其の如何ともする能はざる所なるべきを思ふ。

之を要するに今後市塲の大勢を動かすべきものは、矢張戰局の大勢なり。知らず、戰局の大勢を左右すべき問題は何ぞ、曰く戰爭の終局に關するもの即ち是れ也。露骨に之を言へば、露國の始末如何の問題即ち是れ也。請ふ、少しく之を觀測せむ。

四　戰爭の終局(列國會議か)

二十世紀の劈頭、世界の耳目を東亞の一方に傾注せしめたる日露戰爭は、如何にして、又何時其の終局を結ばんとはするや、是れ刻下に於ける世界の問題なり、日本の問題なり、我が經濟界の問題なり、而して株式市塲に在つて亦最も重大なる問題なり、然り、市塲の將來を定むべき唯一の關鍵として、最後に殘れる宿題たるもの也。而して此の問題を解決するに當つて、先づ着目すべきものは露國の態度なるべし。露國は連戰連敗せり、今日迄の經過に之を徵すれば、今後露國が武力上の爭鬪に於て日本に打勝ち、一轉其の地位を變じて、突如戰敗國より戰捷國に移らんとするが如き希望は、獨り彼れ自身に在つて有理なるのみ、寧ろ是れ、其の國民に固有なる一種の謬信迷想に過ぎずと謂ふことを得べし。然らば即ち彼れは竟に降るべきか、抑も又和を請ふべきか。曰く否、彼は決して降らざるべし、和を請はざるべし、彼れの謬信迷想は意外に強大なり、彼れは飽迄最後の戰捷を信じて疑はず、小なる對手國の早晩挫折すべきを想ひて異議を容れざれば也。若し夫れ吾人の斯く云ふ所の者は、却て反對に我れの謬信迷想を表示するものに外ならずとし、假に彼れは斯程の自覺心を有せずと云ふを以て眞實なりとせんか、而も彼れには「最後の策」あり、所謂退嬰主義――即ち往日ナポレオン第一世をすら辟易せしめたる筆法は是れ也。彼れは少くとも此の「最後の策」の効果を記せむ。彼れ、苟もナポレオン第一世の軍勢を死地に陷れたる往日の經驗と其の功名とを忘却するに非ざるよりは、「彼れは決して降らざるべし、和を請はざるべし」と云ふ、何人か復た之を斷言するに躊躇する者あらむ。こは最も明瞭なる點なり。

彼れ既に降らず、和を請はずとせば、果して何時迄か戰鬪を持續すべき。曰く何時迄も戰鬪を持續すべし、蓋し是れ所謂大國の態度ならずんば非ざれば也。固より開戰の以前に於ては、露國内にも亦主戰論者と非戰論者とあり、兩々對立して相爭ふを見たりと雖も、一朝開戰の曉となり、且其の結果の面白からざること現狀の如くなるに至る、彼れが擧つて强硬なる主戰論者となるべきは、情の當に然るべき所なりと謂ふべし。故に今日の塲合に立到つては、最早非戰論者と雖も、和睦論者となるが如きことを得ざるべく、若し之を自然に放擲せば、露國が何時迄も戰鬪を持續すべしと云ふもの、豈に必らずしも的確を缺ける觀測なりとせんや。

然りと雖も戰局の永びくことは、啻に日露兩國の不利益なるのみならずして、世界各國の不利益なること勿論なり。就中政治上若くは經濟上に於て東洋に關係を有する列國は、之が爲に痛痒を感ずること至大にして、單に其の通商貿易の上に大不利益を被れる點よりするも到底永く此の戰爭を傍觀するに忍びざるや明けし。是に於て、先づ來らんとするものは、或は夫れ某々國の干渉か。否、恐らくは然らざるべし、縱令某々國は其の利害關係の上よりして之に干渉するの權利を有すとするも、萬一兩國にして其の主張に耳傾けざらんには如何、某々國たるもの、飽迄其の威信を保持せんが爲に、敢て兵力に訴へて迄も、干渉の目的を貫徹せずんば止まざる底の覺悟を有せりや、某々國が、獨立して以て此擧に出でんとは、容易にあり得べからざる事なりと謂ふべし。干渉果して來らずとせば、或は夫れ單純なる仲裁の到るならんか。否、恐らくは亦然らざるべし、居中調停の如きは、固と第三國の好意に出づるものにして、敢て兵力を携へて之に臨むが如き重大なる覺悟を必要とせざるべしと雖も、而も妄に之を發し、時機の宜しきを得ざるか、若くは兩國の固持して動かざるが爲めかして、ムザ〳〵其の好意の沒却せられんとするが如き派目に立到らば、輕々しく其の仲裁の手を引き、以て竟に爲す無きの耻辱を甘受せざる能はざるに非ずや、某々國が、獨立して以て此擧に出でんとは、干渉同樣、容易にあり得べからざる事なりと謂ふべし。干渉と云ひ、仲裁と云ひ、一朝にして其の到來すべきを豫想するに困難なること夫れ此の如し、然らば則ち結局列國會議と云ふ事になるの外なきか。

然り、列國會議の聲は何處よりともなく傳へられたり。抑も日露戰爭は單に日露間の紛議として止むべきに非ず、若し戰局にして此上永く續かんには、愈よ出でゝ愈よ世界に大關係を及ぼすに至るべきや必せり、列國は列國にて、各自多少の言分を有す、若かず列國協議して平和の克復を圖り、相當の條件の下に、一時も早く此埒を着けんにはと、恐らくは是れ多數の列國が有する希望にして、露國の欲する所、亦此の範圍を出づると遠きに非ざるべし。さは云へ、列國會議の如きもの、夫れ容易に成るべしと思はゞ、矢張早計の觀無くんば非ざる也。第一英國の意思如何、又佛國の意思は如何、此の兩國にして贊同の承諾をなすに非ずんば、列國會議は竟に成るの期あらむ。又縦令英國は之を諾し、佛國は之を諾し、而して列國會議は遺憾なく出來上れりとするも、肝腎の日本にとりて、其の利害は如何あらむか。加之、此に此の東洋問題を列國會議に附す、將來我が國權上、大なる制肘を受くるの弊を醸すことなきを保せざるべし。斯くの如くんば、列國會議を開くと旣に我れの不利益なり。況んや進んで其の議事に至る、如何なる不利益の依つて以て生せんやも未だ知るべからずと謂ふべきに非ずや。要するに列國會議も亦一の仲裁なり、仲裁は戰局を中斷し、其の結果兩國の戰爭をして勝敗無しと云ふことに歸着せしむべし。然りと雖も現在勝てる戰爭を以て、勝たざるものとせらる、豈に日本の快しとする所ならんや。否、獨り日本のみならず、又是れ同盟國たる英國の決して本意とする所に非ざるべし。思ふて此に到れは、列國會議の成否、尚ほ未だ容易に判定すべからずの觀なくんば非ざる也。而も戰爭の終局をして早からしむるもの、今は此の手段を措いて他に求むべからず、且列國が平和克復を欲するの念愈よ切なりとせば、歸する所、列國會議となりて戰爭の結了するよりは外なかるべきか。

されはにや、列國會議の風評は早くも傳へられ、又其の實際成立たんとする傾向は、昨今に及び漸く、暗々裏中に現はれ初めたるもの、如し。其の發言者は何れの國ぞ、或は夫れ獨逸なるべきか。凡て這般の事は、今日に在つて未定の問題に屬せりと雖も、晩かれ早かれ戰局の終りを告ぐべきは固より然り。吾人は之を立論の一脚歩として、更に少しく戰後の問題に及ぼさんかな。

（未　完）

戰爭と株式との關係を論じて軍國將來の經濟に及ぶ（承前）

東京株式取引所理事長　中野武營

五　戰後の經濟

抑も株式の本體は「金」なり、金を代表し、且多くの場合に於て之と同樣の作用を爲すは、即ち有價證券の有價證券たる所以に外ならざる也。金の動くや、金利に依る、是に於て乎、株式の相場も、亦一に金利の趨向に應じて昂落せざる能はざる理とはなる。金利の趨向は何に依つて定まるか、曰く金融の狀況是れ也。金融の狀況は何に依つて定まるか、曰く社會一般の形勢是れ也。社會百般の出來事、大と小とに論なく、殆ど一として相場に影響せざるもの無しと稱せらるゝは、蓋し其の先づ金利に影響を及ぼすべきこと必然たれば也。相場高低の理は、夫れ此の如くに平易なり、日露戰爭は、開戰の初切り以來、市場をして浴せしむるに、日夜紛々として錯雜極まり無き關係を以てしたりと雖も、詮じ來れば、皆是れ此の平易なる原則の適用せられたる一の場合に過ぎざることを感知せむ。尤も株式の相場に高低を生ぜしむる他の原因としては、各會社事業の狀況なるものあり、而も昨年十一月以降、大體の傾向に於て、各株共に歩調を一にして昂落し來れる事實を見れば、其の引續ける波瀾の依つて生じたる原因か、各會社事業の狀況に在りと云はんよりも、寧ろ主として之を戰局の進行に連れ、金融の前途を見越したる者多きに歸するの至當なるを信ず。然り、金融の前途は實に眼目たり、目標たるものなりき。昨年十一月以降の相は、之を見越せるが爲に沸騰し、之を見越せるが爲に暴落し、又之を見越せるが爲に沈靜に歸したるものなりと謂はゞ、庶幾くば以て一言にして其の全景況を盡せりと爲すに足らむ。

而して今や、戰局の大勢は既に定まれり。故に金融の前途、亦或る程度迄は、略ぼ分明となれるの域に入れりと謂ふことを得む。未定の問題にして、金融の前途に大關係を有するものは、即ち前述の如何にして戰爭の終局は着くべきかと云ふこと及び其の長短如何の問題是れ也。若し夫れ之を姑く措く、餘の重大なる問題は、即ち此に論ぜんと欲する『戰後の經濟』の一に歸ずべし。

第一に戰後日本は凡そ幾許の金を必要とすべきや。其の莫大の費用を要すべきことは、今更言ふ迄も無し。日清戰役後、日本は約五億の金を必要としたり。内三億五千萬圓は、淸國よりの償金を以て之を支辨したりと雖も、殘る一億五千萬圓は、全く自家の歳入を以て之に充てたるもの也。今回の戰役後に要する費用、亦略ぼ想見するに足らずや。殊に今回の戰爭は、大小の點に於て、日淸戰爭の數倍に當り、我が損害も少からざるべきを以て、陸海軍の缺陷は殆ど全部に亘りて之を補充するの覺悟なかるべからず。且今回の經驗は、更に大小諸多の兵器の上に新なる發明を惹起せしめ、戰後直に改造の必要を生ずるが如き事もあらむ。是等の費用の莫大なるに加へて、又從軍報酬の支出を要すべきや勿論なり。單に陸海軍に關する費用のみにても、其の一端は夫れ此の如くに大なり、況んや戰後、總體に係はる費用に於てをや。要するに如何に少額に之を見積ると雖も、日淸戰役後の費用に數倍せざる能はざるは、固より其所なるべし。日淸戰役後に於ては、右の如く不充分ながらも償金の受取れるものありて、大に其の費用の不足を補へりと雖も、若し今回の事、償金なくして終了するの止むなきに至らんには、それこそ實に大なる金の必要を生ぜむ。而して是に至つては、之を支辨するの途、唯だ國債に依るの外なかるべし。

國債に依るは則ち可なり、然れども今回の戰役後、日本は假に日清戰役後の二倍即ち十億の費用を要するのみなりとするも、十億の國債に對する利子は、利子のにても決して少額ならず、若し之を五分の利率とすれば、五千萬圓の巨額に上るべし。而して其の元利の銷却は、矢張之を租税に依つてするの外なし。何れにするも其の之を負擔する者は國民にして、國家の歳入をして年々五千萬の增加を爲さしめざるものとせば、戰後國民の負擔がいよ〳〵大となること實に著しと謂はざるべからず。回顧すれば、明治廿二年國會開設の頃より初め日清戰役の勃發せる以前に在つては、國家の歳出入なるものは、總體に於ては七八千萬圓の上に出でず、而も內二千萬圓は國債(元利)銷却費にして、之を除くときは、他の歳費即ち一切の經費は總體僅に六千萬圓に過ぎざりし也。然るに今や、戰後新に加はるべき國債利子の銷却費のみにて五千萬圓に達し、殆ど十年前に於ける諸經費の總額に匹敵せんとするの勢とはなる、經濟の大、實に想ふべきに非ずや。

然り而して目前に此の經濟の大を控へたる我が國民は、如何にして之を處分せんとするや、別言すれば、如何なる方針を以て戰後に臨まんとするや。夫の節儉と云ひ、貯蓄と云ひ、啻に金を使はぬ方針、金を溜める主義の如き消極的の手緩き方法に出づるのみにては、此の經濟の大に比して、所謂蒼海の一滴を爲するに過ぎず、逆も十露盤の立つものに非ざる也。宜しく大に働き、大に稼ぎ、以て積極的に富を造り出すべし、即ち大に力めて富國の策を構ずるより外は、戰後の難關を通過するの途斷じて無からむ。幸に今回の戰爭は、我が海陸軍人の忠勇と天祐とに依つて、日本の必勝を期し得るが如き形勢に立到れりと雖も、若し反對に我國が敗者の地位に立ちたるものと假定すれば、凄絶慘絶の狀、殆ど名狀すべからざるものあるべく、之を思へば、我が國民は、戰後に於て如何なる勞苦に堪ふるも、未だ足るべきに非ず、否、猶且天祐の過大なるに感謝して可ならむ。

而して我が國民にして既に深く此の覺悟を有するに至らば、則ち種々の策は此所に生じ、所謂戰後の經營なる問題は、政治家と云はず、實業家と云はず、普く世人の大に講究せざる問題とはなる也。乞ふ、之に關して又少しく吾人の私見を陳べしめよ。

六　戰爭と會社熱、株熱

廿七八年の戰役後、會社熱、株熱は劇に熾旺となり事業の勃起せるもの、雨後の筍も啻ならず、到る處世間を風靡して、其の流行は寧ろ過度に失したるが如き觀あり。所謂根無し草の如き諸會社の萌え出で丶は枯れ枯れては萌え出で、殆ど果てしも無き混沌の狀を呈せるは正に此の時期なり。是に於て乎、廿九年より三十年頃にかけて、我が經濟界は非常の困難に會して、其の大に紊亂するを免れざりしとは、世人の熟知する所の如し。想ふに今回の戰役後に至つては、一度前の失敗に懲りたる國民が、再び此弊に陷るが如きとは萬無かるべく、人心の直に之に向つて奔るとは敢て避け難きに非ざるべし。吾人は此點に於ては少なく憂ふる者なり。而して吾人の特に世人の注意を乞はんと欲する所は、寧ろ其の反對に、廿七八年戰役後の經驗を以て單に失敗の經驗として葬り去るとを休め、失敗の經驗の中に或る成功の經驗を收め、且又重大なる一進步の其間に伏在せる事實を發見するの要あると是れ也。

蓋し從來日本の實業家は、其の活動するや、多く個々別々の擧に出づるとを免れず、之を戰爭に譬ふれば正しく昔の戰爭にして、即ち一騎打の勝敗を決するが如き塲合に富み、組織的、聯合的の活動に乏しかりし也。然るに日淸戰役後、甚だしく會社熱、株式熱の沸騰を來せると共に、從來一騎打の勝敗を事とせる實業家が、多く合資合本、以て組織的、聯合的の活動を開始するに至れるは、兎も角も經濟上に於ける一進步なりと謂はざるべからず。但し組織體の發生は必らずしも此時に初まらず、明治十四五年の頃よりして、漸く盛ならんとするの兆ありしものなりとは云へ、其の劇然として著しき現象を呈するに至りしは、全く日清戰役後の事に屬せり。抑も合資合本の利益が大なるは、今更言ふを須ゐず、旣に組織體を爲せる以上は、恰も戰場に於ける聯合軍を見るが如く、勇者ありとも獨り進む能はず、怯者ありとも獨り退く能はず、全軍一致の行動は必要にして、夫の賤ヶ嶽七本槍的の偉觀は多く之を見るに由なからんも、關ヶ原以上の大戰爭は何時にても之を爲すに堪ふべし。然れども一騎打にては、竟に大戰爭は出來ず、此理は實に「商戰」にも適用せらるべきもの也。會社熱、株熱の勃興は、幾多の弊害を伴へると爭ふべからずと雖も、而一朝商戰をして合資合本以て之を爲すの時期に入らしめたる端緒は、一に其之を開けるものとして、吾人の永く記憶に存して可なる所なるべし。

今、日清戰役後に於ける我國の經營なるものを案ずるに、平和の克復するや、直に我れは外國に對して商戰を挑み依つて以て利益を收むるの方針に出でしやと云ふに、さはなくて、寧ろ內地の經營に其の主力を注げるもの丶如し。例へば鐵道其他運輸機關の經營の如きは、其の重要なるものなりき。而して是等の經營に投せられたる資本は、勿論固定したり。資本の固定するは可なり、然り、放資者にして之を塡補すべき充分の餘力を存せりとせば、資本の固定、毫も憂ふるに足らざるべしと雖も、恰も是れ株熱の將に熾旺ならんとするの時期に際し、世の實業家は多く右手に塡補の策を回らしつ丶、左手以て其の運轉資本を擧げて株に投ずるの輕業を演じたり。而も幾多の鐵道會社等は、先づ彼等の此の如き資本に依りて出來、次に其の存立を維持せられ、最後に全然鞏固なるものとは成れる也。其の鞏固なると愈よ分明となるや、此に初めて純資本家の投資を見る、而して純資本家が株を買出すに至るときは、反對に資本の需要に繁忙なる實業家等は、次第に其株を手放すと多きに至るべし。詳言すれば、華族若くば素封家の如き普通有力なる資本家は、資產を有して之を動かすべき力を有せず、多くは其の智識と經驗とを缺けるを以て、初めより起業に手を出し、又は株を購ふが如きと稀なりと雖も、既にして一朝彼等の之に關係するに至れば、其の事業の萬歲は固より、一般經濟界の前途、亦大に祝するに足る。而も其の斯くなる迄の時期所謂過渡の時期は、最も困難の時代にして、幾多の實業家は失敗し、幾多の會社に起りては又倒れたり。之を進步の方法として觀るときは、直行的ならず、事聊か敏活と迅速とを缺けるに似たりと雖も、又是れ、時に取つての唯一の順路なりしのみ、且國家は、之が爲に一慶事を加へたると疑ふべくも非ざる也。人若し內地の鐵道等が、此の十年間に幾何の發達を爲し來れるやと思ひ到らば、則ち應に一層此感を深くすべし。

之を要するに過去の事實は、よかれ惡しかれ、誠に以て將來の參考と爲すに値せり。會社熱、株熱の勃興の如きも、唯だ其の過度なるが不可なるのみ、全然之を嫌厭するの情に至つては、決して奬勵すべき事には非ざるべし。畢竟杓子定規は失策の基なり、力めて之に準據せざる工風を搆ずべし。日清戰役後の經濟は、實に戰後の經濟として好個の典型なり、一面は失敗を意味し、一面は成功を意味す、夫れ深く之を思へ。然れども又之と同時に注意すべき事項は、先回と今回とには事に大小の差あると、關係する所一ならざると、及び時代の相違すると是れ也。其理の明々白々たるが故に、幸に動もすれば之を閑却せんとするの惡弊に陷ることなかれ。是れを戰後の經濟に對する用意の大方針とす。

七　大商戰の準備（外國貿易の振興策）

然り而して戰後、我が國民の重んずべきものは商戰なり、否、是非とも直に大商戰に着手するの用意無かるべからざる也。夫れ戰争は何に因つて起れる乎、曰く國利の爲めのみ。軍人の生命を犧牲に供し、一國の財を擧げて之に傾け、止むを得ずんば國家其もの丶存亡を賭して迄も露國に打勝たんと欲する所以の者、或は東洋の安寧を保持するが爲めなりと云ひ、或は國權の伸張を計らんが爲なりと云ひ、其他種々に之を云ふと雖も、畢竟する所國利の增進を目的とせるに外ならず。然らば戰爭の目的も、商戰の目的も一なり、戰爭は商戰の「道開き」を爲せるものと謂ふことを得べし。戰爭の去つて商戰の來る、大戰爭の終つて大商戰の始まる、固より當然の事たるを失はず。

日淸戰役後、我が貿易は長足の進步を爲し、十年間に貿易の高は約三倍を增加し、今日に及んでは總額無慮六億に達したり。然りと雖も未だ是れ足れりとせず、今後の十年間に於ては、少くとも更に其の二三倍を增加し、即ち總額十八億乃至二十億の上に出でしむる位の覺悟ならずんば不可なり。仍て問ふ其策如何。曰く第一に今迄の如く、主に內地のみにて諸物品の需要供給を濟せ、內輪同士の融通と取引とを以て滿足せんとするの情及び因襲を一掃して懸かるべし。須く萬民、進んで外國より富を獲得するの氣とならざるべからず。勿論、內地金融の狀は飽迄之を圓滑ならしむるの要あり、即ち出來得るだけ其の融通の便を開くべき也。而して同時に重要なる計畫は、今一際、國內の運輸機關を發達せしめざる可らざること是れ也。例へば今日の山陰地方に見るが如く、物產の運搬便宜に行はれざる地方にして、多く存在せんには、先づ內地に於て高き運賃を支拂はざるべからず、之を持して海外に出で、外國の物產と市場に競爭せんとすることは、不可能に非ずんば、則ち不利益の極なり。されば吾人は、夫の只管戰後財政の膨脹を憂ふるの故を以て、姑く鐵道等の經營は之を見合はすべしとの說には容易に贊成すること能はず。前に吾人が事業の勃興必らずしも嫌厭すべき可に非ずと云へりしもの、蓋し又此點を慮れるに因る。

且夫れ外國貿易の伸張を計らんと欲せば、之に對する機關の作用をして充分ならしめざるべからず、特に所謂關稅の作用を遺憾なく發揮せしむることは、眞切に必要なる事とす。こは國權を以て如何にとも爲し得べき所なり。抑も後進の國が先輩國の列に位して之と競爭し以て一躍其壘を磨せんとするは固と至難の事業にして、別に相當の策無くんば非ず。是に於て乎、吾人は夫の保護稅主義の必要を見る。即ち或種の物品に對して保護稅を課することは、目下適切に必要なる所たるべし。過般商業會議所も亦其旨を議決したり。吾人は反覆之を論ずるの要なし、唯だ之を排外主義と混同するなくんば可なるのみ。

次に我が商賈者の一大缺點とすべきものは、海外の商況に暗きこと是れ也。よく海外の事情を知り、需要供給の狀況に通じ、取引を開始するの前、先づ一々之を洞察すと云ふが如くするに非ずんば、到底外國貿易の擴張を期するを覺束なからむ。此の缺點を補ふべき機關は、是非とも入用なり。是に於て乎、吾人は夫の帝國商業博物館と云へるが如きもの丶設備の必要なるを思ふや、切なり。即ち是れ、外國に於て如何なる物品の需要供給せられつ丶あるかを明知せしむるの目的を以て、海外よりの詳細なる報告に對照し、常に諸商品を陳列するの場所とすべきものにして、一言にして云へば、外國貿易の一向一背を指導すべき機關に外ならず。外國には多く其例あり、豈獨り我國にのみ之無くして可ならんや。

(註)右の機關に關しては、予嘗て農商務省商工局調査課長松崗辨氏が、其の調査に着手し、普ねく海外の實例等を蒐集して、略ぼ之を了したるを目撃せることあり。同氏は、多分近々の中に其の調査せる所を公にするの日あるべし。是を以て予は此に其の詳細の事を論述するの勞を省けりと雖も、讀者、若し之を後日同氏の發表せられたるものに就て尚ほ再一考あらんには、吾人の幸之に過ぎず。

最後に吾人が世人の一顧を乞はんと欲するは、萬國博覽會の開設に關するもの是れ也。萬國博覽會開設の議は、吾人嘗て之を唱へしことあり（四五年前の東洋經濟新報なりしと覺ゆ）。爾來、時勢は更に少しく步を進め、殊に本年に至りては、思はずも日露戰爭と云ふが如き未曾有の大事變に出會し、戰後、我れは將に緊褌一番を要せんとするの仕義とはなれるより、萬國博覽會を開くべしとの說は、漸くにして到る處に之を聞くに至れり。

現に過般、全國商業會議聯所合會の東京に開かれし折の如きも、亦此件を議決して、之を當路に建議するを見たり。從て吾人は、今更其必要なる所以等に關して縷々陳述するの要なかるべし。畢竟戰爭は一の大なる廣告なり。そは單に武力のみの廣告に非ず、同時に商戰の前披露を爲せるものたるべし。既に其の廣告にして終了す。次に來るべきものは實物の廣告なり、見本の陳列なり、萬國博覽會は、即ち此の役目を勤むべきものとす。夫れ我が國情、當に工業をして盛ならしむべき所以の者あり。然るにも拘らず、其の最も發達せざるものは工業にして、之に當る者は多く失敗し、少しく利益ありと見れば競爭者忽ち蝟集して、結局共倒れとなるより外は非ず。通弊此の如きは抑も何ぞや。思ふに其の原因は固より種々雜多なるべしと雖も、我國の金利が高きと換言すれば資本の乏しきは、確に其の主要なる原因の一たるべし。而して今回の戰爭は實に千歳一遇の時期にして、此の時期を利用して以て從來の弊害を一掃するに非ずんば、竟に永く其の發達を望むべき機會を逸し去らむ。此に吾人は戰後の萬國博覽會を以て工業上の發達に一紀元を附與すべき所以の途となし、萬々其策を回らすあらんとを希望して止まず。宜しく其の開會の時期を以て商工者の一大節句たらしむべし。而して政府の用うべき手段は、一種保護的なると同時に、又一種强制的なることを要す。尙は此事に關しては幾多の議論あるべし。吾人、亦詳細に畫策せる所無きに非ずと雖も、本稿餘りに長くなれるやの感あり、異日更に筆を改めて逐一之を論ずる事とすべし。

八 結論

以上、吾人は極めて大體の上よりして戰後我國の採るべき方針を論述したり。約めて之を言へば『大商戰を爲せ』の一語に歸す。而して吾人の意見は、主として政府側の事業に關せりと雖も、是れ商戰の軍立は、當に政府の爲すべき事業なるが故のみ。若し夫れ國民各自の事業に至つては、固より千差萬別、一概に之を論ずること難しと雖も、宜しく各自此の大方針に準據し、愛國心を根底とし、以て思ひ〳〵に富國の策を搆ずべき也。

滿韓の經營に關する事業の如き、亦自ら是より生ぜむ。又吾人の策に伴ふ財源の問題に關しては、博覽會の事項と共に別に之を論ずるの時期あるべきを思ふ。

戰後の經濟は、一浮一沈、毎に株式市場に其の照映を與ふべし。此點に於て株式市場は實に戰後の經濟に取りて一の鏡面たり、一の目安たるもの也。抑も株式取引の効能は、有價證券の市價を公定し、金利と趨向と會社事業の狀況とに應じ、其の相場の高低する間に於て、資本の放下其の宜しきを得しめ、且其の融通を自在ならしむるに在りと雖も、畢竟有力なる資本家多く之に資を投じ、相場の激變少なきに至らば、寧ろ經濟上の理想は達せらるべきものとす。吾人は此上贅言を費さゞるべし、乞ふ之を前論に依り察せよ。

（完）

戰後の經營策

中野武營

戰局の大勢は畧ぼ定まれり。哈爾賓未だ落ちず、浦港尚ほ全しと雖も、最後の勝利の我れに歸せんとは、殆ど疑を容れずと謂ふも可ならん歟。固より露國は容易に屈すべからず、夫れ容易に屈すべからずとは云へ、戰局の一日永びくとは、一日の不利なると、我れに在つても彼れに在つても同じ。且列國にして利害の係る所深く、永く戰爭を傍觀するに忍びざるの事情を有せる者、亦必らずしも少なしとなさず。想ふに我れは未だ最後の勝利を收めず、彼れは未だモスコー燒拂の舊智に學ぶに至らずして、先づ戰局は中斷せられ、矢張萬國會議と云ふが如き事となりて、戰爭の終結を見るの外なかるべしと云ふは、蓋し當らずと雖も遠からざる觀測ならむ。吾人は、其の果して如何にして終局を告ぐべきかを知らず。よし萬國會議となるべしとするも、そは果して我れの利なりや、將た如何なる結果を齎らさんとはするや、未だ容易に推測し得ざるもの無きに非ざる也。滿韓に對する經營の如きは、戰爭の結果に關係する所殊に多く、今よりして其策を建てんにも、或は不可能、或は精到を缺くべきとあるを免れず。然れども主として內地に對する經營に至つては、今より之を論ずると敢て難からず、否、今より之に着手するも亦可なり。何となれば、戰爭が早晚終局を告ぐべきは、固と爭ふべからざる事に屬すれば也。

戰後の經營は其の範圍極めて廣濶なり。滿韓に對する經營は姑く之を措くも、尙ほ政治上、經濟上、其他有らゆる方面に亘りて其の必要は存し、數を以てすれば夥しきと、優に吾人をして一驚を喫せしむるに足るべし。然りと雖も總括して之を言ふときは、凡そ戰後の經營として吾人の當に意を用ふべきもの、富國の策よりも重大なるはあらず、富國の策よりも急なるはあらざる也。國富んで、而して後に他を語るべし。富國の策は實に「戰後の經營」の主眼なり。此理、固より明白にして、何人も爾く思惟せざる能はざるべき所、之に關しては又多言を費すの要なるかべしと雖も、而も一歩を進めて策の內容を問ふに至つては、各人其の見る所を異にし、其の力を注がんと欲する所、從て亦一ならざるやの觀あり。是に於て乎、一定の政策、劃一の方針なるものは、官民何れにとりても是非とも入用の事となる也。知らず、何を以てか富國の策を爲す。

吾人、嘗て太平洋誌上に於て、戰爭と株式との關係を論ずるや、又少しく此の問題に論及して說く所ありき。今、先づ簡單に其の部分を繰返さゞるべからず。想ふに日露戰爭の將に局を結ばんとするの時は、即ち將に大なる經濟の、吾人の面前に展開し來らんとするの時に外ならずして、所謂大なる經濟は、之を日清戰爭の後等に比するときは、殆ど霄壤の差も啻ならざるものあるべし。其の果して如何に大なるかは、之を戰爭の大小、內外に及ぼせる關係、若くば時勢の進步せる程度に徵して、畧ぼ推測するに難からざらむ。而して國富を增進すべき必要は、此の經濟の大に應じて、勢ひ切ならざるを得ず。單に國家の歲出入に就てのみ言ふも、日清戰爭後、我れは約五億の金を必要としたり。今回の戰爭後、假に我れは其の二倍即ち十億の費用を要するものとするも、之を國債に依るときは、其の利子は、五分の利率と見積りて、五千萬圓の巨額に達すべし、吾人の記憶する所に據れば、日清戰爭の以前に在つて、我國が必要としたる諸經費は、總額八千萬圓の上に出でず、內國債の銷却費を控除するときは、他の一切の歳出なるものは、僅に六千萬圓より外に無かりし也。今や、戰後新に加はるべき國債利子の銷却費のみにても、容易に五千萬圓の聲を聞かんと欲す。經濟の大と、之に應じて國富を增進すべき必要の切なることは、其の度合の一目瞭然たるあるを感ぜずして、豈可ならんや。例へば日清戰爭後、我が貿易は長足の進歩を爲し、今日に至る十年間に、其額約三倍を增加し、價額に見積れば既に六億圓に達せりと云ふ。然れども今回の戰爭にして終局を告げたらんには、其後の十年間に於ては、少くとも更に其の二三倍を增加すべき必要は確にあらむ。而して國民の之に處すべきの途は、唯だ擧つて大に働き、大に稼ぐに在るのみなることは、今更言ふを須ひず。幸に、今回の戰爭に意外の大勝利を博し得たるをば、天佑に歸すべき所以ありと信ずるの餘、今後の事に臨んで、亦漫然之を天佑に依賴せんと欲するが如き情の、秋毫だも存ぜざらんには、則ち可なり。此に注意すべきは、夫の節儉論とす。吾人は必らずしも此の議論を排斥せず。節儉と云ひ、貯蓄と云ひ、固より一の美事たるを疑ひを容れず、如何に其の結果の利益多く、平素の潛勢力を涵養すべき手段としては、此上も無く適當の方法なるをも亦之を知れり。然れども吾人は竊に疑ふ、今回の戰爭後に於ける經濟の大と、之に應じて國富を增進すべき必要の切なることは、節儉、貯蓄の結果をして、能く其れに對して蒼海の一滴以上の價値を爲すこと、果して幾許たらしむることを得べきや　將た其の結果の遺憾なき價値を以て到らんの時は、果して今回の時節に間に合ふべきものなりやと。然り、節儉、貯蓄の主義は可なり、唯だ之を携へて戰後に臨まんとするは、未だ深く戰後の經營の如何許り大事業たるかを慮らざるに座すと謂ふべきのみ。要するに消極的の富國策は、到底積極的の富國策に優ることあるべからず、吾人は我國が一錢を多く消費せざらんことよりも、寧ろ一錢を多く造り出さむことを希望して止まざる也。

富國の策も亦種々なり。其大と其小と、其の根本と其の枝葉と、悉く捉へ來らんには、殆ど擧げて數ふべからざるの觀あらむ。然れども吾人は先づ指を外國貿易の伸張に屈せざる能はず、更に其の意味を擴げて言ふときは、大々的の商戰を爲すこと是れ也。蓋し內輪同士の取引を以て滿足し、內輪同士の融通を以て事欠かずと爲すは、決して大に國富を增進すべき所以の途に非ず。外國より富を誘入するに非ずんば、富を造つて決して顯著なること能はず。而して外國貿易の伸張は、誠に外國より多大の富を誘入すべき方法の殆ど全體を掩へるものと謂ふも不可なければ也。且夫れ外國貿易の伸張は、啻に外國貿易其もの丶爲めに必要なるに非ず。畢竟外國貿易の消長は、內地に於ける產業の狀態と相俟つべきものにして、外國貿易獨り進むべからず、內地產業獨り進むべからず、外國貿易の發達は、換言すれば內地產業の發達なりと謂ふも、此の場合に於て多く誤りあるを見ず。所謂大々的に商戰を爲すとの意義、即ち亦是れに外ならざる也。以下、吾人は少しく細節に亘りて之を論ぜむ。

第一に吾人は、內地金融の狀をして今少し圓滑ならしむるの要を見る。又運輸の便をして今少し四通八達の趣きを具せしむるの要を見る。夫れ交通機關の發達は、誰か之を希望せざらむ。而も今日の如き場合に際して、ともすれば其の計畫を中止し、甚だしきは全然之を後廻しにせんとするが如き傾向あるものは、必らずや交通機關なり。或は是れ止むを得ざるに出づべしと雖も、之を中止し、若くば後廻しとし、而して他に着手したる事業が、果して左程必要なりやと云ふ點に着目するに至るときは、吾人は往々にして顰眉の情を禁ずる能はず。吾人の主として恐るゝ所は、苟も交通機關にして完備せざるときは、其れだけ餘分の運賃を生じ、從て物產の價格をして甚だしく實際の生產費を遠ざからしめ、會〻外部の原因よりして物產の價値を掩ひ、之をして永く內外に對し一商品たるに不適當なるものとならしむるの弊あること是れ也。內地の產業を發達せしめ、外國貿易を伸張し、以て富國の實を擧げんと欲すれば、何を措きても先づ內地の交通機關をして隈無く通達せしむるの要あり。然り、隈無く之を通達せしめたる曉に非ずんば、未だ其の準備全しと謂ふべからざる也。頃者、奧羽線若くば山陰鐵道の如き、中止の不利益を見るに忍びず、有志の奔走する所ありて終に速成工事を起すに決せるものありと云ふ。吾人は有志の意を諒とせざる能はず。然れども總體上より之を言ふときは、戰後、鐵道等の經營は、一は財政の膨脹を憂ふるの故より、他は民間事業の過度に勃興するの弊を恐るゝの故よりして、其の急務たることを忘却せらるゝに至らんこと無きを保せず。深く慮るの要ありと謂ふべし。是れ、吾人の嘗て論じたる一なり。

次に吾人は保護稅主義に就て一言せざる能はず。或種の物品に保護稅を課することは、幾多の議論の依つて生ずる所なりと雖も、今日の際、飽迄其の必要ありと斷言するに躊躇せざる也。嘗て全國の商業會議所は此議を決し、今尙ほ其の物品に就て調査中なりと聞く。保護稅主義は決して排外主義に非ず。後進國の、先進の國と、競爭せんには、固より相當の策を必要とすべきものにして、保護稅を採用して之に充つるは、既に前例の存する所と謂ひて可なり。夫れ外國貿易の伸張を圖らんと欲せば、勢ひ其の機關をして發達せしめざるべからず、其の機關にして發達するも、未だ關稅の作用にして充分に發揮せらるゝ迄に到らざらんには、蓋し何の甲斐かあらむ。是れ、嘗て吾人の論じたる二なり。

方今、世人の海外商品陳列所、萬國巡航船等の事を言ふや既に久し。是れ、海外に我が商品を廣告する所以の途にして、其の重要なること論を俟たず。然りと雖も吾人の尙ほ必要を思ふものは、內國に於ける商品の陳列所なり。即ち專ら海外に於ける物品の需要供給を知らしむる機關にして、海外の顧客に示すものに非ずして、我が當業者に看すべき設備なり。帝國商業博物館と云へるが如きもの、是れ也。外國には、到る所其例あり。吾人は一日も早く此の機關の、亦我が當局者に依りて經營せらるゝに至らんことを希望す。此の機關は、實に我が商賈者をして容易に海外の商況に通ぜしめ、以て貿易の嚮ふ所を指導すべき、最適當の方法たるを知れば也。是れ、吾人の甞て論じたる三なり。

最後に吾人は萬國博覧會開設の議を有す。是れ、吾人の甞て論じたる四なり。萬國博覧會の開設に對しては、全國の商業會議所亦之を議決して、當路に建議する所ありしと雖も、其の詳細の案に至つては、未だ何等の公表せられたるものあるを聞かず。吾人、又之に希望を繋ぐ所以の者多し。左に聊か卑見を陳ぜむ。

戰後、萬國博覧會を開設すべしと云ふ所以に就ては、多く論ずるの要なかるべし。兎も角も戰爭は、總ての上にて大廣告を爲せるもの也。そは單に武力を示せるものに非ずして、又將に來らんとする商戰の前振れを爲せる也。戰爭にして終る、商戰は愈ゝ開始せられんとして、此に見本の陳列を行ひ、我が物産を海外の顧客に示し、實物に就て其の廣告を爲すべき必要の存することは固より其の所なりと謂ふべし。萬國博覧會は、即ち此の役目に當るものたるに外ならず。夫れ然り、既に萬國博覧會にして此の如き目的を有すとせば、其の之を開設せんとするに當つては、飽迄其の目的を貫徹せしむるの方法を講ぜざるべからざるや、亦勿論なり。更に之を言へば、我が國人は最も眞面目の觀念を以て萬國博覧會に對することを要す。否、充分之を利用して、內地の産業を發達せしめ、將又外國貿易を振興せしむるの策に供せざるべからざる點に於て、寧ろ滿腔の商賣氣を以て之に對するの要ありとせざるべからず。吾人の特に之を言ふ所以の者は他なし、抑も萬國博覧會は、甞て英國に、佛國に、米國に、其他有らゆる先進國に於て開催せられたり。而して今や、我國が漸く之を開催せんとする機運に臨めるは、言ふ迄も無く一面に於て戰勝の光榮を擔ひつゝ、徐ろに其等諸國の列に伍せんとするに至れるを意味すべしと雖も、而も其の是に至れるを喜び、是に至れるを誇りとするの餘、縱令何等の深慮も無く、漫然之に對するが如きことは萬々非ずとするも、少くとも世の常の萬國博覧會に對するが如き感想を以てしては、吾人、未だ戰後の國民の覺悟を持すること、甚だ大ならざるあるを思はざるを得ず。

然り、吾人は我が當局及び民間の人等が、一種特別の感想を以て、戰後の萬國博覧會に臨まんことを欲して止まざれば也。一種特別の感想とは何ぞや、曰く萬國博覧會の性質をして、一面に於ては强制的、一面に於ては保護的の政策を實現するものたらしむるに在り。强制と云ひ、保護と云ひ、其の目標の産業に在ることは、又言を待たず。

蓋し戰後七年若くば十年にして、萬國博覧會を開設するものとせよ、其期迄に、政府は殆ど强制的に國民をして出品の用意を爲さしむべし。即ち政府——博覧會は、先づ自ら其の出品すべき「物」と「人」とを撰定し、而して後特に之に出品すべき目的を以て、其物の産出を其人に命ずべし。第一に肝要なるは、其物の撰擇なり。物とは、固より我國の物産を云ふ。從來我國の重要物産として數へられたるもの、若くば將來有望なるものは、總て之を網羅することを要す。次に肝要なるは、其人即ち生産者の撰擇に在りとす。生産者は、法人たると一私人たるとを問はず、充分其道に堪能にして、獨り伎倆と經驗とが世上の信用を購ひ得るに止まらず、正しく實質に富める人ならずんば不可なり。有資者たると、無資力者たるとは、亦毫も拘はる所に非ざるべし。而して物産及び其の生産者、何れの側にとつても注意すべきは、成るべく新規なる事業は避くべきヿ是れ也。新規なる事業は成るべく之を避け、既に存在せる物産、主としては我國固有の物産を撰擇し、其の産出に從事せしむるに、眞に抜群の伎倆を有する者を以てし、且特に博覽會出品の目的を以て之を努めしめなば、夫れ恐らくは我が物産の精華を蒐集する上に於て、殆ど完膚する所無きを期し得べし。其れと同時に、萬國博覽會の意義は全く盡きむ。

然りと雖も政府は、無下に人民に强ひて物品の製作を爲さしむるヿ能はず。若し夫れ生産者にして資力を缺かんには、政府は固より資本を貸與すべし。資力を缺かざる者に對しても、政府が强制的に製作を命じたる範圍内に於ては、矢張其れに資本を給するを以て至當とせむ。其の費用は、政府之を博覽會の費用として算出すべし。即ち假に博覽會の開設に要せらるべき一切の經費を一億圓なりとすれば、別に右の費用として五千萬圓を之に附加するも可なり、或は一億圓若くば其の以上を之に費すも不可ならず。勿論、こは與へ切りに與ふるものに非ざるを以て、後日、其の貸與を受けたる者をして銷却せしむるヿを得べし。而して生産者の側に於ては、其の全力を傾注して製出したる物品の賣却代金、若くば物品其ものを以て、優に銷却の資に充つるヿを得べし。想ふに斯くせんには、政府は比較的大なる費用を投じて、必らずしも其の割合に損耗を被るヿ無かるべく、生産者は强制せられたるの故を以て又必らずしも其の不利益を釀すものに非ざるべし。而も此の方法や、頗る面倒にして、手續の繁煩なるヿ殆ど比肩すべきもの無きが如き觀あり。夫れ寔に然るべし。さはあれ、其の方法の如何に面倒にして、其の手續の如何に繁煩を極めたりとするも、猶且忍んで之に依らざる能はざるの事情、亦無きに非ず。熟ら國勢を按ずるに、我れは當に工業をして盛ならしめざるべからざる所以の者あつて存せり。然るにも拘らず、由來、最も振はざるものは工業に非ずや。工業を目的として事業を起せる者は、眞に成功せるヿ稀なり。一私人の計畫は勿論、團體を以てせる計畫と雖も、多くは結局に至つて失敗するヿを免れざりしが如し。而も常に競爭者は群集せり、少しく見込のある事業にして存在せんか、未だ何人も其の利益を收むるに至らずして、多人數共倒れとなるが如き面白からざる現象は、到る處に之を認むるヿを得たりし也。抑も是れ何の故ぞ。曰く其の原因や、一にして足らざるべしと雖も、總じて資本の缺乏せるヿは、實に斷乎として動かすべからざる一主因たりしに似たり。世に資本家少からず。然れども其の工業に投資するを敢てせし者に至つては、極めて數ふべきのみ。是れ、工業は之を他の事業に比すれば、何とは無しに危險の分子を含むヿ多きが如く見ゆるに因るべし。今、過去の實例に徵するに、日清戰爭の後、事業熱の著しく勃興せるヿは、普ねく世人の知る所の如し。事業熱の勃興は、幾多の弊害を伴ひたるヿ事實なりと雖も、同時に世の富豪をして盛に新事業の經營に手を染め、若くば之に資を投ぜしむる（株の購入）の端緒を開き、爾後十年にして、我が内地の鐵道等は驚くべきばかりの發達を遂げたり。多くの會社は目覺ましき盛況を呈せり。而して工業會社は、獨り最も遲々として進歩し來りし狀あるを免れず。此の如くんば、將來工業をして他に勝りて發達せしむることは、容易の事に非ずと謂ふべし。唯だ之を救濟するの途、生產者をして資本を有せしむるに在るのみ。吾人が博覽會をして强制的に生產者の出品を命じ、其の代償として之に資本を貸與するの法に出でしむべしと云ふ、豈他に適當の策あるを知つて、殊更に此の非常手段を採るの利益を說くものならんや。或は其の餘りに專制主義に傾くの故を以て、之を非難する者あらむ。而も止むを得ざる也。徒に杓子定規に則つて些細の議論に拘泥するを是れ事とせんには、工業は永久に發達するの期なく、百年の大計も以て如何ともすべからざるに至らむ。今回の戰爭は、實に我れに附與するに千載一遇の好機會を以てせるもの、若し夫れ之を逸せんか、其罪人に在つて、天に在らず。恐れ惶かずして可ならんや。

且此に舊來の慣習にして參酌すべきもの在り。他なし、昔より我國には節句なるものありて、年々、其日を以て庶民業を休むの日と爲せり。所謂五節句は是れ也。即ち一年の內を五に區劃し、每二ヶ月に配するに一回の節句を以てせり。五節句は寔に無意味ならざりき。何となれば、商工者は常に之を以て一の目標と爲したれば也。其の能く寒暖の季節に割當てられ、氣候の變遷と相照應したるは、自ら商工者の取引期間を劃するに適したり。商工者が物品の製作、發送、代金の支拂等を約するや、其の期日を示すに、何時々々の節句迄と云ふことを以てせると、殆ど常例の如くなりし也。特に工業に關して之を言へば、物品仕上げの期限を一の節句に置き、其の節句の到來する迄には、如何なる勞苦に會するとも、必らず之を製作し了らざるべからずてふ觀念を持し、よし一日にても其期に後れんには、甚だしき汚辱なるが如く思惟せるに似たり。是を以て五節句なるものは、時日の上よりして商工者の奮起を促がし、之をして業務に全力を注がしむるものとしては、實に此上も無き好個の奬勵物たりしが如き觀あり。而して今、吾人は斯かる觀念の直に萬國博覽會の開設に就て行はれんことを希望する者なり。即ち博覽會をして宛然一の大節句たるもの丶如くならしむべし。戰後、七年若くば十年を期して、將に大なる節句は來らんとす。然り、是れ振古未曾有の大節句なり。之に出品すべき生產者をして、有らん限りの力を注いて、以て其期迄に、精良に精良を重ねたる物品を仕上げしめざるべからざる也。想ふに此の如くして、戰後の萬國博覽會は、初めて其の成績を擧ぐることを得べし。否、博覽會其ものが單に成績を擧げ得るに止まらずして、工業の發達、亦初めて之を見るべし。但し吾人は此に主として工業に就て言へりと雖も、尙ほ商業、農業、其他有らゆる產業に至つても、同樣に論ぜらるべきこと、固より其所なりとす。

唯だ夫れ萬國博覽會の開設に關して、動もすれば非難の聲の生ぜんとするものは、其の場所を何れに求むべきかと云ふ事に在るが如し。然れどもこは決して困難なる問題に非ず。東京の近傍に於て、充分其地を見出すことを得べし。尤も甲の地と乙のとを比較して、具に其の利害を考察せんと欲すれば、勢ひ區々の議論を喚起せざる能はざるべしと雖も、憚り無く言はしむれば、吾人は其地を東京と横濱との間に撰ぶの可なるを覺ゆ。即ち是れ東京より來らんとする者、横濱より來らんとする者、何れよりするも最も便利なる地點にして、同時に内外人双方に取りて好都合なるべければ也。而して其の停車場よりして博覽會々場に達する路は、特に博覽會の爲に電車を設置して之を通ずべし。又萬國博覽會の開設、早きに失せりとの說を爲す者は、往々、未だ我國には海外よりの來客を迎ふべき旅館の無き事を言ふ者ありと雖も、是れ亦深く憂ふべき事項に屬せず。旅館は之を横濱、東京の兩地に設くべし。止むなくんば、博覽會は相當の補助を與へて其の希望者に之が設備を爲さしむるも、敢て甚だしく不可ならずと雖も、恐らくは左程の必要を見るには至らざらむ。苟も萬國博覽會開設の議熟し、愈よ數年の後を期して開會せらるべき事とならんか、利益を觀るに敏なる人民は、營業上より之に着目して、自ら進んで旅館の設備に當らんとする者無しとも謂ふべからざれば也。準備の時期は優に存せり。政府及び國民たらん者、假染にも將來の發展に意を注ぐあらば、深思、以て充分書策する所ありて可なるべし。

以上、吾人は自ら信じて以て富國策と爲す所の大要を列擧したり。然れども我國は、既に一方に於ては戰爭に依りて被れる多大の缺損を補ふの要あると共に、他の一方に於ては滿韓の經營を初め、尙ほ幾多忽諸に附すべからざる經營を有するとと勿論にして、之を思へば、よし其勞は厭はずとするも、其の費用の大、凡そ料り知るべからずして、如何にして、又何處よりして之を得んかと云ふ問題に至つては、夫れ容易に解決せられざるもの無くんば非ず。日清戰爭後に於ては、我れは清國より三億五千萬圓の償金を收めたるを以て、國庫の歲入よりは一億五千萬圓を支出して、略ぼ經營を了するとを得たりと雖も、今回の戰爭の如きは、露國をして城下の盟を爲さしむること到底思ひも寄らず、萬國會議如きを以てして戰局を終了するの止むなきに至らば、償金も亦多くあてにするとを得ずと謂はざるべからず。果して然らば、我が財源とすべきものは、矢張唯だ第一には國債、第二には租稅あるのみと云ふ事になるべし。想ふ、國民の負擔が增進すると夫れ幾許ぞや。吾人は、是に至つて、更に今一個の富國策を掲げ來らざるべからず。何ぞや、曰く最も簡明に言へば、外資の輸入是れ也。但し國債を海外の市場に賣出す場合は之を除き、純然たる民間事業上の外資の輸入是れ也。然りと雖も富國策として外資の輸入を論ずるは、既に陳腐なるを免れず。吾人は土地所有權の問題に關して之を言はむ。否、是れとて亦珍らしからざるべし。何れにしても可なり、吾人は、唯だ所謂施設の方針なるものに關して、一言疑を今の廟堂諸公に質さんと欲するのみ。一片の婆心、竊に禁ずる能はざるものあるに因る。

抑も今日の時代に於ける文明の傾向は、政治上の意義を除くの外は、諸事悉く世界的たらんとするに在るや、明けし。就中、經濟上に於て國境を除却し、彼此資本の融通を爲すとは目下の大勢にして、獨り孤立の狀態を維持する者に至つては、未だ全く文明國の列に入る能はざるものと稱せざるべからず。我國は即ち是れ也。然れども今回の戰爭は、其他の點に於て、殆ど遺憾なく我國をして文明國の列に加はらしめたると、之を從前に比して更に顯然たるものありと謂ふべし。故を以て我れは經濟上に於ても亦目下の大勢に從ひ、世界的に彼此資本融通の途を求め、以て一朝孤立の狀態より脫せざるべからざる必要は、寧ろ自ら焦眉の急として、既に目前に迫り到れるものたるは言ふ迄も無し。而して吾人の上に述べたる外國貿易を伸張して、我れより進んで外國の富を誘入するに力むることは、亦其の一途たるに外ならずと雖も、同時に所謂外資の輸入、即ち彼れより進んで我國の事業に資を投ぜしむるの端を開くに非ざれば、未だ其策を盡せりと謂ふべからず。我國に在つて憂ふべきもの、資本の缺乏より甚だしきは非ず。吾人は又前に其の工業に關して特に然る所以を述べ、萬國博覽會の開設を利用して、當に之を救濟すべしと云ふの策を建てたりと雖も、若し夫れ內地の產業既に發達し、外國貿易既に振興し、將又外國の資本は、既に盛に內地の事業に向つて注がれつゝありとせば、何を苦んでか非常の手段を用ふるの要を見む。さは云へ、今更之を繰返すとも詮なし。吾人は、唯だ一日も早く我が當局が此に見る所ありて、極力外資輸入の端を開かんことに盡瘁せられんことを希望して止むのみ。之を當局に責むる所以の者は、他なし、從來外資の輸入をして不可能たらしめしものは、主として法律上の制限に基くこと多きを知れば也。例へば外國人を會社重役に採らざる規定の如きも、亦其一たるべしと雖も、外國人の放資を歡迎しながら、土地其他の不動產を擔保とすることを禁じたるが如きは、實に之を防遏すべきものゝ最たりと謂はずんば非ず。然り、土地の所有權を外國人に許與せざることは、殆ど絕對的に外資の輸入を禁止したるにも異ならず。抑も知らず、土地の所有權を外國人に與ふることは、左迄恐るべき理由の在つて存すると爲す乎。誠に當局が施政の方針なるもの此に在りとせば、先づ吾人は何が故に他方に於て外資の輸入を奬勵するの必要を認めたるかの解釋に苦しまざるを得ず。

畢竟、土地の所有權を外國人に許與せずと云ふが如きは、夫の偏狹的愛國心の致す所にして、徒に排外主義の思想を表白する所以たるに過ぎず。今日に在つて、此の如き禁制を存するは我國の汚辱なり、否、我國の文明をして退步の傾向を有せしむるもの也。況んや、一度び此の禁制を解かんか、外資の輸入は容易に其端を開き、我れは初めて經濟上に於ても文明國の列に入ることを得べきに於てをや。夫れ然り、然るを以て今や、土地の所有權を外國人に與ふる事に就ては、何人も異議を挾むもの無きに似たり。廟堂諸公の賢明なる、何ぞ獨り此に見る所無しと云ふの理あらむや。飜つて目下の形勢を觀るに、戰局方に酣にして、外交の事如何に決すべきやも料り知るべからず、當局の重任を負へる、苦心苦慮、尋常ならざるべきは想ふに堪へたり。然るにも拘らず、當局の手腕は啻に外に對つて顯如たるものあるのみならず、內に對つても能く之を振ひ、畫策、施設、一として其機を失せず、立法、行政、着々として步を進めざるは無しと稱せらる。當局の意を用ふるに周到なる、事に當つて精勵なる、吾人の宜しく多謝すべき所なるべし。而して其の當局が、土地の所有權を外國人に許與せずと云ふ非文明にして、且不得策なる禁制の存在に對するときは、放擲して毫も顧みること無し。吁、何爲れぞ獨り之を放擲して毫も顧みること無きや。吾人は愈よ其の理の解釋に苦しむ。

往年、大隈伯が黑田內閣に入つて外務大臣たるや、當時の宿題たりし條約改正の業を速に成さんと欲し、草案を示して、先づ米、獨、露三國との調印を了せり。然るに其の條約文、端なく外字新聞に依て洩れ、不動產所有の權利を外國人に許與する事、條約期限內十二年間は、歐洲出生の法律家數名を日本大審院の判官に任命し、其の多數列席を以て外國人に係る訴件を審判せしむる事等の條項あるを知られ、物議沸騰し、就中外國人を以て裁判官とすることは、憲法に牴觸せりとて朝野の大反對を受け、終に內閣の瓦解を來すの止むを得ざりしことは、有名の事變として、今尙ほ世人の耳目に新なる所なり。要は、大隈伯の改正は餘りに急激なりと云ふに在りしが如し。而して此時、內閣の以外に立つて、樞要の地位を占めつゝありし人々は、特に著しく之に反對し、或は意見書を提出し、或は辭表を出し、又或は闕下に上奏して以て其の非議を鳴したり。今の元勳諸氏、多くは即ち是れ也。竊かに聞く、元勳諸氏が反對の意見を提出するや、何れも政府の方針として斷じて採るを不可なりと思惟するもの、四五ヶ條を列擧し、一は以て大隈伯の改正を非とすると共に、一は以て永く後日の準繩たるべきものに供せりと云ふ。勿論、土地の所有權を外國人に許與するをば、實に其中の一ヶ條として、「政府の方針として斷じて採るを不可なり」と思惟せられたる事項の一たりし也。然れども今や、時勢大に進み、當時の事情と現時の事情とは大に異なれり。既に前にも述べたるが如く、今日に及んでは、寧ろ外國人に土地の所有權を許與すべき必要こそあれ、何人と雖も、最早之を以て「政府の方針として斷じて採ること不可なり」と思惟するが如き者は無し。唯だ元勳諸氏の意に至つては、吾人之を知らず。將た往年の意見を固持すること果して賢か、固持せざること果して愚か、吾人、又之を知るに由なき也。

若し夫れ元勳諸氏は、必らずしも往年の意見を固持するに非ずと雖も、而も前には極力之に反對し、追究して以て政府の方針を云爲するに至れるもの、今、突如として說を變ぜんこと、情に於て忍びざるものあるに非ずやと云ふ者あらば、或は迂なるべし。又若し政府の當局、必らずしも其の利害を認めざるに非ず、寧ろ進んで土地の所有權を外國人に許與せんと欲するの意なきに非ずと雖も、如何せむ、曩に元勳諸氏の定めたる施政の準繩なるものあり、妄に自ら其の發言者となつて、我れより元勳諸氏を耻かしむるが如き行動に出づるをば、好ましからずと思惟せるに非ずやと云ふ者あらば、均しく迂ならむ、或は曰く、元勳諸氏、當局者、よし共に其の禁制を解くの意を有せりとするも、未だ悉く其機の熟せざるを思ふが故に、容易に之を發せざるのみ。然り、容易に之を發せずと雖も、萬一輿論次第に沸騰して、到底制し難き觀あるに至らんには、竟に止むなくして之を發すべしと。吁、果して然る乎、吾人は毫も其間の消息を解せず。之を要するに非文明にして、且不得策なる禁制は、何處迄も非文明にして、且不得策なる禁制たるより外は非じ。政治上より、經濟上より、特に戰後の經營の上よりして、吾人は一日も早く此の如き禁制の撤去せられんことを希望す。

實業世界

太平洋

第四巻第七號

明治三十八年四月一日發行

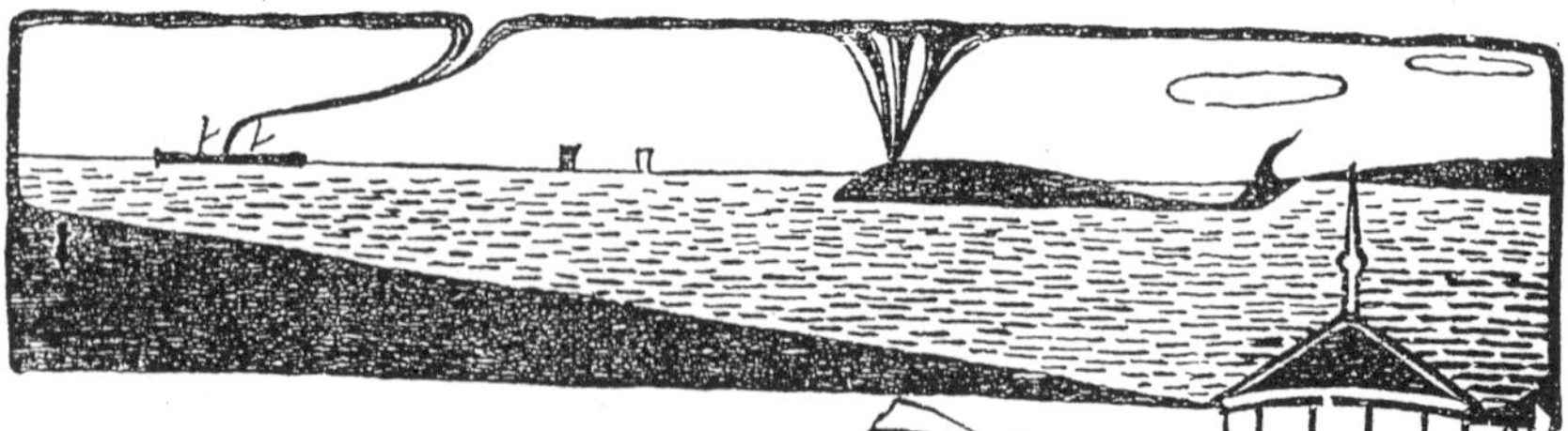

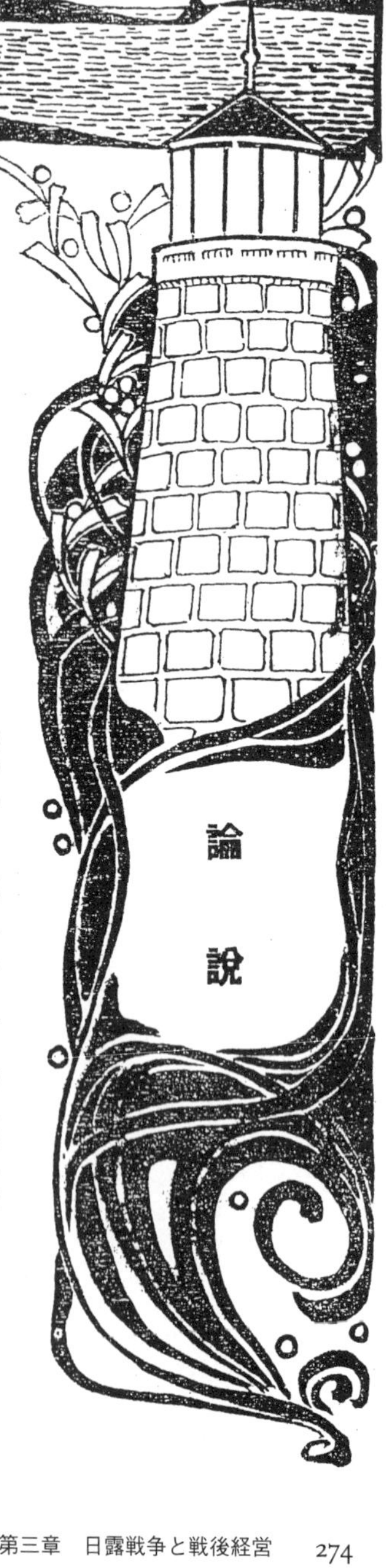

戰局の將來と有價證券賣買の前途

東京株式取引所理事長　中野武營

吾人は昨年の本誌に於て戰爭と株式との關係を論じ、併せて開戰の前後より、戰局の漸く進行せる七月頃までの市場の景況、諸株高低の模樣を叙述し、且其後數ヶ月間に生ぜんとする變化の如何を豫想したり。而して市場の人氣が著しく活躍し、若くは著しく萎靡し、之に應じて株式の相場が或は狂騰し、或は狂落して、動搖の最も甚だしきを免れざるものは獨り戰端開始の期に於ける現象たるに止まり、旣にして戰局進行し、殊に其の大勢の歸着する所ほゞ疑ふ可らざるに至つては、最早其の動搖の依つて生ずべき原因なきを以て、市場は漸く沈靜に歸すべきと必然の勢にして、從て旅順の陷落の如きも、亦さまで市場に動搖を與へ得まじきことを云へり。果然、旅順は本年の正月に至つて終に陷落せりと雖も、株式の相場は爲に大なる影響を蒙らず、目覺ましき昂騰は無くして却て聊か低落の氣味を示したり。蓋し或る一部分の人は、旅順の陷落と共に、多少戰局の大勢を左右するに足るべき出來事の發現するやも計られずと思慮し、相場の昂騰を期待して、自から見越買ひを爲すの傾向なりしにも拘らず、旅順の陷落は來つても、戰局の大勢は猶ほ暫らく依然たるべきが如き觀を呈せるより、市場は即ち此の如き景況を示したりしに外ならざるべし。株式市場の神經過敏なる、今更ながら叱驚に値するを知らん。

最も重大の問題なるが如く思考せられし旅順の陷落にして猶且然り。況んや他の諸事件にして、旅順の陷落ほどに重大ならざるものが、市場に著しき影響を與へざりしは、決して怪しむに足らざる也。露都の騷動の如き、延いて平和を早からしむる因たるべしとの風說は有之しと雖も、爲に相場は甚だしく昇騰するには至らざりき。旅順の陷落に次では、沙河會戰の勝利、是れ亦戰局の發展上特筆するに足るものなると言ふ迄もなし。而も市場の大勢は依然として不變不易、一方に我軍勝利の報達するときは、他方には戰爭の永續すべきを傳へ、相場は氣迷の狀態を脫する能はざること、恰も其の以前の如く、又其の以後に似たり。而して近くは、滿洲に於ける最後の決戰を稱せられたる奉天附近の會戰は、彼我の兵數八十萬に餘り、歷史あつて以來世界に未曾有の大戰爭にして、又實に大局の上より日露兩國の勝敗に關する戰爭なること、夙に世の認むる所なりしを以て、先づ我方の好況なるらしく觀ぜらるゝや、早くも市場は活氣を呈し來れるが如くなりしと雖も、愈よ奉天の占領、撫順の占領となり、露國の敗亡最早明白なるに至つては、案外相場の昂騰に著しきものあることなく、日露勝敗の數は正しく決せるに庶幾しと雖も、間も無く相場は舊に復し、市場は再び沈靜の域に入れり。畢竟此の如き市場の狀態は、苟も戰局の大勢にして如何にかならんとする徵候の見ゆるに非ざるよりは、斷じて變化すべきことある可らず。若し夫れ今後市場に大動搖を來さしむべきものありとすれば、そは唯だ戰爭の終局如何に關する問題のみ。戰爭の終局如何に依つて初めて市場は、注目するに足るべき動搖を生ぜんと疑無かるべし。

戰局の將來如何に關しては、吾人、又嘗て之を論じたり。今や旣に旅順は陷落し、奉天は我が手中に入り、主要なる戰爭は此に完了して、殆ど露國の勢力をして滿洲以外に驅逐し得たりと謂ふも不可なく、露國に取つては最早些の勝算だになきこと明々白々たるに至れりと雖も、而も猶ほ何時平和が來るべきかは、今日に於て之を判定するに由なし。勿論平和は早晚來るべきものには相違なしと雖も、如何にして戰爭の始末が付くべきかに至つては、甚だ不明也。露國が和を請ふべきか、列國會議となるべきか、抑も又如何なる條件を以て戰爭を落着せしむべきか――凡そ這般の消息は、一々株式市場に至大なる影響を及ぼすべきこと論を待たず。今日に於て殘れる問題は唯だ此の一のみ。

然れども有價證券賣買の前途は頗る好望也。今や、賣買は最も圓滑に行はれ之が障礙となるべき原因は一としてあること無しと謂ふも不可を見ず。東京株式取引所に於ける日々の賣買出來高は、昨年開戰の初めつ方、未曾有の出來高に達せる折、約六萬株なりしを除外し、普通は平均三萬株位なりと謂はゞ大過なかるべし、之を歐米の取引所に比較すれば、數に於て劣る所あるは勿論なりと雖とも、割合に於ては決して其の下位に在らざるを知らん、且仲買人等の語る所に據れば、其の出來高をして十萬株に達せしむるとは敢て困難に非ず、又必らずしも之を遠き將來に期待するにも及ばざらんと云へり。有價證券の賣買が今日如何に遺憾なく行はれ、尙ほ其の前途か如何に好望なるやは、蓋し是等の事項に徵して明瞭なるべし。世間、往々にして今日の取引狀態に關し、兎角の非難を無す者無きに非ずと雖とも、畢竟其の主張する所は門外者の言のみ、未だ能く實際の事情に通じたるものとは謂ふ可らざる也。一例を以てすれば、或は云ふ、取引所が常に相當の證據金を徵し、尙ほ其上に少しく取引に危險の兆ありと見るが如き場合には、逸早く追證據を提供せしめんと欲するは痛く取引の圓滑を障礙するもの也。取引所が、取引より生ずる危險の負擔に任ずるは、本來其の責務とする所たるべし。然るにも拘らず、數々追證據を徵して意とする所なく、取引の圓滑を障礙して顧みざる所以の者は、思ふに株主が多く利益の配當に預らんと欲する私情より出　、取引所が爲に支配せらるゝが故なるべし。此の如き弊は須く之を一掃すべきなりと。然りと雖も、取引所が仲買人より證據金を徵するは、必らずしも株主の慾に基くに非ず、矢張是れ取引をして圓滑ならしめんと欲する趣旨に基くものにして、取引所が動もすれば追證據を徵せんとするは、其實仲買人自身の希望より出づ。會員組織の取引所には、此の如き擔保制度を必要とせざれども、株式組織の取引所にあつては極めて必要の事也。尤も歐米には其例無し。例無しと雖も、排斥すべき所以を見ず否、日本の取引所が創意此の制度を採用したるは、最も怜悧なる處置として、世の賞讃する所なりとす。

夫れ然り。而して有價證券賣買の前途が益々好望なるは、實業界――殊に金融界に取つて慶賀すべきことなるは論を要せず。抑も株式の相場は、一は金利の趨勢に應じ、二は各會社の營業狀況に應じて昂低するを以て原則とするものなるが故に、市場は實に社會の鏡面也。就中、實業界、金融界に取つては無二の好鏡面なりと謂ふべし。是を以て、世人は此の鏡面を眺めて、直に實業界、金融界の狀況を察することを得べし。

株式取引所が一個の金融機關として、又おのづから別種の効能を有することを知るに足らん。されば今の際、有價證券賣買の前途が益々好望の觀を呈せるは、一入慶賀すべきことなりと信ずる也。唯だ夫れ相場の高低が餘に激烈なるは、有價證券其もの丶性質より言ふも、決して歡迎すべき現象なりとは謂ふ可らず。此點に就ては、東京株式取引所は其弊を避くる方法として一の策を案じ、今や試に其の實行に着手しつ丶ありと雖も、こは未だ公表するの機會に非ざるを以て姑く略す。因に云ふ、今期の議會を通過したる擔保附社債信託法案は、所謂信託會社の事業を勃興せしめ、而して大に社債劵の發行を促すに至るべし。それと同時に社債劵の賣買は、從前に比して稍や頻繁なるに至るやも計られずと雖も、元來社債劵には、株劵の如くに相場の變化てふもの無し。故に賣買は有之べしと雖も、所謂相場とはなること稀ならん歟　（文責在記者）

内國博覽會と萬國博覽會

東京商業會議所會頭
中野武營氏談

第六回博覽會を、平常の通り內國博覽會にしやうか、若くは萬國博覽會としやうかと云ふ事は今猶官民間の問題になつて居ります。政府でも之が爲めに頻に調査をして居ると云ふ事で、今日（七月十七日）は此所の委員と當局者と會見する筈ですが、當局者の側には、寧ろ萬國博覽會にしやうと云ふ希望の方が多いとやらですから、何れに決定するかは全く未定です。

私共は、今回の博覽會は豫定の如く內國博覽會にしたが可いと主張する者です。此の意見は、先頃東京市會に參つて私が大體演説した所でありますが、尙ほ一應申上げて、世人に質す事にしませう。

一體萬國博覽會如きものは、滅多矢鱈に開けるものではない。夫の聖路易博覽會の如く、一方には何かの紀念にする爲め、他方には新開地を世界に示すと云ふ樣な、特別な目的を以て開かるゝものは、聊か趣が違ふが、普通の場合なら、眞個の萬國博覽會は百年に一回位あれば可いのです。之を開くには、充分大事を取つて懸かる必要があります。尤も今回は戰勝の紀念として、世界の耳目が日本に集中して居る時を利用して萬國博覽會を開いたら可からうと云ふのですが、私も萬國博覽會を開く事には反對せぬので、唯だ今回の博覽會を以て直ぐ萬國博覽會にしやうと云ふ議論には同意を表するとが出來ぬのです。第六回の博覽會は來る明治四十年です、即ちアト二箇年を剩すのみで、此の短日月の間に萬國博覽會の準備をして仕舞はうと云ふのは、少しく無理であらうと思ふ。

云ふ迄も無く萬國博覽會となれば、萬國が相手である。萬國の贊同を求め、萬國の人に見せねばならぬのです。若し其の設備が行屆かないで、みつともないものが出來上つたならば、徒に外國人の嘲笑を買ふのみで、戰勝の紀念たるものが却て戰勝の名譽に泥を塗る位な事で終らぬとも限るまい。先づ之が爲めに要する費用の莫大なる事は今更ら論を待たずである。果してドレ程かゝるかは未だ分らぬが、到底十萬や百萬の聲では濟みさうでもない。何れ議會に豫算が提出されて其の可決を待たねばならぬのだが、今日の場合、議會が容易に之を可決するや否やすら不明でせう。費用は兎もあれ、目眉に迫つた期日を前に控へて置いて、果してドレ丈けの設備が出來ませう乎。第一外國人を招くのだから、其の爲めには旅宿の設備をせねばならぬ。其他一切の設備はナカ／＼尋常なことではない。それから肝腎なのは出品ですが、内國の出品は固より、外國人からの出品まで、充分集めやうとするのは、短日月間の仕事としては決して容易な事ではありません要するに明治四十年までに、設備の完全な萬國博覽會を開く準備をして仕舞ふ事は困難です。强いてしたら出來ぬとはなからうが、到底不立派なものを見せるより外はないと思ふ。それ故、私は寧ろ不立派な萬國博覽會を開く位ならば、同じ勞力を以て立派な内國博覽會を開く方が、遙に策の得たものであらうと信ずるのです。そして第六回は平常の通り内國博覽會とし、其次の第六回を以て即ち次の五年目を以て、萬國博覽會を開く事にした可からう、と云ふのが、即ち吾々の意見なのであります。

私は嘗て本誌及び太陽の紙上で、戰後の經營に關する愚見を述べた事があります。其節申した通り、戰後の經營としては大商戰に着手せねばならぬ。換言すれば、外國を相手に盛に取引を開始せねばならぬ。それには種々の準備が必要だが差し詰め、萬國博覽會を開く事は最も機宜に適したものであらう。萬國博覽會は凡そ十年の後を期し、東京の附近で之を開くが可い。そして其間に充分の設備をすると共に、内國の商工業者には、萬國博覽會と云ふものを一の目標として、其の期日までに精々出品の支度を爲さしめ、愈よ博覽會が開會となつた曉には、諸種の設備は遺憾なく整頓し、我が商工業者の出品に得るものは、一として日本の物產中の粹ならざるは無しと云ふ風な有樣にして、能く世界に對して日本の商工業を廣告する目的を達せねばならぬと、私は考へて居た。詳しい事は其節の本誌と太陽とに出て居るが、私の考ふる所は其時と變りが無い、即ち私の希望する萬國博覽會と云ふものは、右の如き萬國博覽會であります。明治四十年の次の五年目は、明治四十六七年になります。丁度今から八九年後に當りますから、内國博覽會を一回其間で濟ませると共に他の一方で萬國博覽會の準備に着手したなら、理想通りには行かぬまでも、恐らく設備の幾分か整頓して、外國人に見せて左程耻かしくないものが出來上らうかと思ふのです。併し此の如き博覽會が、此所二三年の準備を以て出來上らうとは、迚も豫期することが出來ません。(記者曰く、中野氏が戰後の經營に關する意見は、載せて本誌第三卷第六號、第七號及び太陽第十卷第十六號の紙上にあり、前者は「戰爭と株式との關係を論じて軍國將來の經濟に及ぶ」後者は「戰後の經營策」と題せり、乞ふ參照せられよ)。

畢竟、第六回博覽會の日を以て萬國博覽會を開くのは、時期猶ほ早きに失するのです。私は此の理由を以て、今回の博覽會は矢張內國博覽會とするに若かずと主張するのであります。內國博覽會として、そして夫れに應じて充分な設備をして外國人の觀覽したい者には自由に之を許し、外國人の出品は參考として陳列する位な事に止めたなら、內國博覽會としてはさして不完全な譏を受ける事が無く、輕卒に且つ無理に萬國博覽會を開いて、とゞの詰りが不成功に終るより、遙に增しであらうと思ふ。

尙ほ第六回博覽會の場所に就ては、東京以外、或は名古屋にとか、或は何處にとか云ふ說もある樣だが、最上の成功を收めんと欲するなら、是非共それは東京とせねばならぬ。他の場所は迚も駄目です。

二　東京商業会議所会頭就任と戦後経営の覚悟

日露戦争終結前の明治三十八年四月七日の会頭選挙により、中野は、渋沢栄一の後任として、第二代東京商業会議所会頭に選出された[1]（五十七歳）。そして、大正六年までの十三年にわたり会頭に在任した。この時、副会頭には、大橋新太郎（博文館社長）と岩出惣兵衛（東京油問屋組合頭取）が選出された[2]。

中野は、東京商業会議所設立以来、常議員（明治二十四年から三十年）や副会頭（明治三十年から三十四年）として、政策提言の取りまとめに中心的な役割を果たしていたが、明治三十四年に東京株式取引所理事長に就任してから役員を辞していた[3]。

商業会議所は当時の唯一の全国的経済団体であり、東京商業会議所会頭は、「財界の総理」としての権威と、政財官界に対する大きな影響力があった。そこで明治三十七年十月に渋沢栄一が東京商業会議所を退くことを表明すると、その後任人事が大きな問題となった。

会議所の中には、渋沢が辞意を表明した時の副会頭であった大倉喜八郎を会頭とし、雨宮敬次郎と井上角五郎を副会頭として推す動きがあった[4]。一方、中野は、ブールス条例への対応、鉄道国有化、地租増徴問題、限月復旧問題などで、渋沢と立場が異なる局面も多かった。しかし、最終的に渋沢は「公平にして且つ気力のある所謂毅然たる大丈夫」である中野を挙げることを望んだという[5]。

これには常議員の高羽惣兵衛、服部与兵衛らが結束して、「次の会頭には名目だけではなく、実際に事務に当たり十分面倒を見てくれる人を据えたい。」と渋沢に要望した経緯があるからといわれている[6]。会頭は、地域の商工業者に選挙された会議所の議員が選挙を通じて選出するため、地元の商工業者の多数からの支持が得られなければ、実業家として著名というだけでは十分ではなかった。

一方、中野は、限月復旧問題で桂首相と調整し、日露戦争中に東京株式取引所会頭として株式市場の安定に尽力した実績などから、桂内閣とは良好な関係を保っていた。このため政府も中野の就任に異論を挟むことはなかった。

中野会頭時代の東京商業会議所は、「広く実業界の世論は糾合して政府の経済政策に提言を行い、また政府とあえて対決も辞さず、の構えで政策の修正を迫るなど、政治、経済両面で大きな盛り上がりを見せる」ようになったと評価されている(7)。また、全国商業会議所連合会の歴史において「連合会は結束して政府に肉薄し」「各大臣を始め貴衆両院、各政党政派にも親しくその意見を開陳して大に努力」し、「これ商業会議所連合会が甚だ活躍したる時代なりとす。」と記録されている(8)。

当時、田口卯吉(無所属)死去に伴った補欠選挙に、東京市から出馬の要請があったがこれに応ずることはなかった(9)。

中野が会頭に就任後、九月にポーツマス講和条約が締結された。しかし、これに不満な民衆が日比谷焼打ち事件を起こし、死傷者も出るに至った。中野は、罵詈讒謗を受けながらも、経済界のトップとして断固として講和条約締結を支持した。日本には戦争を継続するだけの経済力がないこと、戦争を継続して膨大な軍事費を使うよりも、それだけの財源があれば早く戦争を終結させ、戦後は産業の発展に力を入れて国力の充実を図っていくことが不可欠であるとの信念からであった。

3-5「講和問題と帝国の前途」(明治三十八年十月一日)は、日比谷焼き討ち事件以降も講和条約への反対論がくすぶっていた時期の論考である。償金を得るため講和条約を破棄すれば、国として金銭に替えがたい信用を失うことになり、国家の存立が危うくなると反対した。条約締結についての政府の責は政治の問題として問うべきだが、商工業者は産業発達に全力を注ぐべきと主張している。

3-6「戦後の財界に処する覚悟」(明治三十八年十月五日)は、財政経済方針を含めた戦後経営の基本的な考え方を述べたものである。償金を十分取れなかったが、戦争を続けた場合に犠牲となるであろう資金や人材を産業に移して国の富力の強化を図るべきこと、政府は、交通通信機関の拡張など綱領を掲げて民間事業を助成する方策を施行すればよいこと、そして戦争当時のように挙国一致で貿易を振興することで外債償還を果たしていくべきことなどを指摘している。

東京商業会議所会頭に就任してから初めて開催された第十四回全国商業会議所連合会(明治三十八年十月)では戦後経営のあり方が検討され、万国博覧会の開催、鉄道の増設及び速成、戦時の増税の整理、公債の償還及び整理などの建議がなされた[10]。清浦圭吾農商務大臣、阪谷芳郎大蔵大臣、大浦兼武逓信大臣のほか、渋沢栄一と大隈重信も参加した。桂内閣は、戦後経営として、幹線鉄道の統一や広軌化、実業教育の推進、博覧会の開催を支持し、商業会議所の考え方との間に大きな齟齬はなかった[11]。

3－7「事業経営の方針」（明治三十八年十二月九日）では、日露戦後の事業経営について、資本の大きい大会社にして強固な根底をもつべきこと、資本不足の中で外資を輸入する場合には熟慮して確実なものにすべきと指摘している。政府は、公債整理をして財政基盤を強固し、世界の市場で商戦を試みるため鉄道、通信、関税保護、金利などの発達改善のため、戦争をしたつもりで資力を傾注すべきと主張している。

注

（1）本節の内容については、拙著『中野武営と商業会議所』「第六章（二）東京商業会議所会頭就任」を参照。

（2）会頭選挙では中野が三十票、馬越恭平が二票、井上角五郎が二票獲得し、中野が当選した（『東京商業会議所議事録』第二十二回臨時総会　明治三十八年四月七日）。

（3）明治三十四年二月二十八日に特別会員に就任している（第十一回『東京商業会議所事務報告』）。

（4）大倉喜八郎以外で、会頭候補として名前が伝えられていたのが、益田孝（三井物産会社社長）、荘田平五郎（三菱合資支配人）、安田善次郎（安田銀行頭取）、近藤廉平（日本郵船社長）、山本達雄（日本銀行総裁）、園田孝吉（横浜正金銀行総裁、十五銀行頭取）、添田寿一（日本興業銀行総裁）、森村市左衛門（日本陶器合名会社社長）、濱口吉右衛門（富士紡績社長）であった（『香川新報』明治三十八年三月三日）。

（5）「故中野武営翁記念号」『香川新報』大正八年四月十二日。

（6）薄田『中野武営翁の七十年』。

（7）内橋克人「東商人物百年史・四　建白の時代」『日本経済新聞』昭和五十三年三月四日。

（8）『日本商業会議所之過去及現在』全国商業会議所連合会、大正十三年六月。

関西商業会議所会員有志相談会の決議により、明治二十五年九月に、京都に全国から十五の商業会議所が集まり、第一回の全国商業会議所連合会が開催された。東京商業会議所はこれに加盟しなかったが、第二回連合会に中野が東京商業会議所を代表して参加し、戻ってから東京も連合会に参加すべきことを強く主張した。そして、二十七年八月の第三回商業会議所連合会から東京商業会議所も参加することになった。

中野は会頭として、渡米中と名古屋で開催されたものを除き全ての連合会に出席しており、全国の商業会議所として意見をまとめることに強い意欲をもっていたことが示されている。

(9)『香川新報』明治三十八年四月三十日。『讀賣新聞』明治三十八年五月十一日。
(10)『明治三十八年十月東京ニテ開会　第十四回商業会議所連合会報告（同）議事速記録』。
(11) 日露戦後経営について地元高松で講演をしている（**中野武営「戦後経済談」**『香川新報』明治三十八年十一月二十一日～二十三日、二十五日、二十八日～十二月三日、五日～八日）。

講和問題と帝國の前途

東京商業會議所會頭　中野武營

講和條約は締結せられたり。而して我が國民は、其の條件を以て餘に不利益なるものと爲し、失望し落膽し、悲憤慷慨して、海内の形勢、爲に漸くにして不穩の兆を呈せんとす。折柄空前の大騷擾は遂に帝都に發して、輦轂の下、戒嚴令を布くの止むなきに至れり。熟々惟みるに國民が爾く失望し落膽したるも亦故なきに非ず。我れは國家の存亡を賭して露國と戰端を開始せる也。國民は擧國一致の熱誠を以て事に當れり。數萬の人命を損ひ、十數億の資金を費して、勝を强大國に制するの榮を購ひ得たり。而して終に和を結ぶ、せめて夫の戰敗國をして、我れが戰爭に要したる實費額位は負擔せしめざる可らずとは、是れ萬人が萬人の希望にして、又必らず然らんことを豫期したる所なるべし。然れども此の希望は違ひ此の豫期は反せり、何人か夫れ失望し落膽せざるべき。吾人も亦た失望し落膽したる一人なりしことを明言するを憚らず。

さりながら飜つて思へ、吾人は何時まで此の失望と落膽とを繼續して以て可とするや、失望と落膽との結果は國民元氣の銷沈也。人心の沮喪也。延いて以て商工業の萎微を來さずとせんや。然らば則ち帝國の前途を如何せむ。

或は曰く條約の破棄は不可能に非らず。斯かる屈辱的條約は批準の拒絶を願ひ奉るに若かざる也と。然ども是れ一の空論たるに過ぎず。吾人は條約の破棄と云ふが如き事には、絕對的に反對の意を表せざる能はざる也。盖し條約は、陛下の名に依り、完全なる手續を經て締結せられたり。而して之を破棄するは、自ら帝國の信用をして地に落ちしむる所以の途也。抑も信用の重んずべきは、個人の間に在つても猶且然り況んや國家の間に於てをや。吾人は百億千億の償金を獲得するよりも、寧ろ帝國の信用の安全ならんことを希望す、信用は金錢に替へ難ければ也。信用毀損して、將來國家の成立ち行く理なければ也。吾人は此點よりして、第一に條約の破棄に反對す。且つ若し國民が　陛下に批準の拒絶を願ひ奉り、而して　陛下が批準を爲し給へりとせば、知らず國民は如何せんとするか。極端なる塲合を想像すれば、恐れ多き事ながら不敬の徒、或は私に　陛下に對して怨意を挾むことなきを保せざるべし。畢竟是れ　陛下に何等の御責任なきことを知らざるに基くと雖も、萬一此の不敬を敢てせば其徒の罪は實に大ならむ。或は恐る、爲に皇室の尊榮を損ひ　陛下の神聖を侵すに至るなきかを。吾人は其の果して此の如き結果を見るべきや否やを知らずと雖も、獨り杞憂に堪へざるは是れのみ。他人は知らず、吾人は吾人の私見として、敢て　陛下に批準の拒絶を願ひ奉る如き事を欲せざる也。吾人は之を第二の理由として條約の破棄に反對す。否、反對すと云はんよりは、寧ろ如上の理由に依つて、最早破棄の不可能なる場合に到達せる事を認めずんば非ざる也。

加之吾人は今日の講和成立を以て好時期なりと爲すの理由なきに非らず。勿論露にして屈するの期なくんば、我れは素裸體になるまで戰はんとは、是れ國民を擧げての覺悟なりき。然りと雖も、苟くも一國の政治を掌り、經濟を立つる者は、國家を素裸體にする所を目安に置きて事を計り得る者に非ざるや明けし。適當の時期を見て和を結ぶは固より當然也。且つ未だ講和問題の發生せざる以前ならば兎まれ角まれ、既に兩國之に耳を傾け、其の手續に着手したる以上、成立の利が、不成立の利に勝るの至大なるは言を俟たず。我が政府は確に大讓歩を爲せり。然れども若し之を以て忍ぶ可からざる屈辱なりと爲し、我れより談判の破裂を宣言したらんには、則ち其の結果は如何。云ふ迄もなく斯く双方物別れとなりたる結果は、勢ひ互に頑强なる意地張りとならざるを得ず、此後戰爭は所謂停止する所を知らずと云ふことになるべし。事、此に及んでは、今日までの戰爭は唯だ其の序幕を演じたるに過ぎず、十萬の碧血、十餘億の軍費は、纔に此の一場の舞臺を裝飾し得たるに止まらん歟。是れ我が政府の希望したる所に非ざるべし。是を以て、我が政府の斯く讓歩したるも、亦た政府としては、止むを得ざる事情に出でたるものならんかと想像すること難からず。何れにするも、吾人は今日の講和を以て尙早なりと云ふ説には同意する能はず。

之を要するに講和の成立は確實也。最早取り返しの付かざる事也。此の取り返しの付かざる事に對つて、何時まで失望し落膽し居るは、吾人――國民たる者の本分に非ず。取り返しの付かざる事は諦らむるより外なし。速に諦めて、而して善後の策を講ずるこそ今日の急務なれ。譬へば此に實業家あり、其の事業の上に大なる失敗を招きたりとせよ、失望落膽の餘、長息嗟嘆を是れ事とし、何時まで頭痛鉢巻の状態を繼續したりとて何の効かあらむ。彼等を救濟し、彼等の運命を挽回するものは、更に大憤發を以て起つの勇氣に非ずして何ぞ。我が國民の境遇は正に此に在り。吾人は更に大憤發を以て起たざる可らず、而して直に戰後の經營に着手せざる可らざる也。我が商工業に從事する者は、殊に深く之を思はずして可ならんや。

さは云へ、斯く取り返しの付かざる事にしたる政府の責は依然として政府に在り。若し此責にして問ふべしとせば、政府の監督を以て任ずる政黨即ち在野の政治家は、堂々其罪を擧げて政府に肉薄するを可とす。斯くて講和は純然たる政治問題となるべし。但し政府は、講和の締結に關する委細の事情を天下に公表することは爲し難かるべしと雖も、己の罪を問ふ所の政黨に對しては、秘密裏中(?)に辯解するの必要あるべし。此辯解を聽きたる後、猶は政府の過失を認めたるときは、政黨は進んで其の引責を要求するが順路也。政治問題の爭ひは當に此の如くならざる可らず。然るに過般來の騷動を見るに、政治家も亦た政治問題を化して社會問題たらしめんとするに似たり。是れ政治家の爲に吾人の取らざる所也。政治家は宜しく短刀直入政府に迫るべし。徒に國民に對つて悲觀の説を唱へ、永く之を失望と落膽との淵に沈め、以て益々人心を沮喪せしむるが如きは、決して政治家の本分に非ざる也。若し夫れ今の政府にして責を引きて去らば、代つて廟堂に立つべき者は、即ち在野の政治家なるべし。而も今後の政府を組織する者は、第一の急務として、一旦銷沈したる人氣を引立つるに努めざる能はず、或は之が爲には、全然悲觀と反對なる樂天的の説を唱ふるの要あるべし。知らず彼等は此の矛盾を實行するの覺悟なりや。

吾人は政府が大讓步を爲したる事實を非認する能はず、在野の政治家が其責を問ふは當然なりと認むれども、而も夫の條約を以て直に帝國の屈辱なりと爲す説には、未だ悉く同意することを得ず。讓步と屈辱とは異れり。此故に吾人は、我が國民が何時まで失望し落膽することを止め、取り返しの付かざる事に未練を殘さず、斷然諦らめて、以て速に善後の策に着手したりとて、強ち帝國の價値に輕重する所なかるべきを信ず。而して戰後の經營は、今後戰爭を繼續するに比すれば遙に容易なる事業也。

若し今後戰爭を繼續するとせんか、愛國心と義氣とに富める我が國民は、更に刻苦勉勵、國富の增進に努力して以て多大の軍費を供給するを辭せざるべし。然れども平和の中に國富の增進を圖ると、戰爭を繼續しながら國富の增進を圖るとは、其の難易固より同日の論に非ず。戰爭を繼續するの覺悟を以て戰後の經營に當らば、他日の成功は期して待つべし。國富を增進し、國力を發展するは、實に戰後の經營の大眼目也。商工業を起し、海外貿易を擴張せしむるは、即ち之が成功を期する所以の途也。政府の責を問ふは、之を政治家に委ねよ。我が商工業者は獨り產業の發達に全力を注ぐを以て足れりとす。帝國の國民たる者、夫れ奮起せよ。

特に政府の事業として爲すべき戰後の經營は、多々あるべし。第一には直接戰爭に依つて被つたる損害を塡補せざる可らず。軍備の充實は更に必要也。約二十億に達したる内外債も、亦た之を整理するの必要あるべし。其他種々の事業に要せらるゝ費用は、決して少小の額に非ず。此の費用は當然我が國民の負擔に歸するもの也。勿論今後政府――必らずしも今の政府と云はず――は、多く外債を募集することを得べし。然れども内債募集の餘地、亦た乏しと謂ふ可らず。蓋し開戰以來、政府の費消したる、軍資金は過半内地に落ちたり。利に就くは人情の常、若し巧に之を吸收するに於ては、數億の金額を得ること敢て難きに非ざるべし。既に募集したる第一回以來の內國公債は、多く我が國民の愛國心と義氣とに依つて應せられたるに似たりと雖も、何れも條件の不利益なりしには非ず。殊に其の七八分は銀行の引受くる所なりしを見ても、應募者の胸中には、常に十露盤の度外せられしことなきを知るべし。斯かる際、歐米の諸國は、或は郵便貯金に多くの利を附し、或は富籤を發行し、民間の資金を吸收するに巧なる手段を用ふること、殆ど策至らざるなしと聞く。本邦も亦た此例に傚へば可也。

是に依つて之を觀れば、帝國の前途は毫も悲觀するを須ゐず。政府の事業とするも、民間の事業とするも、戰後の經營は敢て困難なる事業に非ず。而して講和は既に確實に成立して、如何に慷慨し悲憤するも、最早挽回するに由なし。縱令今後更に永久に亘るべき戰端を開始するは、帝國の能く忍ぶ所なりとするも、目前に調印を了したる條約の破棄は到底不可能也。之を希望するは一の夢想也。今日、我が國民たる者は何時まで失望し落膽し居るべき塲合に非ず。庶幾くは斷然未練を去りて、擧國一致、以て戰後の經營に當らむ。帝國の前途をして益々幸ならしむるは、決して困難なる事業には非ざる也。唯だ夫れ、大事は國民の覺悟如何に依つて決せられん而已。

附言。吾人は好んで奇説を立つる者に非ず、敢て世論に反對して快とする者に非ざる也。今日の形勢、講和の結果に失望し落膽し、帝國の前途を悲觀する者多く、國力發展の原動力たる商工業は其累を蒙りて、萎微不振の狀に陷らんとする恐れなきに非ず。是れ實に國家の大事也。吾人は商業會議所會頭たる職分に對して、空しく沈默を守りて、此の大事を傍觀するに忍びず、敢て微衷を陳じて世の識者に質せる所以也。且つ夫れ吾人は殊更今の政府を辯護する義務を有せず。今の政府たると後の政府たるとに依つて、吾人の意見の變更さるべき理由なし。讀者幸に曲解さるゝ勿れ。

論説

戰後の財界に處する覺悟

東京商業會議所會頭　中野武營

政府の財政方針　政府は今後の財政經濟方針を如何に決定すべき歟、商工業者としては此際先づ其方針を充分に確め置き、然る後ち、夫々事業を計畫する必要あり、故に今回全國商業會議所聯合會を東京に開き、協議の末政府の意向を糺す筈なるが、今日の場合、講和條約の條件が國民の希望に背反したる故を以て、尚長く紛擾の間に貴重の光陰を徒消すべからず、如何にも其條件の不成蹟に就ては、余輩も亦深く之を遺憾とするものなり、殊に財界の意氣銷沈して、切角平和は成立しながら、唯々途方に惑ひ殆んど爲す所を知らず、之が爲め前途の活動を阻害せられしは、大に同情を表する所なり、されど事爰に至りし上は、講和條約の失敗は失敗として、之を斷念すると共に、更に將來の發展に向ひ奮勵するを以て、思慮ある處置なりと信ぜり。

現内閣の意向　余輩の見る所を以てすれば、最初現内閣と雖も其衷心に於て今回の講和條約を完全なりとは、ヨモや思惟せざりしなるべく、之と同時に、國民は不承知を唱へながらも、彼が如く、紛擾を演ずる程には思考せざりしなるべし、故に講和全權の歸朝を待ちて、議會を開き講和顛末を報告して、議會其條件に反對する時は、潔よく引責して或は内閣を明渡したるも知るべからず、然るに其後の情勢は全く此豫想に反して、國民の不滿一時に激發し、種々の騷動を惹起せしかば、今や官民の疏通を杜絶したれば、目下政府も善後策に就て苦慮する事ならん、別けて財政の處理は、現狀を以てすれば、一段の困難に赴きたるものゝ如し、縱しんば此先き内閣に更迭を見るにしても、後始末として軍隊引揚、論功行賞等の諸費用約四億を要すと稱せらる、償金を收得すれば、之を以て是等必要の出費に提供するを得れども、既に無償金の今日は、今後外債なり内債なり募集して、之に應ぜざるを得ず、然るに今日とても、第四回、五回の國庫債劵の如きは、其利廻の八分に該當する所より、大半外國人の買入する所と爲りし現狀に付、尚之に加ふるに、外債發行を以てする時は、國内の通貨益す膨脹して、正貨の流出愈よ激增すべし、況んや既發外債の利廻、また巨額に達する今日に於てをや。

明治初年の財政　且夫れ外債は右の四億に止らず、所謂戰後の經營費にも、また外債策を用ゆるに於ては、今後と雖も額面を以て發行せざると明かにして、而かも償還の場合は、額面を以てするものなれば、恰かも明治初年の財政狀態に於けるが如く、正貨流出の勢滔々として底止する所なく、殊に或る一定の事業に向つて、放資するが爲め外金を依賴するものとせば、他日之に依りて、相應の收益あるべきが故に、暫く之を論外に措くも、軍備擴張、修繕、若くは維持の爲めに自然歲出增加して、其結果總歲出の均衡を失し、其歲入不足を外債に依りて、塡補するが如き場合にありては、高利貸に依りて生計を爲すと一般にして、此寸法にて財務を處理せば、利に利を生じ、其危險謂ふべからざるなり。

内國債の募集　既に外債策が其當を得たるものにあらざる以上、内國債を措いて他に良計あるを見ず、然るに此内債募集に就て反對する論者は曰く、過去に於て内債が成功したる所以は、戰時の故を以て國民の愛國心が盛なりしが爲めなり、されど今日以後に於ては、また戰時の愛國心を利用するに道なく、且つは償金を收得せざる此際、戰後の商工業者側には、自から資金の入用ありと、余輩の見る所を以てすれば、開戰中の内債募集に際して、愛國心の加味したるは事實なり、されど其多數が應募を決する原因は、主として其條件如何にありて、皆な算盤を面前に置いて去就を定めざるはなし、また戰後に於て商工業の計畫に資金を要すべしと雖も、前記せし軍隊引揚、論功行賞等に使用する金額は、結局再び民間に散布せらるべき性質なるを以て、此用途に提供する金額を內債に依賴するとも、爲めに財界に打擊を蒙らしむるを信ぜざるのみか、膨脹する通貨を吸收して、物價騰貴を抑制するにも至極最良の措置なることを疑はざるなり、また說を爲すものは講和條約の條件、不滿足なる爲め內債を發行するも、人氣阻喪して餘力なく、最も不成蹟に終るべしと、是亦余輩の所見を以てすれば、現內閣が不人望なる故を以て、應募成蹟不良なりと爲せば、兎に角、我國民の財嚢に目下三億四億の應募力なしとは、到底之を信ずる能はず、唯要は利率の如何に依りて應募心を促進せしむると否とが分かるゝなり。

和戰と產業界　然り而して今後の國民は是より益す積極的行動を取らざるべからず、何日迄不服を唱へたりとて、寔に限りのなき事なれば、條約の不成蹟をば、更に實利實力の發展に依りて、回復する覺悟を要するなり、成程此の如き寸法を以て條件を取定めし上は、將來露國が復讐軍を起さずとも謂へざるなり、故に我國にして一旦兵を擧げて、露軍を征討したる決心は、尙之を堅持して、彼か屈服する迄、續戰して以て永遠の平和を、收むるに如かじとの議論は、最も千萬なり、されど不完全にせよ不成蹟にせよ、既に講和成立の今日、苟も實業家を以て任ずる諸士が、既往を追窮し非難して爲めに、發展すべき產業に全力を注がず、元氣を落して曠日彌久の間に、紛事を重ぬるに於ては、經濟界の損害を一層重大ならしめ、國家の不利を更に深長ならしむる次第に付、是非とも心機一轉すべき時期なりと考察せり、凡そ善惡なるものは比較より來る判斷に外ならずして、乃ち此見地より今回の講和が及ぼす經濟界の前途を察するに、敢て全く悲觀する程にはあらずと信ずるなり、償金を充分に取らず、また禍根を充分に絕ずして、近き將來に再び戰爭開始せらるゝにしても、此際續戰して益す多大なる人の力と、金の力を軍事に投ずるを思へば、軍事に犧牲とする此人の力と、金の力とを產業に移す時は、實利實力の發展、換言すれば大にして我國富の增進、小にして個人の富力を進暢せしむると、余輩の斷じて疑はざる所なり、既に今回の戰役に於て、武勇を世界に立證したる我國にして、尙此國を強盛ならしむるに、此富力を以てすれば、眞乎に東洋に於ける富國強兵と爲り、此偉大の勢力を以て、常に近隣を儼然として睨視するに於ては、如何に執拗の露國と雖も、容易に我勢力範圍を窺窬する能はず、輕々に釁隙を構ふる能はず、遂に兵火を發するの機會なくして、却て平和を永遠に維持するを得べし、世界孰れの時か遠近諸國に事なく、武備を緩ふし高枕安臥するの日あらんや、果して然る時は、更に續戰して一層も二層も大打擊を露國に加へたる後ちに於ても、尙武備を嚴にする必要あり、さすれば今に於て餘裕ある人の力と、金の力を經濟界の發展に注いて、是より平和事業の計畫に直進すると共に、講和條件の不成蹟を實力に依りて、恢復せんと欲する事、蓋し實業家として當然爰に想到すべき筈なり、故に未だ戰局進行して講和成立せざる以前なれば兎に角、日露兩國間に和約を見たる此際に臨み、講和條件が不承知なりと稱して、之より戰爭を繼續し、更に人の力と、金の力を軍事に投ずるか、將た今回の和約の下に、改めて此人の力と金の力を產業に移して、以て財界の發展を期するか、兩者其一を撰はしむれば、一般實業家の本心は、必ずや後者にあるを認めざるを得ず、されど世間頻りに講和條件を非議問責する折柄、多くの實業家は心に斯く思ふても、之れを口にするを憚り、また平和事業の計畫を唱道するも、世間の騷ぎ尙強くして、容易に其耳に入らざるが如し、而かも余輩が語る所は實業家の本心を、代表するものとして過ちなきなり、されど在體に右の如く直言する余輩は、世間の非講和論者には喜ばれざるべく、否々怒るものもあるべし、余輩も個人として腹藏なく、自由に謂はしむるの位置に立てば、條件反對說に寄する所の同情、決して世人に讓らざるなり、唯如何せん實業家を代表する立場よりする時は、最早や無據として、局面の斯く廻轉したる現況に處するには、尙長く騷ぎの渦中に卷き込まるゝを避け、過去の成行を水に流し、前途の產業計畫を勸告する所以なり。

再び臥薪嘗膽　然りと雖も償金を期待したる經濟界が、遂に之を得る能はざるのみか、過去に於て軍費として十數億の外に、今後多額の此軍債利子支拂また軍隊引揚、論功行賞、其他戰後經營として、要求せらるべき增稅及國債を計算する時は、內外國債のみにても、舊諸種公債を併せて二十二億を下らざらん、實に我國民は將來、此大負擔を引受ざるべからずして、其責任豈夫れ容易ならずとせんや、されど靜かに顧みて、經濟界前途の爲めに察すれば、愍ひに今回少し許りの償金が得られ、牡丹餠を以て頰邊をタヽかれし思を起し、忽ち氣弛み心驕りて、財界の攪亂を見るより、資金がなくんばなきを以て諦め、再び臥薪嘗膽の覺悟を起すべく、而して愈よ資金の入用を感ずるに於ては、種々の手段に依りて、外資を仰ぐべく、幸にして今や世界に金融共通の便も開けたれば、此點に就てはまた舊事の如く困難なくして、其目的を達せらるゝに至れり、現に北海道炭礦會社の如き、今回外資輸入の實例あり、今後とても他の事業界に類事の方策行はるゝに相違なきなり、而して事業界の場合に於ては、前段にも一言したる如く、均しく外資を注入するにも、政府が海陸軍備の經營に對して、謂はゞ不生產的に使用する場合と異り、此放資が潤益增加の基礎と爲り、隨て其事業を發展せしむるを得ば、結局實力の增進を促す事に赴くが故に、益す此種類の外資流入が、盛かんに行はるゝを歡迎すべきなり。但し

戰後の經營　に就ては、今俄かに之を具體的に斷言する能はず、されど政府として經濟界今後の發展を資する爲めに、着手すべき經營は其餘りに小刀細工なるを欲せず、之を要言すれば、綱領を提げて民間事業を助成する方策を施行せば可なり、乃ち交通及通信機關の擴張の如き、速かに之が實行を希望するものなり、蓋し今日の場合に於ては、全國に於ける鐵道の支線未だ普及せず、また現在の線路と雖も、其軌道本支線に依り、其廣狹區々一定せず、是れ大に鐵道の聯絡を統一する所以にあらずして、產業發達を促進せしむる常理に背反するなり、運賃の如きも之を低減するを以て急務と爲すべし、且又通信機關も今日一層擴張して、簡便を計るの必要は當業者の一齊に認むる所にして、愈よ是等の機關にして遺憾なく擴張せらるゝ曉は、利益に敏なる當業者は政府が深く立入りて、指導せずとも拔目なく之を利用して、着々實效を擧ぐるに躊躇するものならんや、其他右の問題を除いては、港灣改築の如き緊要缺くべからざる事柄なるべし、されど差詰め政府が助成する所の要件は、前記の交通及通信の機關擴張を忽にすべからざるとを公言して、當局者の注意を喚起するものなり。

外國貿易の增進　既にして(一)人心常の如く平穩に復し、(二)財政の方針確立して動かず、(三)政府が經濟界を助成する方策進捗し、(四)民間の外資計畫盛に行はれ、(五)國を擧げて產業に奮勵する以上、過去十年間に外國貿易が三倍して既に其の年額六億を示したる趨勢に徵して、戰後の十年間には尙三倍、即ち十八億に達するも知るべからず、蓋し講和條件問題は暫く之を措き、謂ふ迄もなく今回の日露戰爭に依りて、從來世界の記憶に上ぼらざりし我國が、今や世界到る處に周ねく知れ渡り、絕大なる廣告を爲したるが故に、當業者此好機を逸せずして、販路を開拓すれば、商品の需用は舊時の進度を以て論ずべからざると共に、別けて淸韓地方は商略

其宜しきを得るに於ては、新しく無限の大需用に接すべき理由を見るなり、三倍の増加と稱すれば、隨分突飛の激増にして或は之を法外の計算なりとて信ぜざるものなきにあらざるべしと雖も、余輩は空望のみとは自する能はず、縱しんば十八億に達せざる迄も、十五六億は必ず期して待つべき自信を有せり、啻に斯の如く希望するのみならず、歳出入の前途を計量して、國勢の將來を考覈する時は、ドウしても此貿易額に我國を進むるの覺悟を以て、恰も戰爭當時の如く、擧國一致して此貿易戰の下に、善謀奮闘必ず其目的を貫徹せざるべからず、若し此目的にして期する所の計畫に違はず、漸次遂行せらるれば、我國力の强大、今日の情勢と雲泥の懸隔を生じ、外債償還の如き、優に貿易關係を以て決濟し得べく、之が利子支拂また固より現金を以てするを要せず、何を以てか正貨の流出を憂ふることを爲すべきぞ、是を以て今より思想を轉還して、萬難を排し總て積極的に進むに於ては、生動すべき舞臺、囑望すべき天地、綽々たるを以て返す／＼も此際漫りに國運の前途を悲觀する勿かれ（本編は中野氏の談にして文責記者にあり）

訪問

事業經營の方針

東京商業會議所會頭　中野武營君談

戰後の我が經濟界は、大に發展を爲さゞる可らざるは今更に多言を要せずして明なり、されば將來に於ても仍依然として從來の經濟社會の情態趨嚮に放任し置くが如きことあらんには、是れ由々しき大事なりと謂はざる可らず、回顧すれば日清戰役後に於ける我國經濟界は、甚だしく膨脹して、海外輸出額の如きは、其の戰役前に比較すれば、殆ど三倍の增加を見るに至りたりき、然るに日露戰役後に於ける我國の國勢は到底日清戰役後の外國貿易が其以前に三倍せりといふが如き先例を以て、日露戰役後も尙其以前に比し三倍位の增加はある可しとし、之れを以て安堵すべきの時に非ず、日露戰役後の我が國は極めて多大の發展を爲さゞるべからざることを覺悟せざる可らず、故に予輩が戰後の經濟界に處するに就いては、消極的手段を唾棄して積極的方法を講究し、拮据經營之れが發展の道を勇往邁進せざる可らず、

熟々日清戰役後の我が經濟界を回想するに、世人の記憶する如く、諸事業は勃然として振興し其勢ひ甚だ盛なりしと雖も、多くは朝に起りて夕に倒るの悲境に沈淪するに至り、我が經濟界に大恐慌を招致したりき、故に予輩は斯かる歷史、斯かる訓戒を有するを以て今後事業經營に於ても一時の企業熱に驅られて輕卒に事業を經營して、再び歷史を繰返すことある可らざるなり、而して又今回の戰役に於ては、一文半錢の償金をも得ること能はざりしを以て人氣沮喪し、幸か不幸か、戰後の諸事業勃興を一時緩漫ならしめたりと雖も、戰後の事業經營は尤も愼重なるを要すべきを以て、日清戰役後に於て諸事業が雨後の筍の如く卒急に起り卒急に倒れたるに鑑みて、稍茲に靜思熟慮の時間を與へられたりしを喜はざるを得ざるなり、抑戰後有益なる諸事業の勃興は、素より予輩の驩迎する所なりと雖も、其事業たるや、鞏固なる根底を有し、枝葉の完備なる發育を遂ぐることを得べきものゝ振起を望むにあり、然れば一時の流行に投合し、所謂室咲きの花の如きは、予輩の執らざる所にして、其花たるや、洵に眞實の花たり、美は即ち美なり、然れども之れ暫し人目を眩せしむるに過ず健全の果實を結び、圓滿なる發育は遂に期待すべからざるべし、故に戰後に於ける事業經營は、其利害得失を深遠緻密に査覈して、苟くも輕忽卒急に企圖することあるべからず、而して又戰後の事業經營に就て、經營者の尤も注意せざる可からざることは、戰後の諸事業は小資本にて經營するよりは合して大資本を作り、小會社にて製造販賣するよりは、合して大會社を組織するの收益多大なりとするにあり、然るに從來の如く小會社小製造場を分裂せしめて各自が製出して營業する如くんば、徒らに經費を增加し、延いては其製造品の價格を高むるに至るを以て、小會社は合して一大會社とし、小製造場は合して一大製造場とし、以て製造費を減少し、製造品の價格を安價ならしむるの方策を考究せずんば、市場に於て到底外國品との競爭を爲すこと能はざるべし、是又今後の事業經營者の熟知せざる可らざる肝要なる事なりとす、

斯くの如き戰後諸事業の經營には、又極めて多大なる資金を要するなる可し、從つて外資も輸入せらるゝなるべしと雖も、昨今我が實業界に輸入せられたる外資は、戰後なれば突如として其輸入を必要なりとして、殊更戰後の事業經營の爲めに、之れを輸入せられたるにも非ざるなり、戰後外資を輸入せし會社にありては、多年の經驗により、其事業の發展を爲す時

は、必然利益あるヿ明々白々なりしと雖も、資本の缺乏よりして已む無く其發展を躊躇し居りしに過ぎず、資本さへ得べくんば、戰後といはず戰前といはず、隨時之れを實行したりしなる可し、然るに戰捷の餘榮は、遂に外資輸入の端緒を得るに至りしを以て、各會社が此の好機に乘じ、其資金の缺乏を補充したりしに過ぎず、新に企畫せんヿを戰後初めて案出せる結果外資を輸入したりし所以に非ず、放資せば有益なるヿ業に既に經驗上歴然之れを了知し居りしも唯之れに着手せざりしのみ、例へば鐵道に於て或る線路を複線とする時は、之れが爲め他の既設單線が莫大なる利益を增進すべきを知れりと雖も、資金缺乏の結果之の目的を遂げ得ざりしが、今日初めて外資を輸入して素志を實行し得たるが如し、其他原動力は充分ありと雖も機關の不足よりして意の如き製造を爲すヿ能はず、從って十分の收益を獲得するヿ能はざりし場合に、今回初めて外資を輸入して其機關を購入せるが如く、或は又資本の缺乏より安價なる原料を得るヿ能はざりしものが、外資に據りて十分に其事業の發展を爲し得たるが如し、故に外資を以て今後全く經驗なき新事業に放資する如きは、事容易の業に非ず、寧ろ斯かる事は之れを爲さゞるにしかず、譬へば戰後農業を發展せんとして、從來全く經驗を試みざる外國の種子を外資を利用して、以て我田畝に播種するが如し、かゝる危險なる事業は戰後尤も愼まざる可らず、故に戰後にありて經驗より出でざる新事業を起すに就いては、再三再四熟考し細密なる研究の結果十分に確實なるヿを昭にして、而して後之れに着手するを要するなり、

茲に又戰後の事業家が尤も注意を傾注せざる可らざるは、我國の財政なりとす、我國の財政は國民經濟と至大の關繫を保有するものにして、我國の財政は國民の經濟よりは遙に樞要の位置を有す、然るに歐米諸國にては全く之れに反して、國民經濟は一國の中樞にして、國の財政は左程至大視するものに非ず、之れを譬ふれば我國の財政は福助ならば其偉大なる頭の如く、國民の經濟は其小なる躰軀の如し、然るに歐米諸國の國民經濟は常陸山の躰軀の如く極めて大なり、されど其財政は赤子の頭の如く小なり、故に我國に於ては、政府の財政の方針確定せざるの間は、固より國民の經濟亦動搖して已まざるを以て、爲めに國民は安んじて事業に着手するヿを敢てせざるなり、然れども政府が今後其財政の鞏固を得んと欲すれば速に公債の整理を爲さゞる可らず、公債整理其途を得るに及はゞ予輩は初めて爰に事業に着手し得べけん、されば事業經營者は、爰に尤も政府の公債の整理の方針に着目して進退せざる可らず、故に民間の事業勃興には、政府の財政整理が一日も其完成の早きを見るに至らば、即ち國民經濟に一日の利あり、其整理にして一日を遲延すれば、國民經濟には一日の損失あり、故に成可く速成を期せざる可らず、而して其整理中に於ける國民は單に憫然たるヿ能はざれば、伸長し得べくんば、一寸にても可なり二寸にても可なり、着々進涉を圖らざる可らず、

是れを要するに予輩が戰後の事業を經營するに當りては、如上に論じたるが如き方針に出でざるべからざれども、戰後の事業勃興は、單に國民各自の經營に依りてのみ發揚すべきものに非ず、殊に我國の如く諸般の設備未だ完全せざる今時にありては、爰に政府の保護誘掖を爲すヿ又以て缺くべからざる急務なりとす、今や腥風血雨の裡に處するの戰鬪は終結をなしたれども、之れより予輩は平和的戰爭塲裡に出馬して、輸贏を爭はざる可らず、世界の市塲に出陣して商戰を爲さゞる可らず、然るに此の商戰を試むるに就いては、予輩は徒手を以て戰ふヿ能はず、武器を携帶せざる可らず、故に予輩如何に智あり勇ありと雖も文明の利器を挾持せざる時は、到底其逐鹿塲裡に覇を稱するヿ能はざる可し、爰に於てか政府は其尤も必要なる武器を吾人に賦與せざる可らず、武器を與へ

ずして戰へよといふは誤れり、現今歐米諸國民は一日七八十哩を歩行し居れども、我國民は僅々二十哩を歩行するに過ぎざるなり、故に一日七十哩を走行する國民と一日二十哩を歩行する國民と、世界の市場に競爭する時に當りては、前者が後者に勝を制すること歷々たり、即ち我國民は一日汽車に乘じて二十哩を歩行するに過ぎざれども、歐米國民は一日七八十哩を快走する汽車にて歩行し居るなり、是れを以て之れを觀れば、予輩は商戰を爲すべき武器未だ完備せざるなり、尙之れを譬ふれば、彼れ等は五尺の利劒を有すれども、我れには三尺の鈍刀を持するに過ぎず、戰はずして勝敗の決知る可し、故に我國刻下の實業社會は、半身不隨の病軀の如く、血液全身に循環せず、從つて活潑なる動作を試むと能はざるなり、然らば其血液不循環にして治療を要すべき所とは何ぞや、是れ即ち鐵道、通信、關稅保護、金利等之れを數ふれば、實に枚擧すべからざるなり、然して又之れ等の機關の設備改善は、到底一私人の能くし得べき所にあらず、政府の保護に信賴せざる可らず、故に政府に於ては今後仍滿洲の荒野に干戈を交へ居るの積りにて、其資力を之れ等の改善發達の設備に傾注し、國民も亦之れに和同して着々其歩武を進むるの覺悟なくんば、到底我國力發展の曙光を見ると能はざるなり政府にして速に之れ等の設備を施さゞる時は、予輩は寔に五里霧中に彷徨するに至る可し、

三　日露戦争直後の経済展望

明治三十八年末に、日露戦争を終結させた桂内閣が総辞職し、翌明治三十九年一月七日に第一次西園寺公望内閣が発足した(1)。明治三十八年末に開会した第二十二回議会の争点は、国債整理基金特別会計（減債基金）の設立と鉄道国有化、非常特別税の継続であった(2)。

憲政本党党首の大隈重信はこの三法案に反対した。しかし、中野は経済を混乱させないことが先決であると考え、憲政本党が反対していた減債基金の設立を支持した(3)。

また、鉄道の国有化に対して、中野は初期議会で政府の国有化の考え方が薄弱であるとして反対したが、日露戦争中に鉄道不統一による問題が顕在化したため、戦後の「大商戦」を勝ち抜くためという観点から、統一的な鉄道網の整備が必要であると認識するようになっていた。

3-8「鉄道国有に就て」（**東洋経済新報**）（明治三十九年二月十五日）では、鉄道の統一は支持するが、官営では非効率になることから反対し、組織は株式会社として官民共有とし、総裁は官選とする日本銀行のような形態が望ましいとの「民有合同説」を主張した。

3-9「鉄道国有に就て」（**東京経済雑誌**）（同年三月十七日）では、官民共同事業でなければ十分賛同できないが、小会社分立する鉄道の統一は急要なので、国有の統一を支持せざるを得ないとした。そして、鉄道公債は軍事費とは異なり非生産的でないので富の減少に当たらないなどを指摘している。

日露戦争後の経済は、明治三十九年五月に東京株式取引所の株価が底値をつけるなど、七月頃まで経済界が沈滞していた。

3-10「事業界の近状」（同年五月五日）では、新事業は本格的に動き出していないが、水力発電や既存事業の拡張のための投資が見られ始めたことを歓迎している。

3-11「実業界近時の四問題」（同年五月十五日）として、東京勧業博覧会、満州博覧会、鉄道国有化、東京市電の料金値上げを挙げている。

中野は、戦後の経営策として、日露戦争によって日本が世界的に有名になった機会を捉え、外客の招致により外貨の獲得を目指すとともに、来客に我が国の商工業や商品を紹介すれば貿易の増進にも資すると考えた。

3‐12「**大旅館の設備は戦後経営の急務なり**」(同年六月一日)では、日本のホテル史上でも有名な、「国策」として外国人向けのホテルを整備すべきと考え方を打ち出した。そして、主要の各鉄道停車場構内にホテルを建設すべきとの「ステーションホテル構想」や、農商務省の建物はホテル式に近いので役所を移転して、応急手段としてこれをホテルに変更すべきことなどを提言し、政府に実現を働きかけた(4)。

3‐13「**戦後の経済界に就て**」(同年七月一日)では、日清戦後の経験を踏まえ、銀行は金融緩慢だからといって、貸し急ぎをしたり、不十分な審査での融資を行なったりしないように警告している。

その後、鉄道国有化による五億円に近い交付公債が流動化することが期待され、輸出が好転して貿易黒字となって金融が緩和したことにより、明治三十九年の後半から新事業が勃興しはじめ、経済も好況に転じた。製造業などの拡張に加え、新事業として水力電力や石炭、都市ガス、北海道の炭鉱、製材、製紙などが注目された(5)。こうした機運の中で、第十五回全国商業会議所連合会も函館で開催された(6)。

3‐14「**商工業発展の大方針と日清共同事業**」(同年九月十五日)では、国内の新事業だけではなく、外国貿易の伸長が必要であり、その観点から中国は、絶好無二の市場として注目すべきと主張している。そして、「元来清の商人は、個人としては日本人の匹敵し得可らざる天資を具備している」一方、「日本人は会社など組織して事業を経営する段になると、秩序整然、着々と之を遂行する点において、清国人の得て企つ可らざるところがある。」と、日中両国人が共同して会社などを組織することがよいと指摘している。

3‐15「**新事業興起の趨勢**」(同年九月二十五日)は、日露戦後、新事業の勃興している分野を紹介しつつ、日露戦後は日清戦後の経験から慎重になっているためであり、新事業が進捗していくだろうとの見通しを示している。3‐16「**新事業の勃興と財政方針**」(同年十二月十五日)では、日清・日露戦後の財政金融状況を比較し、軍備の拡張を図りながら戦時税を永続することに反対している。

3‐17「**株式市場の順境事業着手の時代**」(明治四十年一月一日)も、東京株式取引所理事長として、日清・日露戦後の事業勃興の状況を比較しつつ、その見通しを楽観視する一方、財政状況の悪化が外国資本家に不安を与えること、戦時税を陸海軍の欠損の補充に充てるのはよいがその拡張のために戦時税を残しておくことは至当ではないと主張している。

3‐18「博覧会の教訓」（同年三月）は、東京勧業博覧会における各国の軍事力と経済力の展示を見て、日本は軍事面では一等国になったといっても経済は明らかに貧弱であるとして、戦後経営では軍事から経済に重点を移していくべきとの思いを語っている。(7)

中野が熱心に実現を求めた万国博覧会について、政府は明治三十九年八月に、万国博覧会と内国勧業博覧会の折衷型の日本大博覧会を明治四十五年に東京で開催することを閣議決定した。**3‐19「大博覧会敷地問題」**（同年九月）は、その準備に当たり、開催場所を分散させないことや外客の往来に対応できるホテルの整備が必要性であることを訴えている。明治四十年十一月、日本政府は日本大博覧会の会場として、青山練兵場及びその周辺、代々木御料地、両所の連絡所に立地地点を決定した。

注

（1）本節の内容については、拙著『中野武営と商業会議所』「第六章（一）東京商業会議所会頭就任」、「第七章（三）日本大博覧会」を参照。

（2）この時点で東京商業会議所は非常特別税についての特段の意見を表明しなかった。これについては、「非常特別税ニ関スル調査ハ目下進行シツツアルモ議会ノ大勢既ニ決シ戦後財政方針上軽々論断スベカラザルモノニアルニ付調査ヲ継続シ時期ヲ見テ意見ヲ発表スル事」としていたからであった（『東京商業会議所第五十七回役員会要録』明治三十九年二月五日）。

（3）**中野武営「国債整理基金問題」**『香川新報』明治三十九年二月十、十三、十四日（明治三十九年一月三十一日の東京商業会議所における演説）。

（4）『讀賣新聞』明治三十九年五月十七日、五月三十日、六月十二日、七月二十三日。

（5）この時期、中野は、政府から、南満州鉄道株式会社設立委員（明治三十九年七月）、東洋殖拓株式会社法設立委員（明治四十一年九月）、韓国銀行設立委員（明治四十二年八月）に任命された。民間企業では、明治三十九年十二月に「日本電報通信社」（後の電通）の設立発起の賛助員となり、浅野総一郎が新夕張炭田の開発のために設立した「石狩石炭株式会社」（後に北海道炭鉱汽船株式会社に吸収）の取締役や「渡島水電株式会社」（後の函館水電、後に北海道電力に吸収）の監査役に就任する他、その他の多くの企業の設立や経営に関与した。

（6）「日本海重要港ヨリ浦潮徳港其他露領ノ要港間ニ直航ヲ開設セル船舶ノ保護奨励ヲ与フル事ニ関スル建議」、「露西亜細亜ノ各地ニ帝国政府ノ領事館又ハ貿易事務所設置ニ関スル建議」、「鉄道急設関スル建議」などが採択された（『明治三十九年八月函館ニテ開設　第十五回商業会議所連合会報告（同）議事速記録』）。

（7）同趣旨の論考が、**中野武営「博覧会の二教訓」**『財界』第七巻第三号、明治四十年六月。

鐵道國有に就て

東京商業會議所會頭　中野武營氏談

鐵道國有に關しては、問題は頗る廣汎なり、從て具體的に利害を論斷する能はず、謂はゞ余輩に取りては尙研究時代なり、聞く所に依れば前内閣の議は國有に一致し、既に大體の調査を遂げたりと謂ひ、現内閣にも其主意を賛して此說を繼承するの議ありと傳へり、而して余輩が現時抱懷する所見を以てすれば、全然今日の幹線を國有にして他日國債發行の折、之が用途に供する政府の密意より出づる計畫ならんには、敢て異議なき所なれども、單に改善するの故を以て國有實行を計畫するに於ては、賛意を表するに躊躇するものにして、余輩は寧ろ民有合同說を唱へんと欲す、夫れ鐵道國有たると民有合同たると、其名を異にして之を獨占する實に至りては、一見徑庭なきが如し、されど余輩の見る所を以てすれば、均しく是れ獨占なりと雖も、官府が獨占する所は、民間が獨占するより其長所遙かに劣れりと信じて疑はず。

何を以て之を謂ふ乎、蓋し國有にありては官府經營の下に衣食する吏員は、みな一定の俸給に依りて從事するものなり、加ふるに其進級は官制に拘束せられて遲く、如何に事業が繁昌したりとて、受くる所の賞與は一ヶ月の俸給額を出でずして、露骨に謂へば、吏員が事業の繁閑に利する所の關係、毫も變りなく、寧ろ忙はしきを迷惑に感ずる程なり、凡そ如何なる事業を問はず、事業に勉勵忠實を望むには、之を誘導するに利益を以てするより、良計あるを見ず、然るに貨客の取扱に最も勉勵忠實を要する斯業の如きものに對して、從事する驛吏の利害彼が如き始末とありては、特別に功績ある人物を破格に拔擢する制度に不便にして、先づ以て鐵道改善に直接の關係ある人々を、善進利導する方法に缺くるを以て、獨占を官府に歸せしむる場合の弊害種々ありと雖も、第一此點に於て、豫期の改善覺束なきことを再考せざるべからざるなり。

之に反して民有合同は如何と謂ふに、其組織は固より株式事業なるを以て營業繁忙なれば、社員全體が受くる所の利益多く、また閑散なれば社員全體が受くる所の利益少くして其盛衰悉く直接に社員に利害を與ふるを以て、孰れも事業に勉勵忠實に働かざるものなきに至る、殊に業務上に不便不都合等あれば、國有の場合には之を監督する國民は、利害を感ずる熱心、自己が所有する株式の高下を見る程に剴切ならずと雖も、民有の場合には多くの場合に於て自己が株主たり、株主にして貨物の荷主たり、或は乘客たる事情ある所より、假へ獨占なりとて、包圍して其不便不都合を、左右前後より攻擊詰問するもの續出するに至るべきを以て、會社は冷然たらざらんと欲するも得べからざる關係を生じて、知らず識らず、不問に附し難く銳意其缺點排除を努力する結果、改善の實績を擧ぐるに庶かしと信ずるなり。

夫れ斯の如くして乘客の待遇、貨車の運轉、車輛の改善等凡て之を國有に期するより、民有に望む方、最も行はれ易き方法なりとせば、均しく獨占の性質を帶びながらも、後者を選むを以て得策なること多言せずして明かなり、世には統一を云爲する者ありと雖も、先づ如何に之を統一せんと欲する歟、其實行に至りて頗る困難の問題なり、現に主唱せらるゝ國有鐵道は、日鐵、山陽、九州の三大幹線に係るものにして、其軌道を同ふするが故に、運賃、時間其他經營に關する方法を同一ならしむるに便利あるべしと雖も、此幹線以外の支線にありては、第一軌道を異にするを以て、此點より改造を企劃するにあらずんば、到底統一を望むべからず、而かも現況を以てすれば謂ふを得べくして行はれ難き論なり、

然り而して余輩の所謂民有合同組織は、恰かも日本銀行の如

く爲さんと欲す、乃ち其實況は全く株主に依りて成立すと雖も、其總裁及理事は之を官選として別に政府任命の監理官を置き、以て營業成績を監督する方法を採用する時は、良果を收むるを得べし、また鐵道買上に際し、國有を取るも代金は國債を以てするに相違なければ、民有合同に當りて國債に換ふるに株劵を以てするも、市場の賣買は自由なるを以て實際の利害に何等の不可あるを見ざるなり云々。

鐵道國有に就て

東京商業會議所會頭　中野武營君談

我が國の煩雜なる鐵道を統一するの必要あることは、奈何なる論者も之を認識する所なる可しと雖も、其統一の方法に就ては種々の異論ありて、或は民有を可とし、或は官民共有を可とし、或は國有を可とするものあらん、然るに予輩は其統一を行ふに於て最も好良なる方法は、之を官民共有とし、其組織を構成すること恰も日本銀行の如くし、其の總裁を官撰し官民協力して該事業を經營するに至らば、大に事務の敏活を來し、事業の發展を增進することある可しと信ずるなり、是れ予輩が鐵道統一の最大良法とする所、若夫れ予輩の政策にして目今之を實行すること不可能なりとするも、鐵道統一の事業は全く之を放棄して依然大小會社の分立を許容すべきに非ず、鐵道統一の事業は刻下の最大急要なれば、孰れの方法に據りてか必ずや斷乎として之を實行せざる可らず、故に予輩の見解の如く之を統一して官民共同の事業たらしむること能はずとせば、官民共同事業と爲すよりは遙に十分の贊同を表彰すること能はずとするも、尚之を國有として以て統一を爲さんとするの畫策に贊せざるを得ざるなり、

誰れしも、鐵道統一其者に異論を挿まず、其必要を認むるに拘はらず、現今盛に之に反對の矢を放つ所以は、重に其統一を爲すに付て、之を國有と爲すの好時期に非ざるを以てし、又他の一方に私設鐵道會社が其買收價格の點に就て、或は贊同し、或は反對を爲すものあるのみにして、統一其者に反對すべき理由は此の以外に於て發見すること能はざるなり、然らば刻下鐵道を統一し　國有と爲すの時機に非ずとするは、抑々奈何なる理由に基づく乎と云ふに、該論者の論議する所に依れば、今鐵道を買收するに當り多額の公債を發行せん乎、國債は市場に充溢して遂に經濟界を紊亂するに至るべし、故に國有は斷じて非なりと痛論するなり、而かも公債を增發することは素より經濟上の重大問題なるに相違なかる可しと雖も、今回鐵道買收の爲め、政府が公債を發行するは、鐵道株劵に換ふるに公債を以てするものにして、換言すれば公債を以て有價物たる鐵道を買收するにあるを以て、公債如何に增殖すとするも彼の陸海軍の軍費に充る爲め公債を發行して、之を不生產的に消費し盡すものと、大に其趣旨を異にして、之れが爲めに毫も富の減少を招致するものに非ざるや明なり、然るに人或は、公債の增殖が既に發行せる他の公債の價格に波及して之が價格をして益々下落せしむ可きを憂惱するものあり、成程從來よりも市場に於て多くの公債を見るに至らば、或は多少の影響ある可きやも計られずと雖も、買收の爲め發行する公債四億若しくは五億圓は之を一時に發行する者に非ず、五ヶ年間に於て漸次之が實行を爲す規定なるを以て見れば、論者の言ふが如き憂を挿む程のものに非ずと信ずるなり、

又非國有論者は往々現在の私設鐵道相互に競爭するに委せは、其運賃設備等總て改善せらるゝを以て、態々奇を好んで之を國有と爲すの謂はれなきを呶々すと雖も、設備の改善、運賃の低廉は之を國有とせずんば、到底其十分なる目的を達し得ざるなり、固より私設鐵道なりとて、改良も刷新も爲し得ざるに非ざる可しと雖も、刻下の如く大小會社分裂孤立するに於ては、各會社が奈何に便益の方法を取らんことを焦慮するも、聯絡なき線路は互に疎通せず、交通運輸機關たる本能を沒却せしむること多々ありとす、然るに今若し其統一を圖り一大區域內に鐵道の聯絡を保たば、運賃の低廉を企圖するが如きは易々たり、例へば如何に運賃の低廉を企つることあるも短距離の鐵道にありては、其經濟上到底之を實行し得るものに非ず、然るに一大鐵道にありては、甲の線に於て低廉なる運賃を課し其經營上大に損耗ありとするも、乙の線に於て其

損失を補塡し得て、彼是れ損益の均衡を保つことを得るが爲め運賃は統一後に於て初めて其低廉を期し得べきなり、其他統一後に使用する役員、車輛等に於て利益する所、決して尠少に非ざるべし、

加之、我が國鐵道の現今の延長線を以て甘ぜず、將來其線路を四通八達せしめんとするに於て、未だ敷設せざる地方に之を敷設し、或は既設線と既設線若しくは未設線と聯絡を相保たしめんとするに於ては、是非とも國家が其敷設の任に當らずんばある可らず、然るに將來敷設すべき鐵道は從來既に敷設せられし鐵道に比して、頗る利益薄弱にして之に着手するを難たんずるもののみなれば、私設會社が進んで之を建設することは到底望みなき所なり、且又國民が之を敷設せず放擲し置くを恬然國家が袖手傍觀し得らる可きものに非ず、國家の發展を計畫する爲めには、國家は自ら之を經營すべき義務ありと謂はざるを得ず、

然るに今政府は損益相償はず誰しも着手せざる未設線に巨額の資金を投じ線路を敷設すとせん乎、茲に從來の私設の既成線は之が爲め收益を激增し、其官線の爲めに求めずして益々利益の增すあり、政府は恰も私設線の爲めに之を敷設したる乎の如き觀を呈す可し、例へば山陽鐵道に聯絡すべき山陰道より來るの鐵道は、短距離にして損益相償はず故に私設として經營するもの無し、今ま若し政府之が經營に當り山陽線に通ずる山陰道線を敷設したりとせば、其官設山陰線より蒐集運搬し來れる貨物は長距離を有する山陽線に於て其利益の大部分を分割せらるゝに至るべきが如し、是を以て之を視れば、私設鐵道は出來得べくんば、努めて其賣却を延引するを得策とし、政府は其線路に更に接續線を布きて、私設線の利益を增加せしめ居るを以て、私設線は晏然坐臥して唯口を開き居れば食物自ら之に入り來るなり、故に私設鐵道にありては、四五年後に於て買收さるゝと、今日に於て買收さるゝとは、其價格に於て甚だしき徑庭ある可し、されば政府が今日に於て即時之を買收せず、數年後に於て其契約を結ぶものとせば、政府は莫大の資金を投して私設線の聯絡線を布き利益を私設に壟斷せらるゝのみならず、更に今日より高價を以て之を買收するものと謂はざるを得ず、是れ國家が二重に損失する所以にして、政府が今回國有として之を買收するに當りては從來の其收益より打算して之を買收するは尤も當を得たる措置なりとす、然れども鐵道事業は總じて年每に其利益を增加し行くものなれば、政府が之を買收する價格の如き、不公平にして姑息の手段に出づるあらば、是れ予輩が極力之を排斥すべき所なり、政府たるものは宜しく私設鐵道の既往の計算のみを根據として低廉に之を强行買收するが如きことある可らず、其將來發展の餘地をも十分に洞察して相當の斟酌を試みんことを望まずんばあらず、

或は論じて曰く、「鐵道には一定の特許年間あり、其期限の未だ滿了せざるの間に於て强制的に之を買收するは、是れ私權を蹂躙するものにして、不法の行爲なりと謂はざるを得ず」と、予輩の見解を以てすれば、政府が相當の價格を以て之を買上ぐるに於ては、其の違法なるや否やを論するの要なし、殊に鐵道は公共的事業にして、他の諸事業と頗る其趣を異にし、鐵道を敷設する爲めには、私有土地收用法なるものありて、强制的に土地を收用して建設するものなり、今國家が利益なりとして之を買收せんとするに當り、之に反抗して以て拒絶するが如きは、私設鐵道會社が國民に對して不便を與ふるに均しと謂ふも、之を辯ずるの辭なからん、政府が之を買收するに當りて私設鐵道會社は毫も之を拒絶する理由なきものなり、若し是れあらば社會上不德義の行爲なりと評せざるを得ず、會社は社會の爲め甘んじて之を應諾して可なり、要するに政府が國有と爲さんとせば國有亦可なり、然れども予輩の希望する所は官民共同の事業と爲すにあり、唯之を今日實行

し得ずんば、宜しく國有として速に統一の實を擧げんことを冀望して已まざるものなり、

訪問

事業界の近狀

東京商業會議所會頭　中野武營氏談

合同の機運　事業合同の趨勢は夙に戰前に於て起りたる現象なるが、戰後に於て特に著きを見る、蓋し何れの産業を問はず、小組織の分立せるに比して、大組織産業の弊少く利多きは殆んど言を俟たず、近來、我が産業界の、小資本小規模に分裂せる狀態、次第に合同して、大資本大規模の集積的狀態に進みつゝあるは、戰後我が經濟發展の第一着歩として、予の深く歡迎する所なり。

新事業と大計畫　近來水力電氣事業頻々として計畫せられ、戰後の新事業は殆んど水力電氣に限らるゝやの觀ある程なり。蓋し該事業の大に起りて、低廉なる動力を供給すること得ば、我が産業界の發達を刺激するの大なる、殆んど測るべからずして、喜ばしき現象なり。然れども、之を外にしては、新事業として特に數へ上ぐるに足る程のものも見えず、而して世人動もすれば、新事業界の甚だ寂寞なるを說けりと雖、予を以て之を見るに、之れ深く思はざるの論なり、第一日清戰後の失敗に懲りて新計畫に對する人心の注意、深切にして容易に動かず、第二に日清戰後には大抵其資本金五万、十万、二十万、と謂ふが如き小計畫にして、從て之を起すこと比較的容易なりしに反し、今日は日清戰後の小規模産業の合同整理を行ひつゝある際とて、新規に計畫するもの、大抵何百万、何千万と謂ふが如き大規模のものにして、從て之を起すこと亦た頗る困難なり。是れ新事業界の振はざる所以に外ならざるべし。

既成事業の擴張　然りと雖、既に成立てる事業の擴張は頗る耳にする所なり、而して殊に紡績業に於て之を見るなり。蓋し既成事業は、何れも夫れ相應の經驗と熟練とを有するを以て、其の擴張は、失敗の危險も尠く、從て比較的容易なるの事實あり、是れ戰後經濟界發展の先鞭として、新事業計畫の比較的危險多きを避けて先づ主として既成事業の擴張の途に出づる所以なるべし。果して然りとせば、則ち我戰後の經濟界は、日清戰後に於ける如く、新事業の旺盛勃興を見るなしと雖、亦た之と同時に、失敗の苦境に沈淪するの憂へもなかるべく、徐々たりと雖も極めて確實なる發達を遂くべくして、現下の沈着なる態度は、彼の日清戰後の輕噪なる態度に比して、予輩寧ろ其の喜ぶべきを見ずんばあらざるなり。

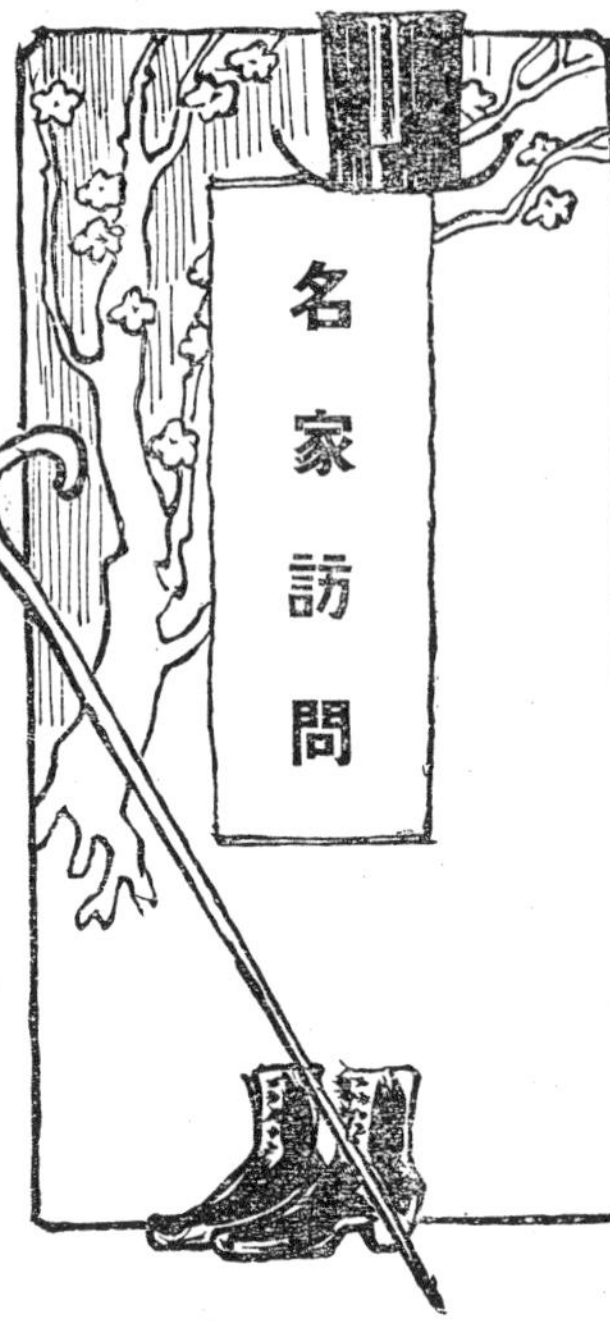

實業界近時の四問題

東京商業會議所會頭　中野武營氏談

東京府博覽會　來年三月を期して東京に開かるべき博覽會は、東京府の勸業博覽會である。故に東京府下で出來る物品を蒐集するのを重なる目的とするのであるが、東京人で地方で製產に從事して居る者の物品例へば鑛產物の如きは勿論、地方人で東京で遣つて居る者の製產品、或は東京で販賣して居る外國品の出陳をも許す積りであるし、又參考品として全國の著名物產の出陳を迎へ、乃至外國人の出品を許して參考館に陳列したい考へであるから、名は東京府の博覽會と云ふても、其實は普通の內國勸業博覽會と規模を等しうするやうなもので、夫の第三回內國勸業博覽會などよりはズット大なものにならうと思ふ。寧ろ一寸した萬國博覽會のやうなものが出來るかも知れぬ。但だ普通の博覽會に較べて違ふ所は審査に預かるものは東京府下の出品に限ると云ふ點位ゐなものである。要するに規模は非常に大きなものであるから、之を來年の三月迄、即ち約一ヶ年間に拵へ上げると云ふ事は、府の負擔としては過大に失するので、此所はどうしても官民協同で行かねばならぬ。そこで協賛會と云ふものが出來て、實業家が各自醵金して其の費用を補ふ事になつた所以である。、四十一年に開かるゝ筈であつた第六回博覽會はどうしたかと云ふと、是れは迚も戰後の事ではあり二年や三年の準備では覺束ないから、延期して、五年程後にする事になつた。それは普通の內國博覽會になるか、萬國博覽會になるか、それとも內國博覽會にして萬國博覽會の性質を帶びたものにするか、何れとも未だ定まらぬが、兎に角委員を設けて定めることになつた。既に前期の議會で委員會の經營を決議してあるから、遠からず委員も任命になり、其の性質方法等總べて決定することであらうと思ふ。

滿洲博覽會　滿洲博覽會は終に行惱みのやうになつて仕舞つた。元來是れは博覽會と云ふやうなものでなく、勸工場或は淺草の仲見世の如きものとして、其處を基礎として日本町を造りたいと云ふ考へで、日本軍が奉天を占領して居る中に開設するのが最初の目論みであつた。然るに占領が止んで、開放と云ふ事になつたから、關東總督は之が開設を許すの何のと云ふ權能が無くなつたので、聽き屆ける譯には行かんと拒絶する。それで折角の計畫も水泡に歸した譯だ。斯う云ふものは、獨り出品人の力で遣つて行けるものでなく、名は民設でも、實は官設でなければならんので、どうしても政府の尻押を要するのだから、此上は誰だ政府の意嚮に依つて、何うとも決するより外は無い事になつたのだ。

鐵道國有の結果　今更鐵道國有の是非を論ずるのは、恰も死兒の齢を數へると同じ事であるが、之が決した爲めに將來の經濟界に不安の原因を造つたと云ふやうに、一概に悲觀するのは寧ろ謂れなき事と思ふ。公債の濫發は憂ふべきに似て居るが、鐵道賣收の公債は臨時事件の公債のやうに不生産的なものでない。其の公債には代價がある。即ち從來の株券が公債に代つたばかりである。或は營業期限の有無に拘らず、之を買收したのは民權の侵害であると云ふ。けれども是れは理論であつて事實でない。事實は、大抵の會社にあつては株主の大多數が買收を希望したので、して見れば法律の壓迫と云ふよりか、寧ろ妥協である。斯く云へばとて、吾人は強ちに鐵道國有を崇拜するのではない。吾人の希望は鐵道の統一と云ふ點にあるので、今日の如く鐵道が不統一では到底遺憾なく内地の物品を外に出して、貿易を盛にすることは出來ぬ。であるから、鐵道の統一は是非あつて欲しいが、其の方法は國有でも、民有でも可いのだ。自分の考へでは、之を民有とし、恰も日本銀行の如く、矢張株主組織の官設會社であるが政府が之を監督すると云ふやうにした方が寧ろ可であると思つた。蓋し從來の例に依れば、官業となると、どうも働きが遲鈍であるのを免れんかつたからである。併し乍ら最早それが國有と決した上は仕方が無い。唯だ此上は成るべく此弊か少なくなるやうに、政府も自ら力め、人民も其の監督を怠らぬやうにし、そして統一の目的を貫徹するに越した事はないと思ふ。鐵道の如きは將來益々利益が多くなるものであるか、現狀の如くでは其の利益は頗る不均一である。山陰道の如き地は鐵道を必要とするけれども、之を起すには費用が多くて、利益が少ないのを免れんから、政府自ら其の事業を起さねばならぬが、それが出來上つて山陽鐵道と連絡する事になれば、恰も谷川の水が大河と合して水嵩を增すが如く、利益は多く山陽鐵道の方に取られる。さうなつてから買收すれば、今日より直段が高くなる。政府は殆ど無駄骨を折つた結果になる。一寸した例でも斯う云ふ類であるので、これから先きになつて國民が實行しやうとすれば愈よ困難となるべきは明かで、今日之を斷行したのは、寧ろ好時機であると信ずるのだ、ものは總べて算盤勘定で、當業者が滿足して賣ると云ふ以上、不利益な事とは信ぜられぬ。他から苦情を云ふ理由は無いのである。

電車問題は如何　東京市内の電車は五錢均一を出願して許可にならず、今は溜息吐息で、唯だ何れの會社が長く壽命が續くかと辛抱競べをして居るやうなものである。合併問題は如何、共通切符は如何、總べて是等の問題が立消えになつて仕舞つたのは、是非の無い事だ。電車事業の發達は今日の處では望み難い。總べて改良とか進歩とか云ふものには、相當の利益が伴はなくてはならんので、利益を與へられずして改良進歩を望まれるのは無理と謂はざるを得ん。之を市有とした所で同じ事だ。併し民有の時には三錢均一を強い、市有となつてから五錢均一とする事はマサカ出來まい。それは即ち暴政である。大阪の電車鐵道は市有で、僅か五哩か七哩しか無い線路でありながら、乘車賃は五錢である。然るに東京の電車が獨り三錢均一を強制されるのは、甚だ憐れな話である今日の如くんば、依然として電車に改良進歩は行はれず、車輛や何かは痛みに痛んで結局滅亡に瀕するのを免れないであらうと思ふ。

大旅館の設備は戰後經營の急務なり

東京商業會議所會頭　中野武營

戰後經營の第一要件は輸出貿易を盛んにして國富を增進するにあるは、固より言を須たざる所なれども、余は單に之のみを以て滿足すべきにあらずと信ず、此外に外客歡待の方法を講じ、海外觀光の人々をして陸續我國に來朝せしむる手段を採らば、其我國にて費消する金錢丈けにても、國富增進上侮るべからざる巨額に達すべきを思はざるを得ず、此意見よりして歡待の先決問題として、旅館の設備に就き一般の猛省を請はんとす。

外人は失望して歸去る

日本銀行副總裁高橋是清氏は曩に歸朝後語つて曰く、佛國が外客より得る所の金額は年々實に八十億圓を算すと、豈に驚くべき巨額にあらずや。今顧みて日本の風光を見るに山水の美觀、風土の良好なると、東洋に於て比すべきものなく、到る處として耳目を樂しましめざる無し、外人は之を指して樂園と稱する程なれば、之を利用するは實に邦人が天與を全ふする所以にして、殊に日露戰爭に於て有史以來の大勝を博し國光四海に耀く今日に當り、外人が我國の風土人情に接せんとを望む年一年と多きを加ふるは、近來郵船の到着每に其數を增すより見るも明かなり。然るに此多數の來客に對する我が旅館の設備如何といふに、到底其需用に應ずる能はざる現狀にして、現に此程の郵船に搭じて橫濱に到來したる三百人の外客は、各旅館とも槪ね滿員にて宿泊すべき所なしと聞き他邦に轉じ去りたるもの少なからざりしと云ふ、折角萬里の波濤を越へ、明媚なる山水を賞し愉快に旅程を終へんとしたる珍客をして、此の如く失望せしむるは頗る遺憾の次第なるのみならず、之が爲に失ふ我國の收入の亦甚だ少なからざるは更に憂ふべきことに屬せり、況んや彼等が口々に日本の設備の不完全なるを唱へ、相傳へて他の遊意を阻むあらば關係する所極めて大なるものあるをや、故に余は日本現在の外客に對する設備の不完全を以て、當然收め得べき日本の富を、空しく奪ひ去らるゝものなりと斷言するに憚らず。

外客に依りて得る所の大利益

今日まで來遊外人が我國に於て幾許金を費したるかを精査するは困難の事なれども、昨三十八年末三個月間の來遊人員は合計五千二百餘人なれば、之を基礎として一箇年を通算すれば、約三萬人を算すべく、而して其消費したる金額は無慮三千餘萬圓に達せりといふ、勿論此人員の中には單に觀光のみにあらず、商工業上の專務を帶びて往來したるものあるべしと雖も、其費せる所齊しく我國の收入に歸したるは一なり。殊に本年に入りて其數頓に增加し、每郵船に滿載し來る乘客の多くは、皆な我國を目的とする有樣なれば、其消費金額も大に前年に超過すべきは槪算するに難からず。試に思へ我國の外國貿易は日清戰役の當時二億圓を算し、十年後の今日は六億圓となり茲に三倍の進歩を示したれども、是丈にては未だ以て多額の國債を決濟するに足らず、今後之を三倍として七八億の貿易額を得るにあらざれば、以て心を安んずべからざれども、此目的を達せんとするには隨分骨の折れる話にして尋常一樣の手段を以て能くすべからず。故に一方に此外客招來の方法を講じ、彼等にして潮の如く寄せ來るとも何の不便を感ぜず、歡んで此風土を樂しましめ。一日も長く滯留せしむる手段を採らば、設へ佛國が年々八十億圓の別收入を得るが如く多額なる能はずとするも、責めては伊太利が年に八億圓を算するに及ばんこと將來強ち企て難きにあらざるべし。殊に外客の來遊益々多ければ、歸國後我國狀を吹聽することも亦愈よ多くして、之が爲めに我商工業の世界に紹介せらるゝこと少なからざるべく、又其携帶せる各種の土產物は、我製作品を各國に廣告して其需用を喚起する一種の見本ともなり、國際貿易の增進上意外の好結果を來すは、大に注意すべきことならずや。

旅館の設備及經營の方法

然らば則ち旅館の設備如何といふに、民業にては到底其急に應ずる能はず、現に帝國ホテルの如きは我國最大の外國人向きの旅館なれども、設立以來全く無配當にして、此兩三年稍々利益配當を爲すに至りし始末なり、該ホテルは有志の特志事業なれば無配當と雖も、今日まで維持し來りしなれ、若し營利を目的とせる株式組織なりしならんには、夙に解散の不幸を見たるや明かなり。故に純粹なる民業的經營の興りて其急需を充さんとは遙に望むべからず、實に今日は各國人が戰勝の餘光を仰ぎ、東洋新興國の名を欽慕しつゝ我も〳〵と集り來る其好機會なれば、此開幕の劈頭に於て、萬一にも失望の餘踵を回らして歸國せしむることあらば、世界の觀客に大不評判を及ぼすは歷々たるを以て、徒に見込乏しき民業的經營の興るを坐して待つべきにあらず、故に余は政府が左の案を斷行せんことを望む。

一、主要の各鐵道停車場構内にステーションホテルを建設する事
二、現在農商務省の建物は官衙式建築と言はんよりも旅館式に近きを以て之を旅館と爲す事
三、右を鐵道作業局の副業として經營する事

余は旅館には二種を要すと思ふ、其一は短時逗留者の爲にするものにして、其二は長時日の逗留者の爲にするものなり。故にステーションホテルの如きは、觀光の外客が半日一日の短時間を以て、各地の勝を探るに宜しきのみならず、邦人と雖も、下車直に旅宿に入るを得ば非常に便利を感ずるならん而して其二に屬するもの丶爲にするには、都會の大旅館を以て之に充つるを宜しとす。之に依て思ふに、我政府は既に鐵道國有を斷行し、旅客の運輸を總て自ら營業することとしたれば、隨つて旅客の便利と愉快とを圖るは其義務にして、此點に於ては民業たると官業たると敢て異なる所なきのみならず寧ろ官業の責任一層重きを覺へざるを得ず。世或は政府が旅籠業を營むといへば、異樣に感ずるものなきにあらざれども

既に運輸業を營みて利益を圖る以上は、旅籠屋を營みたりとて何の異しむ所かあらん、此の如き感情を抱くものは是れ官尊民卑時代の迷想を脱却せざる極めて舊式の人と言はざるを得ず。苟くも鐵道營業が旅客の利便と愉快とを圖るにありとせば、鐵道國有の決定せられたる今日、百尺竿頭一歩を進めて益々文明的平民式の營業振りを取るは、其免るべからざる義務ならざるを得んや。

應急手段として最も適當の方法

次に余が農商務省の建物を旅館に變更せんことを主張するは、應急手段として最も適當なりと信ずるが故なり。外國にては一時外人の多數來集する場合には、富豪の邸宅別莊等を以て其旅館に宛て、ホテルの不足を補ふ例あれども、我國に於ては家屋の構造、屋內の諸設備が歐米人と風習を異にするが故に、此の如きことは目今實行すべからざるのみならず、設へ設備整ふと雖も喜んで其需に應ずるものなからん。然るに毎月增加し來る此外人の渡來に對し、今日一大旅館の建築に着手するとするも、到底僅かの年月を以て速成せしむべからず、益々彼等をして失望せしむるに過ぎざれば、幸ひ農商務省が旅館式の建築風なるを利用し、同省を他に移轉せしめ、內部の摸樣替を施せば、數百人を容るゝに足る此大建築は、忽ち現今焦眉の急に應ずるを得て、漫遊客の誘引上極めて好都合ならんと信ず。惟ふに政府にして心誠に國富增進の策を輸出貿易にのみ採らずして、此一大剩利を併せ收むるの決意あらば、區々たる立退先の家屋の如きは、如何樣にも工夫せらるべきなり、蓋し國富の增殖を目的とする農商務省は、此議に對して毛頭異議なかるべきは、余の深く信ずる所なり。

速に斷行せよ

是を以て余は重ねて言ふ、政府にして差向き以上の二策を斷行し、急速其設備に着手せば、年ならずして二億三億の正貨流入を圖ること易々たらんのみ、誰れか之を以て戰後經營の緊急事件ならずといふか。彼の佛國は普佛戰爭に大敗を取り、五十億フランの償金を支拂いたるに係らず、國力の恢復意外に速かなりしは、主として外客の招來に勉め、巨萬の損害を此方面に於て決濟したるが故にあらずや、敗者にして然り、勝者豈に勉めざるべけんや。若夫れ旅館の外に、劇場、音樂堂、公園、競技等の諸設備にして、外人の趣味に投ずべきものは、一日も速に完成せざるべからざれども、是等は帝室若くは市町等の公共團體の力に依る多からんことを期す。又各地の名勝を保存し或は益々人工の奇を加へて觀望の美を全くするに勉むるは、是亦た地方人士の責任に屬す。冀くは上下擧つて此の行ひ易くして而も侮るべからざる剩利を收むるに努力せんことを。

戰後の經濟界に就て

東京商業會議所會頭　中野武營

戰後の經營を如何にすべきか、是れ夙に識者の焦心苦慮する所のもの、苟も戰後我が財界の創夷を癒し、國力の發展を計らんと欲せば、退守的消極的なるは絶對に排斥せざる可からざる所にして、而して常に進取的積極的に事業の經營に任じ、以て國富の増進を計るべきは、識者の一般に認識する所なり。然りと雖も、單に積極的に事業を經營すと云ふ、是れ言ふに易く之を實際に行ふに當りては、大なる困難を感ぜざるを得ず、日露兩國の平和克復せらるゝや、我國事業界は一時に勃興の機運を招致すべしとは、吾人の豫め想像し期待したる所なるに不拘、現今の經濟界は一般に靜謐にして、新事業の企圖せらるゝものあるを見ず。金融は殆んど緩慢の極度に達し、金利は次第々々に低下して、銀行は何れも莫大なる遊金を有し、其始末に困難を感じつゝある状態に在り。故に若し事業の擴張發展を計るか又新事業を計劃せんとせば、其資金を得るの途決して難きにあらざるなり。然るに尚ほ今日の如く起業界の不振に陷りつゝあるは何ぞや。是れ他なし、吾人は左の三理由に歸せざる可からず。則ち、

一、日清戰後、一時に諸事業の勃興したる結果、大恐慌を起したることあるを以て、其轍を踏まざらんと欲し、人々互に警戒して何事も手控にすること。

二、日清戰後と日露戰後とは、其國運の程度を異にせり。則ち日清戰後にありては、五十萬百萬の資本を以て新事業を起すことを得たるも。現時にありては是等の小資本にては事業を起すも到底世界の經濟的競爭場裡に立ちて、相馳驅する事能はず。從來小資本を投じて個々に分立經營したるものと雖も、今や資本を合同するの時運にあり。故に今日新たに事業を起さんとせば、大資本を以て完全なる事業を選擇せざる可からず。されど是等の事業は前途の目的容易に立たざること。

三、財政問題なり。今後我國の財政は如何に整理せらるべきか、今や國債は非常に増加し居るに不拘、鐵道國有に決したる結果、新たに公債の發行せらるゝは明白なる事實なるを以て、我國財政整理則ち國債整理は如何

なる順序に於て終結せらるべきか、畢竟此整理の如何によりては、一般經濟社會に影響する所至大なるを以て、何れも財界の前途に對して杞憂を抱けること。

以上の外、尙ほ他に幾多の原因あるべしと雖も、是等の三點は其首要なるものと云はざるを得ず。是等の懸念よりして、實業家は何れも事業の經營に從事し、又は資本を放下するものなきが故に、人々は何れも其所持金を使用するに途なく、是を有價證劵に換へんか、前途の高低豫め知るべからず。然らば事業に投ぜんか、其目的の立たざるを如何にせん。此に於てか、人々は均しく銀行に馳せて其所持金を預金するに至る。故に銀行は莫大の遊金を藏するが爲め、金利の低落は自然免かるべからざる狀態に在り。而も金利低落は毫も金融界の緩慢を如何ともする能はず、而して增加せる預金に對しては、利子を支拂はざるべからざるを以て、銀行家に取りては實に大凶年と云はざるを得ず。然らば其結果如何に成行くかと云ふに、銀行家は預金の增加に連れて、損失を蒙むるが故に、如何にもして是が融通を計らんと欲し、貸急ぎをなすの弊を生じ、遂には充分なる抵當を取らずして貸與するか、或は借手の信用不信用をも精査せずして貸與するに至らん。斯くして銀行家が其預金大部の貸出を爲したる曉に及び、若し經濟社會に一變化を生じて、事業界に活動を呈するに至り、一時に預金の取付に遇ふ時は、今日金融の緩慢なるより不充分不完全なる貸付をなしたる結果、容易に回收する能はずして、銀行家は再度の困難に陷ゐるや必せり。斯かる場合に際せば勢ひ金利は騰貴すべきを以て、從來の貸金に對する金利を引上ぐと雖も、其回收は容易の業ならざらん乎。是れ實に吾人の戰後經濟界に對して、懸念に堪へざる所なりとす。

畢竟現今の我經濟界に於ける金融の緩慢を呈せし所以のものは、國民一般が從來に比較して、富の程度を增大せしめたるにあらずして、前述せるが如く、我國財政の前途甚だ懸念に堪へざるものあるを以て、金あるも有價證劵を購求するものなく、さればとて新事業を計劃せんとするも、前途の目的立たざるが故に、人々皆預金の一方に傾くより、隨て金融界の緩慢となり、銀行家は遊金の莫大なるに殆んど持て餘ますと云ふ如き場合なれば、若し財界の將來に一點の光明を認むるに至らんか、忽ち心機一轉して事業の勃興となり、金融の活動を來すは避く可からざるの現象なりとす。故に我國の銀行家たるものは、能く經濟界の前途に警戒を加へ、單に一時の金融緩慢に狼狽して、其貸出を急ぐが如きことありて可ならんや。又一般の人士も大に注意する所ありて可也。

（文責在記者）

商工業發展の大方針と日清共同事業

東京商業會議所會頭　中野武營氏談

『事業勃興の機運到來す』

事業勃興の機運は漸く到來した樣である。新事業が諸所に企てられたるのを聞く。是は當に斯うなくてはならん事で、いづれ戰爭が一ト先づ落着した後であるから、國民はジッとして居るべき場合ではない。退いて守るべき時期ではなくて、進んで取るべき時期である。事業の勃興は憂ふ可らず、喜ぶ可き趨勢と謂つて可い。

昨今株式市場の模樣を見ると、相場は一齊に昂騰の氣味を示して居る。殆ど其の頂點に達せんばかりである。從つて株の利廻りは平均五分位な所に落ちて居る。或種の株が特別に高くなるのでなく、各株が大抵歩調を揃へて高くなつたのであるから、其の主因は、金利の關係から來て居るものと見て差支ない。株式相場の高低が金利の高低に動かさるゝのは通常の事である。唯だ中には、特別の需要に依つて昂騰するものが間々あるに過ぎない。株式の値が高くなつて來れば、資金は株式の方を去つて、ソロ〳〵事業の方に向くべきは自然の譯である。正しく事業の勃興すべき時期とはなつた。

茲に數多の會社が出來上るとすれば、中には、日清戰後の如く泡沫會社を生ぜんとも測り難い。併しそれは已むを得ない事で、一方に成功者あれば他方に失敗者あるのは、實に免る可らざる成行である。之が爲めに事業の勃興を憂ふる理由は無い。尤も今日の如く、會社が成立するかせぬ中に、早くも權利株の賣買が初まるなどは、斷じて喜ぶべき現象ではないが、此の如き事をする者は、主として會社外の側に在るので、之を一に起業者の咎に歸するのは當らない。要するに事業の勃興は、今日の際、固より歡迎すべき機運であると謂はねばならぬ。

『新事業は如何なる種類ぞ』

日清戰後に起つた事業と今日の事業とは、やゝ其の性質が異なつて居る。既に起つた新事業の種類を見るのに、第一に指を屈すべきは、工業の原料に關するものである。水力電氣の如きは其の著例で、是は最早起るべき所には殆ど起し盡した觀がある。次いでは石炭採掘など、矢張侮り難い勢を示して居る。工業の進歩と、原料の騰貴とは、相待つて此の如き事業の勃興を促がしたものである。尙ほ從來存在の會社にして事業の擴張、或は增資を企てたものは、隨分樣々の種類に及ぼして居る樣である。凡そ新事業の起るのは、需要の見込が充分定かであると共に、相當の利益の豫期されて居るものでなければならぬ。今、株式の相場が昂騰して、利廻りが五分位にしか當らぬと云つて、起つた新事業の利益が少なくとも一割より以下の見込であるとすれば、投資者は多少躊躇しない譯には行かぬであらう。其と同時に需要の見込も亦た肝要である。例へば小樽木材會社の如き、北海道に豐富餘りある木材を伐採して、支那方面に向けるのが主なる目的で、需要の見込も利益の見込も、共に充分なるものである。人造肥料とても其の通りで、肥料の需要の如きは內地に普ねく及んで居るものであるから、見込は矢張充分である。新事業は斯かるものから、先に起つて來る譯である。但だ外國輸出向の製品に關する工業の如きは、未だ左まで勃興するには至らない。是は又其の筈である。

『歐米に貿易擴張の餘地無し』

內地の產業が勃興を來したならば、之と共に、外國貿易は是非共伸張されなければならない。需要の無い所に供給は出來ないので、外國の輸出先が見極めの付かぬ以上は、貿易品に關する工業の起される理由が無いのである。今、退いて海外の樣子を窺ふのに、列國は互に商業上の競爭を爲し、皆死力を盡して輸入を防止し輸出を增加せしめんとして居る。而して常に此の如く努めた結果は、今日文明國と文明國との間に、輸出輸入の行はれる事は、極めて稀になつた。例へば英國が獨乙の物品を輸入し、獨乙が英國の物品を輸入する如きは、殆ど貿易として見るに足らない位になつたのである。斯かる有樣であるから、歐米から日本へ輸出するは格別、日本から歐米へ輸出すると云つた所で、彼に日本の物品を輸入する餘地の乏しいとは、それこそ甚だしいので、今日歐米へ向つて日本の貿易を擴張するは、難中の難事であると謂はねばならぬ。然らば將來日本の貿易を擴張すべき地點は何處ぞ――日本の商工業發展の鋒先を向くべき方面は何處かと云ふに、曰く清國、否、東洋である。此處より外には無い。

『清國は絕好無二の市場なり』

歐米諸國は、右の如く互に輸出輸入を爲す餘地に乏しいとを感じて居るので、彼等に取つて、東洋就中清國は絕好無二の貿易市場と認められた譯である。彼等の清國を見るや、恰も饑餓に瀕せる豺狼の遇々得難き餌食を發見したるが如く、我れ先に利益を汲收せんとかゝつた。彼等が清國に於て、如何に激烈なる商業上の競爭を爲して居るかは、之を目擊したなら、殆ど思ひ半ばに過るであらう。此の如き際に、最も近隣に控へた日本が之を傍觀して、歐米諸國が食ひ物とすに任せて頓と顧みないと云ふのは、甚だ心得難き事である。日本に取つて清國が絕好無二の貿易市場であるのは、歐米諸國に取つてよりは更に切實である。然るに事情右の如くであるとすれば、日本は一日と雖も猶豫すべきでない。聊か油斷をして居つたなら、此の無二の好市場は、忽ち歐米諸國の爲めに蹂躪されて、日本は最早手も足も入れべき餘地を失ふとになるかも測り難い。さりとは寒心に堪へざる次第である。

『商工業發展の大方針とせよ』

清國は實に日本に取つて絕好無二の市場である。絕好無二の顧客である。此の市場を外國の爲めに侵され、此の顧客を外國の手に奪はるゝ如き事であつては、到底我が商工業將來の發展を語ることは出來ない。商工業發展の大方針として、當業者は擧つて清國に着目せねばならぬ。

されば、清國(滿洲は勿論之を含む)輸出向の工藝に從事する者は、個人と團體とを問はず、宜しく滿洲なり清本國なりに、分社乃至は分工場の如きものを設けて、ドシ〳〵と清國に於て其の商品の販路を擴張すべしである。

夫の滿洲博覽會は、即ち清國に於て我が商品の販路を擴張すべき目的の爲めに、急先鋒となつたものである。今や、着々として其の効を奏しつゝあるものゝ如くだ。內地の商工業は此の機を外さず、宜しく進んで發展の計畫を爲すべしである。

從來日本の商品と云ふものは、多く關西地方就中大阪から清國に輸入され、關東地方就中東京から行くものゝ如きは殆ど絕無であつたと謂つて可い。而も其の多くは、清國の商人が大阪あたりで粗末な物品を買入れて清國へ送出したものであるから、日本商品の眞價は、實際今日まで清國には知られて居なかつたのである。然るに今回の滿洲博覽會により、初めて東京邊の物品も清國に入る樣になつたのみならず、日本商品の眞價を示すに足るべき物品が、清國人の眼に觸れることになつたのであるから、我が商工業の有望なのは實に今後に在るので、發展の時期は此の際を措いて他に無い。此の機を外さず進めと云ふのは、即ち此の事である。

『日清兩國人共同の必要』

商工業發展の第二要件としては、日本の商工業は宜しく清國人と共同して、諸種の事業の經營に當るべきである。元來清國の商人は、個人としては日本人の匹敵し得可らざる天資を具備して居る。是が彼等の長所である。然るに團體としては、彼等は到底日本人には及ばない。日本人は個人としては清國の商人に及ばないが、會社など組織して事業を經營する段になると、秩序整然、着々として之を遂行する點に於て、清國人の得て企つ可らざる所がある。清國人同志で會社など組織した所が、株を買ふ者も無く、信用する者もあるまい。是は實に我が商工業家の乘ずべき所であつて、日清人共同して會社など組織するとなれば、確に成功は疑無いのである。

此の如くにして着手すべき事業は數多ある。或は營口に水道を敷設するとか、奉天に馬車鐵道、點燈事業を始めるとか、殆ど枚擧するに遑あらざる位あるであらう。此所等は誠に我が商工業家の發展すべき大天地であつて、マゴ〳〵すれば是れ亦た外國人の手に奪はれんとも測り難い。日清人は共同して自ら東洋の實業を支配するの了簡が無くてはならぬ。

『斷じて清國人を輕蔑すべからず』

然り、東洋の實業は東洋自ら之を支配することを要する。日清人は須く共同して其の覇者となり、實業上に於て日清同盟を形造り、以て他國の侵略を排斥せねばならぬ。我が商工業家は之を以て戰後經營の大眼目として欲しいのである。

日清共同の必要から、一掃すべき從來の惡弊がある。それは他なし、日本人が清國人を輕蔑する習慣である。此の習慣は今後是非共之を取り去らねばならぬ。識者の慨嘆するのは實に此の一點で、若し將來依然として日本人に清國人を輕蔑する氣風があつたら、到底日清兩國人は圓滿に共同して行くとは出來ない。出來ないのが眞の道理である。此の點は、呉々も日本の國民が各自胸中に收めて、夢寐にも忘却してはならん所である。今日、日本に留學に來て居る清國の學生は、優に一萬人以上に達する由であるが、此の多數の青年は、早晩清國に歸つて官海なり民間なりに立ち、樞要の人物として活動すべき人達である。然るに彼等が日本に在る間、我國の人が之を輕蔑し、慈愛親睦の情を以て之を待遇することがなかつたなら、日清人の共同は、將來得て企つ可らざることになるであらう。さすれば、我が商工業者が發展の要件とすべきものは竟に破毀され、東洋の實業は吾々の手より脫し去るべきは必然である。我が國民は斷じて清國人を輕蔑すべきではない。

新事業興起の趨勢

東京商業會議所會頭　中野武營氏談

日清戰後と日露戰後　今や事業界は漸く活況を呈し來たり、人をして事業熱の勃興を思はしむるものあり。而して吾輩熟ら之を察するに、均しく新事業の勃興と稱するも、今日の狀態を以て日清戰後に比すれば、兩者の間、大に其趣を異にせるものあり。

資本の大小　其一なり。日清戰後に於ては、事業熱勃興したりと雖、其計畫たる何れも極めて小資本のもの多く、從て其結果は大抵倒潰に歸し、成立せるものも、資本の小なるが爲めに困難に陷らざるは少なかりき。然るに今回は深く前者の覆轍に懲るゝ所あり、何れも十分の準備の下に大資本の計畫に出でざるはなし、即ち小なるも百萬、五百萬、大なるは千萬、二千萬の上に出づるを見る。

販路に對する顧慮　其二なり。日清戰後に於ては、新事業を計畫するもの、只々事業を起すを以て目的とせる如く、其事業の販路の如きは敢て深く問はざるの觀ありたり。例へば紡績業の如き、何れも其計畫に狂奔して、販路の一點に至ては殆んど之を圖らず、之を以て、工場出來し器械の運轉せらるるや、忽ち製品の販路に窮して、內外市場に同志打を始むるの狀態を現出したり。鐵道の如きも亦た然り、餘り小規模にして十分に利用の効能を發揮すると能はずして、困難に陷れるもの尠なからず、是れ亦た深く其販路の如何を圖らざるの結果に外ならず。然るに今日は曩の失敗に懲りて、事業計畫者は其販路の點に於て大に顧慮する所あるものゝ如く、我國に於て販路廣大にして、供給、需要に應ずる能はざるの狀ある肥料事業の殊に盛んに計畫せらるゝ、其一證なり。其他新計畫の多くは、大抵販路に就て大に熟慮を費やし居らざるはなきが如くに察せらるゝなり。

新事業と動力　然り而して日露戰後の事業界に於て第一に着目したるは動力の供給事業なり。曰く水力電氣、曰く石炭採掘、是れ實に今日の新事業の中最も顯著なるものなり。蓋し動力は一切の事業興廢の繫かる所にして、日露戰爭の當時、石炭の暴騰したる如き、實に事業界に取て由々敷大事たりしなり、只夫れ當時多くの工場に於ては炭業者と或は半年とか一年とか謂へる如く石炭賣買の先約定を爲し居りたるを以て、戰時の炭價暴騰の打擊を受けたると、比較的大ならざるを得たるは誠に仕合せなりしと謂ふべきのみ。斯の如く動力は事業界の運命を左右する甚だ切なるものあるを以て、低廉なる動力の供給を將來に豐富にするは、戰後我が經濟界發展の一大要目なり、世人が深く此點に着目して、特に此の動力供給業に於て集注せるの觀あるは誠に喜ぶべき現象なりとすべし。

既成事業の擴張　次に今日の新事業界に顯著なるは既成事業の擴張是れなり。蓋し全然新規の事業は如何に有利有望と見做さるゝものと雖、種々意外の蹉躓を招き、困難に陷るあるを免れず、然るに既成事業の擴張に至ては、其經營の局に當たるもの、既に過去に於て十分の經驗を重ね、熟練を有するを以て、全然新規の事業に比して大に確實なるや言を待たず。而して亦た實に時勢の進運に伴ふ既成事業の膨脹として大に歡迎すべきものなり。

北海道と新事業　水電、採炭等の動力供給業、既成事業の擴張等に次て、新事業の顯著なるは肥料事業なるが、若又た之を其起れる場所の上より觀るときは、殊に北海道に於て新事業盛んなるが如し。曰く石狩炭鑛會社、曰く留萠炭鑛會社、曰く東洋製材會社、曰く富士製紙會社の擴張等目下全く決定せる計畫のみにても、其資本金二三千萬圓にも達せん乎。北海道に於て斯の如く新事業の盛んなるは、同道には未開の富源甚だ廣大なる上に、亦た今日事業界の人心、主として天然の利用又は富源の開發に集注せるを見るべし。

滿韓方面　に於ては所謂政府の經營を外にして、營口に水道及び電車鐵道業、電燈事業等、邦人の手にて經營せられんとす。其他奉天に於て馬車鐵道敷設せらるべしと謂ふ。惟ふに此種の如き土地と附着せる事業は、今日の際、邦人の手に收め得る限り之を收め置くとは、滿韓方面に於ける帝國將來の發展上、甚だ肝要の事なりと信ず、此點は深く邦人の熟慮を望むものなり。

事業界は順當の成行　之を要するに、日露戰後の新事業界が日清戰後に於けるが如く急に盛況を呈せず、稍々遲々不振の態を示したるは、上述せる如く、日清戰後に於ける苦き經驗の結果、企業界の人心、大に愼重に傾き、無謀の計畫に狂奔せず、世人亦た之に取合はざると、他の一方には何れも大仕掛けとなり從て大資本を要すると等の爲め、日清戰後に於けるが如く一時に事業熱の勃發を許さゞりし所以に外ならず。然れども戰後の帝國は一切の周圍の事情斷じて退嬰を許さず、唯だ發展を圖るの一あるのみ。近來新事業の興起し來れるは誠に當然の順序と謂ふべきなり。唯夫れ株劵の應募極めて盛んにして、直ちに募集額の數十倍、數百倍に達し、權利株暴騰し、此趨勢を見て地方の人士亦た妄りに事業を計畫せんとするの風を起し來れるが如きは、喜ぶべき限りにあらずと雖、之を大勢の上より見るときは、吾輩は健全なる狀態を以て新事業の進捗しつゝあるを信ずるものなり。

新事業の勃興と財政方針

東京商業會議所會頭　中野武營氏談

日清戰後と日露戰後　戰後の事業界は今や漸く活況を呈し來り、企業熱の旺盛なる恰も日清戰後と異なることなし、此こを以て世間新事業の前途を憂へ、日清戰後の覆轍を蹊まんことを恐るゝもの〻如し、勿論今回の事業亦た玉石混淆たるを免れざるべしと雖も、而かも今日の狀態を以て日清戰後に比すれば二者の間大に趣の異なるものあり、余は大體より觀察して今回の事業勃興を以て國家の爲めに慶ばざるを得ず。

資本の固定　其一なり、日清戰後に於ては新事業を計畫するもの只だ〳〵事業を起すを以て目的となし、深く其の性質を極めず、資本の長く固定するが如きは敢て問はざるの觀ありたり、例へば鐵道の計畫の盛んなりしが如き、紡績事業の簇簇計畫せられたるが如き、其の倒潰の甚だしかりし所以のものは一は販路に對するの顧慮を缺けるに基くものありしと雖も、亦た資本廻收の遲々たるの致す所ならざるべからず、然るに今日の事業を見るに何れも資本廻收の速かなるものならざるはなし、例へば製粉事業の如き、肥料事業の如きが盛んに計畫せられつゝあるは其一證たり、而して電氣鐵道の計畫せらるゝもの少なからずと雖、是れ、日清戰後に於ける鐵道事業とは其趣を異にし、何れも小規模短距離のものにして、容易に營業に着手するを得べきなり、而して保險事業の如きは資本を固定せしむるものにあらず、其大部分は銀行の預金となり、有價證劵となるが故に、流通資本總體の上より觀察すれば槪して資本を固定せしめざるなり。

資本の大小　其二なり蓋し日清戰後に於ては事業の勃興夥しかりしと雖も、其の計畫せられたるもの小資本のもの多く從て倒潰に歸したる事業少なからず、其成立せるものも資本の少なかりしが爲めに困難に陷れるもの多かりき、然るに今回に於ては日清戰後の失敗に鑑み、何れも充分なる準備を爲し資本金額の如きも充分なる餘裕を存し、前者に比し大資本の計畫を見るに至れり　即ち其小なるも壹百萬圓を降らず、大なるは千萬圓乃至貳參千萬圓の資本を擁するを見るなり。

内外資金の融通　其三なり、日清戰後事業の頻々として倒潰したるは其の計畫の粗漏にして資本の小なりしに基くこと以上述ぶるが如しと雖も、當時事業家の最も苦痛を感じたるは金利の騰貴にあり、蓋し日露戰爭は一時の出來事にあらず、其の根底の動機たるや實に歷史上深き素因の存せるあり。露國が東方に其野心を逞ふせんとせるは一朝一夕のことにあらず、殊に遼東半島還附のことありてより、當時歐米諸國に於ては日露兩國の衝突到底避くべからざるを豫想せり、去れば歐米の資本家が日本の前途を氣遣い、日清戰後外資の我れに入らざりしは固より其の所のみ、要するに日清戰後已に日露戰爭なる危險あり、以て金融共通の障壁をなして、外資の流入を杜絕せり、金利はいやが上に騰貴して之を救ふに由なかりき、然るに今や則ち然らず、戰爭は全く我の勝利に歸せり、露國が其武力を回復し來りて復讐を計るが如きは到底一朝一夕のことにあらず、東亞は今や日本の舞臺に歸せり、歐米の文明諸國は向後徒らに我れと衝突するが如き愚を演ぜざるべし、是れ外國資本家の安じて我れに放資する所以にして、外資輸入の途は玆に開始せられ、其障壁は全く排除せられたり、是れ日清戰後と日露戰後とに於ける金融界の一大變化にして其の事業界に及ぼす影響亦自から異ならざるを得ず。

戰時特別稅　即今の狀態と日清戰後の狀態とを比較するに二者其趣を異にすること以上述ぶるが如く、余は大局より觀察し今日事業の著しく勃興せるは國家の爲めに深く慶ばざるを得ず、然れども事業の消長は懸りて政府の財政方針にあり、財政にして其運用を誤らんか、爲めに興るべき事業も興る能はず、發達すべき事業も衰亡せざるを得ず、故に之れが局に當る者は、よく國民經濟と財政との調和を計り、只々財政の急に驅られ民間經濟を顧みざるが如きことあるべからず、這般全國商業會議所聯合會の決議せる戰時特別税の改廢の如きも亦此の主旨に外ならず、云ふ迄もなく、是等の諸税たるや戰時の非常手段として賦課せられたるものにして、其事項の消滅に歸すると共に須らく之を撤廢せざるべからず、然るに漫然此の非常手段を永續せんとするが如きは、是れ國民を欺くものにして決して許すべきにあらず、故に政府にして若し軍備補充、公債整理等の必要上戰時税を繼續せんとするは蓋し已むを得ざることに屬すと雖も、一方に於て軍備の擴張を計りながら、他方に於て戰時税を繼續せんとするが如きことあるべからず、縱し又國債整理の爲めに之を繼續すと云ふと雖も、元來公債整理基金たる國の信用を維持せんが爲めに設けたる手段に外ならざれば、必ずしも當初の壹億一千萬圓てふ一定の額を維持せざるべからざるにあらず、只其の信用を維持し得るの程度にあれば足れり、故に其信用を傷けざる以上は之を七八千萬圓乃至五六千萬圓に減少せしむるも不可なく、之れと同時に戰時税の輕減を計らざるべからず。

之を要するに戰後國民の負擔は實に容易ならず、我が國民は官民共に奮勵努力以て戰後の難局を脱却せざるべからず、而して國民にして此の覺悟あり、其の負擔の大なるは驚くに足らず、日清戰後我が貿易が貳億圓より六億圓に達し、三倍の增加を告げたるは當時泡沫會社の簇出せるに拘らず、實に當時に於ける事業勃興の賜なりと云はざるべからず、故に余は大局の上より觀察して今日の事業の大に勃興せるは國家の爲めに深く慶ばざるを得ず、然り而して日清戰後に於て三倍の增加を告げたる外國貿易は向後尙ほ三倍の增加を告げ、拾八億圓に達せしむべきは決して望外のことにあらず、何となれば之を個人に譬ふるに百圓の資本を以て三百圓の利殖を計るよりは、壹萬圓の資本を以て參萬圓の利殖を計るの却て容易なるに等しく、國の貿易も亦た日清戰後貳億圓より六億圓に發達せるよりも、向後六億を拾八億に增加せしむるの寧ろ容易なるを思はずんばあらず、故に吾人は今や官民共に事業の振興を計り貿易の超出を作成し以て戰後此の大負擔を果さゞるべからず云々。

東京株式取引所理事長　中野武營氏談

株式市場の順境
事業着手の時代

日清戰爭後の經濟界と日露戰爭後の經濟界とは大に趣を異にした所がある。日清戰爭後に起つた事業は、鐵道とか紡績とか云ふものが主たるものであつた。鐵道の如きは、少くとも二三年は資本を固定させて置いた後でなければ、營業を開始することが出來ないものである、紡績の方は左程でないが、外國よりは寧ろ内地の需要に對するを目的として居た、所が今日起つた事業は、大抵海外貿易向である。日清戰爭後の事業は、何れも資本が小さく、今日の樣に二百萬三百萬と云ふ樣なのは滅多に無かつた。從つて悉皆資本の拂込をさせた後に初めて事業に着手した。今日の樣に資本を大きくして、第一回第二回位の拂込が濟んだ所で、早速營業を開始すると云ふ樣な餘裕が存してなかつた、且つ電氣鐵道の如きものは、比較的永く資本を固定させるものであるが、それにしても最早今日は鐵道國有と云ふ事になつて居るし、普通の鐵道の樣に距離が長いとか、山野を開くとか、種々工事を困難にする原因がないのだから、何れかと云へば速かに營業開始が出來るもの丶方である。

それに日清戰爭後と今日とは、時代が全然異つて居る。其の當時は、日本が朝鮮から清國を驅逐して、將に極東に吐口を開かんとして居た露國と、茲に端なく衝突の端を開いた。露國は漸く其の爪牙を露はして、國際干渉を始め遂に遼東半島を還附させた上で、うま〳〵と自分の物として仕舞つた、日本は左程心付かなかつたが、諸外國は一般に日露戰爭の必らずあるべきことを信じて居た。であるから、諸外國は日本の經濟界を危險なものと見て居た、資本を投じたら恐らく元まで磨つて仕舞ふが落だ位に思つて居た。然るに日本の金利は馬鹿に高いのである。水の底きに就くと同理で、外國の資本は日本に這入りたがつて居たのだ。日露戰爭は恰も流れの眞中に堰を設けた樣なもので、日露戰爭の爲めに外國の資本は堰止められて居たのである。既に日露戰爭は濟んだ。堰は去取られた。水の滔々として流れ落ちるが如く、非常な勢を以て外資が日本に這入つて來たのである。これが益々事業勃興の勢を助長したのである。

思ふに今日は決して退守すべき場合ではない、進んで取るべき時期である、果して然らば事業の勃興の如きは、寧ろ歡迎すべき當然の勢である。或は二三の失敗者が出るであらうがそれも亦た可なりだ。勿論失敗は個々の人若くは團體に取つては不幸であるが、國家全體の上から觀れば、事業の勃興は屹度喜ぶべき結果を遺すのである。況んや日清戰爭後の事業と、今日の事業とは前述の如く性質がや丶異なつて居るのであるから、悲觀すべき點は甚だ少ないのである。

但だ憂ふべきは財政の上に在る。財政が鞏固ならなければ、外國の信用が薄弱となつて、海外市場の公債の價格が失墜し同時に外國資本家をして不安の念を起させる。これは寒心すべき事だ、政府が戰後の經營と稱して各方面の發展を謀るは可いが、民業に對しては特別の注意を拂つて貰はねばならぬ例へば戰時税の如きものは、戰爭の費用に充てるを目的とした者であるから、戰費の一部分と見るべきもの例へば陸海軍缺損の補充に要する費用などは、之を以て辨ずるのは至當であるが、其の以外の費用例へば陸海軍の擴張など云ふ事の爲めに之を存して置くのは、當を得たものではない。宜しく其の以外は之を廢すべしである。國民の富を養つて置いて後、取立てると云ふ方針にして貰ひたい、昔、澤庵禪師は馬術の秘訣如何を尋ねた家光公の問に對して『鞍上に人なし鞍下に馬なし』と答へた相だ。人馬合體して、鞍の一に歸するに在りと云ふのである。一國の財政を料理するものは、當に此の如き心懸が無くてはなるまい。

我國の貿易は、日清戰爭後今日までに約三倍に增加した。即ち二億のものが六億になつた。が、日露戰爭後は更に其の三倍十八億――サットと二十億にならねばならない、これは決して困難ではない。二圓の金を六圓にするよりは、六百圓の金を千八百圓にする方が容易いのである。外國債の利子が七千萬圓あるのに、二億の貿易では、六七千萬圓の輸超過をさするとは覺束ない。退守すべき場合ではない、進取すべき時期だと云ふのは之が爲めだ。

重要なる事業は今日既に大半起り盡した樣な觀がある。が、どれも〳〵株式募集の盛況を示し、中には發起人が株の總體を占めて公衆に分たないのがあると云ふ有樣で、地方の資本家などは株を求めて容易に手に入れ難い所から、銘々の地方で事業を起す計畫がボツ〳〵とある樣になつた。併し地方の事業と云ふものは、さう滅多に起されるものではない、斯う云ふ有樣だから、事業熱は未だ俄に消滅する筈が無いが前途に憂ふべき事は少しもないと思ふ。事業界、金融界、株式界、相連れて順境を追つて進み、別段の變動の如きものは先づ無いと見て可からう。

前に述べた如く今日の會社は、日清戰爭後の會社と異つて初めから資本が大きく、全部の拂込を濟まさぬ中に大抵營業を開始するのであるから、本年になつては、多くは實際事業に着手すると共に、兎角の見込がやゝ明かに外側の眼に映ずる樣にならう。さうすると、各會社の狀況に應じて、市場に於ける株式の相場は幾許か高低するとがあらう。が、今日吾々の知つて居る會社は、先づ〳〵大抵は見込の確かなものであつて、狀況が甚だしく惡くなる樣な事は無からうと思はれる從つて此の原因から株式の價格が大に低落すると云ふ樣なものは、左程多くはあるまい。勿論株式の高低は昨年から既にあつた、併しそれ等は會社の狀況によつて價格が高低したものではない。賣手買手の懸引などから或株が高くなつたり或株が安くなつたりしたものだ、本年になつては會社の狀況によつて價格が高低すると云ふ事が出來て來るだらう。要するに一般經濟界も、株式界も、本年になつて大した變動があるとは思はれない、前途益々好況、悲觀すべき理由は一として無いのである。

博覧會の教訓

東京商業會議所長
同　博覧會副會長　中野武營君談

博覧會に出入するもの日に幾萬、素より其人の嗜好と職業とによりて十人十色の觀察を爲すべしと雖も、余の最も興味を感じたるは第四號館海軍省の出品と第五號館農商務省の出品なり。而して第四號館に於て余の興味を惹る軍事に關する統計表にしては中に世界列強國の軍艦噸數を同一型の軍艦の形にて表はしたるものあり、其第一は云ふまでもなく我が同盟國なる英國にして總噸數百七十三萬五千噸、之に次ぐものを佛國とし總噸數七十九萬三千噸なり。以下米、獨と續きて日本は第五位にあり。世界に於ける第五位は後進國の日本としては異數の發達にして、且其艦型を見るに英國を外にして佛以下の國とは其大さも餘りに隔絶なく、今一歩にして此等の國と同一の艦型を有するに至るべきは極めて容易の事にして此圖に對して余は何物よりも大に意を强うするものあるを感じたり。然るに轉じて第五號館に趣けば此所は位置少く偏在したる爲め、前の第四號館に比すれば觀覽人も極めて稀なる場所なるが中に農商務省の出品にて世界重要國の貿易高を航海船の形に見立て、恰も玩具店にて見るが如き滊船を波の上に泛べたる模型あり、此にて余は思はず足を止め感慨禁ずる能はざるものありき。何となれば農商務省出品は前者と全く反對にて先づ英國の船が堂々として他國の船を壓倒するが如きは別物とし、之に次ぐものは獨米、佛、白、露、伊、清にして日本は第九位にあり。且つ前に比較したる獨逸よりも極めて小き船となり居れり。此二個の出品物を見て人は如何なる感じを催したるか、同一の政府の出品物にてありながら其位置の轉倒すること斯の如し顧ふに此出品物は幾百萬の博覽會觀覽者に向つて一の謎をかけ何物をか人に訴ふる所の者にあらずや。而して世界一等國の列にある我海軍に向つて清國よりも以下にある我が航海船模型が、其資本を供給しつゝある形態を見て、我日本の文明は如何なる軌道を奔りつゝあるかに思ひ至ば余は轉た一種の感慨に打たるゝを禁じ得ざりき云々（報知新聞より）

ストーンス蒲俺黄銅製船舶推進器（三菱館）

大博覽會敷地問題

中野武營

來るべき大博覽會は會長以下夫々任命され事務局開始の運びとなれるが差當りの問題は敷地の選定にして各區夫々運動に餘念なき模樣なり先頃來噂に依れば該數地に就ては運動を避くる爲め又土地の繁榮策としても會場を諸所に分設すべしと唱ふるものある樣なるが吾儕は斯かる分設主義に全然反對せんとす如何に敷地運動が劇烈なるにせよ當局者ニして斷乎たる決心あらば成るべく便宜に成るべく費用を要せざる土地を選定して可なり成る程土地の繁榮策より云へば各館分設は一理なきにあらねど這は餘りに自己本位に過ぎ一般觀覽者を無視したる無遠慮の仕打と云ふへし且つ博覽會の事務の統一、經費の点より見るも是非共是れを一所に纒むるの必要あること多言を須ゐずして明なり分設主義は博覽會自身の不經濟なるのみならず一般觀覽者に不便を與ふること決して尠少ならず今回の東京勸業博覽會に於て第二、第三會場と本館より稍や隔離せる丈けにても一般觀覽者は尠なからず不便を感じたるものの如し然るに況んや全市に亘りて分設する如きは思はざるの甚しきものと云はざるへからす

次に我日本は大博覽會の有無に拘らず既に戰勝國として世界に持て囃されつゝあり現に加藤郵船會社副社長が渡歐中の私信に見るも英京倫敦に於て交際場裡に於て日本を知らざるものは通人仲間に這入らず是非日本に漫遊を要すとは上流紳士を通じての流行ありとあり左れば今後の觀覽客は年を逐ふて增加すへく況んや萬國的なる大博覽會を控ふるに於ては四十五年を俟たず出品委員とか種々なる外人の往來頻繁とならん然るに是等外人に對する市内の設備如何と見るにホテルでさへ僅々三百人を容るるに足らず吾輩嘗てホテル設備の緊要なるを認め其筋に意見を披陳したることあるが當局は頗る冷淡に構へ吾輩の意見を顧みざりしも戰後の日本は出來得る限り外人を招致するに勉め座ながら外資を移入するの寧ろ得策なるを信ずるものなり故に到る處の名所舊蹟を保存し交通の便を圖るは勿論セメテは帝都に於けるホテルの設備位は市の體面としても完備せしめざるへからず幸ひ大博覽會は農商務省が主人公となり經營さるゝを以て當局にては相當の用意あらんか特に此の点につき十二分の働を期待するものなり

四　増税反対論

日露戦後経営において、陸海軍は軍備の増強を目指し、原敬が主導する政友会は、鉄道敷設や治水工事などによる地方への積極政策を通じて衆議院における多数議席の確保を目指した。これに対して中野は全国商業会議所連合会会長として、軍事費削減などにより商工業者への減税を求める立場を代表した。日露戦後の政治は、限られた財源をめぐり、これらの勢力が確執を繰り広げた。

国債整理基金の設立や鉄道国有化について、中野は桂内閣の方針を支持し、政友会とも協調関係を保っていたが、非常特別税の扱いについて、西園寺内閣と決定的な対立を迎えることになる(1)。

日露戦争中に戦費調達のために増税された非常特別税は、「平和克服ニ至ルトキハ其ノ翌年末日限本法ヲ廃止ス」とあったが、政府は、明治三十九年三月、第二十二回議会においてこの条項を削除し、戦時増税が継続することになった。しかし、憲政本党の批判から政府は調査会を設置して二年以内に改正案を帝国議会に諮るということを約束した。これを受けて、明治三十九年四月に大蔵省が税法審査委員会を設けて秘密裡に調査をしたが、実質的にこれを存続させるべきとの結論に達した(2)。

この調査会には民間の意見は反映されなかったため、東京商業会議所は、明治三十九年四月に中野を委員長として税法調査委員会を設けて商業会議所としての調査検討を始めた。

全国商業会議所連合会は、同年八月の第十五回連合会で、「商業ニ関スル重要ナル法令ノ制定改廃ヲ要スル場合ニハ政府ハ予メ各商業会議所ニ之ヲ諮問セラレンコト望ム」という建議をした上で、非常特別税の扱いについての税法調査委員を選任し、独自の調査を行うことを決定した。

全国各地の商業会議所や業界団体から寄せられた膨大な意見をとりまとめ、同年十月の臨時商業会議所連合会は、**3－20「税法改廃ニ関スル建議」**（明治三十九年十月二十一日　かな文字で翻刻）を決議した(3)。そして、中野はこれを政友会の政務調査会などで詳細に説明した。

いわゆる三税（三悪税）といわれた塩専売制、通行税、織物消費税の廃止などを求める内容が中心であった(4)。

減税要求が高まる背景には、阪谷芳郎蔵相が、明治四十年九月に、明治三十八年度の歳入剰余は五―六百万円あり、明治三十九年度もまた剰余を見るのは難しくないとの発言をしたこともあった[5]。

商業会議所連合会から建議を受け取った政府は、明治四十年四月、阪谷芳郎蔵相を会長として、政府、議会、中野や土居通夫大阪商業会議所会頭など民間からの委員も含めた税法整理案審査会を設け、改めて審議を行なうことにした。しかし、同審査会の最終案でも明治三十九年度に比べわずかな減税にしかならず、代替財源もないとして三税廃止も盛り込まれなかった[6]。

こうしているうちに、明治四十年一月をピークとして国内の株価は下落し、十月のニューヨークの株価暴落も受けて景気の悪化が深刻になった。そこで、全国織物業者大会は、非常特別税で導入された織物消費税廃税の貫徹を決議し、金融界は、銀行の破綻を防ぎ国債価格を維持するため、政府に新規公募の中止と既発債の償還を強く迫った。

3－21「経済界の現状及其救済」（明治四十年六月十五日）は、経済の悪化の原因として、株価の下落によって銀行が融資を抑制すると同時に、鉄道国有による公債の交付が遅れ、市中の資金が逼迫するなどの問題があるとした。そして、既成の確実な会社の株を日本銀行の見返品に加えるように担保制度を拡張することが必要であると提言している[7]。

3－22「株式下落及び其救済方法に関する意見」（同年十月二十一日）では、買収鉄道代金を概算払いし、減債基金が臨時に買上げるべきと述べている。

一方、政府の財政も火の車となっていた。歳入の減少により国庫金が枯渇した上、国債の発行が困難になり、在外正貨の流出も止まらない危機的状況に陥っていた。

そこで政府は、明治四十年十二月、事業費の繰り延べなどによる歳出削減に加え、歳入増加のため、新たに酒税と砂糖消費税の増徴、石油消費税の創設を断行することを決定し、西園寺内閣の与党の政友会もこれに反対しなかった。

明治四十年十一の臨時商業会議所連合会が開催された時点では、このような政府の結論が明らかになっていなかった[8]。しかし、十二月十六日の臨時閣議で、政府が、商業会議所が要望していた三税の廃止を行なわないばかりか、逆に増税をする方針が明らかにされた。

そこで中野は商業会議所や東京実業組合連合会、金融界などと連携しつつ、増税反対運動を開始した。

十二月二十三日に非増税同志懇談会が開催され、増税反対の第一声が上げられ、大隈重信や中野の他、島田三郎ら非政友会系議員などが登壇し、増税反対を訴えた(9)。そして、明治四十一年一月九日に、東京商業会議所の臨時総会を召集し、増税反対を決議した(10)。

一月二十一日に中野は、臨時商業会議所連合会を招集し、増税問題について審議を始めた(11)。

3－23「時局と予の決心」（明治四十一年一月二十一日）*は、連合会に臨む方針と決議の実行方法について述べたものである。そして連合会は、満場一致で、**3－24「財政ニ対スル建議」**（同年一月）を決議した(12)。連合会の議論の模様は連日報道され、渋沢栄一も増税反対の演説を行なった。

3－25「政府財政計画の無謀」（同年一月二十五日）は、過大な軍事支出が財政悪化の原因であり、増税が消費の減少や産業を苦境に陥らせるとして、政府の軍事費偏重の政策と増税に反対する理由を示している。

3－26「増税断じて不可財政は大整理を要す」（同年二月一日）、**3－27「増税反対論」**（同年二月一日）、**3－28「増税反対意見」**（同年二月十五日）も、この時期に発表した論考である(13)。

原敬内相は、このような商業会議所の激しい増税反対運動を警戒した(14)。農商務省の久米金弥次官は中野を招き、「財政ニ対スル建議」には「国家経済ノ対局ニ鑑ミ国民全体ノ休戚ニ就キ至誠ノ情実ニ忍ビザルモノアレバナリ」とあるが、これは商工業に関する商業会議所の権限外であるような論があるとの警告を発した。これに対して中野は、「商業会議所トシテ商工業ノ利害ヲ論ズル上ニ於テハ、国政ノコト全国休戚ニ関係スル斯ウ云フコトヲ論ズルノハ当然ノコトデアル」などと反論した(15)。さらに、連合会への出席者を巡査が尾行したりするなどの動きも伝えられた(16)。

このような増税反対運動が高揚し、新聞でも増税反対の論調が支配したにもかかわらず、増税法案は、二月四日に政友会と大同倶楽部の多数により衆議院本会議で可決され、貴族院本会議でも可決され、増税法案が可決成立した(17)。

3－29「財源としての公債」（同年二月二十二日）は、衆議院が歳出入予算の審議に先立って新増税案を決定したこと、国債の消化の見通しや自然増収を過大に見積もっていることを批判している。

注

（1）本節の内容については、拙稿『中野武営と商業会議所』の「第六章（二）増税反対運動」及び拙著『制度変革の政治経済過程』の「第三章（一）日露戦後の財政運営方針」を参照。
（2）税法審査委員会『税法審査委員会審査報告書』明治三十九年十二月二十四日。
（3）東京商工会議所蔵「税法調査資料第一号―第六号」明治三十九年から四十一年。
（4）『明治三十九年十月東京ニテ開設　臨時商業会議所連合会報告（同）議事速記録』。同決議を受けて中野などの税法改正決議実行委員が税法整理審査委員や政友会などの政党に説明した（『明治四十年五月東京ニテ開会第十六回商業会議所連合会報告（同）議事速記録』）。
（5）阪谷芳郎「満韓経営と商工業者の用意」『大阪銀行通信録』第一〇八号、明治三十九年九月二五日。
（6）税法整理審査会『税法整理案審査会審査要録』明治四十年。
（7）**中野武営**「**財界救済策**」『経済評論』（第七巻第一二号、明治四十年七月）、**同**「**財界の趨勢**」『経済評論』（第七巻第一九号、明治四十年十一月）は同趣旨の論考である。
（8）『明治四十年十一月東京ニテ開会　臨時商業会議所連合会報告書（同）議事速記録』。**中野武営**「**軍事費を削減せよ**」『香川新報』（明治四十年十二月六日）では、歳入不足があれば軍事費を削減すべきと主張している。
（9）「中野氏の講演　非増税有志懇親会席上」『東京日日新聞』明治四十年十二月二十四日。
（10）『東京商業会議所臨時総会議事速記録』明治四十一年一月九日。
（11）『明治四十一年一月及二月東京ニテ開会　臨時商業会議所連合会報告（同）議事速記録』。
（12）『立憲政友会史』は、「我邦実業家等が時の政治問題に関して政府に反対し公々然其運動を開始せるは蓋し之を以て嚆矢とす。」と記している（『立憲政友会史』第二巻、西園寺総裁時代前編、大正十三年九月）。
（13）同趣旨の論考として、**中野武営**「**増税否認の理由**」『江湖』第一巻第一号、明治四十一年三月二十日）。
（14）原敬日記には、「東京商業会議所会頭中野武営等各地会議所の連合会を開らき、増税反対の決議並に運動をなし、増税に賛成したる者は、選挙せざることを決議するが如き不穏の挙動あるに因り、閣議に於て松岡農相に相当の処置をなすべきことを注意したり、内務省にては治安警察法に因り取締らん事を提議せし程なりしも、農商務省には全く不問に置きて反対の声を高からしむるに因り其不都合を注意したり。」とある（『原敬日記』明治四十一年一月二十九日の条）。

(15) 同上『明治四十一年一月及び二月開催　臨時商業会議所連合会報告　議事速記録』。「全国商業会議所の決意」『東京日日新聞』明治四十一年一月二十五日。

(16) 「干渉漸く始まる」『東京日日新聞』明治四十一年一月二十六日。

(17) 臨時商業会議所連合会は、二月十四日に、「財政釐革ニ関スル意見」や「租税整理案ニ関スル決議」を決議して休会となった。

税法改廢ニ關スル建議

今や我か帝國は曠古大戰役の後を受け、内に對しては勉めて國力の充實を計り、外に對しては飽まて國威の發揚を謀らざるべからず。此の時に方り、官民の齊しく共に最も深く注慮すべき所は、實に我が財政を整正して、以て直接に政府歳出入の適順を期し、以て間接に國民生產力の增進に資するの一事に在り。而して我が財政の整正を欲するや稅制の適良を圖るより急なるはなきなり。

是を以て本年八月函館に開會せる第十五回商業會議所聯合會に於ては、最も重きを稅法の改廢問題に置き、特に十五會議所を舉げて之が調査立案に當らしめ、更に臨時聯合會を東京に開きて最も周密に審議討究し、茲に先づ我が商工業上に重大なる關係を有する諸稅法に對する改廢意見を議定し、謹で一書を奉呈す。

是れ商業會議所として商工業の發達上、當面の責務を盡さんことを欲すると同時に、我が國家經濟の調整上國民として献芹の誠を致さんがためなり。切に望むらくは其の微意のある所を採容し、以て速に稅法の改廢を斷行せられんことを。

右商業會議所聯合會の決議に依り建議仕候也

現行稅制に對する大體意見

我が現行稅制は各種の本稅に附課するに非常特別稅を以てするものなり。元來非常特別稅は其の名の示すが如く、眞に一時的戰時稅として賦課せられたるものにして、平和克復と共に當に廢止せらるべかりしものなりしに、國家は財政事情の許さゞるものあるの故を以て、今日に在りても之が廢止期を明定せずして之を存續すること、なり、國民に於ても、亦其情勢止むを得ざるものあるを諒して、暫く强て之が負擔を忍びつ、あるに外ならざるなり。

然りと雖も斯の如き强制狀態を持續するは固より稅制の本義に適合せざるのみならず、苟も一時の安きを偸みて、漫然陽に其の名を廢して、陰に其の實を存するが如きことあらしめば、爲に民心を喪ひ、遂には民力を萎靡し稅源を涸渇し、以て自から國力の發展を阻害するに至らんとす。則ち宜しく斷乎として一日も速に此の非常特別稅を全廢すると同時に、一大革新を各般の本稅に加へ、以て國民の負擔上均衡を得しめ、幸に民力の發達を阻碍せざる程度に於て、能く國家必需の歳入を收納し得るの途を講ぜざるべからす。

吾人は固より戰時に於て、一時に膨脹せる我が帝國財政の、戰後直ちに復舊縮少し得べきものにあらざるを認容する者なり。又今後國運の伸張に件ひて必需歳出の倍々增加するの實勢あるを是認する者なり。而して敢て此の言を爲すは何ぞや。他なし既に彼を肯容し明に此を是認するが故に、却て今日に於て此の言を爲し、以て一面最も切に政費の節約に努めんことを要望し、一面好税源に培ひて適量の收納を期せんことを慫慂する者なり。政府者にして熱誠事に當り、協力務に從ひ、能く事の緩急を計り、能く物の前後を察して、其の計畫の不生產的なるものは成る可く其の期間を延長し、出來得る限り少額の政費を以て、出來得る限り多大の政務を擧ぐることに留意努力せば、政費に適度の節約を加へんことは得て難きにあらざるなり。税制を改善し、個々納税者の苦痛を減じ、其負擔を輕からしめ、依りて以て能く快活に、能く自在に經濟利益の增殖に奮勵せしめば、國家は爲に却て總額に於て一層多大の歳入を得るに至るべきなり。而して彼の政府者の爲す所と、此の國民の營む所と相和し相助けて、財政の基礎以て鞏固に、國家の經濟以て健全なるを得べきなり。吾人今日に於て此侃々の言を爲す、決して以なきにあらざるなり。

請ふ右の趣旨に則り鹽專賣、通行税、織物消費税、所得税、營業税、印紙税、取引所税及關税に對し一々意見のある所を披陳せんとす。

第一　鹽專賣に對する意見

鹽專賣法は斷然之を廢止せんことを希望す。

鹽は人生一日も缺くべからざる必需品なり。而して鹽專賣法は最も過重なる所謂禁止的の消費税なり。即ち其の消費者に經濟的價格の二倍半以上に相當する重率税を課すると同一の結果を生ずるものにして、而かも此の不當過重なる課税額は帝國人口の最大部分を組成する下級細民の負擔に歸し、直接に下級細民をして爲に其の生計上多大なる苦痛を感ぜしむるのみならず、間接に鹽を使用する幾多の製產業をして共に甚しき不利の影響を被らしむるものなり。殊に天然的生產事情好良にして多量の產額を得るの場合に於ても、消費者は之に伴ふ經濟的自然の利惠を受けて、廉價に之を買得消費すること能はざるのみならず、其の甚だしきに至りては政府は一に其の牧入の減退を防止せんがために、強て其の產額を制限し、以て賣價の維持を計るあり。何ぞ其の爲す所の不條理にして其の結果の不自然なる。之を要するに鹽專賣法は實に富者に寛にして貧者に酷なる一種劣悪なる人頭税を課徴するものと謂ふべきなり。加之其の斯の如くにして徴収せる所の過半は空しく專賣費として亡失し、從て國庫の得る所甚だ僅少なるに比例して、國民の損失する所極めて大なるものなり。是れ即ち現に存在する悪制度中の最悪なるものとして、斷然之が廢止を希望する所以なり。

第二　通行税に對する意見

通行税は斷然之を廢止せんことを希望す。

通行税は徴税上勞費少くして一見負擔上苦痛大ならざる好税種なるが如しと雖も、是れ單に徴税者としての見地よりせる皮想の観察に過ぎざるなり。

夫れ交通往來の利便を增進し社會民衆の活動を敏速にするは、國家の最も熱心に畫策實行すべき義務に屬す。即ち前期議會が國費多端の今日に於て彼の國有鐵道の議を決したるが如きは、實に國家をして此の義務の遂行に利せしめんがために外ならざるなり。然るに此等文明の利器に依りて速近各地に交通往來する人衆に課税するは、豈に背理の甚しきものにあらずして何ぞや。

殊に市内並に近距離の通行に課税するは、都市地方に蝟集群居して日夕勤勞に依りて僅に糊口の資を得るに汲々たる幾千萬の下級民衆に、直接多大の苦痛を感ぜしめ、生活を困難ならしむるものにして、其の社會經濟に及ぼす所決して鮮少にあらざるなり。税法として其の性質の不良にして其の害果の甚大なる故らに多く言ふを要せず。是れ斷然之が廢止を希望する所以なり。

第三　織物消費税に對する意見

織物消費税は斷然之を廢止せんことを希望す。

織物消費税も亦人生の必需品たる衣服に課税するものにして、理に於て旣に良制度なりと謂ふべからず。而して課税物件たる織物は其の品種多岐多様にして、如何なる課税方法に依るも到底納税負擔の公平均衡を期する能はず。殊に現行納税手續の煩雜と徴税事務に當れる有司の苛嚴とは、相待ちて直接に當業者をして名狀すべからざる苦痛を感ぜしめ、言ふべからざる損失を被らしめ、以て甚大なる悪影響を斯業の發達上に及ぼせり。

今や我が國の經濟事情は單に原糸の生産輸出のみを以て滿足すべきものにあらずして、絹布に綿布に將た毛布に、力の及ぶ限り各般の織物工業を奬勵誘掖し、以て内外市場に於て優に外國產品を壓するの盛運に到着せしめざるべからず。而して此の必要時代に於て此の課税を敢てし、以て斯業の發達を阻害して顧みざるが如きは、一に徴税に急にして、却て產業の衰儰を慮らざるの譏を免る、こと能はざるなり。

或は現行制度の弊に堪えず従量税制に依りて幾分か課税の方法を簡易にして、負擔の公平を企圖せんとするの說あり。然りと雖も元來織物は同一種類に屬するものにして、尙ほ且つ品質の精粗、流行の向背、嗜好の適否、產額の多寡等幾多の事情に支配せられて、其の價格常に相同じからず。従て簡單なる従量税制の下に課税せんか、其の負擔をして尙ほ一層不公平のものたらしむべく、而して若し此の負擔の不公平を醫せんとして强て品種の分類を細別し、税率に緻密なる等差を設けんか、是れ即ち彼の従量税制に尙ふ所の簡明性を減却するものにして、結局現行制度の下に於けるよりも一層煩難の度を增加するに至るべきなり。

之を要するに織物消費税は、如何なる方法を以てするも到底適實に課税の公平を期し、納税者をして日常折衝に困憊せしむるか如き、他に類例を見ざる煩雑と損害を少なからしむべき良制たらしむるを得ざるなり。是れ今日に於て斷然之が廢止を希望する所以なり。

第四　所得税に對する意見

所得税は現行幾多の税種中最も理義に適合せる良税にして、吾人は後年我が國情進歩し財務の整頓するに從ひ、彼の欧米諸國に於ける先蹤に鑑み、開税と共に本税を以て我が経常歳入の幹本と爲すに至らんことを期待する者なり。夫れ然りと雖も斯の如きは固より一朝にして能くすべき所にあらざるが故に、今日に於ては吾人は財務當局に對し、此の要義に則りて諸税の改廢を按定すると同時に、最も重きを本税に置き十分意を用ひて之が修正を斷行し、以て能く個々納税者をして國家に對する負擔の均衡を得て、十全に其の義務を果すを得しめ、其の當然の結果として國家をして能く全體に於て、比較的に容易に比較的に多量の収納を得るに至らしめんことを希望す。

而して此の希望を達するの階段として先づ左の諸點に就き改正を施すの必要なるを認む。

（一）第一種法人の所得を非常特別税法に於けるか如く甲乙の二種に區別し其の乙に對しては第三種所得税率に近き税率を課すること。

非常特別税法に於て乙に屬せしめたるものは、其の作業の實況彼の多數の資本主に依り多量の資本を以て事業を經營する所のものと、自ら大に其の趣きを異にして、概して稍々個人經營に近似するものなるが故に、非常特別税法の廢止と共に本税法中に此の區別を規定し、其の乙に封して第三種所得に近き税率を課すること、爲すを至當とす。

（二）第三種個人所得を（甲）資産より生ずるもの（乙）勤勞より生ずるもの及び（丙）資產、勤勞より生ずるもの、三種に區別し、其の課税比率は（甲）を三とせば（乙）を二とし（丙）を二半と爲すこと。

資產より生じたる所得と勤勞に依りて得たる所の所得との間には、啻に其の所得を生するがために致せる勞苦の性質に於て、彼は主として消極的、間接的にして此は主としては積極的、直接なるの差異あるのみならず、其の納税者として負擔力の大小、苦痛の輕重等顯著なる相異あるものにして、之を經濟上の理法に照らすも實際上の得失に鑑るも、決して同一地位に置きて同一の課税を爲すべきものにあらず。

而して既に之を區別し、之が課税率に差等を設けんか、其の比率は（甲）に重くし、（乙）に輕くし、其の結合作用に依れる（丙）に對しては（甲）（乙）の中間位に相當する課税率を以てするの最も至當なるを認む。

(三) 第三種個人所得に對する課税限度は五百圓未滿は總て課税せざることゝし、千圓以上百萬圓に至るまでの間には出來得る限り多數の階級を設け、各階級に對して適當の課税率を定め、其の前後兩階級の間に於ける累進比例をして過大の差なからしむること。

現行法に於ける課税免除の最低限度の三百圓を上高して五百圓と爲すは、現時に於ける經濟情態に照らして寧ろ低きに失するも決して高きに失するものにあらず。而して現行法に於て十萬圓以上の所得に對しては累進課税を止めて、全然比例税たらしむるが如きは、本税法本來の目的精神に違戻し、比較的少額の所得者に重くして、却て多額の所得者をして、輕率の負擔に安居せしむるの異観あらしむるものなり。故に所得額百萬圓に至るまで適宜數多の階級を設け、夫々累進率の下に應分の負擔を爲さしむるを以て最も至當なりとす。

(四) 現行の所得全額累進課税法を改め超過額累進課税法と爲すこと。

現行法に依れば例へば九百九十九圓の所得者にして、僅かに其所得に六圓を増して千五圓に達するときは、即ち千圓以上の所得者として千五圓全部に對して該階級所定の課税率に依り課税せられ、時としては其の増課額の増加所得額以上たることありて、其の權衡を失すること大なるものあるが故に、斯くの如き場合に於ては所得者は成るべく上級に入るを嫌避するの實狀あり。是れ情理の當然にして復た深く咎むべからざるなり。

故に如上の場合に於ても其の下級の範圍内に屬する金額に對しては依然下級率に依り課税し、其の上級の範圍内に屬する所得額即ち五圓のみに對し其の級所定の上級率を課することゝせば依りて以て各階級間の不權衡を正し、全然右に言ふが如き躊躇心を排除し、所得者をして自ら進みて漸次上級に進入するの良風を馴致せしめ、結局所得税法の本旨に適合せしめ、國家をして比較的に容易に多額の税額を收得するを得しむべきなり。

第五　營業税に對する意見

現行營業税法は營業免許税より營業益金主義に變化したる一種の税法なるが故に、法制上自ら圓致を欠き運用上亦常に少からざる煩難を生するを免れざるものにして、税制としては決して完全良好なりと謂ふべからず。然りと雖も今日に於て之を根本的に改善せんとするが如きは、到底現實の事情の許さゞる所なるを認むるが故に吾人は暫く其の大體の税制を存して適宜其の條項に修正を加へ、以て出來得る限り一面には納税者の苦痛と煩勞とを少くし、一面には負擔の均衡を是正するの必要を認む。仍て左に其の重なる箇條に付き改正の希望を開示せんとす。而して左に擧示する課税率は、總て現行本税に依りて賦課の標準差率を示さんがために立言するものなるが故に、非常特別税法の廢止と共に、此の差率を標準として各業及び各課税標準に對し適當なる税率を定められんことを望む。

（一）物品販賣業の課税標準中建物賃貸價格を削除し卸小賣の課税比率を一に對する二、四とし其の課税率を卸賣萬分の五、小賣高分の十二と爲すこと。

物品販賣業に於ける主要なる課税標準は賣上金額にして、其の關係彼の鐵道業に於ける收入金額及び請負業に於ける請負金額等と略ぼ同一のものなるが故に、物品販賣業に於ても亦建物賃貸價格を削除するの至當なるを認む。賣上金額に付卸賣と小賣との現行課税比率一に對する三は、全體上より通觀して稍々小賣に重きの傾きあるを以て、之を改めて一に封する二、四と爲すの適當なるを認む。

（二）物品販賣業の小賣中取引の狀態卸賣に異ならざるもの、即ち製造用原料品其の他營業のため多量に消費する物品、及び之に類似せるものにして、其の需要者に販賣するものは課税上之を卸賣と見倣すの規定を設け、且つ又生糸、羽二重、綿糸、白木綿、米穀、肥料、石油等の如き賣上金額多額なるも、薄利なる特種品を取扱ふ營業は卸小賣とも普通の税率より低減するの特別規定を設くること。

此に云ふ二ヶ條の如きは現實に當業者の常に多大の苦痛を感ずる所にして、例へば鐵道業者、汽船業者に賣渡す石炭、紡績業者に賣渡す綿花、造船業者、機械製造業者等に賣渡す鐵材、新聞業者、印刷業者等に賣渡す紙類等の如き、需用者に賣るものは總て小賣なりとの定義の下に、一概に小賣として高率の課税を爲すは實際に於て決して當を得たるものにあらず。又薄利なる特種品に就ても普通品と同率の課税をなすは其當を得ざるものなるが故に、是等に對し特別の規定を設くるの至當なるを認む。

（三）保險業、銀行業、金銭貸付業、物品貸付業と製造業、印刷業、寫眞業とに於ける建物賃貸價格を半減して千分の二十と爲すこと。

此等の諸業に於ける主要なる課税標準は資本金なるが上に、其の建物は元來資本の變形したるものに外ならざるが故に、建物賃貸價格に更に高き税率を課するは決して當を得たるものにあらざるなり。故に其の税率を半減するの至當なるを認む。

（四）製造業中の撚糸再整、穀物精白搗砕、洗濯業等の中専ら賃仕事を目的とする者の營業に對しては、特に低率の課税を爲すこと。

此等の諸業は他の製造業と全く其の趣きを異にし、一般に極めて薄利なる事業なるが故に、特に區別を立て低率の課税を爲すの至當なるを認む。

（五）倉庫業に於ける資本の課税率を半減して千分の一とし、其の建物賃貸價格の課税率を高めて千分の三十と爲すこと。

倉庫業の主要なる課税標準は、當に建物賃貸價格なるべきに、現行法に於ては特に其の課税率を低下して、却て重きを資本に於けるが如きは、彼此其の位地を顛倒せるの嫌あり。故に今之を改めて資本に對する課税率を半減するに反し、建物賃貸價格の課税率を一倍半增加して以て兩者の權衡を保正するの至當なるを認む。

(六) 公なる周旋業、代辨業、仲立業、仲買業の次に問屋業の名稱を追加すること。

商法に規定せる問屋業は營業税法の仲買業中に包含せること論なしと雖も、既に商法に於て新に問屋業の名稱を設けたる以上は營業税法に於ても亦之を明示するの至當なるを認む。

(七) 各業種に通じて從業者の年齢十五歳以下の者には課税せざること丶し、又從業者數の算定方法は前年に於ける平均數に依ること丶爲すこと。

十五歳未滿の從業者の如きは概して見習員とも稱すべきものにして從つて營業上一個完全なる從業者と見做すこと能はざるものなるが故に此等の幼年者は總て課税範圍外に置くの至當なるを認む。

又現行法に於て從業者の課税標準數として、前年中に於ける最多數を取れるが如きは、甚だ妥當を欠くものなるが故に、普通の條理に基き、前年に於ける從業者の平均數に依り課税すべきものと改むるの至當なるを認む。

(八) 建物賃貸價格は店舗其の他直接營業に使用する土地家屋の借料に相當するものとすること。

現行法に依れば營業者の住居に供するもの其の他直接營業に使用せざるものも、同一區域内にありて其の所有に係るものは營業用として計算することに規定しあるも、直接營業に使用せざるものを課税標準物として計算すれば、何れの點より見るも適當の理由なきのみならず、事業者に不當の負擔を荷はしむるものなるが故に、直接營業に使用する土地家屋を限りて賃貸價格を算定するの至當なるを認む。

(九) 各種營業者よりする課税標準届書は調査委員其他適當なる機關を設けてこれを調査せしめ、意見を附して税務署に提出せしむること。

現在の實況を察するに、個々納税者と税務署の間に於て動やもすれば意見の疏通を欠き、爲に徒らに徴税上の手數を重ぬるのみならず、納税者をして自から感情を害し、益々課税に對し苦痛を增させしめ其の結果國家をして十全に徴税の目的を達するを得ざらしむるに至る。是れ双方に毫も益なくして而して共に大に不利なるものなり。

然るに若し此に言ふが如き方法に依り豫め相奮必要の調査を經て、適當なる程度に於ける届書として税務署に提出すること丶なさば幾多の勞費と劇甚なる感情の衝突とを避けて、却て適當なる課税額を得、以て自然に負擔の均衡を見るに至るべきを信ず。

（第六印紙税に對する意見、第七取引所税に對する意見、第八關税に對する意見　略）

終に臨み尙ほ敢て一言して以て特に財務當局に訴へざるを得ざるものあり何ぞや。即ち我が税法の運用上に現出する不良の事相是なり。蓋し税法の運用上最も尙ぶ所は、税務に從事する者克く斯税の精神を體して嚴に賦税均衡の至義を奉じ之を貴賤に施して偏頗なく之を貧富に加へて寛嚴なく、所謂一視同仁の誠を以て、一般の納税義務者を遇し、彼等をして共に齊しく平然として其の當に果すべきの義務を果さしむるに在り。斯くの如くにして即ち民に怨嗟の聲なく、斯くの如くにして、即ち國に餘裕の財あるを得べきなり。

然るに熟々現時賦税の狀態を査察するに、不幸にして本議に反戾する不良事相の歷然として其間に存在するあるを認む。即中流以下の納税者に對しては、往々不當なる査定額を定めて納税を強ふるが故に其の債る所概して苛嚴に過ぐるあるに反し、中流以上の者に對しては唯々其の申告する所に任せ、其の課する所却て常に寛宥に失するの弊習あり。是に於てか所謂社會の强者は比較的に少量の納税義務を負ふに止まるに反し、一面其の弱者を驅りて生計上甚大なる苦痛を忍びて比較的に多額の國費を負擔せざるを得ざらしむるに至る。是れ豈に税法の不備よりして、自ら生じ來る所の負擔の不均衡を補正すべき税法運用の妙契を没却し去りて、倍々賦税上に於ける偏重偏輕の弊果を助長するものにあらずして何ぞや。則ち知る今日に於て速に諸税法の改廢を斷行するの必要あると同時に、嚴に税務に從事する有司を戒飭して、税法運用の至義を堅守せしめ、依りて以て實際上賦課の不均衡を補正すべき妙契を忘逸せざらしむるの最も急要なることを。

斯の如く彼にして幸に改善せられ、此にして幸に矯正せらるゝに至らば、始めて能く民間長に怨嗟の聲を絶ち、而して國庫自ら充實なるを得べきなり。是れ此に敢て直言して以て當局に訴へ謹て其の明鑑を乞ふ所以なり。

●經濟界の現狀及其救濟

東京商業會議所會頭　中野武營

經濟界救濟に就ては具體的に之を言ふを得ざるも財界昨今の現狀及救濟の必要に迫れる實況に就き聊か茲に之を述ぶべし

昨年十二月より本年一月に掛け株式界は殊の外好況を呈し諸株共に著しく騰貴せしを以て早晩其反動現はるべしとは多少皆豫期せし所なりしが折柄如何なる理由に基きしやは知らざるも一種の恐怖心生じ來りて前途を悲觀し偶ゝ銀行は株式の下落より漸く警戒を加へ其貸出を澁り恐怖の念從て一層其度を加へ株式相場は一月末以來愈ゝ下落するに至れり、當時竊に思へらく我經濟界は往日と異なり其基礎一般に膨脹し之を國家歳計上より見るも又之を貿易上より見るも十年前に比し約四倍の增加を爲したれば縱令日露戰爭後に於て事業の勃興ありとするも擴張したる經濟界は能く之を消化し盡して其影響を被ふる事尠なかるべく要するに經濟界は頗る健全にして他に病源なく唯恐怖心の爲に一時人氣を沮喪せしめたるまでのことなれば恐怖心薄らぎて人氣落着くに於ては日ならずして景氣必ず恢復すべしと、蓋し今日經濟界の健全なるは之を日清戰爭後に比較して頗る顯著なるものあり、曩に日清戰後に於て事業勃興するや其主たるものは鐵道、紡績等にして其材料は主として之を外國に仰がざるべからず從て企業資金の過半は外國に流出せしめざるべからず而も其事業の性質たる數年の長年月を待つべかりしなり、而して轉じて資金の供給を見るに清國より僅に三億圓の償金を獲得せし外他に新資金を得るの途なく三國干涉に依り馬關條約は顚覆され我國の扶植せんとせし韓國は露國の勢力範圍のものたらんとし滿洲の鐵道は露國に依りて敷設せられ大連は其商港となり旅順は其軍港となりて日露の衝突は早晩避くべからざる形勢を示せしより外國資本家は其前途を危みて我國への放資を躊躇し之が爲め外資輸入は望む能はざるに至れり、然るに日露戰爭後は全然之と其趣を異にし昨年夏以來事業急に勃興して新資金の所要額十數億に上りしも其多くは既成事業の擴張にして新事業と雖も企業家は十年前の覆轍に鑑み無謀なる計畫を爲す者なく孰れも堅實なるものを撰び其方法亦確實なる手段に出で之を數期に分ち其第一期に於て多少の利益を見たる後に於て更に第二期、第三期と漸を追ふて完成せんことを期し集資の方法に於ても先づ四分一の拂込に止め殘部は之を事業進行の他日に讓れり、されば呼稱する所は十數億の巨額に上ると雖も事實差當り資金を要するは其四分一に過ぎず、而して其事業の性質たる資金を固定せしむること少なきのみか其材料は之を內地に求むべく縱令外國に仰ぐべき分と雖も前日の資金の過半を擧ぐるが如き甚しきに至らず而も舊事業の擴張は勿論新事業に於ても長年月を待たずして利益を擧ぐべきもの多く加之日露の衝突は既に解決されて再び東洋に風雲を見るの虞なきに至りしを以て堰の決せし如く外資の滔々として傾注されんとするあり、我經濟界自體に於て强大を加へたるのみならず四圍の情況斯の如く前日と其趣を異にしたれば株式の下落、人氣の沈衰も唯一時の神經作用に止まりて日ならず恢復すべきものと信じたりしなり

然るに三月に入るも四月に入りても尙株式は恢復せざるの

みか其下落更に甚しきを加へ延て世間一般に沈衰するに至れり、是に於てか思へらく曩に經濟界を健全のものとし無病のものせしは誤解にして何處かに病根伏在するあるべしと、此に鑒て經濟界の實況を觀察するに果せる哉容易ならぬ病根を認め啻に株式界の一部に止まらず汎く一般に亘れるを知れり、即ち株式下落して銀行愈々警戒を嚴にし例へば曩に時價百五十圓を唱へし株式に對し九掛を以て融通を與へしもの今や時價八十圓に下落して之に五掛を以てするも猶容易に之に應せず同一株式にして前後其間百圓近くの融通力を縮少し加之手形は既に對人信用の効力を失ひて一々之に擔保を附するにあらざれば割引かれず對人對物共に信用の融通力全く一掃され資金利通の途全く閉塞されたり、次に財政上を見るに鐵道國有の結果として日本鐵道始め數多の大鐵道は政府に買收されたるも其買收價格決定に至らざる爲め其株式は公債に代はる能はず一方に於ては從來日本銀行の見返品たりし是等鐵道株は之れが爲め見返品としての効力を十分に爲す能はず公債と見返品との間に彷徨して資金の融通を得ず又其利益配當金として從來毎半期に拂渡されしものも買收價格未定の爲に株主は之を受くるを得ず加之私設鐵道時代にありては日々收入せる運賃其他は直ちに其取引銀行に預托せられて大に市場資金を潤ほせしも買收後鐵道收入は悉く國庫に入りて容易に市場に出でず斯の如くにして政府財政策の爲に資金の融通又大に妨げられたり、即ち病根は民間經濟界に存するのみならず又政府財政策にも存せり、而して前述の如く其苦痛汎く一般財界に亘り其儘に放擲せんか由々しき大事是より生ぜんも計り難ければ猶救ふに足るべき今日之を排除するの策を講じ以て大患を未發に防ぐの必要なるを感じたり

而して之を救濟する策としては買收鐵道に對し公債を下附するも一策なるべく或は利子の拂渡、鐵道收入金を普通銀行へ預入するも亦可なるべし、其他種々の方策あるべしと雖も公債の下附は事實上迅速には行はれ難く其他の方策も考慮に時日を要し徒に時期を經過するに於ては機を逸して其効を收め難かるべく今日の場合に尙ぶべきは巧遲ならんよりも寧ろ拙速なるにあり、此時に當り最も迅速に行はれて又最も効果多きを日本銀行擔保制度の擴張なりとす、既に前述の如く鐵道國有の爲に買收鐵道株は見返品たるの性質を失ひ又北海道炭礦鐵道の如き滊船會社となりし爲め其資格を失ひて今日剩す所は郵船株、正金銀行株等二三あるに過ぎず、然るに一方に於ては既成會社にして堅實なるもの尠なしとせず、故に今炭礦滊船會社其他確實なる會社を撰びて其株式を見返品に加ふるに於ては之に依り市中銀行も是等諸株式に對して懸念なく放貸すべく世人も亦之に依り融通の便を得て爲に民間資金利通の途開かれ以て今日の病患を治するを得べし、或は言はん特殊銀行にあらざる限り銀行は手形の割引を主とし株劵擔保貸は之を避くべきものなるを以て見返品の增加は非なりと、理論上より云へば論者の言の如し、然れども今日の場合は理論にのみ拘泥すべき時にあらず宜しく權道に出づべきの時なり、假に一歩を讓り論者の言に從はんか今日對人的信用衰へ手形に依る融通の便なきを如何せん、況んや初めより見返品制度無くば已む苟くも此制度を存する以上而も政府の鐵道國有策に依り見返品の減少を來したる際なるに於てをや

株式の下落、融通の閉塞に依り一般に苦痛を感じたるが中

にも特に株式仲買人は株式の下落するに従ひ取引所より證據金の追増を請求され而して其華客の之に應ぜざるより自ら代りて之を負擔するに至り遂に負擔に堪へずして其買玉を賣放つが爲め株式は更に下落し株式下落して益〻苦むの窮境にあるの實況にて其極破産者を生ぜんか其影響は忽ち銀行に及び一波起りて萬波爲に生ずるの虞なしとせず、或は株式界の窮境は自業自得に出でたるものなりと言ふものあるべけれど取引所に菌集するは獨り所謂株屋連中に止まらず有らゆる階級有らゆる種類の人々より成りたれば之を經濟界一般と見做して不可なかるべく從て今日の打擊を株式界一部分に止まるものとして河漢視すること能はざるべく幸に能く彌縫して甚しき失敗の跡を暴露せざるも既に火は床下に瀰蔓し居れることゝて何れかの一端に焔を吹き出すに於ては大事之より生じ又收拾すべからざるに至るべし、假りに之を一局部の者の成したる結果なりとするも其影響にして一般社會に及ぶべき虞あるに於ては當局は之が爲に一臂の勞を執り災厄を未發に防がざるべからざるべし、曩に戰爭中百三十銀行の破綻するや政府は此理由の下に六百萬圓を貸與して之を救濟せり、同じ理路を辿るに於ては此回の事亦當然救濟の策に出づべきものなるべし、況んや政府財政策の之に關聯するものあるに於てをや、擔保制度擴張は當局の好まざる所として可なるも財界救濟の必要なる事實は動かすべからざることにして此事實を具陳するは予の職責なりと信ず

株式下落及び其救済方法に関する意見

下落の原因

仲買委員は殆んど異口同音に、目下の株式下落の原因を以て株の供給増加に對する需要力の不足に在りとせり。蓋し戰後新會社の創設及既設會社の增資に依り、株式の數著しく增加せしは明かなる事實なるが、若し是等增加株式に對する吸收力にして均しく增加したらんには、決して今日の如き不況を見ざるべきに、不幸にして事實は之に反せるを以つて、忽ち株式過多の現象を呈し、遂に其價格の下落を來すに至りしは避くべからざる數なり。然らば何故株の需要力增加せざるやと云ふに、是れ畢竟買收鐵道代金の未下附と、資金融通の不圓滑なるとに因るもの、如し。初め鐵道國有の事決するや、被買收鐵道の株主は從來目己所有の鐵道株の代替物として、新會社の株式を求むるもの尠なからざりき。

然るに右買收代金は、未だ交付せらるゝに至らず、尤も共筋に於ても特に便法を設け、買收鐵道株を公債同樣に見做して擔保價格を定め、日本銀行の見返品中に加へたりと雖も、日銀の擔保價格なるものは、市中銀行が融通を受くる場合の標準にして個人としては到底此擔保價格を以つて、資金を供出すること能はず。從って公債同樣とは云ひながら、公債相應の價格を維持することも六ヶ敷く、結局一般株式の趨勢に伴ひ、昨今の如き其市價は公債換算價格よりも、幾分の低位に在り。而して市中銀行に於ける貸出率は勿論之を標準とするが故に、其融通力は公債よりも尠き結果を生ず。随つて株式の需要力も亦夫れ丈け減殺せらるゝ譯なり。

次に曩日株式の價格上進の際には、各銀行爭うて高位の株式に對し八掛以上九掛と云ふが如き割合を以て貸出せしに拘はらず、昨今は啻さへ下落の株式に對し、貸出割合を六七割位に減縮せしは、銀行自衞の爲め止むを得ざる處置とは云ひながら、之が爲め各人の運轉資金は三分の一程度位に迄減少せるみならず、聞く所に依れば新設會社の株式に對しては假令相當有利なるものと雖も、概して何等の融通をも受くること能はざる由なれば、資金融通の圓滑を缺ける樣想ふべく投賣の續出して意外の不況を見るも怪しむに足らざらんか。

救濟の方法

病因斯の如くなるが、之が救濟策としては須らく其原因に遡つて根治療法を施すの外なく、即ち第一策としては速に買收鐵道代金を、概算渡すことに在れども、公債價格維持上之を不得策とすれば、買收鐵道株は公債同樣と見做したる次第なれば、減債基金を以て臨時之を買上ぐるに在り。斯くすれば、該株は目下公債時價よりも比較安なれば、國庫に於ても有利なるべし。

第二策としては工業會社中には随分確實たるもの少なからね

ば、十分調査の上然るべきものは、日本銀行の見返擔保品中に加ふるか、若しくは興業銀行に於て之れと同様の取扱を開始し、融通の途を完からしむるの外なるべく、若し多少の障害を慮り徒らに放擲して顧みざるに於ては、目先仲々回復の風潮に向ひ難かるべく、其結果は公債市價に及び、遂に政府の財政にも影響するに至るべし。且つ政府は極めて公債の増加を忌み、鐵道買收代金の概算渡を躊躇せるが如しと雖も、之れ恰も耳を掩うて鈴を竊むに等しく、最も浅墓なる手段にして如何に忌み嫌へばとて買收後五箇年内には是非下付せざるべからずして、其時に至り一時に下付せば、漸次概算渡しを爲すに比し、公債價格に及ぼす影響、一層激甚なるものあるべきに、政府意向こそ了解し難けれ云々。

時局と予の決心

東京商業會議所會頭　中野武營氏談

▲今度の我々の反對運動に就ては大分操觚者諸君からも有力の聲援を與へて下さるので頗る輿論を喚起した次第でありますがお庇で今日から開會しまする全國商業會議所聯合會に取つても大に活氣を添へることであらうと思ひます兎に角どうか今度の事は何れの階級を問はず一致して反對に從はねばならんことで實に國家の休戚に關する問題と云ふても妨げないのですデ東京市の實業家側でも大に發奮して現に明日は實業組合聯合會の大會を開いて反對意見を發表さるゝ筈でありますが元は市内の商工業者百幾組合かの代表者を以て組織されたものでありますから其決議の反響は最も力あることを考へます。

▲ソコで此豫算案が議事に上ると各黨派でも夫々黨議を定むるでせうし自然我々の運動に取ても何かと不便でありますから是非其前に商業會議所聯合會の決議を發表したいのです、隨つて今回の臨時聯合會は從來の聯合會とは其性質を異にして唯決議したゞけでなく決議の實行に努めると云ふ運動が伴ふのですから餘程忙しいのです

▲決議の實行に就ても種々の方法がありませうが先づ第一に全國の市部から選出した處の代議士……是が丁度七十五名あります此人々を招待するなり歴訪するなりして我々の意見に贊成して貰ふのが急務であらうと思ふのですが市を代表する處の議員であるならば素より市の利益を圖らねばならず、市の利益を云へば無論商工業者の利益でありますから隨つて此増税案に反對するのは當然の義務でありませう故に七十五名が一致して本案に反對したならば市部以外の代議士にも必ず之に贊成するものがありませうから之を否決するとも不可能ではありませんか唯憂ふべきは此市部代議士の中に政友會員の多いことであります

▲政友會に屬する市部議員の去就は今から豫め揣摩し得る限りではありませんが若し渠等が市の利益を犧牲に供してまでも其黨議若くは領袖の意見に服從するならば來るべき總選擧に於て我々は再び渠等を選擧する必要はないから之も聯合會決議の一項に加へられることでありませう

▲扨我々が絶對に政府の財政計畫に反對する理由と云ふものは既に世の定論となつて居るが如くで其計畫が餘りに矛盾して一方不生産的の事業に莫大の國費を投じ一方生産的の事業に大削減を加へると云ふ行り方で現に鐵道などは唯さへ貨物の停滯を免れない處へ持つて來て彼樣な方針では愈よ其機械を囊ふに至るであらうと考へます處が飜つて陸海軍の計畫と云ふものは甚麼でありませう。

▲六億の歳出が七分までは不生産的の費用に向つて支出されると云ふに至つては慨歎の外はありません就中陸海軍費の一部は繰延べたと云ふてさへ彼れが如き大計畫……十九箇師團の陸軍を什麼して支へませう五千萬噸の軍艦を什麼して支へませう我々は日露戰役に據つて缺損した處の軍備を補充すると云ふだけならば別段異論もないのであるが尚其上に過大の計畫を立てゝ師團を増し艦艇を加ふることの甚だ現下の國勢

に伴はぬが故に極力反對せざるを得ないのであります。

▲昨年の東京勧業博覧會に出品された海軍の總計表に據ると日本は軍艦の噸數に於て實に世界の第五位にある即ち第一位が英國で百七十三萬五千三百二十噸第二位が佛國で七十九萬三千八百七十八噸第三位が米國で七十二萬千八百三噸第四位が獨逸で六十二萬三千九百二十噸第五位が日本で四十五萬八千五百四十噸第六位が以太利で三十六萬九廿九十四噸第七位が露國で三十五萬一千五百十七噸と云ふ順序でありますが日本は最近の戰闘に鑑みて概ね新式の鋭を鐘めて居るから數字の上でこそ第五位にあれ其實力は或は獨米諸國の上にあるかも知れんのですシテ見れば列國均勢の上から見ても當分是れ以上に擴張する要はなく唯適當に此勢力を補充して往けば十分だらうと考へます。

▲假りに五千萬噸の勢力を維持するには何程の費用が掛るかと云へば單に其補充費だけで年に五六千萬圓を支出せねばならぬであらうと思ふ何となれば軍艦の有効年限は是まで總て廿五年としてありますが科學の進歩殆ど造化を奪ふが如き今の有様では昨日の新式は今日の舊式、今日の新式は明日の舊式と云ふが如く新陳代謝の度が頻繁であるから其有効年限を自然短縮されるのは當然ですデ現行の航海奬勵法に據つて下附される處の奬勵會は建造後十二年以内の船舶に限るのですが是れ取り直さす船齢の十二歳に達するものば老朽の部に入るわけなので商船でさへ其れであるから軍艦の如きは先づ十年の艦齢を以て其限度とせねばなりますまい左様すると五十萬噸を十ヶ年に割つて毎年五萬噸づゝを補充しれ往く要がありますが今日では一噸の値が千圓以上に付くからどう積つても五六千萬圓は掛るわけなのであります。

▲ソコで又同じ博覧會に出品された最近の各國貿易年表に就いて見ると英國は九十四億九千五百萬圓、獨逸は六十億八千九百萬圓、米國は五十二億八千七百萬圓、佛國は三十六億八千四百萬圓、白耳義は三十一億一千百万圓、露國は十六億六千二百萬圓、以太利は十三億五千八百萬圓、清國は十一億四千五百萬圓、日本は悲しい哉其次位で僅かに八億四千五百萬圓……何と腑甲斐ない次第ではありませんが我々が今前後二表を比較して國運の前途に多くの鬼胎を抱くのも亦無理はなからうと思ふ。

▲政府が無謀の計畫を立て、國用の不足を増税若くは新税に求め無暗に國民の負擔を重くさせやうとするのは丁度政府自身が自身を葬るべき墓の穴を掘るに等しいので此點からしても十分政府の反省を求めねばなりけせん何となれば政府は如何なる場合に在つても需用者であつて決して供給者ではないのであるから國民の負擔を加へれば加へるほど總ての需用品に方て高いものを買はねばならず高いものを買へば歳出が増加する歳出が増加すれば又増税と……何時まで經つても同じ事を繰返して國歩は愈よ艱難に陷るばかり何處けで往つても財政の基礎は安固を保つ[illegible]に往かんのであります。

▲現内閣が甚麼に無策でも此位の賭易き道理に惑ふ氣間もありますまいが由來陸海軍と云ふものを統一する力がなくて常に其壓迫を受けつゝある内閣であるから此増税の計畫も或は爲めに餘儀なくされたもので恐らく衷心から是を以て善良の

政策を認めたのでもなかららかと思ふ若し夫れならば政府は國家の存亡よりも陸海軍の消長に重きを置く事になるので實に斯樣な矛盾の政策と云ふものは苟も立憲治下に於て見られたものはありますまい。

▲爰に又國民の多數を占むる處の農業者に向て警告しだいのは農業者が今度の增税案を以て宛ら對岸の火災視するの甚だ謂はれなきことであります今度の政府の方針は到底直接税に成功の見込が付かぬ處から先づ比較的反動力の少なさうな間接税を選んだので農業者の側には未だ何の聲も聞かないのであるが虛心平氣で考へて見ると今現に商工業者の頭上に加へられつゝある處の誅求の鉾は異日更に農業者の頭上に臨むの鉾たることを忘れてはならぬのですナゼなれば間接税でも何でも商工業者にのみ誅求の出來る中は兎も角もモウ誅求の餘地が無くなると勢ひ直接税に來るのであるから今の增税計畫は必ずしも他事ではないのです。

▲右の道理から推すと農業者も此際一致して增税案に反對し不健全なる財政計畫の極度まで膨脹せぬ中に商工業者と力を協せて之を打破るのは結局自家の頓て被るべき打撃を未前に防ぐのと同じ理屈なのでありますどうか此邊の利害は操觚者諸君にも十分皷吹して頂きたいですマ兎に角重大の國家問題でありますから我々は飽くまでも此素志を貫徹し尚ほ進んで戰役中に課けられた非常特別税の廢止をも迫る考へであります。(一月廿一日談話)

△財政ニ對スル建議

戰後國政ノ料理上最モ周密ナル注意ヲ拂ヒ以テ最モ愼重ニ畫策スルヲ要スル所ノモノハ實ニ財政ノ方策ナリトス財政ノ方策ニシテ其ノ當ヲ失センカ啻ニ政府ノ施設遂行上少カラサル支障ヲ來スヘキノミナラス一般國民ヲシテ事業經營上直接ニ間接ニ多大ノ困難ヲ感セシメ其ノ結果自ラ遂ニ國力ノ發展ヲ阻碍シ國運ノ進歩ヲ妨害スルニ至ル吾人深ク此ニ慮ル所アリ一昨三十九年十月ヲ以テ開會セル全國商業會議所聯合會ニ於テ早ク既ニ其ノ議ヲ決シ政府及ヒ議會ニ對シ英斷以テ財政ノ方針ヲ確立シ一面嚴ニ事物ノ前後緩急ヲ計リテ歳出ヲ調節シ以テ歳計ノ過大膨脹ヲ抑制シ一面戰時税ノ課徴ノタメニ輕重宜シキヲ失ヘル各般ノ税制ヲ釐革シ以テ國民ノ負擔ヲ均正シ其ノ活動ニ利シ其ノ發展ヲ害セサランコトヲ要望シタリ而シテ昨年ニ至リ政府カ税法整理案ノ名ノ下ニ僅々所得税、營業税ノ二税ニ較々見ルヘキノ改正ヲ加ヘタルノ外ハ漫然非常特別税ノ名ヲ撤シテ其ノ實ヲ存シ實際ニ於テ殆ト毫モ税制ヲ釐革シ財政ヲ調節スルノ意ナキヲ見ルヤ昨冬十一月ヲ以テ再ヒ臨時聯合會ヲ開キ飽クマテ其ノ不可ナル所以ヲ論シテ政府ノ反省ヲ求メ斷然鹽專賣、通行税、織物消費税ヲ全廢シ營業税以下各税ニ適富ナル改正ヲ加ヘ其ノ結果トシテ生スル所ノ歳入ノ減少ニ對シテハ宜シク主トシテ不生産的事業ヲ休止若クハ繰延ヘ以テ其ノ歳出額ニ一大調節ヲ加ヘンコトヲ要望スルノ議ヲ公表セリ然ルニ今回政府カ四十一年度豫算案トシテ本期議會ノ協贊ヲ求メントスル所ヲ見ルニ曾ニ毫モ見ルヘキノ調節ヲ其ノ歳出ノ上ニ加ヘタルノ實ナキノミナラス更ニ其ノ不調節ナル歳出額ニ對シ强テ歳入額ノ缺陷ヲ補塡センカタメニ敢テ酒造税、麥酒税、酒精及酒精含有飲料税及ヒ砂糖消費税ヲ増課シ又新ニ石油消費税ヲ課徴セントス何ソ其ノ擧ノ不親切ニシテ其ノ計ノ拙劣ナル吾人ハ事此ニ至リテ啞然言フ所ヲ知ラサルナリ吾人ハ斷言ス吾人ハ絶對的ニ此等ノ増税計畫ノ不當不可ナルコトヲ確認スル者ナルコトヲ一言以テ之ヲ掩ハンカ消費税ハ間接ニ消費者之ヲ負擔シ直接ニ當業者ニ苦痛ヲ加フルモノニアラストシテ漫然輕々ニ指ヲ此等ノ税源ニ染ムルカ如キハ國家ノ財政方策上最モ忌ムヘキ所ニシテ國家經濟ノ保全上亦最モ恐ルヘキ所ナリ夫レ一波動キテ萬波之ニ隨フハ經濟社會ノ常態ナリ濫ニ消費税ヲ重課シテ一時ノ増收ヲ計ルヤ爲ニ自ラ經濟社會ノ秩序ヲ攪亂シ物價ノ騰貴、勞銀ノ上昻、生産費ノ増高、生計費ノ緊張、利益ノ減少、消費高ノ減縮、生産高ノ減退、輸出ノ減少、輸入ノ増加、正貨ノ逆流等內ニ外ニ幾多ノ不利事情ヲ誘起シ彼此相擊チ相重リテ以テ經濟社會ノ圓滿活動ヲ傷害シ遂ニ之ヲ驅リテ言フヘカラサルノ慘狀ニ呻吟セシムルニ至ラントス則チ財政ノ經綸上深ク愼ミ堅ク戒ムヘキハ實ニ消費税ノ濫徴ナリ若シ夫レ大敵ト戰ヲ交ヘ國家ノ存亡ニ關スル急要アルノ秋ニ際シ他ニ賴ルヘキノ財源ナク眞ニ止ムナキノ財政狀態ニ迫ラレ策ノ遂ニ此ニ出ツルカ如キ場合ニ在リテハ吾人或ハ萬般ノ不利事情ヲ忍ヒ涙ヲ呑ミテ之ヲ恕シ之ヲ甘受スヘシトスルモ今日ノ如キ方ニ專ラ戰後財政ノ整理ヲ急要トスル時ニ於テ須ラク調節スヘキ歳出ヲ調節セス僅々約五百萬圓ノ歳入缺陷ヲ補塡センカタメニ強テ濫ニ此ノ種ノ增稅計畫ヲ實行セントスルニ至リテハ苟モ誠意國家ノ健全安康ヲ計ル者豈ニ誰カ之ヲ是トシ之ヲ贊セン

今熟々四十一年度ノ豫算ヲ査閲スルニ其ノ歳出總額ハ實ニ六億一千五百九十五萬八千餘圓ノ巨額ニ上レリ借問ス此ノ巨額ナル歳出額中ニ於テ僅々五百萬圓ノ費額ヲ節約シ若クハ之カ支出ヲ繰延フルコト能ハサル乎又政府ノ明示スル所ニ據レハ剰餘金トシテ四十二年度ニ繰入レ得ヘシトスルモノ約參千參百萬圓アリト借問ス政府ハ何ノ故ニ之ヲ以テ四十一年度ニ於ケル歳入缺陷ノ補塡ニ充用スルヲ得サル乎此ヲ見彼ヲ思ヘハ吾人ハ實ニ政府眞意ノ在ル所ヲ知ルニ苦シム者ナリ要スルニ吾人ヲシテ忌憚ナク言ハシメハ政府ハ豫算編成上誠意ヲ缺キ姑息手段ニ依リテ國家財政上一時ヲ糊塗セントスルニ外ナラサルナリ而シテ政府ニシテ正ニ斯ノ如キ手段ヲ以テ國民ニ臨ムヤ國民ハ之ニ對シテ決シテ默々タルヲ得サルナリ

抑々我カ歳計ヲシテ斯ノ如ク膨大ナラシメ我カ財政ヲシテ斯ノ如キ窮状ヲ呈セシムルニ至レルノ主因果シテ何ノ處ニカアル他ナシ政府カ戰後經營ノ本旨ヲ誤リ國家經濟ノ要道ヲ辨セスシテ一意國防軍備ノ完全ヲ計ルヲ事トスルカタメナリ夫レ國防軍備ノ完成ノ必要ナルハ吾人能ク之ヲ知ル而カモ吾人ハ能ク之ヲ知ルト同時ニ他ノ一面ニ於テ最モ切ニ我カ經濟實力ノ充足ヲ計ルノ急要ナルヲ認ムル者ナリ即チ交通運輸ノ便ヲ擴充シ殖産興業ノ利ヲ大成スルニ必要ナル政費ハ縱ヒ暫ク國防軍備ノ一部ノ擴充ヲ後ニスルモ必ス之レカ支辨ノ途ヲ講スヘキモノタルヲ確信スル者ナリ然ルニ政府ハ漫然口ニ國力充實ノ必要ヲ説キナカラ其ノ實ニ於テハ殆ト全ク他ヲ措キテ唯一ニ國防軍備ノ完全ニ汲々タルノ結果生産的政費額ト不生産的政費額ト

ノ間ニ非常ナル不權衡ヲ實現シ爲ニ我カ財政ヲシテ歪畸不健全ナルモノタラシメタリ是レ吾人ノ最モ遺憾トスル所ナルノミナラス國家ノ前途ヲ思ヒテ眞ニ痛憂措ク能ハサル所ナリ是ニ於テカ吾人ハ特ニ三ヒ臨時聯合會ヲ開キ此ニ明ニ此ノ財政方策ヲ絶對的ニ不可トスルノ議ヲ決シ以テ飽クマテ政府ニ反省ヲ求メ又更ニ議會ヘ訴ヘ極力之カ是正ヲ期セントス

今吾人ノ要望スル所ヲ約言明示スレハ斷シテ此ノ種ノ增稅計畫ヲ撤廢スルト同時ニ塩専賣、通行稅、織物消費稅ヲ全廢シ尙營業稅以下諸稅ニ適當ナル改正ヲ加ヘ以テ不統一不均衡ナル現行稅制ヲ釐革シ而シテ一方ニ於テハ斷々乎トシテ十分ノ調節ヲ歲出豫算ノ上ニ加ヘ國防軍備ノ一面ニ費力ノ大部分ヲ偏注シテ却テ國本ノ培養國力ノ充實ヲ計ルノ策ヲ忽ニスルコトナク所謂積極的方針ノ正義ニ則リ生産的政費ト不生産的費政トノ間ニ適度ノ均衡ヲ保持セシメ以テ歲計總額ニ於テ少クモ五千萬圓以上ヲ節減シテ歲計豫算ノ過大ナル膨脹ヲ抑制セントスルニ在リ

嗚呼我カ歲計ハ政府カ昨春ノ議會ニ向ヒテ協賛ヲ求メタル無謀杜撰ナル財政方策ニ依リ今ヤ既ニ膨大ニ失セリ而シテ漫然此ノ惰力ノ爲ス所ニ放任シテ今後ノ歲計ヲ構成センカ歲出ハ益々增大スルニ反シテ歲入ハ倍々缺陷ヲ來シ之ヲ補塡セントシテ增稅ニ次クニ增稅ヲ以テシ募債ニ重ヌルニ募債ヲ以テシ因ハ果ヲ呼ヒ果ハ因ト爲リ相應シ相踵キテ停止スル所ヲ知ラサルニ至リ遂ニ全ク財政整理ノ機ヲ逸シ國步艱難ノ度ヲシテ益々大ナラシメントス豈ニ痛心スヘキノ至ナラスヤ是レ吾人カ今日ニ於テ朝野心力ヲ一ニシ區々タル事

情ヲ排シ多少ノ困難ヲ忍ヒテ我カ歳計ノ適順是正ニ努メ財政ノ整理ヲ遂行シテ國家ノ安康ヲ永遠ニ保全セ
ンコトヲ期スル所以ナリ然リ而シテ吾人カ我カ財政及ヒ税制ニ關シ斯ノ如ク敢テ屢々侃々諤々ノ言ヲ爲ス
ハ是レ決シテ商業會議所ノ本分トシテ獨リ商工業者ノ利害上ヨリノミスルニアラス國家經濟ノ大局ニ鑑ミ
國民全體ノ休戚ニ就キ至誠ノ情實ニ忍ヒサルモノアレハナリ切ニ望ムラクハ事ニ國政料理ノ任ニ當ル者深
ク吾人ノ苦衷ヲ諒トシ以ニ我カ財政ノ整理ニ努メラレンコトヲ
右商業會議所聯合會ノ決議ニ依リ建議（請願）候也

政府財政計畫の無謀

東京商業會議所會頭　中野武營氏談

財政の無謀　四十一年度の財政計畫は吾人未だ其詳細を知ること能はずと雖も、今世の傳ふる所によれば政府は來年度の豫算に於て、歲入の缺陷一億數千萬圓に對して、一方に於ては四千萬圓の事業繰延を行ふと共に、他方に於ては三千萬圓の增稅を計畫し、更らに其足らざる所は臨時軍事費の剩餘、及俘虜收容費を繰入れ、以て四十一年度の財政を糊塗せんとするが如し、今年の缺陷は斯の如くして補塡し得べしとするも、明年明後年の缺陷は果して如何すべき、更らに增稅に增稅を重ねざるべからざるは明かにして、政府の此の財政計畫たるや實に無謀無算なるものにして、國民を欺き、國民を誑るものなり、昨年政府は六億五千餘萬圓の繼續事業を企畫したり、當時吾人は私に之を以て無謀、國力を顧みざる無算の計畫なりとなせり、而して當時藏相は議會に於て語りて曰はく財政の未來記は語るべからず、歲入の前途は今にして豫測するを得ずと、然れども吾人思へらく、歲出の前途は之を豫言すること能はざることあらんも、歲入の前途は豫め之を明かにせざるべからざるを、何となれば歲出に於ては將來如何なる出來事に際會し、如何なる不時の歲出を現出すべきか、數年前に於て之を見越すこと甚だ困難なるを免れず、殊に物價騰貴の盛んなる今日、歲出自然の膨脹は勢ひ免かるべからず、斯くて歲出の前途は之を豫測すること困難なるべしと雖も、歲入に於ては歲出に對して收入の途を明かにせざるべからず、是れ政府當路者の責任にあらずや、然るに現政府は一方に於ては六億五千餘萬圓の大々的繼續事業を計畫しながら、他の一方に於ては歲入の未來記は語るべからずと、是れ豈國民を侮辱するものにあらずして何ぞや、而も吾人は尙政府に信頼する處あり、四十一年度に於ては稍や根底ある財政計畫を見るべしと思ひきや、又々斯の如き姑息の補塡案を講じ、以て一時を彌縫せんとは、慨嘆に勝へず。斯の如くんば我財政の基礎は遂に定まるべからず、增稅又增稅國民の負擔は如何なる程度に於て底止すべきや知るべからざるなり、

軍備費の偏重　抑も我が財政をして斯の如く不定の基礎にあらしむるものは軍備費の過大なるに歸せざるべからず、試に見よ、三十九年度に於る我軍事費の總額は豫算に於て、一億八千三百萬圓を計上し四十年度に於ては一億九千四百萬圓を算せるにあらずや、今之を歲出總額に對する割合を見れば三十九年は歲出五億四百萬圓、四十年度の歲出は六億一千六百萬圓にして不生產的なる軍備費は實に總歲出の約三分の一に當れり、實に驚くべき割合にして、我財政を整理するには斯の如き膨大なる軍備費を緊縮し、更に大なる事業の繰延を行ふの外他に求むべからず說を有するものあり、曰はく今や世界を通じ、協約の成立は頻々として報導せられ、各國は平和の保障に信賴せんとしつゝあるが如くなるも、其實各國共に軍備の充實に專らなるを思ば、我國に於ても軍備の擴張は等閑に附すべからずと、然れども思へ、我陸軍は戰時に於て優に百萬の壯丁を戰場に送り得るは這般日露戰役の明かに證明せる所ならずや、今遽かに之を擴張するの必要何處にかある　又海軍の方面を見るも、四面環海の我國が國防上優勢なる海軍を要するは言を俟たずと雖も是又た自ら限度あり、今我が海軍の現狀を案ずるに總噸數約五十萬噸にして、世界の第五に位し、東洋に於て我海軍と拮抗するものあるを見ず斯の如き優勢なる海軍を擁し、固より之が補充の必要は之れありと雖も、今遽に數年間を限りて之が擴張の必要を見出す能はざるなり、吾人は思ふ、今や我當局者は神經過敏症に陷れり、個人が神經を過勞するや、身體の衰弱を來たさゞるを得ず、國家も亦た然り、當局徒らに神經を過敏にして、國力

に副はざる軍備の擴張を爲し、國民の膏血を絞り、其結果一國の衰退を來せるの事實は、歴史の明かに指示する所にあらずや、吾人は昨年東京勸業博覧會に於て、世界海軍の圖表を見、我海軍の優勢なるを發見して思はず快哉を禁ずる能はざりしが、更らに歩を進めて、世界各國の貿易圖表を見て、我貿易額の僅少なるを思ひ、自から心を寒ふせり、我貿易額は昨年に於て九億を拔き、近年長足の進歩を告げたりと雖も、之を世界列國に比較する時は英國の十分の一、米國の七分の一、獨逸の六分の一に過ぎず、獨り軍備に於てのみ傑出せり、國民の負擔の重大なるを思ふべきなり、而して更らに益々軍備の擴張を計る豈に民力の堪ふる所ならんや、斯くの如くして益々誅求し、民力愈々疲勞す、假令數百萬の精鋭を擁し、百萬噸の軍艦を有するも、一端事あるの日に於ては之を用ふるに由なく、遂に無用の長物たるに終らんのみ、加之今日財政の窮乏をも顧みず徒らに軍備を擴張するは外交上策を得たるものと云ふべからず、さなきだに戰勝國として、兎角姤視せられ、外交上誤解を醸し易き折柄、無謀なる軍備の擴張を爲すは、徒らに外國をして戒心せしむるの恐れなき能はず、故に吾人は今日財政の整理に對して、軍事費の緊縮を行ひ、事業の大繰延を主張するものなり、或は之に對して曰く、今更ら擧業の大繰延を爲すは政府の威信面目に關するものあると共に或種の事業の如きは已に着手し、例へば兵卒の如きは大に擴張の計畫を以て之を徴集し、軍艦の如きは已に注文せり、今更らに之を中止し、又は繰延ぶるが如きは非常なる不經濟なるを免れずと、然れども吾人は曰はんとす、政府已に四千萬圓の繰延を決行せり更に七千萬圓八千萬圓の繰延を爲すも何ぞ政府の威信に關する所あらん、又た繰延より生ずる不利益の如きは、固より免れざる所の損害なりと雖、増税の忍ぶべからざるの比にあらざるなり。

増税に付て　政府は歳計の補塡案の一として煙草、酒、砂糖、石油等の間接税を増徴して、三千萬圓を得んとするものなり、吾人は戰時非常の處置たる一億六千萬圓の非常特別税を其儘に繼續するさへも、非常なる誅求なりとなし、切に之を輕減せんことを望みしに、更らに三千萬圓の増税を計畫し、此上誅求を重ねんとす、豈に驚くべきことならずや、政府は間接税たるの故を以て、國民の苦痛を大ならずとなすか、然れども之が爲めに生活費を上進せしめ、勞銀を騰貴せしめ、國民の生活をして益々困難ならしむるや明かにして、之を以て貧民税と稱するも敢て過言ならず、而して又之が爲めに蒙る我産業の打撃甚だ大にして、前記諸税を増徴するや、之が爲めに消費の減退を來し、製造家をして非常なる苦境に陥らしむるのみならず、他の一方に於ては密輸入を大ならしむると共に、多額の見越輸入を促し、之が爲めに砂糖の如き多年苦心の結果漸く外品を驅逐して、正に發達せんとするものも再び外國品の輸入となり、斯業の發達を沮害するの怖れなき能はざるなり。而して財政の基礎は之を以て定れるにあらず、明年明後年に於ては更に増税を重ねざるべからざるは明かなる事實にして、決して今回の増税を以て止むべきにあらず、更に明年明後年に於て、地租其他の増税あるべきや豫め覺悟せざるべからざるなり。

財政の方針と産業の興敗　政府は斯の如き無謀なる財政を計畫す、之が爲めに蒙る一國産業の打撃は決して尠少ならず、政府の方針にして斯の如く無謀なり、各種の製造工業は何時如何なる運命に際會するも計るべからず、此れを以て、一時に巨利を博せんとする世の所謂虚業家はイザ知らず、苟くも多額の資本を擁し、眞に事業に放資せんとする資本家は此の如き政府の下に安んじて事業に放下すること能はず、一國の産業は勢ひ衰退を免れず、殊に外資の輸入の如きは、此の如き狀態の下に於ては到底夢想だにすべからず、内地の資本家にして、安じて事業に放下する能はず、況んや外國の資本家に於てをや、外資の輸入せられざるや、固より當然のとにして、近時外國資本家の我産業に注目するもの少なからず、昨年の如き多少外資の輸入ありしにも拘らず、其後全く外資輸入の議を聞かざるは抑も此の關係に外ならず云々。

時局論壇

増税斷じて不可
財政は大整理を要す

東京商業會議所會頭　中野武營

『増税の不當は多言を須ひず』

政府は明治四十一年度以降の財政計畫を案して歳入の到底歳出を支辨するに足らざるを見。新に石油消費税を起し、煙草、を直上げし酒、砂糖の消費税率を引上げて二千萬圓の收入を得、事業の繰延と相待つて收支の權衡を維かんとすと云ふ。然れども増税の不法なることは事理明白、又論すべきの要なきか如し。吾人の立場としては最早議論よりも實行なり、非難改革よりも無法に呆然たるものなり。

抑も日露戰役中我國は前後二回非常特別税を設定し國民は新に一億六千萬圓の重税を負擔したり。該税目中には各種の惡税を含有し、爲に産業の發達を妨ぐるものあり、國民は國家危急の場合なりしを以て忍て之を負擔したるも、平和克復後、一日も早く之を改廢すべきを希望し、吾人も亦全國商業會議所聯合會の決議を以て其斷行を政府に迫る所ありたり。然るに政府は之を改廢せざるのみならず、國費多端を口にして之を繼續したり。是れ既に事の穩ならざりしもの、爾來幾ならずして政府は更に増税計畫を樹て新税増税を行はんとす是れ普通人の感念を以て忍びざる所、其可否の如き殆ど問ふを須ひざるものあり。

『増税は又増税を生むべし』

斯の如く増税又増税し國民に誅求して止まざるときは内外人をして我財政計畫の如何に紊亂して危險なるかを疑はしめ、信用を内外市場に失すること多大なるものあり。是れ最も憂ふべきことにあらずや。

進て我財政は何故に爾く増税するを要するか、歳出は何の方面に最も多大なるかを見るに言ふまでもなく陸海軍費に外ならざるなり。明治四十年度の計畫に依れば同年度以後に支出せらるべき繼續費總額は六億五千餘萬圓にして内陸海軍費に屬するもの四億七千五百餘萬圓の巨額に達せり。軍事は一國存立の根基を鞏ふするもの、常に之を充實せざるべからず、然れども今は大戰の後を承け巨額の國債を負ひ、其利拂のみにても一億有餘に上り民力を休養して戰時の瘡痍を醫すべきの秋、軍事の爲に國力に相應せざる巨資を投ずるが如きは國力を疲弊し國運の進歩を害するものたらずんばあらず。

想ふに軍備の擴張は頗る巨額を要し、列國の常に競爭する所なり。國力充實を要とするの時、軍事の爲に國費を支出し、而して足らざるが爲に増税また増税せんか、國家の歳出は殆ど際涯する所なかるべし。今年二千萬圓を増徴するも明年は又不足すべし、明後年も亦不足すべし、從て今年消費税を増徴するも明年又歳入の缺陷を生じ、新に何ものかを増徴するを免れざるべし。今日商工業者を打撃せる手は他日必らず他の實業家を打撃せざれば止まざるべし。財政の整理にして行はれざらんか、地租は次て増加されん、所得税營業税亦或は引續き加重せられざるにあらざるべし。打撃の手は既に揚げられたり。之を今日に抑制するは吾人の責務にして亦國民の必らず斷行すべき所なり。

近時の我財政經濟の狀態は腦神經が過度に使役せられて過敏となり身躰衰弱せんとするに似たり。身躰の壯健を期せんと欲せば腦の使用をして適度を保たしめざるべからず。我財政經濟の基礎を鞏固にし健全の發達を期せんと欲せば膨脹しつゝある財政計畫を改良整理し、國力の許す範圍内に縮少すべし。總ての經費を擧げて必要なりと稱し之を支出して止まざれば何の日を待つてか財政の均衡を保つべき、當局者は不法に財政を膨脹せしめ、而して年々の不足は增税に依り國民をして其負擔に當らしむ、當局の希望は或は之は滿たすを得ん、而も國民の不幸と財政の紊亂とは終に之を避くる能はざるなり。

『消費税は如何なる損害を與ふるか』

更に增税其ものに就て觀察するも亦頗る弊害に富めり。當局者は今回の税目が總て消費税にして間接の負擔に屬するを以て國民の不便なかるべきを稱するものありと雖も、其國民の痛苦、國家の不利元より甚しきはなく一般經濟上に及ぼす不利亦尠きにあらず。蓋し消費税は税率低廉なれば消費者敢て多の痛苦を受くることなかるべしと雖も、增徵屢々加へられ、一定限度を超過して苛重せらるる時は其影響は殊に猛烈にして痛苦最も大なるものなり。現に酒造税の如き屢次增徵せられ著しく酒の消費高を減じつゝあるにあらずや。消費税なる故を以て負擔の痛苦少しと云ふが如きは人を欺くものにあらざれば即ち事情に通ぜざるの言のみ。

且つ夫れ消費税は消費する毎に税額を負擔するもの、全國を通じ總ての階級を通し普く一樣に負擔するものなり、從て其害の廣く且つ烈しきことも亦想像の外にあり。例へば空氣より來れる損害が之を呼吸するものゝ均しく其害を免れ能はざると異なることなし。吾人は消費税なるの故を以て痛苦の特に輕きものあるを發見せざるのみならず、却て其損害の一般に且つ廣きを信ぜずんばあらず。

『增税は全社會に甚深の害を與ふ』

消費税の增徵は爾く一般に且つ廣く惡影響を與ふるのみならず、今回の增税は比較的下級人民に對して打撃を與ふるものなり。例へば酒に就て之を見る、下級人民が終日營々として勞働に服し得るもの一杯の酒によりて疲勞を醫すればなり。醫學上の說は姑く之を別とし、我國の慣習上酒は勞働者の必需品にして勞働者は一日も酒を缺くこと能はず、之を減せんとすれば其だけ其人の幸福を奪ひ、若し減ぜざれば勢ひ生活費の增加となり生計の困難となり、勞銀の騰貴を免かる能はず。若し賃銀上らず而して生活ノ困難愈々急を加ふるものあらば彼等は止を得ず酒精に水を混し衛生上の有害を省みず以て一時の醉を買ふに至るべし。果して然らば是一國の原動力たるべき勞働力の効果を減少するもの、其損害は增税せざる場合の比にあらざるなり。砂糖も亦曾ては贅澤品視せられたることあるも、今は食味の調理上一日も缺くべからざる必需品なり、之を缺けば即ち味不良、從て又勞働力を減ずること少きにあらず。石油消費稅の新設、亦前二者に劣らざるの打擊を與ふ。今や電氣瓦斯の設備ある都會地の中流以上の人士は燈料として石油を使用するを要せずと雖も最も多數にして負擔力の乏しき中流以下の人々は電氣瓦斯に由ること能はず、總て石油を消費し電燈瓦斯の設備を欠ける地方に至ては上下兩級を擧げて悉く石油を使用しつゝあり。即ち石油消費稅は電氣瓦斯を使用せるものに厚ふして、之を使用するに堪へざるものに重課し、多大の打擊を與ふるものなり。稅目として蓋し最も惡稅たるを免れざるなり。

抑も我國に於ては今日まで未だ忌むべき同盟罷工なかりしと雖も既に多少勃興の氣運に向ひつゝあり。今回の增稅は彼等をして生活難に苦ましめ罷工の口實を與へ同盟罷工に陷れんとするの觀なきにあらず。況んや此等の諸稅は細民の負擔を過重ならしむると共に勞銀を高からしめ總の物價に影響を與へ製造工業に從事するものゝ苦痛を大ならしめ其發達を阻害するものなるをや。即ち最初には細民の負擔を過重ならしめたるものも後には上流資本家を打擊し投資を躊躇せしむるに至り、其影響は廣く且つ大なるものあり。

『消費稅の增徵は營業者をも苦しむ』

又消費稅は其性質上營業者か一時消費者に代りて租稅を納め、終局には消費者の負擔に歸するを以て營業者敢て苦痛を感ずることなしと稱するものあり。然れども是れ民間經濟の實狀を知らざるの言なり。消費稅は消費者を苦しめ、從て又消費物の製造家資本家を不利ならしむること前說の如しと雖も、營業者も亦損失を免れず。例へば從來百石の酒を醸造せしもの增稅の爲め其消費高減じて七十石となれりとせよ、三十石に對する醸造設備は更に無用に屬し當業者は不用の設備に投資せると異なることなし。是れ損失の一なり。又從來百石醸造に收めたる利益は七十石醸造の場合に比し利益を減少すべきは明白なる事理にして、當業者は爲に第二の損失を免れず。若し夫れ價格の騰貴消費の減退に伴ひ營業利得の減少すべきは總ての事業に共通せるもの、消費稅の增徵は必らずや又此弊を生ぜずんばあらず。

要するに今回の增稅は下流社會を苦め同盟罷工の端を開くのみならず、其弊害は延て上流社會に及び、資産家製造家をして安じて投資するに躊躇せしめ、工業の發展を阻害し政府としては後に說けるが如く愈々歲入不足の弊を繁くするものなり。

『民業を警戒せる政府は自ら警戒するを知らず』

顧みれば一昨年の秋期以來戰後の新事業は俄然として勃興し到る所新設會社を見ざるなかりき。當時政府は之を以て株熱の膨脹、眞正なる國力に伴へる發展にあらずとなし、大銀行に對して內訓を下し民間經濟界の反省を促したりき。

然るに昨年一二月の交より經濟界の不況を呈し、株式の暴落するや、新設會社は續々中止解散し、一時實力以上に膨脹したる新事業は忽ち收縮して其常態以下に下れり。當時既に證據金を拂込み、又は第一回の拂込を了せるあり、然らざるも多くは既に多少の創業費を投じ、且つ其事業は前途多望なるを信じて疑はざるものあり、之を中止し解散するは利害に於て人情に於て忍び易しとせざる所なり。然るに民間當業者は經濟界の不況なる、當分事を爲すに適せざるを見は、百事を犠牲として中止解散を敢てしたり。

然るに政府の財政は民間の膨脹熱の旺盛なりしときに計畫せられ社會の風潮に從ひ實力以上に膨大し、而して一たび膨脹したるものは愈々膨脹し、非常特別税の繼續を以てするも尚足らず、今や更に民間の大反對あるに拘らす消費税を増徴せんとするに至れり。曩に民間事業熱の膨大を憂たる政府は今や却て自ら膨大熱に罹りて自ら之れを整理し救濟する道を解せず、一に増税又増税に據らんとす。吾人は政府が自ら善事に斷ならざるを惜む。

且つ夫れ政府の計畫に從ひ増税するときは物價を貴からしめ、從て又歳出の増加、收入の不足を促進す。蓋し政府は物品の需要者なり、供給者にあらず、故に物價の騰貴を促すべき増税政策は同時に歳出増加の端となり豫算を齟齬せしむ。政府か民論の非難を受けつゝ財源を誅求するや一面却て其歳出を増加せしむるに過ぎさるなり。

「政府須らく民間實業家に學へ」

想ふに國民は租税負擔の義務あり國家危急の場合に際しては忍て重税に堪へざるべからず。然れども平和克復し戰後の發展を行はんとするに當り重税の壓迫を加へんとするは國運の進歩を阻害し國家産業の發展を妨ぐるものなり。吾人は我財政計畫を國力に相當せる程度に止め、募債増税は之を見合せ過大なる膨脹は爰に斷乎として之を抑制し以て財政の整理、歳出入の權衡を講ずるを望まざるを得ず。當局者中には既に計畫し又は着手せることもあらん、而も悉く之を遂行し完成せんと欲せば幾たび増税を繰返すとも以て歳出を償ふに足らざるなり。民間當業者は既に勢の不可なるを見るや、前途に發展の希望あり有利の調査あり、而して既に多少の創業費を投資せるに拘らず斷然之を中止し、以て實力に不相應なる計畫を廢止したり。吾人亦政府の民業に傚ふて自ら處する所あらんを望む、

增稅反對論

中野武營

此度四十一年度の豫算に於て政府は增稅計畫を爲す樣子である。是は大に硏究を要する問題であるが、我々は今日の場合として、增稅を爲し若くは新稅を起す如きは、實に意外千萬に考へるので、唯だ驚くの外は無い。我々は戰時中の非常特別稅を其儘に繼續せらるることとすら、甚だ國民の負擔上に於て堪へられぬ事と思ふので、之を整理して少くも三四千萬圓の金額を減して貰ひたいと云ふ希望を有して居るのてある。然るに其等の事が出來ぬのみか、搗てゝ加へて尙ほ其外に增稅を爲し、新稅を起すと云ふが如きは、實に驚かざるを得ないのである。我々實業家は政府の財政に立入つて非難攻擊するは、餘り好まぬ所であるから、從來は意見があつても、成るべく遠慮して居つたのである。併ながら今回の樣に、突如に新稅增稅を起されると云ふ如き問題に遭遇しては、唯だ商工業者の苦痛の點を訴へるのみては事足らぬのである。何が故に斯の如き增稅新稅を徵せらるることがあるかと云ふことを論究する上に於ては、止むを得ず財政の點に對して、意見を言はねばならぬと云ふ譯である。

全體政府が、本年の如き財政困難に陷つた次第を考へて見るに是は突如に來つた事には非ずして、前より分り切つて居る事である。それを今日に至て遽に騷いで、遂に其尻尾を民間に被せ掛けて、其穴を埋めんとするが如きは、實に無定見の仕方である。其譯と云ふものは、昨年の議會に於て、戰後の經營策として、六億五千餘萬圓の莫大なる繼續事業を計畫して、議會の協贊を求めたといふことが、抑も我國力の如何を顧みず、所謂無鐵砲の計畫を爲したものと云ねばならぬ。それも其程の事業をするとならば、豫め其財源を十分に見定めて、收支相償ふ所の計畫を立てゝならばまだしものこと、斯の如き莫大なる繼續事業を計畫するにも拘らず、其財源を見定めずして、唯だ支出だけを決したと云ふことは、即ち無鐵砲なる所以てある。昨年の議會に於て、議員から、四十一年度以下の財源は何に依るかと云ふことを質問したれば、大藏大臣は、未來のことは豫め言はれないと云ふが如き答を爲して居るやうである。此事は其當時の新聞にも見へて、世人の記憶して居る事である。歳出は未來記を拵へて置きながら、歳入の未來記を定めることは出來ぬと云ふが如きは、實に奇怪千萬なる事であると、其當時我々は深く疑ふて居つたのである。併ながら斯の如き計畫を爲す以上は、當路者として責任を有つて居る譯であるから、必ず何等相當なる計畫があり、定見のあることであらうと竊に思ふて居つたのである。所が今年に至て、此計畫に對して、遂に財源に究して新税を起し、增税をもせねばならぬことになつたと云ふことは、今日から見れば、昨年の豫算問題の場合に於て、未來は語ることが出來ぬと言はれたのは、實は定見が無かつたものと見へる、我々は實に驚かざるを得ないのである。而して今日は啻に新税を起し、增税を爲すのみならず、一方には事業の繰延をなして、それで漸く經濟をやつて行かうと云ふのであるが、我々の考へる所では、繰延をすると云ふことに決するならば、何故に財源の足らざるものだけを、全部繰延にすることにせぬであらうか、或は言ふ、昨年の場合であつたならば、思ふ儘に事業の繰延も出來るて有たけれども、最早既に昨年一箇年を經たものであるから、諸般の事業に着手したのである。即ち海軍て云へば、軍艦も注文した、陸軍て云へば、昨年の徵兵の場合に於て、既に其目的を以て入營させてあるとか、或は師團の建築地を買入れたとか、材料を約束したとか云ふやうなことて、既に昨年中に夫々の事業に着手したから、今更それを止めると云ふことは、體面上に關係するのみならず、經濟上に於ても大に不利益であるから、迚 左樣に繰延は出來ぬと云ふ言譯のやうである。併ながら我々が思ふには、既に一年越したが爲めに語を換へて云へば、既に一足踏出したが爲めに、今更踏留めることが出來ぬといふならば、此上二足三足踏出して、即ち明年に相成つたならば、尚更踏留めることが出來ぬ譯ではなからうか。今年之を處理することが出來ぬければ、明年になつたならば、尙々處理することの難きに陷つてしまうのである。而して啻に此繼續費の上に於てのみ足らぬだけでなく、師團を增し、軍艦を增したならば、それに伴ふ經常費が其年より年々增して來るのである。剩へ一方に消費税を新たに起して財源を取ると同時に、其結果は必定物價騰貴となるのである。勞銀が高くなるのである。左すれば自然の結果として、物價騰貴の爲めに、益々豫算に不足を告げて來るのである。一方に消費税を課して財源を取ると同時に、彌々一方の豫算に狂ひを生ずるやうになる。我々から見ると、實に辻褄の合はない財政計畫と云はなければならぬのである。是等の理由を以て止むを得ずとせんか、決して整理と云ふものは出來るものではない、譬へば一己人が家政を整理するに就ても、情實だの、行掛だのと云ふことを、御道理御尤と言つたならば、決して家政を改革することは出來ない、姑は姑で自分の事情を言ひ、食客は食客で行掛りを訴ふるを、一々御尤と言つて居つたならば、何事も出來るものではない家政を整理し、儉約をせねばならぬ場合には、行掛や事情を斟酌して出來るものではない、唯だ要するに、經濟の程度に達するまで、目を潰つてやりつけてしまうと云ふ英斷より外に整理は付かぬものである。若夫れ本年一時を彌縫して、此上に踏出し、明年明後年に於て差支へたならば、其時は何を財源に取らんとするか、復た税を増すより外に仕様が無いと云ふ結果を見るであらう。故に我々は斯の如き言分を以て、繰延が出來ぬから、新税増税を起して埋合をすると云ふ政策には、同意するとは出來ぬのである。

第二には國防の事である。戰後の場合、日露協約も出來た、日英同盟も出來た、日佛協約も出來た、約り東洋の平和を保つ上に於て、外交上種々の道具立が今日までに段々運んで來て、之が爲めに當局者は大なる名譽を博し、又國民も擧て之を祝賀したのである。然るに同盟とか、協約とか云ふものは、表面的出來て居るのであるけれども、萬一の事があつた時分には、唯だそれをのみ頼みにするとが出來ぬから、十分なる國防をして置かなければならぬと云ふのが、蓋し陸海軍を擴張する所以であらうと思ふ。測るべからざる事に、豫め備へて置くと云ふとは、如何にも宜い事に相違なけれども、それは宜しく時勢にも鑑み、又國力の程度をも能く量つてしなければならぬことである。今日の場合、此國防上に萬一の事を慮り、陸海軍を無法に擴張すると云ふとは、些と神經の過敏に過ぎるものではなきかと思ふ。さう物事を心配して神經を煩して居たならば、どう云ふ結果になるかと考へなければならぬ。人間の身體にしても、餘り神經が過敏に過ぎると、身體は疲れてしまうのである。陸海軍の神經が、益々鋭く益々敏になると同時に、此腦漿に供給する滋養分が不足して、國力と云ふものが遂に疲勞してしまうて、自分の神經で自分の身體を斃すと云ふとになるのである。抑も國力に伴はざる所の軍備を擴張して、それで道具が出來たとして見ても、機械が備つたとして見ても、それを維持するものは何かと云ふと、即ち經濟である。其經濟が立たぬと云ふとになつた時分には機械があり、軍備があつた所が遂にそれを維持するとが出來ぬと云ふとになつて、効果を擧げるとが出來ないのである。思ふに日本の國民は、忠君愛國の氣質に富んで居るものである、一朝國難が起らん乎、生命も財産も少しも吝まず、擧國一致の實を擧げて、生命財産の盡くるまでは、國を衞ると云ふとに、少しも躊躇せぬ國民である。此國民の元氣を常に保つて行くとが、一番强國たる所以である。然るに國力に伴はざる所の軍備を爲して、それが爲めに日常國民に苦痛の聲を發せしめ、困難の感を懷かしめたならば、此忠君愛國の氣は、自然に薄らいで來るではなからうか。我々は具體的なる兵備と云ふものを鞏固にして置いて、さうして國を衞るのと、國民が忠君愛國の氣を鞏固にして、それで一朝事あるときに當らねばならぬと云ふ覺悟をするのと、孰れが國の爲めになるか、孰れが鞏固なものと云へるか——私は信じて居る、日本の國民は、眞に信頼すべき國民である、此信頼すべき國民をして、益々忠君愛國の念を起さしむると云ふとに努めるのが、國を衞る所以である。具體的の兵備と云ふもののみを以て、國を衞ると云ふとは、決して出來得らるるものではないと思ふ。

今茲に一例を擧げて言ふと、昨年の東京勸業博覧會に於て、政府は我々に明かなる事例を示したものがある。それは外ではないが、海軍の出品中に、軍艦の比例を出したものがある、其表を見るに、左の如くである。

國名	噸數
英吉利	一、七三五、三二〇
佛蘭西	七九三、八七八
北米合衆國	七二一、〇八三
獨逸	六二三、九〇三
日本	四五〇、八五四
伊太利	三六九、〇九四
露西亞	三五一、五一七

斯の如く列强の中て、日本は五番目に位して居る。軍艦の表に依つて見ると、實に立派なものである。而して我々が尚ほ深く考へて見ると、他國の軍艦は、噸數に於ては斯の如くであるけれども、全體に暫く戰爭をせぬ國のことてあるから、随分老朽のものもあるであらう。之に反し日本の軍艦は、最近日露戰爭を經て來た所の、實に斬新なる構造の軍艦である。故に噸數こそ五番目に位して居るけれども、軍艦の實力から打算して見たならば、其以上の位置を保つて居るものであると云ふとは、疑ひ無いのである。斯の如く軍備の上に於ては、今日ですら、他に譲らないのである。故に之を不足として、此以上に尚ほ軍艦を增すと云ふとは、最も立派なとには相違ないけれども、之を現在の儘にして置いた所が、決して他に劣るものとは云へぬのである。扨又一方の農商務省の出品中に世界貿易の總額が出て居る、それは左の如くである。

國名	貿易高（萬圓）
英吉利	九、四九五、〇〇
獨逸	六、〇八九、〇〇
北米合衆國	五、二八七、〇〇
佛蘭西	三、六八四、〇〇
白耳義	三、一一一、〇〇
露西亞	一、六六二、〇〇
伊太利	一、三五八、〇〇
支那	一、一四五、〇〇
日本	八四五、〇〇

此貿易表に依て見ると、實に私は心が寒くなつて來るのである。何故かとなれば、列强の中に這入つたとは云ひながら貿易高に於ては支那にも伊太利にも及ばぬ、一番の最下級に居るのである。此貿易高が一歩進んて、四十年度に於ては約九億萬圓になつて、六千萬圓程增して居るけれども兎も角も八九億萬圓しかまだ貿易は無い國である。而して其中輸出が多いか、輸入が多いかと云ふと、昨四十年度に於ては、此九億萬圓と云ふ貿易高の中で、約六千萬圓程輸入が超過して居ると云ふ有様である。斯の如く貿易の上ては最下級に居る日本が、一方の軍艦の表を見ると、實に立派なる位置に立つて居る。假りに以上の國々の貿易を以て、軍艦の噸數に比例し、何程に當るかと云ふと、英吉利は軍艦一噸に付、貿易高が五千五百三十五圓、獨逸は九千六百七十七圓、北米合衆國は七千三百三十二圓、佛蘭西は四千六百四十圓、(其他は略す)日本は一噸に付て千八百七十四圓にしか當らないのである。此國力と云ふもの――貿易と云ふものの力が、未だ十分發達して居ないのに、唯だ獨り軍艦だけが膨脹して行つたならば、何の力を以て此軍艦を維持することが出來るであらうか。我々は何れの點より見ても、日本の陸海軍の設備は、どうしても

日本の國力に伴はない所の、膨大なる設備であると思ふのである。要するに國防が大事だからと云ふ一點張の言分を以て、國力に適はない計畫をして、それで國民を苦め、遂に國民の精神を沮喪せしむる如き政策には、我々は絶對的に反對である。

第三には、今度政府が計畫して居る間接税のことである。人或は言ふ間接税と云ふものは、直接に營業者より取る税に非ずして、之を需用する人が消費する上に於て負擔すべき税であるからして、苦痛の感じ方が少ないと言ふけれども、是は其實際を知らぬ人の言である。凡そ何税に拘らず、税の程度宜しきを得なかつたならば、總て害を爲すに相違ないものである。間接税であるから、害が少いと云ふことは、抑も非理を知らぬ論である。何税にせよ、程度を越したならば、其税の害と云ふものは甚しいものである。而して其中でも間接税の害は、直接税の如く直接に苦痛を訴ふる人が少い爲めに、遂に其程度を誤つて、其結果害毒と云ふものは、大きく擴まるものである。即ち消費税と云ふから、消費する者に課つて來て、其結果は一般の物價に響き、勞働者の賃銀に關係を及ぼして來ることになるのである。故に消費税と云ふものは、特に注意しなければならぬものである。抑も今度政府の計畫して居る、酒とか砂糖とか或は石油の如きものは、皆な人生必需の品物にして決して、之を以て贅澤品とは云へぬのである。中流以上の人にして、身力の働きをしない人はいざ知らず、中流以下の人にして、日常劇しい働をする人には、酒、砂糖と云ふ如き物は、全く其身の滋養となつて、さうして勞働が出來て居るのである。實に必要缺くべからざるものである。それから石油の如きも、其通りである。中流以上の人、又は都會に居る人は、或は電燈を點け、或は瓦斯燈を點けて居るが、下流社會の者若くは他の田舍に至つては、電燈、瓦斯と云ふやうなものを使用することが出來ぬから、渾べて石油を以て燈用として居るのであるのである。デ此三税の如きは、取も直さず人頭税を課するやうなもので、而も下級社會の者に重く課る事實のものである。之を約言すれば、貧民税と云つても過言でない、斯の如き貧民の生活の上に課る所の税は、其結果はどうなるかと云へば、即ち勞働社會の苦みとなるのである。其苦みの結果がどうなるかと云へば、勢ひ勞役賃銀を増加すると云ふ結果を來すのである。總ての勞役賃銀が増加することになれば、諸物價從て騰貴して來るのである。其結果は上流社會の人の苦痛となるのである。而して遂にどうなるかと云へば、總ての上に於て經濟上不融通を來し、不景氣を來すと云ふことに決着して來るのであつて、間接税の害と云ふものは恐るべきものである。又營業者が出す税でないからと云ふ論もあるけれども、此税も矢張り直接に營業者其者に及ぶのである。其譯は税を増すが爲めに、需用の減ると云ふことは、勢の免れざる所である。現に政府が計畫して居る所に依つて見ても、現在の清酒造石高に對し、一石三圓の税を増して取つたならば、約一千萬圓程の税が納まらねばならぬ筈である。併ながら税を増す結果として需用が減る、需用が減るからして、酒の造高を減すと云ふことは、從來増税の度毎に現れて居る所の事實であるから、今度政府が酒に三圓の税を増すとしても、直ちに一千萬圓の增稅が出來ると云ふ豫算は立てずして、初年の如きは、五百萬圓か六百萬圓しか取れまいと云ふ豫定をして居る。稅の爲めに需用が減る、需用が減る爲めに、製造人が造石高を減さねばならぬと云ふことは、取も直さず營業の範圍を縮小せられたと云ふのである。器械其他倉庫等の用意は、百石造らうと思ふて構造して居る者が、稅の爲めに需用が減つて、七十石しか造れぬと云ふことになれば、三十石だけ營業を縮小せられたもので、取も直さず自分の營業に損が來つたのである。是等を以て見れば、間接稅と雖も、直接に營業者に苦痛を與へ、損害を與ふることは、明かである。間接稅であるから、營業者には苦痛が無いと云ふことは、事實に於て大に間違つて居るのである。又斯の如き程度に合はない增稅をすれば、下級社會の者は、生活に困るが爲めに、酒を飲めぬやうになるから、アルコールを調合したやうな物を、遂に飲むやうになる。さうすれば其結果は取も直さず人身の衞生を害し、働が出來ない身體になつて來て、遂に國の原動力たる所の勞働力を減ずと云ふことになるかも知れぬ。是は實に恐るべき事であると思ふ。又煙草抔でも、此直上と同時に、必ず外國品の密輸入が甚だしくなつて來る、外國の煙草が、潜り潜つて這入つて來ると云ふことは免れない。從前に於ても、密輸入があるやうに見ゆる、況んや是程高くなつたならば、將來益々潜り潜つて密輸入が這入つて來ると思ふ。さうすると政府が官營にして居る所の煙草は、價こそ高くなつたけれども、賣高に於ては、必ずや減少するに相違ないのである。夫是を考へて見ると、今度の新稅計畫の如きは甚だ當を得ないと思ふ。麥酒の如きも世界中何れの國にも、日本の稅ほど高い稅はあるまい。世界無比の高稅を日本人は拂はねばならぬとは、實に憫れなものである。

　要するに前論を約言して見ると、政府が膨大なる計畫を爲し、而して其財源に就て豫め見定めを付けずして、今日に至つて俄に財政に困難を來して、其結果人民に其尻を拭はせることに至つたのである。我々は斯の如き無定見なる筆法でやられて、何時も增稅に依て償はされると云ふ如き、不安なる財政計畫の下に、安心して事業を執ると云ふことは出來ないのである。然らば戰後の經營は、何れの時に出來るか、國力の發展は何れの時を期して出來るか、一たび眼を轉じて國債の點を見よ、將來發行すべき鐵道國有の公債を併せて、二十八億萬圓程の國債を負擔せねばならぬ國であるではないか。其用意もせずして、唯だ國防の點――所謂不生産的のものに、國費を多く費して行つたならば、一方此國債に對する所の整理は、何を以てすることが出來るのであるか。我々は其れ是れを考へて見ると、今度政府の計畫せられて居る所の、增稅新稅のことに對しては、絕對的に反對せざるを得ないのである。殊に商業會議所の如きは、商工業者の機關である、商工業者の利害を研究し、其機關となつて働く爲めに設けられてあるものである。左れば斯の如く商工業者に打擊を與へ、經濟に甚しき影響を來すべき問題に對しては、默して居ることの出來ない、職責を有つて居る。私は決して辯を好むものではない、又政府に反抗するを喜ぶものでない、實に國家の爲めに、萬止むを得ず玆に反對せねばならぬ次第である。

●增稅反對意見

東京商業會議所會頭　中野武營

凡そ日本人ほど建忘性の者はない、日露戰爭の終局してポーツマスの條約締結を爲すに當り我國民は一齊に憤怒揚言して二十億の軍費を散し十萬の人命を賭し漸くこの大捷を得たるに何ぞや一文の償金を取らずして斯る平和條約を締結するとは如何にも忍ぶ能はざる屈辱ではないか、第一償金をも取らずして戰後の經營、戰費の始末は何を以てする積りであるかと、かう云ふ悲憤激越の口調を以て東京は云ふに及ず全國に亘り當局者の施設に對し非常なる紛擾を惹き起した、併しこの國民一般の非難攻擊ありしにも拘らず政府に於ては斷乎として遂に平和條約を締結した、蓋し當局者幷に參謀本部が四方より起る國民の反抗を排して自らも不完全と知りながら此平和條約を締結せし所以のものは此上戰を繼續し哈爾賓までも追擊するには更に幾億の軍費と夥しき人命とを犧牲に供さなければならぬ、勿論尙深く進んで充分敵を窘迫し幾億の償金を得たいのは我軍當初よりの願である、然れども奈何せん、これ以上に進擊し戰爭を持續することは我經濟が許さぬ、遺憾ながら連戰連勝の戰も此處で止めねばならぬと云ふ次第であつた

斯る譯にて戰爭の繼續、休止と云ふことは全く經濟より割出したもので經濟の許さぬ處の戰爭は一日たりとも爲す事は出來ぬ、日露戰爭は連勝の幸運を有して居りながら遂に一文の償金も取らずに局を結んだ、其戰後の經營の如何に困難なるかは此時より判りきつた事で政府當局者は元より國民一般に充分なる覺悟と研究とを以て戰後の財政、經濟の調理を圖り此困難を切拔け以て財政の基礎を鞏固にし國富の發達を謀らねばならぬ、斯う云ふ覺悟と信念とが當時我國上下一般の聲であつた、予も其當時之と同一の考を有し國家經濟の許さぬ上は不十分なる條約に甘んじても此處で和睦を修めねばならぬ、戰後內治に於ける經營は縱令償金は取れずとも將來官民一致して努力奮勵したならば何とか落着するであらう、此上戰爭を繼續することは到底我經濟の許さぬ處であると云ふ意見を發表した處が當時國民悲憤の餘り政府攻擊の餘沫は四方より予が一身に集まり或は無名の投書を以て脅嚇し或は壯士の襲來を受くるなど一時予の宅は中々の危險を感じた、然れども予は商業會議所の立場として是なりと信じたる處は世間囂々の聲を排して之を公言した、然れども連戰連勝の榮譽を無にし國民の憤怒を忍びて尙此不滿足なる條約を締結したるは是以上の事を爲すを經濟が許さぬからである、即ち經濟の薄弱なるが爲め涙を吞み忍ぶべからざるを忍んだ次第であるから政府も國民も轉瞬の間と雖も此事を忘れず常に之を念頭に存して戰後經營を爲さねばならぬ、單に戰勝の虛名に醉ひて戰後の經營に處したならば大なる誤を生ずる、それ故に國民は日清戰後の經濟界に鑑み殊に此度は償金も取らなんだのであるから一般に持重の態度を取りて容易に動かず此大勝利に依りて外國に向つては大に名聲を博し外國からは續々有利なる事業に投資せんと申込んで來たに拘らず尙國民は容易に事業に手を出さなかつた、是れ實に條約締結當時の事が頭に在るからである、それが不圖三十九年の秋から事業界は一新して四方に簇々種々の企業が勃興するに至り謂ゆる株熱は頗る旺盛になつた、併し是れは國民が前後の考も

無く無闇に株熱に心酔して之を企てたかと云ふに、決して然らず、或は多くの事業の中には泡沫會社もあり或は夫れ丈の地位名望も無き人々の計畫もあつたであらう、然れども大體より云へば國民はそう何時までも自重し手を拱して居る譯には行かぬ、戰爭の爲めに受けたる傷痍を恢復し條約の屈辱を雪ぎ益々國富の發達を謀り商工業の隆昌を圖らねばならぬ、最早退いて守る時ではないと、斯う云ふ眞摯なる奮發心より起りたるに外ならぬ、それで丁度其時政府も議會の協賛を得て鐵道國有を實行した、國民は之に依り一層の氣勢を得鐵道國有となりし上は遠からず其買收金として公債が交附せらるゝであらう、其公債を資金として他の事業を計營しようと考へた、當時金利も相應に安く資金の運轉も圓滑なりしかば國民は愈々事業の擴張、創設に力を入れるに至つた

今日より顧みれば當時の事業は少しく經濟の度を過した、其爲め昨年の一月二月頃から一頓挫を來し爾來一月一月と不況に陷り殊に株式は急激の大暴落を來すに至つた、此上若し豫定の事業を繼續するならば經濟界は益々動亂し遂に奈何ともする能はざるの窮狀を呈するに至るは明なる事で是れでは折角戰後經營の大切なる任務を盡す事が出來ず却て經濟を破壞するに至ると云ふ覺醒より斷然計畫の事業を中止するに至つた、其計畫中止の事業は必ずしも其目的に於て間違があつたとか或は前途利益の見込か無いとか、そう云ふ意味には非ずして目的は確實であるが此儘繼續して行つたならば遂に經濟の破壞を來すに至ると云ふ虞より既に證據金、第一回株金の拂込を終つたものも或者はキッパリ解散し或者は一時事業の進行を中止するに至つた、其爲め昨年の如き不況なる經濟界に於てすらどうにか斯うにか太したる破綻も無くして今日に至つたのは大幸と云はねばならぬ、是れ畢竟實業家に於て最初の計畫が少しく膨大に過ぎたと云ふことに氣が附いたから斷然たる處置を取つたのである、然るに若し事業の解散、中止は自分に損失があるとか世間に對し不體裁であるとかそう云ふ樣の一時的姑息の方針を取つて無闇に事業を進行したならは經濟界は忽ち大破綻を來し結局何とも手の出し樣の無い窮境に陷りしとは明である、又假令會社の重役が强て事業を遂行せんとした處で株主は承知せぬ、株金の拂込に應せぬ、斯る次第にて民間に於て戰後經營、國力發展等の眞實なる覺悟より一旦發企したる事業も經濟の伴はぬ時機に於ては何とも致仕方なく此上に經濟界を紊亂せしむるを虞れて斷然たる處置に出でたのである

然るに政府は之に反し償金も取り得なんだ彼の不充分なるポーツマス條約を國民の意思に反しながら締結せざるべからざるに至つた其理由はパッタリ忘れ戰後の經營を爲すに當つて轉瞬の間も念頭より離れしめてはならぬ覺悟をば馬耳東風に聞き流し戰後に於て金も無い癖に將來の事なぞは一寸も思はず無闇と公債政略に依り膨大なる財政計畫を立て丁度民間に於ても少しく浮れ氣味のある時に乘じて何等の見込も成算もなくして萬事に手を出し初めた、其一例としては五箇年間に買上ぐ可き鐵道を一箇年間に十七會社盡く買收すると云ふ樣の過激なる手段を取り又軍備の點に就きても陸軍は十三師團を十九師團に、海軍は戰時中四十五萬噸であつたものを急に五十萬噸に擴張すると云ふ樣の全く經濟とは飛離れた大擴張を計畫するに至つた、而して是

等の計畫は如何なる金に依りて支辨して行くか、叉將來は如何なる財源に依りて維持して行く積りであるか、其邊の配慮は漠然として雲を攫む如き無方針である、唯戰後に於て一時臨時軍事費の剰餘を目的に此膨大なる計畫を立てた併し將來如何なる財源に依りて之が改良維持を圖るか、それはテンデ頭にない、昨年の議會に於て四十一年以後の財源は何に依り支辨する積なるか、之れに就きて政府は確かの成算があるかと議員よりの質問に對し政府は未來は語る可らず、其時には叉其時の案を具して協賛を仰ぐべし、今より彼れ是れ云ふ可きことでない、唯今後は國債叉は增税には決して依賴せぬと答へた、此明言は當時政府に充分なる考案があつて出たのか或は何等の定見なく唯一時逃れの言であつたか一向に解しかねた、然れども堂々たる一國政府が責任を以て計畫し言明した事によもや虚僞にして盲目的の逃辭はなからう、其處には何か確實なる定見のあることならんと密に信じて居つた、所が四十一年度の財政計畫に至りハタと行詰り一旦着手した事業も今迄の歳入を以ては經營して行くことが出來ず其不足は新税增税に依らねばならぬ次第になつた、今日より見るならば政府は曩に計畫せる事につき何等の成案もなく將來の事なぞはテンデ頭に無かつたと云はねばならぬ、責任ある政府の仕事として實に遺憾の至である然れども過去の無定見も失敗も遺憾ではあるが今日より窮迫した處で何んの甲斐もない、之を取戻すことは出來ぬ、唯今後に於て一旦非なりと悟り叉失敗の事實明なるものは斷然之を全廢叉は中止するの外はない、其非を悟りながら將來までも强て之を遂行せんとするに至つては亂暴も沙汰の限りである、只呆然たらざるを得ぬ、民間に於て折角計畫した事業が經濟界の不況に遭遇して解散、中止せねばならぬ樣になつたのは亦初めに當り先見の明が無かつたと云はねばならぬ、即ち事業の經營が當時の經濟に比して少しく膨大に過ぎたのである、然し經濟のことを一寸も眼中に置かず無理遣りに事業を進行したならば結局經濟の破壞である、夫れ故に民間に於ては終局の目的は有利なりと知りつゝも之を中止、解散し次で經濟との調和を圖つた、然るに政府は初めより無定見にて過大なる仕事を起しながら今日其財源に窮するに至るも斷然たる處置を採ることをせずして一時的の姑息の策を以て之を押通し其結果は我經濟を破壞せんと企つるのである、吾々は若し政府が當初の計畫を誤まりたるを悟り此上財政を擴張するを以て經濟に伴ざるを知るならば民間と同じく斷然たる整理をして貰ひたい、然らざるに於ては亂暴なる財政計畫の爲め產業の發達、國富の增進は到底圖ることが出來ぬ、それとも若し政府にして計畫の誤まり居らざることを主張し尙ほ此上に擴張、繼續を行はんとするならば經濟を破壞するが如き新税、增税の賦課に依らず他の方法を以て經營して貰ひたい、若し夫を爲すことが出來ぬならば政府の財政計畫に斷然たる斧鉞を加へる外はない、今日まで政府はそれを爲すだけの英斷なかりしが爲め非常特別税の如き惡税と知りつゝも尙之を改廢すること能はずして國民を苦めて居るのに更に此上に新税及增税を賦課して其財源を得んと企て居る、是れ現今我經濟の許さぬ不相應なる收歛、苛税である、斯くしては我商工業は今後迚も發達の餘地はない、政府の遣方は全く國富增進を遮斷せんとするの方針である、我輩の今日聲を涸して絶叫するのも其處である、日露戰爭の終局に際し一文の償金も取らずに國民の非難攻擊を排し不滿足なる條約を結ぶに至つた其理由は何であるか、戰後の經營は常に此一事を念頭に置いて出來得可き丈け政費を節減し事業の擴張を愼み徐ろに經濟の發達を圖つて始めて戰後の始末も着くべきに政府はトント最初の覺悟を忘れ只戰勝國と云ふ感念のみ熾にして一躍列强に伍したのであるから列强に對峙するに足る强力を維持せねばならぬと云ふ考よりして陸海軍の膨大なる擴張を企つる等更に經濟の事は念頭に無い、只國威を宣揚したいと云ふ浮いた虛榮の名利にのみ驅られて居るのは返す〴〵も國家の爲め殘念に堪えぬ、若し官民合同して平和條約締結當時の覺悟を以て終始一貫して行つたならば却て一時償金を取つて其爲め官民の氣が浮立ち經濟の前途を破壞する樣の事があるよりも一文の償金も取れなんだと云ふ此敵愾心を本として戰後の經營に盡瘁し苦しき數年を忍んだならは結局健實なる國力の發展、秩序ある產業の進步を圖り得可しと當時官民一般に覺悟して居つたのである、夫を何んぞや政府は全く當時の痛酷なる敎訓を忘れて唯名譽心にのみ驅られ國威を宣揚したいと云ふ一念より陸海軍は元より其他各方面に渡り民業に迄も手を延し何等の成算、定見もなくして膨大な財政計畫を立て未だ一年ならざるに曩に議會に與へし誓言を反古にして新稅、增稅を以て此上に國民を苦むるに至りては亂暴も殆んど極まれりと云ふべきである、我輩は斷乎として之を排斥せざるを得ぬ、國民は國力發展の熱誠より充分なる成算ある事業の經濟の伴はざるを見るや是れを中止、解散した、然るに政府は始めより亂暴なる計畫を立て其計畫の失敗歷々たるにも拘らず經濟の秩序を破壞してまでも新稅、增稅に依りて之を遂行せんとする、其結果は國力の發展も遂に中止する外はない、我輩は單に新稅、增稅の賦課に絕對的反對するのみならず政府の財政計畫を根本的に改造して貰はねば承知出來ぬ、今日の如き國費の大半は軍備擴張費として不生產的に使用せられ極めて小額なる部分が生產的に費やさるゝのみでは產業の發達を期するは到底至難のことである、今日は富力の增進を圖るを以て最も急務となすべき時である、國民の負擔を輕減すべき時である

財源としての公債

東京商業會議所會頭 中野武營君談

政府は戰後財政の方針を愆り、戰捷の惰力に任して年々姑息の財政計劃を立て、眞に税制の整理を爲し以て財政の基礎を鞏固ならしむるの政策に出でずして彌縫を事とし、今や前途の財政計劃を立てんとするに當り、其計劃が又々無謀姑息の彌縫たるに止まらんとするは、吾人の深く之を遺憾とせざるを得ざる所なり、今回政府が四十一年度豫算案として、議會に提出したる豫算案は、毫も調節を加へたるの跡なく、尨大なる歳出に對し歳入の缺陷を補塡せんが爲めに、三千三百餘萬圓の剩餘金あるを明示しながら、會計法第二十條の明文を無視して之を四十二年度に繰入るゝことゝし、四十一年度に於て酒類造石税、砂糖消費税を增課し、更に石油消費税を新設するに至れり、是れ固より該租税の性質上其賦課新設の不當なるや明なるを以て、吾人は之に反對の意見を發表し國民の輿論亦之に贊同する所ありと雖も、衆議院は十分に之が討論審議を爲さず卒然可決通過せしめたるは吾人が大に遺憾なき能はざる所なり、又今回政府が新增税案を提出するに至りし所以は、歳入出豫算の差引計算上、歳入の缺陷を補塡せんが爲めに追加豫算として、四百九十餘萬圓の收入を得んとするところあるが故に、其主體たる歳入出豫算案の審議決定に先んじ之を議定せるは、明に豫算審案の要義本旨に背反し、歳出の當不當の決定なきに當り豫め納税義務を國民に强ゆる者と云はざるを得ず、

夫れ財政は根本的に之が釐革を爲さゞるべからざるなり、何となれば我が財政は混亂紛糾實に名狀すべからざるを以てなり、其病所を一々爰に詳述すること能はずと雖も、吾人は先づ政府が其財源を公債に求めんとする計劃に就て一言する所なかるべからず、政府は四十一年度に於て三千九百七萬一千餘圓の公債を募集すべき計劃なるが、若し同年度に於て內外經濟界不況の爲め、其募集の機なからんか該計劃は全く畫餠に歸せざるを得ず、元來公債を以て財源とするの財政は其基礎甚だ鞏固なりと云ふこと能はざるなり、政府の諸事業年月を追ひ益々擴張せらるゝや疑なし、隨ひて其經費を要すること亦多大なり、然るに政府が公債に依りて其財源を得ること能はざるが爲めに、急に其諸事業を伸縮するが如きことは極めて困難なるのみならず、大に不利の政策ならざるを得ず、從來政府が內國債を募りたる當時を見るに、實際に於て國民は公債募集に應ずるの餘力ある國民にあらず、只日淸戰役及び日露戰役當時は大に國民の驩迎する所となり、政府は大なる困難なく其募集を完うすることを得たり、是れ畢竟是等の戰爭は國家を賭しての大戰役にして、國民の愛國心が簪を賣り時計を銀行に提供し、以て其募に應じたる結果ならざるを得ず、然るに平時に於て公債の發行を爲して滿足なる結果を得たるは蓋し之なからん、況や戰後國民の休養を爲すの時に際し、政府は秕政を敢てし恬として顧みる所なきに於ては、縱令公債を發行すと雖も、之を買ふ者の尠なきは最も明なり、然るに政府は一部の財源を公債に求めんとす、是れ木に緣りて魚を求めんとする者に非ずや、

政府は本年度に於て第一回國庫債劵九千六百九十七萬餘圓を償還せざるべからず、而して政府は之を償還すると同時に借換の公債を發行するならんが、其募集に應ずる者は少なかるべし、さりとて政府は之に好條件を附すること能はざるべし、何となれば該公債に好條件を附する時は、之が爲めに他の公債價格に影響を及ぼすことあればなり、果して然らば政府は益々窮して日本銀行より借入れを爲すか又は減債基金を流用するか、將た預金部の預金を使用するか、孰れかの途に出でざるを得ず、然るに今日に於て既に減債基金も亦預金も多少使用し居れるを以て、政府は更に其流用を爲すこと能はざるが故に、日本銀行より融通するの外途なきが如く思惟せらる然らば之が爲めに日本銀行は勢ひ制限外の兌換券增發を爲すに至り、物價をして益々騰貴せしめ、一般經濟界をして困難に陷らしむるや必せり、又政府が日本銀行に其資金を得るに當り、日本銀行は民間の資金を回收し之を政府に轉貸せば、兌換券膨脹の弊を醸さゞるが如しと雖も、之が爲めに民間には金融の逼迫を招致し、是れ亦經濟界に惡影響を及ぼさゞることなしとせず、故に如何なる方面より觀察するも第一回國庫債劵の借換償還は最も危險の狀態にあるを思はざるを得ず、然るに更に公債を發行して之を以て四十一年度の財源を得んとするは容易に爲し得べき所に非ず、

從來政府は豫算上租稅の收入額は之を少く見積るの方針を取れり、即ち既往三個年間の收入額の平均より稍低位に算定せるを以て、實際の收入額は之より多きに上り、年々多少の剩餘金を生せり、然るに四十一年度豫算は其自然增收凡そ二割即ち殆ど二千萬圓を其豫算に計上し居るを以て、本年度に於ては其剩餘金は從來の如く大なること能はざるや言を俟たず、或は多少の缺陷を生すること無きを保せざるなり、若し缺陷を生ずる者とせば、更に財源を他に求めざるべからず、之を要するに歲入の財源に未募集公債を算定せるは單に紙上に書かれたる財源にして、其財源が實際の收入あるや否や極めて不明不確實なる者なれば、政府の歲入豫算が軈て失敗に畢るなきを保せざるなり、吾人は公債に就て斯くの如き觀察をなす者なるが、其他財政上非難すべき點尠からず、吾人は斷じて政府の財政計劃に贊同すること能はざるなり、

五　実業家としての政見

明治四十一年の年初から継続して審議してきた臨時商業会議所連合会では、増税法案の成立と三税廃止法案が否決されたことを受けて、商業会議所の意見を「空砲」から「実弾」に変えるためには、商工業者の代表が衆議院に議席を得て、自らの意見を直接反映させていくべきとの機運が高まった(1)。

そして、最終日の二月十四日、連合会の協議会は「我らは将に来たらんとする総選挙に際して全国商業会議所連合会の決議意見の遂行に努めて真に国民の希望を代表する選良を衆議院に送るの目的を以って大いに国民の奮起を望む。」と決議し、商業会議所の意見の遂行を行なう代議士の出馬を訴えた(2)。

翌日、中野は、五月の衆議院選挙に向けて東京実業組合連合会の推薦を受けて東京市から出馬する意志を表明した。そして、東京の実業八十六団体から支持されて選挙に臨んだ。

3－30「政界の革新は実業家の責任なり」（明治四十一年三月一日）は、出馬の決意を語ったものである。職業的政治家ではなく実業家の代表が衆議院に議席を置くことにより経済界の意見を直接政治に反映すべき理由などを述べている。

3－31「軍備の過大の弊害」（同年三月二十五日）は、政府の軍事偏重の政策が財政紊乱、生産的支出の過少、国際的緊張をもたらすことなど、中野の中心的主張を記したものである。

3－32「余が候補に立ちし覚悟」（同年四月三日）*と**3－33「実業家の覚悟」**（同年五月十一日）*はいずれも中野の選挙演説である。「余が候補に立ちし覚悟」は、非増税同志会主催の政談演説会（明治座）におけるもので、「実業家の覚悟」は、政界革新会の主催による非増税大挙演説会（明治座）におけるものである。記者の円城寺清や、大橋新太郎、島田三郎が登壇し、応援演説を行なっている(3)。

そして、五月十五日の第十回衆議院総選挙において中野は当選を果たし、五年ぶりに衆議院に議席を回復させ、衆議院の一角に実業界の利益を代表する団体を形成することを志した。

3-34「中野氏の当選談」（同年五月二十日）は、この時の選挙戦において、ボランティアなどが応援してくれた模様を伝えている。

この時の衆議院選挙で、政友会は日露戦争後初めて単独過半数に迫る一方、憲政本党や大同倶楽部は議席を失った。これに対して商工業者を背景とする中野らや、猶興会や又新会など都市部に拠点をもつ政党は市部を中心に大きく議席を伸ばした。

政友会は郡部では大きく議席を増やしたが、都市部では三十二名から二十七名に減り、特に東京市においては、定員十一名のうち五名を占めた政友会の議席は二名に減少するなど、都市部で大きな打撃を受けた。

注

（1）本節の内容については、拙著『中野武営と商業会議所』の「第六章（三）衆議院に実業家の代表を」を参照。

（2）『明治四十一年一月及二月東京ニテ開会　臨時商業会議所連合会報告（同）議事速記録』。

（3）同趣旨の論考が、「**中野氏の演説**」『香川新報』明治四十一年四月二十八日、「中野代議士政見談の大要」同明治四十一年七月二十二日、二十三日。

興國の要求

政界の革新は實業家の責任なり

中野武營

我が國の政治界は、最早政黨の手を離れ、眞面目なる吾々實業家の手によりて、料理せられねばならぬことになつたと思ふ。西園寺內閣は、政友會と云ふ大政黨を基礎として、戰後經營の責任を帶びて生れたのである。けれども西園寺內閣の財政計畫は、果して戰後經營の實を擧げることが出來るかと云ふに、決してさうではなく、增稅計畫を立てゝ、只管民間事業の發達を阻害して居るではないか。而して大政黨なる政友會は唯々之に盲從して居るではないか、是れが國民の聲であるかと云へば、成程衆議院を通過した點から見れば、國民の認容したる所であるかの如く思はれるけれども、實際國民の此案に贊成して居るものは、僅かであらうと思ふ。果して然りとせば、政黨は國民の輿論を代表して居るものではなく、隨分國民の意思に反した議決を與へることがあるやうだ。全體立憲政治の下には、政治家營業と云ふものがあらう筈はないのである。代議士は決して營業ではない。ソレ〳〵其職業を有つて居る人が、代議士に選出せられ、さうして一國の政治を料理すべきものである。然るに我國今日の狀態は、成程恒產あり、恒職ある人が、代議士に選出せられて居る人もあるけれども、中には歲費を目當てに、代議士になつて居る人もあるやうだ。是れは卽ち天下の遊民で、遊民が政治を左右すると云ふことは、洵とに國家の爲めに憂ふべきことである。左樣な人が一國の議政者になつて居るから、時には何かの都合で自己の主張を枉ぐるともないとも限れない。我國の立憲政治は、曾つて當年の志士と云ふ、至つて實業などに緣の遠い人達によりて、唱道せられ、ソレ等の人が、政黨を組織して、今に牛耳を執つて居るので、實業家は兎角に政治に容喙の權利も資格もないやうに思はれて居る。志士は强ち遠ざくべきものではなく、吾々も大に尊敬をして居るけれども、實業家と云ふものは、殊に政治の利害干繫を、座視して居ることが出來ぬのである。又一國の政治上から見ても、爲政者は、其政策が如何に民間事業に利害を及ぼすかと云ふことを知るには、先づ以て實業家の意見に徵さねばならぬの理である。手近い例を以て之を云へば、近頃衆議院や貴族院を通過した增稅案は、固より痛く民間事業に打擊を與ふるものでさなきだに民業萎靡、經濟界不振の折柄に、斯る增稅をされては、殆んど民間事業の根底をも失はしめんとするものである。然るに局に當るものは、多く局外の人で、深く其利害得失の影響する所を知らぬから、盲從すると云ふ樣な始末である。されば實業家はどうしても默つて見て居る譯には行かぬ。

唾手一番起つて、政治界の一角を占め、其主張を貫徹して、戰後經營の實を擧げるやうにせねばならぬ、實業家が實業の利益を保護すると云ふことは、何んだか得手勝手のやうに聞ゆるけれども、今日我國の情勢は、實業上の發達を期して、初めて財政の鞏固をも期すべく、財政鞏固にして、始めて軍備も擴張すべく、一も二も皆實業上の發達に其力を待たねばならぬのである。ソレをするには實業界の事情に精通し、産業の狀態を能く悉知して居る實業家の手に待たねばならぬと思ふ。されば今日の政治上の難問を解決するものは、政治家營業をする人の力では、最早望むことが出來ぬ。大多數を衆議院に占めて居る政友會の遣り口で、分つて居る。實業家はコヽに大奮發をせねばならぬ秋が來たのである。

元來選擧法の改正せられて、市が獨立選擧區になつたのは、商工業者の代表者を衆議院に收める精神であつた。けれども實際各市の選出議員で、實際常に商工業に干繫をして居る人が甚だ少ない。各市の選擧有權者は、何んでも構ふとなく頼まれた人を選出すると云ふ有樣であつたが、其結果は、忽ち商工業者の利益を保護するの力が微弱となつて、增稅案となり財政の膨大となつて、直ちに商工業社會に大打擊を加ふることになつた。選擧有權者も、コノ處は、大に自重せねばならぬことゝ思ふ、例へば增稅反對には、全國各市の商工團體、一として異議もないやうに思はれるけれども、各市の選出議員で增稅に賛成をした人も少くなかつたのである、斯う云ふ行違ひは、詰り選擧者が、己れの選擧權を自重しないから起ることである。故に吾々は來るべき總選擧を好機として、實業家は步調を整へ、大に自己の利益を保護し、國家の經營を全うするに足る議員を選擧するに力むると、自信のあり、主張のある實業家は、自ら奮つて競爭陣頭に立つべきものであらうと思ふ。斯くして我政治界も漸次革新せられるであらう、又國家の進運にも伴ふことが出來るであらうと信ずる。

けれども或は實業家の政治運動を以て、政治界に何等の影響をも與ふるものでないと云ふて居るものもある。卽ち政黨社會は實業家が政治界に活動を試みたとて、何等の痛痒をも感ぜないと云ふのであらう。吾々は政治家が痛痒を感ぜやうと感ぜまいと、ソンナ事には頓着しないのである。只吾々は吾々の自信を行へばソレデ事の足るのである。吾々の自信を行ふと云ふ上には、政黨を握手することもあらうし、又政府と妥協することもあるかも知れない、ソレは其時の問題と見解による。併し頭數の上から見たならば、或は政黨者流の頭顱の累々たるには及ばぬではあらう。けれども實業家議員が國家良心のある處を察して、國運の進步に伴ふべき議論を唱ひたならば、他の政黨も、幾分か耳を假すであらう、縱令耳を假さぬとするも、彼等の跋扈を防ぐに幾分か利益のあることは疑ない。吾々はたゞ從來實業家が、政治界に接近しなかつたのを憾みとするのである

軍備の過大の弊害

東京商業會議所會頭　中　野　武　營

軍備の過大　對露戰勝に伴ふて我國の世帶は俄然として膨脹せり。樺太の領有、朝鮮の保護權獲得、滿洲經營等我國の活動の舞臺は著しく擴大し、從て軍備の擴張等其他種々の點に於て經費の增加を致せるは誠に已むべからざる所なりと雖、而かも政府の實行せる軍備の擴張は又た甚だ過大に失し、我財政紊亂の禍因をなし、我國勢發展の障碍をなすの弊、實に此誤りたる軍備政策に若くものあらず。

財政の紊亂　戰後我國の財政は多額の歲入不足を示し、政府は本年の議會に增稅案を提出して、同案は天下の四方より激烈なる反對ありたるに拘らず、兩院を通過したり。抑も我國の財政を顧るに、戰時の惡稅を其儘繼續せるものにして、其稅制の不可なる、適當なる改廢を加へて之を整理せざるべからず。是れ戰後第一着に行はざるべからざる要務なり。然るに之が整理を斷行する能はざるのみならず、更らに增稅して要稅の上塗りを爲す。實に沙汰の限りにして、是れ一に過大の軍備計畫より來れるに外ならず。且夫れ吾諧を以て之を見るに、此過大の軍備計畫を改めざる限りは、本年の增稅を以て濟むべきにあらず。來年も來々年も增稅するにあらざれば歲計收支の出合を得る能はざるは、明白火を睹るが如し。本年商工業者消費者を壓迫せる間稅の增徵は、來年、來々年に於て農業者を苦しむる地租增徵の先驅に外ならず。要するに財政の紊亂の源は軍備の過大にあり、之を適當に縮少するにあらざれば、財政の整理は到底行はるべからず、國民は今後年々歲々限りなき增稅に泣かさるべからず、而して國勢の發展遂に沮止せられざるべからず。

生産的支出の過小　歲出六億の中、一國の産業進捗に使用せられつゝあるもの果して幾くなるやを顧よ。鐵道、電信電話、河川修築、港灣埋築等に使用せらるゝ高は、歲出の一割にも足らず、而して軍備費は實に三分の一以上に上るにあらずや。又た他の一例を採らん乎、四十五年に開催せらるべき大博覽會に對して、政府の支出せる所は五百萬圓に過ぎず、五百萬圓は僅々一隻の巡洋艦を建造し得るのみ。政府は十九師團、六十萬噸の陸海軍を擁して一朝有事の備に當てんとするに反し、國民の世界を相手の經濟的平和の戰鬪には、政府は一隻の巡洋艦を與ふるに過ぎず、事實正に斯の如し、政府財政の分配に於て偏輕偏重に失するも亦た甚だしからずや。吾人國民は斯の如き不健全なる財政に對しては、其匡救を疾呼せざる能はざるのみならず、其改まらざる間は一錢の增稅と雖反對せざるべからず。

國際上の危險　軍備過大の弊は獨り財政の紊亂、國勢發展の大障碍を爲すの禍因たるのみならず、更らに外交上に於て我國を不利に導くの弊尠なからず。他なし、列國の倩忌を買ふこと是れなり。最近の戰爭に由て露國の東洋艦隊は全滅し、又た露國は目下內治に忙殺せられて隙を國外に構ふるの暇なし。此時に當て日露戰前の陸軍十三師團を十九師團に、四十五萬噸の海軍を六十萬噸に擴張せるの必要抑も何くにあるや、若夫れ正當なる國の防備以上の大陸軍大艦隊を擁せん乎。直ちに外國倩忌の目標たらざるべからず。靜かに外人の言ふ所を聞け、日本は平和の時に於て戰備に汲々として、時至るや、猛然として立ち、他國を侵襲せんとするものなり、日清戰爭の時然り、日露戰爭亦た此例を洩れず。日本の武備は危險を意味すと。米國が移民問題に關連して稍もすれば日本の態度を疑ひ、盛んに太平洋岸の戰備を論じ、太平洋艦隊の廻航を見るに至りたる、其由來する所、窃に萬一の場合を慮りたるが爲めなりと謂ふにあらずや。兎も角も我國が、外國より國際上危險視せらるゝは、全く過大の軍備計畫に胚胎せるものにして、斯の如きは決して我國の利益にあらず。國民の判斷に待つ　之を要するに、軍備の過大は內は我が財政の紊亂、經濟力衰耗の原因を爲し、外は國際關係に不良の影響を及ぼしつゝあり。吾人は從來幾度か政府者に向て意見を開陳し、將た改悛を促がしたりと雖、一度も顧られたるとなし、此上は國民に向て吾人の所信を訴へ、國民の力に由て政府者の非を匡し、過大の軍備を適當の程度に縮少し、以て財政の紊亂を根抵より匡救するの外に途なきに至れり。云々

余が候補に立ちし覺悟

中野武營君

諸君、私は不肖を顧みず今般候補たる事を承諾いたしましたが、それに付きまして私が候補に立ちし覺悟を諸君に御訴へ申さうと考へます、諸君は御記憶がございませう、日露戰爭が局を結ばんとするに方り日本全國の人は如何なる聲を發したかと云ふに、數萬人の生命を賭し拾數億萬の金を掛けて大いなる戰をした、其結果償金は一錢も取らずして戰を止めるのは不都合である、國辱である、是非とも償金を取らなければならぬ、それまでやれと云ふ事を以て國民は大に憤慨して聲を發したのであります、其時に當り私は如何に考へたかと申せば、戰と云ふものは經濟と伴はなければ決して完きを得るものではないのである、追々戰鬪線は廣がつて澤山の兵を滿洲の野に出して居る、其經費は一箇月に五千萬圓乃至六千萬圓の費用が掛るのである、既に拾數億萬の國債を起して軍費に充てたのである、是が尙進んで六箇月、乃至十箇月と段々長くなつた曉には經濟は果して如何であるか、國力が之を保ち得らるゝや否やと云ふ事も深く憂慮に堪へぬのであります、それで私は世間に囂々言はれて居りますにも拘らず、最早此場合に於て戰爭を止める方が宜しい、然らずして若し此儘に進んで行つたならば容易に止める時機はあるまいから最早此場合に於て局を結ぶが宜しいと云ふ事を考へたのであります、さうしてまだ東京の日比谷の騷動が起りませぬ前でございましたが、私は其意見を公然と新聞に掲げまして發表した、所が憤激の盛んなる時分でございましたが爲に、私の宅へ壯士が押掛ける、又は無名の投書が來る、門前には貼札をして脅迫をすると云ふ樣な事で頗る私は脅迫に遇ふたのである、それは私が意見を發表したのは當時の政府に阿ねるものであると云ふのが私を責める言葉である、併し私は決して政府に媚びたのでも何でもない、國家が經濟を誤まつたならば國は立つものでないと云ふ事を思ひましたならば、縱令國民が憤激しませうがどう致しませうが、國には替へられませぬから私はさう決心をしたに外ならぬのである、幸ひに先づそれで局が治まりました、併しながら私の考へでは莫大の戰費を賭しながら一錢の償金も取らずして局を結んだ以上は、戰後の經營に於て頗ぶる注意しなければならぬ、政府が自分勝手な事をして民間の力をも顧みず無謀なる事をせられては迚も此國は立たない、宜しく戰後の經營を爲す場合に於て政府は深く注意しなければならぬ事であると考へましたが故に戰後に於て我々は此意見を以て當路者に深く注意を求めたのであります、其當時の内閣は桂内閣であつて、如何にも商業會議所としての意見には同意である、尤もであると云ふ事で同意をせられたのであります、所が喉元過ぐれば熱さを忘れると云ふ譬の如く、斯の如く國民が憤慨したものを無理に戰局を結んだ當時にあつては内閣も其方針であつたのであるが、戰局を結び國民の聲が靜まると同時に忘れて仕舞つた、其苦しみのあつた事を忘れて仕舞つた、それは金が剩つて居つた爲めである、戰後に二億萬ほどの軍事費が剩つて居たそうだ、これが經濟をやり損くなつた基である、斯う云ふ金が剩つて居るから之を以て日本も列强の伍班に這入つた以上は陸海軍の擴張を圖つて國威を輝さなければならぬと云ふ方に傾いて仕舞つて、若し彼の戰局を結ぶの場合に於て人民が痛く憤慨した事を忘れずに居たならば、此二億と云ふ金も軍事擴張の方にのみ用ゆべきものでないと云ふ事を第一に考へなければならぬのでありますが、勝誇つたる暴慢心にかられ唯陸海軍を擴張するを以て戰後の經營とのみ思つて仕舞つたのは如何にも遺憾千万である、又戰時中に設けたる非常特別税は無理に國民に負擔をさせたのでありますから、戰が濟めば此税は速に整理して、先づ第一に鹽專賣、織物消費税、通行税の如き惡税は止めなければならぬ、全體より云へば非常特別税は殘らず止めて仕舞ふのが當然でありますけれども、それは償金を取らずして戦局を結んだ戦後の事であるから、特別税を全廢する譯には參るまいから相當の整理をして、成るべく下級社會の負擔を緩るめて民力休養と云ふ方針を取らなければならぬと考へ即ち全國商業會議所が其意見を定めて政府へ建議をしたのであります。其後税制整理案と云ふものが政府に於て出來た、之を審査する會を設けられました際に於て、私も其審査會の委員を仰せ付けられたのである、それで此審査會に於て我々は商業會議所の意見の貫徹を圖る爲めに改廢の意見を主張いたしました、然るに政府は其際、織物消費税の如き苦情の多いと云ふものは從價税であるから評定に付て收税吏と當業者との意見が一致しないと云ふ事が一番やかましいのであるから、それに代るに重量税と云ふ案を拵へたのである、即ち今までは從價税代價の一割と云ふ税であつたのを改めて重量税、秤に懸けて其品の重量を標準として税を取らうと云ふ案である、我々は固より織物税は全廢をして貰ひたい意見でございますから其意見を主張したのであるが我々の意見はどうしても通らぬ、何となれば眞に實業家から出て居ります委員は僅に私と大阪商業會議所會頭土居君と二人である、何と言つても多勢に無勢で致し方がない、結局仕方がないから全廢する事は出來ませなんだが、重量税に改めると云ふ事は口の酢ッぱくなる程論じて漸く是れ丈けは委員會で否決したのである、我我は其會に於て稅制を論ずる權能はあるけれども一方歲出と云ふ事には我々論決すべき權限がないから何の役にも立たない、別に稅を起さなければ是までの稅など廢する事は出來ないと云ふ一言で押へられて仕舞ふと云ふ有樣で、是又多勢に無勢で我々の意見の通らぬは甚だ遺憾である、所へ四十一年度の財政計畫に至つて政府は間接稅として酒砂糖に增稅し石油に新稅を課し、其他煙草の値段を騰げました、爰に至つて私は最早勘忍の袋が切れて仕舞ふた、それで直ちに全國商業會議所の臨時會を東京に召集し此問題を議に掛けて審議いたしましたが、全國商業會議所中一人として憤らざる者なし、實に政府は怪しからぬ、我々を何と思ふて居るかと云ふ憤慨は非常でございました、是では捨置けぬと云ふ事になりまして、それから先づ財政はどのやうにして居るのであるか、今までの非常特別稅を取つてすら足らずして尙又新稅增稅をすると云ふ如き事はどう云ふ譯か實に驚かざるを得ないから、政府の財政計畫に立入つて調査をして見やう、さうして其調査の結果を國民に訴へる外仕方がないと云ふ評議になりまして、それで政府が四十一年度の豫算を帝國議會に出すと同時に其豫算を手に入れまして十分に調査をして見た、調査して見ると先刻大橋君から豫算の事に付て御話がありました如く頗る驚いた豫算である、厖大極まつた豫算である、それで歲出の分配方法を見れは不生産的のものに夥しい金を宛行ひ生産的のものには金が極く僅少である、我々の希望とは丸で反對なる財政計畫である、茲に於て默して居る事が出來ない、是非我々の意見を通さなければならぬと決心したのである、扨是まで實業家の態度としては穩便實直に能く利害得失を研究してそれを政府當路者に訴へたならば十分に民間の意見も聞き容れて吳れるだらうと思つて居りましたがそれは少しも效がなかつた、恰も空砲を撃つたやうな有樣で、向ふには少しも痛みを感ぜなかつたから此上は實彈を放つより外に仕方がない、實彈とは何ぞ我々實業家から代議士を立法部に出して其意見を主張する樣にすると云ふ事である、全國商業會議所が斯く申合せを致しましてそれで各所とも其方針を以て全國の實業家を奮發せしむる樣に努めなければならぬと云ふ事になつた、そこで先づ東京に於て實業家から候補者を出さねはならぬが私は商業會議所の方を引受けて居りますから私は輜重部の地位だから實業の利害得失に關係する問題を調査致して其材料を立法部に立つ所の我々の代表者に送り出すと云ふ任に當たろう其上來る總選擧に於ては獨り東京だけではない全國斯の如く奮發をして居るのでございますから、我々も及ぶ限り地方へ援兵に出掛けて實業家の意見を十分に國民に訴へる途を取らう、それが爲に私が候補者になるは甚だ不得策であると云ふ意見で御やうな云ふと錫君星野衛君太兵前川太郎君大橋新に於て東京に付ては、それにあつた方にどうぞ立つて御貰ひ申したいと云ふ事を頻りに懇望いたしました、けれどもどうも色々の御事情があつて御立ち下さる事が出來ないと云ふ、然らばどうするかと云へば、誰彼れも立たぬと云ふ事になりましては全國商業會議所に對して申譯ない事である、最早茲に至つては仕方がない、自分は不肖を顧みず代議士となつて立法部に立つより外仕方がないと云ふ事の結果になりました、自分が此光榮を荷ひますのは誠に光榮ではございまするが、我々微力の者が果して負ふた所の責任を果し得られるや否やに付ては甚だ心配に堪へられぬのであります、併ながら兎も角今日は種蒔をしなければならぬ、種を蒔いて其種を成木させる事に努めるより外仕方がない、此種を蒔いて培養して成木させると云ふ事は是は國民の義務である、國民の力である、で追々各所に於ても實業家が立つて、それ等に國民が聲援を與へて呉れてさうして此實業家が立法部に出ますやうに勢力を與へて呉れると云ふ途が立つたならば追々各所よりも出て來るであらう、先づ初めに自分が覺悟をするより外仕方がないと云ふのが即ち不肖を顧みず候補に立ちました所以でございます。

そこで此先き議會に立つたならばどうするかと申しますれば、私は實業家としまして我々の抱いて居る意見、即ち斯の如き尨大なる豫算は國力に伴はぬから相當に整理をして國力に伴ふ程度に此數字を減削して貰はなければならぬ、それからもう一つは不生産的の政費に夥しい金を投じ却て國力を發展すべき生産的の費用を極めて少なくして所謂偏重偏輕になつて居りますから之を相當に分配して適當にせなければならぬ、それから今一つは借錢政策でやると言ふ財政では外國人も信用しない日本人も安心が出來ないから確實なる財源を基礎として財政を確立する樣に直して貰はなければならぬ、此三點を我々は標榜として、立つのであります。

又如何なる方法を取るかと申せば、當市よりも同主義の御方が候補者に立つてあるから我々と提携せられるでもあるだらうと思ふ、其他全國にも隨分奮發をされて居るから相當に我々同主義者も出られる事であらうと思ふ、夫等と相提携して一團となつて、そこで實業家の一つの團體が立法部に於て一隅の椅子を取りたいと思ふのである、併し斯く申せばとて我々の望むが如く多大に同主義の人が選擧せられて來ると云ふ事は期し難いのでございます、從前からの行掛りもあるものでありますから、如何に正義を有つて居ても、如何なる理屈を言ふて見た所が、矢張り以前からの關係と云ふものは容易に變じ難いものでありますから、さう澤山の人を選み得られるや否や疑問である、併し私は人數の如何に拘らず、唯今申した通りの事はせなければならぬと覺悟して居りますが、現に島田君などの組織せられて居る猶興會などは我々の主義と少しも變らぬのであります、今の財政整理、税制整理と云ふ事に付ても本議會に於て島田君が熱誠に論ぜられた事は諸君の御承知の如く、我々は敬服して居るのである、其他にもまだ我々實業家の目的と一致すべき所の黨派があるならば、決して我々はあれはどう是れはどうと云ふやうな好き嫌ひはしないのである、國家の爲に此主義が行なはれるならばいつでも其問題は一緒に提携して進むのである、決して我々は孤立してしやうとは思はぬ、併ながら我々の主義は少しも失はぬと云ふ事を斷言して置きます、幸ひにそれ等の團體が主義を同じうして進んだならば隨分議會では勢力のあるものであらうと思ふ、併し此勢力が幸ひに成立して多數を占めると云ふ事になつた曉にどうなるか、直ちに我々が希望して居る通りの事を政府が容れて改めるかと云へば中々容易に改めはせぬ、其議會に我々が多數を占めた場合には議會を解散するのである、此解散は固より覺悟しなければならぬ、私は解散をして呉れることを望むのである、何となれば其改選の度每に味方が殖へる、其曉にはどうなるかと申せば到頭政府は閉口せざるを得ぬのである、それはどう云ふ譯かと申せば豫算は一年ぎりで、若し議會が解散になつて其豫算が成立しなかつた時分には仕方がない、前年度の豫算に依らなければならぬが、前年度の豫算を以て施政するのは實に不便極まるのである、況んや二回以上も國會を解散すると前々年度の豫算に依つて政治を行なはなければならぬ事になる、是は如何なる人でも出來る事ではない、三年前に算盤を立てたものを三年後に之を行なふ事は出來得られぬのであります、斯くなる以上は新規の事業は何にも出來ぬと云ふ事になる、爰に至つて政府は閉口するより外仕方がない、之が今日此暴慢極まる政府に御辭儀さする方法である、昔時専制政治の時代に暴虐なる政治をして人民を虐たげたる場合には其主權者に國民が訴へて有司の暴慢なる事を制して貰ふと云ふ途を取ります、即ち佐倉宗五郎が上野の三枚橋で將軍に直訴したのも其途を取りたるのである、今日は左樣な事は出來ない、我々國民に參政權を既に與へられ立憲政體になつた以上は國民自から政治の事が出來るので、自分が爲し得られる權能を有つて居りながらそれを能くせなかつたのは即ち國民が能うせぬので政府が惡いとばかりは云はれないのである、扨國民斯く決心をして政府に對し、幾度でも解散をして見よ、解散の度に我々はヨリ以上の代議士を出して國民の力を示すのであるぞと云ふ事がチャンと明らかになりましたならば、二度解散をするまでもなく一度で濟んで直ぐに政府は閉口するかも知れないと思ふ。

私は是より進んで政府の財政が甚だ尨大に失して居る種々なる點に付て御話を致し度うございますけれども、時刻も大分過ぎて居りますし又島田三郎君より十分なる御話があらうと存じますから、私は唯自分が不肖を顧みず候補に立ちたる覺悟は斯の如き事であると云ふ事を諸君に訴へ申すに止め置きまして此席は御免を蒙ります（大喝采）

實業家の覺悟

（五月十一日明治座に於ける演説）

中野武營

▲『物其平を得ざれば鳴る』

諸君、本日の演説會は、先に島田三郎君から開會の趣意を御演説になりましたさうでございますが、私は候補者となりまして政見發表の會は、既に已に此席に於きまして申したことでございますから、私が候補者となつた爲めに、政見發表のことを申すのではないのであります。先に昨年十二月頃に新聞記者又政治家諸君が、政治問題に就て、大隈伯と私とに意見を言へといふことで、三縁亭へ出まして私の意見を申したことがあつた。其等の引續として、本日は非增税のことに就て、演説會を開くに就て出席をせよといふ御勸めに依て出たのでございます。諸君、私は實業家の覺悟といふ演題を掲げましたが、實業家が今日に於て頻りと政治問題に就て、囂々として叫んで居るといふことは、何故てあるか、吾々の覺悟を諸君に御訴へ申さうと思ふ。古人の語に「物其平を得ざれば鳴る」といふことがある。總ての事物に於きまして、其平を得ぬことがあれば必ず鳴るのである。一例を申すと、汽車でも、電車でも、車が誠に平かになつて居る、レール平かになつて居れば、其車が音せずにスル／＼と駛るのである。若し之に反して車が歪になつて高低が出來る、レールの高低があると此車がガタ／＼になるのである。それで此平を得て居れば靜かなものである。政治に於ても政治の仕方が極平を得て平かになつた者とすれば、誠に人民は靜に治て居のである決して鳴りはせぬのである。然るに今日の政治は、吾々鳴らざるを得ぬことが澤山あるから鳴るのである。是等に就て私は數項を擧げて諸君に訴へやうと思ふ。先づ今日の財政が其當を得て居るや、其平を得て居るや否やといふことであります。即ち四十一年度の豫算は六億一千五百萬以上の支出を爲して居るのである。而して是程の夥しき政費を使ふが、其政費に國力が伴ふて居るか、國力に相應して居るかといふことを考へて見るといふと、國力には伴はない尨大なる計畫である。即ち其平を得て居らぬのである。日本が追々進歩致し、此の如き名譽ある國とはなりましたけれども、未だ六億圓以上の金を一年に使ふ丈の國力にはなつて居らぬのである。國力の程度を計らずして唯此戰爭の惰力に委かして夥しく金を使ふといふことの結果はどうなるかと申せは、人民を苦しめ、益々國力を疲弊さすといふ結果になるのである。此問題に就ては吾々同主義者は口を揃い囂々と唱へて居る所でございます。又島田三郎君抔は非常に叩いて議場に立たれた、整々堂々其論を爲されたのでございますが、必ず此次の席に出られて、此點に就て審かなる御話があると思ひます。要するに私は即ち此財政計畫といふものが國力に伴はない、國力と其平を得ざるものであるから、國民は苦しむのである、是は國民が鳴らざるを得ぬのであります。第二は其六億一千五百萬圓の金を使ふ中を分けて見ると、不公平である。不生産の軍備に夥しく金を使ふて、さうして國力の發展すべき所の生産的の費用といふものには、極めて偏輕である、輕いのである。一方に偏重なので、是が即ち平を得ざるのである。今日是非國力を發展し、民業を盛にして參らなければ、此國を立たせるといふことは出來ぬのである。然るに國力の發展の方には、其夥しき金の中を僅かしか使はずして、不生産的の軍備擴張に夥しき金を使ふて居るといふことは、遂に國を疲弊さして了ふといふことになるのである。先づ此經費の分配按排といふ上に就て、既に其平を得て居らぬのである。吾々國民としては夥しく租税を負擔して、此國に貢物をして居る、お互である、然れば此國費といふものは相當なる是い方が宜しい方に使ふて貰はなければならぬ、唯役人が思ひ勝手の方に使はれてはならぬのである。然るに唯今申す如く、其の政費の分配按排といふことが其當を得て居らぬ、其平を得て居らぬといふことが、吾々の大いに鳴る所以であります。

▲「日本銀行は政府の銀行の如し」

それから中央金庫のことであります。是は唯今大橋君の段々御演説でございました如く、此中央金庫即ち日本銀行といふものは、決して政府の銀行ではない、國家經濟の機關である。此銀行が政府の獨有の即ち政府の獨占の機關となつて居る如き有樣であります。それ故に兌換券を發行して國家の經濟に供して居りますものが、國家一體の經濟の上には今日甚だ不融通を極めて居る。其多くは政府の御用になつて了ふて民間の方には少しも――少しではないが權衡上、比較上四分の一が三分の一といふものしか民間の融通に出て居らぬのである。是は即ち其平を得ざるものである。斯ういふ、不權衡なことをされて、決して民間の經濟が圓滑に行くものではないのである。殊に實業界に於きまして、此金融機關といふものが確かりして呉れなければ、實に危くて、吾々先き先きの目的が立たぬのである。今日の諸君はどういふ御考を以て居らるゝか、凡そ全體のことに見据が立ち、安心が立たぬ以上は、何事でも出來るものではない、何事をも資本を掛けてする決心の立つものではない、此の如き不融通な極度に達しましては、唯手を束て觀て居るより外に何事も出來ぬといふ有樣であるのであります。昔小判を叩いて餓死したといふ話が殘つて居りますが、小判を啣いて餓死するといふは可笑しいが、制度が各藩割據して居ります時代に當ては、飢饉の場合抔には津出を止めるといふことで、我國の米は隣りの國に出さないといふ制度で、國々區々のことをして即ち日本に出來る米は其制度の爲めに不融通を極めた、それ故に小判を持つて居るけれども、米の融通が出來ぬ爲めに小判を啣いて餓死したといふことである。是は即ち制度の仕方が立たぬ爲めに米の融通が立たぬ、米の運轉が圓滑に往かぬ爲めに、金を持つて居りながら餓死せねばならぬのであります。今日の經濟の有樣はどうでありますか、皆さん財産を有つて居る、財産を有つて居つても、直に其融通といふものは立たぬのである譬へて申せば、茲に十萬圓の身代を持つて居る人がある、田地なり、有價證劵なり、確かに十萬圓の身代の有る人が有りましても、其中三萬圓か五萬圓の金の融通が立たぬ爲めに、十萬圓持つて居るが身代限りをせねばならぬ、即ち十萬圓の財産を持つて居て餓死をするのである、是は恐ろしいことである。何故なれば經濟の融通と申しますものは、何時でも是程の物さへあれば、是程の信用があれば、是程の財産があれば、其場合に至ては金といふもの丶融通の付くものである、融通し得らる丶ものであると思へばこそ、先き先きの見込を立て丶、此物を買はう、此物を賣らうといふ互の見込が極るのでありますけれども、其場合になつて田地を持つて居ても貸して呉れぬ、さういふ場合になりました時分には、人と約束することが出來ぬ、先づ金を最初に我が懷に入れて、我が手に持つて居て掛らなければ人と約束をすることが出來ぬ抔といふ如き不融通になつて來た時分には、何事も出來るものではない。今日商工業者の苦んで居るのはそれである。決して財産が無くして苦しむのではなく、融通が惡い爲めに商賣の懸引賣買といふことが出來ぬことになつて來て居る。是はどうかといふと中央金庫の機關が宜しく此運轉を圖らなければならぬ責任を有つて居るのである、唯獨り政府の御用のみを努めて是で中央金庫の職分が立つものとは申せぬのである吾々は此中央金庫を國家の機關なりと信じて居ります、それが政府の方に傾いて了つて、民間の方には誠に手輕くなるといふと、物平を得ざるといふことは、實業家として最も鳴らざるを得ぬのである。

『官業は損得に構はぬ』

又官業である、政府が營業するのである。即ち鐵道或は鹽專賣或は煙草專賣といふが如き、政府として此營業をすることが段々に増して來たのである。此政府官營事業が増しまする爲めに、一般に民間の營利事業といふものが大打擊を蒙むるものである、而して此事が經濟に大いに害を與へて居るのである。それは何かと申せば、民間の業といふものは、私の申す迄もなく、總て算盤が基に立たねばならぬ、損得といふことを外れて、民間の業はないのである。それ故に甲某がすることでも、乙某がすることでも、甲の會社が仕やうが、乙の會社が仕やうが、皆此算盤を外れたものをしては成立ものではありませぬから、民業の權衡を取るといふのは、算盤が取つて居つて呉れるから、幾ら對な事業が起つても算盤外の事業が起るものではない、所が政府の官業といふものは、損得といふものは餘り構へないものである。其處で何でも當年中に此の事をしなければならぬ、斯うせねば役人の責任が濟まぬと言へば、工賃が高からうが、原料品が高からが、何でも構はない、算盤外れた藝の外れたことを行るのである。それが民間の業といふものでは權衡が取れることゝなる、彼方の官營に居て使はれる工夫が、是丈の賃錢を呉れる、民間の職工は是と權衡を取れぬといふことになつて、甚だ民業は打擊を受けるのである。又原料買入れに就きましても、頗る其影響を受けるのであるのみならず、斯ういふことになる、例へば鐵道である、日本鐵道といふ丈を指して申してども宜しい、日本鐵道の毎日乘客賃併に貨物の運送賃此等の如きものが、一日に五萬圓宛揚がると假りに定める、此五萬圓揚つた金はどうするかといふと、日本鐵道の時分には、諸所に地方々々の最寄に引合銀行を附けて置いて、其寄つた所の金は直に其日に銀行へ皆引揚げて、銀行へ預けるのであります。さうすると銀行は其金を預つたと同時に、左の手で預つたら右の手で直に民間に貸出して行くのである。全國の私設鐵道皆然りであつた、然るに國有鐵道になるといふとさういふことは出來ぬのであります、總て乘車賃でも貨物賃でも收まりまするといふと、之を中央金庫のやうな所に入れる、其中央金庫といふ所に這入つて、それから夫々政府の手續順序を經て支拂命令とか何とか難かしい手續が來て、漸く其金が出る、丁度申すといふと、此天地の氣候を下から水蒸氣といふものが立つて、水蒸氣が直に上に行く、それが又雨となつて降つて來るので潤ひが付いて往く。所が昇つたきり降つて來ないと、大地が罅割れがし、龜裂するより外に仕方がない、單りそれのみならず、鹽なり煙草なり悉く其等中央金庫といふ所の血液になつて、腦へ上つて了はなければならぬから、一般の融通といふものは非常に妨げて居るのであります。

全國の鐵道それから官營の金といふものは、先刻申した所の經常歲出、臨時の歲出の外に、特別會計といふものが政府に在つて、此の特別會計といふもので經濟を立てゝ居る。是が政府の財政の仕方である。此金額が二億萬圓程の特別會計となつて居る、而して其官營なるものは皆さうなつて居るのであります。成程之を考へますといふと一般の經濟界の融通の惡いといふのは無理ならないのであります。即ち諸所に關門を拵へて、諸所に障碍物が出來て、此水が流れぬやうなことにして了つたが爲めに、大變困難な位地に陷り居るのであります、即ち官營事業が厖大になつて來て人民の營業と權衡が取れぬといふ即ち其平を得ざるといふことになつて居るのが、吾々之を鳴らざるを得ぬ譯であります。

▲『增稅の誅求』

それから今一つは增稅の誅求で、御承知の如く、戰爭中に於て非常特別稅といふものを設けられた、是は戰爭中已むを得ぬ租稅であるから、誰も苦情を言ふものもなく奮發して負擔したのであるが、此の租稅は戰時中に限られて居た、其處で戰後一年經つたら止めるといふのであつたが、止めぬのみならず近頃は戰時中より猶少しく――少しくではない大いに酷なる手段を以て稅を取るのである。即ち本年度の營業稅、所得稅抔も御らうじませ、却々戰時中より非常なものを諸君は御負擔なさらなくてはならぬのである、是は又鳴らさゞるを得ぬのである。貧すれば鈍するといふが、貧乏になつた故か知れませぬが、斯く人民が苛められては立行くものではない露國と戰爭をして國を取られるか取られぬかといふ命懸の時分の稅よりも、餘計重箱の隅を楊子で穿つて取つれては溜まるものではないのみならず、其の取方が下級者に嚴しくして中等以上の八ヶ間敷やうな人間には收稅吏が手控して優しくし、毎日日稼に出て稼いで居るとか、神妙に營業をして居る人間を八ヶ間敷攻めて取立てるのである。全體稅の重い上に持つて來て上下の間に比較的輕重の有るといふのは是物平を得ざる譯で鳴らざるを得ぬのである。

▲「獨り文武官の光榮のみ」

それから戰爭の光榮といふものは、此露西亞に勝ちました光榮、此光榮は實に日本の光榮である。此光榮が吾々の見る所では獨り文武官の光榮に歸したる如き有樣で、人民は少しも此光榮に預らぬ、私は此戰爭の爲めて文武官が必死になつて働いて、此戰爭に勝を制せられたといふことに就ては、又其功を立てられた人には、國家は十分に行賞をし、敍勳をし、名譽を與ふといふことは是は結構なことゝして、決して私は惡くは言はぬ、此人達に國家が十分に功勞を表さなければならぬ、名譽を與へなければならぬといふことを論じて居るので、今日迄殘されて居るものを惡くいふのではない、賞讃をして居るのてある。併ながら獨り文武官のみならず、人民が戰時中擧國一致の實を擧げ、重い租稅を負擔して後援を爲し、どうでも此戰爭に勝つて下されと云つて徵兵に應じ、尙此戰爭に勝つて吳れねばならぬといふので大きな聲を出す、金を出して遣つて働くといふことは、是は忘れてはならぬのてあります。それには戰後に於て一方には文武官吏に勳章を與へ、名譽を與ふると同時に、此戰時中重い稅を負擔した諸君に對しては殘らず肩荷を下ろしてあげるといふことは出來ないでも、輿論か既に惡稅と言つて居る所のものは廢止して民力の休養を計らねばならぬ。誠に人民が苦痛を忍んで後顧の憂なからしめたる爲めに此の如く戰爭が捷つたのてある、實際諸君が働いたのてある。夫れ故戰爭が濟んだから肩荷は下ろしてやるといつて、下ろして喜ばして是から人民に働いて貰らはなければならぬ。是位な光榮を少しは見せて貰ひたい。然るに其褒美は何等無くして、却て戰時中より豪い重い荷を負はした上に、モウ少しの稅を負はしてやらうといつて段々租稅を重くして居る、御褒美を戴く考はないが、負擔を重くされたといふに至ては、私は嘆息せざるを得ぬのである、又是は鳴らざるを得ぬのである。

▲『財政計畫は武斷政府の產卵也』

それからモウ一つは藩閥制度に反抗して民權主義を唱へた黨派である、政黨である。是は吾々が既往に溯つて見れば政府が腕白なことをしても、先づ斯ういふ民黨といふものがあつて、民間の主義を唱へて居る黨派の人が、十分此藩閥の腕白といふものを制し、反抗して吳れるものと信じて居つたのである。所が何ぞ圖らん今日は以前に於て民權主義を唱へて居た所の歷史を有つて居る黨派が、却て藩閥武斷政府を助くるといふに至ては、私は驚かざるを得ないのであります。併し斯樣な黨派は斯ういふ事を云ふかも知らぬ、何も吾々は武斷政治を助けるのではない、藩閥政治を助けるのではない、今日は吾黨派の首領が內閣を組織して政治をして居るのである、我々は黨派の首領を助けて居るのである、決して藩閥武斷を助くるのてはないと辯解するかも知らぬ。私共から觀るとさうは思へぬ、何故なれば諸君と共に今日苦んで居る此財政てある、是は誰が拵へたものてある、彼の桂內閣が戰後に於て十年計畫即ち軍備擴張といふ目的を以て十年計畫といふものを立てたのてある。然るに桂內閣は諸君も御記憶の通り、日露戰爭が局を結ぶ場合に當て、露國との平和條約が甚だ國民に滿足を與へなかつた、國民は不平てあつて頗る內閣を攻擊をしたのである。さういふ攻擊を受けて居る內閣であるから、豫算は拵へたけれども、此の豫算を帝國議會に出して、さうして今日協贊を得るといふことは到底出來得られぬと自覺したのである。それ故に豫算といふ卵丈は拵へたけれども、之を生み立つるといふことは自分でどうしても協贊を得る途が無いと信じましたから、內閣を辭した、それで當時今の內閣則ち西園寺內閣は成立したのであります。所が此十年計畫豫算といふものは、今の西園寺內閣は其儘そつくり引受けて之を育てたのである。申さば家鴨の生んだ卵を鷄が自分の子だと思つて育てた、さうすると今題はれて居る所の戰後の財政即ち陸海軍の膨脹、此尨大なる豫算は即藩閥武斷政治なるものが拵へた卵である。之を助けて育てゝ行かうといふのが私が氣に入らないのである。眞に民權主義を有つて居る內閣なれば、此藩閥や武斷主義を以て編成した所の十年計畫の如きものはどうしても直さなければならぬ。其場合にモウ時間がない、時日が許さないと謂つて、そつくり其儘やつたとしても、是はどうも怪しからぬことである。我が主義を捨て了ふたので甚だ怪しからぬことである。他人のしたものを其儘そつくり受けてするといふのは無主義と言はなければならぬ。御維新以來に於きまして、藩閥といふものが大變な勢力を以て政治を專らにするといふことを國民が怨み惡んで民權主義を唱へて藩閥主義に反抗した歷史といふものは長いものである。併かも其結果が今日に至て其主義が本末相合せずして、却て家鴨の卵を育てゝ、さうしてトウ〳〵吾々を困らすといふに至ては、吾々は鳴らざるを得ぬのであります。右樣數へ來つて見ますと、未だ澤山な平を得ざるものがあるのである、鳴らざるを得ぬのである。併し只今數へ擧げたことでも、私共の此不平を鳴らすといふことは、餘り無理とは諸君は思ひなさるまいと思ひます。然れば吾々は此平を得ざる不公平、不權衡なるものを能く直ぼして、即ち財政の尨大なる國力に伴はざるものは、國力の程度に直ほさなければならぬ、又政費の使ひ方が不生產的のものに傾き居るといふことは、是は直して其平を得るやうにしなければならぬ、中央金庫の政府のみに傾いて、政府の機關となつて居ることは、改めて經濟機關といふ官民に偏せず、眞に國家の機關なりといふ風に改めて行かなければならぬ、それから官營が專らになつて、是が爲めに民業の打擊をして居ることは、十分改めて往つて民業支障を起さぬ丈に抑制して往かなければならぬ。それから今少し租稅に於て、頗る過重に亘れる、さうして其中に殊に下級社會の人を苦めるといふことがどうしても、直ほさなければならぬ。又最後に至りまして代議士が大勢衆議院に立つて、此家鴨の卵といふものはどうぞ取替へて貰ふて眞に日本といふ鷄の本當の子を育てる代議士に餘計出て貰はなければならぬ、是は吾々の希望である。

中野氏の當撰談

終始一貫せる非増税主義を標榜して逐鹿界の人となり遂に當選の榮を得し中野武營氏は往訪の某氏に對し左の如く語らる

▲語るべきの一事　如何にして當選したか、どんな方法によつて競爭したかと云ふ御尋ねに少し困る、と云ふのは萬事を大橋新太郎君に任せて自分では小部分の事は殆んど與り知らなかつたばかりでなく他のやうに有權者の家に行つて頭を低げるとか競爭の意味を有つた強ひつける手段だとかを全く執らないのと又被選人自身が運動すると云ふ事が間違である事を知つたからである旁々自分は主義とする處丈を政見として發表したいと考へて勸めに應じ之れ丈の事は十分した且つ其際傍聽者に向つてはどうか諸君は一個人として贔負的の投票をせず政見に依つて投票すると共に同じ政見を有する者なら誰彼れの差別なく選擧して貰ひたいと私は宣言し若し出來得るなれば東京ばかりでなく全國に迄此吾思ふ主張を徹らしめたい考へを有ち自分の選擧に關係ない處へでも頼まるれば演説に行く筈でゐたか忙しかつた爲其れも十分出來なかつたのは殘念だ、つまり自分は商業會議所から自分を通した政見に依つて立たいとしたので此等の一端は其〴〵便宜の方法を以つて發表はしてあるか誰た聊かでも誇りとするのはかの所謂運動屋なるものを使はず總て同主義の下に贊成して呉れた人や其等の人々の雇ひおく小僧など迄か盡力して呉れた一事である故人に聞かれても疚しいとか体裁がわるかつたとかいふ事丈はしなかつた理想の一端を今度こそ實現させたつもりである、又當選したから嬉しいたらうなど云ふ人もあるが別に嬉しいとも思はない又選擧中非常に困難な事や非常に愉快な事はどうであつたかと尋ねる人もあるが困難もない代り愉快な事もなかつたと答へてゐる

▲今と昔　以前郷里の高松から推され殊に選擧干渉の最も激かつた品川さんの内務大臣であつた時は非常に苦しい思ひもしたが初期當選以來卅七年迄の間はマア至つて何事もないといふ方で殆んど競爭なしで郷里から擧げられた之とても默つてゐても地方の人が大抵して呉れたので全く地方へ行かず選擧された事などもあつた併し今日では有權者が大分賢こくなつてるから昔のやうでもなからうし隨つて元地方から擧げられた時の感想と今日東京市から擧げられたに就いての感想を比較するのが一寸むづかしい

▲運動費は少なし　精算しなくては知れないが費用は大分要つたやうである第一何に使かつたかと云ふと刷物だとか端書だとか郵便切手だとか電報料だとかいふものが重で一寸思ふと是れが何でもないやうであるが有權者數の三四萬に對して其う要るのだから中々馬鹿に出來ぬ金額になるけれども他に較べては案外少額かも知れなからう

第四章　桂園時代後期の政治経済

一　第二次桂内閣時代の政治論考

明治四十一年五月に行われた第十回衆議院選挙では、増税反対運動が高揚したにもかかわらず、増税を支持した与党の政友会が議席を伸ばす結果となった。しかし、七月に西園寺内閣は総辞職し、第二次桂太郎内閣が発足した(1)。

4―1「余は代議士となりて何を成さんとするか」（明治四十一年六月一日）は、当選直後に代議士となった動機と今後の所信を述べたものである。実業の意見を貫徹すべきと決心して政治家になった以上、財政の根本的整理や変化する実業問題に取り組んでいくこと、その際、既存の政党のように政党の利害ではなく、問題ごとに同志で是非の旗幟を鮮明にしていくとの方針を示している。

六月には中野が衆議院議員に復帰して初めて臨時商業会議所連合会が開催された。関税調査、現時の経済状態、財政釐革が議題となった(2)。

中野は、七月に西村治兵衛、仙石貢、片岡直温ら実業家議員選出と、戸水寛人らの既存政党に属さない無所属議員で「戊申倶楽部」を結成した。政党のように党議拘束をかけることなく、議案ごとに議論して各議員が行動を決めるという方針を掲げた(3)。

桂内閣は、財政整理を断行し、軍事費の大胆な事業繰延べなどによる歳出削減、新規公債発行の中止などの方針を打ち出し、国債市場も回復した。これを金融界は歓迎した。

しかしながら、桂内閣は、中野がこだわってきた日本大博覧会も財政整理の対象とし、その延期が決められた。さらに、三税廃止についても概算要求に盛り込まなかった。

4―2「大博延期は絶対に反対なり、されど今後の問題は如何にして五十年開設を成功せしむべきかにあり」（同年十月一日）と**4―3「財政談」**（同年十月三日）では、日本大博覧会延期には遺憾の意を示す一方、桂内閣が財政整理を実行し、公債市場が復活したことは評価している(4)。

第二十五回議会を迎えると、**4―4「実業家たる立脚地より当期議会中の最大問題は何か、採るべき態度は如何」**（明治四十二年一月十五日）では、三税廃止実現に向けての決意を語っている。

4―5「立憲国民の覚悟」（同年二月十一日*）は、早稲田大学主催の憲法紀念早稲田講演である。中野が政治家になった頃からの政党政治の発達や民間外交の重要性などを論じている[5]。

4-6「**財政及税制整理に就て**」（同年二月二十五日）は、桂内閣の財政整理を総じて評価した上で、三税廃止については四十二年度からの実施ではなく、四十二年度に財政整理をして四十三年度から段階的に三税廃税を実施すべきとの現実論を示している。臨時商業会議所連合会は、こうした考え方を反映した4-7「**財政釐革及び税制整理に関する建議書**」（同年二月十八日）*を決議した[6]。

一方、桂内閣は、組閣当初、「一視同仁」方針を標榜し、憲政本党、戊申倶楽部、大同倶楽部の支持を得ながら、政友会を牽制しようとした。しかし、十二月に第二十五回帝国議会が開会しても、非政友会の憲政本党、又新会、戊申倶楽部、大同倶楽部による非政友勢力統一の目途が立たず、議会運営に窮した桂は、一月末に政友会と妥協して衆議院を乗り切ることに方針を転換した。

政府・政党関係が急変した後で、非常特別税中改正法律案（三税廃止法案）についての審議が始まった。憲政本党、又新会は三税廃止法案に賛成したのに対し、政友会は反対した。戊申倶楽部では党議拘束がなく意見を一本化できなかった。

中野も委員会に登壇し、同年度には減税は困難でも四十三年度以降に減税を行うことを政府から引き出そうとしたが、桂大臣からその言明をとりつけることはできなかった[7]。

4-8「**非常特別税法中改正法律案第一読会**（**衆議院本会議**）」（同年三月九日）*は、三月九日の衆議院本会議で中野が行なった三税廃止法案についての質問である。同日、同法案は政友会の多数で否決された。

このように政友会は三税廃止法案を否決した上、中野の動きを牽制する観点から、商業会議所の強制経費徴収権（経費又は過怠金の滞納がある場合は国税滞納処分で徴収をできるとするもの）を剥奪する「商業会議所法ノ一部ヲ改正スル法律案」を議会に提出した。経費徴収権がなければ地方の小さな商業会議所は存立の危機に瀕する恐れがあったので、「商業会議所撲滅令」と呼ばれた[8]。商業会議所関係の議員が否決に動いたが、政友会の多数で衆議院を通過しただけでなく、貴族院もこれを支持したことから法案が成立した[9]。

4-9「**商業会議所法改正に対する善後策**」（同年四月十八日）及び4-10「**商業会議所法改正に就て**」（同年四月

二十五日）は、商業会議所法改正に対する見解である[10]。

議会終了後、**4―11「現代の実業及び政治」**（四月）では、第二十五回議会を振り返り、三税廃止法案の否決や商業会議所法改正などを踏まえ、桂内閣と商業会議所の関係の在り方について述べている。

4―12「商工党の樹立は只だタイムの問題なり」（同年五月十五日）は、商工業者が一致団結してその利害を代表する団体を立法府に設ける機が熟していることを表明している。

非政友会の政治勢力の結集が進まず、政友会の圧倒的多数の前で、戊申倶楽部の戸水寛水や又新会の尾崎行雄などは、議会閉会後、政友会に移った。**4―13「第二十五議会報告」**（同年五月十六日）は、議会閉会後に発表された戊申倶楽部の活動報告である（本節では発足の経緯や当初の要綱に触れた部分のみを抜粋[11]）。

国内政治では厳しい立場に立たされたが、中野は八月から十二月までの、渡米実業団を組織し渡米し、当時緊張関係にあった日米関係の改善に予期した以上の成果を上げ、桂内閣や与野党からも高く評価を受けた（第五章参照）。

4―14「所謂政党屋の弊」（同年八月一日）では、政界の腐敗は政治で衣食する、いわゆる政党屋の弊害から生ずるものの結果であって、政治家が生活問題にわずらわされる弊害がなくなれば立憲政治の実が挙がるなどと述べている。

翌年の第二十六回議会に政府は、所得税、営業税、通行税、酒税、相続税、砂糖消費税、織物消費税、塩専売など合わせて約一千万円の軽減を内容とする税制整理法案を提出した[12]。

しかし、同法案では地租の軽減を度外視していることが問題となり、減租論が沸騰した。中野は営業税についての審議のため臨時商業会議所連合会を招集し、営業税法などについて意見書を提出するとともに、減租により営業税減税が否決されないように動いた[13]。**4―15「衆議院議員中野武営君談」**（明治四十三年三月十五日）は、営業税が商工業に偏重な二重課税と同然であること、地租を軽減しても効果は薄く、むしろ一般経済界が活気づけば米価も保持できるのであり、そのためにも営業税の負担軽減をすべきと主張している。

明治四十三年二月に戊申倶楽部は解散し、一部は大同倶楽部と合同して中央倶楽部結成を結成し、一部は憲政本党と合流して立憲国民党に合流した。中野、稲茂登三郎、西村治兵衛、岩下清周らの実業家出身の議員は無所属となった。

4-16「**日英博覧会に就て**」（同年五月二十五日）は、明治四十三年五月にロンドンで開催予定の日英博覧会の意義を指摘している。ここで、三税廃止法案が否決され商業会議所法も改正されたことに反発して織物業者が出品を見合わせると伝えられたことについて、否定的な意見を述べている。

4-17「**本期議会の重要問題**」（明治四十四年一月一日）は、第二十七回議会の論点を概観したものである。特に鉄道広軌改築問題が大きな論点になった。

4-18「**中野武営君談**（**実業家の見た広軌問題**）」（同年二月一日）、**4-19**「**広軌鉄道に就て**」（同年二月二十五日）では、中野は産業発展の観点から桂内閣の広軌化政策への支持を表明している。

4-20「**三税廃止の急務**」（同年三月一日）は、明治四十四年に発表されたものであるが、第二次桂内閣になってからの三税廃止をめぐる桂とのやりとりを振り返っている。

4-21「**商工業者の政治的勢力**」（同年六月二十四日）は、持論の商工党の必要性について述べている。

注

（1）本節の内容については、拙著『中野武営と商業会議所』の「第七章　実業家党の挫折」及び拙著『制度変革の政治経済過程』の「第三章第二節　桂内閣の財政運営、第三節　税制整理の実施と営業税の減税」を参照。

（2）『東京商業会議所月報』第一巻第一号、明治四十一年七月二十五日。『明治四十一年六月、同四十一年十二月、同四十二年二月東京ニ於テ開会　臨時商業会議所連合会報告（同）議事速記録』。

（3）十一月二十七日に会派届出がなされた時、四二名が所属した。

（4）同趣旨の論考が、**中野武営**「**大博覧会の延期は断じて不可なり**」『商工世界太平洋』（第七巻第一八号、明治四十一年九月一日）、「**中野武営君談**」『太陽』（第一四巻第一三号、明治四十一年十月一日）。

（5）明治四十二年二月に東京市主催の憲法発布二十周年記念祝典が開催され、中野は、尾崎行雄と渋沢栄一とともに発起人総代を務めている（『立憲政友会史』第三巻、西園寺総裁時代後編、大正十四年五月）。

（6）『明治四十一年六月及び十二月開催　臨時商業会議所連合会議事速記録』、『明治四十二年二月開催　臨時商業会議所連合会（継続）議事速記録』。

（7）『衆議院非常特別税法中改正案外二件委員会』中野の発言については、明治四十二年二月八、二十二、二十四日、三月一日、三日、五日、八日参照。

（8）この時点で、商業会議所関係の貴族院議員は、橋本雄造（長崎特別議員）、室田義文（下関会頭）、下村辰右衛門（佐賀）、木村誓太郎（四日市特別議員）、岡谷惣助（名古屋副会頭）。衆議院議員は、岩本晴之（徳島特別議員）、稲茂登三郎（東京）、井上角五郎（東京）、池田藤八郎（酒田特別議員）、石郷岡文吉（弘前特別議員）、小山内鉄弥（弘前特別議員）、西村治兵衛（京都会頭）、富田幸次郎（高知書記長）、太田清蔵（博多会頭）、鷲田士三郎（福井特別議員）、根津嘉一郎（東京）、山田又七（長岡）、松尾寅三（下関）、松本恒之助（津特別議員）、綾部惣兵衛（川越副会頭）、水品平兵衛門（長野会頭）、鈴木摠兵衛（名古屋副会頭）であった（東京商工会議所蔵「商業会議所法改正案ニ関スル書類」明治四十二年三月）。

（9）中野の発言については、『衆議院商業会議所法中改正法律案委員会議事録』明治四十二年三月八日、九日、十一日、十六日、十八日、十九日参照。

（10）その後、農商務省大久保利武商務局長と岡崎国臣監理課長を招いて対応策が議論されている。『第十八回商業会議所連合会　附録　商業会議所法委員会速記録』（明治四十四年十二月）。

（11）第二十六回議会の招集時の議席は、戊申倶楽部三五に対し、政友会二〇一、憲政本党六三、大同倶楽部二八、又新会四四、無所属八であった。

（12）明治四十二年十二月、第二十六議会召集前の戊申倶楽部の役員会が開催され、「第一　諸税を適切に軽減し国民負担の衡平を謀り以って民力休養すること、第二　全国地価の修正を期すこと、第三　国債を整理しその負担を軽減すること、第四　交通機関の整備を謀り産業を奨励し国力発展の実を挙げること、第五　関税を改正し国富増進の策を立つること、政綱追加　学制の改革を期すること」との綱領を発表している（前掲『立憲政友会史』第三巻）。

（13）東京商工会議所蔵「営業税改正ニ関スル書類」（明治四十三年一月から二月）。『明治四十三年二月東京ニ於テ開催　臨時商業会議所連合会報告（同）議事速記録』。

余は代議士となりて何を成さんとするか

中野武營

世には實業家なるものは、餘り政治などに關係すべきものでないかの樣に思つて居るものがある。が、實業家なるものは、果して然るべきものであらうか。吾々から今の政治家のなす處を見ると、渠等は常に黨派本位にたて籠つて或は黨略的に感情的に闇鬪し論爭すると云ふ弊がある、我々共の希望する所は、斯くの如き弊風の除芟である。道理を盡くし、情勢を察し、穩便なる手段によりて、國家の大政を議せんとする事である然るに

中野武營氏

今の專門の政治家は何をして居るか

といふと、先づ戰後の經營を見ても、思ひ半ばに過ぎるであらう。其當時は國民擧げて戰爭熱に浮かされて居た時とて、多額の費用を使はれても何とも思はず、莫大の國債を負擔されても只管祖國の爲と思ふて實は自己の力に背負ひ切れない程度に引き受けて居る。處が戰爭の終局はどうなつたかといへば、償金は一文も取らずに、媾和の締結を見た爲めに、勝つて却て負ける樣な失態を演じたのである。さうして困るとすぐいつも增税々々とやるから、ます〳〵國民は今の政治を信用せず、政治を施すものも又自ら大困難に陷つてゐる次第である。

元來國力の發展を計らんとするには、何が必要かといへば、官民一致して國利民福の道を講ずるより外ないものである。そこで我々は當時日本の將來を憂ふるの餘り、政府に對して、國力の發展には、是非とも財政、殖產等につき、國民の安心する方法を講じなければならぬといふ意見を時の政府へ獻言したのである。然るに當時桂内閣は、彼のポーツマスの條約に於て、國民の大なる憤慨と反抗とを受けて居た揚句の事とて、容易に我々の意見に同意して、如何にもそうだといつた樣な風に、賛成して居たのであるが、國民反抗の聲も、いつしか次第に下火に成つて來た頃、渠等は喉元過ぐれば熱さを忘るゝ喩への通り、忽ち戰後の大經營などゝ唱へ出して、柄にもない財政計畫を立て、此に空前の大豫算案を製作したのである。處が渠等は自身で其豫算を編成したにも不拘、到底、内閣は持ち切れぬと見て取つたなら桂は内閣を西園寺に開け渡してしまつた、そのやり口は恰も卵を產み放しで何處かへ去つたと同然である。桂が辭すると同時に聽て

西園寺內閣が出來た

出來るは出來たが別に此れといふ妙案もなかつたので、さし當り桂の産みつけて置いた卵を、そつくり其の儘孵化して成長させて見やうと云ふ樣な事に成つたのである。で西園寺内閣は咄嗟のうちに豫算を編成し直す暇が無かつたので其儘議會に提出したのである。此の時は咄嗟の事ゆへ仕方なしとしても、其次の議會には、宜しく民力の程度を計ると共に、さう急激に豫算の膨脹をしては、果して國家が立ち行くかどうかと云ふ事を充分考へねばならぬのに、却つて前年度よりも、層一層と膨脹を見るに至つては、寔に遺憾此の上もない次第である。

渠等は平然として六千萬圓の増税案を提出した。非常特別税は言ふまでもなく元のまゝである。どうも政府は今日の民力の程度を誤解して居る此れでは致し方がない、そこで當時

我輩の意見

は先づ鹽税、織物税を廢した方がよいと思ふた。此の苛酷な惡税を廢せば、此に五六千萬の税は、非常特別税から輕減する事が出來る、吾々は返す〳〵も民力の發展に務め、大に國民の實力を養ふべき事は、今日目下の最大急務であると思ふたので吾々は熱心に此の意見を以て當局者を叩て見たが、猫に念佛、一向に採用して呉れぬ。故に吾々實業家は昨年増税案提出の時には、御存じの通り大いに反對して見たが、多數に無勢で一向に効目がなかつたのである。

要するに我々の意見は、今日の場合若し増税せなければならぬとすれば、別に適當な税源によらんければなるまいと思ふ、目下の樣では仕方がない。我々は戰後經營は國家の最大事と覺悟し斯く全國商業會議所が連合し必死に運動したが遂に一も採用せられない、於此我々は斯う決心した、

今日迄我々が誠心誠意を以て、國家のため國民のため献議せし事は、恰も空砲を發して居た樣なものである。幾ら客位に居て聲を大にして絶叫して見た處が、對岸の喧嘩だ、此れでは仕樣がないと自覺した。そこで是非とも敵を降服させるには實彈を打つの必要があると信ぜざるを得なくなつた。實業家

壯年時代の中野氏

とて決して政治の全權を、今の所謂政治家に一任して置く必要はない、あゝ云ふものに一任して置くから、却て勝手な眞似をさるゝのだ、此の際須らく實業家たるものは飽く迄も全力を傾倒して、自ら立法部に立て、實業家の根本意見を貫徹せんければならぬと決心し、各支部の方に於ても、及ぶ限り實業家を代議士に撰擧するなり、又は實業に力を盡すものを撰擧せよといふ決議をして、内外相應じて、今回の撰擧を試みたのである。到底今日の場合は、政治家に一任して自分は左團扇で居る事は出來なくなつたのであるから、今日は自ら進んでやらなければならぬと思ふ。然らば、

此れより先はどうするか

といふに、それは我々同志のものが一致團結して、力の及ぶ限り、議場の一隅に陣を取り、大に是非の旗色を鮮明に仕樣と決心して居るので、今迄の樣に議員になる前は大硬骨で、議員になると直ちに大軟骨となる樣な事では、到底國利民福の大目的は、忽ち水泡に歸して仕舞のであるから、本年の議會では大に是非曲直の辨別を明かにしなければならぬと考へて居るのである。けれども

我々の團隊は政黨ではない

事を明かにして貰ひたい、今日迄の在朝在野の政黨を見るに、自黨に不利なる事は、たとひ問題そのものはよき事でも惡いといつて反對する、そして隨分と醜い惡事を摘發して反對黨を不利に陷れんと計つて居るが、我々は斯かる卑劣の考へは少しも持つて居らぬ。一問題起る毎に、必ずその是非曲直を良心の命ずる正しき道によつて、辨明をつけ、裁決を與へて行かうと決心して居る。

我々は已に如此決心ある故、若し今日の政府にして、我々の主義を容れ、財政を整理し、方針を確定して進んで與れるならば、固より歡で現内閣を助ける積りだ。けれども今日の樣な遣り方では、不本意ながら國民としては反對し憎惡しなければならぬ。併し我々が反對すると云ふのは、唯だ徒に反對するのでなくして、問題其のものに就きて反對するので、決して其人に反對するのではない。問題がよければ、何處迄も助け、決して人に私し、又は人嫌ひをする樣な事をしないのは先づ第一に執るべき吾々の態度で在つて、我輩の覺悟は先づ此に存するのである。

それと同時に、我が國の立法部で甚だ遺憾な事は、歐米の先進國では年々の豫算の如きは、恰も印を捺した樣に、きまりきつて居るから、日本の樣に豫算が毎度議會最大の問題を惹き起すと樣な愚な事はない。どうも困つたものだが、政府はかゝる場合には毎度俄かに鬣に火の付きし樣に騷ぎ出して、いろいろ不正の魂膽を廻らすから、いつも豫算問題にのみ火花を散らして、外の問題は何の苦もなく連行して行くなどゝは、實に愚々しい事で、立憲政治の議會とは思はれぬ程である。かうといふやり方といふものは、つまり

現在の急務を知らん愚な仕方

である、目下の最大急務は何かといふと、國力に相當するも

のを定むるといふ事が何よりの肝要であると共に、政府の財政は根本的整理の必要がある。其を等閑にして豫算を編成するなどは全く國民を侮辱してゐる。同時に茲に大問題がある、年々

變化して行く實業問題

だ。此は國家經濟の發展に伴ひ變化し行くもの故政治も亦共に進化して行かねばならぬに實業の進歩に不拘法律は舊守の狀態にある。此は實業家の力が實際議會に及ばぬためであらう。今ぞ實業家の奮起すべき時だ。此時に當り此の意味よりして實業の代議士たるものは、決して浮薄な事の出來樣筈はない。於此我輩の希望は外でもない、我々が實業家を代表して議場に出づるとも、何事も獨斷を避け先づ商工業に關した事なら皆其々機關があるから、其人々の意見を徵して充分之を討究したのち、其等の機關を代表し大に活動せんと期するのである。實業家の尤も謹むべき事は、實業問題に對し實業家中利害を異にして居るものがある、そこで忽ち衝突が起る。其際に乘じて運動屋に籠絡されて仕舞ふ事だ。要するに將來實業問題は益々熾に戰ふ時が來るに相違ないから、實業派代議士者は、冷靜に問題その物の可否を判別し大に國利民福の實を擧げねばならぬ。我輩の代議士となりたるは畢竟國利民福を計つて立憲政治の眞價を發揚し國民に安寧幸福を與へんとするの徵意に外ならぬのである。

大博延期は絶對に反對なり、されど今後の問題は如何にして五十年開設を成功せしむべきかにあり

東京商業會議所會頭　中野武營

（一）大博延期は政府が例の野猪的態度を以て例の非立憲的行爲を爲したる一例と見るべし

曩に國民の希望に基き帝國議會の協贊を、經開催地（東京市）と特殊の契約を締結し、進で諸外國に向て加盟贊同を促し、四十五年を期して一大盛事を擧行せんと欲し、既に內外官民相應じ着々其準備の實行中に屬し、比年財界の不況も此の一道の活氣に依りて、回復の曙光を見んとするに當り、政府は突然にも九月二日の勅命を以て單純なる理由の下に之が開催延期を公表するに至りたり、吾人之に對して、殆んど是非の論議を爲すの詮無きを知るも、之れが爲めに信を內外に失し、痛く民人に損害を蒙むらしめたるの責に對しては、深く政府の猛省を煩はざるを得ず、否な政府は國家の威信と民人の損害とを犧牲に供するも尚且つ延期を敢行せざる可からざるの究境に在り否や將た大博の延期に依りて生じたる莫大の損害を辨償するに餘あるの利益を豫測せるものなりや否や今政府の宣言せる延期の理由なるものより論ずる時は餘りに其意味の單純にして而も自家撞着の甚だしきに驚かざるを得ざるものあり又海外各國に宣明公約したる大博延期の理由が表面的にもせよ申譯的にもせよ、其意を悉さゞるの甚だしかりしは吾人現政府の爲め深く惜まざるを得さる所なり、蓋し政府は事業繰延を以て唯一の財政整理策となし、生産不生産の如何を論ぜず、費目の削減を

以て最大急務なりと思惟し、是が爲には國家の威信、民人の苦痛、其他あらゆる何物をも犠牲に供するを厭はずと云ふ筆法を用ふもの即ち例の野猪的態度を以て、例の獨斷專行を敢てせんとするものにして、太だしき非立憲的行爲たるは何人も首肯する所ならんと信ずる也。

（二）政府問罪の旗を擧ぐるを休めよ、寧ろ退いて之れが善後策を講ずるに若かず

然れ共吾人は啻に政府の非行を鳴し、不法を責むるを以て得たりとするものに非ず、何となれば是れ徒に死兒の齢を數ふると等しきものにして、明治五十年を以てせらるべき大博覧會設備に對して何等利する所なければなり、縱し一部論者の絶叫するが如く、政府の盲斷を詰責し、其非立憲を糺して問罪の旗を擧ぐるとするも是れ實業問題を變じて政治問題たらしむるもの、幸に條理の貫徹する事あるも、奚ぞ九月二日の勅命を輸回する事を得んや、論者或は勅令の性質法理に就て云爲する者あるも、是れ亦大局に通せざる几上の空論にして、既に國家の威信を失墜したるの過を重ぬるものと云はざる可からず、是を以て吾人國民は暫く政府の盲斷非行を假借して延期されたる將來の十年間に於て完全なる設備を爲し得べき手段方法を講究するを急務とす、即ち吾人の信頼すべからざる政府者以外、特に國民一致の力を以て信を海外に博し、實を國益に擧けざる可からずとする也。

（三）偏武的財政策は國家の經濟を誤るものなり、軍備擴張の爲めに壓迫されたる産業の前途や憂ふべし

元來斯の如きの失態は政府が戰後の經營を過りたるに基因するものにして、爲政者として戰後

當然行ふ可き民力の休養、國力の充實を疎外し徒に偏武的政策を施したるの罪に他ならず、見よ當時に於ては既に二十億圓の內外債を負擔したる場合なれば、單に之を返辨するのみにても大に國民の勞力勤勉に俟たざる可からず、然るに政府は戰後國民の惰力を逆用して、却て專ら政府事業の擴大に腐心し、戰前二億五千萬圓の歲費に對し、戰後一躍六億圓を超過するが如き非常なる懸隔を生せしめ、國民をして殆んど塗炭の苦に陷らしむるに至れるなり、抑も如此き過大の歲計額が、我邦經濟の現狀に適せざるは明かなる所にして、彼の國際貿易總額の輸入合計九億圓に足らざるを見ても、之れが不當なることを容易に知らるゝなり。

政府は如此過度の歲計膨脹を爲せり、而かも其最大因は戰後經營上殆んど無意味なる國防軍備の充實完成に多大の費用を集注したるに依る、抑も國防軍備なるものは、其名義を形態に於て如何にも積極的財政策の觀ありと雖、其の內容と實質とに至りては、消極的の最も甚しきもの也、然るに政府が此不生產的事業に對して過度の政費を傾注するに反し緊要なる生產事業に對しては必須の需用すら供給することを得ず、從つて政費の分配極めて不健全不權衡を來たし、諸外國をして案外なる疑惑を生せしめ、以て通常國際間に於ける情誼すら圓滿ならしめざるに至るは嘆ずべきものにあらずや、今ま明治四十一年度歲出豫定額に就て如何に政費の分配さるるかの比率を左に示さん。

歲出經常部各種政費分配比例表

費目	百分比	皇室費特殊費を控除せる殘額に對する百分比
皇室費	、七〇	……
特殊費	五五、一五	……
立法及行政費	、五三	一、一九
普通行政費	一、八〇	四、〇七
產業關係費	一、七七	三、九九
遞信關係費	一、四八	三、三六
學藝關係費	五、八四	一三、二四
衛生關係費	、一三	、二八
警察關係費	、六七	一、五一

裁判關係費	二、五五	五、七七
外交關係費	、八四	一、九一
統監府費	、二九	、六五
陸軍關係費	一六、八四	三八、一七
海軍關係費	一〇、七一	二四、二七
國庫豫備金	、七〇	一、五九
計	一〇〇、〇〇	一〇〇、〇〇

歳出臨時部各種政費分配比例

費目	百分比例
凸司廳費	、二一
債還義務費	一、二三
立法又行政費	、一八
地方行政費	、四五
產業關係費	七、六六
遞信關係費	三五、四五
學藝關係費	、九二
衛生關係費	、六〇
裁判監獄費	、三二
廳舍營繕費	一、二七
陸軍關係費	一九、八一
海軍關係費	二四、四一
臺灣經費補充金	一、九九
樺太經費補充金	、三三
關東總督府補充金	一、六五
韓國政府立替金	二、七八
國庫豫備金	、八四
計	一〇〇、〇〇

之れを見るも、皇室費及國債償還義務に屬する特別費を引去りたる結果、陸海軍事費實に其六割二分三厘四毛の多きを占むるを見るべく遞信費の一割三分三厘四毛、產業費の三分三厘六毛の如きは如何に甚だしく其少額なるかを見るべし、臨時費に於ても亦全く之れと同樣にして、遞信の三割五分四厘五毛、產業費の七分六厘六毛に對し、陸海軍費の四割四分二厘二毛の多きを占むるを見るは分配率不權衡の甚だしきに驚かざるを得んや、斯の如き偏武的分配は啻に產業に對して必要の費用を分與する事能はざるのみならず、敎育學藝の方面に對しても亦た累を及ばすの甚しきものあり、彼の陸海軍人敎育費が、全國普通敎育を初め高等敎育費を、併せたるものに比して殆んど同一なりと云ふが如き、甚しき偏則を生ずるに至り從つて陸海軍備の駸々乎として驚く可き進步をなすに反し、產業、交通、學藝等に關する施設經營の微々振はざるのみならず、間接に經濟社會の自然的流潮の向背を左右し、民間事業の發展上尠からざる不良影響を及ぼしつゝあるを見るべきなり而して此

の如き偏武的政費分配は實に財界狀態をして今日の悲境に沈淪せしめたる最大要因にして吾人が今日に於て切に矯正を計らんと欲する所也。

(四)政府は一方に軍費節減の事實を示しながら一方に産業　勵を看過し去らんとす、是れ自ら欺けるの政策、國民を僞罔せるの爲政にあらずして何ぞや

政府は國家の存在を一に兵力に存ずるものとして生産事業を度外視するの傾ありと雖是誤解の最も甚しきものにして、吾人は殆んど常識の有無に就て疑を挾まざるを得ず、般鑑近きにあり戰捷の結末が甚だ不滿足に終りしを見は、蓋し思ひ半に過ぐるものあらんか、國家の財力を糜し、國民の餘力を殺ぎ、百萬の兵を練ると雖、將た一朝緩急の場合に當り、疲弊自憊の國民を驅りて果して勝算を博す可きか、兵力固より國家必要の具たるに相違なきも、主力として之を維持せんとするに到りて、實に愚の極と云はざるを得ず、往昔武士の帶びたる両刀は決して人を斬るの目的に供するものに非ず、又決して濫りに拔く可きものにあらずとは先考の屢々吾人に訓誡せし所なり、然るに今人動もすれば蒼龍天を摩せんとするの燥狂的行爲を演ぜんとす、吾人は如此擬武士的行動を深く抑壓せざる可からず。

偏武的なる政府は常に軍備の必要を論じ、國防の急務を稱道し、豫定の費額に對して厘毫の減却繰延を爲すを肯せざるなり、然るに其舌未だ乾かざるに、六年計劃は變じて十年計劃となり、繰延せる事の出來ざる軍備事業は繰延せられたり、政府の反覆固より信を措くに足らずと雖も是れ明に軍備事業の或部分の緊急ならざる事を發表したるものにして、節減の餘地あるを表白したるものなり、されば更に一層の改善を加へて節減し能ふ可きを節約し、以て生産的事業に流用せば、國利民福果して幾何ぞ、政府既に責任を以て十年後に一層偉大なる一層完全なる世界的大博覧會を擧行せんとす、奚ぞ進んで斷乎たる處置を執りて以て自家言責の遂行に力めざるや、徒に繰延々々と稱へて一時を糊塗し、自ら欺き自ら詐る如き、陋劣なる手段を執るを要せんや。

（五）六年計畫、十年計畫は姑息の策なり、財政整理の根本義は別に他に存するあるを知れ

吾人の所見を以てすれば、六年計劃、十年計劃何れも一時彌縫の語たるに過ぎざるなり、固より一事一業、五年十年の計劃を要する事無きに非ず、從つて豫算に繼續費を設くること會計法の認むる所なりと雖も、國家の經營に關し、此等短日月を區劃して完成を期せんとするが如きは滿全の道にあらざるなり、思ふに十年計劃の語たるや日清戰後の後に起りたるものにして、漸く官邊の用語となり、遂に世上に流布したるものにして、當時の事情を稽ふる時は收支の激増に眩惑し、無謀の豫算を編成し、杜撰の計劃を立てたる爲め一面收支の權衡を失するに苦み一面民心の慰安を策するの必要に迫まられたる結果全く彌縫の外形を裝ひたるに外ならざるもの、所謂遣繰の別名たるに過ぎざりしなり、現政府が六年計劃を變じて十年計劃となしたりと云ふも、思ふに數字上の体面を整頓したるに他ならずして、各省爭奪より生じたる膨大の歳費額を糢糊の間に埋置したるのみ、所謂狙公の朝三暮四なるの類に過ぎざるなり。本來經費繰延べなるものは、既に豫算に決定したる處は其財源の關係に依りて適宜變更するものにして、政府が之を以て財政整理の唯一手段とするが如きは吾人の取らざる所なるのみなら

ぞ、其餘波遠く大博の開催に及ぼし、世界各國に對する公約を取消すに至りては、弊も實に甚しと云はざるを得ず、思ふに繰延に依りて剰し得たる金額を公債の償還に供したるの一事は、政府の最も得意とする所なるべしと雖、是亦大に本末を過りたるものにして、決して斯る姑息の主段に依りて財政の鞏固を期すべきものにあらず、よし一時は其效果を表はす事あるべしと雖、繰延に依りて生ずる餘裕は固より無限なるものに非ず、限りある少額の資金を公債の償還に投したりとの理由を以て、國家の信用程度を增進し得たりと信ずるは大早計の至りと云ふべし、是を以て眞に國家の信用程度を增進し、公債價格の騰貴を謀らんと欲せば、宜く其根底たる租稅制度を改革し、不良の稅目を廢止すると共に政費の分配を均一ならしめ生産的事業奬勵の道を講ぜざる可からず、政府は財政整理を名とてし事業繰延を斷行し、十年計劃を立つるが如き、其根本義に於て既に大なる欠陥あるを免れざるなり、然れ共不滿足ながら大に其解決を試んとするが如きは其決心を諒として吾人は同情を表するに吝かならざるなり。

（六）地方政費の增加に伴ふ國民の窮狀、營業稅に重くしても地租に輕き國民の不平

而して茲に最も憂ふ可きは比年地方政費の著しく膨脹したる事是なり、日清戰後の府縣市町村費は八千八百八十餘萬圓なりしが、日露戰役後は一億六千四百五十餘萬圓に達し、纔かに十年間に於て殆んど倍額となりたる次第にして、中央政府經費の同十年間に二億二千三百六十餘萬圓より六億三千六百萬圓に增加したるの割合に及ばずと雖、上下交も政費の增加を行ひ、一國財政愈よ增加して、最早增稅の途無きに當り、

各地の實情は戰役中、是非無く中止若くは繰延べしたる必須事業、即ち道路港灣の改修水道の敷設、學校官衙の建設等の土木工事を初めとし各自個人として新設、若しくは改修すべき事業の緊急を要する有様なるが、是等の事業が課税の追求の爲め往々阻害せらるゝを免れざるの現狀を見るは豈に由々敷大事と云はざるを得んや更に社會生活狀態に就て目下の通弊を論ずる時は、政府の政策が徒に人民日常の生活を困難ならしめ、次第に社會全般の秩序を紊亂せしむるの觀無き能はず、現に近年財政策として政府の執りたる鹽專賣法の如き、外米輸入税の如き、國民日常の必需品を益高騰せしめ、細民の生活に容易ならざる負擔を荷はしめたるものにして間接に重大の税金を賦課したるものと云はざるべからず、況や戰時非常の際に課したるものを以て更に之れを永久的据置きとなさんとするに至りては、其不理不當殆んど常識を以て判斷すべからざるものと云ふべし、然るに財政唯一の基礎たる地租に關しては增税の餘地充分あるに拘はらず、可成手を下すことを避け、益々細民をして負擔を重からしむるの事實に徵すれば、政府は社會狀態の如何を論ぜず、唯だ徵收し易きを先にして賦課したるものと云はざるを得ず斯の如きは徒に不景氣を永久的ならしむものにして國家の前途更に暗澹たるものと云ふべし。

（七）延期確定は咎むも追ふべからず、寧ろ民力を充實して五十年開設の成功に盡瘁する所なかるべからず

十年後に於ける博覽會は國家の體面上是非共に開催せざるべからざるは固より論ずるまでもなし、政府亦た言責の遂行を期すべしと云ふと雖博覽會なるものは必ずしも政府の指導命令を俟ちて後開催すべしと限りたるものに非ず、寧ろ生產事業の發達に供ふ自然の結果なれば、國民

は自ら奮つて其完成を期するを要す、是に於てか吾人は特に此際國家的集團の起るべき必要あるを認む、換言すれば國家の富力を増進すべき實業的大團体を結合して、一定の軌道に沿ふて着實實行の途に上るにあり、彼の政治屋を以て自任し、代議士を以て世渡の方便とし、纏綿是れ事とする敗德者流を國民の撰擧して國家の大事に關與せしむるが如きは、愚の最も甚しきものにして、今日の財界の不況、酷税の賦課、皆な此れ彼等の無節操行爲の結果として見るべし國民は須く此の失敗に鑑み情實利益以外、國家てふ觀念を主として邦家の實力を増進せん事に力めざるべからず。

之を要するに大博覽會は既に勅令を以て延期を發表せられ、諸外國へも通牒せし今日なれば、最早如何ともするに由なし、若し強ひて復舊を講ずるが如きは、徒に國家の体面を損傷するものなれば、斯ることを以て政府を詰責し、内輪喧嘩を爲さんよりは、寧ろ國民は民力涵養、國力増進の一大利器たる大博覽會をたゞ一擊の下に打破したる政府の大決心に依賴し、自己の政費節減財政政理に關して情實因緣等の爲に躊躇することなく、斷乎として、其實を擧ぐ可き事を責め、又一方には大博延期の理由とせる設備の不完全をば、明治五十年に於て完全にせしむべく待期し、政府をして其の宣言の實行に背くなからんを責むる所なかるべからず徒に政府の非行を擧げ、暴を以て暴に酬ゆるが如きは小人の行爲にして大國民の爲す可きことに非ず、古人怨に報ゆるに德を以てすることあり、是れ國家的行爲とし吾人の信奉すべき規箴也と信ず。

訪問

（文責記者に在り）

財政談

東京商業會議所會頭 中野武營君談

今日の如く人氣の沮喪せる際には政府は努めて振興を圖らざるべからざるは言を俟たざるが、政府が突然大博覽會延期を公表するや人氣は層一層沮喪せるが如き觀あり、此延期に就て今茲に其是非を論ずるの必要なきも、四十五年の大博覽會を五十年に延期するは甚だ長きに失するが故に、四十五年に於て昨年開設したる東京博覽會の如き者を政府をして開設せしむるの必要ありと爲し、近頃東京市參事會は其決議を爲したりと云ふ、余輩の見る所にては、政府をして第二の東京博覽會を開催せしむるは到底不可能ならんと信ぜずんばあらず、何となれば政府は四十五年開催せんとしたる大博覽會を五十年に延期したる者なれば、政府が四十五年に内國博覽會を開催するは、大博覽會を五十年に延期したる趣旨を沒却すれば也、されど該内國博覽會を開設するに當り、東京市若しくは其他の者が催主と爲り政府が之に相當の保護を與ふるは之を爲し得ざるヿに非ざるべし、

西園寺内閣が極めて不人望に畢りたるは是れ毫も國民の要望を容るゝヿ無かりしが爲めなり、然るに桂内閣は着々國民の希望を實行しつゝあるは余輩の大に喜ぶ所にして公債償還額の最小限度を五千萬圓とし、年々其募集を爲さゞるヿを誓言したるが如きは、近時稍々有價證券の市價を高むるに至りし原因なるべし、經濟界四圍の事情に惡材料なきに拘はらず、比較的其上進を見るヿ甚だ尠なきは、思ふに戰後財界の賑盛極度に達したる際、最も利益を占めたる者は機先を制して最も活動せる人物なるが、其不振に陷り失敗せし者亦是等の者多きを占めたるが如し、即ち是等の人士は大抵其資產の大部分を失ふに至りたるを以て、經濟界順調に趣くと雖も活動力を失へる者尠からざれば、豫想外に有價證券の騰貴を見るヿ能はざるならん、之は今日の事情如何とも爲すヿ能はざる也、

次に四十四年關稅改正に就て、其改正方針を如何に執るべきや、此事に就ては目下商業會議所は調査中なれば、委細の事は調査濟の上發表する筈なるが、大躰余輩は幼稚なる產業保護の爲めに保護貿易主義を執らんと欲する者にて、多年貴社の唱道するが如き自由貿易主義は實際今日の國際間の事情より云ふも全然之に據るヿ能はざるべし、故に根本に於て保護主義を執るも、其程度如何は今尚講究中に屬す、

實業家たる立脚地より當期議會中の最大問題は何か、採るべき態度は如何

中野武營君談

◎三税廢止が關ケ原

本年の議會に於て、如何なる問題が、吾人實業界の代表者に採りて最も大問題なるべきと云へば、疑もなく彼の三税廢止案である、蓋し此の問題たる、殆ど多年來の宿題同樣のもので在つて、敢て今に始まつた譯ではない、吾々は永らく此の問題の爲めに、甚しく腦漿を絞つたのである。然るに此の

頃或る一派のものは案外にも我輩を目して桂内閣の爲めに軟化したなぞと評して居るさうであるが、甚だ其意を得ない次第で、我輩には毫も軟化などした覺がないのだ。吾輩不肖と雖も此の問題の爲めには、飽までも全力を傾倒して戰ふの覺悟があるのである、我輩元來の主義は、

◎問題によつて意見を戰はす

主義で決して相手の如何によつて意見を異にすることを許さぬ處に在るのぢや。だから内閣が猫の目玉の如くに、幾度變更するとも、問題の變更なき限りは、我輩の意見は斷々乎として此の變化を示さぬのである。

吾輩は吾輩の此の主義に照らして、當然必要だと信じたから西園寺内閣の時にも所謂財政整理問題に對して、全力を傾注して其遂行を迫つたのであつた。吾輩は當時商業會議所の議決を齎して、前内閣に陳情する事實が數回に及んで居る。然るに當時西園寺内閣の答ふるには、成る程會議所の決議も一應は尤もであらうが、日露大戰の結果、我國は急劇に一等國に列した爲に俄かに財政が膨脹したのは寧ろ自然の趨勢であつて、今速かに此れが整理をなす事は出來ない。例へば稅制整理の如きも、言ふべくして俄に行ふ事の出來ない事だから、國民は暫らく時期の來る迄、待たなければならぬなぞと無能な樂天觀を抱いて、焦眉の急に迫れる整理を斷行するの意志なく、毫も我々の陳情を認諾する樣子がなかつたのである。其の狀態を譬ふれば丁度此處に苦悶せる大病人が有るにも拘らず醫士たる彼等は何等の手當も爲さず何等の藥も與へず平然として苦痛は暫く我慢せよといふに均しいので、無論病人を速かに全癒せしむる事は元より困難なるものに相違ないが、併し困難だからと云ふて手を空くして悶へ苦しむ樣を傍觀して居るとは、寔に血も涙もなき醫士といはなければなるまい。尤も我々とて前内閣に對して、此の問題を急速に即決せよ、見て居る前で斷行せよと迫つた譯では決してない、只だ一日も早く財政整理の方針を定めて、斯ういふ方法と、斯う云ふ順序とによつて、着々として實行すると云ふ具體的の立案と其の實行を要求したのであつた、我々とて多少の常識ある上は、壯士や無賴漢の樣に、「貴樣、直ぐやらぬか、やらんければ鄰

中野武營君

ぐるぞ」といふ様な亂暴な行動は決して採らなかつた積りである、然るに悲哉、吾々は前內閣に對して一も吾々の目的を達しなかつたのである。けれども達しなかつたといつて、吾々は決して手を空くして退きさがる様な薄志弱行の徒ではない積りだ。正々の陣、堂々の鼓を以て、言ふべきを言ひ、爭ふべきを爭ふ丈けの事は、如何に內閣が交替さるとも、如何に大臣が變更するとも、苟も言ふべく爭ふべき問題の存在する間は、斷々乎として戰ふ事を辭しないものである。

然るに現內閣の成立するや、先づ劈頭第一に於いて財政整理租稅整理に重きを置いたのは、吾々は此の點に於ては桂內閣の態度に充分の同情を持て居る。所謂病人の治療に着手したものといふべきであらう。けれども茲に一つ誤解のない樣にして貰ひたいのは、整理の一言を聞て、吾々が俄かに隨喜するものである事、之れである。吾々には吾々の信ずる處がある、はた信ずる處に向て直進するの勇氣がある、吾々は常に整理の方法如何、はた其の實行如何に就ては嚴密に現內閣の行動を監視して居る積りである。吾々はその方法と順序とに於ては、仔細に緩急の度を研究して居るもので、萬一政府の採る處が吾々の所信と背馳する場合には、或は現政府と我我實業家との間に、全然反對の態度を出現するやも測り難いのである。唯だ

◎前內閣と現內閣との差は

前內閣は「何事も忍んで呉れ」の一天張りで、毫も治療する氣が無かつたが、現內閣は治療に急なるの氣合が見えるから吾々の立脚地としていさゝか現內閣を賴みとして居る次第である。此の點は充分鑑別して貰はねばならぬ。吾々は決して軟化したのでない、只だ是認すべきを是認したまでゞある。現內閣は稅制整理、財政整理を隱密の間に豫約したる底の態度を以て、成立した內閣であるから、良心の痺疲せざる限りは、此の根本的治療に着手するであらうと信じて居る。

乍併、一瀉千里の勢で、直ぐ決行するといふことは、如何に明敏なる內閣諸公と雖も、到底不可能であらう、吾々も亦た必しもその然らんことを要求しない。

桂內閣は先づ國債整理を決行して、徐ろに信用を恢復じ樣とした、是れは甚だ機宜に適した處置であつて、元來國債なるものは、內外人の愛國心同情心に基いて出來たものであるのに、出來た後に價額が下落して、一般應募者が苦んで居るのを顧みないでは、全く不條理の太甚しきものであるから、現內閣が國債整理に着手したのは、此の點より言ふも實に事の順序を得たるものと思ふのである。

總てことは順序を立てゝ、徐ろに成果を望むべきであつて、無闇と急いたからと云ふて、敢て善い結果が見らるゝものではない、況んや今日斯くまでに膨脹せる財政を、遽かに一時に縮少せんとするが如きは、恰も進行せる汽車を一時に止めんとすると一般で、却て危險である。問題は一に

◎治療の順序如何

にあるので、此の點が頗る大切であると我輩は信ずる。

さて稅制整理の大問題中、今ま何を最も最初に決行すべきや

と云ふに、言ふまでもなく彼の三税廢止を以て當然の先決問題とするので、本議會の大問題も亦た恐く此の右に出づるものはなからうと信ずる。此の問題は我輩が實業界の代表者としての最大問題であつて、我輩は此の三惡税を徹頭徹尾廢止させなければ止まぬ決心である。併し我輩には此の問題を利用して、私利を博し様などゝいふ陋ない根性は毛頭ない。唯だ不條理極まる惡税を一日も早く廢止させなければならぬといふ、一片耿々の赤心があるが爲めに爭ふものである。斯く云へばとて我輩は必しも急劇の間に――則ち四十二年中に是非共此の三税を一時に廢止して貰ふといふ様な無責任の暴論を試みるものではない、要は唯だ

◎三税廢止の順序方法

の明瞭たる解決を得て、其順序方法によつて徐ろに實を擧げ得る様になれば、我輩の希望は達するのである。何となれば此の三税の中、織物税の如きは、今頃に廢止するならば、各商店は、爲めに悉く倒産するの悲運を見るであらう、だから織物税廢止の如きは、よし廢止するとしても、少なくも二三年の豫期を與へた後でなければ出來ないのである。鹽專賣の如きも亦た同一性質のものであると考へる。獨り通行税ばかりはいつ廢止するとも、國民は何等の痛痒を感ぜざるもの故可及的速かに廢して貰ひたいと考へて居る。通行税の額なぞは、タッタ二百五十萬圓位のものであるから、少し他の冗費を省く時には容易に埋め合はせが出來るのである。

斯くいはゞ政府當局者は必ず要求するであらう、即ち三税を廢するならば、須らく先づ之れに代ふるに適當なる他の財源を求めて貰ひたいと。併し事此に至ては、暴を以て暴に代ふると何の撰ぶ所もあるまい、そんな事なら廢止などゝ騒ぐ必要がないのだ。それよりか政府自ら愼重に、着實に、綿密に、財政の整理を遣つて見るが宜い。少くとも我輩の觀る處では、三税を廢止しても、財政は決して悲境に陷入る樣な事は萬々ない。然るに財政整理をして見ないで、徒に三税の永續を期圖するが如きは、折角集め得た國民の同情を自ら放擲せんとする自殺的行爲であらう。

吾輩は、若し現内閣の人々が是の不條理を棚に上げながら、四十二年度に於いて、最早や今日の財政より一文たりとも減ずる事が出來ないと言ふならば、現内閣も前内閣同然到底國民の大患を治療する見込みのない藪醫者政府とあきらめて、吾々は再び死を賭して彼等と戰ふより外に途がないのである。

立憲國民の覺悟

東京商業會議所會頭　中　野　武　營

諸君、本日は當校に於て此の多祥なる紀念日を祝せられて、講話會の御催しがございまして、私にも出席をせよといふ御勸めに從ひまして、罷り出ましたのでございますが、諸君の前に私が餘り學術めいたことを申すのは柄にないことでございますから、此の憲法發布の前後に於て私が經歷をしたことを、諸君に申上げて見やうと思ひます、回顧しますれば明治十四年でございまするが、其の當時私は役人をして居りました、農商務省の書記官を私は奉職して居つた身分であつた、其の時に當つて　天皇陛下が東北に御巡幸を遊ばれた、其の御巡幸に有栖川宮殿下が左大臣で又大隈伯が參議をされて居つたが、即ち供奉の大臣として扈從をせられたのであつた、此の時に當りまして最も世論の喧しかつたのは何であるか、北海道官有物拂下といふ問題が起つたのである、是は北海道拓殖事務の長官をして居りました黑田君が、北海道の官有物を拂下げることに付いて頗る不當なりと社會に號呼せられて、社會から攻擊を受けたのであります、此の問題と今一つは國會開設の問題であつた、是は大隈伯が參議をせられて居つて、是非輿論を容れて國會を速かに開設せねばならない、參議連中と種々大方論議をせられたのであつたらうが、他の參議連中がなか〳〵同意をせられなんだものと見えて、大隈伯は一個人として此の國會開設の議を　陛下に上奏せむとしたである、此の二つの問題が明治十四年には非常にやかましい問題であつたのであります、今日世間の人から申すと中野武營は大隈伯とは以前から非常なる懇意な間柄であつたのであらう、大隈伯の乾兒であつたのであらう、斯う世間の人が思ふて居るのである、私其の當時までは大隈伯の顏を見たこともない、なか〳〵其の頃は參議などゝ言つたら非常なる威勢の高いものであつた、吾々奏任の人間でなくては側へも寄り付けなんだ位のものであつた、それ故に少しも參議といふ人の顏を見たことがない位のことであつたのでございまするが、此の問題の起りましたに付きまして吾々は非常なる感慨をした、今日のやうにまだ世間の演説會を芝居小屋などでするなどゝいふことはなかつた時分でございましたが、此の北海道官有物拂下問題に付いては今日新富座といふ芝居があるが、あの新富座で大演説會を開いた、即ち其の當時隨分やかましかつた福地源一郎君などが演説をされた、福地君は其の後少し變りましたが、其の當時は民論のやかましい論者であつた、それから固より全般に於て國會を早く開かるゝやうにといふことは、もう其の前の明治七八年頃から起つて居る問題でございますから、益々當時に於ては論がやかましくなつて來て居りました、それで明治十四年の十月と記憶して居りまするが、十月十一日と記憶して居る、　陛下が御還幸遊ばした、御還幸遊ばした其の日だ、まだ畏くも征衣を脱がせられないまゝで御前會議を開かれた、即ち大臣參議といふものが　陛下に願ふて御前會議を開いた、其の結果どうであるかといふと、北海道官有物拂下は取消す、止めるといふ、それから今一つ國會は明治二十三年に於いて開く、斯ういふ詔勅が極つた、さうして翌十二日に於て之を發表せられた、斯う唯だ申すと甚だ宜い具合に事が出來たのぢや、と言つて濟むが、なかなか是が制度の上から申しまするど實に容易ならぬことであるのぢや、それは何かと申せば北海道官有物拂下のことに付いて、斯の如く輿論がやかましくなつて政府攻撃をするのは、大隈伯があれは民間の者に敎唆をしたのだ、民間の者をしてあの通り聲を揚げしむるやうに大隈伯がしたのである、又た今一つ民間で國會を立てやうやうと迫るのを抑へて居つた所が、内幕に居る大隈參議が攫んで外の者が聽かぬければ自分一個で　陛下に願つてでもやるといふ考で、大隈伯が皆やかましいことにしたのであると、斯ういふことで其の晩の會議で大隈伯は參議を免ぜられた、まアちよッと申しまするど、國會開設、北海道官有物拂下の二つ共大隈伯の意見が採用せられたのであるから、大隈伯は褒められなければならぬ、事件は採用しながら大隈伯を免官したといふのでありますから、私共驚いたのである、なぜ驚くかと申しますと、先づ第一此の二つの問題、如何に急なりと雖とも七月から東北を御巡幸遊ばして十月に御歸り遊ばした、長い御巡幸を遊ばして其の日に直ぐ御前會議を開いて大隈伯だけを退けてしまふといふことになつたといふことは、如何にも私共から見ると意外の事であると非常に感じた次第であります、是から以上申しますと却つて恐入りまするから此の以上の語を進めては申しませぬが、如何にも藩閥の傲慢無禮といふことは驚くべきである、吾々斯樣な腕白政府の下に從事して居るといふことは甚だ遺憾である、是非此の腕白は人民の力を以て抑へるより外には迚も仕方がない、斯ういふ私は決心をした、そこで大隈參議は十一日の御前會議で今の二大事件が解決すると同時に免官をせられた、私共は其の翌日退かうと思ふたが、其の當時農商務卿――今日は大臣といふが其の當時卿といふた――河野敏鎌といふ人、そこで共に辭表を出すべきであるが、此の河野敏鎌と言はるゝ方は誠心誠意の勤王の士で、土州の人でありまするけれども、若い時分から勤王主義を唱へたので長い間窂に投ぜられて居つた、御維新の際に許されて窂から出たといふことで、長い間窂に居つたので、あの人の身體は可笑しい、腰から下が短かい、足が短かくて胴が長い、どういふ譯で斯ういふ不釣合であるかといふと、丁度身體が發育をせぬければならぬ段々伸びて行くべき時に長い間窂に入れられて居つたので、足の方の發育が止まつてしまつて腰から上の寸が長い、青年の時分に苦んだ人である、そこで先生は如何にも今度の大隈參議に對する處置といふものは其の當を得ぬのみならず國民に對して如何あらう、大臣を進退するといふことは、が併し　陛下より吾々は信任をせられて居る身體である、即ち農商務卿といふ親任官の位置として如何なることがあつても　陛下が御見限りになつて我を御捨て遊ばすことならば致し方がないけれども、吾より進んで　陛下を御見捨申すやうな形になつて　陛下の御信任を辭する、　陛下を御見捨申して退くといふやうなことをすることは吾々は勸めない、必ずや此の儘では濟むまいが、我から辭表を出すといふことは、先づ待てと言つてなか〳〵先生動かぬ、所が私は何も勅任官でもなし親任官でもないのだから、そんな義理立ては要らぬから、決心したれば一日も隷屬となつて居ることを屑しとせぬから辭表を出した、果せるかな其の翌日になると河野へ御使者が來まして、それで現内閣の意志に從ふて將來勸めるか、と斯ういふ御尋であつたといふことである、そこで河野敏鎌君頗る理屈を言ふた、なぜとなれば自分は御信任を蒙つて此の職を奉じて居るもの、國家に忠を盡して行かにやならぬといふことを自から任じて居るのである、又それを以て御信任下すつて居ることゝ信じて居る、内閣のする事が宜しきことならば無論のこと之を翼賛して行くのが當然、若又内閣の處置が其の當を得ぬとしたならば、飽くまでも其の秕政に對しては忠言を加へ忌避なく自分の意見を出すが即ち　陛下が御信任下すつて居る所に對する當然の勤と自分は思つて居る、故に今の唯だ内閣に從ふて行くかといふことは何の事やら誠に了解に苦む、蓋し此の度大隈參議を退けられたることに付いて、意見があるか批評があるかといふ御尋になるのではないか、それに付いて聊か意見があるから其意見を述べる、それはなぜとなれば苟も國家の大臣として、昨日まで東北御巡幸供奉の大臣として御召出になつたものが、何かは分らぬが、其の御歸りになつた晩に免官になつたといふことは、國民の餘程驚くべきことである、何か職務上落度があり不都合があるといふならば搆はぬのであるが、それ等のことが分らぬ、昨日までは供奉の大臣として御信任があつて其の晩に御見捨になつたといふことは誠に大臣を處置する道ではあるまいと思ふ、斯ういふことでは國民に對する政府の威信を損ずることになりませう、國民が政府を疑ふといふことも是よりして起來るのである、だから大隈伯が過失があるものならば其の過失あることを明かにして、成程斯うであつたといふことを明かにして、國民が當然と感ずればそれで宜い、今日の有樣は少しも分らぬのみならず大に國民が疑ふべきことである、なぜとなれば大隈參議の意見が徹底したかと思へば、是は餘程國民の疑ふべき點である、其の疑は何れの場所に生じて來るか、私は國家の上に於て甚だ恐るべきことであるといふことを感じて居る、其の樣な趣意を以て答へたのである、さうすると其揚句其の日であつたか其の翌日であつたか、辭表を出せと言つて即ち諭旨されたのである、それで此の河野敏鎌君も免職になつた、さういふ譯でありまして私も其の時分一緒に辭職した、斯ういふことが其の當時あつたのであります、それから其の後明治十五年になるといふと、果せるかな政黨といふものが勃興して來たのである、自由黨も一方に起り、一方に改進黨といふものも起つたのである、即ち其改進黨としては大隈伯が主領として起されたのである、吾々も其の改進黨であつたのである、隨分其の當時といふものは吾々を見る上に於ては非常なる殘酷なものであつた、殆ど國賊視せられて居つた、私共年來心易い人達がありましても其の身分が官吏では私の門には這入つて來られぬ、且つ中野の處へ往つたさうなといふと其の役人が叱られるといふことで、改進黨の人間などは、政府に縁故のある人其の他官吏たる者からは毛虫のやうに思はれて居つた、所が此處に至つて情けないかな政黨といふものが起つたのは宜いが、蟜蚌の爭といふものをやられたのである、是は即ち藩閥政府といふものが自分では政黨に當ることが出來ぬものでありますから、自由黨といふものと改進黨といふものを色々の方法を用ゐて始終軋轢させた、内々同士の喧嘩で蟜蚌の爭は漁夫の利といふやうな譯で、暫くの間政黨の爭が非常であつた、是が藩閥の政策としては隨一の政策であつた、扨明治二十三年に國會を開かれるといふ時期が到來して、私も初期の議會から議員になつた、茲に議會が開かれて實に憤慨したことである、それはどういふのかといふと、二十三年に國會が開ける、國會はどういふものかといふと、法律とかいふやうなものは皆國會の議を經ぬければ制定することが出來ぬものであるといふことは規定せられて居るにも拘らず、其の國會が開ける二十三年の歳になつて法律が出たのが百九つである、それから勅令の數が二百九十六でございます、能くも〱手廻しをしたものである、さうして吾々が國會に出まして扨此の豫算といふものを政府が提出したに付いて、此の豫算に打掛つて行つて見た所が、どの項目を捉へて見ても是は法律第何號の結果であります、是は勅令第何號の結果であります、之を削減する法律を奈何せむといふことになる、又勅令で極めてあるから役人の惡い譯はないといふ、國會が出來て議員になつて見た所が何とも仕方がない、丁度之を譬へて申すと、來る何日に晩餐を差上げるからと言つて案内をする、門に行くと此の處通行止、裏門から這入つたら宜いかと裏門に廻ると、此の處通るべからず、人を案内して置きながら總て其の出入口を塞がれてしまふて居るといふ譯、是位馬鹿な目に逢ふたことはないと考へた、唯僅かに廳費だとか紙だとか筆だとか炭、薪、雜費といふやうなものに喙を容れることが出來るが、是では折角國民の輿論を容れるが爲めに國會を開かれてもそれは何の役にも立たぬ、盡く堤防を築かれて少しも立入ることが出來ぬといふので、安んじて居れるかといふとさうは行かないから、何でも打破つて這入るより外仕方がないといふ覺悟は誰もするのである、それから其の議會に於きまして非常な議論があつて、隨分先刻副島君が仰しやつた可笑しい議員がありますが、比較的其の時分は議員などに出るのに選擧に金を使ふて出るなど丶いふことは知らなんだ時分ですから、比較的眞面目の人間が出て居つたと思はれる、それですから改進黨自由黨の軋轢はひどかつたのでありますが、議會が開けた場合には是は一致して當らぬければならぬといふことで一致した、議會で力を合はして豫算の削減を圖つた、豫算の調査が出來て議會の豫算委員會が濟んで本會に移して、本會を開くといふ場合になつて頗る遺憾なことがあつた、大多數を占めて居つたにも拘らず其の議が開ける其の日になつて自由黨の中が六十人ばかりバタン裏返つた、即ち林有造だの大江卓だのといふ人が重もになつて居つたが、それ等の連中五十人ばかり變心した、政府に附いてしまふた、遂に吾々が非常に苦んだ、吾々が非常に苦しんでやつたと云ふものは、其日になつて俄かに裏切られて政府の豫算と云ふものが決せられた、吾々は侮辱を受けた、而して又翌年になつて盛返して遂に段々やつて行つて國會を二三度解散せられることが續いたのです。

本來右のやうな事實でございますから、國會開設と云ふことは誠に有難い、憲法を制定遊ばし即ち欽定憲法を發布遊ばして下すつたと云ふ　聖天子の洪恩と云ふものは、是は臣民の皆な有難涙に咽むて居る所でありますが、之を實行するに付ては實は止むを得ず言譯のやうな考を以てして居るのでありますから、國會を開いて置きながら喙を容れさせぬ法律を拵へて掛かると云ふやうな有樣である、それ故に折角國會が開け又憲法の制定があつて宜かつたけれども、最初希望して居つたやうに充分な發達と云ふものは出來ぬ、完全なることは出來ない、是は何故かと申すと、局に當つて居る政府者が誠意誠心以て立憲の本義を行はうと云ふ氣にならぬからである何時でも議會を操つて、何か大切な問題が出て來ると思ふと政府がそれに干渉して種々な手段を以て議員を操ると云ふことが流行した、殊に明治二十五六年後と云ふものは政府の手段と云ふものが盛になつて來て、議員と云ふものは非常なるのでありますから、議員に於ても政府から公然貰へるもの丶やうに思ふて居る、政府からも金を取り人民からも金を取るのは當り前のやうになつて少しも恥づる氣が無いと云ふやうな惡弊を生じて來た、是は誰しも痛嘆に堪へざる事實であります、私も現に議員の一人ですから自ら惡い事をして居るやうに聞えて甚だ辛いやうに考へますが、是は實に誰から何と言はれても仕方がない。

そこで私は斯う考へる、之を直すと云ふことは迚も政府の力ではいかない、又今日議員と云ふものが賴みになるかと云ふと、是れも覺束ないことである、本年の議會などでも是はどうなるか知れませぬが、今の政友會の如きは絶對の過半數を持つて居る大政黨でありますが、之が政府の味方であるのか或は反對であるのか一向に其の旗幟が分らない、國民は最も之に疑を起して居る、斯う云ふ調子で何樣安心が出來ぬと言ふて居るのでございますが、大政黨でありながらどうも旗幟が鮮明せぬと云ふことになつて來ましては甚だ險呑で堪らぬ之が何かの機會がありましたならば又一變するかも知れませぬが、今日はチャンと自重してア、云ふ有樣で居る、で私の希望するのは、此の立憲制が布かれて二十年からになりましてもさう發展をせぬのは是は外では無い、元來政府者が度々變りますけれども、どうも眞に立憲政治を盛上げて行かなければならぬと云ふことを心頭に掛けて呉れぬのが一つ、それから國會に出る者もそれ程の考を持つて呉れないと云ふのが一つ、それであるから國民として大いに覺悟しなければならぬ、其の覺悟と言つて見た所で、臨時事件に遭遇してやつたのでは可かぬのであつて、先づ自治と云ふことを一つ充分努めると云ふことに人々が心懸けることにするのが、土臺を拵へることになると思ひます、それは先づ市町村の自治でありますが、市町村の自治と云ふものが善く出來ましたならば、如何なる事にも之が基礎になつて來るからして、政府が議員を操らうとした所が、三四百の人は操られるかも知れぬが、自治體の力によつたならば政府の力で左右することは出來ない、又自治體が確乎として立つて行きましたならば、議員選擧の弊害なども自から絶つことが出來る、此の自治體と云ふものに付てどう云ふ工合にするかと云ふ事に付ては、是は學者其他のお方が諸外國の例もありませうから能く御調べになつて、追々人民にお敎へになることを希望するのでありますが、段々考へると英吉利の自治體のやうになつて居るのならば至極宜いが、日本のは之に反して亞米利加風になつて來居る、それのみならず日本の人民も惡い、實業家なども惡いと思つて居る、何ぜならば中等以上の財産を持つて居る者が地方の自治の仕事に付ては誠に冷淡にして、市會議員の選擧とか、町村會議員の選擧などに關係するのを恥ぢとすると云ふ觀念を持つて、唯だ自分は何もせずに人任せにして置く、之が直らぬければ到底眞の立憲の實を擧げて行くことが出來ない、財産を有し學識を有して人の上位に立つて居る人が之に力を用ゐて、自治の政治をしまする上に於いて能く下級人民の爲めになるやうに、下級人民の生治上に便利を與へるやうにして行きますれば、誠に治まりが宜い譯である、而して下級社會の人は上級の人がさう云ふ位地を占めて居ると云ふことを決して怨みはせぬ、然るに今日はそれが反對になつて居りますから順序を誤り秩序が立たぬことになつて居る、さうして自治體でする事に付て事々物々非難攻撃を受ける、之を矯めると云ふことが第一の要素を作るのであると私は思ふて居る、是は前にも申しました通り學者其他の方が一般の人民を御指導下さつて、國家の利害は此の點にあるのであると云ふことが充分に分りまするやうに力を盡して下すつたならば大いに宜しからうと思ひます、近年東京などでも華族社會の人を始め、有力なる高級の地位に居られる人々が、大分市政の事に付て力を用ゐるやうな時勢になつて來て居りまするが併ながら是は仲々チヨツと出來ることではありませぬ、一體の人の氣が合つて來て是非そこ迄行かなければならぬと云ふことにせねば、實際事を擧げて行くことは出來ませぬから、是は外國の實例を能く調べて居られる御方が利害のある所を明かに一般人民に示して、自治體を扶植して戴きたいと云ふことを、實業家として頗る希望するのであります、それから今一つは今日の國民と云ふものは外交上の事は全く政府に任せて了ふて、外國の關係はどうなつて居るのか餘所の事のやうに思ふて居る、之が誤りである、國民は國民的外交と云ふものを努めてやらなければならぬ、どうして見ても一國の繁榮を來たすには平和と云ふことの安心が付かぬ限りは發展の出來るもので無い、平和の安心と云ふものが國民に無い限りは働きの出來る譯は無い、又資産の有る者は資産を卸して仕事をすると云ふ氣にはなれぬものでありますから、どうしても國民は平和を保つて安心と云ふことが出來ぬと可けない、それを政府者だけの外交に任せて置いて、動もすれば紛議を起す、太甚しきは干戈に訴へると云ふやうなことでありましたならば、財産の上に於て頗る危險でありますから、財産家は金を出さぬことになる、それで國民が外交の事に注意して國民同士が交際するやうに力めて、彼の國の事情と我國の事情とを通じて、兩國民が事情を知つて居つて取引が頻繁になつて行つたならば、縱令政府同士が衝突しやうとも決して平和を亂すと云ふことは無い筈であります、國民同士が國情を知らぬ爲めに、政府の外交官が互に感情を害して、其の結果意外の事變を生ずるやうなことになるのでありますから、立憲國に於ては外交の事は國民自らが當ると云ふ覺悟がなければならぬ、實業家としてはそれが最も大切なのである、外に對しては今申す國民的外交と云ふことに心を用ゐ、內に於ては市町村の自治と云ふことに力を用ゐて、此の二點に付て國民が努めて參つたならば、其の結果として必ず憲法の聲價を上げることになるだらうと私は信じて居る、今外交の事に付てチヨツと言ひ落しましたが、角觝社會に於てえらい軋轢の起つたことがある、一方の部屋頭は高砂浦五郎、一方は雷權太夫、此兩人の間に非常なる爭ひがあつて遂に裁判沙汰になつたのでありますが、其の時分に私は已むを得ず其の紛議に携はつて調停をしてやらなければならぬ行懸りがあつて、段々其の事柄に立入つて見たことがある、其の時に可笑しいのは、高砂と雷とはどう云ふ譯か非常に軋轢をして居るが、兩部屋住みの關取などは少しも喧嘩をして居らない、そこで私は其の時分思ふた、是は親方同士が衝突して居るので角力同士は一向喧嘩して居らぬから、角力同士がうまくやつて行けば親方の喧嘩は止むかも知れぬ、そこで本場の相撲が濟むと田舍稼に皆な出て行く、ところで高砂の部屋と雷の部屋とが一緒になつて田舍稼に行かうと、斯う云ふ契約をして居る、ところが兩親方が喧嘩をして居るものだから田舍稼に兩部屋一緒になつて行くことが出來ぬで躊躇して居つた、それから私は田舍に一緒に出掛けるが宜からう、若し親方が八ヶ間敷く言ふて、喧嘩が落着せぬ間は兩部屋一緒になつて田舍稼に行くことをせぬと言つたならば、田舍稼に行かぬで解決の付く迄東京に居つて打坐つて食潰しをしてやれ、それから約束をして居つた者が田舍に行かぬと云ふのは面目が立たぬ、兩部屋一緒になつて行くことなら田舍に行くが、若しそれをさせぬのならば面目が立たぬから、此の事件の落着する迄は田舍に行きませぬ、御厄介になつて居りますと言ひ出した所がアノ多勢の角力取に食潰されては、親方も困るから田舍に行くことを許した、兩部屋の者は一緒になつて田舍稼に行くとなつて、田舍に行つて稼をして居る、其跡で親方二人が喧嘩して居つた所が何の役に立たぬ、骨が拔けたやうになつて了つたので、遂に裁判も丁度相撲の預りのやうな裁判をして、訴訟費用は自辨たるべしで、一と所は一方に勝たせ、又一と所は一方に勝たせることにして濟んで了つた、（拍手）それと同じで國民同士が意思が通じて居つたならば、親方の政府同士の衝突はどんなにあつても差支ない、今日迄と云ふものは國民が少しも外交上の事に注意せぬから、何の事が起つたのか分らない、軍さになつて來るまで知らぬで居ると云ふ有様である、苟くも立憲の國民と云ふ者は油斷をして居つてはならない、外交の事を全く政府に任せて置くと云ふやうなことでは、到底國の發達は出來ぬものと私は考へます、それで今日の弊害を矯正せんとするには、是非とも根本から直すと云ふことを日本國民が覺悟して、內に在つては自治體の鞏固を計ることを努め、外に對しては國民的外交と云ふことに大いに努めて、國の發達と國の平和を保つて、憲法の美果を得たいものであると云ふ考へなのでございます。（拍手喝采）

東京商業會議所月報　第二卷第二號（明治四十二年二月廿五日發行）

論談

財政及税制整理に就て

實業組合聯合會講話會に於て演説

中野武營君

本日は實業組合聯合會に於て講演會の御催しに就き私に出席して何か話をせよと云ふことでしたから出席致しました、今日は目下の問題たる財政及税制整理の問題に就き意見を申上げて見やうと思ひます。

戰時非常税は速に之れを改廢して國力の發展、實業の發達を圖らねばならぬと云ふことは諸君御承知の通り夙に全國商業會議所聯合會にて意見を決して社會に發表し又政府當路者に向つては其實行を頻りに促し來ッたのでございます、此顛末は諸君の御耳に入れて置きたいのであります。

前内閣の言明に就て

昨年前内閣即ち西園寺内閣の時に當り我々は財政整理税制整理のことに就いて頻りに意見を開陳して是れが實行を求めたのでございましたが、西園寺内閣は斯く云ふのであります、前代未聞と云ふべき日露の大戰役をなし而して一錢の償金をも收めずして局を結んだ戰役のことである、而も此戰の結果一躍して一等國の位地を占めた日本であるから戰後の經營に就ては各方面に向つて必要なる仕事があるのである、しなければならぬことが澤山あるのであるが爲に斯様に財政の膨脹を來したのであるが、併し之れは止むを得ざる結果である、故に今にして此財政を節約し或は方針を變更して以て租税を輕減すると云ふが如きは到底行はれぬことである、言ふべくして行うべからざることであるから詰る所斯う云ふ場合は國民が忍んで呉れるより外に仕方がない、國民が辛抱して此經過を待つて呉れるより外に仕方がないのである、君等が言ふことを容れて財政の整理とか租税の改廢なとを今日にして行ふとは到底爲し得られぬことであると云ふのが、西園寺内閣の我々に對しての答であつた。

そこで私は西園寺内閣は到底我々の言ふことを容れて呉れないと云ふことを見限つたのであります、之を譬へて申せば爰に病人がある、此病人は斯く々々の苦痛を感じて居るのであるから、此儘に棄て置いたならば疲勞に疲勞を重ねて遂に斃れるから速に療治をして貰はなければならぬと云ふことを醫者に求めた所が此醫者たるものがそれは自然の結果で爰に至つたのだから病人が苦しみ困難するのは是非ないことで、療治の仕様がないのだから病人が我慢するより外に仕方がないと云ふのと同様である、私は玆に至つて默することが出來ない、兎も角も病のあることは知つて居る、又非常に苦痛を感じて居る有様も明かであるに拘らず之を療治することをしないと云ふ醫者では到底頼みにならぬ、要するに療治をせぬと云ふ醫者に掛つて見殺しにせられると云ふは堪へられぬ事でありますから醫者を取換へて更に名醫を求めて此病を療治して貰はなければならぬ、我我は療治をしない醫者に就いて居て自から斃れる境遇に安んじて居ることは出來ないと叫んだのである、昨年の春頃此議論が非常に喧ましかつた、それから結局實業家も今迄のやうな態度で居ては濟まない、大に奮發して立法府へ乘出して飽までも此療治をさせる道を執らなければならぬ、とは我々が社會に向つて呼號した所以であります。

現内閣最初の言明に就て

さて其後、其内閣は倒れて現今の内閣卽ち桂内閣が生れて來たのである、此桂内閣が始めて成立した頃我々へ向ふて言ふ所に依れば、之れは經濟の上から見ても國力發展の上から論じても如何にも君等の言ふ所と同感である、財政を整理しなければならぬ、税制を整理する必要もあるのである、併ながら此財政を整理し税制を整理するには自から順序のあることである、能く順序緩急を計つてせねばならぬ唯何も斯も一時にすると云ふことは出來ないことであるから我内閣は之れより財政整理税制整理の順序を立てゝ夫れで實施して行くことを努めるのであるが、其實施に付いては何れを先にし何れを後にするか又其程度の如きは今より調査をして始めて現はれる問題である、其問題に就いては諸君が果して滿足せられるか、或は意見が合はぬで互に爭はなければならぬことに立至るかはそれは將來の事實問題より起るべきことである、先づ大體の意見に於ては變りはないと云ふことを最初に桂内閣が言はれたのである、私は之れに就いて喜んだのである、何となれば兎も角も今度の醫者は此病體を見て此儘では棄置けない、療治しなければならぬ、我は之を療治しやうとて立つたのであると言ふのだから、前内閣のやうに此病氣は仕方がない、と云ふて見殺しにする如きものではないのでありますから、我々は此内閣を歡迎したのである、爾來桂内閣がどう云ふことをするかは卽ち醫者が療治をするのでありますから、我々は靜かに之れを見て居たのであります。

現内閣の國債整理に就て

然る所桂内閣は第一着として公債の整理をしなければならぬと云ふ、其譯は兎も角も多額の國債を負うて居る日本政府が此整理をせずしては内外國人に對して信用が立たぬ、信用が立たぬに於ては一朝事があつた時は如何ともすることが出來ないことになる、それ故に第一着として國債の整理をしなければならぬ、と云ふのである、之は私も尤ものことだと思つて居る、それは何となれば公債の整理を後にして租税の改廢を先きにすると云ふが如きは、不順序不條理ゆゑである、先づ第一に公債整理の道を立てゝ夫れから續いて一方の租税改廢のことに進んで行けば夫れで宜しい順序でありますから、私は同意するのである。

さて此國債整理の方法に於て其當時大阪に東京に銀行者の集會がありまして、それで銀行家の意見として政府へ建議せられたが、其建議の主旨に依れば毎年少なくとも七千萬より下らざる金額を償還するやうにして貰ひたいと云ふ意見であつた、それは當時の新聞紙にも載つて居ることでざいますから諸君も御承知だらうと思ふ、當時私は少し此點に就いて意見を異にしたのである、公債の整理を先きにすることに就いては少しも異見はないが併ながら償還の金額を七千萬以上と云ふに於ては少し偏狹に失することになりはせぬか餘り片寄つて仕舞ふことになると夫れは適當とは言はれないと思ふたのである、何となれば公債は只金額を澤山償還せば夫れで信用が保てると云ふ譯のものでない、公債が下落して政府の信用が立たぬと云ふはどう云ふ譯かと申しますれば、前内閣のやうに財政を計畫するに財源を國債に仰ぐと云ふ如きことは甚だ財政の危險なるものであるのみならず、斯の如き澤山なる公債を負ふて居る國が年年歳々公債を募つて夫れを財源に當てるなど丶云ふことをしたならば公債の信用を崩すことは申す迄もないことである、加之從來取る所の償還の方法が宜しくない、それは外でない、經濟界が不況に陷り公債所有者が困窮して持切れないと云ふて公債を投賣にする、其投賣をして下落するのを窃に買うて、それで償還をして居る之れを買入償還と云ふのである如何にも卑劣と言はんか、國家としては如何にも情けない處置である、斯の如き方法を執つて居ては假令如何に澤山の買上償還をしました所が、公債の價格を保ちやうがない、それ故に年々公債を募ることは止めるが第一、又償還をするならば抽籤法を以て百圓のものは百圓で戻すが宜しい、國家が有事の時に借りた金でありますから假令時價が如何樣に下つて居りませうとも、國家の信用としては百圓の公債に對しては百圓戻すが當然である、こう云ふ樣に道理[illegible]理を明かにしたならば償還金高を殖やさぬからとて公債の信用は保てるものであるに、それを七千萬圓以上の償還をすると云ふことは餘り多額に失して居る、それも經濟が裕かなる國であるならば宜うございますけれども財政困難の時であるに公債にのみさう多くの金額を出すと云ふは偏狹に失する譯である、それ故に私は戰後に於て既に減債基金の法を立てられて一億一千萬の減債基金を設けてあるのでありますから其中から利息を拂ひ其餘の金額が三千七百萬ばかりあるから、之を間違ひなく抽籤法を以て償還に充つれば夫れで公債の信用は高まるに相違ないと云ふ意見を發表したのであります、要するに私は政府が折角公債整理をしても餘り一方に偏すると、人民が不平を起す樣になると思ふたのである例へば世の中には甘い物を嗜む者もあり辛い物を好む人もあるから、料理と云ふものは能き鹽梅に五味を配合せねばならない只甘いもの好きの口に叶ふ樣にのみ偏しては辛い物好きの人は必ず不平を云ふに相違ないと云ふ道理を主張したのである。

然る所が其後政府が發表せられたものを見ると五千萬より少なからざる金額を毎年償還に充てると云ふことになつた、卽ち銀行家が言ふた七千萬圓を其通り採用せねと同時に我々の言ふ減債基金の範圍と云ふ論をも容れずして、丁度中を取つて五千萬圓と云ふことにした、私は此償還金額に付いては程度問題でありますから一旦政府が五千萬圓と決した以上は、其程度が我々の考と多少違ふからと云ふて直ちに今の内閣に向つて反對する考はない。

四十二年度豫算に就て

それから私は四十二年度の財政計畫に付いて政府が如何樣なことをするかと云ふことを見て居つたのである、所が御承知の如く四十一年度の豫算に較べて見ると尠なからざる金額を繰延べまして豫算を立てられた、之れに依て見れば現内閣は兎も角も前内閣の計畫を改めたと云ふことは私の多として居る所である、併ながら其多とする所以はどうかと云へば之を以て滿足したと云ふのではない從前膨脹した財政を一度に適當の程度まで節省せんことは至難の業であるから四十二年度では之れ迄に留め置き、四十三年度になると今一層整理を遂げ、眞に好い程度の所迄節省する方針であろふと思ふからである左すれば四十二年度は、其道行中であるとすれば先づ四十二年度は是丈けの財政計畫にしたものを以て多としなければならぬのである。

四十三年度以後の財政に就て

そこで私の希望は今より後も此財政を整理する上にはまだ進み得らるゝ餘地を存して居るから此以上は政府は何に著手するかと云ふならば租税を整理しなければならぬ順である、先づ第一にすべき國債の整理が立つた以上は之に引續いてすべきことは言ふ迄もなく惡税の改廢であるとは、私の窃に期して居た所である、兎も角も比較的に申しますれば前內閣よりは今の內閣は我々の民意を容れて居る所の內閣であるから頗る希望を屬して居たのである、それ故今度の議會が開けて政治方針の演説なり又は豫算の委員會なり其他に於て政府が四十二年度の豫算と云ふものはまだ十分ではない、此上四十三年度に至つては今一層の整理をして兼て國民が希望して居る所の税制整理をも遂げて行く方針であると意志を示されたならば、我々は實に喜んで諸君に此喜びを御報告申したい氣で居つたのである、所が今度議會が開けて見るともと／＼此四十二年度の豫算計畫は切り詰めに出來たので之れから以上餘地はないと云ふ、而して其爲した所の跡を以て見れば國債整理の一端丈けをしたのみで少しも外の事は出來て居らぬ、それで立派に財政整理は出來たものゝ如くに政府自身では言ふて居る、さうして彼の税制整理のとはどうするのかと云へば更に其考は持つて居らないと見えて、他に財源のないゆゑに税制の整理は出來ぬとの答である、私は玆に至つて實に失望したのである前に申しました如く國債整理のことはしたけれども其他のことは更に方針を立てずして、もう四十二年度の豫算で切り詰整理をしたのであるから、此以上整理をすべき餘地がないと云ふことを言はれたからには我々は默することは出來ぬ、若し此儘に捨打て置いたならば彼の税制整理は何時出來るのであるか、財源がなければ仕方がないと云ふ一言の下に我々は切込む譯にはいかない、玆に至つて私共は最早此醫者の言ふ儘に從つて默して居る譯にはなりませぬから、我から進んで注文を出して行かなければならぬことに相成つたのであります。

三税廢止法律案提出

そこで先づ今度の議會に於て三税の廢止案を提出したのでございますが、尤も私の意志も又同志各派の代議士も決して此通行税鹽專賣織物税の三税丈け廢すれば夫れで足れり其餘はどうでも構はないと云ふ考ではない、營業税の如きに於ては年を追ふて益々誅求を極め實業社會は大に苦痛を感じ營業の方向に迷ふて居るのでありますから、是等のものも勿論改正の道を立てなければなりませぬけれども、一時に何も斯もやる譯にはいかないから先づ惡税中の最惡税と言はれて居る所の三税の廢止を先登第一に持出して何でも蚊でも四十三年度から此道を立てなければならぬと云ふ趣意を以て提出したのであります。

凡ての税に善い税と云ふものはない筈である、税と云ふものは總て惡いが、其税の中でも比較的下級社會の人間が重き負擔を受けるものを以て最も惡税とするのであります、此三税種の惡税たる所以は今更私が喋々せぬとも天下の人の皆知つて居るところであるから、私は時間を費やすのを恐れまする爲に今更申述ませぬが、只之を廢するに付いて反對者の所謂財源がないから仕方かないと云ふ口實に付いて私の意見を申上げて見やうと思ふのである。

財政整理の主眼

抑も我々が財政整理税制整理のことを呼號して居るのは何故かと申せば、日露の戰時に方り、是非共此戰を遂げなければならぬと云ふ非常の場合所謂出るに急なる必要の爲に入るを制すと云ふことよりして此非常特別税が出來たのである、其金を以て一時に財政が膨脹をしたのである、固より戰時中は止むを得ぬことでありますけれども戰後に至つて何時までも戰をして居る時と同樣な税金を國民から取つて居ることは不當極まることであるから、之を改めると云ふが卽ち財政整理税制整理と云ふことである、其趣意であるにも拘らず此税を改廢するには外から何か代りの税を持ち出さなければならぬと云ふ樣ならば何の詮もないことになる、吾々が唱へて居る税制整理、財政整理と云ふのは代りのものを持ち出し交換して貰ひたいと云ふのではない、其戰時中非常に膨脹したる財源が人民の負擔力に堪へざる重荷を擔はせられたる租税を整理して適當の程度に緩めよと云ふ趣意が所謂財政整理税制整理と云ふものであるから代りを持つて往くと云ふ道理はない。

然らば財政の料理は如何にするかと云ふと戰時中は事が急なるが故に先づ金を取ると云ふことを根據として、夫れ丈けの金は是非共國民から取らなければならぬと云ふ所謂出るを計つて入るを制したのである、左れば戰後の財政を整理するには全くそれと反對で入るを計つて出づるを制する道に由らなければならぬ、日本の今日の國力に鑑みどれ程が相當であるかを考量して須らく日本の國力に相當する所の歳入を以て國政を行ふと云ふことを本位としての歳出を整理して往かなければならぬ、然るに政府の財政計畫に依れば依然歳出を本位に置いて强て歳入を制せんとするが爲めに歳入缺陷の補塡を云々するに至るのであると思ふ果して然らば根底から考が誤つて居るのである。

財政整理の容易なる一事例

若し眞實國家を思ひ財政を整理せんと決心すれば容易の事であると思ふ試に一事例を擧ぐれば前の西園寺內閣の時には此上の財政整理は出來ない、强て之をすれば行政の働きが出來ぬ、國防の安心も出來ぬ、又國力の發展も出來ないから假令人民を苦めても是丈けの負擔をして忍ばせなければならぬと云つて居たのが、一朝內閣が代つて桂內閣になるると一年立たぬ中に直ぐにそれを改めて仕舞つて、それで陸海軍の六年計畫を十一年の計畫に繰延べ其他を合せて一億餘萬の歳出を減じたではないか。

殊に陸軍大臣海軍大臣などは前內閣時分から引續いて大臣で居て人も代りはせぬでないか唯自分の頭で考て成程斯うしたら宜からうと思へば直ぐ六年計畫を十一年計畫に直すことが出來るのである而してそれを決行して少しも差支ない、誰も小言を言ふものもなければ、これが爲めに國家が不安心であると憂ふべき事實も見出されないではないか扨斯樣に容易く六年の計畫を十一年に繰延べることが出來るならば尙一步を進めて之を十三年に繰延るとか、十五年に繰延ることも出來るであろふ左れば獨り陸海軍の費用のみならず、其他の費用に於ても能く整理して往くならば何でもなく出來るに相違ないと思ふ。

稅制整理の制度

扨又吾々の希望して居る所の稅制の改廢、卽ち三稅の廢止、營業稅、所得稅其他の非常特別稅を整理するには何程歲入が減額するかと申せば、五千萬か六千萬の金高に過ぎないそれで整理が出來るのである、而して租稅と云ふものは妙なもので、廢止すればとて水の中へ捨てゝ仕舞ふやうなものではない、國民の力を養ひ、國力の發展を計る爲に人民の肩を休めるものでありますから、其肩を緩めた結果は總て人民の働く餘地が生じて來る、卽ちそれが一方に人民の所得が增す譯になる所得が增せば一方に所得稅が增して來る、營業が盛になれば營業稅の方から又稅が殖へますから全く無になつて仕舞ふと云ふものではないのである、さう云ふ譯のものでありますから此大きな財政からしてそれ位なものを而も一度に減稅するのではなく、順序を立てゝやつて往きさへすれば何でもないことであると思ふ、然るを缺陷の補塡がなければ出來ぬとか何とか云ふ言分が出るのは畢竟吾々の希望を退けんとする口實に外ならぬことゝ思ふ。

外國人の感想

日本の財政上に對し外國人がどう見て居るか、日本をどう信じて居るかと云ふことに就いては反對者は斯う言ふて居る、日本が今にして租稅を減ずると云ふ如きことをしては財政の基礎が甚だ薄弱になるから、一方に國債を整理して見ても外國人が不安心を抱き財政の不鞏固を懸念するやうになるから、此所暫らくは何でも辛抱して此國債の信用を十分保つ時期を待たなければならぬ信用の增すに從ひ從來五朱の利で借りて居る國債を四朱の利に借り換へることも出來る短期の公債も長期に借替が出來る、而して其公債が一步丈けでも利息が安い公債に借り換へることが出來たならば、財政の上では一年に二三千萬圓も違ひが出て來る、さう云ふ時が來たならば租稅の改廢も十分出來る譯であるが、それには第一に財政を鞏固にして居らぬければならぬ然るに今俄に租稅を改廢する如きは外國人に信用を失ふ所以であるから不得策であると云ふ、私は此口實も亦た大間違であると思ふのである、如何に形容ばかりが鞏固を示めせばとて、其事實が鞏固になかつたならば人は決して信用するものでなく、今日本の租稅は人民の負擔に堪へずして苦んで居ると云ふ聲は始終聞て外國人は知つて居る、全國商業會議所が聯合して政府に建議して居ると云ふことも外國人には感じて居るに相違ない、此國民の怨嗟の聲の止まない間は誰も財政の鞏固を信ずる筈はない。

丁度之を譬へて見ると家を建築するに地盤の脆弱なる上に立派な家を建築して見た所が何時其地形が崩れるか分らぬ地形が崩れたならば建造物は忽ち破壊するに相違ない、それと同様に財政の基礎は國民である國民が負擔する税である、此租税を出す國民が地盤である、其地盤なるものが今や大に苦んでどうしても此重量の負擔に堪へない、吾々の上に斯の如き重い建造物を置かれては地盤は支へ切れませぬと云ふ有樣になつて居る、是れでは何んとして安心が出來ますか、若夫れ信用を保たんとするならば、人民の負擔力に相當する程度を定めて、それで人民をして安んせしめたならば、人民も大に喜び上下和合して國の富を増進する樣になつてこそ財政も經濟も鞏固になつて初めて安心が以來るのでありますが、今の所はさう云ふ譯でなくして唯一方に勝手自儘なる建築をして、是で立派でございませうかと誇て見た所が肝腎なる地盤の脆弱なるに於ては、外國人は決して信用しないだらうと思ふ、夫故に政府は思ひ切つて戰時税を相當の程度に於て改廢し財政の眞鞏固を作り爲すのが外國の債權者に對する義務である、又我國民に對する義務である、其義務を果さず、唯謂れなき口實の下に國民の苦情を排斥するは益す財政の基礎を危くし信用を損する所以ではあいますまいか。

吾人の覺悟

若し強ひて我慢に一部の政黨者流を頼んで輿論を退けんか或は一時は凌ぎ得らるゝかも知れん、殊に本年の議會の如きは政友會が吾々の案に同意をせんければ、彼れは絶對の多數を有するから此案の通過は出來ぬと申さなければならぬ、併し斯樣なることを頼みにして我國力を量らず、國民の苦情を退けて顧みざる政府は決して永續するものでない又そんな政黨は決して永く全盛を保つものでない、然らば何時か國民の聲は天に達する時機があるに相違ないから、吾々は諸君と共に努めて國民の希望する意見の徹底を計らなければならぬ。

然れども吾々は決して政府に對して爭を好むものでない、又無暗に政府を困らしてやらうと云ふやうな考は毫も持たないが、併ながら吾人が抱持せる問題を解決して呉れぬ限りは如何なる人でも何れの內閣でも私は對抗するに躊躇せぬ覺悟で居ります、是が此問題に對する意見でありますが、長時間諸君の靜聽を煩したことを感謝致します。

財政釐革及び稅制整理に關する建議書

我が商業會議所聯合會は去る三十八年十月卽ち平和克復の當年に於て戰後經營の方針に關し一に力を兵備の擴張に偏用せずして深く意を我が經濟利益の增進に傾注し以て產業の發達を計り以て國力の充實を期せんことを建議し更に翌三十九年十月を以て稅制改廢に關する意見を定め戰後財政の適順を期するや須らく先づ稅制の整理を決行すべきことを建議せり然るに當時政府が計畫せる所は不幸にして我が聯合會の要望する所に反して專ら兵備の擴充に偏し爲に遽然歲計の膨大を來し其の歲計を支持せんとして非常特別稅の存續を敢てし我が財界をして日に益々不良狀態に陷らしむるを見るや吾人は四十年十一月を以て我が歲計豫算に對し其の編成方法を革正すると同時に稅制を整理し歲出を調節して歲計の減縮を圖り以て財政の基礎を鞏固ならしむるにあらざれば遂には國家の安康を傷害し國運の發展を阻碍するに至るべきを建議し且つ當時政府の所謂歲計剩餘金自然增收なるものは決して我が經濟實力の發達に伴ひ國民擔稅力の增大に應じて自然的に增加し得たる健全なる增收に因るにあらずして是れ全く彼の鹽專賣、通行稅、織物消費稅の如き不良稅制を强行し營業稅、所得稅等に過重なる稅率を强課して得たる所の不自然なる增收に外ならざるを說き且つ其の存在は却て國民の活動力を損傷し經濟自然の關係を紊亂するの因たる所以を論明して財政釐革、稅制整理の斷行を切望せり而かも政府は强て膨大なる財政計畫を推行せんとして一方に募債政略を執り一方には徵稅上濫課誅求の度を高め尙ほ且つ歲入の缺陷を補塡せんがために酒、砂糖、石油等の日用必需品に對して消費稅の增徵を實行せんとするに及び吾人は昨四十一年一月を以て斷然增稅を不可とするの議を決し誠意を盡して政府の反省を求め議會の是正を請へるにも關はらず遂に其の希望を達する能はざりき是に於てか吾人は更に同二月を以て財政釐革に關する意見を決議し

第一　歲出に十分なる調節を加へ以て歲計總額を適度に減縮する事

第二　偏武的財政計畫を矯め以て政費分配の適正を計る事

第三　確實適當なる歲入に依りて歲計を支持するの方針を確立する事

の三大目的の成達を期する旨を公表せり而して爾後財界の情勢日に益々非にして救濟の聲愈々急なるに及び吾人は廣く全國各地の實況を究査して其の主因の正に我が政府が戰後經營の方針を愆り膨大なる偏武的財政計畫を强行せんとして經濟界の健全發達を妨害し經濟利益の適正分布を攪亂せるに在るを詳にし適實に之を救濟せんとするには唯一に吾人が提唱し來れる三大目的の遂行に求めざるべからざる所以を明にして當路の反省を促したりしに爾後幾許ならずして內閣更迭し現內閣は世論の向背に察して財政計畫を作成し歲計總額を減し軍備計畫を繰延べ募債政策を廢し公債償還額を增加する等其の畫策する所漸く吾人の要望點に近邇し來るの實あるは吾人の國民と共に喜びて措かざる所なり

夫れ然り然りと雖も現政府の施設にして今日に實現せる所は吾人が提唱する三大目的中僅に其の一小部分を濟充し得たるに過ぎざるなり殊に現政府が今日に於て施設し聲明する所一に重きを公債の整理に置き未だ力を稅制の整理に致すの意なきが如き觀あらしむるは吾人の深く遺憾とする所

なり公債整理の事たる今日に處して急要適切なるは吾人固より明に之を認む而かも吾人が昨冬十二月を以て豫め要望し置けるが如く公債の整理と共に税制の整理を遂行し以て歳入の適當を期し以て國民の負擔の均衡妥當を計るにあらざれば我が財政をして眞に堅實なるを得しむることを能はざるのみならず彼の公債整理の効果をして偶々以て比較的に微小なるに止まらしむることなきを保せざるなり然るを況んや我が經濟界は現下不振を極め業種の別を問はず階級の上下を論ぜず齊しく共に事業經營上困難を增加し著しく其の收益を減少し之に加ふるに過重なる税率に依りて苛察なる課税を被り爲に困憊萎靡を極むるの結果日夕課税の苦痛を叫ぶ其の重負の輕減を渴望しつゝあるの事實あるに於てをや思ふに財政整理を標榜して立てる所の現政府は必ずや明に此の狀勢に鑑み税制整理の方針を立て以て國民の希望に副ひ以て國力の培養に努めらるべきは吾人の信じて疑はざる所なるが故に吾人は此の際政府當局に對し

第一　鹽專賣、通行税、織物消費税を全廢する事

第二　速に官民合同の税法調査委員會を設置し營業税、所得税其他諸税法に對し完全適實なる改正案を調成せしめ政府は右成案に基き税法改正案を編成し次期議會に提出する事

第三　税制整理の結果として生ずる所の歳入缺陷に對しては歳出を調節し其の均衡を計る事

の三點を要望するの無用にあらざるを認め此に全會一致を以て其の議を決せり切に望むらくは吾人が國家經濟の發達を期するの上よりして三十八年來提唱し來れる所の意見を採容し以て我が財政釐革の實を完くし國力の充實を計られんことを

右商業會議所本聯合會の決議に依り建議候也

（中野武營君登壇）

○中野武營君　諸君、先刻總理大臣桂侯爵ハ此演壇ニ於テ、此三税廢止案ハ全會一致ヲ以テ反對シテ呉レイト云フ御希望ガアリマシタ、併シ遺憾ナガラソレニ應ズルコトガ出來ナイ、否ナ、此案ヲ維持スルハ桂内閣ノタメデアルト思フ、抑々三税ノ害アル處、又惡税タル處ハ同志諸君カラ既ニ御演説ニナリマシテ、私ガ喋々申スマデモナイノミナラズ、政府ト雖モ、亦反對ノ諸君ト雖モ、此税ニ付テ左程ノ御論ハナイト思フ、唯之ヲ廢スルニ付テ財源ヲ如何ニスルカト云フ點ニ付テ賛否ノ分ルヽトコロト思ヒマス、此點ヲ私ガ論ズレバ足リルト思ヒマス、現政府ノ云フトコロニ依リマスト、現政府ハ財政ヲ整理シ戰時中ノ創痍ヲ療治シヤウト云フコトヲ以テ、立ッテ居ルモノヽ如クニ見エテ而シテ其趣意ハ既ニ言明サレテ居ルノデアリマス、本案ノ委員會ニ於テ桂侯爵ハ頻リニ税制ノ整理ヲ云ハレ、此整理ノタメニハ方案ヲ攻究シ、終始變ラヌデ晝夜苦心シテ居ルト云フコトヲ申サレタ、ソレ故ニ桂大藏大臣ノ云ハレタ言明ニ信ヲ置イテ、信頼スベキコトガアリマスルナラバ、私ハ靜ニ其成行ヲ待ツモノデアル、所ガ如何セン言明ハセラレテ居リマスガ、其言明セラレタトコロニ根據ノ認ムベキモノガナイノデアリマス、根據アッテ言ハレタコトナレバ吾々ハソレニ信頼スルガ、少シモ據所ナク唯心配ヲ致シテ居ル、整理ヲシテ居ルト云ウテ、ドウモ其根據ト云フモノガナイカラ、吾々ハ之ヲ信ズルコトハ出來ヌ、凡ソ財源ヲ求メヤウトスルニハ先ヅ方針ガナケレバナラヌ、方針而シテ歸著點ガナケレバナラヌ、財源ハ決シテ天カラ降來ルモノデナイ、地カラ湧出ヅルモノデモナイ、政治上ナシ得ベキ途ニ依ッテ之ヲ求ムルヨリホカナイノデアリマス、ソコデ財源ハ凡ソドウ云フ點ニアルカト申シマスルト、第一ニハ財政整理、即チ歳出ノ節約、第二ニハ歳入ノ自然増徴、第三ニハ關税改正ニ依ッテ生ズル國庫ノ増收、第四ニハ國債整理ニ依ッテ生ズル利益、是等ノ點ニ於テ現政府ハ何等ノ抱負ガアッテ、是ニ據ルベキモノデアルト信ズベキモノガアルカト段々委員會デ質問モアリマシタガ、是ニ答フルトコロニ依リマスト、少シモ是等ノ據ルベキ考ガナイト云フコトハ明カデス、第一財政整理ト云フコトガ、四十二年度豫算ニ於テ結了シマシタガ、尚四十三年度以後ニ於テ整理シテ餘裕ヲ見出スコトガ出來ルカ、整理スベキ點ガアルカト云フコトニ付テハ、最早是以上ノ餘地ハナシ、縱シ多少ノ整理ヲシタトコロガ、之ヲ以テ廢税ノ財源ニ充ツルコトハ到底イカヌト云フコトデアル、第二ノ歳入ノ自然増徴ハドウ云フモノデアルカ、是ニ對シテハ四十三年度以後ニ於テ十一年計畫ヲ立テタ、其十一年計畫ヲ立テタ算盤ニ於テ、別段増徴ヲ見込ンデナイト云フコトデ、更ニ年年ノ豫算ニハ、即チ四十二年度ノ豫算ニハ増徴ヲ見込ンデ豫算ヲ立テタ、然ラハ此四十三年度以後ハドウナルカト云フト、自然増徴ガ出來タナラバ其豫算ニ於テ歳出ニ必要ガアッテ、ソレニ使フベキモノデアル、故ニ、自然増徴ハ未確實、即チ確實デナイ、所謂財源ト見ルコトハ出來ヌト云フコトデアル、第三ハ關税ノ改正ニ依ル國庫ノ増收ハドウ云フ見込デアルカト聽イテ見ルト、是ハ既ニ見込ヲ立テ、十一年計畫ノ財源ニ充テヽアル、既ニ關税改正ノタメニ生ズルトコロノ國庫ノ増收ハ、十一年計畫ノ財源ニ充テヽアル、使フモノハ拵ヘテアルト云フコトデアル、サウスルト殘ルトコロハ、國債ノ整理ニ依ッテ生ズルトコロノ利益デアル、是ハ果シテドウ云フ利益ヲ産出スカ、是ハ國債ノ信用ガ増シ、外國人ガ日本政府ヲ信ズル結果、是マデノ利息ヲ廉イ利息ニ借換ヘル、斯ウ云フヤウナコトカラ利益ガ出テ來ルノデアル、此點ニ付テ政府ハ餘程望ヲ置カレテ居ル、併ナガラ私ノ考フルトコロデハ、此國債整理ノ結果カラ生ズル利益ヲ政府ハ當ニナスッテ居ラルヽガ、今一層進ンダル整理ヲナサランケレバイクマイト思フ、ソレハ何ゼト云フニ國債ヲ整理シテ信用ヲ保ツト云フコトハ、何カト云フト財政ノ鞏固ニアル、財政ノ鞏固ハ何ニガ基礎ニナルカ、財政ノ鞏固ハ即チ國民デアル、國民ガ負擔シテ居ル租税ガ基礎デアル、然ルニ此財政ハ是ヲ鞏固ナリト政府ガ如何ニ外容ヲ粧ッテ見テモ、基礎トナルベキ國民ノ力ガ此負擔ニ堪ヘラレナイト云フ時分ニハ決シテ鞏固トハ云ハヌノデアリマス、ソレハ何故トナレバ地盤ノ薄弱ナ脆弱ナル所ノ地盤ノ上ヘ、如何ナル建築ノ立派ナモノヲ建テヽ見テモ、其地盤ガ崩レヽバ建築ハ破壞シテシマウノデアル、國民ガ此租税負擔ニ堪ヘラレナイ、過重ノモノハ負フコトガ出來ナイト云フ聲ガ國民ノ聲ノ囂シイトキニ當リマシテ、如何ニ財政ガ鞏固ナリト云ッタトコロガ國民ノ力ガソレニ堪エラレヌトキハ鞏固トハ人ガ信スルモノデハナイノデアル、故ニ此財政ノ鞏固ヲ圖ラントスルナラバ、此國民ノ怨嗟ノ聲ガ收マラヌ限リハ決シテ財政ノ鞏固ト云フコトニハ外國人ハ信ズルモノデナイト私ハ考ヘル、私ハ決シテ他ノ反對論者ノ論抔ヲ捉ヘテ攻撃シタリ、面白イコトヲ申スコトハ出來ナイノデアル、唯誠心私ハ思ウテ居ルコトヲ諸君ニ訴ヘルノデアリマス、然ラバ右申ス如ク政府ノ財源トスベキ――將來此租税ヲ整理スル財源トスベキモノト云フモノハ、政府ハ何モ抱負ガ無イト私ハ認メタノデアル、何ニ依ッテ此方法ヲ立テルカ、更ニ見ルベキ據ルベキトコロノモノガナイ限リハ、我々ハ唯咨辯デ、心配シヤウ、整理ヲシヤウ、ト云フ言葉ヨリ外ニハ思ハレヌノデアル、私ハ斯ウ云フノデアル、到底此財源ヲ求ムルト云フモノハ、自ラ爲シテ之ヲ拵ヘルヨリカ仕方ガナイ、即チソレハ何カト云ヘバ財政ノ根本ト云フモノヲ整理シテ行カネバナラヌ、ソコデ財政ノ整理ノ本ト云フモノハ何所ヲ寸ニ立テルカ、何處ヲ標準ニスルカト云フコトガ頗ル必要デアル、從來戰時中ハ斯樣デアル、戰時中ニ於テハ出ルガ、急ナル即チ歳出ニ非常ナ急ヲ要スル必要ト云フモノガアルガタメニ、歳入ト云フモノヲソレニ對シテ徴收シタノデアル、之ガ爲メニ頗ル膨脹シタトコロノ財政ヲ其程度宜シキニ戻サウトスルナラバ、先ヅ國民ヨリ取ルベキトコロノ歳入、此歳入ノ程度ヲ能ク考ヘテ、其程度ニ依ッテ歳出ト云フモノニ節制ヲ加ヘテ、能ク整理シテ行ク外ニハ出來ルモノデハナイト私ハ信ズル、元來歳出ニ於テハ是ダケノモノハ是非使ハネバナラヌト云ッタナラバ、之ヲ整理スルト云フ途ハナイ筈デアル、戰後抔ニ於テハ殊ニ一時膨脹シタモノヲ整理スルニハ、宜シク歳入ト云フモノヲ程度ヲ考ヘテ、是程ノモノニシテ國政ヲセネバナラヌト云フ、其標準ニ依ッテ歳出ヲ計畫シテ往クヨリ外ニ整理ノ途ト云フモノハ付カナイ、然ルニ今日ト雖モヤハリ歳出ヲ本位ニ置キテ、而シテ飽マデモ是ダケノモノガ要ルノデヤト云ッテ居リマスレバ、此税ノ整理ハ付クモノデナイ、而シテ政府ノ計畫シテ居ルトコロノ今日ノ財政ハドウデアルカト申シマスレバ、武ニ偏シテ居ル、此武ニ偏シテ居ル即チ歳入歳出ト云フモノガ、多ク軍事ニ偏シテ居リマスタメニ、此過重ナル負擔ヲ人民ニ負ハサナケレバナラヌノデアル、私ハ此日本ノ政治ノ仕事ト云フモノハ外國人ノ頗ル猜疑ヲ受ケテ、軍事ニノミ力ヲ用ヰテ居ル如ク外國人ハ感ジテ居ルノデアル、嘗テ斯ウ云フコトガアッタト云フコトヲ私ハ聞キマシタガ、此四十五年ノ大博覽會ヲ日本政府ガ延期スルト云フコトヲ發表シタラ、亞米利加ニ於テハ日本ガ此實業發展ヲスル機關トナルベキ博覽會マデ延バシテ、此金ヲ以テ軍事費ニ使ッテ軍備ノ擴張ヲシテ居ルノデアルト云フコトヲ、亞米利加デハ新聞デ言觸シ、又亞米利加ノ博覽會ノ委員ガ日本ニ參ラレマシタガ、其來ラレタ人モ日本ニ來テ見ルマデハヤハリサウ疑ッテ居ッタト云フコトデアル、ソレ位ナ關係ヲ持ッテ居リ、又外國人カ頗ル猜疑シテ居ルノデアル、是等ヲ思切ッテ改メルヨリ外ニハ私ハ財源ノ出所ガ無イト思フ、而シテ委員會抔ニ於テ斯ウ云フコトガアッタ、今日ハ是ハ出來ヌケレドモ、イヅレ近キ將來ニ於テ此事ガ出來ル時機ガアルダラウト云フコトハ、政友會ノ諸君ノ御論デアッタノデアル、私ハ近キ將來ニ何ヲ以テ此途ヲ講ズルカ、即チ唯今申述ベタ如ク、現ニ政府ガ今日マデ之ヲ整理スルト口デ言ヒナガラ、少シモ整理スル根據ト云フモノヲ捕ヘテ居ラナイ、根據ト云フモノ、據ルベキ途ヲ立テテ居ラズシテ唯整理スルト言フコトハ我々ガ信ゼヌト同様ニ、政友會ノ諸君ガ或ル時機――近キ將來ニ之ヲ整理スル時機ガアルダラウト言ハレルコトハ、少シモ信ヲ措クコトガ出來ナイ、ソレ故ニ私ニハ斯ウ云フコトヲ言フノデアル、日本政府即チ現政府ハ斷ジテ偏武ノ方針ヲ改メ、武事ニ偏スルトコロノ方針ヲ改メテ大ニ民力ヲ養ヒ、サウシテ官民一致シテ產業、工業ノ發達ヲ努メ、貿易ノ發達ヲ努メルト云フコトノ途ニ出デナケレバナラヌノデアル、サウシタナラバドウナルカト申シマスレバ、民業モ榮ヘ、從ッテ國民モ富ンデ來テ、外國人モ大ニ信頼シテ、即チ國債ヲ整理シタトコロノ效果ト云フモノモ、ソレカラ起ッテ來ルノデアル、又其結果ハドウナルカト云ヘバ、外交上平和ヲ保ツト云フコトモ、是ヨリ起ッテ來ルノデアル、決シテ國力ハ、即チ先刻竹越君ノ仰ッタ國力ト云フモノハ、武備ダケデ國力デハナイ、國ノ力ト云フモノハ國民ノ力デナケレバ國力トハ云ヘナイ、唯ダソレヲ備ルタメニ軍備ガアルノデアルカラ、國力ニ相當シタトコロノ武備ニシナケレバ私ハ國家ノ經濟ハ立タヌモノデアルト信ズル、私ハ此希望ハ國民ノ輿望デアルト確信シテ居ル、立法府トシテハ國民ノ此輿望ト云フモノヲ達シテヤルト云フコトガ、即チ立法府ノ務デアル、先ヅ其順序トシテ即チ又此税制ヲ整理スルトコロノ第一著歩トシテ、此三税廢止案ヲ提出スルト云フノハ私ハ當然ノコトデアル、政府自ラ爲スコトヲ爲セヌト云フ政府ナラバ、之ヲ突付ケテ立法部カラシテ註文ヲ爲シテ往クト云フコトハ當然ナ事デアルト私ハ信ズルノデアル、而シテ此案ノ成立ヲ計ッテ政府ヘ之ヲ突付ケテ行キ、サウシテ大ニ政府ノ決心ヲ促シ、四十三年度ノ豫算マデニ於テ十分ナル計畫ヲ爲シテ、即チ偏武ノ財政ヲ改メテ國力相當ナル程度ニ財政ヲ直スト云フコトヲ、吾々ガ求ムルノハ當然ナコトデアル、私ハ決シテ多辯ヲ好ム者デハアリマセヌ、是ダケノコト……

（「討論終結ノ動議ヲ提出シマス」ト呼フ者アリ）

商業會議所法改正に對する善後策

中野武營

第二十五議會に於て商業會議所法に改正を加へ、經費の徵收權に關する條文を削除したのは、商業會議所及商工業の發達を助長する趣意では無くて、之を壓迫萎微せしめるものでは無からうか。即ち該條文の削除は商業會議所に取つては勿論大打擊で、地方の小會議所の如きは、之が爲め全く立ち行かぬヿになるで有らうが、一體何故コンな改正を行つたのかと言ふに、世間或は商業會議所は、孜々として商工業のみの發達に關し、或は其の狀況を調査し、或は行政廳の諮問に答へ、或は紛議を仲裁し、若くは鑑定人や參考人などを推薦して居れば善い。然るに今や其の權限を超越して、或は公然政治に關與容喙し、或は政黨政派の尻押をして、其の本分を沒却する等の懼が有るから、之が報復手段として、遂に今回の如き改正を見るに至つたので有るなどと言つて居る。或はさうであるかも知らぬ、が併し自分等の見る所に依れば、前述の如き會議所の職務は、全く日常の事務に過ぎ無いので、商工業の發達進歩を圖らうとする上から言へば、更に進んで必要なる方案の調査、乃至は法規の制定、改廢、施行に關して、或は意見を行政廳に開申し、及利害に關する意見の表示と云ふヿは、必ず之を行はなければならぬ所だと思ふ。否之を行ふべきヿを以つて、主要の任務とするヿは、既に會議所法の認める所で、若し商業會議所が政黨政治に關與したとしたならば、其れは即ち明文に從つて、商工業に關する利害を開申し、或は之を表示したに過ぎないので有る。

のみならず世の中に、政治に關係を持たぬ商工業が、果して有り得るもので有らうか。例へば彼の不景氣の如きも、常に何處から起つて來るかと言ふに、勿論其れには幾多の原因が有るに違ひ無いが、而し政治の如何と云ふヿが、經濟界に非常の影響を及ぼすヿは、今申す迄も無い所で有る。詳言すれば、財政の整理とか、稅制の整理とか云ふヿが、其の重大の因を爲せるヿは、殆ど爭はれぬ所で、民に重稅を賦課して、農工商の發達を望んだ所で、一向役に立つべきものでは無い。シタならば、商工業の發達を望む日には、勢ひどうしても政治に關與せない譯には行かず、又之を離れては、到底其の發達を期待するヿが出來ぬ。從つて主義の合する所、主張の同一なる所、必ずしも政友會と言はず、進歩黨と言はず、一致の行動に出でるヿの有るのは、自ら其の已むべからざる所で有る。

故に商業會議所は、既に御承知の如く、今迄財政整理とか、稅制整理の如き旗幟を飜へし、或は聯合會の決議を以つて、建議もし建白書をも出したので有るが、機運が漸く熟して來たと思ふ間も無く、政治的運動などをするのは、不穩當と有つて今回の如き始末に及んだのは、甚だ遺憾の至と謂はなければならぬ。

が既に其の必要を認めて之を設立し、同じく法規の下に活動する以上は、其の費用の徵收にした所で、或る程度の强制權が無いと、どうしても思ふやうの活動は出來ぬ。乃ち之を諸外國の例に見るも、英米を除いての諸國では、矢張り租稅滯納處分の例に依る强制權を持し、國に依ると其の取立迄、稅吏が之を行つて居る程で有るから、强ち我が邦のみが、之を改正するにも及ぶまいかと思ふ。米國は暫く別問題とするも、彼の英國の如く頗る模範的の會議所たらんとは、習慣上中々少數の年月では、到り難く又模すべからざる所で有る。然らば東京商業會議所は、右の改正に對して、果して如何なる態度に出づるかと云ふに、勿論マダ斯うと言つて、具體的の案は無い、或は法規以外に立つて、何とか處理せなければなるまいかとも思ふが、兎にも角にも、尙之を多くの實業家諸君に圖つて、徐ろに善後策を講ずる考で有る。

此の機會を利用して、更に一言を附加したいのは、世人の或る一部者中には、所謂紳商と、實際前垂掛けで働いて居る商人とを區別し、會議所議員の如きは、此の紳商より成つて居るが爲めに、或は自己の業務にのみ利益の有る如く動作し、以つて下級商人の爲めには、甚だ不親切で有るかのやうに心得て居る者も有るやうで有るが、蓋し是は甚だしき誤解で、元來商業會議所なるものは、費用を上級者から徵收して、一般の商工業者、特に中以下の人々の爲めに、盛に活動して居ることを忘れてはならぬ。例へば或る人が某商事に關して、何か當局へ建議でもしやうとする時に、自身直接では、或は玄關番と爭つて、ムザ〳〵歸宅せねばならぬやうの場合も有るだらうが、而し會議所は既に半官的の性質を帶びて居る上、當局者との連絡も取れて居ることであるから、採るべきは採り、棄つべきは棄て、該建議者に代つて、充分當業者の意見を開申するが如きである。

一體自分は、藩閥恐るべからず、商閥恐るべしと云ふ議論をしたことが有るが、金力の甚だ盛なるに連れて、益々さうでは無からうかと思ふ。即ち世間では、藩閥〳〵と云つて、隨分之を排斥したもので有るが、既に憲法の制定後二十年も經過し、且議會も有ることで有るから、藩閥の力は、最早左程恐れるには及ばぬ、又既に事實が之を證明して居るので有るが、之に代るべき商閥に至つては、將來益々恐るべきものでは無からうかと思ふ。

と言ふのは、金力は世のあらゆるものを屈伏させ、鎔解させる程の權威を持して居るから、金さへ有れば何事を仕出かすか分らない。例へば三井三菱の如きは、隨分諸種の機關を持つて居て、其の秩序や誠に整然たるものが有る。金の力では或は代議士をも買收し、新聞紙をして其の筆を收めしめ、要すれば自から進んで、之等の勢力を作ることに敢て躊躇せぬので有るから、今や藩閥は恐れるには足らざるも、恐るべきは實際商閥で有る。即ち斯の如き人々が、隨分多額の負擔をして、之等の人には殆ど不必要なる會議所に關係して居ると云ふことは、偶々以つて會議所の存在が、又所謂紳商の爲めで無いことをも說明して居るので有る。云々。(文責在記者)

東京商業會議所月報　第二巻第四號（明治四十二年四月廿五日發行）

論談

商業會議所法改正に就て

會頭　中野武營君

第二十五議會に於て商業會議所法に改正を加へ經費の徵收に關する條文を削除したるは抑も何が故なりや、或は知らず商業會議所及商工業の發達を扶掖助長する趣旨にあらずして却つて之を壓迫萎微せしむるの意にあらざるか、蓋し該條文の削除は商業會議所の爲めに實に非常の大打擊にして、特に之を地方小會議所の爲めに考ふれば正しく其存亡と相關す、即ち如何に巧妙の辭令を以てするも此改正が會議所及商工業發展の趣旨に出でたりと强辯するに困難なる所以なり、世間往々、商業會議所を以て、或は商工業の狀況を調査し、或は政廳の諮問に答へ、或は紛議を仲裁し、或は鑑定人參考人の推薦等を怠らざれば則ち能事足れりと爲し、今や其權限を超越して或は公然政治に容喙し或は政黨政派に附和せんとし、動もすれば其本分を沒却するの嫌あり、乃ち之れが報復手段として今回の如き改正を見るに至れるなりと、理を以て之を推せば此說實に齊東野人の語に等しと雖も、事實は不幸にして或は然らん、爾も不幸果して然りとせば、余輩は彼の報復の爲めの改正の是非曲直の如き愚問は暫く之を措き、商業會議所本然の職務に關しては特に之を闡明するの必要あり。抑も以上に云ふ處の、或は商工業に關する狀況の調査の如き、或は行政廳の諮問に答ふるが如き、或は鑑定人參考人の推薦の如き、或は紛議の仲裁の如きは、只是れ日常の事務たるに過ぎず、商業會議所本來の權能よりすれば眞に其一部たり、而して是等常務は一般商業會議所が常に孜々として執行せる處にして、未だ嘗て曠職の誹りを受けたることなし、然れども吾人は商業會議所本然の權能に鑑みて以上日常の事務を擧ぐるを以て足れりとすること能はず、苟くも商工業の發達を希圖するの一事が重要なる目的の一なる以上は、日常常務以上更に進んで必要なる方案の調査又は法規の制定改廢施行に關し、或は意見を行政廳に開申し、或は利害に關する意見を表示する等の手段方法を講ぜざるべからず、能く忠實に、能く熱心に、是等の手段方法を盡し得て而して後ち初めて商業會議所當然の任務に酬ひ得たりと云ことを得べきなり、見よ商業會議所法は商業會議所の任務に就て如何なる規定を爲せるか、同法第七條の成文は實に左の如くなるにあらずや、

第七條　商業會議所の事務權限左の如し

一　商業の發達を圖るに必要なる方案を調査すること

二　商工業に關する法規の制定改廢施行に關し意見を行政廳に開申し及び商工業利害に關する意見を表示すること

三　商工業に關する事項に關し行政廳の諮問に應ずる

こと

四　商工業の狀況及統計を調査發表すること

五　商工業者の委囑により商工業に關する事項を調査し又は商品の產地價格等を證明すること

六　官廳の命により商工業に關する鑑定又は參考人を推薦すること

七　關係人の請求により商工業に關する紛議を仲裁すること

八　農商務大臣の認可を受け商工業に關する營造物を設立し又は管理し其他商工業の發達を圖るに必要なる施設を爲すこと

商業會議所の任務として法律の規定する處己に以上の如く然り、然らば卽ち、若し商業會議所にして、或は商工狀況統計の調査、或は行政廳の諮問、或は鑑定人參考人の推薦、或は紛議所の仲裁等のみを是れ事とし、更に自ら進んで商工業の發達を圖らず、商工業に關する法規の制定改廢及施行に關する意見を定め得ず、商工業の利害に關する意見の表示を怠るが如き場合に於て、或は曠職或は無能、有らゆる非難攻擊を蒙むらんは寔に已むを得ざる處なるべしと雖も、最も誠實に、最も熱心に、法律の命ずる處本能の存する處に從つて行動し、商業會議所の商業會議所たる所以を眞面目に發輝するを以て不都合なりと云はんとする者あらば、余輩は事理を顚倒するの甚しきを笑はずんばあらず。

世上或は、全國の商業會議所が戰後財政と商工業との關係に就て深く憂ふる處あり、奮起して其意見を官民の間に表示するの手段を取るや之を以て政黨政派に關與すとする者ありと雖も、凡そ商工業の利害にして政治と相關せざる者果して有り得るや如何ん、由來政治と經濟とは二にして一一にして二、其關係は極めて密接するが故に、例へば今日の不景氣不況に就て其原因を尋ぬれば、無論由て來る處元より單一にはあらずと雖も、之れが政治上の關係は何人も之を無視する能はず、而て其原因療法に就て財政の釐革や稅制の整理やを必要とし、然らざれば經濟界の發展を望むべからずとの結論に到着せる以上、所謂商工業の利害の爲めに進んで政治の是非を論ぜざるべからざるは必然の順序なり、苟くも民に重稅を課して、其負擔に苦しましめつゝ農工商業の發達繁榮を期待せんとするは河淸を俟つの類にして世に斯る愚かなる事はあらず、蓋し商工業は一面に於て必然政治の保護の下に立たざるべからざるものなる以上、之れが發達を講ずる者は勢政治の是非に關して論議せざるを得ず、商業會議所法第七條の明文亦之れを理想とせること一讀直に之を知るべく、商業會議所が財政の釐革を主張し稅制の整理を呼號せる所以亦實に之れに外ならず、隨つて其意見主張の一致するものあるに於ては、政府と政府の反對黨たるを論せず、自から一致の方針を取つて進むを避くべからず、然るに、商業會議所が一昨年來財政釐革稅制整理の旗幟を樹て、全國一致の態度を以て建議建白を爲す等、機運次第に熟し來らんとするに臨んで、漫然政治的運動不穩當の理由の下に今回の會議所法改正の如き成行を呈するに至れるは遺憾に堪ざるなり。

法律は將に改正されん、經費の强制徵收權は奪去せられん、然りと雖も、苟くも已に商業會議所の必要を認め、法律を以て其特權を規定し、以て相當の活動を爲さしめんとする以上は、之れが存立上の必然の要求たる經費の徵收に就て従來の歴史を無視して其强制權を廢するの一事は、恰も活きよ而て食はざれと云ふに等しく、決して商業會議所を活動せしむる所以に非ず、之を諸外國の事例に見るも、米英二國は之を例外とし、他の歐洲諸國は概ね滯納處分の例に依る强制權を有せしめ、間々或は其徵收を他の租税と等しく税吏をして行はしむるものすら之れあること、第二十五議會の政府委員大久保利武氏が同案の特別委員會に於て說明せる處に明かなり。

無論强制賦課の權と云ふことは、重大なことで、權利の消長に關することでありまして、鄭重にしなければならぬと云ふので、段々海外の事實等も調べて見ました結果に依ると、歐米各國の商業會議所の機關の組織の如何と云ふことになると、會員組織の所は彼の自治の最も發達したる英國に於て最も良く行はれて居つた、亞米利加に於ては之も州々に依つて違ふのですが、多少會員組織になつて居る所が多いやうであります、併しながら此歐洲諸國に於ては多くは皆商業會議所は英吉利と趣を異にしまして公法人として之を法律に於て明かに認めて居つた大體現行法に在る所の種々の要點は皆之を歐洲各國の例に依つたのでありますが、此の問題に最も關係のある此經費の强制賦課と云ふことは、又歐洲各國では多く皆强制賦課でやつて居る、此點は少し提出者の言はれたことゝ相違しますから明かにして置きますが、歐洲各國の商業會議所では多く强制賦課を行ふて居ります、其例を申しまするど佛蘭西は營業税の附加税として徵收して居ります、普魯西では議員の選擧權者から徵收する、滯納經費は市町村税と同一の方法を以て徵收する、撒遜では選擧權者より所得税と同時に徵收する、墺地利では選擧權者から徵收する、鑛山業又は商業上に關する直接税を標準として、且此等の税と同時に徵收します、西班牙に於ては選擧權者より徵收して居る、所得税又は營業税を標準として徵收して居ります、又租税と共に收税官吏が之を徵收する手續になつて居ります、此現行法の强制賦課のことは、愼重に當時調べまして、是等の諸外國の經驗を積み、且つ法理の上から研究し社會實際の必要からして研究した結果さう云ふ風になつたので、我國に於ても丁度同じやうな必要に迫られて居つたので、是等の例を取つてさうして三十三條の經費と云ふものは强制賦課の方法に依つて居るのであります（中略）………

日本で法人として居る團體に强制賦課の權を與へてある例は、まあ市町村税は無論のことでありますが水利組合それから河川法とか云ふやうなことに、賦課の權を與へて居りまするゝ、商業會議所に强制賦課の權を與へたのは外國の例內地の例にも照らし、彼是研究を重ねてさうして設けた規定であります、さう云ふ狀況でありまして、國家が必要な商工の機關として相當な事業をやらせ調査をやらせ、報告も之を徵し、又時に臨んでは商工業の問題に付て諮問もやらなければならぬ、又此三十五年に改正になつたと同時に、種々の營造物を管理し、且種々の經營施設もすることの權限も與へられてある、さすれば公法人として爲すことを得るもので、それを爲すに付ては此改正案に出たところの卽ち經費の徵收が出來ないと云ふことはない、之を處理せざるは必要として認められて、內外の事情を調べた結果出來たのであります、此三十三條に於ける經費の滯納を處分する權限は今日公法人として國家の認むる事業はやはり之を認めて行かぬと、云ふと、商業會議所を置く上にどうであらうか、是までの經驗に徵し內外の例に鑑みて、どうしても出來ないと云ふことで、此改正が出來たのでありますが、今日に於ても政府は其改正した事由を依然として持つて居りまするので、此案には政府として同意することは出來ぬのであります、

乃ち獨り我國に於てのみ强制法を採用せるにあらず、偶ま英國に見る處の事例の如きは頗る模範とすべしと雖も、同國の商業會議所は其由來久しくして、而して其多年の間に養はれたる英人の氣質と一致したる特種の習慣は、模せんと欲して容易に模すべからず、又英人を宗とし英人に模倣するを以て捷徑としたる米國が、商業會議所法に於て同じく本國を學びたるは理由あることなりと雖、今我國にして俄に之れに習はんことと困難なるは云ふまでもなし、而して此困難なることは我國商業會議所の歷史已に餘師を存せり、然るに今や改正を敢てして强て困難の地に投ぜらる、豈に是れ有用の名の下に無用視せられたるものにあらずや。然り無用視せられたり、然も我商業會議所なるものは果して無用視せられ了すべきものなりや、商工業者は斯業の爲めに自から其利害を研究し發達を期すべき唯一の公認機關を失ふも果して差支なかるべきや、是れ商業者幷に工業者の將來の覺悟に關する問題なり、商業會議所將來の運命に關しては商工業將來の利害を基礎として深く講究する處なかるべからず、乃ち之れが講究は商業會議所現在の當任者のみの問題に非ず一般商工業者各自の愼重に考ふべき問題にして各方面に亘る一般實業家の意見を一定して以て善後の法を立つべき問題なれば各地方商業會議所又は商工業者亦各地方特種の狀況に應じて調査したる後ち各地の意見を合して商工業者一般の問題として廣く講究されざるべからざるものと信ず、乃ち決して唯り商業會議所の利害に限られたる少問題に非ずして商工業其物の上の重要問題なり、隨つて今回の改正によつて蒙むる處の打擊は如何に大なりとするも、冷靜に思考して其處置を過らざるを期し、弘く江湖の硏究に俟ち徐ろに將來永遠の發展を講ずるを必要とす、打擊を受け迫害を蒙ると同時に、直ちに之れに反抗し復讐せんとするは恐らくは識者の取らざる處、只其れ打擊を恐れず迫害に屈せず自から其根據とする處を定めて所謂不憤不啓不悱不發の要義を忘れずんば、却つて他日の發展に裨益する處大ならんか、余輩は偏に之を期待するなり。

論壇

現代の實業及び政治

東京商業會議所會頭　中野武營

中野武營氏

第二十五議會は無事經過したり、余は其の結果に視て桂内閣の苦衷を諒とせざるを得ず即ち自家の政黨樹立されず、他人所有の多數黨に賴て事を成す以上は、多少の讓歩は已む可からず、斷乎たる決心を以て、強壓的手段を執れば、敢て執られざるに非ざる可きも、若し議會解散と成り、而して豫算不成立と成らば、膨張の極度に達したる四十一年度豫算に由らざるを得ず、然らば國債償還も、事業繰延も非募債主義も行はれず、軍費の偏重依然たる可きなり、是れ當初より財政整理を標榜して立てる桂内閣の忍ぶ能はざりし所、何事を措きても先づ四十二年度の豫算を成立せしめざる可からず、此の點に對する桂内閣の苦心は、恐らく外間の想像以上に在りしならむ、而かも幸にして豫算成立の結果、財政整理の一端も實行の緒に就き、我が財政を以て、民間經濟に惡影響を及すが如き原因の釀成されざりしは、國家國民の爲に之を祝せざる可からず、兎に角四十二年度豫算成立して、財政上の方針決定せる以上は、第二十六議會にして解散せられ、而して四十三年度の豫算不成立を見るも、桂内閣は甚だしき苦痛を感ぜざる可く、而して民間經濟は、我が財政の爲に、何等の波動をも感ぜざる可きなり。

▲三税廢止と財政整理

實業界一般の希望として、余は議會に於て、三税廢止を主張したるに對し、桂内閣は財源の有無を根據として之れに反對したり、然かも戰時に於てこそ、出づるを測つて入るを制するの外なけれ、平時に於ては、譬へ學者論客の側に於て、

種々の議論あるに關せず、詮ずる處、歳入を覩て歳出を限定するの外ある可からず、殊に大戰役の後として、國力に相當するまで、財政の基礎を引直すを以て當然なりと信ず、即ち財政整理は、税制整理に伴はざる可からざるなり、余は同志と共に、第二十六議會に於て、飽まで桂内閣を促がして、三税の廢止を實行せしめむ事を期する者なり。

▲商業會議所問題の前途

議會に於ける商業會議所、取引所問題の通過は、商工業者に對し、少なからざる打擊たらずむば非ず、就中會議所は實に糧道を絕たれたる者と謂はざる可からず、商工業者にして若し桂内閣の措置に慨する所あり、全く商業會議所を絕滅せむか、快は則ち快なりと雖も、今や我が商業會議所は世界的地歩を占め、國民的外交の一作用を爲す以上、斯くの如き輕擧に出づる能はざるは論を要せず、況んや近く清國に對する計畫の如き、米國太平洋岸の招待の如き、日英博覽會の如き將た四十三年六月までに列國に通告す可き關税改正の協議の如き、我が商業會議所の對外關係甚だ密接にして、將來に向つて努力を要す可き處甚だ多し、故に愼重の態度を以て善後策を攻究し、能く政府の意向を叩き、會議所との意志を充分に疏通せしめ、以て適當の方法を立つるを肝要とす、故に我が商工業者は、商業會議所問題を以て、桂内閣に對する感情を惡方面に向はしめず、至當なる解決の方法を求めざる可からず、而して桂内閣も、今にして商工業の阻害を見るが如きあらば、啻に其の成立當初の素志に背くのみに止まらず、國家國民を誤る事を免かれざる可きなり。

商工黨の樹立は只だタイムの問題なり

商業會議所會頭　中野武營

◎時の問題

新聞紙上に傳へられたる、所謂商工黨其物については、余は其の成立について、確固たる成算なし、隨つて近き將來に於て、开が必ず實現せらるべきは斷言せず、併し機運の嚮ふ所、早晩必ず其の實現せらるべきを信じ、且つ是非共實現せざるべからざるの必要を認むる者である。之を要するに、商工黨の起るべきは、只だ時の問題にして、开か實現せらるべき、否な實現せざるべからざるは、殆んど疑ひを容るべき餘地なき、明瞭なる問題である。試みに思へ、明治三十五年に、衆議院議員選擧法が改正せられ、市を以て獨立選擧區と爲したるは、其の趣意の存する所云ふ迄もなく、市の代表者、換言すれば、商工業者の代表者を出ださしむるにあるは、何人も知る所である。

◎覺醒すべき時

既に商工業者の利害を代表すべき、市選出の議員即ち共通の利害を代表する議員が數十名ある以上、是等の者が、一致團結して、行動すると云ふのは、事の自然である、只だ目下の所は、在來の行き掛りや、且つは機運の熟せざる爲め、思ひ〳〵に種々の黨派に屬して居るが、是等は要するに一時的の事である、然らば機運とは何ぞやと云ふに、商工業者が、自己の得害について、適當に自覺し始めた時である、有體に云へば、今迄商工業者と云ふ者は、政治問題について冷淡であつた、冷淡であつた爲めに、其の團結力が弱い、此の點に行くと、農業者の方が、遙かに團結力が強い、併し一人〳〵について云ふならば、商工業者の方が、農業者よりも、智識は進んで居る、只だ彼等は、商人は舊來の習慣上天下國家の事に關係すべからずとか云ふ事を、金科玉條として居た爲めに、冷淡で且つ其の團結力が弱かつたのであるが、併し商工業者が、現今の如く、直接政治問題に利害關係を有し、一法律の制定、一條例の施行迄、深甚の影響を蒙るに於ては、如何に政治が嫌ひでも、長夜の眠りより覺めぬ譯には行くまい。

◎好良なる手段

今迄の我が商工業者位ゐ、酷く世間から輕蔑せられ、且つ其の利益を蹂躙せられて居たものはない、是れは要するに、前述の如く團結力と、斷行力がなかつたからである、見給へ商工業者の在來の遣り口は、自己の利害問題に關して、只だ當局に建議する位が關の山で、徹頭徹尾哀訴嘆願である、謂はば一種の空砲であるのだ、所が今日は彼等も、哀訴嘆願ではダメ、堂々と自己の權利を、立法府に立つて、主張する、即ち實彈でなければ、ダメであると云ふ事を自覺して來て、且つ其の團結の必要も感じて來たのである、彼の米國獨立戰爭の動機は、何であるかと云ふに、實に英本國の暴政が、彼等十三州の民をして一致協力して、蹶起せしむべき、機運を促進したからである、即ち今日商工業者が、一致團結の機運に向つて居るのも、要するに、輕蔑せられ、蹂躙せられ、玆に覺醒を喚び起したのである、譬へば玆に一人矢鱈に人の頭を叩きつける暴漢があつて、今一人の頭を擲つて居るとする、此の場合に於て、他の人が俺の頭を叩きつけるのでないからよいと云つて、袖手傍觀して居たならば、此の暴漢は遂に、自分の頭を叩きつけるやうになるに定つて居る、是に於て一同一致團結して、此の暴漢を取り抑へるの必要を感じ來るのである、我商工業者の現狀は即ち是れであつて、其の團結の機運は、正に熟せんとして居るのであるから、余は遠からざる將來に於て、必ず开が實現を信じて疑はないのである、而して此の機運を善導し、促進し、完全なる効果を擧ぐるを、期するには、矢張り、度々商業會議所連合會を開催するなどは、慥かに好良なる一個の手段と思ふのである。

◎個人として運動する

最後に一言注意を要するは、此の商工黨樹立の運動については、商業會議所其物を、干與せしめざる事是れである、元來商業會議所は、其の本來の性質上、政治に關係はしても、主として商工業に關する、法規の制定、改廢施行に關し、意見を行政廳に開申し、及び商工業の利害に關する、意見を表示するを本分とする者であるから、是れを商工黨樹立の實際の運動に參加せしむるは、倫を失するの嫌があると思ふ、即ち商業會議所其物としては、運動せずに、只だ商業會議所の會員が、各自個人として運動奔走するが、穩當であらうと思ふのである。

第二十五議會報告

第一章　緒　言

日露交戰ノ結果、我ガ帝國ノ地歩俄カニ昂進シ、優ニ一等國ノ列ニ入リ、其一言一動直チニ世界ノ治亂ト相關ス。帝國ノ光榮頗ル大ナルト共ニ、其責任亦甚ダ重シト謂フベシ。能ク此際ニ處シテ現在ノ地歩ヲ維持シ、及益々國運ノ隆昌ヲ求メント欲セバ、固ヨリ無爲自然ノ能クスル所ニアラズシテ、必ラズヤ人力ノ努力經營ニ待タザルベカラズ。不幸ニシテ經營一タビ其道ヲ誤ラバ、單リ現時昂進セル地歩ヲ維持スル能ハザルノミナラズ、却テ救フベカラザルノ窮地ニ陷ルヲ免レズ。即チ戰後經營ノ適否ハ實ニ帝國汚隆ノ岐ル、所ナリ。顧フニ戰役終結後既ニ數年、當局者ハ鋭意シテ戰後經營ノ道ヲ講ジ、議會ハ之ニ協贊ヲ與ヘ、着々トシテ事功ノ擧ガルヲ□□〔判読不明〕ト雖モ、仔細ニ之ヲ點撿セバ、其間議スベク改ムベキモノ尠カラズ。民間ノ事業ニ至リテハ、興國ノ氣運ト相副ハザルモノ頗ル多キヲ見ル。余輩不敏ナリト雖モ、戰後經營ニ關シテ少シク意見ヲ□□、□□〔判読不明〕以テ去年五月十五日ノ衆議院議員總選擧ニ際シテ幸ニ當選ノ榮ヲ荷フヤ、同儕三五迭ニ相會シテ意見ヲ交換シ、次デ同年六月十八日ヲ以テ始メテ同志議員ノ集會ヲ紅葉館ニ催ス。當日ノ來會者ハ肥田景之、中野武營、戸水寛人、仙石貢、及中村彌六、外十四名ニシテ、實ニ戊申倶樂部ノ□□□〔判読不明〕。來會者ノ意見ハ頭尾悉ク一致スル能ハズト□□〔雖モヵ〕、其大經大本ニ至リテハ種々歸一スル所アルヲ見ル。爾來會見ヲ重ヌルニ從ヒ、情意漸ク疏通シ主張亦益々接近シ、同一歩調ヲ議院ニ取ルノ必シモ難事ニアラザルヲ知リ得タリ。盖シ政界ノ事單獨ノ行動ヲ許サズ、努メテ小異ヲ捨テ、大同ニ就キ、相結ンテ馳驅翱翔ス、是レ實ニ政界ニ立テ主張ヲ實行スル所以ノ道タリ。余輩亦此道ヲ踏ムノ必要ナルヲ知ル。唯々既成政黨ニ入ルハ事情ノ稍々許サヾルモノアルヲ以テ、姑ラク既成政黨ノ外ニ一倶樂部ヲ組織スルノ議ヲ定メ、七月二十五日ヲ以テ其創立會ヲ催シ名ケテ戊申倶樂部ト謂ヒ、左ノ五條ノ綱領ヲ議決シ、此綱領ノ下ニ各員一致ノ行動ヲ取ルコトヲ約セリ。

一、財政ヲ整理シ其基礎ヲ鞏固ニスル事

二、國債償還ノ方法ヲ確立スル事

三、税制ヲ整理スル事

四、産業ノ發達ヲ期スル事

五、外交ヲ刷新スル事

右唯々大体ノ綱要ヲ掲グルニ過キズ、具体的ノ斯案ハ實際ノ問題ニ逢着シテ始メテ定マル。然リト雖モ本倶樂部ハ單ニ同志議員ノ集會ニシテ、政黨トシテスルモノニアラザルヲ以テ、各案毎ニ黨議ヲ定メテ部員ヲ拘束スルノ制ヲ取ラズ。部員相會シテ議案ヲ研究シ、意見□〔幸ヵ〕ニ相合致スルモノハ直チニ取テ贊否ヲ決シ、多少ノ□□〔離隔ヵ〕アリト雖モ、若シ調和ノ□〔望ヵ〕アルモノハ、互ニ相謀リテ同一ノ行動ヲ取リ、意見全然相背馳シテ調和ノ餘地ヲ存セザルモノハ、各員皆ナ其信ズル所ニ依テ進退シ、毫モ遲疑忌憚スルヲ要セズ。現ニ第二十五議會ニ現ハレタル諸案中、本倶樂部所屬議員ニシテ贊否其說ヲ異ニシタルモノ少カラス。是レ蓋シ倶樂部ノ倶樂部タル所以ニシテ、敢テ異論者ノ同一團結ノ下ニ集マルヲ妨ゲザルベキナリ。

世或ハ本倶樂部ヲ以テ商工ニ黨スルモノト爲ス、誤レリ。余輩ハ唯適當ノ戰後經營方策ヲ立テ、幸ニ博シ得タル帝國ノ地歩維持シ、且進ンテ益々國運ノ隆昌ヲ圖ランコトヲ期シ、眼中一ニ國家全局ノ利害アリテ、復タ一部商工ノ損益ナシ。而シテ世上目スルニ商工黨ヲ以テスル所以ノモノハ蓋シ倶樂部員中、商工事業ニ直接間接ノ關係ヲ有スル者多クシテ、且其所論往々商工政策ニ涉ルモノ少カラサリシヲ以テノ爲ナラン。抑モ戰後經營ノ綱目一ニシテ足ラズト雖モ、商工政策ヲ確立シテ產業ノ發達ヲ圖ルハ、經營事項中重要ノ位地ヲ占ムルモノニシテ、方今ノ最モ急トスル所タラズンハアラズ。乃チ余輩カ主力ヲ產業ノ啓發ニ注キ、之ヲ綱領中ニ掲ゲタル所以ノモノ、決シテ漫ニ商工ニ黨スルニアラズシテ、一ニ戰後經營ノ最急要務ニ手ヲ下サントシタルニ外ナラズ。

戊申倶樂部ハ以上ノ經過ヲ以テ成立シ、以上ノ抱負ヲ以テ第二十五議會ニ立タンコトヲ期シタリ。倶樂部所屬議員ノ數ハ左ノ四十一名ナリ。

大阪市選出	岩下清周	茨城縣選出	磯部保次
東京市選出	稻茂登三郎	四日市市選出	井上敏夫
山口縣選出	飯田精一	門司市選出	石田平吉
京都市選出	西村治兵衛	福島縣選出	星　一
金澤市選出	戸水寛人	高知縣選出	富田幸次郎
佐賀市選出	豊增龍次郎	岐阜市選出	千早正次郎
高知縣選出	和田尊義	長野縣選出	渡邊千冬
三重縣選出	片岡直温	松山市選出	加藤恒忠
丸亀市選出	加治壽衛吉	石川縣選出	米田穣
滋賀縣選出	高橋政右衛門	東京市選出	中野武營
長野縣選出	中村彌六	京都市選出	中安信三郎
三重縣選出	中村豊次郎	大津市選出	村田虎次郎
長崎縣選出	倉光藤太	靜岡縣選出	八束可海
富山市選出	牧野平五郎	米澤市選出	丸山孝一郎
下關市選出	松尾寅三	函館區選出	小橋榮太郎
東京市選出	江間俊一	名古屋市選出	安東敏之
新潟市選出	齋藤巳三郎	京都市選出	木村省吾
京都府選出	木村良〔良ヵ〕	愛知縣選出	清水市太郎
宮崎縣選出	肥田景之	廣島縣選出	森田俊左久
高知市選出	仙石貢	廣島縣選出	世良靜一
高崎市選出	鈴木久五郎		

尙本倶楽部ハ事務一切ヲ處理スル爲メ、總務三名、幹事五名ヲ置クコトニ決シ、選擧ノ結果左ノ如ク當選シ、各々頭書ノ任務ヲ分擔シタリ。

總務三名

院外總務　仙石貢

院内總務　戸水寛人

代議士會長　中野武營

幹事五名

院外幹事　中安信三郎　同　八束可海

院内幹事　中村豊次郎　同　加治壽衛吉

同　小橋榮太郎

（以下、章立のみ）

第二章　会期及成績

第三章　財政計画（国債整理、税制整理）

第四章　予算案

第五章　決戦附準備金及剰余金支出

第六章　重要議案

第七章　結論

附録

戊申倶楽部所属議員発案表

所謂政黨屋の弊

中野武營君談

▲余は政治家にあらず　私は元來政治家ではないのだから、政治家の生活問題とか何とかに就て、御尋ねを受けては甚だ迷惑に思ふ。それは全然政治に關係せんことは無い、關係するはした、明治十五年に立憲改進黨が組織された當時から多少政黨員として政治に關係はした、が併し政黨に始めて關係した時から、已に民間にあつては自分の本業をやつて居たので、始めから政治を專門としてやつた人々とは譯が違ふ。言はゞ自分の本業の餘力、自己の仕事の餘裕の時間といふものを、政治に費やしたと言ふに過ぎぬ。であるから私を政治家のやうに思ふて、政治家の事に關する問題に就て御尋ねを受けるのは、實以て甚だ迷惑な次第である。

▲政治家の意義　私の考へる所では政治家と稱すべき人々は、例へば一政黨の首領幹部に立つて、假令現在に於ては廟堂に立つて居なくとも、他日一旦風雲に際會すれば、內閣を乘り取つて其主義政見を實行するだけの地位もあれば、抱負もある人を言ふべきである。從つて或は單に政黨員とか、或は本業の餘裕で政治にたづさはつて居るといふ人々の如きは、此政治家といふ範圍には這入らぬと思ふ。是等の人々は要するに政治家の賛同者たるに過ぎぬのである、決して政治家と混同すべき性質のものでない。

▲所謂政黨屋の弊　斯く政治家といふものは、一種特別の地位を占めて居るものであるが、世には所謂政黨屋と稱するものがあつて、種々政治の事にたづさはりもすれば、奔走もして居る、これが隨分多い、之は私の頗る感心しない所である。元來政黨屋なるものは生活の基本々業を有せずして、政治で以て衣食しやうとするからして、現時の如く政界の腐敗を見るやうになるので、現時の政界の腐敗は、要するに政黨屋の弊より生ずる結果であるやうに思はれる、乃ち政界の腐敗を一掃するには、先づこの政黨屋なるもの丶弊害から除いて行かなければなるまいと思ふ。

▲政治家の資格　凡そ政治家といふものは、絕えず眼を宇內の大勢に放ち、國勢を調査し、時事問題の起るに際しては、常に之を適當に按排、處理するの用意と、覺悟と、手腕とがなければならぬのであるから、自己の衣食に逐はれて居るやうなことでは、政治家になれる資格はない、到底全身心を政治に投ずるといふことは不可能である。であるからして政治家なる者は、少なくも遊んで居ても一家の生計を立てゝ行けるだけの資產、所謂恒產がなければならぬ、語にいふ人恒產なければ恒心なしとは、政治家の資格を定むるに最も適した言葉であると思ふ。或は又假令恒產がなくとも有ると同樣な場合、乃ち政治上の識見もあれば抱負もあり、又手腕もある人ではあるが財產がない、斯ういふ人に對しては財產ある有志が生活上の保護を與へる、家族の衣食等に就て其人をして毫も後顧の憂なからしめて、充分政治上に身を委ねしめる、斯ういふ特別の境遇にある人――外國には隨分例があるさうであるが――斯ういふ人が心身を捧げて、專門にやるの

てなければ、政治家たるの資格はないと思ふ。

▲人に黨せず問題に黨せよ　我國の現狀では、どうも一般の人民が、兎角人に黨する傾きがあつて困まる、これは今後改めて人の如何に拘らず、問題其者に黨するやうにせなくてはなるまい。國民全體は決して政治以外に立つてはいけぬ、政治以外に立つてはいけぬが、あの人の言ふことであるから其問題に對する意見の如何に拘らず之に贊成する、又他の人の言ふことであるから其意見の如何に拘らず之に反對するといふやうでは甚だ不見識ではないか。此の如きは政黨政治の中で最も甚しい一つの弊害であるから、これは斷然匡だして今後は一々實際の問題に就て贊否を決して貰ひたい。假令同じ人でも問題に對する意見の如何によつては、之に反對し、又其人の如何に拘らず問題によつては之に贊成するといふ風に、人に黨せず物に偏せず飽まで問題其者によつて贊否を決して貰ひたいものである。

▲要するに人民の見識　一體現時の如く問題の如何に拘らず人に黨するといふことは、人民に見識のない證據であつて、從つて立憲治下最大の弊、政黨に關する隨一の弊である。人民に見識のない結果、生ぜずともよき弊害を生ぜしめて、國家を蠹毒するといふことは、政界の一大恨事であつて、世界列國に對しても愧づべき次第である。政界の革新といふことは、要するに一般人民が政治上の事に注意して、一廉の見識を以て政治家に對し政黨に對し、而して政治家其者をしては恒産を有し、若くは有する同樣の狀態にあらしむるといふことが、根本問題であるやうに思ふ、斯く一方に於ては人民の見識が進み、他方に於ては政治家が生活問題に累はされず、所謂政黨屋の弊を除くことが出來れば、こゝに始めて立憲政治の實が擧がるであらうと思ふ。私の政治家の生活問題——或は少し推し擴めて政治家といふものに就ての觀察は先づこんなものであります。

衆議院議員　中野武營君談

本議會は今正に進行の道程にある、何ういふ風に進行するかは、事實に著々提示して呉れるのであるから、私は唯だ當議會に表はれたる税制整理案中の一部分なる營業税に關して卑見を述べて見たい。

二重税の増税

抑も營業税改正案を當議會に提出したる當局の眞意は、負擔の均衡を圖るにありと言明するけれども、仔細に其の内容を審査するに或る種目に對しては多少輕減又は均衡を計れるものもあるが、大體に於ては寧ろ増税と見るの至當にして改正とは名のみである。元來營業税は廣義の意味に於ては一種の所得税であるから、營業税は結局二重課税と同然である、故に若し財政に餘裕あれば全廢と迄行かずとも、少なくも大に輕減する必要ありと思ふ。營業税の實質既に如斯しとせば、彼の三税に次ぐ可き惡税と見做すも敢て過言でないのみならず、如斯き課税を存置するは商工業の階級に對して甚だ偏重の處置といはねばならぬ。當局が若し這般の道理を辨へず、漫然如上の改正案を提出したものとすれば、其の不明や言語道斷と謂ふ可く、知て尚ほ提出を敢てせしとすれば國民を愚にしたる瞞着政策と云はれても致方なからん。吾輩は當局の眞意の果して孰れに存するかを問はず極力其の反省を望み、更らに一段の考慮を促さんと欲するものである。營業税とは表面上全然種類を異にして居るけれども、之れと深大なる關係を有する地租問題に就きても順序として寸言を添へ度いと思ふ。

減租は部分問題のみ

苟も財政に餘裕のある限り、諸税を輕減して民力を休養するは當面の急務である。故に地租輕減の念慮に於ても吾輩決して人後に落ちぬ積りである。併し近頃盛に論議されて居る處の地租一分減が成立した曉、農民は果して豫期の如き休養を得る事が出來やうか何うか、此點が頗る疑問である。況んや一分以下の減租に決定するが如きに於ては、更らに一層覺束ないと思ふ。縦令一分減が成立しても現在の如く米價十一圓臺の狀況を持續する以上農民の享くる恩澤は甚だ僅少のものでないか。それよりも寧ろ一般經濟界に活氣を付け、而して購買力の増進を圖つたならば、單に農民のみならず一般階級の窮狀を救濟する事が出來ると思ふ。經濟界にして一朝活氣を生ぜんか、物價も自ら程よき程度に昂騰し、其の結果として米價も十四五圓臺を保持するに至り、玆に始めて農民も他の商工業者と共に眞の休養を享有する事になり、其の利する處も到底單純なる一分減の比に非らざるや明白である。而して經濟界を斯く順潮に誘導するには、商工業の階級をも十分顧慮しなければならぬ、而して之れに相當の休養法を與ふるのが最も肝要であると確信する。然るに今回の税制整理殊に營業税の改正案に至ては全く此の重要事項を閑却せるの觀あるは何事ぞ、吾輩迷はざらんとするも得ぬのである。熟ら當局の處置を觀察するに、如何にしても世に謂ふ誅求の跡の見ゆるは誠に遺憾千萬である。

中央集權の弊

吾人の見を以てすれば此の禍根の源泉は極端なる中央集權制度にあると斷言する。少なくも殖産興業に關係する政務則ち經濟的政務は、大部分自治體に分與して欲いものである。而して中央政府の管掌事務は、主として軍事外交其の他性質上地方自治體の能くし得ざる事務のみに止むべきである。國家の健全なる發達は自治體の夫れに待たねばならぬ、自治體の疲弊は軈がて國家の衰頽の表兆である、然るに日本の現狀の如く無暗に自治體の能力を絞り上げて之を中央に集中し、而も其の主要部を不生産的方面に支出するに於ては邦家の前途實に寒心に堪へぬ。此の有樣では自治體は永久に發展興起するを得ざるは勿論、現狀維持も或は覺束なしと見るも敢て無稽の言でないと思ふ。

頭熱足冷、頭冷足熱

自治體破壞の方針を稱して頭熱足冷式と云ふのである。而して頭熱足冷は尤も不健康なる病者の狀態である。壯健なる者は須らく頭冷足熱でなければならぬ。彼の米國の如きは日本とは全然正反對の政策を取て居る。人も知る如く米國は自治體の發達には非常なる努力を拂ひ大抵の政務は自治體の自由に放任し置きて殆んど干渉せぬ。又中央政府の政費の大部分は關稅によりて支辨するから國民は苛重の賦課を負擔せしめらるゝ樣な事もなく、專心各自の自治體の發展の爲めに盡して居る。されば港灣の修築鐵道の布設道路の開鑿等自治體の殖産興業的事業に對しての出費は、中央政府に吸收せられて不生産的費途に充てらるゝ憂もなく。直ちに人民直接の利益となつて戻つて來る。從て自治體は其の地方の開發には惜し氣なくドシ〳〵出費すると云ふ有樣である。之れは丁度其の地方から立ち上ぼつた水蒸氣が雨露と化して再び其の地方を霑ほすと同樣な譯である。日本は之れと反對で、自治體の水蒸氣は一旦立ち上ぼれば放散して中央に集まり、其の地方には雨露となつて復た歸復する事がないから、自治體は必ず旱魃の狀態に陷りて枯乾するの慘狀を呈するに至るのである彼れを以て我れに比す對照の隔絶、浩歎の外はない。

米國は斯くして交通機關が非常に發達して居るから、大抵の工場には數條の鐵路を布設し工場の製作品を直接港灣又は停車場に送るを得、手數も至て少なく事は甚だ敏捷に運ぶ、而して此の事實は一方に於て製作品安價の一因となる。轉じて日本は如何と見れば、貨物が米國より橫濱に着荷する日數よりも橫濱より內地の各地に送り屆くる日數の方が遙かに永きを要する如き奇觀を呈することも珍らしくない。之れ交通機關の不備に坐するもので、極端なる頭熱足冷主義の弊であると思ふ。然し此の頭熱足冷病は決して先天性のものでなく後天性のものであるから、今に於て其の制度を改善し病源を根絶すれば必らず健康體に回復すべきを疑はぬ。今後經濟的戰爭の最大强敵の米國なる事は動かす可からざる大勢である而かも頭冷足熱にして壯健比類なき米國に對するに、頭熱足冷の病軀を以てす、未だ戰はざるに勝敗の數旣に知るべきでないか。思ひ一度玆に至れば、心ある者誰れか悚然として怖れざる者あらん。要之當局の施政方針は刈枝枯幹の政策である、枝葉たる自治體を涸渇させ乍ら、其の根幹たる國家の繁榮を圖らんとする如きは愚の極である。

＊　＊　＊　＊　＊　＊　＊

東京商業會議所月報　第二巻第五號　（明治四十二年五月廿五日發行）

論談

日英博覽會に就て

會頭　中野武營君

我政府が第二十五議會の協賛を經一百八十萬圓の支出を決して賛同するに至れる日英博覽會は明年五月一日より十月末日迄英京倫敦に開設されんとす、其敷地面積は約十六萬八千坪にして昨年曾て英佛博覽會を開設したる陳列館を利用せんとするにあり、鐵骨二十棟の陳列館は完全なる設備を有し内九棟を以て我出品の陳列に充らるべき豫定なり、即ち本邦出品陳列館坪數は六千七百四十一坪にして、之を去明治二十六年市俄古博覽會の一千八百八十一坪、三十三年巴里博覽會の一千二百二十六坪、三十七年聖路易博覽會の三千六百七十二坪に比すれば二倍以上四倍の面積を有し、且つ特に日英兩國の通商貿易發展に資し及び兩國の文物國情を一層明細に兩國人の印象に上せて同盟和親の關係を確實鞏固に且つ永久ならしめんとする同博覽會は、從來屢々行はれたる幾多の萬國博覽會とは其趣を異にするものあり。

抑も西歐の一隅に於て東亞の一隅を結つけたる二强聯合の博覽會を開くの一事は實に空前の壯擧にして、英人先づ之れを企てゝ而て我政府の之れに賛同せるは實に同盟の好意に出でゝ同盟の聯鎖を堅うするものたるは云ふまでもなく我新進國の文明を先進國に紹介し我商品の販路を世界の中央市場に紹介するの偉業なり、當に之れ忘るべからざる同盟國の厚誼にして失ふべからざる好機會なりと云ふべし。

殊に今回の日英博覽會は倫敦に於ける一法人會社の企畫に因るものにして英國政府の主催と云ふにあらず、同國政府は只特に充分の保護賛助を與ふるに止まり、事務總長キラルフヰー氏は某大國の參同申込を謝絶してまで專ら日英博覽會の開設を希圖したる末首尾能く成立するに至りたる次第なりと聞く。由來博覽會又は共進會等其事業の性質に於て積極的政治事務と自ら其趣を異にし、國の政府が開催する場合と雖も之れが主腦となるべきものは當業者ならざるべからず、随て如何なる場合を問はず、苟も政府當局者の勸慂獎勵等に依賴して當業者自己の本分を忘るゝが如き不覺あるべからざるは勿論なるが、特に今回の如く同盟兩國の出品を限れる博覽會として世界の中央都會に開かるゝものたる以上は、奮つて出品に努力し以て我製作品の聲譽を博せんことを期すると同時に同盟國人の企畫を耻かしめざるの用意なかるべからず。

顧ふに邦人の短所として吾人の平生遺憾とする處は商品の製造產出にあらずして製產品の販路研究に缺くるの一事なりとす、畢竟するに邦人の外國貿易業は經驗尚甚だ淺く、從來多く仲介者に依つて輸出入を營みたりし結果、販路の研究自ら迂遠に流れたるは已を得ざるの數なりしとするも大體に於て商品の產出は寧ろ長所とするに反して、其販路を研究し販路を開展するの手段に於て缺如せるは爭ふべからざるの事實なり、然らば則ち吾人邦人は內商品の產出に苦心すると同時に外販路の擴張に向つて一層多くの研究を積まざるべからず、斯くして輓近漸く發展しつゝある直輸貿易をして一層隆盛ならしめざるべからず、想ふて茲に至つて日英博覽會の益す忽諸に付すべからざるを悟らずんばあらざるなり。蓋し日英兩國の貿易關係は殊に格段の注意を要するものあり、我商品の輸出は年額二千五百萬圓なるに比して英國より輸入する處は一億圓を超過せるは最近の事實にして而も此大勢は多年一貫せる處なり、吾人は英國との貿易が出入甚だ不權衡なるを厭ふ者にあらずとは云へ由來英國の輸出入額は百四十億圓と云へる巨額を算し、而して其輸入品中の多額は再輸出する處に係れり、換言すれば則ち我同盟國は偉大の製造國たると同時に媒介貿易に於て偉大の勢力あるなり、從つて我工藝美術品にして幸に偏く同盟國人に了解さるゝに於ては直接に彼等の需用に供し得るのみならず彼等の有する多くの華客に向つて媒介され取引さるゝ處著大なるに至らんこと必然にして、現に一億圓を買ふて二千五百萬圓を賣るが如き不權衡の關係を變じ一層多くを英國に輸出し得るの機會を捉ふるの望みを屬すべきは實に今回の日英博覽會ならずんばあらず、況や唯り同盟國人に向つて我文物を紹介するに止まらず、去明治三十三年巴里博覽會以來十年にして初めて歐洲の中心に我商品の一大陳列場を開始するの結果が如何に列國の注意を惹くべきやは逆め豫想するに難からざるべきをや。

日英博覽會に囑望すべき處實に以上の如く多大なり、然らば則ち此機會を利用し我文化の眞相國情の大觀を具して同盟國民の展觀に供へ、苟くも遺憾なからしむるは我朝野を擧げて努力すべきことにして、工藝美術の沿革產業發達の狀況百般制度文物の由來並に現狀等、苟くも國風國情を說明し商工業の現狀を說明して以て我通商貿易の發展に資すべき有ゆる材料を供給するを怠るべからず、殊に我國有の美術品中機織に關するものゝ如きは特色の以て世界に誇るに足るもの最も多く、現在に於ても將來に於ても深く望みを屬すべき特殊產物の一たるを失はず、況や今回の出品に依て世界の織物產出國たる伊太利佛蘭西をして側目せしむると同時に、全歐文明人をして日本織物の精巧に喫驚せしむる亦實に一大快事にあらずや。

豈に圖らんや世上往々說を爲す者あり、織物業者は政府が第二十五議會に於て惡稅廢止に反對したるに銜む處深く、且つ商業會議所は政府が會議所法改正案に同意して會議所を危險の運命に陷れたるに慊焉たるの餘り、機業者は出品を拒絕せんとし商業會議所は之れに聲援せんとし、其然らざる者も亦奮つて出品するの意なく又動もすれば袖手傍觀せんとせりと、嗚呼是れ何等の妄說ぞや、政府が惡稅廢止に反對したるの故を以て機業家が不快の感情を有するは或は之れ有らん、政府が商業會議所法の改正に同意したるの故を以て商業會議所中不快の感情を有するは或は之れあらん、然れども、其の之れあるが爲めに日英博覽會の出品に冷淡ならんとするが如きは事理を解せざるの甚しきものにして、苟も一片の感情に支配せられて事理の判斷を誤まり江戸の仇を長崎に酬ゐんとするが如きは識者の與みせざる處にして抑も又着實なる實業家の取らざる處なり、吾人は世の有ゆる問題に就て苟くも其是非利害を論議せんとするに當り、如何なる權勢の前にも如何なる威力の前にも屈從を忍ぶものにあらず、正々堂々の陣、侃々諤々の議、以て實業の發展を期するに於て寸毫の斟酌を挿むべきを知らずと雖も、徒らに感情に拘泥して事理の判斷を過まらんとするが如き淺薄にして卑怯なる者にあらず、乃ち惟ふに機業家が出品を快とせずと傳へられ而て其の出品を快とせざる所以の原因が博覽會其物と何等の因緣なき織物税の存否に關する感情に存せりと謠はるゝに至つては謂はれなきの甚しきものなり、知らず是れ果して機業家の眞意なるか抑も將他の忖度に出でたる誤解ならざるか。

然り恐らくは是れ世上の誤解なるべし、吾人は之を誤解として深く遺憾とする者なり、斯る理由なき誤解は機業家を辱しめ機業家の名譽を毀つくる者なり、機業家如何に惡税の存廢に關して當路者の處置を慨し銜む處深しとするも、之れが報復の手段として日英博覽會の出品を拒まんとすと云はゞ、是れ只政府の以て不便とするのみならず機業家自身の不便不利益たるを免がれず、我が機業家豈に斯る覩易きの事理を解せざるものならんや、然るに、世上動もすれば一種の誤解を以て機業家を迎へんとするは却つて是れ機業家の面目を害するものなり、機業家たる者奮つて此侮辱を雪がざるべからず、然り奮つて出品計畫を爲し敢て政府の勸慂を俟たずして各自ら取るべきの途を取り、同盟國の思慮ある實業家として同盟國の他の一方の好意に酬ゐ兼て斯業の發展を期するに專念ならざるべからず。

若夫惡税の存廢に關する政府者の處置は不信義を極めたりとせんも、之れ自から別問題にして、之を責むるの手段方法は自ら他に在つて存す、日英博覽會は其關係と目的と全然相異なり、偶ま惡税存廢の事問あるが爲めに捉へて以て政府者を苦むるの武器と爲さんとするが如きは則ち暴を以て暴に對せんとする所爲に近し、苟も機業家に限らず、健全なる堅實なる國民は常に自個本然の責任を重んじて其盡すべき處を盡し、而て後ち爲政者の處置非議すべき處のものあらば正々堂々として之を非議辯難するの覺悟なかるべからず、吾人は依然として惡税廢止の要求を絶たずと雖も、爾かも之れが爲めに怨みを他に移すが如きは斷乎として之を排せざるべからず、卽ち吾人は誠實に機業家に告げんとす、日英博覽會の出品に關する機業家に對する世上の謡言は宜しく之を機業家の實行によりて辯妄すべく奮つて出品の準備に從ひ以て斯業者の立脚點を明かにすると同時に此空前の好機會を利用して他日の發展を期すべし、方に是れ自から重んずる所以にして卽がて其主張を一層有効に導く所以の道たるを失はざるべきなり。

本期議會の重要問題

東京商業會議所會頭　中野武營君

◎鐵道廣軌改築問題

鐵道の廣軌と狹軌の可否如何は本來簡單な問題である。廣軌は索引力も強く、輸送力も加はり、速力も速く、何づれの點より見ても廣軌の勝つたことには論がない。のみならず各國對峙して國家の富强を貿易の勝敗に依つて競爭せんとする今日に於て、運輸交通の不便な地位にあるものは恰度鬪ひに敵は四尺の劍を振り翳して來るに對して、此方は二尺の劍を取つて向ふと同樣で、已でに一歩だけ敗者の地位に立てるものといはなければならぬ。物質の上よりいへば廣軌改築の急務たるには論はないが、今日の問題は幹線鐵道の完全なる改築を急とするか、全國に鐵道普及を許ることを急とするか、何づれを先きに着手すべきかゞ要點である。幹線の廣軌改築は本より結構であるが、その爲めに他の地方の敷設普及が後れては困りはせぬか、少しでも餘分の金があるなら普及を計つた方が得策ではないか。それとも地方の普及は序々と進む方針を取つて先づ幹線の完成を計るのが得策であるか、何づれが生産發展上有利であるかゞ研究問題である。未だ當局者の意見を確めて居ないから本よりその本意を解することは出來ないが、幹線改築の發案は軍事の輸送上の關係も本來一部の理由であらうけれども、主なるものは生産發展上の理由であらうと察せらるゝが、さうであるとすれば問題は右の點に衝突かる。

血液の循環の偏せる爲めに左の手と足は自由に動くが、右の手と足は動かないといふ病氣に罹つたものを半身不隨といふ。鐵道は即ち國家の血管である、今や日本の狀態は恰度半身不隨の容態に陷つて居る有樣である。山陰道は自分の地方の生産品を賣らうとすれば餘程廉い値で持ち出さなければならぬ、鐵道の便がないから運賃で高くなる。然るに外から品を買はうとすれば、廉い値段の物を高く買入れなければならぬ、同樣に運賃で高くなつて居る之れで發達しやう道理はない。所が山陽道はそれと反對で、交通の便が自由に開けて居る。その上に廣軌改築となれば此半身不隨の狀態が一層激しくなる、此點を何う處置を付るか。政府でも幹線を改築するとしても、山陰道や四國の如き殆んど血液の通つて居ない所を捨てゝ顧みないつもりでは無論あるまい。それかといつて一夜作りの案を以て議會に臨むともないであらう。

◉海軍擴張問題

日露戰後の財政整理當時に於ては、政府の軍備擴張案に對しては我々實業家は激しく戰つた。けれども今度の海軍擴張案は、その當時の擴張案とは餘程性質が違ひ事情が違ふ。豫算の程度であるけれども、今度の擴張案に付いては立國の上からいつて何うも致方のない點があつて以前の如き譯には參らない。その事情を簡單にいつて見やう。

海軍擴張といふのが單に列國對恃の權衡上噸數を增し度い、艦數を殖やし度いといふ擴張であるならば我々は容易に應ずることの出來ない場合もあるが、今度の擴張案は强ちその意味でない。科學進步の結果造船術が年一年と變つて行つて、舊式の軍艦が如何に數だけは澤山あつても軍備としては間に合はないといふのである。故に今度の擴張案は噸數を殖す擴張でなく新式の軍艦に改造する必要から起つたのである。十年前に出來た軍艦は風體だけは立派でも軍備としての効力は存しないから、さういふものはドシ〳〵廢艦として新式のものを製造して行かなければならないといふのである。世界の大勢が皆之れであるから苟くも國を保つ以上は仕方がない、之れは世界何づれの國民も大困りをして居つて、平和協會なるものが進んで軍備の必要の起らない時の來るを望んで居ないものはないであらうが、苟くも利害を異にせる各國が對恃せる以上はその利害の衝突を豫期せざるを得ない。その衝突は萬に一度しか起らないものであるとしても、その爲めに年々夥多の軍費を支出すべきは止むを得ない。若し此夥多の軍事費を生産發展の資本に廻したらば偉い事業が出來るであらうに、實に殘念な譯である。

◎工場法案

この問題は最早や理論を研究して居る場合ではなく大體に程度問題で折り合ふであらうと思ふ。時期の尙早とか、不必要とか云ふ時期は最早や過ぎて居る。あるとしても一部分の議論で耳を傾くる場合ではないと思ふ。この法案を制定する以前に當つて、總べての各同業組合にも諮問し、各商業會議所にも諮問して意見を徵したものであつて、東京商業會議所の如きも特に討議して意見を具陳したのであるが、その意見は大體に採用されて居る。更らに生産調査會でも討議して大體に是認した法案であれば、議會にても多分通過するであらうと思ふ。

◎全國治水案

治水問題を廣い意味でいへば單に河水の氾濫を豫防するに止まらず、舟楫の便を講じて運輸の道を開く點にも亘るのであつて、そこに至れば直接實業に關係することは鐵道問題と異る所はないけれども、今期の議會の主なる問題となる點は河水の氾濫を豫防する應急手當の方法を講ずる點であつて、之れも直接間接實業に關係せることは無論である。この治水案の中には應急手當の姑息工事と根本工事との二方法が自然に分れて來る。應急工事といふのは堤防の修繕、橋梁の架設、道路修繕等の工事であつて、根本工事とは森林の培養といふ如き點で、今日政府の取れる方針は先づ應急工事を取急ぐけれども一方で根本工事にも着々手を下して行くといふ所にあるが、此方法には本より異議はない。且つその工事は多大の費用を要することであつて、地方自治に一任しても到底その費用に堪へず成績を擧げることは容易でないから、その費用を政府で補助するといふ點も大體に於て異議なきことは當然である。

◎商法修正案

　司法省で發表せる商法修正案は、之れも大體に於て異議はない。東京商業會議所で提出した意見は大要採容されて居る。けれども唯だその中の會社重役の責任に關して、從來は單に罰金を課するに止まつて居つたものが、今度は更らに體刑を加ふることになつて居るのが研究すべきものであらうと思ふ。之れは當局の意見を正した上でなくては此方の意見を立つることは出來ないが、近時會社に不正事件の續出した爲めにその豫防策として重役の責任を重くする主意に出たものであらうと思はるゝが、その主意には賛成すべきでも、若しさういふ方法を取つたとすれば名望ある人は重役たることを避くるは當然である。何故といふに、如何に自分だけは立派でも大會社の事は自分が一人で萬事に手を配ばり目を注ぐとの出來ないは當然で、從つて自分の關知せざることに卷き添へを食ふことが屢ゝ起る。さういふ恐れがあるから名望あり信用ある人は誰れも重役に名を列することを避くる、さうなれば恰度新聞の編輯人が萬一の場合に刑に處せらるゝことを甘んずる位の人間の名前を假りて居ると同樣に、信用も何もない人間を假りて來て名稱だけ重役とする如き弊も生じやう。之れでは會社の信用が墜ちて仕舞ふことになる、故に修正案の此點だけは多少研究すべきものだと思ふ。

中野武營君談

實業家の見た廣軌問題

私は實業家としての立場から廣軌改築問題を見ると、元來我々實業家が運輸通信機關の完備を欲するは、猶ほ陸海軍人が兵器、軍艦の精鋭を欲すると同一である。宇内列強の兵器、軍艦は年々歳々新奇有力のものが發明せられ、各他に比して一歩も讓らじと競ひつゝある。列強共に潜水艇、飛行機等の新兵器の研究に力を注ぐは素より、日露戰爭の結果は延いて大艦巨砲主義の採用となり、今や、十二吋乃至十四吋の巨砲十門以上を搭載せる二萬噸以上三萬噸の戰艦を各競ふて建造し、孰れも此最新最强の戰艦を多く有せんと努めつゝある。これ宇内に於ける軍事界の現勢である。斯く新鋭の兵器、軍艦を建造するには素より少からぬ經費を要するが、それに拘らず各國とも、愈愈益々熱心に其の調査研究に力を注ぎつつあるは、實に國際競爭上、必要已むべからざるものあるが故である。而して是れは亦實に職務に忠實なる陸海軍人の本分であると云はねばならぬ。若し國費を多く要すとの理由を以て新鋭の兵器軍艦を棄てゝ顧みざるが如くんば却つてこれ國家を危うするものである。我々實業家が運輸通信機關を見るも亦之と同樣である。凡そ國民が國を立てゝ各其業に勵み、列國と對峙して國力の發展を競ひつゝあるは、これ即ち日々の戰爭である而して我貿易戰は一國敵手の戰爭にあらずして世界各國を敵手の戰爭である。然るにこの貿易戰の重要機關たる運輸通信機關にして他に劣らんか、なは鈍劣なる兵器、軍艦を以て優秀なる兵器軍艦を有する國と戰爭をなすが如く、到底勝味はないのである。例へば彼は一時間六十哩を走る鐵道を有するに、我は一時間二十哩を走るの鐵道を有するのみなりとせば、恰かも戰鬪場裡に於て、敵は六千米突の射距離を有する大砲を以て向へるに之に對する我れは二千米突の射距離の大砲を有するに過ぎざるが如きものである。故に實業に從事する一般國民が、宇內列國と日々の競爭をなすに必要の武器たる運輸通信機關の敏活と便利とを求めるは當然であつて、之に對しては何人も非を言ふ者はあるまいと思ふ。併し眼を實業より轉じて政治的の立場よりして之を見る時には、國家の財政のことをも考慮せなければならぬから、實業上の立場より見るが如く單純には可否の決定をなし得ぬのであるが、財政上の方法さへ立てば無論之が完備に努むべきものであると思ふ。

廣軌の方針を決定せよ

凡て物を有效に働かすには先づ其基礎を確立するを要する。例へば團十郎、菊五郎の如き名優にしても、之をして十分に其技能を發輝せしめんには、必ず相當の舞臺を要するのである。座板の拔けるが如き破れ舞臺で演劇せしめては如何に團十郎、菊五郎でも、決して十分に其技能を發輝し得るものではない。國力の發展も亦復斯の如く、假令如何に商工業家の技倆にして優れ、製造工業が盛んであつても其活動の基礎たるべき運輸通信機關にして不整備に、貨物の輸送遲滯し、其運賃も亦不廉なるに於ては、外國の商工業家と競爭して優勝を制せんことは到底期し難いのである。故に我商工業家をして十分に其手腕を發輝せしめんには、どうしても先づ貨物の運輸機關を整備し敏速に且低廉に、製造貿易品を輸送するの方法を講ぜなければならぬ。之をこれ整備せずして我貿易不振の罪を商工業家のみに歸するは頗る其當を得ない議論である。故に我國の重なる鐵道を廣軌に改築するが如き施設は能ふ限り一日も早く着手し、一日も早く完成せられたいものである。が、併し之がために現在の國民の力を殺ぐやうでは、機關は出來ても國力は疲弊することゝなるから、そんな事ならば見合はす方が宜しい。併し我々實業家は今日之を財政上より見て、其可否を言ひ得ぬ、たゞ我國の經濟力發展の上より見て廣軌改築の必要あるを認むるまでゞある。而して今日に於ては差當り先づ我鐵道を廣軌にするの方針を決定すべきであると思ふ。即ち東海、山陽兩線を始め、在來の鐵道を廣軌に改築するの方針を以て進むべきは勿論、新たに建設する鐵道、例へば四國鐵道の如きも、假令其軌條は狹軌とするも、隧道、橋梁、鐵道用地の廣さ等は、一朝其必要あるに際して軌條を廣くさへすれば何時でも廣軌たらしめ得るが如き施設方針の下に建設すべきであると思ふ。殊に東海、山陽兩線の如きは貨客の最も輻輳する大幹線である。之を東京市の街路に例へて言へば他の諸鐵道は二等道路以下の道路であるが、此兩線の如きは一等道路である。故に之が改築を急とするは當然と言はねばならぬ。故に私は若し財政上の都合さへつけば一日も早く廣軌改築の運びに至らんことを望むもので、私の之を熱望するは猶ほ陸海軍人が其兵器、軍艦の改良進歩を熱望するが如きものがある。而してこれ我々實業家の立場としては至當の要求であると思ふ。

海陸連絡設備の急務

運輸通信機關の整備を欲せんには單に鐵道を廣軌にしたのみでは尚ほ足らない更に進んで海陸連絡の設備を完うせなければ折角改築若くは新設した廣軌鐵道も十分に其效能を發輝することは出來ないのである。紐育の如きはハドソン河に沿うて櫛の齒の如くに繫船岸が築いてあつて、其繫船岸には非常に大きな倉庫が聳え、船舶は其倉庫に横附けして、貨物の揚げ卸しをなして居り、碇を下して河に泊して居る如き船は一隻もない。大西洋航路の三萬何千噸といふ大船の如きも皆この繫船岸に繫留して居る。而かも倉庫が餘りに大きいので船は其蔭に隱れて見えぬ。故に一寸見ると紐育には船舶が一隻も繫留して居らぬかと思はれるが、よく見ると皆倉庫の側に横附けにして居る元來ハドソン河は天然の形勝を占めて居るからでもあらうが、其設備は實に豪らいものである。我々の見る處では紐育は殆どこれに全力を注いで居るかの如くに見える。實際又、四百萬の人口を有する經濟的活　動力の激しき紐育には、これ位の設備がなければ、商業も工業も停滯するであらう。思ふに我國にして眞に經濟的の活動力を伸張せんと欲せば鐵道を廣軌に改築して其輸送力を増すと共に是非とも海陸連絡の設備を完うするの必要があらう。目下の我海陸連絡の如きは實に憐れむべき狀態で、一例を擧げて言へば、我東京の商人が、或品物を米國に注文するに、米國を發して、横濱に陸揚げするまでの時間よりも、横濱に陸揚げして後東京に到達するまでの時間を多く要するといふ有樣である。斯かる有樣を以てしては到底日進月歩の今日、列國との商戰に優勝を制せんことは覺束なしと云はねばならぬ。故に私は鐵道を廣軌にすると同時に是非とも海陸連絡の設備を完うせんことを望むものである。

工場より貨車を出せ

尙ほ一つ鐵道を廣軌にすると共に希望に堪へざるは、米國に於けるが如く各會社が各自の製造工場內に鐵道を敷き、其工場內の倉庫に於て自己の製出せる貨物を直ちに貨車に積み、敢て停車場を經由するの煩なくして、自由に貨物を發送し得るの設備をなすことである。米國では停車場に於て揚げ卸しする貨物は、旅客の手荷物にあらずば、商品以外の小容積の荷物で、纒まつた貨物は皆直接工場に於て積卸しするのである。然るに我國に於ては今尙ほ貨物を輸送するに工場より停車場までは牛馬の力、若くは人の勞力を假りために著しく時間を損するのみならず、運賃の額を增し、ために我商品の價をして少からず高價ならしめつゝある。我工業家にして眞に列國との競爭に後れざらんと欲せば、斯る不便不利の輸送方法は斷然之を廢止して、各工場自身の費用を投じて工場までの鐵道を敷設し貨車を用意すべきである。斯の如き鐵道の布設を稱して危險なりといふが如きはこれ老耄者の言で、將來益々經濟的に發展せざるべからざる國民の言ふべきことではないのである。要するに私の希望する處は鐵道を廣軌にすると共に、海陸連絡の設備を完うし、工場自身、直ちに其倉庫より貨物を貨車に積載して發送し得るの施設をなさんことである。若し此二つの經營を缺くに於ては、折角の廣軌改築も廣軌新設も、あまり其效能を發輝することは出來まいかと思ふ。これは私が廣軌改築の必要を主張すると共に、特に附言して置く。（文責在記者）

東京商業會議所月報　第四巻第貳號（明治四十四年二月廿五日發行）

論談

廣軌鐵道に就て

（商工懇話會に於て）

中野武營君演説

今日は商工懇話會の新年會の御催しがありまするので御招待を蒙り有難い次第でございます、澁澤男爵も出席をせられる樣子でございますが、それまでの間私が一寸前座を勤めますが、私は即今政治界の問題になつて居りまする廣軌鐵道の事に就て實業家の立場として意見を申上げて見たいと思ひます。

此の廣軌鐵道と云ふことに付ましては、今から十年も前の事と記憶いたして居りまするが、其當時鐵道の技師を罷められて民間に出て而して此の廣軌鐵道論を切りに唱導したのは工學博士仙石貢と云ふ人である、我々は此の人の説を深く最ものことゝ思ひました、日本が當時の有樣の儘で姑息な鐵道を愈々延長すればする程他日になつて困るであらう、早く方針を廣軌鐵道に改めて姑息なことをせぬやうにするのが國家の經濟である、又到底狹軌の鐵道で行けるものでは無いと云ふことを素人ながらも私は信じたものであつた、そうして其の當時の當局者に向つては切りに私は申して見たのである、鐵道の當局者は其時松本宗一郎と云ふ人であつたが、其人の辯解には狹軌であつても決して廣軌と非常な異いは無い、運轉の仕方、方法に依てはそれに代はる程の働きが出來るのであるから、決して日本などに於て廣軌に變へる必要は無いと云ふのが其人の論であつて、我々が何と云つても、是れで差支へ無いと言はれて居つたのであります、遂に我々の希望は當局者が容れて呉れなんだのでありました、然るに此度政府が愈々廣軌鐵道に變更すると云ふことになつて、既に其意見を議會に發表せられ、漸く我々の希望が今日になつて行はれるやうな時機になつたと云ふことは私共の頗る悦んで居る處である、唯其局に當つて居る人が何故に前日は狹軌の儘にして置いても差支へ無いと云ふことを主張し、又今日は狹軌では到底いかないと言つて前日我々の言ふ通りのことを言ふ、して見ると當局者は時々に依て如何にも勝手な辯解を使ふものだと云ふことを私共は怪しむのである、併しそれは、それとして兎も角も鐵道は廣軌に直さなければならぬものであるのであります、技術上の問題は措いて商工者の我々の立場からして言へば是非之を速に廣軌に直して貰はなければならぬ、其譯は國家を衞ると云ふ上に於て、陸海軍を充實して一朝外國と事有る時分に負けを取らぬやうにすることの必要があるが爲に澤山な金をかけて陸海軍を置いて國防をして居るのである、此國防と云ふのは非常に大切なものである、併し此國防が大切だと云ふと同時に又一方の國力充實といふこと、即ち國の力國の富の充實を圖ることも是は申すまでもなく實に大事なことである、陸海軍人が國防を堅固にして安心な位置に立つて守らうとするが爲めには、年々歳々種々なる軍器の發明が出來て、大砲は斯ふ云ふ工合に變つた、彈丸の造り方が斯ふ云ふ工合に變つた、軍艦の製造法が斯ふ云ふ工合に變つた、潜水艇は斯ふ云ふものが出來たと云ふが如く、種々なる兵器に改良が出來、發明が出來まするど云ふと、それを片時も後れぬやうに日本にも採用して他の國の兵備と我が兵備とに於て負けを取らぬやうにして居らぬと、如何に軍人の氣象が强くても其れのみでは行けるものでは無いから兵器の便利なものがあれば、それを採用せぬければならぬと軍人が求めるのは無理ならぬことである、年々歳々其の改良の爲めに陸海軍に國費を使ふて居ることは御承知の通り夥しいものであります、兵を置いた以上は兵器に後れを取らぬやうに相當の兵器を授けるといふことは當然國家の義務である、それと同樣に此國力の發展を圖るのも其通りでありまして、交通機關、通信機關の如きものは外の國に劣らぬだけの設備が立たぬければ、働らけるものではない、例を擧げますれば、歐米では汽車が一時間に少くとも四十哩以上六十哩走つて居る、日本では平均二十哩多くて二十五哩が走れぬのである、外國の人は一時間に六十哩を走るのに日本の人は二十哩しか動かぬのである、この働きが已に後れを取つて居るのである、同じ職をしまするのに彼は六尺の劒を振り上げて來るのに此方では二尺の劒を持つて向ふと云ふのと同じ話である、已に兵器の上に於て負けて居るのである、總て人間が働きをしまするのには唯だ足や手でのみ働くのではいかないのである、相當の機械を利用しなければ働きが出來ない、如何なる人であつても此利器が無くしては働きの出來るものでは無いのである、丁度役者が立派な藝をしやうと思ひますれば相當の舞臺が無ければ十分な藝は出來ない、相當の道具立をして呉れぬければ踊つた所がそれ程の働きが出來ないのである、それと同じである商工業者が生産の發展を計りますのにも相當の舞臺、相當の道具立をして呉れなければ働けるもので無い、國と國との間に於て向ふが干戈を持つて來た時には我も亦干戈を以て應じるのである、國が國を取ると云ふことは即ち干戈で取ることもあるが干戈でなくして平和の戰で取られることがあるのでございます、例へて見ると、猫が鷄を捕ふるのは喰付いてとるのである、併し又一方の鼬と云ふ奴は鷄を取るのは隙間があつたら其所から鷄の血を吸ふて取ると云ふとがある、喰付て殺されるのも、血を吸ふて殺されるのも等しく殺されるのである、國を衞る上に於ても其の通り兵のみで宜しいとは云へない、貿易の關係、是が順調に行きませんなんだ時分には恰も血を吸はれると同じ有樣である、日本は御承知の通り負債國である、借錢をして立つて居る、國であるのでございます、他の英國、佛蘭西、米國と云ふが如き國は他の國へ貸手の國である、我帝國は悲しい哉、借手の國である、借りた金に對しては即ち利息を拂はんければならぬ、御承知の如く今日の外債に對しては年々六千萬乃至七千萬の利息を拂はぬければならぬ、之れを正金のみで取られましたならば日本の正金は直ぐに無くなつて一年か二年すると日本銀行の兌換券の基礎は崩れて仕舞ふ、左ればどうしても日本の生産品を以て此の利息に充てゝゆかなければならぬ。全體の國の上から申してもこれ程の立場が違ふのでございますから他の金貸國は金に依て金を取つて來るが、此方は人の働きで金を取つて來ぬければならぬ、さすれば他の列强よりは一倍の働きを國民がせぬければ、追付かぬのでございます、彼より優つた働きをせねばならぬ立場で居りながら、其の働きをする機械と云ふものが前申す如く甚だ劣等の機械で是で一倍の働きが出來るものでありませうか、一昨年私は米國を巡察し色々斯ふ云ふ點に付て考を起しましたが實例を申しますると、紐育市は成る程東京よりは大きい、四百萬の人口を有つて居る市である、而して其の市に一年に使ふ經費は何れ程のものを使ふて居るかと云ふと、四億萬以上のものを使ふて居ります、紐育市だけで日本の政府が使ふて居の所の經常費よりは多いのでございます、其の金は何う云ふ方面に使ふかと云へば、總て運輸交通舟車の接續と云ふやうなことに非常に金をかけて居るのでございます、さういふ力を以て此の一般の人の働く土臺をこしらへる、非常に骨を折つて舞臺をこしらへてそれで人を働かさせて居る、紐育のハドソン河といふのは非常に深い河でございましても、それでも多少埋まるものと見へまして其の河を見ると、浚渫船が幾つ居るか年中間斷なく渫へ上けて居る、それ故に彼の河を船に乘つて見ますと、河筋に走りつゝある船は澤山ありますけれども、河中若くは湊に錨を下ろして船を繋いて居るものは一艘も無い、西洋通ひの二萬噸以上三萬噸と云ふ大きな定期船か澤山あるそうで御座いますけれども、それは少しも河筋にては目に見えない、それはその筈で、船は皆横丁に入つて居る、丁度兩岸櫛の歯のやうになつて悉く船を引入れてある、其所の荷物庫の陰に入つて居るから外から見ても少しも分からない、荷物も人も皆其所で往來して捌いて仕舞ふ、勿論鐵道レールは其所に直接かゝつて居る、それで兩側が櫛の歯のやうになつて居る、それ等の設備といふものは實に非常な金が要かつて居るに相違ないが、其の費用を少しも惜まずにやつて居る、又彼程の大都會にして日本のやうに本船から陸に揚けるのに小さな艀に乘せて運ぶやうなことをしては捌が付かない、彼れだけの人の働を爲すには何樣其の舞臺をこしらへると云ふことは必要なことであると非常に感じた、道路と云ひ、橋梁と云ひ實に非常な設備が出來て居る、即ち是皆商工業者の働く舞臺をこしらへるのに力を入れて居る證據であります、其他亞米利加では何所の工場でもレールを敷込んで居らぬ工場は恐らく無い、工場の內へ皆鐵道が入つて行く、製作の原料の取り入れ、製品輸出といふものは皆工場の中にて其の積み卸ろしをして居るのである、第一日本のはさう云ふ有樣に舟車の接續が出來て居りませぬ、故に商品の送り付けをするのでも悉く牛馬や人の力を藉つて停車場まで持つて行つて、停車場に積み重ねて置いて時が來たら載せて吳れると云ふ有樣である、試みに私は東京市の國稅市稅等を調べて見たが迚も話にならない、東京市民が國庫に納めて居る稅金が千九百二十七萬圓餘であつて二千萬圓には足らぬ、併し先づ兎も角も國稅には是れ程のものを東京市民が出して居るのである、而して一方、市の經營の爲めの市稅は三百三十四萬圓餘である、區費稅は百四十萬圓餘りである、此の國稅市稅區稅共合せて二千四百二萬圓餘である、是は富の度が違ゐますから紐育市で四億萬以上のものを使つて居るから我が東京市もと云つて見ても出來る話で無いが、併しながら米國といふ國は中央政府に納める租稅と云ふものは御承知の通り關税などは非常に保護主義を取つて居りますから、關税で納つて來る金が主になつて國庫の費用に充てゝ居るから地方の人民が直接に國費を出す租税額は負擔が輕い、日本は是と反對であるのである、兎も角も大凡二千萬圓の國税は東京市民が納めて居るが、市の自治經營に充てる金は三百四十萬圓程しか出して居らぬのであります、此の輕重の差が米國とは反對である、それから又鐵道のことでも、唯鐵道其のもの丶危險とか、規則とか云ふことを喧しく言ふ爲めに、枝線を張つて工場に入れるといふことになると近所隣りから喧しく言つて其所を通る者が怪我をするとか、或は殺されると云ふやうなことが萬一あつてはならぬと云ふことに重きを置いて少くも商工業の發展といふことに重きを置かれませぬが爲めに、レールが入つて居る工場といふものは如何なる大きな工場を見てもない、萬事此の通りである、其の他のことを擧げて申しますれば澤山ある、是れは何うしても直して貰はぬければならぬ、我々ばかりでも此の舞臺では踊りやうが無い、藝を研いて踊りを踊つて評判を取らうと思つても舞臺が惡るければやりやうが無い、さう云ふやうな有樣の時に當つて先づ土臺となる鐵道其のものが元來外國とは非常な違ゐである、之を第一着に直してお貰ひ申さぬければならぬのであります、從つて其の計畫が立つて行きますれば從て舟車の接續といふことも當然一層便利を開かねばならぬのでございます、何でも時間を節約して機敏に人が動くといふことゝ、賃錢が廉くして商品が動くといふことゝが土臺になりませぬければ外國貿易に競爭することは出來ないのである、爰に斯う云ふ驚くべき話さへあるのである、日本から亞米利加へ物を注文して其の商品が製造元から横濱へ來る時間と、横濱に滯つて東京に來る時間と較べると東京へ來る時間が長くかゝることがあるといふ話さへある、斯んな不便な時に當つて一方には益々國費か澤山かゝり人民の負擔が增加し、金は年々外國へ出て行く、といふ有樣であるそれ故に何うしても人間が働いて生産力を盛にして、さうして借錢の始末をして行かなければならぬ、蓋し日本の人民が他の白皙人種に敵はぬとは思はぬ、智惠の上から、學問の上からもさう讓るべき人種では無いと思ふて居る、併し同じ働は出來る人であつて見ても、前申す如く利器といふものに於て非常なる相違を持つて居るのでございますから、働の効果が彼に及ばぬのである、私は斯う云ふ見地から何んとしても鐵道の改良は一日も早くして御貰ひ申さんければならぬと切に希望して居るのでございます、それで又是は經濟問題である、假令是は宜いことぢやといふても金が無ければ出來ない、又金の運轉の仕方が一般經濟に非常な惡影響を及ぼして一般經濟を攪亂すると云ふやうなことが一方にありとすれば、是は又能く斟酌して調和して行く途を取つて行かなければならぬ、併し陸海軍の費川といふが如きものは、是は不生産的の費用である、唯國防として是非無ければならぬ、故に是は國民が納めて行く租税より取つて此の不生産的の方に向ける之に反して鐵道は決して不生産的のものでないのでございます、鐵道其のものにも十分な利益を生じて來るべきものである、收支の償ふべき筈のものである、其の上此の鐵道の利器が良くなるに從つて一般の生産力に與へる効用と云ふのは非常な利益である人々の働の上に與へる利益は 非常なもの である 其の物それ 自身に利益を生み又一般の國に利益を與へる、是程利益のものはい無ので御座います、それ故に此の資金は決して現在此の世の中に生れて活きて居る人間のみが負擔して租税として生すべき性質のものではない斯ふ云ふものは國債と云ふものでするのが正當なる財源であるので御座います、此の資金は國債に依て而して其の鐵道が年度を追ふて償却をして行く途を行くと云ふのが相當の途である、何故なれば鐵道と云ふものは今日活きて居る者の爲めにのみするので無い、永久的に機械をこしらへるのである、それで金の性質が國防上の爲に使ふ性質のものと、鐵道のやうなものに使ふのとは性質の違ふて居るものでございます、從つて其の財源に違のあるのは當然である、私は是等の爲に日本か國債を起して負債をしても決して憂ふるに足らぬと思ふ例へば商賣人が堅實なる商賣の爲に資金を借りるのは惡くないと同し事てある之に反し不生産的のものに消費する金を借りてはそれだけの損となり、遂に立行かぬことになるに相違ない、それ故に不生産的のものは其の時の租税を以て充てるより仕方が無いが今の內閣は非募債主義で公債を募らぬと云ふ主義を以て居るが公債を募らずに何も彼も出來るのなら其の主義は宜しいが、何も一時非募債主義を言ふたからと云ふて、また經濟上利益になることがあれば國債を募るに何んの遠慮があるものか、それは公債整理の初めに當つて此の上公債を募ると云ふやうなことでは公債の整理も出來ぬことであるから、一時はさう云ふ方針の年もあつたか知らぬが、併し不生産的のものに公債を募るのは何時の世にも惡いことであるが、斯ふ云ふ生産的の性質のものに使ふて國の發展の本を立てると云ふ如きは誠に結構な話である、實業家の立場として技術の許す限り、經濟の許す限り起して貰はぬければならぬ、是れは論するまでのことでなく極り切つた論ぢやと私は思ふて居る、蓋し今日の鐵道問題は善惡の論ではない、廣軌鐵道の善いと云ふことは極つて居る、唯經濟上の都合技術上の都合と云ふものを考へなければならぬのであります、所が今日政府が計畫されて居るのを見まするると、十分研究せられて居るやうである、私は技術の上に於いては議論をする資格はない、無經驗のものでありますけれども、あゝ云ふことにして出來るものなればそれで宜いことであると思ふ、一時に交通が止まるやうなことをして吳れては現在の働を止めることになるから現在に差支ない途を取り、廣軌鐵道に直して行くと云ふ途を採る方法としては是より外に無いのであります、又年度割のことに付ては、金高が多いとか高過ぎると云ふ論はあるが敢て何年の間にして仕舞はなければならぬと云ふには及ばぬ經濟の宜しきを計つてして貰いたい、兎も角も廣軌鐵道と云ふものに直すと云ふ方針は斷乎として一日も早く極めねばならぬ、今迄で敷いてある所の鐵道を直すのは年度を追ふて直さなければならぬが、今迄鐵道の無かつた所へは延長して往かなければならぬ、さうしませぬければ地方が衰退して仕舞ふのでありますから、此の血液は循環させるやうにして一日も早く延長してやらなければならぬ延長します上に於ても他日之を廣軌に直すのであると云ふ方針を以て橋梁をこしらへる上に於ても、隧道を掘る上に於ても他日廣軌鐵道に直す時分にレールの幅さへ擴げれば出來得られる樣に今日から其の方針にして行かなければならぬ、豫算を議會に出して居る様子でありますが、若し是等を否決する時は隧道なり橋梁が後日になつて役に立たぬことになるそふ云ふものをこしらへては實に取返しのならぬ、……ぢやない、取返へすには夥しい損をしなければならぬことになるから、どうしても此の方針と云ふものは決定を早くせぬければならぬと思ふて居ります、政黨政社の方の立場から言ふと、動々もすると事柄の善惡よりも人に對する事からして、どうも心に無い議論をすると云ふやうなことかありはせぬかと思ふ、我々實業家としては今の政府の爲さることに於いて甚だ宜しからぬことであると思へば直ちに反對するけれども、それと同時に事柄が善ければ事柄が宜いと云ふて贊成せねばならぬ即ち問題其のものにこそ利害を以て爭ふが宜しいが、人に依て反對するの、贊成するのと云ふことは實に惡いと思ふて居る問題に黨するのでなければならぬ問題が善ければ飽くまで助けて其の成立をせしめなければならぬ、若し問題か惡いことになれば如何なる威嚴を以て犯されるとも少しも頓着する必要はない、娟びる必要はない、是か實業家の勢力を增して行く本だと思ふて居る、國民の權利であるとか憲法の論であるとか云ふことには種々議論があるやうでございますが、私共は餘り其の方には心配して居らぬ成る程憲法に違ふことかあれば違ふとして論するも宜しい、併し斯う云ふ廣軌鐵道問題と云ふ如きものは其の政府の仕事と云ふのではない、若し是が民立の會社であつたならば何うしても之を世話して資本を增してやる途を採つてなりとも人民同志で直さなければならぬと云ふのであるかそれを國家が引受けて國有鐵道にして仕舞ふたのである、國家が其の任に當つたのである、其の任に當つた以上は其の任たる政府に對して之を求めるのが當然のことゝ思ふて居る、其の當然のことが幸ひ問題に上つて政府がやらうと決心した以上は國民として双手を擧げて歡迎しなければならぬ苟も偏して斯う云ふ問題を左右せられることは實業家の決して採らざる所である、切に實業家の力として世間に發表せぬければならぬことゝ思つて居ります、幸に今日は商工業者諸君の御寄りでありますから、我々か多年希望を抱きつゝ來た問題の幸に其時機到來したと思へば何うぞ諸君と共に此の問題を首尾よく徹底しまして、我々も彼の文明國の人が一時間に六十哩走るならば同じ人間であるから、やはり一時間六十哩を走るやうにして貰いたい、此の希望は人間當然の希望である、日本に生れた人間だけが唯り不便に安んじて居るのは、人其のものゝ上に於いても許せぬ、又國其の上に於いても誠に捨て置けぬ、是を積極的に論じて見れば人間固有の求めである、之を遮つて爲さしめぬと云ふことは結局日本國民に不幸を與へると云ふことになつて、天道に適はぬと云つても宜いと思ひます。(拍手)

三税廢止の急務

東京商業會議所會頭　中野武營

△公債償還の失敗

三税廢止運動は本年は時期が遅れて殘念なことをした

然し日本人は健忘性であるから、何か機會がある毎に云はなければ終に消滅することが少くない、故に何度でも主張する積りである、元來現內閣の施政方針は政治上中央集權を行ふと共に、經濟上にも是を及ぼす傾がある、徒らに都合のみ盛にして地方をさびしくすることは大に考ふべき事だと思ふ、殊に三税廢止の樣な國民全體の頭に係はる者は決して忽にすることは出來ない、夫れに就て今日五千萬圓の償還は多大に過ぎる樣に思ふ、初め桂首相が償還政策を洩らすや實業家中多くは七千萬圓を主張した、頻りに多いことを希望してやまなかつた、然し當時首相は何とも云はないので更に意嚮を察することが出來なかつた。

夫れで自分は態々首相と會見して七千萬圓は多大に過ぎる斯くしたなら金融界を緩漫ならしめて必ず好い結果は無いであろふ、強いて償還すとならば今日三千萬圓が尤も適當の額である、而かも乘換えとか借替えとかソンナ怜悧な政策はやめて公平なる抽籤で償還した方が宜しい、當時相場は八十圓臺であつたが、この通りに實行すると却て信用は高まつて行くであろふ、徒らに公債相場の釣上に腐心して少しでも多く償還政策を取ることは甚だ當を得た者でないと頻りに建議をして來た

△桂藏相大に怒る

然るに其後大阪の友人が首相と會見した時に首相怒つて曰く、中野は實に怪しからん男だ、自分は公債償還を以て唯一の根本政策として居るのに反對の意見を擧げてる等實に心外の至りだと云つたから、友人は然らば直接に首相より云はれたが好いと答えて引取つた。夫れで再び自分は首相と會見した、其時自分は償還政策は堅すぎる、而かも一個人の中野武營ならば何も此際云ふ必要はない、苟も我商業會議所の會頭の椅子に在るが故に信ずる處

は飽く迄云はざるべからず寧ろ義務だと思ふと陳述したら、首相はイヤ世間には沈默して居て貰いたかつた日本では中央の商業會議會頭だとて別に左程でもないらしいが、諸外國では中央商業會議所の會頭と云ふと非常に重視して居て、其意見と云えば殆んど全國實業家の意見と見做し國際上にも多大の影響があるから何卒此儀を含むで貰いたいと云はれた。

△三税廢止の財源

然し自分の意見のある處は充分陳述したい、元來此際に七千萬圓や五千萬圓を償還すると急に市場は資金充實して必ず緩漫の狀態を招き人民は大に苦しむであろふ、だからこんな者に向くる資金があつたら是を彼の負擔の過重に苦しんで居る三税廢止の財源としたら好いと思ふ、由來消費税は高ければ高い程政府の收入は却つて減ずる者である、是に反して安いと云ふと物價に影響するから、需要者は增加して從て收入は多くなる者である、故に戰後幾多の租税は誅求された今日税率を高くして置くより安くして人民を喜ばせ、政府も收入が增加した方が頗る當を得た政策ではないか、彼の外國の如きも間接税は主として土地財産に課して專ら金滿家をして負擔せしめて行く傾向が此頃大にある、こんな極端の事に何も課税する必要はないが、然かし大に斟酌していかなければならんことだと述べて引取つた。

△桂侯に誠意なし

其後も三税廢止に對する意見は再三再四述べた、是が爲めか知らないが、初め七千萬圓償還に大分傾いて居た政府は終に五千萬圓償還の擧に出ることゝなつた、或は吾々一派の意見が幾分か容れられた結果だと思ふ、然し自分の三税廢止意見は決して永久變ずる者ではない益々堅くなるのみである、公債は償還等を適宜に減じて三税等今日焦眉の急に迫れる者を廢止して人民を安からしめたら、大に邦家の大幸福であると思ふ、夫れも三税の總べてを一時に廢止せよと云ふのでは無い、二度にでも三度にでも按排宜敷しく時機を察して實行したら何も困難の業では無い、首相は三税廢止等に就て直に財源がないと一口に排斥してしまふが、然し是は頗る巧みな寔に利口な逃口上である、吾々から見ると財源が無いのではない、作らないのである。

商工業者の政治的勢力

東京商業會議所會頭　中野武營君談

従來我が帝國議會の議員は、多く農民を代表せるものなるが故に、商工業者の代表者も之なかるべからずとし、明治三十五年、衆議院議員撰擧法改正せられ、市を以て獨立撰擧區とせられたり、蓋し市は商工業の最も盛に行はるゝ土地にして商工業者最も多きが故に、其商工業者の代表者を出さしむるの趣旨に由り、此撰擧法の改正を見たるものなり、

然るに従來我が商工業者は、久しき因襲に依り、政治問題に關係するは其最も厭ふ所、實際今日に於ても、立派の實業家にして、『吾々が容喙するも政府は如何ぞ之を容れんや』と云ふが如き言を發する者尠からず、自己の權利を自ら主張せずして之を放棄し居るは最も明なる事實也、然るに政府の施設は一として商工業者に影響を及ぼさゞるはなし、一片の法令にも、商工業者は利害關係を有することとなりしに及んでは、如何に政治に關係なかりし商工業者も默止し得ず、従來我が商工業者が政府の施設に不平あり、或は施設を望む場合に於ては、只請願書等を提出して、其施設の撤回若しくは成立を求め其行動總て消極的にして、政府の爲すが儘に委せり、恁る次第なれば、政府も商工業者の請願を參考とすることあるも當事者は實状に暗ければ、途方も無き施設を爲し、却て商工業者の不利不便を來せること其例に乏しからず、

商工業者が漸く消極的行動を取り動もすれば自己の利權を蹂躙せられたるは、畢竟するに、商工業者が團結力に乏しく、政治的勢力なかりしに基因せり、故に今日、商工業者より議員を撰出し、立法府に參與することを得るに於ては、是等の議員は何れも商工業者を代表し、其利害關係を共通にするものなるが故に、是等議員の團結をして益々堅固にし、以て大に商工業者の利權を保護せざるべからずと信ず、所謂商工黨の樹立は最も必要なり、

只注意す可きは是等の商工業者の政治的團體と商業會議所とを混同せざるにあり、商業會議所は商工業者の團體にして、一定の資格ある商工業者は必ず之に加入し、費用を負擔し、濫りに脫退し得ず、一言に盡せば商工業發展の機關に過ぎず、毫も政治的意味なく、純然たる經濟的機關なるが故に、商業會議所を政治の渦中に入るゝは誤れり、余輩は商工業者の代表者たる議員の鞏固なる一團を形成し、其政治運動に由りて商工業者を擁護するの甚だしく急務なるを認めざるを得ず、

二　桂園時代後期の経済論考

この節では、第一次西園寺内閣から第二次西園寺内閣に至る時期（ここでは「桂園時代後期」と呼ぶ。）における経済関係の論考を中心に集録した。[1]

4－22「関税調査に就て」（明治四十一年七月二十五日）は、日露戦争勝利後、関税自主権が回復したことから、商業会議所が商工業者の意見を聞きながら、外務省、財務省、農商務省と調整をしている関税率の調査状況とその検討課題について述べている。[2] 各国との通商航海条約の満了日が来る明治四十四年七月から八月の一年前までに、関税定率を定めて議会を通し、相手国に通知する必要があった。[3]

4－23「不景気の原因」（明治四十二年六月三日）では、不景気の原因として、世界的不景気の影響に加え、馬券禁止、戊申詔書の発布、日糖事件による会社や銀行への不信感も加わったことを挙げた上で、景気が底を打ったところなのでやがて立ち直ると見ている。

4－24「商業政策の確立」（明治四十三年五月）は、国家の現状に適した通商政策や産業政策の確立が必要であり、そのために農商務省が生産調査会を設置したことや在外公館への商務官派遣に対して期待を示している。

この生産調査会は、明治四十三年五月に大浦農商務大臣を会長、渋沢栄一を副会長、中野を含め六大商業会議所会頭や主要な経済人などを委員として設立された。そして、「蚕糸業ノ発達及改善ニ関スル件」、「外国貿易伸張ノ方法及施設ニ関スル件」など、主として農商務省所掌の政策を中心に審議がなされた。[4]

4－25「商法改正案に就て」（明治四十四年二月十八日）は、明治四十四年の商法改正で政府が取締役と監査役に対する民事上の責任を強化させることになれば、有力な財界人が会社の取締役を忌避する恐れがあるとして、体刑を削除することなどを提言している。[5]

4－26「中野武営君談（太平洋問題）」（同年五月一日）は、パナマ運河開通によって太平洋が極東と両米大陸、豪州だけではなく欧州にもつながるので、その衝路となる我が国としては、船舶への石炭の供給のみならず、外客を迎えるため、質の高い特産品の提供やステーションホテルなどの迎客の設備の整備を行なったり、ガイドの質を上げたりすべきと主張している。

4－27「**米価騰貴と貧民救助**」（同年七月十三日）は、明治四十四年に米価が急騰しはじめた原因を分析し、**4－28**「**米価調節の急要**」（同年八月二十五日）は、朝鮮で米の増産をして内地に移入すれば、双方にとって一挙両得の解決策となると提言している(6)。

4－29「**何故に大事業は起らざるか**」（同年九月一日）は、日本では西洋諸国のように大事業が大勃興しない理由として、日本の銀行は、信用ではなく、貸付金額以上の担保をとって融資していたり、本来事業を育てるべきなのに少しでも事業の調子が悪くなると返済を求めたりすることなど、その融資態度に問題があると指摘している。

4－30「**輸出貿易促進の二大眼目**」（明治四十五年四月十五日）は、輸出を促進するためには間接税の引き下げや商品の統一などが重要であるとしている(7)。

4－31「**海外発展と金融機関**」（同年六月十五日）は、今後の日本は内地だけではなく世界を相手にすべきであり、中でも朝鮮、南洋、中国、南米の市場が有望であるとしている。そして、横浜正金銀行との中次人のような新銀行を設けることを提言している。

注

（1）本節の内容については、拙著『中野武営と商業会議所』の「第七章　実業家党の挫折」及び拙著『制度変革の政治経済過程』の「第三章日露戦後の財政運営と営業税法改正」を参照。

（2）関税調査の検討状況については、『明治四十二年九月東京ニ於テ開会　臨時商業会議所連合会報告（同）議事速記録』、『明治四十二年九月臨時商業会議所連合会報告附録関税改正意見』を参照。

（3）明治四十一年一月に大蔵次官水町袈裟六から中野宛に関税率の考え方の問い合わせがあった。（「商業会議所連合会ニ於ケル関税調査主査委員会ノ決議」外務省外交史料館、外務省記録、関税ニ関スル建議請願雑纂　第二巻）。

（4）武田勉編、原田三喜雄解題『生産調査会資料集　第一巻から第四巻』柏書房、一九八七年三月。

（5）「商法及附属法律改正案修正意見」『東京商業会議所月報』第四巻第二号、明治四十四年二月二十五日。東京商工会議所蔵「商法及附属法律改正案修正意見」『商法改正案調査書類』。

（6）同種の論考が、「**中野武営の演説**」『香川新報』明治四十四年九月二十四、二十六～三十、十月六日。明治四

十五年の米価の高騰の分析と対応については、**中野武営「姑息の調整策は無効」**『経済評論』（第一二巻第一〇号、明治四十五年七月）、**中野武営「米価調整談」**『香川新報』（明治四十五年六月三十日）。

（7）　同趣旨の論考として、**中野武営「如何にして輸出貿益を盛んならしむ可きか」**『工業界』第五巻第四号、大正三年四月。

東京商業會議所月報 第一卷第一號（明治四十一年七月廿五日發行）

論談

關稅調査に就て

中野武營君演説

本日當東京實業組合聯合會大會の席へ出まして關稅問題に付て御話を致せと云ふことで罷出ましたのでございます、此問題は實に重大な問題でございます、御承知の通り我帝國が維新の偉業を建てられまして今日に至りましたけれども、唯其内に於て國際上の問題に付ては甚だ遺憾に感じて居つたことでございます、それは第一に治外法權の問題と此關稅の問題であつたのでございます、治外法權と申せばモウ過去つたことでございますから私が今喋々申上げることはございませぬけれども、兎も角獨立國で居りながら日本へ來て居る外國人が犯罪をしたとか或は民事訴訟の場合とか云ひましても日本の裁判權に從はないと云ふ、卽ち治外法權を持つて居つたのである、それと今一つは關稅問題である、苟も獨立國としては我帝國が立てたる所の關稅稅法に外國人が當然從ふべきが當り前なのだがそれが出來得られぬ、卽ち外國と協定をしまして双方相談の上でなければ其關稅を左右することが出來ないと云ふ問題、此二つが卽ち日本帝國の體面上屈辱を受けて居つたものであつたのでございます、然るに治外法權の問題は曩きの條約改正の場合に於て撤回せられまして、爾來我が法權の下に外國人が服從を致して居ります、唯殘る所は此關稅であつたのでございます、是迄御承知の如く國定稅率と申しまするものがある、卽ち日本帝國として定めたる所の國定稅率でございます、是は條約上協定をして居りませぬ種類などには其國定稅率を用ゐ、又協定をせずして通商貿易を始めました所の國は其國定稅率に從ひますけれども、其他幕府當時より條約を取結んで居りましたる所の各列强國に於きましては國定稅率の外に協定稅率と云ふものがございまして、日本と其國との間に協定を以て定めて居る稅率があるのでございます、之に依つて今日迄卽ち關稅の取計を致し來つて居つたのである、日本帝國の體面上我國へ他國の品物を持つて來ますするのに日本の國權の上で稅率を自分として立てることが出來ない向ふの國と相談約束の上でなければ稅率を定めることが出來ないと云ふが如きは卽ち獨立の體面に大に汚點を存じて居つたのである、卽ち東洋の國は皆左樣云ふ仕向けを歐米の國より受けて居つたのでございます所が此協定稅率を止めまして國定稅率の下に一定する所の時期が來る四十四年に到來するのでございます、是が卽ち今日に於て關稅調査の必要なる所以なんでございます、それで今日締結になつて居ります所のものは皆大抵三十二年の七月に締結せられました條約でございまして、其期限は十二ヶ年でございますから、其十二ヶ年の滿了致しまするのが四十四年の七月でございます、一番遲いのが佛蘭西の國でございまするが、是が四十四年の八月三日で滿了致す、是が一番最終でございます、其他は皆七月中に滿了致します、それ故に此關税と申しまするものは、條約期限滿了の一ヶ年前に對手國へ日本政府より通知をせんならぬのでございます、右の條約に基きまして此關税の改正をせんとするならば明治四十三年の八月以前にチヤンと將來の關税定率を拵へまして、それで四十四年の條約期限の滿了後は斯の如き關税を以て執行をすると云ふことを皆條約國へ通知をせんならぬ譯でございます、此期限の至りまする迄に調査を完了致し、而して是は帝國議會の協賛を經なければならぬ問題でございますから、遲くも明治四十三年の議會と云ふものには之をどうしても決定を致さんければならぬ、さう云ふ時期に迫つて居るのでございます、此問題に付きましては實に日本が多年汚辱を蒙つて居るのみならず國家の經濟の上から申しても我國の產業發展の上から申して見ても頗る不利益なる地位に立つて居りましたものを、今度改めまして眞に日本國の國權を以て諸外國に相對等すると云ふ時期が到來致したのでございますから、國民としては是位喜ぶべきことは無いのでございます、而して此問題は啻に喜んだゞけでは濟まないのでございます、十分に此調査を盡しまして、公平中正を得まして、諸外國と將來益々貿易を盛んにして往つて、日本が斯の如き地位を得ましたる所の効果を十分に擧げて參らなければならぬのでございます、唯獨り我國の力がそれ程出來た回復が出來たと云ふて喜ぶのみでは濟まない、將來に此効果を擧げて參らなければならないのでございます、又從來此關税の如き、其外の問題でもさうでございまするが、多くは政府當局者の手に於て內々取調をしまして、表面から國民に能く其利害を諮るなどゝ云ふことは多くはない、唯政府の人が我が手の中に於て取調べて、內々民間の模樣などを取調べることは致したか知りませぬけれども、公然意見を言はして調査をするなどゝ云ふやうな途は採らずして、多く政府の手心に於て編成せられて、それで其出來上つたものが發布せられて始めて人民はそれを知つて是はと言ふて驚くやうなことが多いのでございます、併し內治上に關係することならばさう云ふことが一時ありまして見ても人民の反抗とか反對とか云ふのに付ては政府が之を改めやうと思へば容易に出來ることであるのであるけれども、相手に外國と云ふものを持つて居りまする問題は一旦定めた以上は人民が異存を言ふ反抗を來すからと云ふて唯ヨイキタと云ふて直ぐにそれを改めることは容易に出來ぬことでございます、何ぜとならば相手のある事でございますから容易に一旦定めたことを期限內に改めることは難いものであると覺悟せなければならぬ、併し今日迄の如く協約でございまするとか尙更相手方が承知を致さなければ出來ませぬのでございます、今後の所は日本の國の權利で、獨力の權利を以て致すのでございますから從來のやうなことゝは趣を異に致して居りますけれども、兎も角も外國へ對してのことでございますから、朝令暮改と云ふが如きことは外國人の信用を失ひますことにもなり國交上にも害を來す譯でございますから、斯樣な問題は法律の成立ちまする前に於て十分なる調査を遂げて遺憾なきと云ふことを期さんければならぬ、出來たあとで人民が見て始めて苦情を言ふて直して貰ふと云ふやうなことは容易に出來得られぬことを覺悟せんければなりませぬ、それ故に商業會議所は全國の商業會議所聯合會に於きまして此問題を實は一昨年來から講じて居つたのでございます、併し餘り前廣に發表致して彼是れ致しますると云ふことは却つて外國に對しまして、外國人の感情に關係を持つ問題でございますから、餘り前廣から此問題を打出して掛かると云ふことは一利一害の譯でございまする故に、商業會議所自身と致しては此事に心配を致して居りましたけれども之を世間に打出して問題に致しましたのは昨年以來のことでございます、此度の通商條約改正のことは是非實業家が主となつて之に當らなければならぬと云ふ覺悟を致したのでございます、決して政府に御任せして置いてはならない、是が將來產業の發展するのと閉塞するのとの別れ道となるのでありますから、此事は實業家が土臺となつて調査の任に當らなければならぬと云ふことを覺悟致した譯でございます、それで昨年に於きまして全國商業會議所聯合會が此問題を決定致しまして、それで十七會議所を委員に選定致しまして、其十七會議所の中より七會議所を選びまして主査委員と云ふものに致して、東京、大阪京都、横濱、神戶、名古屋、廣島、此七會議所が委員中での主査委員と云ふ任に當りまして、各自色々方法に就ての取調を致しまして、本年京都で此主査委員會を開くことにして私共もそれに參席を致しまして、此主査委員が起草しまして、それで去月東京に於て聯合會を開きまして其成案を議題に供して、聯合會がそれを採つて決議したのでございます、是は既に御手許の方へ上げたか知りませぬが、若しまだ差上げて置きませぬければ更に皆さんに御上げ申すことに致します、又當會議所に於きましても此關稅調査に付きましては疾くに委員を選定致してございます、御參考の爲めに申して置きましたらば他日の御參考にもなると思ひます、杉原榮三郞、町田德之助、林九兵衞、吉村鐵之助鈴木宗兵衞、西澤善七、阿部吾市、小野金六、角倉賀道、此九名が當會議所の關稅調査委員になつて居ります、是迄如何なる調査をして居るかと申せば、實はまだ此委員の手に於ては調査に着手するに至らぬのでございます、それは何かと申しますると、先づ此問題は決して東京一個に限りたる所の問題でなくして全國に亘りたる所の問題でございますから、調査を致しまするのにも其方針主義、それが一定に出ませぬと云ふと、他日之を綜合致しまする場合に於て區々なることになつて居りましては甚だ無用な手數を掛けなければなりませぬことでございますから、先づ大體に於て調査の要綱方針と云ふ如きものを聯合會の委員會が決定をして、大體其決定に基いて各地方同一なる手續に依つて調査をして、其調査の結果を又此聯合會の委員の手に一括して調査すると云ふことの途を執らんならぬのでございまする故に、其手續の決定を致しますることを待つが爲めにまだ當商業會議所の委員に於ては何等の調査にも着手致して居らなんだのでございます

偖て此關稅調査のことに付きまして聯合會が決定を致しましたる所の大要を申上げまするが、此關稅問題はどう云ふことをするかと申せば現行の關稅法を改正するのが目的でございます、固より現行の關稅法中には國定稅率の定つたものがあるのでございます、さうして一方に協定稅率と云ふものが成立つて居るのでございますから、此協定稅率を期限滿了と共に悉皆廢してしまひましてさうして國定稅率に一定せんければならぬのでございますから、之に就ては現今定めてある所の稅率——關稅法が其當を得て居るや否

や、此關稅法の改正をせんければならぬのでございます、それには規定條項の改正と云ふことが第一である、此關稅法の上に於て規定が色々な條項になつて居りまするが、其規定の條項を今日迄のもので宜しいか否やと云ふことに付て詮議を致して是れの改正を圖らなければならぬ、それから稅種に色々區分を立てゝありますが、彼の稅表に揭げたる所の品種分合、彼と是との種類を合せたり別にしたりして稅率を立てゝあるのでございますが、今日迄の稅表に定めてある所のものが當を得て居るや否や、是の分合を宜しくせんければならぬ、それと其品種に付きまして何れ程の稅率を賦課したら宜しいかと云ふ此稅率の當否でございます、是が眼目なんでございます、それから一體何處の國に對して見ても此國定稅率で一樣に行くべきが本則でございますが、或特種の物に對しましては特に協約を定めて其一般の國定稅率以外に施設をせなければならぬ必要があるや否や、例へば某の國の何と云ふ品物は大變日本に必要な種類のものである、彼れだけは特種に此稅率を定めて日本へ取寄せることにせなければならぬ、其代りに日本の何と云ふ種類のものは特種に又其相對する所の國の普通の關稅よりは變つた所の稅率を以て之に待遇して貰ふと云ふが如き、卽ち物其物と其國とが國際上の關係からしまして特種なる所の協約を以てせなければならぬ物品があるかも知れぬのである、それ等のことを能く詮議をせんければならぬそれから朝鮮でございますとか滿洲の租借地などに對しましてはどう云ふ待遇にしたら宜しいか、是亦一つの特種なるものでございますから是の研究を致して見なければならぬ、斯う云ふやうなことを先づ大體と致しまして、それから之に伴ふて參るのが奬勵制度の改正其他でございますが輸出貿易を盛んに致しまするには此關稅のことだけに依つては往けませぬ、我が物產を奬勵して外國へ輸出をさせますると云ふためには種々なる奬勵と云ふものも亦要るのでございます、所謂外國から這入つて參りましたものに加工して再び外國へ出すと云ふ時分には戾稅と云ふこともある、或は運賃を補給するとか、爲替資金の貸付とか、航海並に造船奬勵金とか、輸出に奬勵金を與へるとか云ふやうなことで、又此事に就ては餘程考へて宜しく其事理に適ふやうに致して貿易の發展と云ふことを圖らなければならぬそれから此大體に基きまして之を調査する主義方針と云ふものが、どう云ふ點に着目するかと申しまするると、内地產業の發達と關稅收入の增加との相互關係を十分に考量し中和適正なる關稅定率法の制定を期すると云ふのでございますが、内地の產業發達と云ふことゝ、それと今一つ此關稅と云ふものは何處の國でも此關稅の收入と云ふものが其一國の歲入中で多分を占めて居る國が多いのでございます、我が國產我が國民から稅を取るよりは外國から其國へ這入つて來る所の品物に稅を課ける關稅と云ふものから取る所の歲入が其國の歲入中での多分を占めて居ると云ふ國が貿易の盛んなる所の國には多々あるのでございます、此關稅を定める場合に於きましては、先づ日本内地の產業がどうであるか、此品物の製產の模樣其將來の趨勢と云ふやうなことを參酌しまして、是と是とに對抗する所の外國品が日本に這入つて來まする場合には宜しく其權衡を取つて内地の產業を發達させまするための釣合を取らなければならぬと云ふことが關稅に最も必要な所でございます、唯獨りそれだけの必要のみならず又國庫の歳入と云ふもの丶上に於ても宜しく相當する所の增加と云ふことを含まんければならない、是が何方へ偏しても往かないのでございます、宜しく此相互の關係を調査して能く中和適正を圖らなければならぬ、それから又貨物の種類性質に依りまして從價稅と從量稅との區別があるのでございます、今迄日本の關稅は事實皆從價稅の割出しになつて居るのでございます、其品物の價の何分の何歩と云ふものを課すると云ふやうに卽ち價を本にして割出したる所の稅率が土臺になつて居ります、又品物に依ると從量に依つて立てゝ居るものもございまするが、併し先づ多くは從價稅であります、是が學者の說などから云ひますると兩方に容易ならぬ議論があつて、之を學說として一朝に決着することが出來ない、何方が果して宜いと云ふことは言得られぬ樣子でございます、併し理論から申すと云ふと價に依つて稅率を起して往くと云ふことは一番公平なものに相違ない、併ながら事實は之に反して其價を評定すると云ふことが頗る難事である、此價の評定を誤ると云ふと却て不公平なる結果を見るのでございます、それ故に私共の聞きまする所ではモウ諸外國共近來は多く從量と云ふものを土臺に置きまして從價稅と云ふ方は餘り採らぬと云ふ、卽ち關稅の取扱の上に於て從量と云ふものになりますると少しは粗漏なる嫌ひは免れませぬけれども、評價をして甚しく其間に複雜を來し、而して却つて――人と云ふものがサウ眞正直な者のみを選ぶと云ふことが出來ませぬ限りは、又各關稅に同じような人を選ぶことが出來ない限りは――或は甲と乙とに不公平を來すと云ふことがありまするがために、其憂を寧ろ避けるために多くは從量稅にして居る樣子でございます、併し聯合會に於て此主義方針を立てたのには敢て從價稅に重きを置け從量稅に重きを置けと云ふが如きことで、此調査には從量稅を採らなければならぬとか從價稅を採らなければならぬと云ふが如き窮屈範圍を極めてはないのでございます、それだから實際の事よりして十分調査の結果之が從價稅が相當であるとすれば從價稅の調査を以て主張して宜しい、從量稅が宜しければ從量稅の調査を以て主張して宜しいので、何れを採るも調査の結果に因ることで何方へも今日偏する譯ではございませぬ、併し一利一害兩方にあるのでございます、從價稅にも一利一害、從量稅にも一利一害あるのに相違ないのでございます、是等は能く一々調査をし考量を致して見んければならぬ、それから又一つの品物に付ても從量稅と從價稅とを併せて用ゐんならぬ品物もある、それ等も亦從量稅と從價稅と二つの目安を以て率を起して往くと云ふことになるのでございますから、是等も其品物に依つて能く性質を見極めんければならぬ、それから其各品種に對する稅率をして甲と乙との品物に不權衡の無いやうに輕重宜しきを得せしむることが一番大事なのでございます、それから是丈の目的主義方針を達せんとするのには色々なる所の調査材料を蒐集致さなければ出來ないのでございます、それに依つて此聯合會に於ては豫備調査と云ふことの課目を擧げて見たのでございます

　我が輸出入品に關する調査

　　最近十年間に於ける輸出入品の年別數量價格並に關稅額

　　同上年額五拾萬圓以上のもの丶類別統計

同上年額百萬圓以上のもの及百萬圓以下のものと雖も將來發達の見込ある重要品に對して別紙の調査細目に依れる特別調査

諸外國の關稅に關する調査

諸外國の關稅政策並に關稅法

重なる諸外國の關稅率と我が現行關稅率との比較對照

以上關稅が我が輸出貿易に及ぼせる影響

斯う云ふやうなことを先づ調査材料と致して蒐集を致して、之を以て參酌を致して見てそれで日本の現在の狀況と照合せまして調査を致さなければ完全なことは出來ないのでございます、聯合會は先づ斯の如き大方針を立てたのでございますけれども是からが本當の調査でございます、品物に依つて調査を致して見なければならぬのでございます言ふことは甚だ易いことでございますけれども之を實際に行ふと云ふことは頗る複雜なものであると思はれるのでございます、之に就きましてはどうしても吾々は當業の御方の御意見を是非徵さなければならない、斯う云ふ品物はどう云ふ人が平常商賣にして居るか、それが爲めにどう云ふ平常感じを持つて居るだらうか、是が爲めにどう云ふ所の差支があると感じて居るだらうか、是はどう云ふ工合に直して貰ひたいと云ふ所感を抱かれて居るか、是は商工業者の其種類を平常取扱ひつゝ居られる所の御方の意見を是非徵して見なければ分らぬ譯でございます、其以上で能く研究をして見ましてそれが當を得て居るや否や、又外の物品に對して權衡を失ふて居りはせぬか否やと云ふことを十分調査をして見なければならぬが、兎も角も當業の御方の意見と云ふものを是非徵さなければならぬのでございます、さうせぬと假令商業會議所で調査を致したにした所が自分が平常取扱はぬ所の種類の品物に付きましてはどう云ふ譯のものやら分らう筈がない、自分免許でやらなければならぬ、役人が唯自分の考と手心で案出せんならぬと云ふことになるのでございますから、商業會議所が商工業の機關となつて之を調べるとすれば是非當業者の御意見を承つてそれを土臺として其當否を判別して參ることに致さなければならぬ、それ故に此今日の大會に御集りになつて居る所の諸君の如き事實に於て平常商工業に當られて居る御方はどうか委員でも御組み下さつてそれで十分に其當業者の意見を徵して下さることを私共は偏に希望した所以なんでございます

そこで此調査に付きましての御參考の爲めに申上げて置きますが、私は政府へ斯う云ふことを望んだのであります、從來の如く此重大なる問題を政府の手限りで取調べて出來上つたものを或は諮問するとか言はれて見た所がそれから調査に掛つて間に合ふ譯のものではない、然ればと云ふて政府の取調べることを少しも知らずして政府は右の方に向いて取調べて居る民間の吾々等は左へ向いて進んで行き居ると云ふが如き有樣になつて其結果出喰はして見ると右と左と大違ひになつて居ると云ふ如き有樣になつては是亦容易に取返しの出來ないことである、斯う云ふ大事な問題は決して官民の別は無いのである、政府にして見た所が是が適當を得ない時分には大變な事であるのである、民間も亦同樣間違ふたことをせられては大變である、其所に至つては同じことである、少しも此間に官民の隔ては無いことどあるから此調査をするのに付ては官民力を合せて成果を得

るやうにせなければならぬ、實に國家に取つて是より重きものは無いと云ふて宜しいのである、外の事とは違ふ、それ故に政府の取調べて居ることは十分吾々に打解けて言ふが宜い又吾々の調べる所も腹藏なく政府に言ふて互に研究した結果を以て結了するやうにしたい、斯う云ふことを政府に求めましたが、政府も此問題に付ては頗る同意でございまして、政府に於ては此問題に關して外務省と大藏省と農商務省此三省が關係を持つて居る問題でございます、外務省に於ては色々國際上に關係しまする所の問題諸外國の實例等に付ての調査を致し、又大藏省は税率の上に付き又は歳入に關する點に付ての調査を致し、又農商務省は申す迄もない內地産業の發達如何と云ふことに付ての調査をせなければならぬ、之に依つて三省共委員を組織せられて居ります、此三省で取調べたものを又三省の委員が寄合ひまして十分なる審議を盡して往くと云ふ仕組になつて居るのでございます、商業會議所の調査委員は卽ち其機關と關聯を致して往くと云ふことを政府大臣と約束を致して居るのでございます、それ故に此問題に付きまして主査委員會を京都で開きました時分にも外務省の通商局長或は總領事とか或は農商務省の商工局長と云ふものが臨席を致したことでございます、又當所で聯合會を開きました場合にも外務次官大藏次官農商務省の商工局長なども皆臨席を致して此關税に對する所の意見希望を申述べた次第でございます、さう云ふやうに政府と此問題は密着を致して調査を致さなければなりませぬ、故に吾々が調査の材料の手に及びませぬ卽ち外國の事例を調べるとか或は全國に亙つた所の統計を調べるとか云ふ如きは是は一個人として又一地方の商業會議所としてそれを殊更に取調べんとするには頗る手數と費用を要することでございますから到底力及びませぬが、是等は又それ〳〵の管轄主務省に於てそれ等の材料を調査しまして調査の出來次第皆配付して吳れまする約束になつて居るのでございますから、まだ今日迄はそれ等の材料を吾々等に與へ吳れまするだけのものが出來て居らぬさうでございますからまだ寄越して吳れませぬけれども、此以上調査の纏り次第それ〳〵片端から極つた分だけは送付して來ると云ふことになつて居りますから、それ等が若し參りましたらば又諸君の御參考に供することが出來るのでございます、斯う云ふ重大な問題にして政府も此問題には官民一致してやらなければならぬと云ふことを深く同意を表して居りまするし又材料をも與へやうと云ふことを明言せられて居るのでございますから、吾々は兎も角前に申上げました通りどうしても此商工業者が一番關係の厚い所の問題でございますから是は政府の爲すに任したり他人のするに放任して置いては濟まない、吾々の頭に掛つて來るのみならず國家の産業發展に非常なる影響を持つものでございますから是は商工業本位としてどうしても爲し遂げることを致さなければならぬと確信して居ります

それから尙諸君に御注意を願ひたいのは、是は當局者から屢々私に言はれることなんでございますが、此關税問題のことに付きましては外國人が非常なる神經を起して居る問題である、四十四年の改正期に至つたならば日本が此關税に付て如何なる政策を執るだらうかと云ふことを非常に懸念をして居りまするさうでございます、それ故に新聞紙等に此關税問題の記事などがございまするど悉くそれを譯し

て本國へ送ると云ふことを努めつゝ居りまするさうでございます、又甚しきに至りまするど必ず日本の流儀であるものだから頗る保護政策を執つて關税には非常なる重き税率を付するであるだらう、さうすると到底外國から日本へはモウ品物を歛めることは出來ない程の結果を見るだらうと云ふて、今日より憶測を逞くして頻りに神經を痛めて居ると云ふ有様である、さう云ふ場合でございますから此關税調査に付きましては大に注意を致さなければならぬことであります、何ぜとならば今日日本が此關税權を囘復して國定税率を以て對等の權利で立つて往くと云ふ場合になりましたのは大變喜ぶべきでございますけれども、曩きに申上げました通り將來外國と共に貿易を盛んに致して參らなければならぬので、內の品物を餘所へ出して餘所の品物を排斥して我國に入れぬと云ふが如き小量な政策を執りましては到底往くべきものではないのでございます、吾々は外國の品物を澤山日本に歛めべし其代り夫れより以上又日本の品物を外國に出さなければならぬと云ふことを努めなければならぬと思つて居る、外國品を排斥するが如き者は此關税政策に用ゐべきものでないと確信して居ります、唯併し今日の協定税率と云ふものは卽ち所謂外國の壓迫を受けて成立つて居る所の協定税率でございますから是が普通の國定税率に變りまするのに於ては多少の税が增すと云ふことは是は當然なこと、諸外國が爲し來つて居る所の事實の權衡を能く保ちまして、決して日本だけが「ワンパク」我儘なる所の制度を搆へて外國品排斥などゝ云ふやうな野鼻なる手段を執ると云ふことは萬々ないことである、若し假りに我れ勝手に自分免許に日本の國だから日本が勝手に税率を極めて宜いぢやないかと云ふことで勝手に立てんか、外國も之に對する關税政策を採る、卽ち外國に日本の品物が這入つて行く此關税は其國で自由に立て得られるのでございますから、日本が外國の品物を惡るい扱ひをし苛酷なる待遇をしましたならば外國に行きまする其日本の品物に對して外國も亦之に報酬的の扱ひをするに相違ないのである、それ故に日本が外國品を叩けば日本品は又外國の關税で叩かれることは極つて居るのでございますから、是が卽ち對等の權利ある所以でございますから、能く双方の間の關係を保たなければならない、如何に勝手が出來るものと申して見ても相手のある以上はさう出來るものではないのでございますから、外國人が今日から日本流儀にやられては堪らぬと云ふことを頻りに心配をせられて居りますけれども是は餘り取越苦勞だと私は思ふのでございます、日本にはそんな昔の野蠻的な外國品排斥と云ふことを念頭に置いて居る商賣人なり實業家は無いのである、相互に貿易をして利益を相互に收めると云ふことが主にならなければ此事が行へるものでないと云ふことを吾々も固く信じて居るのでございますから外國人が此四十四年の改正期を甚だ頭痛に病んで居ると云ふことは少し取越苦勞だと私は思つて居る、併し今日の場合でございますから之を調査する場合に於ては餘程愼重な態度を執らなければならぬ、假りにも出來ぬやうなことを大きな聲を出して言ひまして、此種類には是位税を課けるのだと云ふ如き、まだ極りもせぬことを無暗に發表しまするど、外國人は所謂薄の穗を槍と見ると云ふとになりまして誤解を來し感情を害しまするとになる、それは公然既にさう云ふことの兆候があると思へば彼れが我れに先立つて向ふの關税をイツ何時直されるかも知らない、まだ此方で關税の本當の調査を遂げ本當の改正をせぬ中に唯間違ふた聲が外國に聞ゆるために外國の感情を害して今日現在に於て日本の品物に對する關税の扱ひを異にすると云ふ卽ち税率を重くすると云ふが如き又は品物の輸入を面倒にすると云ふが如き種々不利益に扱はれぬとも言はれないから、それ丈がハヤ日本の貿易上に大變な損なことでございます、因つて御互に斯う云ふ國家の大問題重大なることを官民共にやらうと云ふ以上は十分此調査のことに付ては愼重を守りまして、それで苟も税率の如きものを、此品物に斯う云ふ税を課けるだの是程課けて宜からうだのと云ふことを餘り世間に發表することがなく、又新聞などに唯聞書を書いて貰ふやうなことのないやうにするだけには御互に最も努めなければならぬことであると思ひます、是は私が唯諸君に對して婆心を申上げる譯ではない、政府に於て非常に此事に懸念をせられて居りまして私へ對して頻りに其事の忠告があるのでございます、又注意があるのでございます、それ故に諸君に此事を申上げて十分なる御注意を拂はれることを希望致します

當所に於きましても既に委員を設けてございまして追々調査に着手を致しますので、諸君の御會に於ても調査委員を御設けになるために今日の御會があるのでございますが、委員を御設け下さいましたならば萬事御打合を致しまして將來進行を致しまする上にも會議所として何等御調べを致す用便になるやうなことがございましたならば御遠慮なく御申越し下さることを願ふ、又私共よりも色々御注文を申上げまして此當業者に斯う云ふことを一つ意見を聞いて貰ひたいとか調べて貰うとか云ふ如きことも澤山あらうと存じますから、どうぞ萬事合體して此重大問題を四十四年迄に完全なる所の結果を得て多年日本國が汚辱を受けて居り又財政に殖産興業に甚しく打撃を受けて居ります所のものを拭ひ去て完全なる所の自治獨立國の實を上げることを期したいのでございます、今日の御會を幸ひに大要斯く申上げましたが、尙其詳細な事で御尋ねがございますれば御答の出來ますることは申上げることに致しますが、兎も角委員を御組織下さいましたならば此以上此方の委員とも御會合を屢々致しまして御打合をし又取調上の説明等も互に致すやうなことに致したうございますから宜しくどうか…………（拍手）

不景氣の原因

東京商業會議所會頭　中野武營

中野武營氏

今や世間は頗る不景氣に飽きたり、然かも今日の不景氣は突如として現はれたる者に非ずして、當さに斯くある可き近因と遠因と相ひ待つて之れを然らしめたるなり、物の結果を知らんとせば、先づ其の原因を探求せざる可からず、不景氣の將來を豫測せんとせば、須らく其の遠因と近因とを取調ぶること肝要なり。

△不景氣の遠因▽

何人も知るが如く、我が國は戰後經濟の擴張せられたるに際し、北米トラストの失敗より清銀の下落の相ひ次で起りたるより、我が國も其の影響を被むりたる者と謂はざる可からず畢竟内國的經濟なりし者が、俄かに世界的となりし結果なり、例へば茲に一の小單艇の航行せりとして、東京灣の如き内海なれば、其の動搖激しからざるも、一朝茫漠たる太平洋に乗り出す事あらんには、其の覆沒さへも計り知られず、之れと同じく、經濟區域の大小に從つて、其の影響の度も大小の差を來たす者とす、我が經濟界の單艇は、戰後經營と云ふ機に由つて濫りに茫漠たる太平洋に乗り出したり、而して激浪怒濤に比す可き世界的經濟の不振に捲込まれ、危く覆沒の厄に遇はんとせり、然かも謂ゆる窮すれば通ず、我が船員たる企業家、投機家も、漸く其の針路の誤まれるを知つて謹愼の態度に復へりたるが故に、最早や航行も安全に出來得る筈なり、故に我が財界は不景氣の遠因と相ひ離れたる者と斷定せざる可からず。

△不景氣の近因▽

不景氣の遠因に遠かりたる我が財界にして、今に以て世間に不景氣を喞つ者の絶へざるは、其の理由如何と言ふに、之れ人心に危惧を與ふる近因の伴ふが爲に外ならず、例へば往きには馬劵禁止、戊申詔書、近くは日糖事件の如き是なり、其の發作の機會的、偶發的なるだけに、其の影響する度合と範圍は狹小なりと雖も、一部の射倖者流は馬劵禁止の爲に奢侈の出來ざるを歎じ、又た一部の杞憂家は戊申詔書の發布を以て、經濟界の下脈と悲觀し、更らに日糖事件の暴露に至り、世間は總ての會社銀行を疑ふに及ぶの結果、徒らに不景氣を喞つの聲を絶たざるなり、然かも我が財界の不景氣は戰後經濟の擴張に伴ふ世界的經濟不振の影響を被むりたるに外ならず、更らに砕いて言へば、不景氣の原因は、主に遠因に由り其の根柢の深きだけ、鳥渡人目に立たざるが、影響の度合に至つては、人目に立ち易き根柢淺き近因よりは遙かに強し、然かも這般の兩因が生み出したる不景氣も、今や底を突いて將さに天井に登らんとするの形勢なるが故に、遲くも來る九月十月に至らば、漸次に景氣の恢復す可き事あるを信ぜざるを得ず。

△景氣の底保合▽

今や不景氣の遠因たる戰後經濟の整理も、不謹愼なる企業家の態度も、略ぼ其の緒に着き、而して不景氣の近因たる射倖心の斷念、杞憂家の安心も出來たるにより、此の上は人氣次第にて好景氣を見ざる可からざるに、今に以つて不景氣を保ち居るの實際なるは、從來の惰力として、景氣の底保合と言ふ可きなり、假令ば上り詰め下り詰めて、將に一下一上せんとしつゝも尙ほ動搖せざる場合あるか、底保合は必ず上る可き形勢を示し、天井保合は必ず下る可き形勢を示すが如く、景氣の底保合に於ても、既に立ち直る可き形勢充分現はれたり、不景氣を喞つ者は、此の點に精察する處あるを要す。

商業政策の確立

中野武營

倫敦が世界の經濟的中心たること既に久し。而して其本土より收むる生産物に對し、比較的過多の人口を包擁する英國が優に其人口を維持して少しも破綻の端を露さゞるは、自國内に世界の經濟的中心を有すればなり、英國は倫敦を通じて資金を世界各國に放下し、以て世界の富を自國に收む。座して而して天下の利を獲得するは、正に英國今日の狀態と言はざるべからず。世界の列國が如何んかして世界の經濟的中心たる位置を、倫敦より奪ひ去らんと畫策するもの、強ち理なしと言ふべからざるなり。米國上院議員アルドリッチ氏が、或公開演說の席上に於て、余の存命中紐育、ボストン若くはヒラデルヒヤの何れかをして、世界の經濟的中心たらしめんことを切望すと述べたるは、洵に善く世界の經濟的中心に對する羨望の情を披瀝したるものと言ふべし同氏は又說て曰く、米國々内に世界の經濟的中心を有せずんば、米國商業は充分の成功を奏すること能はずと。アルドリッチ氏に出つて放たれし此語は、米國々民の抱負を語るものにして、彼等が東洋貿易に努力する所以も亦他日の大成を欲するに外ならず。轉じて之れを獨逸に見るも、最近に於ける同國商業上の飛躍は世人をして少からず其將來の發展を懼れしむ。之を要するに今後列強の間に發生し來るべき競爭は、世界の經濟的中心たる位置の爭奪にあり。余輩は之を思ふにつけても、我商業が今後更に一大奮起の必要あるを感ぜずんばあらず。

我國經濟界の發達は、直に世界の經濟的中心を自國内に遷らしむる能はずとするも、少くも東洋に於ける經濟的中心を、日本帝國内に存在せしむる覺悟を要す。之丈けの理想か猶未だ我國の今日に實現せられざるは、頗る遺憾の事にして、余輩は此際我國の當局者に商業政策の確立を希望せざるを得ず何となれば世界列强と對峙し、商業上の輸贏を爭はんとするには、其國の商業政策が至大の關係を有すればなり。自由貿易論者より言へば、なまじひ政策の樹立など、却て商業の發展を害する者と見ゆるならんが、國家本位の現勢に於て、政策の適否は商業の發達に重大なる要素たること疑なし。而かして商業政策の確立は、一面に於て内國産業の調査を要すると共に、他の一面に於て對外諸國の產業及其各關係を了解する必要あり。此兩面を精密に研究したる後、始て其國家に該當せる商業政策を樹立することを得。英國は自由貿易主義を固執して成功したれ共、土耳古は之に由つて失敗し獨逸は保護政策を以て成功したれ共、西班牙は之が爲めに却つて失敗す。成功せる二國は其政策が國家の現狀に適應せるに由り、失敗せる二國は深く自國の實情を察せずして只盲目的に形式を採用したる結果なり。余輩は商業政策の確立に關し、我當局者が前揭の二要素に留意すること深きを切望す。而して今回我農商務省に於て計畫せられし、生產調査會の設備と、商務官派遣の議は商業政策確立上最も便宜を與ふるものと言はざるべからず。蓋し前者は内國の產業を綿密に調査し、後者は海外諸國の產業及び其各關係を研究するものなればなり、余輩は今日猶我國に於て、批評に價する程の根據ある商業政策なきを遺憾とす。然れ共誤れる商業政策の存せんよりは假令時日に於て多少遲るゝとも充分考究を積みたる商業政策の生るゝを幸とす余輩は我國の商業の爲め、否な列國對峙の商業場裏に我國の傑出せんが爲め、我國家の現狀に適應せる商業政策の現はれんことを翹望して已まざるなり。

商法改正案に就て

東京商業會議所會頭　中野武營君談

今回政府が議會に提出したる商法修正案に就ては、過般六商業會議所は委員會を設けて、之が討究修正を爲しつゝありしが、其修正せる三十餘箇條中、主要の點を擧ぐれば、左の如し、

一、財産目錄は會社財産が取得價格又は製作價格より相當の減税額を控除せざる時は減損銷却に充つべき相當の準備金を積立つるを要す、

二、會社罰則に關し體刑の規定を全部削除すること、

三、倉庫證劵に付ては一枚證劵を原則とし二枚制度を併用し得ることゝすべし、

四、會社重役に付ては任務を怠らざる者も怠りたる者と同一に連帶責任とすべしとあるを改めて怠らざる者は何等責任なしと修正すべし、

五、署名に就ては三十三年法律第十七號を存置し記名捺印にて差支なしとすべし、

今回の商法改正等には大體に於て贊同すと雖も、吾人は會社重役に對する體刑は是非とも之が撤回を望まざるを得ず、若し改正案の如く、會社重役に體刑を科せんか、之が爲めに社會に地位名望財産ある者は進んで會社重役たることを爲さゞるべく、又會社に自己の勢力を擅にせんとする輩は、却て自ら重役なる地位を爭はずして、地位名望財産なき者を其身代りと爲す者あるに至るべし、何となれば地位名望財産ある者は、危險を冒して其重役の地位を爭ふの必要なければなり、斯く地位名望財産ある者にして進んで會社事業に奔走することなくんば、産業は到底其圓滿なる發達を期すること能はざるべし、故に余は此體刑の條文は全然撤回するを至當なりと信ずるなり、

中野武營君談

石炭供給の設備

太平洋問題は、實に世界の大問題である。就中日米兩國には最も關係の深い大問題であるが故に、之は極めて愼重周到に研究せなければならぬことで、一席の座談で以て輕々に論じ去るべき性質のものではないと思ふ。殊に現時の日本に對する米國側の感情の、やゝもすれば變調を呈し、常に一種の猜忌心を以て我國の行動を注視しつゝある際に於ては、苟くも身、東京商業會議所會頭の任にある自分の口からは、輕卒なる發言は出來ぬのである。尤もパナマ運河の開通せる曉には太平、大西兩洋の交通に一新時期を劃し、太平洋は單に極東と兩米大陸若くは濠洲との交通路たるのみならず、更に世界の重要交通線路の集中する處となるべきは疑ふべき餘地もないことゝ思ふ。故に此間に處して、我々日本人が我國の地利を利用し、我國產の增殖に努め、此新氣運に乘じて、一飛躍するの覺悟、準備なかるべからざることは勿論である。聞く處によれば肝付海軍中將はパナマ運河開通後、歐洲より極東に來り更に米大陸に向ひ、パナマを經て歐洲に歸航する船舶は、太平洋を橫斷する前に是非とも極東の地に於て石炭と水とを搭載するの必要がある。而して極東に於て是等の船舶に石炭と水とを供給するに適好の地の利を占めて居るものは我日本の外にないから、我國は今より之が準備として載炭港を撰定修築するの必要があると云つて居られるさうであるが、至極御尤もの說と思ふ。パナマ運河開通の曉は、歐洲より極東に來りし船舶が、貨物を多量に運搬する望の多き點に於て、往路を逆航せずして太平洋を橫斷して米國の西岸に向ひ、米國西岸よりパナマ運河を經て其東岸に向ひ、それより更に大西洋を經て歐洲に歸航するの航路を撰ぶものゝ多かるべしと云のは、多分誤らぬ判斷であらう、假令又此豫想にして外るゝとするも、少くもパナマ運河開通の結果太平洋には從前に比して一層多くの船舶が輻湊し、從つて又極東の港灣に益ゝ多くの船舶が出入することは疑を容れぬ處であるから、其衝路に當る我國は之を迎へるに相當の設備を施さなければならぬことゝ思ふ。而して現代の航洋船舶の大多數は汽船であり、其汽船の動力は石炭であるから、極東の石炭國たる我日本は將來益益有望の運に向ふものである。私共の知つて居る處によれば、九州の石炭は最早無盡藏とは云へぬ。從つて將來あまり多くの望みを之に懸けることは出來ないのであるが、反之北海道の石炭に至つてはまだ〳〵永い將來を持つて居る。而して其炭質に於ても、夕張炭の如きは特に良好で、瓦斯を造るには世界一だとのことである。斯く良質の石炭が、而かも殆ど無盡藏にあるのであるから、此處に適良の載炭港を修築して、パナマ運河開通後、極東に來往する船舶の需要に應ずることは頗る適切の處置であると思ふ。殊に上海、大連、浦鹽斯德等から米國に向ふ航路は日本海を經、津輕海峽に出でるのが順路であるから、津輕海峽附近に適良の載炭港を設けることは確かに其必要があらうと思ふ。兎に角、パナマ運河の開通は、我國の港灣に出入する船舶を多からしめ、我國の港灣に出入する船舶の增加は我國の石炭の需要を多からしめるのであるから、此氣運を逸することなく、之に適應するの設備を施さなければならぬことゝ思ふ。

迎客の設備

次に考ふべきは迎客の設備である。船舶の輻湊すると共に我國に來往する外客の漸く多くなるべきは自然の趨勢である。殊に我國は山水の明媚にして、氣候の溫和なる點に於て、他にあまり類例のない程の國である、或は紅海、印度洋の酷暑を過ぎ、或は西比利亞の寒地を經、或は太平洋の長航路に單調の旅行を續け來り、これより更に又單調の旅行を繼續せんとする外客は、この好氣候にして而かも風光明媚なる我國に於て數日乃至數週日の保養をなし、以て心身の疲勞を慰めんとするは人情の常である。而して外客をして快く我國を遊覽觀光せしむるは、一面に於て我商品を海外に紹介する絕好の廣告手段ともなるのである。例へは我々が日本內地を旅行するにしても、九州に行けば、先づ伊萬里燒を買つて來る。伊萬里燒を賣つて居る店は、必ずしも九州まで行くを要せない。東京にも橫濱にも賣つて居る。而かもそのために立派な會社まで出來て居る。併しそこが人情の微妙な作用で、東京や橫濱で買つた伊萬里燒と、伊萬里までいつて買つた伊萬里燒とは、之を持つて居る者の心持が違ふ、其產地で買つて來たものに對しては何とも云へぬ一種特別の情味が伴ふて居て、自然人にも吹聽して見たくなる。

これが人情である。故に日本を遊覽觀光する程の外客は、何か日本の商品を買つて歸るものとすれば、必ず之を親戚知友に吹聽する。これが日本の商品の販路を擴張するに於ては有力なる一の廣告となるのである。殊に私が先年米國で見て來た經驗によると、米國には決して日本の良品はいつて居ない。例へば向ふの三越とでもいふべきデパートメント、ストーアに陳列してある日本品でも實に粗末なもので殆どお話にならぬ。故に米國人は未だ日本品の眞價を知らない。たまたまかなりの品質のものがあつても、それは皆、先方の製品を眞似たものであるから。彼等の眼には特に日本品として注意を惹かぬのである。私は米國より外は知らぬが、他の外國にあつても恐らくはさうではないかと思ふ。故に外客の來往の益〻頻繁ならんとする今後に於ては、快く之をして遊覽觀光せしめ、我日本品に就て知悉せしむることは、海外貿易發展の上より見て、また一の急務であると思ふ。然るに遺憾なることには從來我國には外國人をして快く宿泊せしむるのホテルに乏しく、東京横濱の二三を除けば殆ど無しと云つてもよい程であるが爲めに外國人はゆつくり日本に滯在觀光したくとも、勢ひ滯在觀光することが出來ないのである。故に之は何とか適當の方法を講じて、外客をして喜んで足を留めしめるだけの設備を施さなければならぬのであるが、併し之を民間の個人若くは會社の事業として觀る時は、多大の資本を投じて外國人を喜ばす設備をなすが如きことは、東京、横濱の如き大都會にあつてすら、經濟上困難を感ずる事業である。況して田舍の地方にあつては尚ほ更らのことであるから、之を民間の事業として、經營することは實際に於て困難であらうと思ふ。然らばどうすればよいかといふに、私の案では、鐵道院で、ステーションホテルを設けるのが一番よいと思ふ。即ちステーションの階上をホテルにして、外客の寢泊りに適するやうな室を設け、外國人をして安心して、荷物を托し、又寢食せしめるやうにすればよいと思ふ。曾て阪谷男爵が大藏大臣であられた時に、此話をした處大に賛同の意を表せられた。又平井鐵道院副總裁が鐵道局長官であられた時にも、今後ステーションを改造せらるゝ際には此方針でやつて貰ひたいと云ふことをお話しすると、同じく賛成の旨を言明せられた。目下建築中の中央ステーションは二階、三階に特等、一等等の客室を凡そ百許り設ける筈になつて居るさうであるが、至極結搆である。併し私は東京よりも寧ろ田舍の方に、ステーションホテルの必要あるを認めるものである。何となれば東京には少數ながら他にホテルもある。然るに田舍には全くない。而かも外客を喜ばしむる溫泉とか、名所舊蹟とか、風光明媚の地とかは多く田舍にある。故に斯かる溫泉、名所、舊蹟等のある田舍に外客の足を留めしむるには、どうしてもステーションホテルの必要があるのである。今迄は適好のホテルのないために、外客はこれらの地に行きたくも行けず、たま〳〵行くも足を留めてゆつくり觀光する譯に行かなかつたのである。又今迄は觀光の外客數も比較的少なかつたことであるから之に對する設備を缺くも已むを得ないが、近くパナマ運河の開通し、外客の往來頻繁ならんとする今後に於ては、是等の設備に於て遺漏なきを期せねばならぬ。これ外人をして我日本を了解せしめ、又我商工業の發展に資するに於て必要不可缺設備の一である。

外客の散ずる金

外客を歡迎することは實に國家の大事である。佛國の如きは外客の年々散ずる金二十億萬法以上に及び、伊太利の如きも亦十六億利に上るとの事である。又日本でも先年米國大西洋艦隊の回航して來た時には、全艦隊員が殆ど財布の底をはたき盡したから、約五百萬弗の金は落ちたであらうと云つて居る。故に外客を迎ふるに於て適當の設備さへ施せば、將來に於て、年に一億圓や、二億圓の金を散ぜしめることは敢て難事ではないと思ふ。現に伊太利の如きは外客を迎ふる設備を全うするために國費を投じて居るとのことである。私は先年水町氏が大藏省理財局長であつた時、日本でも伊太利に倣つて外客を迎ふる設備に國費を投じては如何と云つた處、水町氏は内實は同意を表するが、外客を迎ふる設備のために政府が金を投ずる如きことは、國家の體面上面白くないことであるから、表面上贊成は出來ぬとのことであつた。併し私に言はすれば、この體面論は一應尤もであるが、必ずしもそんなことを顧慮するには及ばぬと思ふ。何となれば國家が、貿易の發展のために種々の施設をなし、經費を投ずるも、亦畢竟國家の富を增殖せしむるに適當の手段を講ずるに外ならぬ、故に日本に來る外客を喜ばすの設備を施すことも其意味に於ては、何等の差違はない筈である。而して外客を喜ばす、設備は單に外客をして內地に金を散ぜしむるのみならず、一面に於ては、即ち我貿易發展の一方法ともなること前述の如くである。若し日本の天然の氣候風土を利用して國產の發達を圖ることが爲政家の務であるならば、天然の氣候及山水の秀美を利用して國富を圖ることも亦爲政家の務ではあるまいか。

ガイドの弊

外客を迎ふる設備に注意すると共に、尚ほ一の注意を要することはガイドの弊である。横濱あたりの日本人のガイドにも隨分如何はしいものがあつて、外客が迷惑を蒙ること少なからざる由は往々耳にする處であるが、之を取締るには警視廳等の警察機關もあることなれば、左まで困難でもなからうと思ふ。これよりも尚ほ困るのは外國のガイドである。現に米國でも三四の遊覽案內會社なる者があつて、是等は申込人員が五十名以上に達すれば之を一團體となして、會社の者が案內して遊覽せしめることを營業として居るものである。而してこれらの會社は日本を遊覽する希望者よりは一人に付金七百弗宛を支出せしめ、引纏めて連れて來るのであるが、實際船賃、汽車賃、ホテルの費用等に支出する額は其半分で、殘りの半分は會社の利得になるとの事である。從つて之に案內せられて遊覽する觀光客は高い金を拂ひ乍ら、思ふた程の行屆いた待遇も受けなければ、又上等のホテルにも泊まれぬ。しかも勝手知らぬ旅の空であるから、たゞ案内者の言ふが儘に從ふより外はない。而してこの案内者は自己の非を蔽はんがために其不親切・不行屆の待遇の罪を悉く日本人に歸し、外客をして日本に對して惡感情を抱かしめるやうに仕向ける。故に從來斯る仲間の案内によつて日本を遊覽した外客は、皆旅行中の怨みを日本人にかけて、日本人は實に不親切の人間であるかの如くに信じて居る。私が一昨年渡米した節にも、或都市で特に私に會ひたいといふ人があつたから、如何なる人の如何なる用向かと會つて聞いて見ると、此人は數回日本に來て日本語も立派に出來る宣教師で、其私に語る所は、上述のガイドの弊であつた、其人の云ふには、私共は實際日本人の性質をよく知つて居るから、ガイド會社が惡いのであると云ふことが分かるが、多くの人々は之を知らないから、非常に日本人を怨んで居る。故に眞に米國人をして日本を知らしめんには、是非ともこの弊を改めなければならぬ。而して之を改めるの方法としては、日本に在留せる重なる米國の紳士と、日本の紳士とが協力して、之に代はる外客案内機關を設け、以て相互の意思の疏通を圖り、双方の事情を了解せしむるに努めるより良きはなからう。外客をして日本人を怨ましめることは、一寸見には何でもないやうなことではあるが、延いては國交の上にも影響する重大の事件だと思ふから、特に御注意申上げると、親切に言つて呉れたので、私は其好意を謝し、至極同感の旨を答へて別れたことである。斯ることは何でもないやうなことであるが、實際善い評判を傳へられるのと、惡い噂を云ひふらされるとは、國交上に及ぼす影響は非常な違ひであるから、先づこのガイドの弊を改めるだけの設備を完うしたいものである。假りに之がために一つの會社を設けて、一割位の利益を取るとしても、尚ほ優に儲けもあり、國際上にも裨益を與へる事業であるから、有志の士は奮つて盡力せられたいものである。尚ほ之に附帶して御參考までにお話すべきは、前年我國の商業會議所が聯合して、米國太平洋岸の商業會議所の人人を案内したことである。この時はガイドの手を經ずして一切我々で案内したゝめに、其接待ぶりは、これ等の人々が本國で聞いた日本人の不親切、不行屆とは非常な違ひで、寧ろ意外の感があつたらしい。これに依て見るも如何にガイド會社の弊の大なるかを知るに足ると思ふ。私は眞に外人をして日本を了解せしめ、彼我の國交を親善ならしめるには、このガイドの弊を除くことが急務であると思ふ。而して太平洋の愈〻重大の舞臺とならんとする今後に於て、益〻痛切に速かに之を改めざるべからざること感ずるものである。（文責在記者）

米價騰貴と貧民救助

東京商業會議所會頭　中野武營君談

供給不足說　昨今米價が未曾有の騰貴を爲せるに就ては、世間多く供給不足說を唱ふれども、此說必ずしも信ずべからず不足說に據れば、一昨年の不作が昨年端境に於て早喰を爲したるを以て、昨年の豐作を以てしても、本年は十分其供給を爲すヿ能はざるが故に、米價が今日の如き奔騰を爲したりと爲せども、昨年來米價の騰貴に伴ひ、外國米の輸入額、昨年度に於ても本年度に於ても、二三百萬石の巨額に達すべきが故に、大體より云へば供給甚だしく不足せりと思惟するヿ能はず、

騰貴の原因　米價が未曾有の騰貴を爲したるは、主として關稅、政府官廳の措置及び輿論の徒に囂々たるに歸せざるを得ず、昨年七月新關稅法を實施するに際し、輸入米の稅率を高め百斤に付一圓の課稅を爲すヿゝなりたれば、一昨年の不作は多少とも供給を減殺すべきを見越して、思惑する者尠からず、爲めに米價は益々騰貴するに至りたり、是に於て乎、政府は其奔騰に驚き、一時輸入稅を低減するヿゝなりたるが、一時の低減策は、却て米價を騰貴せしめ、本年に入りて奔騰に奔騰を重ね、一石二十二圓以上の高値を呼ふに至りたるが是れ一に官憲の小刀細工と輿論の徒に囂々たるに其原因を發すと云はざるを得ず、

貧民救助　米價騰貴に伴ひて起る問題は、貧民救助の問題なり、貧民救助必ずしも不可なりとせず、然れども貧民の生ずるは、由て來る原因あり、其原因さへ除去せば、此問題は左程必要無きヿゝなるべし、即ち米價騰貴を來すが如き、政府の小刀細工、愚にも付かぬ些々たる事を棒大にして天下に吹聽する所謂輿論等を除去すれば、米價は今日の如く騰貴せず又喰ふ能はざる貧民も生ぜざらん、而して貧民も貧民なり、米高ければ麥粟を喰ふべきなり、如何にするも米を喰はざるべからずとするは誤なり、

自然に任せよ　凡そ物價の高低波瀾は數の免るヽヿ能はざる所なり、相場高まればとて、何時迄も騰貴を持續すべきものに非ず、何時かは必ず下落を見るべきが故に、其間に徒に官憲が小刀細工を爲して、人心を迷はしめ、却て騰貴を促進するが如き愚策を止め、經濟の自然の理法原則に由りて、波瀾の歸着する所に放任するの、寧ろ安全なるに若かず、余輩は政府の小刀細工と愚劣なる輿論は之を排斥せざるを得ず、

東京商業會議所月報　第四巻第八號（明治四十四年八月廿五日發行）

論談

米價調節の急要

當所會頭　中野武營君

米價は數月前より漸く騰貴して振古の高價を呼び今や方さに定期米二十圓以上に達せり是れ實に括目すべき事實である、惟ふに夏期七八月の交に當り米價の騰貴に傾かんとするは必しも異とするに足らずと雖も、本年の如く非常の暴騰を演ずるに至れるに就ては特に著しき原因がなくてはならぬ、乃ち第一に昨年の生産不足と云ふことが其原因を爲して居ることは爭ふべからざる事實で、農商務省の報告によれば四千六百萬石と云ふことであつたけれども多年の經驗を積める實業家の調査に依れば一段下りて四千三百萬石内外と見積られ結局供給不足を訴ふべしと豫想されたのであつた。其上一昨年より昨年上半季に掛けて米價は頗る低廉であつた、東京で十一二圓と云へば地方は八九圓より十圓であつて殆ど麥の價に等しきものである、隨つて農民は賣却しても利得を見ない、却て賣るのが馬鹿らしいような氣がする處から自然喰潰しの傾向を呈し所謂濫費を免かれなかつたことゝ思ふ、蓋し價が高ければ儉約されて喰伸しとなり安ければ濫費されて喰潰しとなると云ふ事は自然の數であつて如何とも致方がない、然るに昨秋から騰貴に向ひ今春來次第に騰貴の勢が甚しく成つたので農家は爭つて賣出した、毎もならば出來秋まで貯へて新收穫の確かまつた上で賣られべき米までも高い値段に吊出されて賣却して仕舞つた有樣で爾來各地方とも米の拂底であると云ふことは事實である。斯る折柄七月土用入以來の天候は土用前の好順に反して日々氣壓を釀し風雨に次ぐに暴風雨を以てし到る處出水被害を報ぜざるなからんとする狀況で、所謂土用丸潰れの觀を呈し一時誰人も皆新穀の收穫を氣遣ふ念が漸く高まつたのである。此機に乘じ買占などゝ云ふ市場の人氣からして終に二十圓以上と云ふ未曾有の騰貴を呈したのである。

定期市場の賣買には賣方買方各々策戰の計畫を有したことであらう或は種々の謀略も含まれて居ることであらう。去りながら今度の昂騰は決して其れが爲めのみではない、現に在米量の尠い上に氣候不順等の事實が現はれたことであるから定期市場と現米市場とが同一歩調を取つて居る、此事實を見ても今回の米價騰貴が唯り買占の結果でないと云ふことは明かであつて目して不穩の行爲と云ふことは出來ぬかも知れぬけれども已に二十圓臺に上りて尙底止する處を知らざらんとする處から農商務省は命令を以て八九兩期の立會を停止するに立至つた。抑も此立會停止の效果如何に就ては世間に甲是乙非の議論はあれども主務省の職責上より云へば先づ目前の氣勢を挫き置きて然る後今後の天候の順逆に應じて臨機の手段を執ると覺悟するの外はあるまい、故に余輩は主務省の停止命令は時機止むを得ざる處置と云ふの外はないと思ふ。然り然れども余輩の玆に論せんとするのは今般の停止命令の是非や利害ではなくして其根本たる米價問題である、此は邦人生活上の必需品たる米の經濟問題は將來永久に亘る大問題であつて大に吾人の研究を要する處である。

蓋し日本米の產出額は略一定の限度があつて五千萬石以上に達することは稀れである、左れば無論五千萬石以下を以て需用を充すことは出來ないのである、顧ふに從前は農人にして米を常食にすると云ふものは極めて少數であつたのであるが、今日では一般に生活の度が高くなつて米を常食とする者が增加したことは夥しい、假りに一例を擧ぐれば年々田舍の壯丁が徵兵となり入營する、入營すれば米食をすることになる、即て米食に慣れて後ち除隊歸鄕の曉に、入營前の昔に立返り麥粟に甘んずることは出來にくいとである、其れが延て其家族にも及ぼして一家擧つて米食に變せんとす、之は一戶二戶の少數でなく年々歲々夥しき壯丁が新陳代謝して新風潮に移るのであるから堪らない、其上交通機關の開くるに從つて都鄙の接近と云ふ事になつて、田舍の人が屢々都會へ出ては都民生活の有樣を見て之に倣はんとする氣を生ずる蓋し之は自然の順序であらふ、文明の進み時代の遷るに拘はらず田舍人は何時までも往昔の質素に甘すべしと云ふも到底無理の求めなるのみならず、倫理上よりするも成るべく多く働き成るべく收得を多くして益す生活の向上を謀り益す運命の發展を期せねばならぬ譯であるのみならず一般に人口の增殖も亦た夥いのである。果して然らば邦人に取りて無二の食用品たる米は益す不足を感ぜざるを得ない、平作の年でさへも充分なりと云ふことが出來ないとすれば凶作の年は尚更の事である、於是乎將來永久に此不足を補ふて其市價を調節するの道を立つることが必要である、若し不幸にして此道が立たない時は之れが爲めに一般經濟上に被る處の影響は實に恐るべきものがある、生活上の必需品たる米が高くなれば　銀が從つて高くなると同時に諸物價が昂騰すると云ふことになる、然るに米價は豐凶によりて或年は高く或年は低くもなるが米價に連れて一度騰貴した勞銀や諸物價も再び米價に連れて下れば甲乙もないが一旦昂騰した勞銀や物價は容易に下らない、そこで獨り困難苦痛を感ずる者は農民と云ふことになる、否獨り農民のみならず實に一般の經濟に非常なる困難を與ふるのである余輩が米價の調節を謀るが必要であると云ふは抑も之れが爲めである、惟ふに我が食用米の不足を外國の產米に仰ぐと云ふことは立國の根本問題として經濟上の一大不得策である、若夫不時の凶歲に際し臨時の急を滿すが爲めに外國米の輸入に待つと云ふが如きは已むを得ざる事とするも平時に於て年々歲々二三百萬石の不足を免がれずして此不足を輸入すると云ふことになれば之れが爲めに年々三四千萬圓の正貨を流出せしめざるべからざる結果となるべし、加之外國米は邦人の食料としても之を日本米に混用するは差支なきも單純に之のみを以てすれば到底食用に供し難き缺點を存ずる次第であるから之を經濟上より考へ實用上より考へて兩ながら不適切であると云はざるを得ない、然らば外國米を以て我米價の調節を謀ることは只一時の姑息策に過ぎない。其他土地の整理改良又は開墾に依つて其產額の增加を謀るのは無論必要ではあるが、過去の經驗を以てすれば是等は到底其需用の增加に追つかないとは明かである、然は此以上如何にすれば良いか。

幸に帝國の新領土たる朝鮮のあるあり朝鮮の現狀は未だ大に米を我內地に移出するの餘力なしと雖も其資質は內地米に比して毫も遜色を見ずと云つて可なりである、唯仕上げが惡さに砂の混れるのが一缺點である此點に改良を加れば朝鮮の產米は概して內地の上米中米に匹敵すべく、且耕地面積は割合に廣くして農民の數が割合に尠きが爲めに未だ地力を充分に利用し得ない有樣であるから、今後大に內地農民を移して指導開發を講じ充分に地力を盡さしむるに於ては其產額は著しく增加することを得べし、而て將來優に三四百萬石を朝鮮より我內地に移入して需給の調節を謀ると云ふことは最も手近き最良方案ならんと信ず、況て之れが爲め朝鮮人の生產力を增進し、やがて彼等の購買力を擴大して延いて內地物產を需用することゝならんには眞に一擧兩得と云ふべきである。

然して茲に朝鮮米作の發展を謀らんと欲せば先づ米の關稅即ち移出稅を全廢せなければならぬ、斯くして是非とも朝鮮米作の奬勵に依つて內地米の不足を補ふの策を立つるは萬全の策なるべし。

之を要するに現狀を以てすれば米價は比年騰貴に傾かざるを得ずして其騰貴は一般經濟界に影響すること尠少にあらざるを以て、本年吾人が未曾有の事態として目擊したる米價の廿圓と云へる驚くべき事實を只一時の現象として看過せず、此際將來永久に米價を調節する方針を定め我經濟の基礎を安固にするは最も急要の事なりと思はる。

中野武營氏

何故に大事業は起らざるか

東京商業會議所會頭　中野武營

◎人は天然に事業を起すを好む

今迄年々五千萬圓宛の國債償還があつたのであるが、之は夫れ〳〵それを以て生活費に宛てる人達の手に入るので、事業界に直接の資本とはならなかつたのである。然るに此度電車市有問題起つて頗る容易に解決を告げた上は、買收價格六千餘萬圓の金が兎も角も民間に流布される、そして此東鐵株の所有者は殆ど總て事業家であるから、此六千萬圓は事業に投資されると見て差支なく、又されるべき筈のものである。言ひ換へれば今度の金は年々の國債償還と全く別の畑に降つた雨である。今迄降らなかつた畑に降つた雨は、野菜なり果樹なり何か其處に芽を出させ、成長させずは已まぬ道理ではないか。

けれ共一つ斯ういふ懸念がある、彼の日露戰爭の後に起業界が空前の盛況を呈した當時、人は皆爭つて事業に奔り、爭つて資本を投じたところ、忽ちにして大頓挫大不況に陷つて了つた。さういふ苦い經驗を有つて居る、手を燒いて居る、懲りて居る、だから今日資本の融通があればとて左程容易くは事業の隆盛を見ないだらうと。之も一理ないことはない、然し自分はさうは信じない。一體人間は何事でも一度失敗したからとてそれで全然萎縮して了ふものではない、戰爭をして武器が盡きて負けるとする、再び武器を得れば再び戰端を開くに違ひないのである。事業界に於ても其通りで、資本が盡きて一時萎微不振を呈しても、金の融通さへ附かば必ずまた勃興させなくては已まぬものである。若し一旦手を燒いたが爲に再び手を出し得ないやうでは是れ老人の國である、隱居樣の寄り合ひである、到底事業の隆盛を計り、國を富強に進める事は不可能と謂はねばならぬ。されば前に懲りたが爲に事業が起らぬと懸念する必要は更になく、金さへあれば事業は何時でも起るものであるから、東鐵買收の六千萬圓は事業界に多大の好影響を與へると云ふ所以である。

◎起業界の趨勢は漸次進步す

前述の日露戰爭後起業に就いて苦い經驗を享けたと云ふけれども、事業界全體より見れば決して衰退して居るとは云へぬ、常に進步して居るのである。日淸戰役日露戰役後異常に勃興した事業は、盡く不況に陷つた譯ではない、盡く敗滅した譯ではない、唯其中の一部が沒落したのみで、事業界全體の上には大なる進步發達を爲して居る。彼の當初より怪しき計畫を立てゝ成立の中途に權利株を賣つて利せんとする者の事業が沒落に歸したのは固より當然の事で、それを以て事業の不振と稱するのは早見に失したものである。否斯かる寄生蟲は沒落した方が事業界の爲め望ましい次第である。

◎日本の事業家は大資本を得る能はず

然しながら日本では未だ大事業の大勃興を見る事の出來ぬ理由がある。其は外でもない第一金の乏しい事と、第二其金を容易く融通しない事とである。

日本に於ては銀行業者なり其他金を貸す者の習慣として、信用を以て資金を融通する事は決してないと謂つてもよい、必ず多大の擔保を要する、恐らく銀行業同志の間ですら或程度以上には無擔保の貸借はあるまいと思ふ。斯樣にして事業を爲す者は自己の財產以上の資金を得るの途がないといふ次第である。西洋諸國に於ては然らず、信用を以て莫大なる資金を融通し得らるゝが故に、自己の財產の數十倍の大事業に着手する事が出來る、大事業が續々と起るが故に資金は愈々潤澤となる、資金愈々潤澤となれば融通益々容易となる、融通容易となれば事業更に勃興する、斯く原因が結果を生み、其結果がまた原因となつて事業は隆盛に國は富裕に赴くと云ふ風である。元來富の程度が高くなれば金貸業者が左程に高く止まつて居らるべきものではない、如何に金を蓄へたればとて借る者なくては如何ともする事が出來ぬではないか。貸す者は借る者に金を使用して貰はねばならぬ、貸す者の方が借る者より位置が低い事となるのである。日本では斯樣な現象を來たす迄にはまだ〳〵多大の年月を俟たねばなるまい。

◎日本の經濟界には眞の恐慌の來る筈なし

銀行なり金貸なりが事業に資金を投じた上は、何處までも其事業を成功せしむる必要がある、事業が成功して始めて其事業は勿論、之に資金を融通した銀行も利益を享くる事となる。西洋に於ては一朝事業界に不振を來たす場合には、銀行家は單に信用を以て莫大なる資金を融通せるが故に大なる恐慌を起す事がある。然し日本に於ては素と〳〵融通せる資金が擔保の七分或は八分といふ如きものであるから、縱令多少不況の兆ありとて全然損害となる筈はないのに、銀行業者は直に其事業家に對して警戒を爲し返濟を迫る、是故に事業家は忽ちに窮境に陷り果敢なく沒落の悲運に際會するといふ始末になるので、眞に經濟界に恐慌を來たしたわけではない。西洋の如く信用を以て多大の貸金をしてこそ一朝恐慌をも來たす事あれ、日本のやうに融通額以上の擔保を有するに於いては、自分はそれを恐慌とは思はない、銀行家自身が餘りに騷ぎ立つて、其結果市場に於ける有價證券の價格を下落せしめ、遂に事業家の活動を不自由ならしめるに至るのである。即ち銀行が事業に投資した上は其事業を成功せしめる必要がありながら、却つて事業家の活動を防遏し、隨つて自らも利益を享受する能はざる事となる。

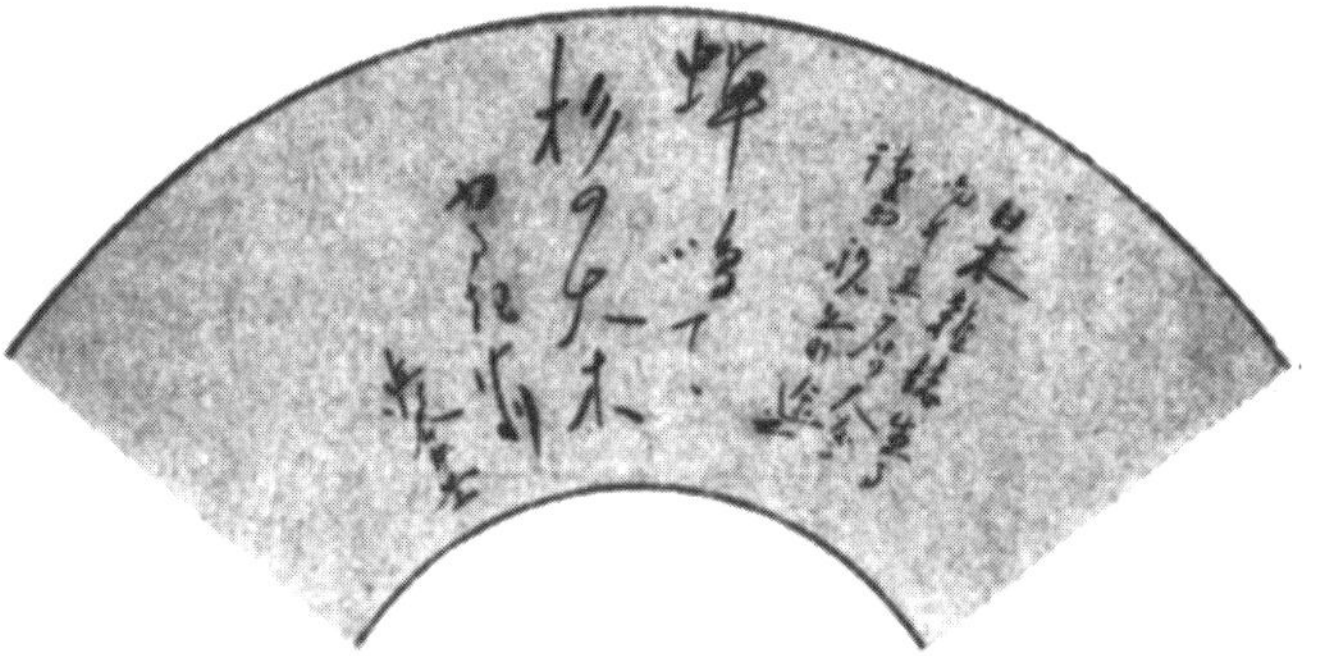

代議士　近江谷井堂氏筆蹟

之を要するに日清日露の兩戰役後著しく勃興した事業界は其後多少の頓挫あり不振もあつたが、大體に於いて進歩に向つて居り、近く東鐵買收額の流入するあり、更に一般の盛況を示さんとして居るのであるが、たゞ資金融通の道が頗る困難な爲に、大なる事業、即ち自己の財産以上の働きが出來ぬのは遺憾至極の事である。若し信用によつて資金の融通自由となり、資産の數倍數十倍の事業を起す事が出來る時となれば、利益は隨つて多くなり、大事業の起らぬ第一條件たる資金の乏しい憂はおのづから滅するわけである。此度今迄降らなかつた畑に降る雨を巧みに利用して、立派な樹木を成長させ立派な果實を實らせたいものである。

輸出貿易促進の二大眼目

中野武營君談

貨物は猶ほ水の如し

中野武營君

凡そ貨物の動くは恰かも水の流るゝが如きものであるから、之を動かすには其通路に横はる障礙物を除くことが第一の手段である。先づ其通路を開くことに努めずしては、如何に之を動かさうとした所が、恰かも水を高きに就かしめんとするが如きもので、到底效果のあるものではない。若し其流通路に横はる所の障礙物を除く事が治水の要であるとすれば、我輸出貿易發展策の要も亦茲にありと言はざるを得ぬ。

貿易の第一障礙は貿易品の生産費が多くかゝることである。生産費の嵩む商品は自然價格が高い、價格が高ければ、世界の市場に於て他の廉價の商品と競爭して勝を制することは出來ぬ。故に先づ如何にして其生産費を低廉ならしむるかと云ふことが、輸出貿易促進策の先決問題である。而して生産費の高い原因は孰れにあるかと云へば、政費の膨脹、兌換劵の濫發によつて物價を高くし、從つて又生活費を高くしたに因るものである。故に先づこの二つのものを矯正しなければならぬ。次に運送費の多くを要することも、亦我商品をして高價ならしむる一原因である。加之、日本の商品は統一なく、個々の人々が、少數量のものを思ひ／＼に運搬するので纏まつた貨物の如く、鐵道の運賃割引若くは貨車の特別配置等の利益に浴することが出來ぬ。而してこれは獨り鐵道に於て然るのみならず、船舶輸送の場合と雖も同樣である。若し之が纏まつた貨物であれば、特に一艘分の船艙を之に充てるとか、或は又其運賃を割引するとか云ふことが出來るが、統一なき少數量の貨物を區々に持込むのであるから、かうしたくてもする事が出來ぬ。又荷爲替にしても之と同樣で、若し纏まつた貨物であれば容易に約束が出來るものを、區々に遣つて居るから損失を忍びつゝも別々に賴まなければならぬ。今日では是等の諸原因が相綜合して日本の商品の價格を高め外國市場に於て常に不利の地位に立つて居るのである。故に先づ是等の障礙を除かざる以上は、假令如何に輸出貿易の促進を大聲疾呼するも、到底其效果を擧げることは出來ない。

輸出貿易の障礙物

我國の物價をして高からしめ、從つて又生活費をして高からしむる所以のものは、主として重き間接税を課しつゝあるに由る。故に先づ之を低減することが急務である。間接税は直接税と異なり、財産若くは收入に應じて課せらるゝものでなくして、日常の生活に必要なる物品に課せらるゝものであるから、其大部分を負擔するは下級社會である。從つて之を重くすることは益々生活難を叫ばしむる所以で、之を社會政策上から觀察しても、決して此儘に打ち棄て置くべき問題ではないと思ふ。直税によつて受ける苦痛は局部の苦痛たるに過ぎないが、間税によつて生ずる病は全身の病である。國家を衰亡せしむる病である。故に若し增税の必要あらば、之を直税に於てなすべく、間税は出來得るだけ之を輕減しなければならぬ。私はこれが税制整理の根本問題であると思ふ。

次に不生產的の政費を節約することも亦現下の急務である。今の日本の狀態は血液が腦にのみ集中して、四肢の營養が不足して居る。故に四肢に對する營養を十分にして、聊かの不釣合もなく、全身の健康を圖ることに努めたならば、國力の充實すると共に、自から其勢力を海外に發展せしめることが出來ると思ふ。

次には商品の統一を圖ることである。商品の統一を圖るには可成區々の小工場を廢して、大工場組織を採らなければならぬ。我國の工場は多く小規模であるから、其製出する所の商品の品質亦一樣ならず、從つて多くの生產費を要して而かも貨物が纏まらない。之が日本の貿易の大弱點である。故に私の考では製造組合、販賣組合等を組織して、其商品を取纏めて輸出するやうにしたならば、運賃も低廉に、又荷爲替の割引も安くて濟むだらうと思ふ。現に支那方面に輸出する綿絲の如きは三井物產會社の手で纏めて、一商標の下に統一して居るが、私は他の貨物も凡て斯くありたいと思ふ。今の日本の貿易の有樣は恰かも屋島、壇浦若くは賤ケ嶽の戰の如く、一騎打の戰である。當時の物語文を讀むと、能登守敎經や、那須與一宗高や、或は七本槍の勇士のみの戰で、纏まつた部隊の戰ではない。然るに今や時勢の進運と共に、戰爭は一騎打の勝負を許さず、大部隊の戰となり、勇者も獨り進む能はず、怯者も獨り退く能はず、指揮官の命令の儘に、隊伍を整へて行動することゝなつた。貿易も亦斯の如くである。今日の如く進步せる時勢に、一騎打の戰法を執つて居ては、到底隊伍組織の外國商品と競爭して勝を制することは思ひもよらぬ。

輸出貿易を促進せんと欲せば、貿易を隊伍組織とすると同時に、工場の設備を整へなければならぬ。米國あたりでは鐵道を自己の工場內に引込んで貨物の揚げ卸しをして居るので非常に便利である。日本では市中に鐵道を敷いては、人命に危險であると云つて、之を沮止する傾があるが、單に人命危險と云ふ一點で、國富增進の設備を沮止すると云ふことは、理由にならぬと思ふ。人命の重んずべきは勿論であるが、之に對する危險は相當の注意を加へさへすれば防ぎ得るものである。現に米國の如きは鐵道が市街の中央を通つて居るが、番人も置かないで、たゞ機關車に鐸鈴が鳴る仕掛けになつて居るのみであるが、格別の不都合もなく、濟んで居る。苟くも人々が互に自己の生命に注意する以上は、假令市中に鐵道を敷設するも、左まで人命に危險はないと思ふ。私は富國の方法を講ずるよりも、不注意の者に保護を加へるのが必要であるとは、どうしても考へられぬ。又若し人命保護の趣旨から、市内に於て汽車を運轉することが危險であると云ふならば、夜半通行人のない時間に運轉することにしたら宜からう工場に通ずる鐵道は、或は原料を運ぶ時とか、或は製造品を積み出す時とかに限つて用のあるものであるから、強て晝間の運轉を必要とせぬと思ふ。又鐵道輸送を危險であると云ふが、之を幾十臺の荷車で長時間に亙つて輸送する煩雜に比して果してどうであらう。

生産過剰は喜ぶべし

最後に附け加へて置きたいのは生産過剰に關することである。世には往々生産過剰に陷ると製造業者が困るから、努めて之を抑制しなければならぬと云ふ論者もあるが、これは間違ひであると思ふ。曾て我紡績業が急激に發達して百幾十萬錘に達した當時、同業者が生産過剰の爲に互に苦しんだことがあつた。この時、某元老は之を罵つて、日本の需要に應ずるには六七十萬錘で足るものを、過大の擴張を敢てして自から苦しんで居る。紡績業者の愚や及ぶべからずと言つたことがあるが、何ぞ知らん、斯く生産過剰となつたればこそ、我紡績業者は自から新販路を求め、爾來支那及南洋に對して大に我綿絲の輸出を増加するを得たのである。由是觀之生産過剰は恰かも水源に水嵩の増したと同様、我輸出貿易の流れを大きくするものであるから、寧ろ大に喜ぶべき現象であると云はなければならぬ。古來孰れの國と雖も、生産過剰の時期を經過せずして、其貿易を發展せしめ得た例はないのである。生産過剰の爲に當業者が苦しむことは無論であるが、之が爲に國家の產業が發展し、貿易が伸張するものであるとすれば、寧ろ勵奬して然るべきことであらう。生産過剰を恐れて戰々競々と居据り貿易をしてゐては、いつまでたつても國の富を増殖することは出來ぬのである。

之を要するに生産過剰は貿易の流れの水量を増加するものであるから、國富發展の源泉と認めて之を涵養するの方法を講ずべきものであらう。私は輸出貿易超過の促進策としては貿易の流れを沮止する障礙物を除却すること、並に貿易の流れの水量たる生産品を多くすること、この二つが其大眼目であると思ふ。（文責在記者）

海外發展と金融機關

中野武營

世界的の發展

私の理想を云へば、今後の日本はどうしても、日本內地に於ける需要のみをあてにして、工業の經營をやるべきものではなく、世界を對手にやるべきものであると思ふ。人口の激增すること今日の如く、物價の騰貴すること今日の如く、生活の困難なること今日の如くなる時代にあつて、國民皆共食ひの狀態では啻に國運の發展を期し得られざるのみならず、或は所謂危險思想の傳搬を見るに至るやも知れぬ。斯くては實に由々敷國家の大事であるから、具眼有識の士は、未だ其弊の甚だしからざるに先ちて、之を救濟するの手段を講ぜなければならぬと思ふ。

而して海外に發展すると云ふも、自から先後緩急の別があつて、一時に何れの方面にも勢力を伸ばすことは出來ぬから私は先づ差し當り日本の新領土たる朝鮮に於て適當の事業を經營するが宜からうと思ふ。これは啻に日本內地の爲のみならず、又朝鮮を開發するためにも最も急務であると考へるのである。朝鮮に內地人、就中農民を移植するの方法を講じ、十分朝鮮に於て生活し得る道を立て、是等をして農業及び鑛業に從事せしむるに於ては、其將來は極めて有望であらうと思ふ。現に私の如きも甜菜糖を採取する事業を企畫し、既に總督府の內決をも經て居るが、尙ほ此外にも或は棉花栽培の如き、或は養蠶の如き、種々有望なる事業が少なくないのである。斯くの如くして其地力を十分に利用開發するに於ては、今までは米穀と豆類のみを生產したるに過ぎなかつた大地方も、大に其收穫を增し、從つて其富の程度を高め得るであらう。

朝鮮に次で私が今後、邦人の有望なる企業地であると思ふは南洋である。目下の所は單に護謨の栽培に止まるやうであるが、其事業の發展に伴ひ、日本の商業も亦自から發展すべく、從つて亦日本人の移住者も增加し、益々日本の商權を擴張することが出來やうと思ふ。聞く所によれば獨逸の如きは南洋に其商權を發展せしむることに鋭意腐心し、新嘉坡を中心として、南洋の各地方に蜘蛛の巣の如く航路を張りて、往航には、其商品を運び、復航には南洋產の物品を搭載し、東洋航路の大汽船は其幹線として貨客を運搬して居ると云ふことである。我國の如きも、若し眞に南洋に發展せんと欲せば、少くも獨逸に讓らざる用意と覺悟とが必要であらうと思ふ。私は天產物の豐富なる南洋に發展して其富を利用開發することは、朝鮮の開發と共に我國家經濟の上より觀て最も必要の事であると確く信ずるものである。

次に邦人の發展すべき地は支那である。支那程近き將來に於て經濟的に大發展を遂ぐべき望みある國は先づない。世界に於ける經濟的の競爭に優勝を制せんと欲せば是非とも支那に於て勢力を占めなければならぬ。邦人が支那に於て事業を起し、又利權を獲得することは我國運の隆昌を期する上に於て、必要欠くべからざることである。

其次は南米である。或人の説によれば、南米には全世界の人を養ふに足る程の土地があるさうである。これは多少誇張せられた言であるとしても、要するに南米が天賦に富んだ國であることは疑を容れない。而して其人口は稀薄である。亦是れ我日本民族の活躍する好舞臺であると思ふ。

聞く所によれば、凡そ文明國と稱せらるゝ國の國民にして外國に發展せざるはなく、本國には僅かに三千萬人の人口を有するに過ぎざる伊太利ですら、移民を出すこと五百萬人に及んで居るとの事である。然るに本國に於て五千萬の人口を有する日本は海外の地に移住せる人民を有すること僅々三十萬内外に過ぎぬ。年々五十萬の人口を增加し、最早此土は生活の餘地乏しきまでになつて居る狀態であるに拘はらず、徒らに內地にのみ引籠つて居ては、國が立ち行かぬのである。故に邦人の海外に發展し得るか否かと云ふことは殆ど國家興廢の問題である。而かも我國の教育が今尚ほ海外に發展すべき人物を養成するやうな方針になつて居ないのは頗る遺憾である。これは宜しく其制度を改め、方針を一變して、或は支那、或は南洋、或は南米等に於て、大に働き得るやう特に必要なる智識を授くべきものであると思ふ。

新金融機關の必要

邦人が海外に發展する上に於て必要なるは、其活動舞臺たるべき地方の智識を授けるとの外に、金融機關を完備するとである。如何に海外に我商權を擴張せんと欲するも、人物の養成、商品の製造に伴ふ金融機關が完備せなければ、到底十分に其目的を達することは出來ない。即ち海外爲替を組むに極めて便利なる途を開くことが肝要である。而して之がためには、正金銀行の業務を更に擴張することも素より必要であるが、單に一正金銀行のみでは到底其任務を盡し得るものではない。此に於てか正金銀行の手の屆かぬ方面に對しては、其缺漏を補ふ働きをなす所の——即ち正金銀行の手足となつて働く所の、新なる金融機關を要するのである。

元來、正金銀行は資金あり、信用ある貿易商の爲めに用をなす銀行であるから、是等の人々の爲めには將來と雖も敢て別の金融機關を必要とせないであらうが、中產以下の貿易商に至つては、是等の人々程の信用を有せざるが故に、爲替を組むに當つても、單に荷物のみによつて組むを得ずして、必ず別に抵當物を提供せなければならぬことゝなつて居る。其不便不利たるや實に甚しい。此に於てか正金銀行以外の簡易にして且便利なる新金融機關を必要とするのである。

而して其所謂新金融機關としては如何なる組織のものが最もよきかと云ふに、私の考へでは、正金銀行を假りに問屋とすれば、其仲次人とも云ふべき關係にある所の銀行を設けることが最も策の宜しきを得たものであらうと思ふ。即ち中産以下の貿易商にあつては、正金銀行に對しては直接便利なる融通を望むことは出來ないが、この仲次銀行が保證的の地位に立つて、其手を經て申込む時には、極めて便利に荷爲替を組むことが出來るとなれば、自から損失も少なく、且敏活に立ち廻り得るが故に、我貿易の發展は長足の進歩をなすであらうと思ふ。而して斯かる仲次銀行は一ならず、二ならず、可成數の多い程、其效果も亦大なるものがあらう。國家經濟を發展せしむる爲めには、如何しても農工業者のためには長期の貸附をなす所の勸業銀行、興業銀行、若くは農工銀行を必要とし、貿易業者のためには外國爲替を取扱ふ所の正金銀行及び其下働きをなす銀行を必要とするのである。

斯くして農工業者に依て生産せられたる物品を、貿易業者の手によつて世界の各地に販賣し、一方移住民をも多く送り出して、日本人を少なくも太平洋岸の諸地方に繁殖活動せしむることに成功するに於ては、邦家の前途は實に萬歳である。而してこれ識者の指導其宜しきを得、國民の努力之に伴ふに於ては、決して企及し難き空想事ではないと思ふ。

要するに我國家を興隆せしめ、我經濟力を豊かにせんと欲せば、先づ第一に働きある青年を太平洋岸の各地に移植し、內地及び是等の諸地方に於て盛んに事業を起し、之に伴ふ金融機關を完備することを以て、最も喫緊事とする。私は今後此方針を以て自から處し、且人にも勸めるつもりである。希くば朝野有識の士の賛助を得て、其志を爲し、國基を富嶽の泰きに置きたいものである。（談話筆記）

第五章　国民的外交の推進と渡米実業団

日露戦争後、日米関係と日中関係が急速に悪化した。中野は、全国商業会議所連合会のネットワークを活用して民間経済外交を展開し、両国との関係改善に貢献した[1]。

米国は、明治二十七年にハワイ諸島を併合し、明治三十一年に、米西戦争でフィリピン群島を領土としたことから、本格的に太平洋に戦略的利害関係をもつことになった。日露戦争が勃発すると、当初は、日本に同情を示していたが、日本がバルチック艦隊を撃破するなど、極東におけるロシアの勢力を駆逐する姿を見て、米国にはフィリピンの保全を含め、日本脅威論が高まっていった。

明治三十八年七月、日露戦争末期、桂・タフト覚書で、日本は米国によるフィリピン統治を、米国は日本が韓国に宗主権をもつことをお互いに確認した。そして、セオドア・ルーズベルト大統領は、日本とロシアを仲裁してポーツマス講和条約締結の労をとり、米国人として初めてノーベル平和賞を受賞した。

一方、日露戦争後、日本脅威論の高まりや労働問題を背景にして、サンフランシスコ市において、かねてよりくすぶっていた日本人移民への排斥運動が活発化し、明治三十九年五月、サンフランシスコ市は、日本人の子弟を東洋人学校に隔離する決定を行なった。このことは、日本人の威信を大きく傷つけ、日本政府はこれに強く抗議した。

サンフランシスコ市における日本人差別問題が日米関係全体を損なわせることを憂慮したセオドア・ルーズベルト大統領は、「法的に行使できる陸海軍力、非軍事的措置をすべて行使する。」と軍隊の出動も辞さずに対応するとの方針を示した[2]。

明治四十一年二月、高平外務大臣とルート国務長官の間で、日本の労働移民の渡航を自主規制する趣旨のいわゆる「日米紳士協定」が合意された。そして、サンフランシスコ市の実施した日本人学童の隔離命令は撤回された。

当時、最大の貿易相手国であり移民先でもあった米国との関係悪化を憂慮し、中野は東京商業会議所会頭として、明治四十年六月、セオドア・ルーズベルト大統領とサンフランシスコなど米国の十三の商業会議所に対して、排日問題の解決を求める書簡を発出した[3]（**5－2**参照）。

さらに、両国関係の親善を深めるためには、米国商業会議所との関係を強化することが効果的であるとの在米日本人会の提言を受けて[4]、中野は両国の商業会議所の相互交流を通じた民間経済外交に着手した。

中野のイニシアティブで、明治四十一年十月十二日から十一月四日まで、東京、横浜、京都、大阪、神戸の五大商業会議所が、米国のサンフランシスコやロスアンゼルスなど太平洋沿岸の十商業会議所の米国実業家四十名余りを招聘した。

5－1「歓迎ノ辞」（明治四十一年十月十二日）*及び「**中野連合歓迎委員長の挨拶**」（同年十月十四日）*は、米国商業会議所代表委員の一行が横浜港に到着した際の中野連合委員会長の歓迎の辞（グランドホテル）と、東京における歓迎夕食会の際の挨拶（紅葉館）である。歓迎夕食会には大浦農商務大臣、尾崎行雄東京市長や渋沢栄一なども参加し、この時代には珍しく欧米人を公式に日本料理でもてなした(5)。

五商業会議所が中心となって一行を東京、横浜、日光、京都、奈良、大阪、神戸に案内し、日銀や、日本郵船などの主要企業の他、名所旧跡、観劇にも案内した。沿線の商業会議所も協力し、東京鉄道が花電車で、東京実業組合連合会が提灯行列で迎えた。東京では、桂太郎首相や小村寿太郎外相、東郷平八郎軍令部長、渋沢栄一、岩崎小弥太など政財官界の要人との面会や会食などがアレンジされた。実業団が滞日中の十月十八日に米国大西洋艦隊が日本に寄港し、日本側が大歓迎したことも加わり、日米開戦論が唱えられていたような両国の緊張の緩和に寄与した。

5－2「対米及対清所感」（明治四十一年十二月二十五日）は、渡日実業団受け入れ直後の論考で、中野の日米、日中関係についての基本認識を示している。「対米関係は誤解に出たる恐怖にして対清問題は怨恨より発する敵意なり」、「西に支那と提携するの必要は東に米国と提携するの必要と相比すべく、日本而て支那北米合衆国、太平洋上の此三国の連携は以て裕に全世界の実業に当たるに足れり」との認識の下で、実業家としては「国民外交」によって米中二国との親密の関係を保持していくことを重視していくとの考え方を表明している(6)。

米国実業団受け入れの後、今度は招いた米国の商業会議所から、東京や大阪などの五商業会議所会頭が米国に招待された(7)。中野は渋沢栄一に団長への就任を要請し、渡米実業団を組織し、自らもこれに参加した(8)。

5－3「北米行の発途に臨みて」（明治四十二年八月二十五日）と**5－4「予は此の心を以て渡米せんとす」**（同年六月一日）は、訪米を前にして「国民的外交」という民間経済外交に臨む決意とその意義について述べている。

「兵備に依れる示威的平和策」は未だ絶対に排斥できないが、国民相互の間に「交際的親善経済的関係」が深まれば兵備の必要が減少し、しかも各国がそれぞれ行えば万国国際の平和も示威的あるいは仮想的ではなくなると主張している。(9)

一行は、明治四十二年八月十九日に日本を出発し、西海岸のシアトルに到着してから、鉄道で中西部のシカゴを経由し、東海岸のボストン、ニューヨークや首都ワシントンを訪問し、セントルイスから中西部を通って再び西海岸のサンフランシスコに戻った後、ホノルルに寄港して十二月十七日に帰国した。(10)ほぼ四か月間に米国の主要都市を訪問した。それぞれの都市の商業会議所会頭、州知事、市長等から歓迎を受けたばかりでなく、タフト大統領をはじめ米国の主要閣僚とも面会して親交を深め、民間経済外交を成功させた。(11)

5－5「解団式報告」（同年十二月二十七日）*は、渡米実業団の解団式の後、団長の渋沢栄一が告辞を述べる前に、中野が帰国報告を行なったものである。

この時の渡米が中野にとって初めての外遊であった。米国の表面に現れている経済力や技術力だけではなく、それを支える自治の精神や政治制度に注目した。

5－6「中野武営君の演説」（同年十二月二十日）*は、東京銀行集会所等の関係者の集会で、帰国後初めて訪米の印象を語ったものである。日本と米国には富の差が著しかったが、商工業だけが進んでいくものではなく、政治上、市政上のことなどが相伴いながら発展していると指摘している。

5－7「我が国民の則る可き米国都市の繁栄策」（明治四十三年三月一日）では、米国では教育機関が充実し実地的な教育をしていること、鉄道網が充実していること、水道や電灯をはじめとしたインフラが充実していることなどを伝えている。

5－8「北米巡遊所感」（同年二月二十五日）は、公式的な訪米の感想である。米国が発展した基礎には、健全なる自治思想に基づく地方分権制があることに注目している。(12)

5－9「独立自治を愛する米国商業会議所の委員は斯の如く吾々の説に反対したり」（同年三月二十七日）では、貿易促進のために領事館などに貿易事務官を置くこと日本側が提案したのを米国側がこれに断固反対したことを例に、日本では何事も官吏に任せようとするが米国には独立自治の精神が強いことに印象を受け、日本もそのような精神が必要としている。

5-10「米人の大気象は涙にて教育さるゝか鞭にて教育さるゝか」（同年四月一日）は、日本と比較した上で米国の教育の方法についての感想を述べている。[13]

注

(1) 本章の内容については、拙著『中野武営と商業会議所』「第八章　国民的外交の推進」及び石井裕晶「中野武営と国民的外交の推進」『ミニシンポジウム渡米実業団一〇〇周年　渋沢栄一と民間経済外交　講演集』（渋沢史料館編、平成二十三年三月三十一日）を参照。

(2) 明治三十九年十二月三日のセオドア・ルーズベルト大統領による大統領教書（State of the Union Address）では、相当の分量を割いて日本との関係を報告している。日本人を称えつつ、次のように、サンフランシスコの排日問題に対応すると強調している。. . . "in the matter now before me affecting the Japanese that it is in my power to do will be done, and all of the forces, military and civil, of the United States which I may lawfully employ will be so employed . . . That city by itself would be powerless to make defense against the foreign power thus assaulted . . . The entire power and the whole duty to protect the offending city or the offending community lies in the hands of the United States Government."

(3) 「東京商業会議所総会議事録」明治四十年六月二十九日、東京商工会議所蔵。

(4) 「排日問題の真相（在米日本人会参事員渡辺金三）」『東京商業会議所月報』第一巻第五号、明治四十一年十一月二十五日。『明治四十一年六月、同四十一年十二月、同四十二年二月東京ニ於テ開会　臨時商業会議所連合会報告（同）議事速記録』。

(5) 「五大商業会議所主催米国商業会議所代表員招待に関する録事」『東京商業会議所月報』（第一巻第四号、明治四十一年十月二十五日）、「米国商業会議所代表委員歓迎摘要」（同第一巻第五号、同年十一月二十五日）、「米国太平洋沿岸商業会議所代表委員の決議文」（同第一巻第六号、同年十二月二十五日）に詳しい。政府の記録としては、「米国太平洋沿岸連合商業会議所ヨリ本邦名士招待接伴一件」外務省外交史料館、外務省記録。

(6) 同趣旨の論考が、**中野武営「米清所感」**『香川新報』明治四十一年十一月二十六日。

(7) 「米国商業会議所の本邦五会議所議員招待」『東京商

業会議所月報』第二巻第五号（明治四十二年五月二十五日）、「我実業家の渡米及米実業家の企画」同第二巻第七号（同年七月二十五日）。

（8）『渡米実業団誌　明治四十二年』巖谷季雄編輯、渡米實業團残務整理委員編、明治四十三年十月。東京商工会議所蔵『渡米実業団書類』。「日米両国民ノ親善ヲ図ル為両国有力家相互訪問交換一件」外務省外交史料館、外務省記録。

渋沢栄一は、「当時小村侯が外務大臣でありまして、日米の国際関係を親密にする為には、是非彼の地の実業家と親交を結ぶの必要あるを説かれ、時の東京商業会議所会頭たる居士に相談せられたのでありました。居士は大いに感を同じうせられて、早速彼の地の実業家と連絡し大に日米の感情を融和されたのであります。」と述べている（渋沢栄一「故中野武営氏の霊柩に対して」『向上』一二（一一）、修養団本部、大正七年十一日（『渋沢栄一伝記資料集』第五十七巻収録））。

（9）同趣旨の内容が、**中野武営「国民的外交の必要」**『経済時報』第八〇号（明治四十二年八月）、**同「国民的外交と対米問題」**『実業世界』第二年第二三号（明治四十二年九月一日）、**同「国民的外交の必要」**『商工之天下』第三号（明治四十二年九月一日）、**同「郷友諸君に告ぐ」**『香川新報』明治四十二年八月二十七日。

（10）**「中野武営氏の消息」**『工業之大日本』（第六巻第一一号、工業之大日本社、明治四十二年十一月）では、九月二十一日に中野がセントポールからの一行の消息を伝えている。

（11）明治四十二年十二月七日のタフト大統領による大統領教書（State of the Union Address）において、渡米実業団について、次のように報告されている。"The recent visit of a delegation of prominent business men as guests of the chambers of commerce of the Pacific slope, whose representatives had been so agreeably received in Japan, will doubtless contribute to the growing trade across the Pacific, as well as to that mutual understanding which leads to mutual appreciation."

（12）同趣旨の論考が、**中野武営「中野氏渡米談」**『香川新報』明治四十三年一月十一～十三日。

（13）**中野武営「休養の娯楽機関をモ少し簡便にするがよい」**『実業の日本』（実業之日本社、明治四十三年十一月一日）では、日本の芝居を見るのは高額で興業日数も少ないが、ニューヨークでは興業日数も長く安価であり繁盛していることを例に、日本でも中産以下の人が楽しめるよう、一考すべきと提言している。

歡迎ノ辭(原文)

吾等茲ニ謹ミテ横濱埠頭ニ於テ諸君ヲ歡迎ス

顧ルニ今ヲ距ルコト五十餘年前貴國ノ使命ヲ齎ラシペルリ提督ノ我日本ニ來ルヤ其結果ノ一トシテ本港ハ開カレタリ吾等今日此處ニ諸君ヲ歡迎スルニ當リ轉タ今昔ノ感ニ堪ヘサルモノアリ抑我帝國ヲ封鎖ノ舊境ヨリ脫セシメ以テ進歩文明ノ新域ニ導キタルハ貴國ナリ我帝國ヲ促カシ通商貿易ノ途ヲ開カシメタルモ亦貴國ナリ之レ吾等ノ常ニ感佩措カサル所ナリ爾來日米兩國ノ交誼ハ益其親善ヲ加ヘ殊ニ現時ニ至リテハ貿易ノ趨勢優ニ他國ノ上ニ出テ將來ノ發展亦大ニ見ルヘキモノアラントス然リ而シテ此趨勢ヲ保持シ友誼ト尊敬ノ情ヲ深厚ナラシメントスルニハ相互國民ノ情態ヲ熟知シ意思ノ融和ヲ計ルヲ以テ最モ必要ト爲ス是レ吾等カ貴國ノ商業會議所議員諸君ヲ招請シテ其來遊ヲ促セシ所以ナリ幸ニ聲望アル諸君之ヲ快諾セラレ今日此ニ相見ユルヲ得タルハ吾等ノ深ク光榮トスル所ナリ冀クハ諸君我國ニ行樂シテ快ク吾等ト歡會ヲ同クセラレンコトヲ吾等ハ諸君ト歡ヲ共ニシテ全幅ノ力ヲ此目的ニ盡シ以テ太平洋對岸ノ隣國タル我日本國民カ合衆國々民ニ對スル敬意ト尊重ノ情ヲ表セントス

終ニ臨ミ吾等ハ重ネテ諸君ニ歡迎ノ誠意ヲ表ス

明治四十一年十月十二日

東京商業會議所
會頭　中野武營

大阪商業會議所
會頭　土居通夫

京都商業會議所
會頭　西村治兵衛

横濱商業會議所
會頭　小野光景

神戸商業會議所
會頭　松方幸次郎

中野聯合歡迎委員長の挨拶

淑女及紳士諸君

今般諸君ノ御來遊ニ付吾々カ熱誠ニ歡迎シ貴重ナル賓客トシテ尊敬セル衷情ハ曩ニ横濱埠頭ニ於テ呈シタル歡迎ノ辭ニ於テ略ホ御諒察下サレタルコトヽ存シマス

思フニ諸君ハ日常萬般ノ事ニ頗ル御多忙ナルカ上ニ殊ニ此際ハ貴國ニ於テ政事界ノ大切ナル彼ノ大統領選擧ノ場合ナルニモ拘ラス吾々ノ招請ヲ容レラレタルハ實ニ多大ナル御好意ノ存スル所ト吾々ハ深ク感謝シテ止マサル所テアリマス

就キマシテハ吾々ハ最モ喜ヒテ諸君ノタメ御視察上ノ御便利ヲ謀ルコトヽ致シマスレハ何ナリトモ御遠慮ナク御申聞ケアランコトヲ希望致シマス卽チ東京ニ於テノミナラス京都、大阪、横濱、神戸、等ノ各地ニ於キマシテモ皆盡ク熱誠ニ諸君ノ御來遊ヲ御待チ受ケ申シテ居リマスレハ是非十分ニ日本ノ文物商工業ノ實況等ヲ御覽クタサレタク存シマス

扨今夕此所ニ諸君ヲ御招待申上ケマシタハ吾々五會議所カ申合セ聊カ歡迎ノ意ヲ表シ御旅情ヲ慰メ申サン爲テアリマス左レハ何トカシテ諸君ノ御満足ヲ得ント種々工夫ヲ凝シマシタナレトモ奈何セン迚モ諸君ノ御満足ヲ得ル程ノ事ハ出來マセヌ故ニ我國ノ習慣其儘ヲ持出スコトニ致シマシタ卽チ今夕ハ粗末ナカラ日本料理ヲ呈シマス之ハ定メテ御迷惑ニテ御難儀ノコトヽハ恐察致シマスケレトモ何卒日本ノ習慣御試驗ノ一端トシテ御許容アランコトヲ願ヒマス

爰ニ別ケテ申上マス今夕諸君ト共ニ御招待申上ケマシタル外務、內務、農商務、遞信等各省ノ方々東京、京都、大阪、横濱、神戸ノ各知事閣下、東京市長閣下及ヒ實業家トシテ澁澤男爵閣下ヲ初メ御臨席ノ各位ハ今般吾々カ諸君ヲ日本ニ御招請申上クルコトニ關シ大ニ同情ヲ寄セラレ直接ニ間接ニ援助ヲ與ヘラレタルコトヲ爰ニ感謝スルト同時ニ來賓諸君ニ此由ヲ御披露申上マス

吾々ハ熱誠ヲ以テ諸君ヲ御歡待申上マス只其酒肴ノ粗薄ナルト禮儀ニ嫻ハサルトハ宜シク御宥恕ヲ與ヘラレ共ニ與ニ胸襟ヲ披キテ一夕ノ歡ヲ御盡シクタサランハ誠ニ幸甚ノ至リテアリマス

終ニ臨ミ來賓諸君ノ御健康ヲ祝シマス

東京商業會議所月報　第一巻第六號（明治四十一年十二月廿五日發行）

論談

對米及對淸所感

東京商業會議所會頭　中野武營君

日米兩國の關係

東京大阪京都横濱神戸五商業會議所の招待により來遊せる米國實業家の一行は親しく我國情を視察し我同胞の歡待を領して恙なく歸國されたり、之れ當時接伴委員として斡旋の任に當りたる我輩等の最も滿足する處なるが、茲に米國實業家の來遊と相聯關して新聞紙上余の渡米說を傳ふるものありし爲め爾來余に向つて其實否を問ひ或は發程期を聞かんことを求むる等渡米の問題已に決定して近く其途に上るかの如く想像するものあるやに察せらる、爰に於て余は此際米國實業家來遊の顚末を叙し聊か之れに關する所感を述べんとす。

抑も日米兩國の關係たる之れを歷史上よりすれば嘉永の昔提督ペルリが開港の鍵を携へ來りて我國を鎖國の長夢より覺醒せしめ、我をして列國修交の第一歩を着けしめたる隨一の指導者は實に米國にして、爾來五十餘年の交誼は親善を極め、通商貿易の關係亦最盛の地位を占めつゝあり、更に地理上より觀るに及んでは太平洋を挾んで兩々相對し東すれば則ち米、西すれば則ち日、實に是れ自然の好侶伴、多望なる太平洋上の事永く共に語るべきもの眞に日と米とに非ずや、苟くも此親善なる締交の歷史と通商關係と地理的聯鎖の絕たんと欲して絕つべからざる切要なる關係を存ずるを知る者、過去及將來に於て偶ま些少の事故を生ずることありとするも誰れか輕々しく兩國間の交情を疑ふものあらんや、然り是れぞ實に吾人の常に有したる不易の信條なり。

然るに吾人の夢想だもする能はざる意外の現象は米國に發生したり、卽ち日本人排斥論の勃興に伴ひ彼の桑港に於る日本學童排斥問題を初めとし甚だしきは我同胞の住居及營業に對し現實の迫害を加ふる者あるに至れるの一事は果して能く彼我五十餘年の親交に影響することなきを得るやを疑はしめんとせり、固より是れ米國人の輿論に非ざることは識者の夙に識別する處なりと雖も十里の長堤尙一蟻穴より潰ゆるの虞なしとせず、況や米國一部の人士は日本人排斥論を以て政爭の利器に供せんとするの風あるをや決して輕々に看過すべからざるを信じ、我東京商業會議所が京都大阪横濱神戸の四商業會議所に謀り左の如き意見書を裁して北米合衆國大統領閣下及各商業會議所に送り以て米國實業家の注意を喚起せしは實に昨年六月の事に屬せり。

謹で一書を大統領閣下に呈す

貴國と我が帝國との交誼は逐年倍々親善を加へ從て兩國

間に於ける通商貿易も亦益々發達するに至りしは吾人の常に慶祝措かざる所なり然るに測らざりき客年以來貴國桑港に於ける一部人民の在留邦人に對して再三不穩の擧に出で爲に邦人をして危虞不安の念を懷かしむるに至りしは國際交誼の保全上洵に遺憾に堪へざるなり而して閣下が其の間に處して公明正大專ら感情の融和を計り飽くまで國交の親善を保つに努められつゝあるは吾人の夙に深く感謝する所なり

然れども若し斯の如き不祥事情にして持續し此等不穩事件にして繼發するが如きことあらしめんか終に或は國交の親善を傷け通商の發達を阻害するに至ることなきを保せず是れ吾人の今日に於て最も憂慮する所なり殊に商業會議所の本分として經濟利益の發達上默止するに忍びざるものあるが故に今回別紙の如き書を裁して之を貴國の重なる商業會議所に致し以て事局を通濟する上に於て十分力を盡されんことを希望することゝせり而して能く此の目的を達し事局の通濟を期するは一に閣下の盛德に待つの外なきなり仰ぎ願はくは閣下幸に吾人の微衷を諒とし速に圓滿なる結果を見るに至らしめられんことを

（別紙）

貴國と我が帝國との交誼は啻に年序の甚だ久しきのみならず年を逐ひて倍々親善の度を加ふ是れ洵に本邦人の齊しく常に慶祝措く能はざる所なりとす

然るに客年貴國桑港に於て地方的敎育の行政上不幸にして邦人の既得權を侵害せんとするの擧に出でたる以來在留邦人に壓迫を加ふること一再ならず其の結果啻に該地方に在住する邦人をして生命財産の危險を感ぜしむるのみならず遂には延て邦人が條約の正文に依りて享有する所の權利をして不確實ならしめんとする不祥なる情勢を馴致せんとす豈に痛嘆すべきの至ならずや而して斯の如きの情勢にして速に撤退し去らざるに於ては貴國の一部人民に對する邦人の惡感情は轉じて貴國一般人民の友情を疑ふに至り終には不幸にして國際交誼上圓滿を缺くに至るの虞なきを保せず是れ吾人の今日に於て最も深く憂慮する所なり殊に吾人の本分として商工經濟の利害得失上より觀察し來れば其の國際貿易の發達を阻害し兩國人民の經濟利益を損傷するの甚しき實に寒心に堪えざるなり卽ち貴國は我が國産に對する好華主たると同時に我帝國も亦貴國物産に對して逐年倍々其の需要を增加し我が帝國は日に增大し月に熾旺なる貴國物産の最要市場たらんとす然るに若し一朝區々たる地方住民の偏執に因する相互感情の衝突のために兩國間に於ける通商貿易の發達を阻害するが如きことあらしめんか其の兩國が爲に被る所の國家經濟上の損失や實に測り知るべからざるものあらんとす是れ我々商業會議所が玆に所感を披陳し一書を貴所に致す所以なり素より貴商業會議所に於ても既に我輩と同感なることは信じて疑はざる所なれば之を國交の要義に照し之を國際貿易の得喪に鑑み速に現在の禍因を根絶し以て將來の福因を保全するに努力せられんことを

（本書は桑港其他太平洋沿岸十三會議所に發送せるものなり）

然るに北米合衆國の各商業會議所は之に對して懇ろに同感を表し好意と同情とを籠めたる回答を致し將來に向つて深く注意する處あるべきを告白し來れるに拘らず、依然排日熱の氣焰歛まらず我移住民に對する惡感日に甚しく動もすれば日本人は米國に對して一種の野心を有するかの如き誤解を以て我同胞を見んとし、彼の黄色新聞紙の類此機に乘じて離間中傷を試むるが爲めに、由來米人の排日論なるものは決して眞正の輿論にあらずと確信する人士すらも次第に不快の念を增さんとし、或は誤まつて曾母機を下るの禍に近づかざるを保せざらんとせり、我政府當局者は此間に處して相當の手段方法を執るを怠らざるは勿論なるべしと雖も我輩は此緊急の場合に於ては宜しく國民的外交の方面より兩國事情の疎隔を排除するの道を講ずべく我々實業家率先して其衝に當るの至當なるを悟り茲に五商業會議所相謀つて米國實業家招待の機を決したるは實に去る七月の事なりき。

國民的外交

米國實業家の期する處亦我々の期する處と違はざりき、我々が彼等に向つて來遊を促せる意志は彼等が來つて直接に日本の邦土及日本の實業家に親しまんとする意思と最も良く投合し、快諾を與ふると同時に太平洋沿岸十商業會議所（サンフランシスコ、ローサンゼルス、ポートランド、シアトル、オークランド、ユーレカ、サンデーゴ、ホノルヽ、スポーケーン、タコマ）は當時恰も大統領選擧期に際せるにも拘らず又恰もクリスマス前の好商業季に際せるをも顧みず各代表者を定め奮つて六七週間を割愛し我が招請に應じたり、而して彼等の來つて一たび脚を日本の邦土に着くるや官民を擧げて熱心にして誠實なる歡迎を表し紳士及紳商は喜んで其家庭を開き其店舗工場を開き以て其視察に便ならしむと同時に有らん限りの欵待を盡されたり、彼等は其未だ日本に達せざる以前彼等の本國に於ける一部種族の誤解によりて日本人に加へたる多少の侮蔑若くは多少の壓迫に對する日本人の感情如何を氣遣ふ處ありしに反して、目のあたり日本の邦土に立ちて日本人に接し日本人の家庭に入りて日本人に親しむを得たる彼等は實に意外の感に打たれたるが如く「日米兩國民の交情に關して復た一點の疑を存せず我等が斯る深厚の友情を浴びて欵待に飽かんとするは我等個人の事にあらず則ち是れ米國が此熱心なる欵待を受くるものなり、此上我等の更らに期する處は相互實業家の提携相互通商の發展ならずんばあらず」との言は彼等の滯在中幾度か繰返せる處なりとす、然り米國實業家の來遊は全然從來の誤解を一掃し加ふるにペリー提督の引率せる太西洋艦隊の來航に際する官民一致の歡迎は彼等をして深く感激せしめ、我日本國民は夢にも異圖を有するものにあらざることの釋然了解せられたれば、今や兩國の交誼に關して寸毫の疑を挿むの餘地を有せず所謂兩々肝膽相照すの實を擧げつゝあり、恰も花木の陽春を迎へて滿園正に芬芳爛熳の美を競はんとするを見たり我々は此爛熳の美花をして空しく凋落に歸せしめず更らに一歩を進めて果實の成熟を企圖し最後の收穫を期せざるべからず此點よりすれば我々實業家の渡米は元より必要のことゝ信ずるのみならず來遊米人に於ても亦た我々に向つて日本實業家の渡米を希望して止まざりしは事實なり、然れども之れ彼等が個人としての希望を述べたるに過ぎず彼等は代表委員として一旦歸つて報告の任務を盡したる後改めて彼國實業家の決議を以て正式に其希望を發表したる場合に至らざれば我々が渡米の事は公けに議すべくもあらず乃ち此希望が事實となるは四十二年夏季若しくは初秋の候なるべし、其場合に於ては我邦知名の實業家が奮つて渡米されんことと日米の國交及通商前途の幸福の爲めに余は衷心より深く之を希望せずんばあらず、殊に名譽ある澁澤男爵の如きに就ては彼れ米國實業家の滯留中早く已に歡迎賓の隨一人たらんことを希望せる程なれば余は男爵が御國の爲めに萬障を排し渡航せられんことを禱ると同時に他の知名實業家の渡米に關しても余は米國實業家の希望に沿ふべく充分に斡旋の勞を取らんと覺悟せり。

更に日淸關係を顧みよ

日米の親交は今や寧ろ雨降つて地固まれるの觀あり、兩政府及兩國民の感情融然春の如きものあり、現在に於て何等の疑を有せざるのみならず將來亦長く何等の疑問を惹起し來る可き原因を存せずと信ぜらる、飜て眼を轉して西方の隣國支那を一瞥すれば我が隣交親善の問題に對して容易ならざる事情の伏在するものあるを悲しまざるを得ず、抑も支那は沃野千里の大邦土にして人口實に四億を有し世界の大市場たり故に歐米列國は夙に重要の注意を拂ひて親善の關係を增進するを忽せにせず、然るに僅かに一葦水を隔つる處の我國の之れに對する關係は果して如何ん、人種を以てすれば則ち同じく文字を以てする亦同じく宗教を以てする亦同じ、而して其交や一千餘年の長きを有し然かも列國對峙の間にありて共に邦を東洋に樹て脣齒輔車相依る天然の關係は歷然として思慮を費すを要せざるにも拘らず、實際の國情動もすれば睽離せんとするは何ぞや、近き三四十年間の歷史は事毎に彼れの敵意を買ふの嫌なしとせず、惟ふに從來我政府の彼れに對するや歐米列國に對するの敬愛を以てせずして動もすれば輕蔑に流れざるやを疑はしめ人民亦歐米人に對するの愼重を以てせずして動もすれば傲慢之れに當らんとするものあるが如きは實に洪嘆に堪へず。

顧みれば我國の文明は概ね宗を彼れに取れり、遠く一千餘年以前盛んに遣唐使を派し留學生を送りて以て支那文明の輸入を力めたりし當時に在りては制度文物の歸向一に支那に傾き彼れ亦大人の小兒に對するが如き厚意を以て我を開導せりき、乃ち我々が今に於て歐米を學ぶが如く我々の祖先は支那を學びたりしなり、支那は則ち實に我が先輩師導の國なり、然るに一朝我國民擧げて歐米新文明の輸入に多忙ならんとするや疇昔多年の厚誼を閑却して却つて動もすれば輕侮を加へんとするに至つては淸人之を以て無禮とし不快とする寔に謂れなきにあらざるなり、嗚呼此不快の感情二を積み三を積み年と共に鬱結して凝つて一團の嫉視となり敵愾となる、憂ふべく恐るべきは實に此敵視怨恨なり、隣邦相依の誼脣齒輔車の交何によりてか之を求めん。

請ふ試みに一例を求めしめよ、近來我國に來れる淸國留學生の數は實に數萬に及ぶ抑も是等學生が我國に來つて訓陶を受くるに當りては自然の人情として我れを第二の故鄕とするの親しみを有すべきを當然とす、然り學び得て歸つて日本の文物を故國に施かんと志ずは普通の順序ならざるべからず、然るに事の實際に至りては多くは全然相反し自ら其學べる處を以て復讐の武器と爲し逆しまに我れに加へんとするの傾向蔽はんと欲して蔽ふべからざるものあり、嗚呼淸人果して非なるか邦人果して過まちなきか余を以て之を見れば一に邦人の過ちにして根本より淸人の待遇を失するに職由するものと云はざるべからず、之を南清の排日貨に察し又之を北清の利權回收論に鑑みるに及んで益々其然るを信ぜずんばあらず。

本按に關する余の所信

前述の如く對米問題は誤解に出たる恐怖にして對清問題は怨恨より發する敵意なり米人の誤解は之を解くに難からずして清人の怨恨を解くは決して容易にあらず、米人の誤解は實情を示して之を直覺せしむれば則ち足ると雖も清人の怨恨は我自から進んで之れを除かざるべからず、乃ち米人は之を招きて我が國の眞相を觀せしめたりと雖も清人には我れ進んで我心事を披瀝するの必要あり、而て米國に對し已に相當の手續を取りたるの今日に於て吾人の直ちに取らざるべからざる要件は支那に對する修交の手續なりと信ず乃ち我々實業家の渡米は軈て事實となるの日あるべきこと前に述ぶる如しと雖も余は渡米以前に於て渡米より一層緊切急要なる支那訪問の途を講ぜざるべからず、蓋し清國の惡感を解き轉して肝膽相照し意氣相許すの域に至らしむるは難事中の難事たり、故に熱誠なる國民的修交を以て之れに當らざるべからず、惟ふに我が實業家一たび彼れを訪ふの後は更に彼國實業家を促して來遊を請ふの時期なきにあらざるべく斯くして次第に相互の感情を融和し交誼を温むるは實に我國民的修交の第一着手なりと信ず、勿論此對清關係に關しては一般國民亦特に大に思慮する所なかるべからず由來日本人が清人を輕侮するの一事は兒童嬉戲の間に於てさへも清人を見れば直ちに侮辱的言詞を發するが如きに徵すべく正しく是れ家庭の反響にして卽かて多數國民の不用意不謹愼に原因するを疑ふべからず而して此不用意不謹愼の動作は知らず識らず國際外交の上にも亦鋒鋩を露はし來らんとするの恨あるに至つては最も寒心すべき事として我同胞の反省を請はざるべからざるは言ふまでもなく、日清兩國和親の恢復に就ては一般實業家の率先之れに留意すると同時に主として三府及各開港場等直接外人と關係を結べる部面の人士が擧つて其勞を分たんことを望まずんばあらず。

之れを要するに支那は東洋の大市場たるのみならず實に世界の大市場大華主なり、故に歐米列國夙に之れに着眼し爭つて通商關係を密接にせんことを期せざるはなし此時に當り若し我日本にして過去一千年來の歴史的深厚なる舊誼をして等閑にし脣齒相依るの親交を修めずして過まつて列國の人後に墜つるが如き事あらんには我貿易上立國の基礎は寧ろ危險に近しと云ふも過言にあらず、蓋し支那は現在に於て第一流の文明國に非ずと雖近時漸く面目一變の進路を取りつゝありて今現に太平洋上の一勢力たるが如く將來に於ては一層大なる勢力とならんこと必然疑ふべからず、飜つて之を我國の位置より考ふれば西に支那と提携するの必要は東に米國と提携するの必要と相比すべく、日本而て支那北米合衆國、太平洋上の此三國の連衡は以て裕に全世界の實業に當るに足れり、乃ち我輩は米國に向つて親密の關係を保持するの必要を認むると同時に少くとも之れと同樣の關係を支那に保有する必要を絶叫せざるを得ず。

今や米國との關係は太平洋沿岸實業家の來遊太西洋艦隊の來訪により一切の誤解を除き得て肝膽相照さんとし吾々の國民的外交概ね成功を告げたりと云ふべく更に期する處は

此成功に對する果實の收獲にあらんとせり、之に反して支那にありては南清の排日熱滅せんと欲して而して滅せず北清の利權回收論歛まらんと欲して而て歛まらざる不安の狀態を存じ、清人の惡感は機に觸れ事に當り宿昔の怨恨發して枝梧杆格の種たらんとせり、今に於て深く思を淸國に致し對淸關係の危險を拯ふは蓋し急務中の急務に屬す。

以上說く處をして果して多くの誤りなからしめば近き將來に於て實業家が國民的外交として盡すべきは米淸の二國に在りとす、余不敏と雖ども實業家同志と謀り其定むる所に從ふ覺悟なるが故に其孰れにするも敢て辭する所にあらずと雖ども衷心願ふ所は寧ろ淸に當らんことを。

東京商業會議所月報　第二巻第八號（明治四十二年八月二十五日發行）

論説

北米行の發途に臨みて

東京商業會議所會頭　中野武營君

三十七八年外役終局を告げ、戰後經營の事將に世上の問題とならんとするに當り、吾人の最も氣支へる處は、戰勝の結果を圓滿に收むるの途は如何ん、戰勝に對する列國の感情は如何ん、而て我適切なる戰後經營策は果して如何んにありき、蓋し絕東黃色人種の一邦國が泰西白晳人種の一大國と戰つて稀有の偉勳を收め得たる場合に於ける、列國殊に白晳人種を以て國を爲せる列强の恐怖若くは嫉妬の尋常に非ざるべきは云ふまでもなし、況や戰勝によりて進めたる我國威を益す宣揚せんとし國力の發展を期せんとするを見ば、列國は直ちに取つて以て我れに浸略の野心あるものとし大平洋上に跋扈せんと企つるものとし、猜忌復猜忌、疑惑復疑惑、終に我帝國前途の發展に對して不測の危險を胚胎するの虞なしとせざるのみならず、列國交も警戒して武備を東洋に厚うするに至らば、我れ亦已を得ずして武備の擴張を策せざるべからず、苟くも斯くして互に相攀躋し、彼れ一艦是れ一艇、徒らに武備を競ふて底止する處を知らざらば、是れ實に新進帝國の一大事たらん、而も此勢は過つて或は現出することなきを保せざる必然の狀勢なり。然るに顧みて我國情を鑒むれば、二年間十數億圓の軍費を支出したる戰爭終りを告げたりと雖も、一錢一厘の償金を得ざりし結果、戰後各般の國費は盡く租稅に依らざるべからず、戰時の負擔再三の增加は業に已に民力に堪ざるの聲熾なるに當り、一厘の償金をも有せずして戰後經營を完くせんとするは、實に戰時經營の難きよりも難しとせざるべからず。於是乎、我商業會議所は明治三十九年戰後經營の方針を硏究し、意見を定めて當路者に建議し、以て戰後經營に遺策なからしめんことを期したりしが、不幸吾人の杞憂に違はず、爾來幾年ならざるに政費次第に膨脹して更に新稅增稅を課し國民負擔は將に戰時よりも多額ならんとし、外は列國の猜忌加はり、內は國民收斂に泣かんとし、殊に米國人の如きは我が帝國戰後の軍備擴張に關して種々の浮說を傳へ、中傷隨つて起り、離間隨て出で、黃禍論隨所に發生して、日本は戰を好む民族なり、比賓律を脅かし布哇を併呑して、以て太平洋より米國を驅逐せんと謀る者なりと爲し北米の國論をして益す危險に傾かしめ、遂に其大西洋艦隊を擧げて極東に遊弋せしむるに至りて疑惑は實に頂點に達せり。吾人は最初より、戰後經營の大方針として、偏武的財政を改め民力を休養するを以て、外列國の猜忌を避くると同時に內國力の發展を謀るの根本要義と爲し、卅九年以來年々歲々政府に向つて此主張を開示し又現に此主張を維持しつゝあり、隨つて政府の偏武的財政を改めしめんとすると同時に兵備に依りて平和を補障するの反面に於て、別に外交に依りて平和の補障を得るの肝要なるを信じ、茲に國民的外交の開展を期すべく、先づ昨年十月を以て太平洋沿岸北米實業家の來遊を促がし、因て以て彼我事情の疎通を謀りたるに、幸にして來遊米人は大に我國情を實視して釋然たる處あり、民情疎通の端茲に開け、國交親善の緒茲に發し曾て一時、動もすれば米國人を刺撃せんとしたりし日米開戰説の如き今や全く顧みる者なからんとし、兩國親交益す敦くして復一疑雲の蟠まるなく、今回復米人の促す處となり、吾人本邦實業家相携へて米國に遊ばんとするの氣運に遭遇せるは國家の爲め慶賀すべき顯著の事實なりとす。蓋し國民的外交即ち社會相當の勢力階級に屬する國民と國民との交際を敦くし、彼我の事情を疎通せしめ、斯くして貿易の發展を經濟的關係を緊密にするの一事が、國際的平和の根本的手段なるは智者を俟つて之を知らず。彼の兵備に依れる示威的平和策は、當代に於ては不幸尙未だ絶對に排斥する能はずと雖も、幸に若し吾人の理想の如く、國民相互の間に交際的親善經濟的關係の益す親密を加へ、相互國情の最も能く相互國民に了解せらるゝに至らば、兵備の必要は次第に減せらるべく、爾かも此理を以て萬國に推し行ふに於ては、萬國國際の平和は示威的若くは假裝的ならざる、而て一層自然なる且つ眞面目のものたるを得べし、吾人實に此心を以て政府の偏武的政策を改めしめんと力むると同時に、自ら進んで敢て國民的外交に當らんとするなり抑も之れ吾人の主張に對する吾人當然の責任にして、又衷心國家に盡す所以の道なりと信ず。

今や、國情民情の疎通せざるに乘じて起る處の、第三國の離間中傷に惑はされて疑を抱き感情を害して兩國の平和を破るが如き不幸を避くるに努むるを必要とするに同感なる米國實業家の招きに應じ、余は同志實業家諸君と共に渡米せんとす、不肖素より此要衝に當るの資格ある者にあらずと雖も、本來全國商業會議所聯合會の下に、夙に戰後經營を議するの當時より國民的外交を説くに至るまで、奮つて主張の當面に立ち以て今日に至りたる關係に於て、不肖尙敢て此重任を辭するに由なく、茲に此行を敢てするに至れるものにして、決して自から一個人の進退を以て處するものにあらず、乃ち東京商業會議所若くは全國商業會議所聯合會の趣旨を體して行動するに外ならざるなり、尙出發に臨み一言して全國商業會議所諸君に告ぐ、此行幸に締交の任を終へ歸朝するの日は、親しく諸君に實況を報告し、以て諸君と將來一致の行動を取らんことを期す。

予は此の心を以て渡米せんとす

東京商業會議所會頭　中　野　武　營

予等が客となつて渡米することは、決して形式とはいふことの出來ないものである。

今度招かれて往くのは形式で無い

今度、亞米利加で日本の實業家を招待することになつて、既に正式の招待狀も來て居る位であるから、先づ八月の末頃出發の豫定で、目下は其の人選中である。先方招待の趣意から考へても、亦招待を受くる日本の面目としても、此の際はどうしても人選が第一と謂はなければならぬ。如何はしい人物が往つて、失態を演ずるやうなことがあつては、それこそ日本の不面目たるは勿論のこと、先方も尠からず失望することになる。人は何といはふと、予は斷じて其の人選に重きを置くのである。昨年日本から招いた太平洋沿岸の實業家は、總べて第一流であつたとはいへぬ。而かも、其の歸國によりて、日本の實際を傳へられたる爲め、彼我の國交上、どれだけの利益があつたか知れぬ。太平洋沿岸の實業家は、心からなる我が歡待を喜び、併せて我が國情、民情を審かにしたものであるから、爾來排日的問題の起こる度毎に、非常の好意を日本のために有つて吳れて居る。此の邊から考へて見て、今度

澁澤男爵は何うしても動かし度い

此の際、澁澤男爵は、どうあつても煩はさなければならぬと思ふ。老體、殊に近來健康の勝れられぬ男爵に採つては、洵に氣の毒な話しである。が、先方の好意に酬ひ、兩方の面目を立つる上から、即ち國家の爲めとして、どうしても男爵の奮發を乞はざるを得ない。之れは、予一人の希望ではなく又國民の希望であらうと信ずる。政府も同感で、予に其の勸誘を依賴して居る。乃で、予は個人として、國民の代表者として、政府の代理者として、三面から、是非奮發して貰ひたいと男爵に乞ふて居る。男爵も今は大に心動き、健康のゆるす限り、予と相扶けあつて渡米しやうと決心して居られるやうであるが、醫師や、家族と相談せられし結果、健康の狀態果してどういふものであらうか。予は、密かに心痛に堪へないのである。兎に角、人選には非常に重きを置いて居るものであるから、先づ東京で出來得る限り努めて見る積り。左樣すると、神戸、大阪、名古屋と、皆東京に倣つて、其の人選を愼重にするであらう。それにしても、男爵には是非往つて貰ひたいものである。

自分は支那へ出懸けやうと企てた

予は、始め男爵に往つて貰へれば、自分は往かぬつもりであつた。が、それでは男爵が承知されぬ。又、昨年太平洋沿岸の實業家を招いた折、委員長として始終其の接待に與つた關係からも左樣いふ譯に行かぬ。斯ういふことで渡米を決心した。併し、予は渡米を決心したに就いて今一つ理由を持つて居る。それは、斯うである。男爵に往つて貰へれば、自分は往かぬ積りであつたといふのは、決して惰けての爲めでは無かつた。予は、元來米國を重んずると共に、支那に重きを置く必要を認めたものであるから、支那では先方から招く樣なことはあるまいが、當方より出懸けて一つ往訪の客となつて、彼我の事情を通じ合ふことにしたらばどうであらうかと、領事館あたりに賴んで探つて貰つた。ところが、孰れからも、それは大によからう、來た上では必らず歡待するであらうとの返答を得た、乃で、米國の方は暫らく澁澤男爵に賴むことにして、自分は支那へ出懸けやうと企てた。所が、故障が入つて、或る事情で兩方共往かぬとのことなれば兎も角もだが、左も無い以上、米國を出し拔いて、單り支那へばかり往けぬとのことであつた。考へて見れば尤もの故障であるから支那を後廻はしといふことにして、先づ米國に客たらんと決心した次第である。

排日の基礎は甚だ薄弱な者である

序でゝあるから、米國とゝもに、予が支那に重きを置く所以を語らう。成る程、米國人の一部には、排日熱が旺んである。併し、それはホンの一部といふまでゞ、大統領始め、加洲知事、其の他有力家の間には、決してそれらしい言葉をも聞かぬ。思ふに、米國人は、口には排日を唱へながらも、眞實排日の考へは無いであらう。唯、何處からとなく排日の聲が出たものであるから、之れでは日本人は米國を怨んでは居はしまいか、戰爭などするやうなことはあるまいかといふやうな調子で、いはゞ疑心にかられた結果根もない排日說を唱ふるに至つたものではないか。予は、寧ろ爾が信じて居る。之れは、黃禍說によつて考ふるも明かである。排日說の由來は、黃禍にある。言ひ換ふれば、日本人が黃色であるからといふことに胚胎して居る。所が、日本人の黃色なることは、今に始まらぬ。條約締結の當時も、其の以前も、昔も、何時も相變らず黃色であつた。黃色であるから排するとは、毫も排日の基礎とはならぬ。是れ、予が米國人が眞に日本を嫌ふて居るのでは無く、唯疑つて居るに過ぎぬといふ所以である。昨年見へた太平洋沿岸實業家中にも疑つて居つたものがあつたかも知れぬが、唯疑つて居つたに過ぎないものであるから、來て實際に接し、直ぐ日本を了解することが出來た。之れが、眞實怨んで居つては、左樣いふ譯に行かぬ。

何時かは一矢酬ひたい清人の考へ

所が、支那に至つては、左樣で無い。眞實日本を怨んで居る。日本人を敵として居る。何時か機會もあらば、一矢酬ひやうと考へて居る。米國のそれとは、大違ひである。支那が日本を怨み、支那人が日本人を敵として居るのも、實は無理からぬ譯で、支那は、固と日本の先進國である、師匠である日本の文明は、支那から來て居るともいへる。斯かる關係にあつたにも拘はらず、曩きに日清戰役の事あつて以來、支那をしていはしむれば、兎角に壓迫を加へられ、權利を蹂躙されるに至つたやうな感じがある。斯かる關係からして、支那は眞實日本を怨んで居るに相違ない。所で、怨みは疑ひと違つて、之れを解くこと、非常に困難である。容易な手段では行かぬ。が、詮ずるところ、疑ひを解く手段を、更らに一層巧妙に、更らに一層有力に施こす外はないのである。卽ち、日本の國情を明かにし、日本人の意向を審かにする爲に、彼我接近の途を講ずるが上策で無ければならぬ。是れ、支那を一度訪ひたく思ふ所以である。歐洲は、事既に定まれりて、我が發展の餘地も少いが、東に米國、西に支那、此の二つの者は、將來ますます重きを措く必要があると信ずる。

同盟國の好意を空じふせぬ心懸け

話しの事實は違ふが、此の心、亦米國に客たらんとする予の心である。昨年英佛博覽會の開かれた場所を繼いで、明年又日英博覽會が開かれる。英國は、我れと攻守の同盟ある國數多き歐米の列國を擱いて、日英博覽會の事を擧げる。之れや、英國が同盟の好みを重んぜる反證で、甚く感謝に堪へぬところである。此の好意に對しても、既に我が國民は、奮つて出品しなければならぬ義務がある。況んや、事我が産業の發展を期する絕好の機會に係はる。爭でか、出品を躊躇する樣などがあつてならうか。政府の勸誘を俟たぬまでも、平常内にあつて製品の改良に懈り無き我が實業家は、此の絕好の機會を利用して、外に製品の販路を展ぶる心懸けが無くてはならぬのである。

所謂江戸の仇を長崎で打つと云者

所で、予は近來忌はしいことを聞いた。否、新聞で之れを讀んだ。曰く、『曩きに織物税廢止問題の出た折、政府頗ぶる冷淡な態度であつたから、今度は之れに酬ゆる手段として、織物業者は同盟して、政府の勸誘を容れず、一切出品を見合はすであらう』と。予、察するところ、恐らくば事實ではあるまい、訛傳であらう。どう考へて見ても、斯かる辻褄の合はぬ話しがあらう筈がない。織物税廢止のことは、立派な政治問題である。之れに對して、政府は成るほど冷淡であつたかも知れぬ。併し、日英博覽會出品のことは、一個の産業上の問題である、實業問題である。彼れと、是れとは、性質に於いて大分違ふ。若し、右のごとき風說が、多少にても事實であるとすれば、所謂江戸の仇を長崎で打つ方で、全く問題にならぬ。日英博覽會が、我が製品の販路を拓くに得難き便宜を與ふるものであることを覺つたならば、怨みに酬ゆるに怨みを以つてし、暴に報ゆるに暴を以つてするなど、私情の其の間に發しやう理が無いではないか。

商業會議所も亦迷惑を受けて居る

訛傳は、猶ほ他にも行はれて居る。曰く、『東京商業會議所は、商業會議所規則改正に關して、政府に對し尠からぬ怨みを懷いて居る關係から、日英博覽會に就き、出品勸誘を爲すべき地位にありながら、一向努むるところが無い』と。予は、東京商業會議所會頭として、決して左る愚な話しの無いことを斷言する。同時に、日英博覽會出品に關しては、既に前述のごとき意見であることを明かにして置く。商業會議所は、法人である。其の法人が、私怨ヶましい斯かることを敢へて爲やう謂はれは無からうでは無いか。予は、東京商業會議所が、決してかゝる犬糞的態度に出るやうな無謀のもので無いことを斷はつて置くのである。織物同業組合にしても、東京商業會議所にしても、或は政府の措置に對して嫌焉たるものがあるであらう。併し、それは酬ゆるに自から其の法ありで、極力正當の運動を試むればよろしい。斯くのごときは、偶々政府との間を、ます／＼離隔し、愈々運動の困難を生ずる所以と謂はなければならぬ。此の點から考ふるも、織物同業組合及び東京商業會議所が、日英博覽會出品に對して反對運動を爲すやうな謂はれはなからうではないか。

國交上の平和も畢竟之れで保てる

今から十年前、相撲年寄の高砂浦五郎と雷權太夫との間に確執を生じ、互に相下らず、終に其の爭ひを法廷にまで持ち出すに至つたことがある。而して、予は其の仲裁役を努めた。當事、高砂、雷といへば、年寄中最も幅の利いたもので、東西兩大關は勿論、少し強い力士は、皆此の孰れかの部屋に屬して居た。一の矢、劍山のごときも左樣であつた。故に、此の兩年寄の爭ひは、相撲社會に執つて、洵に輕からぬ問題であつた。予も大に努めて見た、併し、どうも解けぬ。止むを得ず、其の成り行きに任かせて置いたところ、其の中場所も打ち上げ、地方旅稼ぎに出なければならぬ場合になつた。所が、地方旅稼ぎに出るについては、高砂、雷兩人の間に、豫て必らず合併して行ふといふ契約が取り結ばれてあつた。さあ、困つた、旅稼ぎに出かくるには、其の契約に背く譯に行かぬ、出かけなければ、居食ひの不利を忍ばざるを得ぬことになる、乃で、兩部屋の力士連は、男の顏を立つる爲め、親分同志の喧嘩は、親分同志の喧嘩として、自分達は斷じて其の契約は破らぬ、詮方がなければ、其の問題の埒明くまで居喰ひを我慢するといふ決議をした。斯うなつては、親方同志は、何時までも確執を續くる譯に行かぬ、終に、孰れの方から解くるとなく仲直りをして了つた。

高砂雷が仲直りした呼吸に倣はん

右の例に於ける力士の心、之れを移して予等が心と爲し、以つて此の秋米國に客たらんとするのである。抑々世界平和の基礎は、民意の疎通である、殊に、實業家同志の利害を一致せしむるにある。國民間の意志が克く通じ合ひ、實業家同志の利害相一致するに於いては、政府と政府の交際破るゝことがあつても、戰爭にはなるものでない。政府と政府の交際破るゝにつれ、國民間亦互に怨みを有ち、同時に實業家同志の利益相反するといふことに依つて、始めて戰爭は起こるものである。雷、高砂兩年寄確執の場合に於ける兩部屋力士の心を以つて、予等國民、殊に予等實業家の心と爲し交際をしたらんには、米國のごとき、日本を怨めるといはんより、寧ろ日本を疑へるため、偶々排日などの問題も起こるといふやうなところに對しては、唯譯もなく融合して行くことが出來るであらうと信じて居る。

茲一番大に奮發す可き場合である

日英博覧會に對して、政府に怨みがあるから、其の出品を見合はせ、少しでも努めずといふやうな態度で、我が實業の發展を期するなどとは、蓋し思ひも寄らぬところで、予は決して斯くのごときことが無いのを信ずるとともに、今度米國に客たらんとするに連れても、之れを機會に、我が國民の意志のあるところを克く通じ、知らしむるだけは、努めて之れを知らしめ、又見るだけは、之れ亦努めて見て來やうと信じて居る。澁澤男爵も左ることながら、予と雖も健康とはいへ何分の老體である。或は、心に任かせぬこともあらんかと氣支ふては居るが、茲は一番大に奮發すべき場合である。足を棒にしても、先方の好意に背かぬやうにしたい、我が國家の爲めに聊かにても盡くすところがありたい。今度の行、若し幸にして、兩國間の交際上、又我が産業發展の上に於いて、多少にても利益するところがあつたならば、予の望み茲に足るものと謂ふ可きである。

解團式報告

我が實業團は明治四十二年八月十九日を以て本邦を出發し同十二月十七日を以て横濱に歸着せり其間九月一日より十一月三十日に至るまで九十一日間初め「シヤトル」市に上陸して當時開設中の「アラスカ、ユーコン」博覽會をも見夫れより中央北部を横斷して東部各都市を歷訪し更に中央部より西部「カリホルニヤ」に至るまで各鐵道會社の線路を走ること約壹萬貳千哩州を閲みすると二十六大小都市を訪ふと五十三一面商工業の實況を視察し一面日米兩國間の親交を進むることに之れ勉めたり此間各鐵道會社の好意を以て特に一行の爲めに供せられたる別仕立汽車に便乘し太平洋沿岸聯合商業會議所會頭「ローマン」氏を首め各地商業團體と合衆國政府より選出せる接伴員諸氏の懇切なる斡旋紹介に依て親しく各地の工場、銀行、會社、鑛山、農場、學校等を參觀し名士としては「ミネアポリス」に於て謁見の榮を得たる大統領「タフト」閣下を首め「ブライアン」「ロックフエラー」「ノックス」「ヒル」「オブライアン」等の諸氏に會見し或は故英雄の墳墓を掃ふこと「ワシントン」「ペリー」提督「グランド」將軍「ガアフイルド」「タウセンドハリス」等數回に及べり又桑港を發するに當りては米國太平洋沿岸側の各市商業會議所と我等商業會議所の間に於て兩國間の通商上に關する議件を協定せり特に、「シヤトル」「タコマ」「ポートランド」「スポーケン」「ニユーヨーク」「デンバー」「ロスアンゼルス」「サンフランシスコ」等同胞の多數在留せる地に在つては或は演説會に臨み或は來訪者に接して彼等の現狀を聞くと同時に又母國に於ける形勢をも之を知らしむるに勉めたり最初定られたる行程の外特に視察を要すべき地例へば「カナダ」「ニユーオルレアン」「テキサス」「カリホルニヤ」等の地方に對しては團員の中より分派して視察を遂げたる者あり更に歸航の途次布哇に立寄り其地商工業の實況及在留同胞の現狀をも視察するを得たり尙米國旅行中は澁澤男爵を團長に推し別に委員會及常議員會を組織して緊急の團務を處理せしめ特に水野紐育總領事に團務の斡旋を囑托し其他松井代理大使、埴原書記官、田中「シヤトル」領事、沼野「ポートランド」領事松原「シカゴ」領事及永井桑港領事等の其管區內に於ける諸般の斡旋及各地日本人會員等の助力に對しては之が勞を多とせざるを得ず

終りに臨んで米國々民の深厚なる友情と懇切なる歡待を受けたる光榮を謝し殊に團員四十餘名中已むを得ざる事情の爲中途本團と別れて或は先に歸國し若くは彼地に留まる者二三ありしと雖も彼の異鄉の風土に長途の旅行を爲して毫も健康を損することなく爰に使命を全ふするを得たるは吾人の欣喜措く能はざる所なりとす

以上は我實業團が往復四ヶ月に彌る行動の概要に過ぎず尙詳細は他日編纂すべき團誌の發行を俟つて之を知らんことを希ふ

此報告は今日詳細を盡しまするのを避けまして全く概要を玆に報告致すだけに止め置きます

併せて此場合に今日一行の安着を致しましたに付きまして米國の六商業會議所、即ち太平洋沿岸の六商業會議所でございます、是へ唯今電報を發しました――「安着一行無事重ねて謝意を表す」――此電報を發しましたことを御報告致します

○中野武營君の演說

閣下、諸君、今夕は御招待を蒙りまして誠に感謝に堪えませぬ、何か私にも演說せよといふことでありますが、澁澤男爵が既に我一行の旅行の大體はお話になつたことでございますから、私が別に申上げる程のことはない、殊に此度の旅行は米國が主人となつて招待をして呉れたことでございますから、其主人側の方から思ひますれば、彼等客となつて我國へ來て所々を見たが、果してどういふ感覺を起したであらうか、惡しく思ふて居るか善く思ふて居るかといふことは、非常に聽きたい心を持つて居るに相違ない、それ故に通り一遍に自分一己で旅行を致しましたことならば、思ふたこと感じたことを遠慮なく申して少しも差支ないが、此度の旅行は有樣が違ひますから、米國に對する所の感想を世間に發表することに就て若し輕卒のことを申して、折角の主人の好意を無にし感情を損ふやうなことがあつては、將來の親交にも關係することで、濟まぬことであると存じまするが爲めに、實は歸る早々新聞社のお方などが四方八面から、感想を言へ感想を言へといふて、頻に責められるのでありますけれども、唯今申したやうな考を持つて居りますから、未だ私は所感として申したことはないのであります、唯將來に於て物に觸れ事に當りました場合に、其感じて居りまする所を以て硏究の材料としたいものであると云ふ感じを持つて居ります、併し今晚は格別の御場所でありますから何か申上て見ましよふが素より未だ考の定つたものはないのであります、それ故に誠に淺薄のことを申上げて御免を蒙りたい

諺に燈臺下暗しといふことがありますが今度彼地へ參つて、商工業教育其他の事物に就て聞見した、其時分に我々が日本のことを未だ十分知らないことを甚だ遺憾に思ふたのであります、先づ外國のことを能く知らふとするならば、我國のことを能く知らねばならぬ、一例を申せば日本の紡績といふものはどういふ有樣である、工場にはどういふ機械を用ゐ、どういふ工合に職工を使用し、どういふ遣方をして居るといふことを能く知つて居りまして、而して彼國の紡績會社を見ますれば、其比較が明らかに立ちまして、忽ち諒するとが出來るのである、其他の工場も亦然りでございますが、然るに吾々一行中には專門家として精しい御方もありませうけれども、諸般に渉つて多くは日本の各工場各教育の上などに就て、我國の事態を充分明かにして居りませぬ爲めに、彼のものを見ましても、成程大きなものぢや立派なものぢやといふことを感じますが、さて日本の現在と比較して此處が違うて居るといふまでの、精密なる考は附け得なんだのであります、又彼の國の人は極く自信力が強くて何でも世界第一といふ言葉を使ふ、こんなものは日本にありますか、こんなものは始めて見たでせうといふやうな調子に遣つて來るのでありますが、それは畢竟日本を彼等が知らぬ故に、さういふ自慢の言葉が出るのでありますが、併しこれは他國の人で日本のことを知らぬのは無理はないが、吾々視察に行つた人間が、日本の事物に十分識見が足らずして、唯他國のものを見て、是は立派なもの、是は大きなもの、是は珍らしいものだといふのは、どうも過ちを來す所以でありはせぬか、若し物を知つて居りますれば、何も驚くことはないものが澤山あるだらうと思ふ、或る人が麒麟を見て驚いたといふ珍談がありますが、日本の動物園にも麒麟が居るからそれを知つて居れば、外國で麒麟を見ても少しも驚くことはない、我々は外國人に日本の事を知つて貰はねばならぬと云ふことを思ひまする

と同時に、日本の人が日本の事を識ることを努めなければならぬと非常に感じた、全國商業會議所議員は一年に一度や二度東京に會議をしますが、さういふ場合には時間を繰合せて、どうぞ是から各工場などを觀察するが宜からうといふ位までに思ふて居るのであります

それから外國人が日本を見て居りますることに就て誤解が色々あるやうに思われます、日本に來つて眞に日本の紳士に交際し、日本の眞相を能く知り得た人は是れは格別でございますが、さういふ人は日本に參つた人の中にも少いのでありますが、多くは日本に參つても、其案内者といふものは、眞に唯表面のことを案内するに止まりまして、眞相の解りませぬ爲めに、日本を餘程誤解して居るかと思ふ、承れば近頃は、日本へ行つて見たいと云ふ念は、彼の國の人には餘程起つて居る趣でございます、横濱などにも三つばかりの會社があるさうで、一行二十名以上の組合が出來たならば、それが引受けまして總ての案内をするといふことでありますが、是は餘程誤解の源を爲して居るやうでございます、先づ桑港邊から參りますには一人に就き七百五十弗とか八百弗取るさうでございますが、それで實際仕拂ひの費用といふものは其半分に足らない、三百五十弗乃至四百弗位で實際は濟むさうで、半額若くは半額以上のものは其中間に世話する所の人が、皆利益に取つてしまつて居るさうして滊車に乘つてもホテルに着いても割引をして貰つて、大勢一緒に纒めて行くやうなことをして、總て利益を案内者が收めんとするが爲めに不自由、不愉快に感ずることをば、盡く日本人の惡いといふことに印象させるのである、又見る所も極く汚い所などを見せて、彼等の印象する所が惡い方へ感じて行くやうになる、又通辯をする人といふものが、總て日本を惡しざまに言ふて聽かすといふやうな次第であるのでございます、それゆゑ日本で酷い目に遭されたなどゝ、歸つて親戚朋友に話をすると云ふやうな有樣でございます、これらの事を私は彼の地で承りましたが眞に日本の爲めに之を改良せねばならぬ現今は之れが爲め大に害を受けつゝあるといふことを、親切に注意されたことが度々ございます、如何にもさうであるやうでございます、それから教育社會に教授などの位地を持つて居ります人が、餘り日本を見て呉れて居らない、此教授の人達の口から出ますることは、一般の人には非常に利目が多いのでございますが、此教育家の人達が十分に日本のことを知つて呉れませぬために、惑はされて居ることが多いやうに感じたのであります

今度渡米中二三箇所で芝居を見ましたが、どの芝居にも日本の事があちこちに這入て居る、日本の人を招待するに就て、好意の積りでするのかも知れませぬ、又或は時機に投じて機敏に見物人を引く爲めにするのかも知れませぬが、其芝居の態を私共見て居ると辛くて辛くて堪らない、どうか吾々に見せて呉れぬやうにして貰いたいといふ感じが非常に起つて來る、即ち紐育でございましたか立派な劇場であつたが、一幕日本のことがありました、色々遠景を書いた舞臺の模樣、それから藝人の演じて居る有樣といふものが、如何にも見るに忍びない、是は能く考へて見ると、概して餘程古い時代の日本のことが亞米利加に遺つて居る、其中へ當世の下等社會の人力を引いて居る所とか、尻切半天を着て居る者とか、妙な風のものを交へて遣つて居る、それで大體の節々で見ますると嘉永安政頃の女の風や男の風をして居る有樣である、是から考へて見ますると昔時、ペルリ提督が日本へ來て開國をした當時は、非常に日本のことに耳目を注いだに相違ないが、其當時の錦繪や江戸繪

のやうなものや、或は其當時來た人が日本の風俗狀態を書いて送つた、さういふものが傳り傳つて、矢張日本の有樣は此の如きものとして遣つて居るのではあるまいか、あゝいふものを外國人が見て、日本の狀態は此の如きもの、日本の現在は此の如きものだと見て呉れましたならば、日本を見誤るに相違ない、私は非常に日本のことを仕組んだ芝居を見ます度に辛く感じたのであります、是等は矢張米國人が日本を誤解するの種となるであらう考へます、是に就てはどうか米國人をして日本の眞相を知らしめ、日本へ來る人をして日本を見誤らしめんやうに、大に注意して行かなければならぬと思ふのである

其他米國と日本との富の度の違ひますことは、非常の差でありますから、何を見ましても日本と有樣が違うやうでありますが、家屋のことでありませうとも、其他のことでございませうとも、皆富の上から出ることでございますから唯あれを見て日本が直に眞似の出來るものでもございませず、又直ぐ之を學びたいとも感じませぬけれども富の度の違ひは甚しいことでありますから、何に就ても我母國を思ひ遣り非常に苦しく感じたのであります、併し概して申しますれば決して商工業だけが突飛に進んで行く譯のものではないのでございまして、總ての政治の上のことなり、市政上のことなり、相伴ふて發展して居るに相違ないので有ます、例へば「ホテル」を立派にしやうとしても先づ下水の設備が立つて居ませぬければ、獨り「ホテル」の建物のみ立派に拵へても、下水は「ホテル」の手一つで出來るものでありませぬから汚物の始末が出來ない、汚物の始末すら出來ぬといへば人間の道を知らぬ奴だと言はれても仕方のない、左れば「ホテル」を完備にせんには先づ市政上に於ても下水の設備を立て〻呉ねば營業の缺點を直すといふ事は出來ぬのであります、故に商工業の發展を求めんとすれば總てそれらの機關と共に進み共に改良して行きませぬければ唯「ホテル」だけを立派にし工場だけを立派にすると云ふとは不可能のことゝ思ひます、是等に就きまして此の事彼の事、專門家の御研究もございませうが、概して吾々は將來大に注意しなければならぬことがある、それは政府に向つても、市政に向つても言はなければならぬ、さうして眞の實業發展の基礎を固めて行かなければ商工業のみの發展を囂々申しましたからと云ふて行はれるものではない、彼の米國の各市街の完全に出來て居りまするのも、商工業だけの力で出來たものにあらず、即ち政治上の施設が基礎を造り其基礎の上に於て商工業者が働いて居る、其働きが富を增して來ては、財源となり其財源を以て彌增基礎を完全强鞏にし層一層それから生ずる所の商工業の働きが盛になつて來るといふやうなことになつて居ると私は思ふのであります、甚だ淺薄のことを申して恐縮でした（拍手）

我が國民の則る可き米國都市の繁榮策

東京商業會議所會頭　中野武營

この度、米國に航して、最も予が驚いたのは、雄大なる土地と、無限の天產物が至るところに充滿して居た事であつた。渠はこの天然的の福利を享有すると共に國民の氣質が、勇敢にして活潑、飽迄も猛進するの氣慨と相一致したので、後進國たるに拘はらず、其の進步發展の狀に於いて、まさに世界を厭倒せんとする驚くべき大勢力を示したのであらう。さて、米國の若かく發展せし、其の根抵は那邊に存するやを深く攻究視察したる結果によれば、固より天の福利、國民性の磊落にして活潑、日本國民の如く優柔不斷ならずして、大なる活動を好む國民なるが爲め、今日の進步を見るに至つた事は、何人も異論なかるべき事と信ずるが予を以つて見れば、寧ろ間接原因にして、直接の原因は、教育の普及と、社會組織に於いて宜しきを得たる結果と思ふのである。

世界最大の樹木

收容し得る入學志望者

これは日本に比較するに、日本で學に志す子弟は、年々歲々多きを加へ來るにも拘はらず、其の教育を施こす設備は實に不完全不備にして、大多數の生徒はイツも入學期に於いて、人知れぬ煩悶を爲すもの、決して鮮少ならざるに、一度米國に入り、其の教育機關と、組織とを見るに、大多數の生徒は殆んど殘りなく收容就學せしむる事の出來得る設備がチヤンと備はつて居る。而して、其の設備を見るに、例令ば州立大學なれば、其の經費の半分は州稅に依り、殘り半分は富豪の寄附に依つて、學田を買ひ入れて資金となし、其の利によつて學校經濟の基礎を定めてあるから、何等の澁滯なく、幾多の大學を完全に維持し、且つ生徒の收容に遺憾なき樣に發達させて居る。

研究の態度は實地的

而して、教育の方法たる、決して學理にのみ拘泥する樣な、迂遠な教育を施こさない、一度、學校の門を出づれば、直ぐに活動社會に立つて、充分己れの長所を發揮せしむべく、常に實業と接近し得る方法によつて、實地的の教育を施こ

して居るを以つて　所謂腐儒に類したる出身者を見ないのである。蓋し、萬卷の書を讀破し、理科學の本義を攻究する事深きものありとは言へ、社會に立つて、何等の利用、何等の活動がなかつたならば、寧ろ習はざるの優れるもので、却つて其の爲めに貴重の時間と、學資とを費やしたるのが、國家經濟上甚しき、缺損となる譯である。

莫迦に整頓せる鐵道

然るに、米國に於ける敎育の方針、現況を見るに、斯かる迂遠な敎育を施すことなく、又、生徒も學問に呑まれて仕舞ふ樣な莫迦な事のなきが爲め、社會の組織益々統一し、發展し、優に世界の代表的國家、模範的都市を形成し來たのである。試みに、米國の統一せる社會組織を見んか、一國文明の發達に尤も必要なものは、交通機關の右に出づるものなきと共に、その進歩の著しき、實に驚嘆に價すべく、鐵道の如きも、絕えて官營なく、悉く私設にして、而かも一線なるものの一もなく、各私設會社の布設に成れる數線の軌道、蜒々として縱横に奔せ、自在に布かれあるを以つて、時に或は競爭なき能はざるも、日本の樣に、賃錢を低減しての競爭は、法律上嚴乎として禁ぜられあるを以つて、勢ひ善良なる設備によつて競爭するより外なきゆへ、何れに往くとして、不備不滿の鐵道一もなく、其の乘心地よき、未だ日本などの遠く及ばざる所、而かも、大都市に於けるステーションには、絕へて倉庫あるなく、皆各工場より引かれたる軌道直接にステーションに連絡し得べき組織となつて居るから、勞銀を省くのみならず、其の便利なる事想像の外である。

陸軍始め觀兵式

二種の電車と急行車

電車の如きも、高架と、地下との二種あるのみか、鐵道とおなじく急行と、普通との二種を設け、地下急行の如き、每に滿員の勢ひで、矢の如く奔せて居る。蓋し、地下は何等の障害物なきが爲め、運轉に便なると共に、急行を要する市民の爲めに設けられたものにして、之れ亦遺憾なき設備を施してあつた。同時に、交通機關としての道路は、頗ぶる整理されてあつて、夜間の掃除によつて、朝の間は、塵一本を認めざるのみか、如何に風の吹き荒む事や、雨の降る事あるも、砂飛び泥濘歩行に困るといふ事は毫もない。實に其心地よさ、譬ふるに物なき有樣であつた。

完備せる水道と電燈

此の外、社會組織上、人生々存上一日も缺くべからざるものは、水と光とである。故に、水道の如き數十哩の遠きより、各都市に飲用水を供給し、或る都市の如きは、山腹に貯水池の設けある所さへ見受けたので、其の規模の大なると、設備の盡くせるには只管驚くの外なく、電燈の如きも、數百哩の地より、水力を利用して、各都市に光を供給する程發達せる之れ亦一賞三嘆の赴きがあつた。此他、暖房用の瓦斯、通信上の電話、電信の發達も、大に觀るべきものがあつた。予の宿れる紐育のホテルの如き、電信配達所の設けがあつて、一信到る毎に、其の室に配達するなど、至れし盡くせりと言はざるを得ない。

統一せる都會の生活

顧ふに、人間の生活上必要缺くべからざるは、衣食住の三つであるか、此の中何れが最も有用缺くべからざるものかといふに、住、即ち家屋を措いて外はない。然るに、米國各都市の家屋を見に、多く借家を主として居る。而して、其の借家には、住居上必要なる設備、例へば瓦斯、電燈、電話は無論、衛生上の設備迄完備せざるはなきゆへ、一度借家せんとするものは、是非共此の設備の下に規定されたる家賃を拂ふ丈けの力あるものでなければ、先づ住居は出來ないので、其の他のものは勢ひ田舎住をするより外はない、故に、家屋の體裁よりいふも、日本の樣に堂々たる大邸宅の傍に、見苦しき小陋屋の存在するなど〻いふ事がなく體裁能く整ふて居る。同時に、市民も亦甚だしき見ぐるしきもの少なく、職工の汽車若くは電車にての往來を見てさへ恰かも紳士の樣な服裝をして通勤して居るを以つて見るゝ、都會生活の如何に統一あり、組織あるかを知る事が出來るであらう。

反省すべき日本國民

先づ、米國各都市の發達は、以上の設備、即ち基礎が整然として進み、肅然として發展したる結果たるを思はゞ、一國富致の源は、根低に於いて、組織あり、統一ある基礎を形成したる後にあらざれば、爭でか能く其の富を成し得る事が出來樣か。而かも、其の此に至る、天の福利を利用し得る丈けの力ある國民を教育によつて産み出して居るのであるから所謂兩者相並んで鳥の兩翼の如く、相扶持して進歩したる爲めであると余が視察したるは、敢へて誤りなきを信ずるゆへ日本國民も、亦大に此に着目するの必要あらうと思ふ。

＊　＊　＊　＊

東京商業會議所月報 第三巻第二號（明治四十三年二月廿五日發行）

論談

北米巡遊所感

會頭 中野武營君

昨秋我々が渡米實業團を組織して北米に遊ひたる所以の目的に就ては當時已に述べたる如く國民的修交を締するにあり換言すれば國民相互の親交を敦うし國民相互の事情を疏通し國民相互の感情を融和し依て以て通商の織盛を謀り國運の隆昌を期するを主眼とせり殊に余は團の幹部に立ち團務と外交とに忙殺せられ各般の事物に就て專門的に調査するの餘暇を有せざりしを以て局部の見聞に就て所感を語らんは余の能する所に非ず

然れども此行もと米國太平洋沿岸實業家の招請に基つき彼等は實に有らん限りの誠意を以て吾人を迎え到る處門戸を開放し官民を通じ有ゆる方面に於て寸毫の秘する處なく自在に通覽せしめたるを以て吾人の得たる便利は決して尋常過客と日を同うして語るべからざるものあり歷問せる處の五十有三の都市到る處文物殷盛を極むるの一事は吾人實に感嘆せざるを得ざりき、然り由來銅鐵石炭石油等の鑛産を初めとし茫々際涯を知らざる林產等無限の天產に富めるのみならず氣候溫良にして膏腴を極むるの良土は世界其比を見ざらんとす是等無二の天祐を享くるが上に國民は自ら逎健の氣象を備へ豊裕なる資本を蓄え相率ゐて世界的企業を遂行しつゝあるに至りては唯敬服の外あらず、若夫到る處都市の狀況風俗等文物燦然たるが如きは多辯を費さずして世人の普ねく知悉する處なり

然るに吾人は彼れが如き國力の殷富文物の盛大を見て深く感嘆すると同時に顧みて我國の現狀に照鑒し彼れ果して何故に彼れが如くなるか我れ能く如何にして攀隨し企及すべきかを思考するに及んでは不幸にして萬感胸臆を壓して轉た悵然たらざるを得ざるものあり、蓋し吾人人類の天地に處するや或は米或は日其間自ら人種の異同を存せりと云ふと雖とも其享くる處の氣象智識によりて務むる處の働きに於て彼我豈に必しも逕庭優劣ありとせんや、然かも彼れや悠然濶歩し駸々として富の發展限りなからんとするに反して我れや迺迍不振徒らに後へに瞠若たらざるを得ざらんとする所以果して如何ん抑も是れ至重至大の問題にあらずや吾人は想ふて玆に至つて米國の隆々たる進步の基礎根柢果して那れに存せりやを講究せざるべからず而て之れが講究の結果—概言すれば其根柢は實に米人の健剛なる自治思想に基づける地方分權制にあるを斷言せざるを得ず、蓋し多數都市の發展は國運の發達を正確に證明するものにして米國隨所都市に就て其發展の順序を檢すれば先づ完全なる道路を拓きて交通の便を謀るを土臺とし或は架空或は地上地下の鐵道を初めとして電車自働車馬車等の間斷なき交通に備え溝渠橋梁港灣より上水下水消防衞生通信の設備等鉅資を惜まずして完全ならしめ且つ都市と都市とを聯絡する鐵道遺憾なく敷設せらるゝのみならず有ゆる工場亦是等交通機關と連絡すべく各專用鐵道を敷設して出入の貨物盡く之

を工場内に於て處理するまでに完備せり、惟ふに以上交通運輸の機關を初めとして上水下水に至る諸機關は生活上必須の土臺にして米國の各都市は必ず此鞏固不動の土臺の上に建設せらる米國如何に豐富の天產ありと云ふとも米人如何に遒健の氣象を具ふると云ふとも苟くも以上の如き土臺あるに非ずんば安ぞ能く潑地の活動を爲すことを得ん、古に所謂本立て道生すと云ふが如く乃ち米人は先づ斯る本を立て飽まで人力を盡して自然を利用し自然に打勝ちつゝあるなり、然かも人力を盡して自然を利用し自然に打勝つを得んとする土臺の建設は彼等果して何によりて成遂げ得るか是れぞ實に澎湃として北米の天地に充滿せる健全なる自治心の遺憾なき發動に職由せずんばあらず

夫れ然り果して然らば斯く偉大なる自治心を滿足せしむべく自治力の發達せる所以那れにありや、曰く是れ北米合衆國の政治組織之をして然らしむるなり、抑も米國は政治上中央政府の政務をして極めて簡單ならしめ譬は外交の如き陸海軍の如き關稅事務の如き絶對に統一を要する處の極めて少數の事務に就て大體の統治を爲すに止まり他は擧げて地方の自治に一任し專ら分權政治を行へるが爲めに國民の中央政費負擔は割合に僅少にして中央政府の重要なる歲入は唯關稅あるのみ故に國民は其餘力を用て地方自治の財源と爲し地方都市の事業に投ずるを愉快とし且誇りとなせり蓋し資本を投すれば投ずるに隨つて其都市の發展を來し其都市の利源を啓くと恰かも商工業者が百般の實業に資本を投じて利益を收ると異なる處なし、顧みて我日本の實況を察すれば地方自治の衰耗年と共に甚しく中央集權の弊日に月に長し巨億の租稅は中央に吸收せられて地方人民の資力の大部分は中央政府の不生產的政費に支消さるゝの有樣にして所謂國稅の名の下に國民の荷ふ處の負擔は非常に重く之に反し地方自治の目的に供さるゝものは若干の地方稅の外國稅附加稅の名目の下に存するに過ぎず即ち之を米國に比すれば主客の位置殆んど顚倒せり、事態已に斯の如し國民が中央政費の負擔に苦みて餘力を存せず地方發展の事業を爲さんとするも資力なく辛うして現狀を維持し徒らに形式に流れて實際の活動を爲すことを得ず假令地方自治の必要を悟らるざに非すとするも殆んど手を下すの餘地なく術の施すべきなきを奈何せんや

試みに日米兩國の國情に就き比喩を設けて之を說明すれば米國は頭寒足熱にして日本は頭熱足寒なり、蓋し血液の循環圓滿にして四肢五體の血管些少の澁滯なく血液新陳代謝の本能を充分に發輝するに於ては頭腦は自から身體各部との均衡を得て適度冷靜なると同時に四肢の働きは活潑なるを得べしと雖も、之に反して血液徒らに頭腦に昂上して四肢血液の循環澁滯する時は常に頭腦其れ自身の故障を惹起するのみならず四肢自ら倦怠を起し全身の疲憊を生ずるものなり、之を要するに頭寒足熱は無病健全の現象にして頭熱足寒は虛弱疲憊の症狀なり、果して然らば彼の米と此の日と人間必しも優劣の差なしとするも健康と不健康との差あるは疑なき事實なりと斷言せざるを得ず、隨て吾人は日本が此頭熱足寒の惡症狀たる極端なる中央集權の弊を矯正根治するに非ざるよりは決して彼の米國の盛運に企及すべくもあらざるを信せずんばあらず

爾も我國の此病的症狀は果して先天的なりや如何んと云ふに決して然らず施政の形式に於ては今必しも昔の如くならずと雖も往古曾て郡縣政治たりしより次で封建政治に移りたる時代にありても地方分權の主義地方自治の要義は一貫

して淪る處なかりき、然るに明治以後大勢一變し政治權力を中央に集め中央政費の比年膨脹する有樣は恰も血液が一途に頭腦の一方に偏注して四肢五體は殆んど冷却に就かんとするに異ならず乃ち政府萬能主義唯り渇仰せられて地方自治の精氣は根柢より覆されたること方さに明治以後の事に屬し發病の原因と及び時期とは最も明瞭なり、惟ふに文明に後れたる新興國にありて偶ま世界的時代風潮に觸れて躍然として奮起勃興せんとするが如き特種の場合に於ては時に政治勢力に依賴して激勵呼舞するの要なしとせずと雖も抑も是れ一時の手段にして恒の道にあらず苟くも國民が或る自覺を得たる時は宜しく政治干渉を避けて國民の自治に讓らざるべからず、乃ち我國が曾つて一度泰西文明の琴線に觸れ先づ政治的革命に端緒を啓きて新文明の促進に向ひしより以來一にも二にも政治的勢力の下に泰西文物の摹倣を事とせし結果知らず識らず中央集權の弊に陷ゐり頭熱足寒の痼疾を羸ち得たるものたることを悟りたる以上は先づ此痼疾を濟ふを以て急要とせざるべからず、苟くも然らずして徒らに歐米の形式を摹倣せんとするも決して富强繁營の實を擧げ得べきにあらず、凡そ國家の發展は必ず確的なる基礎を有せざるべからず苟も基礎なからんか唯夫れ砂上の樓閣のみ而て所謂基礎なるものは國民の自治に外ならざることを知らば國民をして能く自ら奮ひ自ら治め得るに足るべき實力を養はしむるを急要とす、果して然らば今に當り中央集權の積弊を斷ち徒らに民の資力を竭くして中央に集め以て不生產的に消費するの禍を防ぎ大に民力を培養し綽々の餘裕を保ちて自治活動せしむる處なかるべからず米國の著大なる進步米人の駿速なる發展は實に此大基礎の確立を謬らざるが爲めなり

吾人は尙最後に米人の殷盛なる自治思想を試驗し得たる一例を示さん、時將に吾人が米大陸の周遊を終りて歸朝の途に上らんとする前なりき、我が團は今や此平和の使命を終らんとするに當り此國民修交をして宜しく終りあるものたらしめ永遠に此福利を收むるの法を講ぜざるべからず乃ち永く深厚なる國交に裨益し熾盛なる貿易を進むるの媒助機關を設けて永久に交情を繼續するを要すと爲し彼等の熱心なる賛同を得て彼我各六商業會議所の委員を集め數回會同協議せしことあり、而て此委員會の案件の第一は兩國六商業會議所は聯合して各委員を設け日米の通商に關する調査を繼續し絕えず相互の意見を交換して意思の疏通を謀り兼て通商上の障礙を除くに努力すること、第二は貿易事務官を兩國政府に置き對手國に駐在せしめて貿易上の要件を專任調査せしむることとの二案を懸けて案件としたるに、其第一案は彼等の熱心に賛同する所となり忽ちに成立したるに反し、第二案に至りては異口同音爾かも大膽明白に之を否認したり、而て彼等は云へり、吾人か吾人の自由に依り商業を營まんとするに當り何の必要ありて政府を恃み吏僚を累はすべきや吾人は唯吾人の能力に應じて自ら働くの自由を有せりまた政府の力を假るを要せずと、惟ふに彼等の主張は吾人に對して意外なる感想を抱かしめたると同時に彼等が吾人の提案に對する感想は一層意外なるものにてありしならん、吾人は實に此一事に就て彼我思想の隔り尠からざるに顧み吾人が動もすれば政府を賴むの謬りなるを愧つると同時に彼等の自治心の堅きに敬服せざるを得ざりき、然り米人の意思率ね斯の如く苟くも自己の自由を存する處敢て自ら治むるの確信に滿つ抑も是れ自ら健全にして活潑なる所以なり

嗚呼吾人は已に他山の石を米人に獲たり吾人は奮つて自治を以て發展の基礎とせざるべからず、故に中央集權の弊を避け地方自治の主義を擴張するの覺悟なかるべからず、見よ地方資力の培養は地方發展の根本義たることを恰も水蒸氣と雨露との關係の如くなるを若し地上に起る水蒸氣にして随つて起れば随つて他に飛ひ去り復た雨露となつて復歸還元することと無からしめんか土地や忽ちに焦土と化し草木生畜擧げて枯死せざるを得ず乃ち之を貨殖理財の上に觀るに一地方一都市の資力を割て月に年に中央に輸し去るのみにして其再び雨となり露となりて還り來つて霑潤するの時なからしめば如何に天產に富み天祐を享くる地方と雖も何時しか資力沽渇せざるを得ざるべし。之れに反して一地方一都市が自治の資を投ずるは其還元作用甚だ確的にして大に水蒸氣の昂騰したる結果は則ち沛然たる膏雨を期待することを得べし米國各都市の繁榮は實に之れに外ならざるなり、果して然らば吾人は飽迄も此根本基礎の建設に勤め政治上の宿弊たる中央集權を矯めて地方自治の資源を養ひ以て夫の頭熱足寒の痼疾を濟ふと同時に徒に政府に依賴し叨りに政府を過信するの姑息を愼み以て健全なる活動的國民自治獨步の國民たるの覺悟なかるべからずと信ずる者なり敢て所感を記す

獨立自治を愛する米國商業會議所の委員は斯の如くに吾々の説に反對した

▲兩國で貿易事務官を設けんと云ふ提議 ▲米人の官吏嫌ひ、言下に拒絶す ▲頭熱足冷の日本は懷爐主義では援へぬ ▲近頃開かれたる米穀品評會と鐵道院

東京商業會議所會頭
中野武營君

◎自治を愛する米國委員は吾々の貿易事務官説に反對す

中野武營君

國家の富强と云ふ事は、要するに政府の富强と云ふ事ではない、國民の富强と云ふ事である。國民個々が獨立自治の精神を以て、獨立に富强を計り、發展を爲す外には、他に何等の途もない。此の自治といふ事に就いて、今回の渡米の議に、予が大に感じた事がある。我が一行が已に渡米の目的を達して、其の最終の地たる桑港に歸著して、さて考ふる樣、折角此處まで來た上は、將來の爲め、日米兩國の便益に成る何か具體的の或る方法を講じて置きたいと云ふ意見で、太平洋沿岸の六商業會議所委員と、我が一行と相會して、將來の日米貿易の爲めに、相互より委員又は役員を選定し置いて、貿易上の便宜を計ると共に、將來何か其間に故障の生じた場合には、該事務官を以て解決する樣にしたい。それには貿易事務官の樣なものを兩方から選定して置きたいと持ち出した處、米國側では斷乎として之に反對した、其反對の理由は、我々米國人は自治の精神を重んずる、事務官といふが如き役人風のものは御免である。一切其の必要を認めない、吾々は事務官の如きものを設ける事は絶對に反對であると云ふので、遂に該方法は各自の自由に任すといふ事になつて、別れて仕舞つた。

◎吾々は日本の領事に愛想をつかして此の新案を提出したるなり

併し我々の事務官を置いて貰ひたいと云ふ意見は、元來外國にある領事館は、無論貿易上の事務をも執行して居るに相違あるまいが、根が外交の事に干與するを主とするから、其の人選の際にも、外交官に適するものを選ぶといふ傾向があるので、自然學者風の人や政治家風の人物が多く、從つて貿易上の見識を欠く事が夥しい。又外交官の地位に居ては、ドウも直接に人民と往復する事も自然疎くなる。故に、貿易上の

事で取調ぶる事があつても、直接自から手を下するは、本人が餘りに無智識な結果、往々人任せにする。從つて、貿易上の調査が兎角迂遠に流れて時機を失する場合も少なくない。結局不適當であるから、何か他に適當な方法で、此の弊害を除く必要がある。それには、先づ貿易事務官を置くのが、何より捷徑であらうと思つたので、さういふ事を言ひ出して見たのであつたが、併し之の如き事に官吏を使ふのは米國人の自治の精神と相容れざる所があるので、遂に該案は成立しなかつた。

◉茲が兩國の相違點

が、我々は之れによつて、大なる一の新教訓を得たのであると云ふのは、今日の處我が國民は、まだ〳〵官尊民卑的の思想が強くて、總ての事、官吏に任し、官吏にタヨル弊が拔けない。米國では、決して斯樣な事はさせない。故に政權が中央に集る樣な弊もなく、各々旺盛なる獨立自治の精神を以て、其地方々々を治めて居るから、政府萬能だの、盲從だの明從だのと云ふ馬鹿げた事を耳にしなくも宜い。米國の今日あるは、全く此の獨立自治の根本思想が、牢として全國民に拔くべからざるものがあつて、同時に一國の富は殆ど平等に各地方に分配されて、毫も日本の樣に遊金が中央の金融市場に集中する樣な奇怪なる現象は少しもない。

九州沖繩縣聯合共進會その四(參考館)

◉日本は悉く頭熱足冷の弊に落つ

此の活ける實例より觀るも、吾々日本人は先づ鞏固なる獨立自治の精神を養ふ事が何よりの急務である。此の根本問題を等閑にしながら、ヤレ政費の節減だとか、ドウして呉れよとか、斯うして呉れよとか騷いだ處が、我國現下の根本病弊たる頭熱足冷の現狀——中央ばかり、政府ばかりに萬事が集中して、地方又は個人が一向に振はない病弊は芟除する事が出來ない。更らに一歩を進めて自治體の完成を期する外に他の何等の途もない。然るに、之を務めずして、寧ろ末の政費を云爲するが如きは、誠に以て其本を知らざるもの末葉を云爲して根本問題を放棄するものといふべきであらう。

◉中央に悉く資本を吸ひ取る

更に又た地方の衰退とか、不景氣とか云ふ事の原因中にも、此の我が國民は獨立自治、獨立自强を計る精神に乏しい。自ら自らを鞏固にし、地方の力を以て地方の經濟力を鞏固にすると云ふ獨立自立の念に乏しいと云ふ大原因がある。だから地方の金は擧げて中央政府に吸集せられ、其吸集したるものを、不生産的に雲散霧消し去るが爲め、毫も地方發達の爲めにはならないのである。資金は徒らに中央の金融市場に充溢して、地方には金が無い。だから地方の衰微するは、固より當然と云ふべきであらう。彼の年々歳々徴集せらるゝ税金の如きも、地方税は附加税として徴集されて居る樣な次第であるが、地方行政の爲めに使用する税金を、附加税の名の下に徴集するといふ事は、已に徴税の上に自治制を馬鹿にして居る事が。明に現はれて居る。是れ實に大顚倒の甚しきのである實に頭熱足冷主義の好適例である。

◎近頃も政府は米穀品評會を斯くの如く冷遇す

而も國民が斯くの如く信頼し、依頼し、萬事を委して居る政府と云ふものは、實に融通の利かない杓子定規を振り廻はして、殆ど機宜に適した處置をした事がない。近き例を擧ぐれば、深川米穀商の人々が相詢つて、近日米穀品評會を擧行しやうと云ふ企てがある。然るに、米穀品評會なるものは、此の小さな日本國であるに拘らず、天候の關係上、年に作不作があつて、容易に品評會を開くべき好機が來ないもので、今日迄僅かに四回の品評會を催したるに過ぎない。處が、昨年は近年稀れに全國平均した豐作であつたから、米質も亦た比較的に不平均が無いので、此の期に於て第五回品評會を開かうと云ふ趣意で、依つて、其會に出品する米穀は、先づ全國を通じて約三萬俵と見算つて、其の運賃の割引きを鐵道院に交渉し呉れよとの依頼だから、予は其意を諒とし、直ちに鐵道院に往つて、運賃の割引を要求した處が、未だ總裁の確答はないが、其係の者の答へには、さういふ例を殘しては今後類似のものが起きた場合に、大に困るといふ、例の役人の具の常套語の下に、此方が幾ら、理を以て説くとも、斷然拒絶して、其割引を肯じない。每度ながら小役人共の事理を解せざる事、融通の利かぬ事は未開人と毫も異ならない。ヨシヤ、今後いくら類似の場合が出來たとて、一は農產を振興し、一は之れによつて米質の研究が出來るのだから、其度每に特別の取扱ひをするものとした處が、別段差し支もないではないか、而も三萬俵の米は、決して二三のステーションから來るものでない。全國から集まるのだから、一のステーションで取扱ふ俵數は、僅かに二、三俵に過ぎない。別に何の面倒も手數もないではないか。斯くの如くして鐵道統一の精神が何處にあるか、奇怪千萬の事である。けれども昔から役人には一種の役人根性なるものがあつて、總ての事を斯ういふ風に不親切に出なければ氣が濟まぬものらしい。此の一事を見ても、國民は正に奮起すべき時期である。獨立自治の國民たるべき時期である。

要するに國家は頭熱足冷の虚弱症に冒されてゐる。姑息なる懷爐主義では到底駄目である、國民は須らく一大自覺を爲すべきの時であらうと思ふ。

米人の大氣象は涙にて教育さるゝか鞭にて教育さるゝか

東京商業會議所會頭　中野武營

△余が米國にて觀たる放蕩者の狂言芝居

余等渡米團の一行がセントルイに着せる時、其市の商業會議所の招きによりて芝居見物したとがあつた。偖其芝居の狂言の筋が面白い、爰に一人の資産家ありて二人の男子を持てゐたが、抑も此兄弟の息子と云へるは揃ひも揃ふたる放蕩者て、競馬に行く、賭をやる、芝居に行く、婦人に戯れると云ふ有樣て、有りと有ゆる道樂に浮身をやつし、夜となく晝となく內を外なる放蕩三昧に耽り、其浪費の尻は各方面より主人公に支拂を求めに來るので、父なる主人公殆んどもてあまし、如何にかして之を矯正せんとすれども策の施すべきなく苦悶に沈んだ末、最後に一策を案出した、其れは息子等に傚ふて一層之に覆輪をかけたる道樂を初めたのである。競馬にも行けば賭博もやる、婦人にも戯るゝなど迚も彼れ息子の及びもつかぬ大放埒を遣り飛して、息子共の遊び得意の先き〳〵を駈け廻り、息子よりも五倍十倍の驕りをやるのみか、世間に知れ渡りたる金看版つきの莫連婦人を到る所に伴ふて豪遊を極めたので、息子共は舌を捲いて驚かざるを得ざる場合に立至つた。

△放蕩息子放蕩の父を諫む

ソコデ息子共初めて迷夢を醒まし、兄弟額を鳩めて協議の結果は、これては我家は倒れる外はないから父に諫言せねばならぬとて、恐る〳〵父に向へば、父は左もこそと思ふ心を色にも見せず、實にも汝等の言ふ處理りなきにあらず、併し汝等が盛んに放蕩を仕盡して、やがて我家の資産を傾け盡さんとするを我れ獨り見て心配するは馬鹿〳〵しき極てあると思ふ、なぜなれば、此家は父一人のものでなく汝等と共有てあるではないか、若し果して汝等が此家産を潰して然るべくんば、我れこそ汝等よりも寧ろ先んじて遣ひ潰すべき當然の權利者である、何となれば此家産は皆此親爺が造り出せしものてある故てある然らば何を憚りてか汝等の蕩盡するに任すべきや、寧ろ我れ自から遊樂して汝等の先鞭をつけんと思定めての昨今の道樂を始めた譯なれば、今更諫めだては無用なるべきぞと、以ての外なる父の詞に、子息兄弟は縮み上り、否々父上我等こそ平生の過ちを仕りたり、向後我等兄弟は誓つて品行を愼むべければ前非を恕し給へと、涙を流して請ふたのて、父は元より期する所左らばとて茲、に一同の放埒も止み、息子共には良縁を求めて妻を迎へさせ、一家繁昌の大團圓を見せると云ふ趣向であつた。

△物に驚かぬ米國の馬

尚一つの例は米國の大都市は何れも非常の熱閙を極め、電車自動車等の右に左に往き交ふ有樣は、我々がたまさか之を見ては危險に堪へん程なる眞中を、米人は平然として馬車を驅つて居る、時としては馬首將に他の馬車自動車に觸るゝかと氣遣ふ刹那にも、馬は少しも狼狽畏懼の狀なく、如何にしても日本馬の如き神經質なる點を現さない。

然らば米國の馬は如何にして斯の如くなるかと言へば、主要の原因は之を馴育するに當りて叱り懲らしめると云ふことなく、專ら愛撫を主とするが故であると云ふ、成程畏懼恐怖の念がなければ、火を見ても音を聽ても之れを恐るゝと云ふことを知らぬは道理である、已に恐るゝことなければ物に激することもなく、狼狽もなく狂ひ廻はると云ふこともなく、日本馬の如く神經質となる筈はないのである

△我國では威嚇敎育が多い

此二つの實例を見て、私は我國の家庭敎育につきます／＼深く感じたのである。凡そ一家の父兄が其家庭に於て子弟を養育するに就ては、其天性を矯め挫くことなく、能く天性を全ふして、人間本然の機能を發輝せしむる樣に心掛るこそ肝要のことなれと思ふのである。今我國に於る尋常の家庭に於て、子弟の薰陶養育の有樣を見るに、動もすれば父兄は其威を加へて子弟の不行儀を矯正せんとして、却て訓戒指導の範圍を超へ叱責罵詈、甚しきは打擲するが如き弊なきにあらず、隨て子弟にありては徒らに畏懼心に驅られて屈從性に陷り、終には父兄をば親しむべきもの懷かしむべきものとの念は去りて、只管恐ろしきものと思込ましむるか、然らざれば却て激昂せしめ反抗せしめ隱險ならしむるに至るのみである。要するに長上の威壓を以てし脅嚇を以てして子弟を矯正せんとするは決して養育指導の道にあらずと思はるゝのである。

△米人は慈愛を以て育てる

元來親と云ひ子と云ひ、老人と云ひ、青年と云ふも同じく人である、尊長者としては其子弟青年を愛育指導するこそ人の道なれ、苟も之を叱り辱しめて以て指導の要を得たりとするは根本より誤まつて居る、即ち我子に不行儀の者出來たりとて、之を正しく導くことを忘れ、徒らに叱り懲して益すねぢけ者とするが如きあらば、實に親とし先輩として社會に對し申譯なき次第である。

若し右の狂言芝居を日本でするならば、親の威光を以て直ちに勘當といふべき場合なれども、偖て勘當して放逐すれば放逐されたる惡青年は、之に懲りるよりも寧ろ一層惡行を募りて、社會を害するけととなるは必然である、左りとて棄置ば一家は破滅を免かれざる場合に於て、親たる人の心配は決して尋常にあらず、茲に於てか米人が子弟を矯正するには、慈愛の心を以て子弟の理解力に訴へ反省せしむるてう一段の味は實に掬すべきものである。家庭を治むる要道は實に茲に存せる譯にて米人が一般に大氣象を具ふるは正しく此流の薰陶により愛育さるゝ結果なるべきを思ふて感心したのである。

第六章　大正政変と山本内閣

一　第二次西園寺内閣への期待

第二次桂内閣は政友会との提携を強化し、明治四十四年一月には桂が政友会との「情意投合」を説くなど、両者の関係が深まっていった。

6-1「中野武営君談（後継内閣に対する希望）」（明治四十四年七月一日）は、当局の施政方針に対する希望として、中央の政務を外交や兵備などに限定し、他の政務は地方自治体に移管すること、間接税を軽減して直接税を主とすべきことなどを主張している。

明治四十四年夏に、桂から西園寺に内閣が交替するとの噂が流れたのに対し、**6-2「中野武営君談（政友会論）」**（同年九月一日）では、何ら政綱の差異がないのに内閣が更迭するということは一向分からぬ、情意統合という「八百長相撲」であると批判した。

しかし、明治四十四年八月に第二次西園寺内閣が発足すると、**6-3「中野武営君談（新内閣評論）」**（同年十月一日）にあるように、「施政の方針如何は未だ発表せられて居ないから、之に就ては何とも評することが出来ぬが、単に顔ぶれのみを見た処では、確かに予想外の立派な内閣であるやうに思う。」と西園寺首相や、日銀や勧銀総裁であった民間出身の山本達雄大蔵大臣の手腕に期待し、協力を惜しまない姿勢を示した。

日露戦争終了後の明治三十八年から六年間続いてきた桂園時代に、軍事支出と積極政策による支出が継続し、国債の発行残高が増加し、それに占める外国債の比率も上昇した。さらに入超が継続し、正貨準備の取り崩しも始まり、外債発行も厳しくなりはじめた。

このような経済財政状況に直面し、第二次西園寺内閣は、山本達雄を大蔵大臣に登用し、行政整理と財政緊縮に取り組み始めた(1)。

明治四十四年十一月、井上馨と渋沢栄一が西園寺首相を訪ね、山本大蔵大臣と原内務大臣が立ち合いの下で、「井上文書」といわれる、国債の既定償還計画を維持すること、行政整理政費を節約すること、大博覧会開設及び議院建築等を延期し、教育費等の過重な財政負担の軽減を図ること、税制整理を行ない負担の不公平を是正することなどの七項目の財政上の提言をした(2)。

そして政府は、明治四十五年度予算編成に当たり、海軍の建艦計画の予算計上を翌年度からとし、陸軍の増師は翌年決定することになった。さらに鉄道の広軌化計画を見送るとともに、第三期電話拡張と港湾修築補助金も凍結した。

明治四十四年十二月に開催された全国商業会議所連合会は、このような政府の動きに呼応し、歳出の削減を最優先として、減税や鉄道網の整備などの要望を出すことを差し控えた。[3] **6-4「財政整理の急務を説く」**（同年十二月）は、こうした西園寺内閣の緊縮方針を支持し、山本蔵相の手腕に期待する論考である。

6-5「中野武営君談（四十五年度予算計画批評）」（明治四十五年一月一日）も、緊縮政策は一時の苦境を招くかもしれないがこれまでの財政拡大の惰性を食い止める観点から容認した上で、陸軍の軍事費削減の必要性を訴えている。[4]

6-6「全国実業家の奮起を希ふ」（同年四月二十五日）では、翌月に予定されていた衆議院議員選挙において、地域の実業家が一致して議員を選出し、そのような議員が院内に団体を作り、実業団の意思を代表していくべきであると檄を飛ばしている。しかし、自らはこの時の総選挙以降、衆議院議員選挙に出馬することはなかった。

陸軍の二個師団増師要求など、国防問題から西園寺内閣における政友会と軍部の軋轢が明らかになってくる中で、**6-7「中野武営（如何にして政友会と対抗する大政党を起すべき）」**（大正元年八月一日）では、長年対立関係にあった政友会と国民党が、軍政軍備問題を軸にして合掌連携することにより、軍部の独走を抑えることができないかと期待した。

6-8「寧ろ慶す可きなり」（同年十月十五日）は、当時、山本達雄大蔵大臣と高橋是清日銀総裁の確執が伝えられていたのに対して、中野は、日銀が強くなりすぎないように中央銀行は米国のように複数あって相互に競争し合うのがよいと述べている。

注

（1）本節の内容については、拙著『中野武営と商業会議所』の「第九章（一）西園寺内閣への期待」を参照。

（2）井上侯伝記編纂会編『世外井上侯伝』原書房、昭和四十三年四月。

（3）『第十八回商業会議所連合会報告（同）議事速記録（付）商業会議所法委員会速記録』明治四十四年十二月。

(4) 同趣旨の論考として、**中野武営「本年我国経済界の消長を左右するものは何乎」**『経済評論』第十二巻第一号(明治四十五年一月)。

中野武營君談

自治體を重んぜよ

私は未だ出來もせぬ内閣に向つて注文するが如きことを申上げることは御免を蒙りたい。併し孰れの内閣たるを論ぜず當局の施政方針に對する希望を述べよとならば、多少の意見はある。元來私は國家の經費を節減して、其餘裕を以て租稅を輕減せよと云ふ論者の一人である。而して私の所謂減稅論は、國家必要の經營費までを節して、稅を減せよといふ意味ではないのである。併し乍ら凡そ國といふものは、國家――中央政府の經營だけで立ちて行けるものではないので、國の中にある自治體を能く經營して、之を發達せしむるにあらずんば、到底國家の健全なる發達を期し難いのである。即ち國家の發達なるものは先づ、人民に根源を發し、其集團たる自治體に及び、遂に自治體の合衆よりなれる國家に及ぶべきものである。故に國家の經營に就ては、決して中央政府の經營のみに重きを置くべきものにあらずして、同時に地方自治體の經營をも顧みなければならぬものである。從つて租稅の負擔も、亦中央政府に對する負擔のみに重きを置くべきにあらずして、又地方自治體の經費をも顧みなければならぬのである。而して是等の租稅を收納すべき人民の負擔力には凡そ程度のあるもので、此程度を超えたる重き稅を課することは、却て國力を疲弊せしめ、國家を衰頽せしめる所以である。例へば今人民の負擔額を假りに百圓と定めんに、これを悉く中央政府へ納むる租稅に出して了まへば、自治體の經費は出す途なきが故に、如何にしても、百圓を適當に按排して、中央へ納附する租稅と、地方へ納附する租稅とにふり分けねばならぬ。私が常に租稅を輕減せよと云ふは、この中央へ納むる租稅を輕減せよと云ふ意味である。現時の我國に於ては中央政府へ納むる租稅が、人民の負擔額中の大部分を占めて居る。而して自治體の經費に充てらるゝは所謂地方稅、附加稅で、これには制限があるから、實際に於て自治體のために投ぜらるゝ經費は極めて僅かなものである。斯くの如く自治體に投ずる經費の少額なるに於ては到底地方の發展を期せんこと難く、地方にして發展せずんば、國力伸びず、從つて國家亦隆昌の運に向ふことは出來ぬのである。故に先づ此際施政上の方針として望むべきは、中央集權の弊を矯めて、可成中央の經費を少くすることに努め、中央の政務を簡略にし――例へば外交とか、兵備とか、貨幣制度とか云ふ如く、國家より到底分離し得べからざる政務のみを中央政府に於て管掌し、他の地方自治體に任せ得べき事務は悉く之を地方自治體に移してやらせると云ふ方針を執ることである。同じく百圓の租稅を使用するにも、之を中央に集めて地方を潤ほさぬと、可成地方を潤ほすやうに使用するとは非常な差であつて、一方は稅金を殺して使ひ、一方は之を生かして使ふものである。

租稅と水蒸氣

國家に納めた租稅は地方を潤ほすものとなつて戾つて來な

いが、反之自治體に納めた租税は、直接其土地の經營費に使ふのであるから、再び其地方に落ち、其土地を潤ほし、其土地の利を起し、産業を開發するの財源となる。例へば租税は猶ほ水蒸氣の如きものである。水蒸氣は地上より空中に昇つて凝結して先づ雲となり、後或は雨となり、雪となり、霰となつて地上に降り、草木を育成せしめ又再び水蒸氣となつて空中に昇り、斯くの如く絶えず相循環して地上の生物を育て長せしめて居るが、租税も亦丁度斯の如きものである。故に適當に循環する時は絶えず、國民を潤ほすの財源となるが、若し順調を失ふときは、或は上昇せる水蒸氣の其地方に雨らずして、他方に飛び、其地方の草木をして枯死せしむるが如く、徒らに民力を枯渇せしむるものである。而して租税を最も順調に循環せしめ、民力を富潤ならしめんと欲せば、直接人民の福利を増進する地方自治體の經費に其多くの部分を投せなければならぬと思ふ。若し然らずして、中央政府の經費に其大部分を徴收する時は直接人民を潤さざること恰かも、其地より上昇せし水蒸氣の徒らに他方に飛散して、其地の草木を枯死せしむる如きものがあらう、故に先づ租税を徴收し、分配するに當つては爲政者は先づ可成的、地方を潤ほすの方法を採らんことを覺悟せなければならぬ。斯くして地方の民産富むに至れば、昨は租税の負擔額百圓なりしもの、今は百五十圓にも増し得べく、以て更に多くの國家の經費を敢て民力を害せずして徴收し得るであらう、要するに私の減税論は、人民に可成少なく金を出さしめやうと云ふにあらずして、現時の我政務の中央集權に偏せるを改めて、出來得るだけ之を簡易のものとし、之に出て得たる財政上の餘裕は、之を地方費に投じて國本を培養せよといふのである。私は斯くすることを以て最も經濟的にして、且最も健全なる國家經營の方法であると信じて居る。此故に現時の我國の如く中央のみを肥やして、地方を枯渇せしむるが如き施政の方針は、可成的早く之を一變して、順當に國家を發展せしむるの方針を執るに至らんことを希望するのである。

公債償還の影響

次に公債政策であるが、國債を償還すると云ふことは無論國家の義務であつて、之を自然に放任して下落せしむるが如きことを敢てしては、公債の所有者は大損失を蒙るが故に、他日一朝事ある際に、公債の募集に應ずるものがなくなる。故に之に對しては國家は常に特別の注意を拂つて、其價格の維持に努め、且適當の額だけは年々之を償還せなければならぬ。たゞ問題は其償還方法の宜しきを得るか否かである。而して年々五千萬圓以上の公債を償還すると云ふことを一旦決定した以上は、今更ら之を動かすことは財政上の信用を傷くる所以であるから、如何とも致方ないが、我國の財政狀態より之を考ふるに、五千萬圓以上と云ふ額は、少し多きに過ぎるやうである。若し以前の如く、政府自家の所有公債を買上げるが如き不公平にして、且卑劣の償還法を採るに於ては、如何に巨額の償還をなすも、公債の價は下落するであらうが、今日の如く抽籤法により、公平に償還するの方法を採る時は、其償還額は必ずしも多からずとも、信用の加はると共に價格も亦自から騰貴するであらうと思はれる。故に我財政にして餘裕あらば、成るべく多くを償還するも宜しいが、敢て無理算段をしてまで、其償還額を多くせなければならぬ程のことはあるまいかと思ふ。而して公債を償還する資金は何によつて得るかと云へば租税である。租税は國民より出す水蒸氣である。而してこの水蒸氣の雨は國民一般を潤さずして、單に公債の持主なる一部富者の懷を潤ほすに止まるのである。而して償還を受けし富者は此金を如何に運轉するかと云へば、四朱利に甘んずるものは、四朱利公債に乘換へるが、まだ我國一般の經濟狀態は四朱利を以て甘んずるまでの程度に達して居ない。故に公債を以て家の資產として居るもの――即ち之より得る利潤を以て衣食の資に充てゝ居るもの――は、今まで假りに十萬圓の公債を持つて居つたとすれば、五朱利で年五千圓宛の生計を營んで居たものが、四朱利、四千圓となれば、元來他に何等の收入なき身なるが故に、今までの生計費を二割だけ減せねばならぬことになるが、急に二割の生計費を減ずることは、實に容易のことではないのである。故に多くは四朱利公債に滿足せずして、更に五朱利若くは其以上の利廻りのある公債若くは株劵を求めることゝなるのである。而して今日國債に次いで最も確實有利の放資目的物として認められて居るは、市公債であるが、これは數量に限りがあるから、容易に手に入らない。若し強て手に入れやうとすれば市價が高くなつて居るために、實際の利率は四朱位より廻らぬことゝなる。依て六朱、七朱若くは夫れ以上の配當ある株劵に放資せんとすれば、これ亦種々の危險分子があつて思ふやうに確實有利なものは少ない。例へばこれまでは殆ど事業を獨占して居つたために、非常に高率の利益配當ありし株劵の如きも、一朝他に競爭者現はるゝに及んでは、最早依然として、利益を獨占する能はず、從つて又以前の如く高率の利益配當を繼續することも出來なくなるから、高率の利益配當を豫想して放資したものは少からざる損失を蒙ることゝなる。故に斯かる種類の株劵に放資することは極めて危險である。これは單に一例であるが其他種々なる經濟上の理由により、昨は高率の配當をなし居りしものの今は低率の配當をすらなし能はざるものがある。斯の如き我株式界の狀態なるが故に、公債の償還を受けたるものゝ中には當惑の餘り一時其金を銀行に預け入れるものが多い。而して是等の人々は他に收入の途あるにあらざるが故に、他に確實有利の放資物を見出すや否や、直ちに預金を引出して之に放資する。これが今日銀行が多大の遊金を擁し乍ら、銀行自身が安心して事業に放資し得ざる所以である。即ち今日の如き經濟界の變調は公債償還より來る當然の結果である。

償還金と產業との關係

公債を所有せしものが、償還を受け乍ら、敢て之を事業に放資する能はず、又株劵に廻はす能はず、其結果年々五千萬圓の資金が、一方に停滯して、一方に枯渇して居ること、これが今日に於ける我經濟界の實情である。而してこの五千萬圓を國民全般を潤ほす樣に融通するの方法を講ずることが、我經濟界を活躍し、發展せしむる上の先決問題であると思ふ。今のまゝでは、是等の資金は株券に代らず故に、事業上の資金とならず商品に代らず、(元來家の資產たる金であるから、消費せられない) 故に商人を潤ほさず、故に如何とも調整のしやうがないのである。從つて此儘で進めば、何處までいつても依然、今日の如き變調にあるを免れぬであらう。而して私の考へでは之を調整する途は他にない、たゞ中央銀行、若くは興業銀行が、能く有價證券を甄別して、其確實なるものを或は見返品とし、或は擔保品として融通するの途を開けば、確實なる放資物を見出すに苦しめる五千萬圓の公債償還を受けし人々は、こゝに始めて、株券の確實、不確實を識別するを得て、安心して之に放資するに至るであらう。然る時は自から全國の事業界に資金の投せらるゝこととなるが故に、我經濟界は極めて順調に發展進步し得ることゝ思ふ然るに今日に於ては株券は玉石混交して、個人では容易に其見分け附かざるため、孰れの株券も危險視せられ、從つて放資の目的物となり得ないのである。而してこの確實なる株券に放資するの途を開くことは、我當局者の當に勉むべき處ではないかと思ふ。公債は素より國家よりして見れば、最も重く見なければならぬもので、從つて之が價格維持策に力を盡すことは毫も不可なしであるが、株券も亦之に讓らざる我國の大切なる資產である。已に國家の大切なる資產なりとすれば、その信用を確立するの政策を採ることは、國家としては當然のことではあるまいか、單に公債の價格を維持することにのみこれ汲々として、他の國家的大資產たる株券の信用を確立する政策に及ばざるは、政治としては偏頗の政治であると云はねばならないやうに思ふ。若し公債を償還するだけで、この償還金が國民全般を潤澤するの方法を講ぜざれは、これ恰かも、徒らに不消化の滋養物を食するが如く、毫も國民全般を營養するの血液となつて國本を培かひ、國家を發展せしむるの資となすことは出來ぬのである。公債を償還すると云ふ趣意目的はよいのであるから、今後國政運用の任に當るものは、希くは其償還金を以て國本を培養し、產業を振興するが如き方面に向はしむるの政策を採られたいものである。

國本を培養せよ

一方に於て斯く公債の償還金を最も有利に運用するの政策を採ると共に、他の一方に於て中央政府の經費として徵收する稅額を減じて、其餘裕を地方自治費に投ずる時は、國力は茲に充實し、國富は茲に加はりて、更により大なる負擔に堪へ得るに至るであらう。歐米の先進國に於ては、國稅よりも、寧ろ地方自治費を多く負擔して居る。即ち總ての負擔額を假りに十とすれば、其內中央政府に納むる國稅の負擔額は三か四で、地方自治費の負擔額は六か七かの割合である。歐米先進諸國が益々發展し、進步する所以のもの決して偶然でない。然るに我國は歐米諸先進國と反對で、十中の八九までが中央政府に納める國税で、十中僅かに一二が地方自治體の經費として徴せられるのである。これ恰かも根を培はずして樹木を生長せしめんとすると一般、決して國家を健全に發達せしめ得る政策でない。故に私は可成國税額を減少して、地方税額、附加税額を多くしたいと思ひ、此趣旨を以て常に減税を主張して居るのである。而して同じく税をとるにしても、成るべく直接税を主とすべく、已むことを得ざるの外は、間接税はとらぬやうにして貰ひたい。何となれば、直接税は、直接に當人の財産收入等に應じて徴收する税であるから、公平であるが、間接税は消費者の負擔に歸する税であるから、多くは中流以下貧民の頭にかゝる税となつて不公平であるからである。最も生産的に働らいて、而かも資産を有せざる人民に多額の税を課することは、決して國家の隆昌を致す所以の途でない。私共の主張する三税廢止論の如きも、畢竟斯かる不公平を矯めんがためで、其中、織物税のみは、其税の徴收法があまりに苛察で、營業發展の障礙をなすからと云ふ理由から廢止を望むのであるが、他の鹽專賣及び通行税に至つては、全く中流以下の人民の負擔を輕くする趣旨より出でたものである。鹽の如きは日常の必要品であるから、其負擔の大部分は國民中大多數を占むる中以下の貧民に歸する。又通行税の如きも、遠方に行く時は上流社會のものも汽車に乘るから中流以下の人民と同樣に取られるが、市内に於ては、上流社會のものは自己の馬車、自動車、人力車等を以て用を便ずるが故に通行税を負擔するものは、殆ど中流以下の人民ばかりである。茲に於てか中流以下の人民は、一度働きに出掛ける毎に税をとられることゝなり、非常に負擔が重くなる。これはどうしても輕減せなければならぬと云ふのが、私共の主張で、徒らに税を減じて、國家必要の經營をも廢せしめると云ふ意味ではないのである。要するに私共の意見は、國本を培養し、國力を充實し、最も堅實なる基礎の上に、最も健全に國運を發展せしめんことを期するのである。而して此政策を實施せんことは、私共が、現内閣に望み、且又後繼内閣に望む處である。

（文責在記者）

中野武營君談

相撲と政治

政治を相撲に例へて見れば我々實業家は見物人で、政治家其人は力士である。併し乍ら相撲の見物人は力士の勝敗に利害關係を有せないが、政治の見物人の方はさうは行かぬ。政治の得失は直ちに自己の頭上に落ちかゝつて來るのである。從つて我々實業家と雖も、相撲の見物人の如く利害關係を離れて、安閑と政治を見物して居ることは出來ぬ。併し自己が政治の局に當るのではないから、見物人たることは到底見物人である。今假りに政治家を力士とし、我々を見物人とする時に、如何なる點を面白しとして見物するかと云へば、各力士夫々の長處、技能、力量を戰はす點にある。或は技能の秀でたるもの、或は力量の勝れたるものが、双方術を戰はし、力を鬪はすので、見物人も力瘤を入れて見、從つて人氣が集まるのである。然るに若し力士が八百長相撲を取つた時にはどうであらうか、如何に常陸山、太刀山の如き大力士の取組でも、見物人は單に其偉大な體軀を見せらるるのみで、何等の面白味もないものとなるであらう。從つて人氣も落ちて了まうであらう。我々が相撲を見物するは單に力士の體軀を見に行くのでないと同樣に、我々が政治を見物するのも、單に桂黨とか西園寺黨とかの形體を見物するにあらずして、其黨の精神の働き、主義の爭を見るのである。苟くも政治家として世に立つ以上、自から信ずる主義、政綱を明瞭に標榜して正々堂々と國民の前に力を較し、技能を戰はし、勝を制したもの即ち多數黨の地位を占めたものが爲政の局に當るべきものであると思ふ。斯く主義政綱を以て互に相爭ひ、新陳代謝して爲政の局に立つてこそ始めて立憲政治の實は擧がるのである。然るに今日に於ける我政治界の現狀を見るに、在野の多數黨たる政友會と在朝黨（政黨と標榜はして居ないが、政治上の一團體である以上、政黨と見るが當然である）たる現内閣の一派とは所謂情意投合なる八百長相撲を取つて居る。元來政治上の事は一方の政黨が或計畫を施すを、一方の政黨は其手は組まさぬと相爭ひ、一方の政黨が此事可なりとするを他の政黨が其の不可なりとし、互に相戰ふて、始めて面白味も生じ又意義も生ずるのである。即ち其相爭ひ、相戰ふにより兩政黨の政見の差異は明らかに國民に分かるのである。故に一の政黨の内閣が退いて、他の政黨の内閣が立つ時に於ても、國民は其點に就ては、新内閣が如何なる方針に出づるといふことを、豫じめ知ることが出來るのである。然るに八百長相撲を取つた結果、内閣の更迭があつたのでは、國民は新内閣が果して如何なる政治上の方針を有するやを測知することが出來ない。從つてやゝもすれば危惧の念を生じ、人氣は新内閣に集まらないのである。素より行政上の些細の點まで、内閣の更迭と共に變はると云ふことは、實際上あり得べきことではないが、其大體の政綱の差異はなければならぬ而して人民をしてよく其利害得失を識得し、判斷せしめなければならぬ。八百長は單に相撲道に於て忌むべきのみならず政治上に於ては一層忌むべきことであると思ふ。

新内閣の施政方針

近頃内閣更迭の噂が連りに新聞紙上に現はれるが、私は以上述べ來つた如く、何等政綱の差異もないのに内閣が更迭するといふことは一向分からぬことだと思ふ。若し現内閣の方針・施設を其儘引續いでやると云ふ新内閣ならば、それ決して眞の意味に於ける内閣の更迭にあらずして、單に人の更迭たるに止まるのである。從つて之を評して善いとか惡いとか云ふことは、單に人に對する是非の批評となるのであつて、而して人の好き嫌ひを云ふことは私の好まぬ處であるから、これに就ては何も言ひ得ない。併し乍ら桂公と云ひ西園寺侯と云ひ、堂々たる大政治家が、何等政見上の差違もなきに、何故に人の補缺交代に過ぎざる内閣更迭を敢てせんとするのであるが、何故に堂々と天下公衆の前に政見を發表し、政綱の差違を示して、内閣を讓り渡し又引受けることをせぬのであるか。その邊のことがどうしても呑み込めぬ。若し新聞紙の報ずることが事實であるとすれば、西園寺侯は桂公に代つて内閣を組織せられるであらうが、若し何等の政綱の發表もなく、この儘に桂内閣の後を引受けられると云ふに過ぎない内閣更迭であるならば、私はとても國民の人氣を集めることは出來まいと思ふ。何となれば國民は西園寺内閣の政綱を知らざるが故に、如何なる政治を施かるゝやを知らずして、徒らに疑惧の念を増し、危險の感を加ふるに過ぎないからである。故に内閣が更迭するならば宜しく正々堂々と政綱を發表し、政友會内閣が現内閣と政見を異にする點、現内閣の施政方針を改むる點等を、明らかに國民の前に示すべきである。

現内閣の施政方針にして改むべきもの、又改めんことを國民の要望せるものは、敢て二三に止まらないが、試に一二の例を擧げて云へば、先づ國民の租税の負擔を輕くすることである。現時の租税が過重の負擔であると云ふことは、殆ど萬口一致する處で、これが障礙となつて、凡ての經濟上の發展國力の伸張も困難であると云ふ實情である。尤も現内閣で、財政整理案を立て、其一部は實行せられたが、國民の要望に比すればまだ〳〵不滿足である。新内閣が果して之に對してどういふ態度をとるか、これは政綱として最も重要なる處の一綱目である。次には陸海軍の整理である。從來は列强と對

野田卯太郎氏

立して、權衡を維持する上に必要であると云ふ理由で、當局は擴張に擴張を重ね、近くは又陸軍側には朝鮮に二個師團を新設するといふ計畫あり、海軍側には更に大擴張の計畫ありと傳へられて居るが、これまた、宇内の形勢と國力の實際とに鑑みて、十分に整理を要することであると思ふ。從來はいつの内閣でも、陸海軍の方に舊態を襲いて來たのみで、何等新整理を加へたことはないが、今後國政を執るものは先づ此邊に眼を着けなければなるまいと思ふ。要するに今後の政治の眼目は租税を改正して國民の負擔を輕くすること、陸海軍を整理すること、並に本誌七月號で私が既に述べた處の地方自治體を發達せしめて國本を培養すると云ふこの三つが最も重なるものであると思ふ。而して陸海軍の整理が出來れば、自から租税を輕減することも出來、又餘力を地方自治體の培養に向けることも出來るのである。陸海軍を除きたる他の行政整理によつて得る經費の節減の如きは比較的少額のものたるに過ぎない。故に如何に行政整理を叫ぶも、陸海軍に手を着けない行政整理ならば、殆ど其効果は擧らないのである。思ふに陸海軍の整理をよくする内閣にして始めて國民を滿足せしむる政務の實績を擧げ得るであらう。

伊藤大八氏

大問題に對する成算ありや

或は公債償還額を減じて、得たる餘力を以て租税を輕減すればよいと云ふ論者もあるが、今となつては既に決めたゞけの公債償還額は其儘にして置く外、致方なからうと思ふ。何となれば、所謂公債の中には外國債も多い、又内國債と雖も――公債の性質は元來國境の内外を問はぬ共通的のものであるから外國人の所有に歸して居るものもある。從つて一旦決めた償還額を減じて、之を内國人民の租税輕減の方にふり向けると云ふことは、外國人に對して我財政上の信用を失墜する所以である。故に一旦決めた以上は、愈ゝ國が保てぬ時は格別、さもなければ、之をその儘維持する外はあるまいと思ふ。尤もこの償還額が多過ぎると云ふことは、誰の眼にも明らかなことで、かく決めぬ以前は、私共も反對した。從つて今となつては、果して自分の見込通りであつた。公債償還額を今の如くに決めたことは確かに一大失策であつたとは思つて居るが、國の信用は大事であるから、租税輕減のために公債償還額を減ずると云ふことは實際に於て執るべき策ではなからうと思ふ。租税を抵當として公債を募集することさへある世の中に租税輕減のために公債償還額を

鵜澤總明氏

減ずることは、他にとるべき方法がなければとも角、とるべき方法のある間は、先づ見合はすべきものであらう。公債の償還額で財政を縛られて居ることは不得策には違ひないが已むを得ないのである。事情既に斯の如しとすれば、租税を改正する外、人民の負擔を輕減るす方法は他にないことになる。而して一方の負擔を救はんがために、一方に於て負擔を增すやうな改正では何にもならないから、どうしても行政整理を斷行して、經費の節減を圖らなければならぬ。私の見る處では、是等の問題に對する解決の方法がつかなければ――現内閣の財政方針を其儘踏襲するに過ぎざるものなれば――内閣の更迭も無意義であらうと思ふ。即ち是等の諸問題こそ内閣の更迭を要する大問題であるが、其他の諸問題に至つては、比較的小問題で、之がために敢て内閣の更迭を必要とする程のものではないと思ふ。租税の改正、陸海軍の整理等の諸問題は假令この儘桂内閣が繼續しても、否應なしに解決せなければならぬ大問題である。況んや後繼内閣に於ては是非とも之に對する成算がなければなるまい。前西園寺内閣は、前桂内閣の所謂十年計畫なるものを其儘受け繼いで、實行する任に當つたもので、元來が他人の立てた計畫通りにやらうとするものであるから、自己の思ふ通りにならぬ。自己の思ふ通りにやらうとすれば、十年計畫と矛盾することになり、十年計畫を矛盾することは、監視の地位にある桂公一派の許さぬ處である。斯かる難局に當つては、恐く何人と雖も政績を舉げ得ないのが當然であらう。即ち當時の西園寺内閣は猶ほ恰かも鷄が家鴨の雛を孵へして、それが自分の思ふ通りにならぬのを、徒らに焦慮するやうな地位に立たせられたのである。而して西園寺侯が愈〻行きつまつて内閣を投げ出すと桂公は自己の立てた計畫を思ふ儘に改造して、新内閣の政綱として打つて出た。斯くして桂公は美事に其弊を他人に負はせ、其効を自己に收めた。若し今回の内閣更迭が又々以前の時の如き條件付であるならば、西園寺侯は、前に比して一層の難局に立つであらうと思ふ。聰明なる西園寺侯にして、再び自己の車が覆つた處の轍を踏むが如きことは、萬々あるべき筈がない。必ずや十分に自由手腕を揮ひ得る地歩を占めて後にあらざれば引受けらるゝ如きことはなからう。而して今日果して此地歩を占め得るであらうか、これが疑問である。

政友會果して起つか

之を要するに政治家が政治上の主義、方針、技能を以て戰ひ、國民をしてよく一の政黨と、他の政黨との政見の差違を知らしめ、以て一政黨の内閣が、他政黨の内閣に代る時に於て、新内閣の施政に對して、豫じめ、用意覺悟する處あらしむるは、當に政治家のなすべき義務である。たとへば天地間の森羅萬象にしても、天地の運行の順序が狂はず、春過ぎて夏來り、秋去つて冬を迎へ、一陽來復してまた春となりてこそ人間も春は播き、夏は育て、秋は收め、冬は藏め安んじて生計を營むことも出來るのである。然るにこの天地運行の順序が狂ふて、見當がつかぬとなれば、人間はたゞ當惑するの外はあるまい。假令四季の次序が狂ふと云ふ程に大變動がなくとも、晴天であるべき時に風雨があつたならば何人も大まごつきに、まごつくであらう。今年の風雨の如き其一例である。何人も土用の照り續きを豫期して居る時に、不時に秋季に來るべき風雨が襲ふて來たものであるから、人氣は自から動搖して人々皆不安の念を懷き延いて諸般の經濟的發展を妨げるに至つたのである。內閣の更迭と雖も亦同樣である。豫じめ施政の方針を明示せずして、國民に臨み、國民をして何等の用意、覺悟をなすの餘地を有せしめずして、卒然國政運用の任に當らんとするは餘りに早計である。更迭するならば豫じめ更迭するだけの手續を盡して貰ひたいものである。今のまゝでは吾々は何故に內閣更迭の必要があるか、其理由を解するに苦しみ、從つて又內閣更迭に對する用意覺悟も出來ぬのである。

尤も桂公の立場から云へば、朝鮮の併合、條約の改正等の大問題を始め、商法改正、刑法改正、學制改革等に至るまで相當の成績を擧げた後であつて、而かも今後は當分、殊に自己の功名とすべき事件もなく、任に留まれば留まる程困難を增すのであるから、今が絕好の退き時であらう。たゞ之に代る西園寺侯及其率ゆる政友會が、單に情意投合と云ふ名の下に、何等の確定したる主義方針もなく、桂公の持て餘したる難局に立つて、桂公に代はつて再び失敗の汚名を被る程大膽にして且無謀なりとは、到底、我々の信じ得ない處である。斯く考へて見ると、今回の更迭談の如きは、根據ある噂の如く世間では傳へて居るが、畢竟齊東野人の言ではなからうかと思ふ。聰明なる西園寺侯を總裁に頂き、原、松田の二領袖を始め多士濟士たる政友會が如何に政權に餓えたからとて、まさか斯程まで無思慮の行動を敢てすべしとは思はれぬからである。(文責在記者)

中野武營君談

閣員の顔觸れ

『太陽』の前號に政友會論をお話しした時には、未だ新内閣の成立しない前であつたが、其後愈々政局一轉して、桂内閣が辭職し、新に出來た處の西園寺内閣の顔ぶれを見るに、世人が豫期したよりは立派な内閣のやうである。施政の方針如何は未だ發表せられて居ないから、之に就ては何とも評することが出來ぬが、單に顔ぶれのみを見た處では、確かに豫想外の立派な内閣であるやうに思ふ。此點は世間一般にさう認めて居るやうである。從つて今日の處、新内閣は世間から歡迎せられて居る。私も亦新内閣を歡迎することに於ては、敢て人後に落ちぬつもりである。併しこれは單に顔ぶれを見たゞけの新内閣に對する感想である。果して新内閣が國民から歡迎せらるゝ内閣であるかどうかは今後施政の方針を見た上でなければ分らぬ。

農商務大臣男爵牧野伸顯氏

内閣九省、孰れも輕重のあるべき筈はないが、就中衆目の注視する處は、人民に直接利害關係を有する處の省である。人民に直接利害關係を有することの最も多い省は大藏省である。云ふまでもなく大藏省は財政の府であるから、其方針如何、及び大臣の力量手腕如何は、直ちに一般經濟界の景氣を左右するのである。大藏省と相並んで人民に直接の利害關係を有する省は、農商務、遞信の兩省で、前者は人民の營業及び、事業の利源に直接關係し。後者は一般經濟上最も重要なる運輸交通、通信機關を管掌せるのみならず、之に從事せる人員も亦多きを以て、人民との間の經濟的關係も亦最も密接である。大藏、農商務、遞信省の三省は經濟界に最も密接の關係を有するものなるが故に、是等の省の大臣は、最も嚴格にして且公平でなければならぬ。若し是等の省の大臣にして、少しにても偏頗なる考を有せんには、國利民福を計ることは、到底出來ないのである。故に孰れの内閣に於ても是等三省の大臣の人選は最も愼しまなければならぬのであるが、新西園寺内閣は是等三省の大臣に政黨以外の人を据えた。これ私共が新内閣を歡迎する所以の第一理由である。若しこの三省の大臣が政黨出身の大臣であつた時には、大臣自身は如何に公平な態度をとるにしても、未だ事件が大臣の耳目に觸れざる以前に於て、黨員の關係より種々の情弊を生じ易いものである。聰明なる西園寺侯は、よくこの邊の事情を慮られたと見えて、是等三大臣の椅子を政黨員に與へられなかつた。これは確かに、侯の一大英斷として推稱する値があると思ふ。以上の三省の外、文部省の如き、司法省の如き、又陸海軍省の如きは、多くは規律的の官省で、敢て經濟界若くは產業界に直接關係する處がない。ひとり内務省は、地方官を管轄する關係上、比較的人民に密接の關係を有する官省であるが、其關係たる、或は山林とか、或は鑛山とか、或は水產とか云ふ如く、人民の利益に關係せるにあらずして、單に社會の秩序とか、風紀とかの點より、警察が人民に直接關係するに止まるのであるが故に、此省に政黨出身の大臣を置くも、衆議院議員若くは府縣會議員の選擧の時に、多少味方の黨派の者が氣樂で、反對の黨派の者が窮屈を感ずる位に過ぎない。且選擧そのものが、元來公衆の面前に法規の定むる處によつて行はれるものであるから、農商務省あたりのやうに個人々々の請願などに關する仕事と違ひ、いかに偏頗の處置をなさんとするも、自から其範圍程度に限りがある。曾て品川子爵が内務大臣であつた時は、極端なる選擧干涉があつて非常に喧ましい問題となつたが、今や時世は幾變轉して。當年の選擧干涉の如きは、今日に於ては思ひもよらぬことである。故に内務大臣が政黨員であることは反對黨の人々にとつては多少窮屈を感ずるには違ひないが、大した影響はあるまいと思ふ。殊に新内務大臣の原氏はその邊のことはよく考へて居る人であるから、決して品川子爵の二の舞を蹈むが如き暴擧を敢てせぬことは確かである。

勇往邁進すべし

要するに現内閣の閣員は配置は豫想よりはよく出來て居ることは衆目の認める處である。而して一方には衆議院の多數を制して居るが故に、若し現内閣にして善政と思ふことならば、周圍の事情や情實に斟酌なく、思ふ存分に決行して然るべきことだと思ふ。現内閣の苦手は貴族院であるが、若し貴現内閣の主張する處にして、正義の上に立つものあらば、貴族院とても之に反對するが如き態度には出で得まいと思ふ。元來我國の貴族院の成り立ち其ものが、始めより政黨政派に關しては嚴正中立の態度を執らなければならぬやうに出來て居るのである。即ち其議員は皆國家社會に勳功あるもの、若くは其上流者中の代表者で、中に多數の終身議員を有し、如何なる場合にも議院の解散せらるゝことなきが如きは、貴族院が全然政黨政派の外にあるべきものだと云ふことを前提とするにあらざれば、解すべからざることである。故に貴族院本來の任務は、國民の代表者たる衆議院が、國家社會の安寧秩序を攪亂妨害するが如き行動を敢てする時に、之を匡正すると云ふことである。若し貴族院が衆議院の如く政黨政派の渦中に投じて政爭に係はるに至らば、國家の不幸これより甚だしきはなしである。從つて若し貴族院が斯かる態度に出づるに於ては、宜しく輿論の力を以て其反省を促がすべく、それにても尚ほ聽かざるに於ては、斷然其組織を改造して、本來の權限以外に出づることなからしむべきである。思ふに現在の貴族院は世人より官僚黨の巣窟を以て目せられては居るが、現内閣が政友會内閣であつて、貴族院側の代表者は閣員中に一人も居ないと云ふが如き理由によつて其本來の主義たる處の嚴正中立の態度を崩すが如きことはあるまい。若しこれを敢てするに於ては貴族院自から好んで國民の怨府となるものである。

前號に於ても述べた如く、政治は猶ほ相撲の如く、單に政治家の顏觸れを見たゞけで、土俵の上での實際の技倆を見ない間は、見物人は一向つまらぬものである。併し乍ら顏觸れによつて大體其人の技倆を豫測し其土俵上に於ける活動ぶりを想像することも亦趣味がある。現内閣は一方に於て衆議院の多數を制する强味を有すると共に、其大臣の役割も誠に公平で、其形に於ては別に申分はない。故に若し將來此形に現はれた處の立派なる體格を以て、土俵の上に努力奮鬪するに於ては、必ずしも國民の期待するが如き政治を施行し得ないことはないと思ふ。國民は新内閣の體格の堂々たるを見て、其活動振りの目覺しかるべきことを豫期して居る。新内閣員たるものは、宜しく國利民福を以て念となし、毫も他の情實を顧慮する所なく、只管所信に向つて勇往邁進すべきである。勝敗は度外に置きて力の限り、奮鬪すべきである。苟くも此方針を持して土俵に上る以上、假令勝負には負けても、國民の同情は翕然として集まり、他日再び捲土重來の時があると思ふ。然るに反之、若し新内閣が、當面の大問題——私が本誌九月號に述べた如き大問題——を解決すること能はずして、人民をして失望せしめたならば、假令一時を瀰縫することは出來ても、永久の勝利を制することは到底覺束ないと思ふ。

海軍大臣男爵齋藤實氏

山本大藏大臣

新内閣の顏觸れを見るまでは、實は黨派的の人が、人民に直接利害關係ある大藏、農商務、遞信等の諸省に据はりはしまいかと心配して、市場の景氣も浮き足氣味であつたのであるが、是等三省の大臣が黨員以外の人で、比較的公正の態度を執り得ると云ふことが分かつてからは、人氣も落ち着いて、今は景氣もよくなつた。市場の景氣のよきこと、これ現内閣が世人の歡迎する處となつた何よりの證據である。

勿論政綱の發表も必要である。併し乍ら目下は豫算案の編制中であるから、その編制を見た上でなければ、新内閣の施政方針を決定することも困難であらう。新内閣の成立當時は各省共、大體其省の豫算案の下調べだけ位をやつて居る時であるが、孰れ近々大藏省に廻附さるゝことゝ思ふ。而して大藏省で之を査定して閣議にかけて、この豫算案――前内閣の方針を大體踏襲せる豫算案――を其儘繼續的の意味でやることになるか、或は新内閣の所信の儘に、これを切り換へてやることになるか、此處が觀物であると思ふ。而して又内閣が果して國民の輿望に副ふべき政治を施行し得るか否かの疑問の決せらるべき最も重大なる關鍵であると思ふ。

新内閣が大藏大臣を民間より選拔したことは確かに憲政の一進歩である。これは我々が豫ねて渇望して居つた處のものが事實となつて現はれたのであるから、眞に快心の至りである。無論如何に抱負のある人でも、民間より入つて廟堂の人となれば、其處には又種々面倒な事情や關係があつて、思ふた程の手腕も揮へまいが、兎に角、從來官僚の空氣を以て充たされた大藏省に民間の新空氣を注入するだけでも大に効果があると思ふ。若し山本氏にして周圍の事情に屈托することなく一大勇斷を以て臨むに於ては、假令成功せざるまでも、他日の成功の端緒は開けるであらう。故に此際我々が山本氏に望む處は、徒らに舊套に泥むことなく、行はれざるまでも新機軸を出し、所謂瓦となりて全からんよりは、玉となつて碎けんことである。成敗は度外に措いて宜しい。やれる處までやつて貰へば滿足である。山本氏のためには今度が晴れの土俵である。負けてもよく取つたと云ふ相撲振りを見せて貰ひたい。國民一般、殊に我々實業家は、民間の撰手としてこの難局に當つて呉れる氏の爲めに、力の限り聲援を與ふに躊躇するものでない。山本氏たるものはこの國民の後援を頼みとして、遠慮なく思ひ切つて、財政上に大鉈を揮ふべきである。財政上の整理なるものは國家も一家も同樣であつて、早きに際して整理せなければ、年を逐ふ程益々困難になる。整理の時機は正に今日にあると思ふ。而して此際山本氏を助けて財政整理を斷行せしめたいと云ふ希望は、ひとり京濱方面の實業家のみならず、關西方面の實業家も亦擧つて此考へを持つて居るらしい。斯かる輿望を負ふ處の山本氏であるから自己の抱負を伸べるには、實に絶好の機會である。宜しく此機會を逸することなく、思ひ切つて所信を斷行すべきである。

政友會と商業會議所

一體私はこれまで何時も、實業家側を代表して惡くまれ役を勤めて來た。先づ日露戰爭後、所謂戰後經營に關して全國の商業會議所の意見を纏めて、之を箇條書にして當局に提出したのを始めとし、爾後屢々當局に警告する處があつたので、政友會の側では前西園寺内閣は我々が倒したかのやうに思つて、深く我々を惡くんで居る向きもあるらしいが、元來我々が當局に建議した當初の意思は、戰後經營の如き大事に當るには、宜しく官民一致して各其全能力を盡すべきもので、其間に少しの蟠りでもあつて、意思の疏通を缺ぐやうでは、到底有終の美をなすに堪へないと考へたからである。然るに其後の實際に就て之を見るに、當局の方針は、我々の希望と齟齬する處が少なくないので、已むを得ず益々聲を强くして我々の希望を貫徹せんと努める。當局の方では愈々厄介視すると云ふ風で、遂に我々が政治に干渉する罰として商業會議所法を改正せらるゝまでに至つた。商業會議所法の改正は即ち商業會議所撲滅策である。罰としては隨分手嚴しい罰である。而して斯く商業會議所撲滅的の會議所法改正を敢てしたのは桂内閣であるが、實際は桂内閣の意思によつて改正したと云ふよりも、寧ろ政友會に迫られて改正を餘儀なくせられたのであつた。併し我々はこんなことで心を動かすものではない桂内閣であらうが、西園寺内閣であらうが、主義により問題によつて賛否を決するので、對人關係により、若くは感情によつて賛否を決するのではない。故に桂内閣倒れて西園寺内閣立つも、政治上の主義綱領にして取るべきあれば、力を盡して援助するつもりである。

或は商工業家が政治に關係することは宜しくない、商工業家は宜しく商工業の發展にのみ全力を盡し其他を顧るべからずと云ふ論者もあるが、これは不通の論であると思ふ。凡そ商工業の利害にして政治に關係せざるものありや、又商工業の發展――一層廣義に云へば經濟の發展――と云ふことを取り去つて、殘る處の政治は何程の價値ある政治であるか。經濟を論じて政治に亘らざることが果して出來るものであるかどうか。是等のことを考へて見れば、商工業家が政治に關はるべからざるものなりや否やの疑問に對する答へは明白であると思ふ。例へば一般經濟界の困難を匡正し救濟せんと欲するには、先づ第一に財政の狀態を取調べて之を適當に[illegible]梅せなければならぬ。而して財政は一國の政治中、最も重要なる政治である。經濟と政治との相離るべからざる關係を有すること斯の如くなるに拘はらず、尚ほ且商工業家は政治を論ずべからずと云ふ論者あらば、吾人は論者の常識を疑はざるを得ぬのである。

陸軍大臣男爵石本新六氏

政友會は前述の如く商業會議所法の改正を桂内閣に迫つて、之が撲滅を企てた。併し我々は決して暴を以て暴に酬ふるが如きことはせないで如何にしても商業會議所なるものは、無くてはならぬものであると認めらるゝ時機の來るまで隱忍して待つゝもりである。而して如何に當局が商業會議所を無視せんとするも無視し得ない時機の遠からず來るべきことは疑を容れない處である。何となれば今日以後は、外交にしろ、又海外貿易にしろ、如何に政府ばかりで力瘤を入れて見ても、一般國民なり、又實業家なりが、全然是等に援助を與へなかつた時には、其美果を收めんことは到底不可能であるからである。今日の如く國民外交の時代にありては、雙方の外務當局者の交渉のみで、國交の親善が期し得られるものでは決してない。必ずや雙方の國民と國民、就中實業家と實業家が溫かき握手を交換せなければならぬものである。此意味よりして我々は東は米國、西は清國の實業團と互に訪問を交換して聊か彼我の國交上に微力を致し、又致しつゝある次第である。而して斯く彼我實業團が訪問を交換するには必ず其機關がなければならぬ。個人々々では到底其希望を達することは出來ぬのである。單に斯かる際に必要なる機關としてのみ之を見るも、商業會議所の必要あるは言ふまでもないことだと思ふ。我々は政府のために虐待せられ乍ら、怨みに報ふるに直きを以てするの趣旨を以て、自費を擲つて國民外交の一分を盡しつゝある。この點に於ては多少自から慰め且誇るに足るものがあると思ふ。

要するに我々は實業の發展を圖ることが今日の政治の根本であると信ずるが故に、新内閣が此方針を以て、進まんことを望むものである。（文責在記者）

財政整理の急務を説く

中　野　武　營

現内閣が來年度豫算に於て斷乎たる緊縮主義を採りたるは誠に結構なる事にて一般國民の輿望に適へり而して一部閣員の強硬なる抗爭ありたるに拘らず終に其主張を貫徹したる山本藏相の手腕や又大に賞賛に値す

吾人實業家の立場より云へば殖産興業の爲めに種々の要求ありて擴張的施設を希望すると雖も現時の財政狀態に在りては是れ全く不可能にして緊縮方針を取るより他に道なきなり

我國戰後の財政は政府萬能主義を以て膨脹に次ぐに膨脹を以てし其惰力は恰も騎虎の勢をなし又容易に制すべからざるに至れり斯くて前内閣は行掛り上止むことを得ず彌縫百端以て今日に至りたれども尙其勢ひの底止する所なけんか我國の財政は其極終に拾收すべからざるに至るは必然の運命なり然るに幸ひにして現内閣が此膨脹の惰力を喰止め而して財政を根本的に整理することを得るは新内閣によりて人心を一新したる賜物ならずんばあらず

本年の豫算は此緊縮方針によりて各省の新計畫は悉く削除せられ以て從來の膨脹的惰力を喰止めたるものなれば其影響は一時財界の不振を招くを免れざるべしと雖是れ所謂尺蠖の屈するは以て伸びんとする所以にして現内閣は單に緊縮方針に滿足することなく尙ほ進んで根本的に財政を整理し其餘裕を以て産業の發達を計らんとするにあれば實業家は安心して事業を劃策し得隨つて財界は健全なる發達を遂ぐることを得ん

然るに從來の財政方針の下にありては政府萬能主義を以て徒づらに政府の財政を膨脹せしめ民間の經濟は却つて萎靡減退したるの觀あり是れ恰かも腦充血に罹りたる患者が其頭腦は熱すれども其の手足は冷却せるが如し血液全身に循環して始めて眞の健康體たるが如く財政經濟の調和其の宜しきを得て始めて健全なる財界たるを得べきなりされば從來の財政狀態は一見景氣好きが如きも其實は所謂空景氣にして眞正の事業は振興する能はざりしなり故に世人が現内閣の緊縮方針を以て消極的政策となし從來の遣繰政策を以て積極的方針と見做すは誤解の甚しきものとす予輩は寧ろ現内閣の緊縮方針を稱して惰力喰止方針と稱するの適當なるを感ず

如上の理由によりて予は現内閣の財政方針に賛同を表すと雖も若し現内閣にして單に緊縮にのみ止まり尙ほ進んで行政及財政の根本的整理を實行することなくんば吾人は其無能無策の故を以て大に之に反對せざるを得ず故に吾人は政府が今後十分の調査をなし大に財政の整理を斷行し其剩除を以て徐ろに殖産興業の實を擧げんことを切望して止まざるなり

中野武營君談

整理の前提として賛成

四十五年度の豫算評と云ふも、其一款一項の事は、行政部內の問題で、敢て我々の喙を容るべき限りでないから、茲にはたゞ大體の財政方針に就てのみ申述べることゝする、頃日來現內閣の財政方針として坊間に傳へらるゝ所によれば、來年度に於ては、たゞ現狀を維持し且緊縮するのみで、別に何等の方針なるものはないとの事である。若し現內閣の財政計畫にして果してこの程度のものに止まらしめば、これ何等の意義もないものであるが、之を四十六年度以降に於て、大に行政及び税制を整理して、財政の基礎を鞏固にしやうと云ふ政策の前提として觀る時は、大に有意義のものとなるのである。

元來日露戰爭後今日に至るまでの我財政は其第一着歩を誤つたのである。即ち普通から云へば、戰役後は兎も角も先づ民力休養の政策を執らなければならなかつたのを、實際は之と反對に、凡ての方面に發展主義を執つたため、たゞさへ戰勝に醉ふた惰力で以て、一足飛びに進みたがる國民に惰氣を添えて、歳計は年一年と尨大し、遂に今日の窮境に陷るに至つたのである。この戰勝の惰力に鞭つて進ましめた發頭人は桂公で、之に乘つて進んだものは第一次の西園寺內閣である。而して第一次西園寺內閣の後を承けたる第二次桂內閣は、更にこの惰力に最後の鞭を加へ、我財政の車を益〻險路に驅り入れたのである。此處に於てか、其後を承けたる第二次西園寺內閣は、財政を救はんが爲めには、如何にしても一先づ其惰力を停めるの方法を講ぜなければならなかつたのである。

幸にして大藏大臣其人を得たゝめに、一先づ無事に惰力だけは喰ひ止め得た。併し乍ら仕事はこれからである。若し今後の施設にして、見るべきものがなければ、惰力を停めたのは、單に財政を死物ならしめたに了るのである。而して斯く惰力を停めた利害に就て言へば、之を各事業、各項目に就て觀る時は、之がために事業の完成期が延びて不利益を蒙るものもは又これがために國庫の損失となるものもあるべく、或あらう。又一部の事業緊縮のため、一時不景氣の聲を聞くこともあらう。併しこれは致方がない。今まで進んで居た惰力を停止すれば何處かに不足の箇所、不融通の點を生じて、之がために一時的の打擊を受けることは已むを得ぬ。僅かに一時、一部の不景氣、不融通のために、全體に亙る根本的の利害を顧みない譯には行かぬのである。大の蟲を活かすためには、小の蟲を殺さなければならぬこともある。なほ之を人間の身體に譬ふるに、根本的の治療を施さんがためには、其一局部を傷害するをも忍ばなければならぬと同樣である。徒らに一局部を傷害するを恐れて、却て大切の生命を失ふを顧みざるが如き愚物の心懸けでは、國家の財政の料理は出來ぬのである。

如上の理由により吾人は從來の惰力を停めたる當局の財政計畫を卒先して賞讚するものである。併し乍ら前にも述べた如く、吾人が現內閣の財政計畫を賞讚するのは、行政整理、税制整理の前提としてゞあるから、若しこの二者にして實行を見るに至らなければ、賛成變じて或は反對となるかも知れぬのである。

行政整理の方法

行政整理中最も重なるものは、陸海軍の整理である。而してこの陸海軍の整理なるものは、たゞ外部から之を迫つたとて到底實行の出來るものではないので、必ずや内部より進んで整理しなければならぬものである。幸にも今や之が整理を必要とするの輿論の聲は漸次勢力を得つゝあるのみならず、陸海軍部内に於ても亦此氣運が漸く勃興しつゝあるやうである。故に今後數年ならずして吾人の希望を實現するの時は到達するであらうと思ふ。

而して目下の所、吾人が先づ第一に希望する所の陸海軍の整理なるものは、此上敢て國費を增すことなく、各自其勢力を充實するの方法に出でんことである。即ち或は艦船兵器の新鋭なるものを必要とする場合の如きも、從來其舊きものに投ぜし費用を轉じて、之に向けるが如き方法を執ることである。更に一歩進みては吾人は陸海軍、就中陸軍の組織を改正して、其常備兵數を二分一乃至三分一に減ぜんことを希求する。（必ずしも師團數を減ずるに及ばず、又將校數を減ずるに及ばず、たゞ徴兵數を減ずれば足る。）蓋し我國力を以てしては、現時の如き多數の常備兵を養ふこと困難なるのみならず戰時に際しても、實際三十萬内外の兵數を動かし得るの財力を有するに止まるからである。（日露戰爭の經驗によれば三十萬の陸兵を一ヶ年間大陸に動かすには無慮十億圓以上を要す）而して尚ほ百尺竿頭更に一歩を進めては、元來陸海軍共に同じく國防なるが故に、敢て陸軍と云はず、又海軍と云はず、眞に國防上急を要するの施設を先きにすべく、双方互に相對峙して勢力争ひをなすが如きことなからんこと、これである。斯く陸海軍の區別を見ずして、たゞ國防の機關として之を見る。此時に於て皇國の軍備は始めて眞の意義を有するものとなるであらうと思ふ。吾人は行政整理の結果、此根本問題を決するまでに進まんことを望むものである。

陸海軍を除きたる一般行政整理の方針としては、曾て本誌に於て述べし如く、現時の政府萬能、中央集權主義の弊を矯めて、地方自治に重きを置き、中央政府は單に國政の大綱を統ぶるの機關たらしめ、從つて税制の整理の如きも單に其負擔を公平にし且輕減するのみならず、其國庫に納むる税額を成るべく減少して、地方自治體に納むる税額を成るべく多からしむるが如き方針を以て其歩を進むべきである。斯くする時は、恰かも一旦蒸發したる水蒸氣が、雨となつて再び其地方を潤ほすが如く、自然に地方の財力を養ひ、人民の生活を豐裕ならしめ、從つて眞に國家をして健全に發達進歩の途に就かしむることが出來ると思ふ。

要するに私が現内閣の停止的財政計畫に賛成する所以のものは、如上の行政整理、税制整理を豫期しての賛成、即ち條件付の賛成である。而して私は現内閣が、思ひ切つてこの大政策を決行して、我國本を定め、我國運を振興せんことを希望し、且期待するものである。（文責在記者）

東京商業會議所月報　第五卷第四號（明治四十五年四月廿五日發行）

論談

全國實業家の奮起を希ふ

中野武營君

立憲代議政體は輿論政治である、人民に參政權を與へて國政を議せしむるのであるから、人民は深く之れを體し公平なる代表者を出して意見を代表せしむる處の機關を有せなければならぬと云ふことは申す迄もない、而して今日の實業は前代の實業とは全く面目を異にし、社會に重要なる位置を占めて居ることは縷說を俟たない、のみならず實業と政治との關係は尙ほ車の兩輪鳥の兩翼の如く最も重大なる關係を有し決して個々分立すべきものでない、即ち實業を發展せしむることは最も穩健に國力を增進せしむる所以であつて、國力を最も穩健に增進せしむると云ふことは政治上の大主眼である、果して然らば實業家たるものは自己の立場よりして他方面の人よりも一層政治上の利害に留意せなければならぬ責任があると云つて宜しい譯である。

今や政費は極端に膨脹し、人民の負擔は極度に重課され、對外貿易は常に逆調を示し、物價は次第に騰貴を來し、生活難は漸く逼まりつゝあり、此憂ふべき狀態を救濟することは抑も誰れの任であるか、惟ふに今日の有樣を以てすれば單に政府政治家等の力のみに依りて之を救濟せんとすることは困難である、而して又今日の如く實業界の勢力が薄弱では根本的に弊政を革むることは出來ないと思ふ、此時に當り實業家たるもの之を對岸の火災視して良いものであらうか、由來政治をば無關係のものゝ如く考へ居る人は、現に他人が其頭を叩かれつゝあるを觀ても彼れは他人の事に屬せり自分には何等の痛痒なしと傍觀して居る間に、何ぞ圖らん遠からずして同一運命が己れの頭上に降り掛り來るを覺らないと等しく、物價騰貴に苦しみ生活難を訴ふるは決して下級勞働者のみの事にあらず、霜を踏んで堅氷到るを知らざるは不覺の甚だしきものである。

然るに今日實業家の政治上に於ける有樣は如何であるか、實業家中往々議員として議會に立てる者なきにあらずと雖も未だ曾つて實業家一味の團體として旗幟を標榜せるものなく、只個人個人の考へを以て種々の問題に關し其の去就を決するのみで、實際無勢力の狀態である。

然らば實業の發展を謀るが爲めには如何にせば可なるやは、云ふ迄でもなく之れ實業家が國家に對する重要なる位置を自覺して、法律上與へられたる權利を充分に行使し、成るべく多くの實業家を議會に出すと同時に、是等代表者をして立法院中に實業團體を作り明確なる標榜を立て事苟も實業に關係する問題に就ては實業家の意見を代表する機關たらしむるの用意が必要である、而して夫れには其後援たるべき實業家の團結力を鞏固にすることが更に最も大事である、凡そ世間の事個人の力を以て處理すべきことゝ個人を以て處理し得られざることゝがある、個人にして能く處理し得らるゝ事に至つては敢て公衆の力團體の力を用ふることを要せない、然れども苟くも事公共の利害に關しては當然團體の力に賴らねばならぬ、然るに我實業家は、未だ團體の勢力と云ふものを認識せざるものゝ如くである、爲めに折角帝國議會と云へる參政壇場を有しながら、實業家は何等の勢力をも認められないのである。昔時戰爭の有樣がこれに能く酷似して居る、彼の源平屋島壇の浦に於ける戰記を見よ。景清の錣引、義經の八艘飛等の如き、又賤ヶ嶽の戰記を見よ、七本鎗の如き皆個人の功名のみを賞揚して、一軍一隊の行動如何を等閑に付して居る、蓋し當時の勇將猛卒は個人の功名を貪り、所謂拔駈けの功名を手柄とするものゝ如く、隨て其區域が狹少である、苟も今日文明の時代に於ける戰法は、個人を犧牲にして一軍一隊の進退を主とする故に、近く日露戰役の場合の如き、一時に數十萬の兵を動かして一絲亂れず、勇將も獨り進むを得ず儒夫も獨り退くを許さず、從容として大局を制すると云ふ有樣であつた、蓋し文明の戰法は其れでなければならぬと思ふ。左れば實業家にして苟くも時勢を看破する以上は、大に一致協力して共同の福利を擁護することに勉めなければならぬ、若し是れをしも出來ぬと云ふならば、假令實業家を議員として選出するも議院に實業家なしと云ふことになり、我實業界は參政權なきに均しきものとなるのである、抑も吾人は斯る狀態に放置し安んじて居られるものであろうか、選擧法は市を以て特に獨立選擧區として實業家の代表者を擧ぐるに便ならしむ、乃ち法律に於ては堂々と實業家の特別代表を認めて居るに拘らず、實業家自身は空しく其權利の上に眠つて居て、我權力範圍を他の政黨政派の畑にされつゝあるをも自覺せざる如きは、實に遺憾の極ではあるまいか。

扨て終りに臨で玆に一言せざるを得ぬことがある、それは他事でない、前期總選擧の時に際して我輩は實業家の出馬を促し、我輩自身も東京市より選出せられたのである、然かも議院に出て見ると事志と反し、思ふ樣に實業團を組織することが出來得なかつたのである、是れ畢竟各選擧地に實業團の地盤が出來て居ないから統一の道が立たなかつたのが主なる原因であろうと思ふ、所謂其本亂れて末治まるものあらずとは此ことであると深く自から覺つた次第である、故に我輩は失敗の經驗上よりして今度の選擧には實業界に豫め實業團の地盤を作るの必要なることを警告するに外ならぬのである。

其處で我輩が各地方の實業に從ふ選擧者に希望するのは、方今の時勢に鑑み政治の利害に深く注意し、健全なる實業家の代表者を選出することに努め、實業家の步調を一致し、精神的に鞏固な團體を作つて選擧を行ひ、選まれた議員は議院内に一の實業團を作り、内外一致協同して實業團の意見を健全に代表することを標榜し、以て政治の改善を計らなければならぬと云ふ趣意である、蓋し是は決して實業家が、政權に戀々する次第ではなく、正當に實業を擁護する所以に外ならぬのである、此種の希望は世の識者の間には夙に抱かれつゝある所である、從て早晩計畫せられなければならぬ事と思ふ、各地選擧區に於ても豫め是等の考へを以て今回の選擧を行ひ、國家の弊政を濟ふの用意あらまほしく思ふて玆に希望を陳べた次第である。

□東京商業會議所會頭　中野武營

△新政黨は今のまゝでは起らぬ

知る者は知つてゐるが、兎に角政黨秘史に屬する事柄で、且つ現存の人の名譽にも關する事が多いから、詳しい事情はいひ兼ねるが自由黨が花々しい自由民權の大旆を飜して天下を風靡した裡面には面白からぬ事實がないでもない。自由民權の旗印しは、勿論眞劍になつてかざした人も多かつたが、眞劍でなく、只是を爲にする處あつて振れ廻つた人も多かつた。だから此の間の消息が黨員に明ると、眞劍組の河野廣中君などは、改進黨に走つたといふやうな事である。今日の政友會は此の自由黨の後身であるが、下院に二百餘名の過半數を占めつゝも、閥族者流の靴の紐を解くが如き醜體を演じて恥づる處がないのは、昔時の自由黨の醜分子が居殘つて發達したる政黨丈けに、愈々その眞價を暴露し來つたかの感なきを得ぬ

國民黨は兎にも角にも、苦節を守つて今日までやつて來たが變節をしない代りに、變通の妙處もない。時世に應じて人心を收攬する事も爲し得ぬ。狷癖者が寄つてゐる丈けに肉がつかぬ。利用せらるる事なき代りに、大多數とも爲り得ぬ。

かくの如き歷史を有し、かくの如き狀態にあるが故に、此の儘に放任して置いて新らしい政黨の出來る事はない。政黨員は兎に角此の兩政黨に籍を置いてゐる。歷史のない中央派などが勢力を張る事の出來ぬのは當然で、官僚者流が飛び出して、オイそれと政黨を起さうとしても、さう容易に出來る筈はないのである。

△緊要問題につき是非の意見を立てしむべし

若し今日の政國兩黨に屬する者をして交互相出入せしめ、甲より乙、乙より甲へと、政界の合縱連衡を爲さしめんとせば、諸種の幾多の小問題は措て問はず、目の前に迫つてゐる大問題について、是非贊否の反斷を爲さしむるに如くはない政黨の行動はかくあるべきものであると思ふ。今日政友會にしろ、國民黨にしろ銘々政綱を發表する時がある。國民黨のは政友會のに比して幾分か具體的の處もあるが、要するに似たり寄つたり、五十步百步のものである。曰く負擔の公平を期するだとか、曰く殖產興業を盛にすべしだとか、曰く皇室を尊ぶだとか曰つてゐる。しかし、是では何の役にも立たぬ皆國家をよくしやうと抽象的に曰つてゐるまでである。

普通の政務に對する意見はそう違ふものぢやない。吾人が政黨に望みたきは、コザ／＼の小問題を措て大問題を國民の前に提案し、是につき態度をきめてほしい事である。大問題

とても、將來の事よりもまづ目前にある大問題について、右とか左とかの意見を定めてほしい事である。英國の自由保守兩黨は、先頃來軍備の擴張か社會政策かといふ大問題について爭つた。民政が先きか國政が先きかの端どい論爭であると言ひ得る。米國今次の大統領選擧でも、他の小問題遠い將來の問題は打ち置いて、近い目前の國民的大問題につき、論戰し、國民の注意を全く是に集注せしめ、而して國民をして兩方の議論に反斷を下さしめたのである。關稅問題ボス政治問題などそれである。

△今日の問題は軍政軍備の問題

今日我國での大問題は何であるか。自分の考では先づ國防問題に越したものはない。先づ國防は國家存立の上に必要であるが、さりとて經濟を顧みぬ國防はどうにも仕方がない。要は國防の、我國經濟に伴ふ程度に於て、最も上手に爲されねばならぬ事である。上手にといふに意味がある。今日のやうに陸軍は陸軍、海軍は海軍と勝手の熱をふいて、權勢の對抗の爲めにその擴張が叫ばるるやうでは仕方がないのである陸軍も海軍もない、國防といふ一つの點から見れば、陸軍海軍の別なくして、只軍備といふ事があるばかりである。一國の經濟力に添ふたる、最も有力なる國防を如何すればよいかそこが銘々の意見のある處であらう。

或人は朝鮮を以て大陸に接したから陸軍の擴張を唱へる。露西亞がどうのかうのといふ。そういふ人は陸軍の二個師團增設をよいといふのであらう。しかし四面海を環らしてゐる我國が海軍をこのまゝに抛つて置けるか。どの位擴張したらばよいか、海軍の擴張は勿論の事として、陸軍は十八師團も必要か。まだ減らしてよいのであるか。是等の事を定めるは今日に於ける我が國の高等政治の第一階である。

△軍事に對して論議せざる日本の議員

それが若し經濟は如何でもよい。陸軍も海軍も飽くまで費用を惜まずに擴張しさへすればよいとなれば、問題は簡單であるが、限りある財嚢を以て、比較的に最もよい軍備を爲すのが大切で、是れに關して政治家の意見は、右にも左にも別れる事と思ふ。

政治家の意見は右に左に別れるであらうが、國民が第一に我が國防はかくあるべしといふ、確固不動の意見を持ち、輿論を一定せしめて、さて此の說を用ふる人を代表者として選擧するといふ事にならなければならぬ。こういふ目前の大問題を試金石とすれば、政友會も國民黨も少からず黨員の動搖を來して、その黨を組むのも初めて意義ある事となるのであらう。つまり、今日は彼處に此處に烏合せる代議士の團體に對して、一大問題を投入し、是を以て彼等の態度を定めしむるの要があるのである。

處が從來の日本の代議士は、軍事に關する知識の少き事驚くばかり、或は軍事に關して兎や角の言議を爲さゞるを以て當然の事となすが如き風潮なきにあらず、國防を如何に經濟的に完からしむるかは政治家の第一に考へねばならぬ大問題でその他の問題はその次ぎに來るべきものである。此の根本的の要件に對して意見少ないなどは、寧ろ喫驚すべき事柄である。

今日政黨の提げて立つべき大問題は、軍備に關する外、他にも何かあるかも知れぬが、軍備問題が最も大きな、解決の急を要する問題である。

兎に角、政黨がこういふ問題に對して命がけで論議するやうになれば、政黨も眞にその存在を認めらるゝに至る。大政黨も自然に起る。憲政又一段の進歩ある所以である。

寧ろ慶す可きなり

中野武營

國立銀行發行紙幣の引上と日本銀行の關係

私は日本銀行が若し果して世說の如く、大藏省の命の儘に唯々諾々たらずして、獨自の見識を以て毅然として、其信ずる所の方針を執つて動かぬと言ふならば、それは決して忌むべき現象でなくして、寧ろ慶すべきことであらうと思ふ。由來日本銀行が政府の命に儘に動いて、民間の金融を壓迫すると云ふことが、我一般の經濟界を害する殆ど根本的の原因であるから、私共は如何にかして、この弊を矯正したいと以前から思つて居たことである。併し乍ら凡そ國家に於て兌換券を發行し得る銀行が、現時の日本銀行の如く、單に一中央銀行あるに止まるが如き場合にあつては、之をして政府の御用銀行たらしめずして、眞に民間經濟の中央銀行たるの職分を遺憾なく盡さしめることは到底至難である。故に私は明治二十四五年頃國立銀行發行の紙幣を引上げると云ふ議があつた時にも、單に一中央銀行のみに兌換券を發行せしめることは可けないといつて反對したが、遂に其議が行はれずして、今日に及んだのである。

當時私は、國立銀行發行の紙幣も同じく兌換券であるから敢て之を急速に引上げずとも、十數年間に亙つて年額を定めて徐々に引上げたら宜からう、急激の引上げは國立銀行の利を奪ふものであると云ふ說を以て、川田日本銀行總裁に話した所、川田氏は大變な權幕で之を駁擊して、日本銀行が一たび睨んだならば、現在の國立銀行にして恐らく倒れないものはあるまい。斯かる基礎の薄弱な銀行に兌換券の發行を許して置くと云ふことは危險千萬である。不安心の至りである。故に是非とも速かに之を引上げなければならぬと言はれたがこれは到底私共の首肯し得ない言ひ分で、苟くも日本銀行にして國立銀行に敵對する考へのない限りは、之を睨み潰すが如きことを爲すべき筈はないのである。故に川田氏の言の如くんば、當時の日本銀行は國立銀行を敵視して居たものであると言はざるを得ぬ。又國立銀行が潰れる恐れがあるから危險だと言ふが、國立銀行の發行せる紙幣に對しては、政府が保證して居るのであるから、萬一倒れるやうなことがあつても、紙幣の持主に迷惑は掛からないのである。當時何故國立銀行發行の紙幣引上げを急いだかと云へば、實際は日本銀行が兌換券發行によつて生ずる利益を獨占せんとしたが爲めである。元來兌換券なるものは發行した全額が回收せられるものでなくして、民間に出て居る間に若干額は必ず之を紛失し若くは燒失するものであるから、其差額だけは發行者の利益になる。この利益だけでも實に莫大なものである。而して保證準備によつて兌換券を發行する場合には、更にこれ以上に多くの利益があるから、日本銀行が自己の利益關係より見て國立銀行發行の紙幣引上げを急いだのは無理もないが、この日本銀行の主張を容れて、其儘國家の兌換券發行權を一中央銀行に獨占せしめて、顧みなかつた當時の議會は餘りに遠慮が無かつたと思はれる。尤も私が反對說を唱へ、兌換券發行權を有する銀行は二つ以上なければならぬと云ふ提案をなした時には、初めは自由黨側の議員も擧つて同意したので、勝を制するを得たが、次期の議會までの間に、政府側に手懷けられて、とう／＼政府案が通過して私の說は成り立たなかつた。兌換券を統一したと云ふ名は如何にも立派であるが――而して或點に於ては之に伴ふ利益もあるが――其半面に弊害の伴ふことを看過したことは、決して賢明なるやり方であつたとは云へぬのと思ふである。

二以上の兌換券發行銀行を要す

兌換券の發行權が一中央銀行のみに歸して、それが一に政府の指揮監督の下に業務を執つて居るものなる以上、政府の御用銀行たることが主たる職務となつて、民間金融の中央機關たる働きを十分に盡し得ぬことは、理の當然である。而して又日本銀行の御蔭を蒙る銀行が少數の大銀行に止まつて、他はこれあるがために何等利益する所のないことも、亦自然の趨勢である。故に此弊を救はんと欲せば、どうしても兌換券を發行する銀行を二つ以上にせなければならぬ。若し兌換券發行權を有する銀行が二つ以上であつて、是等の銀行が均分に兌換券を發行する時には、假令其一が政府の御用銀行であつても、他の一若くは二は民間金融の中央銀行たる職分を盡すから、政府の財政膨脹のために、民間經濟の累せらるゝこと今日の如きには至らぬであらう。又政府も兌換券發行銀行が二つ以上ある場合には現時の如く、中央銀行にのみ賴り懸かることを愼しむであらうし、銀行の方も亦政府の御用をかさに被て威張るやうなこともなく、互に華客大切と勉めるであらう。之を外國の例に見るも、北米合衆國の如きは、今尙ほ兌換券を發行し得る銀行が澤山あつて、統一は出來ないで居る。而して統一反對論は餘程優勢であるから、今後と雖も恐らく統一を見ることは至難であらう。

要するに私は世說の如く、果して大藏省と日本銀行とが相反目して居るかどうかを疑ふものである。或は民間の一銀行家たりし時代の山本達雄氏對高橋是清男の個人的の關係を以て、之を大藏大臣なる國家の重責にある所の山本達雄氏對日本銀行總裁高橋是清男との公けの關係を臆測したものではあるまいか。日本銀行が大藏省に楯附くやうな態度をとるべしとは、私共の想像し得ぬ所である。併し乍ら若し果して世說の如くであるとすれば、寧ろこれ國家のために慶すべきことであらうと思ふ。（談）

二　大正政変

明治四十五年度予算編成は、西園寺内閣の強い指導力により緊縮予算となったため、新規予算の調整は、明治四十六年度（大正二年度）以降に持ち越された[1]。

海軍は、「海軍軍備緊急充実ノ議」の実施が前年の予算編成で延期されたため、大正二年度からこれを実施する方針とした。内務大臣と鉄道院総裁を兼務していた原は、五月の衆議院総選挙で勝利したことを背景に内務省や鉄道院、逓信省の予算の増額を狙った。そして陸軍は、朝鮮への二個師団の増師を決定することを目指した。

さらに、山本蔵相は、明治四十五年二月の第二十八回議会において、衆議院議員で広島商業会議所会頭であった早速整爾の質問に対し、臨時制度整理局が置かれ税制も減税の意味で整理することになっており、営業税、塩専売も改正したい、「所得税ニ於イテモドウカ明年ニ必ズヤ減税ノ意味ニ於テ改正ヲ加ヘタイ」と答弁した。こうしたことから、商業会議所は、日露戦後から求めてきた減税がいよいよ実現できるのではないかとの期待を高めた[2]。

このように陸軍、海軍、原敬、中野のそれぞれが、大正二年度予算に向けて期待を膨らましていく中で、明治四十五年七月三十日、明治天皇が崩御し、大正と改元された。

大正二年度の概算要求案を策定していた山本蔵相は、大正元年八月三十一日に、山県有朋を訪ね、大正二年度の予算計画の説明をした。減税千五百万円、海軍充実費一千万円増額などを盛り込む一方、陸軍予算については九百万円余の減額が必要であるとの案を示したところ、議論は決裂した[3]。

さらに、十一月十日、西園寺首相が山県を訪ね、二個師団の増師は不可能であると説明すると、山県は、「単に海軍のみ拡張し、且つ其財源を陸軍より取らるるは、決して公平の処置に非ざるのみならず、予は之を以て非常に重大なる結果を伴うに至るや測られざる一大事件なりと信ず」と激語したという[4]。

こうした中、中野は、全国商業会議所連合会を十月十五日から二十日まで開催し、政府の財政整理努力を支持する**6-9「財政経済に関する建議」**（大正元年十月）を決議し、「中央政費ノ緊縮ヲ計リ国費ヲ節シ、以ツテ国民ノ負担ヲ減スルニアリ」として、西園寺内閣の行政整理と緊縮政策を支持した。

陸軍が頑なに二個師団増加を求めていることが伝わる中で、中野は十一月十七日、山本蔵相を訪ね、八時間にわたり議論を行なって増師の反対を申し入れた（**6-11**参照）。**6-10**「**実業家の奮起**」（同年十一月二十六日）に、中野の動きが報道されている。

こうした中、十一月二十二日の閣議において、上原陸軍大臣から朝鮮における二個師団の増師案が初めて説明された。そこで、中野は直ちに東京商業会議所議員協議会を招集し、増師反対の狼煙を上げた(5)。この時の中野の発言が、**6-11**「**増師問題と実業家**」（同年十一月二十六日*）に伝えられている。東京商業会議所の動きは、新聞に大きく報道され、多くの商業会議所も賛同の声明を出した。

さらに二十七日、中野は西園寺首相を訪問し、十月の全国商業会議所連合会の建議の内容を開陳し、内閣の玉砕をかけて二個師団増師要求に反対すべきことを申し入れた。**6-12**「**首相会頭会見内容**」（同年十一月二十七日*）にその時のやりとりが報道されている。**6-13**「**横暴至極の陸軍拡張**」（同年十一月三十日*）は、西園寺内閣総辞職直前にそれまでの一連の動きについて論評を行なったものである。

西園寺内閣は、十一月三十日の臨時閣議で陸軍の増師案を否決したため、上原勇陸相が帷幄上奏権に基づき、直接天皇に対して辞表を提出した。そこで西園寺首相は山県有朋に後任の陸相の推薦を求めたが、山県がこれを拒んだため、十二月四日、西園寺内閣は総辞職した(6)。

6-14「**増師問題と吾人の立場**」（同年十二月二十五日）は、商業会議所が増師反対を主張するのは、全国商業会議所連合会の建議実行の責任を果たすためであって、政治に容喙しているものではないと主張している。

6-15「**美事にも面白き政局**」（同年十二月二十日）と**6-16**「**全国民を敵とせる陸軍**」（大正二年一月一日）は、内閣総辞職後、新たに桂内閣が組閣される前に、後継内閣と政党間の変動についての展望を行なったものである。

6-17「**予の海主陸従論**」（同年一月一日）では、今回の政変がこれまでの偏武的政策を矯正する機会となりうるとして、陸軍の拡張には反対するが海軍の補充は優先すべきことを明言している。

政友会の幹部は二個師団増師問題についての態度を留保していたが、西園寺内閣が総辞職したことを受けて、地方の支部や院外団から、軍閥の横暴に対する批判が巻き起こっていった。十二月十四日、交詢社有志が「閥族打破」「憲政擁護」をスローガンとする「憲政擁護会」を発足させ、政友会の尾崎行雄と国民党の犬養毅が中心となって憲政擁護運動を高揚させた。

元老会議で後任の首班の選定は難航したが、最終的に十二月二十一日、内大臣兼侍従長であった桂太郎に再び降命が下った(7)。桂は、新党結成を急ぎ一月二十日に新政党組織の構想を発表した。

しかし、二月五日に議会が再開すると、尾崎行雄議員が「詔勅ヲ以テ弾丸ニ代ヘテ政敵ヲ倒サントスルモノデハナイカ」との桂内閣総理大臣弾劾演説を行ない、政友会と国民党が内閣不信任案を上程したことから、再び五日間の停会が命じられた。

*6-18「桂公が世間の攻撃を避け得る術」**（同年二月六日）では、桂内閣は、西園寺に後継内閣を組織するように懇談し、国民を基礎とする政党を樹立してから西園寺内閣と堂々と対峙すればよいと提唱している(8)。

桂は二月七日に立憲同志会の宣言文を発表し、二月十五日に新党（無所属団）が正式に結党されたが、衆議院の総議席数三八一名のうち八七名しか参加しなかった。

二月九日、大正天皇は西園寺公望に対して不信任案の撤回を求める勅旨が出したが(9)、政友会は不信任案の撤回をせず登院し、再停会が命じられた。数万の民衆は議会を包囲し、警視庁などが襲撃され、軍隊が出動する事態となった。

こうして、桂首相は二月十一日に総辞職した。これが「大正の政変」といわれた。桂内閣が倒れると元老は、薩摩藩海軍出身の山本権兵衛を後継首相として上奏し、二月二十日に、山本内閣が成立した。

政変の一連の流れの後、中野は、**6-19「偏武的政治と我財政」**（同年二月二十五日）を発表した。我が国では陸海軍が競い合う偏武的政治が行われる極弊があり、これを是正するには、財政状態を明らかにして、国防計画を国民に取り戻すことが必要であり、「満州のようなものもこれを我が国の勢力範囲に置くことは百害あって一利なし。」と、主張した。当時の経済界のトップが公然とこのような主張していたことは注目される。これは石橋湛山が大正十年に小日本主義から満州放棄論を打ち出す遥かに前であった。

この頃、大正元年末に海軍関係者を中心に、朝野の有識者における軍事思想の発達を図るための団体の必要性が提唱され、大正元年十一月に大日本国防義会が設立された。中野はその趣旨に賛同し、会長に就任した[(10)]。
大日本国防義会の会報に掲載した**6-20**「**年頭ニ際シテ国防上ノ所懐ヲ述ブ**」（大正三年一月）では、国防の最低限度を維持する「国防的軍備」を行なうためには財政や経済力を少々犠牲にしても構わないが、さらなる国力の発展を図るための基本は経済力の充実であり、それを単に保護補佐すべき「発展的軍備」は、財政経済の状況に応じてその範囲内で準備すべきと論じている[(11)]。

注

（1）本節の内容については、拙著『中野武営と商業会議所』の「第九章（二）大正政変」を参照。
（2）第二十八回帝国議会衆議院『予算委員第三分科会議録（速記）第三回』明治四十五年二月一日及び『所得税法改正ニ関スル建議案外一件委員会議録（速記）第三回』明治四十五年二月九日。
（3）『大正初期　山県有朋談話筆記政変思出草』近代日本史資料選書二、山川出版社、昭和五十六年一月。
（4）『田中義一伝記（上）』原書房、昭和五十六年二月。
（5）「東京商業会議所録事」『東京商業会議所月報』第五巻第十二号、大正元年十二月二十五日。
（6）「内閣総辞職の顛末」『立憲政友会史　第三巻　西園寺総裁時代後編』大正十四年五月。
（7）桂が組閣したことについて、「政局断片　中野武営氏」『東京朝日新聞』（大正元年十二月五日）と「桂内閣と実業家　中野武営氏」『東京朝日新聞』（大正元年十二月十八日）では、内閣を組織する人物如何に因つて賛否を決するものに非ずして要するに政綱如何に依りて之を見るのみ」と語っている。
（8）同趣旨の論考として、**中野武営**「**桂公に勧告**」『香川新報』大正二年一月十九日。
（9）二月九日、大正天皇が西園寺を呼び「朕今諒闇に在り衆議院において紛糾あるを聞き甚だ之を憂ふ卿に対しては嚢に辞任の際、賀嚢の事を以ってせり此の際衆議院に於ける紛争を解くに尽力し朕が意を安ぜよ。」と勅旨した（『大正天皇実録記』宮内庁書陵部蔵）。
（10）『大日本国防義会々報』第八号、大正四年七月一日。薄田『中野武営翁の七十年』。
（11）大正三年十月十二日に開催された第二十一回商業会議所連合会に海軍中佐の鳥巣玉樹が参加し、海軍の状況について説明を受ける場を設けている（『大正三年十月東京ニ於テ開催　第二十一回商業会議所連合会議事速記録』附録）。

財政經濟に關する建議

明治三十七八年戰役後我が聯合會は深く戰後の經營を慮り明治三十八年十月を以て戰後經營策として一、海外貿易に關する件、二、産業に關する件、三運輸交通に關する件四、財政金融に關する件の四項目に就き二十六個條に亙り詳論細說産業政策を確立して帝國々富の增進を計り以て國力の充實を期するの急要なるを唱道したり然るに當時の政府は却つて散漫膨大なる財政計畫を立て叩くに重税を繼續して力を不生產的事業に注き戰役中早く既に萎靡困憊せる民力に對して更に過大なる壓迫を加へ來らんとせり此の時に當り我が聯合會は明治三十九年十月を以て税法改廢に關する意見を決議し鹽專賣、通行税、織物消費税を全廢し所得税、營業税、印紙税、取引所税其他の諸税に適當なる改正を加へ以て偏頗苛重なる税制を整理して民力の休養を計り以て散漫膨大なる財政計畫を整正するの必要なる所以を陳情したり然るに政府は明治四十年に至り税法整理の名の下に僅に所得税營業税の二税に對し多少の改正を加へんとしたるの外何等國庫の歲出を整理せずして却て非常特別税の名を撤して其の實を存し更に四十一年度豫算案に於て酒造税麥酒税酒精及酒精含有飮料税及び砂糖消費税を增課し又新に石油消費税を課徵せんとしたり茲に於てか我が聯合會は同年十月三たび起て此不當不可なる增税計畫に反對し政府にして若し斯の如く膨大なる財政策を固執して更に之れか整理の實を擧くるに意を用ゐさらんか經濟社會の秩序は紊亂破壞せられ延いて國家財政の基礎亦危殆に陷り遂に救ふべからざるの時期に到達すべきを痛論して政府に建議せり而かも大勢の趣く所是れを如何とも爲す能はず聯合會の希望は茲に三たび用ゐられずして止むに至れり然れども吾人の國家を憂ふるの情は之と共に益々其の痛切を加へ明治四十一年一月遂に四たび起つて歲計豫算の膨大、政費分配の失當、歲入財源の不良、繼續事業の繁多、官營事業の尨大、民間經濟の萎縮等を述べて歲出に十分なる調節を加へ以て歲計總額の減縮を計り編民的財政計畫を矯め以て歲計を支持するの策を確立すべき必要を切論して社會に表示せり夫れ此の如く我か聯合會は戰役後茲に八年、年として税制の整理を唱へざるなく年として財政の釐革を訴へざるなし而して常に財界の回復を希望したるも其の效果の見るべきなく遂に今日に至る豈遺憾ならずとせしや然り而して昨明治四十四年に於て三たび內閣の交迭を見るや新內閣は能く時弊の窮極を察し進んで行政及び財政の整理を宣言し以て此の究厄を救濟せんことを誓ふに至る茲に於てか昨年十二月聯合會は深く政府の宣言に信頼し其の成果を期待したり爾來世間或は其の空聲に終るなきを疑ふものありと雖も聯合會は今日尙ほ政府か必然當所の宣言に則り熱心と誠意を有するものたるを確信して疑はざるなり是れ我か聯合會が茲に其の所信を披陳して政府宣言の實行に資するの料と爲さんと欲する所以なり

思ふに現時革正を要すべき政弊甚だ夥多なりと雖も其の最も重大なるものに就き項を分ちて之を擧示し以て速に之れが革正を期するの要あるを明かにせんとす

一　政費の膨大、負擔の過重

三十七八年戰役後我が帝國は俄に二十有餘億の國債を負ひ國民は非常特別税を繼續負擔し而して尙ほ且つ國費は常に窮乏を訴へ租税に對する苛斂誅求の聲を斷たざるものある

は何ぞや是れ一に中央政費膨大の結果に外ならずんばあらず夫れ政費の負擔は國民の勤勉努力に俟たざるべからず而して能く國民をして勤勉努力ならしめんと欲せば須らく先づ之を休養し之を奬勵し以て其の富力を涵養するに努めざるべからず然るに從來政府は專ら意を政府事業の擴大に用ゐ國家の財力は悉く中央政府に集中し地方自治の如き財源殆ど見るに足るものなくして民間の資力愈々枯渇し遂に國家經濟の基礎に動搖を來たさんとしつゝあるは世人の等しく憂苦措く能はざる所なり而して之を救濟するの策は他なし中央政費の緊縮を計り國費を節し以て國民の負擔を減ずるにあり是れ吾人の切に希望して止まざる所なり

二　軍事費の過大と產業費の過少

中央政費の膨大既に民力の堪へざる所なるに拘はらず而かも其の支途の如何を見れば吾人は更に其不當なるに驚かざるを得ざるなり即ち國債に關する經費を控除せば國庫經常歲出の過半は悉く之れ軍事費にして吾人の認めて直接生產的經費と見做すものに至つては實に僅々百分の三、四に過ぎず斯くの如くにて能く國富の增殖を計り國力の發達を期せんとするも豈之を能くせんや故に吾人は須らく此の偏重的政費の支途を矯めて以て之れか適正を計るは財政整理の要義たるを信じて疑はざる所なり

三　官業の膨脹、民業の壓迫

國家の政費は前述の如く膨大し國民の資力は將に枯渇せんとするの、狀況なるに拘はらず更に此弊をして益々增大ならしむるものあり何ぞや特別會計に屬する各般の官營事業即ち是れなり今官營事業の狀態を察するに一般的經濟事情の範圍外に立ちて之が經營を爲すが故に經費徒らに散漫尨雜の弊に陷り其の結果收支の果して能く相償ふもの殆んど罕なるの事實あるのみならず往々民業と競爭して之れを壓迫疲弊せしめんとするものあるは吾人の常に遺憾とする所なり思ふに鐵道、造船、造兵、製材、製鐵、製絨の如き何が故に特に之れを官營と爲して民業と競爭を爲すの必要ありや吾人は今日の場合速に是等多くの官營事業を整理し一は以て尨雜なる特別會計の革正に資し一は以て實際上國富增進の事業たらしむるの必要を感じて止まざるものなり

四　通貨の膨脹、物價の騰貴

近時通貨膨脹の趨勢を持續するや世間種々の說を爲すものありと雖も吾人の見る處に依れば之れ決して國富の增加に伴ふ經濟上自然の膨脹にあらずして政費の膨脹より來る人爲的の結果たるを信じて疑はざるなり則ち政府は當然租稅徵收に依りて歲出を支持すべきものなりと雖も數年來膨脹せる政費は到底是等經常歲入のみに據る能はずして遂に中央銀行より借入金を爲すの止むなきの狀況に陷り而して是等借入金は兌換券と爲りて漸次民間に下り玆に表面上民間資本と爲るの觀あるも之を實際上より見れば由來政府の貸金にして敢て民間必需の資本なりと謂ふ能はざるなり加之政府は近時益々大藏省證券を增發して事實上殆んど公債と何等の相違なきに至らしむ之れ實に證券本來の性質に違ふのみならず之れが爲め更に兌換券の增發を誘致し彼此相合して益々通貨の膨脹を來たし延いて物價の騰貴と爲り遂に國民をして生活難を呼號せしめんとするに至れり之れを要するに通貨の膨脹は重稅の負擔と同じく民力を壓迫疲弊せしむるものなるが故に吾人は此際之れが緊縮を講し以て物價の調節を計り以て健全なる國民經濟の發達促進を努めんことを切望す

五　公債政策の矛盾、關稅政策の餘弊

戰後政府は國債整理の方針を立て減債基金制を定むると同時に一面非募債主義を標榜したるに拘はらず膨脹せる財政政策を固持するの結果却つて募債の止むなきの狀況に陷り又在外國債の元利償還は貿易上の作用に依り輸出超過を以て之れに充つべきに拘はらず更に外債を增加し或は市債其他の方法に依り外資輸入を爲して在外正貨を補充し以て外債の支辨に充つるが如き或は內外財界の狀勢を顧みずして四分利借換を强行したるの結果爾餘の公債は爲めに整理借換の困難を來たしたる如き公債政策に確乎たる方針を缺きたること明かにして殊に短期にして高利なる大藏省證劵の融通を以て長期にして低利なる公債の償還に充當し僅に減債制度を維持せんとするが如き財政上最も不利の甚だしきものなるのみならず延いて民間產業資金に惡影響を及ぼし產業の基礎を動搖せしめんとするに至るなきを保せず之は吾人の公債政策の確立を希望する所以なり而して關稅政策に於て亦弊害の甚だ大なるものあるを認めざるを得す即ち曩に通商條約改正に際し吾人は主として食料品其他の必要品に對する課稅低減せんことを要望したるも全く其の希望を充たす能はずして政府は米其の他の食料品に對して高率を課するに至りたる結果一方財政上の關係より來たる通貨の膨脹と相俟つて物價騰貴の趨勢を誘致し對外貿易の逆潮生活問題の湧起等種々不良の事相を發生するの止なきに至る之れを要するに公債政策の確立せざる關稅政策の失當なる主として膨大なる財政計畫を强行せんが爲めに來りたるものなるは吾人は速に其の根本に遡りて之れが整理革正を遂げ一は以て公債整理の實を擧げ一は以て關稅政策の用を明かにせんことを希望して止まざる所なり

六　**對外貿易の逆潮、兌換制度の危機**

政府は曩に外債募入の際に於て正貨を海外市場に貯へ一は以て在外國債の利拂に供へ一は以て貿易上より來る國際負債の支拂に供しつゝあるは吾人の夙に認知する所なり而かも其の數量及び收支の狀況は多く秘密に附せらるゝが故に吾人は常に在外正貨に對し多大なる不安の疑念を抱かざるを得ざるなり思ふに貿易上の關係に於て商品の輸入超過は當然正貨の輸出となり正貨の輸出は當然貨弊準備の減少を來たし而して茲に兌換劵の收縮を見るべきは之れ自然の數理なり然るに在外正貨を以て臨時中央銀行の準備に利用するが故に中央銀行の正貨の增減は貿易上の大勢と其の比例を正ふせず爲めに通貨自然の伸縮を損ひ物價及び貿易の趨勢を調節するに何等の効なきことゝ爲り物價は益々騰貴し貿易は愈々逆潮に陷るの止むを得ざるに至る若し斯くの如き狀況を放任せんか正貨遂に缺乏して以て兌換劵の基礎を危くするに至るなきを保せざるなり之を要するに今日の在外正貨は實際上徒らに財政の手段の爲めに用ゐられ國民經濟自然の趨勢を紊るゝ用を爲すものなれば吾人は切に政府が其の運用を整調して以て對外貿易の逆潮を救濟するに資すると共に國際金融關係の實情を明示し以て國民の適從する所を知らしめることを希望に堪へざる所也

以上數項の事實は吾人が主として重大なる弊害として認むる者にして何れも根本的に整理革正の必要とする事項なりとす而して其の由て來る所深且つ遠くして其の延いて及ぶ所廣且つ大なれば今にして之れが救濟の法を講ずるに非らずんば國家財政の前途實に言ふに堪へざるものあるべし而して吾人は是等の弊害は多年の積弊遂に茲に至りたるを信ずるものなるが故に敢て其の責任を現時の政府に歸せんとするものにあらざるなり今や帝國の狀勢は擧國一致誠意誠心官に在つては行政財政の整理革正を斷行し民に在つては殖產興業の發達を計り兩々相助け相導き以て多年鬱積せる弊根を芟除し以て財政の基礎を鞏固にし以て民力の充實を期し國家をして能く長に隆盛に國民をして能く長に幸福ならしめんことを之れ實に吾人が現政府に要望して止まざる處なりとす茲に謹んで當局の採擇を請ふ

●實業家の奮起

増師反對運動

▲會議所の反對　曩に全國商業會議所聯合會の決議に基き會長中野武營氏より現内閣各大臣に對して財政經濟に關する建議書を提出したる其内容は（一）政費の膨大負擔の過重（二）軍事費の過大と産業費の過少（三）官業の膨脹民業の壓迫（四）通貨の膨脹物價の騰貴（五）公債政策の矛盾關税政策の餘弊（六）對外貿易の逆潮兌換制度の危機等の六項に就て時弊を矯正するの政策を採られんことを縷述したるに偶ま現内閣の財政は是等の希望と合致して制度整理に鋭意盡瘁せる有樣を見て一般實業家は頗る滿足の體なりしに最近に至りて陸軍側より増師問題を提出して其增設費の要求を頗る頑強に主張するに至りしかば東京商業會議所に於ては陸軍側の主張は曩に會議所聯合會の建議と正反對のものにして今日の制度整理は是が爲めに何等の効果を奏せざるに至る可く從て我經濟界は益々疲弊の淵に沈淪するに至る可ければ此増師問題に對しては絶對に反對せざる可らずとの意氣込みにて二十六日先づ協議會の名目にて會員の總會を開き反對の決議をなし延て全國會議所に檄を飛ばして一齊に反對運動を開始するの計畫ありと云ふ

▲中野氏の兩相訪問　右の次第なれば増師問題に對する中野武營氏の反對は頗る猛烈を極め兩三日前山本藏相を訪問して我國財界の現狀より増師の不可なる理由に就て熱心に意見を陳べたるに藏相は深く其意を諒として事に當る可しとの挨拶ありしも目下該問題に關して臺閣の風雲頗る急なる模樣を聞きては座視するに忍びず二十五日には西園寺首相と會見するの日取りを定めんとしたるも首相多忙にて此を果たす能はざりしも一兩日中には是非共之を陳狀するの手筈を定め居れり

▲陸軍と決戰せん　中野武營氏の増師反對の意氣込は前記の如しとして氏の談に曰く現内閣が國民の所望を容れて折角制度整理經費節約の大事業を成就せんとせるに際して不急なる増師問題を提出するが如きは現内閣の施政即ち國民の要望に全然背馳するの擧動にして若し陸軍側にして飽く迄も之を主張強要するに於ては我日本國民は擧て之と戰はざる可らず予は前回の西園寺内閣に對して極力反對したるは其施政方針が偶々桂内閣の愚劣なる方針を踏襲したるによる然るに現内閣の方針に至りては大體に予等實業家の意見と相一致するものあるが故に其制度整理、税制整理の如きは十分に之を助けんとするに外ならず予が眼中には施政の善惡如何あるのみにて當局其人の何人たるを問はざるなり前西園寺内閣に反對の態度を採りたる予が今回増師に反對するを見て或は異樣に感ずるものあるやも知れざれども其目的は財政整理の目的を貫徹せしめんとする國民經濟發展本位に外ならざるなり此本位に對して妨害を加ふるものあらば何人とも決戰せん覺悟にして今回の如く陸軍によりて増師問題を強要するに於て陸軍對國民の決戰を試む可きのみ是が爲めに政治運動をも辭する所にあらず

▲軍人は消防の如し　陸軍側の

人動もすれば曰はく日清日露の戰に身命を賭して國家を擁護したる者は軍人なり今日國民が軍備に反對するは軍人の恩を忘却したる者なりと成程戰爭に際して軍人の功勞は偉大なりき而して國民は熱心に之に對して謝意を表したり然れども思へ國家より見ば軍人は恰も消防隊の如きものなる事を消防隊によりて近火を鎭められたる其功勞に對しては其近隣の居住者何れも涙を流して謝意を表す可し然れども一度び其消防隊が鎭火後に至り火災の難を免れたる近隣の居住者に對し汝等の生命家財は予等の盡力によりて救濟することを得たるものなれば其財産を消防隊に提供せよと强請せられたる場合ありとせば其近隣の居住者は消防隊に對して果して謝意と敬意を表す可きか今日の陸軍側の態度は正に之の消防隊に類すと云ふ可く大に自ら鑑みるの必要ある可しと

●増師問題と實業家

二ヶ師團増設に反對し全國實業家多年の主張たる民力休養行政財政整理の實行を期する爲東京商業會議所は十一月二十六日議員協議會を開會せり先づ中野會頭は朝鮮二個師團増設の何等理由なき所以を痛論し該問題に關し數日前藏相を訪問したる顚末を報告して大要左の如く說く所あり

増師問題に對し全國民が擧つて反對の意見を有するは今更喋々するを要せず旣に全國實業家を網羅せる商業會議所聯合會は多年の主張として軍費の偏重を慨し財政の縮小を希ふて只管經費節減民力休養を唱導し居たるに恰も好し現内閣の政策は我々實業家の所見と一致し昨秋それを標榜して着々實行を期せんとしつゝあるより極力之を策勵補導して宿昔の希望を實現せしめんと欲し居たるに偶々臺閣の一隅に驚く可き野望を抱く者あり平地に波瀾を捲起して國民年來の希望を葬らんとす是れ正に我國憲政の一大危機たると共に我經濟界安危の岐るゝ所なり眞に國家の前途を憂ひ民力の發展を他日に期せんと欲する者は齊しく起つて頑迷者流の妄を啓かざる可らず殊に我々は全國實業子の熱烈なる委託を受け全國民の主張を貫徹すべき大責任を有するが故に縱令ひ其行動に多少の非難を招くことありとするも誓つて之が貫徹に努力せざる可らず卽ち此意味に於て我々は瓦礫となり完からんより玉碎尙可なりの確信を有するものにして必要に迫らば近く全國實業家の臨時大會を開催し大擧

して臺閣に要望する所ある可し而して之が前提として余は先づ去る十七日に於ける藏相との會見に就て報告する所あるべきが同日余は如上の意見を齎らして大橋副會頭と共に藏相を訪ひ午前午後の二回に約八時間の久しきに亘る會見を遂げ數字上より愼重に論議する所あり藏相亦固より同一見地に出で互に胸襟を披瀝して語る所ありたり仍て余等は更に個人として藏相が極力邦家の爲に其主張を變へざらんことを勸告し互に深く誓を結んで袂を分ちたるが爾來政界の風雲は日に急にして現狀頗る憂ふ可きものあり殊に陸軍側は屢々奇兵を放つて盛んに大勢の挽回に力め濫りに謠言を流布して人心を惑はさんとす而も天日赫として四海を照せり往日彼等ば澁澤男増師に贊成の意を表せりと稱して得々たりしも決して澁澤男は軟化せず現に再々余の門を叩いて全國大會開催の議に預りつゝあるに非ずや大勢斯の如し今日の急務は只我々が揭たる六大綱目中の一たる膨大なる政費に大節約を加へて負擔の過重なるを輕減し過大なる軍事費に外科的大手術を施して能く財政の緊縮を　すると同時に枯渇困憊せる民力を給養して經濟界の根柢を培ふに在り即　然らば當に我々の任務は飽迄旗幟を鮮明にして主張の貫徹に力め極力奉公の至誠を致す可きなり若し夫れ此主義を容れたる現內閣にして不幸軍國主義者の爲に敗るゝあらば代つて出つべき恐るべき武斷政治に對しては擧國背水の陣を布きて大正第二維新の劈頭を飾るべきなり

●首相會頭會見內容

東

東京商業會議所會頭中野武營氏及同議員大橋新太郎氏は前日の會議所協議會の決議に基き其の實行委員として二十七日午前八時西園寺首相を其の官邸に訪問し制度整理及増師問題に關し全國會議所の意見を陳述し飽く迄増師案を排斥すべきことを陳述し前後一時間半を費して十時退邸せり今首相會頭會見の顛末を聞くに左の如し

▲生産案も犠牲

中野會頭

は財政の膨脹は一朝一夕の事にあらず日露戰役後逐年増大して今日に及び其の惰力は滔々として停止する所を知らず然るに現内閣成立の當時首相は先づ此の惡惰力を停止し制度の根本的整理をなさんことを期せられしは最も機宜に適したる事なりと信ず昨年の全國會議所聯合會の開催に際し各會議所に於ても種々生産力増加に關する議案を有したりされど現内閣已に財政膨脹の惡惰力を停止せんため四十五年度の豫算の如きも此の方針を以て編成せられ次年度に於て行政財政及税制の整理を斷行せんことを期せらるゝ場合に當り假令案其の物が生産的のものにもせよ多少にても國費に累を及ぼす如き案件を議題に附するは折角の整理事業を妨害せんとするものなりとてそれ等さへも犠牲として總て附議せざる事とし只管根本整理の成功を祈りたり爾來現内閣に於て鋭意整理の結果將に其の案の成らんとするに際し突如増師案の提出せらるゝを目にするは誠に怪訝に堪へざるなり

▲整理と増師は別問題

而も増師案なるもの、内容を聞くに陸軍省にて僅少の整理を爲し、之を擧げて増師に消費し尚且一般會計に仰がんとするものなりといふにありては言語道斷なり増師の當否は別とし陸軍省としては他省と齊しく誠意を以て自省の費目を節減して及ぶ限りを盡し其得たる所を一般會計に移し以て國步の艱難に資せざるべからざるに事此に出でずして却つて國費を煩さんとするが如き尨大なる新事業を起し整理と混合して増師行はれずんば整理を爲さずといふが如きは何處までも國民を愚弄し國家を毒せんとするものなるやを知るに苦しむ予は増師其のものと云はんよりも現在の軍費に付き國民は已に其の負擔に堪へざること、明言す・況んや増師をや故に増師は絶對に我が國現下の國狀に徵し決して認容すべからざるなり首相に於ても側聞する所に據れば増師に贊同せらるゝものにあらずといふ庶幾くは其の主張を固持せられ所信を何處までも遂行せられんことを而して此の際特に併せて希望するは財政の公開なり從來我が財政の實狀に關しては國民の多くは之を知悉せず否閣僚に於ても審にせるや疑はずんばあらず財政のことは大藏大臣の專有物たるが如き觀あり故に各省は大藏省さへ絞れば財政は如何にもなるやうに心得居れり陸相今回の要求も誠意の有無は別として一面より見れば其誤まれる觀念に出づるものなるに似たり目下一家の經濟に見れば家族一同が家政を知悉し居れば家長に不當の要求を爲さゞる如く閣僚に於ても亦然り國民に於ても然りとす國民一般に財政の實狀に知らしめば年々歳々議會に現はるゝ巨額の國費を要すべき數百千の各種建議案も出でざるべし依つて其等整理の機會に於て財政の實狀公開の擧に出でられんことを之に對し西園寺首相は

▲天引は不能

日露戰後財政の膨脹は自他共に之を認識する所にして予が曩に第一次内閣を組織したる際に於て已に行政財政各般に亘りて整理せざるべからざりしも當時各般の實狀は直に實行し得べからざりし爲遂に今日に至りしものなるを以て今次の内閣を組織するや切に其必要を認め先づ財政膨脹の惰力を停止するの方針を取りたり然るに財政の事情は直に天引し得るものにあらずして各般の費目に就き一々調査を遂げたる上にあらざれば能はざるに由り調査局を設けて夫れ夫れ調査する所ありしに各費目とも一として不用なるはなく悉く相當の理由あるものゝみにて之が削減整理は口に云ひ易くして事實容易の業にあらざりしなり然るに閣臣は何れも誠意を以て之に當り忍ぶべからざるを忍び極力整理事業の完成に努力せる結果今日に於ては一局部を除く外何時なりとも之を公表するに差支なきに至れり然れども**税制整理案**は全局の整理終了するにあらざれば確定し難き事情あれば其等は目下藏相の手下に於て調査せしめ居れるも其の決定に至りては已に成案を有せり

▲増師と財政公開

増師問題に關しては職責上此に何等明言する能はざるも貴見の如く**整理事業と増師問題とは性質を異にするものにして併立し難きものと思惟**し居れば夫れ〳〵に解決すべき考へなり又財政の實狀を國民に知悉せしむるとは至極相當の希望なれば**時期と機會とを得ば斯く取計ふべし**

▲整理の續行

尚整理事業は今回の整理のみを以て滿足するものにあらず今回は今回爲し能ふ限りの整理を爲せるものにして後に於ても依然之を續行し他日其の完成を期せんとするものなりと述べたり

横暴至極の陸軍擴張

東京商業會議所會頭 中野武營

我陸軍側が國論を無視して、敢て不急不要の増師問題を提起し、以て西園寺内閣の政綱たる制度整理の事業を破壊せんと試み、爲めに内閣の分裂動搖を來したことは、邦家の爲め實に痛恨に堪へない所である。

所謂二箇師團を増設することが、國防上是非とも必要のことであるならば――之れなければ國命を危うすべく、これあれば國家の安全を期すべきならば――我々と雖も、必ずしも財政上の苦痛、産業界の蒙る不利を數へ立てゝ以て之に反對するものではないが、今回のことは全く然らずして、殆ど師團を増設せざるべからざる正當の理由を見出し得ないのであるから、飽までも之に反對せざるを得ない。斯くの如き不要不急の問題のために我財政を膨張せしめ、生産界を壓迫せしめ、國力を疲弊せしむることは到底吾人の忍び能はざる所である。

陸軍側は露國の極東配備を云々し、西比利亞鐵道の複線工事及び黒龍江鐵道の完成を喋々し、果ては滿蒙の形勢切迫を述べたてゝ、是非共我兵數を増加するにあらざれば、露西亞と對抗する能はずと云ふも、今に於て露國の復讐戰に頭腦を惱まして眞面目に論議するが如きは、見識ある軍政家の所爲とも思はれない。又假令復讐戰の虞ありとするも、我をして地形の利を占め、兵站線路を堅實に維持し、防禦作戰の態度に出づるに於ては、啻に現時の我兵數を増加するを要せざるのみならず、更に之を減少するも可なりとは眞摯なる國防研究者の間に夙に唱道せられて居る所である。而して此増師計畫が如何に不眞面目のものであるかと云ふことは、先年來、陸軍側の主張が常に海軍側の態度によつて其强弱を異にし、動搖不定であるのを見ても明らかである。若し二十五箇師團の前提たる二箇師團増設が國防上絶對に必要のものであるならば、今まで海軍がやるから陸軍もやる、海軍が延期するから陸軍も延期すると云ふが如き態度には出で得なかつた筈である。陸軍側の此態度に徴するも所謂増師計畫が如何に不眞面目のものであるかゞ分かる。

陸軍側は又、常備二十五箇師團は先帝陛下の御在世中に確定した所の既定の計畫であると云ふことを言ひ張るが、これは果して公然既定の計畫と言ひ得べき性質のものであるかどうか。よし先帝陛下の御前に於て先年この計畫が確定したとしても、先帝陛下が今日まで御在世でましましたならば果して數年前に立てた所の此計畫を變更するの必要を認め給はざるかどうか。既に先帝陛下の崩御ましました今日に於ては其現在に處する御意思を承はる術もなきに拘はらず、斯かることを口實に増師を強ふるとは怪しからぬことである。

商業會議所聯合會の決議と増師反對運動

我商業議會所は明治三十八年戰役後、深く戰後の經營を慮り、産業政策を確立して帝國々富の増進を計り、國力の充實を期するの急務なるを唱道し、案を具して當路者に建議したのであるが、當時の政府は之に聽かずして却て散漫膨大なる財政計畫を立て妄りに重税を繼續して力を不生産事業に注ぎ、戰役中早く既に萎靡困憊せる民力に對して更に過大なる壓迫を加へた。これが抑ゝ我財政をして今日の如き窮狀に陷らしめた所以であるから、我々は第二次西園寺内閣が其政綱として宣言せる行政及び財政の整理を衷心より歡迎し、邦家の爲め切に其成功を祈り、過般開催せる第十九回商業會議所聯合會に於ては、現時革正を要すべしと信ずる政弊を列擧して一の建議書を作り、之を會長たる私の名義を以て各國務大臣に提出した次第である。

此建議書の内容は第一に政費の膨大、産業負擔の過重、第二に軍事費の過大、産業費の過少、第三に官業の膨張、民業の壓迫、第四に通貨の膨張、物價の騰貴、第五に公債政策の矛盾、關税政策の餘弊、第六に對外貿易の逆潮、兌換制度の危機を述べ、宜しく擧國一致、誠意誠心、官に在つては行政財政の整理革正を斷行し、民に在つては殖産興業の發達を計り、兩々相助け相導き、以て此多年鬱積せる弊根を芟除し、一には財政の基礎を鞏固にし、一には民力の充實を計り、由て以て邦家をして長しへに隆盛に、國民をして長しへに幸福ならしむべきを痛論したのである。

我々が増師問題に反對する所以のものは、實に上述の建議書の趣旨を貫徹せんとするに外ならぬ。世人或は實業家が政治に容喙するを以て不都合の所爲、分外の行爲であると攻撃するものもあるが、政治と實業と關係なくんば已む、苟くも、政治の要は財政、經濟の宜しきを制するにあり、而して財政、經濟と實業とは密接相離るべからざるものである以上、實業家が、産業振興、國力充實の問題を研究して、遂に之に關係する國政に及ぶは當然である。たゞ同じく政治を論ずるにしても、常に實業家たるの立場を離れずして之を論ずる必要があるのみである。此意味に於て我々が、我一般經濟に最も重大の關係ある行政財政整理を破壞せんとする増師案に反對するは敢て分外の行爲でもなければ、又不都合の事でもないと思ふ。

海軍充實と増師との差異

聞く所によれば陸軍側では世論が海軍充實に異議を挿まざるに拘らず、同じく國防上の施設たる陸軍擴張に反對するは怪しからぬと言つて居るさうである。併し乍ら海軍充實と増師とは決して同一視すべきものでないと思ふ。同じく軍備と云ふも國防上是非なくてはならぬものもあれば又我國權國利を領土以外に伸張するの用をなす所の所謂發展軍もある。從つて其間には自から緩急の差があるのである。我海軍充實の如きは、宇内の趨勢に伴ひ、艦船を新鋭にせんと期するにあるので、敢て噸數の增加を目的とするのでもなければ、又兵員の數を增さんとするが爲めでもない。其兵器艦體機關等を更新するはこれ我海軍の能力を十分に發揮するに必要なる當然の施設である。充實であつて擴張とは意味が違ふ。若し我陸軍側にして、海軍同樣、其兵器を更新するとか、或は新式の武器を新に採用するとかの爲めに――卽ち兵力を充實するために新經費を要すると云ふならば、それは頗る道理の有ることであるが、增師は到底增師で兵數の擴張である。而かも其相手は世界第一の大兵を擁する露西亞である。之と兵數の競爭をなさんとするが如きは頗る無謀無算の所爲であると云はねばならぬ。勿論我々と雖も、この二箇師團增設が、國防上絕對に必要のものであるならば、假令財政は苦しくとも、忍んで之を施設せなければならぬものであると思ふが、前述の如く、國防上是非とも之れ無くてはならぬ性質のものではないのであるから、財政に餘裕ある時は兎に角、現時の如き財政狀態の下にありては、斷じて之を容るすべきことでないと思ふ。

今回の增師問題及び之に伴ふ陸軍大臣と他の內閣各大臣との衝突、並に其結果たる內閣の動搖は、單に其外形上より之を見る時は、內閣の問題に止まるが如くであるが、事實は決して然らずして國民對陸軍の問題である。陸軍の爲めに我我國民の希望が潰れるか、或は又我々國民の主張が通つて、從來國政の累をなせし所の偏武政策を矯正し得るかと云ふ大切の瀨戸際である。苟くも多少國を憂ふるの念あるものは、憤然蹶起せざるを得ないのである。

西園寺內閣の玉碎と政界の一轉機

私は增師問題を以て實に以上の如く、國家及び國民全體の利害に大關係のある所の重要問題であると信じたが故に先般まで財政の局に當る山本大藏大臣を訪問して自己の意見のある所を開陳し、我財政上の積弊は決して現內閣の責を負ふべきものでなく、累次の內閣の責任ではあるが、併し現內閣が既に其病根を認め居らるゝ以上、飽までも其匡正救濟の任を盡すに向つて勇往邁進せられたく、若し陸軍側が增師案を頑强に固守して讓らざるが如くんば、宜しく玉碎して、國民全體を後援として、其大成を期すべきことを勸告した所、山本藏相は予が在野の當時も諸君と憂を同じうしたが、今尙ほこの心事は異らずと述べ其決意は頗る鞏いものゝやうであつた。

次で、西園寺首相に會ひ、行政財政を根本的に整理するの必要、及び整理事業と增師問題とは性質上明らかに之を區別し陸軍省が他省同樣誠意を以て其費目を整理して後增師計畫は增師計畫として別に新經費要求の際に於て之を提出するに非ずんば断然之を拒否すべきことを勸説し、最後に財政を公開して國民一般をして之を知らしむることが、其弊根を除却する上に於ての最大急務にして且最有效の方法なることを述べた。

西園寺首相は之に對して閣臣孰れも誠心誠意、力を極めて整理事業に盡せる結果一局部を除くの外は最早何時之を公表するも支障なきまでに至れること、及び整理事業と增師とは素より性質を異にするものなれば夫々別に之を解決すべき決心なること、財政の實情を國民一般に知悉せしむべしと云ふことも亦至當の希望と認むるが故に、時機を得ば之を實行する意思あること、並に整理事業は今回に止まらず今後と雖も漸を追ひて續行し、他日之が完成を期する旨を述べられた。

其後牧野農商務大臣とも意見を交換し、本日更に山本大藏大臣に會見せし所、大臣は事若し成らずんば玉碎するの決心頗る鞏きものゝ如くであつた。

事情斯の如くであるから、陸軍側が增師計畫を固執する限り、內閣の玉碎すべきは殆ど疑を容れない。これ一面より見れば實に悲しむべきことであるが、更に深く之を考ふれば、此事は却て、如何に我陸軍が國論を無視して橫暴を逞しうするかを國民一般に痛切に知覺せしめたるものなるが故に、今後は國民全般對陸軍の爭となるべく、遂には正論勝を制して從來の積弊を根本的に一掃し去るを得るに至るであらうと信ずる。斯くて國政の大本を確立し、國防の本義を明確にし、行政は振肅せられ、財政は整理せられ、國防は整正せられ、產業は發達し、國力は充實したる後、茲に始めて吾人は大正維新の大業を成せりと云ひ得るであらう。所謂增師問題に基く西園寺內閣の玉碎は、卽ちこの大正維新の序幕をなすものである。吾人は切に西園寺侯始め之と進退を共にせる各大臣の勞を多とし、其健在を祈らざるを得ぬ。同時に又國民全體に對して飽まで當初の目的を貫徹すべく奮勵努力せんことを希求せざるを得ぬ。

外債と國運の消長

最後に附言すべきは外債と國運の消長との關係である。歐米列强孰れも相當に巨額の國債を有せざるはないが、其外債を有するは殆ど一露西亞國あるのみである。而かも露西亞が果して目下幾許の外債を負擔して居るかは祕密に附せられて居るから分からないが、最近倫敦に於ける株式取引所で調査した所によると、世界に於て最も巨額の外債を負擔せるものは我日本で、其次は支那、其次が土耳其で、其又次ぎが埃及ださうである。我日本が外債の額に於て支那、土耳其、埃及等の先頭に立つて居ると云ふことは國運の發展上、甚だ心細い次第であると思ふ。外債の害あることは先年グランド將軍が來朝せし當時、先帝陛下の龍耳を動かし奉つた所である。我外債の狀態が斯の如くであるに拘はらず、此際最も國民の生產力發展に害ある增師問題を提起し來るが如きは、吾人我陸軍側の愛國心を疑はざるを得ぬのである。(十一月三十日)

東京商業會議所月報　第五卷第十二號（大正元年十二月廿五日發行）

論談

増師問題と吾人の立場

會頭　中野武營君

抑も我が商業會議所か戰後の經營に關して主持せる唯一の方針は國力を涵養し實業の發展を期せんとするに在り即ち偏武的政策及政府萬能主義の政策を根本より釐革して以て財政を鞏固にし苛重なる税制の整理を謀らざるべからずと云ふにあり左れば今日まで幾回か政府に向つて此意見を建議したり隨て本年十月全國商業會議所聯合會に於ても亦同一方針の下に全會一致の決議を以て（一）政費の膨大負擔の過重（二）軍事費の過大産業費の過少（三）官業の膨脹民業の壓迫（四）通貨の膨脹物價の騰貴（五）公債政策の矛盾關税政策の缺弊（六）對外貿易の逆潮兌換制度の危機等の數項を列擧して財政釐革の急務なる所以を詳陳し各大臣に建議したることは世人の夙に知る處の如し而して聯合會は該建議の貫徹を期すべき任務を會長に託せられたり余及大橋新太郎君は聯合會の正副會長たりし故を以て此任務に服しつゝありしなり

然り而して西園寺内閣は其當初の宣言に依り行政、財政、及び税政の整理を遂行せん爲めに前の桂内閣に於ける積極方針を更めて大に財政の緊縮を謀り民力の休養に資せんと盡瘁せられ吾人が多年國民經濟發展の爲めに主張し絶叫せし意見は幸に西園寺内閣に由りて實行の端を開くべく期待しつゝありし時に當り何ぞ圖らん軍事費をして將來一層膨脹せしむべき師團増設の議台閣に起れりと聽くに及んで吾人安ぞ之を默過することを得ん吾人が猛然として立つて反對運動に從へるは全國商業會議所聯合會決議實行の任に當る吾人が當然の責任を盡さんとするに外ならざるなり、不幸にして今や西園寺内閣は辭職せられたり後繼内閣は果して何人によりて組織せらるゝやは吾人の關する處にあらずと雖も苟くも其の施政方針の吾人の主張と相容れざるに於ては飽までも奮闘して反省を促がさずんば已まざるの覺悟なり然るに世上偶ま吾人の行動を拘束せんと試むる者流あり商業會議所は喙を政治に容るゝの權なし即ち今回の師團増設に反對を唱ふる如きは違法の行爲なりと誣ひ甚しきは農商務の官吏が余に向つて詰責を加へたるかの如く云ひ觸らせる向さへあるに至れり是れ畢竟世人を惑はさんが爲めに殊更に説を設くるに過ぎず事實無根にして素より有り得べき理なきものなり

抑も商業會議所は何が爲めに存在するものなりやと云へば何人と雖も商工業の發展を期するが爲めの機關たることを知るべし、現に商業會議所法第七條の權限中には明かに左の如く掲げられたり

　商工業に關する法規の改廢施行に關し意見を行政廳に開申し及商工業の利害に關する意見を表示すること

一目瞭然苟くも商工業の利害に關する意見の表示は會議所の任務たり左れば商工業と最も密接の關係ある政治に關し

て是非の意見を主張し商工業を擁護すべきは當然商業會議所の任務にして苟くも商工業の利害に關する問題たる以上は時としては行政立法一切に渉りて是非利害を論ぜざるべからず然るを彼の地方の府縣會に大政に議及すべからずとの法文あるが爲めに中央政府の機務に嘴を容るべからずとの論鋒を移して商業會議所にも適用し得るが如く曲解せんとするに至りては言語同斷の次第と云はざるべからず要するに商業會議所が商工業の利害に關する意見を表示すべき權能の版圖は決して狹少のものにあらず其直接と間接とに論なく事苟も商工業其ものゝ利害に關するものは論議して憚る所あるべからず乃ち今日に當り商工業の不振は何に源因するやを知らんと欲せば先づ一般經濟狀態を調査せざるべからず一般經濟狀態を調査すれば勢ひ政府の財政行政の善惡をも論議せざるべからず例へは人身に於る病患を療治すると同じ或る局部に發したる病害を除かんと欲せば其病源を究めざるべからず若し夫れ足部の結冷を療せんとせば五體全體に亘り血液の循環を整へざるべからず他なし足部の結冷は血液の頭部に充血するの結果なればなり然るを若し頭部と足部とは血液の關係なしと云ふものあらば誰れか其の愚を嗤はざらんや

さればこそ商業會議所は今日に至るまで數年一日の如く國力涵養實業發展を期する爲め諸般の政治に對し幾度となく行政廳及立法府に向ふて意見書を提出し政府及帝國議會も毎に之を受理しつゝあるなり然るを若し反對者の希望の如く強ひて商業會議所をして政治を論議し得ざらしめんと欲せば何ぞ明白に法文を掲げて之を禁ぜざるや吾人不敏と雖も禁止を犯すが如き亂暴を好む者にあらざるなり

然れども吾人商工業者が商工業の發展を期するを目的として設立したる商業會議所をして若しも政治上の事には嘴を容れしめず其言議を禁止すと定めらるべき場合ありとせんか吾人は直ちに現時の會議所を解散し別に自治の機關を作りて不羈自由の行動を取らんのみ亦た何を苦しんで現會議所を維持するに努めんや

惟ふに英米の商業會議所は共に自治にして發達し獨佛等は法律を設けて之を補導せり其成立にこそ異なる所あれ苟くも必要機關として其存在を認めながら之を拘束壓迫して其發達を妨ぐが如き政策を取るものに至りては吾人未だ世に其例あるを聞かざるなり勿論吾人は決して壓迫又は拘束を意とするものにあらず吾人の商業會議所は商工業自衛の爲めの機關なりと信ずる以上は假令如何なる障碍に遭ふも屈撓することなく正當の行動を取りて自衛の途を講ずべきなり

要之商業會議所は不羈自由の精神を奮つて行動すべきなり但し會議所として最も用意を要するものは彼の政黨政派の如く人に偏黨することなく極めて不偏不黨の地位に立ち問題其物に對し公平無私の判斷に依りて進退すべきに在り是れ吾人の常に愼重を守る所にして曩に明治四十年に在ては全國商業會議所聯合會は極力西園寺内閣の施政に反對し本年に在りては西園寺内閣の施政方針に贊成を表するものは即ち人に黨せずして問題其物に就て進退を決せる事實を表明して餘りありと云ふべし余は全國商業會議所と與に將來益此精神を發揮し敢て行動せんことを期するものなり

美事にも面白き政局

東京商業會議所會頭　中野武營

○現内閣は遂に瓦解した、若し鼠色の妥協なぞが行はるゝならば以ての外だが勿論玉砕した、閣員は何れも凛々乎として愉快氣に見える、六千萬國民の御援に依つて總辭職を爲す。洵に男兒の本懷であらう。

○我歴代の内閣は其末路に於て更迭の理由を明白にしたとはない。就中西園寺内閣は不得要領で、曾て議會に過半數を占めたる場合に内閣を投げ出した、然るに今度は理義明白、武斷派と闘つて、玉砕するに至つては憲法政治の顯著なる進歩を認めねばなれぬ。

○今回の政變は啻に二箇師團の問題のみでない、帝國の國是國策の根抵に觸れたる問題で閥族の運命の岐るゝ所である否閥族官僚が横暴專斷剛情を極めたる其結果は、閥族の凋落を一層速かにせぬとも限らぬ。最も痛快を覺ゆる事態である。

○去る明治十三年大隈參議の東北御巡幸に隨行して歸京するや、其當夜を以て閥族は大隈參議の北海道土地拂下の反對並に國會開設の建言を不都合となして　先帝陛下に御迫り申し畏くも强請して大隈參議を免黜した。

○當夜は故伊藤公が辭職勸告の爲め大隈參議邸に向ひ故有栖川宮殿下には痛く之を御配慮あらせられ、御歸京の當夜を以て之を强行するには及ぶまいと仰せられたさうだが、閥族の一派は朋黨比周遂に大隈を馘首するに非らずんば、私共を免じて戴きたいとまで要請した不都合とも何とも評し樣がない

○予は當時農商務の一小官吏、小書記官を拜命して居たが斯る閥族内閣の下に執務するを潔しとせず、一面識なき大隈參議の辭職と共に辭職した、今回の閥族の態度も別の言葉を以て評せば此當時の毒殺法と同じである、否當時は大隈を免黜せしに拘らず、大隈の反對せる北海道官有地拂下は中止し、國會開設は許容して、右手に大隈を馘り乍ら左手に詔書を發して二十三年國會を召集することを奏請した。他人の褌で角力を取るとは此事である。

○今度も閥族一派は他人の舞臺で踊を踊る考で斯く西園寺内閣を毒殺したものであらうが、果して然らば前例に徴して増師は後繼内閣に於て握り潰すであらう、然らずんば到底其内閣を組織し維持することは出來まい、併し果して後繼内閣が他人の褌で角力を取り得るや否や。

○牧野農相など吾輩に語つて今度の整理は自己の面目を踏み潰して、人民の或る一部には申譯の出來ないまでに節減し、却て損失を來す位にまでして整理の實を擧げ、其結果陸軍省を除いて整理の總額實に二千萬圓に上つて居ると云つた、後繼内閣が此整理を、より以上に美事に成就し得るや否や

○他人を毒殺したる以上は、より以上の成績を擧げねばなるまいが、西園寺内閣は最後の投出しに當つて、大石良雄の故智に倣ひ、美事なる明渡しを爲すべく昨今間然する所なき整理の仕上にかゝつて居る。洵に美事にも又面白き政局である

全國民を敵とせる陸軍

商業會議所會頭　中野武營

憲政の一進歩

私共が商業會議所の決議を齎して、西園寺首相始め各大臣を歴訪したのを主として増師反對陳述の爲であるかの如く解せられたのは、少しく的が外れて居る。勿論陳情の意見中には、増師反對も含まれてあつたに相違ないが、然し根本は内外の經濟財政の狀態より鑑み、兩政の根本的改革整理の必要なるを陳述せんが爲であつて、此意味より増師の穩當ならざることを指摘したのであるが、而も獨り陸軍を除き、各省大臣皆盡く私達と見解を同じくして居るので、殊に事々しく増師反對の意見を述ぶる必要も見なかつた。

唯だ各大臣のみならず、増師の不當なるは既に國民の輿論であるから、茲に管々しき數字を擧げて論議する事は避けやうと思ふ。然るに西園寺首相が善く民意を容るゝに吝ならず斷乎として、陸軍の要求を謝絶し、國民喝采の裏に臺閣を辭せんと決意するに至つたのは、私は西園寺内閣の爲めに時局の火災に對して最も適當なる消口を取り得たのを祝福せずには居られない。過去明治年代に於て、私は幾度か内閣の交迭を見たが、盡く妥協交讓であつて、一も交迭の理由を明かにしたものはない。要するに何れも非立憲的なる内閣授受に過ぎなかつた。殊に曩の西園寺内閣が、總選擧に於て衆議院に絶對多數を占めながら、遽然として内閣を桂公に明渡した如きは、苟も立憲國に見る可らざる奇怪なる現象であつたが、此度は明白に陸軍問題に對する官僚の妨害が、總辭職の已むなきに至らしめし所以を國民に訴へて堂々と陣を退いたもので、私は大正第一年に於て始めて立憲國らしき内閣の投出しを見て、快心の笑を漏らさゞるを得ないのである。是明かに立憲政治の一進歩であつて、斯の如く國民に喝采されながら、辭職せんとする内閣は今迄例のない事である。

後繼内閣如何

次に來るは後繼内閣如何と言ふ問題である。私は實業家としての立場から、後繼内閣の顔振れ等に關して、兎角の注文や、批評がましき事を云爲するを好まぬが、兎に角何人が出るにせよ、民望を負うて野に下つた内閣の後釜を引受けるには餘程の困難あるを覺悟せねばならぬ。第一に不人氣なる陸軍問題の後始末を何うすると言ふ事が劈頭の問題である。陸軍は輿論と戰つて倒れた。其陸軍を援けて、輿論と戰はんとする内閣が出現せられやうとは考へられぬ。然るに増師反對の新内閣が生れる事は、前後の關係上餘りに不合理である。然らば後繼内閣は如何なる形式を以て現はれるであらう乎

明治十四年大隈參議は、先帝東北巡幸に供奉して歸京するや、即夜薩長聯合の奏請に依つて、參議の職を退くべく餘儀なくされた。是より先、北海道官有物拂下の問題あり、國會開設論及び民論囂

囂として起り、沼間守一等は新富座に政談演説會を開き、盛んに民論を鼓吹した當時劇場で演説會を開く事は稀有の大事件であつた。當時大隈參議は民論を容れ北海道官有物拂下を中止し、國會は明治十六年に開設せられんことを奏聞し、かくて東北御巡幸の供奉に從つたのである。此間に薩長兩閥は、國會開設の功名を佐賀の大隈の手に占められんことを恐れ、竊かに相謀つて參議を首尾よく內閣より追ひ出した。然して閥族等は何をしたかと言ふに、大隈參議の爲さんとした所を、其通り實行した。畢竟何の爲に大隈參議を追ひ出したかは今に至つて不明である。即ち閥族は閥族以外のものに功名を讓ることを絕對に欲しないが爲とより判斷されぬのである。

是より考へて私は、必ず閥族に依つて組織せらるべき後繼內閣が、大隈參議に於けると、同一の筆法を以て西園寺內閣に臨まんことを恐れるのである。閥族は現內閣を死地に陷いれた陸軍の要求を惜し氣もなく撤回するであらう。而して現內閣に依つて爲されんとする、兩政整理の功名を體よく自家の中に收めやうとするであらう。茲に至つて國民は啞然言ふ處を知らず、狐に憑まれたやうに茫乎してる間に、閥族は恬然政治を遣り繰つて行く覺悟ではなからうかと思はれる節がある。何となれば是閥族の慣用手段であるからである。私は整理問題に關して西園寺首相に數度會見したが、整理の實績は、世人の豫想以上に好成績で、陸軍及び陸軍の勢力範圍たる各殖民地の特別會計を除くも、猶優に二千萬圓以上に達する見込であつて、首相も是には大分鼻が高かつたらしい。處が現內閣が得意とする所は、閥族の最も嫌ふ處であつたからつまり整理の成功の爲に、遂に內閣投出しの已むなきに至つたのは、是非もなき次第である。

茲に國民の堅く記憶を要するは、增師は國防上一日も寬うすべからざる緊急問題也と頑張りし陸軍の態度である。若し後繼內閣が閥族なるの故を以て、この頑强の主張を敢て撤回するならば、國民は等しく立つて、陸軍の不信不誠實悖德の所爲を責むべきである。又官僚派は切りに增師案は數年來の懸案であると絕叫して居るが、國民は何時の議會に於ても、閣員の何人よりも曾て增師の言明を聽いた事はない。若し又これが內閣授受の際の私約であるならば、斯の如きものを以て懸案なりなぞと大聲に叱呼するのは、實に立憲政治の面汚しなりと言はねばならぬ。

政黨の將來

政黨に伴ひて刮目を要するは、政黨間の變動である。官僚閥族は頑迷と雖も、時世の變遷につれて、政黨を基礎とせざる政權の永續す可らざるを徐ろに悟り始めた。而して政友會との情意投合も、行掛り上例の如くは望みなしとすれば、彼等が政友以外に有力なる政黨の後援を作らんとするは當然である。此夏頃より各方面に非政友合同の聲を聞けるは、今に至つて思ひ合される節がないでもない。官僚系の一部は高を括つて曰く、政友會の大を爲したるは、其政府黨たるが爲である。政友會は未だ嘗て在野黨たりし歷史がない。故に一度在野黨たらば、彼の過半數黨たるの誇りを打破するは容易である。政友會は要するに利益を目的とする烏合の集團である。故に一度利益を以て彼を誘ひ、解散を以て彼を威嚇したならば、彼等の多數は盡く我等に走るであらうと、此見解は確に眞理の一面を道破して居るが、今や增師問題は最早や內閣のみの問題ではなく、偏く一般國民の問題となつて、假令代議士は買收し得らる共、此の國民の强力なる反對を如何せんとするか、政友會は小數黨となる機會が在らう、而も國民は常に多數黨である。金力と威力と、國民に對しては一指を染むるを許さぬ。後繼內閣にして此非禮を敢てするならば、國民は猛然として起つて、彼を倒さんのみである。而して政友會の內情を見るに、黨員何れも意氣旺盛であつて、官僚と鬪はんとするの意氣込みが明かに見ゆる。若し彼等に此意氣がある間は、國民は擧て彼等の味方であるであらう。（文責在記者）

予の海主陸從論

（増師反對の理由）　中野武營

有害無益の計畫

私は我陸軍が果して二箇師團を増設せなければならぬと、眞面目に考へて居るかどうかを頗る疑ふものである。若し是れが眞面目の計畫であるならば、或は陸軍側の主張として一顧の價値があるかも知れぬが、どうも眞面目でないやうに思はれる。其證據には、増師問題は今に始まつたことでなくして數年來の懸案であるに拘はらず、陸軍側の主張は常に海軍側の主張に伴ふて強くもなり又弱くもなつて居る。現に先頃大橋氏が田中軍務局長に會見した時でも、軍務局長は世人が海軍の擴張を認めたら、陸軍の擴張に反對するとは其意を得ぬと云ふ意味の言を吐いたさうである。由是觀之今回の陸軍側のストライキ的行動の如きも、其眞意は之を國防上の必要と云ふよりも、或は海軍に對する一種の嫉妬心に基くものではなからうかと思はるゝ節がある。若しさうであるならば、吾等の甚だ同意し難いことである。

私は主義に於て増師に反對である。即ち國防上増師の必要はないと信ずるものである。元來海島國たる我國の國防は海軍が主であつて陸軍が從であるべき筈のものである。而かも目下の常態は之と反對に陸軍が主で海軍が從となつて居る形である。故に我國に於て若し軍備擴張の必要があるとすればそは陸軍にあらずして海軍である。陸軍側は露國の極東防備や、西比利亞鐵道の複線工事や、黑龍江鐵道の竣工や、滿蒙の形勢やを云々して速かに陸軍擴張の必要を唱道して居るが若し果して對露關係上朝鮮に二箇師團を配備するの必要があると云ふならば、宜しく内地の師團を移轉し、且交通機關の整頓を計るを以て足れりとすべきである。露西亞は日露戰爭後交通機關の整頓に力を入れ、兵の配備を變更しては居るが其兵數に至つては今日と雖も之を數年前に比して少しも増して居ないのである。然るに我日本のみ何故に之れを増さなければならぬのであるか。或は滿蒙の平野に於て彼と對峙する必要上之を増さなければならぬと云ふかも知れぬが、それは果して我國力の堪へ得る所であるかどうか。日露戰爭に於て約五十萬の陸兵を動かして十四億三千萬圓の戰費を要した實例に徴すれば、今日百萬の兵を動かして露國と戰はんとするには無慮三十億の戰費を陸軍のために投ずるの覺悟が無ければならぬ、これ果して我國力の堪ゆる所であらうか。若し又單に我領土を防衞するための軍備であるならば、寧ろ現在の兵數を縮少しても事足るであらうこれは專門の軍人中にも同論者があるやうである。

更に一歩を進め考ふるに、露西亞は果して我國に對して復讐戰を開始し來るであらうか。勿論一部の武斷派中には斯かる考へを持つて居るものもあらうが既に日露戰爭に於て我國の技倆を熟知せる彼れなれば、必勝の算なくしては容易に釁端を開くことなきは明かである。而して必ず我國を屈服せしめんと欲せば彼は陸軍力を强大にするとも先づ我海軍を壓倒するだけの强大なる海軍を建設せなければならぬ。故に私は日露が再び干戈を操て相見えるやうなことは、少くともこゝ當分は無いと信ずる。果して然らば二箇師團增設の如きは內にしては徒らに國力を消耗し、外に對しては露西亞始め諸外國をして我國が何等かの大野心を包藏するもの丶如くに猜疑せしむるのみである。卽ち有害無益の計畫であると言はざるを得ぬ。

我國現下の急務

私共の觀る所に依れば、我國の急務は軍備の擴張に非ずして行政財政の大整理を斷行し、國本を培養するにある、此意味に於て私は西園寺內閣の政綱を歡迎し、及ばずながら民間に在りて多少の助力を惜まなかつたのである。然るに我西園寺內閣は陸軍のために壓迫せられ、陸軍大臣を除く他の全閣員の一致と國民全體の聲援とありしに拘はらず、玉碎するの止むを得ざるに立ち至つた。これ實に憲政治下の一大怪事であるが、今まで特別優越の地歩を占め來つた所の陸軍の勢力に衝突したのであるから、一方より觀れば已むことを得ざる結果であらう。併し乍ら從來は文治派の大棟梁伊藤公の勢力を以てするも對抗することの出來なかつた陸軍に對して毅然として自己の主張を枉げなかつた西園寺侯及び山本大藏大臣等の態度は實に見上げたものである。全國民の同情と後援とを背後に負ふて居たからでもあるとは云へ、斯くまで立派なる態度に出でられたことは偉なりとせざるを得ぬ。

私は今回の政變によつて我政界の旗幟が鮮明になり、且國防問題が根本的に解決せらるゝの機運に遭遇したことを喜ぶものである。今日の我國に取りて此國防問題程重大な問題はない。苟くも國防問題にして根本的に解決せんか、從來弊竇充ちたる財政の基礎を鞏固にすることも出來、從つて又一般經濟界の極格を除くことも出來るのである。國力は發展し國富は增殖せらるゝのである。今までは此根本問題の解決がついて居ない爲めに幾回內閣が更迭しても、原に偏武政策が財政を壓し、財政が一般經濟界を壓し、爲めに我國力の發展は武力の發展に伴ふことが出來なかつたからである。然るに今や之を矯正するに絕好の機會が來た。これ實に千載一遇の好機である。希くは此機運に乘じて、我々の目的とする問題の根本的解決を見たいものである。否、是非とも之を見るべく努力せなければならぬのである。

陸軍の猛省を望む

私は此際陸軍が眞面目に自己の立場を顧みて、其の居るべき當然の位置に安住せんことを望むものである。今回の陸軍側の態度は餘りに傍若無人であつた。即ち一方に於て不急不要の師團增設問題を以て内閣に強要し其政綱を破壞せんとすると同時に、田中軍務局長は井上侯の邸に於て三井、三菱等の一二の實業家並に澁澤男爵等と會見して、增師の理由並に計畫に就て說明し、巧みに之を說き落したと云ふことである併し乍ら私は澁澤男はまさか制度整理と矛盾せる增師に賛成せらるゝが如きことはあるまいと信じて居たが、果せる哉、男は制度整理に累を及ぼさぬと云ふことであつたから增師を默認せられたのださうである　若し果して當時陸軍側に於て澁澤男爵に說きしが如く、制度整理に累を及ぼさざる範圍内に於て增師を實行すると云ふ意思であつたならば、何故に增師計畫と整理とを切り離すことを最後まで拒んだのであるがこの一事既に誠意を缺く所の橫着極まる仕打なのであると云はねばならぬ。

惟ふに我陸軍は今まで隨分無理を徹して來た。今度も多分無理が徹ると豫期したのであらう。併し乍ら從來は兎に角、今後は最早國民の方でも道理のあることならば格別、無理を徹させて默つて居るやうなことはしないから、陸軍側も飜然態度を收め、赤心を披瀝して國民と共に事を計るがよかろう又其海軍に對する嫉妬心の餘り、海軍充實計畫に對してケチを附けんとするが如きは却て陸軍自から傷ける所以である。海軍の充實は增師と異て、擴張でなくして兵力の更新である時代後れの舊式軍艦、戰線に立つことも出來なくなつた軍艦の代りに、新式精銳の軍艦を建造するのである。これは猶ほ恰かも陸軍に於ける野砲や山砲や小銃等の舊式に屬するものを新式のものにとりかへると同樣、毫も兵數を增す意味の計畫でもなければ、又噸數を殖やす爲めの計畫でもない。時勢の進運に伴ひ、列

國との均衡を維持する上に於て、必要缺くべからざる所の當然の施設である、卽ち海軍力の補充であつて擴張ではない。私は假令兵力補充の意味以上の擴張であつても、陸軍よりは海軍を先きにすべきものであると思つて居る。況んや陸軍の計畫は兵數の增加、卽ち擴張であつて海軍の計畫は兵力の更新、卽ち補充であるとすれば、世論が海軍の計畫を是認して、陸軍の計畫を排斥するは當然であると思ふ。國防の充實は極めて必要である。一日も之を等閑にすることは出來ない。併し乍ら之を同時に能く其緩急を圖り能く之を整理して些の贅冗だんなきことを期せなければならぬ。此點よりして之を觀る。今日はこれ增師を云々すべき時に非ずして寧ろ減師を唱道すべき時ではないかと思ふ。

之を要するに私は此際を機として我國防問題を根本的に解決したいと思ふ。而してこの問題さへ根本的に解決すれば、他の一般政務に關する諸問題の如きは自から之に伴ふて解決がつくと思ふ。希くは此千載の好機を逸せずして、此目的を達成したいものである。此目的を達成して我國基を富嶽の泰きに置きたいものである。

（文責在記者）

桂公が世間の攻撃を避け得る術

東京商業會議所會頭 中野武營

須く天下に信を立つ可し

凡そ政治の善惡得失は直ちに全國民の利害休戚に關係するものであるから、假令其局に當る人が何人であらうとも、個人的の情實に拘はつて之を寛假する譯には行かぬのである。私は個人としては桂公と比較的親善の關係にあるが、公人としての桂公に對しては些の情實をも雜へざる所の嚴正なる批評を試みなければならぬ。

桂公が未だ政黨組織の事を社會に發表せざる以前——併し乍ら政黨組織の意思を有して居ると云ふことは何人も之を推知するを得た當時——私は桂公に望むに次の如きことを以てした。曰く、公が從來の政黨操縱の態度を改めて自から政黨を組織し、以て責任内閣制の實を擧げんと決心するに至りしは、是れ從來の我政界の弊根を絶ち、憲政の運用を全からしむる所以であつて、實に我政治上に於ける非常の進歩と言はざるを得ぬ。而して是れを稱して第二の維新と爲すも決して溢言ではないのである。何となれば第一維新以來國民が唱へ來りしことが、今日に至つて漸く實現せらるゝに至つたからである。第一の維新は發端である。五箇條の御誓文中の『萬機公論に決すべし』との御趣旨は、政黨を基礎とせる責任内閣制が確立して始めて其實を擧げ得るものである。而して此事は今日桂公の政黨組織に依つて達成せられんとしつゝあるのであるから、これは我々國民として大に賀すべきことである。

併し乍ら、事を爲すには凡そ順序がある。若し順序を紊り名分が明らかで無い時には、如何に其趣旨は立派であつても天下の信を得ることが出來ない。これが自分一個に關することであるならば、自分獨り正善と信ずれば、他人が何と言はふが之に少しも耳を傾けずして斷行しても宜からう。併し乍ら政治なるものは天下民衆を相手の仕事である。既に然る以上、勉めて其形跡を明らかにせなければならぬことは申すまでもない事と思ふ。私はまだ少年の時に夫の魏徵の著はした貞觀政要と云ふ書物を見たことがある。其中の一句に、凡そ政治の要は形跡を明らかにするにありと云ふ意味の事があつたと記憶して居る。政治は天下に信を立つることが第一義である。而して天下に信を立つるには、どうしても其形跡を明らかにせなければならぬ。今日桂公が世間から種々の非難攻撃を蒙る所以も、畢竟形跡の不明より來る所の結果であると思ふ。勿論世間の公に對する非難攻撃の中には、我々から見ても實に條理の立つて居ないやうに思はれるものもある。併し乍ら諺にも衆口金を鑠かすと云ふ事がある。假令天下民衆の攻撃が的を外れて居るにした所が、政治の要が形跡を明らかにするにある以上、多數の疑惑を解くが政治家の任務であると思ふ。聽明なる桂公にして何故に天下に信を立つるの途を取られざるか。私の私かに公のために遺憾とする所である。

公の處すべき正道

昨日衆議院は桂內閣に對する不信任の決議案を提出して、停會を命ぜられたが、其不信任の理由とする所も亦、公の出處進退に關する形跡が明らかでないと云ふ點、即ち宮中、府中の別を紊り、帝室の尊嚴を傷つけたと云ふ點にあるらしい。而して此問題は私より見れば單なる政治上の問題に非ずして實に日本國民が我國體に對して懷抱せる深奧なる觀念―

―殆ど我國民の固有性とも申すべき精神上の大問題に觸れたものである。我國民の帝室に對して有する觀念は一種特別である。故に苟くも其尊嚴を傷けるが如き問題が起つた時の感慨は、到底政治上の失敗に對して惹起するが如き感慨の比ではない。從つて本問題の如きは國民の思想感情を根柢より動かす所の大問題である。假令單なる政治上の問題として之を見るも、其形跡を明らかにせざるべからざることと上述の如くであるが、事帝室に關するに至つては一層其必要を見るのである。而して桂公にして其意思だにあらば、之が形跡を明ら

佛國新大統領フオアンカレー氏

かにするの手段方法に至つては、必ずしも之れ無きに苦しまぬと思ふ。

抑ゝ西園寺内閣の倒れた所以は、陸軍側の増師案が閣議に容れられざりし結果、陸相の辭職となり、其後任者を得る能はざりしに因るものである。而して其後繼内閣を組織するために屢ゝ元老會議を開催し、種々の手段を盡して其人を求めたに拘はらず、誰も大命を拜するものがない。然るに國家は一日も政治の局に當るものなるべからずであるから、陛下の御軫念を安んじ奉らんがために、又國務の頽敗を防がんがために、桂公が元老の勸告に從ひ、宮中を出でゝ内閣組織の大命を拜したと云ふことは、實に其職分上已むを得なかつたことであると思ふ——此間の消息に就て種々の揣摩臆測を逞しうするものもあるがこれは餘りに酷である——而して桂公出でて増師問題も治まつたことであるから、此點より見れば桂公は既に西園寺侯の爲し能はざりしことを爲して居るのである。而して現内閣が本年度の豫算を新に編成することが出來ないで大體に於て前年度豫算を踏襲したと云ふことは、内閣組織後、日尚ほ淺いことであるから已むを得ない。又豫算の實行上成るべく經費を節約するに勉めると云ふことをも決して非難すべきことでは無いと思ふ。今日の場合に處して何人も是れ以上の方法に出でることは事實に於て出來ないのである。然るに議會の多數は桂公の政策を容れない形勢にある。然らば此際公の處すべき道如何と云ふに、宜しく多數黨の首領たる西園寺侯に對して、後繼内閣を組織せんことを懇談すべきである。西園寺侯にして桂公の言に聽けば、公は潔よく民間に下りて國民を基礎とせる政黨を樹立し、以て西園寺侯及び其與黨と正々堂々の兵を交ふべきである。若し又西園寺侯にし

駐日米國新大使アンダーソン氏

て公の言に聴かずば宜しく之に對して次の如く宣明すべきである。曰く衆議院の多數を占むる貴侯の與黨、余の内閣を攻撃し不信任案を提出す、而して貴侯は余の辭職後の内閣を引受くるに意なし、然らばこれ内閣を破壊し乍ら、之を建設することを拒むもの也。斯の如きは上　陛下に對し、又下國民に對し、政治家としての職責を盡す所以に非ざるが故に、余は此際斷じて辭職せずして、自己の所信を貫徹するに努むべしと。斯くて之を西園寺侯に宣明すると同時に天下に公表すべきである。若し桂公にして此手段に出で其形跡を明らかにするに於ては、公が自己の功名心に驅られて西園寺内閣を倒せしてふ世人の疑惑を一掃するを得て、公は今日失墜せる民望を恢復するであらう。是れ卽ち桂公の現下に處して踏むべき正道である。

政黨組織の第一義

政黨を組織するには須らく國民の上に基礎を置かなければならぬ。是れ猶ほ家を建築するには地盤を堅固にするを第一義とするが如きものである。地盤の脆弱なる上に建築した所の家屋は、一朝風雨の襲來に遭ふか若くは地震等のある際には忽ちにして倒壊する。國民を基礎とせざる政黨も亦復斯の如く、假令一時は好都合に運ぶとしても、決して永久に鞏固であり得ない。而して桂公の新政黨組織はこの正當の順序を踏んで居ないのである。卽ち先づ地盤を堅めて置いて其上に新なる家屋を建築するに非ずして、從來の古家が傾きかゝつたからと云つて、支へ柱を加へると同樣の方法である。これでは世人が公の政黨組織を目して公自己の政權を維持せんがための一時の方便として之を組織するものであるとの疑惑を懷くは當然である。凡そ政黨なるものは一時のものでなくして永久に亙つて存在すべき性質のものであるから、須らく國家百年の長計を大觀して、鞏固なる基礎の上に之を築き上げなければならぬものである。然るに拘はらず、聰明なる桂公にして、慮り茲に及ばなかつたことは返す〳〵も遺憾の極みである。

最後に公一身のためより之を論ずるも、公は第一維新の諸俊傑の後繼者である。故に第一維新の諸俊傑の志を成すは公の是等先輩に對する責任である。公にして若し國民を基礎とせる政黨を組織し、責任内閣制を確立し、御誓文中の所謂『萬機公論に決す』の實を擧げるに於ては、これ第一維新有終の美を濟すものにして、卽ち公によつて其諸先輩の偉功は更に顯彰せらるるものである。反之、公にして若し自から處するの途を誤らばこれ獨り公の失敗たるのみならず併せて累を是等諸先輩にまで及ぼすものである。此際に於ける公の進退や其關する所極めて重大である。冀くは、公能く自重せられんことを。（二月六日談）

偏武的政治と我財政

東京商業會議所會頭　中野武營

官僚の實力未だ倒れず　今回の政變は兎も角民衆の勝利となれり。然れども此の勝利や、決して未だ官僚の實力を倒したるに非ず、唯だ氣勢に於いて彼れ等に勝てるのみ。左れば理に於いては、桂内閣の倒れたる今日、之れに代るべきものは當然政友會内閣ならざるべからずと雖も、事實は到底其の實現を許さざるべし。尤も西園寺侯にして尚少しく政界に野心ある人ならしめば、政友會は之れを推し立てゝ官僚に對抗し得べしと雖も、同侯が政界に關係を有する事を厭へるや既に久し。想ふに西園寺侯は今回の政變を好機として長く首相たるの煩累より脱せんとするは勿論、或は政友會總裁たるの冠をも掛けんとしつゝあるに非ざるか。然らば政友會が内閣を組織するとして果して何人が首相たるや。世或ひは松田氏を以つて之れに擬すと雖も、之れ今日に於いて到底實現し得べき事に非ず。何となれば、本邦に於いて首相たる者は先づ宮中の御信任を得ざるべからず。然るに國民の知る如く、今上は登極未だ幾何もあらせられず、政治上の御經驗も尚餘り多くあらせられざる事なれば、今如何に民衆の氣勢盛んなるを見給ふも、遽かに先帝以來の歷史ある元老を無視して民間の新人に大命を下さるゝと云ふ事は御遠慮あらせらるべきが故なり。本邦に純政黨内閣を見るは尚多少の時日あるものと知るべし。

偏武的政治の極弊　吾人國民は、國家の生存上必要なる國費は、假令鍋釜を質に置くも、之れを負擔するを辭する者に非ず。然れども今日の如く局に當る政治家皆極端なる偏武主義を採り、國家全體の事は考へずして、陸軍は陸軍にて所謂大陸主義の下に師團の增設を圖り、海軍は海軍にて又無暗に軍艦ばかりを建造せんとし居たるにては、國民は到底其の弊に堪えざるなり。今日の政治が如何に極端なる偏武主義に陷れるかは、例へば陛下の御召服に見るも明かなり。陛下出御の折召さるゝ服は必ず軍服なり。而かも其は殆ど常に陸軍々服にて海軍々服を召さるゝと云ふ事は數ふる程しか之れ有らず。斯くの如きは畢竟之れ輔弼の任に在る者の思想が偏武殊に偏陸軍主義なる爲めに適當なる輔弼の任を盡さゞるが爲めのみ。又例へば陸軍の學校と云へば、微々たる戶山學校の卒業式にすら、陛下の臨幸を仰ぎながら、一般の學校には唯だ一帝國大學を例外とするのみにて、遂に何處如何なる大學專門學校の卒業式にも行幸を仰せ出だされたる事無し。之れ亦輔弼の臣が偏武主義なるが爲めの故に外ならず。偏武主義の弊豈畏るべき事ならずや。

國防は國民の國防なり　勿論國防は國家の生存上一日も缺くべからず、吾人固より之れを重んずと雖も、而かも其の計畫は嚴に國是と一致するものならざるべからず。而して國是は國民全體の定むる處にして軍人の勝手に決すべきものに非ず。從つて國防計畫は軍人の專門に屬する事に非ずして、國民全體の討議の上に成るべきものなり。然るに我が國の現在にては、國防計畫の權は全く軍人の手中に在り。是を以つて前陳せし如く、陸軍と海軍と各其の思ふが儘に振舞ひて、國民は唯だ徒らなる負擔に苦しめり。吾人は如何にしても國防計畫の權を國民の手に收めざるべからず。然らずんば我が國政の前途は到底暗憺たるを免れざるなり。

亡國の民を羨む　國防計畫の權國民の手中に在らず、爲政家滔々として偏武主義に趨る結果が如何に國民を苦めつゝあるかは、試みに之れを朝鮮の經營に見ば明かなるべし。內地の民は地租所得稅等の直接稅の負擔頗る大なるあるのみならず、煙草にも、鹽にも、砂糖にも悉く重稅課せられ、生活難日に益々甚だしからんとするに、顧みて朝鮮の民は如何と云ふに、租税の負擔の殆ど全く無之きのみならず、我が政府は却つて內地の民を苦しめて取り上げたる租税の內一千萬圓餘を毎年彼等の爲めに費しつゝあり。若し內地の民にして少しく眼を開きて事實の眞相を見ば、恐らく亡國の民の却つて幸福なるを羨むべし。固より屬領となりたる上は之れが經營を忽にする能はざるべしと雖も、其れも程度問題なり。然るに現下の我が國は、前陳の如く、偏武主義極端に跋扈せるを以つて、朝鮮、關東州、臺灣の如き皆軍人を總督とし、而して此等の軍人は國家全體の事は一向わからず、唯だ自己の功名に焦れる連中なれば、競つて贅澤なる施設を行ひ、爲めに內地の民の負擔を愈よ加重しつゝある次第なり。

首相財政狀態を知らず　然れども斯く我が邦が極端なる偏武主義の弊に陷り、軍人の跋扈を來せるも、一面より云へば我が財政狀態が一般の國民には勿論、藏相の外の他の閣員にさへも知られざるが如き有樣に在るが故なり。例へば西園寺侯は第二次內閣を組織し、山本氏を藏相とするに及びて初めて財政に關する內情多少わかりたりと言へり。之れ予が先頃直接同侯に會して聞ける處なるが、之れ何故なりやと云ふに、山本氏は素人なるが故に何事も首相に打ち明け相談したるが爲めに外ならず。然るに其れ以前の藏相は多く大藏省の官吏上りなるを以つて、事は皆大藏省限りにて秘密に附し、首相にも其の他の閣員にも打ち明けず、況や國民に之れを知らしむるなど云ふ事は絶對にせざるを以て、於是乎陸海軍は財政の事には構はず無暗に經費を要求し、而して首相も國民も之れを制するの途無きなり。されば予は曩に西園寺侯にも亦山本氏にも、財政狀態を明白に天下に示すべし、若し之れを示さゞるに於いては西園寺內閣も亦在來の代々の內閣と同罪たるべしと論じたるが、山本氏の言ふには、理屈は如何にも貴說の如きも、若し今遽かに我が財政狀態の眞相を發表せんか、其れこそ大事件出來すべし、故に方針として秘密主義を排する事とし、除々に之れを實行する外なかるべしと。我が財政が如何に奇怪なる狀態に在るかは此の山本氏の言を以つてしても察知すべし。首相さへ知らざる財政の下に立派なる政治の布かれん道理は無きに非ずや。

陸海軍擴張の要無し　要するに我が邦目下の急務は先づ財政の狀態を明かにし、而して國防計畫の權を國民の手中に收め、以つて健全なる國政を布くに在り。若し夫れ所謂大陸主義の下に支那分割を夢むるが如きは吾人の絶對に反對せざるべからざる處にして、予を以つて言はしむれば滿洲の如きも之れを我が勢力範圍に置く事は百害あつて一利無し。滿洲を我が勢力範圍とし、又動ともすれば支那分割など云ふ事を考ふればこそ陸軍の不足をも感ずるなるが、然らずんば目下の十九師團にても尚餘りあり。予は陸軍の擴張には絶對に反對す。又然らば海軍は如何と云ふに、之れも目下の勢力以上に擴大するの必要は少しも之れ有らず。然れども唯だ軍艦には一定の年齡あるを以つて之れが新陳代謝を圖らざるべからざるのみならず、又常に艦隊の整備てふ事を考へざるべからざるが故に、噸數に於いては現在より增加する必要無きも、其の勢力を絶へず一定に維持する爲めには、相當の費用を要すべし。之れは已むを得ざるなり。然れども之れも國防計畫の權が國民の手中に在る上は決して今日の如く陸海軍競爭の爲めに無益の負擔を國民に課せらるゝが如き憂は無くなるを以つて、吾人の苦痛は非常に減少すべし。吾人の如何にしても打ち破らざるべからざるは、實に我が目下の偏武的政治なり。

年頭ニ際シテ國防上ノ所懷ヲ述ブ

中野武營

顧ミレバ我國防義會創設ノ議ガ吾人同志ノ間ニ決セラレシハ實ニ一昨明治四十五年ノ春季ニシテ爾來　先帝陛下ノ御登遐アリ、増師問題ニ原ヅク政變アリ、世勢ノ激變ニ伴フ人心ノ動搖ハ吾人同志ノ運動ニ少ナカラザル影響ヲ及ボシテ計畫ノ實行頗ル遲々タルモノアリシガ、昨秋諒闇明ケトナリテ人心ノ稍々鎭靜ニ歸スルニ及ビ、吾人同志ノ準備モ亦着々其歩ヲ進メ今ヤ會員ハ二百名ニ垂ントシ而カモ其凡デガ本會ノ中堅タルベキ地位名望若クハ智識手腕ヲ有スル人士ナルコトハ吾人ノ深ク諸君ト共ニ慶賀スル所ナリ

然レドモ本書ノ期スル所ハ遠大ナリ本會當初ノ目的タル我國上下ニ對スル國防上ノ智識思想ヲ普及涵養セシムルニハ更ニ一層ノ奮勵努力ヲ要ス、吾人ハ今後諸君ト共ニ大ニ本會前途ノ發展ノ爲メニ力ヲ致サンコトヲ期ス

抑々國防ノ事タル一方ニ於テ國家ノ生存ニ關スル重大問題ナルト同時ニ、他方國家ノ財政及ビ國民ノ經濟ニ關スル緊要問題タリ、從ッテ之ヲ適當ニ鹽梅調節スレバ以テ邦家ヲ興隆セシムベキモ、若シ一朝其施設ヲ誤レバ禍害殆ンド測リ知ルベカラザルモノアラントス、然ルニ從來我

邦人ハ動モスレバ此重大問題ノ研究ニ熱心ナラズ、其餘弊ノ及ブ所延テ國防ノ缺陷ト、財政ノ紊亂ト、國民ノ生活難トヲ併セテ誘致スルニ至リシハ吾人ノ深慨ニ堪ヘザル所ナリ

近時國防會議ナルモノヲ設置シテ、之ニ依ツテ國防ノ大方針ヲ決定スベシトノ議ハ朝野ノ間ニ一問題トナリツヽアルモノノ如シ、然レドモ假令國防會議ノ體制ニシテ如何ニ完備スルモ、之ニ列ナル議員ニシテ國防上ノ智識ヲ缺クニ於テハ啻ニ無用ノ長物タルノミナラズ或ハ寧ロ有害ノ結果ヲ來サン、吾人ハ我國防ヲ是正セント欲セバ先ヅ我國民ノ國防ニ關スル智識思想ヲ普及涵養スルノ急務ナルコトヲ思フ、我國防議會存立ノ必要茲ニ於テカ益々明確ナリ

吾人ノ信ズル所ニ依レバ我國ハ國防ヲ整備シテ國家ノ生存權ヲ確保スルト同時ニ、大ニ我國力ヲ世界ニ向ツテ伸長發展スルノ計ヲ爲サヾル可カラズ、而シテ海國タル我國ノ國命ヲ擁護シ且ツ國力發展ノ原動力タル貿易及ビ移殖民ヲ保護誘掖スルモノハ主トシテ我海上武力ナレバ海上武力ノ充實セルト否トハ或意味ニ於テ直チニ我國力消長ノ反影ト見ルコトヲ得ベシ、今一國ノ軍備ト財政經濟トノ關係如何ヲ考フルニ、之ヲ國防上ヨリ觀レバ國命ヲ擁護スベキ軍備ハ主ニシテ之ヲ支持スベキ財政經濟ハ從ナリ、又之ヲ國力發展上ヨリ觀レバ堅確ナル財政豐富ナル經濟力、殊ニ商權ノ伸長ト移殖民ノ發展トハ主ニシテ之ヲ保護誘掖スベキ軍備ハ從ナリ、斯クノ如ク其軍備ノ國防的ナルト發展的ナルトニヨリテ軍備ト財政經濟ト相互ニ主從ノ關係ヲ異ニスルモノアルコトハ吾人ガ軍備問題ヲ論ズル人士ニ對シテ特ニ注意ヲ諸ハント欲スル所ナリ、之

ヲ換言スレバ國防的軍備ハ財政經濟以上ノ軍備ナレバ單ニ財政上ノ負擔重シ、經濟上不利益ナリトノ理由ヲ以テ之ヲ排擊スルコトヲ得ザルモ、發展的軍備ハ財政經濟以下ノ軍備ナルガ故ニ其施設ハ一ニ其時代ノ財政經濟ノ狀態如何ニ依テ左右セラレザル可カラザルナリ、而カモ國防上ノ軍備ト雖トモ略ボ其國家ノ財力ヲ以テ之ヲ運用シ得ルノ程度ニアルベキコトハ敢テ辯ヲ俟タザル所ナリ

要之、吾人ハ不生產的ナルノ故ヲ以テ一概ニ軍備ヲ排斥スルコト能ハズ、國防的最低限度ノ軍備ガ生產不生產ノ關係ヲ超絕セル國命擁護テフ重大意義ヲ有スル軍備ナルコトハ勿論、發展的軍備ト雖ドモ、其施設運用如何ニ依ツテハ國家ノ經濟力ヲ興隆伸長セシムルノ原動力トナルガ故ニ、猶ホ國家ナル一大法人ニ對シテ一種ノ資本ヲ投ジタルト同樣ノ關係ニアリ、從ツテ其可否ハ放資額其者ヨリモ寧ロ其放資ノ目的、方法、並ニ經營振リ如何ニ依ツテ決ス可キモノナリト言ハザルベカラザルナリ、然レドモ概シテ言ヘバ軍費ノ負擔ハ各國民ノ共ニ苦痛トスル所ナレバ、常ニ之ヲ整理シテ以テ國力トノ調節ヲ圖ルニ努ムベキハ素ヨリ論ナシ、軍備ト經濟ト決シテ其一ヲ偏廢スベキニ非ザルナリ

我國防義會ハ大凡如上ノ信念ノ下ニ今後モ猶ホ從前ノ如ク徐ロニ且堅實ニ其步武ヲ進メントス、玆ニ大正三年ノ新春ヲ迎フルニ際シ敢テ所懷ノ一端ヲ披瀝ス、希クハ諸君ノ贊同ト助力トニ依ツテ本會ノ前途ニ光明アランコトヲ

三　カリフォルニア州排日土地法

山本内閣は第三十回議会閉会の後、米国カリフォルニア州議会に提出された、事実上日本人の土地所有を認めない法案、いわゆる排日土地法案への対応に追われた[1]。

明治四十二年三月、ルーズベルト大統領の次の大統領に就任したウィリアム・タフト大統領もカリフォルニアの排日運動を抑えることに力を入れた。サンフランシスコ市が、大正四年に開催予定のパナマ運河開通記念の太平洋万国博覧会の誘致をニューオリーンズ市などと競う中、タフト政権は、カリフォルニア州やサンフランシスコ市に対して排日法案に反対することを要請し、サンフランシスコ市における万国博覧会開催を支持した。

6－21「**巴奈馬運河太平洋大博覧会に就て**」（大正元年八月三十一日）は、誘致に向けてサンフランシスコ商業会議所のゲッスル会頭や、渡日米実業団に参加したロバート・ダラーから中野が支持要請を受けていたことなどを紹介している。**6－22**「**巴奈馬太平洋万国博覧会に就て**」（同年十月二十五日）は、サンフランシスコ市やカリフォルニア州における排日問題への対応や、米国大西洋沿岸市場や南米市場との通商関係強化の観点などから、我が国として積極的に参加すべきと訴えている[2]。

6－23「**日本の国是と移民問題**」（同年四月一日）では、人口が過剰になる中で、外貨を獲得していくためには、国是として移民を促進していくべきとの主張をしている。この時点において米国については、一部に日系移民排斥の動きがあることを指摘しつつも、移民先として有望視している。一方、日本政府は満蒙への移民を奨励しているが、賃金が安く既に所有されている土地が多いので不適であり、南米が有望であると評価している[3]。

6－24「**モンロー主義が我民族の海外発展に及ぼす影響（上）（下）**」（同年五月一日、六月一日）では、人口が増大する我が国の発展の方向として、人口増加制限や生活程度の引下げなどの消極策と、領土の拡張の方向性という選択肢があるが、こららを全て否定した上で、商工業の発展には相当の年月を要することから、当面、移民が有利であると結論している。その上で、移民先としては、今後南米が有望であるものの、米国政府のモンロー主義により進出が妨げられていることを懸念している。そして、今後日本国民が、米人に畏敬され欧州諸国と対等の扱いを受けられるように努力すべきと述べている。

共和党のルーズベルトとタフト大統領は、外交・安全保障上の考慮などから一貫してカリフォルニアの排日運動に強く反対した。しかし、大正元年五月に日本政府がパナマ運河万国博覧会への参加を決定した後の大正元年末に、州権の尊重を訴えた民主党のウッドロー・ウィルソンが大統領に選出されると状況が一変し、カリフォルニア州では様々な排日法案が提出されて州議会を通過する可能性が高くなった。

民間経済外交の実績があった中野は、排日法案阻止のため、山本首相や牧野伸顕農商務大臣から相談を受けながら、法案の阻止に奔走した(4)。中野は、商業会議所連合会を開催して官民の認識共有を図り、ウィルソン大統領や全米商業会議所、カリフォルニア州知事、太平洋沿岸連合商業会議所などに打電し、法案阻止を要請した(5)。

また、米国代理大使(大使不在)を訪問して排日法案阻止の申し入れをしたり、日本の企業やその取引先、宗教家を通じて米国に働きかけをしたりした。さらに、超党派の日米同志会を組織して日本の世論を固め、連合通信社を通じて全米の報道機関に配信させた(6)。

6−25「国民としての報復手段」(同年四月)は、カリフォルニア州で排日土地法案が通過しそうな状況の下で、日本人を侮辱した法案が可決されるならば、各地の商業会議所がパナマ運河万国博覧会に出品することを拒否する用意があると警鐘を鳴らしたものである。

日本政府は、珍田捨巳在米日本国大使が米国政府に対して法案成立阻止の働きかけをした。米国政府はブライアン国務長官をカリフォルニア州議会に派遣して説得を試みたが、州議会は五月三日に排日土地法案を可決した。

6−26「加州排日問題に就て」(同年五月二十五日)は、排日土地法案が州議会を通過し、大統領の署名を待つ時点での展望である。本件はカリフォルニアという州政府での問題であり、米国全体の立場は異なるので冷静沈着な対応をする必要があるとしつつ、日本政府からアメリカ政府への外交的な働きかけに期待をつないでいる(7)。

法案が両院通過後、ブライアン国務長官はジョンソン知事に拒否権を発動するよう要請した。しかし、州知事はこれを受け入れず、五月十九日に法案に署名し、法律が成立した。

この間、珍田大使の激しい抗議を受け、米国海軍は、フィリピンが日本軍によって奇襲攻撃を受ける可能性もあるとの危機感を強め、陸海軍合同会議でマニラ、ホノルル、パナマ運河の海軍力を強化すべきことを検討した(8)。このような軍部の動きを知らなかったウイルソン大統領がこれを知って激怒し、ブライアン国務長官はそのような動きが戦争を誘発するとして反対するなど、軍事的緊張が走る場面があった。

排日移民法が成立した後、パナマ運河万国博覧会への参加の是非が問題となった。中野は、協賛した日本政府の方針とカリフォルニア州などの対応を踏まえて方針を決めるとの考えから、無条件に博覧会に参加することには慎重な姿勢を保った(9)。最終的に政府は大正三年四月に博覧会への参加を決定し、中野もこれに協力することにした。

渋沢栄一が大正四年末に同博覧会参加のために訪米した後、大正五年二月に渋沢と中野は、財界人を中心とした有識者による日米関係委員会を設置し、日米関係の増進に努めた(10)。

6-27「移民と教育」(大正三年十月)は、日本の移民が世界の至る所で排斥に合うことから、一般的解釈として大和民族はよく働く、思想が高い、しかしなかなか同化しないといわれているが、その真因を精査し教育上から改善、向上し、世界のいずれの国からもウエルカムと呼ばれるようにしなくてはならないと指摘している。

注

(1) 本節の内容については拙著『中野武営と商業会議所』の「第十一章カリフォルニア州排日土地法とパナマ太平洋万国博覧会」を参照。

(2) 大正元年十月の全国商業会議所連合会に牧野農商務大臣が参加し、実業界の参加を促している(『大正元年十月東京ニ於テ開催　第十九回商業会議所連合会報告(同)　議事速記録』)。「桑港ニ於テ巴奈馬運河開通記念博覧会開設一件」外務省外交史料館、桑港ニ於テ巴奈馬運河開通記念博覧会開設一件(第一巻から第五巻)。

(3) 東京商業会議所は、ブラジルの外務省欧亜政務局長ナポレオン・レース夫妻を歓迎し、両国関係の発展のために必要があれば対応するとしている(**中野武営「ナポレオンリース君歓迎辞」**『東京商業会議所月報』第八巻第九号、大正四年九月二十五日)。

(4) 商業会議所連合会に牧野信顕外務大臣、山本達雄農

商務大臣、永井桑港総領事、南加日本人会湯浅銀之助が出席し、カリフォルニアの外国人土地所有禁止法案への対応について認識共有が行われた（『臨時商業会議所連合会報告（同）議事速記録』大正二年四月）。

（5）排日問題への商業会議所の対応については、『東京商業会議所月報』第六巻第四号（大正二年四月二十五日）、同五号（同年五月二十五日）、同第六巻六号（同年六月二十五日）、同第六巻七号（同年七月二十五日）。

（6）「中野氏の奔走」『東京日日新聞』大正二年四月十七日。

（7）同趣旨の論考として、「中野氏の談」『香川新報』大正二年五月二十二日。

（8）Woodrow Wilson, Edited by Arthur S. Link, "Subject: Possibility of War with Japan, May 13, 1913," In *The Papers of Woodrow Wilson*, Volume 27: Jan.-June, 1913, Princeton, Princeton University Press, 1978. Dulles, Foster Rhea, *Forty years of American-Japanese relations*, New York & London, Bailey., 1937.

（9）中野は、「日本人を以て与み易き人種」なりと誤解されるので、無条件の出品はさせないと断言している（**中野武営**「**雅量的出品の非**」『国民新聞』大正二年十月七日）。『大正二年十月東京ニ於テ開催　第二十回商業会議所連合会報告（同）議事速記録』。

（10）「日本関係委員会」外務省外交史料館、本邦ニ於ケル協会及文化団体関係雑件第四巻。

巴奈馬運河太平洋大博覧會に就て

東京商業會議所會頭　中野武營

今回米國桑港に於て開かるべき巴奈馬太平洋萬國大博覧會は其名の示す如く巴奈馬地峽の開鑿成り太西太平兩洋を連結する紀念のために催ほさるゝものり思ふに巴奈馬運河の開通は世界の歷史に輝くべき一大工事なるのみならず兩洋を繫ぎ航路を新にし依りて以て世界の通商貿易に一大生面を開くものなれば萬國擧つて之を祝賀すべきものたり殊に太平洋の一隅に位置を占むる我日本は該運河の恩惠を受くること最も多大なるべきを以て今次の大博覧會に對しては日本は須らく率先之に參同すべきなり。

且夫れ同博覧會の催主は我國と歷史的交誼最も厚き米國にして而も其の開催地は呼べば將に應へんとする太平洋の彼岸最大の都市たる桑港なり、言ふまでもなく國際間の友好親善は歷史其の他の關係に負ふ所甚だ多きも就中最も有力なる楔子は通商貿易上の關係とす今後益々此の趨勢を助成せしめ兩國人の利害關係を層一層深うして國交を磐石よりも固からしむるは兩國人の奮ふて努力すべき所なり而して今回の桑港大博覧會は此の目的を遂行するに於て無二の好機會を與へられたるものとすれば日本人は全力を注いで參同出品を爲すべきのみ。

加之余は個人として同博覧會に對し特に深甚の感興を有する者なり蓋し國民的外交の急先鋒として彼我實業家の親近は最も必要なるを信じ余は同志と共に先年米國實業家の一團の日本に來遊せられたるを熱心歡迎し其後余も亦た渡米實業團を組織して米國に渡航し普ねく各地を訪問して到る處に深厚なる大歡待を受けたり殊に其の太平洋沿岸の各都市に於ては歡迎最も懇切にして更に進んで今後の提携に關する方針を協定せり而して當時早くも巴峽開鑿紀念大博覧會の企畫あるを聞き余等は彼地に於て既に賛成の意を披瀝し來れり。

其後明治四十三年に至り時の桑港商業會議所會頭ゲッスル氏の日本に來りて更に賛同を求めらるるや余は當時既に深く其意を諒する旨を告げたり其後先年渡日實業團の團員にして桑港有力者の一人なるロバート、ダラー氏昨年支那よりの歸途日本に立寄られたる時余は桑港大博覧會に關する交涉の爲め農商務大臣を初め當局者に之れを紹介して倶に同情の切なるものあるを述べたり余は更に進んで同博覧會の開設を期し前の渡米實業團員中の有志を糾合し博覧會觀覽の爲め桑港に赴き同地に於て兩國の實業家が六年越しの再會見を爲し親交を溫めたき希望を述べたるにダラー氏も個人として熱心之に賛成せられし事あり余は個人として此事の遂に實現せらるべきを樂んで期待しつゝあるなり。

且夫れ今回日本の同博覧會に參同出品するに就ては之れが斡旋の局に當るものは從來の如き臨時設立の出品協會に非らずして一昨年設立したる『博覧會協會』てふ恒久的團體に於て專ら之を斡旋する手筈なり其役員は前農商務大臣子爵大浦兼武氏を會長とし前大博覧會會長たりし平山成信氏を副會長とし有力なる實業家を理事として組織せしものにして余も亦た其末席に列れり同協會の期する所は内に於ては生産の發達

と統一を圖り外に對しては本邦商品の信用聲價を維持せんとするにあり而して今回桑港大博覽會に對し同協會は奮勵努力充分の成功を收めんとして今より同意しつゝあるなり。

終りに臨んで一言せざるべからざるものあり本年七月我帝國政府は同博覽會に參同の決意を表すると同時に山脇委員長及片山委員を桑港に派遣せしに同博覽會が日本出品館の位地選定に就ては多大の便利と恰好の場所を與へられ派遣官に對しては最も深厚なる歡待を與へられしに就き其時々永井領事官よりの電報の各新聞紙上に顯れしのみならず山脇片山兩氏歸朝の上更に詳細なる實況を報道せられたるに依りて明瞭し桑港の人士は日本に對して斯く迄も情誼の懇誠なることを知得し日本人の感覺上に一層の深甚なる壓力を加へたり爰に於て余は敢て言はんと欲す日本人が此の如き感覺を蓄へたる種子は他日單に同博覽會に對するのみならず國際貿易其他渾ての上に多大の好果を發生するに至るべきを信じて疑はざるなりと。

東京商業會議所月報 第五卷第十號（大正元年十月廿五日發行）

論談

巴奈馬太平洋萬國博覽會に就て

會頭 中野武營君

大正四年即ち西暦一千九百十五年を以て米國桑港に萬國博覽會か開かれる之は豫て世人の等しく注目する巴奈馬運河の開鑿か竣工するに就て之れが紀念として催さるゝのであつて巴奈馬太平洋萬國博覽會の名を以て開設さるのゝである。

抑も此巴奈馬地峽の開鑿と云ふことは彼の蘇士地峽開鑿以來の大事業であつて實に人間の力の偉大なることを表すべき世界的事業である即ち是に依て亞米利加大陸を横斷して大西洋と太平洋とを聯絡して全世界の通商に一新紀元を開くことゝなるのであるから之を紀念するが爲めの博覽會の開催なれば宇内萬國人の擧つて祝賀し賛同すべき義務あるものと云ふも過言ではない其處で我帝國政府に於ては同會の案内を受くると同時に率先して賛同を表し直ちに委員を派遣したのである聞く處に依れば歐洲各國を初め南米諸邦も亦熱心に賛同して居ると言ふのは素より當然の事であると思ふ殊に我日本は其開催地たる桑港とは太平洋の西と東と海岸相對して呼應の堺にあるのみならず日本の位置よりすれば巴奈馬運河開通の曉には亞細亞と大西洋に面する米國諸州との距離の短縮と云ふことが通商上に非常の利益を與ふることであるから我日本人としては運河の開通を祝し紀念すると云ふことは單純な意味以上更に深き熱情を籠めた賛同を表して且つ有効に成績を擧くる覺悟がなくてはならぬと思ふ

第一に桑港萬國博覽會に就て考へなければならぬのは日米兩國の國際關係である由來日米兩國は太平洋を隔てゝ相隣りする上に通商關係は年々密接になりつゝあり彼れより多量の棉花及諸製品を輸入し我よりは多量の生絲及茶諸雜貨を輸出し互に有無相通して國交上にも最も親善の好みを有して居ることであつて將來は一層親密にせなければならぬ自然の關係を持つて居るのである然るに數年以前より端なく日本人排斥と云ふ説が米國に行はれ殊にカリホルニヤ州は排日熱の最も盛んな地方であつて然かも日本人の最も多數に移住して居る所である然るに幸にも今度カルホルニヤ州の桑港に萬國博覽會が開かるゝと云ふことである此博覽會は一私設會社の主催てはあるけれども合衆國政府と州政府と桑港市と共に一致協力して計畫したのであると云ふことであるから此博覽會を期として一部の米人の惑を解き日米の親交に裨益することが必要である、其れは如何にと云ふに或は排日とか或は日米開戰とか唱えて人心を攪亂するような擧動をするのは全く日本の國情を誤解する一部の人士又は一部の新聞記者若くは日本人の競爭を恐るゝ勞働者等であつて概括して云へば眞個に日本を了解して居らぬ處から排日論などか起るのである是等の人々は皆日本人を非常な野蠻人のように思ひ春夏秋冬裸體で跣足で生息し宗敎もなければ道德もなく只戰爭ずきの慓悍な民族で恐るべき卑むべき人種のように誤解し是等と五分〳〵の交際するのが不愉快だと云ふ處から排斥なと〻云ふことを唱へるのである然れば桑港博覽會を機會として我日本人の生活狀態を示す爲め敎育にまれ美術にまれ工藝にまれ凡そ我邦人の眞價を知らしむるに足る用意を以て出品することか必要なるは勿論人格ある人々の渡米することも必要である有ゆる手段を用ゐて日本を紹介し我國風民情を知らしむる時は自然彼の一部人士の間に蟠まる排日熱を消失するは必然であつて隨て一層國交を親善ならしめ兩國民をして何等の不安を抱かしめざるに至るや期して待つべしである

第二には義理合上よりしても此博覽會の好成績を擧ぐることに努力せなければならぬ顧みれば我幕末の當時幕府の威權衰へ朝廷の紀綱尚振はず內地の人心向背に迷ふに當り外は次第に外國關係を惹起さんとして國步漸く困難ならんとする時に當り最も善意を盡して開國の氣運を開き我國を累卵の危きに救ふて吳れたのは實に米國であつて我國の今日あるは實に米人に負ふ所尠なからずである爾來數十年間我同盟國以外に我國に向つて絕えず好意を以て交つて居るのは米國である殊にカリホルニヤ州は其廣さを云へば日本よりも廣くして其人口は僅かに我東海道の四國にも足らない位な處に我在留邦人の數は八萬人以上九萬人にも近いと云ふ程であつて桑港と云へば日本人が最も先きに上陸すべき港として數年前までは最も親しき記憶を有して居る因緣深き土地である左れば日本人は特に此博覽會に就て同情を持たねばならぬ米國人も亦必ず是と感を同しくするであらふ先般我政府の委員として山脇農商務書記官が該地に出張されたる際桑港官民の歡迎は實に從來例を見ざる程熱心に且つ親切であつたと云ふことは新聞紙上に見へたる報告によりても知らる〻ことである故に此際邦人も多年の情誼因緣に考へて特に熱心に贊同の効果を實際に示すこと〻致したい

第三には則ち通商上の事である巴奈馬運河によりて太西洋沿岸各港に接近すると云ふことは一面に於て太西洋沿岸諸州の華客に近づくと云ふことを意味する譯であつて之を歐州各國より見れば彼れ等が之に依りて太平洋沿岸の華客に近づくの希望を有すると同樣吾人は太西洋沿岸の諸州に向つて大に商線を張るの準備を要することである其上此博覽會に贊同したる南米諸國より集まる人の數も尠なからぬことであらうと思ふ南米諸國は現在に於て多くは半開國であつて未だ大に其名の聞ゆるものなしと雖も孰れも其富源は無限であるとして夙に文明各國の着目する處となつて居り我が同胞識者の間にも大に着眼されて居り其方面との貿易も年と共に開けつ〻ある次第であるから此機會に於て弘く南米諸邦との通商關係を結ぶの用意を以て廣告紹介の準備をするは又最も必要なことであると思ふ

大凡右樣の次第であるから此度の桑港博覽會に就ては外交上通商上兼ねて人道の上より奮つて參畫し桑港博覽會をして充分に目的を達せしむると同時に日米兩國人の交情を長く深厚ならしむる種子を蒔つくるとに一般識者の注意を望む次第である

日本の國是と移民問題

東京商業會議所會頭　中野武營

◎人口問題と海外發展

洋の東西、時の古今を論せず、一國の版圖を擴張せんとし却つて經濟上に支障を來したるもの、其の例に乏しからず。されば職に經濟的發展に盡力する吾人實業家にして、徒らに國權發展を云爲し、經濟上の施設を顧みざるものは蓋し稀ならん。然りと雖もこれが爲めに、平和的發展を閑却するは、余輩の採らざる所にして、商業に國境なしとか、されば或は商業により、或は移民により、國境を設けずして、平和の裡に海外發展を企つる、これ敢て咎むべきにあらず、當に天地間に於ける正當の道なりと信ず。熟ら世界の狀勢を見るに、人類の分布たる極めて不自然にして、或る地方に於ては土地著しく狹隘なるに拘らず、人口は頗る稠密、加ふるに年々增加するあり。又他の一方に於ては、面積廣く、人口極めて稀薄にして、廣袤數千里無限の富を藏するも、未だ嘗て鋤鍬の加へられざるの土地あり。これを以て此間調和を保たんが爲め密より薄に、有無相通ずるは、人類自然の行動にして、何等國權問題と稱すべきにあらず。これを稱して平和の發展と云ふ、何等不可なけん。我國の如き方三萬里に足らずして、既に約六千萬の多數を包容し、而も年々五十萬人の增加するあり、嘗て**マルサス**は人口の增加率を示して、二十五年に倍加する性質を有すとせしが、然れば我國の人口たる此處數十年を出でざるに一億に達するは見易きの理なり。さらでだに、文明の進步は生活難の聲を聞くこと甚だしきに、一億に達したるの曉に於ては、兄弟墻に鬩ぎ、同族相食むの慘事を現出するや明らけし。今や我國民は恰も、水桶中に數限りもなく、浮遊する鮒鱠の如けん。溜水腐敗して其死滅の期ある、蓋し遠きにあらざるべし。國民生活にして既に如斯きものありとせば、海外移民を奬勵して、其災厄を免かれしめ、以て平和的發展を企てしむる、これ實に現下の最大急務なりと信ず。

◎經濟問題と移民の奬勵

更に又一國の經濟上より觀察せんか、吾人は殊に移民の必要なるを見る、我國現時の移民約二十萬內外を註せらるゝに其本國への送金は實に二三千萬圓を算す。年々の貿易は益々逆潮を呈し、外債の利拂として正貨の流出する額約一億、殆換制度の基礎危ふしとまで、稱せらるゝ我國は、何によりて正貨補塡の道を講ずべきか、此間にありて、只移民の送金のあるあり、以て有力なる補塡をなしつゝあるは聊か意を强ふするに足るのみ。若し夫れ英國の如き債權國ならんか、如何に貿易逆潮を呈するも、何等憂ふるに足らずと雖も、我國の如き債務國にして累年輸入超過を見る、頗る痛心すべき現象にして、僅かに移民の送金によりて其幾分を補ふあるに顧みては移民奬勵の更に必要なるを見ん。嘗て昨年露國の新聞記者某氏帝都を訪へる際、日露協會々長寺内伯は招待の席上、問ふに日本に來遊して最も感じたるの一事を以てせり。時に某氏慨然として答へて曰く、余の第一に感じたるは土地狹隘にして人口頗る密集せる事なり。これを以て先づ領土を擴張して、人民を分配するか、然らずんば移民を奬勵して海外發展を企つるか、若し又然らずとせば第三案として佛國の如く避姙法を採用するに若かず。三者其一に出でずんば、自滅の期蓋し遠きにあらざるべしと。廣大なる土地よりかゝる狹少なる島國に來りたるを以て、殊に痛切の感に打たれたるなるべしと雖も、僅々數日間の滯在にして尙此犀利の觀察をなす。其銳眼や驚くべく、我國識者の採つて以て大に參考に資すべき點なりと信ず。或は人口問題より、或は經濟問題より、或は政治上等より、凡ゆる方面より觀察して、今日移民奬勵の緊急なるは敢て吾人の呶々を要せず。余輩は國是として益々これが奬勵を許らんことを希望して止まず。

◎伊太利の海外發展と生活難の救濟

移民の必要なるは大凡以上の如しと雖も、更に實例を擧げて具體的に說明せんか、嘗て伊太利に於ては、財政窮乏を告げ、危く破綻の止むなきに至らんとせり。然るに識者間には夙に移民に注目するあり。政治、經濟、財政上凡ての方面に改善を施すと共に、熱心移民の奬勵に從事せり。今日漸く國運を恢復して舊態を存せず、國力益旺盛となりつゝあるは、一方政治上の改善、力なしとせざるも、其の大部分實に移民を奬勵して、送金を豐富ならしめたる結果ならずんばあらず彼國の人口大凡三千萬なるに海外出稼人の數約四百萬人内外の多數を算す。以て如何に移民の旺んなるか、從つて送金の額莫大なるものあるかを知るに足らん。現に伊土戰爭に際して、多額の戰費を投ぜしも、尙依然として外債を仰がざるは偶々國富の大なるを卜するの徵症ならずとせずや。我國の人口は伊國に二倍するものあるに、海外にあるもの僅かに三十萬人内外にして其の十分の一にも充たず。顧みて實に忸怩たらざるを得ざるなり。抑も移民の海外に出稼するに當つてや人口はそれだけ減ずるを以て、内地に於ける同胞の生活に於ては、餘裕を生ずると共に、又母國への送金を獲らるゝの利あり。更に又内地の物品を需用する點に於ては、海外輸出を旺盛ならしむるの利あり、豈啻に一擧兩得のみと云はんや。これを以て苟も國家經濟の均衡を維持し、物價の調節を計り以て人民生活の困苦を救はんとせば、先づ以て移民の奬勵を計るに若かず、今日の如く物價騰貴し、人々生活難に陷れるの際、耕地整理によりて、これが調節を計らんとするが如きは、姑息緩漫の譏を免がるべからず。

◎移民問題と國家方針

吾人は以上に於て、大體移民の今日國是として奬勵すべき所以を説明せり。然らば移民を旺ならしむる方法果して如何。先づ余の見る所を以てすれば官民一致これに從事するの必要ありと信ず。固より一國の政府にして自國の國民に向つて海外に去れと命ずるは、忍び難き所なりと雖も、少なくとも放任主義を採るに於て何かあらん、否、更に進んでは現下の狀勢は、これに對して充分なる保護方法を講ずるの必要ありと信ず。是と同時に民間に於ても亦移民は

これ國民の義務なりと自覺し以て海外に行かざるべからず移民會社の如きに於ても亦營利を目的とせず。國家に對して貢献するを以て、本色とするだけの決心なかるべからず政府の保護方法に就ては、其發達に伴ひ經濟關係は益發達すべきを以て、外國爲替の途をも講ぜざるべからず。これに通ずる航路も開かざるべからず。國防の點に關しても亦從來と其選を異にし、移民奬勵を腦中に書きて、海軍の發展を企てざるべからず。其の他或は商業上の施設、或は又教育の方針の等の如き總ての方面に於て、海外發展、移民奬勵と云ふ方針に向つて進まざるべからず。如斯きはこれ日本の將來治國の上に於て最も必要なることにして、如上の原則に從つて國家方針を定むるは今日の最大急務なりと

信ず。

◎我國移民の將來

然らば卽ち我國移民の將來や如何。果して日本國民は移民に適合せるや否や、或は日本國民の移民によりて發展すべき土地ありや、否や、の問題に逢着せざるを得ず。人或は我國民の愛鄕心を云爲し移民の適、不適を論議するものありと雖も、其移民に適せずと云ふ理由何れにありや。我國の祖先既に移住し來りたるものにあらずや。殊に又交通の便なる世界は著しく、縮少せられ、昔時九州より江戸に出づるに、尙別杯を汲み、日程數十日を要したるも、今日米國に達するに僅か十數日を費やすに過ぎず。されば米國にありて尙且つ本國にあるの感あるべく、更に文明の進步はより以上に各國の接近を計るを得べきを以て、徒らに愛鄕心に執着し、故鄕去り難しの情に囚はるゝことあるが如しとは、よも思はれず。殊に日本國民は農業上の作業には最も適當せる民族にして、北米に於て日本移民の排斥せられたることありと雖も、これ決して一般國民の聲にあらず。却つて資本家の間に歡迎せられたるは事實なり。其の日本移民排斥の聲の高かりしは、只一部勞働者階級間に於てのみにして、米國の國狀の四民平等、自由主義なる、普通選擧の制を採れるの結果、政治家は比較的勢力ある下級民に迎合せざるべからざるの餘義なきより排斥案の通過を見たるなり。現に、一昨年加州の議會に於ては調査委員を置き、日本移民に關して調査せしめたるに、委員の報告は日本移民は最も必要にして缺くべからざるものなりとせり。これを以て見ても日本人の移民に毫も不適當なるの理由なく、一般的に排斥せられたるものにあらざるを知るべし。故に日本移民排斥につきては、米國人固より責を負はざるべからざると共に、日本人に於ても亦大に責あり。日本人に歸化的精神の薄きは一面かゝる問題を生じたる原因なるを以て、移民につきては子々孫々其土地に定住するだけの覺悟はこれを有せざるべからず。白皙人の智識に富み、發展力を有する何れの土地に至るも、其影を見ざるなく、世界全面に亘りて土地を占領すれども、開拓するにつきては適當せず。この點に關しては我國民の適合せる上述の如きを以て、須らく奮勵一番する所あらざるべからざるなり。

◎好望なる移民地と國家百年の大計

嘗て數年前滿韓集中を說きたるものあれども、これ只一種の政略問題にして、一顧の價値だもあらず、氣候不順にして而も生活程度低き滿洲に移民する其の不適當なる敢て云ふを要せず、又朝鮮に於ては人口少なしと雖も、土地は悉く人民の所有にかゝるを以て、移民するに土地を買はざるべからざるの不便あり。只吾人の大に推奬せんとするは南米移民の頗る有望にして、大に歡迎せられつゝあることなりとす。無限の富源を藏して、氣候適順、人口は稀薄にして、土地は殆んど無代價にて拂ひ下ぐるを得るの特點あり。今回南米移民の擧あり。國家的事業として續々移民の渡航を計る喜ぶべきの現象なりとす。要するに前段屢々反覆したるが如く、移民は實に今日の最大急務なり。日本の國是としてこれを行はざるべからず。官民一致これにつきては深甚なる注意を拂はんことを希望す。吾人は我國の前途を安泰ならしめ、國家百年の大計を樹つるは、移民の奬勵にあるを信ぜんとするもの也。

「モンロー主義」が我民族の海外發展に及ぼす影響（上）

中野武營

（一）我民族の海外發展の必要

抑々限りあるの國土を以て、限りなきの人口を養ふべからざるは勿論なり。日本の國土には限りありて、人口の增加には限りなく、其增率年々六十萬を超えんとす、其久しからずして、更に人口の過剰に苦しむべきや必せり。我日本は、自國に產する米麥を以て自ら給すること能はず。其國富と財政とは、年々に調節を失ひ、年々約一億餘圓の收支不足を生じつゝありて、之を糊塗するに外債を以てするの悲境に在り。即ち日本は食ふに食なく、買ふに金なく、家財を典して僅に日一日を送るに至らんも亦測るべからず。故に若し現狀の儘に放擲して、其推移するに委せば、愈々益々貧弱に陷り、到底完全なる發達を期し難きに至らん。果して然らばこの苦境に處する道これなきや否や。

一　消極策

（イ）人口增加の制限

我國の採るべき方針にあらざること論ずるを待たず

（ロ）生活程度

米を賣り、麥を喰ひ、粟を食へば、比較的多數の人口を養ふに足るべく、靴及下駄を廢して、跣足とならば、幾分の節約を得べしと雖、如斯は一笑の價値だもなき議論なり。質素を旨とすべきは勿論なるも、如此進化の原則に反せる方針は、これを行ふべからず。

（ハ）國費の節約

不急の國用を節するは固より必要なりと雖、進歩的觀念を以て充たすべき國家として、之を見れば、新に施設すべきこと多きは自然の數なるが故に、國費の節約を主として、進運を阻礙するが如きは決して是れなきを要す。

二　積極策

（イ）商工業の發展

內國の農業のみに依て、自國々民を養ふ能はざる以上は、農業に幾多の改良を行ふべき必要あるは勿論なりと雖、結局に於て商工業を以て立たざるべからざること自明の理なり。商工業の發展は、焦眉の急なりと雖、空拳を以て之を行ふこと能はず。必ずや資本の豐富と、國產の饒多と、人員の充足と、其熟練なる技倆と、相當の時日とを要す。然るに我國は人員の點に於ては、不足を感ずることなきも、國產に限りあり。資本の缺乏また大なり。故に商工業上大なる發展を期せんが爲めには、先づ資本を豐富ならしむると同時に、國產を起すに必要する基本の建設培養に力めざるべからず。

（ロ）海外移民

假りに我勞働者が布哇に出稼をなすものとし、其內地に於ける一日一人の生産高を五十錢と假定し、又一日の消費額を十錢なりとせば國家として之を見れば、一日四十錢の稼ぎ人を失ひたるものなり。然れども、若し布哇に渡航したる結果として、一日一圓の利益を得たりとせば、我國家は一日にして、六十錢の利益を得たるに等しきが故に、人口の過剰に對する方法としては、可成多數の出稼人を出すをよしとす。

殊に人口の過剰は、自ら無爲徒食の遊民を生ずるが故に、海外の移民は、是等の遊民を海外に移住せしめ、生業を得て、之に衣食せしむるの結果となるべく、其結局に於て、國家をして無用の遊民なからしむることを得べし。之を最近の實例に徵するに、伊太利は、人口三千萬の一割たる約三百萬人を移民として、國外に出し、是等移民が本國に送金する年額無慮八億五千萬圓「リーレ」に達すると云ふ。元來伊國は、千八百八十八年の頃には、引續きたる亞弗利加遠征の爲め、多額の經費を支出し、又海陸兩軍を併進擴張せる爲め、國債の增加甚だしく、遂に四十五億圓の巨額に達し、非常なる財政困難の悲境に陷るに至れり。然るに伊國民は、爾來、盛に歐米諸方面に移出し、是等移民の年々本國に送金するもの丶次第に增加し、此送附せられたる金貨は、能く國内に利用せられたるが故に、伊國商工業は、勃然として發展し、啻に財政の困難を救へるのみならず、今や土耳古と戰端を開き、莫大の軍費を支出するに關せず何等外債によるの必要なき狀態となれり。

右の一事は移民の本國に及ぼす影響の多大なるを證するものにして、一考の價値あるは論を待たず。又之を我移民に徵するに、目下北米並に布哇にあるもの、僅に十五萬人に過ぎず(伊國人百萬、獨逸人二百萬人)而して其の正金銀行の手を經て本國に送附する金額は、一年にして二千萬に達するが故に、其額を假りに年五分の利益と假定するときは正に四億の投資を米布方面になせるに同じかるべし若し將來殊に移民の數を增加せしむべき手段を取り、其員數三百萬に達せしめたらんには、其送金額は、正に伊國に同じく當然四億を算するに至るべきは疑を容れず。若し我國をして、此巨額の資金を利用して、商工業の發達を行ふと同時に、諸般の必要なる改善を計らしめば、我國の發展は更に著しきものあつて存すべきは言を竢たず。

（八）領土の獲得

これは勿論有利なり、然れども、獲得したる領土の狀況によりて、其の内地に對し、本國より多額の經費を注入するの要あり。且其新領土には、已に多數の人口あり。其生活程度は却て我國よりも低く、我民族の移住に適せざるもの丶如きは、我本國に餘力なき際に於ては、餘りに喜ぶべきものにあらず。加之假令何等の收得なき瘠地と雖、一たび之を領有するときは、國家の體面上、一歩も外人の侵略を宥すべからざるが故に、是れが爲め、軍備擴張の必要を生じ無理なる算段を敢てするに至らんこととまた決して是れなきにあらず。若し新領土にして、果して如斯狀態になりとせば其獲得は、却て國家の累をなすものと謂はざるべからず。故に領土獲得は、善く〳〵國家の實力と、新に占取すべき領土の關係とを考慮して、之を行はざるべからず。若し國力に餘裕ありて、充分に新領土を開拓するの資力あり、且之を守るに、必ずしも特に我兵力を增加するの要なき程の場合にあらざれば、之を行はざるをよしとす。若し是れ一時の快擧を貪るか爲めに之が獲得を力むるが如きは、偶々以て國家百年の大計を誤るに過ぎざるのみ、留意せざるべけんや。

要するに今や我國民は、人口の過剩と、國力の未盛とを嘆じつゝありと雖、是決して悲觀すべきものにあらず。若し我をして進路を誤ることなく、勇猛精進して、事に當らしめば年を期して良好なる結果を見ること不容疑。而かも最も我進運を佐けて、我國歩の伸長を期すべきは商工業の發展にあること勿論なりと雖、今日の情況に照して之を見れば、移民事業の最も有利なるを信せざるを得ず。

然るに我當局者は、米國の異議を容れて、移民の渡航を禁止し、我同胞が動もすれば幾多の、凌辱を受くるに關せず、殆と之を救ふの道を講せず、折角或星霜の苦鬪を凌いで、將に其結果を見んとしつゝあるに際し、むざ〳〵と其進展の門戸を塞ぎたるが如きは、實に千古の遺憾なりと謂ふべし。又南米南洋兩方面に對する移民の如きも、保護監督に眞率なる態度を示さゞるが故に、可憐の同胞は、移民取扱者の貪婪の犧牲となり、其節制の嚴正ならざるが爲め、徒らに酒色と賭博とに耽溺して、何等の發展の見るべきなきに至らんとするが如し。又飜て滿鮮地方に於ける移民の狀態を調査するに、此方面に對しては、官憲の奬勵著しきものあつて存すと雖土人の勞銀低廉にして、其生活の程度甚だ低く、而かも其體質勞働に適し、加ふるに勤勉倦まざるの習性を有するが故に日本當業者も亦却て土人を憐み、日本勞働者を使用せざる傾向あるが故に其移住者の數の如きも、また甚だ少數なるを免れず。滿洲方面を我勢力範圍に入れたるより以來、既に六星霜を經過せる今日に於て、尙且同方面に在りて、農業に從事するもの、僅に八百名に過ぎず。而かも其五百名以上は、間島にあるの一事を以て、之を見れば、其の全體に於て我移民に適せざるや疑を容れず。

之を要するに、我移民事業の發展は、其の最も好望なる門戸を塞がれ、其最も不適當にして、殆ど絶望に近き方面に向つて僅に開かるゝのみ。宜なる哉、我海外在留國民の僅に三十萬人に過ぎずして、其進步の極めて遲遲たるや。之を伊太利の人口三千萬に對し、三百萬人の在外者を出し、獨逸の六千萬に對し、四百萬を算するに比すれば、其懸隔の甚だしき寧る怪むべきものあつて存するを見るべし。

抑も移民事業の國富の增進を促進するに益あるは、世間自ら定說あり。其送金の一事を以ても、尙且十分に之を歡迎するに足るべく、而かも其送金の如きは、實に其一部に過ぎず之が爲めに海運業の發達を促すは勿論、移民の購買力の增加に伴ふて、本國との貿易を增加すること著大なるは、何人も首肯する處にして、之が爲め、外貨の流入すること寧ろ其送金に踰えて、更に幾倍なるを見るべし。

（二）我民族の發展に最適の地は米洲なり

我民族の海外に發展するの必要なるは、既に前述の如くなりと雖、其人口の充滿せる、其物資の貧瘦なる、其勞銀の低廉なる、其氣候の不順なる等、凡そ移民に不適當なる諸種の條件を具備する地方に向て、我移民を奬勵するが如きは、決して善良の結果を擧ぐべき望なしとせば、假令一時の必要に驅られて、不自然なる施設をなすも、到底其目的を達すること能はざるべく、必ずや人心の自然的推移に鑑み、何等強制の意義なく、移住者をして、其好望を信じて欣で之に就かしむるの方針を執らざるべからず。畢竟移民事業に政治的色彩を加味し、強いて我國民を誘導して、困難の地に投ぜしむるが如きは、最も之を避けざるべからず。必ず先づ我國民を移殖するに好適なる地方を選び、移住者の爲めに入國の門を開き進で其幸福を確保せざるべからず。換言すれば我國の移民政策は、最も眞率に之を考究調査し、而かも我國民をして欣で歸就せしむべき諸要點を具備し、且其收容の限界の廣大ならんことを求め、之を世界の諸方面に探り、而して後之を實行せざるべからず。乞ふ余輩をして、詳に其所見を述べしめよ。

「モンロー」主義が我民族の海外發展に及ぼす影響（下）

東京商業會議所會頭　中野武營

勞銀生活費並に風土調査表

國別	一日の所得	一日の生活費	風土	記事
ブラジル	三、五〇円	一、三〇円	溫―熱帶	○是等の要目は主として四十一年外務省調査移民報告に據る
アルゼンチーン	三、五〇	一、三〇	溫帶	
カリフォルニヤ	二、五〇	〇、五〇	溫帶	
チリー	二、二五	〇、五〇	溫―寒帶	○緯度四〇―二〇度を溫帶とし
墨西哥	一、五〇	〇、五〇	溫帶	
ヒリッピン	一、五〇	〇、四〇	熱帶	緯度二〇―〇度を熱帶とし
ハワイ	一、四〇	〇、三四	溫帶	
ペリュー	一、二五	〇、四三	熱帶	緯度四〇―度以上を寒帶と假定す
蘭領印度	〇、六七	〇、一〇	熱帶	
日本	〇、五五	〇、一五	溫帶	○本表の取得額は下級勞働者の一日の取得を示す
朝鮮	〇、四八	〇、一〇	溫帶	
滿洲	〇、二〇	〇、〇五	寒帶	

人口密度及人頭貿易額

國別	一平方哩の人口	一人に對する貿易額	記事
日本	三三六、〇	一八円	○此表により米洲の資源の豊富なるを察知し得べし
支那	二六二、〇	三	
朝鮮	一一六、〇	六	○「アラスカ」は黃金の輸出價格をも含む
ヒリッピン	六〇、〇	一九	
蘭領印度	五四、〇	一四	
滿洲	四四、〇	五	
ハワイ	三〇、〇	六九〇	
メキシコ	一八、〇	三六	

チリー	一一、〇	一四二
カリフォルニヤ	九、五	―
ワシントン州	七、七	―
ペリュー	六、六	二六
アルゼンチーン	五、七	二三四
ブラジル	五、四	五八
濠洲	一、五	三九
加奈陀	一、五	二〇〇
アラスカ	〇、一	―

（三）「モンロー」主義と我民族の米洲發展

西暦千八百二十三年、歐洲神聖同盟が其猿臂を米洲に伸ばさんとするに當り、之に對抗せんが爲め、北米合衆國の宣言したる「モンロー」主義は、單に自衞上、已むを得ざるに出でたるものにして、要するに歐洲の勢力の米洲に及ぼさんことを恐れて、之を拒絶すると同時に、己れも亦歐洲の事に關係せざるべきを聲明せるに過ぎず。然るに米人は、今や其國勢の發展と同時に、昔日の關係を無視し、同主義を敷衍して

一、合衆國が米洲に於て、特別優勝の位地を占むるを主張して

二、自國以外の諸國が、米洲諸國の内治に干渉するを認めず また新に土地の獲得を許さゝるを主義とし

三、此主義の名に據り、許多の場合に於て、自ら米洲諸國の内治外交に干渉しつゝあるに拘らず、彼の歐洲の紛爭に干與せざるの宣言をも無視し、千九百六年「モロッコ」に關する「アルゼシラス」會議に代表者を派し、「ルーマニヤ」に於ける猶太人の壓制に抗議し、殊に自國に亞細亞人種の入國を拒絶しながら、千九百十一年、露國に對し猶太人の自由入國を要求し、其容れられざるを見るや、直ちに露國との條約を破棄せるが如き事實を生ずるに至れり。此の如き態度を採りて自ら憚らざる北米合衆國が、未だ何等の約束なき東洋に對し、其活動を擅にせんとするは、蓋し自然の數にして、毫も怪むに足らず。

前大統領「タフト」は、就職後、間もなく、其極東政策が、領土の擴張を目的とせざるも、單だ單純たる事業の擴張を以て甘ずるものにあらず。實に支那の主權並に領土保全と、門戸開放とを目的とするものなりとの意義を聲明せり。

合衆國の東洋に對する意圖にして、右の如くなりとせば、合衆國も亦亞米利加に對する我正當なる行動を認容せざるべからざるは自明の理なり。卽ち我國は、米洲に關し「モンロー」主義に基く諸擴張の掣肘を受くるの義務なきもまた明白なり。故に若し合衆國が東洋に自由なる活動をなさんと欲せば、是と同時に我活動を米洲より排せ擠んとするが如きは、是れ明に國際修交の要義を無視するものと謂ふべきなり。

由來米國は、其黨爭の爲に、國交を犧牲にすること其例尠からず。千八百十二年の英米戰爭の如きは、大に公衆の崇拜したる「ヘンリー、クレー」が黨略上の必要に出て、之を開放したるものにして、最近に於ける米露條約破棄事件の如き、或は公然「ヘイ、ポンスフォート」條約の明文を無視し

て、巴奈馬に防禦を施したるが如き、又囂々たる内外の抗議を蹂躙して、自國に好都合なる運河通過料を規定せるが如き、主として、大統領選擧に關聯せる黨略上の方寸に出るものに外ならず。米國の國情に精通せる駐米英國大使「ブライス」の

米國上院は、外交に關する權力偉大なり、又一般人民は、國交を顧慮せず。故に米國の外交政策は黨爭並に內國局部の利害感情に制せらる

と論ぜるが如き、以て米國外交の眞相を知るべきなり。

東洋に對する米國の外交も亦遺憾なく、此特色を發揮するもの丶如く、千八百九十九年、諸國の領土保全、門戶開放を唱えし以來、殊に著名なる行動を開始し、或は滿洲鐵道の中立を唱へ、或は英獨佛を援し來つて、一億圓の借款を强ひ、而かも向後四十五個年間、滿洲の主要稅金を擔保とし、殊に爾後滿洲に於ける借款に對しては、常に優先權を獨占せんとするが如き又今回の革命亂に對しては、殊に其眞相を暴露し、支那の運命を左右に見るが如き、口吻を共新法上に漏らすが如き、一々數へ來れば、殆ど枚擧に遑あらず。如斯傍若無人なる言動は、時として、屈折あること勿論なりと雖、米國憲法にして變更なくば、長くこの特色を繼續すべきや疑を容れず。翻て米國に於る事實に徵するも、我が日本移民の禁止を唱え、或は轉航禁止の令を定め、又巽國「マグダレナ」租借事件の誤報の流布せらる丶や、米國の上下は、之を以て、「モンロー」主義の違犯となし、國務卿「ノックス」をして、左の如き公交を議會に送らしむるが如き事實を見るに至れり。

Such a transfer would be quite certain to be interpreted in somequerters in a manner to cause a great outcry and that such a result would be so obviously a cause of regret to the government of the U. S. that it would appear unnecessary furthers to comment upon the disposition of the Federal government in the premises.

卽ち公々然として、合衆國以外に於ても、日本が地上權を平和的の爲めに得るをすら肯ぜざるを表明せるものにして、本問題討論中、上院議員「ロッヂ」氏は

本員は、上院が「モンロー」主義卽ち南北兩米大陸は、今後殖民すべからずと云ふ主義に關し、更に一宣言をなし、「殖民なる意味を擴大し、外國の會社團體若くは市民臣民の行動をも網羅する旨を明にするを以て、機宜を得たりと信ずと言ひ

又上院外交員「ベーコン」氏は

若し國利上、必要ならば、米國は新に一主義を宣言するも可なり

と放言するが如き、明に這般の消息を察知するに足るべし。

由是觀之、北米合衆國の意圖は、明に之を察することを得べく、全然我邦人を米洲より排擠せずんば止まずとの觀念ありて、逆溢するを知るべく、近き墨西哥は勿論、遠き南米と雖、また「モンロー」主義の爲めに、大なる壓迫を蒙り、我民事業は、極めて悲觀すべき狀態に陷ひらんもまた知るべからず。是れ我國民の果たして忍び得る處なるや否や。

(四) 結論

我民族の海外發展に最も適當なるは、米洲なること極めて明なりと雖「モンロー」主義は、之を阻礙し、彼我要求の相容れざるや旣に述る處の如く明白なりとせば、我民族の發展は之を如何にすべきや。

飜て我日本の內情を顧みれば、人口の增加は駸々として止まず、我富力は年々に削殺されて充分なる發達をなさずとせば、之を救濟するの道、果して如何、況や世界の趨勢は日に益々紛糾し、富國强兵の要、日に月に急なるものあるをや。

由來我國は、豐富なる沃野少く、山嶽重疊して、耕耘に適せざる處多きが故に、穀物の生產は、全人口を養ふに足らず其輸入は多く輸出に超え、硬貨の流出每年一億に垂んとするの事實ありとせば、我民族の海外發展は、これ實に刻下の最大急務なるが故に、如何なる手段を講ずるも、對米移民の門戶を開き、米國をして「モンロー」主義を强行することなからしめんことを期せざるべからず。假令同主義を廢棄せしむること能はざるも、歐洲諸國が米洲に對するが如く、渡航の自由を得て、我民族の發展を期せざるべからず。

此故に我等日本國民は、心を茲に注ぎ、政治上に、貿易上に、力めて歐洲諸國と對等の地歩を得んが爲め、必ず先づ米人をして、我國を畏敬するの念を起さしめんことを力め、米人にして正義の主張を承順せずんば、悔を後にせしむべきなり。（完）

國民としての報復手段

東京商業會議所會頭　中野武營

運動の經過　加州に於ける排日的思想は今始まりしにあらずも今回の法案は實に不當極まれるものなりされば該地に於ける本邦人の團體たる日本人協會にても大に痛心する所あり又千九百十五年の巴奈馬大博覽會に大影響を及ぼすを以て博覽會委員も之を憂惧し反對運動に着手したるが同問題に對しては我會議所に於ても以前より心配し兩國際上に大關係あることなるを以て澁澤男等とも屢相談せし上相共に外交當局者に忠告し我々に於て反對運動に着手すべき旨提議したるに外務當局者は決して通過する事には至らざるべければ反對運動を見合せ呉れとの事なりしを以て其儘となり居りたり然るに其後の模樣を見るに當局者の措置は餘りに手緩く先方の亂暴に任する樣の仕儀にて國民として默する能はざるものあり

桑港會議所に警告　是より先き加州日本人協會長牛島謹爾氏よりも排日反對の援助を求むる旨の來牒ありしを以て三月十九日左の如き電報を會頭名義にて桑港商業會議所會頭に宛て打電したり。

帝國議會は本年度豫算に於て桑港大博覽會賛同經費を通過したり然るに貴州議會に於ては目下外人土地所有權禁止法案を審議中の趣きなるが若し同法にして通過するが如きことあらば今後我國民の感情上或は不利の事情を生ずるの虞ありと思考す願はくは我國民の貴國に對する誠意を諒として此際貴所の御配慮を以て圓滿なる解決を得んことを希望す。

出品拒絕の申合　桑港大博覽會開催に就きては該地の委員等屢渡米し交渉する所あり其度每に我會議所は政府並に民間への交渉の仲介者として聊か周旋する所あり兩國民の交際の親厚ならんを期し又我政府も他國に遲れず率先參同したる程なるに今回の如き日本人を侮辱したる法案が可決するに至らば全く譯の分らざる話となるを以ていよいよ其事ならば我々は桑港博覽會の出品の如きは一切拒絕して全然出品せざる方針にて既に本年一月以來大阪、京都、横濱、神戸、名古屋の玉要地の會議所には事件の成行に就き逐一報告すると同時に若通過するの曉に於ては各地一時に蹶起して博覽會出品拒絕を聲明することに用意既に整ひ居れり或は政府としては斯る態度は不可能なる可きも我々國民としては毫も差支なし國際情義の存してこそ出品もすべきに汚辱を加へられても尙且出品せざるべからざる理由は毛頭存せざるなり。

東京商業會議所月報　第六巻第五號（大正二年五月廿五日發行）

論談

加州排日問題に就て

會頭　中野武營君

加州の土地法案なるものは假令如何なる巧妙の辭令を盡して辯疏するとも事實に於て排日の目的に出てたることは疑ふべき餘地を存しない明白な問題である、隨つて本問題か本年の加州議會に現はれた當時吾輩は斯う思ふたのである日米兩國間の親交を重んずると云ふことは北米合衆國の輿論であつて合衆國の紳士實業家は決して特に日本人を排斥すると云ふが如き偏頗にして險惡な思想を持つて居るものでないと云ふことは、吾人の親しく彼地に遊んで視察する處を以てし又彼國より來遊せる代表的米國紳士の態度によりて察するも明瞭である、故に加州に於て今回の如き一種排日思想の發現を認めたとしても、之は決して米國民の輿論でなく、加州に於ける一部の人士が或る爲めにする處ありて提起した問題に過ぎない、果して然らば全米國輿論の力を以て久しからずして之を壓倒することを得るであろうと信じたのである。

果せるかな米國の輿論は翕然として加州土地法案に反對し聯邦政府の當局者は深く心配して屢々警告を與へ遂に國務卿ブライアン氏を出張せしめて百方訓諭慰撫に努めたれども、加洲の上下兩院は頑强に土地法案を固執して結局之を通過せしむるに至りたるは實に意外千萬の事である。乃ち曾て同案が下院を通過し次て上院を通過せんとすと報せられ若くは上院を通過せりと傳へられたる當時すらも、吾輩は恰かも親が我子の病死を諦めることの出來ない如く尚一縷の望みあるものゝ如く考へ、彌よ外務省の公報に接するまでは信ずることが出來なかつた程である、けれども不幸にして土地法案は正しく兩院を通過し、今や只加州知事の裁可を待つのみである、而て加州知事ジョンソン氏が是迄大統領の訓電又は國務卿の交涉等に對して再三宣言せる處に徵すれば、當然裁可を與ふべきこと亦一點疑を挿むの餘地なきが故に早晚法律として成立するものと見なければならぬ。

併しながら吾々實業家は勿論政府當局者に於ても此儘手を束ねて彼等の爲すがまゝに任すべきものにあらざれば、法律として成立するとも直に効力を生ずるが如き結果を來すべしとは信ずることが出來ない、聞く處によれば我外務省は珍田大使をして已に條約違犯に基づく章條を指摘して正式の抗議を申込ましめたる由なれば幸に米國政府當局者にして正義人道を重んじ內外の輿論に鑑みる所あるに於ては外交手段により平和の裡に適當の解決を見ることならんと深く信じて疑はぬ。

勿論邦人排斥の法律が施行さるゝことゝなれば加州在留幾萬の同胞に對しては衷心同情に堪ざる次第にて五千萬國民が在留同胞を思ふの至情溢れては直に前後の思慮もなく過激なる言論を爲すものなきを保せざれども、吾人は愼思熟慮前途尙執るべく盡すべきの手段方法幾多之れあるの時機に於て輕躁にも過激の言論を爲すが如きは理智ある者の爲さゞる所である、左なきだに最近二十年間我國は日清日露の二大戰爭に遭遇したるより世界各國は日本國民を以て非常に戰爭好きなるかの如く誤解し相手さへ見れば直に突當りて喧嘩を賣掛くる民族であると思つて居る、世界各國より斯樣に危險な誤解を持たれて居る我國民が偶ま今回の如き全世界の正義公道に訴ふべき問題に遭遇し未だ能く盡くすべきの途を盡さず執るべきの方法を執らずして過激なる口吻を漏さんか、假令充分の理由はあるにもせよ不幸にして之れが爲めに列國をして益々誤解を甚だしからしむることゝなり、悖戾沒德なる加州の態度に慊焉たる人士をして却つて吾國に反感を起さしむるが如き奇禍に陷ゐることなしとせず、故に此際我國民は益々愼重の態度を守り不撓不屈の勇氣と決心とを有すると共に飽まで冷靜愼重に事の成行に注意すべきである。

譬へば演劇に於て能く見るが如く傍若無人の亂暴なる武士が朱鞘の大小に威を示し、出會がしらの町人に無理難題を云ひ掛け町人を苦しめる而して町人は能く堪忍して有ゆる恥辱を受けても少しも反抗せぬのみか百方陳謝する折柄、增長せる武士に蹴られたる眉間の疵の血汐を見るより無念の覺悟茲に初めて勘忍袋の緒が切れ怫然として誇れる武士を懲らすと云ふので滿場の觀客が感動し喝采する、是れ畢竟眼前に屈辱を忍びつゝある町人にも增して觀客が武士の暴狀に憤慨し何處までもと忍耐する町人に同情し各拳を握る場合であるから町人の最後の奮起が非常の喝采を博する所以である、顧みて念ふに恰も我國民は從來世界各國より朱鞘佩きの武士的なりと誤解されて居る、然るに加州に於ける今日の狀態は全然地位を轉倒し加州々會こそ朱鞘武士的であつて散々に侮辱されつゝある素町人は日本人の觀がある、此素町人は折角世界の見物人の同情をして此上最早茲に至りては最後の手段に訴ふるより外はないとまで思はしむる樣忍耐に忍耐を重ねなければならぬと思ふ、一部の人は斯る言を以て優柔だとか卑屈だとか評するか知れんが我が大和魂は徒らに小勇を振ひ輕々しく動くの謂ではない、殊に本問題の如き僅に米國四十八州中の一州に悖戾沒德の行爲があつたにもせよ殘る四十七州が深く我國に同情せるを見ながら直ちに之を以て全米國の意思であるが如く認めて敵視せんとするが如きは道理の許さゞる處である。

蓋し北米合衆國政府の意思は決して排日でない米國民の輿論亦排日でない、然るに加州に於て今回の如き問題が發生して中央政府は其責任上加州をして反省せしめんと努めたけれども終に其功なくして沒人道なる土地法案は議院を通過したのである、左れ　中央政府の現方針如何に各州の自治權に干涉せざるにありとするも州政府が中央政府の意思に全然相反する對外行爲をなせるを制止することが出來ないと云ふことで之を此儘に放任せば聯邦の統一はつかない事になる合衆國政府は統一の權力を持たないと云ふことを自ら證據立つることになるのは實に由々しき大事であつて獨立國の威信と體面とを損する事は最も甚しと云ふべしである、故に合衆國政府は自ら顧みて體面上責任上進んで何とか處置せなければならない立場にあると考へられる、隨つて本問題が中央政府と州政府との間に何等妥協的に出たのでなくて全然加州の一存に出たと云ふことは不幸中の幸である禍を轉じて福となすの前提は此處に存するとして心窃かに樂觀を禁せぬ次第である、勿論我政府當局者の今後の外交手腕に待つ處多しとして朝野共に深く注意を要すると同時に國民は益す愼重に益す冷靜に事局の成行を監視し苟くも輕佻の口吻を漏らすが如きことなきを切望する次第である。

移民と教育

東京市會議長
東京商業會議所會頭　中野武營

日本の人々の增殖數には、年々五十萬乃至六十萬と云ふ驚くべきものである、然るに現在日常缺くべからざる米の收穫が、人口に割り當てると一ヶ年約一人一石と云ふ少額のものであるから、其補充を外國に仰がねばならないと云ふ有樣で、自然食料の騰貴を見るに至るのである、近頃この缺陷を充たすべき目的を以て、增收を圖るべく、耕地整理等種々改良方法が講ぜられるやうだが、今日より倍額の收獲を得ると云ふことは到底不可能であらうと思ふ、茲に於て我國に於ても亦、「生活難」と云ふ聲が處々から起るに至つた、この生活難を如何にして防ぐべきかと云ふことについては、各國に於ける爲政者或は政治家等がその研究に腐心する處である。

蓋しその侵犯する處、立國の基礎を危殆ならしむべき實例は、近く歐米の歷史が多くを語つて居る、曾て露國の新聞記者が日本へ來た時に、寺內伯の會長たる日露協會は之を招して一席の饗應をしたことがある、その席上に於て同記者は所感を述べて曰く、「日本は驚くべき國である、斯くの如く狹い處に、斯くの如く多くの人が住んで居ると云ふことは、我々外國人の眼から見ると、如何して生活が出來るかと怪しまれる、假令今日迄は自然の隨勢で之を忍ぶとしても、近き將來に於て、貴國人は所謂生活難を感んせずには居られないと信ずる、その時になつて直に必要なるものは、この剩れる處の國民を移住せしむべき領土である、若しこの領土がなければ、侵略的に世界に向つて發展するの外はなからうと思ふ、然らざれば佛國の如く、避姙を行はないと、竟に生活難の爲めに內から倒れるの外ない」と云ふ意味の演說をしたことがあつた、如何に犀利なる眼を持つて居る外國新聞記者と雖も、短日月の間に日本を觀察して、徹底した批評をなすとは思はれない、我々は彼れ何者ぞ、帝國の眞價を知らざる妄評、敢て聞くに足らずと思つたが、しかし熟々玩味すると我國の識者が常に憂へて居る一節と符合した處である、この一外國人が短日月に於て見た眼にも、現在に於ける日本の病所が、あり〳〵と映するに至つたのであるから、我々患者を抱いて投藥を怠ると云ふやうな、不忠實なる國民の譏りを甘受するに忍ひない、況んや年々五六十萬の人口が殖へて行く、我國の將來に鑑みて、何等かの救濟策を講ずるにあらざれば不幸にして某記者の妄評は事實となつて表はれるかも知れない。

能く世間に、日本人は外國人に比して怠惰なる國民であると云ふことを聞くが、我輩の見る處では或は一部分その觀があるかも知れないけれども地方に出て、農業に從事して居る人々を見ると、實にその勤勉なるに驚かざるを得ない、晨に星光を浴び、夕に星陰を踏んで歸る、我農夫の田園に於ける勞作は、精勤の稱ある獨逸職工に勝るとも劣るものではない、畢竟我農夫は狹い土地から多くの收獲を得んが爲めに、最上の努力を惜しまないのであるとも見ることが出來るが故にこの後、學者の研究と相俟つて、如何に耕地、作法等の改良が企てらるゝとも、幾分かの增收は見ることは出來るかも知れないが、內國產の米を以て、內國人の常食を充たすに足ると云ふことは、到底望み得べからざる處である、されば如何にしてこの缺陷を補ふべきか、これ我々の眼前に展開せられたる焦眉の大問題である、我輩はその一策として玆に移民を奬勵することを唱導す移民と云ふことは、その利益を通俗に解すれば「外國で喰つて、外國の金を取つて來る」のである、而かも我々は世界何れの處へ行くも、人道の上から決して阻止せらるべきものではない、然るに日本人は至る處で排斥の運動が起つて居る、殊に北米合衆國に於ては昨年來其の火の手が盛んであつた、從來比較的我同胞を迎へて吳れた、カリホルニヤに於ても、明年の議會には日本人排斥案が出るべき形勢である、近來漸く發展する時機が到來せんとするに際して、至る處この有樣とは實に嘆んすべきことである、南米の方へも僅に行て居る時は、格別非難もなかつたが、多くなるに從つて非難の聲がある、最も近い滿洲に於ても同樣である、是等は其國々の種々なる事情にもよることではあらうが、要するに一般的解釋として「大和民族はよく働く、思想が高い、而してなか〳〵同化しない」と云ふことを數へねばならぬ、果して然れば領土を俄かに增すと云ふことの出來ない今日に於ては、移民をなすべきことが、國家存立の上に最も必要なるものであるから、何故に我同胞が諸外國から排斥せらるゝと云ふ、眞因を精查して、之を敎育上から、改善し、向上し、而して世界何れの國からも、日本人に對して「ウエル、カム」を呼ばしむるやうにしなくてはならぬと思ふ。（文責在記者）

四　営業税廃税運動

山本権兵衛内閣は、発足した直後の第三十議会において、西園寺内閣の制度整理の検討結果を踏まえて所得税減税法案を成立させた。さらに、政府は商工業者への負担軽減を実現する姿勢を示し、三一三万円の減税を内容とする営業税改正法案を衆議院に提出した。しかし、政府案では減税額が小さく、改正内容にも異論が起こり、最終的に政友会案の四三一万円の減税法案が衆議院で可決されたが、貴族院では審議未了となった。

中野はカリフォルニア州排日土地法案への対応をめぐり、政府に協力して良好な関係を構築した。その後、山本内閣は、西園寺内閣の検討成果を踏まえ、大正二年六月に一般会計と特別会計を合わせて、年度予算の一割を超える歳出の削減と、七千人近くの官吏定数の削減を含む大規模な行政整理の方針を発表した。中野はこのような山本内閣の姿勢から、日露戦後から要求してきた商工業者への実質的な減税が実現されることに期待を高めた(1)。

6-28「内閣総理大臣及諸閣員招待」（大正二年七月二十六日）*における演説は、中野が東京商業会議所会頭として山本首相をはじめとする多くの閣僚や次官を中野が会頭に就任してから閣僚が揃って東京商業会議所に招いて行なわれたものである。招待に応じて参加したのは初めてであった。ここで中野は、山本内閣の財政税制の整理を高く評価した。そして、税制整理などの要望については今後正式に開陳すると加えている。

6-29「財政経済に関する建議」と**6-30「税制整理建議」**（同年十一月二十五日）は、大正二年十一月に開催された全国商業会議所連合会でまとめられたものである。営業税については、「行政整理ニ依ッテ得マシタ所ノ恒久財源」もあるので、「実行ガ出来ナイ議論ヲヤルヨリハ政府ニ誠意ガアルバラバ此位ノ程度迄必ズ実行ガ出来ルモノト云フ、詰リ実行シ得ラレル範囲ニ於テト云フ目的カラ少ナクトモ三割以上ノ減税」を求める方針とし(2)、少なくとも三割の軽減と、通行税の全廃、米及籾輸入税の全廃などを決議した(3)。

6-31「日本実業協会の設立に就て」（同年十一月二十五日）は、大正二年十月に郷誠之助が発起人となり、渋沢栄一を会長、中野を副会長として実業家の意見を政治に反映させるべく設立した日本実業協会に対する見解である。商業会議所は法律上制約があるが、日本実業協会にはそのような制約がないので、商業会議所としても益するところが多いとしている。

大正二年十二月に第三十一議会が召集されると、尾崎行雄や犬養毅などの憲政擁護会は行政整理によって生じた恒久財源を営業税廃税に用いるように迫ることによって山本内閣を追い詰める戦術をとり、立憲同志会もこれに加わった。それにも関わらず中野は、政局のために営業税の廃止を求めることに慎重姿勢を保った。

しかし、大正三年一月十四日に大正三年度予算要綱が発表されると、行政整理によって得られた歳入余剰は海軍軍備費と政友会の積極政策のための治水費の増加や、大蔵省による基金への充当が優先され、商業会議所が要求していた営業税減税は一切含まれず、逆に営業税の増収を見込んでいることが明らかになった。

そこで、一月二十一日東京商業会議所は、「税制整理に関する建議」を決議し、改めて負担の軽減を求める意見を山本総理大臣、高橋大蔵大臣に提出した(4)。**6－32「減税の財源と税目」**(大正三年二月一日)と**6－33「財政釐革と税制整理」**(同年二月一日)は、その時の考え方を示したものであり、十月の商業会議所連合会の建議の通り、営業税廃税にこだわらず印紙税や通行税、米及籾輸入税などの軽減も一貫して求めた(5)。

しかし、政府には商工業者への減税についての誠意がないことを最終的に見極めると中野は、一月三十一日の全国商業会議所連合会で営業税全廃の決議を受けて、営業税の全廃を求める方針を固めた(6)。

そこで中野は、東京実業組合連合会をはじめ全国各地の商業会議所や実業組合などと連携をとり大日本商工協会を結成して全国の商工業者を動員し、猛然と廃税運動を展開した。立憲同志会、犬養毅の国民党、尾崎行雄の中正会と連携しつつ、最大与党の政友会の説得も行った(7)。

このような全国の商工業者の強い反発や世論の沸騰の中で、政府は二月五日に、大正四年一月一日から四六九万円万円の減税を実施するという営業税法中改正法案(減税法案)を提出したが、施行が一年後であり、減税額も少ないことから却って強い反発を招いた。

6－34「実業家の減税運動」(同年二月十五日)は、この頃の考え方を示している。

こうした営業税廃税運動を受け、与党であった政友会は、営業税廃税法案には反対したが、営業税の三割軽減に加え、地租、相続税などの減税を含む総額約一、五〇〇万円の減税法案を提出し、衆議院で可決した。貴族院も政友会提案の営業税減税法案を可決し、大正三年からの営業税の三割減（七八六万円）、地租二厘減（約二百万円）、織物消費税減（約四百万円）、通行税減（約百万円）、相続税減（百万円）が実現した。これは、商業会議所連合会が当初求めた営業税の三割以上減の要求などを実現するものであった。

この議会では、全国の津々浦々の商工業者による営業税廃税運動の高揚に加え、海軍の収賄問題であるシーメンス事件が発覚して山本内閣批判が高まる中で、貴族院が山本内閣の提出した海軍予算を大幅に削減した上、両院協議会の調整案も否決したことから、大正三年度予算が不成立になった。これにより山本内閣は総辞職した。

注

（1）本節の内容については、拙著『中野武営と商業会議所』の「第十章　営業税廃税運動」及び拙著『制度変革の政治経済過程』の「第四章　一九一四年の営業税廃税運動」を参照。

（2）大正二年十月二十六日の商業会議所連合会における大橋新太郎の説明（『大正二年十月東京ニ於テ開催　第二十回商業会議所連合会報告（同）議事速記録』）。

（3）「商業会議所連合会録事」『東京商業会議所月報』第六巻第十一号、大正二年十一月二十五日。

（4）「臨時総会議事録」『東京商業会議所月報』第七巻第一号、大正三年一月二十五日。

（5）同種の論考が、**中野武営「商工業者と減税」**『第三帝国』第五号、大正三年二月一日。

（6）『第二十回（継続）商業会議所連合会経過摘要』『東京商業会議所月報』第七巻第二号、大正三年二月二十五日。『大正三年一月　同年六月開催　第二十回（継続）商業会議所連合会報告　議事速記録』。

（7）半沢玉城『大正政戦記』国民時報社、大正三年五月。

△内閣總理大臣及諸閣員招待

昨臘政界動揺の後を承け山本内閣の組織せられたる以來現内閣當局者は専ら力を財政及行政の整理に注ぎ着々其の實を擧ぐるに至りたるを以て本會議所は慰勞の意を表する爲め山本總理大臣及其他の閣員を七月二十六日正午本會議所に招請し午餐會を開會したり

當日招待に應じ出席せられたる來賓は内閣總理大臣伯爵山本權兵衞君、内務大臣原敬君、外務大臣男爵牧野伸顯君、農商務大臣山本達雄君、大藏大臣男爵高橋是清君、文部大臣奥田義人君、遞信大臣元田肇君、陸軍大臣楠瀨幸彦君、鐵道院總裁床次竹二郎君、法制局長官岡野敬次郎君、外務次官松井慶四郎君、警保局長岡喜七郎君、遞信次官犬塚勝太郎君、海軍次官財部彪君、司法次官小山温君、内閣書記官長山内一次君、内務次官水野錬太郎君、警視總監安樂兼道君、農商務次官橋本圭三郎君、内閣總理大臣秘書官加藤辰彌君にして本會議所より中野會頭、根津、大橋兩副會頭其他常議員、議員、特別議員等五十四名出席したり

正午樓上貴賓室に於て暫時休憩の後ち來賓一同を食堂に請し賓主交互卓を圍みて着席午餐を共にしたり饗了るに及び中野會頭本會議所を代表し起ちて左の挨拶を爲し山本總理大臣來賓を代表して次の答辭を述べ主客共に緩談に時を移し午後二時半散會したり

中野會頭の挨拶

山本内閣總理大臣閣下を始め來賓閣下爰に我東京商業會議所議員は滿腔の熱衷を捧げて歡迎の誠意を表せんとす客臘以來我邦の政界は頗る紛擾を極め爲めに經濟界に惡影響を及ぼし商工業者をして徒らに悲觀に沈淪せしめたり

此時に方り閣下は内閣を組織せられ爾來鋭意鞅掌の結果帝國議會も圓滿に經過し社會の物議も順調に歸着し人をして恰も風雨去りて晴朗の天日を仰ぐ感を催さしめたり殊に閣下深く國民の輿論を敬重し財政の節約を行ひ併せて税制の整理を遂げ民力の休養を謀らんことを期せられたり是誠に國民の輿望に副ひたる施政にして邦家の爲め慶賀して止まざる所なり

古語に曰く之を言ふは易し之を行ふは難しと抑も我東京商業會議所は全國商業會議所と共に日露戰役後に於る財政の膨脹は民間の經濟を攪亂し租税の苛重は民力の伸暢を抑壓し官業の擴大は民業の發達を阻害し國家の元氣轉た凋衰せんとするものあるを憂慮し明治三十九年以來幾回か内閣の更迭ある毎に其の意見を陳疏し始終一貫切に行政財政及び税制の整理を斷行せられんことを請望したり而して何れの内閣に在りても整理の必要は之を認め之を口にすれども其の之を實行するに至つて遂に果す能はざりしは吾人の常に恨事として措く能はざる所なりし然るに閣下は内閣組織以來行政財政を整理し斷乎として之を實施せられたるは吾人の頗る痛快を感ずる所にして内閣諸公の功勞を多とし敬意を表せざるを得ざる次第なり

惟ふに將來に於ても税制整理其他諸政改善の點に就き内閣諸公の抱負せらるゝ所極めて多々なるべしと信ず吾人も亦

種々の點に於て改善の希望を抱くものありと雖も其は公式の手續に依り時々案を具して開陳すべく今此席上に於て爲すべきものにあらざれば爰に言及せず唯吾人は偏せず黨せず一に誠意を以て國家に貢献せんと期するものなるを諒せられんことを請ふのみ

終に臨み閣下は日頃御多忙殊に炎熱の候なるにも拘らず吾人の希望を容れられ本日尊來を辱ふしたるは本會議所の最も光榮とし深く感謝する所なり爰に恭しく杯を擧げて來賓閣下の御健康を祝す

山本總理大臣の答辭

本日は當會議所議員各位より御招待を受けまして我々同僚並に諸君と共に此盛大なる午餐會に列するの榮を荷ひたるを無上の光榮と存じまするのでございます

さて只今座長よりの御演説を拜聽致しまするに曩きに御公布になりましたる行政整理に對しまして多大なる御同情と又之れに對して過當なる賞讃の言葉を致されましたるに付きまして私は同僚及び其他の諸君と共に滿腔の熱誠を以て感謝の意を表します、之れと共に本日の午餐會に對しまして深く御禮を申述べたいと存じます、終りに臨みまして私は同僚並に諸君と共に尙ほ將來益當會議所の隆盛ならんことを希望致し合せて會頭及議員各位の御健康を祝します

東京商業會議所月報　第六巻第十一號（大正二年十一月廿五日發行）

論説

財政經濟に關する建議

左に掲くるは十月當所に開會せる第二十回全國商業會議所聯合會の決議に因り政府に提出せる處に係れり

我が聯合會は曩に政府が行政及財政を整理せんとする宣言を信頼し昨年十月を以て財政經濟に關する建議書を決議し當時革正を要すべき政弊六項目に就き詳かに吾人の希望を叙述して之れが採擇を仰ぎたり而して政府は本年に於て第一次制度整理を實行せられたり思ふに政府は更に明年度に於て第二次制度整理を續行し以て財界革正の實を擧ぐるの意あるべきは吾人の確信して疑はざる處なり故に玆に重ねて吾人の希望する要項の三四を擧げ以て當局の明鑑を請はんと欲す

財政計畫不明にして歳計豫算書の複雜なるは其の一なり抑も歳計豫算書は國家の財政計畫を説明するものにして國民の常に之れを知らんと欲する處なり然るに我が豫算書は複雜難解にして當局の外能く之を了解するもの甚だ罕なり財政計畫既に斯の如く不明なるが故に國民は常に不安の念に驅られて一定の經濟方針を確立する能はず朝には當局の積極方針の聲に聽き夕には亦其の消極方針の説に迷ひ遂に何等爲す能はざる窮境に在り願くは財政の方針を確立し豫算の調製を簡明にし一見能く財政の狀態を知得せしめ上下相一致して國家經濟の進展に出づるの便を得せしめられんことを切望に堪へざるなり

在外正貨問題の不明は其の二なり吾人は政府が何故に海外市場に巨額の正貨を保持せざる可からざるか其の明確なる理由を知る能はずと雖も在外公債の利拂、貿易逆調の決濟に於て年々少なからざる正貨を海外に放流するは爭ふ可からざる事實なるを信ず若し單に之れが支拂の爲めに要する準備に過ぎずとせば必らずしも政府自から之れを有するの必要なきのみならず常に其の額を絶對的に秘密と爲すの要を認めず殊に一面斯の如く海外に巨額の正貨を放置しながら一面内國に於て高利の大藏證券を發行するが如きに至ては國庫經濟上果して如何なる利益ありや吾人の到底推斷し能はざる所なり加之政府の在外正貨は日本銀行の正貨準備と相錯綜して貿易の結果より來るへき通貨自然の伸縮を傷ひ延ひて物價及び貿易を調節するの効を失はしむるに至る斯くの如くして止むなくんば金融の中央機關たる日本銀行の機能を害するもの蓋し鮮少ならざるべし然れども吾人は絶對に在外正貨の存置を否認するものにあらず宜しく之を日本銀行に移し常に其の數量を明かにし以て通貨の伸縮狀態を示し財界をして不安の念を抱かしめざるに努められんことを切望して止まざるなり

公債政策に對する疑問は其の三なり政府は戰後公債整理の方針を立て整理基金制を設くると同時に一方非募債主義を發表したるに拘はらず或は外債を募集して在外正貨を補塡し或は低利なる公債償還を爲すが爲めに高利なる大藏證券を增發し年々歳々一面に之れを償還しつゝ一面に之れを募

集し而して其間不利の結果を呈しつゝあるは吾人の深く疑問とする處なり今や大正元年度及び大正二年度に於て一時的國庫剰餘金を生じたれば政府は宜しく之れを利用し一は新に募集すべき公債の財源に充て一は高利なる大藏證券の發行を緊縮し以て整理基金の實を擧げ以て民間金融を壓迫するの弊を除き然して徐ろに減債的公債政策の確立を期し國民をして公債に對する疑惑の念を去らしめられんことを希望に堪へざるなり

官營事業の整理を必要とするは其の四なり現時我國官營事業中鐵道、造船、造兵、造幣、製材、製絨、製鐵、電信、電話、印刷等の如き之れに要せる固定資本は其の額甚だ多大なるに拘はらず是等事業の益金は甚過少にして之れを民間事業の經濟に比較すれば實に宵壤も啻ならざるの觀あり而かも尙ほ之れが經營を持續して徒らに國家の財政を膨脹せしむるが如きは是れ啻に國庫の損失なるのみならず一面常に民業を壓迫して其の進歩發達を阻害し國民經濟に多大の損害を與ふるものなり故に吾人は政府が制度整理の機會に於て大に官業を整理し特に官營を必要とするものを除くの外之を民業に移すの策を執り一は散漫なる特別會計を緊縮して財政整理の實を擧げ一は民間事業の振興を促進して國富の增進に資するは一擧兩得の策たるを信ずるが故に此際切に之れが實行に努められんことを希望に堪へざるなり

以上列記する所は民間經濟に不良の影響を及ぼすべき主もなる事項なり若し政府にして是等の事弊を革正するにあらずんば國家經濟の發展終に期すべからざるなり吾人は常に商工業者を代表して自から國民經濟の發達進歩に貢献せんとするもの甚だ切なるが故に願くは政府に於ても亦如上の事項に關し吾人の希望を容れ鋭意整理を遂げ以て官民一致能く國運の隆興を期せんことを茲に所見を陳べて謹んで當局の採擇を請ふ

税制整理建議

財政を釐革し税制を整理し以て立國の基礎を鞏固にし以て民力の充實を增進せんとするは我が聯合會多年の主張にして曩に屢々政府に建議要望したる所なり然れども常に其の容るゝ所とならず戰後散漫なる財政計畫は益々膨脹して其の窮極する處を知るに由なく煩苛なる租税制度は益々嚴密を加へて遂に負擔に堪へざらんとするに至る斯の如くにして止むなくんば國家財政の基礎危殆に陷り國民經濟の秩序全く破壞せらるゝに至るを憂ひたり然るに現政府は能く此等の事態を考査して制度整理を斷行し以て時弊の窮厄を救濟せんことを宣言し本年に於て遂に其の一部の實行を見るに至りたるは是れ吾人の大に多とする所にして而して政府は更に進みて第二次第三次の制度整理を遂行し以て當初宣言の實を擧ぐるに努むるの意あるべきは吾人の確信して疑はざる所なり思ふに行政を整理して不急の歲出を緊縮し歲計の安固を圖るは財政釐革の根本義にして歲計の剩餘を以て煩苛過重の租税を輕減し民力の休養に努むるは税制整理の最要義なり即ち日露戰役前に於ける我が國庫經常歲入を見るに其額貳億貳千四百萬圓に過ぎずして而して戰役後に於ては實に四億四千萬圓の巨額に達す是れ固より國民の負擔に堪ゆる處にあらず而かも戰時税として暫く之れを忍ばざるべからざるものありたり然るに戰役後財政膨脹の結果遂に之れが撤廢の約を履行する能はざるのみならず却つて更に酒造税砂糖消費税等を增徵して貳千五百萬圓の增税を見るに至りたり斯の如く政費の膨脹に伴ふ國民負擔の過重は比年民力を壓迫して其の伸張を阻碍し延いて財界を不振の域に沈淪せしむるに至り遂に國民をして擧つて租税の輕減を絶叫するの止むなきに至らしむ是れ吾人が常に財政の釐革税制の整理を唱導する所以なり今や政府は第一次制度整理と共に所得税を輕減し鹽價を引下げ朝鮮米移入税を撤廢したりと雖も是れ固より税制整理の初歩にして吾人の到底滿足する處にあらざるなり吾人は大正三年度に於て政府が第一次整理に依り得たる恒久的財源の殘額と更に殆んど確定財源と見做すべき每年度に於ける自然增收額を加え之を擧げて減税的税制整理の資に充て以て制度整理の効果を完ふするの最も至當なるを信ずるものなり

然り而して吾人は制度の整理すべきもの尙は少なからずして税制の整理すべきもの更に多きを認むるものなるが故に政府は宜しく財源を得るに從つて減税を斷行し遂に克く國庫財政の安固を期し國民經濟の振興を圖らんことを切望に堪へざるなり玆に大正三年度に於る減税的税制整理に關し吾人の要望を擧示し以て其の要を明かにせんとす

一、營業税の輕減

營業税は其の實質決して良税と見做す能はざるのみならず課税の標準煩瑣複雜にして負擔の公平を缺き加之税率過重にして商工業の振興を妨げ國民經濟の發達を阻碍することも甚だしきものあるが故に之れを全廢するは吾人の最も希望する所なりと雖も現下財政の狀態直に之を許さゞるものありとせば能く各種營業に對し負擔の均衡と課税の減率を併行し明年度に於て斯税の現額に對し少くとも三割以上の減税を實行せられんことを望む

二、印紙税中一部の撤廢

印紙税法中荷物送り狀、賣買仕切書、受取書に對する印紙税は其の國庫の收入たる甚だ僅少なるに拘はらず商工業者が日常之れが爲めに要する手數は實に繁瑣なるのみならず其の法律上の解釋に關し常に官民間に紛議を釀し延いては商取引の敏活を阻碍するものあるが故に此際之れを全廢せられんことを望む

三、通行税の全廢

通行税は徵税費寡少にして一見負擔の苦痛亦甚だ大ならずして恰も好税源たるが如しと雖も是れ單に皮想の觀察にして國民の交通往來に課税するが如きは背理の最も甚だしきものたり殊に市內或は近距離の通行に課税するに至りては多數勞働者の勤勞に課税すると同一理にして延いて生活問題に影響する所甚だ少なからず之れ聯合會が多年其の全廢を主張して止む能はざる所以なり願くは此際斷然之れを全廢せられんことを望む

四、米及籾輸入税の全廢

米及籾輸入税の全廢は聯合會多年の希望にして玆に特に再述するの要なしと雖も今や我が產米額の國民生活の需要を充たす能はざること明瞭となりたる際に於ては速に本税の撤廢を斷行して近時囂々たる米價調節問題の解決に資し且つ國民の生活に利するを得せしめば其の効果の偉大なる僅々たる國庫歲入を得るの比にあらざるなり仍て明年度に於て必らず之れを全廢せられんことを望む

五、取引所税の整理

取引所税は元來一種の特許營業税にして其の課税標準たるべきものは營業益金なるべきに現に賣買約定金を課税標準と爲せるは甚だ適當ならざるを以て其の標準を改正すると同時に多少負擔を輕減し取引所營業の發達を促進せられんことを望む

以上の各項は吾人が大正三年度に於て實行せられんことを希望するの要目にして其の詳細なる事項に至りては後日更に之れを敍述すべし而して前述せる如く吾人は財源を得るに從つて更に税制の改廢を望むもの甚だ多しと雖も殊に各種の消費税に於て其最も切なるものあり消費税は徵税手續簡易にして納税者の苦情比較的少なきが故に近年政府は頻りに之れが增徵を爲したり其の結果物價の騰貴を促がし人民の生活を困難ならしめ延ひて產業の發達を妨げ經濟界をして益々不況に陷らしめんとするの傾向あり是れ大に考慮を要すべき所なりとす之を要するに現行税制は殆んど戰時突嗟の間に制定せる非常特別税を併行せるものにして負擔の均衡を失し課税の標準を誤り國民をして其の重課に堪えざらしむるもの甚だ多きが故に政府は財政の釐革と共に税制の整理を併行し以て多年鬱積せる弊根を芟除し以て眞に國運の發展を促進せんこと悃請に堪へざるなり依て税法改正に關し所見を述べて謹で當局の採擇を仰ぐ

東京商業會議所月報 第六卷第十二號（大正二年十二月廿五日發行）

論談

日本實業協會の設立に就て

會頭　中野武營君

今回我々實業家の間に日本實業協會を設立することゝなつた其目的とする處は規則第三條に掲ぐる如く財政及經濟に關する問題を研究し之れが實行を期するにありて本會の會員は商工業に從事する者及會社銀行其他の經濟團體を代表する者に限ることゝなつて居る而て之れが組織の事務は着々として其歩を進めつゝある次第である此會が方今の時勢に照らして急要であることは今更喋々を俟たざることである然るに世上或は誤解を挿む者があつて商工業の機關としては既に商業會議所の在るあり其上別に團體を作り機關に供すると云ふ事は所謂屋上屋を架するものである却つて之れが爲めに兩者の間に意思の杆格を生じ主張の衝突を來すが如き不都合は無いかとまで心配される者が無いとも限らぬが其は全く杞憂である決して重複の機關でもなければ衝突の心配も要らないのみならず之れが爲めに商業會議所の益する所は蓋し尠からぬであらうと思ふ

何故かと云へば由來商業會議所は法律に定められたる公法人である故に其權能に就ても法律によりて劃然限定されてあるから實業家として當然干與すべき重要問題だと信ずる事があつても法律上に設けられた墻壁を超え若くは超ゆる嫌ある場合には商業會議所は不本意ながら袖手傍觀せなければならぬような場合もあり且つ會議所議員は公選である爲めに正面から瞥見すれば至極公平に實業界を代表して居るようであるけれども偖て實際を顧みると各種の業體を網羅することの出來ない缺點もあり又適當に代表勢力を案排することの出來ない憾みもある然るに法律の力を借らずして存立する自治團體であれば各種方面の實業家を結合する上に於て種々の便利があり範圍も廣く行動も自由にして廣く衆を容るゝことゝなり廣く輿論を表示する處の機關となることが出來る抑も此輿論こそは商業會議所の採つて以て研鑽講究の資とすべきものであり時として又一致協力して目的を達するに有力なる後援となるのである乃ち今日の時勢に於て最も必要なる一機關となる譯である

抑も國家の現在及將來を思へば實業の發展を謀るより外に富國の術はないのである締盟國との親善を謀り世界の平和を維持するも主として實業家の力を要せねばならぬ元來國交は貿易と云ふ目的があるから起ることで若し通商貿易が無いものとすれば國交は多くは虛禮に過ぎないことゝなり多くは無意味に歸することゝなるものであつて貿易は實に國交の隨一目的である果して然らば國交は實業家の仕事として自ら任ずべき事である、其處で各文明國の實業家が對手國を了解するには其國の實業家の輿論を知ることが最も必要であると云ふ點より考へて見ても我實業協會の如き團體の組織は最も梗槩に當つて居ると謂はなければならぬ

從來我實業家は協力思想を缺き各自孤立して個人の利を逐ふに汲々とし更に進んで團體として協同一致の力を利用すると云ふ考が乏しい樣である之は古來の習慣から覺めない

のである（譬は請負又は購入競争入札の場合等に於て商人が密かに申合を爲し不正の暴利を謀るの類其他協同して私曲を營むに至りては元より社會に對する害惡にして此の如きは論外と知るべし）日本の昔時は獨り實業家のみでなく武人の働きも單獨主義である試に古の戰史を見よ當時の英雄豪傑と云はれる名ある武士は皆拔駈の功名を貪つて居る無論其れが其當時の戰場の習として敵も味方も一樣に左樣であつたのであるから先づ差支もなく其れで戰爭が出來たのである然るに今日となつては戰術が全然一變して單騎獨行では戰爭は出來ない即ち軍團師團旅團等の團體的組織の下に進退せなければ到底大軍を動かすことは出來ない已に軍隊組織を取つて個人を認めない以上は勇者も獨り進む能はず怯者も一人退くを許さない勝敗共に一軍一隊の力を以て決するのである現に滿洲に於て日露兩軍が各數十萬の兵を出して奮戰をした場合に若し昔流の個人奮鬪所謂拔駈功名を爭うて居つたならば日露の孰れにもせよ全軍收北したに相違ない一人の爲め少數の功名心の爲めに全軍を犧牲にしなければ成らなかつたであらう之と同じく昔は商賣を營むに只銘々個人の利を射るに汲々として互に同志討をすることも不思議としなかつた無論其當時に於ては世の經濟組織と云ふものが不完全であつたから其れが爲めに社會の全體に及す害も比較的に少く拔駈や同志討で濟まされて居たのであるが今は經濟組織が複雜になつたと同時に商賣は全然軍隊的戰爭の法則に習はなければならぬ事となつて居る實業は則ち萬國を相手に平和の戰爭をして居るのである故に國家社會の利益を謀ると同時に自ら個人の利益を增進するの手段に依らなければならぬ個人眼前の小利益の爲めに國家の不利益を釀し國家の不信用を買ふが如きは全然戒めなければならぬ

其處で苟も團體を作り多數協同の働きを爲す以上は各人個々の小利害は之を度外に置かなければならぬ場合は當然發生すべき筈である、けれども國家と云ふ根本觀念より打算して國利民福に一致すべき個々の利益を併進するを以て團體精神の根本義とするのであるから外列國の交際に關しても內百般の實業問題に關しても此精神を以て當らなければならぬ然るを從前の有樣にては內外種々の重要問題の起るごとに政黨政客若しくは大資本家の爲めに飜弄壓迫せらるゝ如きは實に腑甲斐なき極である是れ畢竟實業家の團結精神が缺けて居るからである舊式の拔駈主義單騎獨行主義の弊を悟らぬからである苟くも實業家たるものが國家經濟上重要の位置に立てることを自覺し其位置を確實に占守するに於ては國運の發展に稗益する決して鮮なからぬことと思ふ苟くも以上の目的を以て立つに於ては國として平和の保障を確實にし平和の戰場に功名を擧げて富强の實を擧ぐることゝなり實業家としては個々の家業其ものゝ安全を永遠に防衛するの道が立つことゝなる譯である論じて茲に至れば實業家の團結機關は最も必要な次第で而て商業會議所は是等團隊の參謀部として實業界各方面の輿論を直接に公平に表明する機關となるのである乃ち商業會議所なる公式機關は非公式なる實業協會の後援翼賛により一層敏活にして有効なる働きを爲すを得るのである果して然らば今日まで商業會議所以外に此種の機關の無かつたのは寧ろ油斷と云つて差支ない吾人は此場合飽までも熱心に此會の鞏固なる成立と存在とを謀らなければならぬと信ずる

減税の財源と税目

東京商業會議所會頭　中野武營

▲營業税三割以上を輕減せよ

昨年十月全國商業會議所の聯合會を東京に開催した際に、其の決議に依り、余は其の聯合會々長の資格を以て、重要なる減税に關して政府に建議を提出して置いた。茲に右建議の要旨を繰返して述べたいと思ふ。

先づ政府は今次の財政及び行政整理の結果として、九千萬圓の剩餘金が生じたに付いては、其の中若干を減税の財源に充てる譯であるが、勿論恒久的剩餘金でなければ減税の財源に充當することが出來ない。例へば事業繰延とか、或は豫算外の自然增收の如きは畢竟一時的のものであつて、之は固より減税の財源とするに足らぬ。去れば我等は右剩餘金の中より、恒久的財源としては約三千萬圓を計上するのである。この内前議會に於て決定した整理減税に充つべき金額は、所得税輕減が七百五十萬圓、鹽專賣益金減少が二百三十萬圓、朝鮮米輸入税全廢が三十萬圓で、合計一千十萬圓に達してゐる。

而して我等が右三種の整理の外に三年度から更に減税の必要ありと唱へるのは、先づ第一に營業税である。この營業税は元來全廢を希望するのであるが、財政の都合上今直ちに全廢が出來ないとならば、漸次に整理して行くより途があるまい。差向き現在の税額に對し三割以上即ち約七百五十萬圓の輕減を主張する。

我等は又、印紙税の内受取書、荷物送状及び仕切状には印紙貼用を除外することと、通行税の全廢と、米籾輸入税の廢止とを同時に主張するのである。

▲輕減主張の理由

右の主張を尙詳細に説明すれば、先づ營業税の惡税たることは今更論ずる迄も無く、我が商工業者は久しく之れが撤廢を熱望して居る。併しながら一時に之を撤廢せんとすれば、二千五百萬圓の財源を要するが故に、他税の整理に差支を生ずることになるので、現在の財政狀態では直ちに全廢を實行することは到底不可能である。又、元來我が營業税は所得高一千圓以下の營業者を除外して居るから、假令營業税を全廢するも、所得高一千圓以下の營業者即ち下層の營業者は、其の全廢に依つて恩惠に浴することが薄い。左れば下層民の生活難を救はんとする社會政策から云へば、今營業税撤廢の一方にのみ偏するのは不可である。故に營業税に就いては、差向き少くとも三割位即ち七八百萬圓の整理減税を主張し、漸次に全廢の希望を貫徹せんとするのである。

通行税は一般の人民に取つても惡税なることは勿論なるも、之を社會政策の上より考ふれば、通行税の如きは下層人民に取つては日々の働きに課税せられると同様なれば、彼等は比較的苛重の負擔に苦しむのであるから、此の見地よりして通行税なるものは速かに撤廢せざる可からざる税目である。次には米籾の輸入税であるが、米は我々日本人が生活を維持する上に缺くべからざる食料品である。而も日本の人口が年々歳々増加し生活の程度が激進しつゝある時に當つて、内地産の米だけでは現に不足を感じて居るのに、一朝凶作其他の事故が生じた場合には、米價は忽ち暴騰して悲惨なる生活難を現出すること、恰も河流が其の源浅くして少しの旱魃に遭へば忽ち乾上がるのと同様である。故に此の惨苦を豫防せんとすれば、常に米の原料を廣く取るべき道を開いて置かねばならぬ。外米は日本米に比して品質が下等で味も遙かに劣つて居るから、日本米の潤澤なる時は好んで之を食する者は無いが、只非常なる生活難の時に備ふる爲めに、何時にても容易に安價に之を得るの道を開いて置くことが肝要である。尤も日本米不作の時は行政官の手心で、外米輸入關税を一圓のものならば四十錢まで引下げ得る規定になつて居るが、此の規定あるが故に商人は却つて思惑を立て、出盛の季節を失つたり、或は相場の高下に随つて莫大な差額を生ずるが爲めに損害を蒙つたりするので、此の規定が取引上甚だ障碍となるのである。故に法律を以て關税規則を改め、無税と決定すれば商人も右の如き不便を免れるのみならず、第一米價を調節し下層社會の生活難を救濟する上に莫大の恩恵を齎すことになる。以上に述べたる理由に基き、通行税と米籾輸入税との廢止は、一般人民就中下層人民の爲めに、社會政策上必ず斷行すべき性質のものであると信ずる。

▲煩勞紛紜の伴ふ惡税

印紙税の中の一部を除外する主張に就いて云へば、前に述べた受取書、荷物送狀及び仕切狀に印紙を貼用することは、日常の取引に甚だ煩勞を來して居る。僅かのことから税吏と衝突して各所に紛爭の絶間が無い。殊に仕切狀の如きは、政府の解釋と一般の見解とが違つて居るために、動もすれば税則違犯に問はれるので、これも各所に紛紜が絶え無い。斯様な有樣で右三種の印紙税に對しては、商工業者は久しく其の除外を希望して居る。而も此等の税額は極めて僅少なるものであるから、是非其の除外を實行して貰ひたい。

我等は主義として目安として整理減税を大正三年度の豫算に組入れることは、公平に見て甚だ適當なことゝ信ずるが故に、營業税全廢論に對しても敢て反對は唱へない。又織物税の廢止論に對しても同樣の態度である。併しこの織物税の廢止に就いては、當業者の間にも議論のあることで、現に織物製造者と販賣者との間に利害の一致せざる點もあり、旁〻以て此の廢税は難問題であらうと思ふ。唯織物税徴收の上に税吏の處置が宜しきを得ざる點あるは誰しも認むる處で、我等は税吏が一層穩健なる處置に出づべきことを切に希望する。

要するに我等は減税に充つべき恆久財源として計上したる三千萬圓の中、前議會に於て決定したる整理減税額千十萬圓を差引き、其餘は營業税輕減額に七八百萬圓を充て、他は通行税全廢、米籾輸入税全廢、印紙税中三種の除外等の財源に充當せしめんとする主張に外ならぬ。但し右減税の主張は、一は漸次に經濟界の不況を救はんとし、一は下層社會の生活難の壓迫を輕減せんとする趣意に出でたものである。我等は固より實業家の立場に居るが、併し租税問題の如きは、獨り實業界の影響のみならず、一般國民の生活に緊要なる經濟事情をも考察し、能く之を按排して權衡を保ち行くことが社會政策上我等の義務であると信ずるのである。

（文責在記者）

財政釐革と税制整理

中野武營

一

吾人が財政經濟の釐革、減税的税制整理を稱導してより已に數年、政府に於ても遂に民論に隨はざるを得ず、本年度に至り漸やく第一次行制政理を實行せられ、明年度に於ても第二次制度整理を續行せらるべく、予と雖も政府の意のある處を酌むに吝なる者にあらず、而も未だ以て財政整理の一段に至りては、吾人が要望の遂行を得たりとはいふべからず。殊に制度整理によりて得たる財源を惡用せらるゝに至りては、本來の意義を沒却せらるゝのみならず、寧ろ功罪相償はざる結果に陥らざるべからず、今や第三十一議會開會せられ、明年度即ち大正三年度豫算の決定を見んとするに當り、また更に平常の憂惧を開陳し、以て民論を喚起し、また以て政府當局の失政を質さんとす、蓋し故なきにあらざるべし。

二

抑も一國の財政は、政府その者の會計にあらず、國民經濟に立脚し、國民全體に歸及する處の政策に外ならずして、財政經濟の調節は今更喋喋するに及ばずと雖も、財政計畫不明にして、之が説明書たるべき豫算書の複雑難解なる、政府當局以外の者にして、之を了解し得る者甚だ罕なるに於て、國民は常に不安の念に驅られ、國民も亦一定の經濟方針を確立し能はざるのみならず、漠然たる積極、消極の聲に迷はされ、徒に悲觀、樂觀の説行はれて、遂に何等爲す能はざるの窮境に陥らざるを得ず。斯くの如く財政計畫にして不明是れが説明を爲すべき豫算書にして國民に國庫の收支を周知せしむるに足らず、斯くては何を以てか國民經濟の健全を計り、如何にしてか財政經濟の調節を保ち得べき、是れ財政革正の第一歩なり。積極方針といひ消極方針といふが如き、最早や到底かゝる漠然たる表明を以てしては、國民の不安を除くに足らず。政府は宜しく根本的計畫を確立し、豫算を簡單明確にし、常に國民をして國庫の狀態を周知せしめ置かざるべからず。

三

在外正貨の不明なる、亦然り。吾人は何が故に多額の正貨を海外市場に存置せざるべからざるか、先づ其理由を知るに苦しまざるを得ず。而も是れが爲めに外債に次ぐに外債を以てし、隨て是れが利拂ひと貿易の逆潮益々甚だしく、對外債務の決濟をして年々困難を加重せしめつゝあるは、爭ふべからざる事實なり。若し是れ只單に對外債務支拂の爲めに要する準備に過ぎずとせば、必ずしも政府自ら之を有するの要なきのみならず、常に其の額を絶體に祕密にするの理由あらざるべし。殊に他面內國に於ては高利の大藏證券を發行するが如きに至りては、國庫經濟上如何なる利益あるや、吾人の推測するにだに苦しむ處なり。加之政府所持の在外正貨は日本銀行の正貨準備と相俟つて、輸入超過の結果より來るべき通貨の自然的縮少を妨げ、延いて物價の騰貴をして抑止せしむる能はず、隨て又貿易の逆潮をして益々甚だしからしむると同時に、一面に於ては民力愈々疲弊し、生活難の聲をして益々高からしめ、而して生産力又物貨騰貴に伴はざるに至り、他面に於ては今や金融機關の中樞たる日本銀行の機能を害し、遂には兌換制度破壞てふ憂惧をすら懷かしめ、經濟界の危機に瀕せんとす。

然れども、吾人とて今絶體に在外正貨の存置を否認するものにあらず宜しく是れを日本銀行に移し、常に其額を明にし、以て通貨の伸縮狀態を示し、また以て財界をして不安の念を懷かしめざるやう努められざるべからざるべし。

四

更に轉じて公債政策に對しても亦疑義なかるべからず。政府は日露戰後公債整理の方針を樹て、減債基金制度を設くると同時に非募債主義を聲明せるに拘らず、年々外債は募集せられて在外正貨を補塡し、或は低利なる公債を償還せんが爲めに、高利の證券を發行する等、年々歳々斯かる彌縫、矛盾を繰返し、其間何等方針の貫徹を見ざるのみならず、益々不利の結果を齎せり。

今や少からざる臨時剰餘金を生じたるあり。政府は宜しく之を利用し、一は新に募集すべき公債に代へ、他は高利なる大藏證券の發行を緊縮し公債整理の實を擧げ、以て民間金融壓迫の弊を除去せざるべからず。斯くして初めて減債的公債政策の端緒を得ると同時に、國民をして公債に對する疑念を晴らしめ得べきなり。

五

吾人は制度整理の機會に於て、大に官業整理の必要を說けり。而も第一次整理に於ては、局課の廢合、人員の淘汰の小策に止まり、之が整理は全然沒却せられたり。吾人が第二次整理を期待する所以、即ち茲にあり。

官業は、もと民間にて經營せられ難き事情の下にある事業のみ、政府の手を俟つべきものなるが、我國の官業なるものは大にその趣きを異にし、民間に於て多少有利と目さるゝ事業は、國庫の收入を增さんが爲に買收經營せられつゝありといふも過言にあらざるべし。卽ち鹽及煙草專賣の如き然り。而も其他現時我國官營中鐵道、造船、造兵、製材、製絨、製鐵、電信、電話、印刷の如き、之に要せる資本の甚だ過大なるに拘らず、その益金の寡少なる、之を民間事業の經濟に比較すれば實に霄壤の差にあらず。然れば民間に移さば大に發展すべき事業も、官營なるが爲めに伸びんとして伸び得ざるものあり、卽ち鐵道然り、製鐵然り、製絨、製材も亦然り。而して尙ほ之が續行は啻に財政を膨脹して、國庫の損失となるのみならず、一面常に民業を壓迫して、其進步發達を阻害し、國民經濟に多大の損害を與ふること、已に掩ふべからざる事實なり。

然れば制度整理の根本政策たる官業の整理は、一は散漫なる特別會計を緊縮して、財政整理の實を擧げ、他は民間事業を振興して、國民經濟の繁榮を齎すべき一擧兩得の國富增進策たるなり。之なくては未だ制度整理はならず、之を施さずしては未だ財政整理といふべからず。而して之れを爲さゞれば、遂に國民經濟自然の繁榮は望むべからざるなり。

六

以上列記する處は、常に國民經濟に立脚する吾人をして、政府の財政策の壓迫不安を感ぜしめたる主たる事項にして、曩に商工業者を代表して、政府に建議開陳せる處のものなり。而も是を以て財政經濟の釐革を盡せりとはいふ可からず。卽ち未だ以て國民經濟を壓迫する處の財政上の惡弊を除去するに足らず。煩雜不均衡なる税制は日露戰後更に何等一定の方針なく、只だ徒らに徵收の容易なるものより、苛重に苛重を加へ戰時に盡せる民力をして、休養する暇を與へず、却て壓迫疲弊せしめ、その結果生產の不振となりしのみならず、更に國民生活問題をして益々困難ならしめたり。然れば只單に商工業上の問題としてのみならず、社會政策上の見地よりするも、減税的税制の整理は、また立國の基礎を鞏固にする所以ならずんばあらず。

七

思ふに、財政を整理して不急の出を緊縮し、以て歲計の安固を圖るは、財政釐革の根本義にして、歲計の剩餘を以て煩雜苛重なる租税を輕減し、以て民力の休養に努むるは税制整理の最要義なり。日露戰役前に於ける我が國庫歲出入を見るに、其額二億二千四百萬圓に過ぎずして、戰後は忽ちその倍額に一躍し、實に四億四千萬圓の巨額に達せり。而も是れ固より國富の增進に伴へるにあらず、隨て國民の能く堪ふべきにあらざる、又固より明かなり。然るに戰後財政の膨脹は更に甚だしきを加へ、殆ど窮極する處なからむとし、政府は戰時非常特別税撤廢の約を履行せざるのみならず、却て更に酒造税、砂糖消費税等を增徵して、二千五百萬圓の增税を見るに至れり。斯くの如くして止むなくむば、國民經濟の秩序全く破壞せられ、隨て國家財政の基礎また危殆に陷らざるを得ず。吾人是れを憂ふる事久しく、常に財政の釐革、税制の整理を唱導して止まざりしが、議、政府の容るゝ處とならず、政費の膨脹に伴ふ國民負擔の荷重は、比年民力を壓迫疲弊せしめ、生活難の聲をして益々高からしむると同時に、財界をしてまた不振の底に沈淪せしめ、遂に國民をして擧つて減税を絕叫するの止むなきに至らしめたり。

然るに政府に於ても、國論に喚起せられ、漸やく現內閣に至り制度整理を斷行し、以て時弊の窮厄を救濟せんことを宣言し、本年度に於てその一部の實行を見るに至れり。卽ち第一次行政整理と共に所得税を輕減し、鹽價を引下げ、朝鮮米輸入税を撤廢せり。然りと雖も是れ固よりその一端に著手せるに止まり、未だ以て税制整理といふべからず。而も大正三年度に於て第一次整理に依りて得たる恆久的財源の殘額あり、更にまた殆んど確定財源と見做すべき、每年度に於ける、自然增收額あり。之等を擧げて減税的税制整理の資源に充て、以て制度整理の意義を徹底せしめざるべからず。

然るに、政府は第三十議會に提出せる處の營業税四百萬圓と其外にはたゞ相續税の輕減を以て口約を盡さんとすと傳へらる。吾人は制度の整理すべきもの尙少からずして、税制の整理すべきもの更に多きを認むるもの、是れ吾人が更に税制整理の要を說く所以にして、玆に大正三年度に於ける減税的税制整理に關し、吾人が要望を擧示せんとする所以ならずんばあらず。

八

營業税は政府に於て、昨年の議會に四百萬圓の輕減案を提出せる程なれば、今次の議會に於ても、少なくとも同程度の輕減案を提出せらるべしと雖も、斯かる少額を以てしては遂にその效果如何を疑はざるを得ず今更ら營業税の缺點を擧ぐるまでもなく、その實質にして既に良税といふべからず。租税はもと收益に課せらるべきものなるに、營業税は所得の如何を顧みず、資本及び勞力に賦課するものにして、殊に勞役者に賦課するが如きは、正に一種の人頭税として排斥すべきなり。のみならず課税の標準煩瑣複雑にして、負擔の公平を缺き、加ふるに税率過重なる爲め、商工業の振興を妨げ、國民經濟の發達を阻害するの甚しきものあり。故に吾人の希望を以てすれば、全然撤廢すべきものなれど、尙他に減廢すべき税目のあるありて、現下の財政狀態の下に於ては、直に之を許され難かるべけんも、少なくも現行税率の三割以上の輕減を以て、能く各種營業に對し、負擔の均衡を計らざるに於ては、四百萬の減税額は遂にその效果を擧ぐる能はず、たゞ國論に對する一時的申譯けに了らざるなきや疑なき能はず。

九

印紙税法中荷物送り狀、賣買仕切狀、受取書に對する斯税は、其國庫の收入幾何なりや、印紙税として凡て總計せられ、政府に於ても明かならざるが、甚だ僅少の額に止まる、大凡そ推量するに足るに拘らず、商工業家が、日常之が爲めに要する手數は、實に繁瑣なるのみならず、之が法律上の解釋に關し、常に官民間の紛議を釀し、延いては商取引の敏活を害すること、また尠なしとせず。是れ亦營業税同樣、商工業振興の意味に於て全廢せざるべからざるものなり。

十

通行税の惡税たる、その最も甚だしきものたるべし。徵税費寡少にして、一見負擔の苦痛亦甚だしからざるが如きも、國民の交通往來に課税するが如き、理に於てあり得べからず殊に市內或は近距離の通行に課税するに至りては、多數勞働者の勤勞に課税すると同一結果にして、直接間接、商工業の阻害となり、生活問題に影響する處又少なしといふべからず。是亦斷然全廢すべきものたり。

十一

我國人口の增殖は、年々五十萬に上り、而も我國民の常食たる米產額は、豐作にして五十萬石を超えず。今や我が產米額の國民生活の需要を充たす能はざる、國民生活難の聲高きと共に、米價騰貴の歎聲絕えて止まらざるに見るも明白となれり。玆に於て米價調節問題頻りに論議せられ政府に於ても漸やく覺る處あり、米及籾輸入税を四十錢迄低減し得べく法律を改正し、或は外國米を定期取引の代用米に爲すが如き、多少米價調節に盡す處なからざりしが、小策は遂に小策にして效果現はれたるを知らず。又朝鮮米移入税を撤廢せるも、その價格內國米と大差なく、未だ以て米價調節に資するに足らず。而も政府に於て、一旦調節の要を認めたる以上、其實行を期せざるべからざるや論を俟たず。乃ち外國米輸入税を全々撤廢し、國民生活問題解決の一助たらしめざるべからず。

輸入税率を高下し得らるべく改正せるが如きは、寧ろ改惡にして、是れあるが爲めに、價格の急激なる騰落を怖れて當業者は却て外國米輸入に力めず、隨て外國米をして定期取引の代用米たらしむるも遂に何等の效果なく、ために殆むど五千萬石以內に限られたる內地產米は、數百萬石の買占めによりても忽ち昂騰の氣勢を高め、克く是れを調節し得べからず。我國民の米食に親しめる、到底外國米を以てしては、その舌に合ふべくもあらず、故に外米輸入捗々しからずといふが如きは、短見者流の皮相の見解なるのみ。

外米輸入税全廢は、啻に國民生活を利するのみならず、間接と雖も、延いては生產費の低下となり、商工業興振の一助となり、其效果の偉大なる、到底國庫に貢するの比にあらざるなり。

十二

取引所税は元來一種の特許營業税にして、其課税標準たるべきものは營業收益ならざるべからず。租税の意義よりするも亦然らざるべからざるなり。而も之又營業税同樣收益に課するにあらずして、現に賣買約定金を課税標準と爲す、甚だ當を失せりといふべし。吾人は强て輕減を求めむとするにあらず、其標準を改正し、以て租税の正道に著かしめんが爲めなり。是れ亦税制整理の意義を完たからしむる所以ならずや。

十三

以上の各項目は、大正三年度より實施せられむ事を要望し、曩に政府に建議せる要目なるが、政府にして尙ほ財源の不足を以て、是れが遂行を怠るが如きに了りては、制度整理は財政整理とならず、遂に本義を沒却せるものといふも過言にあらず。否吾人は政府の爲す所、或は疊の敷換へに了るなからむかを憂惧するもの也。而して吾人は前に述べたるが如く制度の整理すべきもの尠からずして、税制の整理すべきもの更に多きを思ひ、第二次、第三次の整理を期し、その成るに隨ひ、更に税制の改廢を俟つべきもの甚だ多しとす。殊に消費税に於て其最も切なるものあり。由來我國租税の不均衡なる、直接税に輕るくして、間接税に重きにあり。然り而して政府は依然其の徵收の容易にして、納税者の苦痛比較的少なきが爲め、過重なるに拘らず更に頻々として之が增徵を爲せり其結果はいふまでもなく物貨の騰貴となり、國民生活をして益々困難ならしめ、延いて產業の發達を阻害する事甚だしく、經濟界をして益々不況に陷らしめたり。

之を要するに現行税制は、殆むど戰時咄嗟の間に制定せられたるものにして、課税の標準を誤り、負擔の均衡を失せること甚だしく、遂に國民をしてその負擔に堪へざらしむるに至れるもの。是れが改正を施さずして財政整理は何の日か成らむ。

（文責在記者）

實業家の減税運動

東京商業會議所會頭　中野武營

吾人實業家は既往數年來皆一様に減税を標榜したりき。然るに曩年西園寺内閣は吾人實業家の意嚮を容れ、其減税の第一歩として制度整理並に財政整理を遂ぐべしと稱したりしに拘はらず、同内閣は遂に其實現を見るに到らずして瓦解せり。次て現山本内閣の成るや、山本内閣は前西園寺内閣の意思を繼承し、昨年に於て始めて行政、財政の兩政整理の實を擧げ多大の餘裕財源を得るに到れりき。之れに對し吾人實業家は、大に現内閣の前途に囑望して、彼の戰後に於ける國民の苛酷なる負擔の輕減を圖り、減税の實を擧げ、以て當面の問題たる殖産興業の振張を期し、實業家の急を救ふものあらんと深く期待する所ありたり。而かも事實は之れに反して、政府の無意識は實に驚くに堪へたるものあり。剩餘金の大部分は擧げて海軍擴張費となし、之れを大正三年度豫算等に計上したるが如き、洵に人をして其意外なるに呆然たらしむ。而して廢税財源としては恒久財源四千三百萬圓あり。其中艦艇補充基金を除く外、他は皆一時的のものなり。故に大正四年度には當然餘裕あるをば、巧に瞞着して豫算を編製し、且つ所得税の如き七百萬圓の減税ありしをば、自然增收と稱して誅求し、其實は四百萬圓の減税をなせるに過ぎず、誠意なきこと斯の如く殆んど意表外なりと謂ふべし。

又多年世上に議論紛々たる朝鮮二個師團增設問題も、いづれ大正四年度に於て、陸軍側より其の提案をなし、以て議會に肉薄せんとするは、今日より火を睹るよりも明らかなる所とす。蓋し本邦爲政者は從來軍備擴張、軍艦增設の如き不生産事業に力を注ぎ、兎角偏武的の方針を採て、國力充實の根本問題たる實業界の興振を圖り、生産事業の隆昌を期するが如きは、遂に等閑に附せらるゝ嫌ひなき能はず。是れ實に國家百年の計を樹つる上に於て痛惜すべく、又爲政者の爲に嘆惜に堪へざる所たり。今回政府の税制整理たる、殆んど申譯の爲め、形式的に多少の整理を以て議會に臨み、吾人の要求は全然之れを容れざる趣きなり。想ふに吾人の要求は決して無謀の要求に非ず。吾人は彼の戰時非常特別税の如き、戰後久しく國民の苦痛を增さしめ、其苛歛誅求に堪へざらしめたるものを、十年後の今日に於て、猶ほ之れを持續し、以て民力休養の時期なからしめ、又以て我邦經濟實業界の前途を危殆ならしむるは何事ぞや。吾人實業家は、此際宜しく一致協力以て減税運動をなし、必ず其年來の素志を貫徹せんことを期するものなり。然らずんば夫れ遂に何の日にか民力の休養を圖り、産業の振興を期し、實業界の發展を遂げ得べけんや。吾人は常に政府當局の爲に甚だ惜しむ所あると同時に、深く我邦家の前途、殊に財界の將來に對し、寒心を禁ずる能はざるものあり。之れ吾人が減税問題を提げて、無謀なる爲政者に迫らんとする理由に外ならず。當局は執政上適當と認むべき程度の減税以外に輕減を遂げ難しとの理由を有するならんも、其は吾人の耳を傾くる所にあらず、到底吾人は、當局の行はんと欲する形式的なる多少の輕減に滿足すべきにあらざるなり。

第七章　第一次大戦と工業立国論

一　第一次大戦への対応と工業化の促進

大正政変に続き、シーメンス事件や営業税廃税運動などによる民衆の声の高まりから、元老たちは山本内閣が瓦解した後の後継首班の推薦に難航したが、最終的に大隈重信が内閣総理大臣に任命された(1)。

大隈内閣（大正三年四月から五年十月）の約二年半の間、中野は、個人的に関係が深い大隈の下で政府との円滑な関係を保ち、また、渋沢栄一との連携を深め、現代にも残る種々の実績を上げた(2)。

大隈内閣の発足当初、中野にとって最大の課題は、新内閣が営業税廃税を実現するかどうかであった。営業税の廃税を訴えた立憲同志会と中正会から閣員が出ていることもあり、内閣に言行一致を求めた。**7－1「中野武営氏の批評」**（大正三年五月二十三日）は、そのような立場から大隈内閣に厳しく対応を求めている。政権交代後の六月の商業会議所連合会において、改めて営業税の全廃が決議された(3)。**7－2「宗教家的の態度」**（同年六月一日）は、それまで憲政擁護運動や営業税廃税運動などで非政友三派の一角を担っていた国民党の犬養毅が、大隈内閣の政策を支持するとしながらも与党にならず、政国合同を優先したことを批判したものである。

組閣三か月後の七月下旬に第一次世界大戦が勃発し、イギリスが参戦したことにより、ロンドン市場の為替取引が中止し、欧州各国が船舶を引き上げ、我が国の輸出入が一時麻痺した。生糸や綿糸布など我が国の主要輸出品の市況が暴落し、ドイツからの鉄、染料、医薬品、工業薬品などの輸入も途絶え、経済は混乱状況に陥った。このような経済危機の下で、八月下旬に、日本がドイツに宣戦布告し戦時体制に入った。

このため、営業税廃税運動は時局の始末がつくまで中止することになった。

開戦により染料の輸入が途絶え、染物の色が薄くなっていくといわれるほど、大きな影響が出はじめ、原料の自給のため化学工業を育成することが不可欠となった。

このような事態に直面する一年前に、タカジアスターゼやアドレナリンの発見などで世界的な業績を上げていた高峰譲吉が帰朝し、国民的科学研究所の設立を渋沢栄一にもちかけた。そして、財界人や学者に対して、軍艦一隻を建造する予算があれば、それを基金にして運用し、米国のロックフェラー研究所のような基礎研究を行なう研究所を設立すべきとの構想を訴えた[4]。これを受けて中野は、櫻井錠二らの研究者らとともに、理化学研究所の実現に向けて具体的に動き始めた。

7－3「化学研究所設立ニ関スル請願」（同年三月十九日*）は、そのために中野が渋沢栄一や著名な化学者とともに提出したものである。それまでの模倣的工業から独創的工業の発展を奨励する必要性を提唱している[5]。

大戦勃発による経済混乱に対し、東京商業会議所は、直ちに中野を委員長として時局救済調査会を設け、集中的に対策を検討した。海上保険が暴騰し船舶が航行不可能になったため、国営の戦時海上保険制度を制定して保証すべきことなどを建議するとともに[6]、**7－4「化学工業の奨励並化学工業調査会設置に関する建議」**（同年九月二十一日*）を提出し化学工業の振興を訴えた[7]。これらを受けて政府は戦時海上保険補償法を制定し、農商務省は化学工業調査会を設置して化学産業の振興策をまとめた[8]。

農商務省も、自給率向上を目的として大正三年十月に官民合同の国産奨励会を発足させた。**7－5「断固として国産愛用を決行せよ」**（同年十月十五日）は、その創立委員や幹事などに就任していた中野の意見である[9]。

大隈総理が参加した十月の第二十一回全国商業会議所連合会では、**7－6「時局問題に関する建議」**（同年十月二十四日*）が決議された[10]。

第三十五回議会で大隈は、二月に衆議院を解散したことにより翌年三月に総選挙が行われることになった。大隈の応援のため、早稲田大学出身が中心となって大隈伯後援会を発足させ、中野も大隈を支援した[11]。この時の衆議院議員選挙では、立憲同志会、中正会、大隈伯後援会などの与党が政友会に圧勝した。

第一次大戦が勃発してから暫くの間は、**7－7「大戦後の経済状態如何」**（大正四年二月一日）の記述のように経済の先行きは不透明であったが、参戦から一年も経つと海運が先導し活況を呈しはじめた[12]。

7－8「商権拡張の絶好機を捉へよ」（同年十月十日）では、好機をとらえて海外市場の開拓に取り組むべきと訴えている。

7－9「警戒すべき我事業界の現状」（大正五年二月一

日）は、大正四年は経済が順調に進んだが、これは欧州戦乱による他動的な結果であり、日本が自動自力でこの状態を作り出したものではないことから、戦後欧州の市場において一層優勝の位置を占められるように奮励することが必要と述べている。

実業界が大戦景気を享受する中、商業会議所連合会は、**7–10「時局に関する建議」**（大正五年一月二十七日）*を決議した。大戦景気は欧州の供給不足による一時的なことであると警告し、輸入原料に依存して脆弱な化学や鉄鋼などの工業の独立と、大戦の機を捉えた貿易の拡張を提言した。これは戦後の国際競争の激化を見据えた通商政策と産業政策の方向性を示したものである[13]。

これらの政策を具体化するため、中野は渋沢栄一とともに、財団法人理化学研究所（現在の国立研究開発法人理化学研究所）の設立を目指したほか、国策的な日本染料製造株式会社の設立（大正五年二月。相談役に就任。後に現在の住友化学株式会社に吸収）を図るとともに、東洋製鉄株式会社の設立（大正六年十一月。翌年五月、同社は隣接の久原房之助による戸畑製鉄株式会社（社長）を吸収し鮎川義介が取締役に就任。後に現在の新日鉄住金株式会社に吸収）に尽力し、東洋製鉄株式会社社長に就任した[14]。

大正三年度はマイナス成長であったが、大正四年末から高い成長が始まり、大正五年末から大正六年末に大戦景気は最高潮に達した。

大戦景気で世の中が浮かれる中、**7–11「新しき富豪振りが見たい」**（大正五年十一月五日）では、大戦景気で生まれた富豪に対して、富は自分の力だけはなく、社会の人が助けてくれたからできるものであり、その恩に報いるよう社会公共のために尽くすように訴えている[15]。

注

（1）本節の内容については、拙著『中野武営と商業会議所』の「第十二章（一）大隈内閣の成立、（二）第一次大戦への対応」、「第十四章（五）理化学研究所の設立」、及び、拙著『制度変革の政治経済過程』の「第四章　第三節　大隈内閣の成立と営業税廃税運動の中止」を参照。

（2）「中野翁にしては、よき助言者を渋沢翁に得、渋沢翁にしては、良き実行者を中野翁に得たといへませう。一方丈では出来ないものが、双方の化合作用に依つて、出来たやうなものです。」といわれている（薄田『中野武営翁の七十年』）。

（3）『第二十回（継続）商業会議所連合会』『東京商業会議所月報』第七巻第六号、大正三年六月二十五日。『第二十回（継続）商業会議所連合会議事速記録（六月）』。

（4）高峰は、大正二年三月に精養軒で経済界の主たる人に対して独創的研究の重要性と化学研究所の設立の必要を訴えた。高峰の演説を受けて、七月には渋沢や中野らが「国民科学研究所設立趣意書」をまとめた（『財団法人理化学研究所』『渋沢栄一伝記資料』第四十七巻、渋沢青淵記念財団竜門社、一九六三年）。

（5）理化学研究所の設立経過については『財団法人理化学研究所設立経過概要』（理化学研究所蔵）を参照。

大正五年一月、中野が中心となって理化学研究所の予算概算書を示し、民間の拠出金だけでは事業を遂行しえないので、政府が国家事業として助成することを求める建議を首相と大蔵大臣、農商務大臣に対して行なった（「中野武営外十一名提出理化学研究所設立ニ関スル建議ノ件」公文雑纂・大正五年・第三十九巻・建議。大正五年一月二十一日）。そして、官民協力して、理化学研究所の設立を目指すべきことを訴えている（**中野武営**「**官民協力の要**」『東西織物界』第九年第九八号、大正五年二月一日）。

同建議などを受けて、大隈内閣は大正五年二月に「理化学ヲ研究スル公益法人ノ国庫補助ニ関スル法律案」を成立させた。四月の全国商業会議所連合会には大隈首相も参加し、参加者に理化学研究所に対する寄付を求めた（「大隈首相の演説」『東京商業会議所月報』第九巻第四号、大正五年四月二十五日）。

寺内内閣では皇室からの下賜金も得て、大正六年三月に財団法人理化学研究所の設立認可が下りた。

（6）「臨時調査会」『東京商業会議所月報』第七巻第八号、大正三年八月二十五日。

（7）「臨時総会」『東京商業会議所月報』第七巻第九号、大正三年九月二十五日。農商務省が設置した化学工業調査会は、振興すべき重点分野、単一大企業を設立して保護育成すべきことなどを提言した。また、化学だけではなく、物理学と化学と両面にわたる研究所の設立が必要であるとの意見から、化学研究所構想は理化学研究所構想へと改められた。

（8）中野は、東京商業会議所時局救済調査会委員の会に大隈首相や若槻蔵相、大浦農商務相を招き、海上保険などについて政府が迅速に対応したことに謝意を示している（**中野武営**「**東京商業会議所演説**」『東京商業会議所月報』第七巻第九号、大正三年九月）。

(9)『國産奨励会会報 第一号』(国産奨励会、大正四年)に設立経緯が紹介されている。商業会議所連合会でも「国産奨励其他ニ関スル建議」を行っている。『第二十回(継続)商業会議所連合会議事速記録』。

この他、農商務省は、大正四年初めに中国、インド、インドネシア、オーストラリア、アメリカ、カナダなどの市場開拓のため海外視察委員を派遣することを企画し、商業会議所の協力を求めている(「商工局長長岡実君」及び「**中野武営君**」『東京商業会議所月報』第八巻第一号、大正四年一月二十五日)。この時実施された海外有望市場調査の結果については、『臨時海外派遣官報告集』(第一回—第四回、農商務省商工局、大正四年三月六月)を参照。

(10)「第二十一回商業会議所連合会決議」『東京商業会議所月報』第七巻第十号、大正三年十月二十五日。『大正三年十月東京ニ於テ開催　第二十一回商業会議所連合会議事速記録』。

(11)堺忠七『金沢政戦史』洛陽社、大正四年八月。

(12)同趣旨の論考が、**中野武営「景気の立ち直るは何時乎」**『東西織物界』第八年(八五)、大正四年一月。

(13)『大正五年一月同年四月東京ニ於テ開会　第二十二回商業会議所連合会報告』、『大正五年一月同年四月東京ニ於テ開会　第二十二回商業会議所連合会報告議事速記録・同継続会議事速記録』。

(14)農商務省は、化学工業調査会の答申に基づき染料医薬品製造奨励法を、製鉄業調査会の答申に基づき製鉄業奨励法を制定し、各産業の育成を図った。東洋製鉄株式会社の設立経緯については、渋沢栄一「故中野武営氏の霊柩に対して」(『向上』一二(一一)、修養団本部、大正七年十一日。『渋沢栄一伝記資料集』第五十七巻収録)を参照。

東洋製鉄株式會社の発起主唱者総代渋沢栄一と中野武営は、大川平三郎に創立趣旨の説明と発起人への就任を依頼した書簡を発出している(本著附章に収録)。併せて、大橋新太郎・和田豊治・中島久萬吉・倉知鐵吉発(大正五年九月一日付)と、渋沢栄一発(大正五年九月十五日付)書簡で大川平三郎に発起人就任を依頼(いずれも坂戸市立図書館所蔵)。

なお、東洋製鉄を設立するに当たり、ロシアにおける製鉄業の奨励保護政策について、渋沢と中野が外務省に調査を依頼している(「露国製鉄業奨励保護策取調方ノ件」(大正五年五月、外務省外交史料館、鉄類関係雑件第二巻))。

(15)中野は、日本の輸出が世界に広がり正貨が増えているのは、欧州が戦争で輸出ができないからであり、やがて終わることであるとして、順境の中で将来に向かって処する道を着実に講ずべきと警告を発している（**中野武営「順境の戒慎」**『東西織物界』第九年第一〇〇号、大正五年四月）。

●中野武營氏の批評

大隈内閣の政綱も愈具體的に發表せられたる由なるが、予は既に前日大隈首相と會見し其大體は聽取し置きたれば首相の談話を基礎として多少の所見を述べん、勿論政綱の全部を逐條的に批評せんは予の任にあらず、單に其財政及び經濟方面に關するもののみに就いて見るに、第一田租酒造税等の納期繰延べは財政收支の基礎を鞏固にする上に於て剩餘金の適當なる使用法なるべけれど、減税のみを言明して廢税に一語も言及せざりしは予等の甚だ遺憾とする所なり、云ふ迄もなく政治家は其在朝在野の如何に拘はらず必ず其言責に對する徳義を尊重せざる可らず、既に在野時代營業税其他の廢止を公言せる大隈伯首相たり同志會員閣員たる以上、苟くも政治家の徳義を無視せざる限り其平素の言責を果たさゞる可らざるは論なき所なり、若何等かの事情あり廢税不可能ならば其不可能なる立派な理由を示めさゞる可らず、然らずんば假令千百の美言を連らねて政綱の壯麗を誇るも畢竟國民の心服は得られざる可し、第二非募債主義を斷行し公債償還額を減少するが如きは今日の場合或は適當の政策なるやも知れざれど、預金部の資力も相應に減少せる現狀に於て果して圓滿に非募債主義の實行可能なるべきや、彼の桂内閣が口に非募債を唱へつゝ事實は着々募債計畫に日も亦足らざりし前例もあれば、此點に於て予は政綱の如何よりも言行一致の程度如何に重きを置かんと欲す、前日大隈首相の言に依れば在外財務官に對して既に從前より繼續せる募債計畫の中斷を通達せる由なれば、今回は恐らく桂内閣の轍を繰返さゞる可しと雖も、既に五千萬圓と確定せる償還額を減ずるからには、之れに伴ふ外人の信用失墜にも充分注意し一方非募債主義を確守すると同時に、鐵道會計其他財務の運用に渾身の注意を忘る可らず、第三財政の内情を公開し、通貨運用の現狀を國民に知悉せしむる即換言すれば從來の大藏大臣一個の小刀細工のみを以て財政を縦横するの弊を改め、國民と共に國家の財政を行ふの方法策に關しては大隈首相も尙熟慮中に屬し、今日之れが斷行を確約するに至らざれど、苟くも國民をして財政の實質を知悉せしめずして減税を説き非募債を説き國債償還額減少を説くも、恐らく國民一般には其可否すら不可解なるべし、斯くの如くんば如何に政綱の美を衒ふも畢竟何の 功かあらん、此點に關しては前日も繰返し首相の反省を求め置きたり、蓋伯平素の全責に徵し大隈内閣が之れ位ゐの勇はあるものと信ずるが爲めなり、要するに財政の實狀を明示し得る迄は其政綱の如き亦多く評するの價値なし。

宗教家的の態度

中野武営

大隈内閣が成立して、國民黨は之を援助すると決議しながら、その首領たる犬養氏は政國合同を以て自分の理想なりと聲言し、政友會に於ても各團體が順次に政國合同を希望する決議を發表して居るは、如何にも不思議なる現象である。予は根本に於て政治と宗教とに、明かなる區別あることを信じて居る。即ち政治は形以下のことを論議し處理し實行するもので、宗教は形以上のことを批判し指導し實行するものである。即ち政治上に於ては、形に現れたるものが善であれば、その心根の善惡如何の如きは、深く問ふ必要を認めない。換言すれば、政治の局に當る人の心理狀態は善惡如何ともあれ、その者の行ふ政治が善ければ、之を善政と稱すべきであつて、如何に心根の善なる人であつても、その行ふ處の政治が國利民福に副はざるものであつたならば、之を惡政なりと斷ぜざるを得ないのである。之に反して宗教に於ては、如何にその行爲が善であり美であつても、その本人の心根が邪であり惡であつたならば、到底之を善行美事として許すことを得ないので、その點が政教の截然として相岐るゝ所以である。故に政治家的態度を以て宗教問題を批判し得ざると同時に、宗教家的態度を以て政界に處し得ざるも自明の理と信じて居る。此立場よりすれば、總て形に現れたるものを以て判斷するのが政治家の態度であつて、如何に精神上憎むべき人でも、其人が善政を施すならば、善き政治家として、之を讃美し援助するに、何の躊躇する處なかるべしと思はるゝのである。以前に惡いことをした人間だからとて、何時迄も惡人視して、之と提携することを拒むとか、又は表面では善事を言ひ美事を行ふらしく見ゆるが、心根の間違うた不信用の男だからとて、一概に之を排斥するが如きは、決して政治家の襟度なりと稱せられぬ。政治は國民の前で公々然と行ふことで、內密の問題でないからして、人々の心裡に迄立入りて、彼是と毛嫌ひする必要はない、須く胸臆を披き襟度を大にし、衆を容るゝの度量がなければならぬと思ふのである。國民黨の內情は少しも知らぬ、又犬養氏の理想なるものも、直接に聞いた譯でないから輕卒に批評し得る限りではないが、外部より國民黨の態度を見、犬養氏の言論を聞くに、何となく宗教家的で、政治家的でないと云ふ感を深くするのである。政治家なるものは政治を批評するものでなく、政治を實際に行ふべきものである。と同時に、政黨なるものも、何時迄も在野黨で時の政府に反對すれば能事が足りるものではない。即ち小異を棄てゝ大同に卽き、時ありて多數を糾合して政府を組織し平素の主義政綱を實行するの心がけなければならぬは無論のことである。國民黨にして若し大隈伯の政見と一致し得られぬと云ふならば兎も角だが、伯の政見には贊成だが、其下に居る閣僚とか若しくは他の政黨員なる者に、氣に喰はぬ分子があるからとて、之を提携し又は合同するを避くる如きは、所謂人嫌ひであつて、甚だしき狹量であると云はなければならぬ。日本人にして同じ日本人を毛嫌ひすべきものではない、官僚派と云へば如何にも憎むべきものゝやうに攻擊するが、役人にも善人もあれば惡人もあること、恰かも政友會内に善人もあり惡人もあると同樣である。既に大隈伯の政見を贊成し之を援助する決議をした以上は、堂々と政綱を發表して三派の合同を完成するが善い。何時迄も同志會派の舊惡を數へ立てゝ、之を排斥するが如きは、到底政治家の襟度と稱せられぬのである。

以上の議論により予が政國合同に對する意見も略々想像さるゝだらうと思ふ。卽予の見る處を以てすれば非政友三派合同は順であり、政國合同は逆であつて、予が曾て改進黨の一員として、政界に馳驅した當時からの歷史的關係を回顧して見ても、政國合同など云ふことは、到底實現し得べからざる空想であると思はるゝのである。今日中央に居る代議士は、如何に勝手なことを言ふても、地方に於ては到る處、政友非政友相對抗して鎬を削つて居るのである。兩者の間には頗る大なる溝渠が、日に〳〵深められつゝあるのである。地盤によつて成立つ處の政黨は、その地盤の意嚮に從ひて黨の進路を定めねばならぬ。歷史を無視し人情を沒却して、中央に在る人々が勝手に、對立せる兩政黨を合同しやうとするのは、餘りに無理無法なことであると信ずるのである。國民黨の或者は、今日政友會と結び着くのは、一時の權略であつて、他日之を切崩して多數を制する準備行爲と心得て居るかも知れぬが、苟くも反對黨を切崩さんとする以上は公々然と之と勝敗を爭ひ、雌雄を決すべきものであつて、姑息なる權略を用ひて、苟くも多數を制せんとする如きは、天下の公黨として爲すべからざることであると信ずるのである。予は犬養氏の政國合同論を此くの如き姑息なるものとは信じないが、要するに非政友三派が合同して、大隈内閣を援助するのは、現下の政局に於ける自然の順序であつて、政國合同なるものは、實際論としても理想論としても、甚だ不合理であり、且つ困難なることであると信ずるのである。（文責在記者）

化學研究所設立ニ關スル請願

熟ラ本邦工業ノ現狀ヲ鑑ミルニ特ニ化學工業ノ發達ヲ圖ルヲ以テ急務トスルカ故ニ適當ノ化學研究所ヲ設立シ以テ學者ヲシテ自由研究ニ從事スルノ途ヲ得セシメ大ニ獨創的發明ヲ獎勵スルヲ必要トス然ラサレハ啻ニ模倣的工業ノ域ヲ脱スル能ハサルノミナラス將來永ク是等工業ノ發達ヲ望ムヘカラス隨テ國富ノ發展所期シ難キモノアリ依テ此際可成速ニ政府ニ於テ國費ヲ以テ化學工業ノ發達ヲ目的トセル自由研究所ヲ設立スルカ若クハ民間ニ於ケル是等ノ企畫ニ對シ補助金ヲ與ヘテ之ヲ助成スルカ適當ノ措置ヲ取ラシメラレンコトヲ切望ス

右別紙理由ヲ具シ謹テ請願仕候也

大正三年三月十九日

請願者

男爵　澁澤榮一

中野武營

工學博士　高松豐吉

理學博士　池田菊苗

藥學博士　田原良純

理學博士　櫻井錠二

農學博士　鈴木梅太郎

貴族院議長公爵德川家達殿

衆議院議長　奥繁三郎殿

（各通）

化學研究所設立ニ關スル請願ノ理由

國民ノ產業ヲ發達セシメ富力ノ涵養ヲ圖ルハ國家百年ノ大計ニシテ而シテ實ニ興國ノ大策タリ惟ミルニ本邦維新以降匹儔ナキ長足ノ步武ヲ取リ百般ノ制度文物駸々トシテ進ミ殊ニ日清日露ノ兩大戰役ニ於テハ　明治天皇ノ大御稜威ニ依ルトハ言ヘ振古無比ノ大捷ヲ博シ一躍シテ世界强國ノ班ニ入リヌ然ルニ飜テ內ニ產業ノ狀態ヲ視ルニ其ノ發達必スシモ遲々タルニアラスト雖モ而モ尙ホ武威ノ發展ニ伴ハサルモノアリ即チ貿易表ニ就テ見ルニ輸入ハ輸出ニ超過シ其ノ輸入品總價額ノ約百分ノ五七ハ實ニ加工品ニ屬ス蓋シ加工品ノ輸入超過ハ發達スヘキ本邦工業ノ前途ニ大ナル餘地アルコトヲ示スモノナリ

獨佛戰後ニ於ケル獨逸國ハ佛國ヨリ得タル潤澤ナル償金ヲ善用シ工業ノ勃興ヲ促スト共ニ科學敎育ノ發達普及ヲ奬勵シ隨テ進メハ隨テ改メ今ヤ工業國トシテ英國ノ壘ヲ摩シ就中無價ノ材料ヲ化シテ高價ノ製品ヲ得ルテフ化學的工業ニ於テハ實ニ世界ニ冠タルニ至レリ斯ノ如キハ素ヨリ獨逸國民性ノ敬重スヘキモノアルニ由ルナルヘシト雖モ而モ同國爲政者ガ攝レル興國策及之ガ誘掖助成ノ方法其ノ宜ヲ得タルモノ最モ大ナル原因ナリト爲サヽルヘカラス殊ニ注目スヘキハ同國皇室ガ是等ノ奬勵助成ニ力ヲ盡サセラルヽコトニシテ近ク伯林郊外ニ設立セラレタル

ウキルヘルム皇帝研究所ノ如キウキルヘルム第一世誕辰一百年ノ記念トシテ現皇帝先ツ内帑ヨリ五百五十萬「マルク」ノ巨資ヲ下賜セラレ之ニ富豪ノ寄附行爲ヲ合セ二千五百萬「マルク」ノ原資ヲ以テ設ケラレタル自由研究所ニシテ發明ノ考案ヲ持セル學者ハ何等ノ拘束ナク此ノ所ニ於テ悠々研究ニ從事シ得ヘク而シテ成レル發明ノ業績ハ軈テ來ルヘキ獨逸工業新發展ノ原働力タラントスルナリ

本邦工業會社ノ投資額ハ近キ十五箇年間ニ於テ六倍餘ニ增加セリ是レ本邦工業ノ發達ヲ示スモノニシテ寔ニ喜フヘキノ兆ナリト雖モ而モ仔細ニ工業其ノモノヲ視レハ殆ント總テ模倣的工業ニ屬シ獨創的發明ヲ基礎トセル工業ニ至リテハ寥々晨星モ啻ナラサルナリ而シテ模倣的工業ノ發達ハ同一製品ノ輸入防止ヲ其ノ上乘ト爲スノミ進テ輸出ヲ盛ニシ他ノ富ヲ吸收スルカ如キハ蓋シ得テ望ムヘカラサル所ナリ、想フニ今日特許法ノ進歩著シク其ノ利用愈々旺ナレハ將來模倣的工業ノ範圍ハ漸ク狹小セラルヘキヲ以テ獨創的發明ナキ邦國ハ遂ニ工業ヲ以テ立ツ能ハサルニ至ルヘシ然レハ今日ニ於テ獨創的發明ヲ奬勵スルニ努メサランカ將來經濟上ニ及ホス所ノ不利蓋シ數フヘカラサルナリ

專賣特許件數ノ多少ハ以テ其ノ國民ノ發明力ヲ測定スヘシ最近本邦ニ於テハ人口十萬ニ付專賣特許件數四、五之ニ實用新案登錄件數ヲ合スルモ一一、八ノミ而シテ之ヲ英國ノ同專賣特許率三

六、〇ナル佛國ノ同三四、九ナル米國ノ同三五、六ナル將タ獨逸ノ實用新案ヲ合セテ七一、七ナルニ比シテ迥ニ低キハ事實ナリ然レトモ此故ニ本邦人ニ發明力乏シト言フヘカラス思フニ發明力ハ科學敎育ノ發達普及ニ隨伴シ研究機關ノ備ハルニ依リテ上昇ス本邦ノ既往ニ發明數ノ多カラサリシモノ素ヨリ其ノ所ナリ由來本邦人ハ模倣ニ巧ナリト稱セラル蓋シ模倣ハ發明ノ前提タルコト多シ之ヲ米國ノ既往ニ鑑ミ將タ獨逸ノ發達ニ徵スルニ彼等モ亦嘗テ模倣ノ時代アリテ而シテ今日ノ獨創的發明ヲ生メルナリ既ニ模倣ニ敏ナルノ本邦人豈ニ獨創的發明ノ能力乏シキコトアランヤ唯之ヲ奬勵助成スルノ機關ナキニ由リテ現ハレサルノミ

我科學敎育ハ今日尙ホ未タ發達セリト言フ能ハサレトモ而モ最近ノ調査ニ依レハ專門學校以上ノ科程ヲ踏メル有爲ノ化學者現ニ三千三百餘人アリ即チ發明的素養ヲ有スル者敢テ必スシモ尠シト爲サス唯彼等ヲシテ其所ヲ得セシメサルニ依リテ其ノ能力ヲ發揮スル者多カラサルノミ而シテ今日本邦ニ存スル官公立學校及試驗所ノ如キ一面ニ於テ化學研究ノ機關タリト雖モ要スルニ其ノ目的範圍ヲ限ラレ其ノ費用及制規ニ依リテ幾多ノ拘束アリ所謂自由研究所ノ如ク發明家ヲ竢ツノ機關ナラサルヲ憾ミト爲スナリ勿論是等ノ學校及試驗所ハ其ノ必要ニ應シテ設ケラレタルモノナルヲ以テ之ヲ變シテ自由研究所ト爲ス能ハサルハ當然ナリ故ニ獨創的發明奬勵ノ目的ニハ是等以外別段ノ施設アルヲ要ス而シテ其ノ施設ハ獨逸ニ於ケルウキルヘルム皇帝研究所

米國ニ於ケルカーネギー研究所、ロックフエラー醫學研究所等ヲ以テ範ト爲シ純然タル自由研究所ト爲スヲ以テ適當ナリト信ス

△化學工業の奬勵並化學工業調査會設置に關する建議

今や世界的大戰亂に際會し吾人は一面兵馬の戰に關しては一に我か忠勇なる陸海軍に信頼するを得ると雖も而かも一面經濟關係に就ては單に我が産業界に殺到する幾多の災害を防避するを謀るに止まらず深慮熟計以て一旦の禍患を轉して永久の福利と爲すの方策を運らさゞるへからす卽ち農工商の各業に亘りて飽まで積極的に我か經濟利益の發表上進に努むるは是れ實に吾人が今日に處するの最大急務なりと信す

就中我が國の現狀に最も敏活に畫策實行を要するものは化學工業の奬勵及び化學工業原料の內地供給力の養成に在り現に今次の戰亂の爲め從來主として海外に仰ける化學的工業原料乃ち染料、鹽酸加里、曹達、石炭酸、グリセリン、硝石、赤、黃燐等の如き其の輸入杜絕するや啻に內地に於ける幾多の工業をして非常の困厄に陷らしむるものあるのみならず延て我が輸出業をして挫頓萎靡せしむるに至らんとす目下の事情正に斯の如くなりとせは速に是か救濟の途を講せざるべからす今試に二三の事點を擧ぐれば

一、從來主として獨逸より輸入せる工業原料にして幸に他國より輸入し得るの見込あるものは出來得る限り有利なる方法の下に之を我に輸致するの途を開くこと

二、從來主として外國産に仰ける工業原料にして幸に內地に於て生産供給の見込あるものは極力之か奬勵發達を計ること

三、從來使用せる輸入工業原料に代用せらるべき原料にして內地に於て生産供給の見込あるものは出來得る限り之が生産使用を奬勵すること

四、未た內地に於て生産せざるも適宜の奬勵保護を加ふるときは漸次內地に於て生産供給の見込ある工業原料は此際出來得る限り手段を講して特に之が實現を促致すること

右に掲記する事項に關し既に相當の調査研究を了せるものあらば當面臨機の應急策として直に之が實行に努むべきは勿論なりと雖も蓋し是等の調査は廣く各方面に亘り且つ學術の應用經濟の調理に至大の關係を有するが故に素より吾人一部の力を以て爲し能ふべきものにあらず故に吾人は更に一歩を進め完全なる調査研究を遂け以て我が工業の基礎を確立せしめんが爲め此際政府に對し

化學工業調査會

の設置を要望せざるを得す而して斯會は廣く官民を通じて化學、動植物、鑛物等に通曉する專門家及び經驗ある實業家を網羅して調査に從事せしめ官民一致能く斯業に力を盡さば必ず偉大の效果あるべきは吾人の信じて疑はざる所なり

以上開陳する所は吾人今日軍國に處して我が經濟利益を促進するの最要方策の一端たるへきを信ず切に望むらくは明斷以て速に之か實行を期せられんことを

右本會議所臨時總會に依り建議仕候也

大正三年九月二十一日

東京商業會議所
會頭　中野武營

內閣總理大臣
農商務大臣　宛
大藏大臣

斷乎として國產愛用を決行せよ

東京商業會議所會頭　中野武營

◎最も眞率なる現下の急務

中野武營氏

歐洲に於て端なくも大戰亂が發生し、日本も同盟國の關係上交戰國の一人となつた以上は、上下一致して軍國の事に盡すべきは勿論であるが、それと共に内に在つて平和の業に從ふ吾々が、最も熱烈に努力しなければならぬヿは、決然萬難を排して我經濟實力の擴充を計るといふヿである。

我國は日清、日露の戰役を經て、國家として地位とか聲望の上からは、世界列強の内に仲間入が出來たが、經濟實力の上から見ると、實に哀れなもので、其財政關係から見ても、貿易關係から見ても、まだまだ一大債務國の境界から脱け出すヿは出來ない。そこへ持つて來て、今回の大亂が起つて、直接に、間接に、外より、内より、色々な經濟上不利益な事情が起つたのであるから、吾々は餘程周到な注意を拂つて、之が豫防策を講じなければならぬ。さもなければ折角戰ひに勝つても其利益を實際に收得するヿが出來ないのみならず、ともすれば戰後に於て、日本の經濟を一層不振不良の狀態に陷らしめるヿがあるかも知れない。故に我國の經濟實力を擴充するといふヿは、最も眞率なる現下の急務である。

◎經濟實力保全の方策

此我國の經濟實力を保全し擴充する方策は、細かに説いたならば色々な方面にあるであらうが、自分は結局、(一)生產者としての國民の奮勵努力と、(二)消費者としての國民の決心敢行の二つにあると思ふ。

生產者としての國民の奮勵努力といふても、農工商百般の業種があつて、之亦一々詳説するに遑はないが、兎に角、今回の如き千歳一遇の大事變に激勵されて、決然我產業界の氣風を一新し、從來の如くに農工商の各業者間には勿論、同業者の間でも、互に相排し相毀つて、唯もう自己のみの利益に汲々として、少しも他の損傷を憚らないやうな不德義、不經濟な陋習を破り、互に聯繫を保ち、相和し相扶けて、共に共に利益を分ち、飽迄も其生産品の優良と進歩と増大を計り、内國人が滿足して需要し得らるるやうに努むるのが、最も主要なる眼目と思ふ。

◎擧つて國産愛用を斷行せよ

次に消費者としての國民の決心敢行に就いていはうならば生産の方から見ると、我國六千萬の同胞は、其全數が悉く生産者といふとは出來ない。然るに消費の方面から見ると、各個人の消費力に大小の差こそあれ、國民全體が一人としての消費者でないといふことは出來ない。故に此消費者としての國民の態度が、宜しきを得なかつたならば、我國家經濟の全局上に、殊に今日の如き有事の時期に於ては、由々敷大關係を齎すことになると思ふ。だから吾人は男女老幼貴賤貧富の別なく、又職業の異同、居住の都鄙を問はず、一齊に愛國の至誠を發揮し、自他相戒め自制自助の精神を鼓舞して、斷乎たる決心の下に、國産愛用の一事を敢行しなければならぬ。

國産愛用とは、應用學術上から出來たもので、迚も其品に依らなければ間に合はない外國産品とか、非常に安く出來上つて、それを使用することが最も利益と認定された特種の外國産品を除くの外は、國民が自覺的自發的に、多少の苦痛は忍んでも、力めて出來得る限り内國産の品を使用するといふことである。

◎生産は増大し品質は改善す

擧國一致して此國産愛用の實を擧げたならば、第一に内地の生産業者は、需要が國内の手近の處で、確實に増えて來るから、從前よりは一層の安心と奮發心を以て、其生産力を増大するやうになる。そして此やうに生産者と消費者との間に意氣が投合すれば、單に生産者の供給力が増大するに止まらず、其間に自ら生産業者が、自家の生産品を重視するの良風が起つて、自然に品質の改善を促進し、眞に實用に適するものたらしむるやうになる。又自家の生産品に對して、聲價を擁護する關係上、比較的廉價で、粗製濫造の競爭を一掃することが出來る。

◎世界の市場に競爭力が強くなる

第二に、日本で出來た品物の需要が確實に増え、之に對して適當な價で、品質の善い物の供給が確實に増大したならば、今迄其等の販路を占領して居た同種類の外國産品は勢力を削がれて、外國製品の輸入高が減少するから、對外貿易上正貨の流出を防ぐことが出來る。すると其結果として、世界貿易市場に於ける我國の産品の競爭力が強大になり、從つて販路は擴張し、輸出高は増進して、從來の痼疾であつた輸入超過の悲境を脱し、正貨流入の好機運を促進するやうになるのである。

◎日本の經濟的信用が高まる

第三には此樣に輸出入貿易が益々順潮になり、就中輸出貿易が愈々發展するやうになれば、自然に對外運輸業が盛況になる。其結果其等に關連して、直接貿易以外の色々の收入が増加して來る。そして對外爲替資金は益々豐充となり、金融利通の途は愈々擴大せらる。此等の色々の好事情が集つて遂には我國の貨幣制度の基礎が固くなり、外國に對しては日本の經濟的信用が堅實になるやうになる。

◎眞に富強の帝國となれる

第四、右の如く國民の經濟實力が增え、內國及び外國の財界に對する國の信用が高まれば、自ら我國の財政整理は容易になり、最も短期間に確實に債務を償還することが出來る。而して我國民は經濟上健全な獨立が得らるるのである。

愈々かうなれば國民の負擔が少くなるから、自然に國家は富融になり、國の經濟は勿論、國民各個の經濟も潤澤して出我帝國は眞に富強の域に到達することが來るのである。

◎在來の惡風習一掃せらる

斯の如く吟味して來ると、國產愛用の一事は實に國家經濟の上に絕大なる効果を齎すのである。ところが尚深く考へると、啻に經濟界に其偉効を示すのみならず、我國民全般の精神上にも偉大なる効果を齎すのである。

即ち國產愛用の良風習が、翕然として天下を風靡するやうになれば、在來動ともすると陷り易かつた外國物を尚び、內地物を卑むの風が一轉して、自信自重の氣力が旺盛になり、奢侈虛榮に走る輕浮の心が消滅して有らゆる內地の事物をして飽く迄も、外國の事物に遜色なからしめんとする、向上心を促進せしむるやうになるのである。

佛兵ブラッセル市郊外の農場でペルギーの僧と語る

◎而して實行は極めて容易

此やうに單に國產愛用といへば、極めて些細のことのやうであるが、其齎すところの効果は實に偉大なるもので、一面我國の產業を保護奬勵すると同時に、他面に於ては民俗の淳正を助成するものである。併も此國產愛用の實を擧げ樣とするには、別に六ケ敷い手達も工夫も要るのでなく、吾人が眞に其効利の有るところを覺つたならば、其瞬間から直ちに實行が出來ることである。吾々は今回の如き世界の大變亂に遭遇し、須臾も安閑として居ることが出來ないので、今度官民合同のもとに、國產奬勵會といふ樣なものを組織しようとして居る。國產奬勵の目的を達するが爲には結局前に述べた國產愛用の美風を普及せしめなければならぬ。吾人は玆に國を愛し、時を憂ふるの餘り一片の誠を諸君の前に披瀝して、全國同感の士に訴へ、此機會を逸せず、國產愛用の氣風を奬勵し、速かに其普及實現するに至らんことを切望して止まないのである。

建議

歐洲に於る戰亂の勃發は獨り交戰國の政治、經濟、社會の各方面に於て全然其の秩序を破壞したるのみならず全世界に對し共通的なる經濟關係に甚大なる影響を及ほし今や其の交戰國たると非交戰國たるとを問はず各國自ら臨機應急の策を講し以て一時の困厄を救濟せむとに專らなり殊に英國の如き彼の豐富なる財力を以てして尙ほ且つ盛に戰時特別の施設を計畫して國家經濟の支持に努む况んや我國の如き諸般の事態未だ遠く英國に及ざざる者に於ては更に大に戰時の事情を考量し臨機應急の策を施すべきは必須缺くべからざるの要務なりとす曩に政府は臨時議會の協贊を經て關稅率に關し特別法を設け一部輸入稅の激增を豫防し又戰時海上保險補償法を發布して航海通商の保持を計りたるは最も機宜を得たるの措置として吾人の大に滿足する所なり然れども是れ固より一時消極的の施設たるに過ぎざるのみならず戰時海上保險補償法に於ては之れが實行に關し船體保險に就き尙ほ多少の疑義を存して完全なる實蹟を擧ぐる能はざるは吾人の深く遺憾とする所なり加之現時我國の經濟界を觀察するに海外爲替の杜絕、工業原料の缺乏、市價の騰貴及び金融澁滯の如き吾人の大に憂慮すべきもの甚だ小なからず然かも是れ皆直接戰亂の影響にして之れが根本的の救濟は一に戰亂の終局を俟つの外なかるべしと雖も斯く如きは吾人の到底堪ゆる所に非ざるなり而て吾人は必ずしも國家商工業の發達を一に政府當局の力に藉らむとするものにあらず然れども現時の狀態の如き世界的事變に關し之れが應急の策を講するは單に商工業者の力を以てのみ之を爲し能はざるや明かなり故に歐米諸國に於ても政府主として其の衝に當り爲替資金の融通を計り生活必需品の官營を企て物價騰貴の制限を定め產業資金の供給を豐かならしむるが如き着々として應急救濟の策を施して遺算なきか如し依て吾人は我國に於ても特に此際政府に於て銳意是等の事項に對し應急策を講し以て現時の困厄を救濟せんことを之れ吾人の切に希望に堪へざる所なり

以上は是れ戰亂直接の影響にして一時的現象に過きす故に政府にして之れか應急策を講ずれば以て其の困厄を救濟するを得べし然れとも戰亂終局後に於て如何なる施設を要すべきか是れ實に重大なる事項にして吾人の最も考慮を費すべき點なりとす殊に今次の戰亂に於て我國商工業の蒙りたる影響を考察し深く其の原因の存する所を研究するに一として其の發達の甚だ幼稚なるに依らざるものなきを見れば吾人は戰後經營に關し一層奮勵努力以て產業の改善發達を期せざる可からざるの最も痛切なるを感す依て玆に其要項を列擧して吾人の所期を明かにせんとす

一、國產を振興し產業の獨立を計ること

歐洲戰亂の結果交戰國よりの輸入杜絕するや我國各般の工業は何れも多大の影響を蒙りたり殊に化學的工業に於ては主として之れが原料を輸入に仰き居たるの結果忽ち之れが缺乏を訴へ又は價格の騰貴に苦み其の甚だしきものに至りては全く事業は中止するの止むなき狀態に陥れり斯の如きは國家產業の獨立無きものにして最も憂ふべき現象なるが故に吾人は速に化學研究所を設けて是等各種原料の製造を研究し官民一致以て國產を振興し產業の獨立を計らんことを希望す

二、商工業者の協同を計り產品の改良、販路の擴張に努むること

現時我國に於る商工業の狀態は尙ほ幼稚にして個々分立以て徒に無用の競爭を爲し互に不利の境遇に陷るもの甚だ少なからず是れ全く協同組織の不完全なるに原因す故に現行各種組合法を改正して協同經營の途を開き以て不正競爭の弊を除かは產品の改良及び販路の擴張を爲す亦決して難事にあらず而て戰亂の結果歐洲よりの輸入は今後一大變化を來し內地品の需要大に增加すべきは吾人の信じて疑はざるが故に此際如上の方法を講ずるは最も必要の事項なりとす

三、產業資金の圓滑を計ること

產業資金の圓滑なる融通は吾人の常に希望する所なりと雖も交戰國に於る各種資金の需要は戰後益膨脹して遂に世界の金融市場に一大波瀾を生ずるの虞なきを保せす是れ吾人に大に注意を要する所なり然かも我國戰後の經營は一に產業の振興を計るの外なきを以て之れが資金の潤澤を計るは實に必須缺くべからざるの要務なり故に官民共に冗費を節し勤儉努力以て資金の圓滑を計らんことを希望す

四、實業教育を改善擴張すること

我國に於る實業教育は近時大に擴張進步の實を示しつゝありと雖も亦往々學理に偏して實際に適せざるものあり而て今後各種產業の振興を策すると共に益す是れが適材を需むるの結果を呈するが故に此際能く實際の事情を調査し之に適合するの教育法を定むると同時に其の範圍を擴張するは實に今日に於る急務なりとす

五、貿易誘導の機關を設くること

今次戰亂の影響は今後如何なる結果を呈すべきや輕々に豫測すべからざるも現に其の貿易に與へたる現象は顯著なるもの甚だ大にして殆んと通商系統を破壞したるの觀なき能はず玆に於てか吾人は此際我國貿易の增進を策するの最も急要なるを認む而して之れが第一方策として海外に於ける我商品の適否を精查し以て販路の擴張に努むるの機關を設置せむことを希望す而して從來之れに類似せるの機關無きにあらざるも單に官設のものは實際に適せず民業のものは一般的ならざるの憾あるが故に官民共に密接なる連絡を有する機關を設置して眞に貿易誘導の實を擧げむことを希望す

六、定期航路の統一擴張を圖ること

海外貿易の振興を計らむと欲せば先づ自國船舶に於て定期航路を開くの必要なるは敢て論を俟たざる所なり而て今や戰亂の影響は歐洲交戰國の船舶に重大なる影響を及ぼし爲めに航路の廢滅或は休止の止むなきに至りたるもの少なからず故に此際我國船舶に於て新に航路を開拓するは最も好時期なりと信ず而て從來の航路にして或は重複するものあらむか之を統一すると同時に將來貿易上密接を有すべき南洋方面に對し航路を擴張するが如きは實に必要缺くべからざるの事項にして吾人は速に之れが實行を希望して止まざる所なりとす

七、輸出品に對し檢查法を設くること

海外輸出の隆盛を期し商品の信用を保持せむと欲せば品質の良好を期せざるべからず然るに往々にして單に價格の低廉を計るが爲めに所謂粗製濫造の弊に陷り遂に信用を失墜して輸出全く杜絕するが如きものあるは吾人の實に痛惜に堪へざる所なり今や貿易擴張の好機に際し大に輸出を增進し以て國家永遠の福利を企圖すべきの時に當り苟くも粗製濫造を看過するが如きことあらば遂に何等の效果をも收むる能はざるが故に此際輸出商品に對し周密なる檢查法を制定し以て商品の改善を計るは吾人の大に希望する所なり而て政府は更に輸出有望品を選擇して之れに適當なる保護獎勵を加へ以て輸出の增進を計るは亦今日の急務なりとす

八、爲替資金を潤澤ならしむること

海外貿易の隆昌を計るの策は前述せる如しと雖も尚ほ然かも爲替資金にして潤澤ならざらんか幾多の苦心も遂に之れを實行する能はざるの結果を呈す即ち近時倫敦に於ける爲替市場の閉塞と共に一般の貿易は全く杜絶して又如何ともする能はざるが如き其の實例なり故に適當なる方法に依り内に在りては産業資金の潤澤を期すると共に外に對しては爲替資金を潤澤ならしむるの計畫を立て以て之れが普及を計るは今後益す其の急要を感するに至るべし吾人は政府當局に於て切に此點に留意せられんことを希望す

九、關税法規を改正すること

關税政策の適否は獨り貿易上に至大の關係を有するのみならず之れが爲めに國家産業の盛衰に影響するもの亦甚だ大なるが故に吾人は曩に通商條約改正の時期に於て詳細なる意見を建議したり然るに今次戰亂の我國産業上に及ぼせる影響を精査するに當り益す其の所見の正當なるを認むるに至れり即ち我國各種工業の原料は尚ほ多く之れを海外に俟つの狀況に在るを以て之れか輸入税を低減し又は全然免除して以て生産費の節減を計り且つ日用必需品殊に食料品の如きものに對し亦大に輸入税の廢止或は輕減を行ひ以て生活費の増加を防止するに努むるは共に今日に於て最も必要なる事項なりとす故に吾人は此際政府に於て深く各般の事情を精査し關税改正を決行して我國産業の便宜に資せむことを希望す

十、行政財政の整理を續行すること

軍國の急に應ずる爲め從來唱道し來れる營業税の如き産業上弊害多き租税の改廢に關する吾人主張の實行は暫く之を他日に讓ると雖も政府は此際極力行政財政の整理を續行して經費の節約を行ひ殖産上有益必要なる方面に轉用し以て過去の積弊を除去し將來の發展に資するの頗る急務なるを認む

以上は吾人か時局に對する希望の要項にして官民一致以て之れに當らむことを切望する所なり然りと雖も今次歐洲の戰亂は空前の事變にして之れが爲めに消耗せる貨財の莫大なる實に驚くべきものあるべきのみならず産業の廢頽、國債の増加、國富の減退等幾多の事情相錯綜して戰後經濟界を困憊せしむるもの亦將に吾人の豫想以上なるべし而して平和の恢復と共に經濟界に於ける劇烈なる列國の競爭は果して如何の狀を呈すべきか吾人の此間に處する亦大なる覺悟なくむはあらざるなり願くは擧國一致勤儉業を勵み内に於ては産業の發達を圖り外に對しては貿易の増進を促し以て我國運の伸張を期するに努めむことを茲に所見を披瀝して謹て政府當局の明鑑を仰ぐ

右商業會議所聯合會の決議に依り建議候也

大正三年十月二十四日

第二十一回商業會議所聯合會

會長 中野武營

當局大臣宛

大戰後の經濟狀態如何

東京商業會議所會頭　中野武營

大戰の我國經濟界に與へたる痛撃は到底筆舌の能くする所でない、勿論歐洲大陸交戰國の夫れに較する時は其の程度に於て多少の差異あるは言を俟たざる所なるも、方今の共通的國際經濟關係は一瀉千里の勢もて世界の隅々までも波動を與へる、例へば最初經濟的に漁夫の利を占むべしと豫想されたる米國は如何、其の投下されたる米國の資本は容赦なく歐洲に回收され、平和時期に於ける貿易關係は逆潮を示し、國富の宗たる棉花問題に付ても甚だ手古摺つて居る、此の影響は延いて我國の生絲貿易に深甚なる打撃を蒙らしむると云ふ調子にて、池中に投ぜられたる石が一波萬波を起して池の全面を波立たせ渦卷かしむると同樣である。

戰時の經濟界は斯の理由により沈滯の極に達して居るが、歐洲戰局の戢まると共に景氣は恢復するだらうか怎うかと云ふ問題は、苟くも生きて居る人間は其の朝野を問はず上下を論ぜず、齊しく憂慮して居る問題である、死したる如き現時の不景氣は何時回春の曙光を認め得るであらうと云ふ悲痛の聲は單に貧民窟のみの聲にあらずして一般的色彩を帶びたる哀調である、青島陷落せば財界は多少とも復活するならんとの豫想は全く空頼みであつた、これと同樣に戰爭終局を告げなば、景氣は立て直るだらうとは誰しも一樣に冀ふて居る願望に相違ない。

世人の希望する如き順潮なる財界を戰後に於て見出し得るまで、現在悲境の極點に在る經濟界が不安ながらも何うにか怎うかに保持されて行くであらうか否かと云ふ事は殆ど保障能きぬ、或は其の道程に於て恐慌的强襲を受け、豫期せざる大激變を蒙り一大頓挫を惹起するかも知れぬ、此の點は吾輩の大に憂慮して居る所である。

元來社會經濟の狀態は、人類の健康狀態に髣髴類似して居るものである、普通人間の健康狀態を見るに、病症として頭寒足熱あり又反對に足寒頭熱がある、頭部冷却して足部の方に熱あるを覺ゆる前者は、足部冷却して頭部熱する後者の場合に比すると同じく不健康狀態たるは免れざるも其の病症は輕い方である。

之を夫の米國に譬うるならば、米國も日本と同じく不景氣たるは免れざるも、其の經濟狀態は頭寒足熱の方である、然るに我國の狀態は全く頭熱足寒で病症險惡なるものがある。これ元より種々なる原因に依るものであるも、我國中央集權制と租稅關係との交渉に鑑みるも、地方の資金は中央政府に吸收され、民間の財力枯渇して其の經濟界は益々不振となり、其の購買力は非常なる勢もて減退する、而して此の情勢は軈て中央の財界に惡影響を及ぼし、不景氣の魔風は都鄙を通じて吹き荒んで居る、殊に米價の暴落と云ひ、生絲輸出貿易の杜絶と云ひ、不印の一方調子は銀行貸出の警戒となり、金融上に痛撃を與へ、今や日本の財界は全くドン底に沈んで居る近時の巷說によるに、事卑近の一例に過ぎざるも、東京市に於ける入浴者の數は非常に激減したと云ふ事である、一斑は以て全豹を窺ふ可きである。

入浴者數の激減は軈て下層社會の仕事なきを立證するものにして、財界の不況の爲め民間の事業は中止か然らずんば繰延を爲したる結果に外ならぬ。

　叙上の如き財界の不況なるに當り、財政上政府の爲す所を見るに、兌換劵を縮少し、公債の未償金は其の儘として償還せず、大正四年度に於ては更に八十萬圓の大藏省證劵を發行すると云ふ事である、從つて事業は益々不振に陷るのみで當分の間恢復の新光明に接する事は能きぬものと見ねばならぬ財界が此の儘に推移するならば、戰爭終局まで吾國の財界は到底其の平安無事を保持する事は不可能であると見ねばならぬ、從つて不景氣は益々向上し、或は恐慌の襲來を見る事なきかを憂うるのである。（東京支局記者筆記）

商權擴張の絶好機を捉へよ

東京商業會議所會頭　中野武營

今日は實に帝國商權の擴張を圖るに、最も適當なる絶好機なり。夫れ人には天性濶達にして勇猛心に富み事を處するに輕快且敏捷にして多少の危險あるも進んで之を冒し常に機先を制せんとする進取的氣象を有するものと、之に反し事に臨みて因循姑息、遲疑逡巡假令人後に落つるも唯安全をのみ期せんとする保守的引込思案に耽るものとあり。而して此相違たるや、獨り個人性に於て見受くるのみならず。各國國民性に於ても又た國内の地方別に於ても見受くる所の顯著なる現象なり、譬へば米國、獨逸、白耳義等の諸國民は概して性濶達にして事を處するや輕快且敏捷、併せて冒險的進取的氣象に富み、世界貿易市場到る所、優勝の地歩を占め、其國に於ける富の增進を助け、兼ねて又た自己の富力を誇示しつゝあり。之れに反して土耳古、西班牙、葡萄牙等の諸國民は昔時は此の進取的氣象を有せしも今は之を喪失し現時の如き退嬰的國民となり、世界的競爭場裡に於て全く落伍者たらんとしつゝあり、又た之を國内の地方別によりて見るに關西人と關東人とは著しき差違あり。關西人は關東人に比し頗る活動的にして概して進取の氣象に富み、苟も機會の乘ずべきあらば事の成否を顧みず機會を逸せざらんことにこれ努むるも、如し。而して關西人の特色は茲に存すると共に缺點も亦茲に存するなり、我邦貿易の大部分は關西人に據りて營まれ其他の諸商品にありても新商品の輸出入或は新販路の開拓等は多く關西人の手により開始されたるもの多し。然れども彼等は眼前の小利に迷ひ、利を永遠に期するの明に乏しき嫌ありて、幾何もなく粗惡の商品を輸出し需要者の迷惑を顧みざるに至るは世界貿易市場に於て『粗製濫造』なる言葉が本邦商品の代名詞視せらるゝに至りしに見るも明かなり。之に反して關東人は萬事に保守的傾向を有し、兎角後廻り主義に偏し、動もずれば石橋を叩て渡らんとするが如き無益の要意に時機を失するの恐れあり、彼等は幾分健實的思慮あるも敏捷ならず、四圍の狀勢に促され止むを得ずして漸く立たんとするの傾きあるを免れず。此の如くして後者は前者に比し健實重厚の利あるも進取、冒險の氣象に於て缺くる所あるが爲め往々機先の利を失ふの恨みあるを免かれず。是れ帝國の商權を擴張せんとする上に於て、最も注意すべき要點にして關東關西兩氣質の調和を圖り、併せて、歐米諸國に於ける氣質氣象による商權隆替の事跡を洞察し以て帝國の優勝者たるの位置を占むるに力めざるべからざる次第也。

熟々思ふに我邦人口の增加は頗る急速度にして之に伴ふ不景氣生活難の嘆聲は都鄙に充滿せり。然らば帝國をして此苦境より脱せしむるの途や如何、曰く之れ今後我が國民が心を貿易及び其他あらゆる海外發展の事業に注ぎ以て富を獲得するに依りて決せらるゝ問題なり。現時は實に此貿易の振興を畫するの絶好機會にして此好機を一度び逸すれば、再び輸入超過の憂目に遇ひ、國民は何時迄も此問題解決の時來らざるべし、即ち貿易關係は日一日と好調に向ひ、又各地に於て歐洲品の姿を沒せる今日なれば國民の緊褌一番して奮起するの曉に在りと謂ふべし而して之れが目的を達するには敢て難事にあらず西隣支那に於ては其四億の民衆は我が商品を迎えて止まず、南洋方面に於ても全般に渡りて歐洲品の杜絶により我が商品の需要益々增加し來れるあり、又從來貿易餘りに旺盛ならざりし、露西亞方面に於ても　軍需品の注文を機會に大いに發展の餘地あるを示せり、又印度濠洲方面に於ても我が商品の需要は益々增加の傾向を示し國民の努方如何によりては、是れ等の地方に向つて商權を掌握し我が輸出貿易の振興を見るは之れ容易の業と謂ふべし。

如斯貿易の前途は實に國民の努力如何に懸れる次第なれば國民たるもの、徒らに國内に齷齪として生活難や不景氣を喞つべき時にあらず大いに海外發展を試むべき千秋一遇の絶好機也。元來我が國民は三百年來の鎖國時代の思想未だ去らず關西人少しく海外飛翔の氣概あるも一般より云へば尙ほ多くは引込み思案のもの多く之を歐米人に比して海外雄飛を畫するもの尠きは吾人實に慨嘆に堪えざる所なり。殊に近來怪訝に堪えざるは生活難の聲と共に吾人の耳に向つて青年諸氏の就職難の聲の入り來る事なり、是れ彼等青年が引込み思案にのみくれ、思ひを遠く海外に廻らさゞるに基因する次第にして、職を海外に求むるの考へあれば就職難の如きは到底之を喚ばるべきものにあらず。天與の富源は大海の彼岸に横りて日本青年の來つて開拓攫取せんことを待ちつゝあるにあらずや、素より海外に發展を試むるには相當の資本と相當の學識とを要するは勿論なるも、特に海外事情に精通するの必要もあれば學校出の青年諸氏は豫め充分なる調査を遂げ、以て、大いに此方面に向ひ貿易なり、開拓なりに從事し誤りなき成功を得るに努めざるべからず。

斯の如くして成功し、以て國家の爲めに稗益するあらば男兒の本懷之に過ぎざるべし。我が國の識者が徒らに數學的經濟の問題のみを云々し、人物經濟の問題を等閑に付せるの觀あるは誠に苦々しき事の次第にして、經濟は金錢上の問題のみに限らざれば、人物の經濟關係にも留意して今や國内に人物過剩して就職難と生活難に悶えつゝある青年を促し宜しく海外に向ふの進取的氣象を養成せしめ、以て大飛躍を試むるの覺悟を懷かしめざるべからずと信ずる也。

警戒すべき我事業界の現狀

「日本一」顧問
東京商業會議所會頭　中野武營

□戰爭と日本の船舶業

日本の大正四年度に於ける財界一般の狀況を觀察するに、洵に賀すべきの至りであつた。それは過去數年間萎靡沈滯を來してゐた各種の事業が、一朝歐洲時局の突發すると共に、世は平治時代から忽ち一轉して戰亂時代に移り變るに至り、漸く色めき來つたのは云ふまでもないことだが、日本も亦聯合軍の一に加はり、曩きには東洋に於ける獨逸艦隊驅逐の任に當り、それと同時に海外貿易のことも、從來歐洲の先進國がその先鞭をつけてゐた各地を、瞬く間に日本の手に收むるに及び、彼れに代ふるに我が國の製作品を以てするに至り、この方面の事業は益々順調に赴き、遂には歐洲よりの輸入を杜絕するまでの勢となり、爲めに年來人々の非常に憂ひとしてゐた輸入超過が一變して、今度は逆に輸出超過の好況を呈して來たが、一方には又この戰爭のため、今まで東洋方面に盛んに活動しつゝあつた列國商船の缺乏を來し、勢ひ何うしても日本の船舶がその代理を勤めなければならぬやうになり、從つて我が國の船舶業は頓に活氣を呈し來り、これより得る金は實に莫大なものになつたばかりでなく、他の一方には又露國よりの軍需品注文を受くるあり、此等の事業の膨脹に伴ひ、我が國の財界は未曾有の好景氣を來し從來頻りに正貨亂出を憂ひたものが、今度はそれと全く反對に正貨輸入の有樣となり、東洋殊に日本の財界が頗る順調の時に當り、昨秋曠古の大典を擧げさせられ、全國津々浦々に至るまでも遍ねくこれが奉祝のため投じた國費、町村費等は決して少なからざるものではあるが、その爲め下級社會は圖らざる潤ひを蒙り、勞働者も一般に稼ぎ道がつき、從つて融通も極めて好くなり、昨年の暮れは殆んど日本が萬歲と歡喜の聲とに滿たされたのであつた。唯一方に米價の下落した爲め、一時其等同業者の苦しみも無かつたではないが、それとても僅か束の間のことで、一方經濟界の順調の赴くに從ひ、遂にはこれをも能く凌ぎ得て、年末には十五圓臺までに恢復したのであつた。

□前古未曾有の大變動

斯くて吾人は萬歲聲裡に芽出度四年を送ることが出來たが、扨てこの五年に至つて、これを盟に偶然の出來事として迂闊に過してゐてはならない。蓋し斯かる景況を來したことは、全く他動的であることを先づ深く腦裏に刻みつけて懸らなければならない。即ち歐洲に於ける戰亂がその本をなし、それより動き來つた影響を我が國が受けた結果で、決して日本が自力自動でこの狀態を造り出したものではないのである。これ固より他動的に出でたことに他ならずとしたならば、戰後は果して何うなるであらうか又その時になつて再び我が國が東洋方面に向つて貿易に力を用ひるやうになつた曉には何うか、無論戰後には世界の大變動を見ることは云ふまでもないことだが、その爲め日本の蒙る影響も亦著るしいものであるに相違ない。ところが、日本が今日の儘で進んで行つたならば、その大事の場合に至つても猶ほ且つ他動的であることを免れないとも限らない。それでは何時まで經つても日本が、世界の日本として雄飛するの機會を得ることは不可能である。國家百年の大計を立つるには、先づこの際他動的の位置を變じて奮然自動的のものとなすの覺悟で、今から之れが實現に向つて努力しなければならないのである平時より戰時に移る時も少なからざる困難が伴へば、又戰時より平時に移る場合に於ける財界も甚だ困難なるものであることは、既に明らかに歷史の證するところであるが、今回の戰亂に就いては前古未曾有の變動が起るに相違ない。この事は能く各人が豫め今から覺悟して懸らなければならないので、只一時を凌いで居るから好いわで滿足してはならない。何事に依らず豫めその見通しをつけると云ふことは至難ではあるが、目下殊に注意すべきは貿易に關したことである。戰亂の影響を受けて歐洲の商品が今東洋に於て缺乏してるのであるから、日本の商品を賣り込むのは全くこの時を措いて復た他に無いのである。

□他動的より自動的へ

それとても皆初めは他動的に起つたことには相違ないが、これを變じて全く自動的に出でたこと同一たらしむるには、今が最も肝要な時である。品が缺乏してるから好いわで、何でも關はず粗製を恣にしたり、不正の利を貪つたりしたならば、縦令一時はそれで好いにしても、戰後に至り、交戰國が創痍漸く癒え、再び歐洲品が盛んに市場へ送り出さるゝ場合に到れば、忽ちにして是等の粗製品が排斥せらるゝことは當然である。されば凡そ製造人たるものは能く此の點に注意し、只今日一時の利の爲にせずその値段から云つても亦その品質から見ても、他日歐洲品と競爭してその得意を落さぬものでなくてはならない。一歩は一歩、二歩は二歩と、今日進んで得た地盤を決して退かぬやう心懸くべきこそ肝要である。獨り貿易のことのみに限らず、その他如何なる事業にせよ、戰爭終結後歐洲の市場に於て今日よりも一層優勝の位置を保ち得るやう奮努力すべきこそ現下の急務である。徒らに他動的に起つたこの一時の好景氣に滿足して、これを自動的に轉化するの策を講じなかつたならば、何時まで經つても我が國產の海外販路を、思ふ存分擴張することは覺束ないのである。凡そ何事を爲すにしても巧みにその機會を捉へることが肝要である。潮時知らずに船出をする漁夫がないのを以て見ても分る通り、如何なる場合に在つても能くその前後の事情を究めて懸らなければならないことは云ふまでもない。然うかと云つて今日漸く順調に向ひ來つた日本の事業界に在つて、能くその効果を收めんとならば、勝つて兜の緖を締めよの諺もある如く、徒らにその調子に乘つて事を爲すが如き、所謂輕擧妄動はその最も愼しむべき所のものである。總ての失敗はその順調に向つた時に、之れに對する警戒の宜しきを得ること否とにあることを覺悟し、徒らに一時の熱狂的態度に陷らぬやう心懸くべきである。

▲時局に關する建議

建　議

歐洲の戰亂勃發して玆に一年有半戰局日を逐つて擴大し歐洲に於ける社會各方面の秩序は全く破壞せられて剩す所なく唯僅に戰時經營の一事に汲々たるの狀況を呈せり而して其の影響は全世界に波及し我國の如き經濟上に於て殊に甚大なる刺激を受けたり故に全國商業會議所は曩に大正三年十月を以て聯合會を開き戰時經營に關する施設として政府の爲すへき臨機應急の策を建議し且つ戰局の推移に伴ひ官民一致努力經營すへき事項として國產を振興して產業の獨立を計ること、商工業者の協同を計り產品の改良、販路の擴張に努むること產業資金の圓滑を圖ること、實業敎育を改善擴張すること、貿易誘導の機關を設くること、定期航路の統一擴張を圖ること、輸出品に對し檢查法を設くること、爲替資金を潤澤ならしむること、關稅法規を改正すること、行政財政の整理を續行すること、の十項を擧け、其の理由を詳說して政府當局の明鑑を仰きたり爾來政府に於ても或は當業者を指導して共に海外市場の販路を視察し或は特種工業保護法を設けて產業の獨立を企圖せられんとするか如き漸次之が遂行に努力せられつゝあるは大に多とする所なりと雖も歐洲の戰局は容易に終局を告くるに至らすして我國の蒙むる影響は彌々重大を加へんとす故に吾人は政府當局と共に更に一層の注意を以て將來に對する方針を確定するの最も必要なるを認むるものなり思ふに現時の戰亂に伴ふ世界產業上の變態は古來未曾有の現象にして輸出貿易に優越の地位を占めたる歐洲列國は一轉して輸入國と爲り軍需品に普通品に之を他國に需むるの止むなきに至りたるのみならす、歐洲列國より輸入を仰きたる南洋、南米の諸邦は轉して之を東洋及北米に仰くに至りたり、是れ昨年に於ける我貿易の順調を呈したる原因にして卽ち戰時に於ける一變態たるに過ぎす故に是を以て直に我財界の前途を樂觀するが如きは吾人の決して執らさる所なり何となれば若し現時我邦の商工業にして歐米諸國の列にあらんか輸出貿易は更に一層の盛況を呈し世界の市場に雄飛するものありたるや疑なければなり卽ち吾人は昨年に於ける我輸出貿易の實況に鑑み獨り之を樂觀せざるのみならす却て我邦商工業の規模更に歐米諸國に及ばざるの遠きを知悉し以て今後之れが改善發達を企圖するの急務なるを認めたり況んや歐洲戰局の前途は漠として之を知る能はず經濟界の波瀾益々重疊し戰後の經營彌困難を加ふるに於て吾人は深く內外の事情を考究し以て我國經濟の基礎を確立するに努めざるべからず依て玆に其の希望の要項を擧げて所思を明にせんとす

一、工業の基礎を確立すること

歐洲戰亂の結果世界の需用は北米及極東の一部に集注し之が爲めに我國に於ける對外的工業は概して殷盛の狀を呈すと雖も竊に其の實勢を精查すれば輸入原料の不足及び之に伴ふ價格の騰貴は更に大に發展すへき工業の進運を阻礙するの觀なき能はす、是れ蓋し從來の工業的施設往々不備にして工業の基礎たる原料品は多く之を海外市場に仰きたるに因る故に一度其の輸入杜絕するや卽ち現時の如き狀勢を呈す是れ吾人の大に遺憾とする所なり依て吾人は此際國家工業の獨立を企圖するの目的を以て先づ理化學硏究所を速設して廣く工業發展の要素を作ると同時に一面に於て極力製鐵事業の振興を助成し機械工業

の發達を促進するは今日に於ける最大急務なりとす而して如上の事業にして完整せんか從來我國に於て最も幼稚なりし各種の工業は蔚然として勃興し以て始めて歐米諸國と相伍するに至らんとす然れども此等各般の事業たる必らずしも之を民業にのみ放任する能はざるものあるべきか故に政府當局に於ては亦深く此に留意し官民一致提撕誘掖して以て之れが完成を期せんこと切望に堪へざるなり

二、對外商業の基礎を確立すること

昨年來我國の對外貿易は空前の盛況を呈したりと雖も詳に其の內容を查察すれば一に之れ歐洲戰亂の結果供給不足の止むを得ざるに出てたるものにして決して永遠に此趨勢を持續すべきものにあらず然れども一度び此の好機に際會し永く此の大勢を保持せんとするは亦吾人の最も努むべき要務なりとす而して之れが方法に就ては曩に屢政府當局に建議したりと雖も更に重ねて其の緊急止むなきものを言はんが船腹の不足を補充し航路の新設擴張を期するは其の一にして爲替銀行の規摸を擴張して對外金融の圓滑を計るは其の二なり而して內に於ては輸出品檢查の施設を擴張して弘く粗製濫造の弊を矯め外に對しては東洋南洋方面に於ける通商條約を改訂して相互貿易の發達に利するが如き亦大に必要なる時務なりとす之を要するに內地工業の發展を促進すると共に對外商業の擴張を期するは國家經濟政策上最大要務にして而して今日は實に之を遂行する最好時期たるを信じて疑はざるなり

以上は是れ吾人が時局に對する希望の要件にして官民共に之れが遂行に努力せんことを切望して止まざる所なり而して吾人は更に戰局の推移に伴ひ戰後に於ける世界の大勢を推測し深く大に戒心を要するものあるを覺悟せざる可からず思ふに歐洲に於ける各交戰國は戰亂平定後先づ意を財界の恢復に注ぎ正貨の爭奪産業の恢復、國債の償却國富の促進、等に對しては全力を傾倒して止まる所を知らざるべし而して此際に當り我國も亦世界の市場に於て之と共に相馳騁せざるべからざるは是れ自然の趨勢にして吾人が今日に於て商工業の基礎を確立せんとするもの實に此戰後に處するの準備たるに外ならざるなり而して以上要望の諸點に關しては別に口頭を以て詳細具申せんとす願くは政府當局に於て吾人の意の在る所を察し擧國一致國家商工政策の確立を期せんことを玆に所見を開陳して謹みて明鑑を仰ぐ

右商業會議所聯合會の決議に依り建儀候也

大正五年一月二十七日

第二十二回商業會議所聯合會

會長　中野武營

內閣總理大臣伯爵　大隈重信殿

大藏大臣　武富時敏殿

農商務大臣　河野廣中殿

遞信大臣　箕浦勝人殿

外務大臣男爵　石井菊次郎殿

鐵道院總裁　添田壽一殿

各通

中野武營氏

新しき富豪振りが見たい

東京商業會議所會頭　中野武營

富豪に對

富豪は何人に感謝するか

▲時代は更に奮闘の新時代に入った。今後國家を擧げて世界的大競爭の渦中に投ずるに就ては、國民は互に自ら利するを以て足れりとせず、一致協戮互に相輔けて國家の進運に貢献するの覺悟をしなければならぬ。殊に社會の上流に位する富豪に、此覺悟を期待したい。

▲佛敎に三恩と言ふのがある。天地の恩、父母の恩及び一切衆生の恩である。天地の恩、父母の恩は、人之を知り且つ之を尊重するが、一切衆生の恩に就ては、之を考へぬ人が甚だ多い。

▲凡そ如何なる人でも、社會の恩を直接間接に受けて居らぬ者はない。如何なる英雄豪傑も、社會と云ふものを相手にせなければ、何事も成し得ないのである。佛敎に謂ふ所の一切衆生の恩とは社會の人の恩を言ふのである。衣食住に關する日常百般の事、之を製作する者があればこそ、人は安穩に此の世の中に生息し得るのである。若し不幸にしてさう云ふ人々がなく、各自皆農作して食らひ、織りて着、工作して住せなければならぬやうになつたら、如何に不自由を感ずるであらうか測り知れぬのである。然るに一般の消費者は生產者の勤勞に對して一定の定價を拂へば、其れで萬事帳消しとなつたやうな氣になつて、其以上生產者の多大なる勤勞に對して深き感謝の念を拂はないのは甚だ心得違ひと言はねばならぬ。

致富と社會の恩

▲世の富者の中には社會の恩を記し之に對して謝恩の意を表する人も少なくない。然し中には動もすれば自分の働きのみを重視して、世の中の恩を思はない人のあるのを遺憾とする。其れ等の富者は己れの力のみを尊重し、其今日の富を積み金を儲け得たるは全く自分の働きにのみ是れ因れりとして、絕えて社會の事を顧みないやうであるが、是は誤解である。

▲富者の富を致すに就ては其才幹技倆に因ることは言ふまでもない。然し決してそればかりではあるまい。如何に才識卓越せる人であつても、自分の力のみでは偉大なる成功を見ることは六ケ敷いので、社會の人が其相手となり、社會の人が

中野氏自動車にて邸宅を出でんとす

する註文

▲新しい富豪振とは何ぞや

助けたればこそ、巨富を積むことが出來たのである。

▲何でも人は本を知る事が肝心である。富者は常に社會の恩を忘れず、其得たる所を割て社會の爲に盡瘁せば、其既に得たるものは之を失はずして益々其富を增加することが出來るのである。

富豪の尊敬さるゝ所以

▲然らば富者は如何にして社會の恩に酬ゆべき乎と云ふに、余の觀る所を以てせば、報謝の心を以て其富を利用し社會公共の爲めに盡くす事が適當であると思ふ。米國の富豪カーネギー翁は社會の恩を思ひ、報謝の心を以て各種の公共事業に其巨大なる財產を寄附しつゝある事は、皆人の知る所であるが、富豪にして自ら本分を知る者は皆大同小異の考を有つて居る。此覺悟があつて富豪は益々社會から尊敬されるのである。

▲而して此事たる唯に富者の社會に對し當然爲すべき義務であるのみならず、斯くした方が富者の苦心して貯へた財產を永く永く子孫に傳ふる最も安心なる道であるので實は富者其人の爲めであると信ずる。

富貴の上に光るもの

▲室鳩巢の駿臺雜話の中に面白い話が載つて居る。弟子が或る日、師の鳩巢に向つて問ふて曰ふには、先生は日頃我々に向つて天の命があつて、正を正とし、邪を邪とすると敎へて居らるゝが、然るに孔子の弟子の顏淵は德高く亞聖と稱する程の聖人でありながら、陋巷に吟呻して其壽命も僅に三十年に過ぎず、不幸短命にして死した。之れに反して盜跖と云ふ大賊は、酒池肉林、一生を奢侈贅澤の間に送り、且つ其壽命も七十年に餘つた。先生果して天と云ふものがあるでせうかと、問ふた。

▲すると鳩巢之れに答へて、天と云ふものはある。試みに國王に向つて、陛下は顏淵の如き方であると言つて見るが宜い。國王は否とよ、朕は當らぬと言つて謙遜さるゝに相違ない。更に顧つて、車夫馬丁に向つて、お前は盜跖の如き人だと言つて見るが宜い。必ずや怫然色をなして怒るに相違ない。顏淵盜跖の時代を距る二千餘年の今日に至るも、尙ほ且つ賞罰は嚴乎として明かではないか。不幸短命なりし顏淵は二千歲の下、世人之を貴び、奢侈長命なりし盜跖は賤められて居るではないか。人は現世の成敗のみを以て是非を論ずるは誤りである。之れで天と云ふものがあつて、正を正とし、邪を邪として居ることが分るであらうと言つたので、弟子は疑團始めて氷解したと云ふ。

▲余は此趣味ある物語を富者に勸めたい。世の富者たる者社會の恩を忘れずして、社會公共の爲に盡瘁し、以て子孫萬代の基を啓かれんことを切望して止まぬのである。是れが余の所謂新らしい富豪振りてある。

二　忍び寄る保護主義の警戒

大戦が長期化し欧州各国が疲弊する中で、大正五年三月にイギリス政府は、日本からの三十数品目の輸入禁止令を発出した。さらに、十月には、当時の日本の主力輸出品であったメリヤスについても日本からの輸入を一方的に禁止した。そして、ロシアも同時期に、ウラジオストック経由での個人の積荷の輸入や奢侈品の輸入を禁止し、事実上日本からの輸入を制限した。

こうした中、イギリスとフランスが主唱し、講和後もドイツなど敵国への経済制裁や差別的輸入制限措置の継続、復興のための保護措置を導入することなどを検討するために、大正五年六月に、日本、ロシア、イタリア、ベルギー、セルビア、ポルトガルの八ヶ国の政府代表者による連合国経済同盟会議がパリに召集され、日本からは阪谷芳郎が代表として参加した。

この動きを踏まえ中野は、大戦後、自国経済の復興を理由に、欧州各国が利己的に保護主義化やブロック経済化に進むことを予感した。このため日本は孤立しないように連合国との外交的関係を強化するとともに、欧州復興により予想される厳しい経済競争の下で、原材料の自給を図るなど工業の独立を図り、欧米諸国と伍して世界市場に発展するだけの国際競争力をつけていくことが至上課題であると考えるようになっていった(1)。

このような考えから、大正五年四月に全国商業会議所連合会は、「連合国経済会議に関する意見」を発表した(2)。**7－12「連合国経済会議特派委員長一行を送る」**（大正五年四月二十八日）は、その要点を伝えている。政府も大隈総理直属の経済調査会を設置し、検討を行なった(3)。

7－13「不謹慎なる言論と日英親善益進論」（大正五年四月）は、日英同盟に対して批判的な論調が一方的に高まっていることに対して、日英攻守同盟は平和克服の後には、痛切な必要を感じて来ることは明らかであるから同盟無効説を慎むべきであるとした上で、対外問題は国家問題であり国内の政争の具にすべきではないと論じている。

7－14「日露新協約」（同年七月二十五日）は、大正五年七月に締結された日露協約について、連合国の一角であるロシアとの関係強化の観点から評価する一方、ロシア側の禁止的高関税の是正を求めている。**7‐15「中野会頭挨拶（全国商業会議所連合会）」**（同年八月十一日）＊は、日露協約の意義と経済同盟会議についての考え方を述べている。(4) **7‐16「連合国経済同盟決議に就て」**（同年十一月十一日）＊は、政府が経済同盟会議の決議の同意を躊躇していることに対して、外交的な観点から、同盟すべきなら早くその意思を表明すべきと主張している。(5)

イギリス政府によるメリヤスの輸入制限について、商業会議所連合会は、大正五年八月に「連合与国ノ輸出入並ビニ制限ニ関スル建議書」を決議し、十一月の連合会の決議を受けて中野は、ロンドン商業会議所あてに抗議書を送付した。(6) そして、政府間交渉の結果、十一月に英国政府は禁輸を解除した。

7‐17「商務官設置に関する建議書」（同年十一月）は、官民一体となって輸出支援を行なうため、通商と現地に通じた商務官を設置することを提言している。(7) 併せて、商業会議所連合会は「重要輸出品検査法制度設置ニ関スル建議」を行なった。そして、政府は重要物産同業組合法を改正し、メリヤスを対象品目に追加するなど輸出検査制度を強化した。(8)

7‐18「対敵取引禁止法規に就て」（大正六年五月七日）＊は、経済同盟会議の決議を実施するため大正六年四月に制定した対敵取引禁止法についての見解である。

大正五年十月に大隈内閣が退陣し寺内正毅内閣が成立した。**7‐19「余が新内閣に向て痛切に希望する一大事」**（大正五年十月十五日）は、新内閣への希望を表明している。**7‐20「商業会議所連合会午餐会応酬」**（同年十一月二十八日）＊は、寺内内閣の閣僚を全国商業会議所連合会の際に招待したときの演説で、商業会議所と政府の関係を論じ、商業会議所の活動は党派中立的であると念を押している。

7‐21「数個の貿易問題我が実業家猛省の一年」（大正六年一月一日）は、英露の輸入制限について、我が国実業家としても相手国の立場を踏まえ慎重な対応を求めるともに、粗製濫造の輸出により非難されないように反省を求めている。(9)

7‐22「中野武営（講和成立期と我財界の影響）」（同年一月十一日）は、大正六年頭における論考である。講和の見通しは立たないが、大正五年末にドイツの講和提起の報道により株価が暴落したことを踏まえ、たとえ講和風が吹いても平素から相当の準備をして狼狽しないように心掛けておくべきと注意している。

　中野は、大正六年二月に東京商業会議所会頭を退くことを表明した。大隈内閣も退陣し、既に大正五年の第三十七回議会において、河野廣中農商務大臣の下で商業会議所法が改正され、同年四月から懸案の経費徴収権も復活していた。

　しかし、その後任人事が問題となった。中野と渋沢は、添田寿一と阪谷芳郎を推薦したが、阪谷が辞退したため、添田を候補者として決定した。これに対して寺内正毅内閣の仲小路農商務大臣は、添田が報知新聞社社長を兼任していることを理由に反対した。

　東京商業会議所は、六月に全議員協議会を開催し、添田を会頭、藤山と杉原を副会頭とすることに決定したが、仲小路は東京商業会議所が認可申請を行なってもこれを不認可とすると告げた。最終的に七月の東京商業会議所臨時総会で、藤山雷太を会頭として選挙することを決し、大正四年二月から副会頭に就任していた藤山雷太が会頭に選出された(10)。

注

(1)　本節の内容については、拙著『中野武営と商業会議所』の「第十二章（三）連合国経済同盟会議、（四）東京商業会議所会頭辞任」を参照。
(2)　「第二十二回商業会議所連合会記事」『東京商業会議所月報』第九巻第二号。『大正五年一月同年四月東京ニ於テ開催　第二十二回商業会議所連合会・同継続会　議事速記録』。
(3)　大正五年四月二十四日に大隈総理が経済調査会を設置し、中野も委員に就任した。原田三喜雄編『第一次大戦期通商・産業政策資料集　第一巻』（柏書房、一九八九年）を参照。
(4)　大正七年八月に中野は、西日比利亜経済援助委員会委員に任じられている。「委員動静其他ニ関スル件」『西比利亜経済援助関係雑件』外務省外交史料館、財政及経済政策。
(5)　大正五年八月の臨時商業会議所連合会では「連合国経済会議ノ決議ニ関シ連合与国商業会議所ニ対スル本連合会ノ通告」をまとめ、連合国の商業会議所に対して通告することを決定した（『東京商業会議所月報』第九巻第八号、大正五年八月二十五日。『大正五年八月　東京ニ於テ開会　臨時商業会議所連合会議事速記録』）。「連

合国巴里経済会議一件　第三巻」外務省外交史料館外交史料館、外務省記録。「連合国経済会議ノ決議承認ニ関スル件」大正五年十二月二十三日決議、枢密院決議・一、枢密院関係文書、国立公文書館蔵。

(6)「第二十二回商業会議所連合会記事」『東京商業会議所月報』第九巻第十二号、大正五年十二月二十五日。「連合与国ノ輸出入並ビニ制限ニ関スル建議書」及び「本邦産莫大小製品ニ対スル英国政府ノ輸入禁止解除要望ノ件」『大正五年十一月東京ニテ開会　第二十三回全国商業会議所連合会報告（同）議事速記録』。

(7)「商務官設置方ニ関シ中野武営ヨリ建議ノ件」外務省外交史料館、外務省官制及内規関係雑件（制度改正ニ関スル参考書報）／商務官官制関係　附各国制度。

(8)「重要輸出品検査制度設置ニ関スル要件」及び「重要輸出品検査ニ関スル建議」『大正五年十一月東京ニテ開会　第二十三回全国商業会議所連合会報告（同）議事速記録』。

(9) 大正七年頭に中野は、我が国は商工業を盛んにする準備ができているが、交戦列強は海外に展開する余力が乏しいので、この機会を捉え海外貿易上の大経綸を行なうべきと述べている（**中野武営「有望なる大正七年」**『香川新報』大正七年一月一日）。

(10)「東京商業会議所録事」『東京商業会議所月報』第十巻第六号、大正六年六月二十五日、同第十巻第七号、大正六年七月二十五日。

論談

聯合國經濟會議特派委員長一行を送る

本編は客月廿八日聯合國經濟會議特派委員長阪谷男爵以下委員一行を當商業會議所に招待し送別會を開きたる席上中野會頭の述べたる要旨を阪谷男爵の希望により更に文書として贈れる所に係れり

聯合國經濟同盟會議特派委員長阪谷男爵閣下今や國家重要の責務を帶びて赴任せらるゝに臨み余は滿腔の熱誠を捧げて感謝の意を表す而て又茲に閣下に向て余の希望を陳ぶるを得るは最も光榮とする處なり

抑も聯合國經濟同盟會議は未だ討議の案件を公にせず從て豫め具體的に意見を挿み又は希望を開陳するの時機に達せずと雖も察するに審議の要點は對交戰時局及對平和克復時局の二義を出さるべし請ふ先づ交戰時局に對して開陳し次で平和克復時局に及ばん

交戰時局に對する希望

一交戰期に在りて聯合國の研究を要する主要問題は對敵示威の手段如何にあるべし苟も然らば此趣旨を基礎とする諸般の問題に對しては與ふ限り聯合國の希望を容れ友邦共同の利益を進めんことを要す

二交戰中聯合國軍需品の供給若くは金融の調節等聯合軍威力の扶養增進に關する問題に對しても亦前項と同じく與ふ限り聯合國の希望に聽き友邦共同の利益を進めんことを要す

三然も對敵行動の準備行爲として强て聯合國各自自個防衞の政策を立て爲めに我帝國の通商を阻礙するが如き案件譬へば或種關稅の增課又は或種商品の輸出入禁止若くは制限等苟も我通商の主義に影響すべき問題に關しては嚴密の警戒を加え聯合各國の事情を盡くして愼重に取捨せんことを要す換言すれば交戰中と雖も與ふ限り通商狀態の平靜を亂さゝらんことを期せざるべからず恣に原料及製品の輸出入に拘束を加ふる如きは却て聯合國相互の反目を醸成するの虞あればなり

平和克復及克復後に對する希望

一媾和時機に關しては我帝國々民は獨逸の侵略主義を根本より破壞して復た立つ能はざらしむべき條件の下に屈服せしむるを期せざるべからず苟且偸安の平和克復は絶對に愼むべき事なりと思惟す

二若夫平和克復後に處するが爲めに經濟同盟を締結し關稅政策を歸一にする等因て以て獨逸に對抗せんとするが如きは恐くは事實上の難問題にして又國交の通義に鑒みざるべからざる處なり假りに案件を探りて得失を論せば或は一時の得失顧みるに足るものありとするも苟も平和を克復する以上吾人は萬國一視同仁の宏量を以て臨まざるべからずと信ず蓋し我國情に照して之を思ふに通商貿易の上には將來列國と競爭するの覺悟なきを得ず故に此種類の協定又は拘束を設けざるの用意を必要とす

三聯合國同盟會議の問題は當然支那に及ぶならん蓋し平和克復後の列國の競爭地點は勢支那ならざるを得ず然ども

若し此東洋の一局面に關して列國が何等の共同手段に出でんことを提議するとせば吾人は最も周到の用意を期待せざるべからず日支境を接し利害相據る支那保全は東洋平和の最大要義にして是れ我日本帝國の夙に自ら任ずる處其歐洲列國との關係の如きは元より日を同くして論ずべからず不幸從來幾多の嫉妬猜忌横はり不測の離間中傷行はれ往々にして我帝國に野心あるものゝ如く附會し以て日支國民の感情を離隔せんとせること屢々なりと雖も支那保全而て東洋平和てふ大主義の上に立てる我帝國の立脚地を明にして愼重に進止せんこと此際最も肝要なりと信ず

以上は是れ特派委員長閣下に希望する要點なり尙最近組織されたる我經濟調査會は各商業會議所の協力により各市亦經濟調査會を組織し互に氣脈を通じ中央地方呼應して時局に對する經濟問題を講究することゝなれり

此際恰も聯合國經濟同盟會議の案件に關しては特派委員長閣下より時々本國政府に通議する處あるべきを豫想し更に當商業會議所に向て開示の機會を得んことを政府に要求する見込なるが尙幸に我實業界の注意協力を要する事項等あるに際しては剋々開示の勞を吝まざらんことを望む當商業會議所は時機を過まらず誠意を盡して適當の處辨に任せんことを期す

終に臨みて特派委員長閣下以下特派委員各位に敬意を表す

大正五年四月廿六日

東京商業會議所會頭　中野武營

不謹愼なる言論と「日英親善益進論」

『日本一』顧問
東京商業會議所會頭　中野武營

□戰後の經濟問題に想到せよ

近來の新聞雜誌等を見るに、英國は我日本に對し、同盟國としての親善を盡さないと云つたやうな、恰も日英同盟の効力を疑ふが如き、否な日英同盟は我國に取つては、有害無益のものであると爲し、我國人亦全然排英的の感情を抱懷して居るやうな記事或は言論を往々にして散見する。斯くの如く日英同盟反對論の出所に就ては寡聞之を知ることは出來ないけれども、實に奇怪至極なことゝ思ふて居るのである。

抑も日英兩國間に締結されて居る攻守同盟なるものは、非常に緊要なるものであつて、將來、歐洲の時局が終結し平和克復の曉に於ける、東洋の問題或は幾多經濟上の問題に想到したならば、必ずや痛切なる必要を感じて來ることは明なのである。故に今日其處に、若干面白からざる現象があるからとて、忽ち之を證左として同盟無効說を試みるが如きは、最も愼む可き事であると思ふ。一體、同盟國と云ふものは、相互に之を尊重し、双方とも互ひに十分の同情と理解とを有せなければならないのである。然るに偶々之に對し、反駁的態度に出づるものがないからとて、徒らに牽强附會延ゐては國交を傷付くるが如き結果を齎らすやうのことがあつては、由々しき大事ではあるまいか。

□商賣上の競爭は國內にもある

我國人の氣風として、今茲に一の問題があつて、甲は之を非なりと主張すれば、乙は之を是なりと認識しつゝあるものも、直ちに之れに對する反駁的意見を發表することを爲ない。之を外國に徵すれば、彼に在つては、斯くの如き場合には、甲乙共に懷抱する所の意見を、遺

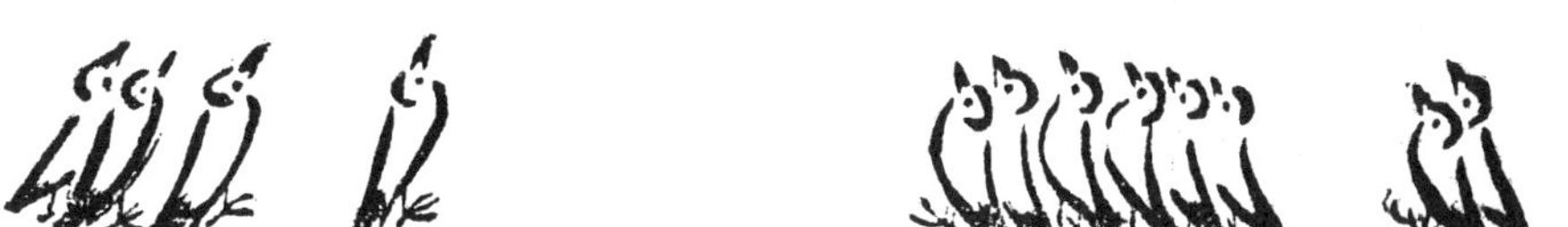

憾なく發表するから、結局する處、眞正なる輿論を喚起し、其趨勢をも察知することが出來るのである。然るに我國に在つては、茲に日英問題に就て、反對意見を發表する新聞があつても、其非を匡さんが爲めに、反對論に對する反對意見を發表する新聞がない。故に之を外國人側から見ると、誠に變な現象であつて、日本の輿論が已に日英同盟に反對であるのだと云つたやうな誤解を招くといふ甚だ憂ふ可き結果を來たすのである。而して之を吾々實業家の立場から考へて見ると、更に痛切に感ずるものがある。即ち商賣上の競爭の結果、吾に不利益なりとしても、之は國交上に何等關係あるものではない。商賣上の競爭ならば敢て國外のみではない、國内に於ても現に盛んに行はれて居る。而して其處に進歩あり發展があるのである。決して之を目して惡感情の迸出に歸することは出來ないのである。同盟國としての親善を害するものと解す可きものではないのである。

□政黨問題と對外問題

凡そ政爭に對外問題を標的とするのは、最も愼む可きことである。

對外問題は決して政黨問題ではない、國家問題である。當路者を論難攻擊する爲めに、對外問題を捉へ、直接間接に、外國人をして惡感情を抱かしむるのは如何計りであらう。最も其本意とする處は當路者を鞭撻し指導するにあるのではあるが、而かも其手段方法に考料を缺く結果、豫期せざる弊害が釀生されるので、思うて茲に至れば實に慄然たるものがある。

政黨問題は何處までも對內問題に限り、對外問題に就ては極めて愼重の態度を保持して欲しいものである。苟且にも對外問題が政爭に供せらるゝといふことは、實に國家の爲め歎ず可きことである。然るに前述の如く、近來の言論は動もすると、之に陷るやうであるが、吾々は大に其反省を促すと共に、我輿論が斯かる言論を默認して居ないといふことを明かにし、進んでは日英の親善を益々增進させたいものである。

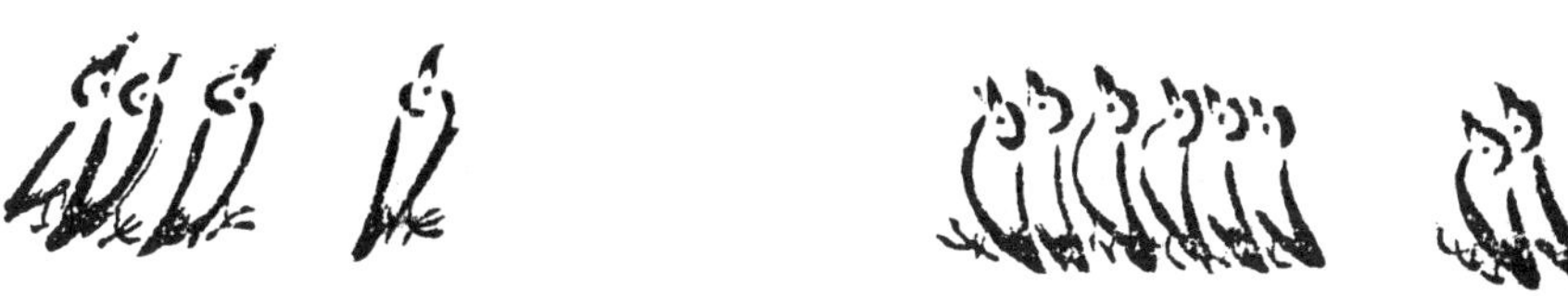

論談

日露新協約

會頭　中野武營君

本月七日發表されたる日露新協約は一見純然たる政治的協約なり其第一條は積極的に第三國に對する兩國の位地を明かにし第二條は消極的に兩國の權利及利益の擁護を約したるものにして正しく極東を限定せる攻守同盟と見るを得べし單に此二ヶ條を以てすれば純然たる政治的同盟にして直接に通商上に關することなしと雖も未だ公にされざる附帶の條項として東清鐵道の一部割讓及第二松花江航行權の讓與等を含めりと云ふに於ては我經濟上利益する處鮮少ならず抑も此二ヶの利權は我が多年の懸案にして容易に解決の機會を得ざりし處に係る然るに我が國が今次歐洲の戰亂に際し日英同盟の誼を重んじて獨逸に宣戰し協商國の爲め誠意を盡し殊に露國の爲めに軍器及軍需物資の供給に全力を傾けつゝある過去の友情及び現在の努力に對する露國の感應に發芽し爾來國民と國民政府と政府との親善なる了解を積み茲に最も重要なる協約を締結して極東平和の保障確立せると同時に快く滿洲多年の懸案を解決し得たるは余輩の最も慶賀する處にして同胞の輿論は云ふまでもなく同盟國を初め他の友邦國の擧つて本協約を歡迎しつゝあるに徴し彼我當局者の處置最も機宜を得たる外交の一大成功を稱揚せざるを得ず。

抑も政治的協約は自ら政治的使命を有し通商的協約は又別に通商的使命を有す今次の日露協約は堂々たる政治的使命の上に樹てられ而て最も重要なる意義を有せり苟くも此重要意義を有する政治的協約の擁護は兩國民の等しく念とすべき所なるは言を俟たず然れども吾人の最も深く注意すべきは國權國勢の維持に關して起る有ゆる政治的國際協約は別に相對國民の密接なる經濟的交涉換言すれば卽ち通商關係の連鎖を存するにあらざれば實效を緊切ならしめ易からず國家政治的必要以外必然兩國國民相互の經濟上の密接なる交涉あり之れに基づける永久に絕つ能はざる友誼親善の結ばれ且つ養はるゝによりて自ら國家的の親交をして益す切實緊密ならしむるを常とす於是乎吾人は茲に攻守同盟の新親交國を得たると同時に之れに對する通商關係をして自今益す濃蜜ならしめ遂に永久絕つ能はざる聯鎖を作りて以て極東平治を永遠に導き國威の宣揚を無究に期するの覺悟なかるべからず

勿論協商各國委員の巴里會議に於ける決議の如く平和克復後に於て現在の敵國を敵國として遇せんとするの是非及利害は頗る議論ある問題にして之れを交戰狀態に在る今日に於て提唱するは妨げなく敵國に對する威嚇手段として固より有效ならざるにあらずと雖も苟も平和克復の日尙公然之を問題とするは到底望みなき處にして少くとも敵國をして自由の地位に就かしむるを拒むべき理由を有せず然れども列國の感情列國民の感情は又之れを奈何ともすべからず我同盟國及び友國を含める協商列國が戰後の通商に關しても尙感情の融和を得ざるによりて自然の疎隔を生ずるものあ

りとせば必然の結果として世界列强國間の通商系統に一大變化を來さゞるを得ざるべく吾人は豫め之を覺悟して能く守るべきを守り取るべきを取るの計を豫めするを肝要とす惟ふに交戰中已に占め得たる我通商上の地步を基礎として東洋及南洋の貿易を擁護し發展せしむるは吾人が將來に荷ふべき當然の任務たり平和の時代に於ける公明正大の方法を盡して通商上の有ゆる競爭者に打勝たざるべからざるは云ふまでもなき處なりと雖も一昨年來同一の敵に向ひ誠實に協同動作を取りたるにより作られたる最良の機會の下に成立ちたる特殊の親交國たる對露通商に關しては余は特に深き注意を拂ふの必要と興味とを有す

世人の知る如く露國は年々獨逸に向つて六億圓以上七億圓に近き農產及畜產を輸出すると同時に之に相應する機械及工業製作品を輸入しつゝありき然るに兩國の間干戈を交え存亡を賭して相鬪へる後ちに於て其通商關係が幸にして早晚自由の位置に置かれたる曉果して能く舊日の如く圓滿なるを得べきや如何ん永き未來は暫く之を措き近き或る期間に於て全然舊情に回る能はざるは今や現に我が新協約の成立せる事情に鑒みて疑を容るゝの餘地なし獨逸は露國の西に境を接し日本は露國の東に境を接す其西なるは今や吳越たり其東なるは正に魯齊たり斯る絕好の機會を攫取し得たる吾人は已に露國と相携えて極東の平和福利を守護すると同時に又相携えて相互の必要を滿たし相互の通商を進め吾人は露國の爲めに大に與かつて其農產畜產を處理すると共に他方には露國に向つて我物資を供給すること昔日の獨逸の如くならざるべからず是れ實に露人の最も便利とする處にして亦吾人の最も便利とする所而して本協約の眞意義を徹底せしむるの途亦恐くらは此外に出でじ然かも吾人が之れに向つて努力すると否と及び努力の結果を收むると否とは吾人の覺悟如何にあり

但し余は以上の所見を記して我が同胞に推すと同時に露國政府の當局者に向つても大に希望する處なきを得ず由來露國の關稅は頗る高率にして他の重なる友邦中其比を見ざる處に屬す固より是れ財政組織の關係に出づるものあるべきは勿論他の各種の理由と事情を存するを疑はずと雖も從來及現行關稅は殆んど禁止稅に類するものあり故に慧敏なる獨人の如きは夙に注意し資本を携えて露國內地に入り各種の工業を露國の領內に營みつゝあり同時に銀行業の如きも獨人の資本を投下せるもの驚くべき多額に達せりとは夙に世人の知る處の如し今若し我日人の富力をして獨人の富力に比肩するを得せしめ吾人をして露國の事情に通ずること獨人の如くならしめば吾人は直ちに獨人の轍に習ふも亦不可なからず然れども露骨に之を云へば我對露貿易は最近數年以前まで殆んど全く我が同胞多數の注意外に置かれたる觀あり今にして直ちに慧敏なる獨人に習はんこと未だ容易に期すべからず故に余は露國の當局者が現行關稅制度に適度の考量を加へて牆壁を除き我が低廉なる物資を露人に供給し得るまでに吾人の通商を便利ならしめんこと最も急にして且つ最も切なる希望たり

之れを要するに新協約は兩國政府及兩國民が互に能く其友邦を了解したる結果なれば之れが運用の效を收めて其眞價値を發輝するは吾人當然の任務なるべく吾人は忠實に之れが任務の遂行に努力せざるべからず

東京商業會議所月報　第九卷第八號（大正五年八月廿五日發行）

論談

左に掲ぐるは本月十一日上野精養軒に催ふせる全國商業會議所聯合會の日露協約祝賀會に於ける演說なり

○中野會頭挨拶

閣下、諸君、本夕は我々全國商業會議所聯合會一同の催しと致しまして日露協約の成立を祝しまする微意を表する爲めに此宴を開きましたのであります、實は此度私共は時局の問題に就きまして緊急必要なることを認めましたが爲めに此暑中に拘はらず當地に於て全國商業會議所の聯合會を催しました次第であります、それで皆打寄りましたが豫ねて日露協約の成立には我々共は皆最も喜びを表して居るものであるから此協約の成立の當時に於て銘々其地に於きまして祝意を表した次第でありますが、此度商業會議所の議員として我々が會同致しました以上は之を默して居る譯にはいかない、我々は商業會議所聯合會として是れが祝意を表せんければならぬ、內閣諸公に對して此協約に御盡力下さつたことを謝さなければならぬ、兎も角も此催しをしたいと云ふのが一同の希望でありました、然るに此會は皆商賣人の寄合でありますから日を空しく長く滯在致すと云ふことが出來ませぬ、それで咄嗟の催と致して昨日之れを取極めまして今夕此會を開きまして諸公に御案內を申上げたやうな次第であります、全體禮儀と致して今日の會を前日に極めて御案內を申上げると云ふことは甚だ禮を失して居ることである、夫れも心得ないではないのであります、豫じめ御都合を伺ひさうして御案內を申上げるを禮儀として我々は心得て居りますけれども如何にも此度のことは時局の問題に就いて集會を致し又間もなく皆それ〳〵歸國を致さんければならぬと云ふやうな忙しい場合でありますから御都合を伺つて居る暇がございませぬ、それで咄嗟に此催しを致して缺禮をも顧みず御案內を申上げました次第であります、然るに御多用の諸公殊に溽暑堪へられませぬ折柄にも拘はらず今夕此祝賀會へ尊來を下されましたことは實に私共の最も光榮と存じます所で、私共喜びに堪へぬのであります、諸公が此の如く我々の禮儀を失した御案內をも咎め給はずして此暑さの中を御厭ひなく御來臨下されたることは私共は深く其御厚意のある所を諒とする譯でありまして第一に此御禮を申上げます、

日露協約の事に就きましては私が今更申上げる迄もない、日露協約は東洋の平和の基礎を鞏固にするものである、平和の基礎が鞏固になれば何事も發達して行くと云ふことは申す迄もない、私共は實に此協約の成立を非常に歡迎し深くこれを喜ぶのであります、是に就きましては內閣諸公が多年御苦心なされました結果が茲に現はれたのであると存じまする、此締結に就いては非常なる御辛勞になつたと云ふことを拜察致します、深く我々は諸公の御功勞を謝するものであります、謝しまするると同時に此協約と申しまするのを眞に其效果を現はして兩國の親密卽ち東洋の平和の鞏固、其實を擧げるのは之れから以上の事である、此協約が

成立つたから直ちに夫れが出來るとは私は思ひませぬ、斯う云ふ基礎が出來ました以上尙ほ基礎の上に築いて行かなければならぬのであります、其築きまする役目は國民が之れを爲さなければならぬ、國民全體其心持を以て働かねばならぬのでありますが、殊に其中に就きまして外國貿易に當つて居りまする此實業家と申しまするものは兎も角も夫れ等に就いて先陣の役目を務めると云ふ責任を持つて居るものでありますから、此の如き協約が出來、所謂平和の畑が出來ました以上は此平和の畑に戰爭すべき實業家として我々は大いに働かねばならぬ、之れが我々の職務であると云ふことを此協約が成立つたと同時に我々は深く覺悟しなければならぬ事であらうと心得て居ります、さうして此協約の成立しました所の效果をして益々光輝あらしめるやうに致したいと深く覺悟して居ります、此日露協約の事に就いては此以上喋々申上げませぬ、唯我々は實業家の覺悟を申上げて置くことは此祝意を表するに必要なることと考へましたから此事を申上げて置きます。

之れと同時に合せて申上げたいのは此度全國商業會議所聯合會を東京に開きました問題と云ふものは他でないのであります、曩きに佛國巴里に於きまして聯合國の委員が集まりまして決議せられました經濟同盟の決議でありますが、此問題たる其後皆非常に研究致して居つたのでありますが、實に之れは重大なる問題と思はれるのであります。其重大なる所以は之れに對する覺悟決心が極まりませぬければ戰後に於ての覺悟が立たぬのであります、どうして往つたら宜いか、どう盡して往つたら宜いか、どう約束したら宜いかと云ふ基礎が立たぬとならぬのであります、それ故に此決議に對して同意すべきか不同意であるべきか、又同意するに於いては如何なる覺悟をして同意するか又如何なる條件が必要であるかと云ふことを充分示して夫れで決定して始めて之れから先き此戰後の經濟上に於て進行して行く所の目的が立つべきものである、斯う云ふ見地から致しまして未だ政府には何等此事に就いては發表もありませぬけれども、政府には夫れ〴〵の御規則がある、行政官は行政官の權能がある立法府には立法府の權能がありますから夫れ等の總べての順序を經なければどうも御意見を發表なさることは出來ないことであらうと推察致して居りますが、私共は之れに對する覺悟を早く決めて行きませぬと方針が立たぬと云ふ譯であります、又聯合國に對して如何にも日本の實業界と云ふものは何をして居るのかと云ふやうな疑を始終持たれると云ふことは單り前途の問題でなく現下の事に就いて大なる支障を起す、言ふべき場合に言ふことも出來ず又言ふても行はれぬと云ふ障碍を起しつゝ居るのであります、之れに對して速に決着すべきものであると云ふのが此問題に對する考であります、それで此度暑中にも拘はらず聯合會を開きまして此事に就きまして研究して見ました、私共の及ぶ限りの盡力をして見たのであります、さうして之れは斯うならなければならぬと云ふことの決必を致しました、其決議の事は政府へ建議を致しまする書面に細かく盡してございますから私は玆に其詳細を申述べることは致しませぬけれども、大體に於てはあの巴里の決議に同意をする、戰時中に於ては何を犧牲にしても聯合國に充分なる勝を得せしめると云ふことをしなければならぬ、何事も之れが爲めに讓る、出來得られる丈けの世話をする、便利を與へなければならぬ、さう云ふ決心でございまして戰時中の事は全部あの決議に同意を表したのである、それから戰後の事に就きましても或る事柄に就きましては多少歐洲と日本と事情を異にして居る事柄もありますが、併し之れとても大體に於きまして同意を表した、此聯合國は經濟の同盟をして互に助け合ふて往かう、さうして敵が亂暴な手段を以て市場を亂すやうなことがあるのを防がなければならぬ、之れは尤も千萬なことで、東洋に地を占めて居りまする日本は殊に之れには盡力せねばならぬ、是等の聯合國が相提携して行くと云ふことは之れは大變に宜いことである、日本の爲めにも非常に宜い事と思ひます、此事は實はこちらから申出さねばならぬ位の事柄であるのでございます、大要さう云ふ譯でありまして此決議に對しまして戰後の事項に於きましては大體同意であります、唯事柄に依りまして此所は斯う云ふ位迄又此所は斯う云ふやうにして貰ひたい、此希望を容れて貰ひたいと云ふ條項もあるのでございます、それらの個條を充分審議致しまして今日此聯合會は全會一致を以ちまして決定致しました、少しも此問題に就いて疑義を抱くものはございませぬ、さうして總理大臣始め各大臣に建議を致すことに決しました、それから一方に於ては英吉利佛蘭西伊太利露西亞と申すやうな方面の主たる都府の商業會議所へも此意を通知して置きますことを建議致しました、第二には此戰時中、之れは止むを得ぬ事とは申しながら此聯合國中に於きましていろ〳〵輸出入品に對し禁止或は制限をせられると云ふことは是れも事情は能く私共諒して居りますが、實は我國に取つては非常に困るものも中にはあるのでありまするそれらは政府に於ても非常に御心配下さつて餘程夫れに對し解決を付けて下さつて今日に至つたのでありますけれども、是等に就いても將來共に必要のある事でありますから、之れも同盟國の首府にある商業會議所に其意を十分に申して、日本は此の如き考を有つて居る、此の如く同意を表して居る、併ながら聯合國の間に於て斯う云ふ考を有つて呉れぬと却つて與國同士疑を抱くやうになつてはならぬと云ふやうな意見を致して置きました、無理な注文を致す積りではありませぬけれども提携して相互ひに助け合つて往かうとすれば相互ひに事情を腹藏なく申し心持宜く提携して行くと云ふ道を取りたい、夫れが卽ち提携をして鞏固ならしめる所以であると云ふ趣意より致しまして夫れらの事まで今日は決議致しました、さうして今日で議事を議了致しました、此度の聯合會は是れで終りましたのでございます、實は斯う云ふ問題を決議致しますにも皆心膽を練つたのでありますがいろ〳〵研究した結果適當なることを案出する道も立ち又一方には日露協約と事ふものが此場合に成立をした、我々は內閣諸公を御招待申上げて共に此祝賀を致すと云ふことを實に愉快に存ずるのであります、此以上は我々も亦此決議に就きましては充分に力を致そうと覺悟して居ります、願はくは內閣諸公、我々の建議致しまする所を充分御諒察下すつて……政治上に於て當然爲さるべき事柄は爲さるに相違ございませぬが、我々の此の如き意志を充分に御諒察下さつて戰時中は申すに及ばず戰後の事に就きましても經濟上便益を得ますよう充分なる御盡力を仰ぎたいと存じます、餘り長いことを申しまして恐入りましたが、玆に盃を擧げまして總理大臣始め內閣諸公の御健康を祝しまする。

東京商業會議所月報　第九巻第十一號（大正五年十一月廿五日發行）

論談

聯合國經濟同盟決議に就て（十一日商工懇話會に於ける演說）

東京商業會議所會頭　中野武營君

今日は此商工懇話會の御催しに依りまして私も御招待を蒙りまして洵に光榮でございます、年々御催しがございますので私も何時も席末を瀆して居りまして洵に難有存じて居ります、今日は定めて鶴見君が御出席になることであると存じて居りましたので、鶴見君は歐米を御視察になつたことでございますから必ずそれ等の御話が澤山あるだらう、諸君と共に拜聽して私も仕合であると存じて出たのでございますが、唯今の御話に依ると今日は御出席にならぬ、如何にも私は殘念に存ずるのである、併し近日に御招待會があると云ふことでございますから必ず其時分にいろ〳〵珍しき御話があるであらう、然らば今日は私が何か一つ所感を申上げて責を塞がなければならぬ、固より私が申上げることはいろ〳〵雜駁の所感を申上げるので甚だ秩序も立ちませぬけれどもどうぞ御宥しを願ひたい

私が申上げて見たいのは此巴里の同盟經濟會議の結果の事でございますが、是は鶴見君が其會議に阪谷男と臨まれたのでございますから其會議の內容等のことは又鶴見君などから御話のあることでございませう、而して今はまだ其經濟同盟會議の事柄に付きましては日本政府が態度を決して居りませぬ今日でございますから鶴見君阪谷男などの立場としては餘り此經濟會議の事に付ての深く立入つた事の御話がまだ出來得られない場合であるだらうと思ふのである、視察談はなされやうけれども此問題に付ての談話はなさり惡いと云ふ場合があるかも知れぬと云ふ想像を致して居ります、之に就て私共の考へて居りまする所を申上げて政府も速に此事に付て決着をして貰ひたい、又それに就ては獨り政府だけが態度を極めたのではならぬ、國民が實際其事を行はなければならぬのでございますから、國民としても殊に商工業者が其意を體して之を實行して行ふと云ふ位地に立たなければならぬ、豫め今日それ等の事に付て申上げて置く方が宜しからうと存じて居ります

巴里に開かれましたのは九ヶ國でございましたか八ヶ國でございましたか同盟國が經濟の事に付ての會合と云ふことは實に重大な問題であるのでございます、是には現在戰時中に於ての事とそれから戰後に於て同盟をしやうと云ふことゝの大別すると二つになつて居るのでございます、今戰時中卽ち現在戰を致して居ります間は敵味方の事でございますから無論何が何と云つても敵は敵として敵を滅さなければならぬ今日の場合で現在はもう別に論の無いことである、併し戰時中と雖も相互の事柄は助合つて敵に當ると云ふ意味を有つて居るのである、敵のみに對するのでなく同盟間に相助合ふと云ふ意味を有つて居る、又戰後の事に於ては

もう既に敵が無いと云ふことになるから其敵の無いと云ふ時に至りても此同盟國は互に提携して互に利便を計らうと云ふ趣意から成立つて居るのであります、箇條を細かく擧げて申上げる必要はございませぬ、卽ち此決議書と云ふものは新聞などで公けになつて居りますことでございます、其中一番吾々が必要と思つて居りますることは此原料品――原料品の如きものを同盟國間に於ては互に供給の便利を計らうと云ふことが一つある、それから又同じく外國品を買ふと云ふやうな場合には何處を先きにするかと云へば敵國たる所から買ふよりも寧ろ同盟國の方を先きにして同盟國の方から需用して行くと云ふやうな都合にしやうと云ふことが一番此經濟同盟の上に於て大事なことである、是は日本に取つて特に大事なことであるのでございます、此決議は六月中でございましたが巴里に於て決せられて、此巴里に出張せられた所の各國の委員と云ふものは國を代表したる委員ではない、全權を帶びて行つた委員ではございませぬ、其會に出た委員は其會で決議したものを本國に持歸つて本國政府をして成るべく其議に同意せしめて行はれるやうに努める義務を有つて居ると云ふ趣意である、日本政府は其當時より同盟の意思があるか知りませぬけれども、大體同意の意思を確かに有つて居られたやうでございますけれども、阪谷委員長を初め一行がまだ歸られませぬ間は會議の內容と云ふものが十分分らぬ、近頃になつて會議の速記錄が此方に來たと云ふ位なこと、書面の上で見るだけでは內容の趣意と云ふものは十分分らぬ、殊に書面の上に少し分り惡いと云ふ點がある、彼是れするので先つあの委員が歸つて來て十分なる眞相を盡した上でなければ決定が出來ぬと云ふ態度を執つたものと見える、縱し分り切つたことであるとしましても中には帝國議會の協賛を經て法律としてでなければ行はれぬと云ふ箇條も中にありますから未だ日本政府として態度を決して居らぬのである、吾々商業會議所の立場としては假令政府がさう云ふ爲めに態度を極めますることが遲うなつて居りましても吾々は政府の爲めに吾々の態度を決せずして居つて何時までも悠々閑々として居りましては實に同盟國に對して濟まないのであり、先づ此同盟に同意をしたと云ふことは現在斯の如き戰爭をしつゝある困難の場合でございますから同盟國の意思を互に鞏固にし戰後に至るまで力を合せてやらうと云ふ義務を盡さなければならぬ、其場合に於て日本と云ふ國だけは此事に付て同意したでもなく同意せぬでもなく悠々閑々にして置くと云ふことは甚だ歐洲の戰場に立つて居る國に對して洵に遺憾な事でございます、例へば茲に近火があると云ふやうな場合には直ぐに駈付けて手傳をする、手傳をすることが出來ぬまでも兎も角も握飯を持つて行つてゞもそれを助ける、何かそこに親切を示すと云ふことが大事なものである、火事の濟んだ後になつて御馳走を持つて御見舞に行つた所が何もならぬことである、人の困難の場合には困難に對する同情のことに於ては其場合を誤らぬやうに盡して置きませぬと他日其間の感情が甚だ宜しくないものである、斯う云ふ譯のものでございますから此歐洲の同盟國が今日斯の如く心配し困難して居ります時でありますから日本として見ても同盟すべきものなら早く同盟の意思を決してそれで戰時は申すに及ばず戰後も共に經濟の事にまでも相助合つて行かうと云ふ意思を表示する機會を誤ると云ふことは甚だ殘念な事である、同じ同盟して見ても效能が薄くなる、さう云ふ大事なことでございますから全國の商業會議所の大會を開きまするに先立つて、其前に大阪京都横濱神戸名古屋此會議所の會頭會議を開きまして此問題を研究を致して其結果全國商業會議所の會議を開きましたのは八月でございます、勿論政府は態度を決して居りませぬけれども政府の意思も多少私が叩いて見たのでございます、未だ發表することは出來ぬけれども吾々が其行動をすることに付ては政府は反對しないだけの途を執つたのでございます、それで兎も角も巴里の決議の箇條に依りまして大體大部分は此決議の箇條に同意を表したのである、唯其箇條中に多少の斟酌取捨をして貰はなければならぬ箇條がありました、それ等は希望條件として其希望を付して決議をしたのでございます、さうして全國商業會議所聯合會に於きまして滿場一致を以て決議しました、政府へ其意見を發表し、又倫敦巴里其他聯合國の首府の地に在る所の商業會議所へ吾々日本の全國商業會議所は斯の如く決議し斯の如く決心したと云ふことを詳細に電報で報告してあります、又詳細なる決議は郵便に付しまして彼方の語に飜譯して早速電報で送つて置いたのであります、さうして日本政府の態度をどうぞ速に決して貰ひたいと云ふことを日本政府に促しつゝ居るのでございます、其譯は外の事は偖て措きまして兎も角も戰後に於て此有樣がどうなるでございませう、各國が此大戰爭をなしてさうして非常なる打擊を蒙つた曉に之を恢復しなければならぬと云ふことに付きまして若し各國が帝國主義を以て我國だけの事を考へてさうして他を斥け唯我が國產を奬勵し我國の經濟回收をしますることだけの目的を以て或は關稅政策を盛んに用ゐ他を排すると云ふことに各國が政略を執つて參つたならば實に酷いことになるのである、殊に遠方の此日本など丶云ふ所の國は殊に困ることがあるのは、日本の工業の原料と云ふものは御承知の通り多く海外から取るものが――即ち棉或は毛絲の類其他種々なるどうしても此日本に於て出來得られない原料と云ふものがあるのでございます、それを本にして工業をやつて居るのがある、化學的のやうなものから起つて來ますとすれば其學理を應用しそれに對して資本を掛けてやれば隨分化學的で出來るものならば學ぶことが出來るのである、併し天產物と云ふものは如何とも仕方がない、今日本の內地に於て俄に棉のやうなものをどん／＼やらうとしても出來ないのである、天產物は――毛絲もさうである、之を多く外國から仰いで居る南洋から仰いで居ると云ふやうな有樣である、其本國が此原料を出すには稅を課ける、重い稅を課ける、是が日本に行つて居るものは日本の製作を困らしてやると云ふ下に我が國產を奬勵して餘所の國產を抑へやうと云ふ政策を用ゐられて斯う云ふものを日本に輸入するには重い稅を課けられる、又日本から餘所へ出して行つて居るものに關稅政策を用ゐられて之を拒まれると云ふことをせられました時分には非常なる位地に立たなければならぬ、第一工業製造の原料と云ふものを失つてしまはなければならぬと云ふ虞れがある、然るに巴里會議に於ては其原料品の供給を互に便利を計ることにしやうと云ふとがある、それから餘所から輸入するものに付ても敵國の物よりは同盟國の物を先きに取ることにしやうと云ふ箇條、是は實は日本の立場として最も望むべきこと、此便利を得ることが出來ますとすれば其他に少々不便な事があるとか其他に日本に於ては不利益であると云ふことが多少ありましても此様なことは犠牲にしても此主たる眼目だけは何處までも捉へて同盟國と共に力を合してさうして利益を保留して行くことを努めなければならぬ、是が私共の此巴里の決議と云ふものに非常に重きを置いて唯悠々閑々として置くべきものでない、速に日本は態度を決して之に同意する、其代り將來此同意の趣意を以て同盟國は立つて呉れなければならぬと云ふことを以て又一方から責めて行くと云ふことをせなければならぬ、吾々か悠々閑々にしてさうして人がいろ〳〵な事をせられる場合は仕方がない事になるから、是は政府が態度を極めぬに拘らず吾々が進んで決議してそれで外國に向つて既に態度を示したのである、若し日本政府にして此同盟國に不同意と云ふ曉になつたならば私は國民として日本政府を責めなければならぬと思ひます、何處までも日本政府をして之に同意せしめなければならぬ、若し是が同盟國と隔つて別々にでも日本が立つたならばどう云ふ始末を取るのであるか、實に心配なことである、又立行かぬことであると思ふ、此事はそれとは多少違ひますけれども今度英國政府が莫大小の輸入を禁じた、是は十月三日からでありますが、此春も三月でございましたか種々なる輸入品に付て禁止した、又今度此莫大小のやうなものに對して輸入を禁じたのである、是が爲めに東京に於ても同樣でございませうが殊に神戸大阪と云ふ方面に於て非常な打撃を受けて苦しんで居るものがあります、どうしても之を何とか處置して貰はなければ非常なる困難に陷らなければならぬ、今日斯う云ふものが一つ、一國が其國の都合と云ふことを主にして輸入を禁ずると云ふ如きことがあつてすら唯今莫大小業者が騷いで居るが如き困難を受けなければならぬ、將來に於て極端な關税政策などを各國が採用し、輸入を禁ずることはないが殆ど輸入を禁じたと同樣の結果を呈すべき關税政策を用ゐられまると――さう云ふことがあつた時分は今莫大小に對してすら此困難を嘗めて居るのでございますが將來に彼れにも是れにもと云ふことが來られた時分には日本の商工業者は實に堪らぬのである、それでどうしても斯う云ふことは早く用意して掛らなければならぬ、此間私は――是は餘り公表をして下さると困るのでありますが、此間も英國大使に面會しまして、莫大小の事に付ての點に對して面會しました時分に、莫大小の事は一通り事情を申して置いた、其時分に全體斯う云ふことを英國がすると云ふことは巴里の經濟同盟會議の決議と云ふものは殆ど意味が無くなつてしまやしませぬか、私共は此巴里の經濟同盟會議と云ふことに非常に重きを置いて居る、今日は戰爭中であるから背に腹は代へられぬと云ふ困難な場合に立つて居るから斯う云ふ政策も英國が用ゐるのであるが、併し斯う云ふことを突發にポッ〳〵やられる事であつたら殆ど巴里の經濟同盟會議の決議は意味が無くなつてしまふと私は思ふ、吾々は巴里の經濟同盟會議に既に同意を表し、未だ日本政府は態度を決して居りませぬ、併し內容を聞いて見ると無論同意するに相違ないのであるが、それ〳〵法律上の手續があつたりいろ〳〵調査しなければならぬ廉があつたりと云ふ爲めに遲れて居るに相違ない、此決議の趣意に反對する不同意を唱へることは私は萬無いと信じて居る（中略）

今度は阪谷男爵卽ち委員が歸られましたから其分らぬことも直ぐに審かになることでございます、何とか此點に付て態度を極めたら宜からうと思ふ、唯獨り政府が態度を御極めになつたからと云うて國民が知らぬ顏をして居つた時分には濟まない、此莫大小の一つの問題の事であつてさへ斯の如き困難を與へられます、若し各國が自分の國の勝手都合のみを計つて共に相互の經濟の事を考へずに我國だけの經濟恢復のことを主眼とせられて無暗な事をやりまして萬事萬物に其筆法を向けられた時分には實に堪まるものでない、先刻申したやうに日本のやうにどうしても外國から原料品を取らなければならぬと云ふ立場になつて居るものが原料品を不便にせられ原料品の價を高められることがありました時分には非常なる困難、輸入を禁じられたよりまた一つ酷い、それが皆製品が高くなつて貿易の上に非常なる損な位地に立たなければならぬ、巴里の經濟會議の事と云ふものは最初は何をするのだらうと人が疑つた位なことである、なかなか經濟同盟などゝ云ふことは容易に出來るものでない、又戰時中ならば敵國に對することは敵の國であるから何でも出來やうけれどももう既に講和をして仲直りが出來た以上は四海兄弟となるのである、それを隔てをするなどゝ云ふことは道理に適はぬなどゝ云ふ說もあつて、餘り此巴里の會議には重きを世間の人が置いて居らないやうな私は感じがした、併し元と經濟同盟會議と云ふものが起つた原因を云ふと敵國たる卽ち獨逸墺太利あの邊の聯合國が今の如き經濟同盟をやつて戰後に於て其れで列國に當らうと云ふことを實は計畫したのである、敵國が內々計畫しつゝあるのを看破して此方はそれを防がなければならぬ、卽ち防衛法として敵がさう云ふ手段を執つて來るのであれば吾々同盟國は自衞策として此同盟をどうしても作つて戰時は申すに及ばず戰後も共に力を合せて敵に當らなければならぬ、干戈の戰は始末が付いたとして經濟の戰に於て彼れにしてやられることの羽目に陷らぬとも言へぬと云ふことが本になつて經濟同盟會議と云ふことが起つたのである、偶然に出來たのでない、それだから御互に經濟會議に立つて此戰後の用意をする上に於て先づ斯う云ふ基礎を捉へてさうして同盟國とは經濟を戰後と雖も同じくする、それと同時に日本は犧牲を拂ふ代りには各國皆銘々帝國主義を以て勝手な事をすることは互に遠慮して互に助合ひ互に便利を計り合ふと云ふことの趣意で以てそれを基礎に置いてそれで此實業の方針を立てゝ行く、戰後に於ての用意と云ふものを極めて行く、此基礎が微かりせば日本だけ如何なる戰後の經營戰後の措置を獨り極めて見ました所が何も役に立たない、同盟國と力を合せてさうして此戰後の事をやつて行くと云ふことの先づ根據を之に置いてから考へて割出して行かなければならぬ、さうすると基礎が立ちますから、先づ原料品の如きものは此趣意に依つて同盟に若し背いたことをした時分には是で――或は關稅政策で非常に日本の輸入品を防がうとするならば此趣意に依つてそれを破つて行かなければならぬ、直して行かければならぬ、是が戰後の經濟に付て御互に研究すべき是が根據となるものだと思ふ、是が立ちませぬければ如何に日本だけ考へました所が仕方がない、故に是は政府が態度を決してそれで宜いと云ふものでなく政府も態度を決して同盟國と最も親密なる關係を明かにして貰ひ、國民は此趣意を以て戰後に當つて行きまする覺悟の根據を是から割出して行く、それ故に巴里の經濟會議に於ての決議と云ふものには國民として最も重きを置く之を楯に取つて進んで行くと云ふ位にしなければならぬのであるから、どのやうなことで經濟會議があつたのやら、どうしたのだやら知らぬと云ふことにして居つては實に誤るのでございます、箇條も澤山ございますが、どうぞあの經濟會議の決議を御覽下さつてそれであれで以て同盟して其同盟の國民であると云ふことの意思を堅固にしてそれで進みたいものであると私は希望します、唯經歷致したことと心に感じ觸れて居りますことを思出の儘に申上げて前後甚だ不順序の御話で定めてお聽取り惡かつたで有らうと存じます

△商務官設置に關する建議書

我國貿易の發展を企圖せんが爲めには海外主要の地に商務官を駐在せしめ該地方に於ける經濟諸事情を調査せしむるの要あるは多言を須ひずして明らかなり然りと雖も曩日の商務官は其の制度に缺陷多く從て貢献する所頗る尠少なりしを遺憾とす本會は當局が時勢の進運に鑑み實際の效果多き新制の下に之を復活せしめられんことを希望仕候冀くは別紙參考書に依りて本會の意のある所を斟酌せられ一日も早く該官を制定せられんことを右本會の決議を以て建議仕候也

内閣總理大臣
農商務大臣　宛

商務官設置に關する參考要件

一、本官の所屬
本官は農商務大臣の監督の下に置かれたきこと

一、人　選
(1)成るべく公平に實業界の意見を徵し特別任用に依りて適當の人物を選任せられたきこと
(2)特に將來任地の經濟關係の事業に其身を委ねんとするの志望を有する者の中より選任せられたきこと

一、任　地
我が貿易上重要なる關係を有し及び有すべき地方に在勤せしめられたきこと

一、任　期
就任の當時に於て永久に任地に於ける事業に其の身を委ねんとする人物を選任するの方針を採ることとする以上は成るべく其の任期を永くし實際上少くも五六年間は之に動かさゝるの保證を與へられたきこと

一、待　遇
本官の待遇は領事官に準ぜられたきこと

一、職務執行の手續
我が實業界と商務官との間に於てする通信交渉が一々監督官廳の手を經由すべきことゝなすときは元來機敏の活動を尙ぶ實業界の爲めには其の不便不利甚しかるべきのみならず之が爲めに自ら商務官と實業界との間に親密なる接近を爲すことを妨ぐるの弊あり唯一面商務官が個々の實業家と直接自由に通信交渉するを得るときは或は時に公を缺き私に流るゝの弊害を生ずることなきを保せざるが故に之を豫防するの手段としては商務官をして商業會議所に對し直接自由に通信交渉せしむるの途を開かれたきこと

東京商業會議所月報 第十卷第五號（大正六年五月廿五日發行）

論談

對敵取引禁止法規に就て

（五月七日於東京商業會議所）

東京商業會議所會頭　中野武營君演說

諸君、本日は御多忙の中を諸君に當所へ御出を願ひました、其事に付きまして私が御案内申した立場としまして一應玆に申上げたいのでございますが、四月二十三日に御發布になりました勅令は皆さん御承知のことで、所謂對敵取引禁止のことでございます、此勅令を本月十四日より實施をせられますのに付きましては最も大切の事でございます又從來に斯の如き事は無いことでございます、是等に付きましては此勅令又は省令の示され居る所の事に付きまして詳細に當局の御方の御說明を聞き、又吾々御互に不審に思ひ合點のいかぬことかありますればそれを承つて、能く此勅令省令の御趣旨のある所を諒して過ちない樣に致すが臣民の分であると考へましたが爲に、皆樣の御集會を願つて而して農商務省の當局者に御出を願つた次第でございます全體此事は私が今更喋々申上げん迄もない諸君の御承知のことでございますが、昨年佛蘭西の巴里に於きまして聯合國が委員を出して所謂經濟同盟の會議を開いた、其結果より起つた事なのであります、此經濟同盟會に於きましての詳細の事は私は新聞なり其當局の御方に就て承つたので自分が出て參つたものではございませぬから此事に付て詳細の御說明を申上げると云ふことも出來ませぬけれども、併し商業會議所としましては其當時此經濟同盟會と云ふものは大變な必要な事であると感じたのでございます、而して是は其委員が全權を以て會合した決議でございませぬから其決議が直ちに日本國に於て實行せらるゝや否やは其委員が歸朝せられて而して政府と十分なる調査を遂げられた結果として其事を行ふか行はぬかと云ふことの結果になるべきものでございましたが、私共の考へましたのには如何にも此事は緊急なる問題である、假令政府はそれ等の手續に付て色々な調査の要ることでもありませう、又或は立法上に係かる事柄などはそれ〳〵の手續を經なければならぬことだから時日が要りますするのも已むを得ませぬだらうけれども、日本の國民としてはどうしても此事を早く決着して聯合國の國民と共に力を合はすと云ふことの意思を早く發表しなければならぬ、遲れてしては濟まないことである、又濟まぬのみならず其效果が甚だ薄くなることであるから、同じく此事に同意することならば早く決議をして同盟國の人民に安心を與へて一致の力を有つようにすることが必要であると云ふことを感じまして、昨年八月と記憶致して居りますが、全國商業會議所の聯合會を當所に於て開きまして、それで巴里の經濟同盟會の決議に基きまして、此決議に依つて吾々の立場として之に同意すべきものであるか或は同意すべからざるものであるかを早く決したいと云ふことで全國の商業會議所の聯合會を開きました、其結果全國商業會議所の委員は一人の不同意者も無くして全會一致を以ちまして決議を致しました、多少其條項に付きましては他の國々と日本とは地球の裏と表程距離の違つて居りまする程のものでございますから制度上に付ては此品物は斯々と或は斟酌を加へなければならぬと云ふ樣な廉は多少ありましたけれども、戰時中に於て敵に對する所の取引の禁止戰後の事に付きましても大體に於て最も同意を表することであつた、其決議を全國商業會議所聯合會に於て決しまして、政府へも其決議の意思の建議を致します、又英國佛國露國伊太利などゝ云ふやうなそれ〴〵此聯合國となつて居ります所の國の首府たる商業會議所へは日本の商業會議所は決議を斯の如くした、卽ち聯合國の同盟經濟會議の決議の大體に於ては最も同意をする飽迄趣旨を以て立つ決心であると云ふことを商業會議所へ悉く通知を致しました、其當時は未だ政府は何方へとも決着をせられませなんだ時分でありました、それはまだ其會議に出席をせられました所の阪谷男爵初めがまだ歸朝をせられて居りませぬ時分でございました、それ故に政府は唯向ふからの電文の通知が來ただけで詳細の内容が分らぬことでございますから委員が歸へつた以上の調査に依つて決すると云ふ御考で未だ何等の發表をせられて居りませなんだが、吾々は其樣なことを待つて居つては仕方がない、却つて是が遲れてはならぬ、何處迄も此時機に於て早く意思を決したいと云ふが爲に今の如く會合を致しまして政府へも建議をし他の國の商業會議所へも通知を致したと云ふ次第であつたのでございます、日本は御承知の通り歐洲の戰亂の地と距離が隔つて居りまするが爲に此時局の爲に苦痛を感ずるよりも寧ろ景氣の上から申せば經濟上から申して見ても貿易上から申して見ても順調の地位に立つて居りますから一時は洵に僥倖にあります譯でございますけれども、併し元來日本は此時局の戰爭に加つて居るのでございます、唯距離が遠いか爲に其苦しみが少いだけで、大體觀察して見ると聯合國になつて居るのでございます、彼の歐洲に在る所の聯合國は實に非常なる慘憺を嘗めて居りまするのであります、一日も早く此敵を滅し平安に歸することをせなければならぬが、なか〳〵今日に至る迄其事が出來ず非常なる慘憺の境遇に立つて居られるのでございます、日本は距離が遠い所の地位に立つて居るが爲に却つて仕合を得て居ると云ふやうな有樣でございますが、之に安んじて安閑として此事を過し去るやうな有樣では、他日必ず講和と云ふ時節が來るのでございます、遲かれ速かれ講和の時期は到來するのでございますが、其講和の場合に於て――日本が今日の擧動が其講和の場合に於て日本の權利に大變關係を有つのでございます、日本の利害に大變關係を與へて來るのであります、今日の場合に於て聯合國たる位地を始終忘れずに倶に共に力を盡して居つてこそ他日講和の場合に於て此聯合國と倶に共に又利害を論ずる事が出來るのでございますが、今日其事を等閑に致して居りますと其報は他日講和の問題の起りました場合に於て日本が一番損の位地に立たなければならぬと云ふことに陷るのに相違ないことである、日本の國民として今日より其用意覺悟をして居らんければならぬ、卽ち大事な事なんであります、日本政府に於きましても既に其意を決せられて此度對敵取引禁止の勅令を發布せられた、卽ち此勅令と申すものは取りも直さず法律であります、樞密院の諮詢を經て發布せられた勅令であるのでございます、之を國民が誠意に行ひまするか、唯表面斯の如き體裁をなしたるものだと思ふて輕々に過さしますか、是は卽ち聯合國の人が皆見て居るのでございます、此精神此實を擧げれば卽ち日本として此聯合國の經濟同盟に同意をしたと云ふことを向ふが信じます、之を等閑にしますと名は同意したとは言ひながら日本國は全く虛飾な仕方をするである、輕薄な仕方をするのである、誠心誠意の無い國であると云ふ事を聯合國の國民が皆感ずるのであります、其結果が他日に必ず報ふて來るのでございますから、此勅令實施のことに付きましては人々の大に注意しなければならぬ、個人々々の問題にあらずして其結果が國と國との上に非常なる利害を及ぼして來まする譯なのでございますから、個人々々の利害の樣に思つて好加減にして置いたら宜いと云ふことでは實に國家に對して濟まないとなのであると私は思ふのでございます、それ故に此勅令の示されたとに付ては十分に誠意を以て——成程日本の國民は外國に誇つて居るのは誠意を以て立つて居る日本の國である、日本民族と云ふものは誠意な國民であると云ふことを以て今迄日本が外國に向つて立つて居りまする國民であります、それが商賣上の事などに付て甚だ不德義なことをすると不親切なことがあつたと云ふとがありましては實に國交上に非常なる他日に於て損害を被らなければならぬ立場に陷りはしないかと深く私は虞れるのでございます、爲に此勅令に示されて居る所の事柄に付ては詳細に御說明を得、又疑のある所は質して、さうして吾々臣民として國家の爲に此日本國が歐洲の聯合國に對して爲す所の誠意を表する事を努めなければならぬと深く希望し深く祈るのである、卽ち今日諸君に御集會を願つた意は之に外ならぬのでございます、是より農商務省の當局の御方から御話がございませうからどうぞ御謹聽下さいまして、又何か疑のありますことは十分御質問のありますやうに願ひます。

余が新内閣に向て痛切に希望する一大事

東京商業會議所會頭　中野武營

余が淺學短才の身を以て、商業會議所會頭の職を汚してから既に十二年になるが、其間幾多の内閣が變つた。最初は第一次桂内閣、次が第一次西園寺内閣、其次が、第二次桂内閣、第二次西園寺内閣、第三次桂内閣、山本内閣、大隈内閣、其れから今度の寺内内閣と云ふ風に、色々變遷した。斯くの如く内閣は何度となく變つたが、然し我々は從來人に偏し人に黨するやうなことがなく、必らず問題其者に依つて去就進退を決し、是なれば即ち之を賛成し、非なれば即ち之に反對し來つたのである。人に偏せず、問題に依つて理否を明かにすることを以て、多年の方針として來た。其處て、新内閣に對して余の希望する事柄を言へば多々あるが、其中にも最も痛切に希望する所は、爲政家が實業家に對して誠意を以て對するとである。從來多くの爲政家の遣り口を觀るに、實業家に接近して熟懇とならんことを求めて居たやうであるが、其實内心は實業家を利用せんが爲めであつて、眞に誠意を以て之れに對し、互に肝膽を披瀝し、其の官たり民たるを問はず、官民戮力一致して、或る問題を研究せんとする誠意が薄弱であつたやうに思はれる。

如何に溫言を以て實業家に對し、如何に禮遇を與へて實業家を優遇厚待した所で、其れが誠意から出たものでなければ、何にもならぬ。苟くも常識のある者なら容易に其公明ならざる心中を觀破して、警戒以て之れに臨み、利用せられざらんことに努むるてあらう。

斯くては到底本當の仕事の出來る者ではない。如何に爲政家が實業家と提携して實業の發展振興を期待した所が、恰も百年河清を待つが如き者てある。故に余は此際新内閣に向つて希望する所は、誠心誠意を以て實業家に對するとである。

至誠神に通ず。誠意を以て對すれば人は自ら其公明正大なる高潔の心情に感動する者てあるが、徒らに權謀術數を弄し、或は巧言以て之れに對し、或は厚遇優待以て其心を收攬せんとするも、到底其目的を達するとが出來ないであらう。

誠心以て實業家に對し、誠意以て實業界に臨むこそ、余が新内閣に向つて最も痛切に望む所である。

商業會議所聯合會午餐會應酬

（十一月二十八日帝國ホテルに於て）

中野聯合會長演説

総理大臣閣下、來賓閣下、本日は各閣下の尊來を辱ふ致しまして玆に午餐を呈することになりました、私共は全國商業會議所聯合會の出席委員でございます、此度集會致しましたのを機會と致しまして内閣諸公に一應敬意を表したいと云ふ趣意を以ちまして御尊來を請ひました、御政務御多端の中を御繰合下さいまして各大臣悉く打揃ひ尊來下されましたことは啻に私共の光榮と致すのみでございませぬ、内閣諸公が此民間の事、實業界の事に重きを置いて下すつて居ると云ふことを吾々は深く考へますれば感佩に堪へられない次第でございます、第一に尊來を辱ふ致しましたことに付て厚く感謝の意を表します我國の會議所はまだ諸外國の會議所に比しますれば至極幼稚なものでございます、是より段々に歩を進めて參らなければならぬと吾々は努めて居るものでございます、常に私は感じて居りますのは丁度政府と會議所の關係を申して見ますると醫者と看護婦のやうな關係があるのであります、會議所と云ふものは法律が認めて立てられて居る團體でございますが、申さば商工業に對する利害を研究し行政廳の御諮問に應ずるのでございまして、自分が思ふたことを決議して之を履行する權能は、決して有つて居らぬのでございます。それ故に會議所は看護婦の立場と致して病床に就いて居つて民間の狀態は能く知つて居ります、併ながら此病氣に對して直ちに藥を投じ治療を施す權能は無いのでございます、それ故に事態を審かにして――病狀を審かにして之を醫者に告げますより外はない、此療治をして貰はうと思へば政治家に訴へて療治をして御貰ひ申すより外に自ら療治をする權能は與へられて居らぬのでございます、併し吾々が療治をするなどゝ云ふことは出來ぬのでございますが兎に角醫者と云ふものに――治療する權能があり手術する權能があるものに此事情を訴へ狀態を訴へて御參考に具へることは吾々の勤めだと思つて居ります、然らば此醫者たるものも實際の狀況を審かにせんとせば看護婦に十分なる注意をさし病狀を見さして之を以て御診斷なさる材料になさることが必要であると思ふのであります、唯偶さかに病人を見舞ふたとて判斷の付くものではないのであります、日常看護して居ります者は能く病狀を知つて居ると云ふことを御信じ下さつて宜しいと思ひます、併し病人は此所が痛い彼處が苦しいと云ふやうに種々雜多なことを言ふて參りますけれども、それは忍ふべきとは忍び、堪ゆべきことは堪へる樣に、吾々看護婦の職分として諭しますが、事實に於て是はどうしても療治をして御貰ひ申さなければならぬと云ふことは醫者に賴みますより外ないのであります、斯う云ふ立場に立つて居りますと云ふことを私は覺悟致して居ります、それ故に丁度醫者と看護婦と云ふものは位地は違ひますけれども病の上に於ては必要なるもの、故に商業會議所は法律上必要として立てられて居るのであります、私共は努めて實際上に付ての事實を審かに致して當局者に御訴へ申上げる、どうぞ當局者はそれから以上の御診斷を下されますことを望むのであります、立場は申さば醫者と看護婦と云ふものは關係の非常に厚いものであります、卽ち違ひますか知りませぬが――國を治むる病を治むるが如しと言ひます、國を治めて參りますには機關が無ければならぬものだらうと思ひます、私共は段々政府の御指導を蒙りまして――まだ今日のやうな微々たることでは相濟まないのである、十分に此機關の與へたられたる能力だけは發揮しなければならぬと心得て居ります、どうぞ以來も十分に政府の御指導下されますことを望みます、吾々の社會には少しも政黨政派などゝ申す政治社會の事に付ての臭味は持つて居らぬのであります、年々此定時會を開き或問題に付ては臨時會などを開いて居ります、從來或問題に付きましては政府に對して非常に强く申さば反抗致したと云ふやうな場合もあつたのであります、決して是は政治問題で爭ふのでなくして、今の看護婦の立場として斯の如き苦痛があるといかぬ、斯の如く苦しんで居るから此療治をしてやつて下され、然るにさうふことは療治せぬと云ふものだから已むを得ず立つたのであります、若し致し方が無いと云ふて居れば看護婦の職分が勤まりませぬが爲にするので、政黨政派の爭ひますやうなことは決して私共は致さぬ、又左樣な者は商業會議所の議員になつて居らぬのであります、是丈はどうか御諒察下されんことを望みます、尙今後何事も御斟酌なく吾々に臨まれることを希望すると同時に吾々も誠意を以ちまして商工業の利害に付きまして心付きました點を申上げるやうに努めることに致します、今日は尊來を蒙りましたにも拘らず甚だ粗末なものを差上げまして何等の儲しもありませぬが、どうか吾々全國商業會議所議員が内閣諸公に對しまして滿腔の誠意を以て御歡迎申しましたことを御了承を願ひます

數個の貿易問題我が實業家猛省の一年

東京商業會議所會頭　中野武營

△此の想像は交戰國に氣の毒

我輩は歐洲戰亂が斯くまで擴大されて歐洲の殆んど全土が硝煙彈雨修羅の巷と化しつゝある現狀を遙望する毎に戰爭の慘劇を偲び轉た痛恨に堪えない。一日も早く否一刻も早く平和克復の惠澤に浴するの機會の來らんことを切望して歇まぬものである。這回貴社から『歐洲戰亂が今年中繼續するものとして我が經濟界に迨ぼす影響如何』との問題を提出されて意見を吐露せよとの需に對しては遺憾ながら應ずることが出來ないのである。何故ならば歐洲戰を今年中繼續するものとして云々と言ふのは如何にも同情のないやうな感じを交戰各國に與へはすまいかとの懸念がある。他人の不幸に同情を表さないで自己の利得を歡ばんとするの嫌がやるやうに對者に響きはしなからうかと案じられる。此の不幸なる戰禍が尙今年中繼續すると云ふやうな想像を懷くのは唯想像するだけでも人道に悖りはしなからうかとの感じがする。之は唯我輩一個の信念であるから貴社の質問其物を責めんとするのでは毫頭ないことだけは逆じめ斷つて置く。兎に角我輩は此の見地、此の思想からして貴社の此の問題に答へることを避けて他の問題に就いて聊か私見を披瀝して見たいと思ふ。

△英國の日貨禁制問題

昨年中は我が對外貿易は未曾有の活況を呈して四億圓の輸出超過を示したが、今年も克く此の好潮を迎ることが出來やうか？昨年中の問題として今年に保留してある懸案中英國の我が莫大小玩具等の輸入品を禁制して、本年三月末日限り此の禁制を實施することになつて居るのは我が當業者は勿論貿易商に對しても尠からぬ痛棒である。そこで英國がこの禁制を餘儀なくされた理由は時局の結果船腹の不足を訴へ當面の必需品たる軍需品の輸送上にさへ不足を告げつゝあるから、我が國から輸出される莫大小は斯國に於ける下級階級者の必需品であるにも拘はらず之を輸送することが出來ない。强ひて輸送しやうとする時は軍需品の輸送に支障を生ずるから止むを得ず之を禁止したのが事實である。然るに我が朝野の所謂識者と稱するものゝ中には此の事實を無視し英國の禁止に闘する辯明を曲解して餘り好い感情を懷かない向もあるやうであるが、之は戰時非常時の應急策として其處に多少の綾があつても諒としなければならない。假令それが國産奬勵とか、正貨維持策とかの副次的の目的を含むものとしても戰時非常の際に餘儀なくするものである以上は之を怨んだり非難したりするのは寧ろする方が無理であらうと思ふ。一時隱忍して徐ろに善後策を講ずるの外はない。けれども時局以來遽かに増加した莫大小の英國に輸入したものが禁止されるとなると相互間の國民の不利不便は蓋し尠からざるものがあらうと思ふ。英國へは米國から此種の輸出品があるけれどもそれ等は英國に於ける上流中流者の使用すべき高價の品であつて多數を占めて居る下層社會の需要品としては、これより一層廉價の品質があつて戰前までは獨逸が主に供給者であつたのが、戰爭勃發と同時に其途が絶えたから、英國は態々我國に交渉員を派遣して品質裁縫價格等を指定して注文せしめたのである。我が當業者は其指定に從つて眞面目に調達しつゝあつたから其需用高は莫大の金額に上つたのである。今回禁止令を公布されたのは我が當業者が粗製濫造をしたからであらうなぞと放言する人もあるが、之は全く見當違ひの臆測である。

△露國の輸入制限と我が實業界

それ故之れが禁止の曉となつたならば獨り我國の打擊であるばかりでなく、英國に於ける取引關係者及び一般購買者の不便不利は甚しきものがあつて、或は輿論の喚起となり、案外速かに解決せらるゝに至るかも知れないが、併し假令解禁されても之を輸送する船舶に不足を告げて居る以上は、事實に於て禁止されて居ると同一の結果となるのである。それ故之れが解決の先決問題は、我が造船所に於て可成的造船工事を速成せしめて船舶の供給をなすにあるが、我が現下の造船能率から打算するときは當面の需要供給關係に制せられて、容易に此の餘裕を示すに到らないであらうから、我が民間斯業者は支那及び其他の地に販路を擴張することを今から考慮することを要するのである。

次に露西亞の我が輸出品中特種のものを限りて輸入禁止を爲したが、これも亦西伯利亞鐵道の輸送能力が最大原因であつて、其他の理由もないではないやうに考へられるけれども、之は矢張り露西亞の戰時財政經濟上餘儀なくされた自衞策として其苦衷を諒とするならば、宜しく我れも亦忍耐して機會を俟つの外はない。

要するに歐洲大戰亂は曠古の大事變であつて世界的に不祥事として不幸として悲しまなければならない。我國も其渦中に投じたけれども其不幸は比較的に輕少であつて、今は殆んど戰爭上から受ける當面の苦痛はないから不幸中の幸として自ら慰むべきである。國民の凡てを傾投して國家の興廢を爭ひつゝある英佛露獨墺等の交戰關係國の現狀に想到すれば、實に悲慘なものである。是等各國の不幸に同情を表するならば、多少彼等の餘儀なく爲すべき手段方法にして我が貿易關係に惡影響を及ぼすものがあつても、一時默認すべきは國際間の德義である。それを自己の利益に一致しないからと云つて其措置に對し非難攻擊を敢てするが如きは大に愼むべきことである。

△此の一事を我が實業家に警告す

最後に一言して置きたいことは兎角我國民性の弱點として寸前の利益に眩惑し永遠の利得を想はない癖があることである。此の通弊に對しては過去二三十年來世の識者から警告し反省を促して居るが、遺憾ながら未だ一般民心に徹底して居らない。事新らしく警告するまでもなく國民全體の耳朶には幾度か響いて居るに相違ないが其割合に反響のないのは洵に嘆ずべきである。尤も玆數年以來は餘程反省し自覺して來たけれども未だ全體の自覺を促すことが出來ない。現に這回の如き與國に對する軍需品の供給にも往々不正品を交へ粗製濫造の非難を聽くが、之は唯單に是等關係商工人の信用問題に止まらず、我が國辱を意味し戰後の我が商品の販路を途絶することゝなつて、國家の不利益を釀すこと尠からざることは云ふまでもないことであるから、是非共斯る卑陋悖德の行爲は矯正して、眞面目に作業に從事し商取引きに盡されたい。事理は旣に陳腐に屬するやうではあるが、此の國家の信用に關する大問題を閑却されて居る憾みがあるから殊更に此處に警告するのである。

■ 東京商業會議所會頭 中野武營

講和の成立期に就ては、今日これを明確に答ふる譯には參らず候、縱令多少の考へが有之候共、予輩としては輕々に申述ぶる事は中々に御座候。

蓋し開戰以來二箇年有半、足掛け第四年とも相成候が此間損傷せし所の人命、竝に使消せし所の資財は敵味方合して莫大の數に登るべく候從つて雙方の疲勞も如何許りと存じられ候、實に昨年あたりは春先より一二度講和風の吹き來り殊に同年末の獨逸の講和提議は列國の注目を惹き、我株式界等にも大波瀾を及ぼし候。併し乍ら、今日の情勢を以て之を觀れば、講和は獨逸側に取りては或は有利ならんも、聯合軍側に取りては甚だ不得策と被存候。蓋し開戰當初は獨逸こそ戰鬪準備が充實したれ、聯合側は何れも皆不用意の嫌あり、漸く今日充實の有樣にて攻勢を取るもこれからに御座候。況んや西方と云ひ東方と云ひ聯合側の領土尚敵國に蹂躪せらるゝをや。故に聯合側は飽迄も結束を固うして辛酸を共にし、敵をして城下の盟を致さしめざれば止まざる事と愚考仕候。否斯くてこそ初めて開戰當初の目的を達し得るなれ、予輩は爾信じて疑はざる所に有之候。

我日本は交戰國の一とは云ふものゝ、與國たる英佛露等に比しては其事情大に異るもの之有候、嚮きに絕東に於ける敵の根據地たる青島を攻落し、又太平洋印度洋を跋扈せる敵艦を掃蕩して東洋の平和を保持し、國威を世界に伸暢するを得候、加之戰爭の與へし影響は生產上、貿易上其他頗る有利なるもの有之、大に國力を增進するを得候。勿論斯く云ふものゝ、吾等は決して戰爭其ものを喜ぶものには御座なく候、戰爭は富の破壞、資本の濫費、人生の大悲慘事たるは言を要せず候、故に與國の艱難を思ひ又悲慘事を耳にするに於ては、吾等は日本國民として對岸の火災視する譯には參らず候、故に物質上なり、精神上なり、將來得る限り、吾等の誠心を傳達仕度、又出來得る限り開戰の目的を達成せしめ度候。

　曩きにも申述候通り、講和の成立期に就いては何とも申上兼候、されど戰局の開展如何に依つては如何樣な飛電到來するやも計り難く候、從つて今後も引續き時折講和風の吹き來るべく我財界にも多少の波瀾あるは可不免候、然れども號外一枚にて昨年末の如き大狼狽を爲すが如きは如何にも見苦しき體たらくと被存候。故に今後とても警戒に警戒を加ふるは宜けれども、平素より相當の準備を致し置くに於ては、縦令講和風の於強く吹き來るとも、縮み上る必要は毛頭可無之、平素よりの用意こそ實に望間敷ものに御座候こ（六・一・一二）

三　経済を中心とする平和主義と工業立国

中野は、東京商業会議所会頭を大正六年二月に辞職することを表明したが、その後、株主と経営の深刻な対立に発展した日本郵船紛議の調停（三月から五月）に追われた。

日本郵船紛議とは、第一次大戦によって空前の利益を上げた同社に対し、野村證券の野村徳七や主要な株主が増配を求め、深刻な株主と経営の対立となった問題である。そこで、株主と経営者の双方からの委任を受け、社外から中野武営、和田豊治、郷誠之助、片岡直輝が取締役に、渋沢栄一と土居通夫が相談役に一時的に選任され、配当案や人事案を作成し、両者を仲裁した事件であった[1]。

六月には、尾崎士郎の『人生劇場』の題材となった早稲田騒動が起こった。早稲田大学学長天野為之の後任に、大隈内閣の文部大臣であった高田早苗前学長を復帰させようとする動きなどに対して、東洋経済新報の記者であった石橋湛山や学生が講堂を占拠して抗議し、警察が介入する事態に及んだ。大隈重信は、病床に渋沢栄一、中野武営、森村市左右衛門、豊川良平を招き、紛争の調停を依頼した。中野は、校規改訂調査委員として、調整を主導することになった。

東京商業会議所を辞した後も、東京市会における三電協定による電燈問題の解決（七月）や十月に東京を襲った災害対応のための東京風害救済会の設立（十月）、東洋製鉄株式会社の創立と初代社長への就任（十一月）、浅野セメント工場移転問題の仲裁（十二月）などに対応をした。

翌年の大正七年には、三月に東京市長の奥田義人の没後、後任の田尻稲次郎の選出に向けた調整をした。そして、六月の市会選挙で再選され、市会議長にも再選された。その後、米騒動を受けた東京臨時救済会の設立（八月）や、田園都市株式会社（現在の東急電鉄株式会社）の設立と初代社長への就任（九月）と多忙を極めた。

理化学研究所については、大正六年三月に設立されたものの民間寄付の目標額の五百万円に届いていなかったことから、最期まで寄付の募集に力を注いだ。また、早稲田大学校規の改正を実質的にとりまとめ、騒動に終止符を打ち、十月三日に早稲田大学終身維持員に任命された。

中野は、「日本の国是と移民問題」（**6－23**）や「移民と教育」（**6－27**）を発表した時点において、人口が増大する我が国の発展の方向として、商工業の発展には相当の年月を要することなどから、当面、移民が有利であるとの結論に達していた。

しかし、カリフォルニア州の排日土地法の成立や第一次世界大戦を経て、大正三年十一月に発表した**7－23**「**商工補習教育に就て実業家の希望**」（大正三年十二月十二日）では、日本人は外国人よりも排斥を受けるので移民が難しい、「今日の世界は決して侵略的に他所の国を取って我版図を広めると云ふことは出来ない。将来決してすべきものではない。」、「日本のやうに人口が多く土地の狭い所で工業に従事するのが一番適当であると思ふ、又日本の人種は其性質よりしても工業に適するものであらうと思ひます。」と、他国の侵略と移民の選択肢を否定し、日本は平和主義の下で工業の発展を図り、輸出を振興していくことが今後の活路であるとの結論にたどりついた。

そして、商工業の国際競争を「平和の戦争」と観念し、徒弟職工を軍隊の兵士になぞらえ、職工の職業教育の重要性を説いた。

このように中野は、大正三年末の時点で、経済中心の平和主義を堅持して、工業の振興と輸出促進を目指すべきとの信念を固め、その確信を強めていった。これは、第二次大戦後の日本の国家としての基本的な針路を先取する理念であった。

7－24「**工業国としての日本の使命**」（大正五年十月）は、日本の工業界会社の全体の資本金と積立金を合計しても、米国の一鉄鋼会社の資本金の四分の一にしか相当しないと、将来の日本の経済的国家独立の観点からも、商工業の振興を図る必要があると指摘している。**7－25**「**戦後の大反動に処する工業立国策**」（大正七年一月）も同様の主張を行なっている。

7－26「**来るべき平和の戦争と国産奨励**」（大正七年八月）は、大正七年八月に比叡山延暦寺宿院において、国産奨励会夏季林間講習会が開催された際のものであり、記録された講演の最後のものである。

第一次世界大戦が終結すれば、国際的な商戦、すなわち「平和の戦争」が厳しくなることが予想されることから、農工商が一体となって原料自給などの課題に取り組み、自動力で進む経済の実現を目指すように訴えた。**7－27**「**戦**

後の経営と自給策」（同年十月一日）は、同様の主張である。

比叡山の講演の後、九月初めに札幌での生命保険会社協会全国大会に議長として参加した。その後体調を崩し容態が急変し、尿毒症により十月五日から昏睡状態となり、十月八日に逝去した。

中野が危篤になってから、渋沢栄一や田尻稲次郎は、実業界に貢献した功労によって中野への「男爵奏請の運動」をはじめ、原敬総理大臣や宮内省に働きかけたという。(2) これが取り上げられることはなかったが、十月七日に農商務大臣山本達雄の上奏により、特旨により正五位勲三等に昇位した。(3)

中野は本郷元町（現在の御茶ノ水の順天堂医院の西側）に住んでいたため、東京市電が濠に沿って邸の前を通るとき、病床の中野に配慮し徐行運転を行ったと伝えられている。

十月八日午前中、早稲田騒動を受けて中野が調整してまとめた新しい校規に基づき、初めての早稲田大学維持委員会が開催され、大隈重信が総長に、平沼淑郎が新学長に選出された。続いて大隈邸で新旧維持員の懇親会が開催されたが、そこから松平頼壽が臨終に駆けつけ、直後に大隈、渋沢、平沼らも到着した。

没後の十月十日、東京市会が臨時に召集され、鳩山一郎副議長の下で、田尻市長の提案による哀悼文が議決され、翌日には東京商業会議所の臨時総会において満場一致で弔辞を奉呈することが決議された。藤山雷太会頭は、中野の功績を称えて銅像を東京商業会議所内に設置することを表明した。

十月十二日、青山斎場で葬儀が行われた。親戚総代は小田知周、友人総代は大隈重信、田尻稲次郎、渋沢栄一であった。

伏見宮家から眞榊が贈られ、田尻東京市長、藤山東京商業会議所会頭、平沼淑郎早稲田大学学長、渋沢栄一葬儀委員長が弔辞を読み上げた。(4) 大隈重信の他、山本達雄農商務相など、政財界官界から多数が参列した。戒名は入菴随郷居士であった。(5)

翌年四月、台東区池之端にある真言宗の宝林山霊雲寺塔頭妙極院に埋葬され、出身地の高松市浜ノ町の蓮華寺に分骨された。(6)

大正十年五月二日、東京商業会議所において、渋沢栄一、藤山雷太東京商業会議所会頭、安田善次郎らが参加し、新海竹太郎作の中野武営の銅像の除幕式が開催された。(7)

注

（1）本節の内容については、拙著『中野武営と商業会議所』の「第十三章　東京市会議長」と「第十四章（六）日本郵船紛議、（八）早稲田騒動」、「第十五章　平和の戦いに向けて」を参照。

（2）薄田『中野武営翁の七十年』。

（3）『東京日日新聞』、『時事新報』大正七年十月八日。

（4）渋沢栄一による中野への告辞は、渋沢栄一「故中野氏の霊柩に対し」『向上』第一二巻第一一号、修養団、大正七年十一月（『渋沢栄一伝記資料』第五十七巻に収録）。

（5）『国民新聞』、『東京朝日新聞』大正七年十月十三日。

（6）『香川新報』大正八年四月九日、十二日。

（7）『東京商業会議所報』第四巻第六号、大正十年六月。

九、商工補習教育に就て實業家の希望

東京商業會議所會頭　中　野　武　營

私は只今御紹介を受けました中野でございます、此度補習教育に就て諸君が連日御集會で熱心に御研究になつて居らるゝに就て私にも出席をして意見のある所を言へと云ふことでございました、私は喜んで罷り出て諸君に御目に懸かることは最も光榮に存ずるのであります、併し私は諸君に對して實に恥入る譯である、何かと申せば、此補習教育の必要なる事は私が申上げる迄もないが、文部省を始め各府縣に於て此教育に非常に力を用ひられて居るにも拘らず、却て實業家が未だ補習教育の事に就て十分に力を效さぬのである、今も他の室で文部大臣に御目に懸つた所が大臣の御話に此教育に就て政府も地方も力を盡して居るが、未だ實業家が是に十分の力を添へない、隨て商工の徒弟職工中志の篤い者が居ても、之を助けてやる所の實業家が少いので、それが爲めに十分に發達を見ることが出來ぬから此以上は實業家が努めなければならぬ、其點に就て奬勵をしなければならぬと云ふ御話があつたので私も恥入つた次第でありました、實は私は常にそれを遺憾に思つて居るのでございます、先刻手島君の御演説があつたやうでありますから、手島君が御話しになつたかも知れませぬが、東京市に於ても補習教育を盛にしたいと云ふことは數年前に手島校長に私が御相談をして、さうして東京商業會議所へ東京市内に在る所の各工場の工主を呼びまして、補習敎育と云ふものを盛にしなければならぬ、外國の有樣は斯うである、日本は後れて居るから、之を捨てゝ置いては叶はぬと云ふことを段々奬勵致しまして、其結果手島君が適材敎育と云ふ法案を立てゝ東京府立の職工學校にそれを容れて貰ふたのでございます、それ以來今日迄續いてやつて居りますから、其成績は良いのであります、併し各工場から續々徒弟を出すかと思ふと、私が望むやうに何分生徒を寄越さない、先づ芝浦製作所、石川島造船所と云ふものは既に年々歳々職工を出して居りますが、どうも他の工場主は、更に生徒を入れない、これを以て見ても此の敎育には一般の實業家が、冷淡に考へて居られるに相違ない是れは甚だ遺憾に思つて居ります、故に斯う云ふ講習會が開かれて段々御研究になつた結果は能く私共が承つてさうして之を實業家に傳へて、さうして奬勵をすると云ふことは吾々の務むべき役目であるのでございますから、私が諸君に意見を申上ぐるよりも、寧ろ諸君から敎を受けたいと私は思ふて居ります、併し私の立場からして常に必要を感じて居る一二の點を申上げて責を塞がうと思ふ、日本の現狀から申しますと、第一人口增殖の上から又貿易經濟の上からして是非日本を工業國にしなければならぬ、工業に基礎を置かなければならぬ、して見れば此敎育は非常に必要であると云ふことは申す迄もないのであります、御承知の通り日本は每年五十萬乃至六十萬の人口が增して行くのであります、土地の狹い所へ人が澤山增して今は殆ど生活難に苦しみ生活難の聲も餘程高くなつて居るのでございます、此の處置を付ると云ふことは國家の重大問題である、曾て露西亞の新聞記者が東京に來られていろ〳〵日本內地を視察したことがあります、其人に日本を視察してどう云ふ感想を有つたかと尋ねたら、其人曰く、如何にも日本は土地が狹くして、さうして人が無暗に多いが此儘にして居つた日には日本はどう成行くか、吾々の目から見ると實に驚かざるを得ない、是では生活が立ち行かぬと云ふことに陷りはせぬかと思はれる、之を救ふには、他に日本の領土があれば、其領土に人民を移しく行くとするか、若しそれに充つべき領土がないとすれば、侵略的に他の國を取つてでも出してやらなければなるまい、それが惡いとすれば移民策を立てゝ外國に移民するか、若しそれをもせぬならば、佛蘭西のやうに子を生まぬ工夫をするより外仕方がない、若しそれをもせずして居たならば日本は所謂共倒れて仕舞ふと云ふ運命に陷りはせぬかと云ふ話でありましたが、隨分是は無遠慮な話でありますけれども事實私は尤もの事と思ひます、是非此人口を宜い按排にして生活難を救ふ道を立てなければならぬのであります、所が御承知の通り今日の世界は決して侵略的に他所の國を取つて我版圖を廣めると云ふことは出來ない、將來決してすべきものでない、然らば如何にして此人口を海外に發展せしむる道があかると云ふことを講せなければならぬ、所で御承知の通り日本人はどう云ふ譯であるか、外國人より頗る排斥を受ける、是はいろ〳〵國の氣象に依つて違ひますけれども概して日本人の行く所は到る處排斥を受ける、近くは亞米利加に喧しい問題がありますが獨り北米合衆國ばかりではなく南米に於ても矢張り排日問題がある、南洋の方面にもある、併し如何に排日論があるとしてもそれに躊躇して手を引く譯には參りませぬから條約に違はぬ限りは國民を外國に發展さすと云ふことは努めなければならぬのであります、併しながら、此方の思ふやうに都合よく移民をやるといふことは今日は餘程困難な時でございます、然らば年々増殖して行く所の人に生活の道を授けると云ふ事はどうするかと言へは工業に從事させると云ふことでなければならぬ、日本のやうに人口が多く土地の狹い所では工業に從事するのが一番適當であると思ふ、又日本の人種は其性質よりしても工業に適するものであらうと思ひます、決して馬鹿な國民ではないのでございます、故に此道を立てゝやると云ふことは今日必要の事である、今一つには貿易でございますが、御承知の通り年々歳々輸入超過を爲して居るのでございます、凡そ國として他の國に金を貸す國は輸入超過は當然の事である、然るに日本のやうに借財を澤山有つて居る國が外國より輸入高が輸出高より超過すると云ふことになつては一般の經濟が立たぬ譯であります、之を順調に直すには工場を盛にして製産を富すより外に途はありませぬ、此二つの上から見て日本は是非基礎を工業の上に置かなければならぬと云ふことは誰しも異論のない所でございます、併し是迄の習慣が工業と云ふものは家内工業のやうな有樣であつて、今日は餘程以前から見ると發達したのでありますけれども未だ家內工業の有樣が脫けない、然るに今日の世界は到底家內工業のやうな生產の仕方では、いけない、どうしても大なる力を以て當ると云ふ事にしなければならぬ、日本の昔の有樣を考へて見ると單り工業の事ばかりでなく、總ての事が、個人働きと云ふ有樣になつて居る、彼の軍の事を以て譬へて申しますれば、昔の軍は唯だ英雄豪傑が思ふ存分に自分の功名手柄を働くだけで全體の軍隊が力を協はせて軍をしたと云ふことは歷史の上では知り得られぬ有樣である、歷史の上で見まする と屋島、壇の浦の軍でも賤ヶ嶽の事でも皆英雄豪傑が働いて居ることは歷史に殘つて居るが、軍隊全體の駈引と云ふものに至りては甚だ見るに難い事になつて居る、然るに今日は昔の軍のやうに英雄豪傑が唯だ自分一人の技倆を見せ、强い者は拔駈け功名を貪り、弱い者は後に引込んで逃げて居ると云ふ姿であつたならば決して軍は出來ぬ、日露戰爭に於て滿洲で數十萬の軍を張つて進退駈引一人の身體同樣になつて働きを爲したと云ふことは昔に於て見ることの出來ぬことで若し斯の如き大軍勢を以て軍をする時に唯だ英雄豪傑が拔駈功名をするが如き働きをしたならば、軍は亂れるに相違ないのであります、强い者と雖も一人で進む事は出來ない、弱い者と雖も一人で退く事を許さぬ、一軍一介の下に働きを爲して始めて大なる軍も出來るのであります、それで貿易の事でも同じ事であらうと思ひます、實際拔駈功名、自分だけ働きをし、自分だけが功名をしたから宜いと云ふ働きでは、其者だけは一時宜いか知れませぬが、全體の軍は敗れて仕舞ふ、故に此貿易に於ても所謂大なる力を協せ一齊に整はなければ到底貿易の發展は出來ぬ、又競爭場裡に勝を制することは出來ぬと思ふ、然るに今日は勿論將來も兵力を以て國の發達を圖ると云ふことは平和主義より宜しくないとすればこれに代ふるに商工力を協はせ大なる軍隊を作つて行くと云ふ外に道はないのであります、卽ち平和の戰爭である、此戰爭から見れば商工の徒弟職工といふものは卽ち兵士である、故に此者の强弱次第で軍は勝つも負けるも極まるので、職工を善く敎育して、是に力を附けて、是に仕事の働きを善くさせて行くより外には兵を强くする道はないのであります、私の常に感じて居る事は最早日本は學問の上から申しますれば皆立派な學者が出來て居る、故に資本さへあれば決して外國に劣らぬだけの工場を興すことも出來るのである、唯だ今日の所は學問は餘程進んで居るけれども一般の經濟が卽ち富の力が今日の學者をして充分に働きをさせるだけの資本を供給することが出來ないのであります、併しよしや資本力がありとするも職工徒弟卽ち兵隊となるべき所の者がよくなくては將校たるべき學者の働きは出來なからうと思ひます、それ故に私共は敎育の事は諸君に願つて、さうして諸君が御研究になつた事柄を成るべく吾々に御示し下されば吾々はそれを以て工場主又は實業家の方面に對し奬勵する役目を努める考であります、さうして敎育に任じて居らるゝ諸君と吾々が力を協はせて將來大に發展の道を講せんければならぬと信じます、諸君此上とも此教育の事に就て十分御盡力を仰ぎます又及ばずながら吾々も文部大臣が先刻仰せられたやうに實業家が是に力を入れると云ふことに就て出來得る限り盡したいと思ひます、餘り暑中に長い事を申しては相濟みませぬから是で御免を蒙ります、

工業國としての日本の使命

東京商業會議所會頭　中野武營

◎侵畧か避姙か◎

曾て、露國の一新聞記者が、日本內地の視察を終り、東京に來た時、其の人に向つて『足下は日本を視察して如何なる感想を有たるゝ歟』と訊ねたことがあつた、然るに此の人の感想が實に露骨ではあるが、頗る事實を穿つたものがある。『日本は如何にも土地が狹くして人口が甚多いが此の儘にして居つた日には前途頗る寒心すべきである、吾人の目から觀ると實に驚かざるを得ない、是では終には國民各自の生活が立行かぬといふやうなことに陷りはせぬかと思はれる、而して之れを救ふの途は、他に日本の領土があれば、其領土に移民せしむるか、若しそれに充つべき領土がないとすれば、侵略的に他に領土を求めてゞも移民を行はなければならぬ、事實それもならぬとすれば、佛蘭西の如く子を生ぬ工夫をして人口の增殖を制限するの途に出づる外方法はなからうと思ふ、万一其何れにも依らずして居つたならば、日本は遂に共倒れの運命に陷るより他に途はないと信ずる』といふ論旨であるが、實際此人口を適度に按排して國民同志の生活難を救濟するの策を立つるといふことは、まさに當面の急務と謂はなければならぬ。

雖然、現時世界の形勢は決して他國の侵略を許すべきものではないばかりではなく、將來とも決してなすべきものではないから、理論より謂へば大いに移民政策を立てゝ海外殖民を奬勵せねばならぬのである。

◎移民政策か工業政策か◎

然るに種々なる理由もあるであらうが、我日本人は世界到る處に於て排斥を受て居る、近くは米國に於て常に喧しき政治問題となれるのみならず、南米に於ても南洋に於ても矢張排日の氣勢が昂つて居るのである、併し如何に排日論が沸騰しても、それに躊躇して袖手傍觀の態度も出來ぬから、國際條約に違はぬ限りは國民をして大いに海外に發展せしめなければならぬのであるが、さて實際の問題となると、種々の關係事情が錯交して、此方の思ふやうに都合よく移民を送るといふことは、我國現下の狀態では頗る至難事に屬すのは、又已むを得ぬ次第である、然らば年々增殖してゆく國民の生活難を救濟すべき適策はないかといふに、吾人は工業政策が最も適應せるものと信ずるものである、元來日本の如く土地の狹い國にありては、國民の多數を工業に依らしむべきは頗る當を得たる問題にして、一面邦人の性質が工業國民たるに適應せるのを觀ても思ひ半ばに過ぎやう、他の一は貿易であるが、是とても最近の統計の如く、輸入超過が多くの場合を占むるやうでは、日本のやうな經濟上の貧弱國では尚更ら憂慮すべきものがある、而して此の貿易をして輸出超過ならしめ以て一國の經濟をして順調に導くには、大いに工場を盛にして其生産額を増加せしむるより他に途のないのは明かの事實である、此二點の歸着する處を察するも、日本が是非基礎を工業の上に置かなければならぬといふことは、何人も首肯する處なりと信ずるのである。

回平和主義と平和戰回

前述の如く人口の増殖問題を解決する方法としては、兵力を用ひて侵略を行ふことは、世界の平和主義より見て不可なりとすれば、これに代ふべき方法として、商工力を協せて一大商工軍を組織し、以て世界の競爭戰裏に打つて出で、以て人口の増殖に備ふる處なくてはならぬ。即ち平和の戰爭裏に於て勝を奏するの準備である、吾人の常に感じて居る事は、最早や日本は學問の上に於ては皆な立派な學者が出來て居る故に相當の資本すら投ずれば決して外國に劣らぬだけの工場を興すことが出來るのであるがよしや潤澤なる資本があつたとしても職工徒弟の熟錬なる修養がなかつたならば如何に優秀なる學者でも働きは出來ぬ事となるのは當然の理である。

回將校と兵士訓錬回

由來、商工業上其他に於ける學者及技師等は軍隊に於ける將校にして、商工の徒弟職工は即ち兵士である、かの明治卅七八年の戰役に於て、滿洲の野にありし數十万の我軍隊は、司令部の一令によりて、恰も手足を動かすが如く自由なる運動をなし、あれだけの大勝を博したのであるが、是を昔の戰爭の如く勇士豪傑の拔驅の功名を競ふが如き統一連絡なき軍隊を以てせば奈何、此例は直に職工徒弟の教育訓練の必要を訓ふるものであつて、現今の如く整然たる社會組織の完成せられたる時に於ては、一人の學者よりも多數の職工徒弟の訓錬如何によつて、百業の成績が定まる場合が多いのである、即ち商工戰に於ける勝敗の決は、此兵士の强弱によつて決定せらるゝに想到したならば、職工徒弟教育の忽諸に附すべからざるは何人と雖も議論の餘地はない筈である政府當局に於ても夙に此點に着目して職業教育の奬勵施設に關しては種々の調査を進めて居らるゝのは結構であるが、我東京市に於ても商工補習教育普及の爲め府立職工學校内に此教育機關を設けましたが、何分各工場から生徒たるべき徒弟職工を寄越さないので困る、之は各工場主の責任であるから、各自が此際邦家の將來に着目せられて、一時的の都合に惑はず、大に平和的商工戰の戰士の養成訓錬を念とせられたい、是取も直さず吾人が邦家に報ゆるの一端となるのであるから、特に各工場主の覺醒を促すのである。

戰後の大反動に處する工業立國策

米國の一製鋼會社は資本金參拾五億圓であるか、日本は總ての工業會社五千百六十六の總資本を合せても猶ほ僅に八億三百五十七萬圓しか無い。甚だ以て心細いではないか。

中野武營

中野武營氏

露國新聞記者の日本評

我國に於ける人口增加の大勢から考へても又貿易經濟の上から考へても、日本の將來は是非共工業基礎を樹てなければならぬ。して見れば、工業普通敎育の必要なることは今更云ふまでもない。此の限りある領土內に年々著しい勢を以て人口增殖し、生活難の聲漸やく高く、殊に時局發生以來此の叫は餘程烈しくなつて來たやうである。將來此の處置を如何にするかと云ふことは、實に刻下の重大問題である。曾つて露國の新聞記者が日本內地を隈なく視察したことがあつた。當時私は其人に視察の所感を尋ねると、如何にも日本は土地は狹いし人口は無暗に多いが、此の儘にして居つたなら日本の將來はどう成り行くだらう。失禮ながら之れでは將來國民の生活は立ち行かぬことになりはせぬかと思ふ。之れを救ふには他に日本の領土があれば、その領土に其國民を移して行くか、若しその領土がないとすれば侵略的に他の國土を奪つてゞも出さなければなるまい。それが惡いとすれば移民策を立てゝ、外國に移民を奬勵するか、若し夫れも不可とすれば、佛蘭西のやうに子を生まぬ工夫をするの外仕方があるまい。若しそれをもせずして居たならば、日本の將來は所謂共倒れの運命に陷りはせぬかと言つた。隨分無遠慮な話であつたが、事實は尤ものことで、此の人口の調節を計つて國民の生活難を救ふ道を立てると云ふことは、實に國家の急務である。

然れども今日の大勢を看れば侵略的に版圖を廣めると云ふことは至難である。否將來決して爲すべきものではない。然らば如何にすれば此の人口を海外に發展せしむる道があるかとを考へねばならぬ所が日本人はどう云ふ譯か、外國人より排斥を受ける。是には種々の事情もあらうが、概して到る處排斥の聲を聞くのである。單り北米ばかりではない南米に於ても亦此の聞を聞くのである。更に南洋方面にもこの問題がある。併し如何に排日論があるとしても、それに手を引く譯には行かぬから、條約に違はぬ限り國民を海外に發展せしむる事に努めなければならぬ。併し今日は容易に移民の奬勵をする事が出來兼ねる種々の事情がある。

獨逸の經濟的大動員

然れども人口の増殖に對し、國民の生存と發展とを力圖する上に於て、何等かの方策を取らねばならぬ事は、一刻も猶豫すべからざる緊急問題である。果して如何にしたらよいかといへば限りある此の領土内では商工業を奬勵し之に從事すると云ふことでなければならぬ。殊に日本のやうな土地の狹隘な國では工業に從事するのが一番適當なことであると思ふ又日本の人種は性質よりしても、工業に適するものである、故に政府としては今日の場合工業立國策を立てると云ふことが最も急務であると思ふ。

貿易經濟の狀況は、近時戰亂の影響で稍々順調であるけれども、戰前の狀態に顧みて將來餘程警戒を要すべきものがある。則ち戰前に於ては日本は債務國にして而も毎年輸入超過の爲に苦しめられて

居た。戰後は怎うなるか油斷をして居ると又逆戻りをしないとも限らぬ。凡そ國として債權國が債務國より輸入超過を見るは當然の事であるけれども、日本のやうに債務國が債權國より輸出超過を見ると云ふことになつては、一般の經濟が立つて行かぬ譯である。之れを順調にするには工場を盛んにして内地製産を富ますより外に途はないのである。どの點から見ても、日本の將來は是非共基礎を工業の上に置かなければならぬと云ふことは世間誰しも異論を稱へるものはないのである。そこで日本の從來の習慣である家内工業の惡習から速かに離脱して、世界經濟市場の競爭場裡に伍するの決心を以て、今より大なる力を協せ、大なる覺悟を以て豫め備へなければならぬと思ふ。

米國の會社と日本の會社

時局發生以來既に三年獨逸は有ゆる經濟上の動員を斷行し完成して政治上の獨立に於て缺くべからざる經濟的獨立が妥當であると云ふ實を示したのである。之れが完全に示されたる獨逸であるから軍事上に於ては勿論、政治の上に於ても、兎角世界を驚かし强い國となつたのである。それで此の戰爭が何時濟まうとも勝敗は如何に分れても、是迄の經過によつて國家の獨立にはどうしても經濟的獨立

を前提とすると云ふことを最も雄辯に敎へたのである。

然るに我國の現狀を見ると、果して斯かる動員を遂げ得らるゝであらうか、縱し獨逸の如く財政動員經濟動員が完全に行はれたとしても、實際動員さるべき工業力又は製造力が不足を告げないであらうか。彼れを思ひ此れを考ふると頗る寒心に堪へない次第である。近年吾邦も時局に促されて漸次工業國になりかゝつて來たやうである。日本の工業は驚くべきものであると、人も稱へ我もまた許して居るのであるが。工業力又は製造力が果して幾何のものであるか、之れを數字に就て調べ、諸外國と比較して見ると驚くべき情ない事實を示すのである。米國の實業家が主宰して居る彼の有名なる米國製鋼會社の資本總額は、驚くべし十七億五千萬弗、日本の所謂三十五億圓であるから、之れを日本全體の工業會社か五千百六十六の多數に上れる資本總額八億三百五十八萬に比較するときは、我が工業會社全體の資本及積立金を合算するも、尙ほ米國に於ける一製鋼會社の資本の約四分の一にしか當らぬとは、實に心細い譯ではないか。之れでは完全なる經濟的獨立と云ふことも甚だ覺束ないのみではなく獨立國として外國と大膽なる戰をするといふことも出來ないのである。

經濟的國防の急務

以上の事實によるも、將來の我日本は工業の一大發達を企圖しなければならない。此の單純なる事實は、日本の工業會社全部を擧げて、尙は米國の一會社との比較は最も雄辯に且つ痛切に國民の奮起を促して居るではないか。此有樣で戰後に於ける日本は、果して强國を以て自任することは出來るかどうか、甚だ疑はしいのである。茲に於て今日は勿論將來とも、兵力を以て國防の安全を圖ると云ふことは國家獨立の前提であると同時に、一面に於ては經濟的獨立、經濟的國防計畫が必要である。即ち大に商工業を興し平和的國防計畫の充實を計らねばならぬ即平和の戰爭である。此の戰爭から見れば商工業に從事する所の徒弟及職工は、恰も兵士である。故に商工業の盛衰、及之に從事する兵士の强弱は、曳いて以て將來日本の世界に於ける平和戰爭の運命即國家獨立の運命は決せらるゝのである。

そこで今日の日本は商工普通敎育殊に職工徒弟の敎育振興を圖ることが刻下の大急務であると同時に、常に克く彼等を訓育して生產力を增進するより外に、富國强兵の道はないのである。我が商工敎育の最高機關は既に完備して、今では立派な學者も多數あるのであるから、資本さへあれば、決して外國に劣らぬだけの工場の會社も興することは實に容易に出來るのである。唯だ今日の處は學問は餘程進んで居る割合に、一般の經濟が學者をして充分なる手腕を振はすることが出來ないのを、非常に遺憾とする。そこで私の主張するのは、國家の將來はどうしても基礎を工業に置くの緊要なることを前提として、資本家の一大奮起を要する之れと相俟つて國家は實業敎育殊に商工徒弟敎育の振興改善を計るを以て最大なる急務であると信ずる。

來るべき平和の戰争と國産奬勵

國産奬勵會理事　中野武營

會長閣下諸君、私は唯今御紹介下された中野武營と申すものであります、此度此盤地に於て林間講習會を催されて諸君は熱心に此數日間講習をなされた、其講習に御出席の講師諸君は皆歴々の學者で、實に學者中の大家である、又農商務省の商工局長、農務局長も來て居らるゝと云ふことであるが兎に角斯の如く政治の部面に居らるゝ方も又學者側の大家も出席せられたことは實に稀なる講習會である其に就ては會長を始め奬勵會の諸君が餘程御配慮になつた結果と、私は大ひに喜んで居ります、扨私が此年になりまして是迄出張致したと云ふことは所謂老人の冷水と云ふ御笑を受くるかも知れないが併し今日は諸君と共に勉強して大いに國家の事を謀らなければならぬ實に大事な時であるから、諸君に御目にかゝり度爲に奮發したのであります、然れども私は諸君に具体的の所謂平仄の合ふた、講義をする樣な資格はないのであります、例へば政治家と云ふものは國家を治むる職權と云ふ力を以て居るものである學者と云ふものは學力と云ふ力を持て居る人であります、即ち國家を經營の上に於て力のある人々である、然るに私は左樣なる職權もなければ學力もないので申せば資格のないものである。唯恰も看護婦のやうな立場のものであります、一方政治家の言ふ所學者の言ふ所を能く服膺して見て是は時勢に適したことてある、是非此事を實行せねばならぬと思へば、其世話を燒く東京に居りましても澁澤男爵や私共は唯世話役の仕事をして居るのであります、恰も看護婦が醫者に病人の容体を言ふて宜しく療治をして貰はなければならぬと云ふと同じことであります、夫故私は學者や政治家が御話なさる様に具体的に御話することは出來ない、唯存じ寄りの儘座談体の御話を致して皆さんに御目に懸つた記念を表さうと思ふのであります、先づ日本現今の有様は何うであるか即ち歐洲戰爭中にあつて日本が何ふ云ふ場合何う云ふ立場に居るかと云ふことは諸君の御承知の通りであるから私が喋々申す迄もない、要するに大變に宜い機運に出逢ふた其有様は恰かも順風に帆を擧げて船が走つて居ると云ふ有様である、從來我國は債務國である其上貿易に於ては年々歳々輸入超過と云ふ有様であるから、正金は年々歳々海外へ輸出すること夥しい甚しきは兌換券の基礎を危うしはせぬかとまで氣遣ふ有様であつたのであります、夫が今度の戰時になつて以來は輸出が増加してドン／＼正金は這入つて來る、即ち今では債權國になつて、外國に金を貸してやると云ふやうな有様になつたのである、戰時前の有様を以て今日を見ると實に國が違ふた様な有様である、是は我／＼喜ばなければならぬ、併し唯喜んだ丈けでは濟まないのである彼の歐洲の戰亂の有様を聞きますると實に慘澹たる有様であります、聯合國即ち我が味方同志の國々の有様を見れば、國として生產すべき壯丁の人々は皆戰場に出て行かなければならず、又國として生產すべき諸工業農業の如きものも皆軍需品を製造し、軍器を製造する工場に化し其上夥しい國債を負擔しなければならぬと云ふ有様で、今後のことを思ひやると實に氣の毒千萬なる有様に陷つたのである、其間に於て幸ひにも日本は戰地を隔りたる遠い所にあるからして戰爭の慘澹たる影響は受けずして却て利益を得るやうな仕合を得て居ると云ふことは實に能く考えると心配なことなんてある、唯喜び許りしては居られない有様である、併乍ら日本の國民として何も朝から晩迄心配をして、儲けを止めて居るには及ばぬ、人民は皆働いて儲け得る丈けは儲けなければならぬことは當り前のことであります、併しながら其間に於て戰後のことを用意して置かなければならぬ、唯ウカ／＼して居つた時には實に思はざる困難を嘗めなければならぬ、時節が到來する即ち逆風に出會ふことがある帆掛船が順風を受けて走つて居る間は誠に愉快の事であるが、併し此帆船と云ふものは自動力の力でなく他動力の風と云ふものを利用し走つて居るのでありますから、順風の時は宜しいが逆風に遭ふと困難しなければならぬ、蒸汽船のやうに自動力の力が強いものであれば逆風に遭ふても進んで行くことが出來るが、他動力の風をのみ當てにして行く船は甚だ危險である、故に自動力がない船は逆風に遭ふと云ふことを豫め分別覺悟して居らねばならぬ、ソコで戰後に於て何うなるかと云ふことを一つ考へて見ますると、歐洲も戰爭が濟んだからとて容易に前の平和の時分の如く經濟の回復は出來ますまい經濟回復と云ふことは容易のことではないのであります、第一前に申した如く働く人間は寡くなり金は少くなつたのであるから數十年掛らなければ此疲は癒えぬのであります、夫故此歐洲が經濟の恢復を圖らなければならぬ爲めに、人民必死の努力をなさなければならぬ、此努力の働と云ふものは實に畏るべきものがあらうと思ふ、何となれば一人にして三人前五人前の働をなすに相違ない夫から又政治の上からしても種々なる政策を施すであらふ、外國貿易上に關係しては關税政策として外國の輸入額をば成るべく防ぐだろふ、又外國へ出す原料品等に就ても外國へ出して貿易上不利益になるものをば或は制止して輸出を抑へんとするに違ひない、是等のことは此戰後に於て種々なことが現はれて來るに相違ない、爰に於て一番懸念に堪へられぬのは日本に未だ製造品の原料自給と云ふものが出來ない點である、御承知の通り綿或は羊毛、獸皮或は鐵と云ふやうなもの其他日本躬らが自給をして行く丈けのものなくして皆外國から輸入して工業の原料にして居る有様である、是れに一朝重税を課せられて其高いものを買はなければならぬと云ふことになりましたならば從つて製品の價が高くなるから市場に於て外國の品物と競爭する上に於て甚だ不利益の位置に立たなければならぬ、是等のことを考へて見ると實に戰後のことに就て心配せざるを得ない、夫に就きては今より國民が力を合せて一番努力しなければならぬ、先づ第一に戰後に起るべき所謂商戰と言ひますか、平和の戰と云ひますか兎に角其戰ひには御互に皆兵士となつて夫に當らなければならぬ國民辈つて其戰爭に當らなければならぬ、若し此軍勢が整はぬ時には平和の戰爭は出來ないのである、然るに世間に往々政黨政派の策略の爲に動もすると商業と農業とは利害が異つて居ると云ふ所から商人と農民との間を離間せらるゝやうなことが往々にしてある、併し決してサウ云ふものではないので丁度兵隊が師團を組織するにも工兵も歩兵も砲兵も騎兵も輜重兵もなければならぬ夫等のものを組合して初めて師團と云ふものが成立してこそ戰爭も出來る譯で、夫と同樣に此平和の戰爭も農工商が一團となつて、即ち農業者は原料を改良し豐富にし又一方に工業家は其原料を以て製造を盛にして成るべく製造費を安くし夫を以て商人が外國貿易に當つて外國の品物と戰はなければならぬから農工商三業が其目的を一にし倶に努力しなければならぬ、若しも夫が個々別々となつて團結が出來ぬならば迚も平和の戰爭は出來ない、兎に角今から第二の戰爭と云ふことに就ての覺悟をしなければならぬ、我々の如き老人たりとも決して平和の戰爭の塲合には引込んで居ることは出來ぬ、諸君と倶に國の爲に盡さなければならぬと覺悟をして居ります、扨夫に就きては國民は元氣勇氣を養ふことか肝要であると思ふ近頃の有樣て日本人は金が儲るから景氣よく元氣もある樣に見ゆれども一朝講和風か吹いて來ると夫に震ひ上つて色を變えると云ふやうな怯弱な氣性では平和の戰爭に當ることは出來ない、元氣と云ふものがなければならぬ、元氣と云ふものは抑も何であるか即ち士氣所謂侍の氣性を持て居らなければならぬ、義を重じ國家を思ひ、德義を楯にして進んで百折撓まぬと云ふ氣性がなければ行くべきものでない、然るに近來國の富が增して來ると同時に物質的思想が進んで精神的修養が甚だ欠け薄らいで來て居る有樣である、唯己れさへ利を取れば人はどうなつても宜い粗製濫造して國の信用を害しても己れさへ儲ければ宜いと云ふやうな人が往々あるので、外國から非常に非難されるが、斯かる人々こそ實に國家に不忠者と云はなければならぬ、左ればと云ふて實業家即ち農工商は皆輕薄なるものかと云ふと否然らず、皆忠勇の氣を持て居るに相違ない證據がある、例を言ふと日本の陸海軍の兵隊は萬國の尊敬を受けて居る、日本の軍隊、日本の兵隊は誠に忠勇無双能く軍律を守り秩序が能く整ふて居ると賛賞されて居る然らば、其兵隊は何う云ふ階級の人から出來て居るかと云へば其多くは農工商の人が徴兵に出て居るのである、徴兵で組立らるゝ兵隊となると能く秩序が立ち軍隊の紀律を能く守り忠勇の氣も强く盛んな人である、故に此心を以て實業に當れば矢張り日本の軍隊が外國より尊敬を受けて居る通りに日本の實業家も亦尊敬を受けるに相違ない、夫から國民は倹約と云ふことを努めなければならぬ、現今の有様では少し金儲でもすると直ぐに驕りに長じて行くと云ふやうなことでは迚も駄目だ、質素倹約を以て家を治め一身を修めて行かなければならぬ、前に申した歐洲戰亂後に於て歐洲の人民は質素倹約のあらん限りを盡しで一人で三人前も五人前も働いて行かなければ立行かぬから屹度やるに相違ない、夫をやれば總ての製品も廉すく出來る、其結果が貿易上に現はれて來るのである、我國は夫に反して驕りに耽り悠々安逸に過れば物價は高くなり工賃も高くなり隨て製造品の原價も高くならざるを得ぬ、其曉に至り彼の勤倹努力の者と戰ふ場合には孰れが勝を占め孰れが敗を取るかは申さぬでも分かるであらふ、例へば玆に力士がある、一人の力士は非常に勉强して稽古を勵み力を練つて居る、又一方の力士は酒飲んで女郎買してブラ〳〵遊んで居ると云ふ有様扨此兩力士が本場で角力ふた時に遊んで居つた男が勝つか苦しんで稽古をした男が勝つかと云ふと、苦しんで稽古をした男が勝つに極つて居る、夫と同じことで日本の今日の狀況で見れば兎角奢侈に流れ苦勞することを嫌ふと云ふ風がありますから、之を此儘にして置きましては平和の戰爭の場合に於て看す〳〵敗北を取ると云ふことは實に慨嘆に堪へませぬ夫故に今日から質素倹約を守り一方士氣を養成し其根柢を固めて行かなければならぬと思ふ、諸君は此國産奬勵會の知識ある學者技術家から色々國産奬勵の方法等に就き詳かに御話を御聽取になつたことゝ思ひますが其事柄は其通りてあるに相違ないが夫を取り行ふ根據と云ふものは人間の氣性と夫れと今申した質素儉約を以てやらなければならぬ、若し土臺が崩れて居りましては如何に工事が宜うても改良の道が宜うても唯一時の花であつて而かも其事業の力にはならぬ、丁度器物に金蒔繪を施し、或は彫り物を鏤めた樣なもので如何に立派な彩色は出來ても其木地が惡かつた時には木地が割れてグニヤ〳〵となり折角の蒔繪も彫刻も無用のことになりぬべし要するに木地を堅固なものにして其上に始めて蒔繪を施すなり彫刻を鏤むなりすると夫れでこそ立派な器物となるのである、又物質に就て申せば日本の欠點とする所は原料自給と云ふことが出來て居らぬことゝ化學工業が未だ發達せぬことである、ソコで近來東京に於て理化學研究所と云ふものを設けて日本固有の種々なる天產物を始め種々なるものを此理化學で研究して、之れはモウ一つ斯う云ふものを加へたらば斯う云ふものが出來る、斯うすれば今迄一圓で賣れ居るものが貳圓に賣れる、是れには斯う云ふ法を用ゆれば斯う云ふものが出來ると云ふ樣に理化學の力を以て物を改良改善して行くのである、最早以前よりのあり來りの儘で是より外に仕方がないと其儘にして置ては迚も發展は出來ない、原料は同じものでも夫に學問的の技術を用れば斯う云ふものになると云ふやうに之を發明的にして行かなければならぬ、夫をやるには理化學研究所と云ふものゝ設立か必要であるので數年前から計畫致し現今工場建築中である、愈よ建築が落成しましたら全國の色々の原料を取集め研究に從事する事になります其時は、斯う云ふ品物が我が地方にはある、何とか改良する途はないか、是は今迄は何の用にも立て居らぬが何か用に立たぬかと云ふやうに諸君が平素見聞きする所の物を出して夫を研究の材料にして頂きたい、是に就ては政府も此事業を助けて費用を出し、又辱けなくも宮內省からも御下賜金を頂き、民間からも金を出して居りますが、マダ〳〵日本は資力の弱い國ですから一時に大きな資本を使つてやらうとしても容易なことでないから民間から五百萬圓、政府が二百萬圓、御下賜金が百萬圓都合八百萬圓と云ふものになつて其事をやつて居る民間の分は全く有志の寄附でありますが此方も漸く二百五十萬圓程寄つた、夫で着々歩を進めて居ます、夫から又製鐵の如きものは何の業をしまする上にも戰爭をする上にも鐵材と云ふ材料がなくては叶ひませぬ、近來大分此製鐵業が各所に起りつゝあるのであります、彼の九州にある政府の製鐵所と云ふものも大ひに擴張して盛んになつて居る、政府の製鐵所があるが爲に漸く今日は何うか斯うか凌いで居るが併しながら是れでは迚も足らぬ夫が爲めに東京で私共申合せて四千五百萬圓の製鐵事業をやつて居る、其鐵の元は何處であるかと云ふと支那の桃冲縣と云ふ所にある鑛物を以て製鐵所の原料とするのであります、之は支那人との堅き約束も出來、又支那政府も之を承認しまして堅き基礎で立てましたが爲に今申す四千五百萬圓程の資本を投じてやつて居るのであります、是非共鐵材は日本内地の鑛物を以て及ぶ丈け自給する様に努めなければならぬと思ふ、又綿とか獸毛の如きものも夥しく原料を要するのでありますが亞米利加や印度方面に出來るやうな綿は日本には出來ぬ是は甚だ遺憾なことであります、朝鮮の南の方には相當の綿が出來るさうであります、是には大に着手して居るが夫れも需用高の十分の一か十分の二出來れば宜い位のものであります、兎に角にも原料自給の事は諸君と倶に心掛けて行かなければならぬ、其他總ての事柄に改良を加へ所謂日本の產物を利用すると云ふことが國產奬勵會の眼目なんですから、諸君と倶に此精神を以て日本の國產を愈一層潤澤にして製造品の基礎が立ちまして初めて自動力で船が逆風に遭つても進んで行くことが出來るのであります、今日は決して油斷をすべき時でない、十分に注意と決心とを以て今日から第二の平和の戰爭に勝を占めることに努力せねばなりませぬ、上來下手の長談義を致したのも所謂看護婦の職分を聊か勸めた積りであります。（了）

戰後の經營と自給策

東京市會議長　中野武營

▲原料供給と經濟同盟▼

今回の戰爭に依つて我國工業は長足の發展を爲したが、原料は依然として海外に其供給を仰がねばならぬ。戰後と雖も此供給が杜絶せぬ物であれば左程心配するには及ばぬが戰後或は之を得ることが困難となりはせぬかと心窃かに憂ふる物てある。則ち歐洲諸國が戰爭の爲め破壊せられたる産業機關は無論其他一般工業の恢復を圖る爲め關稅政策を執りはせぬかと思ふのである。

此關稅政策が各國に行はるゝようになれば、今まて輸出されて居つた諸原料は自然禁止も同樣の狀態となつて我國には這入て來なくなる。尤も一昨年開かれた聯合國の經濟同盟會議で決議された事項の中に、原料は互に便利を圖るようにするとの個條書がある。戰後に於て色々變つて來る事とがあつても、此個條書を捉へて居る以上は先方の勝手通りには參らぬ。其際原料を得る途さへ付いたならば、他の少々の不利益は之を犧牲に供する決心で居らねばならぬ。此同盟會議の決議事項に對し他

の外國では孰れも直ちに同意したが、我政府では逡巡として賛否を決し兼ねて居つた。斯る大問題に對し我政府が躊躇して居るやうな場合ではない。政府が發表せぬでも我々が之を發表すると云ふので、全國商業會議所の會議に於て全部同意する旨を決議し、而して其結果を聯合國其他諸國の重立つたる商業會議所に電信で通知した。

▲謂所成金輩を戒しむ▼

自給策を講ずることは刻下の急務で、之には大規模の理化學研究所を設ける必要がある。外國では帝室や民間で盛んに行つてゐるが日本では農商務省に小規模の研究所があつたのみであつた。今回の戰爭に鑑み我國でも之を創設することゝなり政府二百萬圓民間五百萬圓と云ふ豫算で之が募集に著手した。民間五百萬圓の豫算に對し、募り得た金額は漸く二百五十萬にしか達しなかつた。夫れも出金者の多くは東京の人々で大阪邊の人々は餘り賛同して呉れなかつた。古茶碗一個に萬金を投ずる人はあつても、國家事業に對し僅かの出金も之を惜むとは聊か嘆ぜざるを得ない。自分の儲け得た金で勝手の振舞をするのは敢て差支へないやうであるが、國家大局の上から考へて貰はねばならぬ。世に生活難を喞ちつゝあるものゝ多き今日、世間一般の人民は如何なる感想を抱くであらうか、決して良い印象を與へぬものと思ふ。國家的事業に盡瘁することが出來ぬまでも、切めては此際斯る驕奢の振舞は遠慮して貰ひたいものである。要するに戰後は自給の方法を講ずると共に、何處までも自動的活躍を以て世界の競爭場裡に臨むの覺悟がなくてはならぬ。

第八章　日中実業交流と朝鮮の開発

本章から以降の章では、主要なテーマごとに論考を収録し、基本的に発表順に掲載する。

一　日中実業交流

中国では、日露戦争における日本の勝利などに刺激されて民族意識が高まり、明治三十八年、米国の中国移民排斥法に反対して、米国製品ボイコットなどの排米運動が発生した(1)。これに続いて、明治四十一年、「第二辰丸事件」(日本船が中国の巡視艇に拿捕され、日本政府が謝罪と賠償請求を求めたことに対して、清政府が応じた事件)に抗議して、日貨排斥運動が初めて勃発した。広東の同業組合が、綿糸や綿布などの日本製品のボイコットを決定し、香港や広州にも波及した。さらに、その翌年、安奉鉄道の広軌改築に伴う日中政府間の鉄道利権交渉に対する反発から、東三省、華北など、全土にまたがる日貨排斥運動が発生した。

8-1「東京商業会議所会頭中野武営氏演説主旨」(明治四十年十一月二十日)*は、東亜同文会(鍋島直大会長、清浦圭吾副会長)が臨時商業会議所連合会(明治四十年十一月)の参加者に同文会の支那経済調査部の設立を紹介したのに対して、中野から中国と親密な関係を保持し彼我の衝突を避けることが必要であり、同文会のような両国の関係を円滑化させる機関の役割が重要であるとしたものである。根津嘉一郎が事務局長として本構想を推進し、清浦圭吾からも連合会の参加者に対して直接説明がなされた(2)。

8-2「日貨排斥問題」(明治四十一年五月)は、第二辰丸事件を受けた日貨排斥運動について、米貨排斥運動は米国が中国人を差別したことへの報復であるが、日貨排斥問題については中国人が無法を働いたことが原因であり、理由がないと指摘している。その上で、日貨排斥運動は双方の経済に打撃を与えることになり、平和を念とする商業においては、両国関係を維持増進することが必要であると訴えている。

「対清問題は怨恨から発する敵意なり。(中略)清人の怨恨を解くは決して容易にあらず(中略)自ら進んで之を除かざるべからず」(5-2「対米及対清所感」)との認識の下で、中野は日中の実業界の交流による両国関係の改善を構想し、渡日米実業団の受入れを終えた直後から日本の実業団の派遣について、外務省経由で各地の領事館に意向を確認し調整を始めた。しかし、日程の都合などから渡米実業団の派遣が先行した(3)。

8－3「横浜外国人商業会議所晩餐会に於て」（明治四十三年六月二十五日）は、商業は平和の畠でなければ育たないので国民と国民の親善を結んで貿易関係を密接にすべきとの「国民的外交」の考え方を示している。

渡米実業団が派遣された翌年の明治四十三年、南京において中国で初めての内国博覧会である南洋勧業博覧会が開催された。米国の実業団が招待されていたことも意識し、中野は七大商業会議所を中心とする渡清観光実業団（日本郵船の近藤廉平社長を団長）の派遣を実現した(4)。実業団は朝鮮を経由して中国の各都市を訪問し、予想以上の歓迎を受けた。

続いて、日本側から中国側に訪日を要請し、これに応えた赴日考察実業団が翌年上海に集合したものの、折しも辛亥革命が勃発し訪日が延期されてしまった。**8－4「中野武営氏談（清国実業家視察団歓迎について）」**（明治四十四年九月二十一、二十二日）は、受入れの考え方などを説明している(5)。その後も、先方の招聘を実現できないか検討が行われたが、これを実現させることはできなかった(6)。

8－5「中華民国胡瑛君を迎ふる辞」（大正二年二月二十五日）は、清朝が倒れ中華民国が成立し、中国から来日した胡瑛に対して、中国の実業家の日本への訪問を期待している(7)。

8－6「日支提携の実策奈何」（大正三年十月三十日）は、日中両国の関係強化のために実業界どうしの関係強化を訴えている。

8－7「日支両国民の自覚を促す」（同年十二月二十五日）は、日中関係に欧米の第三国が容喙し、両国関係が悪化させられないように留意すべきと警鐘を鳴らしている(8)。

大隈内閣の加藤高明外務大臣が、大正四年一月にいわゆる対華二十一か条要求を行ない、五月には交渉が終わった。**8－8「中野会頭挨拶」**（大正四年八月二十五日）は、その後の大正四年八月に、中華民国の駐日全権公使であった陸宗輿や横浜在留支那実業家を招待して行なわれた「各大臣支那公使及横浜在留支那実業家招待晩餐会」の際の演説である。大隈重信や渋沢栄一などが参加している(9)。

8－9「以商会親睦為根本策」（大正六年七月十五日）では中国の商会（商業会議所的な組織）と日本の商業会議所との親善関係を強化したいという意向を表明している(10)。

注

（1）本節の内容については、拙著『中野武営と商業会議所』の「第八章（二）中国との親善関係増進」を参照。

（2）清浦圭吾から商業会議所連合会の参加者に対する説明については、『明治四十年十一月東京ニテ開会　臨時商業会議所連合会報告書（同）議事速記録』参照。

（3）明治四十一年十二月十六日に中野から外務省に対して、商業会議所の委員による訪中の可能性について照会した。外務省からは、上海、南京、天津、厦門、香港の領事に照会した結果として、対日ボイコット発生の後ではあるが、光緒帝大葬があるので訪問の時期としては九月から十月か、明年春がよいとの返答があった。また、領事からは中国側が米国の実業団を招待しているとの報告もあった（外務省通商局長萩原守から中野武営宛「本邦商業会議所派委員清国歴遊ニ関スル件」明治四十二年二月二十六日、三月十九日、三月二十二日、四月五日付、東京商工会議所蔵）。

（4）『赴清実業団誌』（赴清実業団誌編纂委員編、大正三年十一月）が報告書である。「東京商業会議所録事」『東京商業会議所月報』第三巻第五号、明治四十三年五月二十五日。「観光実業団歓迎式」『東京商業会議所月報』第三巻第七号、明治四十三年七月二五日。米国実業団の動きについては「米国実業団南清各地巡歴一件」（外務省外交史料館、外務省記録）。

（5）中国実業団の日本訪日の計画と延期については、**中野武営「商工党の振るはざる理由渡清実業団の運命」**『日本実業新報』第八十二号、明治四十三年四月。「臨時総会議事速記録」『東京商業会議所月報』第四巻第十一号、明治四十四年十一月二十五日。『明治四十四年十二月東京ニ於テ開催　第十八回商業会議所連合会報告（同）議事速記録』。「赴日考察実業団の組織と出発延期」『赴清実業団誌』。『大正元年十月東京ニ於テ開催第十九回商業会議所連合会報告（同）議事速記録』。

（6）第十八回商業会議所連合会は、中国の動乱に関して慰問状を発することを決め、先方の沈仲禮に送り、返礼も送られた（「清国赴東実業団長の答詞」『東京商業会議所月報』第五巻第三号、明治四十五年三月二十五日）。

（7）胡瑛は当時著名な革命家であり、明治三十七年に日本に亡命、留学し、明治三十八年に東京で孫文が中国同盟会を設立するとこれに参加した。帰国後、革命活動に従事したが収監された。明治四十四年の武昌蜂起の際に出獄し、一時、軍政府外交部部長を務めた上で、中華民国成立後山東都督に任命された。その後は、袁世凱の皇帝即位を支援したり、孫文の護法運動に参加したりした

（山田辰雄編『近代中国人名辞典』平成七年九月）。

　大正二年六月五日に、中野は、尾崎行雄、犬養毅、関直彦、頭山満や有志の実業家と新聞記者で対支外交問題について協議をした。そこで中野は、日本政府は、北方（袁世凱）に援助を与えて南方を圧迫するきらいがあり、貿易上にも意外な悪影響を与えるかもしれないと指摘した。そして、我が対支政策に関しては当局をして厳正中立を守らしむる事、借款の使途を厳に監督する事、今後の借款方法を延期せしむる事について同志を募ることとした（『読売新聞』大正二年六月六日）。

　中野は同年九月十七日に、鈴木宗言の仲介により、渋沢栄一らとともに中華民国建国後、袁世凱の国民党弾圧によって日本に亡命した孫文と会談している（孫文記念館編『孫文・日本関係人名録』財団法人孫中山記念会、平成二十三年十一月三十日）。

（8）　同趣旨の論考として、**中野武営「支那問題と両国民の自覚」**『朝鮮及満州』第一〇六号、大正五年五月一日。

（9）　同趣旨の演説として、**中野武営「陸氏招待会に於ける演説」**（『東京商業会議所月報』第十巻第二号、大正六年二月二十五日）と、清朝末期駐日公使の汪大燮が、中華民国政府を代表して特使として大正天皇に大勲章を授与するために来日した際の演説である**同「日支連絡運輸会議委員一行歓迎会応酬」**（『東京商業会議所月報』第十巻第四号、大正六年四月二十五日）がある。

（10）　この他、大正六年六月に天津で大洪水が起こったのに対し、渋沢を会長、中野と藤山雷太を副会長として天津水害義助会を設立し、企業から寄付金一二万円と下賜金二万円を集め外務省に交付している。

東京商業會議所會頭中野武營氏演說主旨

凡ソ一會ヲ興シ一事業ヲ爲スニハ必ズ社會ノ興望ヲ繋グニ足ルモノナカルベカラズ若シ社會ノ信用ヲ缺カン歟事業ノ名ハ如何ニ美ナリト雖モ完成ヲ期ヌルコト難シ然ルニ東亞同文會ハ第一會長ニ鍋島候爵閣下アリ、副會長ニ清浦子爵閣下アリテ支配セラル、此事既ニ吾々ノ尤モ信用スル所ナリ、第二ニハ同文會ノ設立ニ係ル上海ノ東亞同文書院ノ留學生ハ皆各府縣ヨリ選出セラレタル公費生ヨリ成リ居レリ吾々ハ全國中ニ於テ其管下ノ育英事業等ニ向ツテ補助シツヽアル府縣ノアルコトハ從來往々聞ク所ナルモ、今全國各府縣ガ揃ツテ悉ク地方費ヲ投ジ海外留学生ヲ出スト云フニ至テハ實ニ前古未曾有ノ事ト信ズ、此ノ如キハ全國擧ゲテ同文會ヲ信用スルノ證ニシテ、隨テ亦吾々ガ心ヲ安ンジテ事件ヲ委托シ得ベキ所以ト信ズ第三ニハ外務省ハ支那ニ於ケル諸種ノ調査ニ就キ往々同文會ニ依囑スル所アリト聞ク、是亦當局者ノ同文會ヲ信用スルヲ表スルモノニアラズヤ、以上ノ如ク其支配者ハ信用スルニ足リ、社會之ヲ信用シ、政府亦之ヲ信用スル同文會ナレバ其會ノ爲サントスル事業ハ必ズヤ隆盛ニ赴クヲ期スベク又充分信用ヲ置キ得ベキナリ、況ンヤ目下計畫セラレツヽアル事業タルヤ、吾々商工業家ガ最モ切ニ其必要ヲ感ジツヽアル經濟調査中ニテモ、其最モ經驗ニ富マル、清國經濟事情ニ於テヲヤ、抑モ支那ハ世界ニ於ケル大市場ニシテ歐米各國ノ最モ注目ヲ怠ラサル所ナリ、此際ニ當リ我國カ此大市場ニ向ッテ優勢ヲ占メント欲スレハ成ル可ク彼我親密ノ關係ヲ保持シ、成ル可ク彼我ノ衝突ヨリシテ互ニ惡感情ノ發生スルヲ避ケサルベカラズ、而シテ之ヲ避クルノ途ハ他ナシ、利害關係ヲ密接ニスルト同時ニ又同文會ノ如キ彼我ノ間ニ立テ交情ヲ融通スルノ機關ナカルベカラズ、故ニ吾々商工業家ハ同文會ニ依テ以テ支那貿易ノ進運ヲ計ルヲ要シ得ヘキト同時ニ、實ニ同文會ノ此回設立セラレタル支那經濟調査部ナルモノハ吾々ノ爲メニ多大ノ便利ヲ與フモノト謂フベシ、元來商業會議所ノ如キハ支那各地ニ於ケル我領事ヘニテモ依頼シテ支那經濟事項ノ調査ヲナシ置キ、以テ當業者ノ參考ニ供スルハ其任務ニシテ又各商業會議所ノ最モ希望スル所ナルモ今日マデ種々ノ事情ニヨリ其運ビニ至ラザリシカ、今幸ニ此調査部ノ出來シタル譯ナレハ我商業會議所ハ以後調査事項ニ付、繁多ナル手續ヲモ避ケ得ラルヘク、又領事ニ依頼スルコトヲモ須ヒスシテ、最モ便利敏活ニ吾々ノ希望ヲ達シ得ルコトヽナレリ、吾々ハ以上ノ理由ニヨリテ大ニ此擧ヲ賛成シ敢テ此擧ノ爲メニ微力ヲ盡サンコトヲ期シ、併セテ貴調査部ノ愈々隆盛ニ趣カンコトヲ切望スルモノナリ。

日貨排斥問題

中野武營氏

清國に於ける日貨排斥は甚だ困つたものなり何とか良案なきものかと焦慮しつゝあり往年清國人の米貨排斥は其の起因する處人種問題に屬し米國が清人を劣等視し法律を以て入國を禁止せるを以て清人の反抗を招き報復手段として米貨を排斥せる次第にて敢て非難すべき理由なきが如きも今回の日貨排斥に至つては全然之れと趣を異にす遠因は知らず近因は辰丸事件なり元來此事たる清人が無法を働きし也我國旗を凌辱したる也之れに對し清國が相當の謝罪を爲し又其の損害を賠償するは國際上當然の責務なり自分が亂暴を働き謝罪せしめられたりとて更に不法を働くが如きは恰も亂暴者が其の制止者に對し更に亂暴を加ふるに等しく不理是れより甚しきは無し國辱呼りを當然我の持込むべきことにして彼には毛頭國辱なるものなし而かも該事件は既に正當の解決を經たる今日何等の誤解ぞ日貨排斥の暴擧に出でんとは吾輩は今更ながら清人の頑迷を憐むと同時に同國の爲め甚だ痛惜に堪へざるなり何となれば此の問題は單に日清間のみに止らず或は恐る清國は之れが爲に列國の同情と信用を失墜するに至るべければ也更に清國に就て見るも日本の雜貨は多く內地清人の手を經て同國に輸入さるゝを以て日貨排斥の結果は獨り邦人のみならず直接之に從事せる自國民に打擊を與ふる事となるべし思ふに國交上政府當局に於て些少の行違ひあるとも平和を念とする商業に於ては互に密着の干係を保維し自他の福利を增進するに强めざるべからす然るに清國人今回の擧は全く之れと反對に出づ慨すべき也吾輩は今暫く其の成行を觀望すべきも若し「ボイコット」にして今後長引くに於ては會議所としても相當の處置に出でざるを得ずと信ず要するに清國民の一日も早く其の非を悟り彼我貿易上好良なる常態に復せんことを待望せずんばあらず

東京商業會議所月報　第三卷第六號（明治四十三年六月廿五日發行）

論談

横濱外國人商業會議所晩餐會に於て（演說）

會頭　中野武營君

横濱外國人商業會議所會頭及議員諸君、今夕當所に於て宴會を催ふされ御招待を蒙りたるは私の最も光榮とする所にして喜て參席致した處斯く鄭重なる御饗應を受けたるは實に感謝に堪えぬ次第である、乃ちお禮を申上けます爲めに爰に立ちたる序を以て所感及ひ希望の一二を述へて御請聽を願ひます。

凡そ何事に依らす物には均衡を保つと云ふことか大切である若し甲乙偶ま均衡を失することかあれは其間自ら杆格を生するは免かるべからざることである、例へは玆に土地に高低があつて一方が甚た高く一方か甚た低けれは高地の水壓は必す低地に迸發するの理に等しく、國と國との關係亦此理に漏れす甲乙文明の程度概ね均衡を得る場合には相互の間に杆格は尠いけれとも若し其均衡を得さる場合には動もすれは双方の意思疏通を缺き圓滿調和の困難なるものであつて結局高所の壓力が低所に加はることになる、語を換ゆれは文明が未開を壓する優等國か劣等國を壓するの結果を見るを普通とす、試みに今之を世界の文明に就て察するに大體に於て東洋の文明は比較的低いのである低い爲めに他の比較的高い處から壓力が加はつて種々の問題を惹起そうとする、是れ則ち文明不均衡の結果であつて獨り我日本のみならす支那の如きも亦同樣常に其壓力に冒されつゝあるか如し、我國の如き從來之を感することと深かりし爲め忍耐に忍耐を盡して平和を維持せんと力めたけれとも終には已を得す防衞の爲め戰爭を開くまでに立至つたこともある而て之れか爲めに少からさる國資を損し國民に甚しき苦痛を掛くることゝなつたのであつて實に此上もない遺憾てあると考へて居る、併しなから熟ら考ふれは斯る禍の起つたのも畢竟するに我か文明の低い爲めに吾人が文明に後れた爲めに起つたことてあつて決して誰を怨まんようも無い若し此苦みを免かれんとし此壓力を避けんとせは自ら省み自ら努めて文明を進め國力を高めて不均衡を拯ふより外に道は無いのであると私は考へて居る、其處で我帝國は右樣の壓力に冒されつゝ幾多の星霜を經過して今日に至つたけれとも今日尚之を歐米に較ぶれは及はさること甚た遠しと云ふべく吾々は晝夜此點に就て焦慮し一日も早く進歩せる歐米の文明に接近し比肩せんと力めつゝある者である、然れとも今や將さに目指す處の均衡點に達せんとして到達し終らさる過渡の場合なるか故に未だ此間の不均衡を除くことか出來ぬのは甚た恨事である試みに目前の一例を擧けて云ふならは私か今夕此席で諸君にお禮を述へ希望を述へたいと考た場合に――私は東京商業會議所の會頭である――日本の中央都會の商業會議所會頭として我最勢の貿易港に居らるゝ諸君に自分の意思を遺憾なくお話せんとすれは責めては英語などを用ゐて私の口から直接に諸君のお耳に通すへきか相當であらうし又私も其れを希望するのであるが遺憾なから外國語に慣れないから已を得す通譯者の舌を假らなけれはならぬと云ふたような有樣で、萬事か不揃であつて諸君との交際の準備か不整頓である爲めに我々自身さへも不便を感することか尠くない、從て諸君より見れは第一に日常相互の間に擧けつゝある貿易事業に關しても又は其他の事柄に就ても諸君か不便を感し不愉快を感せらるゝ點蓋し鮮からさるべし、然り我國の文明か一層進んで諸君の文明國に比肩するまてにならぬ間は相互の不便不愉快を根絶することは頗る困難であらうと思ふ、是れ只貿易上のみならす一般習慣の相違國情の相違等亦諸君に於て現に不滿足に思はるゝ點が多いとすれは之は要するに今日尚東西文明の程度に高低の差違ある爲としてお互に當分忍はなけれはならぬ、然り我々は深く之を遺憾とし熱心に歐米文明に企及比肩せんと心掛つゝある次第であるから何時かは一切の不便不愉快を除き得るであらうと其時機の到達を樂み且つ勵みつゝあるのである。

次に申上けたい事は商業は平和の畠でなけれは成木せぬものであるから平和の基礎を鞏固にせんとすれは其畠を耕し培はなけれはならぬ其處で平和の道を講すると云ふこと平和を維持すると云ふことは商業家の最も勉めなけれはならぬ仕事であるが此平和の基礎を鞏固にするには國民と國民との親善を結んて貿易關係を密接にすることか大切である抑も國と國とか交際を結ひ條約を爲して互に來往する最大目的は何であるか、云ふまでもなく人生必然の要求を滿す爲めの貿易である有無相通し長短相補ひ共に與に國家を富まし人文を進むると云ふことか國交際の主要の眼目てある然らは則ち國と國との交際の主働者は國民であつて政府は其一部の事務を公式に扱ふものである國民的交際か親密になり經濟的關係か厚くなり利害か密接になり誤解の餘地がなくなれは平和は求めすして保障さるゝのである若し然らすして政治上の交際丈けに依賴するならは動もすれは國權問題なとを惹起し不測の事變に遭遇する機會を生し易く互に國家を富まし人文を進むるの目的を阻礙するに終らさるを得ない、嘗へは各個人の商賣に就ても主人と主人とか直接に談合を遂けて取引する場合には甚しき行違は出來ぬものである然るに主人か引込んて番頭手代任せに遣らせると双方の番頭手代の談判掛引に意外の行違を生して之れか爲めに主人と主人双方の間に感情を損し取引上の難儀を惹起すことが多い之は必しも番頭手代の不行屆のみにあらすして其實手代任せの罪である、特に斯樣な商取引の行違は外人と邦人との間に起り易きように感せられるが國交も亦然り、貿易の主働者たる國民同志の間か疎遠となつて專ら政治關係に一任し置く時は動もすれは行違か起り終に平和を破るの禍を釀すことゝなる、我々は飽まで平和の基礎を鞏固にして人道を擁護するか爲めに國民的交際を親密にし貿易の發展を期さなけれはならぬと考へ現に我々實業團は諸君の內の御本國へ旅行して迄も國民的交情を結はんことを謀りつゝあるのである、況して諸君は現に我日本に常住さるゝからは幾度でも容易に會合し歎談することか出來るのであるから最も懇親を厚くして何事も遠慮なく打解けた御相談をしたいと深く希望するのである從て諸君に於て御意見がありお氣付かあるならば腹藏なくお示しを請ひ又お誨を待つことである。

終に臨み重ねて今夕御欵待の御厚意を感謝し爰に盃を抔けて貴會議所の益す隆盛なるを祝し且つ諸君の健康を祝します。

中野武営氏談
（清國實業家視察團歡迎について）

記者は昨日當市濱の丁松岡氏別邸に中野東京商業會議所會頭を訪ひ本邦七大商業會議所の請待する清國實業家視察團歡迎に就き氏の所感を叩く座に小田高松商業會議所會頭、逸見同副會頭其他下津、安藤、松岡等の同所議員あり氏は折柄食事中なりしが松岡氏が例の後藤男に依り命名されし菓子風月の友に就き得意の製造談を嬉しそうに聞きながら訪問客に接して居つた、食事終るを待ち記者は徐ろに坐を進めて扨今度來遊さるゝ清國の實業家とは如何なる資格のある人なるかを談の始めとして氏の諸所感を聞いた

今度吾々が請待して本邦へ來遊を勸めたのは七大商業會議所で即ち東京横濱、名古屋、京都、大阪、神戸、長崎の商業會議所であるが、來遊さるゝ清國の實業家五十名と云ふのは清國全都市の各商務總會（本邦の商業會議所と同一のもの）が撰定せし各都市有數の實業家である云はゞ清國を代表する有力なる實業家の集團である故に是を迎へる本邦士民上下を通じて最も誠意を以て接せねばならぬ恰度吾々が米國に渡航せし時の如き合衆國民は何れも吾々を平和の使節として熱烈なる勸迎を受けたと同様今此視察團を迎へるに付ても又東洋平和の使節として衷心の誠意を示さねばならぬ結局此團体は一種の國賓を以て目すべきものである茲を以て日本國民は此平和の使節各別の國賓たる團員に對しては門戸開放主義を取り彼の人々の見たきもの聞きたきものは腹藏なく見聞せしめて日本人の誠意を彼等に知らしめ彼我國交の益々親厚ならんとする基礎を一層堅ふせねばならんのである由来清國と日本とは同人種で同文で且同一宗教を信ずる事實上の同胞と云ふ可き親善の間柄で所謂唇歯輔車の最も離る可からざるものであるが猜疑強き清國人は常に日本を疑ひて何處迄も意思の疏通するが頗る困難なるを今日迄感じ來つたのであるが、是には幾多又彼等の事情を諒とすべきものもあるが此他に第三國則ち歐米列強が清國と日本の親善を以て已に不利として種々の離間策を講じ居るのも大に預つて居るのである何分にも此際は是非に清國を誘導扶掖し長を供じて短を補ひ何處迄も清國の独立自營の補助を爲して日清兩國協協力一致して東洋の平和を永遠に確保せねばならぬ故新聞記者の如きも極めて慎重に筆を執り苟くも輕擧して悔を遺すさゞらん事を希望して止まんのであるが此程來東京に留日新聞公會なるものを清國新聞記者に依り設置せられ居りて清國實業團体が本邦人の勸めに應じ近く來高すと云ふ事を聞ひて頗る疑惧の念は生じたるもの、如く其通信に台灣の生蕃が東京來りし時一警部は彼に對し斯の如き立派な國である近く支那の大實業家も日本の云ふ事に服して來朝して降参するものであるからお前の如き已に日本の

版圖に住居するものは如何にしても抵抗する事は出來んかい神妙に歸服せよとの様な通信を爲し日本の實業家が清國の大實業家を誘引して日本に導くは將來日本は滿洲經營を終には支那六十有州を呑まんとする内容に外ならずとの實に馬鹿々々しき誣罔の言論を堂々と掲げたる爲め團員中にはフト疑念を懐きて來遊も躊躇するもの出來爲めに我政府やら清國政府やらも大に迷惑して百方是が辯解に努め漸く納得せしと云ふ事もある是獨り新聞公會の揑造説のみならず此間に之を利用して彼我の親交を疎隔せんと圖りしもの他にあるを疑はざるを得ない次第である夫れ日清兩者の親厚を以て已に不利なりと認むる第三國が常に兩者の間を嫉妬し針小の事あれば忽ち棒大に報じて何處迄も兩者を近づけしと謀るものある現下の狀態なれば日清兩國民は此時に處し極めて愼重に最も誠意ある交際を以て両國の親厚を益々堅ふし以て東洋永遠の平和を保たねばならぬ是決して日清兩國の利益のみにあらずして正に世界平和の柱礎ともなる可きである。

それで今回實業團員を迎へる云ふのも其趣旨は茲に在るので、即ち彼の人々を迎へ日本の人情風俗を親く視察せしめて互に意思を疎通せしむるのであるから之を迎ふる法に御馳走策を執るのは大に愼まねばならぬ。先づ此團員を長崎に迎へて夫より三池炭礦、若松製鐵所から下関、宮島廣島市を視察して住友の精錬所、四阪島を觀覧して此處から此四國に渡る考へである扨愈々高松市に來るとすれば團員の人々には最も親切なる歡迎をせねばならぬ、且つ此の團員には七大商業會議所の會頭は長崎迄出迎へる事となり東京よりも有力なる新聞社や清國からも有力なる新聞社員も同行するのであらふから此際此人々に讃岐を知らしむる事を心掛けて貰はねばならぬ。高松を辞して神戸、大阪、奈良、京都、名古屋、靜岡、横濱、東京と云ふ順序で視察し東北へは視察としては案内せぬが、滯京中は日光や箱根へは案内する考へである。然して斯ふ云ふ事は縣が主となつて迎へることが本旨である。各府縣共其考へである。夫々商業會議所が斡旋の勞を執り市が迎送の接待を爲すと云ふのが普通の順序であるから今日は市長や商業會議處會頭と共に縣廳に知事を訪問して是等の打合をなす積りであるが併しながら視察團を四國へ案内する事は歸京後他の主人側の會議所とも充分に相談せねばならぬが私の考へでは團員の人々が日本へ來て九州やら本土を視察して四國を視察せねばと云ふ事が後で地圖を見て殘り惜ふ想ふ事があつたら此方も遺憾であるから其邊の手落のない様豫じめ準備して置くのである。

氏は更に語を轉じて世界の大勢より各國勢力の優劣を說き列强が東洋に覇權を争ふ狀態を水に比喩して曰く私は常に考へるに水は水平に在る時は静かにして動かないが何れか其一部に凹處を生ずるか又は勾配ある時は水壓は此凹處を壓迫し勾配を急轉直下して奔湍鞺々たるに至る恰度世界の大勢も其通り互に勢力の均衡を得れば天下泰平靜にして動かざるも多少とも其勢力に

均衡を失するものある時は優勢なる國は其劣れる一國を壓迫し鞺々として勢力の水壓は茲に注がるゝ即ち現下支那に對する各國の動静は後者に屬して支那全州に亘る各國の水壓は四方より注がれ奔流岩に激して鞺々の響を生ずるもの是れ卽ち常に支那に起る國際問題の依て懸る處である我國は幸ひに日露戰爭後軍事に於ては世界一等國の列に入りしと雖も尚商工業等一般經濟の狀態は彼等より數等を下らざるを得ない試みに考へて見よ現下の貿易は如何なる趨勢を示し居るかを、抑も我國の貿易は世界に於て第一等の段であるが然も其輸出品は大部分未成品である就中重要物は彼の生糸である此の生糸は未成品である之を輸出する先は歐米各國である世界の貿易上より觀察する時は優者は劣者より常に未成品を輸入し之を加工して完全なる一物產を作りてさらに之を各國へ輸出し居る故に世界の輸出統計上未成品を輸出するのと完全なる加工品を輸出するのとは直に其國の優劣を示す事となつて聽ては權力の關係を標榜するのである、東洋の貿易は常に此趨勢を持續して相變らず未成品を重に輸出し西洋よりは大部分加工の已製品を輸入して居る之が反對に貿易さるゝに至らざれば世界に立ちて覇を競ふ事は到底望む可からざる次第である、幸ひに我國は漸く順境に向ひ常に向上發展の策を運らして居るも所謂唇齒輔車の關係ある清國は一向に其實績が擧らない之が爲め東洋の平和は常に破られ大なる水壓は支那方面に奔流して天下一日も安静の日がないのである、故に我國は何處迄も支那を扶殖し誘啓し激勵して是非共此東西南北より懸る水壓を脱せしめ列國との水平を保ち共に東洋の發展を圖らねばならぬ

ソコデ國と國との交際は先づ人と人との交際より初めねばならぬ、彼我の人々が親密に平和の交際を爲せば其國と國とは期せずして平和親厚となるのである、日米戰爭は今にも開始さるゝ様に風說するものあるも我々は一向此様な觀念は少しも起らない即ち人と人との交際が親密に行はれて居るので彼我の事情が好く判り居るからである、如何に國が戰爭しよふと思ふても人と人との交際が親善に行はれて居れば決して戰爭なぞは起らないのである、故に國と國との交際は人に始まる然も其人の交際は極めて六ヶ敷ひ、政府が種々手段を運らして他國人を請待して交際を厚ふせんとするも、社袮では此交際頗る難儀じゃ、怎ふしても前垂懸けの連中でなければ之を仕遂げる事は出來ん今度は清國實業團を迎へるのは前に述べた主旨であるが之を迎へて交際を厚ふせしめんとする手段は即ち茲に出たのだ、故に今度の事にも外務省や農商務省や内務省の役人方も大に斡旋盡力して居るのである

中華民國胡瑛君を迎ふる辭

（同君招宴席上に於て）

會頭　中野武營君

抑も世界の文明は恰も水の如きものである地盤が平坦である時には壓力は平均して靜なるものであるけれども苟も其地盤に高低があるときは高い處から低い處に落つる壓力は甚だ强いものである之と同樣に世界の文明が其國々によりて高低ある以上は文明の高い國民は低い國民を壓迫すると云ふことは自然の數である其處で東西兩洋の文明を比較すれば東洋の文明は西洋の文明に後れて居つて其間に自ら幾段の懸隔があることは申すまでもない隨て歐米の高い文明の水壓を東洋諸國が受くることゝなるのは免かれないのである我日本は實に永く此水壓を蒙むりつゝある此場合に於ては假令外交家の手腕如何ん巧拙如何んは有るとしても巧拙以外如何なる外交家を以てするも避くることの出來ないのである天を恨むも地に叫ぶも此自然の法則を動かすことは出來ない只須らく文明の度を進めて落差を縮めるより外に途はないのである。

而て又文明を進め實力を養ふに就ては何は兎もあれ先づ實業の發展を謀らなければならぬ然るに此實業なるものは必然平和の畠でなければ發達するものでない故に實業の發達を謀らんとすれば是非とも國際の平和を必要とする然も此平和は專ら國民自から努力して維持すべきであつて就中實業家たるものは率先して努めなければならぬ是れ吾々が日常念とする處である。

顧ふに日本と貴國とは唇齒輔車の關係を有するが故に兩國の間特に平和を必要とし永久に相提携して發達を期し繁榮を謀らなければならぬのである乃ち政府と政府との間に親密なる外交の必要なるは勿論であるけれども之を政府にのみ任せて國民が之を度外に措くは不覺の甚しきものである凡そ眞個の國交と云ふものは國民的でなければならぬ苟くも國民的修交を敦くして充分なる意思の疏通が存する以上は誤つて政府と政府との間に衝突を起すが如き事あるも危機に陷るやうなことはない畢竟國民的交際が薄い所からして一朝政府の外交の過ちよりして兩國直ちに衝突するような禍を招くのであるから由來唇齒輔車の關係ある日支兩國民は深く思を茲に致して國民的修交を心掛なければならぬ。

先年我が實業家が團體を組織して貴國を訪問したのは實に此趣旨に外ならぬのであつて我れよりも進んで貴國の實業家に交を結び貴邦よりも來つて我實業家との交りを尋きお互に其意思を明にしお互に國情民情を明かにして眞に唇齒輔車の實を擧げたいと慮つたのである幸に貴國の實業家諸君が大に我が實業團を歡迎し優遇されたのを感謝すると同時に更に貴國の實業家の來遊を請ふた譯であるが貴國實業家諸君亦之を諒し一昨年多數の同志を糾合し已に上海に集合して船將に發せんとするに及んで圖らざりき革命事變の起るに際會し遺憾ながら一時猶豫さるゝことゝなつた次第であるが元より其希圖たるや一時のことでなく眞に永久に渉る國交上の事であるが故に今や貴國も已に平和を恢復し

兩國間の貿易は革命以前に比して一層發展を示しつゝある場合に當り貴國實業家諸君が宿約を履んで來遊せらるゝを期待して居る次第である。

而して我々が貴國の實業家を歡迎するのは決して尋常の觀光團を以てせんとするのではない眞個に良友を迎ふるの誠意を盡さんとするにあるが故に我門戸を開き實業界の全部を開放し親しく我國の實態實情を明かにし我國民の誠意を表し依て以て相扶けて文明を進め相互の發達を謀るの基礎を成し依て以て西洋先進國民の水壓を免かれ更に又一方には東洋平和の基礎を固うせんと誠心誠意期待するのである冀くは貴下に依つて我實業家の意思の存する處を貴國實業家に傳へ吾人の宿望を達せしめられんことを貴下の御盡力に依賴して止まざる次第である。

名士論叢

日支提携の實策奈何

兩國實業家の提携を急とす

中野武營

日支提携と云ふ事は、現下の急要問題と思ふ。但し政治上の提携は、日本には聰明なる政府當局者あり、支那には袁內閣及有名なる政治家も尠なからざる事故、そは此兩當局者に一任して差支なかるべし。吾人の最も急要なりと考ふるは兩國實業家の眞摯なる提携聯合是也。

政治と實業とは、固より兩輪の如くに、相待たざる可からざる事論なしと雖も、而も此に最も留意せざるべからざる事は、政治と實業との分界を混同することの非なる事是なり。古來政權の爭奪は往々にして之れあり、此の政權爭奪と實業振興とを混同し相關聯せしむるが如きあらば、空しく幾多生民をして塗炭に苦しましむるのみにして、百害ありて一利を認むる事能はざるを知る。

淸朝一倒以來、支那の政界は陰に陽に政權爭奪の大競爭場裡にある觀あり。第二次革命軍の如き、將た地方擾亂の如き皆然らざるはなし。是要するに生民疲弊の根因にして甚だ痛嘆すべきものに屬す。然しこは政治家の領分として姑く其得失を政治家の責任に一任すべし。但し實業振興の一事に至りては、吾人は斷じて此の政爭と分離して大に支那實業家相聯結提携而して自他の利害を研究せざる可からざるを見る。

意ふに、今次歐洲大亂の如き我東洋實業界に及ぼす所の利害得失は實に意想外に重大なるを見るべし。例之ば輸入製作品の如何、原料輸出品の如何等より爲に俄に其日用品の杜絕に窮せるものあるべく、又輸出計畫の畫餅に歸したるものもあるべし。而して其生産的に影響したる事決して小少に非ざるべし。

吾人は敢て人種の別を說く者にあらず、又境土の東西を論ずるものにあらず。然れども今現に實際に此の生産的阻碍に逢遭して、益々相隣近する兩國が平生に於て長短相補ふ所なからざるべからざる急要を感ずるに至れり。況んや今聞く所に依れば土匪的騷亂支那各地方に起り、其結果は直に支那輸出品の集中を妨げ又我輸送貨物の販路を杜絕するに至り、爲に我輸出貨物は各埠頭に山積するに至る。當事者の苦心察するに餘あり。豈唯に商業當事者の苦心とのみ言はんや。實に幾多日用者の不便實に思ふべきなり。

吾人は日支提携の第一着手として先づ實業界提携の實を擧げん事を希望す。現下の狀勢を觀察すれば、支那には支那の實力富源あり、日本には日本の權威あり、文明工夫あり。此兩者を合すれば一時支那の地方擾亂を抑へ、而して兩者の長短を相補ふて安全に平和に其實業振興の實を擧ぐる事は決して難事にあらず。

此兩者は相和せざるべからず相結ばざるべからず。而して相和し相結ぶ事の甚だ密接ならざりしは、此に必ず其由來原因なかるべからず。蓋し互に意志の疎通せざりし事も一因なりしならむ。第三者の競爭上互に陷擠的言辭を弄びし事も其一因たりしならん。兩者互に打解けざりし事も其大原因たりしならん。政治上より來る猜疑心を挿める事も其一因なりしならん。如此數へ來れば幾多の素因ありしに相違なし。然れども今や世界の全局面に一大革新を來す可きの時、此の舊時の相陰陽せる屈曲原因を一掃し、一大新舞臺に活躍して隣境相聯結の要あるは、所謂維新の大主義ならざるべからずと信ず。

吾人は飽迄も兩國民の相親睦し相聯合して長短相補ひ、而して一新し來る世界の大勢力に投ぜん事を希望して已まず。

東京商業會議所月報 第七卷第十二號（大正三年十二月廿五日發行）

論談

日支兩國民の自覺を促す

中野武營君

之を歷史に照らすも之を位置に考ふるも宇內の大勢に鑒みて日支兩國民の利害休戚は全然一致せるものなること論を待たす從つて或は同文同種と云ひ或は脣齒輔車と云ひ平和の辭令を交換する場合に於ては最も厚き親善を保たさるべからざるを理解するが如く然りと雖も、豈に圖らんや兩國民の間には絕えず反目猜忌を累ね國交の事較もすれば支吾して圓滿を缺かんとする嫌あるは何ぞや白眼にして之を視れば實に不可思議の事なりとす蓋し兩國民にして各其位置運命を自覺し宇內の大勢周圍の事情を了解せんには苟くも嫉視反目を許さゝること忽ちにして悟り難からず

顧ふに歐米先進の各邦夙に文明の極に達し近く力を東洋に振ひ來れる所以のものは遺利已に彼等の四圍に乏しきを告げんとするが爲めに生存上自然の必要により爭つて利を極東に拾はんとするに外ならず故に彼等にして支那又は日本を認識することの彌よ强ければ彌よ壓せんとするは必然の勢なり大國支那强國日本之をして各其眞運命を自覺せしめ一致提携して歐米列國に當らしむるに至らば彼等歐米人に取つて彌よ與みし易からざるは理の見易き處於是乎飽まで日支兩國を離間し反目せしむること一日を久うすれば一日の利ありと爲し之を以て彼等唯一の對東洋策と爲せること具眼者の夙に看破する處なるに拘はらず兩國民は不幸多くは之を悟らず永く彼等に過まられて東洋國民本然の使命を自覺せざること實に慨嘆に堪ざるなり

試みに一例を擧げて之を釋かん回顧すれば三十餘年前明治十五六年の交藩閥の弊政に飽きたる我國の志士は蹶起して政黨を組織せり當時の政府は薩長聯合の藩閥政府なりき新に出現したる政黨は實に之を正面の敵として打破すべく奮起せるなり一を自由黨と爲し一を改進黨と爲す自由黨は板垣伯を推して首領とし改進黨は大隈伯を戴いて統帥と爲し志士雲の如く人材林の如く共立憲主義の主張は共に堂々たるものあり藩閥政治家輩をして心膽を寒からしめたること實に此時の如きはあらず然るに何事ぞ彼れ兩黨は其主義綱領とする處之を文辭の末に異なるあらしむるも思想の根本に於て殆ど何等の異なる處なく共に藩閥の政弊を芟除して公議輿論の上に大政の基礎を定めんとするに拘はらず却つて兩黨互に相軋轢し往々にして當面の敵たる藩閥あるを忘れんとするものあるに至り而て藩閥政府は巧みに此間に處して超然を裝ひ自ら呼んで超然內閣と稱しつゝ竊かに反間を放つて苦肉の計を立て兩個の民黨をして呉越啻ならず犬猿尙如かざるの反目に導き民黨をして未だ藩閥と戰はざるに先づ自ら疲れしめつゝ徐ろに藩閥の根柢を養ふの餘地を作るを以て唯一の方略となせり然るに改進自由兩黨等しく之を悟らず閥族の頤使によりて鬪ひ藩閥の術策に落ちて一致を妨げられ永く閥族をして漁父の利を獲せしむ此間或は

兩黨の一致を見たることありしと雖も其一致の産物たる隈板内閣乃ち第一期の憲政内閣すらに閥族得意の反間により幾もなくして脆くも瓦解に歸せしめ終りぬ嗚呼是れ實に最も新しき民權史上の事實として吾人の眼のあたり經驗せる處にあらずや

抑も此慘憺たる吾人が最近の經驗は直ちに移して日支兩國の關係に鑒照するに足る日本の將來は最も深き注意を宇内列國に與えつゝあり支那の將來亦列國の注意を惹くに價するは多言を俟たず共に等しく極東に國を爲せる兩個の將來が注目すべく畏敬すべきものたると同時に列國の猜忌益す深からざるを得ざるは自然の勢なり是に於てか日支兩國の間に立てる第三國の離間は益す辛辣を極めんとす是ぞ實に最も寒心すべき處にして今ぞ實に兩國民の警戒すべきの秋なり然るに兩國民普く未だ之を自覺せずして動もすれば常時細故の起るごとに反間に乘ぜられ國交の圓滿を害せんとするは實に慨嘆に堪えず蓋し平和の時通商の事に當りては人種の異同宗教の差別を存せず巧言令色頻りに發し正義人道交も説くと雖も一朝にして國交問題の起るに遭へば遽然として聲色共に改まり洋の東西人の黄白を以て所謂人道を二三にするは方今宇内の形勢にあらずや日支兩國の識者たるもの苟くも之を悟らずして動もすれば兄弟墻に鬩かんとするは實に第三國民の術中に陷ゐるものにして東洋の運命を永く危殆ならしむる所以の根元なり兩國民にして夙に之を自覺せば兩國の和親期せずして成るべく東洋平和の基礎茲に確立するを疑はず兩國民願くは敢然自覺せよ以て回し難きの悔を他日に遺すこと勿かれ

東京商業議會所月報 第八卷第八號（大正四年八月廿五日發行）

論談

左に掲ぐるは去七月二十七日當所に開かれたる各大臣支那公使及横濱在留支那實業家招待晩餐會に於ける演說速記なり

中野會頭挨拶

閣下、諸君、私は東京商業會議所を代表致しまして玆に大臣閣下、公使閣下に御挨拶を申上げます、今夕我商業會議所が此會を催しまして閣下諸君の御來臨を願ひました所が此大暑にも拘はりませず御來臨を辱じけなう致しましたことは私共の光榮と致し深く感謝致しまする次第であります斯く御來臨を願ひました次第は外ではないのであります、實は今春來中華民國と我帝國との交渉に就きましては私共は實業家として密に非常に心配を致したのであります、最も常に平和を祈つて居りまする我々でございますから此事柄が如何相成るであらうかと云ふことは深く懸念し心配を致して居りましたのでございますが、幸に兩國の大官諸公が深く兩國の情誼を盡され萬事穩やかに圓滿に局を告げられたのであります、實に私は之を喜び大いに安心を致した次第であります、是に就きましては當時兩國の局に當られたる諸公の御苦勞になつたことと御心勞になつたことの大なるを考へまして我々は一會を催し御出を願ひたいと考へましたが帝國には特別議會の開會中でもあり、又閉會後も内閣諸公はいろ〱御多端にあらせられる御模樣でありました、其他我々にもいろ〱都合がございました爲めに今日に至りました譯であります、此大暑に當りまして此宴を催して御出を願ひますることは如何にも恐縮に堪へない次第でございますけれども又此秋の涼しくなる時期を待ちますると内閣諸公は御大典其他の事に就きまして御多用にならせられることと存じますので、此大暑に拘らず此會を開きましたのであります、私共は實業家として中華民國との關係を常に大切に考へて居るのであります、公使閣下を始め公使館員諸君とは何事に就きましても互に御相談を致し又互に情誼を盡して居りましたのであります、此兩國間の關係と云ふことに就きましては常に大切に私共は考へて居りますのであります、此度の事が圓滿に解決致した以上は將來は益々兩國の親善を圖り益々兩國の貿易の發展を圖りますることに我々は滿腔の熱誠を捧げて居るのであります、我々實業は平和の畑でなければ成木致さぬのであります、成長致さぬのであります、何れの國に對しても平和を我々は求めて居る、況んや中華民國との間に於きましては益々親善を保ち而して東洋の平和を維持し東洋の發展を圖ることを努めなければならぬのであります、我々商業會議所議員一同は此度平和に局を結び圓滿に治まりました事に就きまして兩國の大官に對して敬意を表する次第であります、又今日は澁澤男爵を始め從來兩國の間の事に就きまして非常なる御盡力に預かり又貿易の事に付きまして深き關係を有たれて居る諸君に御出を願つた次第であります、どうぞ兩國間の親善を益々厚くし貿易を發展しまするに就きましては我商業會議所としては今日御來會の諸君に深く望を嘱する次第でございます、折角今日は御出を願ひましたけれども何等の設備もございませぬ、甚だ粗末なる酒肴を供しまして恐縮に堪へませぬが、どうぞ其邊は御容赦下さいまして、幸に少しく凌ぎ宜くなつたやうでありますから御食後に御寛りと談話を御交換下されまして一夕の歡を盡されんことを希望いたします。

以商會親睦爲根本策

東京商業會議所會頭
日本全國商業會議所聯合會會頭
中野武營

余素抱兩國親善之目的。但余注意於實行。不主張空談。余以商業會議所會頭之資格。又兼全國商業會議所聯合會會頭。是余之大志願。則日本之商業會議所與中國之商務總會。互相聯絡。在民國成立前。余與各地商業會議所議決。由東京横濱名古屋京都大阪神戸長崎七埠商業會議所。請中國北京上海等十五埠商務總會代表。組織東遊團體。而東京等商業會議所。各爲歡迎之準備。當時觀光團行期已定。而革命初起。不果於行。兩國所備之饋贈已經互相郵送。而精神上頗形聯絡。惜未能一把握耳。

余之欲遊中國也。近年亦屢次準備出行。皆未能成。豈兩國商會之握手。而時期未到歟。然余之此志。期以必達。不能以半途而廢。古人云。有志者事竟成。此余之希望於將來之一日也。

商會與商會。其組織各有不同。日本之商業會議所。大抵於調查一事。皆爲所長。中華民國之紳商士庶。多有欲考察日本之工商業。不如由中國商會。通信於東京商業會議所。代爲調查。覆信以報告。若中華民國之紳商士庶。有願考察日本之工商業。而其人已在日本者。則由中國商會紹介。而日本各商業會議所。可以鄉導。往各地參觀。費力少而成功多。當以此爲最也。

中日兩國之融洽。誠不可緩。而種種提携之方針。亦必不少。余亦不必多言。千篇一律。或使閲者生厭。惟就余之資格。及余之希望。略書數語。或者商業會議所與商務總會聯絡。他日生一貿易界之美滿結果也。此余之夙志已償矣。

二　朝鮮の開発

明治四十三年八月、日本は日韓併合条約を締結し大韓帝国を併合した。中野は、明治四十四年四月、臨時商業会議所連合会に出席のため京城を訪問し、釜山、仁川、安東、鎮南浦、開城、大田、馬山などの地も訪ねた(1)。中野は、京釜鉄道株式会社や京仁鉄道、東洋殖拓株式会社、朝鮮銀行の創立委員などや、朝鮮軽便鉄道株式会社取締役に就任するなど、実業上、朝鮮との関係は深かったが、実際に訪問したのは初めてであった(2)。

連合会では、朝鮮勧業博覧会開催に関する建議、朝鮮穀物輸移入税撤廃に関する建議、朝鮮鉄道荷客低減に関する建議、裏日本と北満州とを連絡する航路及び鉄道急設に関する建議などが決議された(3)。

8―10「朝鮮視察談」（明治四十四年五月二十四日）*は、この時の印象を述べたものであり、肥沃で資源が豊富にあるにもかかわらず、それまでの圧政により富が王室に集中し民力が疲弊していた現実を見て、日本からの積極的な投資や貿易の振興を通じて開発することが必要であると主張している(4)。**8―11「鮮民の至幸」**（大正二年四月）も同様の趣旨を述べている。

8―12「鋳形師寺内伯」（同年七月）は、寺内正毅総督の統治政策が、会社令に民族資本による小さな企業の設立を制限するなど、サーベルとピストルにより鋳型の内に国民を打ち込むような高圧政策であり、朝鮮の発展に益するものではないと批判している(5)。

8―13「鮮銀重役の人選」（大正三年九月）は朝鮮銀行の中立性確保のため、役員の兼職を禁止すべきことを主張している。また、**8―14「朝鮮の農業及商業を論ず」**（大正三年十二月）では、この時点での朝鮮の農業をはじめとする産業の発達状況について分析している(6)。

8―15「朝鮮開拓の先駆者たれ」（大正五年二月）では、韓国銀行総裁に抜擢された元大蔵次官の勝田主計に対して、朝鮮総督府や東洋拓殖株式会社と連携をとりつつ、朝鮮の産業発展と経済力の増進を図るように期待をしている。

注

（1）本節の内容については、拙著『中野武営と商業会議所』の「第三章（五）朝鮮の鉄道事業」、「第八章（三）朝鮮の開発を」を参照。

（2）**中野武営「合邦後の財界」**『香川新報』（明治四十三年八月二十六日）において、日韓併合後の株式市場と景気の見通しについて、それまで両国の外交、軍事関係が不明確であり、第三国が容喙する可能性もあったが、これらの杞憂はなくなるだろうと述べている。

（3）『東京商業会議所月報』第四巻第五号、明治四十四年五月二十五日。『明治四十四年四月朝鮮京城ニ於テ開催　全国商業会議所連合会報告（同）議事速記録』。

（4）同趣旨の論考として、**中野武営「初めて見たる朝鮮」**『新日本』第一巻第四号（明治四十四年七月一日。）、**同「朝鮮を開発する近道」**『日本実業新誌』第一二〇号（明治四十四年六月）、**「中野氏の朝鮮談」**『香川新報』明治四十四年五月二十八日。

（5）同趣旨の論考として、**中野武営「寺内伯の為に惜しむ」**『朝鮮公論』（大正四年一月）がある。同論考では、寺内伯が朝鮮で言論を抑圧することなどにより、非立憲、専断的との悪評が立っていることは惜しむべきと述べている。

（6）明治四十五年に中野は渋沢栄一とともに朝鮮製糖株式会社の発起人となっている（同社は大正七年に大日本製糖と合併）。

東京商業會議所月報 第四巻第六號（明治四十四年六月廿五日發行）

論談

○朝鮮視察談

（五月二十四日東京商業會議所懇話會に於て）

當所會頭 中野武營君

私が朝鮮へ參りましたは此度が初めてゞございますが旅行も短いし、加之全國商業會議所聯合會議のために短い時間の中の時間を又それに費しましたから朝鮮地方を遍く視ることも出來ず殊に旅行中急に用事が出來て俄かに歸京せねばならぬことに相成り、旁豫定の日程を盡すことも出來ずして歸京した次第でございますから、今日視察談と申したところが誠に大略のことで、唯所感の一二を申上ぐるに過ぎないのであります。

私が朝鮮で第一に感じたのは人民の生活、人民の氣性などの點であります、先年私が亞米利加合衆國へ實業團で參りて彼地を巡視致した其感想を以て朝鮮を比較したのでありますから、非常なる感慨を起したのであります、約めて申せば均しく人間に生れて居るにも拘らず斯の如く甲乙相違のあるものか、是は何故ぞと云へば、全く政治上から此の如く幸不幸の出來て居るものであると云ふことを感じたのである、亞米利加で一例を申せば彼の大統領の官邸たる白堊殿などと云ふものは世界に響き渡つて居る程のものでございますが、夫れにも拘らず實に質素なものである、是れには意外に驚きました、而して其外に在るところの人民の邸宅は申すに及ばず、人衆が相寄つて樂む所或は何人にも參觀することの出來る圖書館とか、其他の建築物を見ますと實に立派なものである、さうして人民の生活に於ても非常に富裕な生活をして居る、又人民の氣性も頗る活潑である之に反して朝鮮を見ると最初鐵道で沿道の人家を見ました時には北海道の土人よりも劣る有樣であるかの感を起した、それから京城へ入つて見ても、昌德殿とか景福殿とか云ふ王室の御殿は如何にも壯大なもので、今日こそ甚だ荒廢に屬して居ますけれども、まだ殘つて居る、建物の模樣を見ますれば實に巍然たるものである、其巍然たる王室の門前の市街に在るところの民屋を見ると實に目も當てられぬ有樣である、是程官尊民卑の違ひがあるものであつたかと思へば丸で亞米利加とは正反對であります、而して人民生活の上を見ましても實に氣の毒な生活をして居るやうでございます、是と申すも畢竟王權が強く、官權が強く爲めに人民は誅求聚斂に苦しめられて遂に此の如き境遇に陷り、隨つて人間の氣性までが怯弱になつて、活潑元氣と云ふ氣性がなくなつたのである、これを思へば專制政治は恐ろしいものである積弊の極遂には此處迄に至るものかと思いますと、頗る感慨に堪へませなんだ、之を人身に譬へて申すと亞米利加の有樣は頭が冷かにして手足が温かで、所謂頭寒足熱と云ふ健康體である、朝鮮の有樣は頭が熱して手足が凍へて居る、即ち頭熱足寒と云ふ極々虚弱な狀態である、彼の健康體と此の虚弱體とを比較して見ると實に驚かさるを得ない、是れが私の第一の感慨でありました。偖人民の有様は右の次第であるが總て國土の有様を見ると亞米利加にも劣らぬ程の天惠を保有して居る樣に思はれるのである、靜に種々の點に付て見ますに朝鮮は氣候の上にも又地質或は山野の形狀等の上にも私は豫想して居りましたよりは餘程良い所であると感じたのであります、其一例を申せば朝鮮と云ふ國は禿山で丸で立木が無いと云ふことを人から聞いて相像を起したには禿山と云ふものは例へば內地で申すと江州邊に在る彼の赭く禿げ崩れ土の皮が取れた山と同じものかと思ひましたが、事實は違つて居るのである朝鮮の山嶽は皆な岩山で立派な山である、良材を仕立るには最も適して居る山であるが唯人民か無暗に伐採するのみで更に栽培の道が立たぬゆへ兀山となつて居るのであつて山の皮か禿て居ると云ふ譯てはない又耕地などの模樣を見ても南部、中央、北部と位置の異なるに依りて多少地味の善惡はありませうけれども、概して云へは地味も立派なる耕地である、それから河川の事も素より修築など云ふことが少しもなくて唯天然に流れて居ると云ふに外ならぬけれども併し元來が大陸續きの半島でございますから、大河が彼處此處に在て而して雨の少ないにも拘らず矢張水は洋々と流れつゝある河が多いのである、又氣候の上から申せば內地などよりは遙に氣候は好いと云ふて宜しいように思います、尤も短い逗留で四時の氣候を經たのでありませぬから他人に聞いて知るに外ならぬのでありますけれども聞く所に依りましても、又私が現在居ました間の模様を見ましても、どうも、氣候は內地より餘程好いやうでありま

す、殊に果木類には最も適當したる天候を持つて居るやうである、夫是を考へて見ますると、私が參らぬ前に唯人傳に聞いて想像を起して居たことゝは大に違ふて、如何にも好い邦上であると云ふ感じを起したのであります。

それから耕作の事でありますが、私は元山の方面即ち日本海に添ふた方面及義州以北へは參らぬのでございますから全體に亘て申す譯には參りませぬが、私が參つた所だけに於ては土地は能く開けて居る大低平地の所は隅から隅迄開けて耕地となつて居る、唯耕作をして居る模樣を見ると內地の耕作よりは粗漏なものであります、之れが爲め朝鮮の農民は怠惰だと云ふ話を聞きますが、併し私はさうではあるまい、と思ひます、朝鮮の農民は隨分能く耕作に働て居るやうでありますが、唯其田地の割合に農人の手が少ない、所に依つては違いませうけれども・概して申せば先づ日本內地の農人が一人前として持つて居りまするよりも二倍三倍若くは四倍と云ふ程澤山の地面を引受けて居る有様である、夫故に受持の田地が廣うございますから耕作が行居かぬのであります、又內地で言へば二作を作れる地面であると思ふものを矢張り其儘拋つて一作の田地にしてある稻を刈つた跡は其翌年の苗代迄の間拋つて置くのが多いのでありますが、是は田地が多くて人手が足らぬのと又一つには田地を二毛作りますればそれだけ土地が瘠せますから肥料を用いなければならぬと云ふことになりますから、田地が廣くて澤山あればそんなに土地を瘠せさせて肥料を入れる樣なことをせすとも、其儘拋つて置いて翌年米を作つた方が利得である譯からさうなるのでありますそれをば外觀から、懶惰であると觀察が下されますけれども、事實決

してそうでなくして何樣人手が少ない故である其上朝鮮の女は日本の農家の女のやうに働くことが少ないやうであります、如何なる村落へ往つて見ても女は白い着物を着て袴のやうなものを掛けて子供の守をするとか、着物の洗濯をすると云ふことが主たる業であつて、其間は唯々ぶら〳〵して居るとほか見へないのであるが、併し季節に依つては彼等婦人が非常に働くのかも知れませぬが、兎も角もあんな風體では到底本統に日本の農家の婦人が働くやうな働きは出來やう筈がないと思ひます、約り人の少ない上に女手が十分な働きをせぬと來ては耕作に手の行屆かぬは當然の數であると思はれます、夫故に耕地を改良せんとするには、唯彼れ農人に耕作の仕方を敎へればそれで足れりとは思われませぬ、兎も角内地の農民の移住即ち殖民が第一の必要であらうと思ひます、併し北海道のやうな所ならば未開墾地が澤山あるから、無資本の百姓が往つても相當の地所を與へて呉れて、それを開墾すれば資産になると云ふ譯になりませうけれども朝鮮は前に申すが如く隅から隅迄人の所有地になつて居るのでありますから、日本の百姓が往つたからと云ふて誰も土地を呉れる人が御座いますまいから、日本の農民を彼地へ移さんとすれば、どうしても資本家が先に立つて田地を買入れ農民に割り與へると云ふ道がなくてはなりますまい岩崎家などが彼地で大に農業のことに力を入れられて既に四千町歩以上の耕地を持たれて居る、あゝ云ふやうに多く資本家が田地を買ふて、さうして成べく内地の農人を移して日本流儀の耕作をさせますやうになりたいものであります又地味に至つては各道に依つて相當なる植物に適するやうであります、私は全羅南北道の方へは參りませぬでありましたが、此の方面は綿作に適すると云ふことであります、現に棉花栽培會社などが出來て居るのであります、兎も角も内地より　彼地は棉花に天惠を得て居るに相違ございませぬ、それから中央部は養蠶に適すると云ふことでございます、如何にも大きな川があつて、日本などで見て桑畑に適しさうなと思はれる場所が多いやうでございます、氣候も極適すると云ふことであります、此外にも甜菜、麻等に至ては氣候の天然に依つて内地に勝る特色があるやうでございますから農人が澤山行きて耕地の分擔が從前の如く過重にならぬやうにしたならば日本内地の田地から得る收穫に比して劣ることはあるまいと思はれます、曩に統監府は此農業の事に付きて、種々施設をされてあるが就中彼の水原と申す所に模範地を拵へてある、例へば日本式の耕地を拵へて、それで米などは日本内地の良い種を移して、日本内地人若くは鮮人をして耕作せしめ之を模範地としてある、それから又農學校を設けて朝鮮の各道から生徒を出させてそれに敎授する、日本内地の耕作の仕方又は樹木苗木の仕立方等を頻に實習させて居ります、夫等の生徒が卒業の曉には皆な各道に歸りて土人に内地の耕作振を敎へると云ふ方法であります私の思いますには、是等も一つの方法手段に相違ないでありますが併し耕作の改正を早くせんとするには岩崎家のやうに、日本の資本家が彼地で田地を買ふてそれへ日本の農人を殖民すると云ふことが一番近道であらうと思ひます、而して其田地を買ふにも今日が一番宜い時であるかと思います、大低一反歩價が二十圓から二十四五圓位な樣子でございますが普通一割以上の利益に廻ると云ふことであります、私は岩崎家の出張所へ往きて色々承つて見ましたが、また創業の場合であつて、當年が二期の勘定をした計りで未だ十分とは云へねども兎も角資本家に對して四朱以上の利益に廻る程になつたが何分内地と違つて創業には費用が多く掛る、それがために十分の利益を擧ぐることが出來ぬが、併し四朱の利益を擧げる迄に至つたから是から年度を重ぬるに從つて利益が增すに相違ないと云ふ御話でありました、又拓殖會社なども先つ田地を纏めることが主になつて居るやうであります、色々世間には拓殖會社は一向働きをせぬとか何とか云ふ非難もあり攻擊もあるやうでございますが、如何にもまだ拓殖會社として著しく功を擧げたとは申されまいけれども、併し兎も角基礎となるべき田地を持つことが肝心であります、然るに從前王室の所有であつた土地を引受けたのが多いのでありますが、其土地には種々入組んだ事情がありまして其縺れを解きて純然たる會社の所有にして行かなければならぬのですから隨分骨が折れたことであると私は思ふたのであります、併し漸くそれ等の事も整理が就き其他買入の田地を合すれば會社の所有は既に數千町歩になつて居ると云ふことであります、先づ土臺が出來ませぬければ何事をすることも出來ないでありますから、急に事績の擧らぬも無理ならぬことゝ思ふたのであります、併し追々順序も立ち來つて本年などは千戶計の殖民を爲す計畫であると聞きました。

それから鑛山の事に付きましては私は素人の上の素人で一向分らぬのでありますが、北部の地方には隨分有望な鑛物があると云ふ話でございます、總督府などの話では、元と王室の所有であつた鑛山などは今に調べも出來ずに居るものが澤山あるのだから將來十分に調査して其結果に依つては、內地の資本家に奮發して貰ふやうにしたいと云ふ希望を持て居らるゝやうであります、それから仁川と云ひ鎭南浦と云ふが如き開港場は頻に此節築港を企てゝ居ります、現に鎭南浦などは既に工事中であります、又仁川も其計畫は決定せられて遠からず工事に着手すると云ふことであります、又釜山なども大なる棧橋の計畫が出來て埋立地と共に工事着手中になつて居るやうであります、各所共此計畫通り出來たならば一層便利を得るに從ひ貿易も盛んになるだらうと思ひます、殊に鎭南浦の如きはまだ人口の少ない所でございますが、即今は築港の工事と大倉家が大きな海面の埋立をして居られる、隨つて此處に居るところの內地人などは餘程活潑である、所謂進取力に富んで、斯うも、ああもと云ふことに皆な氣を合せて活動して居るやうであります、即ち土地に潤いがありつゝあると云ふ事實が見えるのであります。

それから私の最も喜ばしく思つたのは各所とも內地人と朝鮮人との間柄が圓滿親和である狀況を見た事であります、各地とも少しも物騷なことはありません、至て平穩であります、さうして歡迎會などには何處でも日本人朝鮮人合同して吾々を歡迎して吳れました、竊に聞きますと併合以前には往々日本人と朝鮮人との間に感情の惡いこともあつたさうですが、併合後はそれが打解けて朝鮮人に對する擧動が親切になつた樣です、それは即ち朝鮮人は我同胞兄弟なりと云ふ人情が何事に觸れても發するものと見えます、隨つて朝鮮人も喜んで相和することになつて居ます、是は實に慶賀すべきことゝ思ひます、私共は朝鮮人或は遺憾に思ひ恨みを抱いて居るやうなことでもありはせぬか、又内地の人もそれ見ろ乃公のものになつたぞと云はん計りに大手を振るやうなことがありはせぬかと、窃に氣兼をして居たのですが、それに反して唯今申上げたやうな有樣是れは併合の大御心に適ふたことで實に慶賀に堪へないのであります。

それから總督政治のことに付て申しますれば未だ何等之を許する程の事はないと云ふて宜い、それは何故ぞと申せば昨年併合が成りまして差向き李王家の處置及貴族の處置、其他併合に伴ふ急場に要する處置を爲したまゝ昨冬總督寺内伯は復命せられ其後、引續いて帝國議會の爲に内地に留まられて漸く此程彼地へ歸られたと云ふ有樣ですから、總督政治を未だ十分施すべき餘地の無い時代であります、唯會社令と云ふものを併合當時總督より發布せられたとが一時世間に議論があつたやうであります、其外にはまだ一向見聞したものはございません、私が總督政治として將來何よりも先に處置せねばなるまいと思いましたのは各地に在る所の民團と云ふものであります、申迄もなく、朝鮮は外國であつたのですから、日本内地人の移住して居る者が内地人の保護便利を圖る爲民團の組織が出來た所以であります、此民團と云ふものは各市府にあります、これは東京で申せば、市役所の樣なものを立てゝ日本人の事に付ては總て扱ひ居りますが、朝鮮人には更に關係なくして、朝鮮人は朝鮮人側でやつて居ると云ふ譯であります、夫故に合併は成つたけれども日本内地人は内地人、朝鮮人は朝鮮人と皆な事が別になつて居るのでございます故に此民團の處置をして、朝鮮人と日本人と併合の實を擧げねばならぬ、故に總督として　今後第一に此民團の處置に進まれるであらうと思ひます、是が出來た上ならでは何事も出來ない、現に今度の商業會議所聯合會に於て朝鮮の商業會議所を内地の商業會議所に準じて相當なる法律を立てゝ貰ひたいと云ふ意見が朝鮮商業會議所聯合會の決議として吾々の聯合會に提出されたのでございます、併しながら今申す民團と云ふものゝ處置が附かずして朝鮮人と日本人とが總て別々になつて居る場合に於て法律其ものを拵へようと云つても出來る筈がない、若し此儘で以てすれば矢張朝鮮人が別者として内地人だけですると云ふことになるの外はない、さうすると折角併合になつた意味を沒却して朝鮮人を繼子視したと云ふ恨みを彼に懷かすに過ぎないのであります、それだから總督府へ言ふにしても、まだ土臺が出來て居らぬものに向つて建築して呉れと云ふことは言ふべきものでないと云ふ趣意で、此問題の如きは次の聯合會迄に調査して置かう其中に總督府が如何なる施設をせらるゝか、夫等を見やうと云ふことにしたのであります、唯存外やかましいのは新聞であります、彼地京城日報　京城新報と云ふ二つの日刊新聞があります、其京城日報と云ふものは總督府の機關新聞であります、京城新報は是れに反對の新聞でありますが、隨分新聞の上には議論もやかましくありますが、實際は今申す樣にまだ議論して彼是云ふ程の施設がないに拘らず何とか彼とか頻りに攻撃がある樣である此點は甚だ私の疑問とする所であります、或は新聞の取締が少し嚴重に過ぎはせぬかそれが種となつて軋轢が起るのでありはせぬかと思ふ、兎も角も今日は併合をした初歩の場合でありますから朝鮮人等は何事も申さず靜かにして居ますけれども唯將來總督府がどう云ふことをして呉れるだらうかと多少疑怖心を懷くことは人情の免れざることゝ思ひます、さう云う大事な時でありますから成べく朝鮮人をして安んぜしめ、內地人と朝鮮人をして益々和して親しむ樣に努めることが現今の政治に於て大事な時であるに拘らず、種々攻擊が新聞にありまするど、朝鮮人が自然不安の念を懷くことがありはせぬか、是等は實に遺憾なことであると私共は思ふたであります、朝鮮內地に於ける事態に於てはそんなに議論したり攻擊したりする程の問題は未だ起つて居らぬでありますのみならずまだ倂合當分のことですから何事も常軌を以て論すべき場合に至らぬではありませんか、現に警察の事の如きも申せば陸軍の力でやつて居ると云ふ有樣であります、京城などには巡査の制服を着た者が居ますけれども、少し田舍へ行けば丸で憲兵が警察の事をして居る、隨つて軍人が警察の事を取計らふと云ふまだ時代でありますから、內地のやうな場合を以て論ずることは出來ないと思ひます、どうか新聞の點だけが少し和らぎが附きたならば官民共に仕合せであらうと思ひます。

それから京城で商業會議所の聯合會を開いて吾々が議した事を以上の視察談の參照として一應申上げたいのであります第一は朝鮮の輸出稅であります、從來朝鮮は輸出に稅が懸かる、其上日本內地へ輸入の時にも日本の關稅が懸かる、又此七月からは關稅が改正になつて高い稅を拂ふことになります、さうすると朝鮮の穀物が日本へ來ることは絕對に出來ないことになります、朝鮮は、農產物が主たる物產であるが、それが漸く外へ賣れてそして朝鮮人の購買力となるべきでありますが其物が外へ出ることが出來ぬとすれば結局仕方がないことになつて仕舞ひます、夫故に穀物に對する移出稅を速に廢して貰ひたいと云ふ議を決議したのであります。

それから鐵道の運賃のことに付ても建議をしたのである、夫れは曩に朝鮮へ日本が鐵道を敷設したことは彼處を開發する便利に供したには相違なけれども、其當時の主眼とする所は所謂國權上の發動に出たものですから今日となりては鐵道利用の目的か一變せねばならぬ筈の所從來の儘であるから運賃が非常に高いのである第一近距離の運賃の如きは內地の鐵道の三倍程も高い、それ故今の朝鮮人の如き貧乏な者が乘れる譯がない、ちよつと仁川から京城へ鐵道に乘つて來たならば朝鮮人が一日稼いだゞけの賃銀では車賃が足らないのでありますから乘れる筈がない、總督府は頻りに殖產興業を獎勵して居ますけれども、運輸交通の道が便ならずしては其効果が擧りませぬから、是非鐵道の運賃を下げることが必要であると信じます是に付いても當局者の意向を聞いて見ましたが中々今日迄の事實に於ては算盤に合はぬで困つて居る樣でありますけれども、まさか此儘で宜い事とは當局者も思ふて居られぬ樣であります、彼の安奉線が本年の天長節を期して開通する目的で今進みつゝある、現に鴨綠江の鐵橋の如きも最早橋臺は出來て今や橋桁を架けつゝあります、それも四分通りは既に出來て居ます、是は當年の十月頃迄に落成する筈であります、安奉線が十一月開通する曉には朝鮮の鐵道も是と一貫する鐵道になるのですから當然運轉上も餘程改正にならなくばなりますまい何樣今日では乘車賃の高い上に運轉の回數が極めて少ないのですから例へば僅かに五十哩三十哩の所へ往つても日返りすることが出來ずして其晩は泊らねばならぬと云ふ樣な不便であるから假令乘車賃のみ低減しても夫れ斗りではまだ足れりとは申されますまい、今一層列車の回數を頻繁にしなければならぬ、さうして今迄のやうな客車でなくして極下等粗末な客車を附けて朝鮮人を成べく廉く運んでやる道を開かなければならぬと云ふことは當局者も既に目論見中であると云ふことです。

それから釜山と下の關の聯絡船でありますが、山陽鐵道が初めて鐵道の聯絡機關として船を拵へた當時の運賃を其儘今日迄繼續して居るのである、思ふに山陽鐵道時分と今日とは餘程時態が違ふて居ります、今日は我領土の交通機關たるにも拘らず、其山陽鐵道が初めて拵へた時の運賃を依然と存して居ることは餘りに時勢に伴はぬ話であります、是なども、朝鮮開發の爲には改正を要すのものであるとの趣意を以て決議したのであります。

それから併合紀念の爲め博覽會を開きたい希望であります元より此博覽會は餘り立派な構造をするには及ばない、假小屋のやうなものでも宜いから、成るべく早く開いて內地の日用品農具其他有ゆる物產を韓人に見せることは亦同化の上に必要であると云ふ考で明年の秋か明後年の春を期して京城に於て開いて貰いたいと云ふことを建議致しました。

それから今日は元山と京城の間の鐵道は工事中でございます、是が出來ましたならば元山方面と京城の交通は大變に便利になるのでありますが今少し北へ行きまして清津と云ふ所があります、浦鹽と相對する朝鮮第一の港であります、それは一時世間の問題になりました彼の間島と云ふ所及吉林と云ふ方へ其處から通ずるのでございますが、今は其處へ小さな輕便鐵道が出來て居る、之を本鐵道に直して今少し線路を良くして澤山の貨物の運搬が出來るやうにしたい是は帝國議會などへも屢々建議が出て通過をして居る有樣でありますが、此清津鐵道は最も急を要するものと考へられます其上清津と內地の間日本海を聯絡する航路を定めなければならぬ、是も大變必要なことであります、吉林邊の物產が目今は皆浦鹽の方面に廻つて行くのは必竟清津への運輸が不便の爲めでありますから此方へ引入れるやうに運輸の便を開いたならば吉林間島の物產は多く清津に出て來ますことは疑いなきことです是を以て聯合會は此建議を致しました。

今一つは日本の關稅の改正即ち朝鮮の穀物を此七月から一般の關稅に直されるのでございますが、是は實に朝鮮として堪へられぬことであります、蓋し此問題は他の條約國に關係する問題でありますが、隨分解釋の仕方に依れば議論も立つべきものでありはせぬかと思います、是非此道を開いて朝鮮の農產物を成べく內地の需用に充てゝ從來他の國から輸入して居るものを補ふやうにすることが大に必要であります、是れ獨り朝鮮の開發を助くるのみならず內地の爲に大に利益であると考へ是も建議を致しました。

以上の如き朝鮮開發の爲め急須の案件を此度聯合會で決議を致し、其總督府の所轄に關するものは逐一事情を陳情し書面をも出して置きました、又內地の方の政府の所管に係るものは主務省へ建議書を出した次第であります餘り時間か長くなるから御話は此邊で止めましよう。

之を要するに朝鮮は前申上げた如く土地が惡いでなく、又人民が劣等でもなく殊に内地にも勝る季候の好き天惠の邦土でありながら全く韓朝時代の政治の仕方が惡い爲めにあれ程までに衰頽したのは譬へば生れ付健康の五體を持ちならがら不養生不身持の爲めに健康を害したると同様であるからして是には良き滋養物を與へ血管の流通を好する樣に攝養が行屆いたならば本來の健康體に復することは望みのない譯はないのでありますから、我新領土となりし以上は是等の事には內地の同胞か心力を盡して彼國の不幸を助けてやるべきは母國たる義務であると思ふのであります。

終に臨んで諸君に申上げます、私共が朝鮮に參りて到る處に於て官民が非常なる熱誠を以て歡迎し便利を與へて呉れられました、是は私共一行の最も感謝して居る次第であります、諸君に此御話をすることが出來たのも即ち朝鮮官民が吾々に對して便宜を與へられた結果ですから、諸君に此事を申上げて感謝の意を表する次第であります、尙添て申上ますは朝鮮に關する書册は澤山持歸つて居ますから御入用なれば書類を御覽に入れて差支ありませぬ、私は是で降壇いたします下手の長談義なるにも拘らず諸君の御靜聽を得たることを深く感謝致します。（拍手）

鮮民の至幸

東京商業會議所會頭　中野武營

一

余は一昨年夏、朝鮮に旅行し親しく鮮民の生活狀態を視察し、偶々感じたる所一にして足らず、行程僅かに一百余、經過せる所亦單に鐵道沿線に過ぎずして、固より仔細なる觀察を爲す能はざりしと雖、先づ京城に入りて王宮の廣壯にして、樓門の巍然として聳ゆる傍に、汚穢陋屋の鮮民家屋が貧弱なる街衢を成して之を圍繞せるを觀たる時、彼是二者の對照の余りに大なるに先づ一驚を喫せざるを得ざりき、譬ふれば前者は正に太陽の如く、後者は卽ち雨夜の星の光なきが如く、數百年來治者は徒らに榮耀に飽き、民は塗炭に苦しめるの狀、

一々玆に指摘すべし、同情の念亦禁ずる能はず。殊に余等は朝鮮の歴史を知る。遡りて日本文明の根源を探ぬれば、彼を朝鮮人の賜物に依るもの決して尠少ならざるを思ひ當時爛漫たりし朝鮮の文化及朝鮮人の能力に想到し、而して民力遂に衰へて今日に至れるを思ふ時、吾人の同情の念は益々深きを覺ゆるなり。蓋し朝鮮民力の疲勞は民其者の罪にあらずして、之れ多く政治其の宜しきを得ざるの罪なり。吾人をして極言せしむれば、由來朝鮮に於ては、政府の爲の人民なりしか、將た人民の爲めの政府なりしか、甚だ疑なき能はざるなり。

二

是より先き余は渡米實業團員として、北米合衆國を漫遊

し、五十有三都市を歷訪して米國各地に於ける有名なる都市は殆ど剩す所なかりしが、到る所宏大壯嚴なる建築、華麗なる邸宅、一として備はらざるなき諸種の施設は悉く是れ人民の所有、人民の邸宅、市民共同の利益の爲めの施設ならざるは無く、宏大なるもの、華美なるもの、贅澤なるものは卽ち民有にして宮有は之に比すれば誠に御粗末千萬なり。

彼の大統領官舍たる白亞宮の如き、壯麗華美を極めたるものと思ひきや其の外觀は粗末なる白壁塗りの一邸屋に過ぎず。其の內部亦殊更に華美なる裝飾を施すなく、普通一小富豪の邸宅と多く撰ぶ所なし。其の他政廳にせよ、州廳にせよ、皆民設一會社の堂々たるに若かず。卽ち與民の氣到る所に充溢し民力發展の狀到る所に表はる。其の狀誠に羨望に堪えざるものなり。

此の盛んなる光景を實見した後、幾何ならずして民力枯渇せる朝鮮を見る、固より國情の相違せる點はあるも吾人は其の對照の余りに大なるに驚けり。而して其對照の生ずる根源が政治の如何にあるを知る時、吾人は惡政の實に恐るべきを感じたり。而して斯く感ずると共に、余輩は朝鮮が我が日本に併合せられたる事が如何に鮮人の爲めに至幸なりしかを思はずんばあらざりき。蓋し日本人は能く朝鮮の歷史を知り、其の民情を解す。從て同情自ら其の間に生す。卽日本人が朝鮮人に臨むや、決して異人種の冷々淡々たるが如き態度にあらず、必ず常に一種憐愍の情を以て之に接す。

三

之れ蓋し同種族間に存する人情の自然にして、假に若し朝鮮が他外國に依て併合せられたりとせんか、人種的偏見に加ふるに風俗習慣の甚だしく異なれるあり、殊に其の生活程度の差甚大にして、彼等外人より觀れば鮮民の生活狀態は到底日を同じうして語る可からず、彼等の眼には或は犬猫のそれとも映せんか、斯くの如くにして極度の侮蔑となり、虐待となり、鮮土の蹂躪、民權の侵犯相踵いで起るや必せり。之に反し日本が朝鮮を併合するや徹頭徹尾同情を以て之に臨み、現に內地の貧乏世帶を以てして、年々千數萬圓の費用を朝鮮經營の爲に投じ、併合したる內地人は却て併合されたる鮮民を羨むが如きは、以て鮮民の至幸を謳ふに足らずや、而して今や鮮民洽ねく皇化に浴し、半島亦事なきを得ると雖、曩には忌々しき陰謀事件の曝落せらるゝあり、今後又思慮分別なきの徒、事を構ふるが如き事あらば之れ實に道義を解せざるの甚だしきものにして、亦朝鮮の前途を呪ふものと云はざる可から

（十）鑄形師寺內伯

東京商業會議所會頭　中野武營

余はこれ布衣の一平民、封建時代の士尊民卑の因習を固く持し、軍人獨り偉となし、一般國民と沒交涉なる我が陸軍部內に人となり、而も軍人中、最も強くこの思想を有すと稱さると伯爵寺內正毅閣下には殆ど今日まで、接近するの一の機會を與へられざりし。先年、余等實業家一行は商業視察のため、渡鮮したる折こそ、總督の印授を帶ぶ寺內伯に面接し得る唯一の好機會たりしなり。然るに、不幸、當時總督は內地歸省中なりしため遂にその聲咳に接する好機すら逸したり。從つて余は寺內伯の性行、態度、風采等に對しては、何等識る處なし、余は寺內伯の個性に關し論評を試みるは、恰も盲人の象を評するの愚に過ぎず。故に余は伯の個性に對する人物評はこれを避け、只朝鮮に執れる政策の大體に就き、短評し以て責めを免るべし。

寺內總督の朝人に對する政策を見るに、伯は自己の思ふがまゝの鑄型を作り、この鑄型へ、被治者の自由意思も、人格も能力も總てこれを無視し、サーベルとピストルとを擬し、威脅的に國民を鑄中追込まんとするにあり。

故に一言にして評せば、伯の政策は鑄型政策なり、高壓政策なり。

例へば彼の會社令の如きは、この鑄型政策を最もよく說明して餘あるものなり。資本金三十萬圓以下の會社銀行は、朝鮮總督治下に於て其の設立を許さずと、蓋、小資本の會社、銀行の設立を許すときは、所謂、泡沫會社を濫興し、智識低き鮮人を欺き、其の財を失なはしめ、經濟上に又社會上に惡影響を與ふる不逞の徒の跳梁せん事を懸念してなるべし。

其の懸念は、余等も大に了すべし、然れ共、世に盜賊の生ずるは世界に財貨の存在するためなり。故に盜人の發生を防がん爲先づ世界財貨の存在を否認するものあらば、誰か其の愚を笑はざらん。余は敢て詭辯を弄するに非ず。現下鮮土に於て三十萬圓以下の會社、銀行の存在を許さずとしたらんには、泡沫會社の濫興を防止するに何等か効果あらんも、开は御役人式の考へにして實際に迂濶なるものなり。

實際の泡沫會社は、決して資本の多少により右左さるものに非ず、寧ろ泡沫會社は時代の人氣に投ずるが如き架空的又は理想的――實行の能は問はずして只だ株主の人氣に投ずるを目的として資本を募るものなる故、却つて大資本を集め得るものなり、されば資本の多少に依る事業の濫興を防止せんとするは誤れるも甚だしきなり。加之事業の發展は如斯、高壓的政策の下には到底期し能はざる也。

先づ我が內地の大小の事業が今日に到るまで發達し來るは

何によるか、一萬圓にても二萬圓にても、將た百萬圓にても容易に會社、銀行を起し得たる爲に有ざるか。

經濟界の事は個人本位なり、如何に高壓の政策を用ふるとも、決して不利なりと思はるゝものに對して投資さるゝものに非ず、又何等保護なくして危險なりと思はるゝものに對しても、危險を冐すの未知數加味さるゝとするも有利なりと信ぜらるゝものに對しては、資本家は投資を躊躇するものに非ざるは更めて云ふまでもなし、徒に政策により經濟界の事を左右せんとする時は往々にして、角を矯めて牛を殺すの恐れなしとせず。

勿論、民殖地、特に朝鮮は內地と事情を異にする故其の事物を內地の事物に律して考ふべきものに非ず、故に余等が內地に於て朝鮮實際の政を司る總督が必要なりと思料し施行しつゝある會社令を全々非難し去るものに非ざれど、朝鮮會社令は泡沫會社の濫興を抑壓し健全なる事業の發達を助くるに力ありとするも其の威脅、其の制限は、恰も巡查にサーベルを帶さむるに止めたきものなり。今日の如く矢鱈に、單に威脅すべきサーベルを拔放ち、良民をも切まくるが如き高壓政策は決して鮮土事業の發達に益するものならざるを思ふ。

獨り會社令のみならず、寺內總督の鮮土に對する政策は、合併當時より今日に至るも猶ほ、サーベルとピストルとを持て、威脅し自已の作りたる鑄型の內に國民を打込み、自已の鑄型通りの朝鮮を作らん事に苦心して改めず。其の熱心と直情は大に感謝すべきものなれど、國民は總督の見る如く左程事理を辨せざる子供にあらず現下の總督政治なるものは餘りに老婆心に失し、遂に人をして自暴自棄に陷入しむるものに非ざるかを恐るゝものなり。

殆ど未墾に屬し、幾多有利なる利源を埋藏せる、鮮土を開發するには、先づ內地より資本を誘導せざるべからず、されば何れの國に於ても殖民地の開拓に本國資本家の投資を誘導するに昻めつゝあるに獨り我寺內總督は內地資本の移入を防止するが如き政策を固持し居るも果してよく鮮土の利源は開拓せらるゝか、日本は舊韓國より合併の今日に到るまでには隨分巨額の國帑を費したり、而して合併後既に數年を經過しても猶ほ、朝鮮のために窮乏甚だしく國庫より年々千萬圓の補助の支出を强要されつゝあり、朝鮮の如く人口未だ多からず、幾多有望なる利源を有しながら、徒に之が開拓を遲滯せしめ、本國にのみ迷惑を懸くるは餘りに氣の利た事ならず。

余は、寺內伯に囑望すらく、鮮土本島皇風に浴して既に四星霜、最早、サーベルにもピストルも必要の時を去れり、徒に鑄型を作り朝鮮のために國民を作らんとして勞せんより國民のために鮮土を開拓せん事に昻められん事を。

鮮銀重役の人選

東京商業會議所會頭　中野武營

朝鮮銀行が創立以來僅に五箇年にして獨力一般株主に對し年七朱の利益配當を爲し更に初めて政府所有株に對しても同格の利益配當を爲し得るに至り、更に利益の分配法に多少の改正を加へて信用の確實を期せんとするは同行將來に於ける發展の爲めに大に賀すべきことにして、今日の如く其の基礎を堅實ならしむる迄の經過に關しては所有々價證券價格の引下又は第一銀行より中央銀行事務を繼承せし以來莫大なる價格に上れる銀行券製造費の償却或は所有家屋建物の價格の整理等の難關を能く切拔きたるは多とすべき價値ありと信ず。今日は單に創立時代を脱し將に奮闘時代に入らんとする時なれば、今後の進捗上には多大の迫害艱難あるべきにつき當事者殊に重役たるものは非常の配心、勇氣、忍耐を以て之に衝らざるべからず、同行の立場より云へば重役の人選は多大の注意を要すべく他に活動義務を負ふ者をして之を兼ねしむるが如きは斷じて不可也、尤も朝鮮銀行法にては、總裁又は理事は何等の名稱を以てするに拘らず、他の職務又は商業に從事することを得ず但し朝鮮總督の認可を受けたる時は此限に非らずと規定して豫め之を警戒せるは正に當を得たるもの也と雖、尚此の但書を附せるは缺點なるが故に全然之を削除して絕對に右の兼職を禁止するの妥當なるを信じ居れり。更に此の但書を削除するも尚足れりとせざるは此の禁條の文義解釋の如何に依りては上下兩院議員は同行の重役たり得ること是れ也。朝鮮銀行を始め滿洲鐵道、日本銀行、東洋拓殖會社、日本興業銀行、日本勸業銀行、農工銀行等の重役又は使用人が議員を兼ぬるの不可なる理由は進步せる立憲國の歷史が明白に證明し、我國にても幾多有識の論客に依りて盛に論議されたる所にして、今更贅言を弄するの必要無けれども時に聽取を缺ける者なきに非らざるべしと察し左に聊か繰返さんとす。

凡そ議員の言動は必ずや自己の自由意思に因らざるべからず、克く斯くの如くして其の議員たるの資格は十全たり得べし、若し何等かの理由を以て折角の自由意思に對して拘束を受くることあらんか、其言動は總て立憲の本義を破り、議員たるの本質を失ひ、大なる虛飾、大なる僞善として世間嗤笑の的となる他何等の利益無かるべし、議政壇上に立つに際し兼職議員の主義信處は往々にして政府の意思に合致せず全然相背馳せるものあるべし、此場合に於て若し政府の意思に從へば自會社の不利益となり、會社の意思を傳ふれば政府の主義に相反し玆に板挾的奇觀を呈するに至り、詮ずる處一方の利益の爲めに他を破るの外無かるべく、議會開設本來の目的は根本的に破壞されざるべからざる也。

繰返して更に恐るべき危険を想像せんか、總ての銀行會社殊に政府保護の會社銀行にては重役をして其職に忠實ならしめんとして四年乃至六年の範圍內にて任期を定め居れり、然るに內閣の更迭は時に頻々たるものある結果として主義全く相反せる後繼內閣を迎ふることあるべく此場合幾十の重役兼議員が良心を完うすべく內閣と共に聯袂以て重役を辭すべしと假定して實業界の蒙る惡影響果して如何を想へば蓋寒心すべき者あらん、而も此現象は必然的に到來すべきものにして重役兼議員が如何に國家又は銀行會社の利益を阻碍すべきかを恐れざるべからず、吾人は此明白なる理由の下に保護會社の重役をして議員を兼ねしむるの不可なるを絕叫する者也。

現今に於ては政府の請負を爲す會社の重役は衆議院議員を兼ぬることを得ずと規定せるに拘らず、同じく政府の恩惠を受くる保護會社の重役に對して其禁令を布かざるは大に缺點とする處にして、現內閣は此缺點を補ふべく之が禁止法案を來期通常議會に提出する由にて、吾人は監督者被監督者の區劃を分明ならしめ立憲政治の本義を保つ所以の理由として、將又銀行會社發達の一手段として大に贊成の意を表するもの也、世間或は國家の否認することに對しては法律的制裁を加ふるの要あれども本改正に對して一人の反對者なき以上、殊更法文として公布するの要なしと論ずるものあれども、世には**例へば滿鐵の改野理事の如き東拓の野田副總裁の如き多數の圖々しき厚顏兒ある**が故に絕對的に之を排除する必要上法律として社會の表面に現示するの必要ありと認む。

右は主として特殊銀行の一般につきて論じたるも朝鮮銀行亦特殊銀行として政府より特別の保護監督を受け居る以上決して無用の論議に非らざるべし、殊に同行は基礎漸く成り今後の發展は一に重役連の眞面目なる奮鬪に俟つこと大なるに際しては切に其必要を感ずべき也。

更に一歩を進めて同行重役人選に關する第二の希望を露骨に云へば總裁の任期を僅に五年と限れるは餘りに短期に過ぎざるかを恐るゝもの也、固より其重任を認め居れども或は卑劣なる一部策士の出づるありて其重任を妨ぐるものなきを保せず、別けて朝鮮に於ける金融組織整備したりとは云へ猶未開拓區域尨大、さなきだに新附領土に於ける銀行經營を頗る困難なるものあり、更に今や天下の輿論として半島經濟不振の救濟的責任を當朝鮮銀行に負荷し、之をして新たに不動產金融の好例を開かしむべきを渴仰する今日に際しては、益々理想的總裁の手腕を欲し、且つ任期を延長するの要あるべしと信ず。

之を要するに吾人は以上の二點に注意すれば大瑕無かるべく而して其他に至りては今日の所先づ然したる影響無かるべしと察するもの也。

朝鮮の農業及商業を論ず

東京商業會議所會頭　中野武營

予は朝鮮の事情に暗きが故に之を論評するの資格全く零也と雖、杜撰乍ら今日迄見聞したる經驗を基礎として左に農業及商業の兩方面より觀たる朝鮮の狀態につき聊叙論を試みんとす。

元來朝鮮は大體に於て土地肥沃にして加ふるに氣候の溫暖なること殆んど島嶼的なるを以て農業地として適當なる箇處豐富なるが故に相當に灌漑の便利を圖り耕作の方法を改良する時は蓋し多大の好果を持來すべきことゝ信ぜらる、現在の耕地面積は全島を通じて田地百〇二萬四千三百五十六町歩、畑地百八十二萬三千百六十八町歩、合計二百八十四萬七千五百二十五町に上り相當の農產物產出額を示しつゝあるが此他未墾地として國有四萬〇五百三十二町歩、民有三萬三千三百十七町歩合計七萬三千八百四十九町歩を有し之に山野原野の內山麓緩傾斜地及干潟を加ふる時は驚ろくべき廣大なるものとなるべく之等未墾地の殆んど全部は皆地味肥沃にして相當の設備を施すにあらば大に好果を上げ得るの見込確實なるものにして近來當局が努めて民產を確實に保護することに勉むるに至りたると各地方經濟思想の向上し且つ農產物の價格騰貴と相俟つて之が利用の極めて有利なるを認め事業家は好んで其の投資を爲し新に開拓さるゝもの年每に其數を增大するに至りたる爲め當局は猶も之を隆にたらしむべき目的の下に巧に國有未墾地利用法を運用し以て未墾地の利用方を督勵しつゝあり、由來此の國有未墾地利用法は明治四十年の發布に係るものにして其間多少の欠陷無き能はざるも之れに依れば國有未墾地は特別の事情なき限り一町歩年額五十錢の割合を以て十箇年間之を貸付け開墾牧畜植樹については特別理由あるものを除き事業成功後附與することゝし、其他の利用につきては拂下げ其の拂下げ又は附與したる土地に對しては其土地所在の道內に於ける最下級土地の負擔する額の三分の一に相當する稅率を賦課することゝ規定し、更に進んで當局は近來未墾地の利用調査をなし其の結果を公表して之が利用者をして一目して當然土地の狀勢を察知し易からしむると同時に設計上の便宜を與ふることに努め、最近一箇年間に於て調査をしたるもの二百箇所此の反別二萬餘町歩の多きに上り居れるが此の事たる固より利用者に取り頗る有益なることなれば益々鋭意續行されんことを望まざるべからず、次に現今に於ける國有未墾地の貸付狀態を觀るに原野四百三十二町歩、荒蕪地六百五十六町歩、草生地三千七百十八町歩、沼澤地二百十八町歩、干潟八千七百二十一町歩合計一萬三千七百四十五町歩を算し、之を一反歩に對する最低平均收支を察するに水稻は收入十五圓五十錢支出九圓、大麥は收入七圓支出四圓八十錢、小麥は收入七圓五十錢支出四圓四十錢、大豆は收入五圓五十錢支出三圓の割合にして何れも相當の利益を收得し居り、實際家の言ふ所に依れば今後相當に耕作法を改良する時は平均一反につき優に七八圓の收益を爲し得べしと稱せられ現今の所一反歩の平均時價は田地六十五圓畑地三十五圓內外を往來し居れりとの事也。

朝鮮に於ける農業從事者は現在內地人、十五萬人朝鮮人一千百六十萬人、支那人千五百人の概算也、幾多耕地の大部分は朝鮮在來の王族、閥族、兩班等大地主の所有に係り朝鮮人の多數は小作に甘んじ大地主亦都會地に居を構へて悠に自適曾て積極的行動を採りたるの例あるを聞かず、當局は內地人の移住して農業に從事すべきことを督勵すると同時に此等鮮人に對しても大に說く所ありしも因襲の久しき到底容易に自覺するの模樣なきは大に遺憾とせざるべからず、序に必要上內地人の經營する農業狀態を觀るに現今の經營者約五千人、投資額三千萬圓、所有地面積十四萬町歩と註せられ相當に効果を擧げつゝありと雖尨大なる處女區域を十分に開拓する迄には前途遼遠なるものあれば內地人は此際朝鮮人の勞働賃銀の頗る低廉なると質朴なる性質を有せるとに乘じて大に努力せざるべからざるべし。

收穫物に就ては島內供給の分を控除して每年輸出すべきものの米の七百五十萬圓を最とし、大豆五百萬圓、麥五百萬圓、棉花四十五萬圓、煙草二百二十萬圓、人蔘二百五十萬圓、家畜百八十萬圓を主要なるものとし、之れに養蜂、養蠶、青物栽培等より生ずる收獲高を合計する時は驚く計りの巨額に達すべく而も今後適當の施設を施さば優に現今の二倍半に上るべしと云ふに至つては朝鮮の農業的富源が如何に巨大なるかを察せらるべき也。

上記の如く半島に於ける農業は甚しく前途有望なるものあるが故に當局は勸業模範本場を京畿道水原に、支場を慶尙北道大邱、平安南道平穰、京城府龍山、金羅南道木浦、京城府纛島、咸鏡南道元山に置き、種苗場を忠淸北道淸、忠淸南道公州、金羅北道金州、金羅南道光州、慶尙南道晋州、黃海道海州、江原道春州、平安道義州、咸鏡南道咸興、咸鏡北道鏡城の十箇所に置き、農林學校を京畿道水原に置き、其他朝鮮農會の本會を水原に、支會を開城、淸州、公州、群山、金州、光州、大邱、三浪津、晋州、黃州、平穰、鎭南浦、肅川、義州等に置き以て勸農機關としての本質を發揮せしむることに銳意精勵中にして之に依り各地方に於ける農事思想は漸次普及向上しつゝあるものゝ如し。

以上は專ら農業に就きて述べたるが要するに土地の狀勢、勸農機關の努力、內鮮兩人の自覺等は相俟つて將來半島の農業界をして殷盛ならしむべく更に歩を進めて左に商業的に觀たる朝鮮を論評せん。

先づ貿易狀態より觀察を始めんに、併合以來長足の產業發展の結果として非常の盛大を示し輸移出總額四千萬圓以上に上り之れと同時に輸移入總額約七千萬圓を算し居れり、輸移出品の主要あるものは、米、豆、人蔘、牛皮、乾魚、鯨肉及鯨油、金地金、石炭にして輸移入品の主なるものは米、粟、小麥粉、砂糖及糖果、飲食物、綿糸、綿織物、麻織物、毛織物、絹織物、油及蠟、鐵及鋼、金屬製品、車輛及船舶、器具及器械、石炭及コークス、鐵道材料、紙及紙製品並文房具等にして關係國は内地、支那、露領亞細亞、英領印度、暹羅、佛領印度、獨逸、英國、北米合衆國其他にして就中内地、北米合衆國及英國を以て取引最も盛なりとす、若し朝鮮全島に多數の移住民を收容して產業の發達を遂行せしめんか需要供給の兩勢力は頓に增大し引いて貿易の殷盛を來し、其の供給力の高大なる必らずや輸出の超過となり半島に於ける富の程度は猛然として高上するものあらん。

内地人の商業經營は併合以來長足の進歩をなし全島殆んど其の驥足の及ばざるは無き有樣にして京城、仁川、群山、木浦、大邱、釜山、馬山、鎭南浦、元山、清津等に商業會議所を置きて益々堅實なる商業發達を期し居れるは喜ぶべし、次に鮮人の經營する商業狀態に就きて見るに元來當地は市場を以て重要なる商業機關と見做し取引の大部分は一般に市場に行ふを以て習慣とし毎月數回期日を定めて千二百餘の多き箇處に於て開催せられ一ケ年の商品集散高一億圓を降らざる有樣なるが商業思想の向上と共に從來の此の習慣を打破し常設店舗を設けて商事に衝るもの漸く增加しつゝあり、主要なる都市には内地人と合同して商業會議所を設置し商工業に關する諸般の調査報告、商工業的紛爭の仲裁を爲すことに努め目下存在するものは京城、仁川、開城、江華、大邱、金泉、東華、平穰、義州、三和、元山、咸鏡、北青の各商業會議所也とす、其他鮮人の重要商業機關として忘るべからざるものは客主、居間、典當及監考にして其の機能としては、客主は内地に於ける問屋業に類し絕えず市場の相場を通報し委託を受けて取引し又は手形の引受、割引、貸金及貨幣の交換を爲す外一種の宿屋業をも兼營する習慣を有し其の取引品は從來穀物、煙艸、牛皮等に限られたるも漸次其の範圍を擴大するの形勢あり、居間は其行動客主業と相似たるものあれども自から廓然たる差別あり内地に於ける仲立業の如きものにして賣手と買手との間を往來して周旋を爲し之れが報酬として一定の口錢を受くるもの也、典當業とは質屋業の事にして多くは金貸業之を兼營し其の取扱ふべき典物は

水原の練武堂

大體一定し貸金の標準、質置期限、更新、流失等は內地に於けると同樣也、更に最も奇とするは監考業にして普通市場取引の米穀を計量し其の手數として一升に滿たざる端數を收納する習慣あり、以上の外市場取引及契約に關し弊害ある惡習慣あれども當局行政施設の擴大と共に漸次其面目を改新しつゝあるものゝ如し。

産業の發達は引いて會社の勃興を來し今日にては其數土地の割合に多く朝鮮に本店を有する會社は內地人經營のもの一一八、鮮人經營のもの三六、日鮮人合同經營のもの一九、日米人合同經營のもの一此總資本額五千萬圓總拂込資金三千萬圓にして朝鮮に支店を有する會社は內地經營四一、外國會社一一也、更に之を業務の目的に依りて區別すれば林業三三、商業九四、工業三八、金融三四、運輸業二九、瓦斯電氣業八、水産業四其他にして此等は吾人の覩て組織及營業狀態の確實なるものゝみなるが明治四十四年一月會社令を發布して會社設立を放任せず總て總督の許可を要することゝしたるが此理由として當局が、投機者流の不堅全なる事業計畫の爲めに事業の失敗を來し多數人に案外の損害を與へ兼ねて半島産業の發達を阻碍するものあるが故也と辯明せるは尤もの議論には相違無きも斯令の存在は軈て有望會社の設立を澁滯せしむる恐あるものなれば當局は大に寬量を示すことに努めざるべからず。

舊韓國政府は國內の度量衡を一定せんとし明治三十九年度量衡規則を發布して之を改正し普及に力めたるも因循なる鮮人根性は容易に之を容るゝ形勢無かりしが總督府は明治四十二年九月度量衡法を改正し嚴重に其名稱、名位、製造輸入及販賣等に關する統一普及に力め現今にては到る處之に副はざる無く販賣人の如き內地人五十九人朝鮮人三百〇六人を數ふるに至れり。

朝鮮の稅關は可成りに古くより行はれ、明治九年釜山に、明治十三年元山に、明治十六年仁川に、明治三十年鎭南浦に、明治三十二年群山、馬山、城津に、明治三十九年義州に、明治四十一年淸津に之を設置し總稅務司廳をして之を管理せしめたりしが明治四十年之を廢し關稅局を設け度支部監督の下に關稅總長をして事務を處理せしめ、稅關を仁川、釜山、元山、鎭南浦の四箇所に、支署、出張所及監督署を沿岸の諸重要港に設置して海關稅の徵收及監視事務を司らしむることに改めたり、是より先明治三十九年京城に官設保稅市場を設置して外國貿易の便宜を謀りたるも都合に依り程なく之を廢止し改めて京城、仁川、釜山、大邱、平穰、鎭南浦に官設保稅倉庫を設置し併合以來全部の稅關は之を總督の管下に移し漸次貿易の發達と共に大に盛大となり最近一ヶ年に於て輸移出稅三十七萬圓、輸移入稅四十四萬圓、噸稅十萬圓、雜收入六萬圓を收むるに至りたり。

（完）

朝鮮開拓の先驅者たれ

東京商業會議所會頭　中野武營

今回朝鮮銀行總裁に拔擢された勝田主計君は予とは年齢も違ふし職務も別路を辿りつゝあつた關係からして殆んど接觸の機會がなかつた。從つて其人物の月旦をなすの資格が無いと思ふが強ひて言つて見るならば、同君は學校を卒業して直ちに大藏省に奉職し理財局長から大藏次官に累進し、

困難な財政の衝に膺り

民間の經濟事情にも精通して居ることは豫々承知し非常に敬意を表して居る。此の人が朝鮮の財界を支配される所の鮮銀に總裁となつたのは蓋し適材を適所に配したものと言ふべきであらう。一體内地でも朝鮮でも其地の財界を統一すべき最高金融機關を必要とすることは喋々するまでもない。現に亞米利加合衆國に於ては從來十數個所の樞要銀行が散在して居つて、財界の統一連絡を斷いて、それが爲めに財政經濟界に惡影響を迨ぼした辛い經驗からして、之れが統一を圖りつゝある。そして近來之を實現したが我國に於ける、

中央銀行と政府との關係

の樣に、言ふに言はれぬ妙諦を發揮することが出來ないで、只是等十餘の銀行の聯立を觀て此間に纔かに統一を維持するに過ぎない。幅員一萬四千方里人口千三百萬人を抱擁して居る朝鮮、而かも經濟界の統一を失して今日に臻つた朝鮮に於ては怎うしても鮮銀の樣な統一機關が必要である。成る程斯る特殊銀行には相當の干渉と束縛とがあり常に首腦政治機關から掣肘を受けつゝある、之を指して經營上の羈絆であり營業發展の阻害であると批難するものがあるが、之は物の一側面のみ觀て全體を洞見することの出來ない淺見者流の讒言に過ぎない。勝田新總裁は果して甚麼見解を懷いて居るか固より忖度することは出來ないが、斯る謬見に囚はれて居つては到底成功は覺束なからうと思ふ。日本銀行と中央政府との現在の關係あつて始めて内地財界の統一を維持することが出來ると同一意味で、

朝鮮銀行と朝鮮總督府

との連絡統一を圖るのが肝要であることは、賢名なる勝田君の夙に承知せらるゝ所であらう。

總督府と鮮銀との關係を密接にするの必要は前述の如くであるが、之を同時に東拓とも提携して共に經營の一部面宛を擔ふの必要はなからうか。敢て東拓の經營振を批難して快哉を叫ばんとするものではないが、從來の如くに唯土地株のみを增殖することに腐心して能事畢はれりとなすが如きは、東拓設立の目的を遂げ得らるゝものでない。之は獨り吾輩のみの批難ではない、恐らく、

天下識者の異口同音

に發する嘆聲である。此點に對しては鮮銀も東拓も猛省する必要がある、そして相提携して朝鮮の開拓即ち產業の發展經濟力の增進を期せねばならぬ。勝田氏は聰敏の質と健實な考とを有せらるゝ人物として世既に定評あり吾輩の喋々するまでもなく這間の消息を解して居らるゝことゝ確信する。願はくは氣宇を大處に就けて世の期待に添はれたいものである。

第九章　東京市論

中野は、明治二十年代から東京市内の基幹交通網であった東京馬車鉄道株式会社取締役（その後身である東京電車鉄道株式会社、東京鉄道株式会社でも同じ）や、東京電燈株式会社取締役（明治三十年から三十六年）に就任しており、事業者の立場として東京市の行政とは関係が深かった。[1]

東京商業会議所会頭に就任すると、地元の商業会議所の会頭として東京の産業振興に向けて博覧会の開催などに尽力した。[2] それに加えて、渋沢栄一とともに明治神宮造営や田園都市（調布）開発などプロジェクトを推進したり、公害問題であった深川の浅野セメント降灰問題の解決に貢献したりした。[3]

晩年は、大正三年に東京政改革のため市会議員となり、大正七年に没するまで市会議長を務めた。

9-1「築港に先だつ東京市の急務」（明治四十年二月十五日）は、東京湾築港の前に逓信省の焼け跡（現在の銀座）に小規模の税関を設けて貿易取引に便宜を与えるべきと提言している。

中野は産業振興の観点などから博覧会の果たす役割を重視し、東京府が主催の東京勧業博覧会（明治四十年に上野で開催）と東京大正博覧会（大正三年に上野で開催）では、それぞれの博覧会協賛会副会長として、全国の商工業者からの出品の勧誘、接客などに尽力した。[4]

9-2「我貿易の前途」（明治四十年六月七日）*は、東京勧業博覧会（明治四十年三月二十日から七月三十一日）の際、中野が博覧会協賛会副会長として、府県事務官及び郡長に対して演説したものである。博覧会で意匠に力を入れるようになったことを評価しつつ、製造品の量が少ないことが貿易上不利になることを指摘している。

明治四十四年三月に、我が国初めての大気汚染公害である浅野セメント深川工場からの降灰問題により深刻な住民運動が発生した際、中野武営と柿沼谷造が会社側（浅野総一郎と渋沢栄一）から、河野廣中と濱口吉右衛門が住民側から立会人として選ばれ、明治四十九年末までに深川工場でのセメント製造を廃止することなどの合意を仲裁した。[5]

中野は、改進党時代から地方分権の推進に賛同し、立憲政治を確たるものにするためには地方自治の充実が必要と訴えていた。（**4-5**「立憲国民の覚悟」）さらに、米国を視察した後は、米国の発展の根底には地方分権と地方自治があることを目の当たりにし（**5-8**「北米巡遊所感」）、我が国も中央集権の弊を改め中央の経費を少なくし、地方自治に任せる事務は悉く地方自治体に移し、地方自治を発達させていくべき（**6-1「中野武営君談**（後継内閣に対する希望）」）との政治信条を固めていった。

そして、産業発展のための基本的なインフラは自治体が整備をすべきであり（**5-7**「我が国民の則る可き米国都市の繁栄策」）、また、東京は、世界の東京として外客が来ても恥じない都市造りをすべき（**4-26「中野武営君談**（太平洋問題）」）との考えを発表していった。(6)

一方、明治末期の東京市政は、許認可などをめぐり政友会系の常盤会に私物化された伏魔殿のようになっているとの認識から、ニューヨーク市において利権誘政治をしていたといわれる民主党の建物に喩えて「タマニーホール」と揶揄されていた。このため、東京市については特別市制にすべきとの意見が高まり、明治四十三年の第二十六回議会では衆議院に東京市制法案が、貴族院には東京都制案が提出された。翌年の第二十七回議会では衆議院には尾崎行雄が「東京市ニ関スル法律案」（委員会で「東京市及大阪市ニ関スル法律案」に改称）を提出し、衆議院を通過したが貴族院が否決したため特別市制については否定された。しかし、政府提案の市制改正法律案が成立し、市長を市の代表として、その権限を拡大するとともに、市参事会を諮問機関にすることと、市参与を設置することなどの改革が行われた。(7)

東京市のガス事業についても市の許認可に関わる問題であったが、**9-3「瓦斯会社の合併と東京市の権力」**（明治四十四年十二月）では、二社のガス会社の合併は望ましいと主張している。

9-4「市制より見たる都市改善問題」（明治四十五年一月一日）では、星亨が駐米公使のときにニューヨーク市政を見てこれを導入したのが失敗の原因であるとして、日本は米国ではなく、むしろ英国のモデルを見習い、財産もある名望家が市長につき人心を集攬し市政に専念するとともに、市長が事務を任せうる助役の権限を強めて、実務をさせていくべきと主張している。(8)

9-5「現在に得らるゝ最良の市長（阪谷市長論）」（明治四十五年八月）では、新市長に阪谷芳郎が任命されたことを歓迎し、東京は世界の東京であり、それにふさわしい下水道整備や都市計画、道路整備などを行うべきと提案している。

9-6「消防義会と富豪の義務」（大正元年八月十五日）は、東京の消防組織が、旧幕時代からあまり変わらず、鳶による消防夫に依存する状況を憂い、財産を保護するという観点から東京府や市とともに富豪の寄付を受ける消防義会を設立したことを紹介している。

明治神宮の造営は、中野が渋沢、阪谷芳郎と連携して実現した大きな事業であった。明治四十五年七月三十日に明治天皇が没すると、東京市民からの熱誠を受けて、中野は、渋沢、阪谷とともに直ちに財界人などの有志を募り、明治神宮の造営の実現をめざした。

9－7「世界に誇る可き神苑を造れ」（大正元年八月四日）は、『国民新聞』にいち早くその構想を発表したものである[9]。**9－8「覚書（明治神宮造営）」**（同年八月十二日）*は、中野と阪谷芳郎が起草した明治神宮と外苑の基本構想案であり、結果的にほぼこの覚書の構想のとおりに明治神宮の造営が実現した。

9－9「明治神宮御造営に就て」（大正元年九月）は、市内実業家有志の連合協議会が開催され、満場一致で明治神宮造営の希望を決し、東京商業会議所が動き出した様子を語っている。

諒闇を経て、山本内閣は神宮建設を正式に決定し、立地地点を代々木御料地と青山練兵場付近一帯とした。ここは、もともと中野の思い入れが深かった日本大博覧会の開催予定地であったが、同博覧会が延期されたことに伴い、そのまま確保されていた土地であった。

大正三年十一月、大隈内閣は、内苑は国が整備するが外苑については実業界と国民からの寄付を集めて整備すべきとの方針を決定した[10]。これを受けて明治神宮奉賛会が発足し、中野はその副会長として、商業会議所などを通じて外苑の整備のための寄付金集めに奔走するとともに、市会議長としても表参道の拡幅などに尽力した[11]。

それに加え、阪谷芳郎が中心となって推進した乃木神社の造営も支援した[12]。

中野は、このような東京市の個別問題に関わっていたが、大正政変、営業税廃税運動とシーメンス事件などで大正デモクラシーが高揚し、大隈内閣が組閣される機運の中で、商工業者を中心とした東京市政への不満と市政刷新への機運を見て、大橋新太郎が実業家の市政への参加を促した。これに応じ、中野は、三菱財閥の豊川良平や、大橋新太郎（博文館など）、加藤正義（日本郵船）、星野錫（東京実業組合連合会）ら当時の財界有力者とともに大正三年六月の市会議員選挙に出馬し、当選した。

そこで中野は市会議長に選出され、大正七年十月に没するまで任を果たした。経済界からは参事会員に星野錫が、市政検査委員に豊川良平が選出された[13]。

中野が東京市会議長時代に大きな問題であったのは、三電灯統一問題であった[14]。阪谷芳郎市長を支援しつつも、阪谷が調整に失敗して辞任した後、中野は市長銓衡委員長として、奥田義人を東京市長に推薦した。そして、奥田と協調しながら、大正五年にまず電車料金の値上げを実現し、続いて翌年七月に積年の懸案であった電灯統一問題を解決した[15]。

さらに、大正六年や七年には、水害や米騒動の対応のために民間の寄付を募るなど、社会問題にも対応した。また、中野は、早川徳次が創立した東京軽便地下鉄道（現在の東京地下鉄株式会社（東京メトロ））の事業を支援し、大正七年の設立申請認可を促進させたと伝えられている[16]。

9－10「**災害に現はれたる日本商人の欠点**」（大正六年十月十五日）は、大正六年秋の東京の大暴風雨災害において、危難に乗じて暴利をむさぼるような商人が出たことを批判した。その上で、災害への非常準備基金を設けることを提言し、渋沢栄一、藤山雷太とともに東京風水害救済会を設置し、財界からの寄付金を集めた。

9－11「**誤れる米調策**」（大正七年九月）は、大正七年の米騒動につながった米価の高騰への対策意見である。そして、中野は、渋沢栄一と藤山雷太とともに「東京臨時救済会」を設立し、災害復旧等のための寄付金を集めた。

中野の最後の事業として、荏原郡の地主が、渋沢栄一に相談したのをきっかけにして、渋沢とともに池上付近に土地建物の経営及び電車事業を行う田園都市株式会社（現在の東急電鉄株式会社）の創立を行ない、大正七年九月、中野が初代社長に就任した。これは、東京の郊外住宅の走りとなった[17]。

注

（1）　本章の内容については、拙著『中野武営と商業会議所』の「第三章（四）東京市電の成立」、「第七章（三）日本大博覧会」、「第十三章　東京市会議長」、「第十四章（三）浅野セメント降灰事件、（四）明治神宮造営、（七）田園都市株式会社の設立」を参照。

（2）　中野は明治三十九年七月に東京市区改正臨時委員に任命されている（「正七位中野武営外一名東京市区改正臨時委員命免ノ件」任免裁可書・明治三十九年・任免巻

十七)。また、警視庁防疫評議員にも任命されている(「東京市会議長中野武営外一名警視庁防疫評議員被仰付ノ件」太政官・内閣関係、任免裁可書、大正三年・任免巻十九)。以上、いずれも国立公文書館蔵。

(3) **中野武営「東京市の特別税に就て」**『読売新聞』明治三十一年十月四日。東京馬車鉄道に対する市の特別税賦課を外形標準課税ではなく利益課税にすべきと主張している。

(4) 中野は、大正五年三月に東京上野で開催された海事水産博覧会に祝辞を寄せている(『水産界』第三五巻第四〇三号、大日本水産界、大正五年四月)。

(5) 神岡浪子編『資料日本の公害』新人物往来社、昭和四十六年七月二十日。本著附章に、中野と柿沼谷造から、河野廣中と濱口吉右衛門に宛てた書簡を収録。

(6) この頃中野は、東京と大阪の産業を比較し、雑貨についてみれば大阪・神戸の方が東京よりも中国や朝鮮に多く輸出されているが関西人が在留中国商人の注文により生産輸出するので粗雑で値が安いものが多い、東京の雑貨は直接注文をとるので少し値段が高いが品質がよいので伸びる可能性があると指摘している。**中野武営「東京と大阪」**『新日本』第一巻第九号(明治四十四年十一月十日)。

(7) 『改正市町村制　付改正要義』田山宗尭編、日本立法資料全集別巻九〇二、平成二十四年十二月。

(8) 同趣旨の論考が、**中野武営「自治制論」**『香川新報』明治四十一年十一月二十七日。

(9) 『明治神宮造営誌』内務省神社局、一九三〇年三月。「明治天皇奉祀ノ神宮創設ニ関スル件」公文雑纂・大正二年・第三十五巻・帝国議会二。石井裕晶「東京商業会議所会頭中野武営と阪谷芳郎」『神園』(一一)、明治神宮国際神道文化研究、平成十六年四月。

(10) 大正三年十一月十六日付、大隈総理大臣から渋沢栄一、阪谷芳郎、中野武営宛書簡。大正三年十一月十七日付、中野武営から阪谷芳郎宛書簡。(『明治神宮造営関係資料』東京都公文書館蔵)。以上、本著附章に収録。明治神宮奉賛会編纂『明治神宮外苑志』大正十五年十一月。

(11) 明治神宮造営局評議員(大正四年五月)、明治神宮奉賛会理事・副会長(大正五年九月)に就任している。

(12) 東京都公文書館に「乃木会設立趣意書」等の史料が所蔵。乃木希典大将が遺言で自宅を東京市に寄付したのを受けて、阪谷市長はこれを保護し市民に開放するため乃木会を設立し、阪谷の下で中野は副会長、乃木会総代に就任した。大正六年に乃木会が阪谷を会長とする財団法人となり、中野は渋沢栄一らとともに副会長に就任した。

(13) 東京市会事務局編『東京市会史』第四巻、一九三五年。

(14) 社団法人尚友倶楽部・櫻井良樹編『阪谷芳郎東京市長日記』(平成十六年四月)に、阪谷と中野とのやりとりなどが記されている。

(15) 大正六年から中野の下で東京市会副議長となったのは、鳩山一郎(政友会系の常磐会)であった。

(16) 『東京地下鉄道史　乾』東京地下鉄道株式会社編纂、昭和九年六月。

(17) 『東京横浜電鉄沿革史』東京急行電鉄株式会社編、昭和十八年三月。大正七年一月発表の「田園都市株式会社趣意書」には、渋沢栄一、中野武営、服部金太郎、緒明圭造、柿沼谷雄、伊藤幹一、市原求、星野錫が名を連ねている。

　郊外住宅開発という点では、中野は明治二十二年に、伊東将行、中島行孝及び伊藤幹一(いずれも当時東京株式取引所理事)とともに鵠沼海岸別荘地の開発に取り組んでいる(『鵠沼海岸別荘地開発記念碑』碑文参照)。

築港に先だつ東京市の急務

東京商業會議所會頭　中野武營氏談

東京灣築港問題は十數年前からの大問題で、近頃復た當局者間の議に上り、速成の計畫も愈々發表された。此築港は果して事實となりて現はるゝものであるか、否やは今日の處頗る疑はしい。よしや事實となりて現はるゝも是れは幾年の後である乎、遠き將來の事と考へねばならぬことである。東京の商業は年々盛大に赴き、貨物の集散從つて次第に繁雜に成り行き現に今日に於てすら既に東京が外國貿易上の貨物集散に適當なる設備に乏しく、隨分不便を感じて居るのである。故に東京灣築港は東京市將來の發達に取りて必要なる重大問題であるに相違ない。然しながら今日の處此の大問題に對して、政府及び東京市の當局者は何となく熱心を缺くやうに思はれ人をして前途の成行に疑を起さしむる形勢である。此の如く世間の氣乘りが至て薄い爲め、東京築港は成功する乎、せざる乎、迚も當てにならぬ問題となつて來た。自分の考へでは此築港問題の事は第二と爲し、是に先たちて差當り設備を要するものがあると思ふ。即ち餘の義ではない、小規模の稅關を今の遞信省の燒跡に設け、以て貨物の集散を敏活ならしめ外國貿易の取引に便宜を與ふべしと云ふ事である。

自分の提唱する所の右の問題は至つて小問題であるやうに考へられる。然り決して世間の耳目を聳動する程の大問題ではない。大問題ではないけれども、東京市の商業上から見れば急務の問題である。差當りて設備を要する問題である。現今大藏省では日本橋四日市町に在る日本郵船會社倉庫の一部に小規模の稅關を設けて東京に於ける稅關の事務を執らしめて居るが、あれでは塲所が狹隘で以て迚も東京の商人に便利を與へることが出來まいと思ふ。さうかと云ッて當てになッて實は當てにならぬ夫の東京灣築港の竣成を俟つ譯にも行かぬ。即ち此際今の遞信省の燒跡を利用して此處に稅關倉庫を設け此に沿へる濠を浚渫して船舶の出入に充つるならば、之が爲めに東京の商人が頗る便利を得るであらうと考へるのである。自分は遞信省が火災に罹つた不幸に乘じて、彼是れ申すものではないが、罹災後の遞信省の敷地に就て考ふれば、遞信省の建物は、必らずしも今の敷地に限つた譯ではなからうと思ふのである。今の敷地は單に事務を執る官署の敷地としては好過ぎる塲所である。商業上の營業地として適當の位地である。されば遞信省の建物を再建する塲合には、之を他の塲所に移轉さしても差支ないものと考へる。そして今の敷地をば稅關倉庫の建設地に充て、濠を浚渫して繫船塲を設けたならば、內外貿易に對する貨物集散は非常に便利を得るに相違ない。自分は差當り之を望むのである。

今の四日市町郵船會社倉庫內に設けられてある稅關は名ありて實なきものと見て差支ない程で、實際其の不便さは日常當業者の經驗してゐるのである。少しく荷嵩な輸入貨物は一旦橫濱の稅關で授受し、それから更に東京に廻送するとか、或は輸出貨物なれば横濱を經由して輸出すると云ふが如き、其手數は頗る煩さい。手數は頗る煩いけれども、東京には貨物出入に關する充分なる税關倉庫が無いのであるから、止むを得ず一々横濱を經由して貨物を積卸するの不便を忍ばねばならぬのである。這般發表された所の東京灣築港の設計は規模洵に堂々たるもので、其竣成の曉には優に世界第一等の開港場の列に入ることを得るであらう。然しながら是れは十數年以後若くは二三十年の將來に俟たねばならぬ。目下の急務は實に應急設備として遞信省の燒跡に税關倉庫を設立し、更に濠を取擴げ且つ浚渫して繋船所に充つることに在りと信ずるのである。自分の提唱は、問題其物は小であつて或は世間の嗤笑を招くかも知れぬ、然しながら實際に立ち入りて仔細に研究して見ると成程御尤と首肯するに至るだらう。當局者も此の點に留意せられんことを冀ふのである。

我貿易の前途

中野武營

本編は六月七日府縣事務官及郡長が博覽會の招待を受けし貴賓舘の席上、同會副會長として演說したるものゝ大要なり。

私共博覽會を開きましたことにつきては來場諸君の御配慮によりて大なる助を得、漸く今日の場合となりましたことで實に感謝に堪へないのであります。其諸君が今日御來場下さつたことですから、我々の悅は並大体のものではありませぬ。

却說私にも何か御話致すやうにとのことでございますが、突然のことでもあり且つ之と申す思ひ付もございませぬから、博覽會のことにつきまして少しく申上げませう。

▲博覽會と意匠　以前よりは博覽會も大分進步致しました。と申すは意匠と申すことに骨を折るやうになつたのであります。出品其物もそうでありますが、博覽會其物は固より出品人自らも店を出すことにつき大層意匠を凝らすやうになりました。是は慥に進步の一徵候といはねばなりませぬ。

▲貿易上の大障礙　製作品の不揃と申すことは實に困つたことであります。是は貿易上に於てもそうであります。生產家が製造する品物の不揃なることは海外貿易の一大妨害であります。殊に東京の製作品は區々になつて居ますから誠に困るのであります。この事に關しては農商務省に於せられても、私に相談せられましたから、私は製造家と相談して製作品の揃ふやうに盡力致しましたけれども揃はないには困却致すのであります。何故貿易上の妨となるかと申すに、物品を澤山製造して其品が揃ふといふことになれば荷爲替を組むにも便利であり、荷物多ければ運賃や保險料も比較的に廉くなりますのに、製造品が澤山揃はないが爲に見す〳〵損を致すのであります。製作品の揃はないのは、昔の戰の如く勇將が少數で働くやうなもので大した事は出來ないのであります。假令ば源平の合戰ならば壇浦で以て奈須與市の一人舞臺、賤ヶ嶽では七本鎗で以て戰ふたのでありますから、是亦極く少數で戰つたのであります。故に少數で戰ふては夢にも日露戰爭の如き大戰爭は出來ないのであります。其れ故貿易は製造家が少數で品が澤山出來ないで其上に物品が揃はないやうであつては兎ても決勝は得られないのであります。澤山の製造品を出して其品を揃はするには之を隊伍組織とせねばなりませぬ。このことの出來ない間は

貿易上の發展を見ることは出來ないのであります。

啻に東京の製造品のみならず地方の製造品につきても同じことであります。故に發展を期せんとならば我全國を打て一團となし製造家を勸誘して隊伍組織をなさなくては勝を千里の外に制することは出來ませぬ。

▲貿易上の進歩　以上申し上げましたる如く貿易上の妨害は隊伍組織の出來ない事でありますが、然し我國の貿易は徐々に發達進歩して居るのであります。其證據には日清戰爭までは輸出額二億圓でありましたのに、其後は二億圓のものが六億圓となり更に進んで日露戰爭後は六億のものが八億となりました。然るに御互は輸出額を廿億として大に發展を期せねばならぬのであります。何ぜと申すに戰爭によりて廿億の負債を脊負ふたのでありますから、毎年貿易を廿億に致すとせば一億は慥に利益がありませう、そうすれば負債の廿億に對する利子丈は容易く産み出すことが出來るのであります。何れの點より見るも海外貿易の發展は是非期さなくてはならないのであります。此發展を期せんとならば一本立ちの戰(いくさ)をせずして隊伍組織としてドシ〳〵澤山の製作品を造り、そうして大發展を遂げねばならないのであります。

瓦斯會社の合併と東京市の權力

東京商業會議所會頭　中野武營

人が相集つて社會をなして居る以上、其處には必ず政なる物がある。政治と云ふものがなくて、個人同士が爭ふたり、强者が弱者を征服したりしては國でも地方でも町村でも成立はせぬ。

近頃世上に喧かしい瓦斯合併問題の如きも、最初に於て市政を誤つたからだと思ふ。

何故なれば、東京市では一會社のみでは專橫を極めると云ふので、二會社以上を設立さして相互に競爭させ、夫れに依つて專橫を制せんとした。即ち從來東京瓦斯會社のみであつたのを、更に千代田瓦斯會社を許可した。若し會社が專橫であるとか、料金が高いとか云ふ樣な事であるならば、此樣な事をせずとも一般會社と違つて市の道路、市の地下を使用する以上公共的事業であるから、市はこれに制裁を加へる權能を有して居る。この權能が即ち市政である。

抑も人民同士を爭はさして、其の利を納めると云ふ事は政治上最も嫌ふべきである。政治は個人の利益に依て左右せらるべき性質のものでない。個人に制裁を加え且つ調和するのが政治であつて、各自を傷つけると云ふことは不利益である。

◎三菱と共同運輸との競爭とは同じからず

嘗て三菱會社が海運事業を專らにせる時、其專橫を制せんが爲め、時の政府が、勸誘して共同運輸會社を設立させた。而して熾に三菱と競爭を爲したが、其の競爭の極點に達した時に於ては、神戸橫濱間の汽船賃が僅かに下等二十五錢、二晝夜間の食事は勿論、半巾降雨の時には蝙蝠傘をさへ與へると云ふ樣な事になつて、其の時の乘客は、無賃で乘つたよりも利益が多かつた。その代り遂に兩會社とも莫大なる損害を釀し、結局三菱は合資會社即ち個人、個人即ち專制政府であるに反して、一方共同運輸は株式會社で共同の經營即ち共和政府であるから、換言すれば無限責任、有限責任の相違からして政府の後楯のあつた共同運輸も立ち行かぬ境遇に陷つた。

政府は自ら勸誘して設立した會社が悲境に陷つたので、見捨てゝ置く譯には行かないから、遂に三菱と共同運輸を合併させて日本郵船會社を設立した。然し共同運輸は全然三菱の提出した條件に服せなければならない樣な運命に陷つて、最初三菱に對抗した共同運輸は全く降服して三菱の思ふ存分の條件で合併をした。名は合併であるが、凡ての權能は三菱に屬したのである。三菱が勝利を得たのである。

扨、事件は終局を告げたが、其の競爭中に相互の受けた損害は回收せずして濟むべきではない。其處で郵船會社が設立されると同時に運賃の引き上げとなり、競爭中の乘客は僥倖に利益をしたが、合併後の乘客は前の乘客とは違ふけれ共、一般の人が受けた損害は以前に增し、差引利益よりは損害となつた。

正正堂堂と政治の道を踏まずして、人と人と爭はして、其の專橫を制せんとするのは實に卑劣な賤しむべき行爲である。即ち當時の政府は方法を以て一時を制せんとせる爲め、斯くの如く失敗したのである。

◎料金は却つて廉くなる事請合なり

瓦斯會社に於ても、最初は兩者相並んで競爭する意考であつたらうが、時勢が當時と今日に於ては異なつて來て、一時の競爭が軈て相互の不利益であると云ふことに早く注目した故に、兩會社は三菱、共同運輸の徹を踏むを避ける爲めに、兩者合併問題が起つたのであらうと思ふ。

既に競爭者たる兩會社が氣附いた以上、市から見ても、市民から見ても、漁夫の利を獲やうなどゝは以ての外である。若し兩會社が競爭するものとして、孰れが倒れ或は兩倒れとなつた場合には瓦斯の如き日常缺くべからざる物を供給する會社だけに、一般市民の受ける不便不利は非常なるものである。

市に設立せらるゝ公共事業を、政治の權能に據らざる軌道を逸れた手段を以て處理せんとするのは不可能である。故に公共事業に屬するものは、宜しく市の權能を以て、點燈料の制限、公納金、株主の配當金を制定して、需要者も市も會社も相互に便利を得る樣な適當なる制度を設け、それに準據して經營するとしたならば、相互の利益のみならず、市政上からも法に適ふて居ると思ふ。若し資本家が事業をなす上に於て、下級の者が一も二もなく、資本家の事業の倒潰し失敗するのを以て愉快とするならば、それは秩序の紊れた社會であつて無政府、無政治と同然である。

此度の瓦斯合併問題に對して、無暗に反對するのは、秩序を紊す者であると云はざるを得ない。私は兩會社の一枚の株も所有しない。又何等の關係情實をも有せないが、唯だ實業家と云ふ立脚地から見て、斯くの如き問題の反對運動に係はると云ふことは、甚だ慨かはしい次第であると思ふて居る。

凡て物價を低廉にするには、其の製造費、營業費を節して經營せなければならぬ。一本の鐵管を埋設するにしても、之を一の街路の左右に供給する事が出來るにも拘はらず、兩會社が併立して鐵管を二本埋設すれば、それだけ經費を要する。經費がかゝれば從つて料金も高くなる。

私が且て尾崎市長に述べた意見と云ふのも以上の旨意以外に他意のある物でなかつた。而して其時の市長の考では方針、制裁等の制度を立てゝ、政治の上から之を監理すると云ふにあつたが、反對の聲喧々するに際して斷固たる決心を以て、市長が合併問題を成立させると云ふことは當然の處置で、我等の主張の上から見て甚だ滿足する所である。

市制より見たる都市改善問題

東京商業會議所會頭
衆議院議員　中野武營

△星亨日本へ米の市制を輸入す

中野武營氏

凡そ事の刷新を計るには、これを根本的にウンと力を入れて、そうしてミッシリ改良するのでなければ、本當の刷新といふことは出來ない、同時に其刷新といふとも、自分の創意によつてこれを行ふといふことは、容易のものでない、爲めに、今日迄の改良は無論の事、總ての創業に就て見ても、みな何かに其範を執らんとはないのである。

日本に於ける市制の歴史的經過を見るに、矢張創意的てなくして、模倣的てある。即ち我が市制は亞米利加より輸入されしものにして、彼の星亨が米國公使たりし時、彼の地より將來して市制を布いたのに始まつたやうに記憶して居る。

△米國市制輸入の結果

然し、何處から來やうとそんなことには構はない、唯其結果に於て、善美なる實を擧ぐれば敢て云々する必要なきも、悲哉、今日より之を見れば、米國の市制を日本に輸入したことが何よりの失敗てなからうかとおもふ。何となれば米國は下級民が非常に權力もあれば、又下級民によつて市制もつくられて居るやうな傾きあるゆへ、その眞相を研究せずして日本に輸入した爲めに、つまり惡い部分のみが、入つて來たのである、即ち市長その人さへよければ、アトの吏員はどうでも構はぬといふ根本的に誤つた考への、未だ除去されずして却て處々に實現してるやうな風潮の汪溢してるのは、即ち此の結果に外ならぬことおもふ。而かも市長一人にて市制の實を擧げ得らるゝものといふやうな幼稚な考へといふものは、全く彼地より惡い部分が輸入した爲めてある。

△齷齪たる米國の市長

だから、市長の態度を見ても、唯々市制に拘泥して、市長の地位は如何なるものか、市長本來の職責那邊にあるやも忘れ去り、一に以て眼前の小事に齷齪として、徒に日を送り、人格は益々下劣となり、手腕はいよ〳〵惡辣となり、遂に市民の膏血を搾つて、自己の懐を肥すといふやうな風になるから、志あるものや財産名望あるものは、彼等と齢するを屑しとしなくなると共に、一方市長はこれを寧ろ幸として、氣儘勝手の眞似をやる樣になる、これが米國を通じて市制に直接關與するものゝ常態である。かういふ市風が日本に輸入されたる上は、如何に武士道を以て誇つてる國民でも、いつかは感化を受けずに居ない。否、大なる影響を受け、これでは困るぢやないかと、ヤヽ自覺し來た樣におもはる。

△英國の市長に倣へ

英國は之れに反して、位地名望財産あるものが市長の職につき、一に市をして出來る丈け、善美のものに仕樣といふ考へて、一生懸命奮闘して居る。だから市長に名譽職で、唯々市の爲めに外交に從事し、その外の役員が相當の俸給と、矢張市をおもふ手腕家を雇ふて、專ら事務を執らせて居るから、米國は日本のやうに市長はコセ〳〵せず、人格も高く、品性も崇高、市民の敬服して措かないのも無理はない。

それもその筈で、名譽職たる上、一ケ年の期間中何なりとも一ツの事を完成して見樣といふ、立派な志の下に、一萬圓位の交際費を自腹を切つて使ひ、そして專ら人心集攬し以て其市の價値と名譽とを高めやうとするのであるから、市制の實の擧る、元より無理ならぬ事とおもふ。從つて其部下に居るものにして、一人として非人格のものなく、又、議員にしても賄賂の厚薄を爭ツたり、市民を犧牲にして、己のポケットを賑めるやうな不都合な議員は一人も居ない。此の點より我が東京市や他の市を見たならば、慚汗背に透る有樣とでも言ふべきか、兎に角非人格で、そして不忠實であるといふと丈けは、何人も認めて居るであらうとおもふ。

△消費税の徴收を除く

英は啻に其れのみならず、市長及び市會議員はつとめて貧富の調査を計り、可成下級人民をして塗炭の苦しみを避けしむる樣にして居る。例へば消費税の如きにしても、酒の如きは之を禁ずる方がよいといふ議論の盛んなるより、目的の爲めに税金を取つて居れど、其他日常の生活品に對しては、可及的徴收しない方法を採り、重もなる税金は之を財産にかけるやうにして、下級人民の苦痛を除く事に力を盡して居る點は、苟も事に市制を掌るものゝ大に一考すべき、社會政策上の大案件にして下人民の一人として怨嗟の聲を發せざる、此に基する事にして彼の社會主義の徒を怖るゝものは、特に此の點に注意すべき事である。

△市制改善の根本問題

何事ぞ日本の市當局者を見るに、横濱市長の一萬圓、名古屋市長の一萬二千圓、大阪市長の一萬何千圓といふ多額の俸給を懸案として、理想的の市長を求めたる如き、固より市の改善を計る熱誠より出てたるべしと雖、之を英國に例せば、甚しき根本的の誤謬である。蓋し市長は前述の通り一の標的である、大に名望の下に、人心を集攬し得る資格あるものを求め、助役以下の實際の實務に關與する人々に、多額の俸給を拂つて、出來る丈け敏腕家を要求するこそ、市改善の根本的問題の一つてあるまいか、さなくして市長のみに重きを置かば、獨り市民の反感情を買ふのみならず、市吏中にも亦不平の徒生じ、事務の澁滯より自治體の實は容易に擧らなくなるてあらう。斯くて市民より何等敬服せられず、空しく怨恨を買ふあらば、市制と自治體の實を擧ぐる、百年長河の淸きを待つと何等異なるところなからうとおもふ。

△助役の名稱を改めよ

要するに、市を根本的に改善せんとするには、先づ當局者を改むるの必要がある。當局者が市民の休戚を顧みず、自分の都合許りを計るやうな人物ては如何とも仕樣がない、そして市長は前申す通り、名譽職として誠心誠意市の爲めに働いて吳れる名望家てなければいけない、同時に助役といふ名義は如何にも市長を助けて、事務の一端を見る職務といふ風に見えて面白くなきゆへ、理事とか監事とかの名義にして、其事務の權限を擴充し、市長に代つてウンと仕事をする樣に之を具體的に改むる必要あらうとおもふ。そして其理事たり監事たるものには、市長は安心して總ての事務を托し得る、相當の人を撰ぶ事も必要てある。如何せん日本の市制は頭許り勝つて居て、基礎が定まつて居ない。

△徳川公爵市長たるを辭退す

曾て徳川公爵に東京市長になつて貰ひたいといふので、交渉した事ありしも、公はとう／＼承諾しなかつた、そは唯無意味に承諾しなかつたのてなく、つまり東京市の基礎が不安の爲めに其職に就かなかつたものに相違ない。尤も多少の考へあるものならば、斯る狀態の東京市へ飛び込むものはあるまい、飛び込むものの目的那邊にあるやは、此に言ふ迄もなからうとおもふ。

△評に曰く『動物に劣る日本人』

先に東京市に例を取り、何事か見るべき基礎の立ちしものあるやといふに、殆ど皆無といふべきてある。市の問題としては家屋の如き重要要件たるにも拘らず、矢張家屋を造る上の基礎定まつて居るとはいへない。何となれば家屋は生活上一日も缺ぐべからざるものなりと共に、之を衞生上且は生活上より見る時は、家屋に副ふて、上水、下水の設備を缺ぐ事が出來ない、この二つの缺けてる樣なとては、殆ど生活上の便宜、衞生上の設備を缺けてるものといふべきてある。然るに上水たる水道の如き、今日の壓力を以てせば、米國のやうな高樓の上迄水が通はない、否、場所によつては三層樓上にも達しないところがあるだらうとおもふ、然れば市當局者の最初の設計は、現在の家屋の高さを標的として水道を設けたるものか、果して然らんには、今後大家高樓の陸續として出來る場合には、水道より根本的に改める必要がある。例せば如此何事にも基礎なく、そして根本的てない。

下水の如き或は便の排泄の如きも殆ど其緒に就てない、歐米人の日本に遊ぶものは、大小便の貯溜を見て、日本人は動物に劣る人民也と酷評せるとを聞いた事がある。斯る輕蔑を受けつゝある問題も未だ茫として其緒につかざる也。

△現在に得らるゝ最良の市長

中野武營

一國の首府の市長といふものは頗る位置の高いものである。それだから其れには其位置相當なる人格の人を得なければならんのである。其の首腦に其人を得ずば啻に其市政の擧らんのみならず一國の體面にも關係する。聞く所によれば英國の倫敦市長などは其位置尊敬といふものは英國の首相に次ぐ程のものであるといふ事である。之に反して亞米利加などの都市は、どうも餘り市長に重きを置かぬやうである。それが爲めに自治といふものが完全に擧らんのである。日本は英國の方に近いか米國の方に近いかといへば、今日までの有樣では兎角米國に倣うて居るやうに思はれる。夫れ故に市長の如きものは只給料をやつて使うて居るものだといふ風に心得て、いはゞ恰かも使用人視して居る。市民が少しも尊敬を拂つて居らぬ。自治といふものゝ眞義は、箇樣な事ではいかぬので市民が市長を歸依信用して居なくてはならぬものと考へる。

然るに今度阪谷男爵が市長に選擧せられて、又本人も快諾を與へたといふ事は、獨り東京市の爲めに祝すべきのみならず、又日本の爲めにも賀せざるべからざることゝ思ふ。男爵は學位の肩書を持つて居らるゝ人で、學識の豐富なるは吾々が言ふ迄もない。又學校を出てから以來大藏の局に當り、終には大藏大臣にまでなつた人であるから、財政經濟の事は最もよく承知せられて居るに相違ない。又海外の事情にもよく通じて居る人である。而して從來の品行といふものは一點の間然する所なく、實に溫厚淸廉の君子である。此人が此局に當つてやる以上は、市政は日を逐うて擧つて行くに相違ないと思つて居る。

然し斯くの如き人を得た事を喜ぶと同時に、只此人にのみ打任せて了ふてのみ置いては駄目だと思ふ。市政は一人で出來るものでない。市會議員市參事會員は勿論、一般市民が市長を尊敬して之を助けるといふ事でなければ何事も出來ぬと思ふ。一體からいふと、市會議員、參事會員等に先づよろしい人物が出て、其土臺が出來てから、市長によき人が出る順序であるが、今日では之がアベコベになつて居るのである。

吾々が從來窃かに憂へて居つたのは、東京市の市會などはどうも黨派的になつて、市長は動もすれば傭人の如く蔑ろにされる傾がある。かゝる場合には、よい人が奮發して市長の椅子に就かうなどとは思ひも寄らなかつたが、今度阪谷男爵が自ら奮つて起たれたのは、蓋し市政を刷新せんが爲めに、先づ自ら其身を投じて市會、參事會の刷新をも爲さんとする覺悟であらう。此勇氣には吾々實に感佩する。從つて市會、參事會等も其意を體して自ら刷新することを圖らなければ、折角迎えた所の阪谷男爵に對して申譯がないのである。然し市會、參事會が自ら刷新するといふ背後には、一般市民が自ら市政刷新に注意するといふ事が無ければならぬ事で、將來市會、參事會等の議員には、市民の中より有力にして淸廉なる人を擧げることを大いに勉めなければ、此男爵の奮發心に報ゆる途でないと思ふ。

東京市の市政の上に於て將來施設を要すること枚擧に遑あらずである

が、其中の最も大事業とすべきもの丶一つ二つをいへば、先づ下水道の布設である。之は是非やらなければならぬ。東京市がまだ糞尿の始末をつけて居らんといふ事は實に野蠻の狀態を脫せぬものといはなくてはならぬ。禽獸でさへも一通り自分の糞尿の始末をするので、糞も人の見えぬ所でやり、又其あとには土をかけたりする。聞く所によれば、高等動物で自分の糞尿の始末をせぬのは、猿だといふ話だが、思ふに猿は木に棲む奴だから糞尿を始末する觀念がないので、地上に棲むものは大抵其觀念を備へて居る。然るに都市に棲む人間にして糞尿を家每に溜めて居るなどいふ事は殆んど禽獸にも劣るものといはなくてはならぬ。東京に來る外國人などは、頗る之を煩いものにして、野蠻の風習として厭うて居る。米國などでは先づ下水の始末を第一にし、下水の設備が出來てから人家を作ることになつて居る。そして下水の設備の爲めには非常なる費用をも惜まぬのである。帝國の首都たる吾東京市に於てまだ此下水が出來ぬといふ事は實に耻かしい次第である。東京は最早日本の東京にあらずして、世界の東京であることを考へなくてはならぬ。日本に於て世界の人を待つ所の座敷である。其客座敷に於て糞尿の始末も出來て居らぬといふは、頗る日本の躰面にも關すると思ふ。而して下水の設計は已に市區改正事務局に於て出來て居る。夫れ故に市民が一致して新市長を助けてやることにすれば之は近き將來に於て出來ること丶思ふ。之は總ての衞生の上にも大いなる關係を有つて居るのであるから、斯くの如き總ての本になる事業に著手するといふ事は市政の第一であると思ふ。

其外家屋の建築制度の如きも嚴重に定めたいと思ふ、今の東京は頗る茫漠として餘り廣過ぎる。而して商賣區といふものに、何も商賣をせずに一々出稼するものも住つて居る。此等の區域を充分に立て丶商賣區には商賣人のみ住ふといふやうにし、商店を縱横に建て丶、市の體面を充分に飾りたい。又道路も改築して、其等の商賣區に適應するやうなものにせれば都市たるの體裁をなさぬと思ふ。數へ來ればまだ〱澤山あるが、要するに市政の甚だ多事なる時であるからして阪谷男の新市長になられたるを機とし、市民皆力を併せて援助を與へ、以て其目的を達せしめなくては、其耻は他人の事でなくして市民自らの耻となると思ふ。殊に吾々實業家としては市政の事に關係が厚い故充 分力を盡して行かうと思ふ。

要するに自治體といふものは富者と貧者との混合體であるからして、動もすると、富者と貧者との感情の衝突があつて、自治の精神を誤ることが往々ある。而して此衝突を避くるには、富者と貧者の双方の事情を盡し、富者は貧者を憐み、貧者は富者の力によつて充分自己の勞力を捧げて市の繁榮を圖つて行くやうにしなくてはならぬ。即ち恰かも一家同居のものと思ふて互に力を盡さなくてはならぬ。

阪谷男爵は學問といひ識見といひ、人格といひ、實に二百萬市民の充分なる尊敬に値する人で、現在に於て得らるる最良の市長であるから、市民一致協力して此市長を援助し、以て東東市の繁榮發達を圖らむことを衷心より希望する次第である。

消防義會と富豪の義務

中野武營

今回澁澤男爵を會長に頂き、安樂警視總監を顧問とし、杉原榮三郎君が副會長、私が會計監督と云ふ役割で、府會議員、市會議員、警視廳の部長等を中堅とした所の消防義會なるものが設立せられたのであるが、私は我帝都の富豪諸君に對して特にこの消防義會の爲めに應分の力を盡されんことを切に希望するのである。

凡そ世の中に經濟上の大損失を蒙らす所の災害は多々あるが、就中恐るべきは火災である。之を最近の調査に徵するに、我國に於て一ヶ年間に火事のため家屋の燒失した損害高のみを數ふるも尙ほ約四千萬圓に及ぶのであるから、若し之に加ふるに家財其他の損害を以てする時は、恐らく一億圓以上にも達するであらう。而して我東京市は火災のために年々蒙むる所の損害額が少なくも五六百萬圓に上るのである。或種類の損失は、一方が損失しても、他の一方が利益することがあつて、之を全體から見ると必ずしも損失とのみ云ひ得ないこともあるが、火災に至つては、之が爲めに何人も利益を得ることの出來ない所のもの、卽ち全損である。從つてこの災害を防避する所の手段は遺憾なく盡さなければならぬと思ふ。これ實に他人の事にあらずして自家の事である。

昔は火事は江戸の花とか云つて、之が消防に從事するものは勇み肌の鳶の者で、格別の手當もなきに、義俠的に喜んでやつて居つたものである。今日でも消防夫は依然鳶の者で、假令負傷しても、死亡しても、手當も貰へないやうな憫れむべき境遇にある。昔ならば或はこれでも宜からうが、百事日進月歩の今日に於て我國の消防組織が、舊幕時代を去ること遠からざる如き狀態にあることは、私共の最も遺憾とする所である。

米國あたりでは、消防に意を注ぐこと實に深く、現に私共が先年渡米したときに、親しく其組織の完備せるを觀て、之を我國の消防機關の不備に照し合はせて、驚嘆と、慚愧とに堪へなかつた。私共が最も詳細に視察したのは、シャートル市の消防署でシャートル市には消防夫の詰所が約十二三もあつて、私共は其內の一つを觀たのであるが、三階には晝夜消防夫が詰切りで、其寢臺が列んで居る枕元に消防服が整頓して置いてある。中央に眞鍮の柱があつて、其周圍が圓形の筒になつて居て、火事の警報を得ると同時に、火事装束を着けて。眞鍮の柱を滑り降りるやうになつて居る。下には厩と、消防具があつて、平素訓練せられたる馬は、厩の埒をとると直ぐ、自己の牽くべき車の先端に立つて居る。消防夫は之に鞍を置いて、直ぐ火事の現場へと急馳するのである。火災の通報器としては、電柱にベルやうのものがあつて、之を押すのである。シャートル市では、私共の一行のために特に消防の實況を見せて呉れたが、澁澤男爵がベルを押してから約二三分間も經過したと思はれる頃は、早くも既に四方より消防夫が馬車を驅つて馳せ集まつて來た。其神速なることは實に驚く許りである。この時には其現場の電車の通行をも停止して實際の火災の時と同様消防夫の働きぶりを見せて呉れた。

米國あたりの家屋は數階乃至十數階になつて居るから、消防用の梯は非常な長いもので、金屬製のものを幾個も繼ぎ合はして用ひて居る。又其使用せる喞筒の水勢は、是れ亦非常なものである。海岸、川筋の如きは、別に消防船があつて、之が舳艫左右に大型の喞筒を備へて、蛇管を陸上に喞筒の蛇管に繋ぎ合せて、水を送ることゝなつて居るが故に、非常の水勢を得て、隨分高層の家屋の上まで、水を注ぐことが出來るのである。其規模の大にして、且設備の整へること、到底我國の消防と同日の談ではない、泰西の家屋は我家屋に比して堅牢で、火災の虞れ少なきに拘はらず、火災を防ぐ設備の整へること實に斯の如きものがある。我國が火災の損害を蒙ること前述の如きに拘はらず、之を防ぐの方法を講ずること、尚ほ未だ遠く歐米諸國に及ばざるは、眞に我國の一大恥辱であると思ふ。

併し乍ら歐米諸國の如く完全なる消防機關を備へることは、今日の如く市税の幾分を之に向ける位では到底やり切れることではない。茲に於てか、私は富豪諸君の大奮發を望むのである。消防夫の待遇を善くし之をして後顧の憂なく、全力を擧げて其職務に盡さしめ、且一方消防の研究を進め、最新、最有效の器械を具備するが如きことは、少なからぬ費用を要するであるから、どうしても、富豪の諸君が、自家の財産保険料を支出するつもりで、奮發して資金を支出せられんことを望むのである。消防具の修繕、維持費並に消防夫に要する經常費等は、市税から支出してもよいであらうが、新機械の買入れ、其他の新設備並に臨時費に屬するものは富豪の醵金中より支出して然るべきものであらうと思ふ。

兎に角私共は我國の財産を保護するために最も必要なる機關として消防義會を設立し、之をして有力にして且有益なる働きをなさしめたいと思ふのである。希くは東京市に在住せられる富豪諸君の賛助を得て其目的を達したいものである。

▲世界に誇る可き神苑を造れ

中野武營氏談

明治神宮を東京に建立せん爲め東京商業會議所に於ても過般來種々凝議の末二日夫れ〳〵其筋に向ひ該希望を陳情したりとの事に中野會頭を訪ひて其の感想を聞く氏曰く「元々神宮建立の議は行政上の事に非ずして事帝室に關はり 今上天皇陛下の大御心より煥發せらるるものなれば決して輿論を喚起し請願して強ひ奉るが如き性質のものに非ず然るに東京市民は大喪御發表と同時に允文允武なる 先帝陛下が都を此所に奠めさせ給ひてより實に四十有五年古今天下に其の比を見ざる御大業を垂れさせ給ひし土地なれば是非とも東京市附近に崇高なる地をトし御陵を定め奉り永く 陛下の御懿徳を仰ぎまつらむ事を熱望して止ざりしも 御陵は既に桃山の地に御内定遊ばされ居たるを以て切ては 今上天皇陛下の御思召にて東京に神宮を御建立相成り遷都の御跡を後世に留られ度と誠心誠意熱望し果ては各區會其他に於て其筋への請願方を市長に向ひ申請しつゝありと聞き斯くては恐懼の極みなれば東京商業會議所に於ては去一日阪谷市長澁澤近藤兩男早川豊川朝吹星野柿沼の諸氏を招き種々凝議を遂げ明治神宮は忠良なる國民が奉齋すべき者なりとなし茲に民意の徹底を計ん事に一致し翌二日市長と余は宮内省に澁澤近藤兩男は山縣松方井上の各元老及西園寺首相を訪ね出來得る限り請願がましき事を避け一つに人民の赤誠のある所を陳述したる次第にして宮内省及び各元老共に衷心止むを得ざるに出でし願望なりとし今更ながら臣民が誠忠を深く感じ深く諒せられたるが此の掬すべき嘉すべき忠誠は必ずや天意に叶ひ奉り忠良の心を慰めらるべしと推し奉る扨て斯く宮中に於かせられて此の微衷を御嘉納遊ばさるゝに至らば次には場所の選定其他の事に屬すれど此は臣下の云爲する所に非ざれば余は神宮附屬の萬國に誇るべき淸淨宏大なる神苑を造營し子々孫々永遠に 陛下の御治蹟を仰ぎ其の御冥福を祈り奉らむ事を切望して止まざるものなり」

神宮ハ内苑外苑ノ地域ヲ定メ内苑ハ國費ヲ以テ外苑ハ獻費ヲ以テ御造營ノ事ニ定メラレ度候

神宮内苑ハ代々木御料地外苑ハ青山舊練兵場ヲ以テ最モ適當ノ地ト相シ候但シ内苑外苑間ノ道路ハ外苑ノ範圍ニ屬スルモノトス

外苑内ヘハ頌德記念ノ宮殿及ビ臣民ノ功績ヲ表彰スベキ陳列館其他林泉等ノ設備ヲ施シ度候

以上ノ方針定ツテ後諸般ノ設計及ビ經費ノ豫算ヲ調製シ爰ニ奉賛會ヲ組織シ獻費取纏メノ順序ヲ立テ度候

國費及ビ獻費ノ區別及ビ神宮御造營ノ方針ハ速ニ決定セラレ其國費ニ關スル豫算ハ政府ヨリ帝國議會ヘ提出セラルヽ事ニ致度候

青山ニ於ケル御葬場殿ハ或ル期間ヲ定メ之ヲ存置シ人民ノ參拜ヲ許サレ候事ニ致度候

前項ノ御葬場殿御取除ノ後モ該地所ノ清淨ヲ保ツタメ差向東京市ニ於テ相當ノ設備ヲ爲シテ之ヲ保管シ追テ神苑御造營ノ場合ニハ永久清淨ノ地トシテ人民ノ參拜ニ便ナル設備ヲ施シ度候

▲明治神宮御造營に就て

東京商業會議所會頭 中野武營

明治神宮御造營に關する市内實業家の聯合協議會は商業會議所内に於て開會市選出代議士、市會議員、市内重なる實業家等無量百十餘名出席、長谷場文相、土方伯、德川達孝伯等特に傍聽の爲め出席し、澁澤男座長となり、協議の上滿場一致明治神宮御造營の希望に決し、具體的成案調査の爲め澁澤中野、近藤、阪谷、關眞彦、江間俊一、杉原榮三郎、柿沼谷藏の八氏を特別委員とし調査せしむる事として本會を閉會し八月二十二日午前九時より同じく東京商業會議所に於て第一回特別委員會を開く事となれり、元來斯くの如き事、皇室に關する重要事件に對し、吾々下民が彼れ是れ注文がましき希望を述ぶるは寔に畏れ多き事なれば畏くも上御一人の、勅諚宣下に依り、萬事を決定せらるゝならんと、今迄は只管恐懼して是等に對する何等の意見をも述べざりしが、曩に御山陵の御選定を請ひ奉れる市民の熱誠は御山陵の桃山と御決定せる今日何等かの方法に依り具體化し表現せしむるにあらずんば到底止むべからざるなり、此上は市内に明治神宮を御造營し、將來長く六千萬赤子をして陛下の御聖德を欽仰せしむるの外なかるべしと、澁澤榮一、近藤廉平の兩男爵は山縣、松方、井上、土方等の諸元老を訪問し明治神宮御造營に關する意見を問ひたるに、諸元老皆な是に贊成し中にも渡邊宮相の如きは事極めて善良なるも御造營に關する具體的成案に付ては何等の考按なきを以て願くば多數御協議の結果を一日も早く聞かせられたしと望まれたるより偖ては今回の會合を見るに至れる所以にして其の位置及建築方法等は今後調査會の進捗に待たざるべからざるや論なきも阪谷市長の述る處に依れば、今回青山の原を以て御大葬場に宛てられたるを以て、神式場は將來人馬の蹂躙せさゞる樣保存し、置くの必要なるを以て神式場に神宮を造營するを得べしと云へるも場所は必ずしも青山に限るにあらず、何れなりとも適當の地にて可なるべし建築維持の方法に至ても國立とすべきや、將た公共團體立とすべきや未定なるも、一地方に偏すべき性質のものにあらざれば、多分國立と爲すを以て尤も穩當とすべし、又其形成は區會、市會の決議に依り時に或は歲末の通常議會に建議するに至るやも知れざるなり。

災害に現はれたる日本商人の缺點

東京風水害救濟會副會長　中野武營

▲今日の物價騰貴は果して正當なものであるかどうか
▲他人の不幸に乘ずる日本商人の憎むべき奸手段
▲然し世の中には奸商もあれば俠商の數も少なくない
▲世間の非難攻撃も冷靜に判斷することが必要である
▲商人も亦た各自戒飾して面目を保つ心懸が必要である

▲商人に對する非難攻撃

未曾有の大暴風雨が帝都を襲擊して物價が暴騰したので、一般商人に對する攻擊非難の聲が囂々として起つたやうだが果して一般商人は謂ふが如く奸商揃ひであらう乎。元來天災地變の際に於て物價の暴騰するのは自然の數で、敢て奸商等が利を專らにする譯ではなく、自然の數である。然しながら火災の起つた際に、所謂火事場泥棒があるが如く、多數の商人中には、少數の不心得する者があるかも知れぬが、其れを以て一般商人に惡名を負はせることは酷であり、氣の毒千萬なる事であると思ふ。

天災地變の起つたる際に於ては、單に物價が暴騰するのみならず、人足賃までも高くなるのが例である。其れは當に然るべき理で、例へば倉庫に浸水せんとする場合に、中に入つて居る幾十百樽の砂糖を水に浸しては大なる損害であるから雇主は急場の際でもあり、三圓でも七圓でも賃銀を出すから來て吳れと言つて人足を引張る。而して斯る際に於ける雇主の心裡狀態は如何と云へば、數多の砂糖樽を水に浸して幾十百圓の損害を被るよりは高い人足賃を出しても、之れを外に運び出した方が遙かに利益であるから、三圓でも七圓でも人足賃を出さうと云ふことになる。何處も同じ狀態であるから、人足は自然引張凧のやうになる。其結果人足は早く口を掛て早く金を出す人の方に來るのは當然である。こう云ふ次第で賃銀は暴騰する。畢竟人足の供給が足りなくなるからである。

▲物價暴騰の眞相如何

物價も亦同じ關係で、水害地に於ける物價も頗る暴騰したさうであるが、之れは然るべき理由があるからである。水害地に赴く商人は多くは行商人であつて、此等の行商人は店から商品を仕入れ、危險を冒して被害地に持つて行くのだから、普通商人よりは三割なり五割なり高く賣附ける。人足をしても三圓なり五圓なり取れる際であり元を仕込んで危險を冒して遠方まで商品を擔いで持つて來るのであるから、店先に賣つて居るものよりは高價であらう。然し高價であると言つた所で、本人の一日の儲けは一圓か其處らの儲けに過ぎないであらう。慈善乃至救助的意味でやれと云ふのなら格別であるが、商賣と云ふ立場から云へば、行商人が水害地に於て、平生の値段よりは三割なり五割なり高價に賣るのは止むを得ないではないか。之れは需要供給の關係上免るべからざるの結果であつて、斯る際には普通商人が危險なる水害地に赴くことを躊躇し、爲めに水害地に於て物資の供給缺乏を生ずるから物價の暴騰するのは致し方がない。慈善と商賣とは混淆して論ずべきものではない。

勿論多數の商人中には少數の狡猾なる者もあるであらう。然しながら會々此等少數の不心得なる者があつたとて、直ちに之を以て多數の善良なる商人に惡名を負はすことは少しく慘酷ではあるまいか。

市場のやうに範圍の定まつて居るものには、賣り惜しみと云ふやうなことが往々ある。定期取引のやうな場合には斯る惡手段も出來る譯であるが、現物賣買と云ふ場合には此種の惡手段が少ない、買占めとか壟斷することが難いからである。

東京府下川崎方面大暴風雨後の慘狀

▲商人は各自戒愼せよ

昨日(十月八日)私は會頭に相談して、商業會議所内に實業聯合會の幹部の諸君二三十名を集めて、此事に關し種々協議を遂げた。

其際私はこう云ふ事を諸君に申した。『物價が暴騰したと云ふので、商人に對する攻擊非難の聲が囂々として起り、世間では商人の事を鬼の如く誤解して居る。之れが爲めに警視廳令も發布せられた位である。斯る際であるから商賣人たる者は大に愼まねばならぬ。人の危難に乘じて暴利を貪るが如きことは、抑々人道に背反する惡むべき行動なることは言ふまでもないが、然しながら、假りに小人數の火事場泥棒のやうな者があつたとて、多數の善良なる商人に惡名を負はすことは不道理である。又會々高價に賣つて居る者があつても、種々事情を調べて見たら其れは惡い意志からでなく、高價で販賣せなければならぬ理由のあつたことも自ら判明するであらう。唯如何せん、事態が重大なる爲め世間では誤解した人も少なくない模樣である。之れが爲めに警視廳令も發布せられた。

井上東京府知事の被害地視察

▲日本商人の不名譽

其處で一番辛い事は何であるかと云へば、外國に對する日本商人の顔の汚れてある。新聞には熾に奸商が拔扈跳梁を逞しくしつゝあるが如く、熾に書き立てられるし、警視廳令は公然發布せらるゝと云ふ風であるから、何も知らぬ外國人は或は日本商人全體を左も不信にして不道德極まる人物なるが如く皮相的に感じはせまいか。斯くては實に日本人たるものゝ面目が立たぬ譯ではないか。諸君等に言ふのではないが、諸君等の盡力に依りて此際商人各自戒め愼みて誤りのないやうにしたいものである。こう云ふ際であるから、僅か少數の不心得な商人が出ても一般商人の顔を汚すやうになり、延ては日本國民全般の名譽を汚すことになるから、特に注意して貰いたい。今目前に些々たる儲けを爲した爲めに、將來商賣が出來ぬやうでは困るではないか。

此間私は東京市會の決議を齎らし、警視廳に赴いて、災害時に於て警察官諸氏が人民救助の爲めに盡されたる多大の勞を感謝しお禮を申した。其時警視廳の役人に會つた所が、商賣人は火事場泥棒のやうだと言つて酷く憤慨され、曩に發布されたる農商務令のみては不充分だから、警視廳令を出さなければならぬと云ふ話があつた。其際私は役人に向つて、商人全體を不正なる者と見做して廳令を適用されては却て混雜を惹起するから、能く事實を調べられてからなさへと注意した。當時警視廳の意氣込みは非常なるものであつて、間もなく廳令が發布されたる位であつた。

斯くの如き事情であるから、商人諸君は各自警戒し世間をして誤解を生さしめないやうに相戒め且つ相愼み日本商人の名譽を汚すやうな行動を避くべく盡力されたい」と云ふ希望を述べた。之れに對して聯合會幹部の諸君から種々說明もあり、世間の誤解の多きことを益々確かめたのであつた。

▲非常準備基金を設けよ

其處でこう云ふ際には、先づ以て物資の供給を增加する方法を講ぜねばならぬ物價の大勢は依然として需要供給の理に依りて支配せられ、勞働殊に水害地に於ける物價の暴騰は主として供給の減少缺乏より胚胎したのであるから、物價を低落せしめんとするには、先づ以て物資の供給を潤澤にせねばならぬ。其れに就て焦眉の急に應ずる爲めに、平生相當の非常準備金を設けて置くことが必要であると思ふ。府なり市なりには金があつても其れ〳〵規定があつて、當事者が勝手氣儘なことが出來なくなつて居るから、民間に平生から相當準備金を設け置き、突如として何ぞ災害が起りたる場合に、直ちに其中から十萬圓なり二十萬圓を支出して焦眉の急を救ひ、後から募集する寄附金に依りて之を補充し置くことにしたら、顯著なる效果があると思ふ。

之れを要するに災害時に際しては、一方には商人の德義心に訴へることが緊要なると同時に他方には、物資の供給を裕かにすることが必要であると思ふ。

――手帖の中より――

■人が秘密を語るは、同情を惹起せんがために、自己の靈に告げるのである。社交などで聞いた事を他人に話すのは、悲しむべき不實不信である。よし不信でなくとも、多くかゝることは愚かな事である。其事件を誤りなく語つても、又其部分を公平に告げても、脈絡もなく種々の言語の意義よりして、様々の誤解を惹起するものである。

■思想は言語に飜譯せられないものがある。然して人の精神のみがよくこれを體讀する。

■多くの事業の計畫に於て其全失敗は其原因を一部分の成功が一見確實なるが如きに有る。

■如何に行爲が顯著であつても、一の行爲より其人格を理解することは全く不可能の事である。年若き數學者は一點が直線を規定し得ないことを知る。況んや最も單純にして端正なる人格の恰も曲線に類するが如きものに至りては、尚更困難である。若し一の行爲より判斷するを得ざる場合には、其をして著しきものたらしめてはならない。

■知識を得んことをのみ事とする人は、深き思想を練り強き感情を養ふの時間を有たない。

■最も高貴な事業はソロモンの寺院の如く、沈默の裡に完成せらる。

■全天體、蒼空も星も地球も其上の王國も最小の心にだも値せない。何となれば心は天體地球等凡てを知るが、天體地球等は心を知ることは出來ない。天體全部、凡ての心及び其二者を集めても、最小の愛の行動にも及ぶまい、愛は最高無限のものであるから。凡ての物體を集めて、單純にして小なる思想を得ることは出來ない、凡ての物體と心を集めても愛の眞の活動を生ずることは出來ない。人生に一點の光を點ずるものは、眞の愛の活動である。

■太陽は隈なく照してゐる。しかし自分の影に不平を云つてゐる人がある。

誤れる米調策

中野武營

米價の暴騰は國民生活上苦痛を感ぜしむる事尠からず、が爲め全國に暴動事件を惹起したるは甚だ遺憾の事なるが其事たるや決して單に米價激騰の爲めのみに起れるには非時局の影響を受けて商工業隆盛に赴き、多大なる利得を博たる成金輩が虚榮奢侈の風潮に駈られて豪奢を極め又は橫嬌慢なる振舞を爲して社會に惡風を流す等寒心すべき現象るの傍には、貧富の懸隔益甚だしきに至れるを以て、中流以下の階級に屬する者は不平の念に堪えず、米價暴騰の機會に乘じ鬱憤の勃發を見たる事、既往日露講和の際燒打事件等の騷動を演出したると同一轍にして、今回の暴動が唯に米價の問題のみに起因する如く論斷するは誤れり、這般暴動事件が神戶、大阪、名古屋等關西方面に於て熾烈を極めしは、該地方の成金輩が頻りに惡風潮を流したるより、中下層階級の反感を增長せしめ、其間所謂危險思想の胚胎を見るに至りしにて、斯かる惡風潮は東京に於けるよりも特に關西地方にて甚だしきは、今回の暴動事件に徵しても明かなり、忠君愛國の精神を以て誇る我國民思想が社會主義的危險思想に侵潤するに至りしは誠に憂慮すべき現象にして、爲政者たる者宜しく之が根本的救治策を講ずるに非ざれば、遂に國家の秩序は紊れ、恢復し難き恐怖時代を現出するに至るべし。

米價暴騰に際して採れる政府の施設は、終始順當を缺き、人爲的に干涉を爲したる傾きあり、米價を調節せんとして種々努力したる當局の方針は、主旨に於て可とすべきも、結果は却て不良にして、米穀取引の澁滯を來さしめ、取引相場の立たざる狀態を現出せしめ、米價は依然低落を見ざるの有樣にして、四十圓乃至四十五圓と云ふ格外の高値を唱ふるに至り、寧ろ政府の干涉なかりせば、斯程迄の暴騰を來さゞりしもの、如く思はるゝ嫌ひあり、事實政府は米穀の配給を圓滑ならしめんとて、二三指定商人に米の吸收を計らしめたれど地方の米穀所藏者は供給を肯ぜず、依つて政府は外米並に鮮米を慫慂して需給策を講じつゝあれど、施設宜しきを得ざる結果は、却て米穀の流通圓滑を缺き、配給上妨げとなるべき障碍物を作りたるの觀あり、之が障碍を除去するに非ざれば自然流通の妙用を保し難かるべし。

農商務當局に於ては米穀の疏通を計り、需給の調節を期するが爲め、過般在米の調査を爲して米穀の貯藏者より其出穀を促すべく、强制買收の制を設け、近くは米穀收用令を發布して必要以上の分量を有する所藏者に對し出穀を命じ得べき勅令を制定したるが、斯かる制裁の實施に因りて果して配給全きを得るや否や甚だ懸念に堪えず、政府當路者は收用令を適用して餘剩を有する地方の在米を不足せる地方に配給せんとの事なれど、假令米穀貯藏者は適用上止むなく出穀を爲さんも、其地方の住民は在米の缺乏を恐れ、必ずや他地方への流通を首肯せざるべく、却て不安危惧の念を懷かしめ、遂には恐るべき暴動各地に勃發し、收拾すべからざる狀態に陷る事無しとするを得ず、斯くては徒らに國民の反感を招致すべき材料たるに過ぎざるべく、予等之に關し過日澁澤男を始め、二三實業家と協議し憂慮に堪へざるを以て、澁澤男より仲小路農相に對し輕卒に收用令を適用せざる樣實業家側の意見を縷陳したる事あれば當局に於ても直收用の適用を見るが如き事無かるべく、此際米價の對急策としては、政府は外米鮮米並に支那米の輸入を計り需給の調節に努め米價の低落すべきを知らしむると共に貯藏米の出調を爲さしむる樣、穩當なる方針に出で自發的供給に待ち、一方運輸機關の敏活なる働きに依つて配給の目的を達する樣努められたきものなり。

第十章　実業人材育成

一　実業人材育成と実業倫理

本節では、中野の実業人材の育成と職業倫理についての論考を収録した。

高等教育の発達や工業化が進む中で、中野は、高度な学理ばかりを重視するのではなく、職工や実務的人材を育成をすることが重要であると考えていた。それは社会の繁栄の基礎である健全な中流層を厚くしていく上でも必要なことであると認識していたからであった。また、一貫して商業道徳教育を重視し、訪米後は海外とのビジネス慣習の違いにも強い問題意識をもった[1]。

10－1「職工適材教育法に就きて」（明治四十二年六月一日）は、中野が東京商業会議所会頭に着任早々に職工人材の育成の重要性を訴え、手島精一東京高等工業学校校長（東京工業大学の前身）に諮問して提案された人材育成方法についての説明である。雇用主が職工を選抜し、毎週二回午後の仕事を免除の上、東京府の職工学校において工作法、算術、製図を学ばせるという産学官の連携の制度であった[2]。

10－2「商人の謙遜と其弊」（明治四十三年四月二十五日）は、日本人では普通の謙遜の美徳は、外国人相手の商売においては誤解を生じやすいことに注意すべきと指摘している。

10－3「中野会頭の講演」（明治四十五年一月二十五日）は、全国商業学校校長会議における講演である。いくら技術を身に着けても商業道徳に欠けてはならないこと、子供たちに工場見学をさせることは若い人の気性を強める上で重要であることなどを指摘している。

10－4「青年方向の選択」（同年三月二十五日）は、中流社会が健全でかつ元気であるときには国家は必ず平和で栄えるとの理念から、学問さえあれば栄達が保証される世の中は終わり、常識をもって実務に働く人物を重視、育成することの重要性を説いている。

10－5「実業界の人心大改造を警告す」（大正二年一月一日）では、日本と欧米の生産性の差がある理由について、日本の商人は価格で競争するので粗製濫造になりがちだが、欧米では品質を落とすまで価格を下げるなら作れないと断固拒絶する、日本では「時は金なり」の精神が希薄なので、時間の使い方が非効率であるなどの例を挙げている。

文部省が東京帝国大学に商業学科を設置する一方、東京高等商業学校（現在の一橋大学）の専攻部が廃止された上、念願の大学昇格を認めないことを発表したことに反発した学生一、三〇〇人が明治四十二年五月に総退学するという一橋大学史上有名な「申酉事件」が発生した。**10-6**「**中野武営氏**」（明治四十二年五月二十一日*）は、その際、中野が学生からの一任を取り付け、復学を説得した際の演説である。この時の説得により、学生は無条件に復学した(3)。ここで専攻部廃止は延期され、最終的に大正九年に大学に昇格し、東京商科大学が開設された(4)。

注

（1）本節の内容については、拙著『中野武営と商業会議所』の「第六章　東京商業会議所会頭」、「第十四章（二）東京高等商業学校辛酉事件」を参照。

（2）東京府はこれを制度化し、明治三十八年十一月に「適材教育法規則」を制定した。（『実業教育五十年史』文部省実業学務局編纂、昭和九年十月）。

このほか、「**東京商業会議所長中野武営君の**『**学校出身者の需用と供給**』**に関する話**」佐藤尚友（青衿）著『学生の前途』実業之日本社（明治三十九年九月）において、工科大学卒業生が職に窮する一方、高等工業学校あるいは職工学校の卒業生の需要が大きく、学校卒業者の需要と供給が一致していないことを指摘している。**2-12**「実業の基礎の改良」と**7-23**「商工補習教育に就て実業家の希望」においても職工教育の重要性について説いている。**11-28**「其の人格に服す」は、東京高等工業学校校長の手島精一とともに職工適材教育を実施した経緯を伝えている。

（3）一橋大学学園史編纂事業委員会編集『申酉事件史』一橋大学学園史資料。

（4）大正二年に奥田義人文部大臣は、東京帝国大学法科大学に設けられた商科と東京高等商業学校を合併させ、帝国大学の一分科として新しく商科大学を設置することを計画したが、東京高等商業学校が強く反対、渋沢、中野、池田謙三も反対したことから、この案は撤回された。

職工適材教育法に就きて

東京商業會議所會頭
本會評議員　中野武營

我工業は維新以來長足の進歩を遂げ來つて、製作技倆の如き、優に先進各國を凌駕するものあるを見るが、併し其内容に至つては、未だ〳〵幼稚の域を脱する事が出來ぬ。尚ほ進んで力を諸般の設備改良の上に加へねばならぬとは、識者の等しく唱ふる處である。

然らば其の改良を施すに就ては、如何なる點より先づ手を下すべきか。之は見る人に依つて考が違ふだらうが、自分の見る處を以てすれば、職工に學理的智能を授ける事、即はち職工教育の普及と云ふ事が、最も適切なる當面の急務であると思ふ。蓋し現下我工業界に於て、何が最も必要であり、何が最も不足であるかと云へば、學理的頭腦と實際的手腕を併有せる職工の養成程、必要にして且つ缺乏せるものが無いからである。

言ふ迄もなく、工業上の最高知識を與ふる機關としては、工科大學及び高等工業學校なるものが在つて、夫れ〳〵專門の俊才を養成しつゝある。而して是等の學校の卒業生は、多く樞要の地位を占めて其の技倆を振ひつゝあるものから、從つて其の入學志望者の如きも年々増加し來り、殆んど堂に溢るゝの盛況を呈して居るのは、實に我工業界の爲め賀すべきの至りであるが、現今の趨勢を以て推すに、最早左程多くの專門學者養成の急を見ない。從來の開闢的工業の當時にありては、事業の開發指導の爲め自然多數の此學者を供給するの要があつたのであるが、基礎の確立せる、技倆の進歩せる今日に於ては、左樣云ふ指導的從業者よりも、却つて勞働的從業者にして相當の學能を有する者を覓むること遙かに急である。即はち工科大學、高等工業學校卒業者よりも、寧ろ工手學校、徒弟學校の出身者の方が需用に適切であり、更らに比較すると、學校出身者よりも現在の職工にして學理に素通せる者が一層需用に急なのである。從來の狀況に徵するに、學校出身者の學理的技能は、彼等の特有として一般工業家の間に重要視せらるゝ處なれど、而かも實際的技倆の上に於ては、常に工場習練の職工に及ばざるの姿があり、又た職工は親から受け繼いで各自其の業を記憶へたもの故、腕は磨けて居るけれ共學理の素養無き爲めに充分なる働きを爲す事が出來ぬ憾がある。此を以て學理と實際との調和――學校出身者と工場養成者との長短融合の必要は、最も工業家の渴望して已まざる處であつて、又た之れ實に現下の一大趨勢である。

一體人を養成するのは、恰度彼の製造人が物品を製造するのと同じ理屈であつて、折角或る物を製作したけれ共、市場の狀況を考へずに唯無闇に拵へ出した結果、社會の需用に適せぬと云ふ樣な事では、之れ時勢に迂なるものと言はなければならぬ。其の如く、工業界の趨勢如何を見ずして、何でも彼でも高等の學科を修めさせねばならぬもの〻やうに思ふて殆んど其の人物の適否をも考へず、矢鱈に最高知識を吸收せしめむとするは決して欣ぶべき事ではない。併し斯う云ふからとて高等の學科を修めるのは惡いと言ふのぢやない。工科大學又は高等工業學校等は、常に新機軸を出して我が工業を發展する處の力を有する人物を養成する最高の學府であるから、之は無ければならぬ機關でもあり、且つ現在の儘で休止して居ると云ふ事は不可ぬ。故に向後益々其の設備を調へ十分なる發展をなし、併せて有爲の人才を養成して社會の需用に應ぜしむること勿論必要であるが、唯、世の先達たるものは宜しく如上の趨勢を見て子弟を養成せねばならぬ。

仍で從來學理と實際との調和機關としては職工學校と云ふものがあつて、其の卒業生も大分諸方の工場に就職して居る樣子である。けれ共何分年の行かない處へ人數が僅少であるから、相當の學理的頭腦を有して居ても、何日しか在來の職工に化せられて了ひ、其の修習せし學能も殆んど用ゆるに由なき姿になつて行きつ〻ある。斯の如き有樣である以上は、之は什うしても職工其の者より適材を選んで、敎育する外に良策はない。

左樣云ふ考から之を拓くの一端として、當商業會議所が、適材敎育法なるものを企畫し、實地に施行して適當なる職工を養成せん爲、去る三十八年中手島高等工業學校長、今府立職工學校長、外數名の敎育家及び市內屈指の工業家二十七名の會合を求め、博く諸家の意見を徵し以て大體の方針を決し得たのである。而して此の會合の結果徵し得たる意見に基き斟酌考案を盡して職工養成法を講ずる事となり、其の立案を手島氏に囑托し、其成案を俟つて、東京府知事に對し、適材敎育東京職工學校依托の出願を爲すの運びに至つた。今參考迄に手島氏の立案に成れる適材敎育法及び、知事の許可を得たる該敎育法等の內容を左に示さうと思ふ。

▲第一　手島校長の立案に成れる適材敎育法の主旨

職工敎育の方法は種々ありと雖も其目的を大別すれば次の二に過ぎず

（一）將來職工たらんと欲する者に對して與ふる敎育

（二）現在職工たる者に對して與ふる敎育

◎第一項に屬する敎育は目下東京高等工業學校附屬職工徒弟學校及び東京府立職工學校に於て之を授け尙時勢の必要に應じ是等學校の擴張又は新設を要すべし。

◎第二項に屬する敎育は分て二種と爲す即ち第一種は現在職工たる者に夜間に於て其業務に必須なる補習敎育を授くるものにして現に以上の二校に於て此種の敎育を施せりと雖も尙必要に應じて市內便宜の小學校を兼用して該敎育の施設を爲すを得べし第二種も亦現在の職工就中幼年工の天資工業に關する才幹を有する適材者を選拔して業務に必要なる敎育を授くるものにして本主旨に記述する所は適材者を敎育せんとするに在り而して該敎育施設上の特色とする點は新たに敎育機關を設備することなく既設の工業學

校若くは徒弟學校に其の敎育を依托する　故に其實行容易にして且つ極めて經濟的なるにありとす

該敎育法の利點

一　傭主より見たる場合

A　從來使用し來りたる職工中適材者を選拔して之に敎育を授くるものなるが故に其敎育の結果傭主に利益を與ふること

B　敎育を授けんがため時間及び勞銀を職工に與ふるが故に傭主は該敎育を受けたる職工に對し或年限間自己の工場に留まるべき義務を負はしめ得べきこと

C　極めて少額の經費を以て職工に敎育を授け得ること

D　一般職工に對する奬勵となること

二　職工自身より見たる場合

A　時間及び勞銀を與へられて敎育を受くるが故に職工は之を以て名譽とし且つ自己の前途に望を有し其職業を樂むこと

B　傭主に對し恩義の關係を生ずるが故に業務に忠實となること

三　學校より見たる場合

A　傭主と職工との關係以上の如くにして就學したる生徒には缺席及び半途退學者なきが爲め敎育の效果疑ふべからざること

B　適材者に對してのみ與ふる敎育なるが故に其效率顯著なること

C　學校と傭主との關係を密接ならしむること

D　特別の設備及び新たに敎員を要せざるが故に少額の經費にて敎育を施し得ること

今該敎育法を具體的に示せば

適材敎育法敎則

第一條　本敎育は職工中より適材者を選拔して其業務に要する知識技能を授くるを以て目的とす

第二條　本敎育は既設の工業學校若くは徒弟學校に於て當業者の委托により施すものとす

第三條　當業者の委托により施すものとす

第四條　敎科目は算術製圖及び工業に關する科目とす毎週敎授囘數は一囘とし其の時數は七時間以内とす

第五條　敎科課程は左の如し

學科	毎週敎授時數	自毎年九月一日至翌年七月二十日
算術	二	
製圖	三	
工業に關する學科	一	

第六條　以上時數の外一日約一時間に該當する自宅課業を課するものとす

第七條　修業期間は一箇年とす休業日は委托を受くる學校の休業日と等しきものとす

第八條　一組の生徒數は五十名を限とす

第九條　入學せんと欲するものは左の資格を備ふるを要す

一、年齡十六歲以上

一、學力尋常小學四年卒業以上

一、現に職工の業務に從事し傭主の選拔を受けたる者

第十條　入學者定員を超過したる時は選拔試驗を行ふものとす

第十一條　入學期は毎年九月の始とす

第十二條　入學願は傭主に於て取纏め學校長に差出すべし

第十三條　退學願は傭主其事由を具し學校長に差出すべし

第十四條　授業料は徵收せず

第十五條　修了者には證明書を授與す

但し出席日數授業日數の十分の九以上に達せざる者に對しては修了證明書を授與せざることあるべし

該敎育實行手段

前に述べたる敎則に基き東京市内に於ける既設學校に委托

せんとせば次の學校を以て適當なりとす
一、東京高等工業學校附屬職工徒弟學校
一、東京府立職工學校
以上の學校に於て該敎育を經營せんとせば左の經費豫算を要す
年額金參百參拾圓　月參拾圓づゝ十一箇月
但是は一組(五十八)の生徒を敎育するに要する敎育囑托手當及雜費
委託の手續は當業者に於て委托せんとする學校の當該監督官廳に提議すべきこと
▲附言　該敎育法は素と天才を有する者に對して敎育を施すを以て其修業期間は僅かに一箇年にして卽ち敎授日數四十日其時數は二百四十時内外に過ぎずと雖も其敎育を受けたる後に於ける彼等の發達は蓋し大に看るべきものあるを疑はず故に該敎育は其主義として卒業後に於ける發達の良好なるものに對しては更に高等敎育を施すの便を與へ益々彼等の天才を發揮せしめんことを期するものなりされば當業者の之れにより利する所又決して尠からざるべきを信ずるものなり而して該敎育法は何種の職工に對しても適用し得べきは勿論なりと雖も現下に於ける職工界の事狀より判斷すれば先づ機械職工に對して其敎育を施すを以て急務なりと認む
該敎育の效果に對し若し疑問ありとせば其敎授時數の僅少なる點にあるが如しと雖も本敎則は自宅課業の制を設けて其短を補ひ又生徒の遲刻缺席及び其成績に關しては毎週一回之を傭主に報告して其監督に資せしむる等の方法を執れり

右の如き成案に依つて出願をした處が、其八月府知事の許可を得、次いで十月から適材敎育を實地に施し得ることゝなつたのである。而して其の敎授要項は次の如きものであつた。

▲第二　適材敎育要項
(府知事の許可を得たるもの)

一　敎授定日　毎週水曜金曜兩日午後一時より四時迄三時間づゝとす
二　學科目　工作法、算術及び製圖
三　本表の外左の課業を課す
　修身講話、一ケ月二回臨時に之を授く
　自宅課業、一日約一時間に該當する分量を宿題とす
四　各科目敎授時間
　(イ)工作法

區分	敎授期間	敎授事項	毎週時間	講義回數
第一期	自十二月一日 至翌年二月末日	機械仕上術	三	一
第二期	自三月一日 至五月末日	機械一般	三	一
第三期	自六月一日 至九月末日	鍛工及製鑵術	三	一
第四期	自十月一日 至十一月末日	鑄造術	三	一

工作法は四分して機械學大要、機械仕上術、鍛工及び製鑵術、鑄造術とし各講師は專門家を以て之れに任じ且つ以上四種の講義は生徒一般に講じ特に仕上職工に就いては學年末迄の間に於て一定の時間を定め補習として特別敎授を施し自餘生徒には同時に製圖を課するものとす
　(ロ)算術
算術一般及び實用計算法、毎週一時間四十一回
　(ハ)製圖
製圖初步　毎週二時間四十一回
以上の如き敎育方法に依つて三十八年より職工を養成することになつた。而して其成績は頗ぶる良好なるものがあるのである。仍で之より尚少しく本敎育に要する經費、及び修了生と在學生の狀況を述べて、適材敎育の效果に言及して見やうと考へる。
本敎育に要する東京職工學校經費は、年額四百五十六圓五拾錢であるが、之は言ふまでもなく適材を推選して本敎育を委托せし處の各工場主の負擔に俟つのである。而して前掲經費を生徒一人に割當てると、年額約拾圓に過ぎないけれ共、

工場主は毎週二回午後より職工を休業せしめて、尚之れに所定の賃銀を給するの損失を負擔する上に、其の筆墨料を給するものと見れば、生徒の儲ける平均賃銀八拾錢の半額即はち四拾錢宛の費金を敢てせねばならぬ故、一年八十二回の休業であるから、合計參拾貳圓八拾錢の損失負擔をなす外に、前記拾圓及筆墨料等の支出を要するを以て、工場主は生徒一人に對して最少額四拾五圓乃至五拾圓を下らざる費用を負擔する譯になるのである。

次に本教育修了生及在學生の消息を申せば、適材教育を終へて已に各自の工場に就業せるもの、第一回、第二回(三十九年、四十年)を通じて六十六名であるが、夫れに四十一年度の就學者の數四十七名を合計すると、即はち百十三名である。今之を推薦工場別に示すと云ふと

工場名	第一回卒業者	第二回卒業者	四十一年度在學者
芝浦製作所	二〇	一九	二〇
石島造船所	八	六	一四
東京瓦斯株式會社	八	三	五
田岡工場	｜	一	｜
日本電氣株式會社	｜	｜	八
井口工場	｜	一	｜
計	三六	三〇	四七

右の如き割合を現して居る。夫れから更らに四十一年度在學者に就いて其の各種統計を擧げて見れば、即はち左の如くである。

適材教育生徒年齢別表

年齢	人員
十九歳	二
二十歳以上二十五歳以下	一三
二十五歳以上三十歳以下	一二
三十歳以上三十五歳以下	六
三十五歳以上四十歳以下	三
四十一歳	一
計	四七

生徒入學前學歷表

學科程度	人員
尋常小學卒業	九
高等小學一年修了	三
同二年修了	六
同三年修了	四
同全科卒業	一三
中學校二年修了	一二
計	四七

生徒職業別表

專門職業	人員
旋盤工	五
機械工	五
仕上工	一五
線工	二
鑄造工	二
鍛冶工	四
製罐工	一一
木型工(木工ヲモ含ム)	二
塗工	一
計	四七

生徒賃金表

日給額	人員
四拾錢以上五拾錢以下	三

五拾錢以上六拾錢以下	九
六拾錢以上七拾錢以下	八
七拾錢以上八拾錢以下	一〇
八拾錢以上九拾錢以下	一〇
九拾錢以上一圓以下	四
一圓拾錢	一
一圓三拾錢	一
一圓八拾錢	一
計	四七

終りに適材教育の効果に就いて尚ほ數言を費すの要あるを認める。元來本教育に關しては、當業者は勿論教育者に於て精密なる注意と多大の便宜を與へられたのであるが、特に東京職工學校當局者の如きは、當初より最も實利あり且つ興味ある事業として熱心に盡瘁されたる結果、其の目的は殆んど豫想以上に擧げ得たりと稱するも、敢へて過言でない位である。試みに各工場主よりの報告、及び當商業會議所の見聞に徴したる傭主の觀察等を綜合するに、概して好果を示して居る。即はち、

一、技術上に關しては修業後日尚淺きが故に應用練磨の實績を見るに至らずと雖も工作に際し細心注意する點は頗る見るべきものあり從て漸次技能の發達進歩すべきは蓋し疑ふ可らざるもの丶如し殊に製圖を了解し且つ簡單なる製圖を爲し得る力を修得したるは明に認め得る處なり

一、修業生の言語動作は從前に比し著しく改まり忠實に職務に勉勵し且つ能く監督者の命令を遵奉し欣然として煩鎖精密の工作に服する等一般に良好の結果を示せり

一、修業生は本教育を受けたる結果工作上學理應用の必要を認めたるもの丶如く從つて引續き製圖、數學、機械學等に關する學科を修めつ丶あるもの丶如し

一、他の一般職工も幾分か其感化を受け品性上に尠からず影響を及ぼし漸次善良なる氣風に向ふもの丶如し

一、自己の過失を反省する丈けの頭腦を養ひ得たる結果自ら研究するの趣味を解するに至れるを認む

一、實際的練習を經たる職工は學理を輕視するを通弊としたるも本教育の效果として操業上に學理を解釋せんことを樂むの傾向を認む

一、有志職工を募り推薦せる工場にありては生徒自身の豫備教育不充分なるが爲めに講義の理解に苦しむ者をも認めたり

一、或る工場にては適材教育を終りたる職工にして已に組長の職に就ける者二三名を出せり

一、概して本教育を受けたるが爲めに直ちに技倆の上達を認め得べきやは疑問なるが如し

要するに本教育開始以來の成績は右の如く顯著なるものあるに拘はらず、未だ一般工業者に於て之を認めずして、唯五六の工場が利用するに止まりつ丶ある狀態に過ぎぬのは、實に最も遺憾に堪へぬのである。併し何分此教育を施すに就て職工一人に對し工場主の負擔すべき經費は、年額五十圓内外を要する故に、隨つて少規模の工業者の如きは、之を實行するのは頗ぶる難事であるが、世の有力者は奮つて職工の養成に力を用ゐられ、此の適材教育法に軫念されたならば、我工業界の將來は蓋し活目すべきものがあるを信じて疑はぬ。

東京商業會議所月報 第三巻第四號（明治四十三年四月廿五日發行）

論談

商人の謙遜と其弊

會頭 中野武營君

日本人の殆ど普通に具へて居る、謙遜と云ふことは尊むべき美德であつて、我れ自身に、相應の資產又は藝能才識を有しながら、少しも誇り顏をなすことなく、何處までも愼ましやかにしてへりくたると云ふことは、彼の敖慢自負と云ふものと正反對で、至極稱賛すべきことである、併しながら、謙遜は美德であるからと云つて、只管謙遜に流るゝときは恐るべき弊を生るのである、一口に云へば、無暗に謙遜するばかりを知つて、敢て言はざるべからず爲さゞるべからざる機會にも、言はず爲さずして濟ますと云ふ如きは、却つて事を過まるのみならず、其極遂に卑屈に陷り其弊大なりと云はねばならぬ。

まして、世間には似て非なる謙遜が行はれる、所謂遠慮とかお附合とか云ふような事は好意の樣であるけれども、之れ亦一步を誤れば却て不德不信に陷るのである例へば、偶ま招ねかざる客か來た時、勝手元には何等の用意も無きに拘らず御時分であるからお食事は如何です一盃差上げましやうと云ふ主人方のお附合詞が、甚だ不自然であるばかりか、客も實はまだ食事前で空腹でありながら、イヱ今仕度して來たばかりでなどゝ遠慮詞を遣るのか、通俗の應接ぶりであるやうに見へる、斯るお附合や遠慮は、之を赤裸にむき出して見ると双方とも噓言の交換をして居るのであるから實に笑ふべきことである、而して是等は何から起るかと云へば、則ち謙遜の取違から來て居るのであつて、謙遜其ものは本來美德でありながら、濫用誤用の結果か、遂に噓を吐くと云ふことに陷ゐるのである、曩に予等渡米實業團として北米を巡遊せし時往々之れと類似の境遇に接したことがある、其一二を擧れば第一米人は他人に物を贈らんとするには此品は余の愛するものであるからとか又は君の好むものならんと思ふから此品を進上するといふ具合に出てくるである、然に日本人から人に物を贈るには例の謙遜流で此品甚だ粗末ながら進上と遣るから米人は麁末の品と已れ自身に思ひながら我れに贈るといふはとて不愉快に感ずる樣子である（是等の日本流は必ずしも惡しきとは思はず只彼我の習ひの相違を示すのみ）又每々早朝から工場とか公園とか若くは農園等の各所を見物に曳廻さるゝと午後になれは隨分草臥か來て誰しも弱るのである、其樣子を見かねて接待の米人からアナ草臥ましたかと問るゝと、日本人の情として折角深切に案內せらるゝことを斷るに忍びずして、イヤ〳〵少しも草臥れませんと遣るから彼れは正直に之を受け有ん限り案內して曳廻されるから堪らん、內心には甚だ閉口したものもあつたそうだ、それから寧ろ最初より明白に草臥たから爰限り御免を蒙ると答ふれば彼れ決て其以上を强ゆることはない筈である、是則我習慣上より得たる自業自得である。

試みに之れを實業上に觀るに、商人が客筋より何日までに斯々の品を拵えて呉れと云ふ注文を受けた場合に、迚も其期日內には出來ないと思ひながらも、華客の希望に背いては成らんと云ふ遠慮から宜しいとふて之れを引受ける、併し結局出來ないものは出來ないから、自然華客に對して約束の期日を違へざるを得ぬことになる、又偶ま無理な値段を以て注文されても、斷つては濟まぬと思つて之を引受ける、其果ては注文の値段では引合ないから粗製品を作るやうなことになる。斯樣なことはもと〳〵惡意ですることではなくとも、結果は惡意を以てすると同樣で、噓を云ふた騙かつたと云ふことになるのである。之れが日本人の間柄の事であるならば、「鍛冶の明日紺屋の明後日」と云ふ諺もある程のことであるから詫の叶ふ場合もあらんかなれども、外國人を相手にする場合には左樣には行かん、全然風俗習慣を異にする外人は、直ちに之を不信背德の行爲と斷定するのである、即ち往々に聞く處の、日本人は不信用である、商業上の德義を重んじないと云ふ非難は、多くは是等から起るのである、蓋し日本人か盡く不誠實と云ふ事もなければ不信用と云ふことも無い筈である、然るに、日本人は多くの場合に於て之に心づかずして、遠慮の積りやお世辭の心持で、無理な注文を向けられてもハイ〳〵と引受けるやうな事をするから、心にもない不信用を釀すやうになるのである。

謙遜は何處迄も美德に相違ない、併し此謙遜から變化した卑屈は謙遜の濫用誤用で、假令取引先の不快を買はないやうに、華容の機嫌を損せぬやうにとの好意から起つたことゝしても、結果が間違となれば不信用不誠實と云ふことは免れぬのであるから、一般に此惡習慣を去るやうに心掛けねばならぬことは勿論であるが、特に外人關係にありては誤解を生じ易き恐れがあるから、一層注意して、遠慮なく、事理を盡し眞實を盡さぬければならぬ。之れ實に、小にしては一家一商業の不信用、大にしては國家國民の不信用に關係する大切な點であるから、多年の習慣であるとは云ひながら、深く注意を拂つて匡正せぬければならぬと思ふ。

論談

中野會頭の講演

左は去十一月廿九日全國商業學校長會議の席上當會議所會頭中野武營君の講演せられたる所に係る

會頭、諸君、此度商業學校長諸君の御會合に付きまして眞野局長から私に出て御目に掛れと云ふことで御座いました、私は諸君の如き實業教育に御盡力下されつゝある方に御目に掛ることの好機を與へて下さつたことを第一に喜び感謝に堪へぬのであります、それに依りまして出席致しまして御座いますが併し講話をせよと云ふことに就ては甚だ恐縮致すのであります「私は別に諸君を向つて教育上の意見など申す資格はないのであります、所謂釋迦に說法を申上げるやうなことに當りまして相濟まぬと思ひますが、併し私は商賣で例へて申せは販賣業者と云ふやうな立場に居る身分で御座ります、貴君方をは製造家の位置に在ると見ますれば其製造品に就て販賣人から種々時好に關したとを注文し要求すると同樣な關係を持つて居りますので御座りますから、此の場合に於て御注文があればそれを申上げて見たら宜からうと考へて見たのでありますが併し何程の價値もないのでありますから豫め此段は御斷りを申します。一昨日此の會を御開きになつた際に文部大臣から御訓示になつたことを新聞紙で拜見しましたれば、私共の思ふて居りますることは殆んど盡きて居ります、私共が其上の事を云ふ要はないとまで思ふたのであります、誠に文部大臣の訓示になつて居ります點は吾々感佩する所であります。

扨販賣業者から申して見ますると凡そ品物はどうしても生地が良くなくてはいけないのであります、如何に彫刻や蒔繪が立派に出來て居つても其生地が惡いと云ふと實用をなさぬのみならず隨て賣口も惡いのであります、そこで此の商業に從事しやうと云ふ生徒を敎へて下さる人物を製造して下さるには生地の良いものを拵へて下さらぬと、假令學藝上に優等な人であつても生地が惡くては用をなさぬ、又賣口も惡いのであります、文部大臣の訓示にも商業道德を努めねばならぬと云ふ訓諭がありますが、それに外ならぬのであります。昔時商賣人の有樣を申しますれば商賣人は寺子屋に參つて商賣往來を習ふた位に過ぎないものであつて、其他は皆子供の時分から商店に奉公致して商賣を習ひ覺えた有樣であつたのでございますから、夫故に學問上の知識と人ふことには甚だ缺けて居るのであります、併し却つてさう云ふ人間は律義正直と云ふ德義に重きを置いて居る有樣でありますから所謂生地が堅固であるやうであります所が近頃の人を見れば知識は同日の論でないほどの人物でありますけれども、どうも生地が惡くなつて來たやうに感ずるのであります、日本の今日苦んで居る商賣發展の出來ないのは何であるかと申せば、商業道德が缺けて居ります爲に他の外人の侮りを受けて居るので、それがために商賣貿易の上に於ても非常に損となつて居るのであります。私は常に斯う云ふことを感じて居ります、日本が一等國に列したと云ふことは何故かと云へば是れは武勳に依つて出來たのであります、日本人民全體の文明の度が一等國になつたと云ふのではないのであります、偖て此陸海軍の斯う成功したと云ふのは外でもない、即ち忠實である、忠君愛國の誠意が強いのである、是が一番の基礎であります、之れを約言すれば日本の陸海軍と云ふものは誠實なる所が強いのである、強いから尊敬を受けるのであります、私は常に陸海軍の人の行動に注意して居りますが、陸海軍の人と雖も或は遣り損いの無いとは無いと思ふ、其失敗と云ふも外でもない、彼の潜水艇が海底に沈んで浮ばなんだとか、或は岩礁に觸れて沒沈したことが多少あります、有つてもさう云ふ過ちがあり、失敗が出來た度毎に、其際の軍人の擧動は戰場で功名を現したより以上に社會の人を驚かしむる迄能く忠實なる意志を顯して居る、だから陸海軍人の失敗をしたことは却つて陸海軍の光を増し威信を重くして居ると云ふ事實であります是は畢竟するに陸海軍の人達は忠實なる氣が滿ちて居る事實が發揮するのであります、斯ふ云ふ生地であれば陸海軍の堅實なることは疑いないことであります、諸外國の人が敬服して居りますのも當然なことであります。之れに反して實業家の有樣を見ると失敗も大變多うございまするが其失敗毎に誠に賤しむへき厭ふへき醜態を現して居る、人は過ちがないとは云へない、如何に誠實を以てしても過ちがないとは言はれませぬが、其人の過ちを見て忠實を知ることが出來る、過ちを見て仁を知ることが出來る所が其忠實を缺いて居る爲に生ずる失敗は其度毎に甚だ賤しむべきことを表證して居る有樣であります、是は同し日本ど云ふ一國の人であり乍らどうして一面陸海軍の人が忠實の行動を取つて能く進歩發展して行くに一方の實業界は斯くの如き有樣で居るかと云ふことは常に痛嘆に堪へぬ譯であります、信なくんば立たずでありますから、生地がどうしても基となるもので、畢竟細工を過ぎて生地に重きを措かぬが爲に輕薄になつて來るのではありませか、是は吾人共に誠しめねばならぬことであります、殊に青年少年を是から教育し仕立てゝ往くには此の生地の改良を基になして行かなくては、只學藝、知識丈けで世の中を渡つて往けるものではない、又社會の爲をなし得らるゝものでないと云ふことは私の常に信じて居ります所であります。文部大臣が實業教育には道德を養はなければならぬと云ふことに就て御注意を貴君方に御與へになつたことは誠は御同感を致して居る所であります。

それから既往の事は措きまして、日本の發展を圖るにはどうしても貿易の上に付いてしけなればならぬのであるか、日本の生産力を增して所謂生産超過日本の需要より供給の方が多く出來る樣にし、其生産超過のものを他の國へ出して貿易に供すると云ふことを努めなければなりませぬ、私が常に感じて居ることは、抑も文明の力と云ふものは恰も水のやうなものである、水と云ふものは高い方に向ふては力が伸びぬが低い方へ向ふと非常に壓力の強くなるものである、其の如く文明も我れより度の高い方へ向ふては勢力が伸びませぬ、貿易も他の高度の文明國へはなか〳〵伸びぬ漸く其國の製造の原料となるべき物品ばかり向く有樣で決して精巧品などは駄目である、精品を以て文明國への貿易に向けると云ふことは殆ど出來ないと云つて宜い、唯珍し半分に、御もちや半分に、多少日本の精巧品が西洋亞米利加の方へ行く位でありますけれどもそれは商品とまで云ふべきものではないのであります、それ故に日本の今日の場合としては以上西洋亞米利加の方へ向つて競爭を試みたとしたところが充分な事は到底出來ないのであります、是即ち水が高き方に流れぬ譯で水厭力の起りやうがない、此道理に基いて日本の貿易と云ふものは東洋即ち支那南洋邊に向つて起して行かねばならぬのであります、さうして比較的に申しますると、少し日本の度が南洋支那の方よりは高いから此方へならは水流か掛かつて行く傾きであります、然るに却て今日までの總ての有樣を申しますると、何事も西洋亞米利加と云ふ度の高い國の方面へ向ふてやつて行くが、却つて吾より文明の度の低い方面へ向ふては之を疎んじ之を輕んずると云ふ有樣である。私は思ふ、是は民間のみか惡いとは云はれぬ、隨分政府の外交上に於てもあつたではないかと思ひます、是が乃ちやり損ないである、勿論文明國は先輩でありますから充分敬意を拂ひ親密を圖るは當然のことゝ思ひます、其上貿易の事に付いても及ぶたけ種々の利益便利を圖ることを努めると同時に支那南洋の如き國を最も親愛すへき友邦として交り親み、さうして双方の利便を達し貿易を發展して行くと云ふことを努めねばならぬと云ふて居るのであります。

そこで、此の希望を實業家が實行に着手したのは餘程前のことであつたのでごまいます、明治三十五年頃と思ふ、澁澤男爵が歐米漫遊に出られました時分、吾全國商業會議所が會議を致して、澁澤男が歐米に行けば此商業會議所の意志を歐米へ傳へて貰ひたい、それは何かと云へば、どうしても政府の外交と云ふことたけを賴みにして居つて安心は出來ないのであるから、御互に國民的交際を親密にして行くと云ふことをしなければならぬのである、其途を向後執りたいから御前の國からもどん／＼日本へ來遊あれ、來れは日本の實業家は飽までも便利を與へ歡迎をする、又日本から各國へ行く時にも同樣に互に眞相を認めて信用するやうにしたいと云ふ趣意を以ちまして澁澤男に囑託し、之を歐米の實業家に傳へて貰ひました、其後直ぐそれに着手する積りて居りましたか、折から三十七八年の役か起つて爾後戰後の場合に在てはなか／＼そんなことを事實に行ふ時機を得ませぬで居りました、それから後になりまして亞米利加と日本との間に妙な風聞が横はつて互に疑心を起すと云ふやうな事情が起つて參りました、是はどうも双方か誤解から來るのであるから、此方から先づ解いて行かねばならぬと云ふとで、先づ亞米利加の實業者を日本へ呼ひまして日本の眞相を見て貰ふとにしたのでございます、尤もそれより以前にあつても澤山に亞米利加人が日本へ參りましたけれども、日本へ來た其人はどう云ふ方面に向ふて話を聞き便を付けて貰ふたら宜いかと云ふ其道が立つて居りませなんだ爲めに、亞米利加の實業家が來ましても誰も日本の重立つた實業家重立つた政治家などゝ云ふ者を充分訪問し充分意志を通ずるとが出來すして唯横濱や神戸に居る同國人の世話に依り導きに依つて見て歸ると云ふ有樣でありましたから充分の眞相を知り兼ねたのであります、所が一昨年直接に亞米利加の實業家を呼びまして吾々が何もかも親しく接待をしましたから、商業上工業上と其他敎育上の事に付きましても皆私共が紹介を致し案內を致し事實の眞相を見せましたから、それまで日本に反對したる人の話を聞いて居つたとは丸で違ふで居つたと云ふ感じであつた樣でありますヽ又其後私共が亞米利加へ參りまして其通りても彼方へ門戸を開放して吾々を導いて呉れました、爾來亞米利加の有力な人が日本へ來ますれば横濱や神戸等の同國人の手引などを求めずして澁澤男や私へ直接にやつて來るやうになりました、又彼方の心易い人から皆々紹介狀を持つて直接に來るやうになりましたから、決して其間に誤解は起らぬことになつて居ります、今日は頻繁に亞米利加の人も日本へ參ります、其來ますするによつて日本の眞直か能く分つてくる、ソコで是までは彼の黄色新聞などか離間策を行ひましたが、其離間策は最早行ふ餘地がなくなつたのであります、聞く所に依れば外務省などでも私共が亞米利加との國民的外交を開ひてから以來といふものは、一層政府の外交上が安心になつて來たと云ふことを云はれますか、それはさうだろうと私は信じて居ります。

そこで、亞米利加はそれで宜しうございますか、前申上げました支那南洋の方面に着手せねばならぬのであります、昨年は既に日本から實業團を組織して支那を訪問致しました本年は支那の各都府の有力なる實業家が日本へ參ることの順序になりまして、既に上海迄數十人の人か集つて參つたのでありましたが、彼の事變が出來まして、其の事を果すことが出來ないのを誠に遺憾に存して居ります、併しそれは一時の事でございますから、尙ほ何時かは平和か回復しましたならば再び時機も來ることであろうと存して居ります、そこで支那の今度の事變に付きまして、之か何時如何に結末の付くことか私の知る所でない、見込も付きませぬが、何れに致して見ても支那の將來の發展と云ふものは驚くべきものかあらふと私は思ひます、前申しました如く、從來東西の文明は水力と同樣に東洋の低い所に向つて非常な水壓が掛かつて來たものである、日本も實に其水壓に苦んだものでありますが、漸く十年程前に治外法權の撤回も出來又本年に至り關稅の改正も出來ました、蓋し全然滿足な改正ではありませんが兎も角も日本と云ふ國か國權を以て關稅の制定をすると云ふまでに至つたので、漸く獨立の體面を保つた譯でありまするか、支那は之に反して彼の大きな國でありなから文明の度が低い爲めに東西からの水壓と云ふものは非常なものであります、此苦みに當つた支那の國民は如何に感じたかと云へは無念極まりないに相違ないのであります、而し其結果は政治の罪として國民が政府に對して憤りを起すと云ふことは已むを得ぬことたらうと思ふ、縱令滿朝政府が平和を回復しましても一旦文明に向はんと氣が付いて奮發した以上は之までの支那人と同樣に見られぬ、非常なる奮發發展を圖るに相違ないと思ふ、現に今度の革命軍の起るや、先第一に斷髮令を出して世界的の頭にすると云ふ、此の一點を見ても今度の變亂は世界的文明に倣ふて發展をしやうと云ふことに氣が付いたことは明かである、實に彼等か文明の程度を高めて水壓力を避けやうとする意志は尤もなことでありますから日本の人は之に同情を寄せ支那國の爲めに此文明を助けて行くことに力を盡し、充分交際の途を開いて行かねばならぬと存します、實に東洋の文明を高め日清兩國の提携を强固にするは東洋の平和を保つ所以であると信します。

偖支那の彼の斷髮のことでありますヽ何は兎もあれ四億萬と云ふ人口の内多數の男子が散髮に刈つたならば頭を刈

るたけても容易の業でない、既に頭髮が改まれば隨て帽子も衣服も沓も改まるに相違ない、近頃大阪京都へは支那より帽子の注文か夥く來るので晝夜掛かつて製造しつゝ居る有樣であります、其他向後支那の形勢か變るに從ひまして衣食住共に總てに變化を起し來るのであります、此衣食住共に變化を起して來るに付きまして、日本は固より同じ人種であり殊に土地か接近して居るので其便利を得て居りますから、成るへく日本の嗜好に近付いて來るに相違ない、されば向後商賣するに本當の華客は實に支那であるので御座いますから、教育の上に於ても支那に對する將來の貿易商業に向くやうな教科を加へることとか必要な事でありはせぬか即ち私共販賣業者の立場から製造元へ斯云ふ注文が起つて來るのであります即ち斯ふ云ふ時好が起つて來ますから、それに適合する品を教へて下さいと云ふ御注文を申すのである。

又南洋の方もそれと同樣で御座います、全體印度から南洋諸島の邊は殆ど日本と人種も同樣で御座います、併し其國々は大抵西洋若しくは亞米利加の版圖に屬して居るものが多いのでありますけれども、元來日本人とは東洋と云ふ關係があるのでありますから嗜好や何かゞ相似て居る故日本人には親しみ易いのであります、それ故に日本の實業家などが彼處へ來て呉れゝば宜いと云ふ心持を有つて居ります、斯ふ云ふことからして其本國政府は餘り日本人の往來を好まぬ事情がある樣です、併し所謂商買に國境なしで英吉利領であらうが、佛蘭西領であらうが日本人か行つて商賣の出來ぬと云ふことはない、商買に國境なしと云ふからは商買人の往來は決して外交上に障はることはない、又これを拒むへき道理もない筈であります、私は本年南洋の方へ實業團を送つて見たいと思つたのであります、けれども本年は御存知の通り支那の實業家を招待して居りました故南洋を後ちにしたのでありますか、迄き將來には南洋の方に行く道を付けやうと思ふて居ります、斯樣な方針で私共は行動を執りつゝ居るのでありますから、何卒是に副ふやう、乃ち此方面への向け口捌け口の出來る品物を御拵へ下さるやうに御注文を申すのであります、それに就ては第一語學などが餘程必要であります、兎に角人と親しむには話か出來ぬといかないことでありますから、語學は西洋の語學よりも寧ろ支那南洋の語學の將來入用であると見て居ります餘り長うなりますから最早止めようと存します。

終りに一言添て見たいのは、文部大臣の訓示の中にもありました如く商業教育は常に實業と接近してやるのか必要であると存じます、そこで製造會社の工場若くは商業家の店舗など生徒に實物を見せると云ふことが大層利益になることであらうと思ふ、先達て私方の孫兒の參りまする學校で紡績の事に付いて教へらるゝ時、書物の上で紡績と云ふものはかう云ふものであると云ふて先生が教へても講釋しても少しも生徒には解せぬに依つて寧ろ紡績工場を觀せたいからと云ふて私に紹介して呉れと云ふことでありましたから、或る紡績會社を頼みまして、其處へ大勢の生徒を先生が伴れて行つて見せたところが、其後の模樣を聞きますと大層工合が宜い、教へても直ぐ生徒が斯う云ふ事だと云ふことを解して大變都合が宜いと云ふとを承りました、私はそれから思ひました、全體生徒などか大勢工場へ行つて見ると云ふとは工場に取つて餘程迷惑なのでございます、六勢の子供が來てがあ〳〵すると職工が仕事を止めて眺めて見るわい〳〵するだけそれだけ損が行くのでございますから、工場主は直ぐに應とは言ひ兼ぬるのであります、併し私は思ふ、國の發展を圖ると云ふことは實業家の最も心懸くべき事であるから敎育の爲めに貢献する積りで學校から交渉のあつた時分には何卒觀せて呉れる樣にと申して居りますが、是は獨り東京の學校の生徒だけではございませぬ各地方の學校に於きましても工場を御觀せになる必要かあるならば私は紹介の勞を厭はぬのであります、思ふに日本には未だ誇る迄には至りませぬけれども以前と較べて見ると諸工場も非常に發展をして居るのでございます、此日本の現在の工場を觀せるのは少年——若い人の氣象を大に强くすると云ふことの利益があるだろうと存じて居ります、子供のことはさて置日本人の歴々でも日本の工業がどれ程に進んで居ると云ふことを知らない人が多い樣である、先年亞米利加へ私共が行つた時に其一行中に亞米利加の各市で種々の工場を觀て何にも彼にも驚き感心をして居る人があつた、是は蓋し日本にも既に此の通りの工場は出來て居るのを知らぬ故である、日本に居つて日本の事を知らぬと云ふことは日本人の普通である、是では發展の遲くれる筈であると思ふ、私は實業敎育に關係の學校は其生徒に工場などを何かの機會のある度に御觀せになつて靑年に其現狀を知らして置くことが敎育上の便利であると存じます、それに付きましては、工場主は迷惑でありませうけれども是は敎育の爲めでありますから精々便利を與へるやうに紹介の勞を厭はず執らうと思ふて居りますから、是も御一考に供して置きます、下手の長談義致しまして皆さんに御迷惑をかけましたが、幸に御靜聽下さいましたことは私の仕合であります。

東京商業會議所月報　第五卷第三號（明治四十五年三月廿五日發行）

論談

青年方向の撰擇

會頭　中野武營君

敎育の必要は輓近特に一般に且つ一層痛切に感ぜられて、或は國家社會に向つて大に貢獻する處あらしめんが爲に、或は一家の繁榮を謀り或は子弟自身の榮達を謀るか爲めに、各自爭つて高等の敎育専門の敎育を授けんことを怠らず、子弟も亦熱心に研究切磋することを怠らない、是は實に喜ぶべき現象である、斯くして社會の後進か漸々に相當の敎育を受けて、活動の素地を作り、而して大に活動すると云ふは、國家の爲め賀すべきことである。

併しながら、同しく高等の學術を修めると云ひ、専門の學科を研究するとしても、只其好む處に隨つて修業さへすれば良いとは云へぬ、苟くも國家社會の爲めに、一家一身の爲めに最も有効に活動しようと云ふ目的を前提とする以上は、時勢即ち時代の風潮に察して處世上最も便利であるべき方面に進むと云ふこと、言を換ゆれば時代の要求が最も痛切である種類の學術なり技藝なりを擇んで、研究修養することが最も必要である。

方今高等の學校や専門の學校が、都會と云はず地方と云はず實に數多く出來た、而して是等の學校から年々輩出する處の卒業生の數も夥だしいことである、然るに其多數の卒業者の賣れ口に至つては、兎角捗々しくないようである、思ふに是れは高等専門の學術を修むる者が近來夥しく増加した結果であらうけれども、又一つには學問さへすれば直ちに賣れ口はあるものと一圖に考へ、社會の現狀に深く鑑みず、時代の要求が如何なる方面に最も急を告げつゝあるかと云ふことを注意しない結果、比々として就職難を嘆ずるの有樣に陷つたのではあるまいかと考へられる、勿論一廉の學術を修めた以上は、直ちに之を實地に活用せんからと云つて、失はれて仕舞ふものではないが、苟くも一個の學術を修めながら、之を活用すべき位置、舞臺を得ないと云ふことは所謂寶の持腐れに歸する譯で、社會からしても個人から見ても甚だ不得策である、其處で、年々歲々輩出する所の卒業生か多くは就職の困難を感するのは畢竟時代の風潮に注意を缺いだ爲めであるとすれば、今から新に進んで行かうとする青年子弟は如何なる方面に志すか最も便利であるかと云ふ事を考へなければならぬ

凡そ國家の盛衰には必ず由來する處がなければならぬ、而も其由來する處の原因は複雜である、從つて單に一二の原因を捉へて一概に其盛衰をトするとは出來ないが、何れの時代何れの國でも、生産的に活動する人民の數が比較上多數である時代は榮ゆる、言を換ゆれば國民の中流社會が最も多く活動する國家は最も榮ゆるものである、蓋し何れの社會でも、中流に位する人民が最も大切であつて、國家の基礎を爲すものは實に此中流社會である、中流社會が健全で且つ元氣である時には國家は必ず平和で而て榮ゆる、是

は歴史上にも比々證明さるゝ處である。

然らば斯く國家の中堅となる處の中流社會は如何に活動せねばならぬか、所謂國家の中堅であるからには有ゆる部面に活動を要することであるけれども、中流社會として最も先きに主として活動せんければならぬのは殖產上の事である、即ち先づ富と云へる生存上の基礎を作ることである、吾人生存の目的は必しも富のみでない衣食のみでないにもせよ、先つ此第一義を定めない以上は他の何等の目的にも到達することは出來ないのである、其れ故に、現に列國間の競爭も結局は富に歸する、個人の生存競爭勿論然りである、富而て强、貧而て弱、之れが抑も詐りのない人間の現狀である、富强者は自ら榮へ貧弱者は自ら亡ぶるのである。

是に於てか、吾人の最も賴もしく最も大切に思ふのは歌を詠み詩を作るよりも算盤を持ち帳面をつける人物である、高尙な理論に耽る學者の多からんよりも實際的事業家の一層多からんことを必要とする、頭を使ふことのみを知つて同時に手足を使ふことを嫌ふ人の多きは願はしからず、頭と共に手足を働かす處の中流人物を最も多く必要とする、殊に生產的に精神と體力とを同時に働かす人物を最も必要とする、抑も是れ一國の中堅となるべき中流社會の振ふ所以である。

顧みれば今より四十年以前の日本は最も新知識に缺乏して居つた時代である、從て、辛くも外國語の飜譯でも出來る位の新知識でもあれば直ちに社會に重用されたのである、一つの學校を出さへすれば容易に重要な職業を得て、勅任とか奏任とかの顯職を贏ち得るも困難ではなかつた、學問さへすれば手を袖にして榮達望むに任せたと云ふ如き有樣であつた、然しながら斯る新知識の缺乏の時代は已に過ぎ去つたのである、西洋文明は概ね我國民に消化されて、東西殆んど平均して居ると云つて宜い、今日となつては以前より幾層か高尙なる學理を幾層か整頓した學校で修め得たからと云つても、容易に重要の地位や職業を得らるるものではない、即ち彼の新知識缺乏時代を夢みて、功名を急ぐか爲めに只管高尙な學問を修めようと考へる者ありとせば、此は寧ろ迂濶の誹りを免れない、一般の知識か今日の如く平均に近づいた時代に於ては學校修業よりも社會へ出ての實地修業か次第に重要となる譯である。

殊に、今や大に發展せんとしつゝある處の、朝鮮なり、滿洲なり、南洋諸州なり、若くは今や一大覺醒を經て面目を一新せんとしつゝある支那に於ては、同文同種然かも其堺を接する我國との關係の益す密接するは必然であつて、而て又我が指導に依賴する處多きは多言を俟たず、即ち我れに向つて新知識新人物の需用は益々加はるであらうと思はれる、現在の狀態に考へて將來を推測すれば滿韓支那の發展と共に我同胞青年の彼れが爲めに活動すべき新舞臺は限りなき廣大であると云つて宜しい、然も此方面に需用さるゝ新知識新人物は決して深遠な學理を修めた學者にあらずして常識的に養成された實務家であることを忘れてはならぬ、而て此種の實働的人物の供給は時々刻々急を告げ來ることを疑はぬ。

之を要するに常識を以て實務に働く實際的の人物を多く作ることは、今日に於て最も機宜に適するのみならず、青年としても此種の方面に心掛くることか處世上最も便利であると思はれる、蓋し人には各名譽心と云ふものがある、殊に是れが方今の青年に於て最も多いように思はれる、從て修業盛りの青年となれば事情の許す限り最高の教育を受け最高の學位學歷を得たいと望むのは普通である、父兄も亦事情の許す以上は子弟の望む處に任せると云ふのが普通である、從つて今日の如く大學なり大學院なり學理の蘊奥を極むべき最高の學府に志す青年か次第に增加し、大學の數は年を追つて增加するに拘らず、設備に制限ある官立の大學の如きは年々多數の志願者を收容し切れないと云ふ有様である、斯る現象は必しも惡いとは云はない、啻に惡くないばかりではない至極結構な事であるけれども、又之を他の一面から見て、年々歲々各種の高等學府より輩出する卒業生の就職難を聞くことの多きを加へるの一事も亦深く考ふべきことである、元來世の中の實務と云ふものは決して學問があれば其れで宜しいと云ふものでない、實際の經驗換言すれば實務的修養と云ふことか最も大切である、若し夫れ、學理に通ずることも深く、兼て實驗に富めることも深しと云ふは人物の最上であらうけれども、世の中は最上人物のみで治めることの出來るものでない、又有らゆる人か悉く最上人物となり得るものでない、果して然らば世上無數の青年か一意名譽心に驅られて最上人物とならんとし、高等教育の門にのみ奔らんとするは必ずしも賛すべきことでなく、殊に今日の如く徒らに高尚な學問を修めなから、成業後長く就職の道なきに苦む者の多き場合に於ては一層深く思慮せなければならぬ、而して成るべく實用的な實務的な處世上最も便利な方面なり程度なりの修業を積んで、成るべく早く社會に出で成るべく多くの實務的修養を積むことに志すのが青年自身の爲めに利益であるのみならず、社會の爲めにも大に利益あることであると信ずる、一家の繁榮とか一身の榮達とか云ふ目的を達する上に於ても是れが却て輕捷であらう、世の先輩が後輩を導くに當りては成るべきたけ斯る考へを持つて居られたらば良からうかと考へる。

尙余は最後に一言をつけ加へようと思ふ、其れは外でもない近年內地に於ける生活難の事情が次第に逼まつて來たことである、即ち諸物價は次第に騰貴し市場は不景氣を重なるばかりで容易に之れが恢復を認め得ない、其處で此原因を綜ぬれは定て種々複雜な理由のあることであらうと思はれるが、玆に爭ふべからざる事實として吾々の認むる一原因は人口の激增である、人口は漸次激增するに拘はらず生產が之に伴はない、之れか物價騰貴の最大原因であらうと思ふ、此事たる蓋し國家の前途を達觀するに於て實に重要な問題である、苟くも此まゝに放任すれば國家は次第に衰弱瘦羸に陷ゐらなければならぬ次第となるであらうと竊かに憂慮するのである、左れば我邦人は此場合に於て此限りある小面積の內地で徒らに共喰を爲し共倒れの運命を待つと云つたような姑息な氣風を棄てゝ、百尺竿頭に一步を進め大に海外に向つて發展し活動することを心掛けるが最も急務である、所謂人間到る處青山ありて、眼界を廣くして海外四隣の國々を見れば土地は廣くして人口は少く、肥沃でありながら利用されない土地や、有望な企業にして未だ手を着けられないことや、內地に於て激烈極まる生存競爭に堪えようと苦勞するよりは遙かに立優つた場所のあることは疑もなきことである、朝鮮だとか滿洲だとか或は南洋とか支那とかは則ち其れである、是等各地は何れも人と知識とを輸入せなければならぬ所であつて、志ある我が同胞青年を多々益す歡迎するのである、又國家の必要から云ふても將來同胞か海外に發展すると云ふことは大切なことである、况や青年活動發展の地を求むるに適するをや、青年は奮つて彼の青山を趁ふて活躍すべしである、願くは我が青年は今後大に海外に活動することを心掛けて其の準備を怠らないようにしたいものである。

新年劈頭

實業界の人心大改造を警告す

中野武營

◎金の力勝つか精神の力勝つか

私は大正三年の劈頭に於て、我が商工界の一大猛省を促したいことがある、商工界の氣風を一新せずんば、我國の經濟上の獨立を保たれないといふ事てある。

輸入超過正貨流出は、毎年々々我々の頭を惱ます問題である、日本人として此逆勢を速に挽回して輸出超過國にしたいといふ希望を持たぬものは恐らくあるまい、經濟家も其れを論じ財政家も其れを論じ政治家も其れを論じて、幾度びか繰返されて居るが、其逆潮は依然變ずる所なく大正二年に於ても其勢を挫くことが出來なかつた。

固より財政經濟を掌る人の經綸に依りて、此逆勢は救濟さるゝに相違はないが、而も商工に從事する人々が、根本から其氣風を一新せずんば如何に卓越せる經綸の力を以てするも、其れのみでは目的を達することは出來ない。

◎日本人の競爭は次第に墮落する

第一には商工業者が次第に個人主義に傾いて來ることてある、競爭といふ事は商工界に免るべからざる勢である、又競爭あるが爲めに改良進歩は生ずるのであるが、我商工業者の競爭たるや品質の競爭にあらずして價額の競爭である、文明國の商賣は品質の良否精粗で競爭するが、我國のは價格の安いといふ一點張りで賣込を爭ふて居る。

安いものに良い品が出來ようがない、茲に於てか粗製濫造となる、自分の品價を落す大原因といふことを顧みるの暇もなく、唯是れ利を射るに傾いて居る。

◎歐米の商工界には此武士性質あり

歐米の商工界では無論値段の競爭もあらう、然し品質の信用を落してまで爭はうとはせぬ、例へば或註文主が工場へ製品を依頼する、其時安直を主眼にすると工場は算盤に引合ふ引合はぬは別問題として、第一自己の工場の體面として粗末なものは作られぬと言つて斷然拒絶する、則ち價は高く隨つて註文主は減ずることあるも、良品を作るといふ剛健の氣象が假存して居る、是れが商工盛衰の根底であると思ふ。

我國は技術上に於ては後進國であるから、技術上から歐米の製品に及ばぬ點あらば其れは恕すべき事である、然れども技能上何等不充分の處がないのに、利慾の爲めに粗製の求に應ずるに至つては、商工家の氣象の惰弱なる實に慨嘆すべき次第である、私が人心一新を期したいのは是れてある。

◎進歩の大勢に逆行する氣風

商工業者には各々組合がある、是れは各自同業者間の改良進歩を圖る一の機關であるが、我國には其れが正當に利用されてをらぬ、技術の進歩、製品の改良を主として相互に協力し同業の發達を期せねばならぬに、却つて之を拘束するの弊を致し、然らずんば組合ありと雖も有名無實に失して同業共に販路を相爭ひ、段々價格を競り落して品質を惡くするの傾向がある、日本人は歐米人に比すると共同の德義が甚しく欠けて居るが、特に商工界に此弊あるは決して對外貿易隆盛の兆ではないと考へる。

私は我國の同業者は漸次合同して其製品を共同的に產出し、之を改良して外敵に當るであらうと信じて居る、我國の大勢は早晩然うならねば、迚も海外の大規模生產に抗するとは出來ぬ、未だトラストとまては行かずとも、共同動作に出づべき勢は免れないと思ふ、此る機運に臨み乍ら、各自を利するに汲々として他を顧みず國家の得失をも念とせざる氣風あるは、甚だ憂慮に堪へない現象である。

◎タイムの値段は殆ど只の如し

共同力の缺如たるに次いで更に患とすべきは時の價の頗る安いとてある。タイムの價の安い國は働く力の鈍い國である、一人前が一人前の仕事をせぬ國である、此の如き國が列國の競爭に勝ち得る筈がない。

米國の如き隆々發展の國に於ては、應接室に椅子などは備へてない處が多い、訪問應答は總て要點のみで、二分三分で重要事項を談じ終りサッサと別れてゆく、所謂大事を立談の間に決濟してゆくのである、事務室に於ても亦事務員は腰掛などを有たぬ處が多い、だから一人にて二人分三人分の働き

首領投票中の人

東京商業會議所副會頭
大橋新太郎氏

大橋君に對する投票は初めは頗る振つてゐた、然るに中頃から段々と其氣勢が殺げて後には中位からも落ちるやうな弱勢に見えた、然るに最後の決戰に於て、東京を中心に關東、關西、九州地方より多大の投票があつて其頽勢を大に挽回した。されど遂に決勝點に入るとの出來なかつたのは吾人も亦同情に堪へぬところである。君の今日は、最早博文館主たるよりも、實業界の人である、然るに世人は猶ほ博文館主として多く見て居るやうに考へられる。君は頭腦銳利の人で越後人特有の負けぬ氣を持つて居る、數字に明かに兼ねて利害に聰明の人である、修養して人の長となる道を學ばゝ、中野武營氏の後任は或は君に歸するかも知れぬ、但し東京商業會議所副會頭が、會頭に進んだからといふて其れで我が實業界の首領たり得るといふわけではない。

をする、我國では其れが反對である、昨今は餘程改良されたにせよ、猶ほ且つ多忙な處へ來て三十分も一時間も長話をする、又集會の約束時刻にキチンと出るものは少ない、其れが爲に先着のものは待合せの爲に無益に時刻を費やす、其損害を積算したら、精力の徒費は多大なものである。

此風習が一變せぬ以上は、我が商工界の萬事總て緊肅されてゐないのである、共同生活の進むに隨ひタイムに對する各人の心掛が緊肅されぬときは、國は何時まで經つても勞働の能率を向上するとは出來ない。

◎歐米の職人は何處が優つて居るか

時是れ金の觀念が乏しい東洋的氣風の我商工界に、其執務振りが一心不亂、精力を仕事に集中して餘念ないといふ奮鬪的でないのは自然の結果である。

仕事をする時と、遊ぶ時とを能く區別して、大に働き大に遊ぶの用意なき國民程、不規律のものはない、我商工界は遊ぶのか仕事してゐるのかハッキリ差別の付かぬ風習がある、歐米先進國の事務室や工場を見たものは、其靜肅にして規律整然各人其業に勵むの狀は驚嘆の外はない。

◎商工道の精神滅びんとす

我國は武士道を以て誇りとして居る、世界各國亦武士道國を以て待遇して居る、併し商工道には武士道が行はれてゐない、歐米の商工界では金錢よりも信用を重んずるが我國では反對の觀がある、我國の小學校では精神教育として忠義の人や壯烈の武士を模範に說くが、未だ商工としての道を適切に教訓したるを聞くと多からず、抑も商工界氣風の一新を叫ぶも根本は學校教育に存するのである、私は我が學校教育が今少し實業精神の教育に力を盡さんとを望まざるを得ない。

商工の戰爭も要するに國民精神の戰爭である、武士道なる立派な精神が單に一階級の人々にのみ行はれ、一般商工界と沒交涉なる時は、貿易の逆勢を如何に憤慨し、如何に阻止せんと企てゝも其れは畢竟徒勞に過ぎない。凡そ新年は人々の心の新なる時である、私は全國の商工業者諸君と共に、先づ本年一年丈けでも人心の一變、氣風の改造を試みたいと思ふ、國の興るや人心は更新す、國の衰ふるや人心は墮廢す、我等日本人は今や興廢の分岐點に立つて居るのである。

首領投票中の人

前日本興業銀行總裁
添田壽一氏

當然三人の決勝點に入るべしと豫想されたる添田君が、早川千吉郎君の邊陲より起つて中都を衝いた爲めに、第七位に落つるの已むを得ざるに至つたのは、偖ても油斷のならぬ戰國の其れを思はしめる。添田君と早川君の得票は十二月四五日頃になつて實に一上一下、之を譬へば二人の武士が上になり下になり組打するがやうであつた、每便々々に到着する郵便投票、又何人とも知れず我社に投込む雨の如き同封投票によりて、〆切迄は激しい競爭戰であつた、然るに僅か二日間、添田氏に對する投票の怠つた處へ井上、原、和田の新手が現はれた爲に殘念にも落ちた。さり乍ら添田君は目下靜養中で、何れに向つて馬を前めんかと焦るよりも、先づ自己のエネルギーを補足し何時でも翼を拊つて起てるやうに準備中である、好漢幸に健康なれ、天下は渾て循環の理法に則る也。

中野武營氏

諸君、諸君の母校に於て重大なる問題が過日來起りました、此問題には非常に諸君が御憤慨をなされて過日來の御行動に出られたことは、私は具に承知いたして居ります。私かに諸君の御境遇を悲み、又私共の立場と致しまして頗る憂慮いたして居るのでございます。此事に就きましては啻に私だけてはございませぬ、此處に出席して、諸君に御面會をせられたる所の諸君は、皆私と同感の諸君て、御心配なさつて居る所てございましたが、皆其意志が偶然に一致を致しまして、此三團体がいろ〳〵協議を致した其末諸君に御目にかゝつて我々の希望を申述べ、又我々の所信をも申述べて、諸君の御考慮を煩したいと思ふため今日は同窓會の諸君に此會を請ふたのであります。

此問題の既往のことに就ては今更私が申上げる要はない。只現今と將來のことに就て大体のことを申上げたら宜からうと思ひます。我々は此問題を解決するには、宜しく順序を立て誤らぬやうにしなければならぬと云ふことを深く考へたのでありまする。夫れは此解決をつけるのには二段の順序を取つて參るより外に仕方がないと思ふのである。なぜとならば、我々が政府と諸君との中間に立つて、若し調停を試みるとか、仲裁をすると云ふのならば、双方を一度に取極めて是てどうかと云ふことにすべき筈のものてございまするけれども、此度我々の考へまする所を諸君に申さうと云ふことは決して其兩者の間に立つて仲裁調停をすると云ふてはないのであります。此問題を解決したたいと云ふのてあります。此問題を解決するのに順序を立てゝ行かぬければ、甚だ不利なることがある。それはどうかと言へば諸君にして先づ目下の急と云ふものは諸君が自ら不利益のない位置を保つて貰はねばならぬ。其基礎が立ちました上て、即ち文部當局なり政府に對して問題の解決を我々が努めるのである。故に斯う云ふ順序が正當なことであると私共信ずるのでございます。扨て此順序に致すのはどう云ふ譯と申しまするると、諸君が是まで執られて居る所の御意見は我々は能く承知して居る、併し之を滿足さすと云ふことは、今日直ちに今すぐにすると云ふことは誰がして見ても難いことである。其難い事を今直にせんとする爲に諸君が敬愛する母校を去つてしまひ、諸君が豫て目的として居る所の學を轉ずると云ふことは頗る私共の遺憾とする所である。啻に諸君の爲に惜むのみではなく、實業界から申しても頗る遺憾に堪へない。我々商業會議所の側から申しますれば、兎に角帝國に於て此五市東京、大阪、京都、横濱、神戸、の如きは、即商業の中心點になつて居る市である。諸君は商業教育を修めて將來は學者となつて商業の發展を圖つてやらうと云ふ目的もあるだらう。又政府に立て大に實業の發展を圖つてみやうと云ふお方もあらう、民間に實業家となつて實業の上に於て力を盡して發展を圖らうとか、皆それぞれ御目的があるに相違ない。兎に角我々の市は將來諸君が立つて技倆を働かする所の舞臺であるに相違ない、檜舞臺である。我々も亦諸君の如き將來多望なるお方が追々に卒業せられて我實業界に出られると云ふことを頗る歡迎して居る者である。即ち實業家は需要者の位置に立つて居るのである。其位置からしましても、諸君が此問題の爲に折角修めつゝある所の學校を去てゝ他に轉ぜられるといふことは遺憾である。それは他にも學校がございますから、又其學校に就て最初よりの目的をお達しなさることも出來るに相違ございませぬでせうけれども、例へて申せば、今此處に生へて居る所の木を他所へ移つし植ゆれば、育つことは育つてもそれだけ木に障りが出來、それだけ年度に後れを生ずると云ふことは事實でございます。さう云ふ變動を諸君の身の上に生ずると云ふことは、諸君の御自身の上から見ても、又實業界の上から見ても遺憾に堪へない。それちやに依つて是非諸君の御希望をどうか貫きたいと云ふのてそれをする　それをするには時日を要するとしたならば、終に諸君が最初決議した通りに遂行をしてしまふより外はない。それは甚だ不利益であると思ふ。此問題は是て濟んでしまふものではない。將來此問題は政治家も論じ、實業家も論じて何とか解決しなければならぬ問題である。幸に是れから後目的の通りを達したとしても、諸君が一旦學校を去つてしまつた後とならば其甲斐がないのである。これに依つて先づ第一著としては、諸君に復校を勸告せざるを得ない諸君にはいろ／＼御議論もあらうし、御遺憾もございませうけれども、それは何卒お忍びになつてどうしても此處で一と先づ復校なさることが、どの方面から見ても諸君の爲に利益である。我々が將來此問題を提げて進む上に於ても大變力になることに考へまするに依つて、第一に諸君に對して復校をお勸め申すのである。

それから或は我々が復校を勸告するも全く一時の彌縫的にして其後を措いて顧みぬと云ふ樣なことては、と云ふ御心配があるかも知れませぬ。それを御心配なさるも一應御尤である、併ながら私は斯う申すのである、諸君に同情がなければ私共は斯樣なことをせないのである抑々此學校と云ふものは。澁澤君などが初めより御心配なされて民設であつたものが段々發展して來て居るので、其當時未だ商業會議所などと云ふものはございませなんだけれども、既に商工會と云ふものが出來て、其人々が大に骨を折つて此商業敎育の端緒を開いて學校が起つたと云ふやうなことである。商業會議所として、今日學校の事柄に就ては決して餘所事とは思はれないのである。餘程關係が厚いのである。而して今度の問題に就きましては我々は大に感ずる所があるから。我々の本分として努めなければならぬ取つて進まなければならぬと云ふ考をもつて居るのてございます。獨り商業會議所の資格として申すのみてはない。中野武營一己の資格の上から言ふても爲し得らるゝ限り取つて進まなければならぬと云ふ覺悟をして居るのてあります。唯々今日の場合に於て諸君に復校をお勸め申しますに就て、所謂無條件でと云ふのは甚だ詮の詰まない様てあるか、全体一人一己の私有物ならば此物は斯うするとか、是だけの値段で賣りませうと云ふことも出來るが、苟も國家の問題、若くは政府に對する問題の如きは、我々所信を以て世の中に立つてすることである。人に義務を負ふて已むを得ずする、人に頼まれて已むを得ずすると云ふ如きものではない。我々社會に立つて物を言ふのも其決心てある。學校の生徒から斯う云ふことをして呉れ、斯ふ云ふことを頼まれたから、私は此義務を履行するのであると云ふやうなことは出來ぬのである。自分の決心を以てしなければならぬのである。所信を以てしなければならぬのてある。即ち其所信を以てすると云ふ所が我々の務めて、國家に對して務める積りで居るのてあります。それ故に此箇條は斯うしませう、どう致しませうと云ふことてはない。さう云ふ筋合のものてない。さう云ふ筋合のものでないから無條件と言ふのである。凡そ問題には自ら天下の輿論と云ふものがありませう。政治家も論ずるてございませう。實業家も論ずるのてあります。啻に政府が聽かぬと言はれたからとて、それで濟むべきものでないのてあります。それ故に我々は所信を以て之に當らうと云ふことに決して居るのてあります。唯それを爲すにも諸君が此際復校をして下さりませぬと云ふては、我々が是から進む上に於て詮がなくなる。是は如何にも目下の憂ふべきことてある憂慮すべきことてある。單に無條件と云ふと、甚だ無責任のやうに御感じなさるかも知れぬが、我々は天下に立つて仕事をしまする以上は、面目と云ふものを重んじて居る。即ち此度の諸君に復校を勸告する我々の精神は此場所に於て公然と表白して居るのであります。何でそれを一時諸君を揶揄して置いて、さうして其後は我々がマア事濟んだ是て宜かつたと云うて、此問題を投棄て置くと云ふことゝては、我々社會に對して面目が立ちましやうか。併ながら相手のあることてありますから、此事果して遂げるや否やは將來の事實問題てある。併し諸君から見て我々が微力にして能はなんだとすれば其時分には諸君は十分力をお出しなさい。今日我々は幸に商議員の諸君、又保護人の委員の諸君など云ふ有力なる―有數なる諸君が眞の精神から一致し此の擧に出てたのてありますから、是等の名譽ある諸君、社會に信用を以て立たれて居る所の諸君は、必ずや十分の力をお盡し下さることゝ我々は信じて居る。我々は其驥尾に附いて飽まて盡さう。又商業會議所も商業會議所の權能資格に於て盡すべき所のことは當然盡すのてある。斯う云ふ決心覺悟をもちて、諸君に此際は順序上二段に分けてしなければならぬ、一度に物をすると云ふとは出來ぬから、此二段にして貰ひたいと云ふことてある。左れば今諸君の復校の場合に條件と云ふものは附け得べきものてない、又附け得られるものてないから、此解決は諸君の御信任あるや否やに歸着するのてあります。幸に我々の此熱誠なる希望を容れて下さいますれば、我々は及ぶだけの力を盡しまして自分の面目と云ふものを全ふ致したいと云ふ決心てあります。是れより澁澤男爵、島田三郎君などのお話もございませうから、私は茲に止めます、どうぞ諸君は深く此點を御熟慮あつて幸に我々の勸告を容れられむことを希望いたします。

二　栄典論

官尊民卑の風潮が強かった時代の中で中野は、実業界の地位の向上のため、皇室や政府が実業界の功労者を評価することになる栄典や授爵の在り方について、直言をしていた[1]。

日清戦争の論功行賞の時、軍資金に協力した功が評価され、初めて実業家の岩崎弥之助と岩崎久弥、三井八郎右衛門に男爵が授けられた。続いて、明治三十三年に渋沢栄一が実業界への貢献から男爵を授爵した。

10−7「是れ実業本位国の恥辱也」（明治三十九年七月一日）では、授爵や叙位叙勲において官民格差があることを指摘し、社会上の形式的地位は速やかに改善され、平等待遇を受けられなければ国家は完全に義務を果したとはいえないとして、日露戦役に関する論功行賞が行なわれるのであれば、実業界に広く授与するべきであると主張した。

明治四十年九月、日露戦争に対する論功行賞が行なわれ、実業界においては、高橋是清が男爵を授爵した他、これを機に実業家に対しても幅広く叙位叙勲、授爵が行なわれはじめた。

10−8「実業家を優待すべき授爵以外の新方法」（大正四年十一月一日）は、永世華族制を批判するとともに、実業家と役人や軍人に同じような考え方で授爵するのは望ましくないと指摘している。

中野自身は、明治十四年二月に三十三歳の時、地租改正の功で正七位の叙位を受けた。

その後、明治四十年九月、明治三十七・八年戦役の功により勲五等瑞宝章を授与された。同年末、フランス大統領から、日仏協約を祝してシェヴァリエー・ド・ロルドル・ナシオナル・ド・ラ・レジオン・ドノール（Chevalier de L'ordre national de la légion d'honneur）勲章を受けた[2]。

明治四十四年八月、桂内閣において、条約改正に関する論功行賞が行われた際、勲四等瑞宝章を授与された。大浦兼武農商務大臣と小村寿太郎外務大臣が、中野を桂太郎総理大臣に上申した理由として、東京商業会議所会頭として常に意を商工業の振興に注ぎ、「平素信用ノ厚キト献身的熱誠アル」により、特に「公明正大一点ノ私心ヲ挾マス故ニ実業界ニ起ル紛擾ノ如キ其ノ漸ク錯綜スルヤ推サレテ之ヲ調停ノ労ヲ執リ初テ解決シタルモノ多シ」としている。そして、米国からの渡日実業団の来遊を促し、先方からの懇請に対して本邦実業家の渡米団を組織し、「所謂国民的外交ノ実ヲ挙ケテ以テ通商ヲ一層円滑ニ進捗セシメンコトヲ企画シ誘導斡旋終ニ之ヲ実行スルニ至リ」、予期以上の成功を収め、さらに渡清実業団派遣の斡旋に尽力し、清国実業家の本邦来遊を促すことなど、両国との国交と貿易に貢献していることを挙げている(3)。

大正四年十一月、大隈内閣において大正天皇の即位の大典の際には、実業上及び公共事業上に於ける功績顕著として、叙勲三等旭日中綬章を受けた(4)。

中野の死の前日の大正七年十月七日、我国商工業の改善発達に尽瘁し市会議長として市政に力を入れ我が国実業界の重鎮として功績顕著であるとして、病気で危篤に瀕しているため、特旨叙位によって正五位に叙せられた(5)。

中野は、実業界を代表する経済団体の東京商業会議所会頭を長年務めたが、この時まで中野の位階が引き上げられることはなかった。

注

（1）本節の内容については、拙著『中野武営と商業会議所』の「第十二章（三）授爵問題」を参照。

（2）「陸軍中将男爵伊地知幸介外六名外国勲章受領及佩用ノ件」叙勲裁可書・明治四十年・叙勲巻十一・外国勲章受領及佩用七止。

（3）「正七位勲五等中野武営」叙勲裁可書・明治四十四年・叙勲巻二・内国人二。

（4）「従三位勲一等男爵渋沢栄一外五十四名」叙勲裁可書・大正四年・叙勲巻五・内国人五。

（5）「中野武営特旨叙位ノ件」叙位裁可書・大正七年・叙位巻二十二。いずれも国立公文書館蔵。

經世論壇

是れ實業本位國の耻辱也

東京商業會議所會頭　中野武營

『勳爵重きか、實業重きか』

先程或公使館が大使館に昇格せられし時、同國大使は、我國朝野の有力者に招待狀を發して一大祝宴を張れり。然るに此席に列したるは多くは政府筋の者、有爵者、帶勳者に過ぎずして、民間實業家に至ては設へ一廉の人々と雖も、參會せるもの極めて少なかりしを以て、同大使館に於ては意外の感に堪へず、我々は日本政府の官吏と盃を擧ぐるを好むと同時に、特に其實業家と歡を交へんとは、最も冀ふ所なりしに、今日の來會者には、多かるべき豫定なる是等の人士が、甚だ少きは聊か怪しむべしとて、其事情を取調べたるに、是より先き同館は案内先の人名を某省に問合せ、其回答通りに發翰したれば、畢竟此の如く重きを勳爵に置きたるに氣付きたりといへり。

『是れ多年疎外の罪のみ』

又茲に一笑話あり、曩に英國皇族コンノート殿下の我皇室を來訪あらせらるゝや、東京實業社會に於て殿下歡迎の議あり。然るに一部の人は此の擧を以て皇族に對する不敬の事なりとし、自ら差控へんことを提議したり。其理由は、全躰我々如き無位無爵無勳の素町人が、自ら發起人となりて其宴席へ、皇族を招かんとするは、從來曾て其例なき所にして、殊に外國の皇族に對しては一層意を用ゐざるべからざるを以て、此際輕々敷事を決すべからず。若し愈々發起すとならば、有爵の諸氏に於て之を企てられよ、我等は之が資を出すを吝まずといふに在り。依て衆議の末一應宮内省へ照會し、素町人と雖も皇族を招待して別段不敬に渉らざるやを慥むることゝなり、其結果差支無しとの回答を得て、玆に始めて東京實業團躰の盛大なる歡迎會は擧行せられたるなり。此一事は固より照會の手續を履まずして、不敬ならざること一見明白なれども、多年實業家疎外の結果此に疑惑を生ぜしめしのみ。彼の大使館の招宴一件と併せて、實業本位を以て國を建つるものゝ大に耻辱とする所に非ずや。

『素町人視する僻見』

惟ふに從來實業家の社會に於ける位置待遇に關し、新聞雜誌等に於て論述せられたること屢々なり、政府に於ても聊か此に意を留め、明治二十七八年戰役に於ける論功行賞の際、實業界の重なる方面へも夫々敍勳授爵の沙汰あり、其後亦一二の敍勳者あり、今回の戰役に就ては特に軍資金の輔翼に功ありし實業家に對し、相當の恩賞ある由なれば、實業家の位置の漸次改善せらるべきは疑はずと雖も、熟々現在の狀況に依りて察するに、之を政府が文武官を遇するの厚きに比すれば、形式上猶ほ遺憾の點少なからず。前記二事實の如きは、皆な重きを官吏の資格に置き、或は爵位勳等を目的とする習慣未だ脱却せざるを示すものにして、直截に言へば、封建時代の殘夢未だ醒めず、實業家を以て素町人視せる僻見の自ら去らざるを公然自認するものたらずんばあらず。

『實業の功は私利のみに非ず』

今の時勢は既に實業家を輕視せず、寧ろ戰後の大經營は實業家の雄飛に待つ所多きを知るを以て、余は之が爲に呶々を費すの要を見ず。然れども從來の政府は何故に文武官に厚くして、民間實業家に薄きやといふに、文武官は直接國家の公務に參與し、其一生を此に盡したれば、國家は之に對して相當の方法を執り、其勞に報ゐざるべからざる義務を負ふも、獨り實業家に至ては、文武官と異り、一家の私業を營むものたるのみならず、之に依りて己れに利する所亦大なるを以て、國家は之に對して左まで意を用ゆるの要を見ずといふにあるもの丶如し。成程一應尤もの議論にして、余と雖も實業家の總てに對し、悉く特殊の取扱ひを爲すべしとは、必ずしも論ぜざれども、試に今の實業界を見渡せば、實業勃興に取て其功勳の偉大なると、猶ほ文武官の國務に貢献したるところと徑庭なきのみならず、寧ろ之に過ぐるの人々なきにあらず。是等の人は或は年所に於て、或は其苦心に於て、其經營に於て、其發明に於て、一には自ら利したる所少なからざるべきも、同時に我國家の公益に及ぼしたる功績の多大なるは固より言までも無きことにして、國家は是等の人士に對し、當然相當の表彰手段を執らざるべからざる責任あり。何又區々たる理論の末を爭ふて、大綱を沒すべけんや。

『先づ此二人の偉勳者を見よ』

實業勃興に對し偉功ある人々を列擧すれば其數少なからざるべきも、今一二の例を示して言はんに、森村市左衛門氏の如きは、我外國貿易に取ては幾んど元勳の位置に在り、氏の熱心、氏の努力は幾多の艱難と戰ひ障害を排し、遂に今日の大業を成せり。請ふ是を以て森村組一個の成功といふ勿れ、實に日本の外國貿易の成功に外ならずして、之が爲に國富の增進したることは、政府の官僚が卓上に於て數字を算し、議論を闘はしたる勞務に勝る萬々なるにあらずや。又東京精製糖會社々長鈴木藤三郎氏の如きは、一介の菓子製造人より身を起し、自勞自學、苦心慘憺、幾んど言語に絕したる勉勵と注意とを以て、幾多工藝上の發明を成し、我が糖業の發達は勿論、一般工業界に少なからざる利益を與へたる其功績は、當に特筆大書すべき事に屬せり。何ぞ又臺閣の上徒に呼唱を行ひ、長き官歷を作りて國家の殊遇を受くる官吏輩の及ぶ所ならんや。然るに二氏の如きは未だ格別の表彰をも、特殊の禮遇にも與り居らず、以て見るべし、國家が實業家に對する形式的尊敬は、之を文武官に比して甚だ完からざるものあるを。此の如きは實業本位を以て立國の要旨とすべき我國の今後に取て、決して名譽の事にあらず。

『實業家優遇の方法如何』

固より實業家は勳爵を受けんとを唯一の目的とするものにあらざるや明かなれども、社會上に於ける形式的位置が、速に改善せられ、有ゆる方面に於て平等對等に待遇を受くるに至らずんば、國家は完全に其義務を盡したりとは言ひ難し。故に余は政府が軍資金の募債に盡力したりとか、軍什の調達に骨を折れりとかの現金主義に依りて、一時限りの表彰を試むるを抛ち、設へ政府の事業に直接關係あるも關係なきも、苟くも實業家として相當の信用、位置、功績あるものは、平常より之に對するの道を講ぜんとを望まざるを得ず。唯だ資金の入用に迫りて俄に實業家に篤くし、一旦必要去れば、冷冷顧みざる如きは余の甚だ取らざる所なり。是を以て余は政府に望む、日露戰役に關して盡力せる實業家へ果して叙勳授爵の議あらば、此機に於て之を擴充し一般實業家中其功績の著明なる者にも之を及ぼさんことを。而して皇室の殊遇を蒙りて、或時は御宴に陪するの名譽を有せしめ、之に準じて總て名譽ある公會には必ず出席し得べき資格を與へ、再び彼の大使館の招宴に於ける又コンノート殿下歡迎前の疑惑に於ける如きとなからしめ、社交上何人とも同一の形式を以て天下に立つを得せしめば、實業本位國の耻辱は、玆に始めて拂拭し去らるべきなり、識者以て如何と爲す。

實業家を優待すべき授爵以外の新方法

東京商業會議所會頭　中野武營

中野武營氏

私はかねがね永世華族制を極めて惡ひと考えて居る、前々からの華族の多い處に簇々として新華族が出來て來る。かう華族のみふえて來ては國家の前途はどうなる。華族の子は多く不肖、親がえらいと二代目、三代目は大抵劣等の人間が生れて來るのが世の中の常である。初めて華族に列せられた人は、その名に叶ふやうな立派な人であつても、二代目には最早名のみて實のないものになつて來る。

然して更に一方より言へば、新に爵位を授けられた、眞にその爵位に叶ふだけの人格の人でも、同じく子爵なれば子爵、伯爵なれば伯爵として、俗に云ふ馬鹿殿樣と伍さばならぬことになり、その難有味は餘程減じて來る。つまり華族の光が子孫の爲めに薄らぐ譯である。

國家に對して功勞のあつた人に相當な爵を與へるのは素より宜しい。然し爵はその人の名譽の爲めに與ふるので、朝廷からも優遇せられ、世間からも尊敬せられる人にして初めて是れを受くべきものて、是れはその人一代限りのものとしたい、世襲にするとは國家の不利益である。子孫は不勉強になる。然るに一代限りにすると、その子孫も勉強して又授爵せられるゝやうに努力することゝなる。

そこで實業家に授爵すべきや、或は國家は實業家に對して如何に待遇すべきやとの問題であるが、私は役人や軍人を無暗に華族にするのが現に不贊成てある。既に實業家にして授爵せられたる先例もあり、又勳位を賜つた例もあるとてあるから、必ずしも實業家なるが故に華族にしてはいかんと云ふ譯でもないが、役人や軍人と一緒にするとはよろしくない。何とか新規な方法を立てゝ全く別なものにしたが宜からうと思ふ。即ち文勳、武勳とか又は實業方面に於て働いた人のは別にせぬと權衡が取れない。例へば三等四等の勳章を貰つても、實業家の間ではいゝ顔かも知らぬが、一般の人の中に出ると、何時でも多勢の人の下に居らねばならぬ。最近日比谷平左衛門氏が從六位かに叙せられたが、是れが他の軍人とか役人であれば、勳功があつても無くても何年振かには位一級づゝを進められるが、實業家では何時まで經つても矢張從六位である。さう云ふやうなものを貰つても餘り難有く思ふまいと思ふ。

第十一章　回顧録・処世訓・人物評

明治期の立身出世主義の風潮の中で、政治家や経済人などの立身出世伝や処世訓が数多く発表された。実業界を代表する人物の一人として、中野の立志伝や処世訓などは、『実業之日本』をはじめ、実業界や商工業者向けの雑誌、少年雑誌に多く掲載された。

一回顧録

中野は自叙伝を執筆していないが、自らの思い出を語ったものや、自らの信念などを語ったものをいくつか残しており、本節に集録した。

11－1「**予は二十歳より三十歳まで何を為しつゝありしか**」（明治四十一年十月一日）は、藩士であった二十歳から三十歳までを振り返りつつ、廃藩置県で旧藩主が東京に移住させられることを惜しむ領民たちが暴動を起こした「蓑笠騒動」への対応を伝えている。

11－2「**租税徴集の為めに大問題を起して竹槍にて突き殺されんとす、当時二十五歳**」（同年十月十五日）は、愛媛県で租税担当をして検見を実施した時の覚悟を語り、いずれも命がけで処したことを伝えている(1)。

これらで語られている、藩士時代に上京して深川で江戸警備をしていた頃の話や、愛媛県における検見の逸話などが、後に「百姓一揆に命を投げ出した中野武営」と題した少年少女向けの講談となっている。

11－3「**中野武営氏**（**財界名士失敗談**）」（明治四十二年五月）は、若い頃武道に励んだこと、実業界や政党への関わりなどについて述べている(2)。

11－4「**奮闘には『忍耐』の二字が大基礎たるを知れる余の実験**」（明治四十三年十月十五日）は、商業会議所の経費徴収権が剥奪されて雌伏していた頃に書かれたものである。若い頃辱めを受けそうになったことをきっかけに撃剣に励み、遂に実力で相手を超えた経験を語っている。そして、商業会議所法問題への対応についても、忍耐力をもって実力を蓄え、処していくべきとしている(3)。

11－5「**余が財産は何人にも渡すことは出来ぬ**」（大正二年四月十五日）は、初期議会で中野が東京株式所副頭取にも関わらず、衆議院議員として株式取引所関係者が要望していた鉄道国有化に反対し批判されたことなどを例に、自分の「精神」という大事な無形の財産を渡すわけにはいかないと述べている。

11－6「**縦横自在の活動力は此三ヶ条**」（同年四月十五日）は、孟子の「威武も屈する能はず、富貴も淫する能はず、貧賤も移す能はず、之を是れ大丈夫といふ」という言葉を自らの座右銘にしてきた意味を説いている。

11－7「実業家帳（丁雄）」（大正五年六月十九日）は、晩年、自らの趣味や信念について語ったものである。

注

（1）同じものが、**中野武営「与の初信不撓の一徹主義」**『我半生の奮闘』井上泰岳編、博文館（明治四十二年一月）に掲載。講談として、長野鶴城「百姓一揆に命を投げ出した中野武営」『講談倶楽部』二月臨時増刊「天下無双名講談十八番」（講談社、大正十二年二月）。

（2）この他、**「嘘耶実耶」『経済事情』**第一三号（明治三十六年五月二十日）では、中野が「今の若者は弱くて困る。僕なんかは、カンコロ（編者注―サツマイモの切り干し）食ふて育って、そうして五体練り上げた」と回顧している。

（3）同趣旨のものとして、**中野武営「奇怪なる男色事件」**、『冒険世界』（第一巻第十一号、博文館、明治四十一年十一月）、**同「武術を励んで怨を晴らす」**『日本少年』（第十巻第二号、実業之日本社、大正四年二月一日）。

予は廿歳より卅歳まで何を爲しつゝありしか

東京商業會議所會頭　中野武營君談

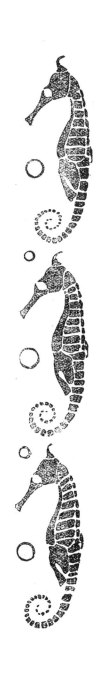

●守官となりて東京を警護す●

予は元來高松の藩士で、明治元年が丁度二十歳。父は藩の勘定奉行を爲て居たが、この年に丁度京都に參勤した、その時予も父に連れられて京都に行つて、室住の身ながら公用方を勤めて居た。公用方と云ふは各藩との外交官であるが、予はこの年中は之れを遣つて京都で暮した。

その翌年に東京警護の爲めに、各藩より守官を呼び寄せて今の警察の仕事を遣らせることになつた、處が予はその以前十八歳の頃から、盛に劍術鎗術砲術の稽古を遣り、藩の農兵訓練方を受持つて居たから、今度も藩の守官となつて、二小隊の藩士を連れて東京に出て來た東京を六區に分つて予はその中の深川區を受持つことになつたから、深川の淨心寺を本營を構えて、日々藩士を巡廻させた。當時予は捕縛して來た強盜や竊盜を取り調べて、東京府に差し出すと云ふ今の警部見たやうな仕事をして居たのだ。之れが二十一の歳。

その翌年には國に歸つて、矢張り兵事を受持つて居たが、明治四年に廢藩置縣になつて、高松藩は高松縣と改正せられ、予は兵事の係りを止めて、新たに官吏になつた、吏生と云ふ役で縣の文書の事を受持つのだ。丁度この時我高松藩には一大事件が起らうとして、予はその爲めには生命を投げ出して掛つた、予が今日までに命懸けで遣つたことが三度ある。その中二度は靑年時代に起つたがその第一は、實に此時の事件である。

(中野武營君)

●高松城下の大暴動●

明治四年十月の事。廢藩置縣の制が發布せられた結果、舊藩主松平讃岐守は家族を纏めて東京に永住せらるゝことになつた。所が愈御出立の場に臨んで舊領内の人民は、二百年來舊恩を受けたる君主と別るゝことは情誼に於て忍びないと云ふ主意を以て一度に推し寄せて來た、何うしても此地に留まつて貰ひ度いと騷ぎ立て數千の百姓が見る間に城下を取り圍んで仕舞つた。この時新たに縣政が布かれて大參事と云ふが今の縣知事の資格で政治を遣つて居たので、藩主は最早や縣政には何の關係もない。けれども大參事權大參事その他下々の屬僚に至るまで、皆舊藩士中門地のある人が當つたので、藩主の御威光は依然として昔に變はらない。所が今藩主の舊恩を慕ふ人民等が一時に湧いて來るやうに、何處から寄つて來たともなく、城下を取り圍んだので、縣廳の諸役人は呆氣に取られて仕舞つた。事態は決して容易でない、群集の行動は何う變ずるか分らない、けれども事件が藩主に關係して居る事情もあり、之れを如何に處置して善いものか、サッパリ方法が立たないので、諸役人は唯だ手を束ねて茫然として居る有様。

●此難局に對する予の決心●

予はその時屬官の十四等であつたから極めて下級の官だ。併し事件は決して棄て置かれない事と思つたから、直ぐに考へを定めた。大勢の者が君主を慕ふて推しかけて來るその情誼に至つては大に同情すべきだが、併し翻て考ふれば今度の藩主の御出立が、若し個人的の御旅行御移住であるならば、或は留むることも出來やうが、然るに此れは全く全國一般に藩政改革の結果、藩主を舊地に置いて居ては何時までも舊習を脱することが出來ず、維新改革の沮碍になること大なるものあるが爲めに、悉く之れを東京に呼び寄せると云ふ朝廷の趣意である。然れば今私人的の情誼を以て、之れを引留むることは到底出來る筈のものではない。若し情誼にからまれて此儘愚圖々々して居ては、事態は何う變ずるか分らない、若し藩主を取り抱いて暴動を企つるにも至らば、それこそ朝廷に對して何んと申譯けが立たうか。さもなくとも、群集の中には必ず不逞の惡徒が混入してゐて、機會さへあらば暴動を大きくして、商人町家を掠奪し、果ては城下を焚いて、隨分と暴行を逞ふせんとする連中のあるは疑ない。一時も早く速決斷行して群集を城下の外に追ひ拂はなくてはならん、決して遲疑逡巡して居る場合でない。たとへ藩主が『折角自分を慕つて來て居るものだから、決して之れに對して過激な處置は取つて呉れるな』との仰せあるからとは云へ、私事を以て公事には更へられぬ、大義親を滅すと云ふことすらある、斷行するに差支へはないと恁う考へを付けた。

予の竹馬の友に片山茂吉と云ふがある、仕生の直ぐ次ぎの廳掌の官をして居る。之れと二人相談をして先づ大參事權大參事の意見を慥めて見て、若し要領を得ないならば、直ぐに二人で藩主に諫言しやう、之れより外に道はない。所が大參事などが言上して聽き入れのないものを、我々微官のものが言つた所で、到底普通では聽き入れのないに定まつて居る、其の時には吾々も覺悟をしなくてはならん、覺悟と云ふのは切腹だ、我々二人が道理を分けて言上して聽入れがなければ結局御前に於て切腹する、二人の者は恁う決心を定めた。

●全く決死の談判●

予等二人はその足で、月番の權大參事筧閑々氏の宅を叩いた丁度その時筧氏の家には大參事以下重要の諸役人が寄り集て協議を開いてゐた。予は先づ筧氏に面會して『我々微官の身として分に超えた事ではあるが、目下の形勢は如何御處置なさるお積りであるか』と問ひ掛けた、筧氏は『如何にも事態容易ならぬと思はるゝ故一同頗る苦心して居る』と答へらる。『それはさうでしやうが、處置は何う御つけなさる積りです』と最早や此方は眞劍であるから容赦なく詰めかけた。所が筧氏は『一寸待つて下さい』と待たせて置きながら奧に入つて評議をさるゝ、やがて暫く經つて『實は道理の事であるか容易に處置は付きかぬる、之れだけの多人數であれば說諭位では見込みは立たぬ、結局兵隊を向けて、討ち拂ふ覺悟をしなくてはならぬ。此の處置に出づるのは、餘程考ふべきことで、兵は最早や藩主の兵ではなく國家の兵である、然るに恩義上慕つて來たと云ふ民衆を處分するに、國家の兵を借りると有つては、第一藩主に對してすまず、その上兵を愈繰り出した場合に果してその兵が群集を討ち拂ふや否やが疑問である。國家の兵とは云ひながら、士官より兵卒までが皆藩主の舊臣であれば、若し之れが群集に同情を寄するに至つては事は益々大きくなつて治まりが付かぬ。故に我々も一寸手を出しかねて居る』と云ふ談である。『一應御道理ではあるが、左樣なことで愚圖々々して居ては今晩にも城下は火を付けられぬとも限らぬさうなれば結局兵を繰り出して討つことになる。抑々藩主が何時までも御猶豫なさるのが此の場合甚だ宜敷ない、群集を構はずに、トットと御出立なさいと諫言申上げなくてはならぬ、それに兵隊をお伴をさせる、腕力で留むるものがあれば遠慮なく討ち拂つて差支へはない。兵隊の行動が果して何うか、それが掛念で容易に動かされぬとは智慧の足らぬ御心配、藩兵が氣支はれるならば、直ぐに大坂兵を借りることになさい。我々も一個人としては恩誼はあるが政令一途に出づる今日、縣廳の職務は決して曠廢にされぬ。何故君方は縣廳の職分として藩主に向つて、一刻も早くと御出立を迫りませんか』と云へば『本よりそれは御願ひして居るけれども、暫く待てと仰せられるから無理は云はぬ』『それは宜しくない、唯だ口の先きで申上げた丈でお聽き入れがなくば、何故決心して申上げなさらぬ』『唯だ何事も穩やかに〱と仰せられるから、さうは行かぬ』『然らば私等二人が主君に御對面の出來るやうに道を開いて下さい、私等二人が面の當り諫言申上げ度い、その上君方も何うかその座に立ち合つて下さい』と云つた。實は君方が決心が足りないからだ、私等は目の當り切腹してお目にかけるから、立ち合つて下さいと口には云はぬが、腹の中には決心を定めて居た。寛氏にもそれが分つて居るから『先づお待ちなさい』と奥に行つて評議をする。評議が定まつて寛氏は『君方が今更ら主君に面して諫言するには及ばぬと云つて、大坂の兵を借りる譯には行かぬから藩兵を以つて遣つて見やう、就いて兵の事は君方に任せる』と云つて『時期非常の場合に付臨機の處置を委任す』と云ふ大參事の委任狀を受取つた。

●群集は大聲揚げて哭き出し　吾々もとう〱泣き出す●

それから夜半に城に入つて、諸般の準備を調へ、翌早朝に、調練をすると云つて兵隊を城内に繰り込んだ。所が藩主より急使があつて『兵を以つて討つことは暫く待つて呉れ、藩主自ら群集に向つて御説諭があるから』と云つて來た。それでは予は藩主の前に立ち合はねばならぬ、説諭のなされ方では又た變事を生せぬとも限らぬと思つて、急ぎ藩主の邸に出掛けて行つた。今しも廣いお庭に群集の主立つものをお呼びになつて、藩主は玄關先きまでお出になる、予はその横に立つて居る。藩主は黒山の樣な群集に向つて『今度予が東京に出立するは、決して自分一人の勝手ではない、六十餘州の諸大名皆殘らず永住するので、已でに各藩着々出立しかけて居るそれに予一人留まることは朝廷の御趣意に背く譯になる。之れを引留めやうとして呉れるのは情誼に於ては辱けないが、若しその爲めに騷動でも起つては誠に朝廷に對して申譯けがない、唯だ此場合予をして無事に出立させて縣廳にも迷惑かけぬのが、予に對して此上なき親切であるから、何うか皆々も此場丈けは無事に引取つて呉れ』との御説諭があつた。所が群集は何うであるか、ワーッと云つて大聲揚げて一度に哭き出した、皆本統の情誼で出て來て居るものであるから全く眞劒である、黑山の群集が一時に泣き倒るゝ。そこで立ち合ひに出て來て、予もこの情誼に引かされて、涙がボロ／＼出て堪まらないで、とう／＼同じく泣き出した、藩主もお泣きなさる、縣廳の役人も皆泣く、泣くものばかりで一向に治まりが付かぬ。之れでは仕方がないから、手分けをして説諭しかゝつた、けれども群集は頑として動かない。

所が郡村からの急報が縣廳に來た、今しも諸所の豪農は火を放けられて、村々は全く百姓一揆の狀態に變つて來たと云ふ之れは本より覺悟の事である、城下と云へども今晩まで、此のまゝで居ては、夜に乘じて直ぐに火を放けられるに定まつて居る、愈々兵を以て討ち拂ふの外に道はないと決心した。

●豪雨端なくも群集を散らす●

説諭しても動かない、それかと云つて別段敵意もないのだから、何者を捕へやうとする目星もない、困つて居る所に一人目指すものが出來た、『歸れと云ふなら歸る、擊つとは何事か惡事を働いた覺えはない、擊つなら擊つて見ろ』と頑張る男が出て來た。そこで予は、ザア此れは幸だ、恁う云ふ男が居るから治まらないのだと云つて、直ぐにその男を捕へて―予は子供の時から武術を遣つて腕力は强かつたから――兵隊を呼んで『さあ此男を擊て、擊て』と云ふけれども、兵隊は一向之れを擊たうとせぬ。そこで仕方がないから自分で殺す譯には行かぬが散々酷い目に合せて遣つた、外の役人は『さう酷い目に合せるな』と云つて止める、藩主も泣いて説諭をされる。此ンなゴタクサで容易に治まりが付かぬ。所が幸な事には、俄に大雨が降り出した、實に恁う云ふ有り難いことはなかつたが、その時の雨は又豪い降り方で、とても外には立つて居られない、群集も之れには辟易して何處にか雨を避ける場所を探さなくてはならん、町家は一軒として戸を開けて居る所はない。恁うなれば此方のもので、退け口が立てば早いもの、其處に持つて行つて兵隊を出せば最早や大勢のものが我れ先きにと出て行く。とう／＼夕方までに城外に追ひ拂つて仕舞つて、先づ無事に落着した。

丁度此れは予の廿三の歲であつたが、予が靑年時代に非常に奮發し、非常なる責任を以て命懸けで遣つたことが二度あるが、之れはその最初の一度である廿三位の時によくもあれだけの事が出來たと思ふ位だ。何でも維新當時では若いものでなくては役に立たぬとされて居た、それだからあれだけの騷動にも先登に立つて事に當ることの出來た次第。若し遣り損なつたら命を投げ出す覺悟だから非常な責任を感じて居た。

＊　＊　＊　＊　＊

廿五の歲に愛媛縣の租税課長となつて轉勤した、その時に愛媛縣下一圓非常な旱魃で租稅を取ることが非常に面倒になつて、免除の方法を定むるに就いて、予が靑年時代の命懸けの二大事件と云ふ第二の出來事が此處に起つた。

廿六の歲に縣廳の大改革を斷行して、大參事權大參事の外は小使に至るまで免職さして、人物を淘汰して、舊弊を一掃したことがある。

廿七の歲に東京に出て來て、內務省の地理寮に出て地租改正事務局に兼務して居た。

廿九の歲には、山口縣廳の改革を行ふ爲めに、特に山口縣官を兼任して、その地に行つて。すつかり改革仕遂げる迄に二年餘りかゝつて。卅歲の暮に東京に歸つて來た。

（中野氏が三度の命懸け事件中、後の二度の詳細は更らに稿を改めて掲載すべし　記者）

租税徴集の爲めに大問題を起して竹槍にて突き殺されんとす、當時二十五歳

東京商業會議所會頭　中野武營君談

●殺すならば殺せで推し通す●

予が青年時代に、非常な責任を以て心底から苦んで、とうとう命懸けで遣り通うした事が、前後二度あるが、その第一は前號に掲げた高松城下の騒動事件であるが、その第二は愛媛縣の旱魃檢味の事件である。第一の場合は徹頭徹尾元氣を以て推し通ふしたものだが、第二の方は當時有り丈の智慧を搾り出して之れに處したものである。最早や三十餘年も昔の事であるけれども、非常に頭惱を惱まし精神を苦めた大事件であるから、今日も能く記憶に殘つて居る。大勢の百姓から竹鎗を持つて強迫されたけれども『殺すなら殺せ、己れは職務を帶びて居る間は、一歩も退かぬ』ぞと云つてとう／＼遣り了せた、その時も無論命を全ふする積りは全くなかつた。

●舊幕時代の年貢の取り方●

先づ舊幕時代の年貢の取り方の大體を説明しなければ予が此間に處した苦心の一斑を語ることが出來ない。當時年貢を取るには定免と云ふ定めの法があつた、この田地には米が幾ら取れると云ふ定めがあつて、一石出來る田地ならば四斗を年貢に上げて六斗を百姓が取る處を四公六民の田地と云ひ、五斗を年貢に上げて五斗を百姓が取る處を五公五民の田地と云つて色々に分れて居たが、平年の場合にはチャンと之に依つて年貢の高は定まつて居る、之れが定免である。所が不作の

場合には百姓が定免に耐え得ないから、別に役人が一々米の出來高を檢味して年貢の額を定める、之れを當時は破免と云つて居つた。

年貢の高を定めるに就いては、坪刈と云ふことを遣つた。總べての田地が上毛、中毛、下毛、下々毛の四段の等級に分たれて居て、それ／＼に此處は上毛田、此處は中毛田と札が立つて居つた。そこで破免の場合には吏人が一々廻つて、此處の田は、平年よりは幾割減つて居ると見込を付ける、その上一坪の稻を刈つて百姓立ち合ひの上で檢査する、先づ一坪一升五合と定めてその籾を升で計つて見る、若し一升五合以上あれば多いだけは百姓に負けて遣る。それを標準として年貢の總額を定めて、村役人に幾々ら取り立てろと命令ける、村役人は田地の等級に依つて戸別割をすると云ふ風で之れが幕府の取り立て方であつた、けれども藩に依つて色々に違つて居る、非常に酷に取り立てらるゝやうになつて居る所もあれば、極めて寛大な規定になつて居る所もあつた。

●新政舊習の衝突點に立ち何とも手の着けやうがない●

明治五年に新置縣の制が發布せられて、全國を三府七十二縣に改正し、縣治定令が出來て全國一色の政治となつた。その翌年即ち廿五歳の時予は愛媛縣の租税課長に轉勤した、大藏省では幕府の檢味法に依つて年貢の取り立て方に全國一定の制を布いた、所が愛媛縣は諸種の小藩がゴタ／＼入り組んで居る土地で、舊慣の違ひが十一通りもあつた、啻さへ之れだけのものを統一するには随分骨の折れる仕事であるのに、そこに持つて來て縣下一圓非常の大旱魃、全縣擧つて破免檢味をしなくてはならぬ場合と成つた。予は租税課長はして居るけれども年貢取り立ての事は全く素人で、その上新政に發布せられた舊幕の檢味法を知つてゐるものは縣廳の官吏中に一人も居ない、百姓の方では、此場合に新法を當て嵌められてはたまつたものでないから何うか舊藩の通りの檢味法で遣つて呉れと願ふ、新らしい破免法を知つたものは一人も居らず、政府の方からは、舊法に倚ること相成らずと云ふ始末であるから何とも手の着け様がない。當時の縣令は江木と云ふ人で「何うしたら宜いでしやう」と伺つて見ても「己れにも少つとも考へがない」と云ふ始末、「それならば私を直ぐに東京に遣つて下さい、大藏省に行つて便宜の處置を取るやうに談判をして來ましやう」と云つて余は東京に出掛けた。

●大まかに處することに談判を定めた●

大藏省に出頭して談判を始めた『舊藩の慣習が種々に錯雜して租税の取り方は十一通りにも相違がある所へ、今度の旱魃と來て居るから、一定の新法を斷行せよと命令せらるゝは到底不可能の事である　故に此場合大藏省より適任者を派出して、政府の直轄として取り計らつて貰ひ度いと』申出た。大藏省では『地方官の職務を政府より取り行ふ譯には決して行かぬ』と云ふ、『然らば擧げて地方官の處置に一任して下さるか、何づれにしても責任の歸する所を明確にして下さらなくては何とも手の着けやうがない』と云へば、『任すると云つても法令を動かす譯には行かないが、兎に角責任は地方官にあるとして、當方でも一々規則に拘泥することはせぬから大まかに遣れ』と云ふことになつた。

檢味法は時期が一番大切で、若し期に後れては全く方法が立たなくなる、そこで舊幕の檢味法に能く諳んじて居るものを探して縣廳の官吏として、予は急いで國に歸つた。

若氣の一徹が批難の基

愛媛縣下を五區に分つて、それ〴〵檢味巡廻の受持ちを定めた、皆新たに雇入れた吏人が檢味の主任者となつてそれぞれの官吏を連れて巡廻することになつたが、予も檢味法を教はり宇和郡を受持つて出掛くることになつた。處が外の吏人連中の檢味の仕方を見るに、その田の一番善く出來た所を撰んで坪刈りをする、一升取るべき所は殊更らに一升五合の處を刈つて、五合だけは百姓の前で量り捨てゝ遣る、そこで百姓は大喜びで、實にお慈悲深いお吏人樣だと云つて叮嚀に待遇つて居たけれども、予は之れは朝令暮改策で百姓を馬鹿にした遣り方だ、舊藩時代ならば此遣り方でも可かつたかも知らぬが、個人權利を認むる樣になつた今日、目の前だけ喜ばする樣なことをしても、後になつて道理の立たぬ遣り方では公平な處置とは云へない。取るべきだけは取つても構はぬ、嚴明なるべき所に嚴明なる事が官吏の本領であると云ふ考へで、宇和郡に出掛けて行つて、一升取るべき所は一升だけの處を刈り取る、殊更らに能く出來た所を刈らない代りに、少しも量り捨てを爲ぬ、之れが難題の起つた基で、目の前だけでも喜ばれる樣にして置けば何でもない所を、若氣の一徹で道理一方で遣り過ぎた爲めに飛んだ目に遭はされるに至つた。

如何に脅迫されても頑として動かず

當時檢味の吏人と云へば大變に威張つたもので、長持だの色々の伴廻はりを連れて大層な行列で村に入り込む、村のものは道の掃除をして出迎ひをする、と云ふ風で、實に豪勢なものであつたが、予はそんな仰々敷ことは少しも遣らぬ。浴衣一枚に兵子帶を締めて、尻引つからげて這入り込んだ、村のものが出迎ひに來たが、此の風采を見て誰も之を檢味の役人であるとは思はない。所で予の檢味の仕方はと云へば右の次第、情も容赦もなく、取るだけは取つて仕舞ふ。所で宇和郡の百姓は直ぐに手を廻はして他郡の模樣を問ひ訊して見たのだが、他郡ではお慈悲深いお吏人と喜び合つて居る有樣。さあ、斯うなると不平を鳴らさずには置かぬ。中野と云ふ奴は實に酷い奴だと何處にも彼處にも評番が立つたので、百姓どもは一時に怒り出した。予は自分で之れが可いと定めた以上は一歩も枉げぬ、何と云つて來ても取り上げぬ、ドシ〳〵遣つ付けて仕舞ふ決心でずん〳〵進行した。百姓の方も此れでは承知しない、とう〳〵宇和郡一團が寄々相談して他郡と同等の取扱を嘆願して來たが余は之を許さなかつたから

●竹槍暴動を起して予を刺し殺す●

と云ふ騒ぎになつた。縣令も予の身の上を心配し、且つ又た一方では村民の上申に基づいて、一先づ引上げて歸つて來いと云ふ達しを送つて來た。『之れは怪しからぬ命令である、予は極めて公平な方法を取つて事を處して居る、それに對して不平を鳴らすのは、向ふが間違つて居る、若しそう云ふ事に愚圖々々して檢味の時期を失したらば何うする積りであるか。人民の不幸に堪へ切れず、職務を盡さずして引上げたとあつては、縣廳の威信が全く地に墮ちるでないか。その始末は何うする積りであるが如何に長官の命令でも大事を一任された以上は、容易に服從することは出來ない、免職させられるなら知らぬこと、さもなき限りは職務を了へるまでは、斷じて引上げることはしない』と言つて頑張つた。又一方百姓に對しては『大勢の爲めに殺されるならば仕方がない事だが、殺されるまでは職分を盡さなくては措かぬ、予には災難を恐れて目の前に媚びる樣のことは斷じて出來ない』と云つて、とう〱遣り了して仕舞つた。

●並大體の決心ではなかつた●

檢味が濟めば用のない身であるから、その夜伴廻はりを連れ人もない、やつとのこと隣郡まで來て宿屋に泊まつた、宿屋の柱掛けに

　田を刈りて案山子の役はすみにけり

と狂句を書いたことは今も覺えて居る。あれだけの苦情の起つたのを構はずに遣つつけるには非常な苦心であつたが、その時の決心と云ふものは實に並大體の決心ではなかつた。恁う云ふ事件に出遭つて、そのお蔭で心膽を練ることも少なくなかつたと思ふ。

愈々全縣の檢味の結果を郡村に布達した所が何うであつたか、予の遣つた宇和郡だけは一言の苦情がないが、外の郡からは皆苦情が起つて來た。當時はお慈悲を受けたと喜んで居たけれども、さて割り當てられて見れば思つたよりもお情けはない、而かも標準に取られた坪刈りの場所は出來の一番宜い處であるから其處からも此處からも苦情がドシ〱湧いて來た。とう〱之等の官吏を免職さして折り合ひをつけたのだ、之れが明治六年、予の廿五歲の時であつた。

改進黨當時に流石の犬養木堂も中野君と牟田口君との剛情には持て餘したりと云ふ。其の剛情の眞面目は此の一篇に於て極めて明瞭に伺ひ知るべきにあらずや。（記者）

中野武營氏

弓馬刀槍の間に人となりし中野氏は身を財界に置いても依然として弓馬刀槍の氣を存して居る、謙抑なる態度中に穏健の思想を含み財界一代の長者として、東京商業會議所、東京株式取引所好個の代表者たり、氏自らは容易に安樂椅子に腰を懸けないと云つて居る、三税復舊を呼號して重ねて議政壇上に當年の大政客たる俤を留めたのは、宛として馬伏波馬上顧盻の概がある、財界の長者にして政界一方の親分を兼ぬるもの、現代蓋し中野氏を推すの外はない。

◎私が若い時分に或る一事に憤𢙣してそれから非常に忠勤を擢んで、コレなら成功し得らるべしと思ふたことがある、腹立つと云ふことは全体悪るいことであるに相違ないけれど、其腹立ちを若しも善き方に使ひ、善い方の道を取つて行きさへすれば、却て善良な結果を見らるべしと信ずる、試みに其事實談を申しませう。

◎私の舊藩では從前矢張土佐ぢやの薩摩だのと云ふやうな藩々で行はれた頑童と云ふとがある、少年の十三四位の子供を捕へて壯年の人が頑童とする、それ故に少し身分ある家の息子が其十二三位になると、同藩中の武藝の達者な顔利に其子供を頼むのである、それで誰某の預り子になつて居ると云ふと其小僧に誰も手を掛けない、所が私は幼少の時こんな人を頼んで置くなどと云ふことをしませんでした、同藩の山本何某と云ふ者でございますが私が七八つの年でありました、或る時私が墓參に行つて寺の門を出ると云ふとそいつに攫まへられた、兎が鷲に出遇ふたやうな調子である、日中のヿでありましたが此方へ來いと云ふて引張て行かれた、非常に當惑したけれども對抗する力はなし、恰度二三町行くと私の砲術の師匠の中村と云ふ先生の屋敷の前に出たので早速飛び込んだ、前の山本と云ふ男は眞逆續いて飛び込む譯に行かない、故に幸ひ逃げて終ふたが隨分子供の時分に私は癇癖が強かつたから無念に耐えられぬ、そこで其山本と云ふ男を何とでもして頭の擡らぬやうにやつ附けてやらねばならぬと云ふ怨みを呑んで居た。

◎是から私が大に勉强したのである、劍術槍術馬術小具足、ドレへも凝つて何でも五年ばかりと云ふものは非常に熱心にやつた、もう三年位すると其男が私に敵はぬやうになつて來た、それからが復讐なんである。山本と私は年は大分違ふて居つたけれども、もう私の十五六になつた時分には腕が違つて來たものだから山本は私を見るとソコ〱逃げてしまう、其處で其逃げるのを引捕へ、貴様はいつぞや己れのおかまを所望したな、子供の時分に腕を捻ぢるやうなことをして己れに耻をかゝしたな、さア來いと何處でも此方がやり得るのだから愉快で堪らない、如上の事情の下に私は小さい時分武藝に精出したのである。

◎最初私は文學の方をやりたい考へであつた、元來私の家は生侍と云ふ武士一方でなくて文官の家柄、父は何んでも御一新頃まで二十年餘り藩の勘定奉行を勤めて居た、故に私も學業を勵んで行政官になるべき筋合なるに拘らず生侍一本槍の武士をやつたと云ふのは、前の山本と云ふ奴に怨を報ひたい、彼奴を閉口させたいと云ふ初一念を貫かんとしたに外ならぬ、之れがまア一つの話なんです。

◎私が商賣上のことに關繫したのは今の株式取引所である、所で私が役人時代から明治十四年に民間へ這入つた其れ以後に於ても、始終奇体であると思ふて居ることがあつた、其れはイツでも人を一人り頭の上に置くのである、即ち何局の次長と云ふまでにはなつて居つてさうして事其務は專ら私が擔當しながら役に立たぬ人間を頭に一人り置く、扨て民間に這入つて見ても副頭取とか副社長とか云ふやうなものになつて居るが頭まに社長と云ふものがあつた、株式取引所も肝煎と云ふやうなことで始めましてそれから其後副頭取になつた時分、谷元道之と云ふのが頭取、其後廿一年に始めて關西鐵道會社の社長になつた、そこで段々今日歸往に遡つて考へて見ると、働く人間を一番頭に置くのは危險千萬だと云ふことが判つて來た、切れ味が鈍くならねば他人は安心しない、世の中は妙なものである。

◎明治二十三年迄關西鐵道の社長を勤めた、それで國會が開けて私が議員になつた、所が私が四日市に居らねばならぬのとそれと鐵道は事業中なので、人の財産を預りながら他の仕事をするのも宜しくないと思ひ。國會開設と同時に右の關西鐵道の方を白石直治といふ人にやつて貰ひ、私は東京へ歸つて來た、すると東京で又株式取引所の副頭取に選ばれた、其際電鐵の前身たる馬車鐵道と云ふのがあり、其れが頗る不況の境遇に居り、社長谷元道之、副社長種田誠一の二人が、五十萬圓の資本中五萬圓程株を買潰して居りましたから四十五萬の資本へ持つて行つて十萬圓以上の負債をしたのである、それで今の横濱の平沼が同じ取締役をして居りながら色々な關係上金も貸して居る、言はゞ馬車會社を抵當に取つてあるやうな譯で毎月の收入をば手代を寄越して押へて行く、其他正副社長が銀行からの自分の私債を會社の借りにして居る、之が爲めに會社は非常なる困難に出會はし、それで谷元種田と云ふ者を罪するか罪せぬかと云ふ問題で私は聊か其間に盡力し、牟田口元學の理窟ぽいのを助けて色々やつて見た。

◎ソレから何んでも二十四年頃に豪らい目に逢はされた、彼所の財産差押へが來る、もう運轉を止められやうと云ふ騷ぎ。貧乏な吾々が何うにか金策して一時を凌ぐ位のことをやつたんだが、私は御者の風までして三四年アレを改良するに努力した、元來谷元種田を助けてやらうと思て遣つた仕事だから給料も何も取らず、副社長などゝ云ふ地位にも坐はらず、谷元種田の二人に赭い着物も被せず、何うやら斯うやら行る所まで行つて見た、其苦心は却々一と通りの事でなかつた。

◎それから私は國會議員をズッと續けて居た、併し廿七年頃から黨籍は進歩黨でも一々黨議にも從はず自由行動を取て其れでいやなれば除名するが宜いと云ふやうな譯合、其れ以來遂に政黨本部の敷居を跨いたこともなければ懇親會などに出たこともない、伊藤さんから、貴公などは政黨員と云ふて居る柄でないなど云はれたこともある、左りとて今政黨の籍を脱せんともしない、其れを脱して豪らい尋常な人間だと云ふ顔をする必要もなかつた。

◎私は又以前政府が北海道の拓殖銀行ぢやとか何とか云ふやうな特別銀行を立てる時分に、お前總裁になつて呉れと言はれたことがある、又それでなくとも民間の銀行と云ふやうなものからは、頻りに要求されたこともある、けれども私は總て保險會社や銀行の重役は決してしないことにしてゐる、それはマア私一己の愚見か知らぬけれども、自分は自分で見識を定めて居る、凡そ物を爲ると云ふことはガラに似合うことより外にすべきものでない、例へば千本櫻の鮨屋の幕でもいがみの權太が立縞の着物を着て來た時分には權太にならぬ、矢張り大きな碁盤になつて居る辨慶縞のやうな着物を被て來ぬと云ふと權太と誰も見ない、中野武營と云ふものは金を人に貸すとか貸した金を取立てるとか云ふやうなことは少しもがらに似合はぬことである、恰度私が銀行屋をすればいがみの權太が立縞の着物を被たと云ふことになる、故に斷じて之を辭して居る。

◎又二つには工業と云ふものが私の力には及ばぬと觀念して居る、工業が發展せねば日本の國力の増進が出來ないのであつて、どうしても之を進めねばならぬと心は用ゐて居れど、自分の力で出來るか出來ないかと判斷して見ると何うしても出來ない、それだから製造業と云ふものには私は一つも關係しない、それは何う云ふ理窟かと云ふと、自分の理窟はこいつは原料を買う智慧がなければならぬ、職工を澤山使はねばならぬ、又賣ると云ふことが出來なくてはならぬ、販賣には競爭者と云ふものが出來る、從つて種々の手段を執て之と戰はねばならぬ、ソンな悧巧げなことは私には出來ない、やつたら屹度失敗すると思ふ。

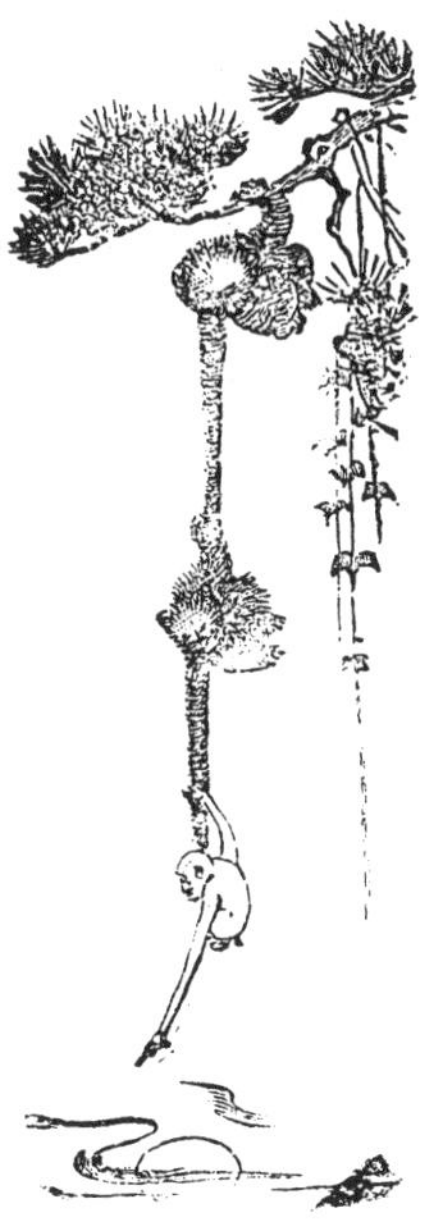

奮闘には『忍耐』の二字が大基礎たるを知れる余の實驗

東京商業會議所會頭　中野武營

◎余は辱を受けんとして發憤した

余が十二三の頃であつた。外出した途中、突然同藩士の山本といふ惡青年に襲はれ辱を受けんとしたが、余は必死の力を揮ふて之を振り拂ひ、近傍の砲術の師家に遁げ込み辛くも危難を免れたことがある。

中野武營氏

危難は脱したが余は口惜しくて堪へられなかつた。對手は余と同じ道場に通へる男で、藝は格別達者でなかつたが、余よりは五ッ六ッ年長でもあり且つ腕力もあつた。併し余は彼が余を輕蔑し斯る無禮の振舞をなしたかと思ふと憤懣の念禁ぜんとして禁ずることが出來なかつた。

當時の武士は子供でも一刀を腰に佩び、無禮者には拔手を見せぬのが武士の意氣地であつた。勝てないまでも奮擊したものである。現に少年に切り付けられて面に刀痕を受けて居る人も幾許もあつた。

余も亦此時は非常に憤懣したが、今一時の憤に乘じて彼と爭ふは勝敗は姑く別とし、祿を戴いて居る主君に對して申譯けないことである。一時の憤りに忍び今後大に武藝を磨き彼れをして頭の上がらぬ迄に打据へて復讐してやるがよいと覺悟した。

◎余は斯して奮闘に志した

余は斯く思ふたので爾來非常に擊劍を勉强した。師範家は一刀流の達人で、宮脇といふ人であつた。寒稽古には嚴寒の味爽、午前二時頃より道場に出て膏汗を流して稽古した、數稽古と稱し三十日間に一萬本を遣つたことが毎年度々あつた。恨は心根に徹し一日も早く對手を閉口させたいと思ふ念が熾であつたから稽古に力が入り熱心は尋常人に超へて居つた。されば爪なとは幾たびか破れ、直つては又破るといふので、今でも尚歩厚のものとなつて居る。手鍼の如きは固着して動かなくなつた。奮闘の力は偉大なもので、三四年間の稽古の後には余の手腕は遙に彼よりも上達し、立合はなくとも既に勝敗の數が明になつて來た。

奈良春日神社

奈良二月堂

◎余は遂に敵を屈服せしめた

是に於て余は毎も衆人稠座の席上で曾て此奴が余を辱めんとしたことがあつたと公言し、彼が惡事を發表し且つ之を戒めた。彼もこゝに至れば到底余に對敵することの出來ぬを知つて居るので、迚も爭ふことも出來ず、常に余と一座となるのを避け、途上に出逢ふことがあつても彼れ自ら逃げ出す樣になつた。

余は彼と仕合をしたこともなく、又彼を打ち据へたこともない。併し三四年間の奮闘の結果は戰はずして既に優劣の段が懸隔し、彼は自然に余に頭が上らなくなつた。

余は多年の怨を報ひ得た心地して非常に愉快を感じた。

◎余は怨に報ゆるに直を以てした

聖人が憤せずんば啓せずと言はれたのは之が謂であらうと思ふ。心に憤すれば其事業が永く頭腦を支配し、寸時も忘れずに其目的を達せんとする氣になる。

併し同く憤しても之に處するに正道を以てせなければならぬ。憤を濫用すれば却て其身を亡ぼす原因となる。當時は武士が辱を受ければ子供でも尙刀を拔いて恥を雪がんとする時であるから、若し憤つて直に手を腰刀にかけたなら、勝敗は何れに歸すとするも、怨に報ゆるに怨を以てする小人の行爲たるを免れなかつたであらう。幸にして當時余は隱忍して他日の大成を期し、彼自身をして自ら悔ひ自ら降參するのを待つた。所謂怨に報ゆるに直きを以てしたのである。

◎忍耐は奮闘の潜勢力

怨に報ゆるに直きを以てするとは處世上最も大切なことである。それに就て思ひ出すことは商業會議所問題である。昨年一月の議會は會議所法を改正し、會議所の賦金の權能を奪ふことを決議し政府も亦之に同意を表し人をして會議所存立の運命を危ましめた。併し其後に至つて會議所の務むべく、又會議所てなければ出來ぬ仕事が續出して來た。例へば國民的外交の應酬の如きは商業會議所が之に當らなければ完全に仕遂げることが出來ぬ、彼地の會議所を代表して來た者を迎へ又は我會議所を代表する者を派遣して國際間の平和を維持し貿易を增進する等のことは會議所が最も適任である。かゝる仕事は尙他にも澤山にあり現に會議所の手を煩らはして居るので

奈良大佛殿

奈良五重塔

ある。

然るに吾人同志中には會議所を死地に陷す樣な法律の改正をなしたのを見、不快を感じて此等の運動を見合せやうとまで激論するものもあつた。併し余は『成る程憤慨するは無理もないが、彼は彼なり我は我なり。彼等の行爲は不當であるとしても、我々は我々の爲すべき所を行ひ、少しにても國家の爲に効果を致すことが出來れば夫で滿足すべきである。我々が爲すべきことを爲して居れば早晩其精神の貫徹する時が來るであらう。我々は怨に報ゆるに怨を以てせず直きを以てしたい』といつて慰めた。現に我々は直きを以て怨に對しつゝあるのである。

◎憤懣は之を善用せよ

故に憤懣も之を善用すれば發展の基礎となることが多い。古來大事を爲した人の發展の動機を見るに多くは憤懣を善用したものである。曾て余は個樣の話を聞いたことがある。姓名は失念したが或西洋人が一美人に懸想し綿々たるその思ひを述べたが、婦人は內職のレースに忙はしく彼の言には耳をだも借さなかつた。幾回說いても見向だもせなかつた。餘りの口惜しさにレースを作る器械を發明し彼女の內職を奪ふて復讎せんと志し、爾來專心工夫を凝らして終にレースを作る機械を案出した。最初は一婦人に對する懸想の成らなかつたことに原因するが、之を善用した爲に立派な機械が出來、今まで人工であつたものが器械的に發達した。憤懣すべきことは人々に必らずある、只之れを善用するが肝要である。

◎器用の才は左程賴みにならぬ

一たび志した奮鬪を繼續するのは怨の念が心根に徹して忘れられぬ爲である。而して怨を忘れぬ故に武藝でも何でも其爲さんとすることが人の爲にするのでなく、自身の爲にすることゝなるから、力の入れ方が著しく相違して來る。

武藝に限らず何事でも只器用といふだけでは發展するものでない、根氣強く、鍛練して始めて上達するのである。數をかけるから上達するのである。この數をかけて倦まぬのは、「是は自分の爲にするのだな」といふ念があるからであらう。

余が財産は何人にも渡すことは出來ぬ

東京商業會議所會頭　中野武營

△國家の爲に職務を賭す

中野武營氏

頃は明治二十三四年の交と思ふ、私が香川縣より選出されて始めて議會に出た時であつた、時恰も我が經濟界は頗る悲況に陥り救濟策を講ずる聲は實業家の間に喧しかつた、此くする内に救濟の手段として具體的に現はれたのが則ち民有鐵道買收案として時の政府松方内閣より議會に提出せらるゝに及んだ、これは勿論政府案であるけれども、實は民間實業家の重立ちたる人々が相談して政府に賴み込み、此案を提出して貰つたので、松方内閣丈けは實業家の希望通りになつたけれども、議會を手に入れなければ其目的を達することが固より出來ないので、實業家連は必死となつて衆議院議員に說き大に努めたものであつた。其時私は衆議院議員たると共に一面には東京株式取引所副頭取として頭取谷元道之氏を助けて經濟界と、密接の關係ある要職に在つたから、無論何とかして時局の救濟をせねばならぬ、而して實業家連の主張には進んで耳を傾け手を借さねばならぬ筈であつたが、此買收案には却て絕對反對の態度を以て大に議會に爭ひ、遂に之を否決せしむるに至つたのである。

△絶交するも主義は枉げず

私が之に反對したのみならず、議會に於て公々然反對演說を爲し之が否決に力を添へたといふとは、實業家連の意外とする所で其激昂も一方ならぬ有樣であつた。中野は株式取引所の副頭取ではないか、其本職から見るも此悲況救濟に全力を盡さねばならぬ責任があるではないか、然るに職分をも顧みず之を蹂躙し去るとは甚だ以て不都合千萬であるといつて鼻息なか〳〵荒らい。殊に故人今村清之助君の如きは鐵道家と稱せられしが如く關西地方を中心として鐵道株を擁すること極めて多かつたので、囂々として私を攻擊し、其勢い當るべからず屢々私の意を飜さそうと務めたが、私が頑として可かざるを見るや遂に私に向つて絶交の書を送り以來相見へずとまで極言するに至つた。

△國家を弄ぶを許さず

私が何ぜ親交ある多くの實業家の意に背きて買收に反對したかといふに、此買收が斷じて國家の爲め機宜を得たものでない、國家の利益に相成らぬと確信したからである、成程私は株式取引所の要職に在りて株式の好況を來すは誠心熱望して居る、又調理鹽梅によりて經濟界の回復を期するとは決して人後に落ちぬ覺悟であるけれども、其當時の買收案といふものは國家の大方針を決行するといふでもなし、唯だ眼前脚下の不況より蒙る各自の苦痛を免れたいといふ一時的の應急手段であるから、此の如き自分本位の爲に國家の財政に大關係ある事柄を輕々に行ふべきものでないと信じたのである。其當時の政府の財政といへば今と違つて八千万圓に足らぬ狀況て、如何に買收價格は今時より安かつたといへ民間の一時凌ぎの爲に輕擧妄動を容るべき餘地はなかつたのであるから、私は取引所副頭取たる位置は賭しても關はぬ、代議士として國家の公益を審議する職に在るからには飽まで重きを國家の大局に置き進退せねばならなかつた。

當時の實業家が單に一時凌ぎの姑息策を弄したといふとは後に及んでます〱明かとなつた、其れは其の買收運動の激烈であつた時より僅に三四年の後、經濟界が活氣を呈するに及ぶや、曩に政府買上げを絶叫した人々の口から却つて政府線の拂下げ論を聞いた事である、如何に時と場合とは言ひ乍ら昨は買上げを議し今は拂下げを論ずるが如きは經濟運用上に大方針なきを知るべきではないか、此の如くして國家の財政經濟を攪亂されては堪つたものではない。

誠意の在るところ人必ず諒す、俯仰天地に耻ぢざる私の公明正大の心事は、後に至つて今村君始め大に領解するところとなつて、其交は舊に倍し親密となつた。

△脂身丈けを失ふ國有鐵道

其後又横濱八王子間の鐵道布設に關し私の本來の所信を確守した話がある、あの鐵道は今は竣工して運轉を開始して居るが實は長い間横濱人士の懸案となつてゐた。私の議論は横濱八王子線の如きは平地が多くして敷設には經費が多く要らぬ、而して其線路も營業上宜しい處である、然るに之を國家の眼から見ると、中仙道の如き若くは中央線の如き山の多い、工事費の多額に要る處は皆な政府がやつて、脂身に當る割の宜い處は民間で營業することゝなれば、國家の財政は堪へるとは出來ない、一方に於て割の惡い所は一方の善い所で補ふてこそ平均が取れるのであるから、私は國家の爲に此鐵道は政府に於て經營し民業に許すべからずといふのであつた。横濱市の人々は元來民業で實行する計畫であつたから私の此意見に痛く氣を揉み、一日横濱市の有力家某氏が來訪して抂げて民業說に同意せんことを求められた。

△私の精神は私の財産

某氏は種々民業の利なるを說き、且つ發起の計畫も大に熟して居るので今更議會などにて否認さるゝ時は大に困る、何卒自分等に賛成して吳れぬかとの依賴であつた。私は元より何事にも反對を事とするものではないが、此問題たるや國家の利益を削ぐヿ少なからざるものであるから、遺憾ながら某氏の說に加擔するヿは出來なかつた。其時私は劈頭某氏に向つて『〇〇さん貴下は我々と違つて澤山な財產を所有せらるゝが、今貴下に向つて其財產を皆下さいと言つたら、貴下は其れを直に投出してしまいますか』と試みると某氏は笑ひ乍ら『其れは如何も然ういふ事は出來ますまいなア』と受流して居るので『其所ですよ、貴下の財產は物質上の財產であるが他人が吳れろと言つて來ても容易に渡しはしますまい、私は物質上の財產に乏しい貧乏人であるが、其れでも大事な無形の財產を有つて居る、其財產は渡してくれろと言はれても御同樣容易に渡されませぬ、私の財產といふは中野の「精神」です、貴下は今日此の中野の精神を吳れろと仰しやるのでしよう、これは御斷りする外はない』と答へて遂に立別れた。併し私が反對しても此鐵道は遂に民業に委せられ、横濱鐵道會社は創立せられ工事も完成し運轉も開始せられたが、脂身の處を他へ取られた鐵道院は自衞上好意を有たず運輸の連絡を取るヿを避けたので、會社の自營困難を感じ今は鐵道院へ貸上げと爲るに至つたてはないか。

○活動主義（二）

縱横自在の活動力は此三箇條

東京商業會議所會頭　中野武營

商業會議所會頭室に於ける中野武營氏

△良心の命令は活動の源

私は是迄政治界にも立ち又實業界にも立ち、時の問題に對して自己の所信は飽まて主張し、之が貫徹に一心亂れずやつて來たものである。意見を異にするものや或は利害を別にするものからは頑固であると言はれたかは知らぬが、私は大事に當つては良心の命ずるところに從ひ進退し一點の內に疚しいところが無いから、既往を顧みて更に悔ゆることはない、今日以後と雖も猶ほます／＼此方針を以て進みたいと思ふ、私が社會上に活動を休めないのは、要するに此の確信があるからて、此確信がなかつたなら私の存在はないものとなる。

△私の奉ずる一の經典

然らば私をして此確信を取つて動かず、如何なる誘惑にも如何なる艱難にも毅然として抵抗し、自家の本領を枉げずに來ることが出來たかといふに、其れは私に一の經典がある、則ち『威武も屈する能はず、富貴も淫する能はず、貧賤も移す能はず、之を是れ大丈夫といふ』と言つた孟子の言が、深く私の胸底に沁み込んてゐて、何ぞ事があると、此金言が私の心頭に發して大に私を强するのである。

△大富貴も大官爵も及ばぬ

此金言を翫味すると誠に言ふに言はれぬ崇高の意、壯烈の精神が籠つて居て、一誦又一誦、眞に我が心を高遠に導き、五身に勇者の血を沸立たしめ正大なる精神を激勵するのである。威武も屈する能はず、富貴も淫する能はず、貧賤も移す能はざる精神は、如何なる大富貴も、如何なる大官爵も到底其れに及ぶものでない。何れの時代にも正理公道はある、然るに其正理公道が動もすれば行はれずして却つて不正や情實が勝を制し、國家の福祉や人類の發達が阻害されるとがあるのは、畢竟威武に屈せられ富貴に淫せられ貧賤に移さるゝ薄弱の人間が事に當つて居るからてある。

△活動を阻止するものは何か

今日世に立つて事業を成さんとする人、言を更へていへば世間に立つて活動せんとする人、別して今後大に活動せんとする青年諸君は、充分に此金言を味つて貰ひたい。抑も活動といふとは世の爲人の爲己の爲に働といふ事てあるが、心が弱くては迚も戰は出來る者てない、而して其心の弱いといふは、正大なる心事が足らぬところから生ずるのてある、我心縮からば千萬人と雖も我れ往かんといふ確信があれば非常な勇氣がある、若し我心疚しきとは此んは大勇が生ずるものでない。其れから活動に最も必要なるは過去を悔ゐず現在を煩悶せぬといふ事てある、然るに威武に屈し、富貴に淫し貧賤に移さるゝときは、後悔や煩悶は絶へず胸の中に蟠つて思ひ切つた働きは出來るものてない。私は未だ曾て後悔したとがない、思ひ惱ふたとがない、唯夫れ良心の命ずる所に從ひ進退するあるのみ、良心の外に依るものはなく良心の外に判斷せらるゝものなく良心の外に私を批評するものはないと信ずるが故に、如何なる威武の壓力が頭の上から掛つて來ても平氣てある、必ず之に打克つのてある、之に打克つてしまへば誠に愉快て天下の廣居に立ち天下の大道を行いて毫も耻づるところはない、耻づる所がないから煩悶もなく後悔もない、何時ても思ひ切つた活動が出來るのてある。

> **當世百人物**
>
> 
>
> 前英國大使　加藤高明氏
>
> 兎に角新政黨へ入つた、我輩は進んでとは言はぬ、兎に角といふ、加藤男の如きは元來政黨人といふ柄でない、頭が冷寒で、孤獨性で潔癖で、親方肌が皆無であるから、政黨のやうな玉石同架の混亂中へ投ずるといふとは、定めし塵埃溜へでも入るやうな心持がしたであらう。我輩どもは氏の入黨を以て寧ろ奇蹟だと思ふ程、近來の珍聞であるといふ。併し浮世は矢張り浮世だ、二大政黨の潮流が既に政海を兩斷して流れるやうになつた今日、何處かの僧庵に引込む考なら別物なれど、まだ此浮世に未練があるなら、厭な事でも仕方はあるまい。桂公からニコポン主義で招いたとて、なか〳〵ウンと言はぬ氏が、遂にウンと言つて嫁入したのも浮世には爭はれぬものだ、だが新政黨が氏の入黨の爲めに賑やかになるか淋しくなるかといふに、氏は火性よりも水性だから、所謂穩健とかいふものゝ爲に、沈むであらう。

△幼少時代からの座右銘

長い間實業界に關係し、且つ極要な職掌に推された私としては相當に富んで居らねばならぬ筈だと、世人からは認められて居るかも知れぬ、併し私は富んで居らぬ、今日實業界の重立ちたる人には出入必ず自働車を飛ばすが、私は依然抱への人力車て滿足して居る、帝國首府の商業會議所會頭として社交場裡に立つては、一身は兎もあれ會頭たる資格の體面上如何と思ふともあるが、私は自家の分限として人力車て用を足して居る。今日まで富を成さんとすれば或は機會があつたかも知れぬ、然しながら孟子の金言は私の幼少の頃から頭に刻まれた座右の銘であつた、幼少の時に讀込んだものは容易に頭を去らない、其れが問題か起きると劈頭第一に私の前に活躍して現はれ來る、而して先づ私を激勵する、激勵せられた私は苟も私を壓迫せんと試むる相手に對して手嚴しく抵抗し得たのである。私の活動の生涯は是れで一貫して居るやうに思うから、常に滿足して居る。

△最も難き人生の試驗

併し又、この威武、富貴、貧賤の三誘惑に對し何れが最も防ぎ易く、孰れが最も禦ぎ難いかといふに、三者各々其力に强弱がある。世間を見渡すに威武の壓迫に對しては慷慨悲憤して之に反抗するもの敢て少なしと言はない、政治上などについて華々しき戰ひを演じ一世に其驍名を謠はるゝものも稀れでは無い。又富貴に居るも富貴に淫せられず、矢張り分限を守りて奢らず亂れず一家を子孫に傳へる人も强ち珍らしくない、故に此二つは難事なれども而も最大難事とするに足らぬが、獨り第三の貧賤も移す能はずといふ一事に至ては、さてなか〳〵困難の事である。古より二事には勝ち得ても此一事に至ては勝ち得ぬものが多い、これは誠に遺憾な次第ではないか。

△活動は縱横自在

威武には屈しなかつた志士ても、貧乏すれば其心も鈍くなつて何時しか金錢の爲に節を賣つた例は乏しくない、實際人間は貧賤ほど辛らいものはあるまい、妻は病床に臥し兒は飢に泣くに當りては志操堅固な氣節の士でも、志を移してしまうてあらう、昔から晩節全からずと擯斥される人士は多くは是れである。然し此處だ、貧乏しても正義は枉げぬぞ石に喰ひ付いても道理には反かぬぞといふ精神の修養、これが則ち一番大事な處である、顏淵の所謂『肱を曲げて水を飲む樂み亦此中に在り』との大覺悟だにあらば、吾人の活動は少しも障碍を受けずに縱横自在なるを得るのである。

* * * * * *

實業家帳

中野武營

▲電車の音は近いが主人公の音聲が太子く裏から出るやうなので、別に談話の邪魔にもならぬ、場所は本鄉元町なる中野武營氏の宅で、西洋式の應接間には、雜書の並んで居る書架、那須興市の額圖、春の樹木を描いた油の畫の額、錦手の花瓶一對、備前燒布袋の置物、孔雀の羽根など置いてある。瓦斯煖爐はまだ撤つていない。

▲殘んの白髮に、頭の木地を透かして、髭また薄く、楮黑の顏面随分と荒造作の主人公、それでも左手の中指には草色寶石の金の指輪を嵌めて居る、彼は先づ武士の生まれなるが故に、幼少の頃より武術に身を委ねしが、明治四年より官吏となつて同十四年に至り、爾後實業界の人になりたる次第の大略を語って後、更に語を繼いで曰く、

▲「そこで趣味のお話になると、私は書畫の如きも嫌ひではないが、これには第一資力も伴はぬし、又他の意味に於て餘り手を出さぬとして居る。左りながら、現代の美術を奨励するといふことは個人の好惡問題でなく社會の問題なるが故に、文展や、共進會や、博覧會などは、喜んで賛成して見に行きます。

▲私の趣味と言へば先づ謠曲でせう。これは明治十四五年の頃、當時の農商務卿河野敏鎌さんから勸められて、厭や〳〵ながら行つたのが始まりですがそのだん〳〵と趣味が生じて來た許りでなく健康を保つ上に於て非常に有益なることを感じました。私は酒が好き、煙草が好きであるが、謠曲をやるためですか殆ど害を受けたことを覚えない、それに謠曲は御承知の如く、文章が佳い。丸で錦を綴つたやうに出來て居る、又佛法に基いて人生の無常を教へてあるので、非常に愉快を感じ同時に一種の精神修養をするとも出來る私は日曜を楽みにして大抵行りますがこれを行って居る内は一切萬事を忘れて了ふ、碁將棋も可いが、これは頭を役ふ、そして相手の負けた方は、必ず不快の念を有つ、終日本業に沒頭して更に勝負事に頭を役ふやうでは、娯楽が娯楽にも何にもならぬ、この點になると、謠曲は全く反對で、精神の轉開には無上のものです」

▲見て居ると、綿縮の單衣にセルの袴穿いたる六十九歳の中野老は、斯く語りながら、袂の中より濯つて畳みし手巾を取出し、今しも燻らせる土耳古莨のパイプの金具を頻りに拭いて光らして居る、而して尙談を進めて曰く、「精神修養に付ては私にも多少の意見はありますが、要するに肉体と靈魂とは全く別物として居る、肉体は即ち靈魂を容れてある箱であるが、用心しないとこの箱のために中の玉を瑕つける事が往々にしてある、私は學問も無し、宗教も知らぬが、若い時に、孟子にある富貴も淫する能はず、貧賤も移す能はず、威武も屈する能はず、此れ之を大丈夫と謂ふ、との說に痛く感服し、爾來これを以て修養

の規矩となし、處世の準縄として居る。

▲人間一たび生をこの土に享けて社會的に恩を受けて居る者である以上、而して力を公益の事に盡してこの恩に報ずるところがなければならぬ者である以上、伯夷淑齊となる譯にはいかぬ、矢張り柳下惠の流れを學び世俗の中に在つて世俗に動かされない工夫が肝腎である、私が前申たやうに孟子の語を守本尊として居るのも、世俗の間にを處して、而もこれが爲に箱の中の玉身ともいべき靈魂を瑕けてはならぬとの精神に外ならぬのです。昔の道歌にも座禅せば四條五條の橋の上、往來の人を深山木にして、といふ句があるが、これぢや、この覚悟と工夫とが大切である、そこで私は斯様な點からして、自分の號を入菴隨鄕と稱して居りますが、これは卽ち鄕に入つては鄕に隨ふの意味を表したもので、私はこれを死んだ後の戒名にすることに極めて居ります神佛にも和光同塵といふ事がある。人間は元々塵俗のものではあるが、成るべく塵俗に染まずして一身を保つやうにしたいものではありませんか、いや妙に說教じみて來ましたが、こんな事を考へるのも、詰まりは私に非常な趣味があるのです。わッはッはあ」煙草好きの主人公はその三本目に火を點じた。

二 処世訓

　中野の処世訓は、多くの雑誌などに掲載されているが、内容が重複するものが多いので、本節では代表的なものを収録した。

11-8「**青年出世の途**」（明治三十八年一月十五日）は、東京商業会議所会頭に就任する前の時期の処世訓である。実業界に入る青年を念頭に成功の秘訣を挙げている。自分の現在の地位を得たのは、「困難を避けざりしに在り」と述べている(1)。

11-9「**株式取引所に入るに必要なる資格**」（明治三十九年六月一日）では、株式取引所の事務員の仕事は取引所内における経験による所が大きいこと、精神上の素養として敏捷で忍耐力が強靭であることが求められるとしている。

11-10「**家厳の四教訓**」（明治四十年十二月十五日）は、幼児期の家庭の様子に触れつつ、勘定奉行で禅学好きの父からの教えられたと言われる代表的な処世訓を整理したものである。「義憤の他怒るべきではない」、「一段の低位に身を置け」、「進んで難事に当たれ」、「志徒に高き弊」という四点である。この教訓を、他の機会でも繰り返し発表している(2)。

11-11「**不用意の事件に包囲せられたる時の予の裁断法**」（明治四十二年四月）は、不用意の事態が発生した場合に、事柄の性質や周囲の状況等を考え、それに一点の私心もないことが確認できれば、自分の信じた通りに裁断して構わないなどの心構えを説いている(3)。

11-12「**就職前の少年に相談を受けての答**」（明治四十四年三月）は、少年向けの処世訓である。いきなり少年が信用を得て相当な商売をすることは困難なので、まずは会社や商店に入って実地の見習いするのが順序であり、そこで誠心誠意自分の職務に尽くすべきことなどを述べている(4)。

11-13「**正直が資本**」（大正元年九月四日）では、青年に望むこととして、徳行があり真面目で精神が強固であること、正直が人の信用を得る基であり商売人の資本であることを説いている。

11-14「**安逸僥倖を願ふ者は必ず失敗す**」（大正三年）は、実業之日本社（増田義一社長）が主催し、大正二年に発足した帝国実業講習会（大隈重信を総裁、渋沢栄一を副総裁）

が発行した通信教育用教材の実業講習録に、同会顧問の中野が投稿したものである。

11―15「**斯心か処世の要訣**」（大正四年五月一日）は、自分が信じることを貫く自信力があれば、短い人生の間での成功や失敗に心を悩まされることはなく、虚心坦懐に人生を楽しむことができると説いている。

11―16「**出世する青年には如斯特徴あり**」（同年十月十日）では、手紙を綴ったり、算盤を弾いたりする基本的な技芸に卓越し、木下藤吉郎のように上司の信頼を得ることが重要であり、技量以上の高給を得ることは長い将来では不利となると述べている。

11―17「**除隊兵士の帰郷に関する一大警告**」（同年十月十日）では、軍人として出営帰郷する時に日本服と着替える風習は経済的に負担であることなどから、軍服のままで行うべきと主張している。[5]

11―18「**理想的少年店員社員論**」（大正四年十二月一日）は、少年の店員や社員の心構えについて述べている。顧客との接点にある少年の店社員は、その態度がその商店や会社の評判を左右することになるので、日々多数の未知の人物に接してよい印象を与える外交的な手腕を修養習得していく必要があると述べている。

11―19「**事業創始に要する戒慎**」（大正五年一月一日）は、事業を始めるときに慎重な態度や熟慮、徒に他人の模倣に陥らず先人未踏の地を開拓する勇気と覚悟が必要であることなどを指摘している。

11―20「**大丈夫論**」（大正五年八月一日）は、中野が信条とした孟子の大丈夫論を引きつつ、精神というものの重要性を述べている。

注

（1）　**中野武営**「**青年出世の要訣**」『実業青年立身策　当代名流』奥村二秋、鹿野化骨編、博文館（明治四十年一二月）は同じ内容。**中野武営**「**実業家の青年に対する要求**」『実業之日本』第六巻第一二号（明治三十六年六月一日）においても、同様に青年に対する成功の秘訣として、「着実で勤勉で忍耐力が無ければ可ません。」、「着実で勤勉で如何なる難局にも耐ゆると云ふ人が遂には長上の信用を受けて立身出世する様です。」と述べている。

（2）　同趣旨のものとして、**中野武営**「**進んで難事に當れ**」『中央織物界』第二巻（明治四十一年二月）、**同**「**余が怒気の抑制の修養実験**」『実業之日本』第一一巻一〇号（明治四十一年五月一日）、同「**仕事は十二分に働き給料は内輪にとれ**」『実業之日本』第一一巻一一号（明治四十一年五月一五日）、**同**「**予が裏店の夫婦喧嘩より悟得したる短氣矯正法**」『商業界』第一一巻第二号（明治四十二年二月）、**同**「**立身の捷徑――先輩を感動せしむるの要訣**」『商業界』第一一号第三号（明治四十二年三月）、**同**「**予が嘗つて父より受けたる服務上の三訓戒**」（井上泰岳 編『我処世観』博文館、明治四十三年）、**同**「**出世する青年には如斯特徴あり**」『金星』第七巻第一六号（大正四年十月十日）、同「**理想的番頭社員論**」『日本一』第一巻第二号（大正四年十一月一日）、**同**「**理想的の番頭社員**」『東西織物界』第一一年一二三号（大正七年三月一日）。

（3）同趣旨のものとして、**中野武営**「**難事果断法**」『我処世観』井上泰岳編、博文館、明治四十三年。

（4）青少年向けの教訓として、**中野武営**「**宗教的の催し**」『実業少年』第二巻第二号（明治四十一年八月）では、徒弟の休日の過ごし方について、商家の休みは一定していないので統一的なことはできないが、労を慰める範囲で、宗教的な意味をもった教育的な催しをしたらどうかと述べている。また、**中野武営**「**近代的の武者修行**」『海外之日本』第一巻第九号（明治四十四年八月一日）では、昔時は貧者の青年が武者修行に出ると、自ら働きながら修行したことを例に、たとえ貧くとも「只だ小成に安んじない」との信念を持って、自ら働いて自ら磨くことが重要であると指摘している。

（5）同趣旨のものとして、「**除隊兵の服装に就て**」『戦友』第三九号（大正三年一月一日）。

處世要訓

青年出世の途

東京株式取引所理事長　中野武營

東京株式取引所理事長中野武營氏は官海出身の實業家にして、曩に大隈伯と共に官を辭してより專ら實業に身を委ねしも進歩黨に入つて政治を議するや、亦嘖々の名あり。一度關西鐵道に社長たり、商業會議所副頭取たりし事あり。今は喧騷極まり無き取引所に立つて大柱石たる外又東京電車鐵道會社の取締役たり。政治家としても實業家としても淸廉の名高く社會に重きを置かるゝ人蓋し氏の如きは稀なるべし左は即ち氏が自身の經驗に徵して語られたる青年處世訓の一節なり。文責の記者に在ると言ふ迄も無し。

一　高く買はれんとする勿れ

實業界に身を投ぜんとする青年が、動もすれば陷り易き弊は、成るべく好き地位、高き俸給にありつかんとすること也。就中、學校出の青年に在りて然りとす。實地の事柄に就て、何の智識も無く、何の經驗も無き身が、此の如き慾望に支配せられて、先づ職業に就かんとするは、大なる誤也。職業の撰擇には、よく〳〵注意すべし。其の當座の地位、俸給が如何ばかり結構なりとて、そは必らずしも一生の幸福を導くものに非ず。寧ろ思ひ切つて安く賣るこそよけれ。若し其の地位、其の俸給が、青年の價値以上に在りとすれば、雇へる方にては、あゝ高く買ひ過ぎたり、買ひ被りたりと云ふ觀念を抱くに至るべし。青年の不利、此上も無し。之に反して青年が、己れの伎倆以下の地位、俸給に甘んぜんには、雇主は、安き物を買ひたり、掘出し物なりと云ふ心を起さむ。是れ、即て其の青年をして成功の一歩を進めしむるものに非ざるなけんや。虛榮心は、實に青年の抱有する害毒也。一時人を羨ませ、自身も滿足せんと欲するばかりに、妄に枝の高さにとまらんとす、あゝ迷へるかな。

二　理窟は禁物、實地が肝要

同じ青年の弊は、矢鱈に理窟を云ひたがること也。高尙ぶると、理窟を云ふこととは、眞に實業界に於ける第一等の禁物也。高尙ぶつたとて始まらず、理窟を云ひたりとて仕方なし。實業界に在つては、何よりも、先づ實地に行ふて見せることが肝要なれば、若し意に滿たぬこと、不平なること、何とかしたきことなどあらんには、理窟を云ふ前に、事實を提供してかゝることに心懸くべし。雇主は、實地青年の働振りにこそ注目すれ、其の理窟などに耳を傾くること稀也。理窟を云はずして、働いた結果を示すべし。

三　登龍門は倦み易し

最初實業界に入りて、或る職業に就きたる青年は、其の受負はされたる仕事の紋切形にして、日々大同小異、何等の變化にだも接せざるに驚くべし。簿記をつくる、十露盤をはぢく、朝より夕まで、年から年中、斯くして消光するのみなるが、多くの會社、銀行などの役員に在りて然り。されば大抵の青年は、日を經るがまゝに倦み出すと雖も、固よりそれも無理ならぬ也。倦み易きは登龍門にして、能く之を忍ぶ者は成功すべし。倦み、疲れ、其上昇級の遲きを不平とする念など手傳ひて、遂に此所を去つて他に職を求めんとするに至らば、多くは同じ事を繰返すのみにして、永久に登龍門を登龍門とすることを得ざるべし。忍耐は肝要なり、忍耐する所多ければ、得る所も亦多からむ。

四　成功の一捷徑

予は、一度び政府の役人たりし者也。自身の經歷を以て人の方嚮を撰擇すべき定規と爲さんことを希ふ者に非ずと雖も、今の青年に勸めて、若し相應の便宜だにあらんには、實業界に身を投ずるの前、試に一度び役人生活を味ひ來れと云ふを憚らず。官吏の職掌も亦日々の變化少なく、受負へる仕事の範圍小なるに似たりと雖も、之を實業に比すれば、未だしも變化多くして、範圍大也。仕事の種類も、相手とする所も異なれば、眼界を廣くするの利、遙に銀行、會社等の事務室に在るに勝れり。且能く上に服從するの念と、規律正しき慣習とは、大に後の利益となるべし。役人生活は、青年時代訓練の場所として至適也。學校出身の青年達は、直に實業に就くときは、取りわけ倦み易きを免れざるべし。卿等、先づ役人となりて眼界を廣め、世間を知り、眞に大人らしき思慮分別の着き染むるに至つて、初めて實業界に投ぜんには、或は以て成功の一捷徑と爲すことを得む。予は自ら感ずる所深し。

五　老熟の域に達せんには勇進の時代を經過せざる可らず

青年が頭に人を戴きて働く時代は、當に勇進の時代也。思ひ付きたる事は、直に之を行ひ、勉勵又勉勵、精力のあらん限り奮闘的に己が業務に當るを可とす。我慢の力盡きるに及んで、初めて老熟の域に達するは、蓋し如何なる職業に在つても異ることなし。昔、予の藩（讃岐）に黑岩重太郎と云へる力士あり、後には小結まで取りて有名の力士なりしが、彼れ甞て貧乏神に在りし頃、予の父に語つて曰く『如何にも不思議の事こそあれ、予が幕内力士と角力ふや、毎も力を出し足らずして勝敗は決する也。之に反して幕下の力士と戰ふときはさながら石と石との打撃つが如く、猛烈劇烈、必らず悉く力を出し盡さずんば止まず。さるにても幕内力士は、何れも天性特別の力を有せるにや。翻つて思へば彼等とても、初めより、幕内力士たりしに非ずして、一たびは矢張予の地位を經過せるもの也。こは一工夫せざるべからず』と。それより彼が角力へる狀を見るに、態度一變せる樣にて、初めの程は負けてのみありしが、次第に強くなりて、瞬く中に前頭筆頭まで進みしと云ふ。彼れが初め幕内力士と角力ひて、勝敗毎に力の出し足らざりしは、我慢の力を以てせるに因るものにして幕内力士は相手の我慢力を利用すと云ふに心付き、一切之を用ひざるに至れる也。彼は即ち我慢の力を出し盡して、而して後老熟の域に到れる者と謂ふべし。

されば我慢の力を以て勇進する時代には、多少危險なる結果の伴はざる無きを保せずと雖も、旣に其力を出し盡して老熟の域に達せる者は、最も確實也。衆望の期するは、實に此の時代也。一方に長たる地位は、斯くして自ら到來するものと思ふべし。徽々たりと雖も、予が初めて人の頭に立つ地位に達せしは、明治二十年頃なりしが、關西鐵道の社長となりし時也。今にして思へば、其の以前は即ち未だアブナ氣を去らざる時代として周圍の見る所なりしならんも、予に於ては其の時代に飽迄勇進せしものと信ず。

六　成功の原因は一事のみ

予が今日の地位を得たる所以を何ぞと問はゞ、予は、困難を避けざりしに在りと答へむ。予は、今日迄、予が目前に現はれ來るものは、如何なる困難なりと雖も、曾て之を避けたるとなし。成功の原因は、唯だ此の一事のみ。他人の可厭がる事、避けたがる事は、我れ進んで之に當る位にすべし。社會は、眞に此の如き青年を需要すべし。

七　青年と投機

（予は相場を知らず）

青年の投機は、絕對的に不可也。自己の勞働に相應せざる過大の報酬を得んと欲するが如き根情は、最も卑劣也。青年は須く着實に成功せよ。水泡錢は散り易し、無雜作に積まれたる財產は、瓦解するとも亦速ならむ。

予は相場を知らず、相場を知らざるが故に、株引取引所理事長たりと謂ふも可也。予にして、若し相場を買ひ居らんには、紛擾多き市場に立つて、公平なる處置を取るとは、到底困難なる事業に屬す。公明正大ならんと欲せば、全く其所に自己の利害關係を置かざるに若かず。是れ亦予が、今の青年に警戒を試みんと欲する一事なりとす。

株式取引所に入るに必要なる資格

東京株式取引所理事長　中野武營

◎取引所事務員の特色

株式取引所の事務員の銀行會社員と違つて居る所、即ち特色とも認むべき點は、取引所の事務員となるには實務上の一大經驗を要すると云ふことである。即ち取引所の事務員の取扱つて居る事務なるものは、所謂學藝の施すべき餘地なく全然取引所内に於ける經驗に依らざるを得ないのである。例へば簿記の如きは普通學校に敎ふるものとは全く其趣きを異にして居つて特別の帳簿記入法があるのである。又帳簿を記入する文字の如きは悉く符帳で、無經驗の門外漢の窺ひ知り得べきものではないのである。取引所の

事務員には給仕上りが多い

と云ふのも畢竟自然の必要上から來つて居るので、取引所では事務員を養成せんが爲に、十二三才から先づ給仕の職を遣らし、其れから見習と云ふものになし、漸く拔擢せられて事務員となるので、其間殆んど二十ヶ年間位の長年月を經過して居るので、一人前の事務員となるには、三十才臺の年齢となるのである。其處でもう事務員になれば、仲買人の顏も無論の事、其性質までも飲込んで仕舞ふので、彼の仲買は買方の態度を示して居るが、其實心中では賣り方であるとか、此仲買は買方の手附きを爲して居るが、其實買方であると云ふまで分るそうである。而して事務員は市場に出て、事務を取つて居るのであるが、激忙騷然たる市場にありては、急速なる呼び方の聲に應じて帳簿に記入する其筆の走り方が、速記よりも早いのである。又以て取引所の事務員は多年の實務上の經驗に依るに非ざれば、到底不可能であると云ふことか之を察する難からぬのである。

斯くの如く取引所の事務員となるものは全然實務上の經驗に依るもので、

學校出身者には出來ない

から給仕から仕込んで居るのであるが、普通學の修養は勿論必要であるのであるから、私の方（東京株式取引所）では給仕に特に月謝を給して夜學校や何にかに通はして居るのである。其處で事務員となるには多年の連續せる經驗を要すると云ふ結果、其異動の少ないと云ふ現象が生じて來のである。尤も事務員の外に庶務員と云ふものがあるか、之れは一取引

所で二三人か、多くて四五人もあれば充分のもので、需要の範圍は至て少ないものである。

◎株式取引所事務員技藝上の資格

取引所事務員の取扱つて居る事務は、前段述ぶるが如く全然經驗に依るもので、帳簿記入の方法を始め、其他の技藝は學校に學んでも適用の出來ないものであるから、普通の銀行會社員の其れの如く、別段學藝上の素養を要せないのである。

◎株式取引所事務員精神上の資格

取引所の事務員となるに、最も必要なる精神上の資格は敏捷なること、並に耐忍力の強猛であることとである。繁忙騒然たる市塲、即ち生馬の眼を拔くと云ふ活世界に出入して、事務を取扱ふのであるから、其性質の極めて敏捷なるのでなければ可かぬ。遲鈍の人物では到底遣り切れぬのである。又給仕から一人前の事務員となるには、二十ヶ年間の長日月を要するのであるから、非常に辛抱力の強いものでなければ中途に挫折して仕舞ふのである。故に取引所の事務員たるには、性質の敏捷で忍耐力の強ひものでなければ可かぬ。

家嚴の四教訓

東京商業會議所長 中野武營氏談

現に我東京實業界の重鎭たる中野武營氏は、その幼時、如何なる家庭に在りて、如何なる薫陶の下に如何に、その心膽を練りしか、その性情を磨きしか、その識見を養ひしか、記者之を氏に付て問ふ。氏乃ち嚴父の教訓今尙ほ耳に在りて朝夕之を服膺し、造次にも忘れざるもの四個あることを語りこの教訓たるや、今日の活社會に處して一身の堅實なる發展を期するもの〻活教訓たるものなることを疑はず、須く記して世に示す。

余の父は舊藩の勘定奉行を務めて居た。祖父が早く沒くなつたので、父は幼少の頃より已でに家督を相續して居たのである。禪學が好きで、忙がしい隙々にも心懸けて遣つて居た。それと茶道がまた好きであつて、此方は死ぬまでも手を離さなかつた位であつた。余は幼少より色々の薫陶を受けた。殊に晩食が終れば必らず種々の教訓を聽かされたので、一々記憶に殘つて居る。その中で今日までも始終胸に收めて自分の日常の心得とし、また折々若い學生などにも話して聽かせる主要な事がある。

◎義憤の外に怒る可き事ある乎

舊藩の頃に余が家の住居は、丁度その家の裏隣が町家の裏店と爲つて居たので、職人勞働者が多く住んで居た。そこで垣一重で裏店の井戸端會議が聞こえる、毎朝毎夕、種々雜多なことを聞かされたもので、こちらの家では夫婦喧嘩があるかと思へば、あちらの家では親子喧嘩が始まつて居る。ぐわら〳〵と膳椀を毀はす音がする、出るの去るのと騷いで居るが、直ぐに人が仲に入つて中裁する、やがて暫くすれば笑ひ聲が聞えると云ふ有樣であつた。所で父は善く言つて聽かせた、勿論人間は腹立てる氣性がなくてはならん、けれども、その腹立てると云ふことは一時の情に驅られて動くやうでは可けないが、道理に依つて止むを得ない場合には赫として怒る氣性がなくてはならん。例へば君父の讎とか、國家の利害と云ふやうなことに當つて、腹を立て得ない者は役に立たぬ。故に一度腹を立てた事は終身忘れてはならん、男子が一日腹を立てゝ、それが人の仲裁に依つて說きなだめられた爲めに直る位なら、最初より腹を立てないが宜い。向ふより言つて來ることに道理があるならば我れはそれに從はざるを得ない、若しそれが無理ならば、その人が愚かな故であれば、それを相手に腹を立てることはないぢやないか。一時の怒りに腹を立てゝ、後では之れを悔いる位の狹い量見のものでは何事も出來ぬ。だから不斷に心掛けて報レ怨以レ直の度量を養つて置かねばならん、たとひ先方より無理を云ひて來ても、我れは直きを以て之れに接する樣にして見よ彼れまた必ず悟る所がある。所が君父の讎とか、國家の利害と云ふ如きことで、我れが道理上靜として居ることの出來ない場合のものは、人の仲裁やあつかいで直る筈のものではないが、その外の小事で男子が輕々敷腹を立つべきものではない。裏店の人等が血眼になり青筋を立てゝ打つの蹴るのと騷いで居るが、人が入つて仲裁すれば直ぐに解け合つて、毀はした茶碗は拾ひ集めて繼ぎ合はせると云ふ有様は、實に心卑しいものではないか。これは裏家住居の下流社會のものに限らず、堂々たる立派な顔した人にも、斯様な心底のものは極めて多い。打つとか、蹴るとか、器具を打ち毀はすとかの醜態を形にこそ現はさないが、物に觸れ折りに觸れては激怒して見様もなき態度を明はして居るが、人が一度び中間に入つて調停すれば意志は解けて仲は直ると云ふヿは多い。誠に大丈夫としては淺間敷心底ぢやと云ふヿを、裏長家の喧嘩騷ぎを屏越しに聞く度に戒められたヿがあつた。余は子供の時分より勉めて此敎訓を守つて、事々に臨み身を處するに就ての心得として來た。

◎一段の低位に身を置け

次に善い敎訓ぢやと思つて居るのは、人々の身を立る上に就ての心得方を訓へて居たヿである。世に處して身を立てんとするに就て、第一の不心得は、我身の分を知らず自分の眞の價値よりも高く賣り度いと云ふ量見を持つヿぢや。その人の價値より云へば、百圓の月給が身分相應であるのに、もつと高い地位に我身を上せて、百五十圓の月給を貰へるやうに爲り度いと考へるのは大間違である。最も安全に、最も幸福に、最も愉快に身を處せんと思ふならば、自分の眞の價値よりも少し卑しい地位に我身を置くヿである。若し一時の僥倖に依つて我分限、我實力に當らぬ上地位に身を置ける人があつたとして、何うであるか。それを使つて居る人より見れば、己れは彼の男を買ひ被ぶつて居る、實に損なヿをして居ると云ふ考が、始終その人の頭腦にあるものであるから、物に觸れ事に觸れては、その人を疎んぜんとし、遠ざけんとするヿは止むを得ない。反之、その人の身分、その人の實力に對しては、不相當に卑しい地位に身を置いて居る人に對しては何うであるか。己れは實にあの男を安買ひして居る、給料は少くないけれども不平の模様もなく滿足して忠實に働いて呉れる、感心な男ぢやと云ふヿゝなつて、常に親しみ愛して呉れる、折りがあつたら引き立てゝやらうと云ふ考が常にその人の頭腦にある。だから一人は分限以上の位置に居り、一人は分限以下の位置に居る、この二人を較べて見よ。一見すれば、自分不相應の高い給料を貰つて居る者は幸福であり、身分不相應に少ない給料を當てがつて居られる者は不幸であるやうであるが、實際は決してさうでない。一時の僥倖を得て居るもの程危險はない、たとひ、特別の縁故か何かでそれを保つヿは出來て居るにしても、最早やその人の發展の運命はそれが止まりぢや。若しまたその分限よりも卑くい地位にあつても、決して不平を抱かずそれに安んじて自分の全力を盡してその職務を守つて居よ、その人の位置は大盤石、のみならずそれが堅實なる發展の要素である。だからお前も先々成長して身を立てやうと思ふならば、決して傳手を求め縁故にすがつて身分不相應の地位を得やうなどゝの不心得を持つな。またその樣にして身分不相應の地位を得て居るものを羨やむ様な根性を持つな。上へ〳〵その地位を進め度いと身の發展を期するならば、始終分限よりも一段二段卑しい地位に身を置いて、斷へず實力を養ふヿを心掛けて行け。若し身分一杯の職務を執る様になつたならば、畏れ愼みて一生懸命に實力を養ひ、常にその力の餘分を殘す樣に努めて行け。之れが立身の要道ぢや。故に假りにお前が人を使ふ地位に立つたとしても、情實とか緣故とかの爲めに、若い者を分限不相應の位置には決して置くな、それこそその人を過まらしむる基ぢやと斯樣に訓へて居た。

◎進んで難事に當れ

第三に執務上の心得に就て訓へられて居たことがある。それは、仕事に從事する場合には人々の面倒くさい難事とすることを進んで遣ると云ふ心掛けがなくてはならん。面倒な事は人が誰も厭やがる、故に普通に自分は成るべく之を避けて人に遣らせやうとするのが人情ぢや、けれども將來發展しやうと思ふものは之れを自ら進んで遣らなくてはならん。幾度も困難な事や面倒な事に打つ突つて初めて人の魂は鍛はるゝものぢや、この魂を十分に鍛つたものでなくては眞の發展は得られない。昔の禪僧が「憂き事のなほも我身につもれかし、棄てしこの身の力ためさん」と云つてその精神を鍛つたことがあるが、困難面倒を厭やがる樣では決して大事に當ることは出來ない。憂きつらい事が降りかゝり〳〵來るも決して人に讓つて避けやうとせず、自ら奮つてそれに當り之を處して行くことに依つて魂を鍛ひ技倆を磨くことの出來るものぢや。故にお前も先々仕事を執る場合に、面倒な事や六ヶ敷いことを厭やがる根性を起してはならんと斯樣に訓へられて居た。

◎志徒らに高きの弊

第四には矢張り執務上の他の心得に就て、決して現在の立場を忘れてはならぬことを懇々と訓へられて居た。人は現在の自分の立場を忘れて、徒らに向ふのことばかり考へる癖のものが甚だ多い。例へば自分が現在四疊敷の一間の室を當てがはれて居る、然らば先づその四疊敷の要を勉めて、その範圍の仕事を一生懸命に遣ることが肝要である。所が己れをこんなつまらない所に置いて居るから働き甲斐がない、最少し向ふの廣い處に置いて吳れゝば十分遣つて見るけれどもと云つて、現在の立場の仕事を疎略にする者がある、之れが大間違ぢや。現在に當てがはれたる仕事が、縱令つまらないにしても十分に親切にその職務を盡せばこそ初めて人も感心する。あの男は斯樣な瑣々たる事も厭はずに誠實にやつて吳れる、神妙な男ぢや、最少し大きな所に置いても間に合ふであらうと云つて今度は八疊の間に移す。それをまた忠實に遣つて居れば。今度は十疊に移される。現在の立場を疎略にしないことが身を進むる最要の原因である。

己れを最少し向ふの廣い所に移して吳れゝば十分に遣つて見るがと云つて、現在の立場に十分忠實でない者は、それを使つて居る人より見れば、あの男は四疊の仕事でさへ十分出來ないものに、何うして八疊の仕事が出來るものかと云つて之れを相手にしやう筈がない。あの秀吉の立身の方法は何うであつたか、關白職に在つて天下の事を料理する大技量の人物でありながら、その初めは草履取りの職に安んじて、之れを極めて正直に忠實に働いた人である。草履取と云へば極めて雜作ない職務である、故に外の朋輩は不斷は奥に引込んで寢轉んで居る、そこでそらお出掛けぢやと云ふ時には其間に合はない。所が秀吉は何時も草履を懷ろにして待つて居るので、何時何んな急しい場合にも間に合はないとはない。而かも信長公は穿かれる時には何時もその草履が暖かい、何うしたのぢやとお尋ねになれば、それは不斷懷ろに入れて居るからで御座りましやうと答ふれば、それは感心な心掛けぢや、何もつと外の仕事を受け持たして見やうと遣らして見れば何事事をやらしても盡く間に合ふ、段々引立てゝ見て終に羽柴と名乘つて一國の大名としても善く間に合つた。關白の大技量で草履取りの仕事はさぞつまらなかつたであらう、けれども智慧をしぼり全力を注いで誠實に遣つた、之れが太閤が信ぜられて立身するの基であつた。現在の立ち場を疎そかにして、徒らにもつと善い役を受け持たせられたいと望むのは、木に登らんとするに、幹を攀ぢらずして先づ枝に飛び着かんとするの類ではないか。斯樣なとでは到底立身出世の望みはないと訓へられた。

余は以上の四個條は人々の世に處して身を立つる上に就て最も必要な心得として、今日までも常に胸に收めて之を守つて來た。唯だ口で之れを話した所で何でもないやうであるが、實際に之れを行つて行くには決して容易ではない。今日の青年が今日の社會に處して身を立てんとするに就ても、此心得は必ず大切であらうと思ふ。

不用意の事件に包圍せられたる時の予の裁斷法

東京商業會議所會頭　中野武營

世間の出來事は、必ずしも自分が豫期して居る通りに順序正しく來るものではない、時には臨時の事件が不用意の中に起つて來る、更らに甚しきはこの不用意の事件が一つならず、二つならず、四方八面より群がり起つて來ることがある。人人が活社會に處して事に當る時には斯樣な事件には屢々出遇ふ、この場合に如何に之れを處するか。

古人が、一年の計は元旦に之れを定め、一日の仕事は晨の中に順序を立てゝ、それに順つて事を處すれば過ちがないと教へて居るが、自分が豫期した通りに起つて來る事件ならば、如何なる難事でも驚くこともなく、周章てることもない。けれども不用意の事件は如何に之れに處するかの覺悟は、平生の注意を要する所である、多くの人の過失は多く平生の注意がないから起る、

◎速斷と膽勇

活社會に處しては不意の事件には屢々打つ突かる、それを一々に沈思熟慮して、斯樣に處すれば結果は恁うなるだらうか、あゝなるだらうかと狐疑逡巡して居るやうでは何事にも間に合はぬ。故に場合に依つては『過失を出來しても構はない』と云ふ決心を以て、快刀斷痲の速斷を要することが少くない。所が速斷と云ふことは仲々六ケ敷い、不意の事件に驚き周章てるやうでは決して正當の判斷は出來ない。故に予は速斷の第一要件として膽勇を擧げなくてはならん。縱令不意に轉びかゝつて來た事件に對しても、驚き周章てないにしても、之れを裁決するに過失のないやうにと逡巡躊躇するやうでは、群がり起つた事件を流るゝが如く裁斷することは出來ない。故に如何なる變事にも驚き周章てざる沈着と、場合に寄つては過失を出來しても構はないと云ふ勇氣とがなくては速斷は出來ない。

◎膽勇と公明正大

然らば此膽勇は如何にして得らるゝかと云へばその要素として最も公平なる正道に立つと云ふ根據がなくてはならぬ。大事にせよ、小事にせよ、私事にせよ、公事にせよ、自分の踏める道が正道を外づれて居ればどうしても勇氣は出ない、必ず逡巡躊躇して終に裁斷することが出來ない、例へば此事は斯樣に處した方が本統であるが、自分に取つて利益がないから斯うしやうとか、或は彼男の事は斯うして遣らなくてはならないのであるが、自分の氣に入らない男だから、そうはせずに置かうと云うやうになれば、何うしても餘計な迷ひが出て、無

用に氣を苦しむる。然るに一點の利己心なく、常に公平な正道の上に立つて事を處するものは何うであるか。決して迷ひ心がないから、頭腦は常に冷靜、氣分は平安故に何うしても事を斷することが速く、又過失が少ない。縱令、過失を生じてもその過失は公明なる過失であるから、俯仰天地に恥づる所がない。自分の利害や愛憎の念の上に立つて事を處するものは、何うしても萬一にも過失のないことを期せざるを得ぬ、故に思ひ切つた裁斷は出來ない。正道を踏んで公平に事を處する確信があれば、四方八面より群がり起る事に對して、惑はず、恐れず進むことが出來る。

◎速斷の大なる邪魔物

世間には面倒な事を厭やがる者が多い、之れがまた事を處するに就いての大邪魔物である。多くの人の常として、面倒な事は成るべく自ら避けて人に遣らしやうとか、或はまあ〱之れは明日に延ばして置かうと云ふ根性を起すから、事務は澁滯し、仕事は重なつて、日々雜務の爲めに追はるゝ始末になる。それに不意の事件が轉び掛つて來るやうなことがあれば、直ぐに驚き周章てる、迚も明快な裁斷は出來ない。自分の厭やな仕事は誰れも厭やがる、故に決して人に讓らず自ら進んで之に當る心掛けがあつて、如何なる面倒な事でも之れを後に延ばさずに即座に奮つて處するやうにして居れば、頭腦が何時もさつぱりして居る、故に如何なる變事に出遭つても即座に處することが出來る。

◎事理通達の修練

臨機に事を速斷すると云ふも、盲ら滅法に處することではない。此事は斯うしたが正しいか、之れが公平であるかは考へなくてはならん。利己心がなく、又始終雜務に追はれて頭腦がくしや〱して居るやうな事さへなければ、その見分けは直ぐに付く、然かもその過失も少くない。一つの事件に嚙ぢり付いて、恁うしたものか、彼あしたものかと考へ込んで居るやうでは、事に當り一見してその事の利害、是非、曲直を見透す所の眼識は迚も得られない。速斷と云ふも、事理を達觀する眼識があつて初めて出來る事であつて、唯だ盲ら滅法に處するものならば何の値打ちもない事である。而して此眼識はつまり上述の修練に依つて誰れにも養ひ得る事である。

少年就職の鍵

就職前の少年に相談を受けての答

東京商業會議所會頭
株式取引所理事長　中野武營

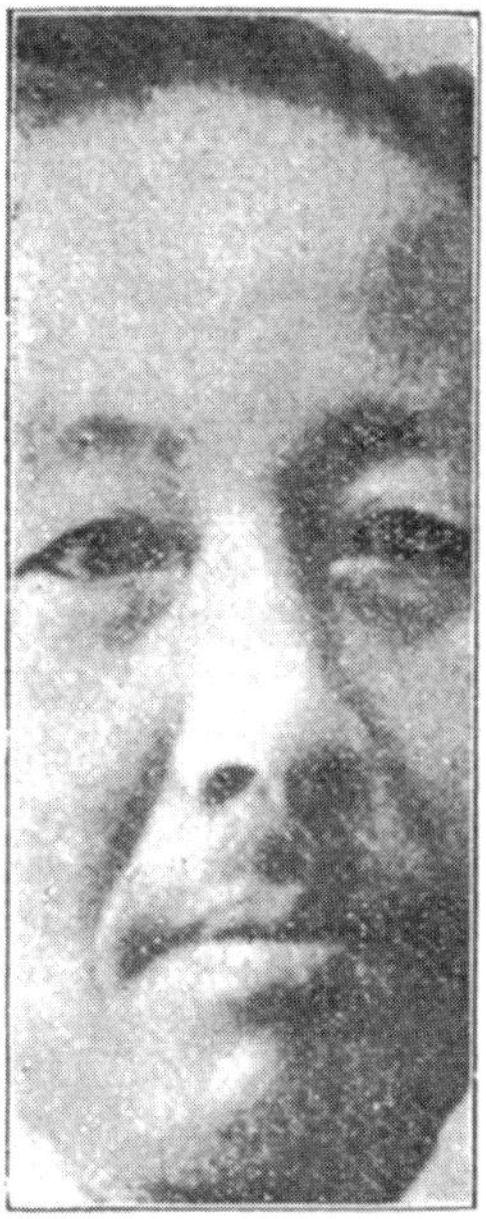

▲要は人々の心にあり

世の中には何でも彼でも獨立を尚むで、會社や商店に雇はれるのを、非獨立の甚しいものかのやうに言ふ人もあるが、それには先づ獨立といふ字の意味から考へて懸らなければならぬ。獨立とは讀むで字の如く、獨りで立つ、即ち人の力に頼らず、人の助けを乞はず躬ら世の中に立つて行くことで、獨力で自家の業を營むなどは謂ふ迄もなく獨立に違ひないのである。然し人に使はれて居るからとてそれは獨立でないと言ふことは出來ない。例へ他人の商店に雇はれて居たからとてその人にして決してその主人に頼り縋ることなく、たゞ分け與へられた各自の業務に誠心盡して居るならば、その人は立派に獨立した人と云ふことが出來る。假令自身營業をして居るにしても、常に人に依頼し、人の助けを受けて居るやうでは決して獨立と云へないし、人に使はれて居ても、不羈獨立の心さへあらば、その人は獨立を誇るべきである。要はその人々の心にあるのである。

▲これが世に出る順序

そこで若し茲に、新しく世に出でんとする少年は直ちに自家の營業に就くべきか、又は差當り會社商店などに雇はるべきかといふ問題があるとすれば、元より其人々の境遇とか事情によつて、一概には言へないけれども、一般の少年に向つては先づ會社商店などに入つて一通りの下地を造るやうに勸めたいのである　それが所謂立身の近道であらうと思ふ。尤も年少の人が、最初から自力の營業を創めて刻苦勤勉の結果相當に仕上げた人も數有らうけれども、今の世の中では經驗もなく、思慮も淺い少年が、容易く信用を得相當の商賣を爲すのはなか〳〵困難である。是はどうしても相當の會社とか商店に入つて、所謂實地の見習を爲すのが順序であると私は信ずる。

▲人に見知られるが肝腎

會社や商店へ入つたならば、何でも人に「見知れるといふことを心懸けねばならない。人に見知られるといふことは詰り人に信用されることである。千里を走るやうな駿馬も、若し伯樂に會はなかつたならば、遂に見知られずに終つたかも知れない。相當に手腕ある人も人に知られずに居ては、遂にその驥足を伸すことなしに終つて了ふ。それでは怎うしたら人に見出されるかといふのが考ふべき點である。

處で、豪らさうな理屈を併べて見たり、人前ばかり賢こさうに立廻つて見た處が、人は容易に信用して吳れない。却つて「彼奴は小生意氣でいけない」などゝ云つて擯斥されて了ふ。要する處、誠心誠意自分の職務に盡して居れば可いのである。忠實に働いてさへ居れば人は必ず見知つて吳れるのである

多くの少年には、この人に見知られる迄の辛抱がなかなか難かしい。『俺はこんなに働いて居るのに、主人は些も認めて吳れない』とか、『俺には此位技倆があるのに、何時迄もこんな仕事をさせて置く』とか云つて不平を零すものがある人間不平が出ては駄目である仕事が面白くなくなる隨つて荒む、遂には反對の不信用を受けるやうになる。

▲室一ぱいに仕事をせよ

例へは主人から四疊の間だけの仕事をせよと言附かる。處がその人は不平を言ふ。『俺には六疊も八疊もの腕があるのに四疊のやうな小つぽけなものしか爲せて吳れない。』さう云つて、目の前に言付かつた仕事をおろそかにして置く。その結果はどうであらう假令果してその人に六疊も八疊もの手腕があるにしても、主人の目にはさう映らない。『あの男は言付けた四疊の仕事さへ碌に出來ない。迚も六疊や八疊の仕事は任されない。』と云つて、その人を力の無いものとして了ふ。

若しその時、その人が最初言付つた四疊の仕事にも不平を洩さず、誠心誠意盡して居たならば、有餘るその人の手腕は四疊の仕事を完全にして退けて、猶室の外に溢れて居たかも知れない『彼の力は四疊に溢れて居る。進むで八疊、十二疊の仕事を爲せても、彼ならば必ず成遂げるであらう。』主人は斯う云つてその人を信任するに至らうと思ふ。

▲古くして新しき教訓

更に實例を言へば、彼の太閤秀吉はどうであつたか。彼が

未だ志を得ず、織田信長の下に賤しい草履取をして居た時分にも、彼は全力を擧げて自分の職分を完ふするやう心懸けて居た、信長が他家を訪問して、冬の夜など更けての退出は寒からうといふので、信長の草履をいつも自分の懐に入れて暖めて居たといふ名高い話があるでは無いか。後には關白の榮位に就く程の豪い人も、草履取の時代には、草履取としての職分を、苟にもおろそかにはしなかつたればこそ、軈て信長に重く用られて、あのやうな榮達を爲したのである。

人に認められることを心懸けるのは必要なことであるけれど、人が急に認めて呉れぬからとて、不平を起したり自暴自棄したりしてはならない。今日直ちに認めて呉れなくとも自分が誠實に仕事に盡して居たならば、自然その結果が仕事の上に表はれて來る。さうすれば賴まなくとも人は認めて呉れるものである。立身出世の緒はこゝから開けて來るのである。

第十四　正直が資本

東京商業會議所會頭　中野武營

自ら缺陥を補へ……鍍金は剝げる……馬鹿正直……商人の資本

人間が此世の中に處して行くに、如何なることに注意して、如何にすれば宜いかといふに、これは却々六ヶ敷問題であつて、これ〳〵が處世上の祕訣だとか要訣だとか云つて抽象的に言ふことは困難である。で茲には唯余が今後の青年に望むところの一二點に就て述べて見ようと思ふ。

今日の青年を觀るに、學問があり技藝に巧みであるものは、却々多く見受くるやうであるが眞に精神の確乎(しつかり)とした根柢のある者がない。

是は強ち青年其者をのみ責むべきではなくして、敎育上より來れる弊が多いのである、即ち現今の敎育が、餘りに智育にのみ趨つて德育と云ふ者を輕んずるより、自然斯かる現象を呈したので、先づ斯の如き傾向は啻に我國許りでなく現今に於ける世界の大勢と謂つてよいのであらう。是は勿論改めねばならぬことであるが、青年自身も能くこの時勢の弊を考へて、之に染らぬやう、其缺陷を補ふやうにしなければならぬ。社會は過去に於て、學校出の青年を迎へて見て此等の弊のあるを認め、幾分今日の學問ある青年に對して失望して居る時期である、即ち覺醒し警戒して居るのであるから、青年たるものは此際須らく其根本たる德を修むるといふことに深く注意しなければならぬ。今後の社會が歡迎する所の人間は、決して智識あり技藝あり手腕あるのみの人間ではなくして、德行があり、眞面目で、精神の鞏固な人間である。一體この學問技藝などといふものは、ほんの人間の裝飾であつて、表面の飾りである、人間としては勿論この飾りも必要であるには違ないが、如何に飾りのみが立派でも、其本質が善良でなければ決して尊いものでない、表面如何に金鍍金（めつき）を施したとて木地が鉛や亞鉛では到底人は信用しない。故に今後の青年は、學問技藝を修むると同時に、一方德を研き、眞に土臺がよく、確乎（しつかり）した人間にならんことを期さなければならない。

それからも一つ世の中に立つて行くのに必要なのは、正直といふことである。今の世の中を見渡すと、餘り正直なのは馬鹿正直であるとか云つて、之を嘲笑するやうな傾向があるが、これは大なる間違ひで、ほんの社會の皮相を見て言ふ所の言葉である。いくら今の社會はどうのこうのと言つても、矢張り正直が人の信用を得る基ゐで、人の信用を得るのは即ち成功の所以であるからどうしても成功と正直と云ふことは併行して往くものである。 いくら才藝があり敏腕家であつた所で、この正直と云ふものが無かつたならば、安心して事務を委任することが出來ないから、つまり其人は立身出世をすることは出來ない譯である。 商賣上に於ても、正直は唯一の資本であるといふではないか、以前は商人と云ふと、駈引とか或は上手を言つて商をするとか又は頓智がよいと云ふやうなことを以て商賣人とした、けれども今日ではそんな事をして一時は利益を得るやうなことがあるかも知れないが、終局の勝利を得ることは到底出來ないのである、殊に外國人と競爭して之に勝つことは出來ない、日本人に商業道德が缺けて居ると云ふのも昔からの習慣として商賣人は正直が無い嘘を言ふものとして誰もそれを怪しまないと云ふことから、所謂因襲俗をなせるの結果、斯かることがあるのであらう。 今後商人として成功する道は、唯馬鹿正直にして御客様の氣に入るやうに成る可く廉價で善良なる品を販賣するといふことで、即ちこの正直と云ふことが商賣人の資本である、正直と云ふことを精神とし、其修めたる學術を利用して世に立つたならば決して歐米人に負くるやうなことはないと信ずるのである。是は單に商賣に就てのみならず、總て世の中に處する所の道であつて、驚てこれが成功の要素である。

其他尚ほ世に立つて行くには、獨立の精神が必要であることや、種々あるけれども、以上其最も基礎となる所のものに就て、之を青年に望む次第である。

安逸僥倖を願ふ者は必ず失敗す

帝國實業講習會顧問
東京商業會議所會頭　中野武營

▽樂よりも先づ苦を望め

世の中の多くの人に、

『苦しい事と樂な事と、何方がよいか。』

と尋ねたら、大抵な人は言下に、

『それは樂な方が好い。』

と答へるに違ひない。けれどもそれは非常な心得違ひである。將來實業界に大に成功しようと思ふ青少年は、夢にもさういふ考へを抱いてはならない。


例へ自分の仕事が樂であつても、たゞ『己の仕事は樂だから好い。』と安心してゐないで、自分から進んで骨の折れる困難な仕事に當らうとせねばならぬ。他人が嫌がるやうな仕事は、自分で引受けてまでする心掛けがあつて欲しい。

▽一時の困難は將來の幸福

骨の折れる仕事をしてゐる人から見ると、樂な仕事をしてゐる人は、如何にも幸福のやうに思はれるが、決して然うではない。樂な仕事をしてゐる人は、如何にもその時だけは骨も折れず安樂であらうが、然しその樂はほんの一時的のもので、その人の将来を考へて見れば、必ずしも幸福だといふことは出来ない。なぜかといふに、何時も樂をしてゐる人は、その人を使つてゐる主人や目上の者の眼には止まらないで、一生出世をすることが出來ぬかも知れぬが、何時も骨の折れる仕事を一生懸命にしてゐる人は、自然と主人や目上の者の眼に止まつて、自と昇給も早くされれば、地位もまた他の人より早く進められるといふことになる。從つて一時は辛いとか苦しいとか思つても、やがてそれが出世の基となるのである。

▽伎倆と地位と伴はねばならぬ

世の中には同じ位に學力も伎倆も持ちながら、甲の人はその會社の社長などの縁故で、僥倖にも五十圓も月給を貰つてゐるにも關はらず、乙の人は僅か二十圓しか貰へないといふやうな場合が多し、然し斯ういふ場合には、表面から見ると甲は如何にも幸福で、乙は如何にも不幸のやうに考へられるけれども、實際は乙の方が遥かに幸福なのである。それは何故かといふに、甲は僥倖にも澤山の俸給を貰つてゐるけれども、實際はその地位に置かれるだけの伎倆がないから、ちつとも働けない。従つて昇進などは思ひも寄らないことになる。之に反して乙は伎倆よりも低い地位にあるのであるから、充分に働くことが出來るから、自然地位も俸給も昇進するのである。

だから實業界に於て成功を望む青少年諸君は、決して安樂や僥倖を希はず、如何なる困難にも堪へ、如何なる地位にも甘んじて、自分の出來るだけの伎倆を振つて熱心に働くやうにせねばならない。

斯心か處世の要訣

東京商業會議所會頭　中野武營

▲自信ある者は運命を開く

世には血氣旺盛の青年で動もすれば人生を悲觀し、甚だしきは悲慘なる最後を遂ぐる者が少くない。而してこれは意志弱く自信の力に欠けるからである。斯の如き人は或は偶然の利を得んことを希ひ、或は一時の榮華を僥倖せんことを欲し、或は人の峩冠錦衣を觀て羨望する。而して之れが達せられなければ忽ち失望し落膽し世を悲觀する。之に反し若し其人にして意志堅固ならんか、偶然の利を僥倖せんことを希はず、峩冠錦衣の人を觀れば、自分は襤褸を纏ふも心に金衣を着せるを誇り、益努力して成功の彼岸に達せんことを期する。即ち其人にして意志强く、我が信ずる所は千萬人と雖も吾往かんといふ樣な勁い自信力があれば、人生は坦々として砥の如きものである。一朝艱難に遭遇するも笑ふて之に對し、百倍の勇氣を以て奮闘することが出來る。

▲天道果して是か非か

自信ある者は心に疚しき所なく、失敗蹉跌するも心に安ずる所がある。是に於て人はその善と信ずる所に直往邁進することが出來る。たしか室鳩巣の著書であつたかと思ふ。かういふことが書いてある。或日弟子が師の鳩巣に向い『顏淵は亞聖といはれ、孔子多數の弟子中及ぶものなき君子であつたが、その生活は一簞の食一瓢の飲、陋巷にあつて其樂を更めず、回や愚ならずと讃められた位に頗る貧しく、且つ短命で僅に三十歳で世を終つた。然るに盜跖は天下の大賊でありながら奢侈贅澤に活らし、壽も亦七十歳に達した。亞聖は却て短命で貧苦の生を送り、人の財を掠めた惡徒が長壽を保ち生涯を安樂に過した。天道は是か非か、一向當にならぬではありませんか』と尋ねたるに對し、鳩巣は從容として『否とよ、天道は是である、天にはチャンと制裁といふものがある。試みに二千年後の今日、國王に對ひ陛下は顏淵の樣な人であると申上ぐれば必らず朕は顏淵に及ばぬと謙遜せられるであらう。國王の尊を以て尚且つ顏淵を尊敬せらるゝと斯の如くである。又車夫馬丁に對し試に汝は盜跖の樣な奴だといへば、必らず憤然として怒るであらう。人は現世のみの成敗を以て幸不幸を斷ずるは誤つてゐる、天には必らず制裁があると答へたといふ。

▲自信ある者は失敗も意とせぬ

短き浮世の成功だけで喜憂を決するは早計の甚だしきものである。短き歳月の間には善必らずしも、直に酬られぬとなしとせぬが、苟くも善を爲すを好み、一擧手一投足、正義を則とし、省みて疚しからざれば、天道必らず己に順となるべく、他人も亦必らず己を尊敬するであらう、又若し己の志が酬いられぬとするも、善を行ふた自信力は短き浮世に於ける失敗蹉跌に心を累せらるゝことはない。是に於て胸中常に光風霽月の如く、虚心淡懷人生を樂しむことが出來る。

＊　＊　＊　＊　＊　＊

事務室に於ける中野武營氏

出世する青年には如斯特徴あり

東京商業會議所會頭　中野武營

◎先づ手近の技藝に堪能なれ

實業に志す青年を観るに、將來立身出世すべき特徴を有つて居る者と、蹉跌失敗に終るべき特徴を有つて居る者と、二た通りある。將來立身出世すべき運命を有つて居る青年は、先づ以て手近の技藝、即ち手紙を綴るに巧いとか、文字を綺麗に書くとか、算盤を彈くことに熟達して居る、と云つたやうな人間普通の技藝に卓越して居らねばならぬ。

然るに當今の青年は、動もすれば氣分のみ高尚となり、文字を書き、算盤を彈き、手紙を綴ることを以て下級社員の末技なりと輕侮し、之を等閑に附する嫌のあるのは、以ての外の心得違と云はねばならぬ。

◎重役の信用を博する方法

凡そ物には順序あり、地位には自ら階級がある。如何に明敏達識の手腕家でも、一足飛びには社長となり、重役となることが出來ぬ。二階に昇るには、先づ以て最低の第一階を踏まねばならぬと同じく、上役となるには、先づ以て最低の地位より身を起さねばならぬ。最低の地位に身を投じて、而して重役若くは上役の信用を博さねばならぬ。

然らば如何にして重役若くば上役の信用を博すべき乎と云ふに、其れには先づ以て手紙を綴るとか、文字を書くとか、又は算盤を彈く、と云つたやうな所謂末技に於て卓越せる技能あることを認識されねばならぬ。下級社員の數は、會社の規模が大きくなればなる程、多數となる。而して此多數の社員の中に於て、重役若くは上役より認識され、昇進拔擢の動機を作るものは青年の多くの者が平素輕侮しつゝある所の末技其者である。

試みに手紙を綴らして觀ると巧に綴つてある、文字も綺麗に書く、算盤も巧く彈く、彼れは調法な人物だ、間に合ふ社員だと云ふ感念が、端しなく重役の胸の裡に湧いて來る。こうなつたらモウ占めたものである。其社員は既に立身出世の第一門に入つたものだ。

人間普通の技藝に熟達せない青年は、如何に才幹があり、如何に識見があつても多數社員の中より昇進拔擢さるべき機會が比較的遲い。蓋し下級の時代に於ては、卓越せる才幹を以て裁斷を要する事件の處理は極めて稀れで、日常多く從事するものは所謂末技であるからである。

◎木下藤吉郎の心掛

◎各派の地方遊説
効能澤山の藥賣り聲を涸らして田舍廻りをやつてゐる

立身出世するにはドウしても上長の信用を博さねばならぬ。上長の信用を得なければ、如何に其人が卓越せる才幹を有し、秀拔なる識見を有するも、立身出世は六ケ敷のである。自分ばかり天狗になつた所で、人が用いて呉れなければ何の益にも立たぬ。

文字を書いたり、算盤を彈くことを以て、下級社員の敢てする末技なりなどと侮つて、其大切なる職務を等閑に附するやうては、到底上長の信用を博して立身出世することが出來ない。何でも木下藤吉郎の草履取り時代の心掛けが肝心である。木下藤吉郎は他日太閤秀吉となつて天下の政權を掌握したが、信長の草履取の時代には、外の同僚の草履取り連中は、暇さいあれば寢ころんだり、雜談に耽つたりして、自然主人の御件も怠り勝てあつたにも拘らず、獨り藤吉郎のみは常に主人の草履を懷に暖めて神妙に控へ、曾て一度も怠らなかつたので、遂には信長の爲に其誠意を認められ、其信用を博して立身出世することが出來た。將來大に爲す有らんとする青年は、這般の心掛けが肝心である。大志ある者は、先づ雖伏して上長の信用を博する分別をなさねばならぬ。太閤秀吉の如き英雄も、信長の信用を博さなかつたら或は撥亂反正の大業も六ケ敷かつたかも知れぬ。

◎技倆以上の高給は不幸

或は自分はこんなに忠實に働き居るのに主人は認て呉れぬとか、又は自分は之れだけの技倆があるのに、コレばかりの給料しか與へぬなどゝ言つて、不平をこぼす者があるが、之れは以ての外の誤解て、如何なる主人と雖も、其使用人の忠實、熱心、勉强を賞でない者はないてあらう。一生懸命に蔭日向なく忠實に働いて居れば、假へ如何に眼のない主人でも何日かは其善行を發見し、其感ずべき誠意に對しては、必らずや報ゆべき適當の方法を講ずるに相違ないのである。

又給料云々の如き、自分の技倆以下の安い給料を取つて居るなら、不平どころか、寧ろ其人の將來の發展の爲めに大に喜ぶべきてある。技倆以上の高給を取つて居る青年こそ、其前途は頗る寒心すべきて、恰も噴火山頭に踏舞して居るやうなものてある。何れ技倆以上の高給を取

◎大八君の滿洲土産

野村總裁、中西監理官が政友會に入るさうだ。原さんも、この土産は喜んで受けずばなるまい

つて居る者は、因緣か情實かに依て、僥倖にして取つて居るのてあるから、一朝因緣の人去るか情實の絆が切斷さるれば、忽ち墜落を免ぬがれざるのみならず、技倆以上の高給を取つて居るから其行動に見榮なく假し職務上好成績を擧ぐるも、上長よりは當然なりと思はれ、從て昇進すべき機會は少くなるから、永き將來の上に於ては甚だ不利益千萬てある。

然るに技倆以下の安給料を取り居る者は、假し何等かの都合上其地位を失するも、其以下に降るが如き患は少なく、日常執務の上に於ては光彩を放ち、上役よりは彼れだけの技倆があるのに給料は安過ぐるとの感念を起さしめ、從て昇進拔擢さるべき機會は極めて多い。何でも人は腹八合と云ふことが肝心てある。

人間と云ふ者は、兎角安逸を好み艱難を避けたがるものである。若し青年にして、自ら進んて困難の仕事を引受け、而して自己の技倆以下の安い給料で滿足し、一生懸命に働いて居れば、必らずや其人の將來は、赫々たる成功の月桂冠を以て其頭上を飾らるゝてあらう。

＊　＊　＊　＊　＊　＊

軍隊生活に現はれたる青年の虚榮心

除隊兵士の歸郷に關する一大警告

東京商業會議所會頭　中野武營

> 今日の世界は力の世界である、強者の天下である。平和の際には正義人道も赫々たる光輝を發するが、一朝事ある時には宗教家の一場ノ夢物語と化して仕舞ふ。天下太平の際には國際公法とか國際的條約の如きは、炳として日月と光を爭ふが、一朝干戈動く時には一片の反古紙となるは今日の歐洲大亂に徵して明確である。幸にして今回の歐洲大亂芽出度終熄を告げ、世は再び波靜なる太平の世界となるも、何日何時再び砲煙彈雨の血腥き舞臺を現出するやも測り知れぬ。顧みて歐洲大亂後に於ける我日本帝國の立場を觀れば、實に憂心苦慮に堪へざるものがある。正當防衛の爲めに日本は何日何時干戈を採つて起たなければならぬも知れぬ。今日の戰爭の勝敗は智識の大小、武器の利鈍に依ると同時に、兵力の多寡に職由すること大なるは言ふを俟たぬ。日本國民は豫かじめ國民皆兵の覺悟を固むることが必要である。想ふに將來は兵役に就く國民は益々其數を增加するであらう。茲に於てか徵兵に伴ふ國民の苦痛を出來るだけ、減少すべく施設することが肝要である除隊兵士が出營に際し、身分不相應の華美なる日本服を着用するが如き其弊の最も大なるものである。中野東京商業會議所會頭夙に其弊を憂へ之れに關する一大警告文を寄せらる。左に揭ぐるは即ち是れである。蓋し刻下青年と言はず、國民一般に必讀すべき一大文字である。

◎和服姿より軍服で歸れ

曩に徵發されて入營したる全國の壯丁は、今や二ヶ年間の兵營生活を送つて、此十一月末に出營歸郷を許され、其れと交代して、新に徵發された新兵は、翌十二月一日に入營するのが每年の例になつて居る。想ふに定めて送迎の盛なることであらう。其れに就て少しく余の所感を述べて見たいと思ふ。

所謂古兵の出營する樣を觀るに、何れも日本服に着換へて互に挨拶を交換し、儀式を了し、迎の人に連れられて郷に歸ることになつて居る。偖て問題は此日本服であるが、余の考では出營歸郷する際には、日本服と着換へずして軍服の儘に歸らしめた方が善いと思ふ。

◎服裝の新調は父兄の苦痛

其處で如何なる理由で、さう云ふ事を主張すると云ふに、第一の理由は經濟上の爲めである。古兵が出營する際に、日本服に着換へると云ふことは、經濟上に大關係を有する。出營者は一代の晴とばかりに着飾りて、或は羽二重の羽織を着つけ、或は仙臺平の袴を穿くと云つたやうに、身分不相應な華美なる風をする。金滿家なら何等の苦痛もないが、家計の裕かならざる者は多大の苦痛を感ずる譯である。然るに子の可愛さの念に驅られて、多くの親等は無理算段をして身分不相應な衣服を新調して愛兒に纏はしむるのが例である。古兵出營間際に於ける父兄の物入りは實に大したものである。殊に今日は歐洲大亂後に伴ふ不景氣の爲めに、庶民の困難一方ならざるに搗てゝ、米價暴落の爲めに地方農民は一層の困窮を增した折柄であるから、其迷惑苦痛は蓋し名狀すべからざるものがあるてあらう。而して其れが百人や二百人の小人數なら差したることもなからうが、何千何萬と云ふ多人數の事であるから、其國家經濟の上に及ぼす影響の多大なるは之を察するに難からぬのである。

中野武營氏

◎畏けれど軍人勅語に反く

加之、古兵其人は二ヶ年間繁華な都市に在りて、華美な奢侈な都市の風俗を親しく實見して、動もすれば周圍の土臭き臭を厭ひ、都會の浮華なる生活を憧憬し輸入せんとする傾向ある所へ、身分不相應なる華美の日本服を纏ふて歸郷する樣子を眼のあたり見たる弟妹は、如何なる感覺を起すであらうか。自分も亦あゝ云ふ立派な衣服を着けたいと云ふやうな感覺を起すに至るてあらうと想はるゝ。斯くて一家は知らず識らず奢侈贅澤の惡風に感染し、遂に負債山積して一家沒落離散の不幸に遭遇するに至るなきを保せぬ。近年地方は一般に浮華の惡風瀰漫しつゝあるが、其一原因は交通機關發達の爲めに都會の惡習輸入せる結果なるは言を俟たざれども、其他の重大なる原因は、出營兵の身分不相應なる日本服着用と云ふのが與つて力あることゝ思ふ。且つは明治十五年先帝陛下が、軍人に賜ひし五ヶ條の聖諭中に明記された、軍人は質素を尙ぶと云ふ御趣旨にも背反する譯であるから、是非共質朴なる軍服を纏ふた儘出營せしむることゝしたいものである。左すれば無益の出費を節約し得て、經濟上大なる利便を得ることゝなるのである。是れ其余が軍服を纏ふた儘、出營せしめよと主張する第一の理由である。

◎剛健勇武の風を失ふ

第二の理由は、凛々しき勇姿を郷里の人々に洽ねく見せしめ、以て冥々の間に剛健勇武なる軍隊の精神を鼓吹せんが爲めてある。地方の人々は正直て淡泊てある。明鏡止水、心に曇りがないから、忽ち境遇や周圍の感化を受け易い。善い人の側に居れば、忽ち善人となり、惡人の側に居れば、忽ち惡ゝとなつて仕舞ふ。善い風俗にも染り易ければ、惡い風習にも感染し易いのが例てある。グニャ〳〵した華美な和服姿の軍人が、多數の人に歡迎せられつゝある光景を、眼のあたり望見せる質朴なる地方の若い人々は如何に感ずるてあらうか或は惰弱な輕跳な感念を湧起するに至りはせないか。之れに反して凛として勇ましき軍服姿で堂々として濶歩する颯爽たる勇姿を眺めた地方の人士は、成程國家の干城てある。日本帝國の軍人てある、我れも彼の勇ましき軍人とならん、我も彼の凛とした勇ましき美風を習はんと云ふ感念が油然として湧き起るてあらうと思ふ。果して然らば華美な和服姿で歸郷すると云ふ事は、地方の風教上甚て面白くないことになる。加之、本人自身の精神的感覺にも宜ろしくない。一たび出營した軍人は、永く在郷軍人として一朝有事の際には蹶起銃を肩にして戰場に向はねばならぬ大責任を有する人々てある何時までも軍人氣質を忘れない工夫こそ肝心てある然るに出營する際に名譽ある軍服を脱ぎ捨てゝ、華美なる和服に着換へた瞬間には一種の惰氣を生ずるに相違ない。こう云ふ事は甚だ宜しくない。近來社會の風潮を觀るに、質實剛健の美習地を拂ふて、輕跳浮薄の惡風所在に横行拔扈して居る。蓋し國家の爲めに甚だ憂ふべき事てある。是れ其余が凛々しく勇ましき軍服を纒ふて歸郷せしめよ、と主張する第二の理由てある。

◎軍服は一纒めにして返納せよ

然らば其軍服は結局如何に處分するやと云ふ問題を生ずる余の考では出營兵士の纒ふて歸つた其軍服は後から郷里の町村役場に納め役場から小荷物として兵營に送り届け、郵送料金は兵營にて負擔支出することにしたら善いと思ふ。郵送料金は洵に些々たるものてある。例へば卅日に出營するのを一日繰上げて、廿九日に出營せしめても善い譯てあるが、倂て僅に一日早く出營せしめただけても、其經費を通算せば何十萬圓と云ふ多額になるのてあるから、之れに比ぶれば郵送料金の如きは齒牙に掛るにも足らぬ程少ない。若し多少の送料を要するとするのも、他の大なる利益に比すれば極めて微ゝたるものてある。

之を要するに、經濟上幷に風教上より觀察して、余は古兵出營の際には、威風凛然たる軍服を着た儘歸郷せしむるの必要なることを主張するものてある。切に軍務當局者及び大方識者の研究を望む。

理想的少年店員社員論

「日本一」顧問
東京商業會議所會頭　中野武營

□少年店社員は番頭及び社員よりも責任重し

凡そ株式の會社たると一個人經營の商店たるとを問はず、營業又は經營上の責任は一に以て悉く社長又は店主に歸すべきものであるが、少年の店社員たる給仕又は小僧の責任も亦決して輕しといふことはできないのである。是は第二號に於ても既に述べた所であるが、一會社に社長あり、一商店に主人あるは恰も一國に君主あつて國政を統ぶると同樣であるが、其國家の進歩發達は、國民が克く其君主の意を體して、各自に其業を勵み、其責任を全うするに於て初めて到達し得るものであるが如く、一會社又は一商店の榮枯盛衰は其社員又は店員がよく其社長又は店主の股肱となつて、各々其職責を全うすると否とによつて定まるものである。故に其社員又は店員の配下に立つて働く可き少年店社員即ち小僧又は給仕は、常に店主社長又は店員社員の命令を尊重して絶對に是が指示する所に從はなければならないのである。殊に少年店社員は會社商店の表面に立つて直接外部の顧客に接觸するものであるから、社員番頭が會社商店に對するよりも更に重大なる責任を持つてゐる事を忘れてはならない。

□少年店社員は生ける玄關なり

吾々が他人の家を訪問して先づ第一に眼に着くものは其家の玄關である。故に古へより洒掃應對の第一歩は先づ玄關より初まるものとなつてゐる。玄關にして不潔ならんか、如何に住宅は宏壯なりとも、直ちに其主人の人格の清廉ならざるを思はしむるものである。翻つて考ふるに少年店社員は其會社又は商店の玄關口に等しきものである、彼等にして客を遇する事不用意ならんか、顧客は先づ其會社又は商店に對する第一印象を疵けらるゝが故、商店ならば直ちに顧客を失ひ、會社ならば來客に惡感情を與へて、會社と客との間に牢として拔くべからざる障壁を設ける事と成るのである。是は別に小僧給仕のみと限つたわけではないが、凡そ世の中に於て他人と感情の齟齬する程不利益な事は無い。感情一旦齟齬する時は十年の交りも一時に破れて、是を回復する事は決して容易ではないのである。況んや商店又は會社は、旦に千客を迎へて夕にまた更に萬客を迎へなければならない。從つて其商店又は會社と來客との關係は、多くは皆個人同志の間の如く互に其缺點と美點とを理解し合つた間柄ではない、故に是等の人に對して一旦感情を失する時は、其れを回復する事は絶對に不可能であると云つても決して過言ではないのである。のみならず一人の客に抱かせたる最初の惡印象は、更に恐るべき勢を以て其人の家族又は知己の間に傳へられる事を忘れてはならない。昔から駟も舌に及ばずといつてある如く、一人の來客から傳へられる惡聞は、其商店なり會社が百萬言を費して新聞雜誌に廣告しても、其客から直接悪聞を傳へ聞いた人の眼には、單に虚僞の商略的廣告としか映らないのである、一日に一人の顧客を失へば一年には三百六十五人の顧客を失ふことになる。此顧客が給仕又は小僧に與へられた悪印象を其知己又は家族に物語るものとすれば、一年間に失つた三百六十五人の顧客の悪聲は其數倍又は十數倍の範圍に廣がつてゆくのである是を思ふ時は、會社商店の下級員の責任は實に重且つ大と云はなければならないのである。故に之と反對に顧客又は來客に好印象を與ふる時は一度其商店又は會社を訪れたる人は間接に其商店又は會社の廣告者と成るのである。此廣告は決して輕視する事は出來ない、新聞雜誌の廣告は、此好印象によつて更らに幾何の效果を增大せしめられるかも知れないのである。

□此生廣告を利用せよ

以上は主もに普通の客に對する待遇に就いての注意であるが、商店に限らず會社などでも、所謂素見客又は客の性質によりて色々難題を持ちかける者がある、小僧又は給仕になる年頃は丁度人間の生意氣盛りで、多少世の中の是非善悪が判つて來る時代であるから、素見客や難題を吹掛ける客を見るときは、悪い奴が來たとか、或は何の利益にもならない人間が來たと、すぐ自分の頭の中で判斷して動もすれば嘲笑的の態度を以て是に應接するものである。是勿論人情の然らしむる所にて特に頭腦の幼稚なる少年店員等には無理ならぬ事であるが、斯の如き場合こそ實に小僧給仕の最も注意すべき場合で、是等の客を遇するの方法宜しからざれば、其傳播する悪聞は前に述べたる場合よりも更に甚だしいのである。然らば斯の如き場合に遭遇せし時は如何にすれば好きかこいふに、是は大いに研究すべき問題であるが、先づ最も一般的の場合を考察すれば、是れに惡感情を與へざるに初まりて、更に是を利用する迄に進まなければならない。要するに素見客の如きものは、是を社會に譬ふれば、政治問題又は社會問題等に關する騒擾事件の起りし時、何處よりこも無く集合し來る群衆の如きものなれば、是に好印象を與ふる時は、其廣告的能力は到底前に述べたる普通の客に對する場合の比ではないのである從つてもし其待遇法を誤らば其爲めに被る損失も決して些少ではな＊

英國婦人の兵役權主張者の示威運動
先頭に立てるは白耳義婦人にて持て
る旗は白耳義の國旗なり

＊いのである。是實に最も利用し易き生廣告の一つなれば、小僧給仕にして此簡單なる道理を理解せず徒らに顧客の種類を判斷して其待遇法に優冷の區別を爲す時は、唯に將來有望なる顧客を失ふのみならず、最も有益なる廣告者を最も不注意に取逃がす事こ成るのである。

□少年店社員の眞の領分は是

昔から小僧給仕は、其商店又は會社の手足であるこいはれてゐるが、是丈けではまだ充分に其れを説明し得たものといふことは出來ない。私をして云はしむれば、小僧給仕が社長店主等に對する場合は確かに人體の手足に於けるが如きものであるが、是が外來の客に對する時は手足であるといふよりも寧ろ口又は顏の表情の如き外交的機能に相當するものである。是が友人同志の交際ならば兎に角、日々多數の未知の人物を對手にする人にしてもし是に外交的手腕が伴はざれば、如何に高才を有する人と雖も、其高才を充分に發揮せしめる事は出來ないと同じく、殆んど日毎に新たなる人を送迎する給仕小僧にして、此外交的手腕を有せざれば到底完全に其職責を滿足せしめる事は出來ないのである。併しながら是實に云ひ易くして實行し難き事なるが、是こそ即ち眞の少年店社員の修養獲得すべき最も必要なる要素であつて、然も又最も意義のある領分であると云はなければならないのである。

事業創始に要する戒愼

「日本一」顧問
東京商業會議所會頭　中野武營

□事業の起るや時の勢也

社會の進歩發展に伴ひ、これを過去に比すれば年一年と新たなる職業の增加して來たことは從來未だ無かつた女子の職業の、輓近著るしく多くなつたのを以て見ても之れを徵することが出來る。それかあらぬか、嘗ては一時非常に喧しかつた就職難に伴ふ生活難の聲は、特に昨年曠古の御大典に於て甚だしく減少したことは事實である。これ蓋し種々なる事情に伴ふ一般の景氣恢復に因ることは勿論だが、又一面から見れば確かに以前よりは、各種の職業が增加したからであるのは爭ふべからざることである。殊に歐洲大亂の影響を蒙り、銃器彈藥その他の注文を引き受くるに至り、我が國の事業界は遽然として百方多事を極めつゝあると同時に、今や其の企業熱は嘗て日露戰役後に於ける夫れよりも猶ほ熾んなるものがある。凡そ社會萬般のこと一として然うでないものは無いが、惟ふに總ては皆勢ひの然らしむるところである。滔々として落ち來る決河の勢ひは、何ものを以てしても到底能く之れを禦ぎ止むることの出來ない如く、事業の起るや全く時の勢ひである。需用に應ずる供給であるが、時としては遊金のあるに任せて、一部の野心家の爲めに企てらるゝ事業は實に危險千萬なものである。彼の日露戰役後宛ら雨後の筍の如く、忽ち起つては忽ち潰れた所謂泡沫會社と稱せらるゝものは何れも皆夫れであるが、その當時から見れば今日の事業界は、その根底に於て餘程堅實なものとなつて來たことは、實に國家前途の爲め喜ばしき現象である。昨今頻りに化學工業の勃興に伴ひ、獨り民間に於てのみならず、政府にあつても亦只管これが發達を期すべく、能ふ限りの保護を加ふると共に、大いにこの方面の奬勵に力を注ぎつゝあることは、苟くも事業界に處するものゝ等しく認むる所の事實である。

□愼重なる態度と熟慮

大勢已に斯くの如くであるが、由來模倣好きなる日本人の癖として、他人の成功を見ては己れ亦これに慣つて事を成さんとするの弊に陷り易く、更に一新機軸を出さんと努力するものは至つて稀である、殊に今日の如く愈々事業界の有望なるを見ては、誰れも彼れも齊しく皆その方向に恰も潮の如く押し寄せて行く有様であるが、凡そ如何なる事業に限らず、苟くも之れを始むるに當つては、云ふまでもなく充分に愼重なる態度と熟慮とを要するは勿論、飽くまでも不撓不屈の精神を以て殪れて後止むの覺悟で之れに臨まなければならない。千里の道も一歩よりの譬へで毫厘の差も決して忽せにはならない、何事に依らずその成ると成らざるとは實にその最初の一歩を踏み出す時にあるのであるから、先づ事を始めんとするものはその資金よりも宜しくこの點に注意し、徒らに他人の模倣に陥らず、先人未踏の地を開拓するの勇氣と覺悟とを以て自己の進路を作るべきである。彼の事業を以て鉅萬の富みを爲したものがあるから、我れ亦それに慣つて一擧千金を獲得せんとして、唯々前者の駛つた軌道に沿うて只管その後れざらんことをのみ苦慮するやうでは、商賣忌み敵の喩へに漏れず、競爭の結果遂には自他共倒れに終ることが往々にしてあるのは頗る憂うべきことで、社會國家のため決して執らざる所である。今日は舊幕時代に比すれば幾層倍吾人の世界が廣くなつて居るか知れない。眞に力ある者であつたなら縱令幾分四圍の事情に制せらるゝにせよ、能くその壓迫に堪へ初志を枉げざるに於ては、如何なる事業か成し難きものがあらう。能く始むるは已にその半ばを成し遂げたものであると云ふ言葉もある位で、躊躇逡巡は處世の大禁物であるが、さればと云つて又戒しむべきは輕擧妄動である。

□事業の性質を究めよ

敵を知り我れを識り以て地の利に據り天の時に則れば、百戰百勝期して疑ひなきが如く、凡そ事を創むるには先づその前後の情勢を察しなければならない。社會を若し海に譬ふれば人は航海者の如きものである、その纜を解くに當つて雲の徂徠を見天候の如何を察し、潮時に乘じ追風に帆を揚ぐる用意が無くてはならない。幾ら供給は需用を生むと云ふのが經濟上の一原則だからと云つて、その機微を察するの明なくして、只無暗矢鱈に事を起したからとて、若しそれが時機に投じなければ折角の苦心も水泡に歸して仕舞ふことは云ふまでもないことである。假令自らはそれを以て如何ほど有利なる事業であると思つたところで、認めて以て社會が齊しく之れを歡迎して呉れなければそれは全く自分一己の道樂と何等選ぶ所なきに終るものである。何事にまれ之れを遍ねく先輩に訊すといふことは或る程度まで必要であるが、殊に新事業を起すに當り、一日乃至一年若しくは十年の長ある經驗に豐かなる諸先輩に之れを聞くと云ふことは啻に前者の覆徹を履まずに濟むばかりの消極的利益のみではなく、寧ろ積極的に參考となることが何の位多いか知れない。斯くて愈々その創めんとする事業の性質を究め、これに要する資金の充分なるを得たならば決然その事に向つて驀進し、夢々左顧右眄之れを甲に聞き又乙に訊すと云ふやうなことを、苟くもその發足の道程に於てしてはならない。既に着手した曉は已に乘り懸けた舟である、假令其の航海の途中にして暴風雨に襲はるゝことがあるにしても、能くそれを乘り切るだけの覺悟がなくては何事も始めらるゝものではない。徒らに小心翼々たるのみでは、人は益々萎縮して仕舞ふばかりである。韓昌黎が文を行るの要訣として誰しも知つてゐる所ではあるが、初めは須らく膽の大なるを要し終りは心の小なるを要すと云つてゐるのは、偶々移して以て事業創始者の戒しめとするに足る言業である。されぱと云つて、何でも關はず無暗に行ればそれで可いと云ふのでは決してない、唯々眼前のことのみに注意し、一寸先は暗と云ふ風では、何時如何なる暗礁へ乘り上げやうも知れねば、その點は又深く戒心すべきである。

□永遠の策を立てよ

凡そ人の世に爲すあらんとするや須らく永遠の策を立てゝ懸らねばならぬ、深慮遠謀は事を始むるの第一要件である、短慮は如何なる場合にも大禁物である、點滴石を穿つの譬へで、その始めより能く久しきに耐ふる力あるものにして誰れか成功しないものがある。一氣呵成に事を成さんとするは却つて失敗を招ぐ原である。屢々引用される言葉だが、家康が堪忍は無事長久の基と云つたのも正にこの邊の消息を語つたもので、徳川三百年の基は實に家康の創業その宜しきを得たからに由るのである。これを大にしては一國、これを小にしては一身一家の企てになるもの、一として最初が肝腎でないものは無い、例せば先づ家を建つるにしてもその地形から始めて土臺を鞏固にし、萬一の場合能くその轉覆から免がれしめんとするのである。根深ければ枝繁く、源遠ければ流れ長しといふは自然の道理である。さればその基礎だに宜しきを得れば、事業を成すは決して難いことではないのであるが、玆に最も注意しなければならないのは、物の嫩芽は得て蟲食まれ易いものであるといふことである。固よりその事業の性質にも依れど、時勢の推移に伴ひ小資本よりは寧ろ大資本を投じて之を起すの多き今後に在つては、何うしても會社組織のものの増加するは今更云ふまでもなきことながら、然うなる曉は愈々益々今日で所謂會社喰ひ若しくは銀行破落漢と稱せらるゝ種類の、その期に乘じて彼等が奸手段を以て之れを好餌となさんとするの甚だしきに至ることは火を睹るよりも明らかな事である。如何程内に勤めても、外より來る斯かる障害を能く防止するに非れば、啻にその目的を達することの出來ないばかりでなく、折角企てた事業も二葉にして枯らして仕舞はなければならぬやうな破目に陥るものである。

大丈夫論

「日本一」顧問
東京商業會議所會頭　中野武營

■體は魂の入物

事の成敗は固よりその人の利鈍、時の運にも因るとは申せ、概して日頃の修養如何にあることは勿論である。修養といふと些か堅苦しく聞えるが、之を平たく云へば各自の心掛けがそれである、その心掛け、即ち修養の要訣に就いては今日まで隨分種々の人々に依つて説かれ、又た古來の聖經賢傳にも多く書き遺され、何れも言葉を極めて精神の修養、即ち吾々が日常心の持方如何を教へて居る。元來人間には肉體と精神との兩方面のあることは今更申すまでもないが、或る意味に於て吾々の生活と呼ぶところのものは、この靈肉二者の葛藤とも見ることが出來る。その葛藤に於て能く飽くなき肉の慾力に打ち克ち、精神的に勝利を得るものは、立派な人物として所謂社會的價値を上げ、成功の鍵を握り得るものであるが

處世の箴言

力勝貪。謹勝禍。

男爵 肝付兼行

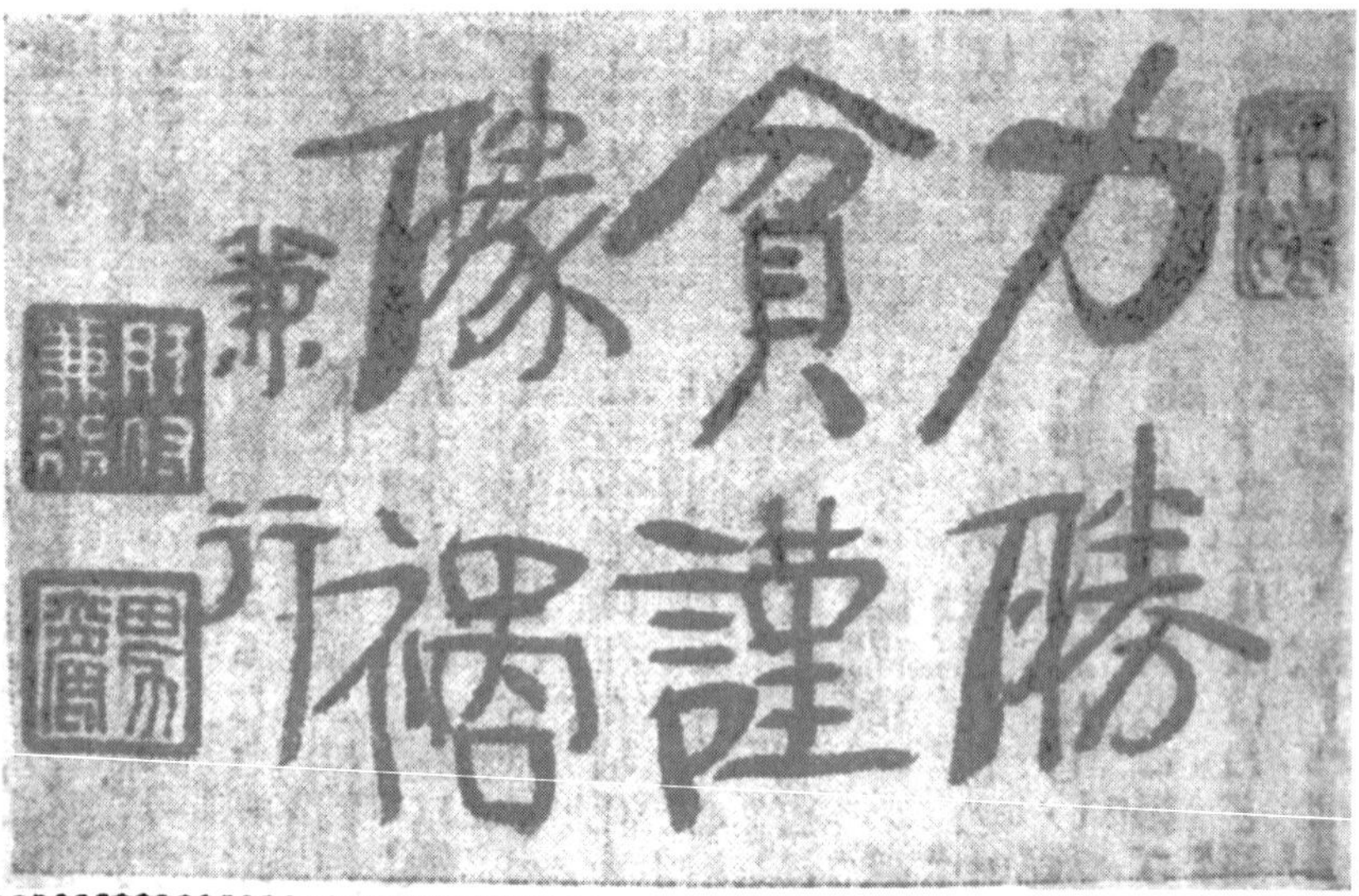

否らずして萬一肉のため征服さるゝ場合は、多くは是れ墮落の淵に沈淪するの止むなき境遇に立到るのである。よく昔から身體は病ひの器と云ふが、これは固より單に肉體そのものの病氣を指したことは申すまでもない。然るに吾々のこの身體は又一方に於て魂の入れ物とも見ることが出來ると同時にその魂の病氣をも

入れてゐるものと謂ふべきである。不養生の結果は忽ちにしてその身體を損ふと同じく、日頃精神修養を怠る時は、立所に測らざる禍ひを招致することは往々にして見るところである。されば肉體の療養が大切なる如く亦精神の修養は一日も忽がせに出來ぬ。然らば靈肉何れを重しとすべきかと云ふに、靈的方面に餘り重きを置き過ぎて、伯夷の如き、又は屈原者流の如き頑固なものになつて仕舞つても困るがされぱと云つて肉に重きを置くことの云ふまでもなく惡いのは明らかである。靈に生きんか、肉に枯死せんかと云へば、固より靈に生くべきは吾々の望むところである。君子は能く物外の物を見ると云ふが、その物外の物とは即ち靈的方面を指して云つたものである。

■孟子の「大丈夫論」

肉體のためその身を過るもの擧世滔々として皆然らざるなき有樣であるが、眞に云ふべくして行ひ難きは精神上の修養である。人生五十年と略ぼ相場は極つてゐる。縱令長命しても七十歳は古來稀と云ふ位であるが、精神に至つては却々枯死するものではない。吾々が人間として深く心得べきはこの點である。元來肉體は兎角利害に動かされ易いものであるから、餘程精神の確固なものでないと、これからの繁雜な世の中に立つて成功は覺束ない。社會に忌はしい罪惡の絶えないのは一として肉體の利慾に根ざしてゐないものはない。武士は喰はねど高楊子と謂つた風の意氣に乏しく、貧すれば鈍するの譬へで、窮餘は思ひ設けぬ事をも惹き起し、卑劣なる人物として指弾さるゝに至るものゝ少くないのは往々にして見るところである。心しても心すべきは精神修養にあるが、今の世誰れか孟子の所謂富貴も淫する能はず、貧賤も移す能はず、威武も屈する能はず底の大丈夫の殆んどないのは遺憾とするところである。隨分現在世に時めいてゐる者でさへも、時あつてか阿賭物に誘惑され、あたら名譽を汚損するが如きは、抑も未だ精神修養の至らぬからである。最初から精神の方を大事と思へば其麼ことは出來る筈のものでない。されば孔子も亦不義にして富み且つ貴きは浮雲の如しと云つて呉々も之れを戒めてゐる。心命を鴻毛

處世の箴言

盡二人事一待二天命一　司法大臣　尾崎行雄

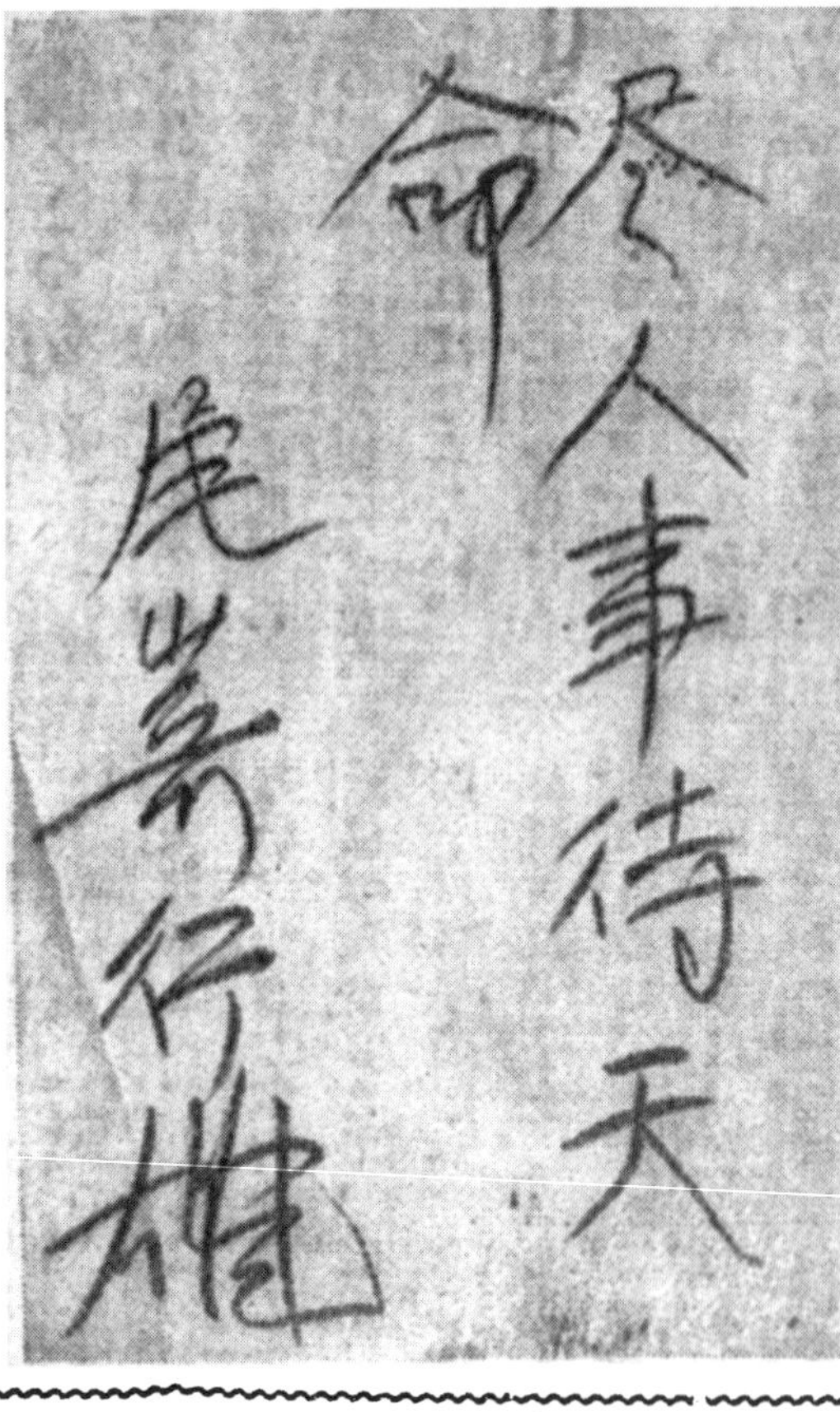

の輕きに比すると云ふ境地に達するのも、必覺するに精神の修養如何にあるのである。

■明玉を傷くる勿れ

要するにこの肉體は器物で、精神はその中に裹まれた明玉であるが、吾々はこの明玉に瑾をつけないことに心掛け、一生大切に之を包藏して行くことに努めなければならない。然るに一時の迷ひよりして其れに瑕をつけることは未だ修養の到らぬものである。肉體と云ふ器物を立派にし、徒らに外觀の美を添ふるが爲めに道ならぬ金を握るとか、その他種々善からぬ行動をなすが如きは頗る唾棄すべきである。換言すれば貧賤であるからと云つて苦し紛れに道に外れたことをしてはならない。縱令威武を以て壓せられたからとて容易にそれに屈すべきではない。回や一簞の食一瓢の飲で、吾々は縱令陋巷に在つても徒らに富貴に淫するやうなことがあつてはならない。渇しても盜泉の水を飲まずと云ふが、大丈夫たるもの宜しくこの氣慨がなくてはならない。大きな地行を遣るから我が命に從へと云はれたからとて、直ぐにそれに服從するが如きは男子の耻づべきことである。最愛の妻を殺され、子を亡きものにされても猶ほ且つ義の爲めに、その主義を變へなかつた佐倉宗五郎の如きは、實に吾々の學ぶべきものだと思ふ。その他擧げ來れば隨分例は澤山あるが要は何事にまれ道に外れたことをしないと云ふことにある。

* * * * *

三　人物評

本節では、中野と交遊が深かった人物などについての人物評や祝辞などを集録した。

11－21「難きに就くの報酬」（明治四十年五月十五日）は、博文館の二十周年祝宴会で祝辞である。博文館は、『太陽』をはじめとする雑誌や書籍の出版社であった（現在の共同印刷株式会社の前身）。同社の発刊した『太陽』や『商工世界太平洋』、『地球』には、中野の論考が数多く掲載された。

社長であった大橋新太郎は、明治二十八年に東京馬車鉄道監査役に就任して中野と関わりを持ち、明治三十年に東京瓦斯専務に就任して渋沢栄一との知己を得た。明治三十五年に一期だけ衆議院議員となり壬寅会に所属した。中野が東京商業会議所会頭に就任した時に、副会頭に就任し、大正四年二月に辞するまで中野を支え、財政税制問題など先鋭な論陣を張った。また、中野の東京市からの立候補を支援し、東京市会への進出を促した盟友であった。

大橋は第一生命、王子製紙、日本鋼管、明治製菓、日本郵船、東京電灯など数多くの会社の取締役を歴任した。東京商業会議所副会頭を辞した後、大正六年に日本工業倶楽部を創立し専務理事となり、十年には日本工業倶楽部理事長に就任し、大正十五年に、貴族院議員に勅選されている。

11－22「余の観たる実業界に傑出せる二人物」（明治四十一年七月一日）では、実業界の中で、人格面に敬服する人物として、森村市左衛門（森村組を設立しノリタケブランドで陶器の輸出で成功）と鈴木藤三郎（発明家で、氷砂糖を発明し、新しい製法で醤油を醸造する方法などを考案）を評価している(1)。

11－23「感心した句は悉く脳中に貯蔵す」（同年十月十五日）は、自己の利害得失を顧みず国家社会のために尽くしたという点から、井伊直弼と森村市左衛門を評価している(2)。

11－24「死せる聖者を送る」（大正二年二月二十四日）は、ロシア正教会のニコライ師への追悼である。中野は直接の面識はないが、日露戦争も挟みながら日本の地に根を下ろし、国民から信頼されていたことを評価する気持ちを表わしている。

11－25「寿詞」（大正二年十一月一日）は、休日は客との面談を一切避けて稽古していたというほど、謡曲を本格的な趣味としていた中野が、宝生流十六代目の宝生九郎知栄の喜寿に寄せた祝辞である。

11-26「**大隈伯と談話している時の心持**」（同年七月十五日）は、大隈内閣が組閣されて間もなくして発表されたものである。明治十四年の政変の時点では大隈との一面の識もなく、内務卿であった松方正義との関係の方が深かったことを伝えている。

11-27「**其の人格に服す**」（大正五年十一月）は、大正五年に東京高等工業学校校長（現在の東京工業大学）の手島精一の退官記念会での謝辞であり、職工適材教育の成立経緯に言及している。この会で、中野は実業教育の振興のための財団創設を提案し、自ら募金委員長となった。こうして大正六年十月、理工科系の学生への研究奨励金や奨学金の供与などを事業とする財団法人手島工業教育資金団が創立された。

11-28*「**式辞**（**前島男爵寿像建設発起人総代**）」（大正五年七月一日）は、前島密の寿像建設（新海新太郎作）の発起人総代としての式辞である。大正五年に逓信省前庭で除幕式が行なわれ、大隈重信、渋沢栄一の他、改進党で同志であった箕浦逓信大臣も祝辞を述べた。

前島が農商務省駅逓の時、中野は権書記官であり、いずれも明治十四年の政変で野に下り、立憲改進党を創立に加わった。関西鉄道の初代社長であった前島が逓信次官に登用された後は、中野がその後任となり、前島は、中野が立て直した東京電車鉄道株式会社の監査役でもあり、京釜鉄道や京仁鉄道の設立にも加わった。さらに、中野は、早稲田大学関係者が設立した日清生命保険の初代社長の前島を継いで同社社長に就任している(3)。

注

(1) 拙著『中野武営と商業会議所』の「第十四章（二）日本醤油醸造株式会社と帝国商業銀行の再建問題」を参照。

(2) **中野武営「櫻田門外で志士に殺された井伊大老」**『名士の少年時代より崇拝せる英雄』（大正二年、実業之日本社）でも井伊直弼を評価している。大名の家に生まれ難事は避けたくなるのが人情だが、最大難関を前に控えて大老職になり、排外主義を排してを己の所信を断行した。「国家危急の時に当つて一身を犠牲にし聊かも国に傷つけまいと金鉄のやうな決心をして他を顧みなかった。その大英断に感服してゐるのである」と、子供の時から直弼の決心の堅固なことに敬服してゐた」と述べている。

（3）この他、米国の富豪のカーネギーについて、紡績会社の小僧から出発し巨万の富を築き鉄鋼王になったばかりではなく、国際間の戦争を絶滅し平和を実現することを目指してハーグ仲裁裁判所の建物を寄付したり、社会民衆の事業に巨額の寄進を行なったりしたことなどを評価している（**中野武営「富の象徴カーネギー」**『学生』第五巻第十号、大正三年九月）。

難きに就くの報酬

東京商業會議所會頭 中野武營

閣下及諸君。我實業界に於て、最も尊重する所の博文館が、二十週年祝宴會を御催しになりまして、私が此盛大なる御會に列するヿを得、此所に出まして、一言の祝詞を呈しまするのは、私の最も光榮と存する所でございます。

博文館は、新太郎君の御先代の佐平君が、明治二十年に業を創められて、新太郎君が遺業を繼承せられて今日に至り、二十年の間、日に月に隆盛に赴きまして、此大成功を収められたのであります。私は此大成功を祝しまするヿと同時に、博文館が、教育界及び一般社會に貢献し、裨益を與へられましたる所の功勞に對して、一言謝辭を呈さなければならぬのでございます。

凡そ商工業の事は、營利の事業に相違ございませぬ、併しながら其利を營みまする上に於て、一方に他を利し世を益すると云ふ事實の伴ふたものでございませぬければ、決して大成功を期するヿは出來ぬのでございます。大橋君が此博文館を經營せらるゝ上に於て、私は最も其然る所以を信して疑はぬのでございます。

博文館が書籍を出版せられまするやうになつて以來、此世の中の著述物に一大生面を開かれて、さうして世間の人が、非常に書籍の價の廉いものを購讀するの幸福を得たのでございます。是は夙に社會の人の認めて居りまする所でございます。

其事柄に就きましては、唯今澁澤男爵閣下から段々御話がございましたから、私は蛇足を添へる必要はございませぬ。要するに博文館の主義目的とせられて居ります所を窃に伺ひますると、成るべく物を廉くして、さうして一方に其販路を擴張し、部數を澤山出して經營すると云ふ鹽梅になつて居られる。偖て此書籍の價を廉くして、部數を澤山出すと云ふヿは、一寸申せば何でもない事のやうでございますけれども、是は容易な業ではないのでございます。斯の如きの事實を擧けんとするには、先づ徳義と云ふものが無ければならぬ、技能と云ふものが無ければならぬ、それから勇氣と云ふものが無ければならぬ。勉强が無ければならぬ、而して資本が無ければならぬ、此五つのものが具備しませぬければ、唯今のやうなとは口では言へまするが、中々此奮發の出來るものではありませぬ。思切つて品物を廉價にして、洽く行渡るやうにして行くと云ふヿは、容易のヿでは出來ない事であります。商賣の道蓋し之に外なりませぬ。此仕方に依て行く者は、必ずや人を利し社會を利し、其返報として其事業に幸福を與へられて、即ち利益を收むるヿが出來るのであります。博文館が斯の如き主義目的を以てせられるのは、則ち此大成功を收められたる所以であると私は信するのでございます。是に於て私は博文館の今日の大成功を祝しまして、是と同時に社會に福利を與へて下すつた所の功勞を謝し、將來多々益々盛大にならんヿを祈るものでございます。

名士の名士觀

余の觀たる實業界に傑出せる二人物

中野武營

▲最大の標準は人格に在り

今の實業界に一藝一能を以て傑出せる人物は、決して一二にして止まらぬのである、併し乍ら最大の標準は人格に在るとを忘れてはならぬ、己れの利益の爲に事業の發達を犧牲に供し、國家の利害を顧みないやうな實業家は、他に秀いでゝ居る點があつても、人格の上から見て貴ぶに足らぬのである。

▲實業界に於ける二人の偉勳者

人格の上から見るも、又我實業の發達に對する偉勳より見るも、森村市左衛門、鈴木藤三郎二君の如きは極めて珍らしき人物と言はねばならぬ。私は甞て言つたとがある、我國に於ては元來文武官に對しては爵位、勳章等を與へて、功勞を表彰すると頗る厚いが、實業家に對しては甚だ薄い、殊に森村、鈴木兩氏の如きは一は海外貿易に、一は器械の發明及び糖業の發達に少なからぬ功績ありて、共に我實業勃興上の異彩とするに足るに係らず、今日に至るまで其れに對し何等の表彰なきは、封建時代の殘夢未だ醒めずして、實業家を以て素町人視せる僻見の致す所であると、話したとがある。私が此二君の人格に敬服して居るのは今日に始まらぬのである。

▲我が實業界に珍らしき獨立的人格

私は何故に森村市左衛門君に敬服するか、氏と我が海外貿易との關係は其由來長く、隨つて其功の多いとも既に世人の知る所であらう。併し私が最も同氏に取る所は獨立自營の精神の旺なとである。初め氏が貿易に着手した時は、固より多くの資本があつたわけではない、實に一介の貧しき商人から身を起したに過ぎない、それが官邊に緣故を求むれば商賣上には便利多く、富を成すとも極めて早かつたであらうに、左様なとは斷じて爲さず、獨立獨行、自力を以て奮鬪し、森村組の事業をして能く今日あらしめ、而して海外貿易の隆運に多大の貢獻を爲したるは、實に立派と言はなければならぬ。

▲見るのが厭で出席せぬ

社交上の集會に、氏の顏を見るは稀である、殊に官邊に關係ある集會には、氏の出席を見るは絶無といつて宜しい、氏は昔から此流儀である、何故に氏は此る席を避けるかといふに、官邊に關係ある集會には、無論元老も居る、大臣も居る、政府要部の役人も居る、すると其前に行つてペコ／＼と頭を低げるものが多い、固より頭を低げるのは禮であるから、強ち之を斥くるではないが、何か自ら爲にする下心があつて權門に媚を呈するのであると思へば、實にそれを見るのが厭になる、其れで昔からあんな集會へ出たとがないといふとである。

是れに依て思ふも、氏が權勢に依附して功を成さんとする行爲を蛇蝎視する精神が明である。

▲獨立を以て終始一貫す

之に反して學校とか、敎育會とかいふやうな集會には、氏は務めて出席し演說を請はるれば敢て避くることなく、其役員たらんことを求めらるれば强て辭することなく喜んで之に應ずるのである、氏が敎育に熱心な事は人の普く知る所である、剩る金は多く敎育事業に投じ、富を擁して死なうなどゝいふことは、毫も念頭に置いて居ないのである。實に氏の生涯は、獨立を以て興り、獨立を以て經過し、獨立を以て晩年を終らんとせらるゝのであつて、其高邁なる人格は、後進の大に摸範とすべきである。

▲我實業界に於ける非凡な腦力

鈴木藤三郎君の近業は醬油釀造法の新發明であつて、是れは近頃有名であるが、此外氏の發明品は數十種の多きに上つて、我工業界の珍とせられて居る。氏は元來學者的に秩序ある學問をした人でない、菓子屋に生れて家業を繼ぎ、氷砂糖製造法を硏究したのが始めとなつて、發明の天才を發揮し、爾來專ら實驗硏究を重ねて遂に今日の成功を來したのである。其腦力の非凡なる驚かざるを得ないのである。

▲氏の發明品は獨立自助の花

氏も亦獨立自助の人である、氏が發明を成すや主として自己の力に依り、堅固なる克己と奮勵との上に立ちて、刻苦慘憺、勉強したのである、其發明の第一着歩たる氷砂糖製法硏究時代の如きは、獨立心の旺盛なるものでなければ、到底成し得ないのである。

▲公心に富んで居る人格

其れについて私が同氏に最も取る所は、其公心の確固不動なるに在る。氏の發明した器械は今日皆な特許品となつて需要極めて多いので、外國人の如きは嘗て多大の報酬を拂つて、特許權の買收を試みたことがある、多大の報酬であるから普通の發明家ならば、利害を打算して直に其要求に應じ賣放したかも知れない。然るに氏は決して賣らない、設ひ幾何の多額を與へられても其權利を賣り、名譽ある日本の發明品を外國人に勝手にされるやうなことはしなかつた。此點から見るも、氏は一身の利害に汲々たる人でない、國家に對する公心、事業に對する誠實の念に富んで居る人といふことが解る。私が同氏に感服して居るのは、啻に數十種の發明を以て、我實業の發達に勳績を建てられたばかりでないのである。

其五

東京商業會議所會頭　中野武營君

●感心した句は悉く腦中に貯藏す●

私の精神修養の根本的基礎は、良心と道德とに背かない行爲を仕樣といふ處に常に心を傾けて居る。夫故孔子の論語にしろ、將た何にしろ苟くも精神修養になる書物を見て、成る程と腦に沁み込んだならば、生涯決して其を忘れない樣にして事に應じ物に觸れては、古賢聖人の句を思ひ起して、良心の判斷を下すのが習慣である。元來私の父は大層禪僧と交際が深かつたので私も幼時父から超凡越俗の話を時折聞いたが、此れにも多少の感化は受けた樣だ。要するに私は精神と道德とを楯にして、なるべく之れを崩さん樣にしなければならぬと心掛けて居る。例令ば「匹夫も志を奪ふべからず」「義を見て爲さゞるは勇なき也」「怨に報ゆるに恩を以てす」とかいふ殆と格言同樣の句は、大層私の精神を堅固にした偉大なる力ある句で、一度之れを思ひ起せば、ヨシ百萬の黃金を前に列ぶるとも、心は少しも動かされない。如何なる壓迫を以て我が身を責むるも容易にヘコタレない。此の不動不變の態度こそ實に私の根本要旨である。私は常に斯う思つて居る、身に困難が洪河を決した樣な勢で押し寄せ來るとも　不動不惑一以て之を貫くといふ精神を以て、其困難にぶつつかつて大に鬪ふべしである。併し此の際に當つての判斷はどうするかといふと、私は決して「我」を以て判斷仕樣とはしない「我」を以て判斷したものは、どうも面白くないから、無我無私の精神を以て、判斷の衝に當らうと心掛けて居るので、即ち國家本位を以て大事を論ずる時でも、或は社會本位を以て議する時でも、常に『我』といふ個人主義をそこに加味して利を博し樣とか、或は其によりて功名を遂げ樣などゝいふ氣を起してはならぬと信じて居る。會社の事にしろ、或は他の事業にしろ、世人の多く誤る以所のものは、只管ら目前の個人主義の小利害に駈られて、一時の胡麻化をしようとするから、それが中途でガラッと脱れて、終に救ふべからざる破滅に陥るのである

●井伊掃部頭と佐倉宗五郎森村市左衞門鏡山のお初●

私は以上の主義からして、苟くも困難の位置に立つて自己の利害得失を顧みず、社會國家の爲めに盡したと云ふ人の事績には、其誰れなるに論なく大に感服して居るのである。就中彼の井伊掃部頭の如きは、開國問題の爲めに、奮然身を挺して、遂に國家に爲めに斃れた偉人物で、私は掃部頭の大見識と、飽くまでも遣り抜くと云ふ鐵の如き意志と、至誠天にも通ずる大精神とには、非常に敬服して居る。恐らく此の間に處したる掃部の心中には、一點名利の念などはなかつたらうと思ふ。此の點から見ると佐倉宗五郎の如きも感服すべき人である。

森村市左衞門翁

現在の人としては私は森村市左衞門翁に大に感服して居る何せなれば、明治の富豪の大半は、皆政府筋の袖の裏を潜つて、不正の金を貪た奴等だから、斯ンな奴が今日人並の口を聴いたとて、私は毫も感服の意を表しない。然るに未だ森村翁に至つては、斯る事は薬にしたくとも、

毫もない。人に依頼する樣な卑劣な行動は少しもない。翁は獨立心、克己心の非常に旺盛な人で、私が常に感服して措く能はざる人物である。

要するに精神的の力強く、義を重じて、自己の利害を顧みず國家社會の爲めに身を粉碎してもやるといふ人が一番感心である。私しは芝居を見ても、役者の下手上手には少しも頓着しない、唯其事柄の精神的のものであれば、いつも感服する。例令ば鏡山を見る時には、下女の御初が赤誠を以て、主人を忠諫する處に到ると、直ぐお初の精神に自己の精神が同化して、只管感服する外はないのである。

死せる聖者を送る

東京商業會議所會頭　中野武營氏談

余は遂に敎界の偉人ニコライ師に相會する好機を得なかつた、而も師が露國に對する我が國民の反感よりして常に恐る可き國民の疑と憎惡の焦點となりつゝも、更に屈せず撓まず最も大膽に傳道事業に一身を獻げ遂に正敎會今日の基礎を築き獨力を以て殆ど三萬を越ゆる信徒を得た如きは竊に驚嘆して居つたのである。彼が日本に於ける五十年の長き歲月は實に彼の奮鬪苦戰の歷史である。而して是れ日本に於ける正敎會の歷史であると共に亦世界の宗敎史である。

余は長く其名を耳にし近く其住居を接するに拘らず師に關して餘り多くを知らぬ。併し師が日露開戰になるや、我は其形骸に於てこそ露國人であれ、日本の天地に呼吸する事其生國に於けるに倍するものがある、從つて日本より受けた恩惠も亦親しみも遙に彼に越ゆるものがある。のみならず我に於て日本人も露國人も同じ神の子此間何等の區別はないと云つて深く兩國の衝突を悲しみ平和克復の日の一日も早からん事を祈り　兩國の勝敗の如きは唯だ正義の神のみ知り給ふと云つて度外視して居た事を聞き、彼の如何にも立派な態度、其崇高雄大な人格に心から敬服したのである。

爾來余は一度師を訪ひ其高風を仰がんとしたが遂に俗事多端にして其機會を得ずに終つたのは如何にも遺憾な事であつた。

余は此偉人の葬儀の日、生ける偉人に接する事を得なかつたが、切めて其靈柩丈も送らんと無數の群衆に打ち交りお茶の水橋畔に立つた。徐々と練り行く葬列は如何にも質素で而も莊重で偉人の葬送として洵に相應しいものであつた。靈柩に從ふ幾千の信徒は勿論、途上堵の如き見物者は師を知ると否とに拘らず深く此偉人の死を悼み流涕嗚咽を禁じ得ざるものゝ如く、見る者をして哀愁の思ひに堪へざらしめた。殊に其靈柩の前に捧げられた御賜の花環は師が我國民の群疑の間にあつた人だけに一層人々の注意を惹いた樣である。余は我　聖上が五十年間我國に在つて、道の爲惡戰苦鬪して昇天した此偉人に對し、花環御賜の事あつた事を獨りニコライ師の爲めのみならず我が精神界の爲め深く喜ばざるを得なかつた、亦如何に名利に淡く榮譽を念としなかつた彼も、此　聖旨に對しては天上に於て日本に於ける五十年の奮鬪に對する唯一の表彰として喜びつゝある事と信ずる。彼去つて我が教界何となく寂寞の感深きものがある、彼は實に偉大なる宗教家であつた。

壽詞

中野武營

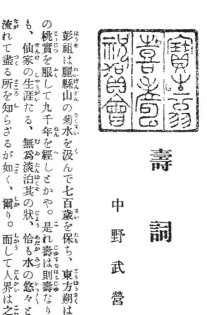

彭祖は麗縣山の菊水を汲んで七百歳を保ち、東方朔は王母の桃實を服して九千年を經しとかや。是れ壽は則壽なりと雖も、仙家の生涯たる、無爲淡泊其の狀、恰も水の悠々として流れて盡る所を知らざるが如く、爾り。而して人界は之と異り、人生七十古來稀なりと云ふ。其歲月甚だ短しと雖も其生涯や、有爲轉變窮なく、行路の複雜なる趣味の深厚なる、蓋し又仙鄉の比に非ざる也。

本日茲に寶生先生の爲に、喜字の壽筵を開くに際し、吾人をして轉た此の感を禁ずる能ざらしむ。

寶生先生は、夙に幕府の末造に方り、寶生宗家の冑に立ち妙技一世を風靡し、古來他流に稀なる勸進能の特許を領し、部屬各技の達人を網羅して、一門全盛を極め、其の勢望は實に公侯をも淩がんとするの觀ありたり、然るに星移り物換り世態の一變と共に、革新の餘勢は舊文物を破滅に歸せしめんとす。爰に於て乎朝野復た能樂を顧みるもの無きに至り、各技能の士をして敢て斯道を棄て新生計を江湖に求むるの止むなきに至らしめ、綺羅錦繡の裝束は裁たれて袋物となり、蒔繪螺鈿の樂器は毀たれて火桶となるに至る。之れ洵に無稽狼籍の甚しきことなりと雖も、時勢の變化又以て如何ともすべからざるものあるを知るべきなり。

此の時に方り、先生は牢乎たる確信を有し、毅然として別に一地步を占め、傾頽せる大勢に抗し、堅忍不撓徐ろに時運の囘復を期せらる。正に是れ歲寒うして松栢の獨り凋まざるものあるに似たり。今や能樂の流行殆ど絕頂に達し、到る處盛に之を感賞し、吾人をして無上の興樂を得せしむる所以のもの、由來能樂の優秀高雅にして古今獨步の妙趣あるに由ると雖も、抑も又先生が堅忍不撓能く開發指導に努められたる結果に外ならず。是れ吾人の先生に深く感謝の意を表はす所以にして、又大に斯道の爲に祝する所以なり。

惟ふに先生は、能く幾多の波瀾曲折の境に處し、志節堅を加へ、技能神に入り、身體益々健にして、今や鶴齡古稀を超ゆるに已に七歲、而して矍鑠尙ほ無限の壽相と卜せらる、之を彼の彭祖が陶然として日を忘れ、無爲にして幾世を換へ、東方朔が九千年の生涯に於て唯一度王母を漢帝に勸めたるが如き、無爲淡々たる仙家の壽算に比すれば、趣味の多樣にして、益世に効果ある、固より同日の論にあらず。是れ吾人が茲に大に先生の壽を賀する所以なり。

爰に謹で壽詞と共に記念品を呈し、先生の健康を祝し、併せて斯道の永久に盛大ならん事を祈る。

大正二年十月五日

寳生翁喜壽祝賀會委員長　中野武營

大隈伯と談話してゐる時の心持

氷が日光に解けるやうな大隈伯の談話振り

東京商業會議所會頭　中野武營

◎快刀亂麻を斷つ談話振り

大隈伯に御目に掛つて御話を承はつて居ると、宛も氷が日光に會つて、ズン〳〵解けて行くやうな氣がする。那破翁は『不能とは愚人の辭書に在るのみ』と豪語して、曾て困つたと言つたことがないさうだが、大隈伯も亦曾て困つたと言つたことはない。如何なる難境に臨まるゝも、何んとか解決の道をつけて、曾て當惑せられたことがない。この一事でも伯の人物の偉大なることが分る。

吾々が世間百般の問題を提けて、伯の高見を叩くに、伯は少しも滯りがない。其問題に就て殊更に考へると云ふ風がなく、迅速に明快なる判斷を下さる。恰も快刀亂麻を斷つの慨がある。

◎生氣潑溂たる談話振り

伯は人の言ふことを聽いて居る間に、忽ち自己の意見を定め、解決の道を發見されるものと見ゆる。而して其咄嗟の間に下さるゝ判斷が如何にも道理に合し、肯綮に中つて居るから、敬服の外はない。以て識見高邁の人たることが察せらる、一たび伯に接して其快談を聽く時は、實に胸中に得も知れぬ快感が湧き、意を强ふする。

何としても、大隈伯は世界の偉人である。伯は維新の元勳として、政治上の非常なる變遷に遭遇し、爲に所謂實物學問を爲された伯の高論は畢竟此偉大なる經驗の力に外ならぬのである。伯が如何なる問題をも理解し、之れに對し適切なる判斷を下さるゝのは、此貴むべき實物學問の賜物である。伯の高談が死物でなくて、潑溂として生氣あるは之れが爲めてある。

◎艱難の秋が伯得意の時

伯は不幸にして足が一本しかない。謂はゞ不具の身體である。然るに元氣は毫も衰へず、老て益々旺盛なるに至ては如何に伯が意志の人てあるかと云ふとが分る。筆を一切取らず、文字を書かぬなどゝ云ふことも、會々伯が强い意志の人てあることの一つの證據である。而して文字を一切書かずして煩雜なる文字を能く記憶して居らるゝことは、一面伯の頭腦が如何に明晰であるかを示してゐる。

伯は曾て屈托されたことがない。艱難が身に振り掛つて來れば益々强くなつて來る。伯は安逸を樂まずして、寧ろ艱難を歡び迎ふる質の人てある。普通の人は安逸を好みて艱難を避けんとして居るのに、伯は全く之れと反對に、安逸を惡み艱難を喜んで居らるゝ様子である。伯は困難な境遇に身を置けば置く程、益々強くなる。千艱萬難交々到つた時が、即ち伯の最も得色の現はるゝ時である。

◎伯と余との關係

昔は薩長閥の人々は大隈伯を以て宛然一大敵國と見做し、同心協力如何にもして伯を壓迫せんとし畢生の力を奮つたもので、之れが爲め伯の反對黨に向て後援者となり、力を假すことを辭せなかつた。然るに今や薩長自身政黨の弊に堪へずして、大隈伯の力を假らざるべからざるに至つた。伯は定めて今昔の感に堪へぬことであらう。

私は明治十四年大隈伯が廟堂を退かるゝ際に、一所に辭職したので、當時世間では私が伯の乾分なるが故に進退を共にしたやうに想像して居たが、之れは全く揣摩臆測の説にして、事實の眞相を誤解せるものである。實は當時私は伯の乾分どころか一面の識もない間柄で、曾て私が伯と進退を共にしたのは、畢竟薩長の專横を憤ふた爲めに外ならぬ。當時伯は參議の高位に在り、一省の大臣たる卿の上に起ち、私は低き農商務省の一書記官であつた。當時に在つては一書記官の身を以て參議に面會して親しく意見を述ぶるなどゝ云ふことは出來なかつた時代で、從て私は伯に御目に掛る機會もなかつた。

◎薩長連合軍と伯の戰爭

當時薩長の連中は、如何にもして伯を排斥陷穽せんと計畫しつゝあつた折柄、恰も北海道官有物拂下に關し端なく天下の輿論沸騰するや、伯の指嗾に出でたるものとなし、次いで伯の十八年を以て國會を開設すべしとの奏議あり。愈々捨て置くべきにあらずとなし、先帝陛下が東北御巡行を終へて還御あらせられたる即夜、陛下に奏問して、随從して歸京したばかりの伯をして桂冠辭職の止むなきに至らしめた。次いで問題の北海道官有物の拂下は中止となり、二十三年を以て國會を開設すべしと云ふ大詔が煥發せられた。

私は親しく薩長の專横極まる此行動を觀て實に憤慨に堪へず、小野梓、犬養毅、尾崎行雄諸氏と一所に官を辭するに至つたのである。當時私は進退を共にした大隈伯とは一面の識もなかつたやうな間柄で、關係は寧ろ内務卿たりし松方侯の方が厚かつたのである。

* * * * * *

其の人格に服す

東京商業會議所會頭　中野武營

高潔なる人格

東京高等工業學校長の交迭は手島さんの御病氣と云ふことにも承はる、是はどうも已むを得ぬ、新校長と云ふ御方は多年あの學校に從事せられて、始終手島校長を佐けてやられた御方が成られたのであるから、學校其ものに於てこの校長が御迭りになつたからと云つて少しも變動のあつたと云ふことに私は思はぬもので、益々同校の將來の隆盛に赴くことを期して居るのでありますが、手島前校長は私は多年御懇意を蒙つて居り、又當東京商業會議所の特別委員に推薦せられて何年勤めてゐるか知らぬが、長いこと此會議所の特別委員となつて色々會議所の事柄に就ても親切に勤められて居つた。工業上のことに就ては特に同君が色々意見を述べて會議所の爲に盡されたと云ふことを、私は深く感謝して居るのであります。

同君が敎育上に是まで盡くされたことは世間の人に普く知られて居ることであり、又是は學藝上に關係して居る事柄であるから是は私が彼是言ふ柄ではない、是は又其筋合のお方から精く御話があることであらうと思ひます。唯私は同君の人格と云ふものに對して、實に先輩として敬服して居つた、何事も人格と云ふものが土臺となるものである、人格があつて、それから以上其人の學藝、働きと云ふものが効果を生じて來るものである、如何に學藝に秀で、智識を有つて居る人でも、人格と云ふものがないと云ふと、人が崇敬すると云ふものでなく、又事が旨く行はれるものでない、人間には人格と云ふものが一番大事なことであるが、先生は私が言ふまでもなく實に尊敬すべき人格の高い方である。一例を言ふて見ると、是は私が直接に接したことでないから精しいことをお話することは出來ぬが、是は澁澤君から聽いたことであるが、或る技術上の大きな會社であるが、手島君に其社長になつて貰ひたいと云ふことを皆が希望して、澁澤君から段々手島君に其の希望を述べて社長になつて貰ひたいと云ふことを懇望した、當り前で申せば、學校の校長をせられてどれだけの俸給を取つて御居でになるか知らぬけれども、兎も角も大會社の社長ともなれば、先づ俸給の上からも亦或は賞與と云ふやうなことからも、其一年の收入の上から言へば數倍になるだらうと思ふ、所が手島先生は決して承知せぬ、自分はもう初め志を立てゝ我が國の工業を發達さすと云ふことの趣意から、自分一個の情とせずして、此工業を教育上から、或は其他の工業上に關係した事柄には及ばずながら盡して、遍く工業思想を普及さし、又發達さして行くと云ふことに志を立てゝやつて行く、我身體を唯一部のことの爲に縛られると云ふやうなことになつては困る、のみならず自分の私利の爲に目的を左右するやうなことになることは甚だ心苦しい、私は始終志を一貫して、此工業敎育、工業の發展といふことに身を委ねて變らぬことにしたいと云ふ素志であるから種々な御懇意を受けるけれども、此儀ばかりは謝絶すると云つて懇に斷つてどうしても之に當られなかつた、澁澤翁は先生に勸めたと言ひながら手島先生の此の一言の答を聞いて勸めた人間が赤面の至りで二言とどうも言葉を出すことが出來なんだ、誠に手島さんの志の堅牢なることは敬服の外ないと云ふ話を私承はつたことである。是は澁澤さんからも必ず御話があることだらうと思ふが、是が誠にどうも人間の難いことであつて、兎角利の爲に志を二三にすると云ふことは世間には比々皆然りである、如何なる人と雖も唯空理を言ふが、さて其實際に接した場合にはどうしても利益の爲に動かされるものである、餘程人格の高い人でないと利の爲に志を動かされるといふとは、免れないものであるが、今の如きは何も惡い道に行くのでも何でもない、普通なことで少しも世間に恥べきことでないが、併し我が本心に重きを置いて其途に進み亦利を顧みないと云ふことは此一事を見ても實に同君の忠實にして人格の正しい方であつて、世間普通の人の如く利の爲に動くと云ふことのないと云ふことが分る、而して又此一事は如何に工業敎育と云ふことに熱心であつたかと云ふことを證するに足ることであらうと思ふ。

適材教育

それから私は豫て手島さんを崇敬して居る所からして、常に工業教育のとの御話を承はりつゝ居つたが、どうしても職工の補習教育、之をもう少しやらなければならぬ、日本には殊に是が必要である、外國の様子などを聞いて見ても、此補習教育と云ふことが非常に重きを置かれて居つて、又盛に是が行はれて居る、日本などは殊更にそれが必要であると云ふことを私共常に考へてゐる。日本の職工と云ふものゝ多くは、親が職工であれば其子はもう子供の時分から其工場に親に連れられて行つて、其工場で自然に職工の業を覺えて行つて其工業に從事すると云つたやうな職工が多いのである、而してそれが現在工場の主なる職工となつて居る、其業體の事柄は子供の時分からやつて居るのであるから、誠に熟してゐる者が多いのであるけれども、併し元教育を受けてやつてゐるのでない、學理を知つて居つて是はどう言ふ譯で斯う云ふ譯に行くかと云ふことは知らぬ、唯技だけを知つて居るのであるから、之に少しく學理を教へて、是は斯う云ふ譯のものである、是は斯う云ふ故に斯う云ふことになると云ふ學理を吹込んで行くと云ふ風に、補習をして行くことになれば誠に其技藝と云ふものが活きて來る、假令技藝に熟して居つても其學理の所以を知らぬと云ふと、大いに事を誤ると云ふとがあるので、念の入れ方、心の用ゐ方が違つて來るのであるから、是等に補習教育を加へて行くと云ふとにしたらば一番急場の間に合ふと云ふことになると云ふことで、段々手島さんと御謀りをした、幸ひ手島さんも是を非常に必要とせられて居つたものでありますから、其時分東京府の職工學校長であつた今君と共に切りにやつて下さつた、それから遂に適材教育と云ふ一つの案をこしらへて、それを私にお示し下さつたから、誠に結構である、之を先づ各工場主の意見を聞いて諮つて見やうと云ふことで、會議所へ各工場主を集めて斯う云ふ方法で一つやつたらどうか、各工場からは適材を抽で丶それを教育をすると云ふことにしたらどうかと云ふことで段々協議を凝した結果、各工場主なども皆それは至極良い方法であると同意を致しました、それで東京府知事へ其趣を私から言ひまして、東京府職工學校の中へ適材教育と云ふものを加へて呉れられたのである。それが本年でたしか十ケ年だと思うて居りますが、卒業した者も大分出來ました、それ等を出して居る所の工場主も其成績が大變宜しいと云ふことで喜んで居る、私が手島君に大變感謝せんならぬのは此事である。此事も手島君の賜として、どうぞ私は職工學校長と共に、將來益々此教育の發展して遍く行き届くやうに努めんければならぬと私は思うて居る。

要するに人格の高きお方で、この御方の事業は皆誠意誠實から出てゐる。教育上に又工業教育に就て我が日本人は手島君に對し、長く感謝の意を表さんければならぬものであると信じます。

11－28　式辞（前島男爵寿像建設発起人総代）

男爵前島密君は明治三年駅逓に司職し帝国郵便を創造し幾もなく米国と対等郵便条約を締結し尋いで万国郵便聯約に加盟し内地所在の各外国郵便局を撤回せしめ、郵政上帝国の権利を完了したるは治外法権時代の一大快挙なり、君の功績偉なりと謂ふべし、其他郵便為替貯金運輸交通等君の啓発せる所極めて多し、然りと雖歳月移り易く世態亦自ら変遷あるを免れず、今にして其功業を表彰せずんば冥々の中に埋没するの虞なしとせず、是に於て故旧同人胥謀り一座の寿像を鋳て逓信省の前庭に建て以て其丰神に接し以て其偉功を後世にを伝ふるあらば同人の微志亦徒爾ならず、今日除幕式を挙行するに方り恭しく一言を陳し以て式詞とす、終に臨みて賛襄各位の深厚なる芳意を謝す。

大正五年七月一日

前島男爵寿像建設発起人総代
中　野　武　営

附章　書簡

本章では、中野武営発の書簡及び中野武営宛の書簡を翻刻し、収録した。

1　井上〔敬次郎〕宛中野武営書簡(1)　封書・墨書

芳墨拝見仕候、先夜ハ失敬之段御仁免被下度、其節程々御忠告を蒙り殊々態々御書面を以て御示教被下候段、誠ニ御厚情感謝ニ不堪候、小生之衷心決して人を敵とするものニ非す、只問題ニ依て向背を決するのみニ有之、要するニ實業界の悲況を挽回し実業界之実力を発揚せん為めに犠性〔ママ〕たることを覚悟し、昨年来之行動ニ出たるに外ならす候、御教示を感佩し将来大ニ用意了仕候、先ハ御芳情ニ對し感謝之意を表し候　敬具

三月十日　中野武営

井上賢兄

玉案下

〔封書　表〕　赤阪区青山北　四ノ六五　井上敬次郎様

拝復親披

〔封書　裏〕　本郷元町一　中野武営

2　大江卓宛中野武営書簡(2)　墨書

拝啓春寒暖峭此候益御清祥奉抃賀候、陳ハ貴下ハ明治廿五年一月より三十一年七月迄六ヶ年有餘の久しき當取

引所理事長に御就任相成、其間營業上改善を經候もの鮮からず、就て聊謝意を表する爲め別紙目録之通贈呈致度旨、本月七日株主総會ニ於て決議致候ニ付、乍些少御叱留被下候ハヾ大慶之至に奉存候、右得貴意度如斯ニ御坐候　頓首

明治三十三年一月十三日

東京株式取引所理事長　中野武営

大江卓殿

侍史

3　大川平三郎宛渋沢栄一、中野武営書簡　封書・墨書(3)

敬啓残暑の候御起居益御清祥奉大賀候然者鐵鋼自給策の研究は吾邦刻下の急務なること今更申上候までも無之昨今世上之の実際の計画を立つる者一二無之にならず候へ共吾邦需給の不平均ハ将來年所と逐ふて益す其甚しきを加へんむとするの趨勢に有之殊に原料鐵鑛石の優良にして豊富なるものに至りては内地ハ勿論遠く之を満蒙の地に求むるも容易に獲難きの實情に御座候然る處中日実業株式会社に於ては夙に支那安徽省繁昌縣桃冲鐵山に係る買鑛の権利を獲而して横堀工學博士の實地踏査に依るに其鐵鑛包蔵量は四千五百萬噸を推算しへく含鐵品位は平均六拾参パーセント九〇を示し候以是曩頃來財界有志の間に於て右桃冲鐵鑛を中日實業會社より供給を受け特に一製鐵會社を起さむと欲するの計畫有之我か農商務省當局に於ても大に此計画を賛成せられ爾來可及限りの同情と援助とを與へられ別冊の起業設計の如き収支計算の如き畫く八幡製鐵所に於る多年の經験と實蹟とに準據し同製鐵所當局者の熱心なる協戮の下に編成致下ものに御座候猶本計畫の實行上に於てハ相當年

度を限り國税公租の免除等乍此上政府の保護を要すへきもの一二に止らず現に政府の組織に係る製鐵調査会に於ても工場敷地の収容国有林野の處分國税公租の免除技師職工の養成等に關し政府の保護を必要なりとする御答申を為し候次第に有之勿論小生等に於ても亦曩に既に右等の事項に關し政府當局に向て要請する所有之候へ共固より帝国議会の關係當も有之また猝に公然其承諾を得難きものあるは不得已と存候乍去別紙の起業目論見書収支計畫書等は全て國税公租免除を前提として編成罷在候ものにて萬一之連が免除を得る能はさるの場合に於ては本計畫の實行如何に關し自然或ハ再議を奉煩候の外無き次第に至るへきやとも被存候へ共今や會社の創立上大に等閑を許し難きの事情有之爰許別冊設立趣意書定款案起業目論見書設計豫算書収支計算書及参考資料等束ねて奉供清覧候間此等に就き篤度御審査を賜り幸に候御賛同を得るに於ては何卒進て會社の發起人たることをご承諾被成下吾邦に於ける製鐵事業の成功に對して有力なる御援助を戴き度偏に奉懇願候

發起人會を來る九月十五日午前十時東京商業会議所に於て開會致度當日御協議に依り發起人中より創立委員若干名を互撰致候上更に進て創立上重要なる諸般に施設に着手致度と奉存候間御繰合ハせ御來會被成下候はば本懐至極と奉存候先は製鐵會社に關する趣意經過併に願意の次第大要奉得貴意度乍畧儀書中如此に御座候　頓首

大正五年九月一日

東洋製鐵株式會社發起主唱者總代

澁澤　栄一

中野　武營

大川平三郎　殿

追而發起人會に御出席の有無乍御手數封中の端書を以て御下報煩度候

猶會社創立上差當り必要の事項ハ當日御出席の方々の間に於て決議致候上更めて御不参の向へ御通知可仕候間作様御了承の程不堪希望候

〔封書　表〕　大川平三郎殿

〔封書　裏〕　東洋製鐵株式會社發起人主唱者總代

澁澤　榮一

中野　武營

4

伯爵〔大隈重信〕宛中野武営書簡(4)　墨書

謹啓益御清穆奉敬賀候、陳ハ舊水戸藩士にて勤皇ニ尽力せし川瀬教文と申者ハ曽て閣下ニ御面謁致候事も有之、尚今度茨城地方政党組織上ニ付一應御面謁を得て拝陳致度旨にて、小生ニ御紹介致呉候様依頼有之候間、御多用中恐縮之至ニ候得共、一寸なりとも御引見被下候ハヽ、光栄ニ可存候、此段添書を以て申上度、如此ニ御坐候敬具

七月十日　　中野武営

伯爵閣下

侍曹

5　男爵渋沢栄一、男爵阪谷芳郎、商業会議所会頭中野武営宛内務大臣伯爵大隈重信書簡(5)　便箋

文書課長閣下

内務省発記第八〇号

外苑計畫進捗方ニ付進達ノ件

明治天皇奉祀神宮ノ外苑トシテ青山舊練兵場ヲ經營献納ノ儀ニ付、大正元年八月以来數次御申出ノ次第有之候處、明治天皇竝昭憲皇太后奉祀神宮造營之儀御内定被為在、神社奉祀ニ關スル調査粗ホ完了候間、右經營ニ付十分御配慮相煩度候、就テハ献納ニ關スル資金募集ノ方法等御申出有之度、外苑經營ニ付テノ設計其他ハ総テ御造營當局ト協議スヘキ儀ト御承知相成度候、此段及通達候也

大正三年十一月十六日

内務大臣伯爵　大隈重信

神宮奉賛有志委員會

男爵澁澤榮一殿

男爵阪谷芳郎殿

商業會議所會頭中野武營殿

6　桂〔太郎〕宛中野武営書簡(6)　封書・墨書

拝啓益御清穆奉恭賀候、陳ハ来ル二十日御寵招ヲ蒙リ光栄之至ニ奉存候、命時参舘可仕候、右御請迠如此ニ御

坐候
拝具
三月十三日　中野武營
桂子爵閣下
侍曹
［封書　表］　麹町區永田町首相官邸
子爵桂太郎殿
侍史
［封書　裏］　本郷元町
中野武営

7

河野広中宛中野武営書簡(7)　封書・墨書

拝啓陳ハ北堂御儀御病気之處、御養生不被為叶、去る十一日午後四時御遠逝之赴、御訃音に接し驚入申候、御愁傷之程奉拝察候、就而ハ早速御悔に罷出申候處、小生過日来病気に付其儀を得ず、乍略義書中を以て不取敢御悔申上候、尚ホ時節柄御喪中御自愛専一に奉祈候　敬具
七月十三日　中野武營
河野廣中様

貴下

［封書　表］　芝區三田小山町一番地

河野廣中様

貴下

［封書　裏］　緘　本郷區元町一丁目二番地

中野武営

8

河野広中・浜口吉右衛門宛中野武営・柿沼谷造書簡（8）　墨書

拝啓過刻ハ欠敬仕候、偖而降灰問題ニ付テハ、御同様立會人ニ依頼セラレ双方ノ意思一通リ承リ候　甲斐モナク遂ニ本日ハ双方言分カレト相成リ儀、誠ニ遺憾之至ニ御坐候。生等愚考スルニ此問題ニ付テハ双方ニ於テ今一層ノ事情ヲ尽サバ何トカ解決ノ途モナカランカ、生等ハ只管円満ノ解決ヲ望ムモノニ有之。殊ニ一旦立会人ニ立チタル分トシテ此侭黙スルニ忍ヒサル儀ニ付、此上御同様ノ間ニ於テ調停ノ道ヲ講スル手段ハ無之ヤ、一應御相談申上候。宜シク御賢慮ヲ仰キ度此段得貴意候　早々拝具

三月二十四日　　中野武営〔印〕

柿沼谷造〔印〕

河野廣中様

濱口吉右衛門様

〔封書　表〕河野廣中様
濱口吉右衛門様

〔封書　裏〕中野武営
柿沼谷造

9　阪谷芳郎宛中野武営書簡(9)　墨書

〔「阪谷」印〕　本書ハ十二月十四日白石君へ相継キたし

拝啓別封内務大臣ヨリノ書状先刻渋澤男爵ヨリ御差越被下拝見仕候、何レ本件申渡ノ手続等ニ就テハ止テ、御打合セノ上御協議申上度ト存候へ共、不取敢右通達貴覧ニ供シ置度如此御座候　拝具

十一月十七日　中野武営

男爵阪谷芳郎殿

10　柵瀬軍之佐(10)　印刷

謹啓今回衆議院議員の總選擧に際し柵瀬軍之佐君が非増税派の候補者として立たれたるは我々同志者の歡迎す

る所に御座候、仍て茲に岩手縣下の有權者各位に向て同君を推薦し其最大多數を以て當選の榮を得られんことを望み切に御盡力を仰ぎ候　敬具

明治四十一年三月廿六日

中野武營
島田三郎
岩手縣實業派有志
岩手縣進歩派

11 高田〔早苗〕宛〔中野〕武營書簡(11)　墨書

拜啓御出張御苦労拜案仕候、御申越ニ付別簡差上候間、濱崎へ御面會被下度、大阪株式取引所ノ理事ニ寺井栄三郎ト申仁有之、此人ハ多年同所ノ書記長トシテ功労アリ且親切ナル人ユへ、株式社界ニハ最モ知人多ク候、此者ニ周旋サセ候事便利ト存候、就テハ濱崎氏ニ御面會之節同氏ノ紹介ヲ以テ寺井ニ御面會被成候ハヾ御都合ト存候、而して濱崎氏も到底寺井ノ手を借ラサレハ何事モ運ヒ申間敷、旁御面談被成候方可然ト存候、両三日風邪ニ罹り居拜答延引之段御仁免被下度　早々拜具

三月九日　武營

高田老台

玉案下

12　豊川良平宛中野武営書簡(12)　墨書

拝啓炎暑ノ候益御清栄奉賀候、扨テ貴下ハ一昨日付ヲ以テ名誉職市参事会員ノ辞任ヲ届出ラレ候趣拝承致候、此儀ニ付テハ老生御拝顔ノ上篤ト御協儀申上儀モ有之候間、御拝眉ノ折迠右辞任届書ヲ老生ノ手許ニ於テ御預リ申置度存候ヘ共、御許容相成ル間敷ヤ、御伺申上候、尚同交會幹事諸君ニ於テモ老生ノ意見ノ如ク取計ハレ度御希望ニ付併テ申上候、先ハ不取敢要用ノミ申進候　草々敬具

八月六日　　中野武営

豊川良平殿

13　渡辺正雄宛中野武営書簡(13)　墨書

証

一、金壱千四百拾壱圓四拾七銭也

一、建築費寄附領収簿壱冊

一、建築費支拂簿壱冊

一、特別当坐預金通帳壱冊

一、仕拂受取証書三通

一、公正証書弐通

右御引継相成、正ニ領受候處実正也、為後証如件

明治三十七年八月十六日　　中野武營

故渡邊又兵衛殿相續人

渡邊正雄殿

14　公正証書[14]（金円保管契約証書謄本）　墨書

（公証人植木綱二郎、浅香克孝・門馬尚経・中野武営他関係　明治二十九年四月四日）

第肆阡伍陌貳拾漆號

金圓保管契約証證書謄本

浅香克孝門馬尚経代理人浅香克孝藤田高之ノ代理ヲ兼タル中野武営渡邊又兵衛ハ明治貳拾玖年肆月肆日公證人植木綱二郎役場ニ於テ間中利平ノ立會ヲ以テ左ノ契約ヲ爲シタリ

第壱　旧立憲改進党ハ嘗テ本部新築ノ爲メ寄付金ヲ募集セシ處今回解散ノ上新ニ進歩党ヲ組織スルニ付テハ其募集セシ金壱阡貳陌肆拾貳圓玖拾貳銭肆厘ニ對シ明治貳拾玖年貳月貳拾陸日旧立憲改進党評議員旧新築委員合同委員會合議決ノ主募集ニ関スル實費金参陌漆拾参圓貳銭ヲ引去リ殘額金捌陌陸拾玖圓玖拾銭肆厘ヲ中野武営藤田高之渡邊又兵衛ノ参名ヘ保管方ヲ依頼シ他日進歩党ニ於テ新築ヲ爲ス場合ニハ寄付者各自ノ名義ニテ寄付スル事ニ決シタルヲ以テ旧立憲改進党掌事浅香克孝同事務員門馬尚経ハ該金捌陌陸拾玖圓玖拾銭肆厘ヲ中野武営藤田高之渡邊又兵衛ノ参名ニ相渡シ右参名ハ之ヲ預リタリ

第貳　右金圓ヲ進歩党ニ寄付スルノ時機ハ保管者参名ノ觀ル所ニ任スヘキ旨同時ニ議決セルヲ以テ右参名ハ能

ク其時機ヲ察シ進歩党へ寄付スヘキ事
右雙方ノ陳述ヲ録取シ關係人ニ讀聞カセタル處一同相違ナキ事ヲ認メ左ニ署名捺印ス
東京府武蔵國南足立郡千住町大字千住伍丁目参拾漆番地平民農
旧立憲改進党掌事
浅香克孝
参拾玖年漆ケ月
右浅香克孝ハ東京府南足立郡千住町長富岡彦太郎ノ證明書ヲ以テ當人タル事ヲ證ス
東京府武蔵國東京市麹町區内幸町壱丁目伍番地寄留福島縣士族無業
旧立憲改進党事務員
門馬尚経
参拾伍年陸ケ月
東京府武蔵國南足立郡千住町大字千住伍丁目参拾漆番地平民農
右門馬尚経代理人
浅香克孝
参拾玖年漆ケ月
右浅香克孝ハ門馬尚経ノ部理代人ノ委任狀ヲ所持ス
東京府武蔵國東京市麹町區有楽町参丁目壱番地士族會社員
保管者
藤田高之
伍拾伍年
東京府武蔵國東京市本郷區本郷元町壱丁目貳番地寄留香川県士族會社員
右藤田高之代兼保管者
中野武営
肆拾捌年肆ケ月

右中野武営ハ藤田高之ノ部理代人ノ委任狀ヲ所持ス
保管者
東京府武蔵国東京市京橋區南八丁堀壱丁目拾番地平民無職業
渡邊又兵衛
肆拾漆年玖カ月
東京府武蔵國東京市京橋區新冨町伍丁目参番地牧野太郎方寄留埼玉縣平民間中清
吉捌男雇人
立會人
間中利平
貳拾年漆ケ月
右契約ヲ為シタル事ヲ確證スル為メ左ニ署名捺印スルモノナリ
明治貳拾玖年肆月肆日公証人植木綱二郎役場ニ於テ
京橋區裁判所管内東京府武蔵國東京市京橋區新富町陸丁目参番地住居
公　證　人
植木綱二郎
藤田高之
此謄本ハ中野武営　ノ請求ニ依リ原本ニ就キ謄寫スルモノ也
渡邊又兵衛
明治貳拾玖年肆月肆日公證人植木綱二郎役場ニ於テ
京橋區裁判所管内東京府武蔵國東京市京橋區新富町陸丁目参番地住居
公　證　人
植木綱二郎〔印〕

15 公正証書(15)（金円保管契約解除証書正式謄本）　墨書・封書

（公証人吉井立吉、浅香克孝・門馬尚経・中野武営他関係　明治三十七年八月六日）

第漆阡陸陌捌拾伍號

金圓保管契約解除證書正式謄本

本職ハ法律上享有セル權能ニ依リ囑託人ノ陳述ヲ聽キ左記ノ事項ヲ證スル為メ幡江　晃立會ノ上東京府武蔵國東京市京橋區新富町參丁目貳番地本職役場ニ於テ此證書ヲ作成ス

第壹條　明治參拾漆年捌月陸日旧立憲改進黨掌事浅香克孝旧立憲改進黨事務員門馬尙経ハ明治貳拾玖年肆月肆日附公證人植木綱二郎役場第肆阡伍陌貳拾漆號公正證書ヲ以テ中野武営藤田高之渡辺又兵衛ニ金圓保管方ヲ依頼シ之ニ関スル契約ヲ為シアリタル処今回合意ノ上右公正證書第肆阡伍陌貳拾漆號ヲ以テ締結シタル契約ノ全部ヲ解除シタル旨陳述セリ

第貳條　中野武営藤田高之渡邊又兵衛ハ第壹條ノ如ク契約ノ解除ヲ為シタル事ハ之ヲ承認シタリ

東京府南足立郡千住町大字千住伍丁目參拾漆番地平民農

旧立憲改進黨掌事

浅香克孝

肆拾漆年拾壹ケ月

東京市麹町區内幸町壱丁目伍番地寄留福島縣士族無業

旧立憲改進黨事務員

門馬尙経

肆拾參年拾ケ月

東京市京橋區大川端町參番地平民憲政本黨事務員

右浅香克孝門馬尙経代理人

右今井巳之吉ハ代理人タル委任狀ヲ所持セリ

東京市麹町區有楽町參丁目壱番地士族會社員

今井巳之吉

明治拾參年壱月生

東京市本郷區本郷元町壱丁目貳番地寄留香川縣士族會社員

藤田高之

陸拾參年肆ケ月

東京府荏原郡品川町字北品川宿貳陌伍拾漆番地平民無業

中野武営

伍拾陸年捌ケ月

東京市芝區西久保巴町拾肆番地平民無職業

渡辺又兵衛

嘉永元年捌月生

右藤田高之中野武営渡辺又兵衛代理人伊東新吉

伍拾伍年

右伊東新吉ハ代理人タル委任狀ヲ所持セリ

東京市京橋區本湊町貳拾捌番地士族無業

立會人

幡江　晁

嘉永伍年伍月生

右關係人ノ面前ニ於テ讀聞セタル處一同之ヲ承認シ各自左ニ署名捺印ス

今井巳之吉
伊東新吉
幡江　晃

此證書ハ明治参拾漆年捌月陸日本職役場ニ於テ法律ニ規定セラレタル方式ニ從ヒ作成シタルモノナリ依テ左ニ署名ス

東京區裁判所管内東京府武蔵國東京市京橋區新富町参丁目貳番地住居

公證人　吉井立吉

此正式謄本ハ浅香克孝ノ請求ニ依リ關係人ノ面前ニ於テ原本ト同時ニ作成シタルモノナレハ其原本ト相違スル事ナキヲ確證ス仍テ伊東新吉ト共ニ左ニ署名捺印スルモノ也

明治参拾漆年捌月陸日本職役場ニ於テ之ヲ作成ス

東京區裁判所管内東京府武蔵國東京市京橋區新富町参丁目貳番地住居

公證人　吉井立吉〔印〕
伊東新吉〔印〕

〔封書　表〕　明治　年　月　日

殿　ノ件

公正證書

〔封書　裏〕　東京市京橋區新富町参丁目貳番地

公証人　吉井立吉役場
電話新橋　貳千参拾九番

注

(1) 国立国会図書館憲政資料室蔵。
(2) 国立国会図書館憲政資料室蔵。
(3) 埼玉県坂戸市立図書館蔵『大川平三郎関係資料』。
(4) 早稲田大学中央図書館蔵。『大隈重信関係文書全集　八』(早稲田大学大学史資料センター編、平成二十四年三月)も参考として転記した。
(5) 東京都公文書館蔵。
(6) 明治三十四年。早稲田大学中央図書館蔵。
(7) 国立国会図書館憲政資料室蔵。
(8) 国立国会図書館憲政資料室蔵。
(9) 東京都公文書館蔵。
(10) 出典不詳。柵瀬軍之佐は、明治四十一年の第十回衆議院議員選挙で岩手県郡部選挙区から出馬し、憲政本党に所属した。
(11) 早稲田大学中央図書館蔵。
(12) 国立国会図書館憲政資料室蔵。
(13) 「大隈信幸氏寄贈贈大隈関係文書」早稲田大学大学史資料センター蔵。
(14) 「大隈信幸氏寄贈贈大隈関係文書」早稲田大学大学史資料センター蔵。

（15）「大隈信幸氏寄贈贈大隈関係文書」早稲田大学大学史資料センター蔵。この他、大正二年一月付で日清生命保険株式會社社長中野武営（東京市麹町區有楽町一丁目一番地）から小山松寿（名古屋市東区富士塚町二ノ一）宛に、同社名古屋出張所長が退任し支社に改め、支社長として伊藤正が赴任した通知（印刷物）が残されている（国立国会図書館憲政資料室蔵）。

参考資料

参考一　中野武営研究のための資料等の紹介

同時代や後世における中野の人物評などは数多く残されており、参考二にその出典を記載するが、ここでは人物評を含め中野の人物像や事績を理解する上で参考となる主要な資料等を紹介する。

一　伝　記

①　薄田貞敬『中野武営翁の七十年』中野武営伝記編纂会編、昭和九年十一月。
②　石井裕晶『中野武営と商業会議所――もう一つの近代日本政治経済史』ミュージアム図書、平成十六年五月。

①は、中野の没後十七年めに編集された伝記である。同書によれば、関東大震災の折、中野武営直筆の日記その他閲歴を語る材料書類は殆ど消失したため、生前に懇親のあった少数の人からの断片的な思いで話を捨集して記したとしている。大隈重信、渋沢栄一、徳富蘇峰、田尻稲次郎、井上友一、郷誠之助などの追悼文や追憶談が掲載されている。

②は、拙著であり、本著に収録された論考や人物評、商業会議所関係資料などの一次資料、新聞記事などを渉猟し、実証的に中野の生涯の全貌を明らかにするように努めた。

二　主要な人物評論など

①　山寺清二郎編「中野武営君の伝　東京株式取引所副頭取」『東京商業会議所会員列伝』聚玉館、明治二十五年二月。
②　「現代人物合評　中野武営論（島田三郎、前大会社社長談、政治家実業家某大会社社長、尾崎行雄、早川鐵治）」『商工世界太平洋』八（一二）、明治四十二年五月。
③　「正七位勲五等中野武営」叙勲裁可書・明治四十四年・叙勲巻二・内国人二、国立公文書館蔵。
④　大輪董郎著「中野武営」『財界の巨人』昭文堂、明治四十四年十二月。

⑤　山路愛山著「株式取引所の歴史と中野武営氏」『現代富豪論』中央書院、大正三年七月。

①から⑤は、中野の生前に発表されたものである。

①は、明治三十年代初期までの中野の履歴を簡潔に紹介している。

②は、第二十五議会の直後の時期において、政財界の有力者が中野についての人物評を述べたものである。

③は、明治四十四年の桂内閣において叙勲された時の資料であり、叙勲の理由として、商業会議所を通じて日米の実業団の相互交流を実現したことや中国への実業団派遣に尽力した貢献したことなどを挙げている。

④は、中野の経歴を紹介したもので、その特徴として、人格の信用や士魂商才などを挙げている。

⑤は、中野と株式取引所の関わりについて詳しく述べている。

⑥　「中野武営特旨叙位ノ件」叙位裁可書・大正七年・叙位巻二十二、国立公文書館蔵。

⑦　大隈重信「嗚中野武営君」『日本一』第四巻第十一号、大正七年十一月、南北社。

⑧　渋沢栄一「故中野武営氏の霊柩に対して」『向上』一二（一一）、修養団本部、大正七年十一月（『渋沢栄一伝記資料集』第五十七巻収録）。

⑨　「故中野武営記念号」『香川新報』大正八年四月十二日。

⑥は、大正七年十月八日の死の前日、特旨によって正五位に引上げられた際の資料で、中野の功績と履歴を記載している。

⑦は、中野の逝去直後に発表された追悼文である。大隈重信が個人名で特定の人物についての追悼文を発表することは極めて珍しい。

⑧は、中野の葬儀の際に葬儀委員長として渋沢栄一が述べた告辞である。中野武営との関係を述べつつ、渡米実業団派遣や東洋製鉄株式会社の設立の経緯について言及している。

⑨は、中野の生まれや育ちなどを詳細に記載するとともに、大隈重信、渋沢栄一による人物評を紹介している。

⑩「中野武営氏」『春城代酔録』市島春城著、中央公論社、昭和八年十二月。
⑪「中野武営（古武士の風ありし財界の長老）」『財界物故傑物伝』下巻、実業之世界社編輯局編、実業之世界社、昭和九年六月。
⑩は、改進党結党以来、衆議院や早稲田大学の活動などで個人的に関わりが深かった市島謙吉（春城）が中野の人物像を語ったものであり、⑪は、大隈重信の追悼文や⑩と同趣旨の人物像を伝えている。

⑫「中野武営」『日本英雄伝』第七巻、菊池寛監修、日本英雄伝編纂所編、昭和十一年八月。
⑬野依秀市著「中野武営氏の巻」『人物は躍る』、秀文閣、昭和十二年一月。
⑭「中野武営氏のこと」、「私の傾倒する人物」帆足計編、郷誠之助著『財界随想』慶應書房、昭和十四年五月。
⑫から⑭は、戦時期に振り返った中野武営の人物像が掲載されている。⑫は、中野が徹底的な自由主義者であり平和主義者であったことを、⑬は、「今の時代に中野氏の如き人物がをつたならば、それこそ軍部等も恐れず言ふべきことを必ず云つたに違ひなかろう」と伝えている。⑭では、同じ実業界の指導者としての郷誠之助の視点から見た渋沢栄一と中野武営の違いなどが述べられている。

⑮「讃岐人物風景　中野武営　上・中・下」『四国新聞』昭和五十七年九月十二日、十九日、二十六日。
⑯津森明「中野武営」『讃岐人物風景　一一　明治の巨星たち』丸山学芸図書、昭和五十九年二月。
⑰佐賀香織『国家形成と産業政策　中野武営の実業政策論』志学社、平成二十七年五月。
⑮と⑯は、⑨などを基にして、郷土史の観点から讃岐出身の偉人としてまとめたものである。
⑰は、中野武営の政治思想を実業立国論として、『香川新報』を主たる史料に用いながらその検証を試みている。

三　議　事　録

（一）帝国議会関係

①　衆議院事務局編『帝国議会衆議院議事速記録』東京大学出版会。
②　貴族院事務局編『帝国議会貴族院議事速記録』東京大学出版会。
③　国立国会図書館『帝国議会会議録』。
④　日本証券経済研究所編・小林和子監修『取引所法並取引所税法制定及改正議会速記録『日本証券史資料　戦前編　第一巻』平成十二年三月。

①から③は、衆議院及び貴族院の議事録である。④は、中野が尽力した取引所法案審議の際の議事録を収録している。

（二）県会・市会関係

①　香川県議会史編さん委員会編『香川県会史　上巻』香川県議会事務局、一九九九年三月。
②　東京市会事務局編『東京市会史　第四巻　自大正元年至大正七年』一九三五年六月。

①は、中野が分県後に香川県会議員に就任した際の県会の議事録である。②は、中野が東京市会議長に就任していた時代の議事録である。

（三）商業会議所関係

①　東京商業会議所『東京商業会議所月報』第一巻一号（明治四十一年年七月）―第十一巻第三号（大正七年三月）。
②　山口和雄 編集『本邦商業会議所資料』雄松堂フィルム出版、昭和五十四年。
③　全国商工会議所関係資料刊行委員会編、東京商工会議所経済資料センター所蔵『全国商工会議所関係資料』東京商工会議所、雄松堂書店、平成十三年。
④　高橋亀吉編『明治三十九年・昭和七年　財政経済二十五年誌　第四巻　政策編（上）』実業之世界社、昭和七年十一月。
⑤　全国商業会議所連合会『日本商業会議所之過去及現在』大正十三年六月。
⑥　依田信太郎編『東京商工会議所八十五年史　上巻』東京商工会議所、昭和四十一年九月。

①は、中野が東京商業会議所会頭時代の月報であり、中野の公式発言や会議所の主要活動、連合会の主要建議が網羅されている。

②には、第一回からの全国商業会議所連合会の議事録が収録されている。中野の発言や連合会の議論が詳細に記録され

ており、その問題意識や考え方を知るのに重要な資料である。また、この資料の東日本編には、①と『東京商業会議所月報』第一号（明治二十五年九月）から一〇六号（明治三十七年十月）も収録されている。

③は、東京商工会議所が所蔵している東京商業会議所設立以来の一次資料を収録したものである。

④は、全国商業会議所連合会の主要な建議等を二次資料として収録したものである。

⑤は、全国商業会議所連合会（日本商工会議所の前身）の活動史を伝えている。

⑥は、東京商業会議所創立期からの歴史をまとめたものである。ただし、中野会頭時代の記述は乏しい。

四　一次資料等

（一）国立公文書館所蔵資料

本著で引用等した中野関係の公文雑纂、公文別録、叙勲裁可書などの史料は国立公文書館に保管されている。外交文書などは、外務省外交史料館や防衛省防衛研究所に保管され、国立公文書館アジア歴史資料センターにおいて検索ができる。

（二）国立国会図書館憲政資料室、早稲田大学図書館、早稲田大学大学史資料センター所蔵資料

附章に掲載した中野武営関係書簡などが所蔵されている。

（三）史料館等所蔵資料

中野が山口県庁勤務時代の資料は山口県公文書館に、明治神宮造営や乃木会の設立などは東京都公文書館に、理化学研究所設立関係は理化学研究所記念史料室に、中野武営が関係した史料が保管されていることが確認されている。

（四）主要新聞

中野が創刊した『香川新報』は、中野の発言や活動状況をきめ細かく伝えている。

中野の愛媛県会議員時代については、自由党系の『海南新聞』と改進党系の『予讃新報』に報道がある。

全国紙では、『朝野新聞』、『東京日日新聞』、『時事新報』、『大阪朝日新聞』、『東京朝日新聞』、『讀賣新聞』、『国民新聞』、『中外商業新報』、『万朝報』などに中野の活動や発言が数多く報道されている。

『神戸大学付属デジタルアーカイブ新聞雑誌文庫』では、明治末期からの中野に関わる新聞記事の検索・閲覧が可能であ

る。

（五）**渋沢栄一伝記資料**

渋沢青淵記念財団竜門社編『渋沢栄一伝記資料』（昭和三十年から四十六年）には、中野武営が関係した事項の資料が数多く収録されている。

参考二　中野武営についての人物評

本節では、同時代における中野の人物評や人物寸評、追悼文、戦前・戦後における人物評伝などについての出典を紹介する。

一　同時代の人物評

三好守雄編「中野武営君伝」『衆議院議員実伝』学友館、明治二十三年八月。

関谷男也編「中野武営君伝」『帝国衆議院実伝』同盟書房、明治二十三年八月。

木戸照陽編「中野武営君（香川県第一区）」『日本帝国国会議員正伝』田中宋栄堂、明治二十三年九月。

篠田正作編「中野武営氏」『明治新立志編』鍾美堂、明治二十四年四月。

山寺清二郎編「中野武営君の伝　東京株式取引所副頭取」『東京商業会議所会員列伝』聚玉館、明治二十五年二月。

田口卯吉「中野武営君に答ふ」『東京経済雑誌』第七六五号、明治二十八年二月二十三日。

山崎謙編「中野武営君」『衆議院議員列伝』衆議院議員列伝発行所、明治三十四年三月。

岳淵「中野武営を論ず」『実業之日本』四（六）、実業之日本社、明治三十四年三月。

「中上川氏と中野氏」『週刊新聞　太平洋』第二巻第二十三号、明治三十四年六月十日。

岩崎徂堂著「中野武営の着実」『人物と長所　立身資料』大学館、明治三十四年十月。

「東京株式取引所理事長中野武営君」『立身叢談信用公録　第三編』国鏡社、明治三十四年十二月。

芳山「取引所界の両大関中野武営と磯野小右衛門」石尾信太郎編『人物と事業』大日本家業学会、明治三十六年四月。

岳淵「中野武営を論ず」『当代の実業家人物の解剖』実業之日本社編、実業之日本社、明治三十六年八月。

浅岡留吉著「東京株式取引所理事長中野武営先生」『現代讃岐人物評論』宮脇開益堂、明治三十七年八月。

鹽島仁吉「中野武営氏の商業会議所革新意見を読む」『東京経済雑誌』第一二四八号、明治三十八年五月六日。

岳淵「中野武営氏」『実業之日本』一一（五）、実業之日本社、明治四十一年三月。

黒風生「中野武営氏に与ふ」『理財新報』第二年（五）、理財新報社、明治四十一年三月。

「中野武営君の変節（投書）」『東京エコー』二（一）、有楽社、明治四十二年一月。

熱鉄火「代議士人物評」（上）（下）『読売新聞』明治四十二年二月十七日、十八日。

「商業会議所と中野武営君」『経済評論』九（五）経済評論社、明治四十二年四月。

島田三郎、前大会社社長談、政治家実業家某大会社社長、尾崎行雄、早川鐵治「現代人物合評　中野武営論」『商工世界太
　平洋』八（一一）、博文館、明治四十二年五月。

「中野武営氏を襲ふ高等乞食」（上）・（下）『読売新聞』明治四十二年六月二十四日、二十五日。

川口清栄著「中野武営君」『政機線上之人物・代議士人物評』現代社、明治四十二年九月。

篠原愛民著「商工党の大将　中野武営」『現代東京活人論評』上田屋書店、明治四十三年一月。

白石重次郎「予が中野会頭の特色として認めたる四点」『実業世界太平洋』九（七）、博文館、明治四十三年四月。

渡部六尺「自治制に対する中野武営氏の憤慨と余の批評」『時事評論』五（六）、時事評論社、明治四十三年六月。

井上泰岳編「東京商業会議所長　中野武営氏」『現代名士の活動振り』東亜堂、明治四十四年二月。

大輪董郎著「中野武営」『財界の巨人』昭文堂、明治四十四年十二月。

烏有山人「実業家盛衰記（二）」『新日本』二（六）、冨山房、明治四十五年六月六日。

氷川隠士著「中野武営」『現代実業家立身伝』磯部甲陽堂、明治四十五年十月。

戸山銃声著「存外無欲もの　中野武営」『人物評論奇人正人』活人社、大正元年十月。

「當世百人物　東京商業会議所会頭中野武営」『実業之日本』一六（一七）、実業之日本、大正二年八月。

佐藤紘浪「中野武営と郷誠之助」『新日本』三（九）、冨山房、大正二年九月。

三木幾次郎著「中野武営」『疑問の人』東京毎夕新聞社、大正二年十月。

燧洋高橋鉄太郎「忘れられた中野武営」『当面の人物フースヒー』フースヒー社、大正二年十一月。

「パック画伝――商業会議所長　新市会議員　中野武営君」『東京パック』一〇（一八）、東京パック社、大正三年六月。

山路愛山著「株式取引所の歴史と中野武営氏」『現代富豪論』中央書院、大正三年七月。

「財界百面評　中野武営」『楽天パック』三（一九）、楽天社、大正三年十一月。

斎藤芳之助「中野武営氏（宝生流）」『謡曲名家列傳』能楽通信社、大正三年十二月。

鵜崎鷺城著「中野武営論」『筆弾』磯部甲陽堂、大正四年二月。

吉野鉄拳禅著「中野武営」『時勢と人物』大日本雄弁会、大正四年三月。

大畑匡山編「中野武営（中央実業界の統率者）」『修養世渡り警句』岡村書店、大正四年三月。

堺忠七著「中野武営等北行」『金沢政戦史』洛陽社、大正四年八月。

「実業界の第一人　慈母の如き中野武営君」『日本一』二（一〇）、南北社、大正五年一月。

長江銈太郎著「東京商業会議所会頭　中野武営君」『東京名古屋現代人物誌』柳城書院、大正五年十二月。

滴々樓主人「『名誉』保険業者中野武営君」『保険銀行時報』（八〇七）、保険銀行時報社、大正六年一月二十七日。

築地住人「隠退したる中野武営」『日本及日本人』政教社、大正六年三月十五日。

二　同時代の人物寸評

「中野武営の因果車」『実業之日本』一（一九）、実業之日本社、明治三十一年十二月。

「中野武営の因果車」『実業家奇聞録』実業之日本社、明治三十三年十一月。

「中野武営問ふに落ちす語るに落つ」『実業之日本』三（二二）、実業之日本社、明治三十三年十二月。

「今村清之助中野武営の硬直に服す」『実業之日本』四（四）、実業之日本社、明治三十四年二月。

「中野武営謡曲八十番を暗記す」『実業之日本』四（二〇）、実業之日本社、明治三十四年十月。

「中野武営の感冒治療法」『実業之日本』五（七）、実業之日本社、明治三十五年四月。

「実業家の嗜好　中野武営」『実業之日本』五（一〇）、実業之日本社、明治三十五年五月。

「近世逸話　中野武営謡曲に中毒らる」『実業之日本』一〇（八）、実業之日本社、明治三十九年四月。

「中野武営謠曲の今昔」『実業之日本』一一（九）、実業之日本社、明治四十一年四月。

「中野武営の朝酒二合」『商工世界太平洋』七（二二）、博文館、明治四十一年十月。

「中野武営氏は柔く談笑す」『実業之日本』一一（一九）、実業之日本社、明治四十一年九月。

掬泉生「応接間にて觀たる中野武営」『商工世界太平洋』七（二六）、博文館、明治四十一年十二月。

「硬直の爲に同情を得し中野武営氏」『実業之日本』一二（八）、実業之日本社、明治四十二年四月。

「中野武営高商学生の男らしきに感泣す」『実業之日本』一二（一三）、実業之日本社、明治四十二年六月。

井端懐疑「中野武営氏面目玉を蹈み潰す」『商業界』一一（七）、明治四十二年六月。

「初対面録　中野武営君」『日本実業新報』（一〇〇）、日本実業新報社、明治四十三年十月。

嬌溢生「中野武営謡曲の今昔」『名士奇聞録』実業之日本社、明治四十四年十一月。

野依秀一編著「中野武営福沢桃介の奇智にカケらる」『破顔一笑』実業之世界社、明治四十四年十二月。

中野武営夫人・中野せむ子「私の家はお灸療治の信者です」『実業之日本』一六（六）、実業之日本社、大正二年三月。

「近世逸話　中野武営洒の氣稻」『実業之日本』一六（一六）、実業之日本社、大正二年八月。

「近世逸話　中野武営鹽醢に辟易す」『実業之日本』一八（八）、実業之日本社、大正四年四月。

「中野武営の煩悶解決法」『実業之日本』一九（一七）、実業之日本社、大正五年八月。

「中野武営の摺古木」『実業之日本』二〇（一五）、実業之日本社、大正六年七月。

「中野武営市長詮衡の振つた標準」『実業之日本』二一（六）、実業之日本社、大正七年三月。

「中野武営の潔癖振り『実業之日本』二一（一〇）、実業之日本社、大正七年五月。

「中野武営の振るった禁煙法」『実業之日本』二一（二二）、実業之日本社、大正七年十月。

「隨郷翁と酒盜の話」『香川新報』大正八年四月十二日。

三　追悼文

中野の逝去の前後に新聞紙上に掲載された主要な追悼記事は次の通りである。

大隈重信「資産を作らぬ実業家」『東京日日新聞』（大正七年十月九日）、「見掛によらぬ剛情漢だった」『読売新聞』（十月九日）。

渋沢栄一「稀にみる硬骨の士」『東京朝日新聞』（十月七日）、「犠牲的精神に富む」『読売新聞』（十月七日）、「情実を許さぬ性」『報知新聞』（十月七日）、「千頭の馬の名前を暗ず」『香川新報』（十月九日）、「私と中野君」『万朝報』（十月九日）。

大橋新太郎「職務に極めて熱心な人」『東京日日新聞』（十月七日）。藤山雷太「日米親善のため渡米、自慢した病気療法、会議所内に銅像建設」『東京朝日新聞』（十月九日）。角田新平「無くてはならぬ人」『報知新聞』（十月七日）、「石橋を叩いて渡る人」『中外商業新報』（十月八日）及び『香川新報』（十月十日）。田尻稲次郎「交際振の円満な人」『時事新報』（十月九日）。井上友一「官民の契」『香川新報』（十月十一日）。片山高義「徹頭徹尾遂行せねば歇まぬ」『香川新報』（十月十二日）。

増田義一「中野武営氏の遠逝を悼む」『実業之日本』二一（二二）、実業之日本社、大正七年十月。

大隈重信「噫中野武営君」『日本一』第四巻第十一号、南北社、大正七年十一月。

渋沢栄一「故中野武営氏の霊柩に対して」『向上』一二（一一）、修養団本部、大正七年十一月（『渋沢栄一伝記資料集』第五十七巻収録）。

築地住人「嗚呼中野武営」『日本及日本人』（七四三）、政教社、大正七年十一月。

齋藤香村「噫中野武営翁」『能楽画報』第一二年（一二）、能楽書院、大正七年十二月。

「故中野武営紀念号」『香川新報』大正八年四月二十日。

四　人物評伝（戦前）

長野鶴城「百姓一揆に命を投げ出した中野武営」『講談倶楽部』一三（三）月臨時増刊「天下無双名講談十八番」講談社、大正十二年二月。

「株界の恩人中野武営」『東京経済雑誌』（二一〇四八）、大正十二年三月十日。

山地愛山著「株式取引所の歴史と中野武営氏」『山路愛山選集』第一巻、万里閣書房編、万里閣書房、昭和三年四月。

梶原竹軒監修「中野武営」『讃岐人名辞書』昭和三年八月。

根本十郎著「名理事長中野武営」『兜町』広陽社、昭和四年四月。

白柳秀湖著「中野武営一石二鳥を墜す事」『続財界太平記』日本評論社、昭和五年五月。

市島春城「群像片影　中野武営氏」『実業之日本』三六（一二）、実業之日本社、昭和八年六月。

市島春城著「中野武営氏」『春城代酔録』、中央公論社、昭和八年十二月。

実業之世界社編輯局編「中野武営（古武士の風ありし財界の長老）」『財界物故傑物伝』下巻、実業之世界社、昭和九年六月。

高松豊吉・藤隆吉監修「故中野武営君」『実業五十年史　実業教育実施五十年記念』第四巻、実業教育振興会、昭和九年六月。

薄田貞敬『中野武営翁の七十年』中野武営伝記編纂会編、昭和九年十一月。

日本英雄伝編纂所編「中野武営」『日本英雄伝』第七巻、昭和十一年八月。

野依秀市著「中野武営氏の巻」『人物は躍る』秀文閣、昭和十二年一月。

長谷川虎次郎著「中野武営翁の七十年を読む」『思ふがまゝ』第二篇、昭和十二年。

西川光次郎「先哲の言葉」『民衆文庫』第一四六号、社会教育協会、昭和十四年四月。

郷誠之助著「中野武営氏のこと」・「私の傾倒する人物」帆足計編『財界随想』慶應書房、昭和十四年五月。

五　人物評伝等（戦後）

山田明著「中野武営」『近代四国人物夜話』四国郷土史研究会、昭和二十六年四月。

吉阪俊蔵「東京商工会議所物語　中野武営」『東商時報』（三〇）、昭和二十九年。

野依秀市「古武士の俤ありし東京商業会議所会頭中野武営」『実業の世界』五五（一三）、実業之世界社、昭和三十三年十二月。

野依秀市著「古武士の俤ありし東商会頭　中野武営」『私の会った明治大正昭和三代財界五十傑』実業之世界社、昭和三十五年二月。

野依秀市著「中野武営の巻」『明治の人・大正の人・昭和の人』野依秀市全集第二巻、実業之世界社、昭和四十一年。

湯浅晃「商業会議所中野会頭」住谷悦治他編『大正デモクラシーの思想講座　日本社会思想史』（二）、芳賀書店、昭和四十二年一月。

細渓福太郎「讃岐百年の歩み　中野武営翁と黒木欽堂先生」出典不明、昭和四十三年。

内橋克人「東商人物一〇〇年史　建白の時代」『日本経済新聞』昭和五十三年三月四日。

「讃岐人物風景　中野武営　上・中・下」『四国新聞』昭和五十七年九月十二日、十九日、二十六日。

「中野武営」『讃岐人物風景　一一　明治の巨星たち』四国新聞社編、株式会社丸山学芸図書、昭和五十九年二月十日。

奥島孝康・中村尚美監修「中野武営」『エピソード稲門の群像一二五話』早稲田大学出版部、平成四年三月二十五日。

市原輝士「郷土史の先覚　中野武営（実業家）」『四国新聞』平成五年一月九日。

阿津秋良著、高松市歴史民俗協会監修「中野武営」『讃岐おもしろ人物図鑑』平成九年十一月。

石井裕晶『中野武営と商業会議所　もうひとつの近代日本政治経済史』ミュージアム図書、平成十六年五月。

鍋島高明「中野武営」『相場ヒーロー伝説　ケインズから怪人伊東ハンニまで』五台山書房、平成十七年十二月。

島善高「早稲田騒動の調停者　中野武営」『キャンパスナウ　早稲田の今昔（二〇）』早稲田大学、平成二十年二月三日。

石井裕晶「第二代東京商業会議所会頭中野武営の時代」『商人の輿論をつくる！　渋沢栄一と東京商法会議所』渋沢史料館、平成二十六年十月。

佐賀香織『国家形成と産業政策　中野武営の実業政策論』志学社、平成二十七年五月。

参考三　主要年譜

年月日	出来事
一八四八年　嘉永元年	
一月三日	高松市鉄砲町で高松藩中野次郎兵衛武憲の長男として誕生（幼名権之助）
	藩校講道館に学び、十三歳で四書五経の素読を終え、十八歳で十八史略の試験に及第
	藩主からの命で高島流西洋砲術を修め藩兵に伝習、農兵の訓練に従事
一八六八年　慶応四年・明治元年（二十歳）	
一月三日	鳥羽伏見の戦い
十二月	京都で遊学の傍ら公用方に従事
一八六九年　明治二年（二十一歳）	
二月十四日	高松藩主松平頼聰による版籍奉還
九月八日	高松藩執政松崎渋右衛門殺害事件
一八七〇年　明治三年（二十二歳）	
	藩の守官となって東京深川区に在番
一八七一年　明治四年（二十三歳）	
	高松藩で兵事担当、家督の相続
七月十四日	廃藩置県で高松県が設置
八月三日	高松県史生
九月二十九日	松平（頼聰）旧藩知事が高松を出発。旧藩主の上京阻止を求め民衆騒擾発生（蓑笠騒動）
十一月	東京出張申付け
十一月十五日	香川県設置（高松藩と丸亀藩が併合）

十二月十日　香川県十四等出仕、東京出張申付け

一八七二年　明治五年（二十四歳）

五月十九日　香川県史生
八月十日　香川県十三等出仕
八月から十一月　大蔵省租税寮に出仕（租税法為伝習）
十一月　至急の帰県申付け
十一月二十四日　香川県租税課地券掛兼務

一八七三年　明治六年（二十五歳）

二月　集議所副判事
二月五日　香川県権大属
二月二十日　名東県設置（徳島県と香川県が併合）
三月二十二日　東京出張申付け
五月十四日　愛媛県十一等出仕
六月十八日　地検掛兼印紙税施行担当
七月一日　区画改正加担
七月七日　愛媛県大属
八月二十九日　同中属（中等月給下賜）

一八七四年　明治七年（二十六歳）

二月から三月　佐賀の乱（江藤新平を追って土佐に赴いたという）
七月十七日　本官相当月給下賜
七月二十八日　地租改正条例制定
七月二十九日　愛媛県権大属
十月三十一日　免本官
十二月　内務省地理寮十一等出仕

一八七五年　明治八年（二十七歳）

三月　地租改正事務局設置

五月	地租改正事務局十等出仕・内務省地理寮十等出仕
九月	地租改正事務局九等出仕・内務省地理寮九等出仕
九月五日	香川県設置
十二月二十三日	地租改正御用掛として山形県出張復命書提出

一八七六年　明治九年（二十八歳）

四月二十日	三潴県（福岡県、佐賀県）に出張
八月二十一日	香川県が愛媛県に併合
九月十三日	地租改正事務局八等出仕・内務省地理寮九等出仕

一八七七年　明治十年（二十九歳）

二月十五日	西南戦争勃発
二月	内務省諜報掛（臨時熊本県官心得を兼任）として西南戦争の征討軍従軍（南の関、高瀬、水葉などに滞在）
五月十七日	長崎県から地租改正事務局に帰京
六月十一日	山口県に出向申付け
七月三日	地租改正局九等出仕　兼任山口県一等属　第三課課長
九月二十四日	西南戦争終結
十二月	九州地方騒擾（西南戦争）鎮圧に貢献し、賞勲局から金八十円下賜

一八七八年　明治十一年（三十歳）

二月	地租改正事務局八等出仕
三月十二日	東京商法会議所設立
五月十日	山口県地価再調査の伺
五月十五日	東京株式取引所創立
十二月	内務一等属・地理局事務取扱

一八七九年　明治十二年（三十一歳）

二月	内務省山林局事務取扱
二月二十四日	地租改正事務従事中格別勉励に付き金百三十円下賜

五月	山林局事務取扱
九月一日	父武憲死去
十月	内務省御用掛（准奏任、山林局事務取扱）

一八八〇年　明治十三年（三十二歳）

十一月	参議大隈重信と参議伊藤博文による「農商務省創設ノ議」

一八八一年　明治十四年（三十三歳）

二月二十五日	内務省権少書記官
三月	地租改正の功により正七位叙位
三月	林学協会幹事に就任
四月七日	農商務省設置
四月九日	農商務省権少書記官に就任
七月十八日	官営財産管理法取調委員（兼任）
七月十九日	皇城建築御用林掛（兼任）
十月十一日	大隈重信免官（明治十四年の政変）
十月十二日	国会開設の勅諭
十月十八日	自由党結党
十月二十五日	農商務省依願免本官

一八八二年　明治十五年（三十四歳）

四月十六日	立憲改進党結党
十月	修進社を創立（仲裁・代言業務を開始）
十月二十一日	東京専門学校開校
十一月	福島事件

一八八三年　明治十六年（三十五歳）

十月十九日	東京商工会の設立認可（東京商法会議所解散）

一八八四年　明治十七年（三十六歳）

十月二十九日	自由党解党
十二月十七日	大隈重信、河野敏鎌が連名で脱党
十二月二十一日	立憲改進党臨時会（事務員に選出）
一八八五年　明治十八年（三十七歳）	
二月十五日	立憲改進党大会・党規約の改正（事務員に選出）
二月十七日	立憲改進党地方党員との懇親会
一八八六年　明治十九年（三十八歳）	
四月四日	立憲改進党大会（事務員に選出）
一八八七年　明治二十年（三十九歳）	
一月七日	東京株式取引所肝煎に就任
四月三日	立憲改進党大会（事務委員に選出）
五月十四日	取引所条例（ブールス条例）公布
十月二十一日	条例に基づく取引所の設立を一ケ年延期
十一月八日	愛媛県会議員に選出
十一月十七日	通常県会において十州塩田組合紛議に関する建議
十二月二十二日	農商務省が十州塩田組合特達第二項ノ制限法施行を中止
十二月二十六日	愛媛県が十州塩田組合に関する採塩制限法の実行を中止
一八八八年　明治二十一年（四十歳）	
二月一日	大隈重信が外務大臣として第一次伊藤博文内閣に入閣
四月八日	立憲改進党大会（事務委員に選出）
四月二十四日	愛媛県会議長に選出
五月五日	東京株式取引所副頭取に就任
十一月五日	愛媛県臨時県会開会
十一月二十日	香川県設置の閣議決定
十二月三日	香川県設置の勅令第七十九号公布（香川県の再置）
十二月十五日	東京株式取引副頭取辞任

十二月十六日　関西鉄道社長に就任

一八八九年　明治二十二年（四十一歳）

一月二十日　香川県会議員当選
二月四日　香川県臨時県会開会
二月十一日　大日本帝国憲法発布
二月十七日　立憲改進党大会（事務委員に選出）
四月十日　香川新報社創立
九月二十五日　立憲改進党臨時大会（評議員に選出）

一八九〇年　明治二十三年（四十二歳）

四月十二日　立憲改進党大会（評議員に選出）
七月一日　第一回衆議院議員総選挙で当選（香川第一区）
九月十一日　商業会議所条例制定
十月二十七日　関西鉄道社長を辞任（常議員となる）
十一月二十五日　第一回帝国議会召集（～明治二十四年三月八日）

一八九一年　明治二十四年（四十三歳）

一月六日　東京株式取引所副頭取に就任
二月十二日　「地租ニ関スル件ニ付質問」の質問主意書提出
四月　関西鉄道常議員辞任
五月二十五日　東京馬車鉄道株式会社取締役に選任
六月から八月　田中不二麿と加藤高明を相手に尾張徳川家の騒動を調整
七月七日　東京商業会議所設立認可、東京商業会議所常議員に選出
十一月二十一日　第二回帝国議会召集（～十二月二十五日）
十二月二十三日　私鉄買収特別委員会委員長代理で私設鉄道買収法案を否決
十二月二十五日　衆議院解散

一八九二年　明治二十五年（四十四歳）

一月四日　立憲改進党政談演説会

一月十日	東京株式取引所副頭取を辞職、東京商業会議所議員失権
二月十五日	第二回衆議院総選挙で当選
五月二日	第三回帝国議会召集（～六月十五日）
六月七日	日本鉄道会社に関する質問主意書提出
六月八日	衆議院府県監獄費及府県監獄建築修繕費国庫支弁ニ関スル法律案審査特別委員会委員長として同法案を否決
九月二十六日	第一回全国商業会議所連合会（京都）（～十月十日）
十一月二十五日	第四回帝国議会召集（～明治二十六年三月一日）

一八九三年　明治二十六年（四十五歳）

一月から五月	立憲改進党の演説会のため静岡、大阪、京都、香川、三重を訪問
三月三日	取引所法の成立
二月十七日	東京商業会議所議員に当選し常議員に就任
九月二十五日	第二回商業会議所連合会（神戸）（～二十九日）
十一月二十二日	東京馬車鉄道が電車鉄道に動力変更出願
十一月二十五日	第五回帝国議会召集（～十二月三十日）
十二月四日	衆議院本会議で輸入棉花関税免除法律案第一読会
十二月二十七日	土木会委員依願罷免
十二月三十日	衆議院解散

一八九四年　明治二十七年（四十六歳）

三月一日	第三回衆議院議員総選挙で当選
五月十二日	第六回帝国議会召集（～六月二日）、衆議院予算委員長に就任
七月六日	東京商業会議所の営業期満期国立銀行処分ノ件委員長に選任
八月一日	日清戦争開戦（宣戦布告）
八月二十一日	第三回商業会議所連合会（金沢）（中野が東京商業会議所として初参加）（～二十五日）
九月一日	第四回衆議院議員総選挙で当選
十月十五日	第七回帝国議会召集（広島）（～十月二十二日）

十二月二十二日	第八回帝国議会召集（〜明治二十八年三月二十七日）

一八九五年　明治二十八年（四十七歳）

四月十七日	日清講和条約調印
四月二十三日	露・独・仏から三国干渉
五月四日	遼東半島全面放棄を決定
五月八日	日清講和条約成立
八月三日	鎌倉鉄道株式会社発起人就任
八月十七日	東京商業会議所が「海運拡張ニ付意見書」を建議
九月二十五日	第四回商業会議所連合会（名古屋）（〜二十九日）
十月二十四日	小田原馬車鉄道株式会社社長に就任
十一月七日	高松電灯株式会社開業
十二月二十五日	第九回帝国議会召集（〜明治二十九年三月二十九日）

一八九六年　明治二十九年（四十八歳）

二月二十五日	営業期満期国立銀行処分法成立
三月一日	進歩党の結党に参加
三月九日	航海奨励法、造船奨励法成立
三月二十六日	輸入棉花海関税免除法成立
四月二十五日	第五回商業会議所連合会（博多）（〜二十七日）
五月十九日	東京商業会議所営業税調査委員長
七月六日	京釜鉄道株式会社創立発起人総会
九月十八日	第二次松方正義内閣組閣（大隈重信を外相）
十月	駿甲鉄道創業総会で取締役就任（身延線の前身）
十月十五日	小田原馬車鉄道株式会社から小田原電気鉄道株式会社に商号変更
十一月一日	進歩党が松隈内閣との提携決議
十一月六日	東京商業会議所が「営業税法改正意見」を決議
十一月十九日	臨時商業会議所連合会（〜二十五日）

十二月二十二日　第十回帝国議会召集（～明治三十年三月二十五日）

一八九七年　明治三十年（四十九歳）

一月一日　営業税法施行
三月五日　東京商業会議所副会頭に就任
三月二十四日　森林法成立
五月一日　第六回商業会議所連合会（広島）（～十日）
五月四日　京仁鉄道引受組合成立
十月八日　東京商業会議所臨時会議で「営業税法廃止ノ意見」を決議
十二月四日　臨時商業会議所連合会（～九日）
十二月十五日　東京電燈株式会社取締役に就任
十二月二十一日　第十一回帝国議会召集（～十二月二十五日）
十二月二十四日　東京商業会議所臨時会議が「営業税法廃止ノ意見」と「財政整理意見」を決議

一八九八年　明治三十一年（五十歳）

二月十日　東京銀塊取引所設立（理事長就任）
三月十五日　第五回衆議院議員総選挙当選
五月十四日　第十二回帝国議会召集（～六月十日）
五月二十日　第七回商業会議所連合会（横浜）（～二十四日）
六月七日　地租条例中改正法律案政府提出法案に対する先決動議提出
六月二十二日　憲政党結党に参加
六月三十日　第一次大隈内閣成立（憲政党内閣：大隈総理大臣、板垣内務大臣）
八月十日　第六回衆議院議員総選挙当選
九月八日　京釜鉄道合同条約調印
九月十八日　高松百十四銀行監査役就任（明治三十五年まで）
十月二十日　第三回農商工高等会議（～十一月四日）
十月　早稲田大学評議員就任
十月三十一日　大隈総理辞任

十一月三日	憲政本党結成に参加
十一月七日	第十三回帝国議会召集（～明治三十二年三月十日）
十一月八日	第二次山県内閣成立
十二月九日	東京商業会議所臨時会「地租増徴ノ義ニ付請願」決議
十二月十日	関西鉄道取締役就任
十二月三十日	地租条例の一部改正（地租増徴と地価修正）

一八九九年　明治三十二年（五十一歳）

四月十四日	京濱電気鉄道相談役就任
五月四日	京仁鉄道合資会社設立
七月十七日	条約改正の施行（外国人の内地雑居開始）
十月十一日	第八回商業会議所連合会（～十八日）
十一月二十日	第十四回帝国議会召集（～明治三十三年二月二十四日）

一九〇〇年　明治三十三年（五十二歳）

一月七日	東京株式取引所理事長に就任
二月二十日	日本動産銀行法案委員長報告（本会議）
三月五日	東京商業会議所営業税現法調査委員長
三月十日	治安警察法公布
三月二十一日	小田原電気鉄道開通（国府津から湯本間）
三月二十三日	日本興業銀行法公布
三月三十一日	日本興業銀行設立委員に任命
五月十六日	第九回商業会議所連合会（～二十三日）
六月九日	東京馬車鉄道動力変更許可
九月十五日	立憲政友会創立
九月	日本興業銀行設立委員会開催（目的等の審議）
十月三十日	東京馬車鉄道株式会社は東京電車鉄道株式会社と改名
十二月二十二日	第十五回帝国議会召集（～明治三十四年三月二十五日）

一九〇一年　明治三十四年（五十三歳）

一月二十三日	臨時商業会議所連合会（～二十七日）
二月二十八日	東京商業会議所特別会員に就任
四月二十五日	関西鉄道取締役辞職
九月十五日	第十回商業会議所連合会（新潟）（～十八日）
六月二日	第一次桂太郎内閣成立
六月二十五日	京釜鉄道設立
八月十七日	小田原電車鉄道社長を辞職
十二月七日	第十六回帝国議会召集（～明治三十五年三月十日）

一九〇二年　明治三十五年（五十四歳）

三月二十五日	商業会議所法公布
三月二十七日	日本興業銀行創立総会
四月四日	臨時商業会議所連合会・第十一回商業会議所連合会（～八日）
六月三日	取引所令改正勅令（勅令第一五八号）（限月を三か月から二か月に短縮）
六月五日	全国取引所同盟連合会結成
八月十日	第七回衆議院議員総選挙落選
八月二十四、二十五、二十七日	「高松市と衛生」の講演
九月一日	京濱電気鉄道開通（六郷橋・川崎間）
十二月八日	臨時商業会議所連合会（～十二日）
十二月六日	第十七回帝国議会召集（～十二月二十八日）

一九〇三年　明治三十六年（五十五歳）

二月二十五日	東京電燈株式会社取締役辞任
四月七日	取引所法施行規則改正
四月三十日	讃岐鉄道取締役に就任
六月十五日	第十二回商業会議所連合会（大阪）（～十九日）
七月二十九日	東京電車鉄道と東京市街鉄道の合併破談

八月十五日　取引所令改正勅令（勅令第一二七号）（限月三か月に復旧）
八月十七日　農商務大臣平田東助辞任
八月二十二日　東京電車鉄道の動力変更による路面電車営業開始（品川線、東京初）
十一月一日　京釜鉄道が京仁鉄道を買収
十二月　早稲田大学評議員辞任

一九〇四年　明治三十七年（五十六歳）

二月十日　日露戦争開戦（ロシアに宣戦布告）
四月一日　非常特別税法公布
五月十八日　臨時商業会議所連合会（～二十日）
十月十九日　第十三回商業会議所連合会（～二十二日）

一九〇五年　明治三十八年（五十七歳）

一月一日　非常特別税法改正、京釜鉄道開通
一月二十八日　渋沢栄一が東京商業会議所会頭及び議員を辞職
四月七日　東京商業会議所臨時総会において東京商業会議所会頭に選任
五月二十七日　日本海海戦
五月　東京高等工業学校校長に手島精一に職工教育の方法について諮問
七月二十九日　桂・タフト覚書成立
九月五日　日露講和条約調印、日比谷焼打ち事件
十月一日　第十四回商業会議所連合会（～十月六日）
十一月一日　適材教育法規則に基づき東京府が適材教育開始
十二月二十一日　第二次桂内閣総辞職
十二月二十五日　第二十二回帝国議会召集（～明治三十九年三月二十八日）

一九〇六年　明治三十九年（五十九歳）

一月七日　第一次西園寺公望内閣組閣
三月二日　非常特別税改正法公布（戦後も存続が決定）、国債整理基金法成立
三月三十一日　鉄道国有化法成立

五月二十五日　石狩石炭株式会社取締役就任
六月八日　東京商業会議所ホテル問題委員会開催
六月三十日　東京市区改正臨時委員任命
七月十三日　南満州鉄道設立委員に任命
八月十五日　日本大博覧会開催閣議決定
八月二十八日　第十五回商業会議所連合会（函館）（〜十八日）
九月五日　日比谷電車賃値上反対大会開催・電車焼打ち事件
九月十一日　東京市電が三社合併し東京鉄道株式会社設立
十月十一日　サンフランシスコで日本人学童隔離命令
十月十八日　渡島水力電気（後の函館水電）株式会社創立（監査役に就任）
十一月十二日　東洋亜鉛煉工場の発起人に就任
十二月三日　セオドア・ルーズベルトが日本大博覧会に参加表明
十二月　日本電報通信社の設立発起賛助員に就任
十二月二十五日　第二十三回帝国議会召集（〜明治四十年三月二十八日）

一九〇七年　明治四十年（五十九歳）

三月二十日　東京勧業博覧会（〜七月三十一日）
三月三十一日　日本大博覧会の開催決定（明治四十五年四月一日）（勅令第一〇二号）
四月一日　政府の税法整理案審査委員に任命
五月十日　第十六回商業会議所連合会（〜五月十六日）
六月十日　日仏協約調印
六月二十九日　排日問題についての警告文を中野から米大統領、米国十三商業会議所会頭宛て打電
九月二十五日　日露戦役の功で叙勲五等瑞宝章
十一月九日　政府は日本大博覧会を青山練兵場・代々木御料地周辺に決定
十一月十五日　臨時商業会議所連合会（〜二十一日）
十二月十六日　閣議で酒税、砂糖消費税増税の増徴、石油消費税の創設決定
十二月二十三日　非増税同志懇親会開催
十二月二十五日　第二十四回帝国議会召集（〜明治四十一年三月二十七日）

十二月　シュヴァリエー・ド・ロルドル・ナシオナル・ド・レジオン・ドノール（仏）勲章受領

一九〇八年　明治四十一年（六十歳）

一月九日	東京商業会議所臨時総会開催
一月十四日	山県逓信大臣、阪谷大蔵大臣更迭
一月二十一日	臨時商業会議所連合会（～二月十四日）が「財政ニ対スル建議」を決議
二月四日	石油消費税、砂糖消費税、酒税等の増税法案が衆議院で可決
二月十五日	東京の実業八十六団体から支持を受け東京市から衆議院議員に出馬宣言
二月十八日	日米紳士協定成立
三月十九日	第二辰丸事件から広東で日貨排斥運動発生
三月二十日	東京勧業博覧会開催（～七月三十一日）
五月十五日	第十回衆議院議員総選挙で当選（東京市）
六月六日	日本大博覧会評議員に任命
六月十日	臨時商業会議所連合会（～六月十六日）
七月四日	第一次西園寺内閣総辞職
七月六日	東京帝国大学法科大学に経済学科設置
七月十五日	第二次桂内閣組閣
七月二十五日	戊申倶楽部の組織協議成立
九月一日	日本大博覧会延期（勅令第二〇七号）
九月十六日	東洋殖拓株式会社創立委員に任命
十月十二日	米国商業会議所代表委員の訪日（～十一月四日）
十月十八日	米国大西洋艦隊横浜寄港
十一月	函館水電監査役就任
十二月七日	臨時商業会議所連合会（～十二日）
十二月二十二日	第二十五回帝国議会召集（～明治四十二年三月二十五日）
十二月二十四日	東京鉄道の電車賃値上申請通過（四銭から五銭）

一九〇九年　明治四十二年（六十一歳）

一月九日　グウィッチヨリー在日イタリア大使を訪問して震災慰問
一月十日　電車値上反対連合会開催
一月二十一日　東京鉄道株式会社の運賃値上が却下、東京鉄道株式会社取締役の辞表提出
一月二十九日　桂首相と政友会総裁西園寺公望の間で妥協が成立
一月三十一日　帝国商業銀行定期総会（減資決定）
二月十一日　憲法発布二十周年記念祝賀会（東京市主催　発起人：尾崎行雄・中野武営・渋沢栄一）
二月十三日　臨時商業会議所連合会（～二月十九日）
二月二十四日　非常特別税法中改正法律案（塩専売、織物税、通行税三税廃止）否決
三月九日　商業会議所法中改正法成立（経費徴収権の剥奪）
五月十一日　東京高等商業学校の学生総退学
五月二十四日　東京高等商業学校の学生復学
五月三十一日　高松商業会議所設立認可
六月六日　渋沢栄一が第一銀行及び東京貯蓄銀行以外の実業界からの引退を表明
六月二十九日　東京帝国大学法科大学に商業学科設置
六月二十五日　文部省が東京高等商業学校専門部廃止の延期決定
八月十六日　韓国銀行設立委員に任命
八月十七日　芝離宮にて天皇陛下賜餐
八月十九日　渡米実業団組織・訪米（～十二月十七日）
九月十九日　渡米実業団一行がタフト大統領と面会
九月二十八日　臨時商業会議所連合会（～十月四日）（中野欠席）
十月二十六日　韓国統監伊藤博文がハルビンで暗殺
十二月二十一日　戊申倶楽部代議士会長に選出・綱領の発表
十二月二十二日　第二十六回帝国議会召集（～明治四十三年三月二十四日）

一九一〇年　明治四十三年（六十二歳）

二月五日　臨時商業会議所連合会（～二月十一日）
二月二十五日　戊申倶楽部解散
三月一日　大同倶楽部と戊申倶楽部が合同して中央倶楽部結成

三月十三日　立憲国民党結成
三月十九日　営業税の減税法案成立
三月二十四日　生産調査会設置（委員に任命）
三月二十五日　地租、宅地地価修正、通行税、織物消費税の減税法案成立
四月十一日　第十七回商業会議所連合会（〜十五日）（名古屋）（中野欠席）
五月五日　渡清観光実業団訪中（〜六月二十日）
五月十四日　日英博覧会（ロンドン）
七月十九日　観光実業団の歓迎式
八月二十二日　日韓併合に関する日韓条約調印
十二月二十日　第二十七回帝国議会召集（〜明治四十四年三月二十三日）

一九一一年　明治四十四年（六十三歳）

一月二十六日　桂首相が西園寺と会談し、政府と政友会の提携（情意投合）
二月二日　タフト大統領が、パナマ運河太平洋万国博覧会のサンフランシスコ開催を宣言
二月二十一日　日米通商航海条約調印
三月二十七日　深川セメント降灰問題仲裁
三月二十九日　工場法公布
四月三日　日英通商航海条約調印
四月六日　広軌鉄道改築準備委員会委員に任命
四月二十五日　臨時商業会議所連合会（京城）（〜四月三十日）（四月二十日から五月九日まで釜山、大邱、京城、水原、仁川、新義州、安東、平壌、鎮南浦を訪問）
八月一日　東京市が東京鉄道株式会社買収し東京市電気局設置
八月七日　広軌鉄道改築準備委員会報告書提出（東京・下関間の広軌改築促進）
八月二十四日　叙勲四等授瑞寳章
八月二十五日　桂内閣総辞職
八月三十日　第二次西園寺内閣組閣
九月十六日　日本博覧会協会設立
十一月十五日　日本陶料株式会社発起人に就任

十一月二十三日	清国考察実業団の訪日中止（当初、十月二十六日から十二月四日まで滞日予定で上海集合）
十二月一日	東京市会が東京瓦斯株式会社と千代田瓦斯株式会社の合併を可決
十二月五日	第十八回商業会議所連合会（～十二月九日）
十二月二十二日	東京株式取引所理事長を辞職
十二月二十三日	第二十八回帝国議会召集（～明治四十五年三月二十六日）

一九一二年　明治四十五年・大正元年（六十四歳）

一月一日	中華民国建国
二月	日清生命社長就任
二月十二日	清朝の滅亡
五月一日	日本政府がパナマ運河太平洋万国博覧会に参加を表明
五月十五日	第十一回衆議院総選挙（出馬せず）
六月十五日	高松百十四銀行相談役に就任
七月十二日	阪谷芳郎東京市長就任
七月三十日	明治天皇崩御
八月二十日	神宮御造営の市内実業家有志の連合協議会が「覚書」（中野と阪谷芳郎が起草）を決議
八月二十一日	第二十九回帝国議会召集（～八月二十六日）
九月十三日	明治天皇大喪　乃木希典夫妻殉死
十月十五日	第十九回商業会議所連合会（～二十一日）
十一月二十二日	上原陸軍大臣が閣議で二個師団増師説明
十一月二十六日	東京商業会議所議員協議会で二個師団増師反対決議
十一月二十七日	中野、西園寺首相を訪問し増師反対
十一月三十日	閣議で増師否決。大日本国防義会の設立
十二月二日	上原陸相が帷幄上奏し辞職
十二月五日	西園寺内閣総辞職
十二月十九日	第一回憲政擁護大会開催
十二月二十一日	第三次桂太郎内閣成立

十二月二十四日	第三十回帝国議会召集（〜大正二年三月二十七日）

一九一三年　大正二年（六十五歳）

一月二十日	桂太郎新党結成方針表明
二月五日	政友会及び国民党が内閣不信任案を上程（十日まで停会）
二月七日	桂が立憲同志会の宣言文発表
二月九日	大正天皇から西園寺公望への勅諭
二月十一日	桂内閣総辞職
二月二十日	第一次山本権兵衛内閣成立
三月四日	ウイルソン大統領就任
三月二十五日	営業税法中改正法案（減税法案）が衆議院を通過（貴族院で審議未了）
四月十五日	日米同志会結成
四月二十三日	臨時全国商業会議所連合会（〜二十五日）
四月二十八日	ウイルソン米大統領などに排日土地法に関し打電
五月三日	国務長官ブライアンをカリフォルニアに派遣
五月十九日	加州議会両院が排日人土地法案を可決
五月二十六日	カリフォルニア州知事が排日土地法案に署名し成立
	東京市の商工調査会会長に任命
六月五日	対支外交問題について尾崎行雄や犬養毅有志の実業家らと相談会開催
六月十三日	山本首相行政整理発表、乃木会発足（理事、副会長に就任）
六月二十三日	高峰譲吉が精養軒で国民科学研究所の設立の必要性について演説
六月二十七日	国民科学研究所設立趣意書発表
六月三十日	教育調査会委員任命
七月二十六日	東京商業会議所に山本首相ほか閣僚を招待して午餐会
八月十一日	中国興業創立総会
九月十七日	渋沢栄一らとともに孫文と会談（渋沢栄一邸）
十月七日	日本実業協会設立
十月二十二日	第二十回商業会議所連合会（〜二十六日）が「財政経済に関する建議」、「税制整理建議」を決議

十一月二十二日　明治神宮造営の造営裁可
十二月二十三日　立憲同志会の結成
十二月二十四日　第三十一回帝国議会召集（～大正三年三月二十六日）

一九一四年　大正三年（六十六歳）

一月五日　憲政擁護会が営業税、通行税、織物消費税の三税撤廃決議
一月十三日　政府が大正三年度予算要綱発表
一月十四日　憲政擁護会の悪税廃止有志大会
一月二十三日　衆議院で島田三郎が政府に質問（シーメンス事件の発覚）
一月三十日　第二十回商業会議所連合会（継続）（～二月十七日）
一月三十一日　商業会議所連合会が営業税全廃決議
二月九日　営業税全廃大演説会開催
二月十日　内閣弾劾国民大会・山本内閣不信任案決議否決
二月十二日　大日本商工協会の設立
二月十六日　衆議院で営業税廃止法案が否決され、政友会提出の減税法案成立
三月十九日　「化学研究所設立に関する請願書」を帝国議会に提出
三月二十日　大正博覧会（～七月三十一日）
三月二十四日　第一次山本内閣総辞職
四月十六日　第二次大隈重信内閣組閣
五月一日　明治神宮社殿を代々木村に創立することが決定
六月四日　東京市会議員選挙（市会議員に当選、麹町一級）（～六日）
六月十五日　第二十回商業会議所連合会（継続）
六月十九日　東京市会議長に選出
七月十日　警視庁防疫評議員に任命
七月二十八日　第一次世界大戦勃発
八月十日　東京商業会議所臨時調査会（～九月十七日）
八月十五日　パナマ運河開通
八月二十三日　第一次世界大戦に参戦（対独宣戦布告）

八月二十五日　営業税廃止運動の中止決議
九月十九日　東京商業会議所が「化学工業の奨励ならびに化学工業調査会設置に関する建議」決議
十月十二日　第二十一回商業会議所連合会（～十月十四日）
十月十五日　国産奨励会発起人総会
十一月十六日　大隈首相から外苑経営認可（渋沢栄一、阪谷芳郎、中野武営）
十二月三日　「化学研究所設置ニ関スル建議」（化学工業調査会）
十二月五日　第三十五回帝国議会召集（～十二月二十五日）
十二月二十五日　衆議院解散

一九一五年　大正四年（六十七歳）

一月十八日　加藤高明外務大臣による対華二十一カ条の要求
二月三日　阪谷市長電灯問題で辞表提出（三電統一失敗）
二月二十日　パナマ太平洋万国大博覧会開催（サンフランシスコ）（～十二月四日）
三月七日　化学工業調査会が化学研究所の建議
三月二十五日　第十二回衆議院議員総選挙
五月十七日　第三十六回帝国議会召集（～六月十日）
五月十九日　明治神宮造営局評議員に任命
六月八日　染料医薬品製造奨励法成立
六月十四日　明治神宮奉賛会成立（副会長に就任）
六月十五日　奥田義人が東京市長に就任
十一月十一日　即位大典　叙勲三等旭日中綬章
十一月二十九日　第三十七回帝国議会召集（～大正五年二月二十九日）

一九一六年　大正五年（六十八歳）

一月　吉野作造「憲政の本義を論ず」を『中央公論』に発表
一月二十日　第二十二回商業会議所連合会（～二十七日）
一月二十一日　理化学研究所設立ニ関スル建議
二月二十五日　日本染料製造株式会社設立（相談役に就任）

二月二十六日	重要物産同業組合法中改正法成立
二月二十八日	商業会議所法中改正法律案の可決（経費徴収権復活）
二月二十九日	日米関係委員会設立
三月七日	理化学を研究する公益法人の国庫補助に関する法律成立
三月十四日	東京市会で市電の料金条例案（値上）が可決
四月十日	軌制調査会委員に任命
四月十三日	第二十二回商業会議所連合会（継続）
四月二十五日	経済調査会設置（委員に任命）
四月二十七日	商業会議所法改正（経費徴収権の復活）
四月二十九日	朝鮮軽便鉄道設立（監査役に就任）
六月十四日	連合国経済同盟会議開催（パリ）
七月三日	日露協約調印、理化学研究所第一回設立発起協議会
七月二十五日	渋沢栄一が第一銀行頭取退任（実業界引退）
八月十日	臨時商業会議所連合会（～十一日）
九月二十六日	明治神宮奉賛会財団法人設立（理事・副会長）
十月四日	大隈総理辞職
十月九日	寺内正毅内閣成立
十月十八日	理化学研究所創立委員会
十一月二十四日	第二十三回商業会議所連合会（～二十九日）
十一月二十八日	東京商業会議所に寺内首相ほか閣僚を招待して午餐会
十二月十五日	南満州製糖株式会社相談役に就任
十二月二十二日	英国政府がメリヤスの輸入制限撤廃
十二月二十五日	第三十八回帝国議会召集（～大正五年一月二十五日）
十二月二十五日	日本政府が連合国経済会議の決議承認

一九一七年　大正六年（六十九歳）

一月二十日	日本工業倶楽部の創立
二月	東京商業会議所会頭の辞意表明

三月二十日	理化学研究所設立許可（理事・評議員に就任）
四月二十一日	京浜実業家四百余名による実業界を引退した渋沢栄一の慰労会（発起人総代：於帝国ホテル）
四月二十四日	対敵通商禁止令発布
四月二十五日	日本郵船株式会社取締役に就任
五月二十九日	日本郵船株式会社取締役を辞任
七月十日	東京市会で三電協定案通過
七月十四日	製鉄業奨励法成立
七月二十三日	東京商業会議所臨時総会で藤山雷太が新会頭に選任
九月十二日	石橋湛山らが早稲田大学大講堂占拠
九月二十六日	大隈重信が渋沢、中野、森村市左衛門、豊川良平に調停依頼。早稲田大学維持員に就任
九月三十日	東京で台風、高潮水害発生
十月四日	東京風水害救済会設立（副会長に就任）
十一月一日	東洋製鉄株式会社創立（初代社長に就任）
十一月七日	天津水害義助会設立（副会長に就任）
十一月二十八日	早稲田大学校規改定調査委員会副委員長就任
十二月二十五日	浅野セメントと深川青年団で調停成立

一九一八年　大正七年（七十歳）

一月	田園都市株式会社設立趣意書発表
四月五日	田尻稲次郎が東京市長に就任
五月一日	東洋製鉄株式会社と戸畑製鉄株式会社（久原房之助社長）の合併（鮎川義介が取締役に就任）
六月四日	東京市会議員選挙（〜六日）
六月十八日	東京市会議長（再任）
七月	米騒動の発生
八月一日	国産奨励会夏期林間講習会
八月二日	日本政府がシベリア出兵を宣言
八月二十一日	臨時西比利亜経済援助委員会委員会（委員に任命）
八月十五日	東京臨時救済会の設立（副会長に就任）

九月六日	全国生命保険業者北海道大会（札幌・議長に選出）
九月二日	田園都市株式会社設立（初代社長に就任）。早稲田大学新校規認可
九月二十一日	寺内内閣総辞職
九月二十七日	原敬内閣成立
九月三十日	尿毒症と診断
十月三日	早稲田大学終身維持員に就任
十月七日	特旨により叙正五位被進
十月八日	死去
十月十二日	青山斎場で葬儀
一九一九年　大正八年	
四月八日	東京市本郷区（台東区）池之端の真言宗宝林山霊雲寺塔頭妙極院に埋葬
四月十二日	高松市濱ノ丁（浜ノ町）蓮華寺に分骨
一九二一年　大正十年	
五月二日	東京商業会議所において中野武営銅像除幕式

（主要な参考資料）

拙著『中野武営と商業会議所』掲載の主要年譜を加筆・修正した。主要な参照資料は、薄田貞敬『中野武営翁の七十年』、『愛媛県石鉄神山官員履歴』（愛媛県立図書館蔵）、「中野武営特旨叙位ノ件」叙位裁可書・大正七年・叙位巻二十二（国立公文書館蔵）、指原安三編輯・吉野作蔵校訂『明治政史　上編』、山寺清二郎編『東京商業会議所会員列伝』、地租改正資料刊行会編『地租改正基礎資料』上巻・中巻・下巻、東京商業会議所『東京商業会議所月報』、山口和雄編『本邦商業会議所資料』、全国商工会議所関係資料刊行委員会編『全国商工会議所関係資料』、渋沢青淵記念財団竜門社『渋沢栄一伝記資料』、衆議院・参議院『議会制度百年史　帝国議会史』上巻、岩波書店編『近代日本史総合年表』、『朝野新聞』、『朝日新聞』、『読売新聞』、『香川新報』。佐賀香織「中野武営年譜稿」（一）・（二）『大東法政論集』（七）・（八）平成十一年三月、十二年三月。

出典一覧

【本著作集に収録した論考等の出典】

第一章　官吏から政党政治家へ

一　官吏の時代

1-1「山形県出張復命書」『地租改正事務局別報』第十一号～第二十号、地租改正事務局、明治九年、国立公文書館蔵。

1-2「熊本県戦況報告書」（書写資料）明治十年三月九日、早稲田大学図書館蔵。

1-3「森林法律ノ特設セザルベカラザル所以ヲ論ス（本文及び前号ノ続）」『林学協会集誌』第三号・第四号、林学協会、明治十四年、森林総合研究所図書館蔵。

1-4「山林ニ鳥獣猟区ヲ設クル説」『林学協会集誌』第十三号、林学協会、明治十五年、森林総合研究所図書館蔵。

二　自由民権運動と香川県の独立

1-5「立憲改進党員除名及有一館閉館式ノ状況并談話会ノ景況」『公文別録・機密探偵書・明治十五年～明治十七年・第一巻』（井出孫六ほか編『自由民権機密探偵史料集』三一書房、昭和五十六年十二月）早稲田大学図書館蔵。

1-6「建議書」愛媛県議会史編纂委員会編『愛媛県議会史第一巻』昭和五十年三月、国立国会図書館蔵。

1-7「初号発刊の辞」『香川新報』香川新報社、明治二十二年四月十日、国立国会図書館蔵。

三　初期議会

1-8「地租ニ関スル件ニ付質問主意書」『香川新報』香川新報社、明治二十四年二月十三日、国立国会図書館蔵。

1-9「私設鉄道買収法案審査特別委員会ノ報告」『官報』明治二十四年十二月二十四日、国立国会図書館蔵。

1-10「政費節減を論ず」大矢篤太郎編『民党議員演説叢第二版』明治二十五年一月、博文館、早稲田大学図書館蔵。

1-11「党報の発行に就て」『立憲改進党党報』第一号、立憲改進党党報局、明治二十五年十二月、早稲田大学図書館蔵。

1-12「歳入歳出の計算に就て」『立憲改進党党報』第二号、立憲改進党党報局、明治二十六年一月、早稲田大学図書館蔵。

第二章　日清戦後経営

一　実業界の意見を政治に

2-1「棉花輸入税廃止論」『立憲改進党々報』第二一号、立憲改進党党報局、明治二十六年十二月五日、早稲田大学図書館蔵。

2-2「海運振張ニ付意見書」『東京商業会議所月報』三七号、東京商業会議所、明治二十八年八月十七日、神戸大学附属図書館社会科学系図書館蔵。

2-3「国立銀行延期論」『立憲改進党々報』第三七号、立憲改進党党報局、明治二十八年一月二十五日、早稲田大学図書館蔵。

2-4「中野武営氏の鉄道叢談」『東洋経済新報』第二三号、東洋経済新報社、明治二十九年六月十五日、早稲田大学図書館蔵。

2-5「営業税法改正意見」『東京商業会議所月報』第五三号、東京商業会議所、明治三十年一月、早稲田大学図書館蔵。

2-6「藩閥衰へて商閥起らんとす」『進歩党党報』第五号、進歩党々報局、明治三十年七月一日、早稲田大学図書館蔵。

2-7「龍門社春季総集会に於て」『龍門雑誌』第一一〇号、龍門社、明治三十年七月十五日、東京大学明治新聞雑誌文庫蔵。

2-8「鴟主義の財政」『太陽』第三巻第一七号、博文館、明治三十年八月二十日、早稲田大学図書館蔵。

2-9「営業税法廃止ノ意見」『東京商業会議所月報』第六五号、東京商業会議所、明治三十一年一月、早稲田大学図書館蔵。

2-10「財政整理意見」『東京商業会議所月報』第六五号、東京商業会議所、明治三十一年一月、早稲田大学図書館蔵。

2-11「地租条例中改正法律案其他九件ヲ継続委員ニ付託スルノ緊急動議」『官報』明治三十一年六月八日、国立国会図書館蔵。

二　日清戦後の経済論

2-12「実業の基礎の改良」（「第三回関東区実業大会報告」『明治前期産業発達史資料』補巻四一、明治文献資料刊行会、昭和四十七年八月）明治三十二年二月、早稲田大学図書館蔵。

2-13「帝国現時の経済界（上）（下）」『実業之日本』第二巻第三号・第四号、実業之日本社、明治三十二年四月五日・四月二十日、早稲田大学図書館蔵。

2-14「経済時事談」『龍門雑誌』第一三六号、龍門社、明治三十二年九月十五日、東京大学明治新聞雑誌文庫蔵。

2-15「中野武営氏の土地所有権外人付与談」『東洋経済新報』第一四〇号、東洋経済新報社、明治三十二年十月一・十五日、早稲田大学図書館蔵。

2-16「日本動産銀行法案委員会委員長報告」『官報』明治三十三年二月二十一日、国立国会図書館蔵。

2-17「東京株式取引所理事長中野武営氏の談」『実業之日本』第三巻第一一号、実業之日本社、明治三十三年七月一日、早稲田大学図書館蔵。

2-18「経済界の矛盾（本文）（承前）」『実業之日本』第三巻第一二号・第一三号、実業之日本社、明治三十三年七月十五日・八月一日、早稲田大学図書館蔵。

2-19「中野武営氏の外債失敗の影響談」『東洋経済新報』第一一二号、東洋経済新報社、明治三十三年十一月五日、早稲田大学図書館蔵。

2-20「中野武営氏の興業銀行談」『東洋経済新報』第一一六号、東洋経済新報社、明治三十三年十二月十五日、早稲田大学図書館蔵。

2-21「中野武営氏本年の財界談」『東洋経済新報』第二一八号、東洋経済新報社、明治三十五年一月五日、早稲田大学図書館蔵。

2-22「中野武営氏の商工業奨励策」『東洋経済新報』第二三一号、東洋経済新報社、明治三十五年五月十五日、早稲田大学図書館蔵。

2–23「中野武営氏の商業会議所議員選挙談」『東洋経済新報』第二三八号、東洋経済新報社、明治三十五年十月十五日、早稲田大学図書館蔵。

2–24「本邦に万国大博覧会を開設すべし」『実業時論』第三巻第三号、大日本実業学会、明治三十六年三月一日、京都大学附属図書館蔵。

三　東京株式取引所

2–25「貿易伸張策の一として金銀取引所設立を論す」『東洋経済新報』第四号、東洋経済新報社、明治二十九年十二月二十五日、早稲田大学図書館蔵。

2–26「取引所法改正法律案ニ対スル意見」出版者不明、明治三十三年、京都大学経済学部図書室蔵。

2–27「盍ぞ商品の標準売買を許さゝる」『実業之日本』第三巻第四号、博文館、明治三十三年三月五日、早稲田大学図書館蔵。

2–28「取引所法改正に対する決心」『経済評論』第二巻第八号、経済評論社、明治三十五年七月二十五日、東京大学明治新聞雑誌文庫蔵。

2–29「株式取引所」渋沢栄一撰『明治商工史』報知社、明治四十三年九月、早稲田大学図書館蔵。

2–30「株の鞘取は安全確実なる投資法」『実業之日本』第一九巻第二一号、実業之日本社、大正五年十月一日、早稲田大学図書館蔵。

四　香川県と高松市、松平家への貢献

2–31「高松市民と衛生」『香川新報』香川新報社、明治三十五年八月二十四日、二十五日及び二十七日、国立国会図書館蔵。

第三章　日露戦争と戦後経営

一　日露戦争と経済の展望

3–1「戦争と株式との関係を論じて軍国将来の経済に及ぶ（本文及び承前）」『実業世界太平洋』第三巻第六号・第七号、博文館、明治三十七年九月十五日・十月一日、早稲田大学図書館蔵。

3-2「戦後の経営策」『太陽』第一〇巻第一六号、博文館、明治三十七年十二月一日、早稲田大学図書館蔵。

3-3「戦局の将来と有価証券売買の前途」『実業世界太平洋』第四巻第七号、博文館、明治三十八年四月一日、早稲田大学図書館蔵。

3-4「内国博覧会と万国博覧会」『実業世界太平洋』第四巻第一五号、博文館、明治三十八年八月一日、早稲田大学図書館蔵。

二　東京商業会議所会頭就任と戦後経営の覚悟

3-5「講和問題と帝国の前途」『実業世界太平洋』第四巻第一九号、博文館、明治三十八年十月一日、早稲田大学図書館蔵。

3-6「戦後の財界に処する覚悟」『東洋経済新報』第三五四号、東洋経済新報社、明治三十八年十月五日、早稲田大学図書館蔵。

3-7「事業経営の方針」『東京経済雑誌』第五二巻一三一五号、経済雑誌社、明治三十八年十二月九日、早稲田大学図書館蔵。

三　日露戦争直後の経済展望

3-8「鉄道国有に就て」『東洋経済新報』第三六七号、東洋経済新報社、明治三十九年二月十五日、早稲田大学図書館蔵。

3-9「鉄道国有に就て」『東京経済雑誌』第五三巻一三二八号、経済雑誌社、明治三十九年三月十七日、早稲田大学図書館蔵。

3-10「事業界の近状」『東洋経済新報』第三七五号、東洋経済新報社、明治三十九年五月五日、早稲田大学図書館蔵。

3-11「実業界近時の四問題」『実業世界太平洋』第五巻第一〇号、博文館、明治三十九年五月十五日、早稲田大学図書館蔵。

3-12「大旅館の設備は戦後経営の急務なり」『実業之日本』第九巻第一二号、実業之日本社、明治三十九年六月一日、早稲田大学図書館蔵。

3―13「戦後の経済界に就て」『太陽』第一二巻第九号、博文館、明治三十九年七月一日、早稲田大学図書館蔵。

3―14「商工業発展の大方針と日清共同事業」『商工世界太平洋』第五巻第一九号、博文館、明治三十九年九月十五日、早稲田大学図書館蔵。

3―15「新事業興起の趨勢」『東洋経済新報』第三八九号、東洋経済新報社、明治三十九年九月二十五日、早稲田大学図書館蔵。

3―16「新事業の勃興と財政方針」『東洋経済新報』第三九八号、東洋経済新報社、明治三十九年十二月十五日、早稲田大学図書館蔵。

3―17「株式市場の順境事業着手の時代」『商工世界太平洋』第六巻第一号、博文館、明治四十年一月一日、早稲田大学図書館蔵。

3―18「博覧会の教訓」『東京勧業博覧会』案内、仕入便覧社、明治四十年三月、早稲田大学図書館蔵。

3―19「大博覧会敷地問題」『経済評論』第七巻第十六号、経済評論社、明治四十年九月、国立国会図書館蔵。

四　増税反対論

3―20「税法改廃ニ関スル建議」（「明治三十九年十月　臨時商業会議所連合会報告」山口和雄編集『本邦商業会議所資料』雄松堂フィルム出版、一九七九年）明治三十九年十月二十一日、早稲田大学商学研究図書室蔵。

3―21「経済界の現状及其救済」『銀行通信録』第四三巻第二六〇号、東京銀行集会所、明治四十年六月十五日、早稲田大学図書館蔵。

3―22「株式下落及び其救済方法に関する意見」東京株式取引所仲買委員会（高橋亀吉監修『財政経済二十五年誌』第六巻・財界篇上、実業之世界社、昭和七年）明治四十年十月二十一日、早稲田大学図書館蔵。

3―23「時局と予の決心」『理財新報』第二年第四号、理財新報社、明治四十一年二月三日、早稲田大学図書館蔵。

3―24「財政ニ対スル建議」（「明治四十一年一月及二月　臨時商業会議所連合会報告」山口和雄編集『本邦商業会議所資料』雄松堂フィルム出版、一九七九年）明治四十一年一月、早稲田大学商学研究図書室蔵。

3―25「政府財政計画の無謀」『東洋経済新報』第四三八号、東洋経済新報社、明治四十一年一月二十五日、早稲田大学図書館蔵。

3―26「増税断じて不可財政は大整理を要す」『実業之日本』第一一巻第三号、実業之日本社、明治四十一年二月一日、早稲田大学図書館蔵。

3―27「増税反対論」『太陽』第一四巻第二号、博文館、明治四十一年二月一日、早稲田大学図書館蔵。

3―28「増税反対意見」『銀行通信録』第四五巻第二六八号、東京銀行集会所、明治四十一年二月十五日、早稲田大学図書館蔵。

3―29「財源としての公債」『東京経済雑誌』第五七巻一四二七号、経済雑誌社、明治四十一年二月二十二日、早稲田大学図書館蔵。

五　実業家としての政見

3―30「政界の革新は実業家の責任なり」『実業倶楽部』第六巻第三号、博文館、明治四十一年三月一日、早稲田大学図書館蔵。

3―31「軍備の過大の弊害」『東洋経済新報』第四四四号、東洋経済新報社、明治四十一年三月二十五日、早稲田大学図書館蔵。

3―32「余が候補に立ちし覚悟」『非増税政談演説集』濱中東郎、明治四十一年四月二十八日。

3―33「実業家の覚悟」『太陽』第一四巻第八号、博文館、明治四十一年六月一日、早稲田大学図書館蔵。

3―34「中野氏の当選談」『香川新報』香川新報社、明治四十一年五月二十日、国立国会図書館蔵。

第四章　桂園時代後期の政治経済

一　第二次桂内閣時代の政治論考

4―1「余は代議士となりて何を成さんとするか」『商工世界太平洋』第七巻第一三号、博文館、明治四十一年六月一日、早稲田大学図書館蔵。

4―2「大博延期は絶対に反対なり、されど今後の問題は如何にして五十年開設を成功せしむべきかにあり」『工業之大日本』第五巻第一〇号、工業之日本社、明治四十一年十月一日、神戸大学附属図書館社会科学系図書館蔵。

4－3「財政談」『東京経済雑誌』第五八巻一四五九号、経済雑誌社、明治四十一年十月三日、早稲田大学図書館蔵。

4－4「実業家たる立脚地より当期議会中の最大問題は何か、採るべき態度は如何」『商工世界太平洋』第八巻第二号、博文館、明治四十二年一月十五日、早稲田大学図書館蔵。

4－5「立憲国民の覚悟」『憲法紀念早稲田講演』早稲田大学出版部、明治四十二年三月十五日、早稲田大学図書館蔵。

4－6「財政及税制整理に就て」『東京商業会議所月報』第二巻第二号、東京商業会議所、明治四十二年二月二十五日、早稲田大学図書館蔵。

4－7「財政釐革及び税制整理に関する建議書」『東京商業会議所月報』第二巻第二号、東京商業会議所、明治四十二年二月二十五日、早稲田大学図書館蔵。

4－8「非常特別税法中改正法律案第一読会（衆議院本会議）」官報、明治四十二年三月十日、国立国会図書館蔵。

4－9「商業会議所法改正に対する善後策」『日本経済新誌』第五巻第二号、日本経済新誌社、明治四十二年四月十八日、神戸大学附属図書館社会科学系図書館蔵。

4－10「商業会議所法改正に就て」『東京商業会議所月報』第二巻第四号、東京商業会議所、明治四十二年四月二十五日、早稲田大学図書館蔵。

4－11「現代の実業及び政治」『実業世界』第三年第一八号、理財新報社、明治四十二年四月、国立国会図書館蔵。

4－12「商工党の樹立は只だタイムの問題なり」『商工世界太平洋』第八巻第一一号、博文館、明治四十二年五月十五日、早稲田大学図書館蔵。

4－13「第二十五議会報告」『第二十五議会報告』戊申倶楽部、明治四十二年五月十六日、国立国会図書館蔵。

4－14「所謂政党屋の弊」『太陽』第一五巻第一一号、博文館、明治四十二年八月一日、早稲田大学図書館蔵。

4－15「衆議院議員中野武営君談」『太陽』第一六巻第四号、博文館、明治四十三年三月十五日、早稲田大学図書館蔵。

4－16「日英博覧会に就て」『東京商業会議所月報』第三巻第五号、東京商業会議所、明治四十三年五月二十五日、早稲田大学図書館蔵。

4－17「本期議会の重要問題」『実業倶楽部』第一巻第一号、博文館、明治四十四年一月一日、東京大学明治新聞雑誌文庫蔵。

4-18「中野武営君談（実業家の見た広軌問題）」『太陽』第一七巻第二号、博文館、明治四十四年二月一日、早稲田大学図書館蔵。

4-19「広軌鉄道に就て」『東京商業会議所月報』第四巻第二号、東京商業会議所、明治四十四年二月二十五日、早稲田大学図書館蔵。

4-20「三税廃止の急務」『大国民』第三二号、大国民社、明治四十四年三月一日、国立国会図書館蔵。

4-21「商工業者の政治的勢力」『東京経済雑誌』第六三巻一六〇〇号、経済雑誌社、明治四十四年六月二十四日、早稲田大学図書館蔵。

二　桂園時代後期の経済論考

4-22「関税調査に就て」『東京商業会議所月報』第一巻第一号、東京商業会議所、明治四十一年七月二十五日、早稲田大学図書館蔵。

4-23「不景気の原因」『実業世界』第三年第二〇号、理財新報社、明治四十二年六月三日、国立国会図書館蔵。

4-24「商業政策の確立」『経済評論』第一〇巻第九号、経済評論社、明治四十三年五月、国立国会図書館蔵。

4-25「商法改正案に就て」『東京経済雑誌』第六三巻一五八二号、経済雑誌社、明治四十四年二月十八日、早稲田大学図書館蔵。

4-26「中野武営君談（太平洋問題）」『太陽』第一七巻第六号、博文館、明治四十四年五月一日、早稲田大学図書館蔵。

4-27「米価騰貴と貧民救助」『東京経済雑誌』第六六巻一六五五号、経済雑誌社、明治四十四年七月十三日、早稲田大学図書館蔵。

4-28「米価調節の急要」『東京商業会議所月報』第四巻第八号、東京商業会議所、明治四十四年八月二十五日、早稲田大学図書館蔵。

4-29「何故に大事業は起らざるか」『日本雑誌』第一巻第一号、日本雑誌社、明治四十四年九月一日、国立国会図書館蔵。

4－30「輸出貿易促進の二大眼目」『地球』第一巻第一号、博文館、明治四十五年四月十五日、早稲田大学図書館蔵。
4－31「海外発展と金融機関」『地球』第一巻第三号、博文館、明治四十五年六月十五日、神戸大学附属図書館社会科学系図書館蔵。

第五章　国民的外交の推進と渡米実業団

5－1「歓迎ノ辞・中野連合歓迎委員長の挨拶」『東京商業会議所月報』第一巻第四号、東京商業会議所、明治四十一年十月二十五日、早稲田大学図書館蔵。
5－2「対米及対清所感」『東京商業会議所月報』第一巻第六号、東京商業会議所、明治四十一年十二月二十五日、早稲田大学図書館蔵。
5－3「北米行の発途に臨みて」『東京商業会議所月報』第二巻第八号、東京商業会議所、明治四十二年八月二十五日、早稲田大学図書館蔵。
5－4「予は此の心を以て渡米せんとす」『商業界』第一一巻第八号、同文館、明治四十二年六月一日、早稲田大学図書館蔵。
5－5「解団式報告」『東京商業会議所月報』第二巻第一二号、東京商業会議所、明治四十二年十一月二十五日、早稲田大学図書館蔵。
5－6「中野武営君の演説」『銀行通信録』第四九巻第二九一号、東京銀行集会所、明治四十三年一月十五日、早稲田大学図書館蔵。
5－7「我が国民の則る可き米国都市の繁栄策」『商業界』第一二巻第三号、同文館、明治四十三年三月一日、早稲田大学図書館蔵。
5－8「北米巡遊所感」『東京商業会議所月報』第三巻第二号、東京商業会議所、明治四十三年二月二十五日、早稲田大学図書館蔵。
5－9「独立自治を愛する米国商業会議所の委員は斯の如く吾々の説に反対したり」『商工世界太平洋』第九巻第七号、博文館、明治四十三年三月二十七日、早稲田大学図書館蔵。

5-10「米人の大気象は涙にて教育さるゝか鞭にて教育さるゝか」『実業之日本』第一三巻七号、実業之日本社、明治四十三年四月一日、早稲田大学図書館蔵。

第六章　大正政変と山本内閣

一　第二次西園寺内閣への期待

6-1「中野武営君談（後継内閣に対する希望）」『太陽』第一七巻第一〇号、博文館、明治四十四年七月一日、早稲田大学図書館蔵。

6-2「中野武営君談（政友会論）」『太陽』第一七巻第一二号、博文館、明治四十四年九月一日、早稲田大学図書館蔵。

6-3「中野武営君談（新内閣評論）」『太陽』第一七巻第一三号、博文館、明治四十四年十月一日、早稲田大学図書館蔵。

6-4「財政整理の急務を説く」『経済評論』第一一巻第二号、経済評論社、明治四十四年十二月、国立国会図書館蔵。

6-5「中野武営君談（四十五年度予算計画批評）」『太陽』第一八巻第一号、博文館、明治四十五年一月一日、早稲田大学図書館蔵。

6-6「全国実業家の奮起を希ふ」『東京商業会議所月報』第五巻第四号、東京商業会議所、明治四十五年四月二十五日、早稲田大学図書館蔵。

6-7「中野武営（如何にして政友会と対抗する大政党を起すべき）」『新日本』第二巻第八号、冨山房、大正元年八月一日、早稲田大学図書館蔵。

6-8「寧ろ慶す可きなり」『地球』第一巻第七号、博文館、大正元年十月十五日、早稲田大学図書館蔵。

6-9「財政経済に関する建議」『東京商業会議所月報』第五巻第一〇号、東京商業会議所、大正元年十月二十五日、早稲田大学図書館蔵。

二　大正政変

6-10「実業家の奮起」『時事新報』時事新報社、大正元年十一月二十六日、国立国会図書館蔵。

6-11「増師問題と実業家」『東洋経済新報』第六一七号、東洋経済新報社、大正元年十二月五日、早稲田大学図書館蔵。

6-12「首相会頭会見内容」『大阪朝日新聞』朝日新聞大阪本社、大正元年十一月二十八日、早稲田大学政治経済学術院研究図書室蔵。

6－13「横暴至極の陸軍拡張」『地球』第一巻第九号、博文館、大正元年十二月十五日、早稲田大学図書館蔵。

6－14「増師問題と吾人の立場」『東京商業会議所月報』第五巻第一二号、東京商業会議所、大正元年十二月二十五日、早稲田大学図書館蔵。

6－15「美事にも面白き政局」『経済時報』第一二〇号、経済時報社、大正元年十二月二十日、早稲田大学図書館蔵。

6－16「全国民を敵とせる陸軍」『太陽』第一九巻第一号、博文館、大正二年一月一日、早稲田大学図書館蔵。

6－17「予の海主陸従論」『海之世界』第七巻第一号、日本海員掖済会、大正二年一月一日、早稲田大学図書館蔵。

6－18「桂公が世間の攻撃を避け得る術」『地球』第二巻第二号、博文館、大正二年二月十五日、早稲田大学図書館蔵。

6－19「偏武的政治と我財政」『東洋経済新報』第六二五号、東洋経済新報社、大正二年二月二十五日、早稲田大学図書館蔵。

6－20「年頭ニ際シテ国防上ノ所懐ヲ述ブ」『大日本国防義会会報』大日本国防議会、大正三年一月、防衛大学校総合情報図書館蔵。

三　カリフォルニア州排日土地法

6－21「巴奈馬運河太平洋大博覧会に就て」『巴奈馬太平洋万国大博覧会　第一』新世界新聞社、大正元年八月三十一日、早稲田大学図書館蔵。

6－22「巴奈馬太平洋万国博覧会に就て」『東京商業会議所月報』第五巻第一〇号、東京商業会議所、大正元年十月二十五日、早稲田大学図書館蔵。

6－23「日本の国是と移民問題」『海之世界』第七巻第四号、日本海員掖済会、大正二年四月一日、早稲田大学図書館蔵。

6－24「モンロー主義が我民族の海外発展に及ぼす影響（上）」『海之世界』第七巻第五号、日本海員掖済会、大正二年五月一日、早稲田大学図書館蔵。「モンロー主義が我民族の海外発展に及ぼす影響（下）」『海之世界』第七巻第六号、日本海員掖済会、大正二年六月一日、国立国会図書館蔵。

6－25「国民としての報復手段」『経済評論』第一二四号、経済評論社、大正二年四月、国立国会図書館蔵。

6-26「加州排日問題に就て」『東京商業会議所月報』第六巻第五号、東京商業会議所、大正二年五月二十五日、早稲田大学図書館蔵。
6-27「移民と教育」『都市教育』第一一一号、大正三年十月十日、東京市教育会、東京大学総合図書館蔵。

四　営業税廃税運動

6-28「内閣総理大臣及諸閣員招待」『東京商業会議所月報』第六巻第八号、東京商業会議所、大正二年八月二十五日、早稲田大学図書館蔵。
6-29「財政経済に関する建議」『東京商業会議所月報』第六巻第一一号、東京商業会議所、大正二年十一月二十五日、早稲田大学図書館蔵。
6-30「税制整理建議」『東京商業会議所月報』第六巻第一一号、東京商業会議所、大正二年十一月二十五日、早稲田大学図書館蔵。
6-31「日本実業協会の設立に就て」『東京商業会議所月報』第六巻第一二号、東京商業会議所、大正二年十二月二十五日、早稲田大学図書館蔵。
6-32「減税の財源と税目」『太陽』第二〇巻第二号、博文館、大正三年二月一日、早稲田大学図書館蔵。
6-33「財政釐革と税制整理」『サンデー』第二四一号、太平洋通信社、大正三年二月一日、東京大学総合図書館蔵。
6-34「実業家の減税運動」『日本経済新誌』第一四巻第一〇号、日本経済新誌社、大正三年二月十五日、東京大学明治新聞雑誌文庫蔵。

第七章　第一次大戦と工業立国論

一　第一次大戦への対応と工業化の促進

7-1「中野武営氏の批評」『東京経済雑誌』第六九巻一七五〇号、経済雑誌社、大正三年五月二十三日、早稲田大学図書館蔵。
7-2「宗教家的の態度」『太陽』第二〇巻第七号、博文館、大正三年六月一日、早稲田大学図書館蔵。
7-3「化学研究所設立ニ関スル請願」理化学研究所、大正三年三月十九日、国立研究開発法人理化学研究所蔵。

7-4「化学工業の奨励並化学工業調査会設置に関する建議」『東京商業会議所月報』第七巻第九号、東京商業会議所、大正三年九月二十五日、早稲田大学図書館蔵。

7-5「断固として国産愛用を決行せよ」『実業之日本』第一七巻二二号、実業之日本社、大正三年十月十五日、早稲田大学図書館蔵。

7-6「時局問題に関する建議」『東京商業会議所月報』第七巻第一〇号、東京商業会議所、大正三年十月二十五日、早稲田大学図書館蔵。

7-7「大戦後の経済状態如何」『朝鮮及満州』第九〇号、朝鮮雑誌社、大正四年一月一日、早稲田大学図書館蔵。

7-8「商権拡張の絶好機を捉へよ」『金星』第三巻第一〇号、実業通信社、大正四年十月十日、早稲田大学図書館蔵。

7-9「警戒すべき我事業界の現状」『日本一』第二巻第二号、南北社、大正五年二月一日、盛岡大学図書館蔵。

7-10「時局に関する建議」『東京商業会議所月報』第九巻第二号、東京商業会議所、大正五年二月二十五日、早稲田大学図書館蔵。

7-11「新しき富豪振りが見たい」『実業之日本』第一九巻二号、実業之日本社、大正五年十一月五日、早稲田大学図書館蔵。

二　忍び寄る保護主義の警戒

7-12「連合国経済会議特派委員長一行を送る」『東京商業会議所月報』第九巻第五号、東京商業会議所、大正五年五月二十五日、早稲田大学図書館蔵。

7-13「不謹慎なる言論と日英親善益進論」『日本一』第二巻第四号、南北社、大正五年四月一日、日本近代文学館蔵。

7-14「日露新協約」『東京商業会議所月報』第九巻第七号、東京商業会議所、大正五年七月二十五日、早稲田大学図書館蔵。

7-15「中野会頭挨拶（全国商業会議所連合会）」『東京商業会議所月報』第九巻第八号、東京商業会議所、大正五年八月二十五日、早稲田大学図書館蔵。

7-16「連合国経済同盟決議に就て」『東京商業会議所月報』第九巻第一一号、東京商業会議所、大正五年十一月二十五日、早稲田大学図書館蔵。

7-17「商務官設置に関する建議書」『東京商業会議所月報』第九巻第一二号、東京商業会議所、大正五年十二月二十五日、早稲田大学図書館蔵。

7-18「対敵取引禁止法規に就て」『東京商業会議所月報』第一〇巻第五号、東京商業会議所、大正六年五月二十五日、早稲田大学図書館蔵。

7-19「余が新内閣に向て痛切に希望する一大事」『実業之日本』第一九巻二二号、実業之日本社、大正五年十月十五日、早稲田大学図書館蔵。

7-20「商業会議所連合会午餐会応酬」『東京商業会議所月報』第九巻第一二号、東京商業会議所、大正五年十二月二十五日、早稲田大学図書館蔵。

7-21「数個の貿易問題我が実業家猛省の一年」『朝鮮公論』第五巻第一号、朝鮮公論社、大正六年一月一日、東京大学明治新聞雑誌文庫蔵。

7-22「中野武営（講和成立期と我財界の影響）」『新日本』第七巻第二号、冨山房、大正六年一月一日、早稲田大学図書館蔵。

三　経済を中心とする平和主義と工業立国

7-23「商工補習教育に就て実業家の希望」文部省専門学務局『商工補習教育講演集』国定教科書共同販売所、大正三年十二月十二日、国立国会図書館蔵。

7-24「工業国としての日本の使命」『国論』第二巻第一一号、国論社、大正五年十月、東京大学明治新聞雑誌文庫蔵。

7-25「戦後の大反動に処する工業立国策」『朝鮮公論』第六巻第一号、朝鮮公論社、大正七年一月、東京大学明治新聞雑誌文庫蔵。

7-26「来るべき平和の戦争と国産奨励」小財捨太郎編『国産奨励会主催比叡山講演集』国産奨励会、大正七年十二月十八日、国立国会図書館蔵。

7-27「戦後の経営と自給策」『国産時報』国産時報発行所、大正七年十月一日、国立国会図書館蔵。

第八章　日中実業交流と朝鮮の開発

一　日中実業交流

8－1「東京商業会議所会頭中野武営氏演説主旨」『東亜同文会報告』第九十七号、東亜同文会、明治四十年十一月二十日、監修・解説藤田佳久、編集高木宏治『東亜同文会報告書』第二十巻、ゆまに書房、平成二十四年十月、早稲田大学図書館蔵。

8－2「日貨排斥問題」『経済評論』第八巻第八号、経済評論社、明治四十一年五月、国立国会図書館蔵。

8－3「横浜外国人商業会議所晩餐会に於て」『東京商業会議所月報』第三巻第六号、東京商業会議所、明治四十三年六月二十五日、早稲田大学図書館蔵。

8－4「中野武営氏談（清国実業家視察団歓迎について）」『香川新報』香川新報社、明治四十四年九月二十一、二十二日、国立国会図書館蔵。

8－5「中華民国胡瑛君を迎ふる辞」『東京商業会議所月報』第六巻第二号、東京商業会議所、大正二年二月二十五日、早稲田大学図書館蔵。

8－6「日支提携の実策奈何」『大日本』第二号、大日本社、大正三年十一月一日、早稲田大学図書館蔵。

8－7「日支両国民の自覚を促す」『東京商業会議所月報』第七巻第一二号、東京商業会議所、大正三年十二月二十五日、早稲田大学図書館蔵。

8－8「中野会頭挨拶」『東京商業会議所月報』第八巻第八号、東京商業会議所、大正四年八月二十五日、早稲田大学図書館蔵。

8－9「以商会親睦為根本策」李文権編『他山百家言（上）』中国實業雜誌社編輯部、大正六年七月十五日、東京大学東洋文化研究所図書室蔵。

二　朝鮮の開発

8－10「朝鮮視察談」『東京商業会議所月報』第四巻第六号、東京商業会議所、明治四十四年六月二十五日、早稲田大学図書館蔵。

8–11「鮮民の至幸」『朝鮮公論』第一巻第一号、朝鮮公論社、大正二年四月、東京大学明治新聞雑誌文庫蔵。

8–12「鋳形師寺内伯」『朝鮮公論』第一巻第四号、朝鮮公論社、大正二年七月、東京大学明治新聞雑誌文庫蔵。

8–13「鮮銀重役の人選」『朝鮮公論』第二巻第九号、朝鮮公論社、大正三年九月、東京大学明治新聞雑誌文庫蔵。

8–14「朝鮮の農業及商業を論ず」『朝鮮公論』第二巻第一二号、朝鮮公論社、大正三年十二月、東京大学明治新聞雑誌文庫蔵。

8–15「朝鮮開拓の先駆者たれ」『朝鮮公論』第四巻第二号、朝鮮公論社、大正五年二月、国立国会図書館蔵。

第九章　東京市論

9–1「築港に先だつ東京市の急務」『商工世界太平洋』第六巻第四号、博文館、明治四十年二月十五日、早稲田大学図書館蔵。

9–2「我貿易の前途」『斯民』報徳会、明治四十年八月七日、早稲田大学図書館蔵。

9–3「瓦斯会社の合併と東京市の権力」『実業倶楽部』第一巻第四号、博文館、明治四十四年十二月、神戸大学附属図書館社会科学系図書館蔵。

9–4「市制より見たる都市改善問題」『時事評論』第七巻第一号、時事評論社、明治四十五年一月一日、国立国会図書館蔵。

9–5「現在に得らる、最良の市長（阪谷市長論）」『中央公論』第二七巻第八号、中央公論社、明治四十五年八月、早稲田大学図書館蔵。

9–6「消防義会と富豪の義務」『地球』第一巻第五号、博文館、大正元年八月十五日、早稲田大学図書館蔵。

9–7「世界に誇る可き神苑を造れ」『国民新聞』国民新聞社、明治四十五年八月四日、国立国会図書館蔵。

9–8「覚書（明治神宮造営）」『明治神宮造営誌』内務省神社局、昭和五年三月、早稲田大学図書館蔵。

9–9「明治神宮御造営に就て」『実業世界』第六年第六七号、理財新報社、大正元年九月、東京大学総合図書館蔵。

9–10「災害に現はれたる日本商人の欠点」『実業之日本』第二〇巻二一号、実業之日本社、大正六年十月十五日、早稲田大学図書館蔵。

9－11「誤れる米調策」『経済評論』第一八八号、経済評論社、大正七年九月、国立国会図書館蔵。

第十章　実業人材育成

一　実業人材育成と実業倫理

10－1「職工適材教育法に就きて」『工業』第三号、工業改良協会、明治四十二年六月一日、東京大学明治新聞雑誌文庫蔵。

10－2「商人の謙遜と其弊」『東京商業会議所月報』第三巻第四号、東京商業会議所、明治四十三年四月二十五日、早稲田大学図書館蔵。

10－3「中野会頭の講演」『東京商業会議所月報』第五巻第一号、東京商業会議所、明治四十五年一月二十五日、早稲田大学図書館蔵。

10－4「青年方向の選択」『東京商業会議所月報』第五巻第三号、東京商業会議所、明治四十五年三月二十五日、早稲田大学図書館蔵。

10－5「実業界の人心大改造を警告す」『実業之日本』第一七巻一号、実業之日本社、大正三年一月一日、早稲田大学図書館蔵。

10－6「中野武営氏」『一橋会雑誌』第一〇四号、東京高等商業学校一橋会、大正三年十二月五日、一橋大学附属図書館蔵。

二　栄典論

10－7「是れ実業本位国の恥辱也」『実業之日本』第九巻第一四号、実業之日本社、明治三十九年七月一日、早稲田大学図書館蔵。

10－8「実業家を優待すべき授爵以外の新方法」『実業之日本』第一八巻二三号、実業之日本社、大正四年十一月一日、早稲田大学図書館蔵。

第十一章　回顧録・処世訓・人物評

一　回顧録

11-1「予は二十歳より三十歳まで何を為しつゝありしか」『商工世界太平洋』第七巻第二一号、博文館、明治四十一年十月一日、早稲田大学図書館蔵。

11-2「租税徴集の為めに大問題を起して竹槍に突き殺されんとす、当時二十五歳」『商工世界太平洋』第七巻第二二号、博文館、明治四十一年十月十五日、早稲田大学図書館蔵。

11-3「中野武営氏」朝比奈知泉編『財界名士失敗談』上巻、毎夕新聞社、明治四十二年五月、早稲田大学図書館蔵。

11-4「奮闘には『忍耐』の二字が大基礎たるを知れる余の実験」『実業之日本』第一三巻二二号、実業之日本社、明治四十三年十月十五日、早稲田大学図書館蔵。

11-5「余が財産は何人にも渡すことは出来ぬ」『実業之日本』第一六巻八号、実業之日本社、大正二年四月十五日、早稲田大学図書館蔵。

11-6「縦横自在の活動力は此三ヶ条」『実業之日本』第一六巻第一四号、実業之日本社、大正二年七月一日、早稲田大学図書館蔵。

11-7「実業家帳（丁雄）」『中外商業新報』中外商業新報社、大正五年六月十九日、早稲田大学政治経済学術院研究図書室蔵。

二　処　世　訓

11-8「青年出世の途」『実業世界太平洋』第四巻第二号、博文館、明治三十八年一月十五日、早稲田大学図書館蔵。

11-9「株式取引所に入るに必要なる資格」『実業之日本』第九巻一二号、実業之日本社、明治三十九年六月一日、早稲田大学図書館蔵。

11-10「家厳の四教訓」『商工世界太平洋』第六巻第二六号、博文館、明治四十年十二月十五日、早稲田大学図書館蔵。

11-11「不用意の事件に包囲せられたる時の予の裁断法」『商工世界太平洋』第八巻第八号、博文館、明治四十二年四月、早稲田大学図書館蔵。

11-12「就職前の少年に相談を受けての答」『実業少年』第五巻第四号、博文館、明治四十四年三月二十五日、札幌大学図書館蔵。

11-13「正直が資本」福原易水編『諸名士の青年処世訓』実業之日本社、大正元年九月、早稲田大学図書館蔵。

11-14「安逸僥倖を願ふものは必ず失敗す」『実業講習録』第十二号、帝国実業講習会、大正三年、佛教大学野崎敏郎研究室蔵。

11-15「斯心か処世の要訣」『実業之日本』第一八巻第一〇号、実業之日本社、大正四年五月一日、早稲田大学図書館蔵。

11-16「出世する青年には如斯特徴あり」『実業之日本』第七巻第一六号、実業之日本社、大正四年八月十日、早稲田大学図書館蔵。

11-17「除隊兵士の帰郷に関する一大警告」『実業之日本』第一八巻第二一号、実業之日本社、大正四年十月十日、早稲田大学図書館蔵。

11-18「理想的少年店員社員論」『日本一』第一巻第三号、大正四年十二月一日、南北社、盛岡大学図書館蔵。

11-19「事業創始に要する戒愼」『日本一』第二巻第一号、大正五年一月一日、南北社、盛岡大学図書館蔵。

11-20「大丈夫論」『日本一』第二巻第八号、大正五年八月一日、南北社、盛岡大学図書館蔵。

三　人　物　評

11-21「難きに就くの報酬」『商工世界太平洋』第六巻第一四号、博文館、明治四十年六月一日、早稲田大学図書館蔵。

11-22「余の観たる実業界に傑出せる二人物」『実業之日本』第一一巻第一四号、実業之日本社、明治四十一年七月一日、早稲田大学図書館蔵。

11-23「感心した語句は悉く脳中に貯蔵す」『商工世界太平洋』第七巻第二二号、博文館、明治四十一年十月十五日、早稲田大学図書館蔵。

11-24「死せる聖者を送る」『正教時報』第二巻第四号、政教時報社、大正二年二月二十四日、国際基督教大学図書館蔵。

11-25「寿詞」『能楽画報』第六巻第一三号、能楽書院、大正二年十一月一日、早稲田大学演劇博物館図書室蔵。

11-26「大隈伯と談話している時の心持」『実業之日本』第一七巻第一五号、実業之日本社、大正三年七月十五日、早稲田大学図書館蔵。

11-27「其の人格に服す」『工業生活』第二巻第一号、大日本工業学会、大正五年十一月、京都大学経済学部図書室蔵。

11―28「式辞（前島密寿像建設発起人総代）」前島密『自叙伝』前島密伝記刊行会、昭和五十六年三月、早稲田大学図書館蔵。

（注）『東洋経済新報』は龍渓書舎、『立憲改進党党報』及び『進歩党党報』は柏書房、『東京経済雑誌』及び『銀行通信録』は日本経済評論社によるそれぞれの復刻版から転載した。また、『臨時商業会議所連合会報告』は、山口和雄編『本邦商業会議所資料マイクロフィルム版』から転載した。

【解題で引用した論考等の出典】

一　政　策　論

「貸借事件出訴期限経過ニ付公証効力ノ有無」『明治協会雑誌』第二七号、明治十六年十月。

「製鋼所設立費について」『香川新報』明治二十五年二月二日。

「治水費について」『香川新報』明治二十五年二月六日。

「予算査定案の説明」『立憲改進党々報』第二号、明治二十六年一月。

「中野武営氏の談話」『立憲改進党党報』第二十二号、明治二十六年十二月。

「田尻次官の論を駁す」『毎日新聞』明治二十七年一月十七日。

「商品標準売買に就いて」『立憲改進党々報』第四七号、明治二十八年八月二十五日。

「中野武営氏の軍費縮少論」『香川新報』明治三十一年二月二十六日。

「東京市の特別税に就て」『読売新聞』明治三十一年十月四日。

「中野代議士の経済談要領」『香川新報』明治三十三年四月二十九日、五月一～三、五、八、九日。

「中野代議士の実業談」『香川新報』明治三十四年十一月二十～二十三、二十六～三十日。

「商業会議所会員選挙権問題に関する私見」『太陽』第八巻第一〇号、明治三十五年八月五日。

「中野氏の時局談要領」『香川新報』明治三十七年十月二十一～二十三、二十六、二十七日。

「戦後経済談」『香川新報』明治三十八年十一月二十一日〜二十三日、二十五日、二十八日〜十二月三日、五日〜八日。

「国債整理基金問題」『香川新報』明治三十九年二月十、十三、十四日。

「事業界の近況」『経済評論』第六巻第九号、明治三十九年五月。

「博覧会の二教訓」『財界』第七巻第三号、明治四十年六月。

「財界救済策」『経済評論』第七巻第一二号、明治四十年七月。

「財界の趨勢」『経済評論』第七巻第一九号、明治四十年十一月。

「軍事費を削減せよ」『香川新報』明治四十年十二月六日。

「増税否認の理由」『江湖』第一巻第一号、明治四十一年三月二十日。

「中野氏の演説」『香川新報』明治四十一年四月二十八日。

「大博覧会の延期は断じて不可なり」『商工世界太平洋』第七巻第一八号、明治四十一年九月一日。

「中野武営君談」『太陽』第一四巻第一三号、明治四十一年十月一日。

「自治制論」『香川新報』明治四十一年十一月二十七日。

「国民的外交の必要」『経済時報』第八〇号、明治四十二年八月。

「国民的外交と対米問題」『実業世界』第三年第二三号、明治四十二年九月一日。

「国民的外交の必要」『商工之天下』第三号、明治四十二年九月一日。

「予が渡米の感想」『商業界』第一二巻第三号、明治四十二年九月。

「郷友諸君に告ぐ」『香川新報』明治四十二年八月二十七日。

「中野武営氏の消息」『工業之大日本』第六巻第一一号、工業之大日本社、明治四十二年十一月。

「米清所感」『香川新報』明治四十一年十一月二十六日。

「中野氏渡米談」『香川新報』明治四十三年一月十一〜十三日。

「商工党の振るはざる理由渡清実業団の運命」『日本実業新報』第八十二号、明治四十三年四月。

「合邦後の財界」『香川新報』明治四十三年八月二十六日。

「休養の娯楽機関をモ少し簡便にするがよい」『実業之日本』第一三巻第二三号、明治四十三年十一月一日。

「取引所税の欠点」『経済評論』第一一巻第三号、明治四十四年二月。

「中野氏の朝鮮談」『香川新報』明治四十四年五月二十八日。

「朝鮮を開発する近道」『日本実業新誌』第一二〇号、明治四十四年六月。

「初めて見たる朝鮮」『新日本』第一巻第四号、明治四十四年七月一日。

「中野武営の演説」『香川新報』明治四十四年九月二十四、二十六～三十、十月六日。

「東京と大阪」『新日本』第一巻第九号、明治四十四年十一月十日。

「財政整理の急務を説く」『経済評論』第一一巻第十二号、明治四十四年十二月。

「本年我国経済界の消長を左右するものは何乎」『経済評論』第十二巻第一号、四十五年一月。

「米価調節談」『香川新報』明治四十五年六月三十日。

「姑息の調整策は無効」『経済評論』第一二巻第一〇号、明治四十五年七月。

「桂公に勧告」『香川新報』大正二年一月十九日。

「雅量的出品の非」『国民新聞』大正二年十月七日。

「新年劈頭実業界人心の大改造を警告す」『実業之日本』第一七巻第一号、大正三年一日一日。

「商工業者と減税」『第三帝国』第五号、大正三年二月一日。

「如何にして輸出貿益を盛んならしむ可きか」『工業界』第五巻第四号、大正三年四月。

「東京商業会議所演説」『東京商業会議所月報』第七巻第九号、大正三年九月。

「景気の立ち直るは何時乎」『東西織物界』第八年第八五号、大正四年一月。

「寺内伯の為に惜しむ」『朝鮮公論』第三巻第一号、大正四年一月、朝鮮公論社。

「中野武営君」『東京商業会議所月報』第八巻第一号、大正四年一月二十五日。

「ナポレオンリース君歓迎辞」『東京商業会議所月報』第八巻第九号、大正四年九月二十五日。

「官民協力の要」『東西織物界』第九年第九八号、大正五年二月一日。

「順境の戒慎」『東西織物界』第九年第一〇〇号、大正五年四月。

「中野武営」『水産界　海の博覧会号』第四〇三号、大日本水産界、大正五年四月。

「支那問題と両国民の自覚」『朝鮮及満州』第一〇六号、大正五年五月一日。

「陸氏招待会に於ける演説」『東京商業会議所月報』第十巻第二号、大正六年二月二十五日。

「日支連絡運輸会議委員一行歓迎会応酬」『東京商業会議所月報』第十巻第四号、大正六年四月二十五日。

「有望なる大正七年」『香川新報』大正七年一月一日。

二　処世訓など

「嘘耶実耶」『経済事情』第一三号、明治三十六年五月二十日。

「実業家の青年に対する要求」『実業之日本』第六巻第一二号、明治三十六年六月一日。

「東京商業会議所長中野武営君の『学校出身者の需用と供給』に関する話」佐藤尚友（青衿）著『学生の前途』実業之日本社、明治三十九年九月。

「青年出世の要訣」『実業青年立身策　当代名流』奥村二秋、鹿野化骨編、博文館、明治四十年十二月。

中野武営「進んで難事に當れ」『中央織物界』第二巻、明治四十一年二月。

「余が怒気の抑制の修養実験」『実業之日本』第一一巻第一〇号、明治四十一年五月一日。

「仕事は十二分に働き給料は内輪にとれ」『実業之日本』第一一巻第一一号、明治四十一年五月一五日。

「宗教的の催し」『実業少年』第二巻第二号、明治四十一年八月。

「奇怪なる男色事件」『冒険世界』第一巻第十一号、明治四十一年十一月。

「与の初信不撓の一徹主義」井上泰岳編『我半生の奮闘』博文館、明治四十二年一月。

「予が裏店の夫婦喧嘩より悟得したる短氣矯正法」『商業界』第一一巻第二号、明治四十二年二月。

「立身の捷徑――先輩を感動せしむるの要訣」『商業界』第一一号第三号、明治四十二年三月。

「予の所信不撓の一徹主義」井上泰岳編『我半生の奮闘』博文館、明治四十二年。

「予が嘗つて父より受けたる服務上の三訓戒」井上泰岳編『我処世観』博文館、明治四十三年。

「難事果断法」『我処世観』井上泰岳編、博文館、明治四十三年。

「近代的の武者修行」『海外之日本』第一巻第九号、明治四十四年八月一日。

「櫻田門外で志士に殺された井伊大老」『名士の少年時代より崇拝せる英雄』実業之日本社、大正二年。

「除隊兵の服装に就て」『戦友』第三九号、大正三年一月一日。

「富の象徴カーネギー」『学生』第五巻第十号、大正三年九月。

「武術を励んで怨を晴らす」『日本少年』第十巻第二号、大正四年二月一日。

「出世する青年には如斯特徴あり」『実業之日本』第七巻第一六号、大正四年十月十日。

「理想的番頭及社員論」『日本一』第一巻第二号、大正四年十一月。

「理想的の番頭社員」『東西織物界』第一一年一二三号、大正七年三月一日。

著者紹介

石井 裕晶（いしい　ひろあき）

専門：近代日本政治経済史
1956年生まれ
1980年　東京大学経済学部卒業
1986年　プリンストン大学ウッドロー・ウィルソン行政・国際関係大学院修了。行政学修士（M.P.A.）
2011年　早稲田大学大学院社会科学研究科博士後期課程修了。博士（学術）

［主著］『中野武営と商業会議所——もうひとつの近代日本政治経済史』ミュージアム図書，2004年。『制度変革の政治経済過程——戦前期日本における営業税廃税運動の研究』早稲田大学出版部，2014年。

中野武営著作集

2017年1月15日　初版第1刷発行

編　者……………………石 井 裕 晶
発行者……………………島 田 陽 一
発行所……………………株式会社 早稲田大学出版部
169-0051 東京都新宿区西早稲田1-9-12
電話 03-3203-1551　http://www.waseda-up.co.jp/
校正協力…………………株式会社 ライズ
装　丁……………………笠 井 亞 子
印刷・製本………………株式会社 平文社

ISBN978-4-657-16017-1